Adalbert Stifter, geboren am 23. Oktober 1805 in Oberplan/Böhmerwald, ist am 28. Januar 1868 in Linz gestorben.
Die dreizehn Erzählungen, die Stifter selbst, in Anlehnung an die Malerei seiner Zeit, »Studien« genannt hat, erschienen zuerst in Almanachen und Taschenbüchern der Biedermeierzeit und wurden vom Autor zwischen 1844 und 1850 in Buchform publiziert; sie haben Stifters Ruhm bei den Zeitgenossen begründet. Während Joseph von Eichendorff in dieser »gesunden Poesie« keine Spur von »moderner Zerrissenheit« fand, hat Friedrich Hebbel den Detail-Realismus der Erzählungen heftig getadelt. Heute sind diese längst klassisch gewordenen Texte hochaktuell, nicht nur wegen Stifters therapeutischer Schreibweise, sondern wegen der Vorwegnahme des wissenschaftlichen Blickes moderner Naturdichtung. Die darin enthaltene Darstellung der Spannung zwischen Entfremdung und Vertrautheit menschlicher und außermenschlicher Natur reklamiert die Literatur als ein der Psychologie und der Biologie überlegenes Erkenntnis-Instrument zur Beobachtung des Menschen in seiner Welt.

insel taschenbuch 915

Adalbert Stifter

Studien

Zweiter Band

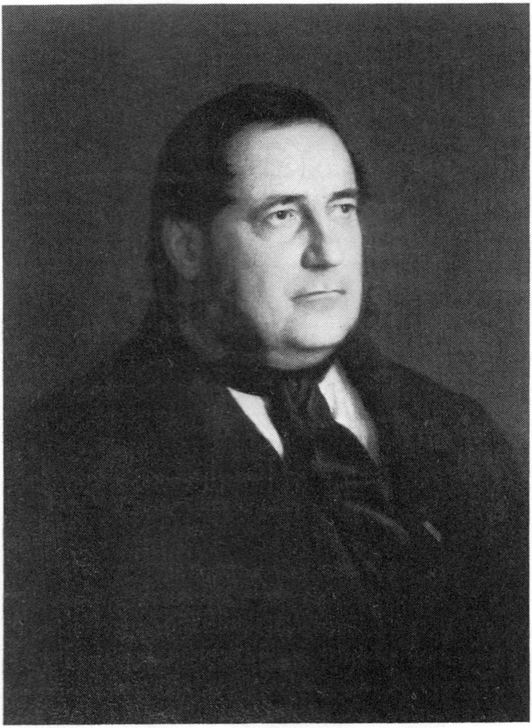

Adalbert Stifter

ADALBERT STIFTER

STUDIEN

HERAUSGEGEBEN VON

MAX STEFL

Mit einem Nachwort von

Wolfgang Frühwald

ZWEITER BAND

INSEL VERLAG

insel taschenbuch 915
Erste Auflage 1989

Hinweise zu dieser Ausgabe am Schluß des zweiten Bandes
Vertrieb durch den Suhrkamp Taschenbuch Verlag
Umschlag nach Entwürfen von Willy Fleckhaus
Druck: Nomos Verlagsgesellschaft, Baden-Baden
Printed in Germany

1 2 3 4 5 6 – 94 93 92 91 90 89

ABDIAS

ooooooooooooooooooooooooooooooooooooooooooooooooooooooooooooooo

1. ESTHER

Es gibt Menschen, auf welche eine solche Reihe Ungemach aus heiterm Himmel fällt, daß sie endlich da stehen und das hagelnde Gewitter über sich ergehen lassen: so wie es auch andere gibt, die das Glück mit solchem ausgesuchten Eigensinne heimsucht, daß es scheint, als kehrten sich in einem gegebenen Falle die Naturgesetze um, damit es nur zu ihrem Heile ausschlage.

Auf diesem Wege sind die Alten zu dem Begriffe des Fatums gekommen, wir zu dem milderen des Schicksals.

Aber es liegt auch wirklich etwas Schauderndes in der gelassenen Unschuld, womit die Naturgesetze wirken, daß uns ist, als lange ein unsichtbarer Arm aus der Wolke und tue vor unsern Augen das Unbegreifliche. Denn heute kömmt mit derselben holden Miene Segen, und morgen geschieht das Entsetzliche. Und ist beides aus, dann ist in der Natur die Unbefangenheit, wie früher.

Dort, zum Beispiele, wallt ein Strom in schönem Silberspiegel, es fällt ein Knabe hinein, das Wasser kräuselt sich lieblich um seine Locken, er versinkt – und wieder nach einem Weilchen wallt der Silberspiegel, wie vorher. – – Dort reitet der Beduine zwischen der dunklen Wolke seines Himmels und dem gelben Sande seiner Wüste: da springt ein leichter, glänzender Funke auf sein Haupt, er fühlt durch seine Nerven ein unbekanntes Rieseln, hört noch trunken den Wolkendonner in seine Ohren, und dann auf ewig nichts mehr.

Dieses war den Alten Fatum, furchtbar letzter, starrer Grund des Geschehenden, über den man nicht hinaus sieht, und jenseits dessen auch nichts mehr ist, so daß ihm selber die Götter unterworfen sind: uns ist es Schicksal, also ein von einer höhern Macht Gesendetes, das wir empfangen sollen. Der Starke unterwirft sich auch ergeben, der Schwache stürmt mit Klagen darwider, und der Gemeine staunt dumpf, wenn das Ungeheure geschieht, oder er wird wahnwitzig und begeht Frevel.
Aber eigentlich mag es weder ein Fatum geben, als letzte Unvernunft des Seins, noch auch wird das einzelne auf uns gesendet; sondern eine heitre Blumenkette hängt durch die Unendlichkeit des Alls und sendet ihren Schimmer in die Herzen – die Kette der Ursachen und Wirkungen – und in das Haupt des Menschen ward die schönste dieser Blumen geworfen, die Vernunft, das Auge der Seele, die Kette daran anzuknüpfen und an ihr Blume um Blume, Glied um Glied hinab zu zählen bis zuletzt zu jener Hand, in der das Ende ruht. Und haben wir dereinstens recht gezählt, und können wir die Zählung überschauen: dann wird für uns kein Zufall mehr erscheinen, sondern Folgen, kein Unglück mehr, sondern nur Verschulden; denn die Lücken, die jetzt sind, erzeugen das Unerwartete, und der Mißbrauch das Unglückselige. Wohl zählt nun das menschliche Geschlecht schon aus einem Jahrtausende in das andere, aber von der großen Kette der Blumen sind nur erst einzelne Blätter aufgedeckt, noch fließt das Geschehen wie ein heiliges Rätsel an uns vorbei, noch zieht der Schmerz im Menschenherzen aus und ein – – ob er aber nicht zuletzt selber eine Blume in jener Kette ist? wer kann das ergründen? Wenn dann einer sagt, warum denn die Kette so groß ist, daß wir in Jahrtausenden erst einige Blätter aufgedeckt haben, die da duften, so antworten wir: So unermeßlich ist der Vorrat darum, damit ein jedes der kom-

menden Geschlechter etwas finden könne, – das kleine Aufgefundne ist schon ein großer, herrlicher Reichtum, und immer größer, immer herrlicher wird der Reichtum, je mehr da kommen, welche leben und enthüllen, und was noch erst die Woge aller Zukunft birgt, davon können wir wohl kaum das Tausendstel des Tausendstels ahnen. – – Wir wollen nicht weiter grübeln, wie es sei in diesen Dingen, sondern schlechthin von einem Manne erzählen, an dem sich manches davon darstellte, und von dem es ungewiß ist, ob sein Schicksal ein seltsameres Ding sei, oder sein Herz. Auf jeden Fall wird man durch Lebenswege wie der seine zur Frage angeregt: ›Warum nun dieses?‹ und man wird in ein düsteres Grübeln hinein gelockt über Vorsicht, Schicksal und letzten Grund aller Dinge.

Es ist der Jude Abdias, von dem ich erzählen will.

Wer vielleicht von ihm gehört hat, oder wer etwa gar noch die neunzigjährige gebückte Gestalt einst vor dem weißen Häuschen hat sitzen gesehen, sende ihm kein bitteres Gefühl nach – weder Fluch noch Segen, er hat beides in seinem Leben reichlich geerntet – sondern er halte sich in diesen Zeilen noch einmal sein Bild vor die Augen. Und auch derjenige, der nie etwas von diesem Manne gehört hat, folge uns, wenn es ihm gefällt, bis zu Ende, da wir sein Wesen einfach aufzustellen versucht haben, und dann urteile er über den Juden Abdias, wie es ihm sein Herz nur immer eingibt.

Tief in den Wüsten innerhalb des Atlasses steht eine alte, aus der Geschichte verlorene Römerstadt. Sie ist nach und nach zusammengefallen, hat seit Jahrhunderten keinen Namen mehr, wie lange sie schon keine Bewohner hat, weiß man nicht mehr, der Europäer zeichnete sie bis auf die neueste Zeit nicht auf seine Karten, weil er von ihr nichts ahnete, und der Berber, wenn er auf seinem schnellen Rosse vorüber jagte und das hängende Gemäuer stehen sah, dachte entweder gar nicht an dasselbe und an dessen Zweck, oder er fertigte die Unheimlichkeit seines Gemütes mit ein paar abergläubischen Gedanken ab, bis das letzte Mauerstück aus seinem Gesichte, und der letzte Ton der Schakale, die darin hausen, aus seinem Ohre entschwunden war. Dann ritt er fröhlich weiter, und es umgab ihn nichts, als das einsame, bekannte, schöne, lieb gewordene Bild der Wüste. Dennoch lebten außer den Schakalen, der ganzen übrigen Welt unbekannt, auch noch andere Bewohner in den Ruinen. Es waren Kinder jenes Geschlechtes, welches das ausschließendste der Welt, starr bloß auf einen einzigsten Punkt derselben hinweisend, doch in alle Länder der Menschen zerstreut ist und von dem großen Meere gleichsam auch einige Tropfen in diese Abgelegenheit hinein verspritzt hatte. Düstre, schwarze, schmutzige Juden gingen wie Schatten in den Trümmern herum, gingen drinnen aus und ein, und wohnten drinnen mit dem Schakal, den sie manchmal fütterten. Es wußte niemand von ihnen, außer die anderen Glaubensbrüder, die draußen wohnten. Sie handelten mit Gold und Silber und mit andern Dingen von dem Lande Egypten herüber, auch mit verpesteten Lappen und Wollenzeugen, davon sie sich wohl selber zuweilen die Pest brachten und daran verschmachteten – aber der Sohn nahm dann mit Ergebung und Geduld den Stab seines Vaters, und wanderte und tat, wie dieser getan, harrend, was das Schicksal über ihn verhängen möge. Ward einmal einer von einem Kabylen erschlagen und beraubt, so heulte der ganze Stamm, der in dem wüsten, weiten Lande zerstreut war – und dann war es vorüber und vergessen, bis man etwa nach langer Zeit auch den Kabylen irgendwo erschlagen fand.

So war dies Volk, und von ihm stammte Abdias her.

Durch einen römischen Triumphbogen hindurch an zwei Stämmen verdorrter Palmen vorbei gelangte man zu einem Mauerklumpen, dessen Zweck nicht mehr zu erkennen war – jetzt war es die Wohnung Arons, des Vaters des Abdias. Oben gingen Trümmer einer Wasserleitung darüber, unten lagen Stücke, die man gar nicht mehr erkannte, und man mußte sie übersteigen, um zu dem Loche in der Mauer zu gelangen, durch welches man in die Wohnung Arons hinein konnte. Innerhalb des ausgebrochenen Loches führten Stufen hinab, die Simse einer dorischen Ordnung waren und in unbekannter Zeit aus unbekanntem zerstörenden Zufalle hierher gefunden hatten. Sie führten zu einer weitläufigen Wohnung hinunter, wie man sie unter dem Mauerklumpen und dem Schutte von außen nicht vermutet hätte. Es war eine Stube mit mehreren jener kleinen Gemächer umgeben, wie sie die Römer geliebt hatten, auf dem Boden aber war kein Estrich, oder Getäfel, oder Pflaster, oder Mosaik, sondern die nackte Erde, an den Wänden waren keine Gemälde oder Verzierungen, sondern die römischen Backsteine sahen heraus, und überall waren die vielen Päcke und Ballen und Krämereien verbreitet, daß man sah, mit welchen schlechten und mannigfaltigen Dingen der Jude Aron Handel trieb. Vorzüglich aber waren es Kleider und gerissene Lappen, die herab hingen, und die alle Farben und alle Alter hatten und den Staub fast aller Länder von Afrika in sich trugen. Zum Sitzen und Lehnen waren Haufen alter Stoffe. Der Tisch und die andern Geräte waren Steine, die man aus der alten Stadt zusammen getragen hatte. Hinter einem herabhängenden Busche von gelben und grauen Kaftanen war ein Loch in der Mauer, welches viel kleiner war als das, welches die Stelle der Tür vertrat, und aus dem Finsternis heraus sah, wie aus einer Grube im Schutte. Man meinte nicht, daß man da hinein gehen könne. Wenn man sich aber gleichwohl bückte und hindurch kroch, und wenn man den krummen Gang zurück gelegt hatte, der da folgte, so kam man wieder in ein Zimmer, um das mehrere andere waren. Auf dem Fußboden lag ein Teppich aus Persien, und in den andern waren ähnliche oder gleiche, an den Wänden und in Nischen waren Polster, darüber Vorhänge, und daneben Tische von feinem Steine und Schalen und ein Bad. Hier saß Esther, Arons Weib. Ihr Leib ruhete auf dem Seidengewebe von Damaskus, und ihre Wange und ihre Schultern wurden geschmeichelt von dem weichsten und glühendsten aller Zeuge, dem gewebten Märchen aus Kaschemir, so wie es auch die Sultana in Stambul hat. Um sie waren ein paar Zofen, die schöne Tücher um die klugen, schönen Stirnen hatten und Perlen auf dem Busen trugen. Hieher trug Aron alles zusammen, was gut und den armen Sterblichen schmeichelnd und wohltätig erscheint. Der Schmuck war auf den Tischen herum gelegt und auf den Wänden zerstreut. Das Licht sandten von oben herab mit Myrten verrankte Fenster, die manchmal der gelbe Wüstensand verschüttete, – aber wenn es Abend wurde und die Lampen brannten, dann glitzerte alles und funkelte und war hell und strahlenreich. Das größte Kleinod Arons außer dem Weibe Esther war ihr Sohn, ein Knabe, der auf dem Teppiche spielte, ein Knabe mit schwarzen, rollenden Augenkugeln und mit der ganzen morgenländischen Schönheit seines Stammes ausgerüstet. Dieser Knabe war Abdias, der Jude, von dem ich erzählen wollte, jetzt eine weiche Blume, aus Esthers Busen hervorgeblüht. Aron war der reichste in der alten Römerstadt. Dies wußten die andern, die noch mit ihm da wohnten, sehr gut, da sie oft Genossen seiner Freuden waren, so wie er von ihnen auch alles wußte: aber nie ist ein Beispiel erhört worden, daß es der vorüber jagende Beduine erfuhr, oder der träge Bei im Harem: sondern über der toten Stadt hing schweigend das düstere Geheimnis, als würde nie ein anderer Ton in ihr gehört, als das Wehen des Windes, der sie mit Sand füllte, oder der kurze, heiße Schrei des Raubtieres, wenn die glühende Mondesscheibe ober ihr stand und auf sie nieder schien. Die Juden handelten unter den Stämmen herum, man ließ sie und fragte nicht viel um ihren Wohnort – und wenn einer ihrer andern Mitbewohner, ein Schakal, hinaus kam, so ward er erschlagen und in einen Graben geworfen. Auf seine zwei höchsten Güter häufte Aron alles, wovon er meinte, daß es ihnen gut sein könnte. – Und wenn er draußen gewesen war, wenn er geschlagen und von Wohnort zu Wohnort gestoßen worden war, und wenn er nun heim kam und genoß, was die alten Könige des Volkes, vornehmlich jener Salomo, als die Freude des Lebens hielten, so empfand er eine recht schauerliche Wollust. – Und wenn ihm auch zuweilen war, als gäbe es noch andere Seligkeiten, die im Herzen sind, so meinte er, es sei ein Schmerz, den man fliehen müsse, und er floh ihn auch, nur daß er dachte, er wolle den Knaben Abdias eines Tages auf ein Kamel setzen und ihn nach Kahira zu einem Arzte bringen, daß er weise würde, wie es die alten Propheten und Führer seines Geschlechtes gewesen. Aber auch aus dem ist wieder nichts geworden, weil es in Vergessenheit geraten war. Der Knabe hatte also gar nichts, als daß er oft oben auf dem Schutte stand und den weiten, ungeheuren Himmel, den er sah, für den Mantelsaum Jehovas hielt, der einstens sogar auf der Welt gewesen war, um sie zu erschaffen und sich ein Volk zu wählen, mit dem er aß, und mit dem er umging zur Freude seines Herzens. Aber Esther rief ihn wieder hinab, und legte ihm ein braunes Kleidchen an, dann ein gelbes, und wieder ein braunes. Sie legte ihm auch einen Schmuck an, und ließ die Schönheit der Perle um seine dunkle feine Haut dämmern, oder das Feuer des Demanten daneben funkeln – sie legte ein Band um seine Stirne, streichelte seine Haare, oder rieb die Gliedlein und das

Angesicht mit weichen, feinen, wollenen Lappen – öfters kleideten sie ihn als Mädchen an, oder die Mutter salbte seine Augenbraunen, daß sie recht feine schwarze Linien über den glänzenden Augen waren, und hielt ihm den silbernen gefaßten Spiegel vor, daß er sich sähe. –

Nachdem die Jahre, eines nach dem andern, vergangen waren, führte ihn der Vater Aron eines Tages hinaus in die vordere Stube, legte ihm einen zerrissenen Kaftan an und sagte: »Sohn, Abdias, gehe nun in die Welt, und da der Mensch auf der Welt nichts hat, als was er sich erwirbt, und was er sich in jedem Augenblicke wieder erwerben kann, und da uns nichts sicher macht als diese Fähigkeit des Erwerbens: so gehe hin und lerne es. Hier gebe ich dir ein Kamel und eine Goldmünze, und bis du nicht selber so viel erworben hast, davon ein einzelner Mensch sein Leben hinbringen kann, gebe ich dir nichts mehr, und wenn du ein untauglicher Mann wirst, so gebe ich dir auch nach meinem Tode nichts. Wenn du es tun willst und nicht zu weit entfernt bist, so kannst du mich und deine Mutter in Zeiten besuchen – und wenn du so viel hast, davon ein Mensch leben kann, so komme zurück, ich gebe dir dazu, daß ein zweiter und mehrere andere auch zu leben vermögen, du kannst ein Weib bringen, und wir suchen euch in unserer Höhle noch einen Raum zu machen, darinnen zu wohnen und zu genießen, was euch Jehova sendet. Jetzt, Sohn Abdias, sei gesegnet, gehe hin und verrate nichts von dem Neste, in dem du aufgeätzet worden bist.«

So hatte Aron gesprochen und den Sohn hinaus geführt zu den Palmen, wo das Kamel lag. Dann segnete er ihn und tastete mit seinen Händen auf dem lockigen Scheitel seines Hauptes. Esther lag drinnen auf dem Teppiche, schluchzte und schlug mit den Händen den Boden. Abdias aber, da nun der Segen vorüber war, setzte sich auf das vor ihm liegende Kamel, das sich, sobald es seine Last

spürte, aufrichtete und den Jüngling in die Höhe hob, und wie dieser das Fächeln der fremden, wie aus der Ferne kommenden Luft empfand, so sah er noch einmal den Vater an, und ritt dann gehorsam von dannen.
Von nun an ertrug Abdias das Peitschen des Regens und Hagels in seinem Angesichte – er zog Land aus, Land ein, über Wasser und Ströme, aus einer Zeit in die andere – er kannte keine Sprache, und lernte sie alle, er hatte kein Geld, und erwarb sich dasselbe, um es in Klüften, die er wieder fand, zu verstecken, er hatte keine Wissenschaft, und konnte nichts, als, wenn er auf seinem hagern Kamele saß, die feurigen Augen in die große, ungeheure Leere um sich richten und sinnen, er lebte sehr dürftig, daß er oft nichts anders hatte als eine Hand voll trockner Datteln, und doch war er so schön, wie einer jener himmlischen Boten gewesen ist, die einstens so oft in seinem Volke erschienen sind. So hat auch einmal jener Mohammed, wenn er Tage lang, Wochen lang allein war bloß mit seinem Tiere in dem weiten Sande, die Gedanken gesonnen, die dann eine Flamme wurden und über den Erdkreis fegten. Sonst war Abdias ein Ding, das der blödeste Türke mit dem Fuße stoßen zu dürfen glaubte, und stieß. Er war hart und unerbittlich, wo es seinen Vorteil galt, er war hämisch gegen die Moslims und Christen – und wenn er des Nachts sich mitten in der Karawane auf den gelben Sand streckte, so legte er recht sanft sein Haupt auf den Hals seines Kameles, und wenn er im Schlummer und Traume sein Schnaufen hörte, so war es ihm gut und freundlich, und wenn es irgend wo wund gedrückt wurde, versagte er sich das liebliche Wasser, wusch damit die kranke Stelle und bestrich sie mit Balsam.
Über die Stätte war er gewandelt, wo die alte Handelskönigin Carthago gestanden war, den Nil hatte er gesehen, über den Euphrat und Tigris war er gegangen, aus dem Ganges hatte er getrunken – er hatte gedarbt und

gewuchert, zusammen gerafft und gehütet – er hatte seine Eltern nicht ein einziges Mal besucht, weil er immer so weit weg gewesen war – – und nachdem fünfzehn Jahre vergangen waren, kam er wieder zum ersten Male in die verschollene Römerstadt. Er kam in der Nacht, er kam zu Fuße, weil man ihm sein Kamel geraubt hatte, er war in ganz zerrissene Kleider gehüllt, und trug Stücke eines Pferdeaases in der Hand, um davon den Schakalen zuzuwerfen, daß er sie von seinem Leibe hielte. Auf diese Weise gelangte er zu dem römischen Triumphbogen und zu den zwei alten Palmenstämmen, die noch immer da standen und in der Nacht schwarze Linien in den Himmel zogen. Er pochte an die aus Rohr geflochtene Tür, die dreifach vor dem Mauerloche war, das den Eingang bildete, er rief und nannte seinen Namen und den seines Vaters – und er mußte lange warten, bis ihn jemand hörte und den alten Juden weckte. Es standen alle in dem Hause auf, als sie hörten, wer gekommen sei, und Aron, als er durch die Tür mit ihm zuerst geredet hatte, öffnete dieselbe und ließ ihn ein. Abdias bat den Vater, daß er ihn in den Keller führe, und als er dort die Rohrtüre hinter sich verschlossen hatte, zählte er ihm goldene Münzen aller Länder auf, die er sich erworben hatte, eine große Summe, die man kaum erwarten konnte. Aron sah ihm schweigend zu, bis er fertig war, dann schob er die Goldstücke auf dem Steine zusammen und tat sie wieder handvollweise in den ledernen Sack, in dem sie Abdias gebracht hatte, und legte den Sack seitwärts in ein Loch, das zwischen Marmorfriesen war. – – Dann, als bräche die Rinde plötzlich entzwei, oder als hätte er mit der Vaterfreude warten müssen, bis erst das Geschäft aus war, stürzte er gegen den Sohn, umarmte ihn, drückte ihn an sich, heulte, segnete, murmelte, betastete ihn und benetzte sein Angesicht mit Tränen.

Abdias aber ging, da dies vorüber war, wieder in die Vorstube hinauf, warf sich auf einen Haufen Matten, die da lagen, und ließ den Quell seiner Augen rinnen – er rann so milde und süß; denn sein Leib war ermüdet bis zum Tode.

Der Vater aber ließ ihn von seinen Lumpen entkleiden, man legte seinen Körper in ein linderndes, reinigendes Bad, rieb dann die Glieder mit köstlichen und heilsamen Salben und kleidete ihn in ein Feierkleid. Dann wurde er in die inneren Zimmer gebracht, wo Esther auf den Polstern saß und geduldig wartete, bis ihn der Vater herein führen würde. Sie stand auf, da der Angekommene unter dem Vorhange des Zimmers herein ging – aber es war nicht mehr der süße, weiche, schöne Knabe, den sie einst so geliebt hatte, und dessen Wangen das so sanfte Kissen für ihre Lippen gewesen waren; sondern er war sehr dunkel geworden, das Antlitz härter und höher und die Augen viel feuriger –: aber auch er sah die Mutter an – sie war nicht minder eine andere geworden, und das unheimliche Spiel der Jahre zeigte sich in ihrem Angesichte. Sie nahm ihn, da er bis an ihre Seite vorwärts gekommen war, an ihr Herz, zog ihn gegen sich auf die Kissen und drückte ihren Mund auf seine Wangen, seine Stirne, seinen Scheitel, auf seine Augen und auf seine Ohren.

Der alte Aron stand seitwärts mit gebücktem Haupte, und die Zofen saßen in dem Gemache daneben hinter gelbseidenen Vorhängen und flüsterten.

Die andern aber, die noch zu dem Hause gehörten, gingen draußen an ein anderes Geschäft, das ihnen anbefohlen worden war. Obgleich die Nacht von ihrer Mitte bereits gegen Morgen neigte und die bekannten Bilder der Sterne, die am Abende von Egypten herüber gekommen waren, schon jenseits der Häupter standen und gegen die Wüste hinab zogen, mußte noch die Ankunft nach der Sitte gefeiert werden. Man schlachtete bei Kerzenscheine ein Lamm, briet es in der Küche und setzte es auf den

Tisch. Sie gingen alle hinzu, aßen alle davon, und man gab auch dem Gesinde zu essen. Hierauf begaben sie sich zur Ruhe und schlummerten lange bis an den andern Tag, da die Wüstensonne schon auf die Trümmer niederschien, wie ein großer, runder Diamant, der täglich ganz allein am leeren Himmel funkelte.

Von da an waren Freudenfeste durch drei Tage. Es wurden die Nachbarn herbeigerufen, das Kamel, der Esel und der Hund des Hauses waren nicht vergessen, und für die Tiere der Wüste wurde ein Teil in die entfernten Gegenden der Trümmer hinaus gelegt; denn es reichten die Mauerstücke weit in der Ebene fort, und was die Menschen von ihnen übergelassen hatten, dazu kamen die Tiere, um Schutz zu suchen.

Als die Feste vorüber gegangen waren, und noch eine Zeit verflossen war, nahm Abdias aufs neue Abschied von den Eltern; denn er reisete nach Balbek, um die schönäugige Deborah zu holen, die er dort gesehen, die er sich gemerkt hatte, und die mit all den Ihrigen zu seinem Stamme gehörte. Er reisete als Bettler, und kam nach zwei Monaten dort an. Zurück ging er als bewaffneter Türke mitten in einer großen Karawane, denn das Gut, das er mit sich führte, konnte er nicht in Klüften verstecken, und konnte es, wenn es verloren ginge, nicht wieder erwerben. Damals war in allen Karawansereis die Rede von der Schönheit des reisenden Moslim und der noch größern seiner Sklavin; – aber die Rede, wie ein glänzender Strom gegen die Wüste, verlor sich allgemach, und nach einer Zeit dachte keiner mehr daran, wo die beiden hingekommen wären, und es redete keiner mehr davon. Sie aber waren in der Wohnung des alten Arons, es wurden in den Gewölben unter dem Schutte Zimmer gerichtet, die Vorhänge gezogen und die Polster und Teppiche für Deborah gelegt.

Aron teilte mit dem Sohne sein Gut, wie er es versprochen hatte, und Abdias ging nun in die Länder hinaus, um Handel zu treiben.

Wie er einst gehorsam gewesen war, so trug er jetzt aus allen Orten zusammen, was nach seiner Meinung den Sinnen der Eltern wohl tun könnte, er demütigte sich vor den eigensinnigen Grillen des Vaters und litt das vernunftlose Scheltwort der Mutter. – Als Aron alt und blöde geworden war, ging Abdias in schönen Kleidern, mit schimmernden und gut bereiteten Waffen, und er machte mit seinen Kaufgenossen draußen Einrichtungen, wie es die großen Handelsleute in Europa tun. Da die Eltern unmündige Kinder geworden waren, starben sie eines nach dem andern, und Abdias begrub sie unter den Steinen, die neben einem alten Römerknaufe lagen.

Von jetzt an war er allein in den Gewölben, die unter dem hochgetürmten Schutte neben dem Triumphbogen und den zwei Stämmen der verdorrten Palmen sind.

Nun reisete er immer weiter und weiter, Deborah saß mit ihren Mägden zu Hause und harrte seiner, er wurde draußen bekannter unter den Leuten, und zog die schimmernde Straße des Reichtums immer näher gegen die Wüste.

2. DEBORAH

Als nach dem Tode Arons und Esthers einige Jahre vergangen waren, bereitete es sich allgemach vor, daß es nun anders werden sollte in dem Hause neben den Palmen. Das Glück und der Reichtum häuften sich immer mehr. Abdias war eifrig in seinem Werke, dehnte es immer weiter aus und tat den Tieren, den Sklaven und den Nachbarn Gutes. Aber sie haßten ihn dafür. Das Weib seines Herzens, welches er sich gewählt hatte, überschüttete er mit Gütern der Welt und brachte ihr, obwohl sie unfruchtbar war, aus den Ländern die verschiedensten Dinge nach Hause. Da er aber einmal in Odessa krank geworden war und die böse Seuche der Pocken geerbt hatte, die ihn ungestaltet und häßlich machten, verabscheute ihn Deborah, als er heim kam, und wandte sich auf immer von ihm ab; denn nur die Stimme, die sie gekannt hatte, hatte er nach Hause gebracht, nicht aber die Gestalt, – – und wenn sie auch oft auf den gewohnten Klang plötzlich hin sah – so kehrte sie sich doch stets wieder um und ging aus dem Hause; sie hatte nur leibliche Augen empfangen, um die Schönheit des Körpers zu sehen, nicht geistige, die des Herzens. Abdias hatte das einst nicht gewußt; denn als er sie in Balbek erblickte, sah er auch nichts als ihre große Schönheit, und da er fort war, trug er nichts mit als die Erinnerung dieser Schönheit. Darum war für Deborah jetzt alles dahin. – Er aber, da er sah, wie es geworden war, ging in seine einsame Kammer und schrieb dort den Scheidebrief, damit er fertig sei, wenn sie ihn begehre, die nun von ihm gehen würde, nachdem sie so viel Jahre bei ihm gewesen war. Allein sie begehrte ihn nicht, sondern lebte fort neben ihm, war ihm gehorsam, und blieb traurig, wenn die Sonne kam, und traurig, wenn die Sonne ging. Die Nachbarn aber belachten sein Angesicht und sagten, das sei der Aussatzengel Jehovas, der über ihn gekommen wäre und ihm sein Merkmal eingeprägt habe.

Er sagte nichts, und die Zeit schleifte so hin.

Er reisete fort, wie früher, kam wieder heim, und reisete wieder fort. Den Reichtum suchte er auf allen Wegen, er trotzte ihn bald in glühendem Geize zusammen, bald verschwendete er ihn, und wenn er draußen unter den Menschen war, lud er alle Wollüste auf seinen Leib. – Dann kam er nach Hause und saß an manchem Nachmittage hinter dem hochgetürmten Schutte seines Hauses, den er gerne besuchte, neben der zerrissenen Aloe, und hielt sein

bereits grau werdendes Haupt in beiden Händen. Er dachte, er sehne sich nach dem kalten, feuchten Weltteile Europa, es wäre gut, wenn er wüßte, was dort die Weisen wissen, und wenn er lebte, wie dort die Edlen leben. – – Dann heftete er die Augen auf den Sand, der vor ihm dorrte und glitzerte – und blickte seitwärts, wenn der Schatten der traurigen Deborah um die Ecke einer Mauertrümmer ging, und sie ihn nicht fragte, was er sinne. – Aber es waren nur flatternde Gedanken, wie einem, der auf dem Atlas wandert, eine Schneeflocke vor dem Gesichte sinkt, die er nicht haschen kann.
Wenn Abdias nur erst wieder hoch auf dem Kamele saß, mitten in einem Trosse, befehlend und herrschend: dann war er ein anderer, und es funkelten in Lust die Narbenlinien seines Angesichtes, die so unsäglich häßlich waren, und daneben glänzten in Schönheit die früheren Augen, die er behalten hatte, – ja sie wurden in solchen Zeiten noch schöner, wenn es um ihn von der Wucht der Menschen, Tiere und Sachen schütterte – wenn sich die Größe und Kühnheit der Züge entfaltete und er mit ihnen ziehen konnte, gleichsam wie ein König der Karawanen; denn in der Ferne wurde ihm zu Teil, was man ihm zu Hause entzog: Hochachtung, Ansehen, Oberherrschaft. Er sagte sich dieses vor und übte es recht oft, damit er es sähe – und je mehr er befahl und forderte, um so mehr taten die andern, was er wollte, als wäre es eben so, und als hätte er ein Recht. Obwohl er fast ahnete, daß es hier das Gold sei, welches ihm diese Gewalt gebe, so hielt er sie doch fest und ergötzte sich in ihr. Da er einmal den reichgekleideten Herrn, Melek-Ben-Amar, den Abgesandten des Bei, den dieser zu ihm in die Stadt Bona geschickt hatte, um ein Anleihen zu erzwingen, recht lange hatte warten und recht inständig hatte bitten lassen, bis er ihm willfahrte, so war er fast in seinem Herzen gesättigt. Als er von da eine Reise durch Libyen machte, ko-

stete er auch das Glück der Schlachten. Es waren Kaufleute, Pilger, Krieger, Gesindel und Leute aller Art, die sich zu einer großen Karawane zusammen getan hatten, um durch die Wüste zu ziehen. Abdias war in seidenen Kleidern und glänzenden Waffen unter ihnen; denn seit er häßlich war, liebte er den Glanz noch mehr. Am siebenten Tage des Zuges, da schwarze Felsen um sie waren und die Kamele mit den Fußsohlen die Hügel weichen Sandes griffen, flog eine Wolke Beduinen heran. Ehe die in der Mitte, wo das große Gepäcke war, fragen konnten, was es sei, knallten schon am Saume der Karawane die langen Röhre und zeigten sich Sonnenblitze von Klingen. Sogleich wurde von denen in der Mitte ein Geschrei und ein Jammer erhoben, viele wußten nicht, was zu tun sei, viele stiegen ab und warfen sich auf die Knie, um zu beten. Da erhob sich der hagere Jude, der gleichfalls in der Mitte bei den großen Warenballen geritten war, auf seinem Tiere und schrie Schlachtbefehle, die ihm einkamen. Er ritt gegen das Gefecht hinvor und zog seine krumme Klinge: da waren die weißen Gestalten mit den eingemummten Köpfen, und mehrere der Karawane mit ihnen im Kampfe. Einer wandte sich sogleich gegen ihn, mit der Klinge über den Hals des Kameles nach seinem Kopfe holend, aber Abdias wußte in dem Augenblicke, was zu tun sei: er duckte sich seitwärts an den Hals des Kameles, stieß sein Tier dicht an den Feind und stach ihn, daß ein Blutbach über das weiße Gewand strömte, von dem Sattel. Auf die nächsten feuerte er seine Pistolen. Dann rief er Befehle, die seine Nachbarn einsahen und befolgten – und wie die andern sahen, wie es gehe, wuchs ihnen der Mut, immer mehrere kamen herbei, und wie nur erst der zweite und der dritte von den Feinden fiel, da flog eine wilde Lust heran, der Teufel des Mordens jauchzte, und die ganze Karawane drängte vor. Abdias selber wurde empor gerissen, er hatte sein schwarzes Angesicht hoch gehoben, seine Narben waren Feuerflammen, die Augen in dem dunkeln Antlitze weiße Sterne, der Mund rief weit tönend und in Schnelle die tiefen Araberlaute aus, und wie er, die Brust gleichsam in Säbelblitze tauchend, immer tiefer hineinritt, hatte er den dunklen, dürren Arm, von dem der weite Seidenärmel zurück gefallen war, von sich gestreckt, wie ein Feldherr, der da ordnet. Im dünnen Schatten des Rauches, der sich bald verzogen, weil keiner mehr Zeit zum Laden hatte, und in den Blitzen der fürchterlichen Wüstensonne, die oben stand, änderte sich nun schnell das Bild der Dinge: die früher angegriffen hatten, waren jetzt die Bedrängten und Mitleidswürdigen. Sie sahen nach Rettung. Einer drückte zuerst das lange Gewehr sachte an seine Gestalt, beugte sich vor und schoß in Flucht aus dem Kreise – ein anderer warf die Waffen weg, die Zügel auf den Rücken vorwärts und ließ sein Heil dem edlen Pferde, das mit Windesflug in die Wüste trieb – wieder andere, in Vergessenheit der Flucht, wurzelten in dem Boden und flehten Gnade. Aber alles war vergeblich. Abdias, der befohlen hatte, konnte nicht mehr lenken, die Flut schwoll über, und die früher gebeten hatten, tobten jetzt und stießen denen, die auf den Knieen lagen und baten, das Messer in das Herz. – – Abdias hielt, da endlich alles aus war und die Sieger die Toten und Verwundeten und die Satteltaschen an ihren Tieren plünderten, auf seinem Kamele und warf den blutigen Säbel von sich weg. Ein Türke, der in der Nähe kauerte, mißverstand die Bewegung und sah sie für einen Befehl an: er wischte die Klinge an seinem eigenen Kaftan ab und reichte sie dem tapfern Emir wieder.

Als man nach dem Gefechte weiter zog und alle Tage das einsame Bild der Wüste war, dachte Abdias: wenn er nun den Bei tötete, wenn er selber Bei würde, wenn er Sultan würde, wenn er die ganze Erde eroberte und unterwürfe – was es dann wäre? es waren unbekannte Dinge und standen mit düsterm Winken in der Zukunft. – – Allein er wurde nicht Bei, sondern, wenn wir uns so ausdrücken dürfen, auf jener ganzen Reise, die noch weit herum ging, schwebte schon ein trauriger, dunkler Engel über ihm. Man war wieder in die blühenden Länder der Menschen gekommen, er hatte in vielen Richtungen zu gehen, er schloß sich bald an diese, bald an jene Karawane an, und öfters – wie es nun Menschen manchmal ist – wenn er so in der Ferne zog, fiel ihm plötzlich ein: wenn nur zu Hause kein Unglück geschehen ist – aber er strafte diese Gedanken immer wieder selber, indem er sagte: »Was kann denn zu Hause geschehen? zu Hause ist ja gar kein Unglück möglich.« – – Und er zog hierauf noch Öde aus, Öde ein, hatte Geschäfte abzutun und tat sie mit Glück, sah manche Gegenden und Städte, und es waren mehrere Monate vergangen, bis er nach all den Kreislinien wieder einmal das Blau der Atlasberge schimmern sah und hinter ihnen seine Heimat ahnete. Er zog ihr zu. Er ließ seine schönen Kleider in einem Dorfe, wo in einer Grotte eine Synagoge war, und in einer schönen, heitern Sternennacht lösete er sich von der letzten Karawane, mit der er gezogen war, ab, und wandte sich seitwärts gegen die Ebene, über die man zu den Bergen und jenseits derselben zu der alten Römerstadt gelangen konnte. Da schwang sich der Engel von seinem Haupte; denn es war geschehen, was da sollte. Da Abdias nämlich als zerlumpter Mann auf dem Kamele reisend ganz allein im Sande ritt und sich bereits dem Ziele seiner Wanderung näherte, sah er eine schwache blaue Dunstschichte über der Geisterstadt stehen, gleichsam einen brütenden Wolkenschleier, wie sie oft ihr Phantom auf die Wüste werfen – allein er achtete nicht darauf, da auch der andere Himmel sich milchig zu beziehen anfing und die heiße Sonne wie ein rotes, trübes Auge oben stand, was in diesen Gegenden immer das Herannahen der Regenzeit bedeutet. Aber da er endlich zu den wohlbekannten Trümmern gelangte und in die bewohnten Teile derselben einritt, sah er, daß man die zerstörte Stadt noch einmal zerstört hatte; denn die wenigen elenden Balken, die einst von weiten Landen herbei geschleppt und aufgerichtet worden waren, lagen herum gestreut und rauchten – schmutzige Asche von Palmenblättern, den Dächern der Hütten, lag zwischen schwarzen, von Feuer genäßten Steinen – er ritt schneller – und wie er zu dem Triumphbogen und den zwei verdorrten Palmenstämmen gekommen war, so sah er fremde Männer, welche Dinge aus seinem Hause trugen – ihre Maultiere waren schon sehr bepackt, und aus dem Schlechten, was sie in den Händen hatten, erkannte er, daß es das letzte sei, was sie trugen. An den Palmenstämmen aber hielt Melek-Ben-Amar hoch zu Rosse, und mehrere Männer waren um ihn. Als Abdias schnell sein Tier zum Niederknien gezwungen hatte, abstieg, gleichsam wie zu retten herbeilief und den Menschen erkannte, grinsete dieser mit dem Angesichte auf ihn herab und lächelte – Abdias mit dem unbeschreiblichsten, inbrünstigsten Hohne und Hasse fletschte ihm auch die Zähne entgegen – aber er hatte jetzt nicht Zeit, sondern sprang an ihm vorbei in die vordere Stube, wo die alten Kleider lagen, um zu sehen – – aber hier waren etliche Nachbarn, die aus Schadengier herbei gelaufen waren, um sich zu weiden – – und wie diese jetzt den unvermutet herbei gekommenen Abdias gewahr wurden, jubelten sie laut und schreiend, ergriffen ihn sogleich, schlugen ihn, spieen ihm ins Angesicht und riefen: »Da bist du nun – du bist es, du, du!! – – Du hast dein eigen Nest beschmutzt, du hast dein eigen Nest verraten und den Geiern gezeigt. Weil du in ihren eitlen Kleidern gegangen bist, haben sie's geargwohnt, der Grimm des Herrn hat dich gefunden und zermalmt, und uns mit dir. Du mußt ersetzen, was genommen ward, du mußt alles ersetzen, du mußt es zehnfach ersetzen, und mehr.«

Abdias, gegen so viele Hände unmächtig, ließ gewähren und sagte kein Wort. Sie zerrten ihn wieder gegen die Tür und wollten neuerdings schreien und ihn mißhandeln. Da kam der Abgesandte des Bei mit mehreren Soldaten herein und rief unter die Juden: »Laßt den Kaufmann fahren, sonst wird jeder von euch an einen Spieß gesteckt, so wie er hier steht. Was geht es euch an, daß er ein Hund ist; denn ihr seid es auch. – Wollt ihr fahren lassen, sag ich?«

Darauf wichen sie zurück. Die Söldner Meleks durchsuchten nun Abdias' Kleider und nahmen ihm alles, was ihnen gefiel – er litt es sehr geduldig – dann sagte Melek zu ihm: »Du hast sehr übel getan, Abdias-Ben-Aron, daß du in diesem Verstecke da Habe und Abgaben unterschlagen hast, wir könnten dich strafen, aber wir tun es nicht. Lebe wohl, edler Kaufmann, wenn du einmal des Weges in unsere Stadt bist, so besuche uns, wir werden dir die Pfänder deiner Schuldforderung zeigen und dir die Zinsen bezahlen. – Jetzt gebt ihn frei, daß er wieder anschwelle und Früchte trage.«

Und mit Lachen und mit Schreien ließen sie von ihm ab – er litt es auch sehr geduldig, und hatte sich nicht gerührt, nur daß er bei dem Hohne die Augen scheu seitwärts drehte, wie ein ohnmächtiger Tiger, der geneckt wird. – – Aber wie sie draußen waren, aufstiegen und über den Hügel Sandes davon reiten wollten, sprang er eines Satzes nach, riß die Pistolen aus dem Halfter seines Kameles, wo man sie, als man die anderen Packsäcke abgeschnitten, auf dem magern, verachteten Tiere vergessen hatte, und feuerte beide auf Melek ab. Allein er hatte ihn nicht getroffen. Da kehrten mehrere Soldaten um, schlugen ihn mit ihren Spießen über den Rücken und die Lenden, und ließen ihn für tot liegen. Dann ging der Zug

wieder durch die Trümmer fort gegen jene Seite der Ebene hinaus, die mit kurzem schlechten Grase bewachsen ist und den nächsten Weg zu den bewohnten Ländern hat. Abdias blieb auf dem Sand liegen und regte sich nicht. Da man aber keinen einzigen Laut von dem Schreien der Fortreitenden mehr hören konnte, zog er sich von dem Boden empor und schüttelte die Glieder. Er ging wieder zu dem Kamele, das noch auf den Knieen lag, nahm von den tiefer gelegenen Stellen des sehr geflickten Halfters zwei kleine Pistolen heraus, die dort verborgen waren, und begab sich damit in seine Wohnung. Dort standen sowohl an den Palmen als auch in der Stube noch mehrere seines Stammes, die zusammengelaufen waren, und harrten, was jetzt zu tun sei. Er ging sachte durch die Tür hinein, drückte sich an die Wand und rief mit heiserer Stimme: »Wer von euch nur noch einen Atemzug lang hier verweilet, ja wer nur mit dem Fuße zuckt, als wollte er der letzte sein, der fort geht, den schieße ich mit dieser Waffe nieder, und seinen Nachbarn mit der andern – dann kann geschehen, was da wolle – gepriesen sei der Herr!«
Er war während dieser Worte bis in die Tiefe der Stube zurückgeschlichen und hatte die Sterne des Sehens auf sie gerichtet. Sein häßlich Antlitz funkelte in maßloser Entschlossenheit, die Augen strahlten, und einige behaupteten nachher, sie hätten in jenem Augenblicke auch ganz deutlich einen unnatürlichen Schein um sein Haupt gesehen, von dem die Haare einzeln und gerade empor gestanden wären wie feine Spieße.
Sie zauderten noch ein wenig, und gingen dann einzeln zur Türe hinaus. Er schaute ihnen nach und knatterte mit den Zähnen, wie eine Hyäne der Berge. Als endlich der letzte seinen Fuß über die Schwelle gezogen hatte und unsichtbar wurde, murmelte er: »Da gehen sie, sie gehen – warte, es wird eine Zeit kommen, Melek, daß ich mit dir auch noch rechne.«

Draußen mochten sie überlegen: ›wenn er der Mann sei, der sie ins Verderben gebracht, so könne er ihnen auch wieder empor helfen, er muß ersetzen, sie wollen ihn sparen und in der Zukunft zwingen.‹ Er hörte ihre Worte herein und horchte mit den Ohren darauf hin. Aber sie wurden immer weniger, und endlich ließ sich gar nichts mehr vernehmen, ein Zeichen, daß sie alle fortgegangen sein mochten.

Abdias stand noch eine Weile und atmete lange und tief. Dann wollte er nach Deborah sehen, die ihn jetzt wieder dauerte. Er steckte die Pistolen in seinen Kaftan, stieg über den Haufen Gewandes, das sonst vor dem Eingange zu dem innern Zimmer gehangen war, jetzt aber auf der Erde lag, griff sich durch den Gang, in welchem die Lampe herabgeworfen worden war, und trat in die Gemächer hinein. Da fiel das Licht durch die Fenster oben, die mit Myrten umrankt waren, auf den Estrich des Bodens herab: allein es waren nun keine Teppiche und Matten mehr da, sondern die an allen Stellen nach Schätzen aufgewühlte Erde und die nackten Steine der tausendjährigen Mauern sahen ihn wie eine Mördergrube an. Er fand wirklich Deborah in dem größeren Gemache, wo sie sonst gerne gewesen war, und – siehe, wie seltsam die Wege und Schickungen der Dinge sind: sie hatte ihm gerade in dieser Nacht ein Mägdlein geboren – aus Schreck der Mutter war es zu früh gekommen, und sie hielt ihm nun dasselbe von dem Haufen lockerer Erde, auf dem sie lag, entgegen. Er aber stand in dem Augenblicke wie einer, der von einem furchtbaren Schlage geschüttelt wird, da. Nichts als die einzigen Worte sagte er: »Soll ich denn nun nicht nach reiten und das Kind in die Spieße der Soldaten schleudern?!«

Nach einem kleinen Weilchen Harrens aber ging er näher, hob es auf und sah es an. Dann, ohne es weg zu tun, begab er sich in das anstoßende Gemach, und sah lange

und scharf gegen einen Winkel und die dort gefügten Steine, dann kam er heraus und sagte: »Ich habe es gedacht, ihr Toren, ich habe euch also genug heraußen gelassen – o ihr siebenfachen Toren!«
Dann fiel er auf die Knie nieder und betete: »Jehova, Lob, Preis und Ehre von nun an bis in Ewigkeit!«
Sodann ging er wieder zu Deborah und legte das Kind zu ihr. Er griff mit dem Finger in ein Wasser, das in einem Näpfchen nicht weit von ihr stand, und netzte ihr die Lippen, weil kein einziger Mensch, keine Wehmutter, kein Diener und keine Magd in der ganzen Wohnung war. Und als er dies getan hatte, sah er noch genauer auf sie hin und streichelte, neben ihrem Haupte kauernd, ihre kranken, bereits alternden Züge – sie aber lächelte ihn seit fünf Jahren wieder zum ersten Male mit dem düsteren, traurigen Antlitze an, als sei die alte Liebe neu zurück gekehrt – indes sah wieder der häßliche Kopf eines Nachbars, der vielleicht die Gierde am wenigsten zähmen konnte, sogar bei dieser innern halbzerbrochenen Tür herein, aber er zog sich wieder zurück – Abdias achtete nicht darauf, es fiel ihm von den Augen herunter wie dichte Schuppendecken, die darüber gelegen waren – es war ihm mitten in der Zerstörung nicht anders, als sei ihm das größte Glück auf Erden widerfahren – und wie er neben der Mutter auf dem nackten Boden saß, und wie er den kleinen wimmernden Wurm mit den Händen berührte, so wurde ihm in seinem Herzen, als fühle er drinnen bereits den Anfang des Heiles, das nie gekommen war, und von dem er nie gewußt hatte, wo er es denn suchen sollte – es war nun da, und um Unendliches süßer und linder, als er sich es je gedacht. Deborah hielt seine Hand, und drückte sie und liebkoste sie – er sah sie zärtlich an – sie sagte zu ihm: »Abdias, du bist jetzt nicht mehr so häßlich wie früher, sondern viel schöner.«
Und ihm zitterte das Herz im Leibe.

»Deborah,« sagte er, »es ist kein Mensch da, der dir etwas reichen könnte, hast du nicht vielleicht Hunger?«
»Nein, Hunger habe ich nicht,« antwortete sie, »aber Mattigkeit.«
»Warte, ich will dir etwas bringen,« sagte er, »das dich stärket, und ich will dir auch Nahrung reichen, die dir vielleicht doch abgeht, und ich will dein Lager besser bereiten.«
Dann stand er auf, und mußte sich erst ein wenig dehnen, ehe er fort gehen konnte; denn die Schmerzen waren während der kurzen Ruhe recht stark gekommen. Dann ging er hinaus und brachte von den schlechten Kleidern, die draußen lagen, einen Arm voll herein, und bereitete neben ihr ein besseres Lager, auf das er sie hinüberhob, dann deckte er noch sein von seinem Leibe warmes Oberkleid auf sie, weil er meinte, es friere sie; denn sie war so bleich. Sodann ging er zu dem Platze, wo die Zündsachen lagen, die dienten, um Feuer anzufachen. Sie lagen unberührt dort, weil sie schlechte Dinge waren. Er zündete ein Kerzlein an, tat es in die Hornlaterne, und stieg draußen über eine Treppe unter der Erde hinab, wo der Wein zu liegen pflegte. Er war aber aller herausgelassen und verschüttet. Aus einer kleinen Lacke, die auf der Erde stehen geblieben war, brachte er ein wenig in ein Gefäß. Dann holte er Wasser aus der Zisterne. Denn das in dem Näpfchen war schon sehr warm und auch etwas stinkend geworden, und mit dem Gemische von Wein und frischem Wasser benetzte er ihre Lippen und sagte, sie solle mit der Zunge das Naß nur wegnehmen und hinunter schlucken, es würde ihr für den Augenblick schon helfen. Als sie dies getan und mehrere Male wiederholt hatte, stellte er die Gefäße mit Wein und Wasser wieder hin und sagte, er wolle ihr nun auch Nahrung bereiten. Er suchte aus seinen herumgestreuten Reisesachen eine Büchse hervor, in der er stets den verdichteten Stoff

einer guten Brühe mit sich führte. Dann ging er in die Küche hinaus, um etwa nach einem Blechgefäße zu schauen, das ihm dienen könnte. Und als er ein solches gefunden hatte, kam er wieder herein, tat Wasser und den Stoff in dasselbe, zündete eine Weingeistflamme an und stellte es auf einem Gestelle darüber. Er blieb bei dem Gefäße stehen, um zu merken, wie sich das Ganze auflösen würde. Deborah mußte jetzt viel wohler und ruhiger sein; denn wenn er hin blickte, sah er, daß sie über die Augen, mit welchen sie ihm zuschaute, öfter die Lider herab fallen ließ, als wollte sie schlummern. In dem ganzen Hause war es sehr stille, weil alle Zofen und Diener fort gelaufen waren. Als sich sein Brühstoff in dem warmen Wasser vollends aufgelöst hatte, nahm er das Gefäß wieder weg, um alles ein wenig abkühlen zu lassen. Er kniete neben ihrem Angesichte nieder und saß nach Art der Morgenländer auf seine Füße.

»Deborah, bist du schläfrig?« sagte er.

»Ja, sehr schläfrig«, antwortete sie.

Er hielt das Gefäß noch ein wenig zwischen den Händen, und da es gehörig lau geworden war, reichte er ihr den Trank und sagte, sie solle schlürfen. Sie schlürfte. Es mußte ihr auch wohlgetan haben, denn sie sah noch einmal mit den schlaftrunkenen Augen gegen sein Angesicht, wie er so neben ihr saß, empor, und entschlummerte dann wirklich sanft und süß. Er blieb noch eine Weile sitzen und schaute hin. Das Kindlein, mit den weiten Ärmeln des Kaftans zugedeckt, schlummerte gut. Dann stand er auf und stellte das Gefäß bei Seite.

Die Zeit dieses Schlafes wollte er benützen, um zu sehen, was denn noch in der Wohnung liegen könne, daß man es zu einer Einrichtung gebrauche, die in der ersten Zeit fort helfe – auch wollte er, wenn es anginge, draußen kurz umsehen, ob er keines seiner Diener oder Dienerinnen erblicken könne, daß sie eine Weile wachten, indes er fort gehe und um Nahrung wenigstens für die nächsten Augenblicke sorge. Er ging durch die Zimmer, kam wieder heraus zu Deborah, und wie er herum suchte und immer auf das Schloß der Tür hin sah, wie er es denn machen solle, daß er schließen könne, wenn er fort gehe – denn alles hing halb zerrissen und zerbrochen herab – kroch sein abessinischer Sklave Uram herbei. Er zog sich an der Erde fort und richtete die Augen fest auf Abdias, weil er eine furchtbare Züchtigung erwartete, da er, als die Plünderer kamen, mit den andern fort gelaufen war. Aber Abdias hatte ihm eher Lohn als Strafe zugedacht, indem er der erste war, der wieder gekommen.

»Uram,« sagte er, »wo sind denn die andern?«

»Ich weiß es nicht«, antwortete der Sklave, indem er im Näherkriechen inne hielt.

»Seid ihr denn nicht mit einander fortgelaufen?«

»Ja, aber es haben sich alle zerstreut. Und wie ich gehört habe, daß du zurück gekehrt bist, bin ich wieder gekommen, und habe gemeint, die andern werden auch schon da sein, weil du uns schützen wirst.«

»Nein, sie sind nicht da,« sagte Abdias, »kein einziger ist da. – – Knabe Uram,« fuhr er dann sehr sanft fort, »komme näher und höre, was ich dir sagen werde.«

Der Jüngling sprang empor und starrte Abdias an. Dieser aber sprach: »Ich werde dir einen sehr schönen roten Bund geben mit einem weißen Reigerbusche darauf, ich werde dich zum Aufseher über alle anderen machen, wenn du genau ausführest, was ich dir sage. Du mußt, so lange ich fort bin – denn ich werde ein wenig weg gehen – deine kranke Herrin und dieses Kind bewachen. Setze dich hierher auf diesen Erdhaufen – so – hier hast du ein Gewehr, es ist eine Pistole – so mußt du sie halten – –«

»Das weiß ich schon«, sagte der Knabe.

»Gut,« fuhr Abdias fort, »wenn nun einer herein kömmt und die schlummernde Frau und das Kind anrühren will,

so sag ihm, er solle gehen, sonst wirst du ihn töten. Geht er nicht, so halte die Öffnung gegen ihn, drücke an der eisernen Zunge und schieße ihn tot. Verstehst du alles?«
Uram nickte und setzte sich in der verlangten Stellung auf den Boden.
Abdias sah ihn noch ein Weilchen an, und ging dann, den Griff der andern Pistole mit seiner Hand im Kaftane haltend, durch den Gang in die äußere Stube hinaus. Es lag alles so herum gestreut, wie er es verlassen hatte, und kein Mensch war in der weitläufigen Höhle. Da er sich überall umgesehen hatte, beschloß er vollends hinaus zu gehen. Er mußte sich wegen der vielen Schmerzen in den Lenden noch einmal dehnen, und stieg dann über die Schwelle der Tür zu den Palmen hinaus. Es war hier wirklich ganz öde, wie er es voraus gedacht hatte; denn die Nachbarn mochten in ihre entfernten Behausungen, oder wohin es ihnen sonst gefallen hat, gegangen sein. Als er zu dem Sandhaufen kam, wo er mit den Lanzen geschlagen worden war, war das Kamel nicht mehr da – sie hatten es samt den Lumpen als Ersatz mitgenommen. Er bog um den Triumphbogen und abgelegene Trümmer herum, und als er auf den hohen Schutthaufen, der über seinem Hause lag, gekommen war, stieg er auf den noch höheren hinan, der sich hinter demselben befand, wo Sand und weitgedehnte Blöcke lagen und eine große Umsicht auf alle Dinge und auf das Dämmerrund der Wüste sich eröffnete. Dort hob er einen Stein auf und zog einen goldenen Ring unter demselben hervor. Dann stand er, und sah ein wenig herum. Die Sonne, welche früher ein trüber, roter Glutpunkt gewesen war, war nun gar nicht mehr sichtbar, sondern ein verschleierter, grauer, heißer Himmel stand über der Gegend. Wir würden in unsern Ländern eine solche Luft sehr heiß nennen, aber dort war sie im Vergleiche mit Tagen, wo die Sonne unausgesetzt nieder scheint, bedeutend kühler geworden. Abdias at-

mete sie wie eine Labung, und strich sich mit der flachen Hand ein paarmal über die Seiten seines Körpers herab. Er schaute durch das schweigende Getrümmer, das unter ihm lag, und stieg dann hinab. Als er bei der zerrissenen Aloe war, begannen kleine Tropfen zu fallen, und was in diesem Erdstriche eine Seltenheit ist, ein grauer, sanfter Landregen hing nach und nach über der ganzen ruhigen Ebene; denn auch das ist selten, daß die Regenzeit so stille und ohne den heftigen Stürmen herannaht.

Abdias stieg auf der entgegengesetzten Seite, als er heraufgegangen war, hinab, wanderte durch allerlei wohlbekannte Irrgänge und Windungen der Trümmer und hatte ziemlich weit zu gehen, bis er das Ziel, wohin er wollte, erreichte, nämlich die Wohnung des vorzüglichsten seiner Nachbarn, wo er glaubte, daß er auch einige andere antreffen würde. Wirklich waren mehrere da, und als sich das Gerücht verbreitete, er sei über die Schwelle des Gaal hineingegangen, kamen noch immer mehrere herbei.

Er sagte zu ihnen: »Wenn ich durch die schöneren Kleider, die ich trug, und durch den größeren Handel, den ich trieb, unsern Aufenthalt verraten, die Plünderer hergelockt und euch Schaden verursacht habe, so will ich auch denselben ersetzen, so gut ich kann. Ihr werdet nicht alles verloren haben; denn ihr seid weise, und habt Kleinodien geborgen. Bringet ein Papier oder Pergament und Tinte herbei. Ich habe manche Schuldforderungen draußen ausstehen, die mir meine Freunde bezahlen müssen, sobald die Zeit um ist. Ich werde sie euch hier aufschreiben, und werde die Erlaubnis dazu schreiben, daß ihr das Geld als euer Eigentum einnehmen dürfet.«

»Wer weiß, ob es wahr ist, daß er etwas zu fordern hat«, sagte einer der Anwesenden.

»Wenn es nicht wahr ist,« antwortete Abdias, »so habt ihr mich immer hier und könnt mich steinigen, oder sonst mit mir tun, was euch gefällt.«

»Das ist richtig, laßt ihn nur schreiben«, riefen andere, während das herbeigebrachte Pergament und die Tinte hingeschoben wurden.
»Er ist so weise wie Salomo«, sagten diejenigen, welche ihn heute am meisten verschimpft und verspottet hatten.
Und als er auf dem Pergamente eine lange Reihe aufgeschrieben, sie ihnen dargereicht und sie alle gesagt hatten, daß sie einstweilen zufrieden sein wollen, bis er sich erholt habe und auch das andere ersetzen kann, zog er den Ring aus seinem Kaftan hervor und sagte: »Du hast eine Milcheselin, Gaal, wenn du mir dieselbe ablassen willst, so bin ich geneigt, dir diesen Ring dafür zu geben, der einen großen Wert hat.«
»Den Ring bist du als Ersatz schuldig, wir werden ihn dir nehmen«, riefen sogleich mehrere.
»Wenn ihr mir den Ring nehmt,« antwortete er, »so werde ich den Mund zuschließen und euch in Zukunft niemals mehr sagen, wo ich Geld habe, wer mir etwas schuldig ist, wo ich im Handel etwas erworben habe, und ihr werdet nie mehr etwas von mir bekommen, das euch eueren Schaden vermindern könnte.«
»Das ist wahr,« sagte einer, »laßt ihm den Ring, und, Gaal, gib ihm die Eselin dafür.«
Den Ring hatten sie unterdessen angeschaut, und da sie erkannt hatten, daß er viel kostbarer sei, als der Preis der Eselin beträgt, sagte Gaal, er werde ihm die Eselin geben, wenn er zu dem Ringe noch ein Stück Geld hinzu legen könne.
»Ich kann nichts mehr hinzulegen,« antwortete Abdias, »denn sie haben mir alles genommen, wie ihr selber gesehen habt. Gib mir den Ring, ich werde ohne die Eselin fortgehen.«
»Lasse den Ring,« sagte Gaal, »ich werde dir die Eselin senden.«
»Nein,« antwortete Abdias, »du darfst sie mir nicht sen-

den, sondern du mußt mir einen Riemen geben, an welchem ich sie fortführen werde. Oder gib den Ring.«
»Ich werde den Riemen und die Eselin geben«, sagte Gaal.
»Sogleich«, sagte Abdias,
»Sogleich«, antwortete Gaal. »Geh hinaus, Jephrem, und führe sie aus der Grube herauf, in welcher sie steht.« Während der Diener ging, um die Eselin zu holen, fragte Abdias die Leute, ob sie keinen seiner Diener oder keine der Zofen seines Weibes gesehen haben; »denn«, sagte er, »sie sind alle fortgegangen.«
»Sind alle deine Diener fort?« fragte man, »nein, wir haben sie nicht gesehen.«
»Ist vielleicht eines davon bei dir, Gad, oder bei dir, Simon, oder bei einem andern?«
»Nein, nein, wir sind selber alle fortgelaufen, und haben nichts von ihnen gesehen.«
Indessen war Jephrem mit der Eselin gekommen, Abdias trat aus der Schwelle der Höhle Gaals heraus, man gab ihm den Riemen in die Hand, und er führte die Eselin über den Schutt davon. Aus den Fenstern steckten sich die Köpfe und schauten ihm nach.
Er ging durch die Wege der Trümmer und gedachte eine Stelle aufzusuchen, die abgelegen war, die er recht wohl kannte, und die öfter als Zufluchtsort gedient hatte, ob er denn nicht eins oder das andere seiner Diener dort finden könnte, wohin sie sich vielleicht geflüchtet haben möchten. Der Regen hatte unterdessen überhand genommen, und war zwar fein geblieben, aber ganz allgemein geworden. Er ging durch den Brei des Sandes, oder an den Schlinggewächsen vorbei, die aus verschiedenen Spalten hervorkamen und die liegenden Baustücke überwuchsen, er ging neben nickenden Aloeblüten und an triefenden Myrten vorüber. Kein Mensch begegnete ihm auf dem Wege, und es war kein Mensch ringsum zu sehen.

Als er an die Stelle kam, die er sich gedacht hatte, ging er durch die niedrige, flache Pforte, die bis auf ihre Mitte im Sande stand, hinein und zog die Eselin hinter sich her. Er ging durch alle Räume des versteckten Gewölbes; aber er fand es ganz leer. Dann ging er wieder heraus und stieg noch auf ein Mauerstück, um sich umzusehen, ob er vielleicht eines erblicken könnte – aber es war nichts zu sehen als überall dasselbe Bild uralter Trümmer, über welche allseitig und emsig das feine, hier so kostbare Wasser rieselte, daß sie wie in einem düsteren Firnisse glänzten; er sah keinen einzigen Menschen darin, auch hörte er nichts als das sanfte Rieseln der rinnenden Gewässer. Er wollte seine Stimme nicht erheben, um zu rufen; denn wollte ihm eins eine Antwort geben, das ihn höre, so konnte es ja auch den Weg in seine Behausung finden und dort seine Anordnungen erwarten. Sie werden gewiß bei einem der Leute versteckt sein, der sie nicht verraten will. Er dachte sich, sie mögen ihn nun für einen Bettler halten und ihn fliehen – und er erkannte dies Benehmen als natürlich. Er stieg wieder von dem Mauerstücke herab, nahm den Riemen der Eselin, den er unterdessen um einen Knauf gewunden hatte, und trat den Weg zu dem Triumphbogen an. Obwohl er, da er das Oberkleid abgelegt hatte, um es auf Deborah zu breiten, ganz durchnäßt war, so achtete er nicht darauf, und zog das Tier hinter sich her. Als er zu Hause angekommen war, ging er durch die Tür in die Vorderstube, führte die Eselin mit und band sie dort an. Er hatte in der Stube niemanden gefunden. Im Hineingehen durch den schmalen Gang dachte er, wenn drinnen auch noch niemand sei, so werde er selber Deborahs Diener sein und sie pflegen, so weit er es in seiner jetzigen Lage könne.
Aber sie hatte einer Pflege nicht mehr not; denn da er außer Hause war, hatte sie nicht geschlummert, sondern sie war gestorben. Das unerfahrene Weib hatte sich, wie

ein hilfloses Tier, verblutet. Sie wußte es selber nicht, daß sie sterbe, sondern da ihr Abdias die stärkende Brühe gegeben hatte, tat sie wie eines, das recht ermüdet ist und sanft einschläft. Sie schlief auch ein, nur daß sie nicht mehr erwachte.

Als Abdias eintrat, war das Gemach noch immer einsam, es war auch hierher noch niemand zurück gekehrt. Uram, wie ein Bild aus dunklem Erze gegossen, saß an Deborahs Lager und wachte noch immer, Augen und Pistolen gegen die Tür gerichtet; sie aber lag, wie ein Bild von Wachs, bleich und schön und starr hinter ihm – und das Kind lag an ihrer Seite, schlummerte süß und regte im Traume die kleinen Lippen, als sauge es. – – Abdias tat einen furchtsamen Blick hin und schlich näher; – mit eins wurde ihm die Gefahr klar, und er dachte an das, worauf er früher vergessen hatte – er stieß aus Überraschung einen schwachen Schrei aus – dann aber nahm er das Oberkleid, das er früher auf sie gebreitet hatte, und andere Lappen, die da lagen, weg, um zu sehen: es war deutlich, auf was er nicht geachtet, und was sie gar nicht gewußt hatte. Er zupfte aus einem Kleide eine Faser heraus, die so fein und leichter war, als es eine Flaumfeder sein konnte, und hielt sie vor ihren Mund: – aber sie rührte sich nicht. Er legte die Hand auf ihr Herz; er fühlte es nicht. Er griff ihre nackten Arme an: sie begannen schon kühler zu werden. Er hatte bei Karawanen, in Wüsten und im Hospitale Menschen sterben gesehen, und erkannte das Angesicht. Er stand auf und ging in den nassen Kleidern, die an seinem Körper klebten, in der Stube herum. Der Knabe Uram blieb in gleicher Stellung auf dem Boden sitzen und ließ die Augen den Bewegungen seines Herrn folgen. Dieser ging endlich in die Zimmer daneben, warf die nassen Kleider von seinem Leibe auf einen Haufen und suchte sich aus den Dingen, die herum waren, einen Anzug zusammen. Dann ging er in die Vorderstube hinaus, nahm von der Eselin etwas Milch in eine Schale, trug die Milch herein, wickelte einen kleinen Lappen zusammen, tat ihn in die Milch, daß er sich ansauge, und brachte ihn dann an den Mund des Kindes. Dieses saugte daran, wie es am Busen einer Mutter getan hätte. Als es die Lippen immer schwächer regte, aufhörte und wieder fortschlief, legte er es weg von der Seite der Mutter in ein Bettlein, das er aus Kleidern in eine Mauernische gemacht hatte. Dann setzte er sich auf eine Bank nieder, welche von Steinen gebildet wurde, die zufällig aus der Mauerecke hervorstanden. Wie er saß, flossen aus seinen Augen Tränen, wie geschmolzenes Erz. Es stand nämlich Deborah vor ihm, wie er sie zuerst in Balbek gesehen hatte, da er zufällig an ihrem Hause vorüber ging und das Gold des Abends nicht nur um die Zinnen ihres Hauses, sondern auch um die aller übrigen floß. Von einem weißen Mauerstücke flog ein Paradiesvogel auf und tauchte sein Gefieder in die gelbe Glut. Wie er sie dann abgeholt hatte, wie sie, von den Ihrigen über die Terrasse herabgeleitet, gesegnet worden war, und wie er sie dann von allen Angehörigen weg genommen und auf sein Kamel gehoben hatte. – Jetzt wird sie bei ihrem verstorbenen Vater sein und ihm erzählen, wie es bei Abdias gewesen ist.

Er blieb immerfort auf den Steinen sitzen, auf die er sich niedergelassen hatte. Es war in dem stillen Gemache niemand bei ihm als Uram, der ihm zuschaute.

Da endlich dieser Tag zur Neige ging und es in der Höhle allgemach so dunkel geworden war, daß man kaum mehr etwas sehen konnte, stand er auf und sagte: »Uram, lieber Knabe, lege diese Waffe weg, es ist hier niemand zu bewachen, sondern zünde die Hornlaterne an, gehe zu den Nachbarinnen und Klageweibern, sage ihnen, daß deine Herrin gestorben ist, und daß sie kommen sollen, um sie zu waschen und mit andern Kleidern anzukleiden.

Sage ihnen, daß ich noch zwei Goldstücke habe, die ich ihnen geben werde.«
Der Knabe legte die Pistole auf die lockere Erde, stand auf, suchte die Zündsachen auf dem ihm wohlbekannten Platze, zündete die Laterne an, die Abdias, als er aus dem Keller gekommen war, hingestellt hatte, und ging hinaus. Der Lichtstreifen der mitgenommenen Laterne zog sich durch den Gang davon, und es war hierinnen jetzt finsterer, als es früher gewesen ist, weil das Licht den Gegensatz erzeugt hatte. Abdias zündete sich nichts an, sondern suchte nach der Wange des Weibes, kniete nieder und küßte sie zum Abschiede. Aber sie war jetzt schon kalt. Dann ging er zum Zündplatze, wo ein Stück einer Wachskerze lag, fachte dieselbe an und leuchtete gegen das Weib. Das Angesicht war das nämliche, mit dem sie ihn angesehen hatte, als er ihr Labung gereicht, und mit dem sie dann eingeschlafen war. Er meinte, wenn er nur genauer hinschaute, so müßte er sehen, wie es sich regte und die Brust sich im Atmen hebe. Aber es atmete nichts, und das Starren der toten Glieder dauerte fort. Auch das Kind regte sich nicht. Als sei es gleichfalls gestorben. Er ging zu demselben hin, um darnach zu sehen. Aber es lag in tiefem Schlafe, und sehr viele kleine Tröpflein standen auf der Stirne desselben. Er hatte es nämlich aus Übervorsicht zu stark mit Tüchern bedeckt. Daher nahm er etwas davon weg, um die Hülle leichter zu machen. Während er dieses tat, fiel sein langer Schatten von seinem Rücken weg über die Leiche des toten Weibes. Vielleicht schaute er auf das kleine Angesichtchen, ob er in demselben nicht Spuren von Zügen der Verstorbenen entdecken könnte. Aber er entdeckte sie nicht, denn das Kind war noch zu klein.
Der Sklave Uram kehrte sehr lange nicht zurück, gleichsam als fürchtete er sich und wolle nicht mehr kommen, aber da schon das Stück Wachskerze fast zu Ende ge-

brannt war und Abdias bereits ein anderes angezündet hatte, näherte sich der Tür ein verworrenes Murmeln und Rufen, und Uram trat an der Spitze eines Menschenhaufens in das Zimmer. Er bestand größtenteils aus Weibern. Einige davon waren gekommen, um zu klagen und zu jammern, wie es ihr Geschäft war, andere, sich an dem Unglücke zu erregen; und wieder andere, um es anzuschauen. Unter den Angekommenen war auch Mirtha, die Leibdienerin Deborahs, die sie immer am meisten geliebt hatte, und der sie vollends alle ihre Neigung zuwendete, da sie dieselbe ihrem Manne abgewendet hatte. Sie war ebenfalls aus Furcht davon gerannt wie die andern, als die Plünderer hereingebrochen waren, und war dann aus Haß gegen Abdias nicht mehr zurückgekehrt. Als sie aber am Abende gehört hatte, daß ihre Herrin ein Kind geboren habe und dann gestorben sei, schloß sie sich an den Menschenhaufen an, den man neben einer Laterne auf den regendurchweichten Wegen durch die dichten Trümmer gegen die Behausung des Abdias hin gehen sah. Sie wollte sehen, ob beide Dinge wahr seien. Als sie in dem Gemache angekommen war und den Gebieter ihrer Herrin stehen sah, drang sie schreiend und weinend aus dem Haufen hervor, warf sich vor ihm nieder, umschlang seine Füße und verlangte Bestrafung von ihm. Er aber sagte nichts als die Worte: »Stehe auf, und achte nur auf Deborahs Kind und beschütze es, da dasselbe dort liegt und gar niemanden zur Pflege hat.«
Als sie sich auch von der Leiche der Herrin aufgerichtet und sich ein wenig beruhigt hatte, nahm er sie an der Hand und führte sie zu dem Kinde hin. Sie, die Augen immer auf ihn gerichtet, setzte sich neben demselben nieder, um es zu beschützen, und sie deckte sein Angesicht mit einem Tuche zu, damit es keine bezaubernden Augen anschauen könnten.
Die andern Leute, die herbei gekommen waren, riefen

durch einander: »Ach der Jammer – ach das Elend – ach das Unglück!«
Abdias aber schrie ihnen zu: »Laßt sie ruhen, die sie nichts angeht; – ihr aber, deren Beschäftigung diese Sache ist, klaget um sie, badet sie, salbet sie und gebt ihr ihren Schmuck. – Aber sie hat keinen Schmuck mehr – nehmt nur von dem, was da herum liegt, das Beste, und kleidet sie an, wie sie begraben werden soll.«
Diejenigen, die sich über sie gebeugt hatten und sie an allen Stellen betasten wollten, gingen auseinander – aber die andern legten Hand an sie, um ihre Pflicht zu tun, derentwillen sie hergekommen waren. Abdias setzte sich in dem Schatten nieder, den der Menschenknäuel in die hintere Ecke warf; denn man hatte zwei alte Lampen angezündet, um zu allem besser sehen zu können, was man zu tun hatte.
»Das ist ein verstockter Mann«, murmelten einige unter einander.
Die Totenweiber hatten indessen die oberflächlichsten Kleider von der Leiche getan, hoben sie dann auf und trugen sie in das Gemach neben an, um sie vollends entkleiden zu können. Dann holten sie Wasser aus den von dem heutigen Regen angefüllten Zisternen, machten in der Küche Feuer, um es zu wärmen, taten es dann in eine Wanne, und badeten und wuschen mit demselben den Leichnam, der noch nicht starr war, und namentlich in der Wärme des Wassers die Glieder aufgelöset hernieder hängen ließ. Als er rein war, legten sie ihn auf ein Tuch und salbten ihn überall mit Salben, die sie zu diesem Zwecke mit sich herbei gebracht hatten. Dann rissen sie aus den offenen Schreinen und lasen von dem Boden auf, was da geblieben war, und kleideten die Leiche vollständig an. Was nach diesem Geschäfte von Hüllen noch übrig geblieben war, packten sie zusammen und trugen es nach Hause.

Die Leiche war wieder in das Gemach, in dem sie früher gewesen war, herausgetragen und auf die Erde nieder gelegt worden. Deborah lag nun da, angekleidet wie das Weib eines armen Mannes. Es bildeten sich Gruppen, um in der Nacht zu wachen, die Totenweiber waren auch wieder zurück gekehrt, manche Menschen gingen in den nächtlichen Trümmerwegen zu Abdias' Höhle ab und zu, und in dem Vorgemache, das nach auswärts führte, klagten und heulten die Weiber, die um Lohn herbeigekommen waren.

Am andern Tage begrub Abdias sein Weib in dem steinernen Grabe, und zahlte die zwei versprochenen Goldstücke.

Sie hatte wenig Glück in dieser Ehe gehabt, und als es angefangen hätte, mußte sie sterben.

Die Nachbarn segneten sie mit ihren Lippen in das Grab hinein, als dasselbe mit den nämlichen Steinen geschlossen wurde, unter denen Aron und Esther schliefen, und sagten: Abdias sei es eigentlich gewesen, der sie um das Leben gebracht habe.

3. DITHA

Als Deborah begraben worden war und sich der letzte Stein über ihrem Leibe zu dem Nachbarsteine gefügt hatte, gleichsam als lägen sie zufällig da und bärgen nicht so kostbare Dinge wie die Körper verstorbener Angehörigen, und da sie auch so schwer befunden worden waren und so fest auf einander lastend, daß keine etwa begierig schweifende Hyäne die Glieder auszuscharren vermochte: ging Abdias nach Hause, und stand vor dem kleinen Kinde. Mirtha hatte in einem anderen Gemache eine bessere und tiefere Mauernische ausgefunden. Sie war einstens mit Seide ausgefüttert und mit seidenen Pol-

stern bedeckt gewesen. Esther hatte gerne das schöne Kind Abdias, darauf gelegt, damit sich sein süßes Lächeln recht heiter von der schönen, dunklen, grünen Seide hervorhebe. Jetzt waren aber keine solchen Dinge in der Nische vorhanden; denn die Vorhänge und Überzüge aus Seide waren herabgerissen und auf Saumtieren verpackt worden, die Kissen lagen allein da und waren zerfetzt, so daß das, womit sie gefüllt waren, ein zartes, dünnes Gras, gleichsam das Haar der Wüste, heraus quoll, wie das Innere eines menschlichen Körpers. Mirtha zog dieses feine Gefüllsel gar heraus, lockerte es mit ihren Fingern auf und polsterte damit den nackten, von spitzigen Steinen unterbrochenen Boden der Nische. Dann suchte sie unter den herumliegenden Lumpen etwas zusammen, was sie darauf breitete, um das Kind auf dieses Bettlein legen zu können. Von Linnen war überhaupt wenig in der Wüste, und das Beste dieses Wenigen hatten die Reiter mitgenommen. Daher machte sie aus Wolle, aus andern Stoffen, ja aus seidenen Lappen, deren Farbe nicht mehr zu erkennen war, Windel und legte sie auf einen Haufen neben die Nische. Da das neugeborne Mädchen auf diesem Bettlein schlief, war es, daß Abdias von dem Begräbnisse heim kam und sich vor dasselbe hin stellte.
»Es ist so gut,« sagte er, »Mirtha; wir müssen nun weiter sorgen.«
Er ging hinaus, und führte die Eselin, die er gekauft hatte, und die noch immer in dem Gemache angebunden war, in dem er sie gelassen hatte, herein. Er stellte sie, damit sie recht gut verwahrt sei, in das Gewölbe, welches sonst das Prunkgemach Esthers gewesen war, und in das von oben herab durch das vergitterte Fenster das Licht fiel. Dort band er sie sorgsam an, und richtete den hölzernen Riegel, mit welchem die Tür inwendig versehen war, wieder her, daß man ihn nachts, da man herinnen schlief, immer vorschieben könne. Von dem Vorrate dür-

ren Wüstenheues, mit dem er sonst immer seine Kamele gefüttert hatte, war genug vorhanden, indem das Heu nicht in seiner Behausung, deren Äußeres, in so ferne es brennbar war, von den Soldaten abgebrannt worden war, sondern in einer nicht weit davon befindlichen trockenen Höhle der Trümmer aufbewahrt worden war. Die Plünderer hatten es wohl gefunden, hatten auch versucht, es anzuzünden, aber wegen Mangel an Luftzug, und weil es so dicht gepackt war, hatte es nicht in Flamme geraten können. Sie rissen daher so viel heraus, als ihnen der Übermut eingab, nahmen mit, was sie für die nächsten Augenblicke brauchten und auf ihren Tieren unterbringen konnten, und ließen das übrige zerstreut liegen. Als sich Abdias des Heues und seiner Brauchbarkeit versichert hatte, ging er wieder in seine Wohnung zurück und suchte dort sehr lange unter all dem vielen Plunder die reinsten und wo möglich aus Linnen verfertigten Lappen heraus, damit sie dem Kinde zum Saugen dienten, wenn man ihm die frische, warm aus dem Körper der Eselin kommende Milch zur Nahrung gab. Diese Lappen legte er alle auf einem Steine zusammen, der sich in dem Gemache des Kindes befand. Sodann sah er nach den Zisternen. Er hatte in früherer Zeit hinter dem hohen Schutte, der auf seiner Wohnung lag, dort, wo ein sehr großes Fries und darauf liegende Felsenstücke immerwährenden Schatten gaben, zwei Zisternen graben lassen. Gewöhnlich aber war nur in einer derselben Wasser, die andere war leer. Dies rührte daher, weil die Zisterne mittelst eines Schlauches, den man absperren konnte, mit einer Wassergrube im Keller, die künstlich eingesäumt und dicht gepflastert war, in Verbindung stand, in welche Grube Abdias immer größere Wasserteile, wenn sie sich oben sammelten, abließ, damit das Wasser im Keller frischer werde und keine so große Menge durch Verdünstung verliere, als wenn es oben in der warmen

Luft gestanden wäre, der es noch dazu eine größere Oberfläche darbot als im Keller. Beide Zisternen fand Abdias nach dem gestrigen Regen ganz voll, und er ließ die eine, wie gewöhnlich, unter die Erde ablaufen.
Das dürre, schlechte Kamel, auf welchem er gestern gekommen war, das er auf dem Sande vor seinem Hause gelassen hatte, hatte er ganz vergessen. Er erinnerte sich jetzt desselben und wollte darnach sehen. Es war zwar nicht mehr auf der Stelle, auf welcher es noch kniete, da Abdias die Pistolen heraus gerissen hatte, aber es war doch schon in dem Stalle. Der Knabe Uram hatte es dem Manne, der es gestern, gleichsam um sich für seinen Verlust ein wenig zu entschädigen, fortgeführt hatte, wieder genommen, er hatte es durch die Mauertrümmer fortgeführt, hatte es zu einer gelben Lacke, die er recht wohl wußte und die er niemanden andern gönnte, geführt, ließ es die ganze Lacke austrinken, damit das Wasser nicht, wenn wieder die heiße Sonne käme, verloren ginge, dann hatte er es in den Stall gebracht, nachdem er ihm noch zuvor das Geschirr und Riemzeug, welches noch auf ihm war, herabgenommen hatte. In dem Stalle fand es Abdias stehen. Es war das einzige, wo noch vor kurzem mehrere und weit edlere und bessere gestanden waren. Es hatte ein wenig von dem durch die Plünderer herum gestreuten, halb versengten Heue vor sich und fraß begierig von demselben. Abdias ließ etwas Mais, davon auch ein Vorrat da geblieben war, hinzugeben und von der Höhle frischeres Heu holen. Dann sagte er zu Uram, den er in dem Stalle getroffen, und durch den er diese letzteren Dinge hatte besorgen lassen: »Uram, gehe noch heute, so lange die Sonne scheint, hinaus über den Sandkamm und suche die Herde, sie muß dort herum wo sein – und wenn du sie gefunden hast, so zeige dich dem Hirtenrichter und sage, daß er dir von dem Anteile des Einwohners Abdias einen mit dessen Namen ge-

zeichneten Hammel gebe. Diesen nimm an den Strick und führe ihn noch vor Abend hierher, daß wir ihn schlachten, etwas braten und etwas durch Meersalz aufbewahren, damit wir so lange durchkommen, bis die Karawane, die morgen fortgehen wird, wieder zurückkehrt und so viel mit bringt, daß wir das gewöhnliche Leben zum Teil wieder anfangen können. Wenn du die Herde nicht bald findest, so suche nicht sehr lange, sondern kehre um und komme noch bei Tage nach Hause, daß wir um etwas anderes umsehen können. Hörst du? Hast du alles wohl verstanden?«

»Ja,« sagte der Knabe, »ich werde die Herde schon finden.«

»Hast du aber auch etwas zu essen?« fragte Abdias.

»Ja, ich habe in der oberen Stadt ein Täschchen voll Weizen genommen«, antwortete der Knabe.

»Nun gut«, sagte Abdias.

Nach diesen Worten langte Uram einen Strick von einem Haken des Stalles herunter, wo er gewöhnlich zu dem Behufe des aufgetragenen Geschäftes hing, nahm noch einen langen Stab von sehr schwerem Holze und lief über das Trümmerwerk davon, das in großen Haufen von dem Stalle des Abdias gegen die Wüste hinaus ging.

Abdias sah ihm ein Weilchen nach, bis er die hüpfende Gestalt nicht mehr erblicken konnte. Dann wendete er sich um und begab sich wieder in seine Wohnung. Zum Mittagsmahle nahm er ein paar Hände voll Maiskörner und trank von dem warmen Wasser der oberen Zisterne. Mirtha ließ er eine Schale voll Milch von der Eselin nehmen und gab ihr von dem dürren Brode, das da war; denn das bessere war zum Teile weggenommen, zum Teile verschleppt und verschleudert worden, auch konnte wegen dem zu starken Austrocknen in der heißen Wüste niemals ein großer Vorrat auf einmal gebacken werden.

Den ganzen Nachmittag brachte Abdias damit zu, die

Wohnung in einen solchen Stand zu setzen, daß sie von außen vor jedem nicht gar zu gewaltigen Angriffe gesichert war. Er schleppte die Lappen und was von guten Dingen zerrissen herum lag, in zwei Gemächer zusammen, die jetzt zur Wohnung bestimmt waren, das andere verrammelte er zum Teile, zum Teile band er es mit vorgefundenen Stricken zusammen, so daß es hielt und die Eingänge, die etwa zu den Gemächern sein könnten, verwahrt waren. Teilweise hatte er auch ganz neue Riegel angebracht, er hatte die Klammern und Arben mit guten Nägeln angenagelt. Als er fertig war, saß er auf der Steinbank und ruhte ein kleines Weilchen.

Die Schmerzen, welche von der gestrigen Mißhandlung durch die Soldaten herrührten, waren heute viel heftiger geworden, als sie gestern in der ersten Aufregung waren, und hatten den Körper weit ungelenker gemacht. Er war einige Male in den Keller gegangen, hatte von dem kostbaren kalten Wasser eine Schale voll genommen, hatte ein Tuch eingetaucht und sich mit demselben die Lenden und andere schmerzende Stellen befeuchtet.

Gegen Abend kam ein Bote, welcher von den Dienern und Dienerinnen, die sonst in Abdias' Hause waren, abgesandt war. Uram und Mirtha waren die einzigen, die sich wieder eingefunden hatten und bei Abdias den Tag über geblieben waren. Der Bote forderte im Namen der Leute, deren Kennzeichen er mitbrachte, den rückständigen Lohn, den sie trotzig begehrten, weil sie meinten, er sei nunmehr ein Bettler. Abdias sah die Forderungen an, und gab dann dem Boten das Geld, das er in lauter sehr kleinen Münzen aus dem schlechten Kaftane zog, den er nun an hatte. Er sagte, daß er die Nachbarn grüßen lasse, und daß er, wenn sie wollten, noch einige schlechte seidene Dinge um sehr billiges Geld zu verkaufen hätte, sie möchten morgen kommen, wenn es ihnen genehm wäre, etwas davon zu erstehen.

Der Bote nahm das Geld, ließ die Papiere, welche von Seite der Diener den Empfang bestätigten, in Abdias' Hand und ging fort.
Als schon die in jenen Ländern sehr kurze Dämmerung eingebrochen war, und als Abdias, welcher recht gut wußte, wie schnell eine sehr finstere Nacht auf sie folge, bereits mehrere Male über die Trümmer nach Uram ausgeschaut hatte, dessen Verirren in der gegenstandlosen Wüste er fürchtete, kam der Knabe, als noch die letzten schwachen Strahlen leuchteten, hinter den dunkeln Mauerstücken, durch herabhängendes Buschwerk noch dunkler gemacht, hervor, den Hammel, welcher Widerstand leistete, mehr hinter sich herzerrend als ihn führend. Abdias gewahrte ihn bald, trat zu ihm hinzu und geleitete ihn zu dem Eingange des äußeren Gemaches, das in seine Wohnung führte. Dort war der Hammel angebunden, und nachdem Uram belobt worden war, wurde ihm ferner aufgetragen, daß er wieder die Hornlaterne anzünden und nach einem Manne, etwa dem Fleischer Asser, suchen möchte, welcher gegen Geld den Hammel schlachte und teile. Abdias war nämlich wegen der vielen Schmerzen, die er in seinem Leibe hatte, und die denselben immer ungefügiger machten, gleichsam als rieben sich die Muskeln, die er bewegen wollte, schmerzhaft an einander, oder als trotzten sie, nicht leicht im Stande, bei der Sache zu helfen, noch weniger aber, sie selber zu verrichten, wie er wohl sonst öfter getan hatte. Der Knabe zündete die Laterne an und eilte fort. Nach nicht gar langer Zeit kam er wieder zurück und führte den Fleischer Asser neben sich. Dieser trat zu Abdias ein, und als man nach einigem Handeln einig geworden war, erklärte er sich, daß er den Hammel schlachten, ausziehen und nach der gesetzmäßigen Art teilen wolle. Abdias nahm die Laterne, leuchtete gegen den Hammel hin, um dessen Zeichen zu sehen und sich zu versichern,

daß er der seine sei und er nicht etwa einen fremden schlachte. Nachdem er über diesen Punkt in Richtigkeit war, sagte er, das Geschäft möge beginnen. Der Fleischer band sich das Tier, wie er es brauchte, legte es gegen eine Grube, in die das Blut abfließen konnte, und tötete es. Dann zog er die Haut ab und teilte das Fleisch in Teile, wie es bedungen worden war, und wie es bei den Bewohnern der verwüsteten Stadt in Gebrauch gekommen. Der Knabe mußte ihm mit einer Kerze, die angezündet worden war, leuchten. Nachdem all das verrichtet war und der Fleischer, wie man ausgemacht hatte, die Eingeweide genommen und seinen Lohn erhalten hatte, mußte ihn Uram wieder mit der Hornlaterne in seine Wohnung zurück geleiten. Als er von diesem Gange abermals nach Hause gekommen war, verscharrten er und Abdias die blutige Grube mit Erde, taten dann Wasser, Reis und ein Stück Fleisch nebst Salz und Kräutern in einen Topf, machten Feuer und kochten das Ganze bei Kamelmist und einigen Resten von Myrtenreisigbündeln, welche nicht verbrannt worden waren. Als diese Speise bereitet war, aßen Abdias und der Knabe davon, und trugen auch Mirtha, welche immer innen bei dem Kinde sitzen geblieben war, einen Teil hinein. Zum Trinken bekamen sie Wasser aus der oberen Zisterne; denn das in dem Keller wurde gespart. Nachdem alles dieses vorüber war, ging Abdias zu dem äußern Eingange der Wohnung und verwahrte und verschloß ihn von innen, und nachdem er mit dem Knaben noch die Reste des Fleisches teils eingesalzen, teils frisch zum morgigen Gebrauche in die tief unter die Erde gegrabene Grube gebracht hatte, die zur Aufbewahrung von derlei Gegenständen da war, verschloß und verband er auch alle übrigen Türen, die in der Behausung waren, von innen, und die Bewohner dieser Gemächer begaben sich zur Ruhe. Wo sonst beinahe ein Gewühl von Dienern und Leuten gewesen war, schliefen nun statt vieler Menschen Abdias, der Knabe Uram, die Magd Mirtha und das kleine Kind Ditha. Judith war es nach Esthers Mutter genannt worden; Mirtha hatte es aber den ganzen Tag über mit der Verkleinerung Ditha angeredet. Abdias hatte sich auf dem Boden des Gemaches gebettet, in dem das Kind war, Mirtha schlief neben der Nische, in der Ditha lag, eine Lampe brannte in dem Zimmer, und im Nebengemache war die eingekaufte Eselin. Uram lag draußen im Vorgemache in trocknen Palmenblättern.

Als am andern Tage die Sonne aufgegangen war, kamen viele Nachbarn und wollten von Abdias die seidenen Sachen, von denen er ihnen hatte Meldung tun lassen, kaufen. Er lag von den vielen Schmerzen seines Körpers halb zurückgelehnt in einem Haufen Wüstenstroh. Uram hatte alle die Lappen, die ihm Abdias bezeichnet hatte, herbeigetragen und hatte sie aufeinander geschichtet. Es waren teils alte Kleider, welche von noch älteren, völlig unbrauchbaren heraus gesucht worden waren, teils waren es Überreste in größeren und kleineren Stücken Stoffes, mit dem er sonst gehandelt hatte, teils endlich waren es Fetzen seiner eigenen Geräte und Matten, welche von den Plünderern zerrissen und wegen ihrer Unbedeutenheit so wie die Stoffreste hingeworfen worden waren. Die Nachbarn handelten um alle Dinge, selbst die unbedeutendsten, und kauften alle Flecke, die ihnen Abdias vorlegte, ein. Als nach vielem Handeln und Herabdrücken der Preise alle Sachen verkauft und die dafür ausgedungenen Preise gezahlt waren, nahmen die Käufer ihr Erstandenes zusammen und gingen fort. Der übrige Teil des Tages verging wie der gestrige unter Verrichtungen zur Verbesserung der Lage. Abdias stand zu Mittage wieder auf, ging zu dem Landesflecke neben seiner Wohnung hinaus, wo er sonst seine Gemüse stehen hatte, und sah nach. Es war manches da, manches war wegen Nichtbeachtung zu

Grunde gegangen. Was am besten den Himmelsstrich vertragen konnte, wollte er stehen lassen und besorgen. Er kargte sich ein wenig Wasser von der oberen Zisterne ab und befeuchtete die am meisten bedürftigen damit. Er glaubte, es um so eher tun zu können, weil die Regenzeit bevorstand und wieder Wasser bringen würde. Die Eselin versorgte er selber mit Heu, welches er aus der Mitte des Stockes heraus nahm, wo es am wenigsten von dem Brandgeruche des Hauses eingesaugt hatte. Er gab ihr Wasser, worunter sogar ein Teil des kühlen aus dem Keller gemischt wurde; er ließ sie durch Uram abends hinaus in die Luft führen und, während er selber dabei stand, von den verschiedenen Gräsern, Disteln und Gesträuchen fressen, die in dem Sande, dem Lehme und dem Schutte des Trümmerwerks wuchsen. Das schlechte Kamel, welches allein in dem Stalle stand, versorgte Uram. Draußen in der Herde, welche gemeinschaftlich in der Wüste gehalten wurde, waren noch einige, aber wenige Tiere sein, diejenigen, welche in den Wohnungen der Trümmer waren, waren von den Plünderern fortgetrieben worden.
Nach wenigen Tagen kam ein Teil der fortgegangenen Karawane zurück und brachte solche Dinge und Sachen mit, welche zu dem täglichen Verkehre gehörten und dazu dienten, daß sie das Leben, wie es vor dem Einbruche der Plünderer geherrscht hatte, wieder nach und nach anfangen konnten. Abdias kaufte in den darauf folgenden Tagen allgemach ein, was er brauchte, und in kurzer Zeit stellte sich das tägliche Hin- und Herhandeln wieder ein, welches unter Menschen in einer Gemeinde notwendig ist, daß sie gesellig leben und ihren Zustand, er sei noch so niedrig, wie er will, einrichten können. Die Nachbarn wunderten sich nicht, daß Abdias Geld habe, und zwar mehr, als er durch den Verkauf der Waren gelöset haben konnte; denn sie selber hatten ja auch eins, das sie im Sande vergraben gehalten.

So verging gemach eine Zeit nach der andern. Abdias lebte still fort, an jedem Tage so wie an dem vorhergegangenen. Den Nachbarn fiel es auf, und sie dachten, er warte nur auf seine Zeit, welche den Augenblick bringen würde, an dem er sich für alle vergangenen Unbilden rächen könnte. Er aber stand in seiner Wohnung und betrachtete das kleine Kind. Es hatte winzige Fingerchen, die es noch nicht zu regen verstand, es hatte kleine, unkennbare Züge in dem unentwickelten Angesichtchen, das sich noch kaum zu entfalten begann, und in diesem Angesichtchen hatte es blaue Augen. Diese Augen standen in der sehr schönen Bläue offen, aber regten sich noch nicht, weil sie noch das Sehen nicht verstanden, sondern die Außenwelt lag gewaltig, gleichsam wie ein totgeborner Riese, darauf. Die blauen Augen waren Ditha allein eigentümlich, da weder Abdias noch Deborah blaue Augen hatten, sondern tief schwarze, wie es ihrem Stamme und jenem Lande, in dem sie lebten, eigen zu sein pflegt. Er hatte nie vorher besonders Kinder betrachtet. Dieses aber betrachtete er. Er reisete auch nicht fort, wie er sonst getan hatte, um Handel zu treiben und zu erwerben, sondern blieb immer da. Er dankte oft Jehova, daß er einen solchen Strom sanften Fühlens in das Herz des Menschen zu leiten vermöge. Wenn es Nacht war, saß er zuweilen wieder, wie er es früher auch getan, auf dem hochgetürmten Schutte seines Hauses, dort, wo die zerrissene Aloe stand, und betrachtete die Gestirne, die tiefen, funkelnden Augen des Südens, die hier täglich zahllos und feurig hernieder sehen. Abdias wußte aus seinen unzähligen Wanderungen sehr gut, daß im fortlaufenden Jahre immer andere Sterne am Himmel prangen, der einzige Schmuck, der in der Wüste, wo keine Jahreszeiten sind, in dem einen Jahre hinum sich erneuert.

Endlich, nach sehr langer Zeit, kam auch der zweite Überrest der gleich nach der Zerstörung in die Welt hinausgeschickten Karawane. Die verbrannten und zerlumpten Leute derselben brachten alle Dinge, die man noch vollends brauchte; sie brachten Waren und Kleinode, um wieder damit zu handeln, und endlich brachten sie an die Eigentümer jenen Teil der von Abdias abgetretenen Summe, der eben zur Zeit des Karawanenzuges fällig gewesen war. Die Nachbarn waren nun zufrieden, sie achteten ihren Genossen Abdias, und dachten, wie er wieder hinaus ginge und Handel treibe, so würde er bald wieder so reich sein, daß er ihnen allen Schaden ersetzen könnte, den sie erlitten hatten, und den er ihnen doch eigentlich nur allein durch sein unvorsichtiges und kühnes Leben zugefügt hatte. Sie rüsteten bald wieder einen Zug, und gaben ihm alles mit, was zur Einrichtung eines Handels und Tausches, wie sie ihn vor der Plünderung zu führen gewohnt waren, nötig war. Abdias hatte an dem Unternehmen keinen Teil genommen. Es schien, als schütze er nur das kleine Wesen, welches noch kein Mensch, ja noch nicht einmal ein Tier war.

Die Regenzeit hatte sich indessen eingestellt, und wie es alljährlich bei derselben der Brauch war, verkroch sich alles in seine Häuser und Höhlen, was nicht unmittelbar von dem Lose getroffen war, hinaus in die Ferne zu müssen, um die Geschäfte zu besorgen. Die Zeit des Regens, wußten sie, so vorteilhaft sie ihren wenigen Gemüsestellen, dann den Gesträuchen und den Weideplätzen der Wüste ist, so nachteilig ist sie den Menschen, und erzeugt die in ihrer Lage und ihrem Wohnorte ohnedem so gerne hereinbrechenden Krankheiten. Auch Abdias mit seinen wenigen Untergebenen hielt sich so gut als möglich verschlossen.

Die Zisternen füllten sich und gingen über, die einzige Quelle, welche in der Stadt in einem tiefen Brunnen floß, und zu der alle Bewohner ihre Zuflucht nahmen, wenn die lange Dürre herrschte und jede Zisterne versiegt war, rauschte, und füllte fast den Brunnen bis oben; die Gesträuche und Gräser und Palmen troffen, und wenn wieder die einzelnen unsäglich heißen Blicke der Sonne kamen, freuten sich die Gewächse, wuchsen in einer Nacht ins Unglaubliche, und sie schauerten und zitterten gleichsam in Wonne, wenn das furchtbare Krachen des Himmels über ihnen rollte und sich fast täglich und stündlich in mehreren abwechselnden Stärken wiederholte. Der Schutt der Trümmer wurde zu Brei, die Felsenmauern wurden abgewaschen, oder sie so wie die kahlen und sandigen Hügel überzogen sich mit Grün, daß sie nicht mehr zu erkennen waren.

Nach einer Zeit hörten diese Erscheinungen allmählig wieder auf. Sie hörten in diesem Trümmerwerke um so eher auf, weil dasselbe in der Wüste gelegen war, in welcher sonst der viele ringsherumliegende Sand aus den Strahlen der Sonne eine solche Wärme brütete, daß sie jede Wolke, wenn sie nicht übermäßig dicht und wasserreich war, aufsaugte und in unsichtbaren Dunst lösete. Die dichten, hängenden, grauen Massen, aus welchen nur zu Zeiten weiße, wässerige, schimmernde Stellen leuchteten, und die die geschlungenen furchtbaren Blitze jenes Himmelsstriches brachten, wurden nach und nach höher, trennten sich, daß einzelne Ballen am Himmel standen, die sich dunkler und blauer färbten, weiße, schimmernde Ränder hatten und den klaren Äther und die scheinende Sonne in immer längeren Zeiträumen herabblicken ließen, – endlich war schon über dem Trümmerwerke und der Wüste ganz heiterer Himmel, nur daß am Rande draußen noch durch ein paar Wochen aus Dunkelblau und Weiß gemischte Ballen und Massen zogen, aus denen Blitze leuchteten; bis auch dieses allgemach aufhörte und der beginnende und nun fortdauernde reine Himmel und die reine Sonne leer und gefegt über dem funkelnden Geschmeide des regendurchnäßten Landes stand.

Die Scheibe der Sonne und die ewigen Sterne löseten sich nun täglich ab. An der Oberfläche des Bodens waren die Wirkungen des Regens bald verschwunden, er war dürr und staubig, daß die Bewohner an den Regen wie an ein Märchen zurückdachten; nur die tiefer gelegenen Wurzeln und Brunnen empfanden noch die Güte der unendlichen, zu einem aufzubewahrenden Schatze hineingesunkenen Menge des Wassers. Aber auch das minderte sich immer mehr und mehr, die kurzlebenden grünen Hügel wurden rötlich, und an vielen Stellen blickte Weiß aus ihnen hervor, was den täglich heiteren Himmel immer dunkler und blauer und die Sonne immer geschnittener und feuriger machte.

Abdias lebte zu dieser Zeit in seinem Hause immer fort wie seither. Der Augenblick zur Rache schien noch nicht gekommen zu sein.

Als aber seit dem Regen schon eine lange Zeit vergangen, als die flachen Hügel Sandes auch nicht mehr rot, sondern weiß waren, als die Hitze gleichsam blendend über dem Sande stand, trüber, rötlicher Schein an dem Gesichtskreise schwebte, jedes Lüftchen draußen, wenn das Auge in die Ferne dringen wollte, den sanften, undurchdringlichen Höhenrauch des Staubes führte, als die Trümmer, die Myrten und Palmen grau waren, die Luft täglich heiter, als sollte das ewig währen, und die Erde trocken, als sei Wasser ein in diesem Lande unbekanntes Gut – da das Mädchen Ditha recht gesund und stark war: ging Abdias einmal hinter sein Haus um die verdorrten Palmen und den Triumphbogen herum zu einer Stelle, die neben schwarzen, gleichsam versengten Steinen lag, und grub in der Abgelegenheit der Felsen, wo er wenig erblickt werden konnte, mit einer Handkelle im Sand und in der Erde. Es kamen, da er geschickt arbeitete, mehrere Goldstücke zum Vorscheine, und dann wieder mehrere. Er zählte sie. Dann grub er wieder, und fand noch manche. Als er sie, auf seinen Füßen sitzend, endlich noch einmal alle gezählt hatte und wahrscheinlich genügend fand, hörte er zu graben auf und wühlte den trockenen Sand wieder über die flachen einzelnen, nicht gar großen Steine, unter denen eigentlich das Gold gelegen war, bis die Stelle aussah, als wäre nur jemand zufällig hier gewesen und hätte zufällig den Sand mit seinen Füßen in Unruhe gebracht. Er trat noch auf der Stelle mit seinen Sohlen hin und her, wie wenn jemand gestanden wäre, sich umgekehrt und nach verschiedenen Richtungen hinaus geschaut hätte. Dann ging er fort und ging ziemlich weit von hier zu einer andern Stelle, auf welcher er es eben so machte. Zu Mittag ging er nach Hause, um etwas zu essen. Dann ging er sogleich wieder hinaus, suchte noch mehrere solche Plätze, und tat an jedem wie an dem ersten. Wo ihm der Sand, von dem Winde angeregt, große Hügel über den Schatz gelagert hatte, grub er immer fort, wie viel Zeit auch dabei vergehen mochte, er häufte Berge Schutt neben sich an, kniete tief in demselben und sah nach – und überall kam ihm das edle, von keinem Roste angegriffene Gold entgegen, wie er es zur Aufbewahrung anvertraut hatte. Gegen Abend kam er rückwärts um den hochgetürmten Schutt auf seinem Hause, von dem wir öfter gesprochen haben, heran. Er schien mit seiner Arbeit fertig zu sein. Er stieg auf den Gipfel hinauf und sah herum – und nachdem er die unendliche Leere, gleichsam als müßte er von einem Paradiese scheiden, lange angeschaut hatte, stieg er nieder, ging in seine Gewölbe und begab sich bald zur Nachtruhe.

Am andern Tage, als das Licht anbrach, sagte er zu Uram: »Lieber Knabe, gehe hinaus in die Wüste, ob du nicht die Herde finden kannst, zähle die Hammel und die andern Tiere, die mein gehören, und komme dann und sage, wie viel ich noch habe.«

Der Knabe richtete sich und ging fort.

Abdias aber, als er den Knaben nicht mehr sah, begab sich in das Gemach, in welchem Deborah gestorben war, und in welchem sie ihm die kleine Ditha geboren hatte. Dort sperrte er sich ein, so gut er konnte, daß Mirtha nicht herein käme und auch kein Nachbar ihn etwa zufällig besuchte. Als er sich so versichert hatte, ging er in die anstoßende Höhle – denn das Gewölbe war eigentlich ein Doppelgemach –, zog kleine, spitzige eiserne Brechwerkzeuge aus seinem Busen heraus, näherte sich einer Ecke der Mauer und begann dort einen der Steine aus seinen Fugen zu lösen. Als ihm dieses gelungen war, zeigte sich hinter dem herausgenommenen Steine in dem dicken Mauerwerke eine Höhlung, in welcher ein flaches Kästchen aus Kupfer stand, ganz mit Grünspan überzogen. Er nahm das Kästchen heraus und öffnete den Dekkel. Im Innern lagen, in Seide und Wolle eingewickelt, einige Papiere. Er nahm sie heraus, setzte sich nieder und zählte sie einzeln auf seinen Kaftan. Sodann legte er sie zusammen auf eine Stelle hin, zog eine hölzerne Büchse aus seiner Tasche, in welcher der Staub eines geschmeidigen, seifenförmigen Steines war, und rieb mit dem Staube jedes Papier so lange, bis es nicht mehr rauschte. Dann tat er sie einzeln jedes in ein flaches Täschchen von feiner, wasserdichter Wachsseide und nähete die Täschchen an verschiedenen Stellen seines Kaftans ein, der mit vielen und allerlei Flecken bedeckt war. Als er dieses Geschäft zu Ende gebracht hatte, legte er das leere Kästchen, die Brechwerkzeuge und die Büchse, in der der geschmeidige Staub gewesen war, in die Höhlung der Mauer und fügte den herausgenommenen Stein mit seinen Händen wieder ein. Die Fugen verklebte er mit einer eigenen Art von Mörtel, der sehr schnell trocknete, die Farbe der Mauer hatte und machte, daß man die bestrichene Stelle von jeder andern nicht unterscheiden konnte.

Da diese Dinge vollendet waren, machte er die Türen wieder auf und ging hinaus. Die Zeit neigte sich bereits gegen Mittag. Er aß ein wenig und gab auch Mirtha zu essen. Hierauf begab er sich in das Gemach, in welchem die Eselin stand, und schirrte dieselbe vollständig zu einer Reise an. Er erklärte dann Mirtha, daß er fort ziehen wolle, um einen andern Wohnplatz zu suchen, sie möchte sich richten und zu der Reise in Bereitschaft sein. Das Mädchen willigte ein und begann sogleich, weil er sagte, daß es sein müsse, sich und das Kind zu dem Zuge so zu richten, wie sie es am zweckdienlichsten erachtete. Das hagere Kamel hatte Abdias schon mehrere Tage vorher verkauft, damit seine Nachbarn nicht glaubten, daß er Geld habe. Er zog also nach einer Stunde die Eselin hervor, hob Mirtha, die sich vollständig ausgerüstet hatte, auf dieselbe hinauf, gab ihr das Kind und führte sie fort. Sie zogen durch verschiedene Teile der Trümmerstadt, die nicht bewohnt waren, hin und her, an hohen Klumpen vorüber, von denen Kräuter und dürre Stängel herab schauten, bis sie endlich an dem Rande der Stadt ankamen. Dort führte sie Abdias über graue Rasen und Steppen, dann über Flächen, und endlich in einer geraden Linie in das ebene Land, in welchem kein Gras war und unendlich viele kleine Steinchen am Boden lagen. Hier ging er darüber, und bald hatte sie die rote goldene Sandluft der Wüste eingeschlungen, daß sie von der Trümmerstadt nicht mehr hätten gesehen werden können, so wie sie den grauen Streifen der Stadt nicht mehr sahen. Abdias hatte sich Sohlen auf die Füße gebunden und leitete die Eselin an dem ledernen Riemen hinter sich her. Für sich und Mirtha hatte er die Büchse mit dem verdichteten Brühstoffe eingesteckt, nebst Weingeist und Geschirre, um zu kochen: das Tier trug Wasser und sein Futter. Den ursprünglich weißen Arabermantel, der aber jetzt vom Schmutze völlig vergelbt war, nahm er selber auf seine Schultern, eben so trug er einen Bündel gedörrter Früchte, damit die Eselin nicht zu sehr überladen wäre. Seitens Mirthas, auf der Gegenseite, damit das Gleichgewicht des Sattels hergestellt sei, war ein Körbchen angebracht, darin ein Bettlein war, daß man das Kind, wenn es für Mirtha zu schwer würde und derselben die Arme weh täten, hinein legen könne. Über das Körbchen war ein Schirmtuch zu spannen.

Die Eselin ging geduldig und gehorsam in dem Sande, der ihre Hufe röstete. Abdias reichte ihr mehrmals Wasser, auch mußte sie einmal, da die mitgenommene Milch in der Hitze des Tages sich zu säuern begann, für Ditha gemolken werden.

So zog man fort. Die Sonne senkte sich nach und nach dem Rande der Erde zu. Mirtha redete nichts, da sie den Mann Abdias haßte, weil er sein Weib umgebracht hatte. Er schwieg auch beständig und ging vor der Eselin her, daß ihm die Haut von den wunden Füßen hing. Zuweilen sah er nur in das Körbchen hinein, in welchem das Kind schlief, und sah, ob noch der Schatten auf dem Gesichtchen desselben wäre.

Als es Abend wurde und die Sonne als eine riesengroße, blutrote Scheibe an dem Rande der Erde lag, die sich gleichfalls als ein vollkommenes flaches Rund aus dem Himmel schnitt, wurde Halt gemacht, um die Nachtruhe zu genießen. Abdias breitete ein großes Tuch aus, welches unter dem Sattel auf dem Rücken der Eselin lag, ließ sich Mirtha auf das Tuch setzen, stellte das Körbchen mit dem Kinde daneben, und gab den weißen Mantel her, daß sich beide damit zudecken könnten, wenn die Nacht gekommen wäre und sie schlafen würden. Dann tränkte er die Eselin und legte ihr Heu vor, auch einige Händevoll Reis hielt er in Bereitschaft, um sie ihr später zu geben. Hierauf packte er seine Kochvorrichtungen aus, das heißt eine Weingeistlampe, eine Wasserkanne und den Brühestoff. Als er angezündet, Wasser gehitzt und die Suppe bereitet hatte, gab er Mirtha zu essen, aß selber, trank von dem schlechten lauen Wasser des Schlauches und gab Mirtha zu trinken. Zum Nachtische wurden einige der getrockneten Früchte aus dem Sacke genommen. Da alles dieses geschehen war, legte sich Mirtha zur Ruhe, beschwichtigte das im ganzen heutigen Tage erst jetzt zum ersten Male weinende Kind, und in kurzem schliefen beide fest und gut. Abdias benützte, als er gegessen hatte, den noch kleinen Überrest der Tageshelle, um einige von den Goldstücken, welche er gestern aus dem Sande ausgegraben hatte, in die Pistolenhalfter und in den Sattel, der einige kleine Höhlungen in dem Holze hatte, zu tun und zuzunähen. Er tat die Münzen in gehöhlte Stellen, wo sie sich nicht rühren und nicht klappern konnten, und heftete alte Lederflecke darauf, oder er trennte hie und da das schon vorhandene Flickwerk und schob die Geldstücke hinein, worauf er das Getrennte wieder herstellte. Als bei diesem Geschäfte die Nacht hereinbrach und schnell ihre in jenen Ländern so tiefe Dunkelheit auf die Erde breitete, legte er alles seitwärts und rüstete sich zur Ruhe. Er breitete vorerst noch ganz einhüllend den Mantel über Ditha und Mirtha, daß sie vor den giftigen Dünsten der Wüste beschützt würden. Sodann legte er sich selber auf den bloßen Sand nieder, den Kaftan, den er ausgezogen und mit dem er sich zugedeckt hatte, über sein Gesicht ziehend. Um den einen Arm hatte er den Riemen der Eselin geschlungen, welche müde war und sich gleichfalls schon in dem Sande nieder gelegt hatte. An dem andern lagen handrecht zwei Pistolen, jede vierläufig, die unter Tags in dem Halfter gesteckt waren, und die er auf alle Fälle zu sich nahm, obwohl in diesem weiten Sande weder Tiere und kaum auch Menschen zu fürchten waren.

Die Nacht verging ruhig, und mit Anbruch des nächsten

Tages wurde die Reise fortgesetzt. Abdias war, als sich der erste Saum des leeren Himmels in Osten anzündete, aufgestanden, hatte das Heu und die Lappen, die er auf das Riemwerk gebreitet hatte, daß es sich nicht nässe und dann in der Hitze leide, weggeräumt und gesammelt, worauf er dann Kola, die Eselin, sattelte und alle die andern Dinge an ihren Platz tat. Nachdem er und Mirtha gegessen hatten und Ditha mit der Milch des Tieres getränkt worden war, brach man auf.

Ehe noch ein kleiner Teil dieses ihres zweiten Reisetages vergangen war, standen schon die blauen Berge, Abdias' nächstes Ziel, sehr groß und deutlich an dem Rande der Wüste, aber sie standen stundenlange so klar und deutlich da, ohne daß es schien, daß man sich ihnen nur zollbreit genähert hätte. Abdias hatte für seinen Zweck mit Absicht einen Weg eingeschlagen, der zwar ein bedeutend längerer war als jeder andere, aber den Vorteil hatte, daß er kürzere Zeit in der Wüste führte, indem er nur eine Bucht derselben durchschnitt und gegen die benannten blauen Gebirge zulief. Abdias hatte dieses getan, um die Wüstenluft zu vermeiden, die Mirtha und Ditha noch nie geatmet hatten. Aber nicht bloß durch einige Stunden standen die wunderschönen, blauen, lockenden Berge aufrecht vor ihnen am Rande der Ebene, gleichsam zum Greifen nahe, sondern sie standen den ganzen Tag so, obwohl man sich ihnen in gerader Richtung näherte, und änderten weder ihre Farbe noch ihre Größe. Erst da das kurze Abenddämmern jenes Himmelsstriches kam, erreichte man zwar nicht sie selber, wohl aber ein grünes Eiland, gleichsam ein Vorland derselben, auf welchem für Kola, die Eselin, frische Pflanzen, für alle drei aber eine klare Quelle war. Als man sich auf die Insel begeben und dort, was sie bot, namentlich das kühle Wasser, genossen hatte, zog Abdias die Reisegesellschaft wieder zurück gegen die Wüste und ließ sie auf einem Platze zum Nachtlager stille halten, auf welchem Sand war und Disteln und Kaktuspflanzen in großen Zwischenräumen zerstreut standen. Er tat dieses des Taues willen, der auf Wüsteninseln in sehr großer Menge zu fallen pflegt und für diejenigen, die dort unter freiem Himmel schlafen, ungesund ist. Er machte genau die nämlichen Vorbereitungen wie in der vergangenen Nacht, und verbarg den noch übrig gebliebenen Rest der Goldstücke in jene Stellen des Sattels, der Gurten und des andern Geschirres der Eselin, welche zu diesem Zwecke noch da waren. Einen Teil des Goldes aber steckte er zu sich in verschiedene Fächer seiner Kleider, daß, wenn Räuber über ihn kämen, sie dasselbe fänden und in der Meinung, daß es sein gesamtes Geld sei, nicht weiter suchten. Wie in der vergangenen Nacht legte er sich wieder auf den bloßen Sand und schlief.

Da der Morgen dämmerte, wurde er, der heute viel besser geschlafen hatte als gestern, durch seltsame Töne geweckt. Es war ihm, als träumte er sich um dreißig Jahre zurück, als läge er mit seinem Haupte wieder an dem Halse seines Kameles und höre das Schnaufen desselben, mitten in der ringsum ruhenden Karawane liegend. Er rieb sich seine von dem feinen Wüstensande schmerzenden Augen, und da er sie öffnete, sah er wirklich ein Kamel vor sich stehen, das der Morgenglut der Wüste entgegen schnaufte und seinen kleinen Kopf hoch gehoben hatte. Auch einen Mann erblickte er, einen Schlafgenossen, den sie in der Nacht bekommen haben mußten. Derselbe lag auf dem Boden im tiefsten Schlafe begraben und den Riemen des Kameles um seinen Arm geschlungen, wie es Abdias gerne machte. Abdias sprang empor, ging näher gegen die Gruppe der zwei Wesen, die in einer kleinen Entfernung von ihm war, und da er hinzu gekommen, traute er seinen Augen kaum – es war der furchtbar abgehetzte Knabe Uram, der da vor dem Kamele auf dem

Boden lag. Derselbe schlief auf dem Rücken liegend und das Antlitz gerade gegen den Himmel empor zeigend. Dieses Antlitz, das sonst so jugendlich heiter und frisch war, war aber jetzt so entstellt, als sei der Knabe in diesen zwei Tagen um zehn Jahre älter geworden. Als ihn Abdias aufgeweckt hatte und die inzwischen aufgestandene Mirtha auch herzu gekommen war, erfuhr man den Zusammenhang der Sache. Da der Knabe die Herde gefunden und unter den vielen Tieren, die den Bewohnern der Trümmerstadt gehörten, die des Juden Abdias gezählt und, um keine Irrung zu begehen, noch einmal gezählt hatte, ging er wieder nach Hause, indem er auf dem Wege das Brod und die Datteln aß, die er sich als Mittagsmahl mitgenommen hatte, und die herausbekommene Zahl, damit er sie nicht vergäße, immer wiederholte. Zu Hause, wo er nachmittag angekommen war, habe er seinen Herrn Abdias gesucht – er suchte ihn in allen Gewölben, in dem Stalle, bei dem Heue, bei den Zisternen, an der Aloe – und fand ihn nicht; erst, als er auch bemerkte, daß Mirtha und Ditha ebenfalls fehlen und die Eselin auch nicht da sei, sei ihm Abdias' Auswanderung klar geworden. Er habe nun dem Juden Gad ein Kamel gestohlen und sei nachgejagt. Zuerst hat er die Spuren der Eselin gesucht und dieselben wirklich in den Tälern zwischen den Trümmern gefunden, wie sie in Umwegen gegen die Wüste hinausgingen. Dann erst hat er das Kamel genommen, ist darauf gestiegen und zu dem Punkte in aller Schnelligkeit hin geritten, wo die Spur in die Wüste mündete. Allein so deutlich die Tritte des Hufes, dessen kleine Gestalt er recht gut kannte, in dem Trümmerwerke und vorzüglich auf lockerem Grasboden waren, so sehr waren sie in dem weichen Sande der Wüste verschwunden. Er sah gar nichts mehr, das einem Tritte ähnlich war, sondern nur die feinen Schneiden des gewehten Sandes, und da mußte er gegen die mutmaßliche

Richtung zu beiden Seiten immer hin und her jagen, ob er auf der fahlen Fläche, die da schimmerte und noch unzählig viele andere Sternchen und Flimmerchen hatte, die glänzten, nicht einen schwarzen Punkt sähe, der die Hinziehenden vorstelle, oder etwa zufällig die Reisespuren wieder fände. Dann sei er so durstig geworden und so erhitzt, daß er nichts mehr sehen konnte, weil der Boden vor seinen Augen zu wallen angefangen habe. Hierauf habe er sich mit beiden Händen an dem Kamele gehalten, weil es doch viel stärker gewesen sei als er – und dieses sei heute nachts geraden Weges hierher gerannt. Es muß die Reisenden oder die Quelle gewittert haben; denn es hat, ehe sich beide zur Ruhe begeben, eine ungeheure Menge Wasser aus der Quelle getrunken.

Abdias streichelte die Haare und das Angesicht des Jünglings und sagte, er dürfe nun schon bei ihm bleiben. Dann bereitete er die Suppe und gab ihm zu essen. Auch von den Früchten reichte er ihm einen kleinen Teil und sagte, er solle wenig essen, daß es ihm nicht schade; denn nach seiner Rechnung mußte der Knabe an fünfzig Stunden nichts genossen haben. Dann ließ Abdias die beiden Tiere, das Kamel und die Eselin, von dem frischen Futter, welches auf der Insel war, so viel fressen, als er glaubte, daß ihnen zuträglich sei, die eigentlich mehr an das trockene Futter gewohnt waren. Von diesem trockenen Futter bekamen sie dann noch einen geringen Rest; denn es mußte jetzt geschont werden, weil Uram gar keinen Vorrat mit sich genommen hatte und das Land und die Gebirge noch ferne waren, wo man wieder einen bekommen konnte.

»Hast du denn nicht daran gedacht, daß das Kamel matt werden und dich nicht mehr weiter tragen könnte, ehe du uns fändest?« fragte Abdias.

»Freilich habe ich daran gedacht,« antwortete der Knabe, »deshalb habe ich es so lange trinken lassen, als es nur wollte, ehe ich fort ritt, auch habe ich ihm von den Körnern zu fressen gegeben, die in unserer Wohnung lagen, und wovon du einen Teil ausgeschüttet hast.«

»Hast du einem unserer Nachbarn gesagt, daß du die Meinung gefaßt hast, daß ich fortgezogen sei?« fragte Abdias weiter.

»Nein, ich habe keinem Menschen ein Wort gesagt, daß sie uns nicht nachfolgen und uns etwa finden«, sagte der Knabe.

»Gut«, antwortete Abdias, indem er an der Aufzäumung der Eselin weiter arbeitete.

Uram hatte indessen die elende Ausrüstung, die das Kamel hatte, in den Stand gesetzt, dessen sie fähig war. Man traf die Verabredung, daß Abdias und der Knabe, je nachdem einer oder der andere von ihnen müder würde, in der Benützung des Kameles abwechseln sollten. Mirtha und Ditha wurden auf der Eselin untergebracht wie gewöhnlich. Als alles in Ordnung war, brachen sie auf. So zog nun die auf diese Weise vergrößerte Reisegesellschaft weiter, und wie die ersten zwei Tage gewesen waren, waren alle folgenden. Nachdem man von der Insel weg noch drei volle Tage gezogen war, kam man erst in fruchtbares Land und in das gegen sie heranschreitende Gebirge. Abdias hatte hier in ein einziges schlechtes Dorf abgelenkt, um sich dort mit allem Nötigen zu versehen, was man brauchte, und was auszugehen drohte. Dann bog er wieder gegen die Einöden ab, die hier ganz anders waren als in der Wüste, aber gewiß nicht minder schön, erhaben und furchtbar. Die Menschen, Hütten und Dörfer meidend, zog man weiter, entweder durch Schluchten, oder auf einsamen Bergrücken, oder gegen sachte steigendes, mit würzigem Grase versehenes Staffelland. Die Vorsichten, welche man im Weiterziehen und hauptsächlich beim Nachtlager anwendete, waren jetzt weit mehr als in der Wüste. Abdias hatte auch den Knaben bewaffnet; denn er hatte in dem Rüstzeuge der Eselin weit mehr

Waffen in Fächern angebracht, als die zwei vierläufigen Pistolen, die er bisher in der Wüste bei seinem Nachtlager immer an seiner Seite gehabt hatte. Er trug jetzt bei Tage vier Pistolen in seinem Gürtel und hatte einen schuhlangen Dolch in der Gürtelscheide stecken. Dem Knaben gab er drei Pistolen und ebenfalls einen Dolch. Jeden Morgen wurden die Ladungen neu untersucht und neu gemacht. Bei der Nachtruhe lagen die Pistolen neben den Schlafenden; die Kleider blieben, wie natürlich ist, auf dem Leibe. Auch wurde jetzt alle Nacht zur Verscheuchung der Löwen und anderer Tiere ein Feuer gemacht, wozu die Brennstoffe mühselig unter Tag gesammelt und auf dem Kamele weiter befördert wurden. Zur Unterhaltung des Feuers und zur Wache mußten Abdias und der Knabe abwechseln, und immer einer aufrecht an dem Feuer sitzen und herum schauen.

Aber es traf keine der gefürchteten Gefahren ein. Die Nächte vergingen still und lautlos, mit den feurigen, scharfen Sternen aus dem dunkelblauen Himmel jenes Landes hernieder schauend; die Tage waren schimmernd und heiter, und jeder so schön und wolkenlos, oder scheinbar noch schöner und klarer als sein Vorgänger. Die Glieder der Gesellschaft waren wohl, die kleine Ditha war gesund, und die freie Luft, welche immer unter dem Tüchelchen ihres Körbchens strich, rötete ihre Wänglein, wie an einem zarten Apfel. Man hatte auf dem Zuge weder Menschen noch Tiere gesehen, manchen einsamen Adler ausgenommen, der zuweilen, wie sie weiter gingen, hoch ober ihnen in den leeren Lüften hing. Es hatte sie ein schönes Glück geleitet, gleichsam als zöge ein glänzender Engel über ihren Häuptern mit.

Am frühen Morgen des neunundzwanzigsten Tages ihres Zuges, da sie über eine strauchlose, sachte ansteigende Fläche zogen, riß plötzlich die Farbe des Landes, die lieblich dämmernde, die sie nun so viele Wochen gesehen hatten, ab, und am perlenlichten Morgenhimmel draußen lag ein unbekanntes Ungeheuer. Uram riß die Augen auf. Es war ein dunkelblauer, fast schwarzer Streifen, in furchtbar gerader, langer Linie sich aus der Luft schneidend, nicht wie die gerade Linie der Wüste, die in sanfter Schönheit, oft in fast rosenfarbner Dämmerung unerkennbar in dem Himmel lag; sondern es war wie ein Strom, und seine Breite stand so gerade empor, als müßte er augenblicklich über die Berge herein schlagen.

»Das ist das Mittelmeer,« sagte Abdias, »jenseits dessen das Land Europa liegt, in welches wir ziehen.«

Seine zwei Gefährten staunten das neue Wunderwerk an, und je weiter sie kamen, desto mehr entfaltete sich der vorher schmal scheinende Strom, Farben und Lichterspiele waren auf ihm, und am Mittage desselben Tages, als sie an dem Rande des Tafellandes angekommen waren, riß die feste Erde jäh ab, sie stürzte vor ihnen hinunter und legte in der Tiefe die Fläche des Meeres vor ihre Füße. Ein dunkler, waldreicher Streifen der afrikanischen Küste lief an dem nassen Saum hin, eine weiße Stadt blickte aus ihm auf, und unzählige weiße Punkte von Landhäusern waren in dem Grün zu sehen, gleichsam Segel, die aus dem Grün eben so wie die andern aus dem schreckhaft dunklen Blau des Meeres leuchteten.

So schön ist der Scheidegruß, den das traurige Sandland seinem Sohne nachruft, der es verläßt, um die feuchten Küsten Europas aufzusuchen.

Abdias stieg mit den Seinigen in die Stadt hinunter, aber nicht in der eigentlichen Stadt hielt er sich auf, sondern weiter draußen, wo ein weißer Damm in die blauen Wogen lief, viele Schiffe standen und ihr Stangenwerk, wie die Äste eines dürren Waldes, in die Lüfte hoben. Hier mietete er sich in ein Häuschen ein, um zu warten, bis ein Schiff reisefertig wäre, nach Europa zu gehen und ihn mitzunehmen. Er ging fast gar nicht aus, außer wenn er sich in dem Hafen erkundigte, und Uram blieb immer bei ihm. Das Kamel hatten sie verkauft, weil es ihnen fortan unnütz war, die Eselin aber mußte in dem Häuschen untergebracht werden. So lebten sie sehr abgeschieden drei Wochen, bis eines Tages ein Schiff ausgerüstet war und im Begriffe stand, nach Europa abzugehen, und zwar nach dem Punkte, wohin Abdias am meisten zielte. Er hatte mit dem Herrn desselben eine Übereinkunft getroffen, und in Folge derselben schiffte er sich mit dem Kinde, mit Uram und mit der Eselin auf das Fahrzeug ein. Mirtha hatte ihn einer Liebe halber, die sie in der weißen Stadt gefunden hatte, verlassen, und war nicht zu bewegen gewesen, ihm zu folgen. Auch eine andere Wärterin hatte er nicht bekommen; denn wie große Anbote er auch machte, die er in Europa zahlen wollte, sobald sie angekommen sein würden, mochte doch keine einzige mit ihm gehen, weil sie ihm nicht traute. Selbst auf das Schiff, wo er dann Geld zu zahlen versprach, folgte ihm keine, und auf dem Lande Geld zu zeigen, hielt er selber nicht für gut; auch wußte er recht wohl, daß es nur dazu gedient hätte, daß ihn dann nur ein solches Weib verraten hätte, ohne doch mit zu gehen, weil er diese Leute kannte, daß sie an ihrem Flecke Aufenthaltes, wie schlecht er sei, haften, und in keinen andern, am wenigsten in das verdächtige und gehaßte Europa gehen, wo die Ungläubigen wohnen. Also stieg er allein mit Uram zu Schiffe.

Als endlich der Zeitpunkt der Abfahrt gekommen war, und als sie beide auf dem schwimmenden Hause standen, wurden nun die großen eisernen Anker aus dem Wasser hervorgezogen, die Waldesküste begann vor ihnen zu schwanken und zurück zu sinken. Wie sie immer mehr hinaus rückten, kam weiter unten noch ein Küstenstrich zum Vorscheine, aus welchem das weiße Haus Meleks leuchtete. Abdias schaute darauf hin, aber wie der Streifen der Küste immer weiter und weiter zurückwich, das Land endlich gleichsam wie ein törichtes Märchen eingesunken war, und um das ganze Schiff sich nichts regte als die Wellen, wie unzählige glänzende Silberschuppen: saß er nieder und versenkte die Augen in die Züge seines Kindes.

Das Schiff ging nun fort und fort – und er saß und hielt das Kind in seinen Armen. So oft diejenigen, die noch mit reiseten, hin blickten, sahen sie dasselbe Bild des Mannes, wie er saß und das Kind auf seinen Armen hielt. Er stand bloß dann auf und ging abseits, wenn er es nährte, oder reinigte, oder den Lappen, in die es eingewickelt war, eine andere Lage gab, daß es leichter liege. Uram lag zwischen hingeworfenen hölzernen Geräten und neben einem gerungenen kreisförmigen Haufen von Tauen.

Es gibt Menschen, die vielerlei lieben und ihre Liebe teilen – sie werden von vielen Dingen sanft gezogen: andere haben nur eines, und müssen das Gefühl dafür steigern, daß sie die übrigen tausend linden Seidenfäden des Wohles entbehren lernen, womit das Herz der erstern täglich süß umhüllet und abgezogen wird.

Abdias und Uram waren immer auf dem Verdecke. Die Fahrt war sehr schön, der Himmel stets heiter, und ein sanfter Zug spielte in den Segeln. Wenn ein Wölklein an dem Himmel erschien, sahen die Reisenden darauf hin, ob es nicht einen Sturm bringen werde – aber es brachte keinen, das Wölklein verschwand immer wieder, ein Tag war so ruhig wie der andere, die Wellen waren klein, als dienten sie bloß, die Fläche, die sonst eben wäre, zu unterbrechen und heiter zu beleben – – und so lag eines Nachmittags die schimmernde, freundliche Küste Europas auf dem blauen Wasser – die Küste Europas, nach welchem Lande Abdias sich einst gesehnet hatte. Mit schmeichelnden Wogen trug der Ozean das Schiff, während die Sonne gemach nach Westen sank, dem nördlichen Lande immer näher und näher – ein glänzender Punkt nach dem andern hob sich aus der dunkeln Fläche, leuchtende Streifen standen endlich aufwärts, und als die Sonne zuletzt hinter den Westrand gesunken war, lag ein ganzer Gürtel von Palästen um die schwarze Bucht geschlungen.

Das Schiff mußte nun vor seinen Ankern liegend harren und seine Menschen und seine Sachen behalten, bis die Zeit um wäre, in der es sich zeigen sollte, daß es keine böse Seuche gebracht habe.

Als nun diese Zeit vergangen war und die Menschen und die Waren gelandet wurden, wunderten sich einige, und andere lachten, als ein hagerer, häßlicher Jude über das Brett des Bootes schritt, statt Päcken von Waren ein kleines Kind an seinem Busen tragend, und wie hinter ihm ein fast nackter, gelenker Knabe, gleichsam ein schönes dunkles Erzbild, folgte, eine halb verhungerte Eselin nach sich ziehend: – auf allen dreien lag dasselbe Grau der Wüste und der Ferne, wie auf den Tieren der Wildnis eine fremde, verwitterte Farbe zu liegen pflegt. – Einen Augenblick staunten die vielen, die da standen und zuschauten, die Fremdlinge an – im nächsten waren dieselben von dem Strome des menschenwimmelnden Weltteiles verschlungen und in seinen Wogen fortgeführt. Das Bild zeigte wieder sonst nichts, als was es den ganzen Tag zeigt: eine unruhige, durcheinander gehende Menge, die nach ihrem Vorteil, nach ihrer Lust oder nach andern Dingen rennt, umstanden von den ruhigen, großen, glänzenden, oft prachtvoll gebauten Häusern.

Wir aber wollen den fremden Ankömmlingen einen Augenblick voraus eilen, um die Stelle anzuzeigen, wo wir sie wieder finden werden.

Es liegt ein sehr vereinsamtes Tal in einem fernen und abgelegenen Teile unsers schönen Vaterlandes. Sehr viele werden das Tal nicht kennen, da es eigentlich nicht einmal einen Namen hat und, wie wir sagten, so sehr vereinsamt ist. Es führt keine Straße durch, auf der Wägen und Wanderer kämen, es hat keinen Strom, auf dem Schiffe erschienen, es hat keine Reichtümer und Schönheiten, um die Reiselust zu locken, und so mag es oft Jahrzehente da liegen, ohne daß irgendein irrender Wanderer über seinen Rasen ginge. Aber ein sanfter Reiz der Öde und Stille liegt darüber ausgegossen, ein freundlich Spinnen der Sonnenstrahlen längs der grünen Fläche, als schienen sie mit vorzugsweiser Liebe und Milde auf diesen Ort, da er gegen Mitternacht durch einen starken und breiten Landrücken geschützt ist und so die Strahlen günstig aufnimmt. Zur Zeit, da sich das zutrug, was wir hier erzählt haben, war das Tal ganz und gar unbewohnt: jetzt steht ein nettes weißes Haus auf seinem Weidegrunde, und einige Hütten rings herum, sonst ist es noch fast öde wie vorher. Einst war nur der weiche Rasengrund, beinahe ganz ohne Bäume, nur hie und da von einem grauen Steinblocke unterbrochen. Der Rasengrund schwingt sich zu einer sanften Wiege herum, die, wie wir sagten, gegen Mitternacht durch einen ansteigenden Landrücken geschlossen ist, auf dessen Höhe ein Föhrenwald, wie ein mattes Band, am Himmel hin zieht; im Mittage aber hat es eine Aussicht, die durch das hereinschauende Blau entfernter Berge umschlungen ist. Sonst bietet die Wiege auf ihrem Grunde nichts dar als das Grün des Bodens und das Grau der Steine; denn die schmale Schlange des Baches, der in ihrer Tiefe fließt, ist dem betrachtenden Auge von mäßiger Entfernung aus nicht mehr sichtbar.

An der Mitternachtseite dieses Tales, jenseits des Föhrenwaldes, beginnen wieder die von Menschen gepflegten Gegenden, namentlich stehen die Felder gerne in großen Strichen hin mit der blauen Blume des Flachses bepflanzt. Auch gegen Mittag in nicht gar großer Entfernung sind wieder bebaute Fluren. Nur die Talwiege, wie das oft bei Landbebauern geschieht, weil sie in der Tat dem Anbauer größere Hindernisse entgegen setzte, stand im Rufe der gänzlichen Unfruchtbarkeit. Es ward nie ein Versuch gemacht, zu ergründen, ob sich dieser Ruf bestätige, sondern man nahm ihn von vorne hinein als wahr an, und so lag die Wiege Jahrhunderte hindurch unbenützt da. Es ging nur ein sehr schmaler, an den meisten Stellen bloß durch das niedergetretene Gras erkennbarer Pfad durch das Tal, auf welchem Pfade regelmäßig im Frühlinge und Herbste einzelne Bewohner eines ziemlich entfernten Bergdorfes zu einer weit jenseits des Tales liegenden Gnadenkirche pilgerten, weil zur Kirche durch das unfruchtbare Tal der nächste Weg ging.

Als Abdias in sehr vielen Ländern Europas herumgewandert war, um eine Stelle zu finden, an der er sich niederlassen könnte, und zufällig auch in das oben beschriebene Tal kam, beschloß er sogleich, hier zu bleiben. Was die meisten abgeschreckt hatte, das Tal zur Wohnung zu nehmen, die Öde und Unfruchtbarkeit: das zog ihn vielmehr an, weil es eine Ähnlichkeit mit der Lieblichkeit der Wüste hatte. Vorzüglich erinnerte ihn unsere beschriebene Wiege an einen Talbogen, der im Grase Mossuls seitwärts jener Stelle herum ging, an der der Sage nach die uralte Stadt Ninive gestanden haben soll. Der Talbogen hatte ebenfalls wie unsere Wiege nur Gras ohne Bäume, nur daß in dem Talbogen Mossuls auch nicht einmal graue Steine aus dem Grase heraus ragten und die einzige dämmernde Farbe desselben unterbrachen, und daß auch kein so schönes Bergesblau hereinblickte, wie in unsere Wiege.

Abdias hatte sich von mehreren Fürsten und Herren Briefe verschafft, welche ihm erlaubten, in ihren Ländern zu reisen und sich in denselben aufzuhalten. Er hatte auch einen Handelsfreund, den er bisher nicht von Angesicht, sondern nur durch Briefe gekannt hatte. Er suchte denselben auf und verabredete mit ihm den Plan, daß, wenn er sich gerne einen Fleck Landes erwürbe, auf dem er seine künftige Wohnung gründen möchte, der Handelsfreund dazu den Namen geben würde, als hätte er selber das Land gekauft, als bebaute er es selber, als führe er eine Wohnung auf, und als ließe er nur gegen Entgelt den Juden im Genusse aller dieser Dinge. Um den noch möglichen Mißbrauch des Kauf- und Eintragbriefes zu vermeiden, würde Abdias seinen Freund durch eine ausgestellte Gegenforderung gleichen Wertes binden, die er gegen denselben geltend machen könne. Als er in das öde Tal gekommen war, beschloß er, da zu bleiben, sich ein Haus zu bauen, etwas Felder anzulegen und sich einzurichten. Er nahm sich deshalb vor, den noch übrigen Rest der Goldstücke aus dem Riemzeuge der Eselin zu lösen und die englischen Papiere, welche so gut in den wasserdichten Wachsseidentäschchen verborgen waren, aus seinem Kaftan zu schneiden. Er wollte alles recht wohl herrichten und in Gang bringen, damit, wenn er nach Afrika reiste, um Melek ein Messer in das Herz zu rennen – und wenn er etwa dabei erwischt und umgebracht würde, Ditha versorgt sei. Er mußte sie vorher auch ein bißchen erziehen, daß sie groß genug wäre und sich schon selber forthelfen könne, wenn er nicht mehr erschiene.

Es wunderten sich die Bewohner des entfernten Bergdorfes, als einmal einer durch das unfruchtbare Tal zu der Gnadenkirche wallfahrten ging und die Nachricht zurückbrachte, daß an einem Platze des Tales das Land aufgerissen sei und Balken und Steine und Vorrichtungen herum lägen, als würde hier zu einem Häuserbaue geschritten. Und wie wieder einmal ein anderer zu der Kirche ging, stand schon Mauerwerk, und es arbeiteten Leute daran. Ein fernerer brachte Nachricht von dem weiteren Fortschreiten des Baues, manche gingen nur dieser neuen

Sache wegen in die Kirche, da sie sonst vielleicht zu einer andern Zeit gegangen sein würden – man redete davon, bis endlich ein blankes weißes Haus von mäßiger Größe aus dem Grün des Bodens schimmerte und daneben der Anfang eines Gartens gelegt wurde. Auf die Fragen, wie und was das sei, kam immer die Antwort: ein fremder, absonderlich und seltsam aussehender Mann lasse das alles bauen und habe den Grund daneben gekauft.

Als das weiße Haus einmal länger stand, als der Garten fertig war und die hohen, festen Planken um denselben herum liefen, gewöhnten sich die seltenen Vorübergehenden daran, als an ein Ding, das einmal so sei, insbesondere da der Besitzer nie zu ihnen hinauskam und mit ihnen redete, sie also auch nichts von ihm zu reden hatten – und sie sahen die Dinge so an wie die Steine, die hie und da aus dem Grase hervorstanden, oder wie die Gegenstände, die zufällig an dem Wege lagen.

Abdias ging nun daran, da das Mauerwerk fertig und nach dem Rate seines Bauherrn vollständig ausgetrocknet war, das Innere des Hauses einzurichten. Er ließ doppelte Riegel hinter alle Türen machen, er ließ starke Eisengitter vor die Fenster stellen, und er ließ statt der früheren Planken sogar noch eine hohe, feste Mauer um den Garten führen. Dann kamen Geräte, wie sie in Europa gebräuchlich waren, und darunter mischte er Einrichtungen, wie er sie in Afrika gehabt hatte; er legte nämlich überall Teppiche nicht bloß auf den Boden, sondern auch auf solche Geräte, die für keine verfertigt waren, er machte aus Teppichen und weichen Fellen, die er kaufte, Betten zum Ruhen, und daß man darauf in der Kühle der Zimmer sitzen könne. Um diese Kühle zu erzeugen, ließ er, wie er es ebenfalls in Afrika gelernt hatte, Gemächer mit sehr dicken Mauern verfertigen, in den Gemächern hatte er nur in großen Zwischenräumen ein paar kleine Fenster, die doppelte gegliederte Fensterbalken der Art hatten, daß ihre Dächelchen über einander gelegt oder zur Hereinlassung von mehrerem Lichte wagrecht gestellt werden konnten. Er hatte diese Balken in Europa kennen gelernt und wendete sie statt der Myrten an, welche in der Wüstenstadt sein oben gelegenes Fenster umrankt und überwuchert hatten, daß die brennenden Strahlen der dortigen Sonne nicht eindringen konnten. Die kleinen Fenster der Gemächer aber gingen nicht unmittelbar in die freie Luft, sondern in einen andern Raum, der ebenfalls eine Art Gemach oder Vorhaus bildete, und durch dicke Türen und ebenfalls durch gegliederte Fensterbalken zu schließen war, damit die Strahlen der Sonne und der Durchzug der äußern heißen Luft abgehalten würden. Lauter Anstalten, die er in Europa nicht nötig hatte. Was ihn schier am meisten freute, war ein Brunnen, den ihm ein Meister an einem stets schattigen Teile seines eigenen Hofes gemacht hatte, wo man nur an einem Metallknopfe hin und her zu ziehen brauchte, daß kristallhelles, eiskaltes Wasser in das steinerne Becken heraus floß. Anfangs wollte er das häufige Ziehen nicht zulassen und den großen Verbrauch des Wassers hindern, daß es nicht vielleicht zu schnell zu Ende gehe, aber da das Wasser durch zwei Jahre unvermindert und gleich frisch dem Zuge des Metallknopfes folgte, erkannte er, daß hier ein Schatz sei, den man nicht leeren, den sie hier nicht schätzen können, und den man in der Wüstenstadt für das höchste Gut gehalten hätte. Überhaupt waren er und Uram in der ersten Zeit ihres Wanderns in Europa über die prächtigen Quellen, die es hat, entzückt, wunderten sich, wie die Leute, die da leben, sich nichts daraus machten, und tranken oft, vorzüglich wenn sie im Gebirge waren und ein recht glasklarer Strahl aus Steinen hervor schoß, mit Lust und dem Wasser zu Ehren, selbst wenn sie nicht durstig waren. Sie priesen die Wässer des Gebirges vor denen der Ebene, wenn ihnen auch das Gebirge selber nicht besonders gefiel, da es sie beengte und ihnen die Weite und Unendlichkeit benahm, an die sie gewohnt waren. Im Garten, den er bereits mit einer hohen Mauer umfangen hatte, war aber noch nichts als Gras; allein auf künftigen Schatten bedacht, ließ er Bäume pflanzen, und nahm sich vor, sie selber zu pflegen und zu betreuen, daß sie schnell wüchsen und doch in wenigen Jahren schon Schatten auf den Rasen und auf die weiße Mauer des Hauses würfen. Für eine Abteilung, wo Gemüse und andere nützliche Dinge wüchsen, würde er in der Zukunft schon sorgen, jetzt müsse er, dachte er, nur das Notwendigste zuerst in den vollkommenen Stand setzen.

Die inneren Gemächer waren nun alle eingerichtet, das Haus war fertig und von außen gegen Angriffe geschützt. Diener und Dienerinnen hatte er von dem Volke seines Glaubens bekommen.

Als der ganze Bau in wohnlichem Zustande war, wozu er beinahe drei ganze Jahre gebraucht hatte, ging er daran, ihn zu beziehen. Er nahm Ditha aus dem hölzernen Häuschen, welches mit doppelten Holzwänden für das Kind und ihn als Notwohnung errichtet worden war, heraus und ließ es in die steinerne Wohnung in das für dasselbe eigens eingerichtete Gemach tragen. Er folgte, indem er die ganz wenigen Dinge, die er in dem Holzhäuschen gehabt hatte, mit sich nahm. Das Häuschen wurde nun sofort abgerissen.

Ein Ziel, welches er in dem Lande Europa angestrebt hatte, hatte er nun erreicht, nämlich einen Wohnplatz. In diesem saß er nun mit Ditha ganz allein; denn Uram war schon im Verlaufe des ersten Jahres ihrer europäischen Wanderung, obwohl er vermöge seiner Jugend alles, was ihm aufgestoßen war, mit Neugierde und oft mit Entzücken betrachtet hatte, an dem fremden Klima verschmachtet. Abdias saß mit Ditha allein. Dieser wollte er nun alle Aufmerksamkeit zuwenden, daß sie, wie er sich vorgenommen hatte, ein wenig erzogen würde, indem er bisher, da er eine Wohnung für sie baute, nicht viel Zeit gehabt hatte, sich nach ihr umzusehen, und auch die Diener, die ihr beigegeben worden waren, sie bloß nährten, pflegten und schützten, und im andern sie liegen ließen, wie sie nur wollte. Sie war aber übrigens in ihrem Körperchen gesund und blühend. Und so lag sie nun vor ihm da, ein ehrwürdig Rätsel, aus seinem Wesen hervorgegangen und einer unbekannten Enthüllung harrend.

Abdias ging nun mit demselben Eifer, mit dem er bisher alles betrieben hatte, daran, sich mit Ditha zu beschäftigen, obwohl er eigentlich nicht wußte, wie er es anfangen sollte, sie zu entfalten und vorwärts zu bringen. Er hielt sich schier immer in ihrem Zimmer auf. Er berührte sie, er redete mit ihr, er setzte sie in ihrem Bettchen auf, er setzte sie auf den Teppich des Fußbodens, er stellte sie auf ihre Füße, er versuchte, ob sie gehen könne, er wollte sehen, ob sie nicht eine kleine Strecke laufe, wenn er ihr einen lockenden Gegenstand vorhalte, und sehr viele Dinge der gleichen Art: aber sehr bald sah er, daß das Mädchen nicht sei, wie es sein sollte. Er gab die Schuld auf die zwei Dienerinnen, die er in Europa bloß zu dem einzigen Dienste für Ditha genommen hatte, und welche nur für ihren Körper gesorgt hatten, daß er gesund sei und gedeihe, für die sonstige Entwicklung aber nichts getan zu haben schienen.

Das Kind war jetzt schon um vier Jahre herum alt, aber es hatte nicht die Art und Weise eines vierjährigen Kindes. Sein Angesichtchen war unsäglich lieb und schön, und es entfaltete sich täglich mehr als das reizende Ebenbild des Vaters, wie er aussah, da er noch jung und schön gewesen war; nur war die Kraft des Vaters durch leise Züge der Mutter gemildert, die in der Bildung des Angesichtes zum Vorschein kamen. Der Körper war fast der eines vierjährigen Kindes, nur schien er viel zarter und nicht so stark zu den Bewegungen zu sein, welche Kinder in diesem Alter schon zu machen pflegen. Aber es lagen auch diese Bewegungen nicht in ihren Gliedern, der Vater wußte nicht, wegen bisheriger Vernachlässigung derselben, oder weil sie überhaupt noch nicht da waren. Sie konnte noch nicht gehen und zeigte auch keinen Drang dazu, wie er sich doch sonst schon in viel jüngeren Kindern äußert, wenn sie nach Gegenständen ihres Wohlgefallens hin streben. Ja sogar sie kroch auch nicht einmal, wie doch die unentwickeltsten Kinder versuchen, sobald sie sich nur sitzend zu erhalten vermögen. Wenn man sie auf den Boden niedersetzte, so blieb sie auf demselben Platze sitzen, man mochte noch so reizende Gegenstände oder Naschwerk, das sie sehr lieb hatte, in ihre Nähe legen. Stehen konnte sie schon, aber wenn man sie auf die Füße stellte, blieb sie unbeweglich stehen, klammerte sich an die sie haltende Hand, und wenn man diese weg zog, stand sie einsam in der Luft da, strebte nach keiner Richtung weiter, ihre Füßchen zitterten, und in den Mienen sprach sich Angst und die Bitte um Hilfe aus. Wenn man ihr dann die Hand gab und damit einen ihrer Finger berührte, so hielt sie sich schnell daran, faßte mit beiden Händchen darnach und zeigte Neigung, nieder zu sitzen. Wenn man ihr aber das verweigerte, so blieb sie stehen, sich an der dargereichten Hand festhaltend und nichts weiter versuchend. Am vergnügtesten schien sie zu sein, wenn sie in ihrem Bettchen lag. Da fühlte sie den meisten Halt um sich, war, wie es sonst auch ihre Weise war, sehr fromm, fast nie weinend, langte nach nichts, sondern hielt gerne eine Hand in der andern, und tastete und spielte mit den Fingern der einen in denen der andern. Auch das Angesichtchen zeigte noch nicht die Erregtheit, die sonst Kinder haben, wenn sie durch die ersten und vermöge ihres hilflosen Körperchens sehr heftigen Verlangungen bewegt werden. Nicht einmal, wenn der Vater, den sie recht gut kannte, mit ihr redete, sie liebkoste oder streichelte, zeigte sie die Belebung, die sonst die kleinsten Kinder haben. Die Züge des unaussprechlich schönen Angesichtes blieben immer ruhig, die Augen mit dem lieblichsten, von Abdias oft so bewunderten Blau standen offen, gingen nicht hin und her und waren leer und leblos. Die Seele schien noch nicht auf den schönen Körper herunter gekommen zu sein. Ihre Zunge redete auch noch nicht, sondern wenn es sehr gut ging, lallte sie seltsame Töne, die keiner der menschlichen Sprachen ähnlich waren, und von denen man auch nicht wußte, was sie bedeuteten.

Abdias konnte sich nicht helfen, er mußte denken, daß Ditha blödsinnig sei.

Nun war er eigentlich ganz allein in seinem Hause; denn Ditha war noch niemand, und Uram war gestorben. Er hatte Ditha nach Europa gebracht, um sie zu bergen. Sie war eine Lüge – ewig mit derselben reglosen Miene und mit den ruhigen Augen. Er dachte sich, er werde viele Jahre so bei ihr sitzen, dann werde er sterben, ihre Züge werden sich auch nicht regen, denn sie wird nicht wissen, daß jemand gestorben ist – und wenn sein Antlitz starr geworden, dann wird erst recht der alte tote Vater der jungen schönen Tochter gleichen, so wie sie jetzt schon ferne der sanften vor Jahren gestorbenen Mutter gleicht.

Er wollte wenigstens aus dem blödsinnigen Körper so viel entwickeln, als aus ihm zu entwickeln wäre. Er dachte, wenn er den Körper recht gesund und recht stark machte, wenn er ihn zu außerordentlichen Tätigkeiten reize – vielleicht könnte er eine Art Seele hervorlocken, wie jetzt gar keine vorhanden sei.

Er brachte Ditha in eine andere Räumlichkeit; denn sie war bisher in einem jener kühlen Gemächer gewesen, wie wir sie oben beschrieben haben. Die neue Wohnung war luftig und licht, sie bestand aus zwei Zimmern, deren Fenster geradezu in das Freie gingen, und deren Türen sich auf Gänge öffneten, die viele Fenster hatten. Er ließ nun oft ganze Ströme Luft herein, ließ sie durch die Zimmer streichen und setzte Ditha darein, daß alle Teile ihres Körpers diese labende Flüssigkeit genießen könnten. Er reichte ihr ihre Nahrung selber und bestimmte immer, worin sie zu bestehen hätte. Er wollte sie nämlich recht leicht und nährend haben, und sie mußte in einer ganz bestimmten Ordnung fertig werden. Die Kleider, die sie anhaben sollte, gab er ebenfalls selbst an, sie sollten keinen Teil des Körpers drücken, sollten nicht zu heiß und nicht zu kühl sein und den Zutritt der Luft und der Sonne nicht zu stark hemmen. So oft es nur wegen des in diesen Ländern so ungleichen Wetters anging, mußte sie ins Freie gebracht werden und oft ganze Tage darin zubringen. Er nahm sie an der Hand, er führte sie herum, und hörte nicht eher auf, als bis er an ihrer immer mehr und immer schwerer anziehenden Hand merkte, daß sie schon sehr müde geworden sei und nur mehr den Körper armselig schleppe. Wenn die Strahlen der Mittagssonne zwar nicht steilrecht, wie es in seinem Vaterlande jährlich einmal beinahe genau der Fall gewesen war, aber doch sehr warm hernieder schienen, wurde sie leicht bedeckt in das Gras des Gartens unter den Schein der heißen Sonne gesetzt und lange da gelassen, daß auf dem Angesichte, auf der Stirne und auf dem Nacken große Tropfen standen und das feine Linnen, das gerne ihren Körper bedeckte, anzukleben begann. Dann ward sie anders angekleidet, in die Zimmer gebracht, und dort ging er mit ihr, sie an der Hand haltend, herum, sie auch öfter in den langen Gang hinaus führend und dort auf und ab ziehend. Die Füßchen – das sah er bald – wurden zunehmend stärker. Ihr Angesicht mußte täglich mit Seife und frischem Wasser gewaschen werden, die schönen blauen Augen bekamen jeden Morgen ein Bad von reinem Brunnenwasser, und die Haare, so gelb und klar wie goldener Flachs, mußten gekämmt und gebürstet und gewaschen werden, daß auf dem Boden des Hauptes nicht ein Stäubchen und nicht ein Faserchen von Unrat lag, sondern die Haut so rein und eben glänzte wie auf dem Buge des sanft hinab gehenden Nackens. Wenn er oft im Garten oder sonst wo vor ihr auf den Knieen knieend sich heiser rief: »Ditha komme her – Ditha komme her!« so ward sie dann in ein kaltes Bad getan, dessen Wasser man im Augenblicke erst aus dem Brunnen geschöpft hatte. Ihre entkleideten Glieder wurden von der reinen Flut, die in einem marmornen, sehr großen Becken spielte, umflossen, nasse Tücher rieben den Körper, und in den hinaufgebundenen gelben Haaren hingen die klaren Tropfen wie Diamanten. Wenn es ihr manchmal zu kalt geworden war, oder wenn man sie zu stark gebürstet hatte, da sie heraus gestellt worden war, so zitterten ihre Glieder, und das Angesichtchen verzog sich sanft zum Weinen.

So verging eine Zeit, Abdias war fast unablässig bei ihr und beobachtete die Äußerungen ihres Körpers.

Die meiste Regung einer Seele, ja eigentlich die einzige, glaubte er, gebe sie gegen Klänge; denn er redete recht oft und Mannigfaltiges zu ihr. Er hatte ein feines Silberglöckchen – dieses brachte er herbei und ließ es leise vor ihren Ohren tönen. Sie merkte darauf hin, das sah man deutlich. Und wie man den Klang die Tage fort öfter vor ihren Ohren wiederholte, lächelte sie – und immer deutlicher und immer süßer wurde dieses Lächeln, je öfter man den schmeichelnden Klang vor sie brachte. Ja später begehrte sie ihn sogar selber; denn sie ward unruhig und sprach ihre unbekannten Worte, bis er begann: dann ward sie stille, und ein Ding, wie Freude, ja sogar wie ein sehr verstandesvolles Mienenspiel, schimmerte in ihren Zügen.

Abdias kam bei dieser Entdeckung auf einen Gedanken, der sich wie ein Blitz, wie eine leuchtende Lufterscheinung durch sein Haupt jagte, er dachte: das arme, gemarterte Kind könne bloß blind sein.
Sogleich begann er, als ihm dieser Gedanke gekommen war, Versuche, um zu prüfen, ob es wahr sei oder nicht. Er ließ das Mädchen leicht gekleidet auf sein Bettchen legen. Dann holte er eine lange, sehr spitzige Nadel, und mit derselben stach er sie in die Hand. Die Hand zuckte zurück. Er stach wieder, und sie zuckte wieder. Dann berührte er bloß die Hand mit der Spitze der Nadel, und siehe, sie zog sich auch zurück. Das Kind mußte, wenn es sah, nun die Nadel kennen und mußte wissen, daß die feine Spitze derselben das Schmerzende sei. Er näherte nun die Nadelspitze dem schönen, großen, blauen Augapfel – immer mehr – immer mehr fast bis zur Berührung: es erfolgte keine Regung, in ruhigem Vertrauen stand das Auge offen. Er holte nun noch aus der Küche eine glühende Kohle, nahm sie in eine Zange und näherte sie dem Auge – er schwang sie stille, aber dicht vor dem Antlitze in Kreisen, daß sie flammende Linien zog: aber es erfolgte ebenfalls keine Bewegung in dem Angesichte, welche zeigte, daß das Kind die feurigen Kreise gesehen hatte. In derselben sprachlosen Ruhe blieb das schöne Auge. Er versuchte noch eins: er schlug mit seinen Fingerspitzen sehr schnell, aber lautlos nahe oberhalb der Wimpern durch die Luft, bei welchem Verfahren fast alle Menschen und um so viel mehr die Kinder blinzen müssen: aber Ditha wußte nichts, daß diese Bewegungen so nahe an ihren Augenlidern vor sich gingen.
Es war für ihn nun richtig, und alle bisherigen Erscheinungen an dem Mädchen waren ihm klar. Es war blind. In der andauernden Nacht war die junge, verkannte, über das Wesen der Welt ahnungslose Seele bloß hilflos gebunden gewesen, und hatte nicht gewußt, was sie entbehre.

Noch in demselben Augenblicke, als Abdias diese Entdeckung gemacht hatte, wurde in die entfernte Stadt um den Arzt geschickt. Er kam erst am nächsten Tage und bestätigte mit seinen Kenntnissen, was Abdias vermutet hatte. Sofort wurde nun wieder ein ganz anderes Verfahren mit dem Kinde eingeschlagen. Es wurde wieder in ein Zimmer verbannt, es wurde ihm ein kleiner Sessel gemacht, auf dessen Lehne es das Haupt zurücklegen konnte, daß die Augen, die schönen, aber unnützen Augen, aufwärts gerichtet wären, daß der Arzt und der Vater in dieselben hinein schauen konnten. Abdias schaute oft hinein, aber nicht das geringste, nicht die kleinste Kleinigkeit war zu entdecken, wodurch sich diese Augen von andern gewöhnlichen Menschenaugen unterschieden, außer, daß sie schöner waren als andere, daß sie klar und mild waren, wie man selten menschliche Augen finden würde.
Es begannen nun, obwohl der Arzt gesagt hatte, daß er wenig Hoffnung geben könnte, mehrere Versuche, die Augen zu heilen, und wurden lange Zeit fortgesetzt. Abdias tat alles pünktlich, was der Arzt vorschrieb, und Ditha litt schier alles geduldig, obwohl das Kind keine Ahnung haben konnte, was man mit ihm vor hatte, und welche Kleinode man ihm zu geben bemüht war. Als endlich der Arzt erklärte, daß seine Mittel erschöpft seien und er das wiederholen müsse, was er gleich anfangs gesagt habe, daß nämlich das Kind wahrscheinlich nie würde hergestellt werden, sondern die Zeit seines Lebens blind bleiben müßte: belohnte Abdias den Arzt für seine bisher gehabten Bemühungen und nahm einen andern. Allein auch dieser tat nach einiger Zeit dieselbe Erklärung – und so kam ein dritter, ein vierter, und mehrere. Da alle übereinstimmten, dem Kinde sei das Licht der Augen nicht zu geben, da die Ratschläge der verschiedensten Menschen, die von dem Übel hörten und sich herzu

drängten, vergebens angewendet wurden, da Abdias bei jedem neuen fehlgeschlagenen Versuche seine Hoffnung auf eine tiefere Stufe herabstimmte: gab er den Rest derselben endlich ganz auf, insbesondere da keine Ärzte mehr waren, die man fragen konnte, und selten ein Mensch kam, der einen Ratschlag erteilte, oder wenn es geschah, derselbe schon von vorne herein alle Spuren der Unvernunft an der Stirne trug. Er gewöhnte sich daran und nahm den Gedanken in sein Eigentum auf, daß er ein blindes Kind habe, und daß dasselbe blind bleiben müsse.

Statt nun eine Erziehung zu beginnen, die so viel an Geist und Leben entwickelt hätte, als nur immer zu entwickeln war, verfiel Abdias auf einen ganz andern Gedanken, nämlich einen ungeheuren Reichtum auf das Kind zu laden, damit es sich durch denselben einstens, wenn er stürbe, Hände kaufen könnte, die es pflegen, und Herzen, die es lieben würden. Einen großen Reichtum wollte er auf das Kind häufen, daß es sich dereinst mit jedem Genusse seiner andern Sinne umringen könnte, wenn es schon den des einen entbehren müßte.

In Folge dieses Entschlusses wurde nun Abdias geizig. Er entließ alle Diener bis auf eine Magd, eine Wärterin Dithas und einen Wächter des Hauses. Er selbst versagte sich alles und jedes, er ging in schlechten Kleidern, nährte sich schlecht, ja wie einst in seiner fünfzehnjährigen Lehrzeit fing er jetzt bei grauen Haaren an zu lernen, wie man wieder Geld und Gut erringen könne, er fing an zu jagen und zu rennen und Gewinn und Zinsen zu sammeln, er fing an zu wuchern, namentlich mit der Zeit, und dies alles um so mehr, gleichsam mit der Angst eines Raubtieres, da ihn der Gedanke an sein Alter und an seinen nahen Tod verfolgte. Er ließ sich daher keine Ruhe – das Geschäft, welches er kannte, und welches ihm in Afrika Reichtümer eingetragen hatte, nahm er wieder vor, nämlich den Handel, er trieb ihn so, wie er ihn in Afrika getrieben hatte – und wenn es in mancher Nacht stürmte und tosete, daß der Hund in seine Hütte kroch und der Iltis in seinen Bau, daß kein Mensch auf der Straße war, ging der gebeugte schwarze Schatten des Juden über die Felder, oder er klopfte, wenn er sich verirrt hatte, an ein kleines Fenster, um ein Nachtlager bittend, das man ihm oft widerwillig gab, öfter verweigerte; denn da er jetzt viel unter die Menschen kam, lernte man ihn kennen, und er ist ein Gegenstand des Hasses und des Abscheues geworden. Das Unglück, in welchem sein Mädchen gefangen war, schrieb man dem gerechten Urteile Gottes zu, der den maßlosen Geiz des Vaters strafen wollte. Die Diener, welche er aus seinem Volke genommen hatte, hielten es nicht für gefehlt, wenn sie ihn betrogen, und sie hätten dieses, wenn er nur nicht so scharfsichtig gewesen wäre, gerne in noch größerem Maßstabe getan.

Wenn er zu Hause war, saß er immer in Dithas Zimmer, sobald er nur seine Rechnungen und seine Geschäfte abgetan hatte. Der kleine Sessel mit der Hinterlehne für ihr schönes Haupt war ihr lieb geworden, sie saß jetzt gerne darinnen, obwohl er für die aufblühenden und empor strebenden Glieder zu klein geworden war. Da kauerte der Jude auf einem kleinen Schemel neben ihr und sprach immerwährend zu ihr. Er lehrte sie Worte sagen, deren Bedeutung sie nicht hatte – sie sagte die Worte nach und erfand andere, welche aus ihrem inneren Zustande genommen waren, die er nicht verstand, und die er wieder lernte. So sprachen sie stundenlange mit einander, und jedes wußte, was das andere wollte. Sie streichelte öfter mit ihren kunstreichen Händen, nachdem sie ein wenig in der Luft gesucht hatte, seine harten Wangen und seine schlichten, dünner werdenden Haare. Zuweilen legte er Geschenke in ihre Hand, ein Stück-

chen Stoff zu einem Kleide, dessen Feinheit sie greifen konnte und verstand; namentlich Linnen, das sie sehr liebte, dessen Glätte, Weiche und Reinheit sie besonders zu beurteilen verstand, und das, weil sie nie unter Menschen kam und Putz brauchte, nicht nur das ihrem Körper zunächstliegende, sondern meistens auch einzige Kleidungsstück war. Wenn sie ihr linnenes Überkleid über das untere getan hatte, um damit im Hause zu sein, legte sie seine Falten so schön und machte vorne die Spange zu, daß Sehende geglaubt haben würden, sie hätte das Werk vor dem Spiegel gemacht. Und dann strich sie mit der Hand längs des Stoffes hinab und faßte ihn zwischen Daumen und Zeigefinger und sagte: »Vater, das ist noch weicher als das andere.«
Die Füßchen, an denen Schuhe waren, stellte sie nebeneinander auf den Schemel und griff die Weichheit desselben. Manchmal gab er ihr Eßwaren, die er gebracht, Früchte und dergleichen – und wenn sie den Kern oder anderes, das weg zu legen war, zwischen den Fingern hielt, suchte sie nach der daneben stehenden Tasse, damit ja nichts beschmutzt würde.
Ihr Gliederbau bildete sich allgemach höher, und wenn sie in dem Grase des Gartens ging, oder die weiße Gestalt neben der weißen Mauer desselben, so gab sie das Bild eines erwachsenden Mädchens. Unter den sehenden Wesen war Asu, der Hund, von dem Abdias am meisten geliebt wurde. Er hatte ihn einstens, weil man seine Mutter erschlagen hatte und er noch blind war, aufgelesen und erzogen. Dieser Hund, da er erwachsen war, begleitete Abdias überall, und wenn er halbe Tage lang bei Ditha in dem Zimmer oder manchmal auch in dem Grase des Gartens saß, so saß der Hund immer dabei, wendete kein Auge von den beiden, als verstünde er, was sie sagten, und als liebte er sie beide. Wenn Abdias nachts in sein Zimmer ging, um zu schlafen, legte er dem

Hunde unter dem Tische seinen Teppich zurecht und richtete ihn, daß er weich sei.

Mit diesem Hunde hatte Abdias ein Unglück, als wenn es mit dem Manne immer hätte so sein müssen, daß sich die Dinge zu den seltensten Widrigkeiten verketten.

Es war zu einer Zeit, da sich eben in vielen Teilen der Gegend Fälle von Hundswut ergeben hatten, daß Abdias eine Reise nach Hause machte, und zwar auf einem Maultiere reitend und wie gewöhnlich von Asu begleitet. In einem Walde, der nur mehr einige Meilen von seinem Hause entfernt war und der Länge nach gegen jenen Föhrenwald mündete, von dem wir oben gesprochen haben, merkte er an dem Tiere eine besondere Unruhe, die sich ihm aufdrang, weil er sonst nicht viel hin geschaut hatte. Der Hund gab unwillige Töne, er lief dem Maultiere vor, bäumte sich, und wenn Abdias hielt, so kehrte er plötzlich um und schoß des Weges fort, woher sie gekommen waren. Ritt Abdias nun wieder weiter, so kam das Tier in einigen Sekunden wieder neuerdings vorwärts und trieb das alte Spiel. Dabei glänzten seine Augen so widerwärtig, wie Abdias es nie gesehen hatte, so daß ihm ängstliche Besorgnisse aufzusteigen begannen. Über eine Weile kamen sie zu einem kleinen, flachen Wässerlein, durch welches man hindurch reiten mußte. Hier wollte der Hund nun gar nicht hinein. An seinen Lippen zeigte sich ein leichter Schaum, er stellte sich vor, und mit heiserem Schluchzen schnappte er nach den Füßen des Maultieres, da es dieselben ins Wasser setzen wollte. Abdias nahm eine seiner berberischen Pistolen aus dem Halfter, hielt das Maultier einen Augenblick zurück und drückte das Gewehr gegen den Hund ab. Er sah durch den Rauch, wie das Tier taumelte und blutete. Dann ritt er in der Verwirrung durch das Wasser und jenseits weiter. Nachdem er eine halbe Stunde Weges zurück gelegt hatte, bemerkte er plötzlich, daß er einen

Gürtel mit Silbermünze, den er zu diesem Zwecke immer um hatte, nicht mehr habe – und er erkannte den ungeheuren Irrtum in Hinsicht des Hundes. Er hatte den Gürtel an einer Waldstelle, an welcher er sich eine Weile aufgehalten hatte, hingelegt, und sah nun, daß er ihn dort vergessen habe. Sogleich jagte er zurück. In Schnelligkeit war das Wässerlein erreicht, aber Asu war nicht dort, er lag nicht an der Stelle, auf welcher er erschossen worden war, sondern es zeigten sich nur Blutspuren da. Abdias jagte weiter zurück, und auf dem Wege sah er überall Blut. Endlich kam er an die Waldstelle, er fand dort den Gürtel – und den sterbenden Hund vor demselben liegend. Das Tier machte vor Freuden unbeholfene Versuche zu wedeln und richtete das gläserne Auge auf Abdias. Da dieser auf den Hund niederstürzte, ihm Liebkosungen sagte und die Wunde untersuchte, wollte das Tier mit matter Zunge seine Hand lecken – aber es war nicht mehr möglich, und nach einigen Augenblicken war es tot. Abdias sprang nun auf und wollte sich die weißen Haare ausraufen – er heulte – er stieß ungeheure Verwünschungen aus – er lief gegen das Maultier hin und riß die zweite Pistole aus dem Halfter, und krampfte seine Finger darum. Nach einer Weile warf er sie in das Gras des Waldes. Den Gürtel nahm er zehnmal auf, warf ihn zehnmal hin und stampfte ihn mit den Füßen. Endlich, als schon beinahe die Nacht hereingebrochen war, da er doch den Hund kaum in der Hälfte des Nachmittages erschossen hatte, nahm er den Gürtel mit Dithas Gelde wieder auf und band ihn um. Er suchte die hingeworfene Pistole in dem Grase und steckte sie in das Halfter. Dann bestieg er das Maultier und schlug wieder den Weg nach Hause ein. Da schon das Morgengrauen auf das öde Tal nieder schien, kam er an seinem Hause an, alle Kleider mit dem Blute des ermordeten Tieres besudelt; denn er hatte es beinahe in seinen

Schoß gelegt, als er die Wunde untersuchte. Er hatte wohl wenig Glauben an die Rettung gehabt, da er wußte, wie gut er in der Wüste schießen gelernt hatte. Den Tag, als er angekommen war, gönnte er sich Ruhe, am andern aber mietete er sich zwei Männer, reisete mit ihnen zu der Waldesstelle, und sie mußten den Hund vor seinen Augen in die Erde verscharren.

Dann kam er zurück und betrieb seine Geschäfte fort, wie er sie vordem betrieben hatte.

Einige Zeit nach diesem Ereignisse verfiel er in eine Krankheit. Man weiß nicht, war es die Erregung, die er von dieser Tatsache hatte, oder war es der ihm ungewohnte, feindselige Landstrich, was ihn darnieder warf: genug, die Krankheit war gefährlich, und er konnte sehr lange nicht von derselben genesen.

Aber gerade in dieser Krankheit, wo man meinte, daß alles in einfacher Ruhe nun fortgehen werde, geschah es auch wieder, daß eine jener Wendungen in dem Geschicke dieses Mannes eintrat, wie wir schon öfter Gelegenheit hatten sie in seinem Leben zu bemerken. Es geschah eine wundervolle Begebenheit – eine Begebenheit, die so lange wundervoll bleiben wird, bis man nicht jene großen, verbreiteten Kräfte der Natur wird ergründet haben, in denen unser Leben schwimmt, und bis man nicht das Liebesband zwischen diesen Kräften und unserm Leben wird freundlich binden und lösen können. Bisher sind sie uns kaum noch mehr als bloß wunderlich, und ihr Wesen ist uns fast noch nicht einmal in Ahnungen bekannt.

Ditha war beinahe völlig herangewachsen – ein schlankes Mädchen mit blühenden Gliedern, die sich auszubilden versprachen und eine große Schönheit zu hoffen berechtigten. Abdias war während seiner Krankheit nicht zu ihr in ihr Zimmer gekommen; aber auch sie war in dieser Zeit nicht gesund gewesen: ein seltsames Zittern war an ihren Gliedern, das öfter verschwand, öfter kam und anhielt, zu verschiedenen Zeiten erschien, und namentlich, wenn heiße, dunstige Tage waren. Der Arzt konnte es nicht recht erkennen, und sagte, es sei von dem Wachsen, weil sie in letzter Zeit ganz vorzüglich in die Höhe gegangen sei und sich die Glieder wider Vermögen gedehnt hätten. Bis sie sich voller rundeten, würden die Erscheinungen verschwinden. Abdias war in den Tagen der Wiedergenesung, wo man schon in den Zimmern und in den Grenzen des Hauses herum gehen kann, aber noch nicht weiter fort, und seinen Beschäftigungen nicht nachzukommen vermag. Als er in diesem Zustande eines Tages auf seiner Stube saß und mit Rechnungen und Entwürfen beschäftiget war, insbesondere darüber nachdachte, wie er es beginnen müsse, um die Zeit, die er jetzt krank war, herein zu bringen, daß sie im ganzen Verlaufe nicht zum Nachteile wäre: geschah es, daß ein Gewitter herauf zog. Er achtete nicht weiter darauf, da die Gewitter, die er hier erlebt hatte, sich nicht von ferne an Heftigkeit und Stärke mit denen vergleichen ließen, die er in der Wüstenstadt und sonst in Afrika gesehen hatte. Aber mit einem Male, wie er wieder so rechnete, und da der Regen noch kaum leise auf die Dächer niederträufelte, geschah ein schmetternder Schlag, von Feuer begleitet, das das ganze Haus in einen blendenden Schein setzte. Abdias erkannte augenblicklich, daß der Blitz in sein Haus gefahren sei. Sein erster Gedanke war Ditha. Obgleich in den Gliedern noch ermüdet, eilte er sogleich in ihr Zimmer. Der Blitz war durch dasselbe gegangen, er hatte die Decke und den Boden durchgeschlagen, daß dicker Staub in der Stube war, er hatte die eisernen Drähte des Käfigs, in dem das Schwarzkehlchen war, dessen Singen Ditha so erfreute, niedergeschmolzen, ohne den Vogel zu verletzen; denn derselbe saß gesund auf seinen Sprossen – auch Ditha war unbeschädigt; denn sie saß aufrecht in ihrem

Bette, in das sie sich gelegt hatte, weil sie heute ganz besonders mit dem Zittern behaftet gewesen war. Abdias, der gewitterkundige Wüstenbewohner, sah das alles mit einem Blicke, er stieß nun schnell ein Fenster auf, um den heftigen, widrigen Phosphorgeruch zu verscheuchen, dann sah er gegen Ditha – und wie er genau hinblickte, bemerkte er, daß eine fürchterliche Erregung auf ihrem Antlitze lag, wie Entsetzen, wie Todesschreck. Als er näher ging, um zu sehen, wie es sei, kreischte sie, als drohte sich ein Ungeheuer über sie zu legen, und sie regte die Hände wie abwehrend entgegen – es war das erste Mal, daß sie die Hände nach etwas geradezu ausstreckte. – – Eine wahnsinnige Vermutung stieg in Abdias auf: er rannte nach dem Herde, auf welchem man eben ein Feuer hatte, riß einen glühenden Stumpf heraus, lief in Dithas Zimmer und schwang ihn vor ihren Augen. Sie aber tat wieder einen Schrei, arbeitete dann heftig mit den Gesichtszügen, als wollte sie etwas beginnen, was sie nicht konnte – endlich, als hätte sie es plötzlich gefunden, regten sich mit einmal ihre Augen im Haupte, indem sie den funkelnden Kreisen des Feuerbrandes folgten. Der Arzt war nicht anwesend. Abdias rannte nach dem Hauswächter und sagte, er gebe ihm hundert Goldstücke, wenn er reite, was ein Pferd zu rennen vermöge, und den Arzt bringe. Der Wächter zog ein Pferd aus dem Stalle, sattelte es in Schnelligkeit und ritt davon. Abdias sah ihm von einem Fenster aus, das er schnell aufgerissen hatte, zu. Indessen der Mann das Pferd sattelte, hatte Abdias die Eingebung gehabt, alle Fensterbalken in Dithas Zimmer zuzumachen und noch dazu die Vorhänge herab zu lassen, damit die Augen vorerst in der ihnen holden Finsternis blieben und von dem plötzlich eindringenden Lichte nicht verletzt würden. Als er dieses getan hatte, wobei Ditha immer stille gewesen war, hatte er, wie wir oben sagten, das Fenster des Ganges aufgerissen, um dem abreitenden Boten zuzusehen, dann ging er leise wieder in ihr Zimmer zu ihrem Bette, setzte sich zu ihr, und fing über eine Weile zu reden an. Die Stimme war das Gewisseste, was sie an ihm kannte, und sie übte nach und nach ihren gewöhnlichen Einfluß aus. Das geschreckte Kind beruhigte sich nach einiger Zeit – und in der Finsternis vergaß es gemach den furchtbar herrlichen Sturm des ersten Sehens. Nach mehreren Augenblicken fing es sogar selber zu reden an und erzählte ihm von fernen bohrenden Klängen, die da gewesen, von schneidenden, stummen, aufrechten Tönen, die in dem Zimmer gestanden seien. Er antwortete ihr auf alles und sagte recht freundliche Worte der Liebe. Bisweilen, wenn ein kurzer Stillstand des Gespräches war, stand er auf, rang in der Finsternis die Hände über seinem Haupte, oder er krampfte sie in einander, wie man in Holz oder Eisen knirscht, um die innere Erregung abzuleiten. – Dann setzte er sich doch wieder zu dem Bette, und blieb längere Zeit sitzen, indem er sich mehr und mehr beruhigen lernte. Ditha, welche zu der Stimme noch ein anderes Merkmal hinzugeben wollte, faßte nach seinen Händen, und als sie dieselben hatte, streichelte sie darüber hin, um sich zu überzeugen, daß er es wirklich sei, den sie habe. Er blieb nun ganz bei ihr sitzen, und sie fing nach und nach an, die gewöhnlichen Dinge, wie sie bei ihr alle Tage vorkamen, zu reden. Sie schien hiebei immer müder zu werden, insbesondere, da sie ihm auf sein Befragen erzählte, daß das Zittern ganz aufgehört habe, was recht gut sei. Nach einer Weile sagte sie gar nichts mehr, nachdem sie noch einige zutrauliche unzusammenhängende Worte geredet hatte, richtete ihr Köpfchen auf dem Kissen zu rechte, und es schlossen sich im Schlafe die Augenlider über die neuen, gerade erst bekommenen und von ihr noch nicht gekannten Juwelen. Abdias lösete, als sie ruhig schlief, sachte seine Hand aus der ihrigen, und ging in den Garten hinaus, um zu schauen, wie denn jetzt der Tag draußen beschaffen wäre. Es war Abend. Dasselbe Gewitter, welches Ditha sehend gemacht hatte, hatte ihm mit Hagel das Hausdach und seinen Nachbarn die Ernte zerschlagen – er aber hatte davon nichts gemerkt. Jetzt, da er im nassen Grase stand, war alles vorüber. Die Gegend war sehr stille, die Sonne ging eben im tiefen Abend unter und spannte im Morgen, wohin eben das Gewitter hinauszog, einen weiten schimmernden Regenbogen über den ganzen dunkeln Grund desselben.

Nach Mitternacht kam endlich der ersehnte Arzt. Er hielt es aber nicht für gut, das sanft schlummernde Mädchen zu wecken, sondern ordnete an, daß die Untersuchung erst bei Tageslichte zu geschehen habe. Er billigte übrigens, was Abdias getan hatte.

Als am andern Morgen die Sonne aufgegangen war, wurde Dithas Zimmer nur in so weit gelichtet, daß man den Versuch mit ihr anstelle, ob sie sehe oder nicht; denn ihr das volle Licht zu geben, hielt man für schädlich. Der Versuch war kurz, und der Arzt erklärte, daß sie sehe. Man beschloß nun, daß das Zimmer, das sie nicht verlassen durfte, nur allmählig gelichtet werde, damit sie sich an die Gegenstände, die nach und nach hervortauchten, gewöhne und das Auge durch allzugroßen und ungewohnten Lichtreiz nicht erkranke. Man sagte ihr, sie sei unwohl und müsse das Zimmer hüten, aber die Krankheit würde bald vorüber gehen, und dann würde sie mit ihren Augen sehen. Sie wußte nicht, was Sehen sei, aber sie blieb geduldig auf ihrem kleinen Sessel sitzen, lehnte das Haupt auf die Lehne desselben zurück, und hatte einen grünen Schirm ober den Augen, den sie bloß griff. Eine Verhüllung nach der andern wurde von den Fenstern zurückgetan, ein Raum kam nach und nach um sie zum Vorscheine, sie wußte aber nicht, was es sei – die Fensterbalken wurden allgemach gelichtet – endlich wurden die letzten Vorhänge der Fenster empor gezogen – – und die ganze große Erde und der ungeheure Himmel schlug in das winzig kleine Auge hinein. – – Sie aber wußte nicht, daß das alles nicht sie sei, sondern ein anderes, außer ihr Befindliches, das sie zum Teile bisher gegriffen habe, und das sie auch ganz greifen könnte, wenn sie nur durch die Räume in unendlich vielen Tagen dahin zu gelangen vermöchte.

Abdias fing nun an, Ditha sehen zu lehren. Er nahm sie bei der Hand, daß sie fühle, daß das dieselbe Hand sei, die sie so oft an der ihrigen im Zimmer oder im Garten herum geführt hatte. Er hob sie von dem kleinen Sessel empor. Der Arzt und die drei Diener des Hauses standen dabei. Er führte sie einen Schritt von dem Sessel weg, dann ließ er sie die Lehne greifen, die ihr so lieb geworden war, dann die Seitenarme des Stuhles, die Füße, und anderes – und sagte, das sei ihr Sessel, auf dem sie immer gerne gesessen sei. Dann hob er den Schemel empor und ließ sie ihn fühlen und sagte: hierauf habe sie die Füße gehabt. Dann ließ er sie ihre eigene Hand, ihren Arm, die Spitze ihres Fußes sehen – er gab ihr den Stab, dessen sie sich gerne zum Fühlen bedient hatte, ließ sie ihn nehmen und die Finger sichtbar um ihn herum schlingen – er ließ sie sein Gewand greifen, gab ihr ein Stückchen Leinwand, führte ihre Hand darüber hin, und sagte, das sei das Linnen, welches sie so liebe und gerne befühlt habe. Dann setzte er sie wieder in den Sessel zurück, kauerte vor sie hin, zeigte mit den zwei Zeigefingern seiner Hände auf seine Augen, und sagte, das seien die Dinge, mit denen sie nun alles, was um sie herum sei, sehe, wenn auch hundert Arme aneinander gefügt zu kurz seien, es zu greifen. Er ließ sie die Augenlider schließen und mit ihren Fingern die durch sie verhüllten Äpfel greifen. Sie kannte – tat aber die Finger schnell weg und öffnete die

Lider wieder. Er wies ihr nun, da sie saß, alle Dinge des Zimmers, die sie sehr gut kannte, und sagte ihr, wie sie dieselben gebraucht habe. Um ihr dann den Raum zu weisen, führte er das widerstrebende Mädchen, weil es anzustoßen fürchtete, durch das Zimmer zu den verschiedenen Gegenständen, von einem zu dem andern, und zeigte, wie man Zeit brauche, um zu jedem zu gelangen, obgleich sie alle auf einmal in dem Auge seien. Er blieb den ganzen Tag bei ihr in dem Zimmer. Die äußeren Gegenstände des Gartens und der Fluren wollte er ihr noch nicht zeigen, damit sie nicht mit zu viel auf einmal überladen werde und es ihr schade. Beim Essen zeigte er ihr die Speisen, nannte ihr den Löffel; denn Messer und Gabel hatte sie bisher nie gehandhabt, und sie fuhr eben so ungeschickt zum Munde, wie sie es getan, da sie noch blind gewesen war.
Am Abende dieses Tages hatte das Kind ein bedeutend heftiges Fieber. Man brachte es zu Bette.
Als es immer dunkler geworden und endlich die Nacht hereingebrochen war, meinte das Kind, es sei wieder blind geworden, und sagte es dem Vater. Dieser aber antwortete ihm, das sei die Nacht, wo, wie sie es wissen müsse, sich bisher immer alle zu Bette gelegt hatten, um zu schlafen, weil das Tageslicht, bei dem allein die Augen sehen, vergangen sei, und erst nach einiger Zeit wieder kommen würde, während welcher sich die Augen schließen und die Menschen schlummern. Daß sie aber nicht blind sei, könne er ihr gleich zeigen. Er zündete eine große Lampe an und stellte sie auf den Tisch. Sofort zeigten sich wieder alle Gegenstände, aber anders als bei Tage, grell hervortretend und von tiefen und breiten Schatten unterbrochen. Die Flamme der Lampe erinnerte Ditha an den Blitz, und sie sagte, ein solcher Hauch sei bei ihr gewesen, als es gestern so gekracht habe und der Vater dann zu ihrem Bette herein gestürzt sei.

Abdias löschte die Lampe wieder aus, setzte sich zu ihrem Bette, nahm sie bei der Hand, wie in den Tagen der Blindheit, und redete mit ihr, bis sie, wie gewöhnlich, entschlummerte.

Als sie am andern Tage ruhig und gestärkt erwachte und die Dinge im Zimmer schon mit viel mehr Fassung betrachtete als gestern, ließ er sie ankleiden, und da gegen die Hälfte des Vormittags hin der Tau auf den Gräsern vergangen war, führte er sie in den Garten, und nicht nur in den Garten, sondern auch in das Freie hinaus, in das Tal. Er zeigte ihr hier den Himmel, das unendliche tiefe Blau, in dem die silbernen Länder, die Wolken, schwammen, und sagte ihr, das sei blau, das weiß. Dann zeigte er auf die Erde, wie die sanfte, weiche Wiege des Tales so von ihnen hinaus ging, und sagte, das sei das Land, auf dem sie wandeln, das Weiche unter ihren Füßen sei das grüne Gras, das Blendende, das ihre Augen nicht vertragen, und das noch einschneidender sei als gestern die Lampe, sei die Sonne, die Lampe des Tages, die nach dem Schlummer immer komme, den Tag mache und den Augen die Kraft gebe, alles sehen zu können. Dann führte er sie in den Hof zu dem Brunnen, zog vor ihren Augen an dem Metallknopfe, daß der Strahl hervorschoß, und zeigte ihr das ihm so merkwürdige Wasser, und ließ sie von der hellen, kristallenen, frischen Flut einen Trunk tun, den er mit einem Glase schöpfte. Er zeigte ihr am Tage hinüber die Bäume, die Blumen, er erklärte ihr die Farben, was namentlich ein ganz Neues für sie war, und was sie beim Nachsagen nicht nur durcheinander warf, sondern auch ganz unrichtig anwendete, insbesondere wenn Farben und Klänge zugleich sich in ihrem Haupte drängten. Zwischen den Gräsern waren oft Tierchen, die er ihr zeigte, und wenn ein Vogel durch die Luft strich, suchte er ihre Augen auf ihn hin zu lenken. Auch das Gehen mußte er ihr erst beibringen und angewöhnen,

wenn sie so von dem Garten weg auf den Anger des öden Tales hinauswandelten; denn sie griff den Boden gleichsam mit den Fühlfäden ihrer Füße und getraute sich nicht, die Spitze schnell und sicher vor sich in das Gras zu setzen, weil sie nicht wußte, wie groß oder klein der Abgrund zwischen diesem und dem nächsten Tritte sei, wodurch es kam, daß sie jetzt im Sehen weit unsicherer ging als früher in der Blindheit; denn da hatte sie den Fuß jederzeit im Bewußtsein des festen Bodens, den sie bisher immer gegriffen, vorwärts gestellt, und hatte nicht gewußt, welche ungeheure Menge von Gegenständen auf dem nächsten Schritte liege. Ditha hatte an allem, was sie sah, Freude, schaute immer herum, und bewunderte insbesondere das Haus, in dem sie wohnten, das einzige, merkwürdigste Ding dieser Art, das sie auf dem öden Grunde des Grases erblickte. Sie wollte beinahe nicht in die Stube gehen, daß sie das Blau des Himmels, das ihr besonders gefiel, und das lange, immer fortgehende Grün des Grundes nicht verliere. Sie schaute in einem fort, und begriff nicht, wie ihr ein Baum, ein Stück Mauer des Gartens oder ein flatternder Zipfel des Gewandes ihres Vaters gleich einen so großen Teil der Welt nehmen könne, und wie sie mit der kleinen Hand, wenn sie sie unter die Stirne lege, gleich alles, alles bedecke.
Der Abend kam wie am vorigen Tage mit Erschöpfung in seinem Geleite, und der Vater schläferte die Tochter wie gestern ein, um morgen in dem begonnenen Geschäfte fortzufahren.
Abdias gab nun den Handel, den er die Zeit her so eifrig betrieben hatte, auf, und beschäftigte sich bloß mit Ditha, sie in dem neuen Reiche des Sehens fort zu führen.
Was den andern Eltern weit auseinander gerückt, gleichsam in Millionen Augenblicke verdünnt erscheint, das wurde ihm jetzt gewisser Maßen auf einmal zugeteilt. Eilf Jahre waren Dithas Augen zugehüllt gewesen, eilf

Jahre war sie auf der Welt gewesen und hatte auf das Sehen warten müssen, nachdem ihr diese Welt schon auf einer andern Seite, auf der Seite des engen, dunkeln, einsamen Tastens war zugeteilt gewesen: aber wie man von jener fabelhaften Blume erzählt, die viele Jahre braucht, um im öden grauen Kraute zu wachsen, dann aber in wenigen Tagen einen schlanken Schaft emportreibt und gleichsam mit Knallen in einem prächtigen Turm von Blumen aufbricht: – so schien es mit Ditha; seit die zwei Blumen ihres Hauptes aufgegangen waren, schoß ein ganz anderer Frühling rings um sie herum mit Blitzesschnelle empor; aber nicht allein die äußere Welt war ihr gegeben, sondern auch ihre Seele begann sich zu heben. Gleichsam wie die Flatterflügel wachsen, daß man sie sieht, wenn der junge Vogel noch an der Stelle sitzt, an welcher er aus der Puppe gekommen war, die die Fittige so lange eingefaltet gehalten hatte, so dehnte das junge Innere Dithas die neuen, eben erst erhaltenen Schwingen – denn die Sekunden flogen mit Kleinodien herbei, auf den Augenblicken lagen Weltteile, und jeder Tag endete mit einer Last, die er ihr auflud. So wunderbar ist das Licht, daß auch ihr Körper in sehr kurzer Zeit ein anderer ward; die Wangen wurden rot, die Lippen blüheten, und nach wenigen Wochen war sie in ihren Gliedern voller und stärker. Abdias hatte lauter weiße Haare, sein Gesicht war schwarz, von gekreuzten Narben durchzogen, und in den Zügen war Verfall eingegraben. So ging er neben der Tochter, die jetzt schon schlank und sicher wandelte; denn sie waren schier immer im Freien, das Ditha so liebte, und er nicht minder.

Aber nicht nur schöner ward das Antlitz des Mädchens, sondern es begann auch zu leben und sichtlich immer mehr das Schönste zu zeigen, was der Mensch vermag, das Herz.

Wie Abdias vor mehreren Jahren angefangen hatte,

plötzlich geizig zu werden, so wußte man jetzt nicht mehr, ist er es noch, oder nicht. Er ging immer neben dem Mädchen. Alle, die den Juden haßten, sahen mit sichtbarlichem Wohlgefallen in das unschuldige Angesicht seiner Tochter.

Auch die Augen, die einst so starren, unheimlichen Bilder, wurden nun menschlich lieb und traulich; denn sie fingen zu reden an, wie Menschenaugen reden – und Fröhlichkeit oder Neugierde oder Staunen malte sich darinnen – auch Liebe malte sich, wenn sie plaudernd und schmeichelnd auf Abdias' Züge schaute, die nur ihr allein nicht häßlich erschienen; denn was die Außenwelt für ihre Augen war, das war er für ihr Herz – ja er war ihr noch mehr als die Außenwelt; denn sie glaubte immer, er sei es, der ihr diese ganze äußere Welt gegeben habe.

So verging der Sommer, so der für das Mädchen sehr traurige Winter, und wieder ein Sommer und ein Winter. Ditha gedieh immer mehr, und blühte immer schöner.

In zwei Dingen war sie eigentümlich und von den gewöhnlichen Menschen abweichend.

Das erste betraf ein Naturwunder, das wohl zuweilen, aber selten vorkömmt. Abdias hatte es in jüngeren Jahren auch gehabt, aber mit dem Alter hatte es sich allmählig verloren. Man bemerkte nämlich an Ditha seit dem Tage, an welchem der Blitz in ihr Zimmer geschlagen und ihre Nerven umgestimmt hatte, daß sie an Gewittertagen, oder auch nur an solchen, wo Gewitter drohten und an dem entfernten Gesichtskreise hinauszogen, ganz besonders lebhaft, sogar heiter und freudig gestimmt sei, unähnlich den andern Mädchen und Frauen, welche Gewitter gewöhnlich fürchten. Sie liebte dieselben, und wenn eines wo immer am Himmel stand, ging sie hinaus, um zu sehen, ob es komme. Einmal in der Dämmerung einer sehr gewitterschwülen Nacht, da sie eben an dem offenen Fenster stand und dem entfernten Blitzen zusah, bemerkte Abdias, der hinter ihr in einem Stuhle saß, daß ein leichter, schwacher, blasser Lichtschein um ihr Haupt zu schweben beginne, und daß die Enden der Seidenbändchen, womit ihr Haar gebunden war, sich sträuben und gerade emporständen. Er erschrak nicht, denn gerade dieses war auch die Erscheinung gewesen, die bei ihm in der Jugend öfters ohne Veranlassung und in späteren männlichen Jahren bei starker Erregung wahrgenommen und ihm von seiner Mutter mehr als einmal erzählt worden war. Er ist gewöhnlich, wie die Mutter sagte, zu solchen Zeiten sehr heiter gewesen, oder ist sehr stark gewachsen. Einen Nachteil aber hatte die Erscheinung für seinen Körper nie gehabt. Abdias blieb ganz stille hinter Ditha in dem Stuhle sitzen und sagte ihr nichts von dem, was er an ihr sehe. Er hatte ohnedem gleich nach dem Tage, an welchem der Blitz in Dithas Zimmer gefahren war, ihre Schlafstelle in ein anderes Gemach verlegt, jetzt, da er diese Erscheinung wahrgenommen hatte, ließ er auch sogleich Blitzableiter auf das Haus setzen, wie er sie an mehreren Orten Europas gesehen hatte. Er erinnerte sich jetzt auch, daß ihm einmal im Morgenlande erzählt worden war, daß, wenn es nachts an dem Himmel blitzte und ein Gewitter nicht auszubrechen vermöge, die Blumen unten manchmal eine leichte Flamme aus ihrem Kelche entlassen, oder daß gar ein fester, ruhiger Schein darüber steht, der nicht weicht und doch nicht die Blätter und die zarten Fäden verbrennt. Ja diese Blumen sind dann gar die schönsten.

Abdias beobachtete nun Ditha genauer, und sah die Erscheinung in diesem Sommer noch zweimal an ihr. Im Winter war nichts zu bemerken.

Das zweite, was Ditha eigentümlich und von andern Menschen abweichend hatte, war wohl nur eine natürliche Folge ihrer Verhältnisse, die von allem verschieden

waren, was Menschen gewöhnlich begegnen kann, es war die Folge ihres früheren Zustandes und ihrer einsamen Entwicklung. Wie nämlich bei andern Menschen das Tag- und Traumleben gesondert ist, war es bei ihr vermischt. Bei andern ist der Tag die Regel, die Nacht die Ausnahme: bei ihr war der Tag vielmehr das Ausgenommene. Ihre vergangene, lange, vertraute Nacht reichte nun in ihren Tag herüber, und jene willkürlichen, von andern Menschen nicht verstandenen Bilder ihrer innern Welt, die sie sich damals gemacht hatte, mischten sich nun unter ihre äußeren, und so entstand ein träumend sinnendes Wesen, nur zuweilen von einem schnell handelnden unterbrochen, wie es eigentlich Abdias' Natur war; es entstand eine Denk- und Redeweise, die den andern, welche sie gar nicht kannten, so fremd war, wie wenn etwa eine redende Blume vor ihnen stände. Sonst einsam in ihrer Nacht sitzend, war sie auch jetzt gerne allein, oder mit ihrem Vater, der sie sehr gut verstand. Aus jener langen Nacht mochte es auch herkommen, daß sie nicht die brennenden, sondern die kühlen und dämmernden Farben vorzugsweise liebte, und darunter wieder das Blau. Als sie einmal etwas weit von ihrem Hause waren, durch den Föhrenwald gingen, von dem wir oben geredet haben, und jenseits desselben an einem großen blühenden Flachsfelde standen, rief sie aus: »Vater, sieh nur, wie der ganze Himmel auf den Spitzen dieser grünen, stehenden Fäden klingt!«
Sie verlangte hierauf, daß ein Stück davon nach Hause genommen würde. Er aber führte sie näher, zog einige Fäden aus, zeigte ihr die feinen kleinen Blumen, und machte ihr so klar, daß man nicht gleich ein ganzes Stück von diesem Blau wegnehmen könne. Dafür versprach er ihr, daß sie bald zu Hause ein solches blaues Feld haben werde. So sprach sie auch von violetten Klängen, und sagte, daß sie ihr lieber seien als die, welche aufrecht stehen und

widerwärtig seien, wie glühende Stäbe. Ihre Stimme, die sie in der letzten Zeit ihrer Blindheit immer lieber zum Singen als zum Sprechen erhoben hatte, wendete sich frühzeitig einer sanften, klaren Alte zu. So lebte sie einer Welt aus Sehen und Blindheit, und so war ja auch das Blau ihrer Augen, so wie das unsers Himmels, aus Licht und Nacht gewoben.

Als sie den Gebrauch ihrer Augen bekommen hatte und Abdias, wie wir schon oben bemerkten, aufgehört hatte, seine Zeit dem Handel und dem Herumreisen zuzuwenden, fing er etwas anderes an. Er hatte zugleich mit dem Platze, auf welchem das Haus und der Garten stand, einen nicht gar kleinen Landteil des unfruchtbaren Tales erworben. Er hatte diesen Teil bisher unbenützt liegen lassen und nur, wenn er mit seinen Füßen darüber wandelte, gedacht: dies gehört mir. Jetzt fing er an, diesen Teil zu bebauen, und wollte ihn nach und nach in Felder umwandeln, wie er hinter den verdorrten Palmen in der Wüstenstadt auch ein Feld gehabt hatte, auf dem ihm etwas Gemüse und dünn stehender, niedriger Mais wuchs. Er dingte Knechte, kaufte die gehörigen Gerätschaften und fing an. Zum ersten Umgraben und zur Klärung der Erde, daß sie eine Saat annehme, hatte er eine große Zahl Taglöhner aus entfernten Gegenden kommen lassen. Zugleich fing er den Bau der Scheuern und anderer Gebäude an, welche bestimmt waren, die Ernte aufzunehmen. Da alles in zureichendem Stande war, entließ er die fremden Arbeiter und führte die Sache durch seine Knechte fort. In dem Garten hatte er wohl schon bei seiner Ankunft des Schattens wegen Bäume gesetzt, nun aber gab er noch allerlei Gesträuche hinzu, er lockerte einen Teil des Bodens, der früher bloß mit Gras bewachsen gewesen war, auf und legte Blumenbeete an. Auf einer andern Seite des Hauses wurde Erde für Gemüse aufgegraben.

Schon in dem ersten Frühlinge, an welchem Ditha sah, wogte ein schöner grüner Kornwald an einer Stelle, an welcher früher nur kurzes, fahlgrünes Gras gewesen war und graue Steine aus dem Boden hervor gesehen hatten. Als die Halme gelb geworden waren, standen gleichsam für Ditha die blauen Zyanen darin. Abdias ging unter all dem herum, und oft, wenn der mäßige Vormittagswind die reifenden Ähren zu silbernen Wogen mischte, stand seine Gestalt aus dem Rohrfeld hervorragend da, wie er den weißen Turban um seine schwarze Stirne geschlungen hatte, der dunkle Kaftan im Winde sich regte, und der große Bart, der vom Antlitze nieder hing, noch weißer war als der Turban.
Gleich im ersten Sommer wurde ein Stück Feld hergerichtet und mit Flachs besäet. Als er blühte, wurde Ditha hinausgeführt, und Abdias sagte ihr, der ganze Himmel, der da auf den Spitzen dieser grünen, stehenden Fäden klinge, gehöre ihr. Ditha stand nun recht oft vor dem blauen Tuche des Feldes und sah es an. Auf dem Heimwege pflückte sie sich einen Strauß von Zyanen, die im Korne standen.
Gegen die Mitte dieses Sommers ging ein mit dem gelben Getreide des Abdias hoch beladener Wagen in die neugebaute Scheuer und widerlegte den Wahn der in der Entfernung wohnenden Nachbarn, daß das grüne, mit Steinen besäete Wiesental unfruchtbar sei. Diesem Wagen folgte bald ein zweiter, ein dritter – und er wurde so lange beladen, bis alles Ausgesäete als Ernte zu Hause war. An einem andern Platze wurde schon wieder zur Vergrößerung der Felder für das nächste Jahr gereutet.
So lebte Abdias wieder in einer andern ihm vollkommen neuen Tätigkeit, und er betrieb sie immer weiter. Nachdem mehrere Jahre vergangen waren, hatte er schon alles Land, welches ihm eigen gehörte, umgegraben, und er sann bereits darüber nach, an seinen Handelsfreund zu

schreibe", daß er durch dessen Vermittlung wieder ein neues Stück dazu bekomme, welches er bearbeiten wollte. Seinen Garten hatte er erweitert und die Mauer um das Stück ziehen lassen. Die Gebäude, die er zum Wirtschaftsbetriebe aufgeführt hatte, wurden zu klein, und er baute immer an der Erweiterung. Auch sann er über neue Dinge, die er unternehmen, und über Anlagen und Baulichkeiten, die er erfinden wollte.

Er hatte wieder mehrere Diener und Mägde genommen. Das Innere des Hauses richtete er fast so her, wie die Wohnung der Wüstenstadt zur Zeit der Esther gewesen war. Er legte weiche Teppiche, er baute durch Bretter und seidene Überzüge Nischen, ließ Ruhebetten in dieselben stellen und gelbseidene Vorhänge vor sie niederhängen, die man auseinander ziehen konnte. In mehrere Fächer tat er Dinge, daß sie einst Ditha, wenn er tot wäre und sie die Schlüssel bekäme, finden möge. Im Hofraume und draußen im Tale pflanzte er Bäumchen, die ihr Schatten geben, wenn sie eine Matrone sein würde. Wenn er nach Art des Alters nicht schlafen konnte, oder wenn ihm die lange europäische Dämmerung zu lange wurde, stand er auf und ging zu ihrem Bette, in dem sie meistens rot und gesund, wie eine Rose, schlummerte. Dann sah man ihn in dem Garten herum gehen und dies und jenes anschauen und befestigen.

Aus Büchern lesen oder sonst etwas lernen hatte er Ditha nicht lassen; es war ihm nicht eingefallen. Von fremden Menschen kam nie einer in das Haus des Abdias herein, und wenn ein Wanderer in das Tal kam, so sah man ihn höchstens mit der hohlen Hand aus dem Bache trinken und dann weiter gehen. Die Knechte des Abdias bearbeiteten seine Felder, taten, wie er anordnete, führten das Getreide auf den Markt, und brachten das bestimmte Geld heim, das Abdias immer voraus wußte, wie viel es sein mußte, weil er die Marktpreise kannte. Sonst waren sie meistens unter sich und in dem Gesindhause, das am andern Ende des Gartens stand; denn obwohl sie hier aus dem Volke seines Glaubens genommen worden waren, hatten sie doch eine Scheu vor ihm und seinem abenteuerlichen Wesen. So waren auch die andern Diener. Die Zofe Dithas saß schier immer in der Stube, weil man sie hatte aus der Stadt kommen lassen, sie nähete Kleider oder las; denn sie haßte die Luft und die Sonne. Abdias und Ditha waren immer draußen. Als er Bäume gepflanzt hatte, damit sie Schatten geben, hatte er den Himmel Europas nicht gekannt, oder nicht auf ihn gedacht; denn sie brauchten hier kaum einen Schatten. Wenn eine heiße Sonne schien, daß jedes Wesen ermattet war und Wohnung oder Kühle suchte, saß Ditha gerne auf dem Sandwege des Gartens unter abgefallener Bohnenblüte und ließ die Mittagsstrahlen auf sich niederregnen, indem sie leise eine Weise sang, die sie selber erfunden hatte. Abdias aber, in dem weiten Talare, mit den funkelnden Augen, weißem Haupte und Barte, saß auf dem Bänkchen an dem Hause und glänzte im Mittagsscheine. So wuchs Ditha auf, gleichsam neben Erlen, Wachholder und anderm Gesträuche der schlanke Schaft einer Wüstenaloe – so waren sie allein, und auf dem Tale lag gleichsam eine öde afrikanische Sonne.

Er hatte nach Europa verlangt, er war nun da. In Europa wurde er nicht mehr geschlagen, sein Eigentum wurde ihm nicht genommen, allein er hatte den afrikanischen Geist und die Natur der Einsamkeit nach Europa gebracht.

Öfter saß Ditha oben an dem Getreideabhange, bis wohin Abdias ganz nahe an dem Föhrenwalde seine Anlagen ausgedehnt hatte, und betrachtete die Halme des Getreides oder der Gräser, die darin wuchsen, oder die Wolken, die an dem Himmel zogen, oder sie ließ Gräsersamen über die graue Seide ihres Kleides rieseln und sah zu, wie er rieselte. Abdias kleidete sie nämlich gerne reich, und wenn sie nicht in dem von ihr noch immer sehr geliebten Linnen ging, so ging sie in dunkelfarbiger Seide, entweder blau, oder grau, oder violett, oder schwach braun – aber niemals schwarz. Der Schnitt ihres Kleides war wohl von ferne dem europäischen ähnlich, da die Kleider von ihrer Zofe gemacht wurden, aber er mußte immer so sein, daß die Kleider weit und faltig um sie hingen, da sie von ihrer Heimat her an keinen Druck gewöhnt war und keinen litt. Öfter stand sie auf, wenn sie lange an dem Rande des Kornes gesessen war, und wandelte allein an dem Saume des Getreides dahin, daß ihre Gestalt weit in dem Tale gesehen wurde, wie sie entweder in Linnen leuchtete oder schwach und unbestimmt in Seide glänzte. Abdias holte sie dann gewöhnlich ab, und sie gingen miteinander nach Hause. Er dachte, er müsse mit ihr verständig reden, daß sie selber verständig würde und fortleben könnte, wenn er tot sei. Und wenn sie so gingen, redete er mit ihr: er erzählte ihr arabische Wüstenmärchen, dichtete ihr südliche Bilder und warf seine Beduinengedanken gleichsam wie ein Geier des Atlasses an ihr Herz. Er bediente sich hiezu meistens der arabischen Sprache, welche die seines Vaters war. Er hatte wohl, wie er es in seinen jugendlichen Wanderjahren sich angewöhnt hatte, sehr schnell die Sprache des Landes gelernt, und hatte sie mit denen, mit welchen er früher im Handel umgegangen war, geredet, und redete sie mit denen, die er jetzt im Dienste hatte; aber mit Ditha sprach er am liebsten Arabisch. Da er aber auch zuweilen eine andere Sprache des Morgenlandes gegen sie gebrauchte, da sie auch sowohl von seinem Munde als auch von dem der Dienstleute die Landessprache lernte; so kannte sie eigentlich ein Gemisch von allem, drückte sich darin aus und hatte eine Gedankenweise, die dieser Sprache angemessen war.

Wenn Abdias nun so voraus dachte, wie alles werden würde; wenn er an einen künftigen Bräutigam dachte, so fiel ihm die schöne, dunkle, freundliche Gestalt Urams ein, dem er sie gegeben hätte – aber da Uram tot war, konnte er sich nichts anders denken, als daß Ditha immer schöner und blühender werde und so fort leben würde.

Und in der Tat schien es, daß dieser Wunsch in Erfüllung gehen sollte. Sie war in der letzten Zeit bedeutend vollkommener geworden. Ihr Körper war stärker, das Auge ward schöner, dunkler, sehnsüchtiger, die Lippe reifer und ihr Wesen kräftiger, wie sie denn überhaupt in ihrer Art das Traumhafte ihrer Mutter mit dem Feurigen ihres Vaters verband. Sie liebte diesen Vater unsäglich, und wenn sie oft gedrängt war von der wilden, ungebändigten Liebe, dann nahm sie seine alte Hand und drückte deren Finger gegen ihre Augen, ihre Stirne, ihr Herz – den Kuß kannte sie nicht, weil sie keine Mutter hatte – er aber gab nie einen, da er häßlich war.

Weil Ditha während ihrer Blindheit fast immer gesessen war, oder ihre Füße nur schwach in Bewegung hatte setzen können, wenn sie ging, ja weil sie einen bei weitem größeren Teil ihrer Zeit in dem Bette zubrachte, als außerhalb desselben, so war ihre Entwicklung sehr langsam gegangen, und obwohl sie, da ihr das Licht der Augen zu Teil geworden war, schneller als früher fortschritt, so kam doch die Zeit der Reife bei ihr später, als sie sonst zu kommen pflegt. Sie war schon sechzehn Jahre alt, als sie an jenem Zeitpunkte angelangt zu sein schien. Ihr früheres drängendes Wesen stillte sich, das Auge wurde milder und schmachtender, und die Glieder waren schlank und freudig, wie bei jedem vollkommenen Wesen dieser Erde.

Abdias tat sich absichtlich einen Schmerz an, oder er opferte etwas Liebes, damit nicht das Schicksal ein Größeres begehre.

Wie bei allen Mädchen in dieser Zeit große Veränderungen vor sich gehen, wie namentlich in Dithas Stamme eine ruhige Schlankheit des Leibes und ein zartes Scheuen des Blickes das Hereintreten des Jungfrauenalters anzeigen, so war dieses bei Ditha ganz besonders der Fall. Ihr körperliches Wesen schien in der Tat in einer Art Spannung zu sein, und obwohl sie freudig und heiter und fast so kühn war wie früher, so war es doch, als sei ein Ausdruck süßen Leidens über sie ausgegossen. Es war eben Sommer und die Zeit der Ernte.

Ditha ging zu dieser Zeit an einem Nachmittage, der den andern Leuten recht heiß vorkam, über den Hügelsaum eines Kornfeldes empor, das der Vater am Tage vorher hatte abmähen lassen. Sie ging so lange, bis sie an dem oberen Rande angekommen war; denn sie hatte dort ein Feld mit Flachs, den sie spät gesäet hatte, zu dem sie sonst, da das Korn stand, immer mit Umwegen hatte gelangen müssen, und der jetzt alle Tage in Blüte zu brechen versprach. Sie war ganz allein durch die Stoppeln empor gegangen, und stand ganz allein, die höchste Gestalt, auf dem Saume der Anhöhe, wenn man den weiter draußen stehenden Föhrenwald ausnimmt, dessen Wipfel noch näher an dem Himmel hinzuziehen schienen. Auf dem Kornfelde hatten sie die Knechte des Abdias hinauf gehen gesehen, die eben über dasselbe Kornfeld nach Hause kehrten, weil sie ein Gewitter fürchteten. Sie kümmerten sich aber nicht weiter um sie. Nur einer, da er ein wenig später den Vater sah, der Ditha zu suchen schien, sagte, wenn er seine Tochter suche, sie sei oben auf dem Bühel. Wirklich hatte sie Abdias gesucht; denn die zarte Wolkenwand war dichter geworden und schob sich über den Himmel empor, obgleich an dem größeren Teile desselben noch das reine Blau herrschte und die Sonne noch heißer nieder schien als früher. Er stieg also, da er von dem Knechte die Nachricht erhalten hatte, über dasselbe

Kornfeld, das wir erwähnten, empor, sah Ditha am Rande des Flachses stehen, und ging ganz zu ihr hinzu. Das Feld war über und über in blauer Blüte, und auf den kleinen zitternden Blättchen, über die kein Lüftchen ging, war eine große Anzahl von Tierchen.

»Was tust du denn hier, Ditha?« fragte Abdias.

»Ich schaue meinen Flachs an,« antwortete das Mädchen, »siehe, gestern war keine einzige Blume offen, und heute sind sie alle da. Ich glaube, die Stille und die Wärme haben sie hervorgetrieben.«

»Siehst du nicht die Wolken am Himmel,« sagte Abdias, »sie kommen herauf, und wir müssen nach Hause gehen, sonst wirst du naß und krank.«

»Ich sehe die Wolken,« antwortete Ditha, »aber sie kommen noch nicht so bald, wir können schon noch hinunter gehen. Wenn sie aber auch eher kommen, als sie versprechen, so werde ich doch nicht naß, denn ich will in ein solches Haus, wie sie hier aus Garben gemacht haben, hinein gehen, will dort nieder sitzen und zusehen, wie die silbernen Regenkugeln in die Halme niederschießen, davon von jedem nur ein abgemähtes Stückchen empor steht. Bei mir drinnen aber wird es warm und trocken sein.«

Abdias schaute gegen den Abendhimmel, und in der Tat schien die Vermutung des Kindes wahr zu werden, daß die Wolken eher kommen würden, als sie versprachen; denn die gleiche und schwachfärbige Wand, die noch vor kurzem an dem Abendhimmel stand, hatte sich gelöset und in Ballen gesondert, die mit weißen Rändern überhingen und alle Augenblicke die Farbe änderten. Gegen unten, am Gesichtskreise hin, war rötliches Grau.

Abdias erkannte, daß sie vor dem Regen kaum mehr das Haus erreichen würden, und daß vielleicht der Rat Dithas der beste wäre. Da er aber der Leichtigkeit des Garbenhauses nicht traute, wenn etwa ein Wind käme, so fing er an, mit eigenen Händen noch mehr Garben herbei zu tragen. Als Ditha seine Absicht begriff, half sie ihm, bis ein solcher Vorrat beisammen war, daß er die Wetterseite mit einer dichten Garbenmauer besetzen und dem Ganzen eine solche Festigkeit geben konnte, daß es nicht leicht vom Winde zu zerreißen war. Gegen Morgen ließ er die Öffnung frei, daß sie auf das Spiel des Regens hinaussehen und eine Übersicht auf den Abzug des Gewitters haben könnten. Das Obdach wurde endlich fertig, aber es rührte sich noch immer kein Lüftchen, und es fiel kein Tropfen. Die gelben Stoppeln lagen vor ihnen, die zarten, von dem Schirme der weggenommenen Halme entblößten Gräschen regten sich nicht, und über dem blauen Felde des Flachses hoch in der Luft sang eine Lerche, von dem fernen, tiefen Donner zuweilen unterbrochen.

Ditha hatte ihre Gewitterfreudigkeit, sie wendete sich gegen Abend und sagte: »Wie es so herrlich ist, wie es so unsäglich herrlich ist. Weil du nun auch da bist, o Vater, so ist es mir noch lieber.«

Sie standen vor ihrer aus Garben aufgebauten Behausung, schauten die Wolken an, und waren in jedem Augenblicke bereit, wenn der Regen beginne, sich in die Hütte hinein zu setzen. In den oberen Teilen des Himmels mußte schon der Wind herrschen; denn die grauen Schleier, welche dem Gewitter vorher zu gehen pflegen, liefen sichtlich dahin, sie hatten schon die Sonne überholt, standen bereits über den Häuptern der Zuschauenden und eilten gegen Morgen.

Abdias hatte im Innern des gebauten Obdaches mehrere Garben zu einem Sitze zurecht gelegt und setzte sich hinein. Ditha, mit der den Kindern eigentümlichen Liebe zur Heimlichkeit, setzte sich in dem kleinen gelben Häuschen zu ihm. Der vor ihnen gegen Morgen offen gelassene Raum nützte gerade so viel, daß sie zu ihren

Füßen ein Teilchen Stoppelfeld sahen, dann ein Stückchen Flachs, und oben die grauen, luftigen Schleier, die am Himmel hinzogen, auch konnten sie die Lerche hören, die oberhalb des Flachses sang. Die Donner waren noch immer ferne, obgleich die Wolken schon den ganzen Himmel angefüllt hatten und nicht nur über ihre Häupter, sondern auch schon weit gegen Morgen hinaus gegangen waren.

In diesem Verstecke saßen sie und sprachen mit einander.

»Glaubst du nicht auch,« sagte Ditha, »daß die Wolken gar nicht dicht sind, und daß sie gewiß nicht große und gar schwere Tropfen werden fallen lassen? Es wäre mir leid, wenn sie die feinen, schönen Linnenblüten herabschlügen, die heute erst aufgebrochen sind.«

»Ich denke, daß sogar schwere Tropfen die blauen Blätter nicht abzuschlagen vermögen, weil sie erst heute aufgeblüht sind und noch strenge haften«, sagte Abdias.

»Ich liebe die Flachspflanzen sehr,« fing nach einer Weile Schweigens Ditha wieder an, »es hat mir Sara auf mein Befragen vor langer Zeit, da noch das traurige schwarze Tuch in meinem Haupte war, vieles von dem Flachse erzählt, aber ich habe es damals nicht verstanden. Jetzt aber verstehe ich es und habe es selbst beobachtet. Sie ist ein Freund des Menschen, diese Pflanze, hat Sara gesagt, sie hat den Menschen lieb. Ich weiß es jetzt, daß es so ist. Zuerst hat sie die schöne Blüte auf dem grünen Säulchen, dann, wenn sie tot ist und durch die Luft und das Wasser zubereitet wird, gibt sie uns die weichen silbergrauen Fasern, aus denen die Menschen das Gewebe machen, welches, wie schon Sara sagte, ihre eigentlichste Wohnung ist, von der Wiege bis zum Grabe. Siehst du, das ist auch wahr: – wie sie nur so wunderbar, diese Pflanze, zu dem weißen, lichten Schnee zu bleichen ist – dann legt man die Kinder, wenn sie recht klein sind, wie ich war, hinein und hüllt die Glieder zu – ihrer Tochter hat Sara viel Linnen mit gegeben, da sie fort zog, um den fremden Mann zu heiraten, der sie wollte; sie war eine Braut, und je größere Berge dieses Schnees man einer Braut mitgeben kann, desto reicher ist sie – unsere Knechte tragen die weißen Linnenärmel auf den bloßen Armen – und wenn wir tot sind, hüllen sie die weißen Tücher um uns, weißt du.« – –

Sie schwieg plötzlich. Ihm war es, als hätte er seitwärts an der Garbe einen sanften Schein lodern gesehen. Er dachte, sie habe wieder ihren Schimmer; denn er hatte schon früher alle Spitzen von Bändchen und Haaren an ihr aufwärts stehen gesehen. – Aber sie hatte ihren Schimmer nicht gehabt. Da er hinblickte, war schon alles vorüber. Es war auf den Schein ein kurzes heiseres Krachen gefolgt, und Ditha lehnte gegen eine Garbe zurück, und war tot.

Kein Tropfen Regen fiel, nur die dünnen Wolken rieselten, wie schnell gezogene Schleier, über den Himmel.

Der Greis gab nicht einen Laut von sich, sondern er starrte das Wesen vor sich an, und glaubte es nicht, daß dies Ding seine Tochter sei. Ihre Augen waren geschlossen, und der redende Mund stand stille.

Er schüttelte sie und redete ihr zu – – aber sie sank aus seiner Hand und war tot.

Er selber hatte nicht die geringste Erschütterung empfunden. Draußen war es, als sei auch noch kein Gewitter an die Stelle gekommen. Die folgenden Donner waren wieder ferne, es ging kein Lüftchen, und zeitweise sang noch die Lerche.

Dann stand der Mann auf, lud das tote Mädchen mechanisch auf seine Schulter und trug sie nach Hause.

Zwei Hirten, die ihm begegneten, entsetzten sich, wie sie ihn so im Winde, der mittlerweile aufgestanden war, schreiten sahen, und wie das Haupt und der Arm des Kindes rückwärts seiner Schulter herab hing.

Das neue Wunder und Strafgericht, wie sie es nannten, flog sogleich durch das Land. Am dritten Tage nach dem Unglücke kamen Brüder seines Volkes und legten die Lilie in die Erde.

Das Gewitter, welches dem Kinde mit seiner weichen Flamme das Leben von dem Haupte geküßt hatte, schüttete an dem Tage noch auf alle Wesen reichlichen Segen herab, und hatte, wie jenes, das ihr das Augenlicht gegeben, mit einem schönen Regenbogen im weiten Morgen geschlossen.

Abdias saß nach diesem Ereignisse auf dem Bänkchen vor seinem Hause, und sagte nichts, sondern er schaute die Sonne an. Er saß viele Jahre, die Knechte besorgten auf Anordnung des Handelsfreundes, von dem wir öfter geredet hatten, die Felder – aus Dithas Gliedern sproßten Blumen und Gras – eine Sonne nach der andern verging, ein Sommer nach dem andern – und er wußte nicht, wie lange er gesessen war, denn nach glaublichen Aussagen war er wahnsinnig gewesen.

Auf einmal erwachte er wieder und wollte jetzt nach Afrika reisen, um Melek ein Messer in das Herz zu stoßen; aber er konnte nicht mehr; denn seine Diener mußten ihn am Morgen aus dem Hause bringen, und mittags und abends wieder hinein.

Dreißig Jahre nach dem Tode Dithas lebte Abdias noch. Wie lange nachher, weiß man nicht. In hohem Alter hatte er die schwarze Farbe verloren, und war wieder gebleicht worden, wie er in seiner Jugend gewesen war. Viele Menschen haben ihn auf der Bank seines Hauses sitzen gesehen.

Eines Tages saß er nicht mehr dort, die Sonne schien auf den leeren Platz und auf seinen frischen Grabhügel, aus dem bereits Spitzen von Gräsern hervor sahen.

Wie alt er geworden war, wußte man nicht. Manche sagten, es seien weit über hundert Jahre gewesen.

Das öde Tal ist seit der Zeit ein fruchtbares, das weiße Haus steht noch, ja es ist nach der Zeit noch verschönert und vergrößert worden, und das Ganze ist das Eigentum der Söhne des Handelsfreundes des Abdias.
So endete das Leben und die Laufbahn des Juden Abdias.

DAS ALTE SIEGEL

1. DIE BERGHALDE

Veit Hugo Evaristus Almot war der einzige Sohn eines uralten, noch aus den Zeiten Laudons und Eugens stammenden Kriegers, der ebenfalls den Namen Veit Hugo führte, und welcher Krieger, nachdem er glücklich den Schwertern und Spießen der Türken entgangen war, zuletzt noch in bedeutend vorgerückten Jahren in die Gefangenschaft eines schönen Mädchens geriet, welcher er nicht entging; daher er das Mädchen zur Frau nahm, dieselbe auf seinen Landsitz ins Hochgebirge führte und mit ihr sein Söhnlein Veit Hugo erzielte. Er lebte darnach noch eine Reihe von Jahren in die Zeit hinein, so daß ihm sogar sein liebes Weiblein, obgleich es viel jünger war als er, in die Ewigkeit vorausging, so wie ihm bereits alle Kameraden und Freunde vorausgegangen waren. Ungleich vielen Kriegern seiner Zeit hatte er sich so viele wissenschaftliche und Staatsbildung eigen gemacht, als damals möglich war, und da er seinen Sohn selber unterrichtete und erzog, weil er meinte, daß es niemand so gut zu tun vermöchte als er, so trug er alles, was er wußte, auf diesen über. Freilich wäre bei dem indessen vorgerückten Stande der Wissenschaften mancher andere gewesen, der den Unterricht weit besser hätte führen können als er; allein neben dem Unterrichte gab er seinem Sohne unversehens auch ein anderes Kleinod mit, welches ein Fremder nicht hätte geben können, nämlich sein eigenes einfältiges, metallstarkes, goldreines Männerherz, welches Hugo unsäglich liebte und unbemerkt in sich sog, so daß er schon als Knabe etwas Eisenfestes und Altkluges an sich hatte, wie ein Obrist des vorigen Jahrhunderts, aber auch noch als Mann von zwanzig Jahren etwas so einsam Unschuldiges, wie es heut zu Tage selbst tief auf dem Lande kaum vierzehnjährige Knaben besitzen. Das Herz und seine Leidenschaften waren bei dem Vater schon entschlummert, daher blieben sie bei dem Sohne ungeweckt und ungebraucht in der Brust liegen, und er hatte von dem Vater sonst nichts geerbt als den Tag für Tag gleichen Frohsinn und die Freude an der Welt. Von der Mutter hatte er die ungewöhnliche Schönheit des Körpers und Antlitzes bekommen, die sie einst in ihrem Leben ausgezeichnet hatte, und diese Schönheit entwikkelte sich an ihm, da er empor wuchs, so daß die Blicke aller Menschen mit Wohlgefallen an dem Knaben hafteten, und daß er als Jüngling, obgleich er selbst noch nichts anderes liebte als den Vater und die ganze Welt, doch an manchen Stellen, wohin der Himmel seines Auges leuchtete, bereits die heißeste Liebe entzündet hatte, davon er selber nie etwas wußte.

Als er auf diese Weise einundzwanzig Jahre alt geworden war, gab ihm der Vater ein Päckchen mit Goldstücken, einen Empfehlungsbrief, mehrere gute Lehren, und sagte, daß er mit allem diesem jetzt in die Hauptstadt gehen müsse.

»Veit,« sagte er, »du hast nun von mir genug gelernt, ich weiß nichts mehr weiter. Du mußt nun in die Welt gehen und auch das Deine tun. Gib diesen Brief da dem alten Feldobristen, auf den er lautet, er wird dir, wenn er noch lebt, an die Hand gehen; schau auf das Geld, wir haben nicht viel, aber was ein ehrlicher Mann braucht, werde ich dir immer senden; sieh zu, daß du noch etwas lernest, das dir gut tut, denn jetzt braucht man viel mehr als ehedem, weil die Welt aufgeklärter geworden ist;

dann, wenn du ausgelernt hast, mußt du auch, wie ich dir immer gesagt habe, auf der Erde etwas wirken – es sei, was es wolle, ich rede dir da nichts ein, aber gut muß es sein, und so viel, daß es einer Rede wert ist, wenn man einmal abends bei seinem eigenen Ofenfeuer beisammen sitzt, hörst du, Veit! – Dann kannst du in dein Haus zurückkommen, es trägt schon so viel, daß davon ein strenger Mann leben kann, und sein Weib auch, und eine Handvoll Kinder auch noch und mancher Gast dazu, der zu dir übers Gebirge steigt. So – jetzt geh und lasse den gesattelten Rappen nicht zu lange warten, ich konnte das nie leiden, mein Bruder, der Franz, dein Oheim, hat es immer getan, darum haben sie ihn auch bei Karlowitz niedergeschossen, weil er wieder zu spät aufgebrochen ist, wie sonst. Schreib oft, Veit, wenigstens jeden Monat einmal, und vergiß mich nicht, und sei kein Narr, wenn du einmal hörst, daß ich gestorben bin.«

Nach diesen Worten stand der Knabe, der schon wußte, daß er jetzt fort ziehen werde, und bereits dazu vollkommen ausgerüstet war, auf und ging an der Hand des Vaters, der ihn führte, aus dem Hause hinaus. Sie gingen rückwärts durch den Garten und an den Blumenbeeten entlang. Der Rappe stand am Gitter, von dem traurigen Knechte gehalten. Der alte Krieger wollte grimmig darein schauen, um sich selber zu Hilfe zu kommen; aber wie er dem Sohne, der bisher stumm und standhaft den Schmerz nieder gekämpft hatte, die Hand gab, und nun sah, daß dessen gute, junge und unschuldige Augen plötzlich voll Wasser anliefen, so kam auch in die starren, eisengrauen Züge des alten Mannes ein so plötzliches Zukken, daß er es nicht mehr zurück halten konnte. Er sagte nur die ganz verstümmelten Worte: »Dummer Hasenfuß«, und kehrte sich um, indem er heftig mit den Armen schlagend in den Garten zurück ging. Hugo sah es nicht mehr, wie der verlassene Mann, um sich seinem

Anblicke zu entziehen, in die allererste Laube hinein ging und dort die Hände über dem Haupte zusammen schlug: sondern er ließ sich von dem Knechte den Steigbügel halten, schwang sich auf und ritt mit fester Haltung den Berg hinab, weil er meinte, der Vater sehe ihm nach; aber als er unten angekommen war und die Haselgesträuche ihn deckten, ließ er dem Herzen Luft und wollte sich halb tot weinen vor ausgelassenem Schmerze. Er hörte noch das Dorfglöcklein klingen, wie es in die Frühmesse läutete, und neben ihm rauschte das grüne, klare Wasser des Gebirgsbaches. Das Glöcklein klang, wie es ihm zwanzig Jahre geklungen, der Bach rauschte, wie er zwanzig Jahre gerauscht – und beide Klänge gossen erst recht das heiße Wasser in seine Augen.

»Ob es denn«, sagte er gleichsam halblaut zu sich, »in der ganzen Welt einen so lieben Ort und einen so lieben Klang geben könne, und ob ich denn nur noch einmal in meinem Leben diesen Klang wieder hören werde!«

Das Glöcklein hörte endlich auf, nur der Bach hüpfte neben ihm her und rauschte und plauderte fort.

»Grüße mir den Vater und das Grab der Mutter,« sagte er, »du liebes Wasser.«

Aber er bedachte nicht, daß ja die Wellen nicht zurückflossen, sondern mit ihm denselben Weg hinaus in die Länder der Menschen gingen. – –

Fuhrleute mit krachenden Wägen begegneten ihm auf der Straße, der graue Gebirgsjäger mit dem Gemsbarte ging über den Weg. Herdenglocken klangen, der Tau glänzte auf den Bergen – Hugo ritt langsam aus einem Tale in das andere, und aus jedem derselben kam ihm ein Bächlein nach, und alle vereinten sich und zogen als größerer Bach mit ihm des Weges weiter – der Himmel wurde immer blauer, die Sonne immer kräftiger, und das Herz des Reisenden mit. Nachmittags, als ihm die straffe Gebirgsluft schon längst die letzte Träne von dem Auge getrocknet hatte und seine Gedanken schon weit und breit wieder ihre Wege gingen, dauerte doch noch eine gewisse Weichheit und Sehnsucht fort, die ihm sonst fremd gewesen waren. Er suchte daher, als er seine erste Nachtherberge erreicht hatte, sogleich sein Lager, und entschlummerte todmüde, während in seinen Ohren Heimatglocken klangen und Heimatsbäche rauschten. In der ganzen Nacht hing das Bild des abwesenden Vaters vor den zugemachten Augen.

Desohngeachtet erwachte er am andern Morgen gestärkter und ruhiger, und jeder Tag, der da folgte, legte sein Körnlein dazu, bis er am Abende des sechsten Tages wohlgemut und staunend in die Herrlichkeit der Hauptstadt einritt.

Hier wußte er nun nicht, was er gleich beginnen sollte. Der einzige Empfehlungsbrief, den er mit bekommen hatte, nämlich der an den alten Feldobristen, war ihm unnütz; denn der Feldobrist war schon längstens gestorben, und so war er also mit sich allein. Das erste, was er vornehmen wollte, bestand darin, daß er sich irgendwo ein Stübchen miete, in dem er lebe, und die Dinge ansähe, wie sie hier sind, damit er erfahre, was er dann weiter zu erringen habe.

Mit dem Pferde, welches er mitgebracht hatte, war er gleich anfangs in eine große Verlegenheit gekommen. Es war zur Zeit, als er von Hause ging, nicht mehr Sitte, zu Pferde zu reisen, sondern der Reitpferde bediente man sich nur im Heere zum Dienste, und außer demselben, vorzüglich in der Stadt, bloß zu dem einen oder dem andern Spazierritte. Er war daher häufig angeschaut worden, wenn er so auf seinem Rappen die Straße dahin zog, und als er in die Hauptstadt gekommen war, waren alle Reitpferde schöner, waren alle ganz anders gesattelt und gezäumt als das seine, und überall, wo er um ein Zimmer für sich fragte, war kein Stall, in welchen er seinen Rappen hätte tun können. Er gab daher denselben, der noch immer in dem Gasthofe, in welchem er abgestiegen war, weil er ihm von den Fuhrleuten seiner Gegend, die alle dort einkehren, empfohlen wurde, gestanden war, einem Fuhrmanne mit, der in das Tal seines Vaters zurück kehrte, und trug ihm auf, daß er den Rappen hinten an seinen Wagen anhängen, sehr gut auf ihn schauen und ihn von dem Wirtshause des letzten Dorfes aus nach dem Hause der Gebirgshalde senden möge, wo der Vater ist. Der Fuhrmann versprach alles, und Hugo nahm Abschied von dem Tiere.

In der ersten Woche seines Aufenthaltes in der großen Stadt hatte er eine Stube gefunden, wie er sie wünschte. Sie war zum Studieren abgelegen, und ihre zwei Fenster sahen doch auf ein paar grüne Bäume, wie er sie liebte, obgleich jenseits derselben sogleich wieder Mauern anfingen, die ihm zuwider waren. In diese Stube brachte er seine Sachen und richtete sich ein. Hier wollte er nun eine Tätigkeit anfangen, von der er wußte, daß sie seinem Vater eine große Freude machen könnte. Die Sache war so: als sie, nämlich er und sein Vater, zu lernen angefangen hatten und Hugo bereits schon bedeutende Fortschritte machte, brach die französische Revolution aus. Es bereiteten sich gemach die erschütternden Begebenheiten vor, die dann auf ein Vierteljahrhundert hinaus den Frieden der Welt zerstören sollten. Der alte Veit lebte gleichsam wieder jugendlich auf und ließ sich alle nur denkbaren Zeitungen auf das alte Gebirgshaus bringen. Der Knabe mußte sie ihm vorlesen, sie lebten Jahr nach Jahr diese Bewegungen durch, und als sie auf jene Zeit kamen, in welcher der fremde Eroberer unser Vaterland in Fesseln schlug und Hugo bereits zu einem Jünglinge aufzublühen begann – da entstand in beiden derselbe Gedanke, daß nämlich eines Tages die gesamte deutsche Jugend aufstehen werde, wie ein Mann, um die deutsche Erde gänzlich zu befreien.

»Dieses Geschlecht«, sagte der alte Veit, »hat den Krieg noch nicht gesehen, es weiß also jetzt, da er da ist, nichts mit ihm anzufangen. Wenn ich nur nicht so alt wäre. Sie merken die große Schande nicht, daß sie immer geschlagen werden, und der Feind, der auch lange keinen Krieg gehabt hat, ist ebenfalls so töricht, diese Schande immer zu mehren und mit Worten größer zu machen, weil er sie für einen Triumph hält. Aber es kann nicht lange so dauern; wenn das Kraut fort wachsen wird, dann wird er sich über die Blume wundern, die ganz oben stehen wird. Sie muß Ingrimm heißen, diese Blume, und alle alten Sünden müssen getilgt werden, wenn es mit rechten Dingen zugehen soll. Wenn auch die Sünder selber nicht mehr leben, um auszubessern, so wird es die nachwachsende Jugend tun. – Wie wir damals mit dem alten und schon schwachen Eugenius an den Rhein rückten, unser sechzig, unser siebenzig Tausend, lauter blutjunge Bursche! – hätten sie uns damals von Seite des Heiligen Römischen Reiches nicht so im Stiche gelassen – der alte Eugenius hat ohnehin mit uns Wunder gewirkt. Ich glaube, wenn solche sechzig oder siebenzig Tausend im Felde stünden, sie würden den Feind über die Grenze zurück werfen. Macht er es in seinem Übermute nur immer so fort, so werden schon mehrere aufstehen, man wird nicht wissen, woher sie gekommen sind, es werden ihrer mehr als sechzig und siebenzig Tausend sein, diese werden Taten tun – es wird eine Zeit sein, du kannst sie noch erleben, ich schwerlich –, sie werden es nicht mehr ertragen können, und der jetzt an der Zeche sitzt, der wird sehr bald und sehr fürchterlich dafür bezahlen müssen. Merke dir das, daß ich es gesagt habe, wenn es geschieht, und ich vielleicht schon im Grabe liege.«

Durch solche und ähnliche Worte entzündete er das arme Herz des Knaben, daß es sich in heimlicher und einsamer Glut abarbeitete, und dies um so mehr, da es sich von den Dingen der Wirklichkeit auch keine entfernt ähnliche Vorstellung zu machen verstand. Als nach ein paar Jahren darauf der Krieg über ganz Deutschland flutete, obwohl man auf der Berghalde nie einen Feind gesehen hatte und das alte Haus wie manch andere Stelle im Gebirge gleichsam als eine Insel aus der Flut heraus ragte: faßte Hugo den Entschluß, wenn der Zeitpunkt gekommen wäre, daß sich Deutschlands Jugend gegen den Feind erhebe, auch hinaus zu gehen und sich in die Reihe der Krieger zu stellen. Er sagte zu seinem Vater nichts von diesem Gedanken. Denn wie die andern mit den kleinen Lastern und Begierden ihres Herzens, so war Hugo verschämt mit der Schönheit des seinigen. Jede Zeile, die er lernte, jeden veralteten Handgriff, den ihm sein Vater beibrachte, berechnete er schon auf jene Zeit. Als er nun von dem Hause Abschied nahm, in die Stadt reiste und die von ihm gemietete abgelegene Stube bezog, nahm er sich vor, in derselben alle kriegerischen Wissenschaften zu betreiben, nebstbei die Bekanntschaft von Männern aus dem Kriegerstande zu suchen, daß sie ihm an die Hand gingen, daß er sich nicht nur aus den Büchern wissenschaftlich, sondern durch Erlernung aller Handgriffe und Übungen auch tatsächlich unterrichtete – und wenn dann der Zeitpunkt der Erhebung gekommen wäre, von dem er eben so fest überzeugt war, daß er kommen müsse, wie sein Vater, würde er demselben schreiben, daß er sich seither für den Kriegerstand gebildet habe, und daß er sich nun dem Aufstande anschließe. Wenn dann die Tat der Befreiung, dachte er, von den vielen hunderttausend deutschen Jünglingen versucht worden und gelungen wäre, dann wolle er nach Hause gehen und wolle dem alten Vater alles auseinander setzen, was er gelernt habe, wie er sich vorbereitet habe, wie er eingetreten sei, was er getan habe, – und dann wolle er ihn fragen, ob dieses der Rede wert sei, wenn man abends einmal bei dem Ofen-

feuer beisammen sitze – oder ob er noch hinaus gehen müsse, und noch etwas tun.
So wie Hugo mußten sich damals viele vereinzelte Jünglingsherzen, wenn auch nicht tatsächlich wie er, doch durch Erwägung der Frage, die zu jener Zeit noch ein Unding schien, vorbereitet haben, weil, da gleichwohl die Lösung derselben eintrat, die Flamme nicht ein Herz nach dem andern ergriff, sondern von allen, als hätte sie schon lange darinnen geglimmt, auf einmal und mit einer einzigen Lohe empor schlug.
Seinem Entschlusse gemäß begann nun Hugo in der gemieteten Stube seine wissenschaftlichen Arbeiten. Gleich in den ersten Tagen, in denen er sehr oft herum ging und öffentliche Orte besuchte, um etwa einen Bekannten zu erwerben, wie er ihn wünschte, machte er wirklich die Bekanntschaft eines Kriegers, die ihm von großem Vorteile war; denn derselbe gab Hugo nicht nur die Werke an, nach denen er seine Bildung beginnen solle, sondern er vermittelte auch bei seinen Obern und Vorgesetzten, daß Hugo nicht nur allen kriegerischen Übungen beiwohnen, sondern auch dieselben, wo es anging, persönlich mitmachen konnte. Hiedurch kam er in die Bekanntschaft fast aller höheren in der Hauptstadt befindlichen Krieger. Er sagte keinem von ihnen seinen eigentlichen Plan, sondern teilte nur das Allgemeine desselben mit, daß er sich nämlich zum Kriege gegen den Landesfeind vorbereite. Ob es einzelne gab, die ihn errieten, oder ob mehrere aus ihnen schon selber an eine Entscheidung der Art dachten, wie sie erst nach mehreren Jahren wirklich eintrat, können wir nicht sagen, weil er trotz des Umganges mit diesen Männern so einsam war, als säße er beständig und ausschließlich in seinem Stübchen, daher ihm der Aufenthalt in der Hauptstadt auch nicht im geringsten anzusehen war, als wäre er erst gestern abends von der Gebirgshalde gekommen.

Das erkannte er gleich, daß er hier noch sehr vieles lernen müsse, und schrieb es auch dem Vater. Er schrieb ihm dazu, daß er die Kriegswissenschaften betreibe und sich auf diesem Felde auch tatsächlich übe, wenn er diese Dinge heute oder morgen etwa einmal brauchen könnte. Der Vater antwortete in einem Schreiben, daß er über das, was der Sohn treibe, kein Urteil abgebe, daß er schon gesagt habe, er hätte Freiheit zu tun, wie er wolle, nur gut müsse es sein und einer Abendrede wert. Was ihm sonst Veit schriebe, wie man die Kriegsdinge jetzt anders betreibe, so sehe er wohl ein, daß die Wissenschaft des Krieges fortgeschritten sei und jetzt vieles besser ins Werk gestellt werden würde als zu seiner Zeit, aber die Manneszucht und die Tapferkeit sei heute nicht mehr so wie in seinen Tagen, das könne er durchaus nicht glauben.
Hugo richtete sich seine Stube zu seinen Zwecken ein. Das Vorstübchen war ganz leer, lag über dem Schwibbogen eines Tores und war daher zu den Fechtübungen sehr tauglich, die er sehr häufig mit seinem Meister und oft auch mit einem Kameraden anstellte. In der Stube selber hingen seine Scheibengewehre, seine andern Waffen und, wo noch Platz war, die Landkarten. Auf den vielen Tischen lagen die Bücher, die Pläne, Karten und andern Papiere. Bald, als er den Rappen nach Hause geschickt hatte, kaufte er sich ein anderes Pferd, weil ihm die Übungen in der Reitschule auf den Pferden des Bereiters nicht genügten, sondern weil er sie auf einem edlen, kräftigen, feurigen Pferde, das ihm eigen wäre, selber machen wollte, und weil er einen Rest seiner Zeit in die Pflege eines solchen edlen Pferdes teilen wollte. Er mietete einen Stall dafür, und obwohl es sein Diener in der Obhut hatte, ging er doch täglich hin und leitete die Wartung desselben. Der früheste Morgen – denn Hugo stand schon wenige Stunden nach Mitternacht auf – war den Studien gewidmet. Seine Zeit war strenge eingeteilt, dies hatte er

von dem Vater gelernt, und nur im Laufe des Vormittags und des Abends war eine Stunde oder etwas darüber zum Spazierengehen und zur Erholung bestimmt.
So lebte Hugo ein und ein halbes Jahr fort. Er dachte, er könne mit seinen Erwerbungen auf dem betretenen Felde zufrieden sein, als ein Brief kam und ihm den Tod seines Vaters meldete. Derselbe hatte also nicht mehr erlebt, daß ihm der Sohn die Freude mache, den geliebten Gedanken, den er im hohen Alter noch mit Jugendfeuer ausdachte, aus freiem Antriebe verwirklichen zu helfen, und wenn der Sohn in die Zukunft dachte und sich selber seine Pläne entwickelte, so war oft der Gedanke da, was der Vater dazu sagen werde, aber daß der Tod dieses Vaters eintreten könnte, das war nie in Rechnung gebracht. Hugo konnte also jetzt nichts tun, als auf der eingeschlagenen Bahn fort zu gehen, und wenn die Tat getan sei und sein Herz noch unter den Lebendigen schlage, auf das Grab des Vaters zu gehen, dort die Waffen nieder zu legen und zu fragen, ob die Tat einer Abendrede wert sei – schlägt aber das Herz nicht mehr unter den Lebendigen, dann, hoffe er, würde er doch auch an einen Ort kommen, wo er dem Vater selber sagen könnte, was er getan.
Er hatte das alte Haus geerbt mit den Erträgnissen der dazu gehörigen Felder, Wiesen und Wälder. Das Haus trug er dem noch lebenden Altknechte seines Vaters zur Verwaltung auf, bis er selber kommen werde. In der Stube hingen mehrere verrostete Waffen, die er befahl, daß man sie unberührt und unvermischt hängen lassen solle. Mit dem Briefe, der ihm den Tod des Vaters angezeigt hatte, war zugleich in einem Futterale ein altes Siegel angekommen, über das der Vater verordnet hatte, daß man es sogleich nach seinem Tode dem Sohne einhändigen solle. Er hatte zu Lebzeiten das Siegel immer bei allen seinen Briefen und bei allen andern Papieren und Urkunden, die eines Petschaftes bedurften, geführt. In

dem Fache des Siegels lag ein Blättchen Papier mit der eigenen Handschrift des Vaters beschrieben. Das Feld des Siegels, dessen Stiel von kunstreicher Arbeit in Stahl war, trug mit sehr schönen klaren Buchstaben im Halbkreise herum die Worte: ›Servandus tantummodo honos‹, unterhalb des Bogens der Buchstaben war ein ganz blankes Schild, um die Reinheit der Ehre anzuzeigen. Denn die Familie Almot war nicht von Adel und hatte kein Wappen. Auf dem dem Siegel beigelegten Papiere stand, daß ihm der Vater hier das Siegel übergebe, das man immer in der Familie geführt habe, und daß er ihm die Worte, die darauf stünden, auf das beste empfehle; denn so lange der Sinnspruch desselben befolgt werde, ist nichts verloren, und man steht vor sich selber und den anderen gerechtfertigt und untadelig da.

›Ja,‹ dachte Hugo, ›das will ich unabänderlich befolgen: so lange ich lebe, soll kein Makel an mein Herz und meine Ehre kommen, es soll kein einziger sein, der etwas Schimpfliches über mich zu sagen wüßte, und vor allen andern soll ich selber nicht der einzige sein, der eine geheime Schuld hätte und sich dieselbe erzählen könnte. Ich will eine große und nützliche Tat tun helfen, und erst dann, wenn ich mein eigenes Gewissen befragt habe, ob es genug sei, und wenn mein eigenes Gewissen geantwortet hat: wenn der Vater lebte, würde er es einer Rede des Abends für wert halten – dann werde ich nach Hause gehen, das alte Haus in meine Obsorge nehmen und alle die behüten, die mir untergeben sind und ein Recht haben auf meinen Schutz und meine Verwaltung.‹

Mit dem großen Schmerze in dem Herzen ging er an die Fortsetzung seiner Arbeiten und Bestrebungen. Sie zeigten ihm bald eine neue Seite. Waren sie ihm früher nur Beruf und Mittel zum Ziele gewesen, so wurden sie ihm nun eine Art Trost, gleichsam ein unsichtbares Band mit dem Verstorbenen, der auch diesem Stande angehört hat und den Kreis dieser Dinge bald ganz, bald zum Teile gleichsam mit hinüber in die Ewigkeit gezogen hat. Er arbeitete sehr fleißig, und erst jetzt setzte er seine Studien mit der wahren und rechten Begeisterung fort.

Fast zwei Jahre waren seit dem Tode des Vaters wieder verflossen. Hugo blieb in der Stadt rein und stark, wie eine Jungfrau; denn in dessen Busen ein Gott ist, der wird von den Niedrigkeiten, die die Welt hat, nicht berührt. Obwohl er nun schon im vierten Jahre in der großen Stadt war, lag ihm das Herz noch so einsam in seiner Brust, wie einst auf der Gebirgshalde – nur daß es ihn zuweilen, wenn er auf den Höhen um die große Stadt herum schweifte, wie Heimweh überkam, oder wie eine traurige Sehnsucht. Er hielt es für Tatendurst; in Wahrheit aber war es, wenn er so die Landschaft übersah, ein sanftes Anpochen seines Herzens, das da fragte: ›Wo in dieser großen Weite hast du denn die Sache, die du lieben kannst?‹ – – Aber die Sache hatte er nicht, der Mahnung achtete er nicht, und so schleiften die Stunden hin, höchstens, daß er in solchen Augenblicken nieder saß und an seinem Tagebuche schrieb, das, sonderbar genug, in lauter Briefen an den toten Vater bestand. Anders wußte sich seine Liebe nicht zu helfen; wie hold Mutterliebe sei, hatte er nie erfahren, und wie süß die andere, davon ahnete ihm noch nichts, oder, wenn man es so nimmt, die Briefe an den Vater sind mißgekannte Versuche derselben.

Zu der Zeit, von der wir reden, übrigte er sich täglich auch ein paar Stunden ab, in denen er die schönen Wissenschaften trieb und Dichter und Geschichtschreiber las. Er las aber nur lauter heidnische Alte. Er hatte einen Mann kennen gelernt, der ein inniger Freund des mit Hugo gleiche Wege gehenden Körner war, von dem ihm damals nicht ahnete, daß er ihn so bald durch den Tod verlieren würde. Dieser Mann war ein schwärmender Verehrer der Sprache der Griechen und Römer und führte Hugo in die Gebiete derselben ein und unterrichtete ihn sogar zum Teile darinnen. Hugos feste Einfalt, die er auf der Gebirgshalde bekommen hatte, stimmte vortrefflich mit der der Alten, er pries dieselben unsäglich und sagte: er wolle nun vorerst in dem Reiche derselben verbleiben, bis er es erschöpft und in sein Blut aufgenommen habe. Dann wolle er in das der Neueren übergehen und sehen, was denn diese auf demselben Felde hervorgebracht hätten.

2. DIE KIRCHE VON SANKT PETER

Hugo saß eines Tages, wie gewöhnlich, in seiner Stube. Es war eben zwölf Uhr. Er war von dem Spaziergange, den er gerne um zehn Uhr vormittags machte, zurückgekehrt, und wollte die anderthalb Stunden, die noch bis zu seinem Mittagsessen übrig waren, wie er es alle Tage tat, mit Rechnen verbringen. Die zwölfte Stunde war in der Stadt die, in welcher man die eingelaufenen Briefe auszutragen beginnt. An Hugos Tür ward gepocht, der bekannte Briefträger trat ein und brachte ein Schreiben. Als der kleine Betrag dafür entrichtet war, ging er wieder fort. Hugo sah gleich, daß der Brief nicht von dem Altknechte seines Vaters sei, dem einzigen Menschen, von dem er Briefe zu empfangen pflegte. Das Schreiben war auf nicht gar feinem, nicht gar weißem Papiere, und der Umschlag trug eine nicht gar schöne Schrift. Hugo erbrach das Siegel und las folgenden Inhalt: ›Wenn Ihr der junge Mann seid, der so wundersam schöne blonde Haare hat, und sie nicht gar zu kurz, aber auch nicht gar zu lange auf seinen Nacken niedergehend trägt, so erfüllet einem alten Manne die Bitte, und seid morgen zwischen zehn und eilf Uhr in der Kirche von Sankt Peter.‹
Der Brief hatte keine Unterschrift, und Hugo hielt ihn

verblüfft in seinen Händen. Die Schrift war augenscheinlich die eines Mannes, und zwar eines alten Mannes, wie die festen, starken, aber zitternden Züge verrieten. Allein was der Mann von Hugo wollte, und warum er nicht lieber gleich zu ihm in die Stube gekommen sei, war nicht zu enträtseln.

›Wer weiß, ob ich auch der Mann mit den wundersamen, schönen blonden Locken bin, oder ob es nicht einen andern gibt, der noch wundersamere, schönere und blondere hat‹, sagte Hugo lächelnd zu sich, und wäre bald versucht gewesen, in den Spiegel zu schauen. Aber der Name, auf den der Brief lautete, war der seine. Und in der Tat, die Locken, die an den Seiten seiner Stirne nieder gingen, waren wundersam genug. Wenn blonde Locken kräftig sind und den milden Metallglanz haben, so kann man sich an jungen Menschen kaum etwas Schöneres denken. Hugo hatte darunter eine reine Stirne, von zwei geistvollen, klaren Augenbogen geschnitten, feines starkes Wangenrot und die Lippen frisch und kräftig, die noch von keinem Menschen dieser Erde, nicht einmal von einem Kinde, geküßt worden sind. Die Augen hatte er von der Mutter, groß und blau. Sie waren so gut, daß, hätten sie sich nicht eben jetzt ins Männliche hinüber verändert, man gesagt haben würde, er hätte sie von einer edlen, schönen Frau empfangen. Überhaupt sah er viel jünger aus, als seine Jahre waren, und er hatte von manchem aus dem Kriegerstande, die er bei seinen Übungen kennen gelernt hatte, und die ihn gelegentlich besuchten, einigen Hohn und Scherz zu erfahren, da sie ihn spottweise nur immer den heiligen Aloisius nannten.

Eben, da er so stand, ließen sich klirrende Tritte durch sein Vorstübchen gegen sein Gemach vernehmen. Er riß den Brief, der auf dem Tische lag, an sich, verbarg ihn in der Tasche, und ward so rot, als hätte er eine Schandtat begangen. Es geschahen ein paar nachlässige Schläge an seine Tür, und ohne Umstände trat der Besuch herein. Es war eben so ein junger Mann kriegerischen Ansehens, wie wir oben von ihnen geredet haben. An den Stiefeln tönten die Sporen. Unter einem rauhen »Guten Tag, Freund« legte er den Hut hin, warf sich in den Armsessel und begann ein Gespräch, das er über den Dienst, über lange Weile, über Theater, Mädchen und Pferde führte. Hugo hörte ihn an und erwiderte manchmal etwas auf höfliche Weise. Als er endlich fragte, ob sich denn gar nichts Neues zugetragen habe, das nur einige Abwechslung in die Zeit bringe, sagte ihm Hugo von dem Briefe nichts, sondern erwiderte, daß sich wahrscheinlich nichts zugetragen habe, was man seiner besondern Aufmerksamkeit wert halten und ihm anvertrauen möchte.

Da Hugos Bekannte schon wußten, daß er sich in seiner gewohnten Einteilung der Zeit nicht irre machen ließe, so trat er auch jetzt an den Tisch und fing auf seinen großen schwarzen Schiefertafeln aus einem Buche zu rechnen an. Der Mann, der zu Besuche da war, nahm seine Pfeife heraus, rauchte, blätterte in einem Buche, und begleitete endlich Hugo aus dem Hause, da dieser den Griffel weglegte und erklärte, daß er jetzt zu seinem Mittagsessen gehen werde. An der Schwelle des Gasthauses, in dem Hugo gewöhnlich aß, trennten sie sich.

Am andern Tage, genau als die Uhr von Sankt Peter zehn schlug, trat Hugo durch das große Tor in die Kirche. Er hatte wohl flüchtig daran gedacht, daß die Bestellung etwa ein Scherz eines seiner Kameraden sein könnte; aber zum Teile stand er mit keinem so, daß dieser Scherz leicht denkbar gewesen wäre, zum andern Teile hatte er sich nichts vergeben, wenn er kam, selbst wenn ein Scherz statt gefunden haben sollte.

Es wurde am Hauptaltare in der Kirche eben eine Messe gelesen, die zu dieser Stunde angesetzt ist. An einem der Seitenaltäre trat gleichfalls ein Priester über. In Stühlen saßen allerlei Menschen herum, andere standen heraußen auf dem Pflaster, wieder andere knieten teils in den Stühlen, teils in den breiten Gängen der Kirche. Hoch oben durch die Fenster wallte ein Sonnenstrom herein und setzte den ruhig erhabenen Raum in warmes Feuer. Hugo war vor sich selber in einiger Verlegenheit, da ihm sein Gefühl sagte, daß er heute nicht aus Andacht in die Kirche gekommen sei; aber da er entschlossen war, den Vorfall nur zum Guten zu benützen, so beruhigte er sich bald wieder. Er stellte sich in die äußerste Ecke zurück, und es war fast noch die Hälfte seines Körpers durch die Schnörkel eines hölzernen Beichtstuhles verborgen, wie sie gerne in der Tiefe katholischer Kirchen zu stehen pflegen. So stand er einige Minuten, und es war ihm, als müßten sogleich alle Augen auf ihn schauen; aber nicht ein einziges tat es, und kein Mensch nahm von seiner Anwesenheit besondere Kenntnis. Die Orgel ging ihren regelmäßigen Gang, und die Melodie des Kirchengesanges wallte sanft durch die Bogen. Es trat ein Kirchendiener zu ihm heran und hielt ihm den Klingelbeutel vor, er warf eine kleine Münze hinein, der Diener dankte, ging zu dem Nachbar, dann zu dem Nachbar des Nachbars, und so weiter – und alles war wieder wie vorher. Hugo blickte nun auf mehrere Personen – aber alle waren in sich selber vertieft. In der Kirche ließ sich nicht das mindeste Zeichen verspüren, daß heute etwas anderes geschehen solle als sonst. Wie es in großen Städten zu geschehen pflegt, traten wohl auch während des Gottesdienstes immer Menschen herein und hinaus; aber sie taten, wie sie alle Tage tun: der eine blieb da, der andere schlug ein Kreuz, tat ein kurzes Gebet und ging wieder. Öfter waren es Mädchen der dienenden Klasse, die einen kurzen Augenblick benützten. Sie setzten den Korb nieder, manche tat ein leichtfertiges Gebet, manche ein brünstiges – dann nahm sie wieder ihre Last an den Arm und

ging. Auch Frauen kamen – mancher ward von einem Diener das Gebetbuch nachgetragen – sie setzten sich in einen Stuhl und versenkten sich in ihre Andacht.
Indessen war die Messe aus geworden, und es kam der Segen. Die schöne Weise des Dreimal-Heilig mischte sich mit dem Weihrauch, der nun empor stieg, sich oben mit den Sonnenstrahlen vermählte und von ihnen vergoldet ward. Der Priester wendete sich, segnete mit dem Allerheiligsten, und alle klopften andächtig an die Brust. Es kam noch ein kurzer Gesang, und dann war der Gottesdienst aus. An den Seitenaltären war auch kein Priester mehr, man löschte nach und nach die Kerzen, und die Menge wendete sich zum Gehen, einer nach dem andern. Viele gingen an der Seitentür hinaus, die meisten bei dem Haupttore, und manche mußten an Hugo vorüber, ohne ihn aber zu betrachten. Nur manches schöne Weiberauge, wenn es zufällig auf seine Züge fiel, war betroffen, und ihm gab es jedesmal einen Stich in das Herz. Die Kirche entvölkerte sich endlich ganz, und nur mehr ein paar unscheinbare Personen knieten in den Stühlen, wie überhaupt in einer großen Stadt eine Kirche in keinem Augenblicke des ganzen Tages vollkommen leer zu sein pflegt. Es war so stille geworden, daß er deutlich von außen herein die drei Glockenschläge vernehmen konnte, welche ihm verkündeten, daß bereits drei Vierteile der ihm anberaumten Zeit abgeflossen seien. Hugo wußte nicht, solle er den Rest noch abwarten, oder solle er fortgehen; aber seinem Willen getreu, wollte er bis eilf Uhr harren.
Es war so stille geworden, daß man das Rauschen der draußen fahrenden Wägen herein hören konnte.
In diesem Augenblicke vernahm Hugo neben sich Tritte, es ging ein Mann zu ihm hinzu und sagte: »Ich danke Euch recht schön, Herr, daß Ihr die vermessene Bitte eines alten Mannes erhört habt und gekommen seid.«

Der Mann war in der Tat alt, weiße Haare waren auf seinem Haupte und viele Runzeln im Angesichte. Sonst war er einfach und anständig gekleidet und hatte weiter nichts Auffallendes an sich.

Hugo war etwas unbestimmt über sein von dem nächsten Augenblicke gebotenes Benehmen und schaute den Alten eine kleine Zeit lang an, dann sagte er: »Ich weiß nicht, wenn ich etwa irre, so verzeiht mir – ich habe für den Fall, daß es nötig sein sollte, eine Kleinigkeit zu mir gesteckt.« – –

»Ich bedarf kein Almosen und bin keines Almosens wegen hieher gekommen«, sagte der Alte.

Hugo wurde mit einer brennenden Röte übergossen und sagte: »Ihr wollt also mit mir sprechen – so sprecht. Aber wäre es nicht besser gewesen, wenn wir nicht die Kirche dazu gewählt hätten – wollt Ihr etwa mit mir in meine Wohnung kommen?«

Der Fremde sah Hugo an und sagte: »Ihr seid so gut, als Ihr schön seid, Herr, ich habe mich in Euch nicht geirrt. Aber ich bedarf auch keines Gespräches mit Euch, so wie ich keines Almosens bedarf. Ihr habt mir eine große Wohltat erwiesen, bloß daß Ihr gekommen seid. Ihr werdet das nicht verstehen, aber es ist doch wahr, daß Ihr mir eine sehr große Wohltat erwiesen habt. Ich kann Euch jetzt gar nicht sagen, warum es so ist, und kann Euch nur bitten, wenn Ihr so gut sein wolltet, sofern es Eure Zeit zuläßt, auch in Zukunft noch manchmal um diese Stunde hieher zu kommen.«

»Das ist seltsam,« sagte Hugo, »und was haben denn meine blonden Haare dabei zu tun, daß Ihr eigens auf dieselben aufmerksam gemacht habt?«

»Ich habe Euch nur daran erkannt,« erwiderte der Mann, »und sie sollten bedeuten, ob der, der über dem Schwibbogen wohnt, der nämliche sei, den ich gemeint habe. Sie sind auch sehr schön, und ich habe diese Haare immer geliebt. – Nun, Herr, sagt mir, ob Ihr wohl wieder einmal kommen werdet?«

»Aber könnt Ihr mir denn nicht erklären, wie das alles zusammenhängt?« fragte Hugo.

»Nein, das kann ich nicht,« antwortete der Mann, »und wenn Ihr nicht freiwillig kommt, so muß ich schon darauf verzichten.«

»Nein, nein, ich komme schon«, sagte Hugo. »Wenn es wahr ist, daß ich Euch durch mein bloßes Kommen eine Wohltat erweise, warum sollte ich es nicht tun? Ich verspreche Euch also, daß ich schon wieder einmal um diese Zeit hieher kommen werde.«

»Ich danke Euch recht schön, Herr, ich danke Euch. Ich habe mich gar nicht geirrt, ich habe gewußt, daß Ihr sehr gut seid. Ich will Eure Zeit nicht mehr rauben, und ich will mich jetzt entfernen. Lebt recht wohl, Herr, lebt wohl.«

»Lebt wohl«, sagte Hugo.

Der Alte verbeugte sich, wendete sich um und ging durch das sehr nahe gelegene große Tor der Kirche hinaus. Hugo sah ihm nach und blieb dann noch eine Weile in dem Raume zurück. Die Sonnenstrahlen, die früher durch die Fenster der Kirche herein gekommen waren, waren verschwunden, nur an den Fensterstäben draußen spann es sich wie weißglitzerndes Silber senkrecht nieder, wodurch die schwarzen Bilder und die trübe Vergoldung der Kirche noch ernster und düsterer wurden. Einzelne Menschen saßen oder knieten, wie gewöhnlich, als Beter herum. Hugo wendete sich nun auch und schritt zum Tor hinaus. Draußen ward er von der warmen Mittagsluft des Frühlings, der eben auf allen Ländern jenes Erdteils lag, von blendender Helle und von dem Lärmen des Tages empfangen.

Seit diesem Kirchenbesuche war eine geraume Zeit vergangen, als Hugo wieder einmal zufällig in die Nähe des

Gotteshauses von Sankt Peter geriet. Es war gegen zehn Uhr, welches gerade die Zeit war, die, wie wir oben sagten, Hugo gewöhnlich zu seinem Vormittagsspaziergange verwendete. Es fiel ihm ein, daß er jetzt sein Versprechen lösen könnte. Er dachte, der Mann, der ihn so sonderbar bestellt habe, sei wahrscheinlich irrsinnig, aber, dachte er hinzu, das könne doch keinen Grund abgeben, daß man ihm sein Wort nicht halten dürfe. Wenn die Freude, Hugo in der Kirche zu sehen, eine eingebildete ist, so sind es zuletzt alle unsere Freuden auch – und wer weiß, welch glühende, welch schmerzliche oder süße Bilder seiner Vergangenheit gerade die blonden Haare aus seinem Innern hervor heben mögen, weil er sie so eigentümlich in seinem Briefe bezeichnet hat.
Unter diesen Gedanken trat Hugo in die Kirche hinein. Der ruhige Orgelton und der fromme Kirchengesang wallten ihm auch heute wieder gedämpft entgegen. Da er drinnen war, war es eben auch gerade so wie das erste Mal. Der Priester las am Hochaltare die Messe, die andächtige Menge aus allen Ständen und Altern saß zerstreut in den Stühlen herum und sang dieselbe schöne Kirchenweise. Der Diener kam mit dem Klingelbeutel, das Dreimal-Heilig tönte endlich, der Weihrauch stieg, der Gottesdienst wurde aus, und wieder, wie damals, zerstreute sich die Menge. Aber der alte Mann, den Hugo damals gesehen, und mit dem er gesprochen hatte, war heute nicht zugegen gewesen. Hugo wartete, bis die Kirchenuhr von draußen herein eilf Uhr schlug, und als er eine geraume Weile darnach den alten Mann auch noch nirgends sah, ging er wieder aus der Kirche fort, und hatte das Gefühl mit sich genommen, als hätte er eine gute Tat getan. Und es war auch eine, wenn sie gleich die beabsichtigte Frucht nicht getragen hatte.
Hugo war später noch einige Male um zehn Uhr in der Kirche von Sankt Peter gewesen. Zum zweiten Male

hatte er den Greis wieder gesehen. Er war auf ihn zugegangen und hatte mit sehr viel Freude in seinen Zügen gesagt: »Ich danke Euch, ich danke Euch recht schön.«
Nach diesen Worten war er wieder hinweg gegangen und hatte wahrscheinlich die Kirche verlassen.
War Hugo das erste Mal nicht gerade aus Beruf in die Kirche gegangen, um einem Gottesdienste beizuwohnen, so wirkte doch nachher die Ruhe der kirchlichen Feier auf sein Herz, und die Freundlichkeit dieses Tempels gefiel ihm so, daß er später noch mehrere Male freiwillig hin ging und andächtig da stand, ja andächtiger als viele andere, die zur Feier des Gottesdienstes gekommen waren. Den Greis aber hatte er nicht mehr gesehen.
Da er nach langer Zeit wieder ein paar Male hinter einander in der Kirche gewesen war und den alten Mann nicht gesehen hatte, würde sich wahrscheinlich die Gewohnheit, gerade zu dieser Zeit in diese Kirche zu gehen, wieder verloren haben, wenn sich nicht etwas zugetragen hätte, das der Sache eine andere Gestalt gab.
Es geschah eines Tages, daß man an dem Kirchenpflaster des Hauptschiffes etwas ausbesserte und deshalb einen Querbalken über den Hauptgang zwischen den Stühlen gezogen hatte. Hierdurch wurde eine alte, schwarz gekleidete Frau, die Hugo schon öfter bemerkt hatte, daß sie immer vorne am Platze gegen den Hochaltar kniete, verschleiert war und fast beständig die letzte, von einem graugekleideten Mädchen begleitet, die Kirche verließ, genötigt, in dem Seitengange der Kirche fast an der Wand derselben zum Tore zurück zu gehen. Hiebei kam sie an Hugo vorüber. Sie hatte heute den Schleier nicht über das Gesicht herab gelassen, und da sie näher kam, bemerkte er, daß aus den alten und altmodisch geschnittenen schwarzen Kleidern, die sich überall ungeschickt bauschten, ein ganz junges Angesicht mit schönen großen Augen blicke. Er war betroffen und sah sie an. Sie sah ihn

auch einen Augenblick an, dann zog sie den Schleier herab und ging hinaus. Das grau gekleidete Mädchen ging hinter ihr her. Dasselbe hatte die gewöhnlichen Züge einer Magd.

Hugo blieb noch eine Weile in der Kirche stehen. Wie gewöhnlich zu dieser Zeit verlor sich oben an den Fenstern das Sonnenlicht, und die Kirche wurde viel dunkler, als sie während des ganzen Gottesdienstes gewesen war. Das Gerüste der rohen Balken, die quer zwischen den Stühlen gespannt waren, machte das Ganze noch unwirtlicher. Nach einer Zeit schleppte sich neben Hugo ein Bettler herein und ließ sich von seinen Krücken in einen Stuhl sinken, um zu beten. Hugo reichte dem verkrüppelten Manne eine Gabe und schritt dann durch das große Tor zur Kirche hinaus.

Dies war die Ursache, daß Hugo am andern Tage wieder zur Kirche von Sankt Peter ging. Es schien ihm aber, daß der Zweck, dessentwillen er gekommen war, nicht mehr so gut sei wie bisher; darum ging er nicht in die Kirche hinein, sondern blieb vor dem Tore stehen, und wartete, bis die schwarz verschleierte Gestalt heraus käme. Er meinte, daß er den Ort entheiligen würde, wenn er drinnen wartete; darum blieb er heraußen. Die kirchliche Feier wurde aus, die Menschen gingen anfangs dicht, dann immer seltener heraus, und zuletzt, wie immer, kam die schwarze Gestalt in Kleidern, welche die einer uralten Frau waren. Das Haupt hüllte der Schleier ein. Das grau gekleidete Mädchen folgte, aber es trug nur ein Gebetbuch, nämlich das ihrige; die Gebieterin trug ihr eigenes selber.

Von nun an ging er jeden Tag, statt um zehn Uhr, wie er es ein paar Jahre her gehalten hatte, einen Morgenspaziergang zu tun, um diese Zeit zur Kirche von Sankt Peter und wartete, bis die schwarz gekleidete Gestalt heraus kam. Sie kam auch jedesmal, war jedesmal genau die letzte, und wurde jedesmal von dem grau gekleideten Mädchen begleitet. Ihr Anzug war immer dasselbe altmodische Kleid, und das Haupt war mit dem Schleier verhüllt. Hugo sah sie alle Male an.

So verging eine geraume Zeit, und der Frühling neigte schon gegen den Sommer.

Ob sie ihn auch beobachtete, wußte man nicht; aber wenn sie an seiner Stelle vorüber ging, schien es, als wäre es innerhalb der schwarzen Wolke unruhig.

Bisher war er nur an dem Tore der Kirche gestanden, und wenn nach der Messe, die täglich um zehn Uhr gehalten wurde, die letzte Beterin, die schwarze Gestalt mit ihrem grauen Mädchen heraus gekommen und vorüber war, ging er wieder nach Hause zu seinen Arbeiten. – Einmal aber, da sie langsam in gerader Richtung von dem Tore weg durch das andere Volk fort ging, ging er in sehr großer Entfernung hinter ihr her. Sie wandelte auf den großen, sehr belebten Platz hinaus, ging durch das bunte Gewühl, ihren Weg verfolgend, hindurch, wendete sich in die noch belebtere Gasse, in welche der Platz seitwärts mündete, ging in derselben eine Strecke fort, und bog dann in eine zwar schöne und breite, aber sehr leblose Gasse ein, in welcher viele Paläste und große Häuser stehen, die aber schon anfingen, sehr entvölkert zu sein, weil ihre Bewohner bereits das Landleben suchten. Die meisten Fenster waren zu, und hinter dem Glase hingen die ruhigen, grauleinenen Vorhänge herab. Fast bis gegen die Mitte dieser Gasse folgte ihr Hugo, dann aber wendete er sich um und ging nach Hause.

So wie er an diesem Tage getan hatte, so tat er nun an jedem der kommenden. Weit hinter ihr gehend folgte er ihr, wenn sie die Kirche verlassen hatte, und sah die schwarze Gestalt durch das Gewimmel des Platzes gehen, sah sie durch einen Teil der belebten Gasse schreiten, sah sie in die einsame einbiegen, folgte ihr beinahe bis in die

Hälfte derselben, wendete sich dann um und ging nach Hause.
Eines Tages, da sie in der einsamen Gasse ging, sah er, daß ihr ein weißes Blättchen entflatterte. Es war wie ein Bildchen, derlei man gerne in Gebetbücher zu legen pflegt. Weil in der Gasse schier keine Leute gingen, so blieb das von dem nachfolgenden Mädchen nicht bemerkte Blatt liegen, bis es Hugo erreichte, der seine Schritte darnach verdoppelte. Er hob es auf. Es war wirklich ein solches Bildchen. Er ging ihr nun schneller nach, bis er sie erreichte. Dann ging er ihr vor, zog seinen Hut und sagte: »Mir scheint, Sie haben etwas verloren.«
Bei diesen Worten reichte er ihr das Blättchen hin.
Als sich aus den weiten schwarzen Falten die junge Hand hervor arbeitete, um das Blättchen zu empfangen, sah er, daß sie zitterte. Sie sagte noch die Worte: »Ich danke.«
Dann wendete sie sich zum Fortgehen, und Hugo kehrte um.
Er ging an den Häusern der vereinsamten Gasse zurück der oben beschriebenen lebhaften zu. Weit draußen rasselten die Wägen, als wären sie in großer Ferne.
Hugo ging nach Hause, und wie er in seiner Stube saß, war ihm, als sei heute der Inbegriff aller Dinge geschehen, und als sei er zu den größten Erwartungen dieses Lebens berechtigt.
Am andern Tage stand er wieder an dem Tore der Kirche von Sankt Peter. Die Messe war aus, die schwarze, altfrauenhafte Gestalt ging heraus, und er sah sie an. Sie ging wieder ihres Weges, und Hugo folgte wieder von großer Ferne, und wendete wieder in der ersten Hälfte der einsamen Gasse um. So dauerte es längere Zeit.
Einmal aber nahm er sich den Mut – er ging schneller hinter ihr, ging ihr in der einsamen Gasse vor und grüßte sie, indem er den Hut abnahm. Er sah, wie sie den Schleier ein wenig seitwärts zog und ihm dankte.

Dieses geschah nun öfter, und endlich alle Tage. Wenn Hugo in die einsame Gasse einbog, sah er deutlich, wie sie die geliebten Schritte hinter sich schallen hörte, daß sie zögere – und wenn er sie eingeholt und scheu gegrüßt hatte, so zog sie den Schleier empor, und ein sehr süßes Lächeln ging in ihrem Antlitze auf.
Eines Tages, da sie sich wieder grüßten, trat er versuchend etwas näher. Es schien ihr nicht zu mißfallen, sie verzögerte ihren Schritt, und das begleitende Mädchen blieb auch hinter ihr stehen. Er sprach einige Worte, er wußte nicht was – sie antwortete, man verstand es auch nicht: aber beide hatten sie ein neues Gut erworben, den Klang ihrer Stimmen, und dieses Gut trugen sie sich nach Hause.
Der ganze lange, leere Tag war nun übrig.
Wie es das letzte Mal gewesen ist, wurde es nun alle künftigen Male. Eine verschleierte, schwarzgekleidete alte Frau ging jeden Tages gegen eilf Uhr vormittags aus der Kirche von Sankt Peter, sie ging über die belebten Plätze, sie bog in die einsame, breite Straße der Paläste ein, und dort trat ein schöner Jüngling auf sie zu. Ihr Schleier legte sich zurück, und ein wunderhaft schönes Mädchenantlitz löste sich aus seinen Falten, um zu grüßen. Dann blieben sie bei einander stehen und redeten mit einander. Sie redeten von verschiedenen Dingen, meistens waren es die gewöhnlichen des Tages, von denen alle anderen Menschen auch reden. Dann grüßten sie noch einmal, und gingen auseinander.
Für Hugo war es eine neue Zeit. Ein Vorhang hatte sich entzwei gerissen, aber er sah noch nicht, was dahinter stand. Das blinde Leben hatte auf einmal ein schönes Auge aufgeschlagen – aber er verstand den Blick noch nicht.
Er arbeitete in seiner Stube. Der Tag hatte einen einzigen Augenblick: das andere war die Vorbereitung dazu, und das Nachgefühl davon.

In dieser Zeit geschah es, daß sich dasjenige in Europa allgemach zu nähern begann, was vor wenig Jahren noch von vielen für eine Unmöglichkeit gehalten worden wäre, und woran manche Herzen doch glaubten und sich darauf vorbereiteten. Die Anzeichen, daß ein Umschwung der Dinge bevorstehe, mehrten sich immer mehr und mehr. Die Stimmen, diese Vorboten der Taten, änderten ihre Worte in Bezug auf das, was bisher immer gewesen ist, und wenn ein neuer Krieg, dessen Anzeichen immer deutlicher wurden, ausbrechen sollte, so war nicht zu verkennen, daß seine Natur eine ganz andere werden würde, als sie bisher immer gegenüber dem gefürchteten, allmächtigen und halb bewunderten Feinde war. Der Haß war sachte und allseitig heran geblüht, und die geschmähte Gottheit der Selbstständigkeit und des eigenen Wertes hob allgemach das starke Haupt empor. Es war damal eine große, eine ungeheure Gemütsbewegung in der Welt, eine einzige, in der alle anderen, kleineren untersanken.

Als die Tage des Sommers vorrückten, lösete sich einmal bei einer der gewöhnlichen Begegnungen Hugos Herz und Zunge. Da die schwarzgekleidete Unbekannte ihren Schleier zurück geschlagen hatte und grüßte, da man einige der gewöhnlichen Worte geredet hatte, sagte Hugo, daß er jetzt sehr wahrscheinlich nicht mehr lange in der Stadt bleiben werde; denn wenn, wie es den Anschein gewinne, ein neuer Krieg gegen den Landesfeind erklärt werden würde, so werde er in die Reihe der Krieger gegen denselben treten, und weil sich wahrscheinlich viele tausend Jünglinge insgeheim zu diesem Ziele vorbereitet haben würden, so sei es vielleicht möglich, daß man den Feind aus den Grenzen werfen und das Vaterland für immer befreien könne. Zu dieser Tat habe er sein Herz und sein Leben aufgespart. Er frage sie, ob sie ihm so gut sein könne, als er ihr es sei – sie möchte sich ihm doch

einmal, einmal nennen, wer sie sei – – nein das brauche er nicht – sie möchte ihm nur sagen, ob sie unabhängig sei, ob sie, wenn sie ihn einmal näher kennen gelernt haben würde, ihm folgen und sein Los mit ihm teilen möge – er werde ihr alles darlegen, wer er sei und woher er stamme – nur die Tat der Vaterlandsbefreiung habe er noch mit zu tun, sie könne ja so lange nicht dauern, weil viele hundert Tausende dazu beihelfen würden – er habe einen traulichen Sitz im fernen Gebirge, dorthin würden sie dann gehen. Oder wenn sie abhängig sei, wäre es denn nicht möglich, daß er zu ihrem Vater, zu ihren Angehörigen käme, sich bei ihnen auswiese, von ihnen kennen gelernt würde und dann um sie bäte. Sei sie aber frei und ihre eigene Herrin, wäre er denn nicht würdig, ihr Haus zu betreten? Er meine es treu und gut; so lange er lebe, sei keine Faser an ihm gegen irgendeinen Menschen falsch gewesen. Sie möchte nun, da er geredet habe, auch reden.
Diese Worte hatte er eilig gesagt, und sie heftete die sanften Augen auf ihn.
Dann aber sagte sie: »Was das Schicksal will, das muß geschehen. Sucht mich eine Woche lang nicht in dieser Gasse, auch nicht vor der Kirche; Ihr werdet mich anderswo sehen. Kommt über acht Tage, genau am heutigen Tage, um zehn Uhr vor das Kirchentor, dort werdet Ihr Nachricht von mir erhalten.«
Nach diesen Worten sagte sie, halb zu ihrer Begleiterin gewendet: »Dionys wird es machen.«
Dann sprach sie wieder zu Hugo: »Vergeßt nicht, was ich gesagt habe, kommt meinen Worten getreu nach, und lebt jetzt recht wohl!«
Sie wollte den Schleier umnehmen und fortgehen, aber Hugo rief: »Jetzt nicht, nur einen Augenblick noch nicht – – den Namen, nur eine Silbe des Namens!«
»Cöleste«, sagte sie leise.
»Und die Hand, daß wir uns sehen, die Hand, Cöleste!«

Und sie suchte eilig die Hand aus der Kleiderhülle und reichte sie ihm hin. Er faßte sie, und sie hielten sich einen Augenblick.
Dann ließen sie los, sie zog den Schleier herab, er grüßte noch einmal, und beide gingen sie dann ihre verschiedenen Wege auseinander, wie sie sie bisher immer gegangen waren.

3. DAS LINDENHÄUSCHEN

Es geht die Sage, daß, wenn in der Schweiz ein tauiger, sonnenheller, lauer Wintertag über der weichen, klafterdicken Schneehülle der Berge steht, und nun oben ein Glöckchen tönt, ein Maultier schnauft, oder ein Bröselein fällt – sich ein zartes Flöckchen von der Schneehülle löset und um einen Zoll tiefer rieselt. Der weiche, nasse Flaum, den es unterwegs küsset, legt sich um dasselbe an, es wird ein Knöllchen und muß nun tiefer nieder als einen Zoll. Das Knöllchen hüpft einige Handbreit weiter auf der Dachsenkung des Berges hinab. Ehe man dreimal die Augen schließen und öffnen kann, springt schon ein riesenhaftes Haupt über die Bergesstufen hinab, von unzähligen Knöllchen umhüpft, die es schleudert und wieder zu springenden Häuptern macht. Dann schießts in großen Bögen. Längs der ganzen Bergwand wird es lebendig und dröhnt. Das Krachen, welches man sodann herauf hört, als ob viele tausend Späne zerbrochen würden, ist der zerschmetterte Wald, das leise Ächzen sind die geschobenen Felsen – dann kommt ein wehendes Sausen, dann ein dumpfer Knall und Schlag – – dann Totenstille – nur daß ein feiner, weißer Staub in der Entfernung gegen das reine Himmelsblau empor zieht, ein kühles Lüftchen vom Tal aus gegen die Wange des Wanderers schlägt, der hoch oben auf dem Saumwege zieht, und daß das Echo einen tiefen Donner durch alle

fernen Berge rollt. Dann ist es aus, die Sonne glänzt, der blaue Himmel lächelt freundlich, der Wanderer aber schlägt ein Kreuz und denkt schauernd an das Geheimnis, das jetzt tief unten in dem Tale begraben ist.
So wie die Sage das Beginnen des Schneesturzes erzählt, ist es oft mit den Anfängen eines ganzen Geschickes der Menschen.
Als Hugo der sonderbaren Bitte des alten Mannes folgte und in die Kirche von Sankt Peter ging, als er mit dem Manne geredet hatte und sich dann auf dem Heimwege befand, hielt er das Geschehene für das unbedeutendste Ereignis seines Lebens, ja er hielt es für gar kein Ereignis, und hatte gewiß nicht gedacht, daß das Ding der Anfangspunkt eines Geschickes sei, das bestimmt war, seinem Leben eine ganz andere Gestalt zu geben, als es sonst wahrscheinlich gehabt haben würde.
Jetzt, da er dachte, daß er vielleicht mit seiner Unbekannten in eine nähere Verbindung kommen würde, erkannte er schon die Wichtigkeit, die jener Zufall auf sein künftiges Leben ausüben könnte.
Die acht Tage, welche sie sich bedungen hatte, waren vorüber gegangen, und es war der Tag gekommen, an welchem er vor dem Kirchentore harren sollte. Als die Glocke zehn Uhr schlug, stand er schon an dem Tore. Kurz darauf begannen drinnen die frommen Orgeltöne, und es mischte sich der ruhige Gesang der Kirche unter sie. Ein Glöcklein klang etwas später – es klang wie jenes Morgenglöcklein, da er vom Vaterhause scheiden mußte. Als nach dem Ende der Messe der Gesang des Dreimal-Heilig anfing, erinnerte er ihn an den Gesang der Gemeinde, der an Sonntagnachmittagen gerne in der Kirche im Gebirge ertönte, zu welcher das Haus seines Vaters gehörte, und zu welcher sie immer gingen, ihre Andacht zu verrichten.
Der Gesang wurde endlich aus, und in der Kirche ge-

schah der Segen. Aber ehe nach Beendigung des Gottesdienstes der erste Mensch aus dem Tore heraus trat, fuhr ein Wagen rasch vor dasselbe vor und hielt. Hugo schaute hin, und sah, daß jenes grau gekleidete Mädchen, welches der schwarzen Gestalt immer aus der Kirche gefolgt war, ganz allein darinnen saß und ihm winkte, hinzu zu kommen. Er ging zu dem Fenster des Wagens hinzu, welches von dem Mädchen herab gelassen worden war, und das Mädchen sagte ihm, daß ihn ihre Gebieterin bitten lasse, in diesen Wagen einzusteigen. Hugo tat es, und als er auf dem Kissen Platz genommen hatte, fuhr der Wagen fort. Das Mädchen zog nun aus dem Beutel, den es am Arme hängen hatte, einen Brief hervor und sagte, diesen hätte ihr ihre Gebieterin gegeben, damit sie ihm denselben einhändige und er ihn während des Fahrens lesen möge. Hugo riß schnell das Siegel auf, entfaltete das Papier, und eine sehr schöne, fließende Frauenhandschrift trat seinen Augen entgegen. Die Worte aber, welche diese Frauenhandschrift enthielt, lauteten folgender Maßen: ›Ich lasse Sie recht gerne in mein Haus eintreten, wie Sie gebeten haben, so wie ich recht gerne Ihren Gruß und Ihre sanften Aufmerksamkeiten vor der Kirche und in jener Gasse angenommen habe. Aber eine Bitte muß ich tun, ehe Sie mein Haus betreten, welche Sie gewiß erfüllen werden, da Sie so sind, wie ich Sie mir gleich, da ich Sie das erste Mal sah, vorgestellt habe. Es walten über meinem Schicksale einige Schwierigkeiten, deren Herr ich nicht bin, wenigstens jetzt noch nicht bin, fragen Sie mich daher nicht, wer ich bin, woher ich gekommen sei, und in welchen Verhältnissen ich lebe. Prüfen sie in meinen Gesprächen und in meinem Umgange meine Seele und mein Wesen, ob diese für sich genug tun oder nicht. Darnach richten Sie Ihren Entschluß für die Zukunft. Ich werde mich nicht verstellen – man könnte es auch nicht; denn wenn man auch die Seele durch die Lüge einer großen Tatsache verfälschte, so blickt sie doch aus tausend kleinen, die vor dem Beobachter vorfallen, heraus und zeigt sich, wie sie ist. Wenn Sie mir die Freude machen, in meine Wohnung zu treten, so sehe ich das als ein Zeichen an, daß Sie meine Bitte zu erfüllen gesonnen sind. Sollten Sie aber Ihren Grundsätzen zu Folge diese Bitte nicht erfüllen können, so machen Sie mir lieber den Schmerz, daß ich Sie heute nicht und in alle Zukunft nicht mehr sehe; denn aus Ihren Fragen würde sehr viel Kummer und sehr viele Traurigkeit hervor gehen. Dann lebe ich fort, wie ich bisher gelebt habe. Ich werde Ihnen, wenn Sie kommen, einstens schon alles enthüllen, wie es meine Pflicht und meine Verbindlichkeit ist. Ich sende Ihnen viele sehr schöne Grüße. Cöleste.‹

Hugo faltete das Papier wieder zusammen, zog seine Brieftasche hervor und legte das Schreiben hinein.

Das Mädchen, welches mit ihm fuhr, beobachtete ihn eine Weile, dann sagte es: »Haben Sie den Brief gelesen?«

»Ja«, antwortere Hugo.

»Dann hat mir meine Gebieterin aufgetragen, Sie zu fragen, ob wir zu ihr fahren sollen, oder ob Sie an irgendeiner andern Stelle aus diesem Wagen zu steigen wünschen.«

»Wir fahren zu ihr«, antwortete Hugo.

»Dann braucht der Kutscher keine weitere Weisung,« sagte das Mädchen, »er weiß schon, wohin er lenken soll.«

Mit diesen Worten lehnte sie sich wieder in den Wagen zurück, und die beiden Miteinanderfahrenden redeten von nun an keine Silbe mehr zu einander.

Der Wagen rollte indessen sehr rasch dahin und war bereits, wie Hugo bemerkte, in der Hauptstraße einer der Vorstädte, ziemlich weit von der Stadt entfernt.

Endlich schwangen sich die Pferde von der Straße ab und fuhren durch das Tor eines Gartens hinein, wie sie in den entfernten Teilen der Vorstädte noch häufig zwischen den Häusern liegen. In dem Garten ging ein breiter, langer Sandweg zurück, auf dem man die Räder nicht rollen hörte, und führte einem weißen, schönen Häuschen zu, welches zu beiden Seiten und rückwärts mit großen, dichten Linden umgeben war und nur mit der Stirne über die andern niedern Gebüsche des Gartens auf die Straße der Vorstadt hinaus sah. Vor dem Tore dieses Hauses hielt der Wagen. Das Mädchen stieg aus, Hugo folgte, und der Wagen fuhr wieder davon. Das Mädchen führte nun Hugo eine kurze, breite Treppe hinauf, schloß zwei Türen auf und geleitete ihn in die einzige Wohnung, welche das Häuschen im ersten Geschosse enthielt. Es waren vier Zimmer in der Reihe, und ihre Türen waren durch und durch offen. Im zweiten derselben stand sie, die ihn erwartete – es schien, als hätte sie ihm entgegen gehen wollen, von hier aus aber nicht weiter den Mut gehabt – sie stand an einem marmornen Spiegeltische, der an einem Pfeiler war, und hielt sich daran mit der einen Hand. Hugo hatte sie nur immer in dem alten schwarzen Kleide gesehen, heute aber war sie leicht und mit den Kleidern der Jugend angetan: er erschrak ein wenig; denn so schön und so schlank und so groß hatte er sie nicht gedacht. Von dem grauen Seidenkleide, das sie umfloß, blickten die weißen Hände und das lichte Antlitz sanft hervor. In den dunkelbraunen Haaren, welche besonders reich waren, trug sie gar nichts; aber diese Haare waren selber ein Schmuck, sie waren unbeschreiblich rein und glänzend, und die feinen Züge und die großen Augen sahen darunter wie ein süßer Himmel heraus. Sie war sehr rot geworden, als er eintrat.

Hugo hielt seinen Hut in der Hand, verbeugte sich vor

ihr, und sagte gar nichts. Sie sprach auch nicht – und so standen sie einige Augenblicke. Dann fragte sie ihn, ob er nicht in ihr Arbeitszimmer mit ihr gehen wolle. Er ging mit ihr. In dem Zimmer stand ein Stickrahmen am Fenster, in der Ecke war ein Schreibtisch, dann waren die andern Geräte, die gewöhnlich in solchen Zimmern zu sein pflegen, kleine Tischchen, Schemel und dergleichen, an der Rückwand stand ein Sofa mit den dazu gehörigen Sesseln, und davor ein großer Tisch. Der Boden war mit schönen Teppichen belegt. Draußen wiegten sich die grünen Baumzweige der Linden, es spielten Sonnenstrahlen herein, daß gesprenkelter Schatten auf den Teppichen war. Sie setzte sich auf das Sofa und lud ihn zum Niedersitzen ein. Er legte seinen Hut auf eines der Tischchen und setzte sich auf einen Sessel vor den Tisch.

Sie sprachen nun von gewöhnlichen Dingen. Hugo sagte, daß sehr viele Menschen auf dem Wege seien, um das Freie zu gewinnen, um dort einen Teil des Tages zuzubringen, der gar so schön sei. Sie lobte die Linden, die vor ihren Fenstern standen, und sagte, daß sie an so heitern Sommertagen, wie der heutige, einen äußerst angenehmen Geruch herein duften. Wenn aber große Hitze herrsche, dann zeigen sie erst ihre Trefflichkeit, weil sie Schatten und, beinahe möchte man sagen, ein kühles, erquickendes Lüftchen herein senden.

Nachdem sie eine Weile so gesessen waren, stand Hugo auf, um sich zu empfehlen. Sie begleitete ihn durch die zwei Zimmer – denn das Arbeitszimmer war das dritte – und als sie in das letzte Zimmer hinaus gekommen waren, fragte er sie, ob er die Freude haben könne, sie wieder einmal besuchen zu dürfen. Sie sagte, daß er jeden dritten Tag um die vierte Nachmittagsstunde kommen dürfe, und daß sie sich freuen werde, wenn er komme; nur möchte er jetzt nicht mehr vor der Kirche

oder in jener Gasse mit ihr zusammen treffen, wo er sie bisher gesehen und auch ein paar Male mit ihr gesprochen habe. Hugo sagte, daß er ihre Worte befolgen werde, verbeugte sich und ging fort. In den Vorzimmern, welche ihm das Mädchen aufgeschlossen hatte, das er sonst immer in grauen Kleidern der Gebieterin aus der Kirche folgen gesehen hatte, saß an einer Arbeit dasselbe Mädchen, war aber heute nicht grau, sondern in die gewöhnlichen bunten Kleider ihrer Gattung gekleidet. Es stand auf, da Hugo das Zimmer betrat, öffnete wieder die Schlösser, um ihn hinaus zu geleiten. Unten im Erdgeschosse sah Hugo neben dem Ausgangstore ein Stübchen, dessen Tür zur oberen Hälfte aus Glas bestand. Daraus sah das Gesicht eines Türstehers heraus, und dieser machte, da Hugo heraus ging, demselben eine Verbeugung und lüftete den Hut. Hugo hatte beim Hereingehen auf jene Stelle nicht hin gesehen.
Draußen standen die Häuser in zwei Reihen dahin und bildeten die Straße. Staub wogte in ihnen, und die beinahe steilrecht herein fallenden Mittagsstrahlen der Sonne beschienen ihn. Die Menschen wandelten in der Straße hin und zurück, wie sie von ihren Geschäften gezogen wurden. Hugo ging nach Hause und saß in seinem Zimmer nieder. Da die Stunde schlug, in welcher er gewöhnlich zu seinem Mittagessen zu gehen pflegte, stand er auf und ging in das Gasthaus, wie er es bisher alle Tage getan hatte. Nachmittag saß er bei seinen Arbeiten, und am Abende ging er auf den Anhöhen um die Stadt spazieren, wie er bisher auch immer getan hatte.
Als die drei Tage vorüber waren, ging er am letzten derselben, da eben die vierte Nachmittagsstunde schlug, in der wohlbekannten Vorstadtstraße dahin. Er kam zu dem Garten, und das weiße Häuschen schimmerte ihm aus den Linden wie ein schönes Geheimnis entgegen. Er öffnete das Gartengitter, das heute eingeklinkt, nicht wie

damals, wie er hereinfuhr, geöffnet war, tat es hinter sich zu und ging den bekannten Sandweg entlang. Der Garten hatte nur Grasplätze und Zierbäume, keine Blumen oder Obst tragende Bäume oder Gesträuche. In dem Stübchen unter dem Torwege sah er denselben Türsteher aus dem obern Teile der Glastür heraus sehen. Er war ein schon sehr betagter Mann. Hugo ging die Treppe hinan, klingelte an der äußern Tür der Wohnung, und dasselbe Mädchen, welches sonst immer da war, öffnete ihm auch heute und geleitete ihn zu der Gebieterin hinein. Diese war ihm bis in das äußerste Zimmer entgegen gekommen und führte ihn dann, wie das erste Mal, in ihr Arbeitsgemach zurück. Sie war heute wieder nicht in ihr Schwarz, in dem er sie kennen gelernt hatte, gekleidet, sondern, wie das erste Mal mit grauer Seide, war sie heute mit dunkelgrüner angetan. Jedes der Kleider war sehr einfach, aber sehr edel gehalten. Im Stoffe reich, spannten sie um die Hüften und flossen dann in ruhigen Falten hinab. So wie das vorige Mal hatte sie auch heute gar keinen Schmuck an sich, nicht einmal einen Ring an einem Finger – das Kleid schloß an dem Halse, dann war das Haupt mit den gescheitelten braunen Haaren und den glanzvollen großen Augen, mit denen sie ihn ansah, als er hereingetreten war. Hugo war nun in dem Zimmer – heute hatte er schon mehr Macht gehabt, die andern Zimmer, durch die er gekommen war, zu betrachten. Sie waren ohne Prunk, fast möchte man sagen, zu dünne, aber sehr vornehm eingerichtet. Er legte seinen Hut ab und setzte sich auf denselben Sessel wie das erste Mal. Sie saß in den Kissen des Sofas und sah auf ihn hin. Sie fragte ihn, ob er, seit sie sich nicht gesehen haben, immer wohl gewesen sei, und ob er ihrer gedacht habe. Er antwortete, daß er wohl sei, und daß er nicht nur ihrer gedacht, sondern daß er fast sonst nichts gedacht habe als sie. Sie war bei seinem Eintreten wie das

erste Mal errötet, und bei diesen Worten errötete sie noch mehr.
Sie hatte ihn das vorige Mal gar nicht um seinen Namen oder etwa um andere Verhältnisse gefragt, sie tat es auch heute nicht. Er aber erzählte ihr freiwillig, daß er ein fernes Haus auf sehr schöner grüner Halde habe, um die hohe Berge mit ehrwürdigen Häuptern stehen – er erzählte ihr von seiner Jugend, die er so vereinsamt verlebt habe, und in der er so glücklich gewesen sei, er erzählte ihr von seinem Vater, der ihn unterrichtet und mehr geliebt habe, als er verdiente, er erzählte ihr von dem Abschiede von diesem Vater, von dem Tode desselben, und von dem Schmerze, dem er sich über diesen Tod hingegeben habe. Von der Mutter könne er ihr wenig erzählen, er habe sie kaum gekannt, aber der Vater habe öfter von ihr gesagt, wie sie gut gewesen, und wie sie für sein Glück viel zu frühe gestorben sei – aus diesen Reden habe er sie auch lieben gelernt, und sei manchmal, nicht bloß mit dem Vater, sondern auch allein zu dem Hügel Erde hin gegangen, unter dem ihre Glieder ruhten. Er erzählte ihr dann ferner, wie er in diese Stadt gekommen sei, wie er sich hier eingerichtet habe, womit er sich beschäftige, und was seine Absichten für die Zukunft seien. Von der Veranlassung, durch die er sie kennen gelernt, so wie überhaupt von dem, was darauf gefolgt ist, sagte er kein Wort.
Sie hörte ihm aufmerksam zu, hatte die Augen auf seine redenden Lippen geheftet, und in dem Angesichte war etwas wie Rührung, oder beinahe wie Wehmut gezeichnet. Sie sagte ihm, sie könne ihn aus ihrem Herzen versichern, daß sie eben so einsam, vielleicht noch viel einsamer auf dieser Erde sei als er. Sie habe bisher niemanden gehabt, der eine anhängende Neigung gegen sie bewiesen habe, außer Dienstboten, die ihr gut gewesen seien, ihm war ein Vater zur Seite gestanden, an den, wenn er ihn

auch verloren habe, er sich erinnern könne. Sie habe nie jemanden gehabt. Jetzt kenne sie nur ihn. Sie habe ihn beim ersten Sehen gleich als gut erkannt, und als verschieden von allen andern. Und wie sie bemerkt habe, daß er auf sie schaue – und wie er vor der Kirchentür gestanden sei, und wie sie erkannt habe, daß er nur darum da stehe, daß er einen Blick auf sie tun könne, so sei die außerordentlichste Freude in ihr Herz gekommen. Sie habe schwere, schwere Schicksale erlitten.

Beim Abschiede bat sie Hugo, sie möchte ihm ihre Hand reichen. Sie hatte schon damals, als er ihr in der einsamen Gasse das verlorne Blättchen darreichte, keine Handschuhe gehabt, später, da sie ihm aus dem schwarzen Ärmel hervor zum ersten Male die Hand gab, hatte sie auch keine, und eben so hatte sie die beiden Male keine, da er sie besuchte. Sie reichte ihm die Hand, und wie er dieselbe in seine beiden faßte, herzlich drückte und zum Kusse an seine Lippen führte, rannen reichliche Tränen über ihre Wangen herab.

Wie das erste Mal führte ihn das Mädchen durch die Vorzimmer hinaus, er ging die Treppe hinab, sah den alten Türsteher, ging über den Sandweg des Gartens hervor und schritt durch das Eisengitter auf die Straße hinaus. Der Gegensatz des Alltäglichen mit dem, was er so eben erlebt hatte, drängte sich ihm auch heute auf. Sie war wieder sehr schön gewesen, und in dem schlanken, zarten, dunkelgrünen seidenen Kleide, das die kleinen Fältchen auf dem Busen hatte, sehr edel. Es war ihm wie ein Rätsel, daß sich die Pracht dieser Glieder aus der unheimlichen Kleiderwolke gelöset habe, und daß sie vielleicht sein werden könne.

Er kam, wie es verabredet worden war, am dritten Tage nach diesem Besuche wieder. Es war wie die beiden Male. Das Eisengitter war eingeklinkt, er öffnete es, ging über den Sandweg, sah den Pförtner sitzen, ging über die

Treppe empor, fand das gewöhnliche Mädchen in den Vorzimmern, trat von diesen in die Wohnung ein und fand dort sie. Sie empfing ihn jedes Mal, wie zu anfangs, mit derselben Befangenheit. Ihre Kleider, wie sie auch wechselten, waren immer sehr rein, sehr schön und sehr einfach. Vorzüglich liebte sie Seide. Jedes Kleid schloß sich am Halse. Dann war, wie wir oben sagten, das Haupt mit den großen, glänzenden Augen. Ihr Sinn für Reinheit erstreckte sich auch auf den Körper; denn das Haar, das sie einfach geordnet als einzige Zierde um das Antlitz trug, war so gänzlich rein gehalten, wie man es sehr selten finden wird. Auch die Hände und das Stückchen Arm, das etwa sichtbar wurde, waren rein und klar. Sie trug nie Handschuhe, an keinem Finger einen Ring, an dem schönen Arme, der sich, wenn die Ärmel weit waren, am Knöchel zeigte, kein Armband, und auf dem ganzen Körper kein Stückchen Schmuck. Unter dem langen Schoße des Kleides, wie sie häufig die vornehmeren Stände haben, sah die Spitze eines sehr kleinen Fußes hervor.

Sie saßen, wenn Hugo kam, beisammen und sprachen. Sie lernten sich immer mehr kennen – und sie, die auf der Gasse eigentlich schon viel bekannter gewesen waren, waren im Zimmer viel schüchterner, viel fremder, und mußten das Geschäft gegenseitigen Erkennens beginnen. Wenn er fort ging, standen sie wohl im zweiten Zimmer, wo er sie zum ersten Male hier gesehen hatte, und wo der Marmortisch ist, eine Weile bei einander stille, hielten sich an den Händen und wünschten sich dann eine recht freundliche gute Nacht.

Sie sprachen von verschiedenen Ereignissen des Tages. Am liebsten fragte sie ihn, was er in der Zeit, als sie ihn nicht gesehen, getan habe. Er erzählte ihr mit der Unbefangenheit, die die Natur seines Wandels ihm eingab, wie er gelebt habe, wohin er gegangen sei, und was er in seiner Stube an seinen Arbeiten vollbracht habe. Sie horchte ihm bei diesen Schilderungen recht gerne, weil er vielleicht bei ihnen am reinsten und klarsten erschien. Einmal sagte sie ihm, sie habe ihn auf seinem Pferde gesehen, wie er durch die Stadt gegen das Freie hinaus geritten sei. Er errötete heftig bei dieser Eröffnung; denn obwohl er sie in der Kirche und in jener einsamen Gasse gesehen und auch gesprochen hatte, hatte er dieses fast vergessen, und konnte sich sie nur in dem Lindenhäuschen, nicht in der Stadt vorstellen, wie sie etwa gehe oder fahre. Wenn sie so von seinen Arbeiten oder, wie man sie besser nennt, von seinen Vorübungen sprachen, gerieten sie nicht selten auf die Begebenheiten, die eben in jener Zeit vorfielen. Sie fragte ihn um seine Meinung, er setzte sie auseinander, und sie stimmten immer in ihren Ansichten überein. Vorzüglich hegte sie den Glauben und den Wunsch, daß die deutschen Waffen einmal sich vereinen, sich mit andern verstärken, schnell den Sieg und die Entscheidung erringen und den goldenen, sehnlich erwarteten Frieden herbei bringen möchten. Er sagte dann, daß er nicht bloß den Wunsch habe, sondern daß das ein Ereignis sei, welches ganz gewiß eintreten müsse, daher er seine Lebensrichtung auf dasselbe allein genommen habe. Was sie sonst über die Dinge der Welt und der Menschen, über die Natur und ihre Schönheit sprachen, lautete bei beiden gleich oder ähnlich.

Obwohl er, seinem Versprechen getreu, nie um ihre Verhältnisse fragen zu wollen, sich auch die Frage nicht erlaubte, ob er denn nicht öfter als nur jeden dritten Tag kommen dürfe, weil er diese Frage für eine verlarvte andere hielt, die das Wesen ihrer Verhältnisse berührte: so konnte er es sich doch nicht versagen, als sie wieder einmal Abschied nehmend bei einander standen, sich an den Händen hielten und sie ihn bat: »Kommen Sie doch nach drei Tagen wieder« – die Worte auszusprechen, daß es ihm eine sehr große Freude, ein Glück sein würde, wenn er nicht bloß in drei Tagen, sondern öfter, ja täglich ihr Angesicht sehen und ihre Worte hören könnte.

»So kommen Sie alle Tage,« sagte sie mit eben so sichtlicher Freude, mit der er es anhörte, »ach, es ist ja mir auch ein Glück, daß ich Sie sehe und Ihre Worte höre. Aber kommen Sie täglich erst um vier Uhr, richten Sie Ihre Beschäftigungen so ein, wenn es nämlich geht, daß es sein kann.«

»Es kann sein,« sagte Hugo, »ich komme gerne, recht gerne.«

Und er kam nun täglich. So wie der vierte Glockenschlag nachmittags von den Türmen fiel, ging er in der Straße der Vorstadt, öffnete das Gitter, und das weiße Häuschen schaute freundlich grüßend aus den dunklen Linden herüber.

Ihr Umgang wurde immer inniger und traulicher.

Was sich ihre Angesichter versprochen hatten, da sie sich noch vor der Kirche und dann in jener einsamen, breiten Gasse angeschaut hatten, das war in Erfüllung gegangen. Aus beiden Herzen brach die Liebe hervor. Sie sagten es einander unverhohlen, waren freudig, als wenn eine Last von ihnen genommen wäre, und waren selig in diesem Gefühle und in seinen kleinen unbedeutenden Äußerungen.

Es breitete sich von nun an eine heitere Freude, ein inneres Glück über sie aus, und beide folgten recht gerne dem sanften Zuge dieser Tage.

Dennoch war es zuweilen, wenn Hugo fröhlich von seiner Zukunft sprach und offen sein unbefangenes Herz hinlegte, daß sie traurig wurde, daß sie wehmütig drein sah, und mehr als ein Mal von ihm mit Tränen in den Augen angetroffen wurde. Er schrieb dieses der Unklarheit ihres Verhältnisses zu, und forschte nicht. Sie hatte alles, was sich nur immer in seinem Leben zugetragen hatte, von ihm erfahren, er aber wußte von ihr nichts. In solchen Tagen gab er ihr nur treuere, innigere Beweise seiner Liebe, wodurch sie gewöhnlich nur noch mehr erschüttert wurde.

Er hielt auch sein Versprechen, daß er nie um ihre Schicksale fragen wolle, getreulich. Er entließ kein Wort und keine Anspielung auf diese Dinge. Er hätte wohl irgendwo in der Stadt fragen können, wem das Häuschen gehöre, das in dieser und jener Vorstadt in dem Garten, wo die vielen Linden sind, stehe, er hätte dann den Eigentümer aufsuchen und ihn fragen können, wer das weibliche Wesen sei, das sein Haus bewohne, oder wenigstens, in welchen Verhältnissen sie hier stehe – er hätte durch ihre Leute oder andere hinter die Sache zu kommen suchen können, sie hat ihn in jenem Briefe nicht gebeten, es nicht zu tun; sie hat es ihm nicht zugetraut, und darum tat er es auch nicht. So wie es nicht in ihrem Charakter lag, auf diesen Fall zu denken, so lag es nicht in dem seinen, ihn zu benützen, wenn er auch darauf dachte. Unter seinen Bekannten sagte er auch keinem einzigen etwas von seinen Besuchen in dem weißen Häuschen, er erfuhr daher von dieser Seite ebenfalls nichts, und so war er an dem letzten Tage, nachdem er schon bedeutend lange zu ihr gekommen war, über ihre äußeren Verhältnisse eben so unwissend, wie er es an dem ersten Tage gewesen war.

Aber ihre inneren kannte er besser. Wie sie es einstens versprochen hatte, so geschah es. Ihre Seele lag in den vielen Gesprächen, die sie hielten, ohne Rückhalt und meistens unwillkürlich vor ihm – und diese Seele war seinem Sinne ganz recht. Er kam sehr gerne zu ihr, ward sehr gerne empfangen und blieb täglich länger. Beide wurden sie nach und nach immer seliger gegen einander gezogen. Sie neigte ihr süßes Angesicht zu ihm, und es zitterte Freude darin, so wie Freude in ihm zitterte.

Wenn er durch die zarte Seide ihre Glieder fühlte, die er sich sonst kaum anzusehen getraut hatte, so floß es wie ein Wunder durch sein Leben.
Er fragte jetzt, da sie in dieser Lage mit einander waren, nicht, wie einstens in der einsamen Gasse, ob sie seine Gattin werden wolle, weil er seines Versprechens eingedenk war, und weil er dachte, sie werde schon einmal alles, alles enthüllen, wie sie es ja versprochen habe.
Das einzige, was sie äußerte, bestand darin, daß sie schon ein paar Male gesagt hatte, er dürfe sie nie, unter gar keiner Bedingung verlassen, worauf er immer geantwortet hatte, was ihr denn beikomme, das werde nie, nie geschehen. Solches sei ihm fremder, als sich nur immer Feuer und Wasser fliehen können.
Einmal, da sie wieder, während große Zärtlichkeit in ihrem Angesichte schimmerte, dasselbe verlangt hatte, sagte er: »Eine Bedingung gibt es doch.«
»Welche?« fragte sie.
»Diese kann ja nie eintreten«, sagte er gütig.
»Ich möchte sie doch wissen«, fragte sie.
»Wenn ich Untreue erführe«, antwortete er.
»Nein, diese wird nicht eintreten«, sagte sie. – –
Oft, wie die Zeit so dahin floß, war es Hugo, als müsse nun ein Gutes, Frommes, Seliges kommen – – aber es kam nicht. Ein trauriges Herz Cölestens lag oft vor seiner Seele, und eine Unheimlichkeit dauerte fort, obgleich sie ihm mit ihrem ganzen Wesen ergeben war, und er ihr ganzes Wesen in sein tiefstes Herz aufgenommen hatte.
Auch andere Dinge fing er an zu bemerken. Wenn ihn in der Nacht die Unstätigkeit trieb und er an ihrem Hause vorüberging, sah er nie ein Licht in den Fenstern. Wenn er sie besuchte, sah er, daß in ihrer Wohnung immer alles auf dem alten Platze liege, und daß die Stickerei am Rahmen nicht vorrücke. Oft war eine Luft in den Zimmern, nicht wie die der Wohnlichkeit, sondern wie in

verschlossenen Räumen. Wenn er im Laufe des Tages, etwa vormittags, da er nicht arbeiten konnte, vorbei ging oder ritt, sah er nie Rauch aus dem Schornsteine steigen, so wie er sich nicht erinnern konnte, je Küchenfeuer gesehen oder bemerkt zu haben. Daß er immer nur das Mädchen, welches sonst in grauer Kleidung der Gebieterin aus der Kirche gefolgt war, und im Stübchen unter dem Torwege nur den alten Mann gesehen habe, war ihm schon früher aufgefallen, allein er dachte damals, die andern Leute und die andern zur Häuslichkeit gehörenden Räume werden schon in einem andern Teile der Wohnung sein. Jetzt fiel ihm dieses wieder ein.
Eines Abends, da er zu lange geblieben war und spät in der Nacht unter einem gewitterzerrissenen Himmel nach Hause ging – schrie es in ihm auf: ›Das ist die Liebe nicht, das ist nicht ihr reiner, goldner, seliger Strahl, wie er immer vorgeschwebt, daß er aus einem Engelsherzen brechen werde und das andere verklären – – nein – nein, das ist er nicht.‹
Er hörte in einem der nächtlichen Häuser einen Finken schlagen. Das Tier mußte eingesperrt, vielleicht geblendet sein und daher die Nacht, weil es sehr stille und gewitterwarm war, nicht kennen. Hugo mußte bei diesen Tönen an das alte Haus auf der Bergeshalde denken, wo diese Vögel am Glanze des Tages freudig auf freien Bäumen geschlagen hatten – und vor dem alten Hause mußte er sich den grauen, unschuldigen Vater stehend denken. – Er ging schneller in den Gassen, daß seine Tritte hallten. Obwohl es schon tief im Herbste war, so richtete sich doch ein seltsam verspätetes Gewitter am Himmel zusammen. Seine stillen schwarzen Wolken hingen so tief, daß sie sich fast in die Türme der Stadt drückten. In den Häusern waren keine Lichter, kein Wanderer ging, und von den Uhren der Kirchen fielen einzelne Glockenschläge, die die Stunde schlugen.

Als Hugo nach Hause gekommen war, saß er an dem Tische nieder, und ein Strom von Tränen floß aus seinen Augen.
Viele Wochen waren bis jetzt vergangen gewesen, seit denen er täglich das außerordentlich schöne Weib in dem weißen Häuschen besucht hatte, das ihm unschuldig, treu, willenlos, wie ein liebliches Kind, hingegeben war. An dem Tage aber, als das Gewitter in der Nacht seinen Regen über die Stadt geschüttet hatte und nun eine kühle, reinliche Luft an dem Himmel stand, ging er zum ersten Male nicht zu ihr, obgleich sie ihn erwarten mußte.
Am zweiten und dritten Tage ging er auch nicht.
Am vierten, da die gewöhnliche Stunde schlug, ging er doch gegen das Gittertor zu. Es war, wie sonst, nur eingeklinkt, er ging hindurch, ging über den Sandweg und kam zu dem Hause. Aber der erste Blick zeigte ihm, daß alles geändert sei. Das Haustor war gewöhnlich geschlossen, und nur ein in dasselbe geschnittener kleinerer Flügel war zum Öffnen gewesen – heute stand das ganze Tor offen. Die Fenster des Stübchens, in welchem immer der Türsteher gesessen war, standen ebenfalls offen, und das Stübchen war leer. Hugo ging nun über die Treppe hinauf, die Flügel der Türen in die Vorzimmer waren offen, und durch die, die in die Wohnung führten, kam er leicht hindurch, weil sie dem ersten Drucke nachgaben – aber in den Vorzimmern war keine Dienerin noch irgendein Geräte gewesen – und die Wohnung stand leer. Auf der Treppe hatte er Staub und Kehricht gefunden, durch die Zimmer, in denen er jetzt stand, wehte die Luft des Himmels; denn die Fenster waren offen, und die Wände, an denen sonst die Geräte, der Marmortisch, der Spiegel und anderes gewesen waren, standen nackt. – – Hugo meinte, er müsse sich einen Augenblick die Augen zuhalten, bis dieses Blendwerk vorüber sei. Aber es

dauerte fort, und die Wohnung sah ihn immer mit derselben Unwirtlichkeit an. Er ging durch alle Räume, er sah jetzt auch die Küche und die anderen zum Hauswesen gehörenden Fächer. Aber die Küche war leer, der Herd kalt, und in den Fächern standen kaum einige der gewöhnlichen Gestelle. Er lief nun die Treppe hinab, um in dem Erdgeschosse nachzusehen: aber hier war es auch wie oben. In dem ganzen leeren Hause war nicht ein einziger Mensch. Hugo ging nun in den Garten. Auf den Wegen lag das von dem Winde des letzten Gewitters herabgeschüttelte, sich schon herbstlich färbende Laub, und daneben standen die bereits gelb und rötlich schillernden Gesträuche – aber es war auch im Garten kein einziger Mensch. – Hugo blieb nun nichts übrig, als auf dem breiten bekannten Sandwege, in welchem er heute Räderspuren sah, zurück zu gehen und durch das Eisengitter hindurch das Freie zu suchen.

Er tat es auch und fragte noch in mehreren Nebenhäusern rechts und links, ob sie nichts von dem Sachverhalte des weißen Häuschens wüßten. Allein sie wußten nichts. Nur den Namen und die Wohnung des Eigentümers des Häuschens konnten sie ihm angeben. Er gedachte nun wohl seines Versprechens, nicht nach den Verhältnissen Cölestens forschen zu wollen, aber unter den gegebenen Umständen hielt er Forschen für erlaubt, ja vielleicht für geboten, da er ihr selber durch sein Ausbleiben den Weg der Eröffnung abgeschnitten hatte. Er nahm sofort einen Wagen, fuhr zu dem Eigentümer des Häuschens und legte ihm Fragen über das weibliche Wesen vor, das in seinem Hause gewohnt habe.

Der Mann sagte, er wisse wohl, daß eine Dame sein Gartenhaus bewohnt habe, aber gestern seien von dem Haushofmeister derselben, den man Dionys genannt habe, die Gerätschaften fortgebracht worden. Heute habe er die Fenster und Türen öffnen lassen, damit die

Wohnung auslüfte, dann denke er sie wieder zu vermieten. Sonst wisse er nichts, Dionys habe gestern den Rest der Miete bezahlt.
»Seit wann ist das Häuschen an die Dame vermietet gewesen?« fragte Hugo.
»Seit dem Frühlinge«, antwortete der Eigentümer.
Hugo fuhr nach diesen Erkundigungen nach Hause und verbrachte den Rest des Tages in seiner Stube. Am andern Morgen um zehn Uhr ging er in die Kirche von Sankt Peter. Aber die schwarze Gestalt kniete nicht, wie gewöhnlich, an dem Altare. Die Messe wurde aus, alle gingen fort – sie war nicht da gewesen. Den nächsten Tag ging er wieder in die Kirche, er wartete nach der Messe in der einsamen breiten Gasse – aber er sah sie nicht. Dies tat er nun mehrere Wochen hindurch, ohne seinen Zweck zu erreichen. Er war unterdessen auch wieder einmal in dem Garten gewesen, in welchem das Lindenhäuschen stand – aber es wohnten jetzt bereits fremde Leute darinnen. Unter allen seinen Bekannten und unter andern Leuten forschte er herum, allein er hatte sein Geheimnis so gut bewahrt, und von der andern Seite war es so gut bewahrt worden, daß niemand auch nicht die entfernteste Ahnung von der Bedeutung des Häuschens hatte.
Hugo meinte, es könne gar nicht anders möglich sein, er müsse das schöne, geliebte, durch so lange Zeit her täglich geschaute Angesicht wo sehen!
Aber er sah es nicht.
Nachdem schon das Forschen Monate gedauert hatte, nachdem schon der Winter seine Flocken und seine Eisdecke auf die Stadt herab geworfen hatte, gab er seine Bemühungen auf. Er saß in seinem Zimmer und hielt das schöne, müde Haupt in seinen beiden Händen.

4. DAS EICHENSCHLOSS

Wie ein warmer Tag des Herbstes die ganze Haide mit den unsichtbaren Fäden des Nachsommers überspinnt, der Morgen nach der Nacht aber, die ihre Tauperlen darauf fallen ließ, das ganze Gewebe weithin sichtbar macht, grau, feucht, blitzend, über alle Gräser gespannt: so hatte sich ein Schleier gewoben durch das ganze deutsche Land, an jedem Jünglingsherzen war ein Faden angeknüpft – und längs dieses Fadens lief die Begeisterung. Wohl ahneten und wußten einzelne Herzen um den Schleier, aber es fehlte nur noch die Sonne, die da aufgehen, das Geschmeide plötzlich darlegen und allen weithin sichtbar machen sollte, daß es da sei – gleichsam ein Kleinod für das Vaterland, und ein verderbliches Totenhemd für den Feind. Das Morgengrauen für diese Sonne war gekommen, man hatte nicht gewußt wie – und die Sonne stand endlich auch da, man hatte sie nicht aufgehen gesehen. Es kam eine sehr ernste Zeit. Alle Gefühle und Bestrebungen, die sonst gegolten hatten, waren jetzt klein und nichtsbedeutend. Je mehr die entschlossenen Herzen Opfer bringen, hier Vater und Mutter, dort Weib und Kind, oder Schwester und Braut verlassen und von sich ablösen mußten, desto ernster und heiliger wurde die Zeit – und desto ernster und heiliger wurden auch die Herzen. Eines derselben schlug auch in Lust und Bangigkeit in Hugos Brust dem Augenblicke entgegen – in Lust und Bangigkeit – aber nicht mehr so rein. In trüber Trunkenheit war es befangen, und er hatte einst geglaubt, daß er den Tag ganz anders empfangen werde, als er ihn empfing. Wohl wurde auch ihm sein Kummer, den er in dem Gemüte trug, gegenüber von den Ereignissen, die sich vor ihm aufrichteten, klein und fast kindisch, aber ganz tilgen konnte er ihn nicht, und in völliger, ungetrübter Freude und Entschlossenheit seinem

Ziele entgegen gehen konnte er nicht. Wohl war ihm die Notwendigkeit der Taten wie ein helfender Gott gekommen und hatte ihn auf seine Füße gestellt, aber einen Rest von seiner Vergangenheit und von seinen Schmerzen nahm er doch in die Taten mit.

Es war endlich der Krieg ausgebrochen, und wie sich bald zeigte, er war einer des Volkes, nicht bloß der Mächte, und so wie Hugo hatten viele gefühlt und traten freiwillig gegen den Feind auf. Er ließ eines Morgens durch seinen Diener, der ein Soldat in mittleren Jahren war, alle nicht unmittelbar notwendigen Sachen in einen Koffer packen, und übergab den Koffer einem Freunde zur Aufbewahrung. Das andere, insbesondere Bücher und Karten, wurden in einen Mantelsack geschnallt, die Pferde wurden gesattelt und gezäumt, die kleineren Waffen, Pistolen und dergleichen, was leicht unterzubringen war, mit genommen, und so ritten die zwei Männer aus der Stadt hinaus, in welcher Hugo jetzt so lange gewesen war, um den nächsten Platz zu gewinnen, an dem sie sich dem handelnden Heere zur Verfügung stellen konnten.

Es liegt nicht in unserem Zwecke, die einzelnen Taten, die Hugo nun verrichtete, zu verfolgen, oder gar die Kriegsereignisse jener Zeiten zu beschreiben, sondern wir beschränken uns darauf, die fernere Entwicklung seines Lebens anzudeuten, und dann das zu erzählen, was mit dem, was wir oben geschildert haben, wieder in wesentlicheren Zusammenhang tritt.

Was von Hugos Vater und von vielen andern vorausgesehen worden war, ist eingetroffen. Es hatte sich lange her vorbereitet. Gegen den einen Mann, der Europas leuchtendster Kriegsstern und dessen größte Geißel geworden war, hatte sich nun fast dieses ganze Europa erhoben – und Hugo stand mit dem glühenden Hasse gegen alles Unrecht, der ihm eigen war, unter der Zahl seiner Feinde.

Es waren große Schlachten vorgefallen, es waren Wunder des wechselnden Glückes geschehen – es hatten sich jene Großtaten ereignet, die das menschliche Herz zerreißen, und es waren düstere Schattenseiten des menschlichen Geschlechtes vorüber gegangen. Hugo hatte oft mitten in dem einen und dem andern geschwebt. Dinge von ganz anderer Art und Wesenheit, als er je gedacht und geahnet, waren über sein Herz gegangen. Hatte er gleich nicht jene großen Taten zu tun vermocht, welche ihm einst seine Kindeseinbildung vorgefabelt hatte, so war er doch ein wirksam Körnlein von dem Gebirge gewesen, das den Mann, der zu stark und gefürchtet geworden war, endlich erdrückte. Hatte sein Vater ein Recht gehabt, seine Waffen als Zeichen der Ehre in der alten Halle aufzubewahren, so hatte der Sohn ein noch größeres. Denn er hatte mehr getan und war bei größeren Ereignissen ein wirkender Teil. Waren die Kriege durch Vervollständigung der Mittel leichter zu führen geworden, so ist ihr Kreis doch wieder durch den Geist des letzten Meisters so erweitert worden, daß der alte Vater, wenn er noch gelebt hätte, bei den Erzählungen Hugos gestaunt haben würde, wie man denn dieses oder jenes habe ausführen können, ohne in das Äußerste zu geraten.
Unter den schweren Entwicklungen jener Zeit war Hugo ein Mann geworden – und jenes finstere Blatt Weltgeschichte, das damals abgehandelt wurde, hatte sein Herz gestählt, daß es jetzt in verhältnismäßig viel jüngern Jahren fester, ernster und kälter gemacht worden war, als das des greisen Kriegers gewesen ist, der ihm als Lehrer und zu allen Zeiten als Muster gedient hatte. Sein einst so schönes, gutmütiges Angesicht hatte einen leisen Zug von Härte bekommen, und sein Auge war strenge geworden. Aber dennoch wurde sein hartes Antlitz und sein strenges Auge von den Untergebenen fast abgöttisch geliebt, weil er immer gerecht war, und von

seinen Obern und seines Gleichen hochgeachtet und gefürchtet, weil er immer auf Ehre hielt.
So waren die Jahre, die zu Hugos Taten bestimmt gewesen waren, vorüber gegangen, die große Begebenheit jener Zeiten war aus, der Feind war besiegt. Europa hatte den Frieden, und unsere Heere waren auf dem Rückzuge aus Frankreich begriffen. Hugo hatte nun kein anderes Ziel mehr vor Augen, als, wenn der deutsche Boden erreicht und die Heere in ihre alten Standpunkte eingerückt wären, den Dienst zu verlassen, in das alte Haus auf der Berghalde zurück zu kehren, dort sein Eigentum zu bewirtschaften und die zu beschützen und zu belehren, die ihm dort als Angehörige anvertraut waren. Sich zu vermählen, war er nicht gesonnen; teils hatte er in den Kriegslagern und in den stettigen Bewegungen jener Jahre nicht Zeit gehabt, irgendein Mädchen kennen zu lernen, um sie zu wählen, teils hatte er eine gewisse Abneigung gegen das weibliche Geschlecht. Er war auf dem Rückwege aus Frankreich, und sein Diener, derselbe Soldat, den er in den Krieg mitgenommen hatte, war beschäftigt, die Sammlung alter und schöner Waffen, die Hugo auf seinen Zügen erworben hatte, in Ordnung zu bringen, um sie ohne Schaden und Verlust in die Heimat zu schaffen.
In einer kleinen Stadt Frankreichs, deren Namen wir nicht näher anzugeben vermögen, aber sie liegt schon sehr nahe an unserer deutschen Grenze, war es einmal im späten Herbste, daß Hugo mit mehreren Kriegsleuten höheren Ranges auf dem Balkone eines Hauses stand, in dem man ihnen ein unaufrichtiges Fest gegeben hatte. Sie standen, wie es nach einem Mahle gebräuchlich ist, müßig und ergötzten sich mit Herumschauen und Sprechen. Da fuhr unten ein Wagen vorbei, dessen schöne braune Pferde bewundert wurden. Hugo aber sah in dem Wagen jenen Greis sitzen, der ihn einstens in die Kirche

von Sankt Peter zu gehen gebeten hatte. Er hatte den Mann längst vergessen gehabt, aber wie er ihn hier fahren sah, erkannte er ihn augenblicklich wieder. Er fragte die Umstehenden und mehrere aus dem Hause, wem der Wagen gehöre, und wer der Mann sei, der darinnen gesessen ist. Die einen wußten es nicht, und die andern hatten keinen Wagen vorbei fahren gesehen.
Hugo achtete nicht weiter darauf; denn im Kriege war er an ganz andere und wunderlichere Zufälle gewöhnt worden, als daß er einem Dinge Bedeutung zugeschrieben hätte, das ihn nur in seiner Jugend angelockt hatte, eben weil er jung war.
Als man von dem Gespräche auf dem Balkone auseinander gegangen war, wo man noch die Nachricht empfangen hatte, daß in drei Tagen eine erwartete Abteilung eintreffen und man dann vereint den Marsch weiter fortsetzen werde – und als Hugo hierauf in seine Wohnung zurückgekehrt war, fand er dort einen Diener mit einem Briefe auf sich warten. Der Mensch sagte, er müsse eine Antwort mit sich fortnehmen. Hugo öffnete das Blatt und erkannte die Schriftzüge Cölestens. Sie war zwar nicht unterschrieben, aber in den Worten: ›wenn er noch an ein Häuschen denke, um welches viele Linden gestanden seien‹ erkannte er sie, wenn er auch an der Schrift noch gezweifelt hätte. Das Blatt enthielt die Bitte, er möchte, sobald es ihm möglich sei, zu dem Schreiber dieser Zeilen auf Schloß Pre zu Besuch kommen, wenn es auch nur kurz sei, er werde sehnlich erwartet.
Hugo schrieb auf ein Blatt, er werde morgen um drei Uhr nachmittags, wo ihn der Dienst entlasse, von hier nach Schloß Pre hinüber reiten. Er siegelte das Blatt und gab es dem Diener.
Obgleich im tieferen Frankreich in der Abteilung, bei der Hugo stand, schon zwei Mal der Fall vorgekommen war, daß deutsche Krieger auf unbegreifliche Weise ver-

schwunden waren, weshalb jedes einsame Ausgehen oder Ausreiten verboten war: so ritt er doch, da es drei Uhr des andern Tages nachmittags schlug, zum Tore des Städtchens hinaus. Er kannte Furcht als Beweggrund nicht. Er ritt sogar ganz allein, und hatte auch vorher niemanden gesagt, wohin er sich begebe, damit er den Ruf des weiblichen Wesens, von dem er den Brief habe, nicht gefährde.

Außer dem Städtchen dehnte sich eine ziemlich breite Haide, über welche er sprengte, was nur sein Rappe auszugreifen vermochte. Hierauf kam er über die sanfte Wölbung eines baumlosen Rückens, jenseits dessen man ihm Schloß Pre bezeichnet hatte. Die Gegend war sehr öde, und weit und breit war kein Haus. Als er die Schneide des Rückens erreicht hatte, sah er in eine schöne Talwiese hinab, auf welcher viele Eichen standen und unter ihnen das Schloß. Es war ein wenig düster, und mit veralteter, schwerer Baupracht der Lehenszeiten blickte es auf die öde Landschaft hinaus. Hugo ließ sein Pferd den Abhang hinab gehen und kam an dem Schlosse an.

Unter einem leichten Schauer der Erwartung ritt er durch das schwarze Tor ein, das hinter ihm das Gitter fallen ließ, weil man sich noch immer vor streifendem Gesindel fürchtete. Er dachte, da er an dem Mauerwerke des Hofes empor schaute, ob nicht hinter jenen Fenstern oben eben so ein Herz poche, wie hier unten das seine. Derselbe Diener, der ihm den Brief gebracht hatte, nahm ihm das Pferd ab, zwei andere rissen die Türen auf, dahinter erwartete ihn ein feingekleideter Mann, der ihn die schönen Treppen hinauf geleitete, durch prachtvolle Gemächer führte, und endlich auf eine Tür wies, durch die er eintreten möge.

Er trat ein. Ein leichtes ›Ach‹ entglitt unwillkürlich seinen Lippen; denn es waren die vier Zimmer des Lindenhäuschens, in denen er sich befand – sie waren bis in die kleinste Kleinigkeit dieselben, nur daß statt der Linden ungeheure Eichen vor den Fenstern standen. Er ging durch das erste Zimmer – er ging durch das zweite – – im dritten stand eine Frau in grauer Seidenkleidung an dem Marmortische des Spiegels wie einst – sie war etwas stärker geworden – bei dem Geräusche seiner Tritte wendete sie sich – sie war totenblaß – ein Schrei – »Hugo!« »Cöleste!« – und sie lagen sich in den Armen – alles war dahin: das ganze eherne Rad des Krieges war von seinem Herzen, und lange, lange Jahre von dem ihren. Die reinste, wärmste, süßeste Flamme des Kusses wurde gefühlt, der holde Druck des Armes wurde empfunden, wie sie die ihren um seinen Nacken, er die seinen um den ihrigen geschlungen hatte. Es war zuerst gar kein Laut – dann ein Stammeln, ein leises Seufzen zur Erleichterung der Freudenlast – Herz an Herz, Mund an Mund, so gepreßt, als sollten sie nie mehr von einander lassen. In diesem Augenblicke fühlte Hugo, daß er lange, lange nicht gelebt habe.

Da sie sich sanft seinem Arme entwand, rief sie in dem schönen klingenden Deutsch, das sie sonst immer geredet hatte: »Hugo, Hugo, wo bist du gewesen – drei ganze lange Tage bist du nicht gekommen – dann hab ich dich eilf Jahre – eilf völlige Jahre nicht gesehen! Ich habe dich gesucht, fast durch unsern ganzen Weltteil habe ich dich gesucht, mitten in Kriegen und Schlachten habe ich dich gesucht, und hier, hier, wo alles, was du rund umher erblicken kannst, mein und dein ist, hier mußte ich dich finden. Dionys, der dich heimlich von Paris her begleitete, schrieb mir erst vor fünf Tagen, daß ihr in unser Städtchen kommen und hier einige Zeit verweilen werdet. Ich habe den gestrigen Tag, da ihr morgens kamt, kaum erwarten können.«

Mit diesen Worten führte sie ihn zu dem Sofa, über dem

er ein altes Bild, einen Ritter in wallenden blonden Lokken darstellend, hängen sah.
»Blicke nicht hinauf,« sagte sie, »ich werde dir alles sagen. O du teurer, du heiß geliebter Mann! alles, alles hat sich gelöset. Komme, sitze neben mir, wie einst – – o Hugo, ich bin jetzt gut; seit jene Last von mir genommen ist, bin ich so fromm, wie einstens du. – – Aber du hast dich geändert,« unterbrach sie sich, »du bist so ernst geworden.«
Und sie sah ihn, da sie sich niedergesetzt hatten, mit den Augen so gut und so treu an, wie sie es sonst fast nie getan hatte.
»Bin ich ernster geworden,« sagte er, »so sind auch harte Jahre an mir vorüber gegangen. Cöleste, sei gegrüßt, sei viele tausend Male gegrüßt!«
Bei diesen Worten hatte er zuerst ihre Hände gefaßt, und dann drückten sie sich wieder in die Arme. Hugo tat es etwas zurückhaltender und mit noch feinerer Hochachtung als sonst. Diese Scheu zierte den Mann nun unendlich schöner, als sie einstens den Jüngling geziert hatte.
Mit sehr weicher Stimme sagte Cöleste: »Ich bitte dich, Hugo, jetzt höre mich an, ich kann es gar nicht erwarten, daß du alles wissest, was du einst so großmütig nicht gefragt hast – jetzt darf ich alles sagen – – aber du wirst nicht viel Zeit haben.«
»Morgen um fünf Uhr beginnt mein Dienst wieder, von dem ich mich noch nicht verabschiedet habe«, antwortete Hugo.
»Ich gebe dir Leute mit,« sagte Cöleste, »die dich beschützen, wenn du in der Nacht in das Städtchen zurückreiten mußt. Ach in dieser Novemberzeit wird es ja kaum später als in einer Stunde schon Nacht werden.«
»Ich beschütze mich selber,« antwortete Hugo, »lasse diese Dinge mich machen, Cöleste, und verkümmere uns mit ihnen nicht die Minute des Beisammenseins.«

»So höre, Hugo, aber ich bitte dich, höre mich bis zu Ende, sage nichts, kein Wort, bis alles aus ist, dann rede. Ich bin aus einem, wie sie hier sagen, vornehmen Hause Lothringens. Meine Muttersprache war deutsch; aber nur sie kannte ich, nicht Vater und Mutter, beide waren gestorben, ehe ich denken konnte. Mit fünfzehn Jahren befahl mein Vormund, daß ich vermählt würde, da sich eine Gelegenheit ergäbe, daß ein großes Vermögen zusammen käme und ein glänzendes Haus entstünde. Mein zukünftiger Gatte war fünfzig Jahre alt, und ich, die damals gar nicht wußte, was Liebe und Ehe sei, gehorchte dem Vormunde. – Hugo, höre mich ruhig. – Das glänzende Haus entstand aber nicht. Schon am ersten Tage unserer Ehe, weil damals in Frankreich eben die schweren, traurigen Zeiten waren, mußte er sich flüchten, und ich wurde später zu ihm über eure Grenze geliefert. Seine Güter und auch die meinigen waren in den Händen seiner Gegner. Er war über diese Dinge sehr erbittert. Die große Summe, die er gerettet und mit sich genommen hatte, deuchte ihm nichts, und sein Groll wuchs täglich. Er verachtete seine Gegner unglaublich, und war der Meinung, daß eine Herrschaft dieser Art nur kurz dauern könne und die alte Ordnung der Dinge sich wieder herstellen werde. Darum sagte er oft, wenn ihn seine Lage peinigte: ›Das alles muß wieder kommen!‹ – Aber über eines war er trostlos und verzweifelnd: ich blieb nämlich kinderlos – – ach, Hugo, dasselbe Weib, das dein Entzücken und deine Wonne war, mußte körperliche Mißhandlung dulden. – – Ich lag oft auf den Knieen vor der gebenedeiten Jungfrau, ich, ein wehrloses, unschuldiges Opfer, das nie etwas anderes gekannt hatte als die Mauern meines Erziehungshauses und die starren Mienen meines Gatten, ich lag auf den Knieen und bat um die Erfüllung seines Wunsches – umsonst – da tat ich das Gelübde, meine Schönheit, auf die ich sonst so eitel gewesen war, zu vertilgen; ich versprach der heiligen Jungfrau, daß ich täglich in den Kleidern einer Matrone und mit dichtem, herabgelassenem Schleier zu Fuße in die Messe gehen und vor dem Altare knieen wolle, bis kein Mensch mehr in der Kirche sei, damit der Himmel den Fluch von mir nehme. – Das tat ich mehrere Jahre – allein der Fluch wurde nicht von mir genommen. Mein Gatte wurde immer härter – ach, Hugo, als ich dein großes, schönes Herz kennen lernte, wußte ich erst, welch ein Tyrann er gewesen war – aber früher litt ich alles, weil ich nicht anders wußte, als daß er mein Gemahl sei, und daß ich ihm gehorsamen müsse. Er wurde krank, langsam fiel er dem Grabe entgegen – und seine Ungeduld und sein Grimm wuchsen immer mehr. Zwei Dinge waren es, die vorzüglich an seinem Herzen fraßen: zuerst, daß in Frankreich die alte Ordnung immer nicht zurückkehren wollte – und zweitens, daß er mich aufs tiefste verachtete.

»In jener Zeit geschah es, daß er eines Entwurfes willen, in den er sich eingelassen hatte, heimlich nach Frankreich reisen mußte. Er schnürte seine Sachen, bestieg den Wagen und ließ mich in eurer Stadt zurück. Damals trat nun der Versucher an mich. – –

»Ach, Hugo, ich will dir alles, alles sagen – aber an dem, was Dionys vorschlug, war ich so wahrhaftig unschuldig, so wahrhaftig es eine ewige Seligkeit im Himmel gibt. – Dionys war der Haushofmeister meines Vaters gewesen, er wurde nach dem Tode desselben der meinige, und war mein Ratgeber und Freund. Wenn ich sagen sollte, daß er mir bis dahin je das geringste Unrecht vorgeschlagen habe, würde es eine Lüge sein; aber der inbrünstige Haß gegen meinen Gatten und die große Liebe gegen mich mußten den alten Mann verblendet haben. Da ich durch die Entfernung meines Gemahls allein in seiner Obhut zurückgelassen war, erzählte er mir eines Tages eine Geschichte von einer Frau, die an einen harten greisen Mann geschmiedet gewesen war und vieles Unglück erduldet habe. Da sei ihr ein schöner Jüngling erschienen, sie habe schöne Kinder gehabt und habe das künftige Wohl des Hauses gegründet. Viel später sagte er einmal, daß er einen jungen blonden Mann kenne – weil mein Gatte auch blond war – der so schön und so unschuldig sei; wenn mich dieser einmal erblickte, so würde er gewiß in heißer, innerster Liebe gegen mich entbrennen. – Da er aber sah, daß ich die Rede nicht verstand und befremdet war, schwieg er von da an stille, und ich bemerkte, daß er sich nun von mir zurück zog. – – O Hugo! seine Worte mochten eine Vorbedeutung gewesen sein.«

Dem zuhörenden Manne öffneten sich seine inneren Augen, er sah auf das erzählende Weib, unterbrach es aber nicht.

Sie fuhr fort: »Wenige Wochen nach diesem Gespräche, das ich doch nicht ganz vergessen konnte, sah ich dich! Ich habe an jenem Morgen ernstlich geglaubt, daß niemand mehr in dem Gotteshause sei, und ging mit gehobenem Schleier, weil es unter demselben schwül war, gegen die Pforte zurück – da standest du im hintern Teile des Chores – wir sahen uns – ich bemerkte gleich, daß du mich anblicktest, und ließ den Schleier über das Gesicht fallen. – Damals dachte ich mir innerlich oft, wie süß, wie unendlich süß die Liebe sein müsse, und wie lohnend für alles Weh der Erde. Dann sah ich dein Annähern – – Hugo, ich habe in jener Gasse nicht absichtlich das Blatt fallen gelassen, daß du mir es bringest – oft hat mich der Gedanke gequält, daß du dieses glauben könntest – – aber, da du es brachtest, war mir die Handlung hold – – und es ist im Ernste wahr, wenn du grüßtest, schwindelten mir die Häuser der Straße vor dem Blicke. Als du mit mir endlich in der einsamen Gasse geredet hattest, entdeckte ich mich außer meinem Mädchen, das längst mein

Inneres kannte, noch Dionys und fragte ihn um Rat. Der alte Mann zeigte viele Freude, er mietete das Gartenhäuschen, er borgte Geräte und richtete es ein. Ich wohnte nicht dort, Hugo; jeden Vormittag ging ich meinem Gelübde nach in die Kirche, aber es war nicht mehr die von Sankt Peter, in der du mich zum ersten Male gesehen hast, sondern eine andere; im Nachmittage war ich in dem Häuschen, und du warst bei mir. Mein Herz, das mir so viel versprochen hatte, belog mich nicht. Ach! – warum mußtest du denn mehrere Tage nicht kommen?! In der Nacht des dritten, an dem ich dich nicht gesehen hatte, mußte ich fort. Mein Gatte war in Genf todkrank geworden, er sandte einen Freund, mich augenblicklich zu holen; dieser kam in der Nacht, wechselte die Pferde, ließ mir so viel Zeit, daß das Nötigste gepackt wurde, und nahm mich fort. Ich konnte bloß auswirken, daß mir Dionys erst am nächsten Tage folgen dürfe, damit er dir alles sage, und damit er mit dem Eigentümer des Häuschens ins Reine käme. Das letzte tat er, aber ach, das erste nicht, damit du nicht etwa auf die Spur kämest, wer ich wäre. Wenn sich die Sache wie immer wendete, sagte er, da er mich eingeholt hatte, so kämen wir entweder bald in die Stadt zurück, oder könnten dir auf eine geschickte Weise Nachricht geben. Der alte Mann fürchtete in der schwebenden Lage für meine Erbschaft. Die Sache wendete sich auch bald. Ich kam nach Genf, mein Gatte starb, und machte mich zur Erbin seines und meines Vermögens. Ich weinte bitterlich an seinem Grabe; denn er war ein sehr armer, armer Mann gewesen. – Als sich meine Lebensgeister wieder gesammelt hatten, richtete ich sogleich alles in Ordnung und wollte wieder zurück reisen. Allein es war indessen der Krieg ausgebrochen und hatte sich beinahe mit den Flügeln des Windes über alle Länder ausgebreitet. Ich konnte nicht durch. Mit vieler Mühe und nach langer Zeit verschaffte ich mir Pässe aller Art – die Reise war sehr langsam, da oft keine Pferde waren, oft die Leute sie verleugneten. – – Endlich kam ich an, aber du warst fort. Wie ich dachte, hattest du dich in die Reihe der Krieger gestellt. – Nun forschten wir Jahr nach Jahr, wir wußten nicht, bei welcher Macht und in welcher Abteilung du stündest – – die Kriege wälzten sich hierhin und dorthin – – Hugo, viele lange Jahre haben wir geforscht, – endlich fanden wir dich – – du bist da.« – –

Das Weib hatte das letzte fast mit Angst gesagt, und dann hauchte sie beinahe nur noch die Worte hinzu: »Nun, Hugo, rede.«

»Wie sieht denn Dionys aus?« fragte er.

»Es ist ein sehr alter, hagerer Mann mit weißen Haaren und blauen Augen«, antwortete sie.

»Ein wenig vorgebeugt?«

»Ein wenig vorgebeugt.«

»Traue ihm nicht mehr,« sagte Hugo, »er war falsch gegen uns beide.«

»Lasse jetzt Dionys,« antwortete sie, »und rede« – –

Aber er redete nicht, seine Augen waren zu Boden geheftet – sie schwieg auch und wartete.

Endlich sagte er: »Heißest du auch wirklich Cöleste?«

»Ja, ich heiße Cöleste«, antwortete sie.

»Siehe, Cöleste, das hast du nicht gut gemacht, nicht gegen deinen Gatten und gegen mich. Ich kann dir nicht mehr trauen!«

»O meine Ahnung,« kreischte das Weib, indem sie ihr Angesicht in die Kissen des Sofas verbarg, – »eilf Jahre habe ich ihn gefürchtet, diesen Augenblick.«

Eine Zeit lang hielt sie die Glut des Antlitzes gegen die bergenden Kissen gedrückt. Dann hob sie das Haupt wieder, um in seine Züge zu schauen. Er war aufgestanden, sein Angesicht war entfärbt, aber sie konnte nicht erkennen, was in ihm vorgehe.

»Hugo, Hugo,« rief sie, »blicke nicht so«, – und halb knieend flehte sie zu ihm: »Lerne mich nun auch als rein kennen, ich bin es – ich werde es sein – o rechtfertige mich vor mir, und lerne mich kennen, daß ich gut bin« – –

Hugo wurde noch blässer, und sagte: »Ich habe gedacht, ein anderes Leben führen zu wollen, als der Gatte einer Witwe zu sein, von dem sie sagen, daß er schon vor dem Tode ihres Mannes mit ihr im Einverständnisse gewesen sei.«

»Sie werden es nicht sagen, Hugo,« antwortete sie, »denn kein Mensch weiß es.«

»Ich selber würde es sagen«, erwiderte er.

»Du wirst es nicht sagen: denn du bist unschuldig«, antwortete sie; »weißt du? Du hattest nie eine Ahnung, daß du jemand andern liebest als ein Mädchen.«

»Dann bist du desto schuldiger«, sagte er. »Siehe, Cöleste, hättest du mir gesagt, daß du ein vermähltes Weib bist – ich wäre dir ferne gestanden, ich hätte nie eine andere geliebt, und wenn der Himmel unsere Verbindung möglich gemacht hätte, ohne daß wir schuldig waren, wären wir frei eingegangen vor Gott und der Welt.«

»Ich hatte Angst, dich zu verlieren«, sagte sie schüchtern. – – »Wenn du verziehest.«

»Das verstehst du nicht, Cöleste«, antwortete er. »Ich verzeihe dir von Herzen und beklage uns. Wärest du die niedrigste Magd, wärest du die Tochter einer Stalldirne: auf diesen Händen trüg ich dich – – aber wie könnte ich jetzt vor mir stehen, der ich nie mit Wissen ein Unrecht an mir litt, wie könnt ich vor den andern stehen, die mich scheuten und verehrten, und die mir nie die kleinste Makel sagen durften?!«

»Also könntest du der sogenannten Ehre das warme, ewige, klare Leben opfern?« fragte sie.

Hugo antwortete nicht, sondern er preßte die Hände an

einander, und in dem ganzen Baue seines Körpers war eine Erschütterung, wie wenn Tränen ausbrechen sollten.
Sie sah ihn einige Augenblicke mit den großen Augen an – dann aber sagte sie sehr ernst: »Ich habe dich nicht umsonst gefürchtet – gehe – möge dir Gott im Himmel diese harte Tugend lohnen, aber mein Herz verflucht sie: denn es wird gebrochen. – Ja, ich war eine Sünderin, aber die Sünde wurde mir nicht leicht; du hast nur ihre holde Frucht gesehen, ihre Kämpfe trug ich allein. Meine Sünde ist menschlicher als deine Tugend – geh – so lange die Erde steht, wurde niemand abgöttischer geliebt als du. – – Nun gehe, Mann, gehe!«
»Wir sind beide zu erregt,« sagte Hugo, »wir sehen uns wieder, und ich werde dir die Sache auseinander setzen.«
»Setze nichts mehr auseinander,« sagte sie, »es ist ja deutlich. Gehe nur.«
Und wie Hugo in Verwirrung sich gegen die Stelle hin wendete, wo sein kriegerischer Hut lag, trat über die Türschwelle ein Kind, ein wundervoll blond gelocktes Mädchen, herein und rief mit kindlich klarer Stimme: »Mutter!« – Aber wie sie diese in Aufregung sah und den fremden Mann vor ihr stehen, schwieg sie betroffen. Cöleste warf sich, als wäre jetzt erst der fürchterlichste Schlag gefallen, plötzlich mit einem lauten und ausschweifenden Schluchzen in die Kissen des Sofas, als müßte ihr das Herz zerstoßen werden. – Hugo betrachtete das Kind einen Augenblick, dann ging er auf dasselbe zu und legte unter unendlichen Tränen, die aus seinen Augen flossen, den Arm um den dichten, seidenweichen Lockenwald desselben, beugte sich und küßte es heftig auf den Scheitel.
Das erschreckte Kind hatte es gelitten – auf dem Sofa hatte das Weinen aufgehört, Cöleste hatte das Haupt empor gehoben und lauschte hin; aber wie er den Arm von des Kindes Locken lösete, seinen Hut nahm und sanft

hinaus ging – da fiel sie mit dem verzweiflungsvollen Schrei zurück: »Er kennt sie nicht, er kennt sie nicht.«
Hugo hatte kein Wort mehr gesagt, kein einziges; es ist unbekannt, ob er nicht konnte, oder ob er nicht wollte. Unten ließ er sich sein Pferd vorführen, bestieg es und ritt zu dem Tore hinaus. Es war bereits schon dunkel geworden, und ein harter Novemberwind ging durch seine noch immer schönen blonden Locken, die sein ganzes Schicksal eingeleitet hatten. Als er auf die Anhöhe gekommen war, von der aus man das Schloß erblickt, und hinter welcher die Haide anfängt, hielt er ein wenig stille – die Tränen, welche während der Besteigung des Pferdes und während dem Anfange des Rittes versiegt waren, flossen wieder, und er sagte gleichsam laut zu sich: »Wo in dieser weiten, in dieser großen Welt mag das herrliche, das reine Herz schlagen, das mich beglückt hätte, und das ich beglücken hätte können!?« – –
Aber draußen lagen die kaltblauen, schweren Wolken, unter denen er die Landschaft, namentlich den gehauchten blassen Streifen des Ardennerwaldes, den er im Herreiten gesehen hatte, nicht mehr erblicken konnte, und neben ihm säuselte das dürre herbstliche Gras.
Mit den Worten: »Verzeihe dir Gott, du armer, verblendeter Greis, daß du in deiner Leidenschaft zwei Menschen unglücklich gemacht hast, wie ich dir verzeihe, sie erfahre nie, was du eingeleitet hast«, setzte er seinem Pferde die Sporen ein und ritt langsam den sanften Hang hinunter. In dem nächsten Augenblicke darauf konnte man die hallenden Hufschläge vernehmen, wie er auf der festen Straße der Haide davon ritt und in die ihn umgebende Nacht hinein jagte.
Er kam spät zu Hause an, legte sich aber nicht nieder, sondern schrieb bis zu dem Morgen an einem Briefe an Cöleste. Was er ihr in demselben schrieb, wie sanfte, gute oder starke Worte er in demselben an sie richtete, ist nie

bekannt geworden. Als er mit dem Schreiben fertig war und das Papier gefaltet und gesiegelt hatte, blickte er auf die Buchstaben des Siegels, die in dem zweifelhaften Scheine des Morgens und seiner Kerze düster da standen und in dem feinen roten Wachse die Worte bildeten: ›Servandus tantummodo honos.‹ Dann löschte er die Kerze aus, da der Tag immer klarer hereinbrach, rief seinen Diener und sagte ihm, daß er diesen Brief sogleich nach Schloß Pre bringen möchte, dann soll er sich im Zurückreiten sputen, damit er einpacken könne. Denn er selber wolle sich indessen bemühen, daß sie die Erlaubnis bekämen, ihrer Heeresabteilung vorausreisen zu dürfen.

Der Diener brachte den Brief nach Schloß Pre, kam zurück, packte ein, da Hugo die angesuchte Erlaubnis erhalten hatte, und in einer Stunde darauf reiseten sie ab.

Zwei Tage nachher folgte ihnen ihre Heeresabteilung, und da diese fort war, wurde es wieder so einsam und öde um Schloß Pre, wie es zuvor gewesen war.

Aber auch einsam und öde war es in dem alten Hause, das auf der Gebirgshalde stand.

Hugo war aus dem Kriegsdienste getreten, da in der ganzen Welt der ersehnte Friede heran gekommen war, er hatte sich auf sein Besitztum begeben und verwaltete es nun. Er blieb, wie ein Jahr nach dem andern verging, auf demselben allein und vermählte sich nicht. Er versammelte seine Knechte und Leute um sich, gab ihnen Befehle, verbesserte sein Anwesen und tat den Leuten, die in der Gegend wohnten, Gutes. – Später rang er mit Gewissensbissen, und da er alt geworden, da sich die Härte des Krieges verloren hatte, und da er weichherzig geworden war, hat er oft bitterlich geweint und gesagt: »Wie *sie* ist doch keine – wie *sie* ist doch keine.«

Einmal, da seine Haare schon so weiß waren, wie einstens die seines Vaters, ging er durch die Gerölle gegen den Morigletscher hinan, den er sonst in der Jugend gerne besucht hatte, und warf das alte Siegel in eine unzugängliche Schlucht. Als er tot war, kam das Erbe kraft seines Testamentes in den Besitz fremder Menschen, die außer Deutschland wohnten. Es erschien, um den Besitz der Liegenschaften auf sich schreiben zu lassen, eine äußerst schöne, junge blonde Frau auf der Gebirgshalde. Man hatte ihr Hugos Grab zeigen müssen, und sie war lange mit vielen Tränen vor demselben gestanden. Später kam sie noch zweimal in zwei verschiedenen Sommern mit ihrem Gemahle und zwei Kindern und wohnte einige Wochen auf der Halde. Nachher aber erschien sie nie mehr, das Haus kam unter die Hände von Mietlingen und begann zu verfallen.

Das Frühglöcklein tönt noch wie sonst, der Bach rauscht wie sonst – aber auf dem alten Hause ist es heut zu Tage ein trauriger, betrübter Anblick unter den Trümmern der verkommenden Reste.

Nur die Berge stehen noch in alter Pracht und Herrlichkeit – ihre Häupter werden glänzen, wenn wir und andere Geschlechter dahin sind, so wie sie geglänzt haben, als der Römer durch ihre Tale ging und dann der Alemanne, dann der Hunne, und dann andere und wieder andere. – – Wie viele werden noch nach uns kommen, denen sie Freude und sanfte Trauer in das betrachtende Herz senken, bis auch sie dahin sind, und vielleicht auch die schöne freundliche Erde, die uns doch jetzt so fest gegründet und für Ewigkeiten gebaut scheint.

sucht hatte, und weil das [illegible] in eine unumgäng-
liche Schlacht [illegible] war, [illegible] das liebe kleine [illegible]
[illegible] in den Besitz fremder Menschen, die nicht in
Deutschland wohnten. Es erschien, um den Besitz der
Liegenschaften auf sich schreiben zu lassen, eine äußerst
schöne, junge blonde Frau auf der [illegible]. Man
hatte ihr [illegible] und sie war lange
[illegible] vielen Frauen [illegible] gestanden, sprechen konnte
sie noch [illegible] in zwei verschiedenen [illegible]
[illegible] Gemeinde [illegible] zwei [illegible] und [illegible]
Wochen auf der [illegible]. Nachher aber [illegible]
nicht, [illegible] unter die Hände von [illegible]
und begann zu verfallen.

Das Frühgestöber [illegible] noch wie sonst der Bach [illegible]
[illegible] sonst [illegible] alten Hause ist es heut zu Tage
ein [illegible] Anblick unter den [illegible]
der [illegible] Reste.

Nur die Berge [illegible] noch in aller [illegible] und Herrlich-
keit – ihre Häupter werden glänzen, wenn wir und an-
dere Geschlechter dahin sind, so wie sie [illegible] haben,
als der Römer [illegible] ihre [illegible] der Ale-
manne, [illegible] der Hunne, und [illegible] und andere
[illegible] – – wir [illegible] Nachkommen
[illegible] das
Herz [illegible]
die schöne [illegible] Erde, die [illegible] jetzt [illegible]
gegründet und für Ewigkeiten gesichert [illegible].

BRIGITTA

I. STEPPENWANDERUNG

Es gibt oft Dinge und Beziehungen in dem menschlichen Leben, die uns nicht sogleich klar sind, und deren Grund wir nicht in Schnelligkeit hervor zu ziehen vermögen. Sie wirken dann meistens mit einem gewissen schönen und sanften Reize des Geheimnisvollen auf unsere Seele. In dem Angesichte eines Häßlichen ist für uns oft eine innere Schönheit, die wir nicht auf der Stelle von seinem Werte herzuleiten vermögen, während uns oft die Züge eines andern kalt und leer sind, von denen alle sagen, daß sie die größte Schönheit besitzen. Eben so fühlen wir uns manchmal zu einem hingezogen, den wir eigentlich gar nicht kennen, es gefallen uns seine Bewegungen, es gefällt uns seine Art, wir trauern, wenn er uns verlassen hat, und haben eine gewisse Sehnsucht, ja eine Liebe zu ihm, wenn wir oft noch in späteren Jahren seiner gedenken: während wir mit einem andern, dessen Wert in vielen Taten vor uns liegt, nicht ins Reine kommen können, wenn wir auch Jahre lang mit ihm umgegangen sind. Daß zuletzt sittliche Gründe vorhanden sind, die das Herz heraus fühlt, ist kein Zweifel, allein wir können sie nicht immer mit der Wage des Bewußtseins und der Rechnung hervor heben und anschauen. Die Seelenkunde hat manches beleuchtet und erklärt, aber vieles ist ihr dunkel und in großer Entfernung geblieben. Wir glauben daher, daß es nicht zu viel ist, wenn wir sagen, es sei für uns noch ein heiterer, unermeßlicher Abgrund, in dem Gott und

die Geister wandeln. Die Seele in Augenblicken der Entzückung überfliegt ihn oft, die Dichtkunst in kindlicher Unbewußtheit lüftet ihn zuweilen; aber die Wissenschaft mit ihrem Hammer und Richtscheite steht häufig erst an dem Rande, und mag in vielen Fällen noch gar nicht einmal Hand angelegt haben.
Zu diesen Bemerkungen bin ich durch eine Begebenheit veranlaßt worden, die ich einmal in sehr jungen Jahren auf dem Gute eines alten Majors erlebte, da ich noch eine sehr große Wanderlust hatte, die mich bald hier, bald dort ein Stück in die Welt hinein trieb, weil ich noch weiß Gott was zu erleben und zu erforschen verhoffte.
Ich hatte den Major auf einer Reise kennen gelernt, und schon damals lud er mich wiederholt ein, ihn einmal in seiner Heimat zu besuchen. Allein ich hielt dies für eine bloße Redeformel und Artigkeit, wie Reisende wohl oft zu wechseln pflegen, und hätte der Sache wahrscheinlich keine weitere Folge gegeben, wenn nicht im zweiten Jahre unserer Trennung ein Brief von ihm gekommen wäre, in welchem er sich angelegentlich um mein Befinden erkundigte und zuletzt wieder die alte Bitte hinzu fügte, doch einmal zu ihm zu kommen und einen Sommer, ein Jahr, oder fünf oder zehn Jahre bei ihm zuzubringen, wie es mir gefällig wäre; denn er sei jetzt endlich gesonnen, auf einem einzigen winzigen Punkte dieser Erdkugel kleben zu bleiben und kein anderes Stäubchen mehr auf seinen Fuß gelangen zu lassen als das der Heimat, in welcher er nunmehr ein Ziel gefunden habe, das er sonst vergeblich auf der ganzen Welt gesucht hatte.
Da es nun eben Frühling war, da ich neugierig war, sein Ziel kennen zu lernen, da ich eben nicht wußte, wo ich hin reisen sollte, beschloß ich, seiner Bitte nachzugeben und seiner Einladung zu folgen.
Er hatte sein Gut im östlichen Ungarn – zwei Tage schlug ich mich mit Plänen herum, wie ich die Reise am ge-

schicktesten machen sollte, am dritten Tage saß ich im Postwagen und rollte nach Osten, während ich mich, da ich das Land nie gesehen hatte, bereits mit Bildern von Haiden und Wäldern trug – und am achten wandelte ich bereits auf einer Pußta, so prachtvoll und öde, als sie nur immer Ungarn aufzuweisen haben mag.
Anfangs war meine ganze Seele von der Größe des Bildes gefaßt: wie die endlose Luft um mich schmeichelte, wie die Steppe duftete, und ein Glanz der Einsamkeit überall und allüberall hinaus webte: – aber wie das morgen wieder so wurde, übermorgen wieder – immer gar nichts, als der feine Ring, in dem sich Himmel und Erde küßten, gewöhnte sich der Geist daran, das Auge begann zu erliegen und von dem Nichts so übersättigt zu werden, als hätte es Massen von Stoff auf sich geladen – es kehrte in sich zurück, und wie die Sonnenstrahlen spielten, die Gräser glänzten, zogen verschiedene einsame Gedanken durch die Seele, alte Erinnerungen kamen wimmelnd über die Haide, und darunter war auch das Bild des Mannes, zu dem ich eben auf der Wanderung war – ich griff es gerne auf, und in der Öde hatte ich Zeit genug, alle Züge, die ich von ihm erfahren hatte, in meinem Gedächtnisse zusammen zu suchen und ihnen neue Frische zu geben.
In Unteritalien, beinahe in einer eben so feierlichen Öde, wie die war, durch die ich heute wandelte, hatte ich ihn zum ersten Male gesehen. Er war damals in allen Gesellschaften gefeiert und, obwohl schon fast fünfzig Jahre alt, doch noch das Ziel von manchen schönen Augen; denn nie hat man einen Mann gesehen, dessen Bau und Antlitz schöner genannt werden konnte, noch einen, der dieses Äußere edler zu tragen verstand. Ich möchte sagen, es war eine sanfte Hoheit, die um alle seine Bewegungen floß, so einfach und so siegend, daß er mehr als einmal auch Männer betörte. Auf Frauenherzen aber, ging die Sage, soll er einst wahrhaft sinnverwirrend ge-

wirkt haben. Man trug sich mit Geschichten von Siegen und Eroberungen, die er gemacht haben soll, und die wunderbar genug waren. Aber ein Fehler, sagte man, hänge ihm an, der ihn erst recht gefährlich mache; nämlich, es sei noch niemanden, selbst der größten Schönheit, die diese Erde trage, gelungen, ihn länger zu fesseln, als es ihm eben beliebte. Mit aller Lieblichkeit, die ihm jedes Herz gewann und das der Erkornen mit siegreicher Wonne füllte, benahm er sich bis zu Ende, dann nahm er Abschied, machte eine Reise, und kam nicht wieder. – Aber dieser Fehler, statt sie abzuschrecken, gewann ihm die Weiber nur noch mehr, und manche rasche Südländerin mochte glühen, ihr Herz und ihr Glück, so bald als nur immer möglich, an seine Brust zu werfen. Auch reizte es sehr, daß man nicht wußte, woher er sei, und welche Stellung er unter den Menschen einnehme. Obwohl sie sagten, daß die Grazien um seinen Mund spielen, setzten sie doch hinzu, daß auf seiner Stirne eine Art Trauer wohne, die der Zeiger einer bedeutenden Vergangenheit sei – aber das war am Ende das Lockendste, daß niemand diese Vergangenheit wußte. Er soll in Staatsbegebenheiten verwickelt gewesen sein, er soll sich unglücklich vermählt, er soll seinen Bruder erschossen haben – und was dieser Dinge mehr waren. Das aber wußten alle, daß er sich jetzt sehr stark mit Wissenschaften beschäftigte.
Ich hatte schon sehr viel von ihm gehört, und erkannte ihn augenblicklich, als ich ihn einmal auf dem Vesuve Steine herab schlagen und dann zu dem neuen Krater hinzu gehen und freundlich auf das blaue Ringeln des Rauches schauen sah, der noch sparsam aus der Öffnung und aus den Ritzen quoll. Ich ging über die gelb glänzenden Knollen zu ihm hin und redete ihn an. Er antwortete gerne, und ein Wort gab das andere. Wirklich war damals eine furchtbar zerworfene, dunkle Öde um uns, die so schroffer wurde, als der unsäglich anmutige, tiefblaue

Südhimmel gerade über ihr stand, zu dem die Rauchwölkchen traulich seitwärts zogen. Wir sprachen damals lange mit einander, gingen dann aber jeder allein von dem Berge.
Später fand sich wieder Gelegenheit, daß wir zusammen kamen, wir besuchten uns dann öfter, und waren endlich bis zu meiner Heimreise fast unzertrennt bei einander. Ich fand, daß er an den Wirkungen, die sein Äußeres machen sollte, ziemlich unschuldig war. Aus seinem Innern brach oft so etwas Ursprüngliches und Anfangsmäßiges, gleichsam als hätte er sich, obwohl er schon gegen die fünfzig Jahre ging, seine Seele bis jetzt aufgehoben, weil sie das Rechte nicht hatte finden können. Dabei erkannte ich, als ich länger mit ihm umging, daß diese Seele das Glühendste und Dichterischste sei, was mir bis dahin vorgekommen ist, daher es auch kommen mochte, daß sie das Kindliche, Unbewußte, Einfache, Einsame, ja oft Einfältige an sich hatte. Er war sich dieser Gaben nicht bewußt, und sagte in Natürlichkeit die schönsten Worte, die ich je aus einem Munde gehört habe, und nie in meinem Leben, selbst später nicht, als ich Gelegenheit hatte, mit Dichtern und Künstlern umzugehen, habe ich einen so empfindlichen Schönheitssinn angetroffen, der durch Ungestalt und Rohheit bis zur Ungeduld gereizt werden konnte, als an ihm. Diese unbewußten Gaben mochten es auch sein, die ihm alle Herzen des andern Geschlechtes zufliegen machten, weil dieses Spielen und Glänzen an Männern in vorgerückten Jahren gar so selten ist. Eben daher mochte es auch kommen, daß er mit mir als einem ganz jungen Menschen so gerne umging, so wie ich meinerseits in jenen Zeiten eigentlich auch noch nicht recht diese Dinge zu würdigen vermochte, und mir dieselben erst recht einleuchtend wurden, da ich älter war und daran ging, die Erzählung seines Lebens zusammen zu stellen. Wie weit es mit seinem sagenhaften Glücke

bei Weibern ging, habe ich nie erfahren können, da er niemals über diese Dinge sprach und sich auch nie Gelegenheit zu Beobachtungen vorfand. Von jener Trauer, die auf seiner Stirne sitzen sollte, konnte ich ebenfalls nichts wahrnehmen, so wie ich auch von seinen früheren Schicksalen damals nichts erfuhr, als daß er einst beständige Reisen gemacht habe, jetzt aber schon Jahre lang in Neapel sei und Lava und Altertümer sammle. Daß er in Ungarn Besitzungen habe, erzählte er mir selber und lud mich, wie ich oben sagte, wiederholt dahin ein.

Wir lebten ziemlich lange neben einander, und trennten uns zuletzt, da ich fort ging, nicht ohne Teilnahme. Aber mancherlei Gestalten von Ländern und Menschen drangen nachher noch durch mein Gedächtnis, so daß es mir endlich nicht im Traume beigekommen wäre, daß ich einmal auf einer ungarischen Haide zu diesem Manne unterwegs sein würde, wie ich es nun wirklich war. Ich malte mir sein Bild in Gedanken immer mehr aus und senkte mich so hinein, daß ich oft Mühe hatte, nicht zu glauben, ich sei in Italien; denn so heiß, so schweigsam war es auf der Ebene, auf der ich wandelte, wie dort, und die blaue Dunstschichte der Ferne spiegelte sich mir zum Trugbilde der Pontinischen Sümpfe.

Ich ging aber doch nicht in gerader Richtung auf das mir in dem Briefe bezeichnete Gut des Majors los, sondern ich machte mehrere Kreuz- und Querzüge, um mir das Land zu besehen. So wie mir das Bild desselben früher immer meines Freundes wegen mit Italien zusammen geflossen war, so webte es sich nun immer mehr und immer eigentümlicher als Selbstständiges und Ganzes heraus. Ich war über hundert Bächlein, Bäche und Flüsse gegangen, ich hatte oft bei Hirten und ihren zottigen Hunden geschlafen, ich hatte aus jenen einsamen Haidebrunnen getrunken, die mit dem furchtbar hohen Stangenwinkel zum Himmel sehen, und ich hatte unter manchem tief

herabgehenden Rohrdache gegessen – dort lehnte der Sackpfeifer, dort flog der schnelle Fuhrmann über die Haide, dort glänzte der weiße Mantel des Roßhirten – – oft dachte ich mir, wie denn mein Freund in diesem Lande aussehen werde; denn ich hatte ihn nur in Gesellschaft gesehen und in dem Getriebe, wo sich alle Menschen wie die Bachkiesel gleichen. Dort war er im Äußern der glatte, feine Mann gewesen – hier aber war alles anders, und oft, wenn ich ganze Tage nichts sah als das ferne, rötlich blaue Dämmern der Steppe und die tausend kleinen weißen Punkte darinnen, die Rinder des Landes, wenn zu meinen Füßen die tiefschwarze Erde war, und so viel Wildheit, so viel Üppigkeit, trotz der uralten Geschichte so viel Anfang und Ursprünglichkeit, dachte ich, wie wird er sich denn hier benehmen. Ich ging in dem Lande herum, ich lebte mich immer mehr in seine Art und Weise und in seine Eigentümlichkeiten hinein, und es war mir, als hörte ich den Hammer schallen, womit die Zukunft dieses Volkes geschmiedet wird. Jedes in dem Lande zeigt auf kommende Zeiten, alles Vergehende ist müde, alles Werdende feurig, darum sah ich recht gerne seine endlosen Dörfer, sah seine Weinhügel aufstreben, sah seine Sümpfe und Röhrichte, und weit draußen seine sanftblauen Berge ziehen.
Nach monatlangem Herumwandern glaubte ich endlich eines Tages, ich müsse mich nun in sehr großer Nähe bei dem Gute meines Freundes befinden, und des vielen Schauens doch etwas müde, beschloß ich, dem Pilgern ein Ziel zu setzen und gerade auf die Besitzung meines künftigen Beherbergers zuzulenken. Ich war den ganzen Nachmittag durch ein heißes Steinfeld gegangen; links stiegen fernblaue Berghäupter am Himmel auf – ich hielt sie für die Karpathen – rechts stand zerrissenes Land mit jener eigentümlich rötlichen Färbung, wie sie so oft der Hauch der Steppe gibt: beide aber vereinigten sich nicht,

und zwischen beiden ging das endlose Bild der Ebenen fort. Endlich, wie ich eben aus einer Mulde, in der das Bette eines ausgetrockneten Baches lief, empor stieg, sprang rechts ein Kastanienwald und ein weißes Haus herüber – eine Sandwehe hatte mir beides bisher gedeckt. – Drei Meilen, drei Meilen – so hatte ich fast den ganzen Nachmittag gehört, wenn ich nach Uwar fragte – so hieß das Schloß des Majors – drei Meilen: aber da ich die ungarischen Meilen aus Erfahrung kannte, so war ich gewiß ihrer fünfe gegangen, und wünschte daher sehnlich, das Haus möchte Uwar heißen. In nicht großer Ferne stiegen Felder gegen einen Erddamm empor, auf denen ich Menschen sah. Diese wollte ich fragen, und durchschritt zu dem Zwecke einen Flügel des Kastanienwaldes. Hier sah ich nun, was ich, durch die vielen Gesichtstäuschungen dieses Landes belehrt, sogleich geahnet, nämlich, daß das Haus nicht an dem Walde liege, sondern erst hinter einer Ebene, die von den Kastanien weg lief, und daß es ein sehr großes Gebäude sein müsse. Über die Ebene aber sah ich eine Gestalt herüber sprengen, gerade auf jene Felder zu, auf denen die Leute arbeiteten. Auch sammelten sich alle Arbeiter um die Gestalt, da sie bei ihnen angekommen war, wie um einen Herrn – aber meinem Major sah das Wesen ganz und gar nicht ähnlich. Ich ging langsam gegen die Erdlehne empor, die auch weiter entfernt war, als ich dachte, und kam eben an, als bereits die ganze Glut der Abendröte um die dunkeln, wogenden Maisfelder und die Gruppen bärtiger Knechte und um den Reiter loderte. Dieser aber war nichts anderes als ein Weib, etwa vierzig Jahre alt, welches sonderbar genug die weiten landesmäßigen Beinkleider an hatte und auch wie ein Mann zu Pferde saß. Da die Knechte schon auseinander gingen und sie fast allein auf dem Flecke war, richtete ich mein Anliegen an sie. Meinen Wanderstab unter das Ränzlein stützend, zu ihr empor schauend

und mir gleichsam die Strahlen der Abendröte, die schief herein kamen, aus dem Gesichte streichend, sagte ich deutsch zu ihr: »Guten Abend, Mutter.«
»Guten Abend«, antwortete sie in derselben Sprache.
»Gewährt mir eine Bitte und sagt: heißt jenes Gebäude Uwar?«
»Jenes Gebäude heißt nicht Uwar. Seid Ihr nach Uwar bestellt?«
»Allerdings. Ich habe dort meinen Reisefreund, den Major, zu besuchen, der mich dahin eingeladen hat.«
»So geht nur ein wenig neben meinem Rosse her.«
Mit diesen Worten setzte sie ihr Pferd in Schritt und ritt langsam, damit ich ihr folgen konnte, zwischen den hohen grünen Maisbüscheln den Abhang hinan. Ich ging hinter ihr her und hatte Gelegenheit, meine Blicke auf die Umgebung richten zu können – und in der Tat, ich bekam immer mehr Ursache, mich zu verwundern. Wie wir höher kamen, öffnete sich zusehends das Tal hinter uns, ein ganzer, ungeheurer Gartenwald lief von dem Schlosse in die Berge hinein, die hinter ihm begannen, Alleen streckten sich gegen die Felder, ein Wirtschaftsstück nach dem andern legte sich bloß und schien in trefflichem Stande. Ich habe nie dieses lange, fette, frische Blatt des Maises gesehen, und nicht ein Gräschen war zwischen seinen Stängeln. Der Weinberg, an dessen Rande wir eben ankamen, erinnerte mich an die des Rheins, nur habe ich am Rheine nicht dieses derbe Trotzen und Strotzen von Blatt und Reben gesehen wie hier. Die Ebene zwischen den Kastanien und dem Schlosse war eine Wiese, so rein und sanft, als wäre Sammet gebreitet, sie war mit eingehegten Wegen durchschnitten, in denen die weißen Rinder des Landes wandelten, aber glatt und schlank wie Hirsche. Das Ganze hob sich wunderbar von dem Steinfelde ab, das ich heute durchwandelt hatte, und das jetzt in der Abendluft draußen lag und in den rötlich

spinnenden Strahlen heiß und trocken herein sah zu dieser kühlen, grünen Frische.
Indessen waren wir zu einem jener weißen Häuschen gelangt, wie ich mehrere im Grün der Rebengelände zerstreut wahrgenommen hatte, und das Weib sagte zu einem jungen Manne, der trotz des heißen Juniabends in seinem zottigen Pelze stak und vor der Tür des Häuschens allerlei hantierte: »Milosch, der Herr will heute noch nach Uwar, wenn du etwa die zwei Weidebraunen nähmest, ihm einen gäbest und ihn bis zum Galgen geleitetest.«
»Ja«, erwiderte der Bursche und stand auf.
»Jetzt geht nur mit ihm, er wird Euch schon richtig führen«, sagte das Weib, und wendete ihr Pferd, um des Weges zurück zu reiten, den sie mit mir gekommen war.
Ich hielt sie für eine Art Schaffnerin und wollte ihr ein namhaftes Geldstück für den Dienst geben, den sie mir so eben geleistet hatte. Sie aber lachte nur und zeigte hiebei eine Reihe sehr schöner Zähne. Durch den Weinberg ritt sie langsam hinab, dann hörten wir aber bald darauf die schnellen Hufschläge ihres Pferdes, wie sie über die Ebene flog.
Ich steckte mein Geld wieder ein und wendete mich zu Milosch. Dieser hatte einstweilen zu seinem Pelze einen breiten Hut aufgesetzt und führte mich um eine Strecke in den Weinpflanzungen fort, bis wir in eine Talkrümme stiegen und auf Wirtschaftsgebäude stießen, aus denen er zwei jener kleinen Rosse zog, wie man sie auf den Haiden dieses Landes antrifft. Meines sattelte er, seines bestieg er, wie es war, und sofort ritten wir in die Abenddämmerung hinein dem dunkeln Osthimmel entgegen. Es mochte ein sonderbarer Anblick gewesen sein: der deutsche Wandersmann samt Ränzlein, Knotenstock und Kappe zu Pferde sitzend, neben ihm der schlanke Ungar mit rundem Hute, Schnurrbart, Zottelpelz und flatternden weißen Beinkleidern – beide in Nacht und Wüste

reitend. In der Tat war es eine Wüste, in die wir jenseits der Weinberge gerieten, und die Ansiedelung war wie eine Fabel darinnen. Eigentlich war die Wüste wieder mein altes Steinfeld, und zwar sich selber so gleich geblieben, daß ich wähnte, wir reiten denselben Weg zurück, den ich gekommen bin, wenn mich nicht das schmutzige Rot, das noch hinter meinem Rücken am Himmel glühte, belehrt hätte, daß wir wirklich gegen Morgen reiten.
»Wie weit ist noch nach Uwar?« fragte ich.
»Es sind noch anderthalb Meilen«, antwortete Milosch.
Ich fügte mich in die Antwort und ritt hinter ihm her, so gut ich konnte. Wir ritten an denselben unzähligen grauen Steinen vorbei, wie ich sie heute den ganzen Tag zu Tausenden gezählt habe. Sie glitten mit falschem Lichte auf dem dunklen Boden hinter mich, und weil wir eigentlich auf trocknem, sehr festen Moore ritten, hörte ich keinen Hufschlag unserer Pferde, außer wenn zufällig das Eisen auf einen der Steine schlug, die sonst diese Tiere, an derlei Wege gewöhnt, sehr gut zu vermeiden wissen. Der Boden war immer eben, nur daß wir wieder zwei oder drei Mulden hinab und hinan gestiegen waren, in deren jeder ein starrer Strom von Kieselgerölle lag.
»Wem gehört denn das Anwesen, das wir verlassen haben?« fragte ich meinen Begleiter.
»Maroshely«, antwortete er.
Ich wußte nicht, weil er die Worte schnell vor mir reitend gesprochen hatte, ob dies der Name des Besitzers sei, oder ob ich überhaupt recht verstanden habe; denn die Bewegung erschwerte das Sprechen und Hören.
Endlich ging ein blutrotes Stück Mond auf, und in seinem schwachen Lichte stand auch schon das schlanke Gerüste auf der Haide, das ich für das Ziel meiner Begleitung hielt.
»Hier ist der Galgen,« sagte Milosch, »dort unten, wo es glänzt, rinnt ein Bach, daneben ist ein schwarzer Hau-

fen, auf den geht zu, es ist eine Eiche, auf der sonst die Übeltäter aufgehängt worden sind. Jetzt darf das nicht mehr sein, weil ein Galgen ist. Von der Eiche beginnt ein gemachter Weg, an welchem junge Bäume zu beiden Seiten stehen. Auf dem Wege geht etwas weniger als eine Stunde fort, dann zieht an der Glockenstange des Gitters. Hört, wenn auch nicht zugesperrt ist, geht doch nicht hinein; es ist wegen der Hunde. Zieht nur an der Glokkenstange. So, jetzt steigt ab, und macht den Rock besser zu, daß Ihr nicht das Fieber bekommt.«

Ich stieg ab, und obwohl ich mit meiner Belohnung bei der Schaffnerin nicht gut angekommen war, bot ich Milosch doch auch wieder eine. Er nahm sie an und steckte sie in den Pelz. Dann haschte er nach dem Zügel meines Pferdes, wandte sich und flog eilends davon, ehe ich nur sagen konnte, er möge dem Herrn der Pferde meinen Dank melden, daß ich so unbedingt auf einem in der Nacht fort reiten durfte. Offenbar hatte er von dem Orte weg getrachtet. Ich blickte hin. Es standen zwei Säulen, und darauf war ein Querbalken. So ragte es in das gelbe Mondlicht empor. Oben lag etwas wie ein Kopf. In der Tat aber mochte es irgendeine Erhöhung sein. Ich ging weiter, gleichsam als ob das Gras der Haide hinter mir lispelte und sich etwas am Fuße des Galgens rührte. Von Milosch war nicht mehr das geringste zu vernehmen, als sei er gar nie da gewesen. Ich kam sogleich zu der Todeseiche. Der Bach schillerte und glänzte und ringelte sich um Binsen, wie eine tote Schlange. Daneben war der schwarze Bau des Baumes. Ich ging um ihn herum, und jenseits war ein gerader weißer Weg, von dem Monde beschienen. Der Weg war gestampft und hatte Gräben und eine Allee junger Pappeln. Es tat mir wohl, daß ich wieder meine Schritte schallen hörte, wie es daheim in unserem Lande auf den Wegen der Fall ist.

Ich ging langsam dahin. Der Mond hob sich mehr und

mehr und stand endlich klar an dem warmen Sommerhimmel. Die Haide lief wie eine fahle Scheibe unter ihm weg. Endlich, da eine gute Stunde vergangen sein mochte, hoben sich vor mir schwarze Klumpen, wie ein Wald oder ein Garten, und in kurzer Frist stieß der Weg an ein Gitter, das in einer Mauer stand, die außer dem Walde hinlief und hinter sich riesengroße Wipfel hatte, die todesstille in dem Silber der Nachtluft empor standen. An dem Gitter war ein Glockengriff, ich zog, und es schellte von innen. Gleich darauf ertönte nicht etwa ein Bellen, sondern zwei Stöße jenes tiefen, entschloßnen und neugierigen Schnaufens edler Hunde – ein dumpfer Sprung – und der größte, schönste Hund, den ich in meinem Leben gesehen habe, stand von innen an dem Gitter. Er stellte sich auf die Hinterfüße, faßte mit den vorderen die eisernen Stangen, und sah auf mich heraus, ohne nur den geringsten Laut zu geben, wie es die ernste Art dieser Tiere gewohnt ist. Bald kamen murrend und jagend noch zwei kleinere und jüngere derselben Gattung, glatte Bulldoggen, und alle schauten unverwandt auf mich. Nach einer Weile hörte ich auch nahende Menschentritte, und ein Mann im zottigen Pelze kam und fragte um mein Begehren. Ich entgegnete, ob ich in Uwar sei, und nannte meinen Namen. Er mußte Weisung haben, denn sofort beschwichtigte er mit ungarischen Worten die Hunde und öffnete dann das Gitter.

»Der Herr hat Briefe von Euch und erwartet Euch schon lange«, sagte der Mann, als wir weiter gingen.

»Ich habe ihm ja geschrieben, daß ich mir Euer Land ansehen wolle«, antwortete ich.

»Und das habt Ihr lange angesehen«, sagte er.

»Freilich«, antwortete ich. »Ist der Herr Major noch wach?«

»Er ist gar nicht zu Hause, sondern in der Sitzung, morgen früh wird er herüber reiten. Für Euch hat er drei

Zimmer richten lassen und gesagt, daß wir Euch hinein führen sollen, wenn Ihr in seiner Abwesenheit kämet.«
»Nun so führt mich hinein.«
»Wohl.«
Diese Worte waren die einzigen, die wir auf dem langen Wege wechselten, den wir meiner Meinung nach eher durch einen Urwald als durch einen Garten machten. Riesige Tannen streckten sich gegen den Himmel, und mannsdicke Eichenäste griffen herum. Der größere Hund ging ruhig neben uns, die andern schnoberten in meinen Kleidern und jagten sich dann gelegentlich. Als wir so den Hain durchschritten hatten, kamen wir zu einer baumlosen Erhöhung, auf welcher das Schloß stand – so viel ich jetzt erkennen konnte – ein großes viereckiges Gebäude. Aber die Erhöhung führte eine breite Steintreppe empor, auf der das schönste Mondlicht starrte. Hinter der Treppe war ein etwas ebener Platz, und dann ein großes Gitter, das statt des Tores des Hauses diente. Als wir an dem Gitter angekommen waren, sprach mein Begleiter einige Worte zu den Hunden, worauf sie in den Garten zurück schossen. Nun schloß er das Gitter auf und führte mich in das Gebäude.
Auf der Treppe brannte noch Licht und beglänzte hohe, seltsame Steinbilder mit weiten Stiefeln und schleppenden Gewändern. Es mochten ungarische Könige sein. Dann empfing uns im ersten Geschosse ein langer, mit Rohrmatten belegter Gang. Wir gingen ihn entlang und stiegen dann noch eine Treppe hoch. Hier war wieder ein solcher Gang, und einen der Türflügel, die in demselben waren, öffnend, sagte mein Begleiter, hier seien meine Zimmer. Wir gingen hinein. Nachdem er in jedem mehrere Kerzen angezündet hatte, wünschte er mir gute Nacht und ging fort. In einer Weile wurde von einem anderen Wein, Brod und kalter Braten gebracht, worauf mir von ihm, wie von seinem Vorgänger, gute Nacht geboten

wurde. Ich erkannte hieraus und aus der völligen Einrichtung der Zimmer, daß ich nun allein bleiben würde, und ging daher an die Türen und schloß mich ab.

Hierauf aß ich und musterte dabei meine Wohnung. Das erste Zimmer, in welchem die Speisen auf einen großen Tisch gestellt wurden, war sehr geräumig. Die Kerzen strahlten hell und beleuchteten alles. Die Geräte waren anders, als sie bei uns gebräuchlich sind. In der Mitte stand eine lange Tafel, an deren einem Ende ich aß. Um die Tafel waren Bänke von Eichenholz gestellt, nicht eigentlich wohnlich aussehend, sondern wie zu Sitzungen bestimmt. Sonst war nur noch hie und da ein Stuhl zu sehen. An den Wänden hingen Waffen aus verschiedenen Zeiten der Geschichte. Sie mochten einst der ungarischen angehören. Es waren noch viele Bogen und Pfeile darunter. Außer den Waffen hingen auch Kleider da, ungarische, die man aus früheren Zeiten aufgehoben hatte, und dann jene schlotternden seidenen, die entweder Türken oder gar Tartaren angehört haben mochten.

Als ich mit meinem Nachtmahle fertig war, ging ich in die zwei Nebenzimmer, die auf diesen Saal folgten. Sie waren kleiner und, wie ich gleich bei dem ersten Blicke, da ich eingeführt wurde, bemerkt hatte, wohnlicher eingerichtet als der Saal. Es waren Stühle, Tische, Schränke, Waschgeräte, Schreibzeug und alles da, was ein einsamer Wanderer in seiner Wohnung nur immer wünschen kann. Selbst Bücher lagen auf dem Nachttische, und sie waren sämtlich in deutscher Sprache. In jedem der zwei Zimmer stand ein Bett, aber statt der Decke war auf ein jedes das weite volkstümliche Kleidungsstück gebreitet, welches sie Bunda heißen. Es ist dies gewöhnlich ein Mantel aus Fellen, wobei die rauhe Seite nach innen, die glatte weiße nach außen gekehrt ist. Letztere hat häufig allerlei farbiges Riemzeug und ist mit aufgenähten farbigen Zeichnungen von Leder verziert.

Ehe ich mich schlafen legte, ging ich noch, wie es immer an fremden Orten meine Gewohnheit ist, an das Fenster, um zu schauen, wie es draußen aussähe. Es war nicht viel zu sehen. Das aber erkannte ich im Mondlichte, daß die Landschaft nicht deutsch sei. Wie eine andere, nur riesengroße Bunda lag der dunkle Fleck des Waldes oder Gartens unten auf die Steppe gebreitet – draußen schillerte das Grau der Haide – dann waren allerlei Streifen, ich wußte nicht, waren es Gegenstände dieser Erde oder Schichten von Wolken.

Nachdem ich meine Augen eine Weile über diese Dinge hatte gehen lassen, wendete ich mich wieder ab, schloß die Fenster, entkleidete mich, ging zu dem nächst besten Bette und legte mich nieder.

Als ich das weiche Pelzwerk der Bunda über meine ermüdeten Glieder zog, und als ich schon fast die Augen zutat, dachte ich noch: ›So bin ich nun begierig, was ich in dieser Wohnung Freundliches oder Häßliches erleben werde.‹

Dann entschlummerte ich, und alles war tot, was schon in meinem Leben gewesen ist, und was ich sehnlichst wünschte, daß noch in dasselbe eintreten möchte.

2. STEPPENHAUS

Wie lange ich geschlafen habe, weiß ich nicht, aber daß es nicht fest und gut war, das wußte ich. Es mußte die allzu große Müdigkeit daran schuld sein. Die ganze Nacht ging ich auf dem Vesuve herum, und sah den Major bald in einem Pilgeranzuge in Pompeji sitzen, bald im Fracke zwischen den Schlacken stehen und Steine suchen. In meinem Morgentraum tönte Pferdegewieher und Hundegebell, dann schlief ich einige Zeit fest, und als ich erwachte, war heller Tag in dem Zimmer, und ich sah hinaus in den Saal, in dem die Waffen und Kleider von der Sonne beschienen hingen. Unten erbrauste der dunkle Park von dem Lärmen der Vögel, und als ich aufgestanden und an eines der Fenster getreten war, funkelte die Haide draußen in einem Netze von Sonnenstrahlen. Da ich noch kaum angekleidet war, klopfte es an meine Tür, ich öffnete, und es trat mein Reisefreund herein. Ich war immer die Tage her begierig gewesen, wie er aussehen möge, und er sah nicht anders aus, als er eben aussehen konnte, nämlich so zu der ganzen Umgebung stimmend, daß es schien, ich hätte ihn immer so gesehen. Auf der Oberlippe hatte er den gebräuchlichen Bart, der die Augen noch funkelnder machte, das Haupt deckte ein breiter, runder Hut, und von den Lenden fiel das weite, weiße Beinkleid hinab. Es war ganz natürlich, daß er so sein mußte, ich konnte plötzlich nicht mehr denken, wie ihm der Frack stehe, seine Tracht schien mir reizend, daß mir mein deutscher Flaus, der bestaubt und herabgeschunden auf einer Bank unter dem verschossenen Seidenkleide eines Tartaren lag, fast erbärmlich vorkam. Sein Rock war kürzer, als sie gewöhnlich in Deutschland sind, stand aber sehr gut zu dem Ganzen. Mein Freund schien zwar gealtert; denn seine Haare mischten sich mit Grau, und sein Antlitz war voll von jenen feinen und kurzen Linien, die bei wohlgebildeten Menschen, die sich lange erhalten, doch endlich die wachsende Zahl der Jahre anzeigen; aber er erschien mir so angenehm und einnehmend wie immer.

Er grüßte mich sehr freundlich, sehr herzlich, ja fast innig – und als wir eine halbe Stunde geplaudert hatten, waren wir schon wieder so bekannt wie zuvor. Es schien, als hätten wir uns seit unserer italienischen Reise gar nicht getrennt. Da ich mich ankleidete und dazu bemerkte, daß ein Koffer mit meinen andern Sachen ankommen werde, schlug er vor, ich möchte bis dahin, oder wenn ich wollte, in der Zeit meines ganzen Hierseins ungarische Kleider anziehen. Ich ging in die Sache ein, und die nötigen Bestandstücke waren bald herbeigeschafft, wobei er bemerkte, daß er in den nächsten Tagen schon für Abwechslung sorgen werde. Wie wir nun so in den Hof hinunter kamen zu den mit uns gleich gekleideten Knechten, und wie diese aus den finstern Schnurrbärten und den buschigen Augenbraunen so beifällig auf uns blickten und uns die Pferde zu einem Morgenritte zuführten, war etwas so Edles und Beruhigendes in dem Schauspiele, daß ich mich innerlichst recht davon erquickt fühlte.

Wir ritten von der großen, sanften Dogge begleitet in den Besitzungen des Majors herum. Er zeigte mir alles und gab gelegentlich Befehle und Lobsprüche. Der Park, durch den wir zuerst ritten, war eine freundliche Wildnis, sehr gut gehegt, rein gehalten und von Wegen durchschnitten. Als wir hinaus auf die Felder kamen, wogten sie im dunkelsten Grün. Nur in England habe ich ein gleiches gesehen; aber dort, schien es mir, war es zarter und weichlicher, während dieses hier kräftiger und sonnedurchdrungener erschien. Wir ritten hinter dem Parke sachte bergan, und an dem Kamme dieser sanften Höhe, die gegen die Haide ging, zogen sich die Weinpflanzungen dahin. Überall war ein dunkles, breites Blatt, die Pflanzungen nahmen einen großen Strich ein, an allen Stellen waren Pfirsichbäume eingestreut, und von den gehörigen Orten blickten, wie in Maroshely, die weißen, leuchtenden Punkte der Wächterhäuschen herüber. Auf die Haide gekommen, sahen wir seine Rinder, eine große, zerstreute, fast unübersehbare Herde. Eine Stunde Reitens führte uns dann zu den Gestütten und Schäfereien. Da wir über die Haide kamen, zeigte er auf einen schmalen, schwarzen Streifen, der sehr weit im Westen das hingehende Grau der Steppe schnitt, und sagte: »Das sind die Weinberge von Maroshely, von wo Ihr gestern die Pferde hattet.«

Den Rückweg nahmen wir auf einer andern Seite, und hier zeigte er mir seine Gärten, seine Obstanlagen und seine Glashäuser. Ehe wir dazu kamen, ritten wir an einem sehr unansehnlichen Landstriche vorbei, auf dem bedeutend viele Menschen beschäftigt waren. Auf meine Frage sagte er, dies seien Bettler, Herumstreicher, selbst Gesindel, die er durch pünktliche Bezahlung gewonnen habe, daß sie ihm arbeiten. Sie trocknen eben einen sumpfigen Strich und legen eine Straße an.

Zu Mittage, da wir nach Hause gekommen waren, aßen wir mit allen Knechten und Mägden in einer Art Vorhalle, oder vielmehr unter einem ungeheuren Vordache, an dem ein riesiger Nußbaum stand. An dem hölzernen Brunnengerüste musizierten eben durchziehende Zigeuner. – Es war zu Tische auch ein Fremder gekommen, ein Jüngling in frühesten Jahren. Er fiel mir durch seine außerordentliche Schönheit auf. Er hatte Briefe aus der Nachbarschaft gebracht und war nach dem Essen wieder fortgeritten. Von dem Major war er sehr achtungsvoll, fast zärtlich behandelt worden.

Den heißen Nachmittag verbrachten wir in den kühlen Zimmern. Abends zeigte mir mein Gastfreund das Abendrot der Haide. Wir ritten eigens zu dem Zwecke hinaus, nachdem er mir geraten hatte, so wie er, gegen die Fieberluft der Ebene einen Pelz um zu tun, wenn ihn auch die noch warme Luft entbehrlich zu machen scheint. Wir warteten, da wir hinaus gekommen waren, an dem von ihm angegebenen Punkte, bis die Sonne untergegangen war. Und in der Tat, es war ein prachtvoller Anblick, der nun folgte: auf der ganzen schwarzen Scheibe der Haide war die Riesenglocke des brennend gelben, flammenden Himmels gestellt, so sehr in die Augen wogend und sie beherrschend, daß jedes Ding der Erde schwarz und fremd wird. Ein Grashalm der Haide steht wie ein Balken gegen die Glut, ein gelegentlich vorüber gehendes Tier zeichnet ein schwarzes Ungeheuer auf den Goldgrund, und arme Wachholder- und Schlehenbüsche malen ferne Dome und Paläste. Im Osten fängt dann nach wenigen Augenblicken das feuchte, kalte Blau der Nacht herauf zu steigen an und schneidet mit trübem und undurchsichtigem Dunste den eigentlichen Glanz der Kuppel des Himmels.

Die Erscheinung dauert vorzüglich in den Junitagen, wo die Sonne hoch steht, sehr lange. Als wir schon zu Hause waren, als wir schon das Abendmahl eingenommen und einige Zeit mit einander verplaudert hatten, als ich dann in meinem Schlafzimmer war, an dem Fenster stand und bereits fast die Mitternacht heran kam, stand noch ein trüb gelbes Stückchen Licht im Westen, während schon im blauen Osten die rote Scheibe des Halbmondes glühte.

Ich nahm mir an diesem Abende vor, morgen oder übermorgen, oder wenn sich immer in den nächstfolgenden Tagen eine Gelegenheit ergäbe, den Major um das Ziel zu fragen, von dem er mir geschrieben hatte, daß er es endlich gefunden habe, und daß es ihn auf immerwährende Zeiten an die Heimat binde.

Des andern Morgens weckte er mich vor Sonnenaufgang und fragte, ob ich den Tag für mich zubringen, oder ob ich ihn mit ihm teilen wolle. Beides stehe mir auch in der Zukunft frei. Wenn ich an den Geschäften und Bestrebungen des Hauses Teil nehmen wollte, so dürfe ich nur an dem Tage, an dem ich solches im Sinne habe, beim Klange der Hofglocke, die jeden Morgen geläutet werde, aufstehen und mich zu dem gemeinschaftlichen Frühmahle einfinden. Hätte ich aber an einem Tage abgesonderte Pläne, so seien schon seine Leute, falls er selber nicht da wäre, angewiesen, mir mit Pferden, mit Begleitung oder mit anderm Nötigen an der Hand zu sein. Lieb wäre es ihm, wenn ich ihn von solchen Dingen, vorzüglich, wenn sie weitere Entfernungen von Hause beträfen, immer vorher in Kenntnis setzte, damit er mich vor Umwegen, Schwierigkeiten und vielleicht auch vor kleinen Gefahren, die eintreten könnten, bewahre. Ich war ihm für seine Bereitwilligkeit dankbar, und erklärte, daß ich heute und morgen und überhaupt so lange, bis es mir anders einfiele,seine Zeit teilen wolle.

Ich stand daher auf, kleidete mich an und begab mich unter das Vordach zu dem Frühmahle. Die Leute waren schon fast fertig und trennten sich, um zu ihren verschiedenen Arbeiten zu gehen. Der Major hatte meiner geharrt, und wartete, bis ich mit der Einnahme meines Frühstückes fertig war. Dann wurden die gesattelten Pferde vorgeführt. Ich fragte nicht, was er tun werde, sondern folgte ihm, wohin er ritt.

Wir ritten heute nicht mehr so im allgemeinen herum, daß er mir überhaupt seine Besitzungen und Beschäftigungen zeige, sondern er sagte, er wolle das, was der heutige Tag von ihm fordere, tun, und ich möge ihm zusehen, falls es mir nicht lange Weile mache.

Wir kamen zu gedehntem Wiesenlande, auf dem Heu gemacht wurde. Der schöne ungarische Braune, den der Major ritt, trug ihn tanzend auf dem schönen, weichen, geschorenen Rasengrün hin. Er stieg ab, während ein Knecht das Pferd hielt, und besah an verschiedenen Schobern das Heu. Es wurde von dem Knechte bemerkt, daß es auf den Nachmittag zum Einführen bestimmt sei. Der Major ordnete, so lange die Wiese geschoren sei, das Schlagen mehrerer Gräben an, damit überflüssiges Wasser abgehe, und an andern Stellen, damit es gesammelt werde. Von der Wiese schlug er den Weg zu den Gewächshäusern ein, die nicht, wie es sonst gewöhnlich ist, in der Nähe des Wohnhauses waren, sondern auf einem geeigneten Platze, wo ein sanfter Erdhang seine Dachung gegen Aufgang und Mittag zeigte. Es war an diesen Häusern ein kleiner, reiner Stall angebracht, wohin der Major und seine Begleitung, wenn zufällig eine da war, ihre Pferde tun konnten; denn es war nicht selten der Fall, daß er sich hier lange aufhalten mußte, und wenn Besuch da war, der die Gewächsanlagen besehen wollte, geschah es wohl auch, daß mehrere Stunden darüber hin gingen. Wir taten unsere Pferde gesattelt in den Stall, und er ging zuerst daran, mehrere Gewächsstücke und Pflanzen, die auf Begehren zu Versendungen geordnet wurden, zu besichtigen, dann ging er in die Gärtnerstube, wo Schreibereien lagen, und brachte ziemlich lange Zeit an dem Tische bei denselben zu. Ich sah indessen die Dinge um mich an, von denen ich aber gerade so viel und so wenig verstand, als ein unaufhörlich Reisender, welcher unzählige Gewächshäuser besah, verstehen kann. Als ich aber später in seinem Bücherzimmer die Werke und Abbildungen über diesen Zweig ein wenig durchging, erkannte ich, wie wenig ich eigentlich von dem Kerne dieser Sache wußte.

»Wenn man von diesen reizenden Dingen,« sagte der Major zu einer andern Zeit einmal, »die so gerne vom Hundertsten ins Tausendste führen, wirklich Früchte haben soll, so muß man sie vom Grunde aus betreiben und die andern, die darin arbeiten, bedeutend zu übertreffen suchen.«

Von der Gärtnerstube heraus kommend, sah er eine Weile mehreren Weibern zu, die mit Abstauben und Reinigen der grünen Kamelienblätter beschäftiget waren. Diese Pflanze war damals noch selten und teuer. Er untersuchte auch die gereinigten und machte seine Bemerkungen. Von da kamen wir an den vielen reinen, weißen Sandbeeten der Glashäuser vorüber, in denen die ganz jungen Pflänzchen standen, dann an all den Blumen und Gewächsen, deren Zucht er sich zur Aufgabe gemacht hatte. An dem entgegengesetzten Ausgange der Anlagen warteten unsere Pferde, die ein Gärtnerbursche indessen hinten herum geführt hatte. Hier waren die Stellen zur Bereitung und Mischung der Erden, die von Eseln in Körben aus verschiedenen Gegenden und oft von weit entfernten Nadelwaldungen das ganze Jahr hindurch herbeigebracht werden. Selbst zum Brennen der Erde waren bestimmte Orte, und in der Nähe war das Eichenholz aufgeschichtet, das im Winter zur Erwärmung dient.

Da, wie ich schon gestern bemerkt hatte, von den Gewächsanlagen nicht weit auf die Haide war, so ritten wir nun auf dieselbe hinaus. Der gute Lauf unserer schlanken Pferde trug uns bald so weit auf die einförmige, morgenduftige Ebene hinaus, daß wir das Schloß und den Park nur mehr als einen dunklen Fleck in der Ferne liegen sahen. Hier stießen wir zu seinen Hirten. Einige Stangen, so mager, daß von ihnen als Schutzwerken gar keine Rede sein kann, bildeten eine Hütte, oder vielleicht gar nur ein Zeichen, welches in der Steppe leicht gesehen und gefunden werden kann. Unter diesen Stangen brannte oder glimmte vielmehr ein Feuer, das von den zähen Ästen oder den Wurzeln der Wachholder- und Schlehen- und anderer Krüppelsträuche unterhalten wurde. Hier bereiteten die Hirten, die um eilf Uhr schon Mittag hielten, ihr Mahl. Braune Gestalten, deren Pelze auf der Erde umher lagen, standen in schmutzig weißen Beinkleidern und Hemdärmeln um den Major herum und antworteten auf seine Fragen. Andere, da sie seine Ankunft auf der weithin gedehnten Fläche wahrgenommen hatten, jagten auf kleinen, unscheinbaren Rossen herbei, die weder Sattel noch Decke und statt Zügel und Halfter oft nur einen Strick hatten. Sie stiegen ab, hielten ihre Tiere an der Hand und umringten den Major, der ebenfalls abgestiegen war und sein Pferd zu halten gab. Sie sprachen nicht bloß von ihrer Beschäftigung mit ihm, sondern auch von andern Dingen, und er kannte sie fast alle mit Namen. Er war so leutselig mit ihnen, als wäre er einer aus ihrer Mitte, und dies, wie ich glaubte, erweckte eine Art Begeisterung unter den Menschen. Wie bei uns in den Bergen, so waren auch hier die Tiere den ganzen Sommer über im Freien. Es waren jene weißen, langgehörnten Rinder, welche in dem Lande vorkommen und sich von den Kräutern der Steppe nähren, die eine Würze und einen Blumengeruch haben, die wir Alpenländler ihnen kaum zutrauen sollten. Bei diesen Tieren bleiben die Menschen, die ihnen zugegeben sind, ebenfalls im Freien, und haben oft gar nichts über sich als den Himmel und die Sterne der Haide, oft nur, wie wir eben gesehen hatten, einige Stangen oder eine gegrabene Hütte von Erde. Sie standen vor dem Major, dem Grundherrn, wie sie ihn hier hießen, und hörten seinen Anordnungen zu. Als er wieder aufstieg, hielt ihm einer, der blitzende Augen aus dem Schwarz seines Gesichtes und seiner Braunen herauszeigte, das Pferd, während sich ein anderer mit langen Haaren und dichtem Schnurrbarte bückte und ihm die Steigbügel hielt.

»Lebt wohl, Kinder,« sagte er beim Fortreiten, »ich werde euch bald wieder besuchen, und wenn die Nachbarn herüber kommen, werden wir einen Nachmittag auf der Haide liegen und bei euch essen.«

Er hatte diese Worte auf ungarisch gesagt und sie mir auf meine Bitte verdeutscht.

Im Fortreiten sagte er zu mir: »Wenn es Euch ergötzt, diese Haidewirtschaft einmal im einzelnen genau anzuschauen, und Ihr etwa einmal allein heraus kommen wolltet, um mit diesen Leuten gleichsam zu leben, müßt Ihr auf die Hunde achten, die sie haben. Sie sind nicht immer so zahm und geduldig, wie Ihr sie heute gesehen habt, sondern sie würden Euch strenge mit fahren. Ihr müßt es mir vorher sagen, daß ich Euch hin geleite, oder wenn ich nicht kann, daß ich Euch einen bekannten Hirten mit gebe, der Euch führe, und den die Hunde lieben.«

Ich hatte in der Tat, da wir bei dem Hirtenfeuer waren, die ungemein großen, schlanken, zottigen Hunde bewundert, derlei ich auf meiner ganzen Wanderung nicht angetroffen habe, und die so sittsam neben und unter uns am Feuer herum saßen, als verstünden sie etwas von der Verhandlung und nähmen daran Teil.

Wir wendeten uns, da wir fort ritten, dem Schlosse wieder zu, da bereits die Zeit zum Mittagessen heran rückte. Als wir, so wie gestern, in der Nähe der Strecke vorüber kamen, auf der die Leute arbeiteten, um den Sumpf zu trocknen und die Grundrisse einer Straße zu ziehen, sagte er, indem er auf ein Weizenfeld zeigte, an dem wir ziemlich nahe vorbei ritten, und auf welchem die Frucht außerordentlich schön stand: »Diese guten Schollen, wenn sie ihre Schuldigkeit tun, müssen uns das Geld herbeischaffen, daß wir auch an andern Stellen etwas verrichten können. Die Leute arbeiten da drüben in der Öde das ganze Jahr. Sie haben ihren Taglohn und kochen gleich neben ihren Geschäften im Freien. Zum Schlafen gehen sie in jene hölzernen Hütten, die Ihr seht. Im Winter, wenn sich Eis bildet, gehen wir den tiefern Stellen zu, denen wir jetzt wegen zu großer Weiche des Bodens nicht ankönnen, und füllen Gerölle der Haide und Steine, die wir von den Weinpflanzungen nehmen, hinein.«

Wirklich erblickte ich, da ich auf die eigentümliche Anlage hinüber schaute, die hölzernen Hütten, von denen er gesprochen hatte, und sah an verschiedenen Stellen des Haiderückens schwachen Rauch aufgehen, der die kunstlosen Herde anzeigen mochte, auf denen die Leute ihr Mittagessen kochten.

Als wir in den Park einritten, umsprungen von den großen und kleinen Doggen, läutete in dem Herrenhause eben die Glocke, die uns und die anderen Leute zum Mahle rief.
Ich fragte an dem Abende dieses Tages meinen Reisefreund nicht um sein Ziel, wie ich mir tags vorher beim Schlafengehen so fest vorgenommen hatte.
Der Nachmittag verging, wie gewöhnlich, zu Hause, nur daß der Major gegen fünf Uhr auf dem gebahnten Wege mit der Pappelallee, auf dem ich in der Nacht gekommen war, ich weiß nicht wohin fuhr, während ich die Bücher musterte, die er mir in immer größerer Anzahl aus seinem Bücherzimmer auf meine Stube bringen ließ.
Des folgenden Tages hatte der Major viel zu schreiben, und ich brachte schier den ganzen Tag damit zu, seine Pferde, die er zu Hause hatte, zu besehen und mit seinen Leuten Bekanntschaft zu machen.
An dem Tage, der nachher folgte, war ich mit ihm in der Schäferei, die zwei Stunden Reitens entfernt ist, und in welcher wir den ganzen Tag zubrachten. Er hat einige Leute dort, die bedeutende Bildung verraten und mit ihm in das Wesen der Sache, die sie lieben, einzugehen scheinen. Hier sah ich auch, daß alle Zweige seiner Tätigkeit ihre eigene Geldverwaltung haben, indem er den Schäfereien eine Summe vorstreckte, die aus einem andern Bereiche genommen war. Die Sache wurde sehr genau und richtig in die Papiere aufgenommen und verbrieft. Die Anlagen sind sehr weitschichtig und die Zuchten nach ihrem Bedürfnis geordnet.
Ein anderes Mal sah ich die Gestütte, und wir waren auf der Weide, auf welcher seine Füllen und die jüngeren Pferde gewöhnlichen Schlages unter Hirten stehen, wie anderswo die Rinder.
Auf diese Weise lernte ich nach und nach den ganzen Kreis seiner Tätigkeit kennen, welcher wahrhaftig nicht

geringfügig war. Ich wunderte mich, daß er diesen Sachen eine solche Aufmerksamkeit und Umsicht zuwendete, da ich ihn doch früher mehr als träumend und in Wissenschaften herum dichtend und forschend gekannt habe.
»Ich glaube,« sagte er einmal, »daß man es so mit dem Boden eines Landes beginnen müsse. Unsere Verfassung, unsere Geschichte ist sehr alt, aber noch vieles ist zu tun; wir sind in ihr, gleichsam wie eine Blume in einem Gedenkbuche, aufgehoben worden. Dieses weite Land ist ein größeres Kleinod, als man denken mag, aber es muß noch immer mehr gefaßt werden. Die ganze Welt kömmt in ein Ringen, sich nutzbar zu machen, und wir müssen mit. Welcher Blüte und Schönheit ist vorerst noch der Körper dieses Landes fähig, und beide müssen hervorgezogen werden. Ihr müßt es ja gesehen haben, da Ihr zu mir kamt. Diese Haiden sind der feinste schwarze Ackergrund, in diesen Anhöhen voll glitzernden Gesteins bis zu jenen blauen Bergen hin, die Ihr im Norden sehet, schläft der feurige Fluß des Weines, und dämmert von Erde umflort der Glanzblick des Metalles. Zwei sehr edle Ströme ziehen durch unser Land, über ihnen ist, so zu sagen, die Luft noch tot und harret, daß unzählige bunte Wimpel in ihr flattern. Vielerlei Volk ist in dem Lande, manches ist ein Kind, dem man vormachen muß, was es beginnen soll. Seit ich in der Mitte meiner Leute lebe, über die ich eigentlich mehr Recht habe, als Ihr Euch denket, seit ich mit ihnen in ihrer Kleidung gehe, ihre Sitten teile und mir ihre Achtung erworben habe, ist es mir eigentlich, als hätte ich dieses und jenes Glück errungen, das ich sonst immer in der einen oder der andern Entfernung gesucht habe.«
Ich fragte den Mann nun gar nicht mehr um sein Ziel, dessen er in seinem Briefe an mich erwähnt hatte.
Vorzugsweise waren es die Getreidearten, denen er seine Aufmerksamkeit zugewendet hatte. Und sie standen aber

auch in einer Fülle und Schönheit, daß ich schon neugierig war, wenn sich diese Ähren der Reife zuwenden, und wenn wir sie heimführen würden.
Die Einsamkeit und Kraft dieser Beschäftigungen erinnerte mich häufig an die alten starken Römer, die den Landbau auch so sehr geliebt hatten, und die wenigstens in ihrer früheren Zeit auch gerne einsam und kräftig waren.
›Wie schön und ursprünglich‹, dachte ich, ›ist die Bestimmung des Landmannes, wenn er sie versteht und veredelt. In ihrer Einfalt und Mannigfaltigkeit, in dem ersten Zusammenleben mit der Natur, die leidenschaftlos ist, grenzt sie zunächst an die Sage von dem Paradiese.‹
Da ich einmal längere Zeit auf der Besitzung des Majors war, da ich die Teile derselben übersah und verstehen lernte, da die Dinge vor mir wuchsen und ich an dem Gedeihen derselben Anteil nahm: hatte mich das gleichförmig sanfte Abfließen dieser Tage und Geschäfte so eingesponnen, daß ich mich wohl und ebenmäßig angeregt fühlte und auf unsere Städte vergaß, gleichsam als wäre das ein Kleines, was in ihnen bewegt wird.
Da wir wieder einmal unter den Pferden gewesen waren, die auf der Haide sind, und da sich zu den Hirten derselben auch die gesellt hatten, die das Geschäft der Rinder über sich haben, so daß zufällig eine größere Menge dieser Menschen auf der Haide beisammen und bei uns waren, sagte der Major im Nachhausefahren zu mir – denn dieses Mal hatte er ein schönes Haidegespann mit Riemengeschirr vor einem Wagen gespannt, der mit großer Spurweite sicher auf dem Grase der Haide dahin rollte: »Diese würde ich sogar zum Blutvergießen führen können, sobald ich mich nur an ihre Spitze stellte. Sie sind mir unbedingt zugetan. Auch die andern, die Knechte und die Arbeiter, die ich zu Hause habe, würden

sich eher ihre Glieder zerschlagen lassen, ehe einer zugäbe, daß mir ein Haar gekrümmt würde. Wenn ich nun die dazu rechne, die mir wegen dem Verhältnisse der Grundherrlichkeit untertan sind, und die mir, wie ich bei vielen Gelegenheiten erfahren konnte, vom Grunde des Herzens zugetan sind, so würde ich, wie ich glaube, eine ziemlich große Zahl von Menschen zusammen bringen, die mich lieben. – – Seht nur, und ich bin erst zu ihnen gekommen, als mein Haupt schon grau geworden war, und als ich viele Jahre auf sie vergessen hatte. Wie müßte es sein, so Hunderttausende zu leiten und sie zum Guten zu führen; denn meistens, wenn sie vertrauen, sind sie wie Kinder, und folgen zum Guten wie zum Bösen.«

»Einmal«, fuhr er nach einer Weile fort, »habe ich geglaubt, ich werde ein Künstler oder Gelehrter werden. Ich habe aber eingesehen, daß diese ein tiefes, ernstes Wort zu der Menschheit sagen müssen, das sie begeistert und edler und größer macht – oder daß wenigstens der Gelehrte Dinge zu Tage schaffe und erfinde, welche die Menschen in dem irdischen Gute, in den Mitteln fördern und weiter bringen. In beiden Fällen aber ist es notwendig, daß ein solcher Mann zuerst selber ein einfaches und großes Herz habe. Aber da ich dies nicht besitze, so ließ ich alles wieder fahren, und es ist nun vorbei.«

Mir war es, da er diese Worte sagte, als ginge ein sanfter Schatten über sein Auge, und als blicke es in diesem Augenblicke noch immer mit jener Schwärmerei in die Luft hinaus, wie einstens, wenn wir manchmal müßig auf dem Epomeo saßen, ein ganzes Meer von Himmelsbläue um uns feierte, unten die See glänzte und er von allerlei Wünschen und Träumen junger Herzen redete. Darum kam mir auch plötzlich der Gedanke, ob etwa das Glück, von dem er mir sagte, daß er es gefunden habe, doch noch nicht ganz da sei.

Das war das einzige Mal gewesen, daß er seit unserer Bekanntschaft auf seine Vergangenheit angespielt hatte, vorher in unserem ganzen Umgange nie. Ich habe auch nie gefragt, so wie ich später nicht fragte. Wer viel reiset, lernt schon die Menschen schonen und läßt sie in dem inneren Haushalte ihres Lebens gewähren, der sich nicht aufschließt, wenn es nicht freiwillig ist. Ich war nun schon ziemlich lange auf Uwar, und war gerne da, weil ich an den Beschäftigungen des Ortes mit Aufmerksamkeit, und öfter auch mit wirklicher Tätigkeit Anteil nahm, und weil ich zu andern Zeiten an dem Tagebuche meiner Reisen und Erfahrungen weiter schrieb: aber das glaubte ich zu erkennen, daß in dem reinen, beschäftigten Leben des Majors irgendein Bodensatz liege, der es nicht zur völligen Abklärung kommen ließ, und mir war, als sei doch irgendeine Art Trauer da, die sich natürlich bei einem Manne nur durch Ruhe und Ernst ausdrückt. Sonst war er in seinem Leben und in seinem Umgange mit mir sehr einfach, und von einer Zurückhaltung oder Verstellung war nicht im geringsten die Rede. So stand auf dem Tische seines Schreibzimmers, in das ich sehr oft kam, und an dem wir an heißen Nachmittagen oder abends bei der Kerze, wenn wir noch nicht schlafen gingen, von verschiedenen Dingen plauderten, ein Bild – es war in schönem Goldrahmen das verkleinerte Bild eines Mädchens von vielleicht zwanzig – zweiundzwanzig Jahren – aber sonderbar war es, wie auch der Maler die Sache verschleiert haben mochte, es war nicht das Bild eines schönen, sondern eines häßlichen Mädchens – die dunkle Farbe des Angesichtes und der Bau der Stirne waren seltsam, aber es lag etwas wie Stärke und Kraft darinnen, und der Blick war wild, wie bei einem entschlossenen Wesen. Daß dieses Mädchen etwa in seinem früheren Leben eine Rolle gespielt habe, wurde mir klar, und mir fiel der Gedanke ein, warum sich denn dieser

Mensch nicht vermählt habe, so wie mir dieser Gedanke auch schon bei unserer italienischen Bekanntschaft gekommen war; aber nach meinen Grundsätzen hatte ich damals nicht gefragt, und fragte auch jetzt nicht. Er durfte freilich das Bild ruhig auf dem Tische stehen lassen; denn es kam niemand von seinen Leuten in das Schreibgemach, sondern sie mußten im Vorzimmer, wo ein Glöcklein beim Eintritte läutete, stehen bleiben, wenn ihm einer etwas zu sagen hatte. Auch von seinen Bekannten und von Besuchenden kam niemand in das Zimmer, da er sie immer in seiner anderen Wohnung empfing. Es war also schon ein Grad Vertraulichkeit, daß ich da hinein durfte und alles besehen konnte, was da stand und lag. Diese Vertraulichkeit mochte ich wohl dem Umstande zu verdanken haben, daß ich nie forschte und grübelte.

Mittlerweile war die Ernte gekommen, und nie werde ich jener heitern, vergnüglichen Zeit vergessen.

Der Major mußte unterdessen auch einige Male kleine Reisen in die Nachbarschaft machen und lud mich dazu ein. In keinem Lande sind die Entfernungen zwischen den bewohnten Punkten oft so groß wie hier, aber mit den schnellen Rossen legt man sie reitend, oder mit den leichten Wägen über die Haide fahrend, in verhältnismäßig kurzer Zeit zurück. Einmal hatte der Major das enganliegende ungarische Volkskleid an, er war in großem Schmucke, mit dem Säbel an der Seite. Es stand ihm sehr wohl. Er hielt in einer Versammlung seiner Gespanschaft über gemeinsame Angelegenheiten eine ungarische Rede. Da es von jeher meine Gewohnheit war, in jedem Lande, in das ich kam, schnell so viel von der Sprache zu lernen, als mir nur immer möglich war, so hatte ich auch bereits von den Leuten des Majors und allen, die mich umgaben, etwas Ungarisch gelernt, daher verstand ich manches von der Rede, die bei einem Teile heftige Be-

wunderung, bei dem andern heftigen Tadel hervor rief; im Nachhausefahren übersetzte er sie mir vollständig ins Deutsche. Nachmittag bei Tische sah ich ihn in jenem Tage im Fracke, wie einstens in Italien, so wie die meisten der Anwesenden ihre Volkskleidung abgelegt hatten und in dem gemeinschaftlichen europäischen Fracke waren.
Auch zu anderen Besuchen, die er in der Nachbarschaft machte, hatte ich ihn begleitet. Hier erfuhr ich nun, daß vier solcher Sitze bestehen, wie der Major einen hatte. Man hatte vor einigen Jahren einen Bund geschlossen, den Landbau und die Hervorrufung der ursprünglichen Erzeugnisse dadurch zu heben, daß man dies zuerst in dem besten Maßstabe auf den eigenen Besitzungen tue, und so den andern mit einem Beispiele voran gehe, namentlich wenn sie sehen, daß Wohlhabenheit und besseres Leben sich aus dem Dinge entwickle. Der Bund hatte auch seine Gesetze, und die Beigetretenen hielten landwirtschaftliche Versammlungen. Außer diesen vier großen Musterhöfen, die eigentlich bis jetzt erst nur die einzigen Mitglieder des Bundes waren, hatten schon einige kleinere Besitzer angefangen, das Verfahren ihrer größeren Nachbarn nachzuahmen, ohne daß sie deswegen eigentlich Glieder des Bundes waren. Zur Sitzung, aber nur als Zuhörer oder gelegentlich als Ratfrager, durften alle Landwirte und andere Menschen kommen, wenn sie sich nur vorher angemeldet hatten. Und sie nahmen nicht sparsam Teil, wie ich aus einer Versammlung abnahm, die vier Stunden Reitens von Uwar entfernt bei dem Mitgliede Gömör abgehalten wurde, wo von Mitgliedern nur der Major und Gömör, aber von Zuhörern eine ziemliche Menge war.
Ich bin nach der Hand noch zweimal ganz allein bei Gömör gewesen, und habe das letzte Mal sogar mehrere Tage bei ihm zugebracht.
Da die Ernte sich zu ihrem Ende neigte und die Arbeiten

etwas weniger wurden, sagte der Major eines Tages zu mir: »Weil wir jetzt ein wenig Muße bekommen werden, werden wir in der nächsten Woche zu meiner Nachbarin Brigitta Maroshely hinüber reiten und ihr einen Besuch machen. Sie werden in meiner Nachbarin Maroshely das herrlichste Weib auf dieser Erde kennen lernen.«
Zwei Tage nach diesem Ausspruche stellte er mir Brigittas Sohn vor, der zufällig herüber gekommen war. Es war dies derselbe junge Mann, der am ersten Tage meines Aufenthaltes in Uwar mit uns zu Mittag gespeist hatte, und der mir wegen seiner außerordentlichen Schönheit damals aufgefallen war. Er blieb schier den ganzen Tag bei uns, und war mit uns auf verschiedenen Punkten der Besitzungen. Er war, wie ich schon das erste Mal bemerkte, in den frühesten Jahren des Jünglings, kaum bei dem Übergange vom Knaben zum Jünglinge, und er gefiel mir sehr wohl. Sein dunkles, sanftes Auge sprach so schön zu mir, und wenn er zu Pferde saß, so kraftvoll und so demütig: neigte sich mein ganzes Wesen zu ihm. Ich hatte einen Freund, der so war, und in den frühesten Jahren seiner Jugend in das kalte Grab mußte. Gustav, so hieß der Sohn Brigittas, erinnerte mich lebhaft an ihn.
Seit der Major den Ausspruch über Brigitta getan hatte, und seit ich ihren Sohn kannte, war ich sehr neugierig, sie nun auch persönlich zu sehen.
Über die Vergangenheit meines Gastfreundes, des Majors, hatte ich ein weniges von Gömör, als ich bei ihm war, erfahren. Gömör ist, wie mancher seiner Freunde, die ich bei ihm kennen gelernt hatte, von offener, freundlicher Zunge, und sagte mir unaufgefordert, was er wußte. Der Major sei nicht in der Gegend geboren. Er stamme von einer sehr reichen Familie. Er sei seit seiner Jugend fast immer auf Reisen gewesen, man wisse eigentlich nicht recht, wo, so wie man auch nicht wisse, in wel-

chen Diensten er sich den Majorsrang verdient habe. Auf seiner Besitzung Uwar ist er in seinem ganzen früheren Leben nicht gewesen. Vor einigen Jahren kam er, machte sich in Uwar ansässig und schloß sich dem Bunde der Landwirtschaftsfreunde an. Damals waren nur erst zwei Glieder des Bundes: er, Gömör, selber und Brigitta Maroshely. Eigentlich war es kein Bund; denn die Zusammenkünfte und die Gesetze kamen erst später auf, sondern die zwei Nachbarn, er und Brigitta, haben einstimmig die bessere Bewirtschaftung ihrer Güter in dieser öden Gegend begonnen. Im Grunde sei es Brigitta gewesen, welche den Anfang gemacht habe. Weil sie eher unschön als angenehm zu nennen sei, so habe sie ihr Gatte, ein junger, leichtsinniger Mensch, dem sie in ihren jüngeren Jahren angetraut worden war, verlassen und sei nicht wieder gekommen. Damals erschien sie mit ihrem Kinde auf ihrem Sitze Maroshely, habe wie ein Mann umzuändern und zu wirtschaften begonnen, und sei bis jetzt noch gekleidet und reite wie ein Mann. Sie halte ihre Dienerschaft zusammen, sei tätig und wirtschafte vom Morgen bis in die Nacht. Man könne hier sehen, was unausgesetzte Arbeit vermöge; denn sie habe auf dem Steinfelde fast Wunder gewirkt. Er sei, als er sie kennen gelernt habe, ihr Nachahmer geworden und habe ihre Art und Weise auf seiner Besitzung eingeführt. Bis jetzt habe er es nicht bereut. Der Major sei anfangs, da er sich in Uwar niedergelassen hatte, mehrere Jahre nicht zu ihr hinüber gekommen. Dann sei sie einmal todkrank geworden: da sei er zu ihr über die Haide geritten und habe sie gesund gemacht. Von der Zeit an kam er dann immer zu ihr. Die Leute sagten damals, er habe die Heilkräfte des Magnetismus angewendet, deren er teilhaftig sei, aber niemand weiß eigentlich in der Sache etwas Rechtes zu sagen. Es hat sich ein ungewöhnlich inniges und freundschaftliches Band entwickelt – der höchsten

Freundschaft sei das Weib auch würdig – aber ob die Leidenschaft, die der Major zu der häßlichen und bereits auch alternden Brigitta gefaßt habe, natürlich sei, das sei eine andere Frage – und Leidenschaft sei es ganz gewiß, das erkenne ein jeder, der hinüber komme. Der Major würde gewiß Brigitta heiraten, wenn er könnte – er gräme sich offenbar tief, daß er es nicht könne; aber weil man von ihrem angetrauten Manne nichts wisse, so könne kein Totenschein und kein Trennungsschein herbei gebracht werden. Es spreche diese Tatsache recht sehr zu Gunsten Brigittas, und verurteile ihren Gemahl, der einst so leichtsinnig von ihr gegangen sei, während nun ein so ernster Mann sich sehne, sie zu besitzen.
Diese Dinge hatte mir Gömör über den Major und Brigitta gesagt, und ich kam noch ein paar Male mit Gustav, ihrem Sohne, bei Gelegenheit eines Besuches, den wir bei Nachbarn machten, zusammen, ehe der Tag erschien, der bestimmt war, daß wir zu seiner Mutter hinüber reiten sollten.
Am Vorabende dieses Tages, da schon das tausendstimmige Zirpen der abendlichen Haidegrillen in meine schlaftrunkenen Ohren fiel, dachte ich noch an sie. Dann träumte mir allerlei von ihr, vorzüglich kam ich von dem Traume nicht los, daß ich auf der Haide vor der seltsamen Reiterin stehe, die mir damals die Pferde mitgegeben hatte, daß sie mich mit schönen Augen banne, daß ich immer stehen müsse, daß ich keinen Fuß heben könne, und daß ich alle Tage meines Lebens nicht mehr von dem Flecke der Haide weg zu kommen vermöge. Dann schlief ich fest ein, erwachte des andern Tages frisch und gestärkt, die Pferde wurden vorgeführt, und ich freute mich, nun die auch von Angesicht zu Angesicht zu sehen, die heute so vielfach im Traume bei mir gewesen war.

3. STEPPENVERGANGENHEIT

Ehe ich entwickle, wie wir nach Maroshely geritten sind, wie ich Brigitta kennen gelernt habe, und wie ich noch recht oft auf ihrem Gute gewesen bin, ist es nötig, daß ich einen Teil ihres früheren Lebens erzähle, ohne den das Folgende nicht verständlich wäre. Wie ich zu so tief gehender Kenntnis der Zustände, die hier geschildert werden, gelangen konnte, wird sich aus meinen Verhältnissen zu dem Major und zu Brigitta ergeben und am Ende dieser Geschichte von selbst klar werden, ohne daß ich nötig hätte, vor der Zeit zu enthüllen, was ich auch nicht vor der Zeit, sondern durch die natürliche Entwicklung der Dinge erfuhr.

Es liegt im menschlichen Geschlechte das wundervolle Ding der Schönheit. Wir alle sind gezogen von der Süßigkeit der Erscheinung, und können nicht immer sagen, wo das Holde liegt. Es ist im Weltall, es ist in einem Auge, dann ist es wieder nicht in Zügen, die nach jeder Regel der Verständigen gebildet sind. Oft wird die Schönheit nicht gesehen, weil sie in der Wüste ist, oder weil das rechte Auge nicht gekommen ist – oft wird sie angebetet und vergöttert, und ist nicht da: aber fehlen darf sie nirgends, wo ein Herz in Inbrunst und Entzükken schlägt, oder wo zwei Seelen an einander glühen; denn sonst steht das Herz stille, und die Liebe der Seelen ist tot. Aus welchem Boden aber diese Blume bricht, ist in tausend Fällen tausendmal anders; wenn sie aber da ist, darf man ihr jede Stelle des Keimens nehmen, und sie bricht doch an einer andern hervor, wo man es gar nicht geahnet hatte. Es ist nur dem Menschen eigen, und adelt nur den Menschen, daß er vor ihr kniet – und alles, was sich in dem Leben lohnt und preiset, gießt sie allein in das zitternde, beseligte Herz. Es ist traurig für einen, der sie nicht hat oder nicht kennt, oder an dem sie kein fremdes Auge finden kann. Selbst das Herz der Mutter wendet sich von dem Kinde ab, wenn sie nicht mehr, ob auch nur einen einzigen Schimmer dieses Strahles an ihm zu entdecken vermag.

So war es mit dem Kinde Brigitta geschehen. Als es geboren ward, zeigte es sich nicht als der schöne Engel, als der das Kind gewöhnlich der Mutter erscheint. Später lag es in dem schönen goldenen Prunkbettchen in den schneeweißen Linnen mit einem nicht angenehm verdüsterten Gesichtchen, gleichsam als hätte es ein Dämon angehaucht. Die Mutter wandte, von sich selber unbemerkt, das Auge ab und heftete es auf zwei kleine, schöne Engel, die auf dem reichen Teppiche des Bodens spielten. Wenn fremde Leute kamen, tadelten sie das Kind nicht, lobten es nicht, und fragten nach den Schwestern. So wurde es immer größer. Der Vater ging öfter durch das Zimmer nach seinen Geschäften, und wenn die Mutter wohl manchmal gleichsam aus verzweiflungsvoller Brünstigkeit die andern Kinder herzte, sah sie nicht das starre, schwarze Auge Brigittas, das sich hin heftete, als verstünde das winzige Kind schon die Kränkung. Wenn sie weinte, half man ihrem Bedürfnisse ab; weinte sie nicht, ließ man sie ruhig liegen, alle hatten für sich zu tun, und sie richtete die großen Augen auf die Vergoldung des Bettchens, oder auf die Schnörkel der Wandtapeten. Da die Glieder stark geworden waren und ihre Wohnung nicht mehr in dem engen Bettchen bestand, saß sie in einem Winkel, spielte mit Steinchen und sagte Laute, die sie von niemanden gehört hatte. Als sie in ihren Spielen vorrückte und behender ward, verdrehte sie oft die großen, wilden Augen, wie Knaben tun, die innerlich bereits dunkle Taten spielen. Auf die Schwestern schlug sie, wenn sie sich in ihre Spiele einmischen wollten – und wenn jetzt die Mutter in einer Anwandlung verspäteter Liebe und Barmherzigkeit das kleine Wesen in die Arme schloß und mit Tränen benetzte, so zeigte dasselbe keineswegs Freude, sondern weinte und wand sich aus den umfassenden Händen. Die Mutter aber wurde dadurch noch mehr zugleich liebend und erbittert, weil sie nicht wußte, daß die kleinen Würzlein, als sie einst den warmen Boden der Mutterliebe suchten und nicht fanden, in den Fels des eigenen Herzens schlagen mußten und da trotzen.

So ward die Wüste immer größer.

Als die Kinder empor wuchsen und schöne Kleider ins Haus kamen, waren jene Brigittas immer recht, die der Schwestern wurden mannigfach geändert, bis sie paßten. Die andern bekamen Verhaltungsregeln und Lob, sie nicht einmal Tadel, wenn sie auch ihr Kleidchen beschmutzt oder zerdrückt hatte. Da das Lernen kam und die Stunden des Vormittags ausgefüllt waren, saß sie unten an und starrte mit dem einzigen Schönen, das sie hatte, mit den in der Tat schönen, düstern Augen auf die Ecke des fernen Buches oder der Landkarte; und wenn der Lehrer eine seltene, rasche Frage an sie tat, erschrak sie und wußte keine Antwort. Aber an langen Abenden, oder sonst, wenn man im Gesellschaftszimmer saß und sie nicht vermißte, lag sie auf der Erde über durcheinander geworfenen Büchern oder über Bildern und zerrissenen Karten, die die andern nicht mehr brauchten. Sie mochte eine phantastische, verstümmelte Welt in ihr Herz hinein brüten. Sie hatte von den Büchern ihres Vaters, da der Schlüssel immer stak, beinahe die Hälfte gelesen, ohne daß man es ahnte. Darunter waren die meisten, die sie nicht verstehen konnte. In der Wohnung fand man oft Papiere, auf denen seltsame, wilde Dinge gezeichnet waren, die von ihr sein mußten.

Als die Mädchen in das Jungfrauenalter getreten waren, stand sie wie eine fremde Pflanze unter ihnen. Die Schwestern waren weich und schön geworden, sie bloß schlank und stark. In ihrem Körper war fast Manneskraft, was sich dadurch erwies, daß sie eine Schwester, wenn sie ihr Tändeleien sagen oder sie liebkosen wollte, mit dem schlanken Arme bloß ruhig weg bog, oder daß sie, wie sie gerne tat, Hand an knechtliche Arbeit legte, bis ihr die Tropfen auf der Stirne standen. Musik machen lernte sie nicht, aber sie ritt gut und kühn, wie ein Mann, lag oft mit dem schönsten Kleide auf dem Rasen des Gartens und tat halbe Reden und Ausrufungen in das Laub der Büsche. Nun kam es auch, daß der Vater begann, ihr Ermahnungen über ihr störriges und stummes Wesen zu geben. Dann, wenn sie auch eben redete, hörte sie plötzlich auf, wurde noch stummer und noch störriger. Es half nichts, daß ihr die Mutter Zeichen gab und zur Kundgebung ihres Unmutes in bittrer Ratlosigkeit die Hände rang. Das Mädchen redete nicht. Als sich der Vater einmal so weit vergaß, daß er sie, die Erwachsene, weil sie durchaus nicht in das Gesellschaftszimmer gehen wollte, körperlich strafte, sah sie ihn bloß mit den heißen, trockenen Augen an, und ging doch nicht hinüber, er hätte ihr tun können, was er wollte.

Wenn nur einer gewesen wäre, für die verhüllte Seele ein Auge zu haben und ihre Schönheit zu sehen, daß sie sich nicht verachte. – Aber es war keiner: die andern konnten es nicht, und sie konnte es auch nicht.

Ihr Vater lebte in der Hauptstadt, wie es überhaupt seine Gewohnheit war, und gab sich einem glänzenden Wohlleben hin. Als seine Mädchen herangewachsen waren, verbreitete sich der Ruf ihrer Schönheit durch das Land, viele kamen herbei, sie zu sehen, und die Versammlungen und Gesellschaften in dem Hause wurden noch zahlreicher und belebter, als sie es bisher gewesen waren. Manches Herz schlug heftig und trachtete nach dem Besitze der Kleinode, welche dieses Haus beherbergte – aber die Kleinode achteten nicht darauf, oder sie waren

noch zu jung, solche Huldigungen zu verstehen. Desto mehr gaben sie sich den Vergnügungen hin, die solche Gesellschaften mit sich führten, und ein Putzkleid oder die Anordnung eines Festes konnte sie Tage lang auf das ergreifendste und innigste beschäftigen. Brigitta, als die jüngste, wurde nicht gefragt, als verstünde sie die Sache nicht. Sie war manchmal in den Versammlungen gegenwärtig, und dann trug sie immer ein weites, schwarzseidenes Kleid, das sie sich selber zusammen gemacht hatte – oder sie mied dieselben, saß indessen auf ihrem Zimmer, und man wußte nicht, was sie dort tat.
So gingen ein paar Jahre hin.
Gegen Ende derselben erschien ein Mann in der Hauptstadt, der in den verschiedenen Kreisen derselben Aufsehen erregte. Er hieß Stephan Murai. Sein Vater hatte ihn auf dem Lande auferzogen, um ihn für das Leben vorzubereiten. Als seine Erziehung vollendet war, mußte er zuerst Reisen machen, und dann sollte er die gewählte Gesellschaft seines Vaterlandes kennen lernen. Dies war die Ursache, daß er in die Hauptstadt kam. Hier wurde er bald der fast einzige Gegenstand der Gespräche. Einige rühmten seinen Verstand, andere sein Benehmen und seine Bescheidenheit, wieder andere sagten, daß sie nie etwas so Schönes gesehen hätten als diesen Mann. Mehrere behaupteten, er sei ein Genie, und wie es an Verleumdungen und Nachreden auch nicht fehlte, sagten manche, daß er etwas Wildes und Scheues an sich habe, und daß man es ihm ansehe, daß er in dem Walde auferzogen worden sei. Einige meinten auch, er besitze Stolz, und wenn es darauf ankomme, gewiß auch Falschheit. Manches Mädchenherz war im mindesten doch neugierig, ihn einmal erblicken zu können. Brigittas Vater kannte die Familie des neuen Ankömmlings sehr gut, er war in früheren Jahren, da er noch Ausflüge machte, öfter auf ihre Besitzungen gekommen, und war nur später, da er

immer in der Hauptstadt lebte, und sie nie, mit ihr außer Berührung geraten. Da er sich um den Stand der Güter, der einst ein vortrefflicher gewesen war, erkundigte, und erfuhr, daß derselbe jetzt noch bedeutend besser sei und bei der einfachen Lebensweise der Familie sich noch immer verbessere: dachte er, wenn der Mann sonst auch noch in seinem Wesen nach seinem Sinne wäre, so könnte er einen erwünschten Bräutigam für eine seiner Töchter abgeben. Da aber dasselbe mehrere Väter und Mütter dachten, so beeilte sich Brigittas Vater, ihnen den Vorsprung abzugewinnen. Er lud den jungen Mann in sein Haus, dieser sagte zu, und war schon mehrere Male in einer Abendgesellschaft desselben gewesen. Brigitta hatte ihn nicht gesehen, weil sie gerade in jener Zeit schon seit länger her nicht in das Gesellschaftszimmer gekommen war.

Einmal ging sie zu ihrem Oheime, der eine Art Fest veranstaltet und sie dazu geladen hatte. Sie war auch schon in früheren Zeiten manchmal nicht ungern zu der Familie des Oheims gegangen. An jenem Abende saß sie in ihrem gewöhnlichen schwarzseidenen Kleide da. Um das Haupt hatte sie einen Kopfputz, den sie selber gemacht hatte, und den ihre Schwestern häßlich nannten. Wenigstens war es in der ganzen Stadt nicht Sitte, einen solchen zu tragen, aber er stand zu ihrer dunklen Farbe sehr gut.

Es waren viele Menschen zugegen, und da sie einmal durch eine Gruppe derselben hindurch blickte, sah sie zwei dunkle, sanfte Jünglingsaugen auf sie geheftet. Sie blickte gleich wieder weg. Da sie später noch einmal hinschaute, sah sie, daß die Augen wieder gegen sie gerichtet gewesen seien. Es war Stephan Murai, der sie angeblickt hatte.

Ungefähr acht Tage darnach wurde bei ihrem Vater getanzt. Murai war auch geladen, und kam, da schon die meisten zugegen waren und der Tanz bereits begonnen hatte. Er schaute zu, und da man sich zum zweiten Tanze zusammengestellt hatte, ging er gegen Brigitta hin und bat sie mit bescheidener Stimme um einen Tanz. Sie sagte, daß sie nie tanzen gelernt habe. Er verbeugte sich und mischte sich wieder unter die Zuschauer. Später sah man ihn tanzen. Brigitta setzte sich hinter einem Tische auf ein Sofa und sah dem Treiben zu. Murai sprach mit verschiedenen Mädchen, tanzte und scherzte mit ihnen. Er war an diesem Abende besonders lieb und verbindlich gewesen. Endlich war die Unterhaltung aus, man zerstreute sich nach allen Richtungen, um seine Behausung zu suchen. Als Brigitta in ihr Schlafgemach gekommen war, das sie mit vielen Bitten und Trotzen ihren Eltern abgerungen hatte, daß sie es allein bewohnen durfte, und als sie sich dort entkleidete, schoß sie im Vorbeistreifen einen Blick in den Spiegel, und sah die braune Stirne durch denselben gleiten, und die rabenschwarze Locke, die sich um die Stirne schlang. Dann ging sie, da sie weder beim Anziehen noch beim Ausziehen ein Dienstmädchen um sich litt, gegen ihr Bett, deckte es selber ab, schlug die schneeweißen Linnen von ihrem Lager, das sie sich immer sehr hart machen ließ, zurück, legte sich darauf, tat den schlanken Arm unter ihr Haupt, und schaute mit den schlaflosen Augen gegen die Decke des Zimmers.

Als nun in der Folge öfters Gesellschaften waren und Brigitta denselben beiwohnte, wurde sie wieder von Murai bemerkt, sie wurde von ihm sehr ehrfurchtsvoll gegrüßt, und wenn sie ging, brachte er ihr das Tuch, und wenn sie fort war, hörte man auch gleich darauf seinen Wagen unten rollen, der ihn nach Hause führte.

Dies dauerte längere Zeit.

Einmal war sie wieder bei dem Oheime, und da sie wegen der großen Hitze, die in dem Saale herrschte, auf den Balkon, dessen Türen immer offen standen, hinaus ge-

treten war und dichte Nacht um sie lag: vernahm sie seinen Tritt zu ihr, und sah dann auch in der Dunkelheit, daß er sich neben sie stellte. Er sprach nichts als gewöhnliche Dinge, aber wenn man auf seine Stimme horchte, so war es, als sei etwas Furchtsames in derselben. Er lobte die Nacht, und sagte, daß man ihr unrecht tue, wenn man sie schelte, da sie doch so schön und milde sei; sie allein umhülle, sänftige und beruhige das Herz. Dann schwieg er, und sie schwieg auch. Als sie wieder in das Zimmer getreten war, ging er auch hinein, und stand lange an einem Fenster.
Da Brigitta in dieser Nacht zu Hause angelangt war, da sie sich in ihr Zimmer begeben hatte und den Putzflitter Stück um Stück von dem Leibe nahm, trat sie im Nachtgewande vor den Spiegel und sah lange, lange hinein. Es kamen ihr Tränen in die Augen, die nicht versiegten, sondern mehreren Platz machten, die hervor drangen und herab rannen. Es waren die ersten Seelentränen in ihrem ganzen Leben gewesen. Sie weinte immer mehr und immer heftiger, es war, als müßte sie das ganze versäumte Leben nachholen, und als müßte ihr um vieles leichter werden, wenn sie das Herz heraus geweint hätte. Sie war in die Knie gesunken, wie sie es öfters zu tun gewohnt war, und saß auf ihren eigenen Füßen. Auf dem Boden neben ihr lag zufällig ein Bildchen, es war ein Kinderbildchen, auf dem dargestellt war, wie sich ein Bruder für den andern opfere. Dieses Bildchen drückte sie an ihre Lippen, daß es zerknittert und naß wurde.
Da endlich die Quellen nachgelassen hatten und die Kerzen herab gebrannt waren, saß sie noch auf der Erde vor dem Spiegeltische, gleichsam wie ein ausgeweintes Kind, und sann. Es lagen die Hände in dem Schoße, die Schleifen und Krausen des Nachtgewandes waren feucht und hingen ohne Schönheit um den keuschen Busen. Sie ward stiller und unbeweglicher. Endlich schöpfte sie ein paar

Mal frischen Atem, fuhr mit der flachen Hand über die Augenwimpern und ging zu Bette. Als sie lag und die Nachtlampe, die sie nach ausgelöschten Kerzen hinter einen kleinen Schirm gestellt hatte, düster brannte, sagte sie noch die Worte: »Es ist ja nicht möglich, es ist ja nicht möglich!«

Dann entschlummerte sie.

Als sie in der Zukunft wieder mit Murai zusammen kam, war es wie früher: er zeichnete sie nur noch mehr aus, aber sonst war sein Benehmen scheu, fast zaghaft. Er redete beinahe nichts mit ihr. Sie selber tat ihm keinen einzigen, auch nicht den kleinsten Schritt entgegen.

Als sich nach einiger Zeit wieder einmal eine Gelegenheit ergab, mit ihr allein zu sprechen, deren manche früher schon ungenützt vorüber gegangen waren, nahm er sich den Mut, er redete sie an und sagte, daß ihm erscheine, daß sie ihm abgeneigt sei – und wenn dies so wäre, so habe er die einzige Bitte, sie möchte ihn doch kennen lernen, vielleicht sei er doch ihrer Aufmerksamkeit nicht ganz unwert, vielleicht habe er Eigenschaften, oder könne sich dieselben erwerben, die ihm ihre Hochachtung gewännen, wenn auch nichts, das er noch heiliger wünschte.

»Nicht abgeneigt, Murai,« antwortete sie, »o nein, nicht abgeneigt; aber ich habe auch eine Bitte an Sie: tun Sie es nicht, tun Sie es nicht, werben Sie nicht um mich, Sie würden es bereuen.«

»Warum denn, Brigitta, warum denn?«

»Weil ich«, antwortete sie leise, »keine andere Liebe fordern kann als die allerhöchste. Ich weiß, daß ich häßlich bin, darum würde ich eine höhere Liebe fordern als das schönste Mädchen dieser Erde. Ich weiß es nicht, wie hoch, aber mir ist, als sollte sie ohne Maß und Ende sein. Sehn Sie – da nun dies unmöglich ist, so werben Sie nicht um mich. Sie sind der einzige, der darnach fragte, ob ich

auch ein Herz habe, gegen Sie kann ich nicht falsch sein.«
Sie hätte vielleicht noch mehr gesagt, wenn nicht Leute herzu gekommen wären; aber ihre Lippe bebte vor Schmerz.
Daß Murais Herz durch diese Worte nicht beschwichtigt, sondern nur noch mehr entflammt wurde, begreift sich. Wie einen Engel des Lichtes verehrte er sie, er blieb zurück gezogen, sein Auge ging an den größten Schönheiten, die ihn umringten, vorüber, das ihre mit sanfter Bitte zu suchen. So war es unabänderlich fort. Auch an ihr begann nun die dunkle Macht und die Größe des Gefühles in der verarmten Seele zu zittern. An beiden erschien es offen. Die Umgebungen begannen das Unglaubliche zu ahnen, und man erstaunte unverhohlen. Murai legte seine Seele entschieden vor dem Angesichte aller Welt dar. Eines Tages, in einem einsamen Zimmer, da die Musik, zu deren Anhörung man zusammen gekommen war, von ferne her erscholl, da er vor ihr stand und nichts redete, da er ihre Hand faßte, sie sanft gegen sich ziehend, widerstand sie nicht, und da er sein Angesicht immer mehr gegen sie neigte und sie seine Lippen plötzlich auf den ihrigen empfand, drückte sie süß entgegen. Sie hatte noch nie einen Kuß gefühlt, da sie selbst von ihrer Mutter und ihren Schwestern nie geküßt worden war – und Murai hat nach vielen Jahren einmal gesagt, daß er nie mehr eine solche reine Freude erlebt habe als damals, da er zum ersten Male diese vereinsamten, unberührten Lippen auf seinem Munde empfand.
Der Vorhang zwischen den beiden war nun zerrissen, und das Schicksal ging seine Wege. In wenigen Tagen war Brigitta die erklärte Braut des gefeierten Mannes, die Eltern beider Teile hatten eingewilligt. Es wurde nun ein freundlicher Umgang. Aus dem tiefen Herzen des bisher unbekannten Mädchens ging ein warmes Dasein hervor,

anfangs unscheinbar und unbedeutend, dann in reicher, heiterer Entwickelung. Der Instinkt, der den Mann an dieses Weib gezogen, hatte ihn nicht getäuscht. Sie war stark und keusch, wie kein anderes Weib. Weil sie ihr Herz nicht durch Liebesgedanken und Liebesbilder vor der Zeit entkräftet hatte, wehte der Odem eines ungeschwächten Lebens in seine Seele. Auch ihr Umgang war reizend. Weil sie stets allein gewesen war, hatte sie auch allein ihre Welt gebaut, und er wurde in ein neues, merkwürdiges, nur ihr angehörendes Reich eingeführt. Wie sich dann ihr Wesen vor ihm entfaltete, erkannte er zu allem dem noch ihr inniges und heißes Lieben, das wie ein goldner Strom in vollen Ufern quoll, in vollen, aber auch in einsamen; denn wie das Herz der andern Menschen zwischen eine halbe Welt geteilt ist, war das ihre beisammen geblieben, und da es nur ein einziger erkannt hat, war es nun auch Eigentum dieses einzigen. Er lebte so in Freude und Gehobenheit die Tage des Brautstandes durch.

Es ging die Zeit mit rosenfarbnen Flügeln, und in ihr das Geschick mit seinen dunkeln Schwingen.

Der Vermählungstag war endlich gekommen. Murai hatte seine schweigende Braut, da die heilige Handlung vorüber war, auf der Schwelle der Kirche in die Arme geschlossen, sie dann in seinen Wagen gehoben und in seine Wohnung geführt, die er, da die jungen Leute beschlossen hatten, in der Stadt zu bleiben, aus dem Reichtume seines Vaters, der ihm alles Ersparte zur Verfügung stellte, auf das schönste und glänzendste hatte einrichten lassen. Murais Vater war zur Vermählung von seinem Landsitze, den er zum bleibenden Aufenthaltsorte gewählt hatte, herein gekommen. Seine Mutter konnte leider die Freude nicht teilen; denn sie war schon längst gestorben. Von Seite der Braut waren Vater und Mutter, dann die Schwestern, der Oheim und mehrere nahe Verwandte zugegen.

Murai, so wie Brigittas Vater, hatte gewollt, daß der Tag öffentlich und mit großem Glanze gefeiert werde, und so war er auch vorüber gegangen.

Als sich endlich die letzten Gäste entfernt hatten, führte Murai seine Gattin durch eine Reihe beleuchteter Zimmer, da sie sich bisher immer mit einem hatte begnügen müssen, bis in das Wohngemach zurück. Dort saßen sie noch, und er sagte die Worte: »Wie gut und herrlich ist alles abgegangen, und wie schön hat es sich erfüllt. Brigitta! Ich habe dich erkannt. Da ich dich das erste Mal sah, wußte ich schon, daß mir dieses Weib nicht gleichgültig bleiben werde; aber ich erkannte noch nicht, werde ich dich unendlich lieben oder unendlich hassen müssen. Wie glücklich ist es gekommen, daß es die Liebe ward!«

Brigitta sagte nichts, sie hielt ihn an der Hand und ließ die glänzenden Augen in sanfter Ruhe durch das Zimmer blicken.

Dann befahlen sie, daß die Reste des Festes weggeräumt würden, daß die Menge der überflüssigen Lichter ausgetan und die Festgemächer eine gewöhnliche Wohnung würden. Dies geschah; die Diener begaben sich in ihre Zimmer, und auf die neue Wohnung und auf die neue Familie, die aus zweien bestand und erst einige Stunden alt war, senkte sich die erste Nacht hernieder.

Von nun an lebten sie in ihrer Wohnung fort. So wie sie, da sie sich kennen gelernt hatten, nur in Gesellschaften zusammen getroffen waren, und so wie sie im Brautstande nur immer öffentlich erschienen waren, so blieben sie nun immer zu Hause. Sie dachten nicht, daß etwas Äußerliches zu ihrem Glücke erforderlich sei. Obgleich die Wohnung im allgemeinen mit allem versehen war, was ihr nur immer not tat, so blieb doch im einzelnen noch so vieles zu verbessern und zu verschönern übrig. Sie klügelten dieses heraus, sie überlegten, was man dort und da noch anbringen könnte, gingen einander mit Rat und

Tat an die Hand, daß sich der Raum immer mehr und mehr und reiner ordnete und die Eintretenden mit klarer Wohnlichkeit und einfacher Schönheit empfing.
Über Jahresfrist gebar sie ihm einen Sohn, und dieses neue Wunder hielt sie wieder und noch mehr zu Hause. Brigitta pflegte ihr Kind, Murai versah seine Geschäfte; denn der Vater hatte ihm einen Teil der Güter abgetreten, und diese verwaltete er von der Stadt aus. Dies machte manche Umwege nötig und häufte manche Dinge, die sonst zu entraten gewesen wären.
Als der Knabe so weit entwickelt war, daß unmittelbare Pflege nicht gar so sehr mehr not tat, als Murai seine Geschäfte schon geordnet und in einen gleichen Gang gebracht hatte, fing er an, seine Gattin häufiger auf öffentliche Plätze, in Gesellschaften, auf Spaziergänge, in das Schauspiel zu führen, als er es sonst zu tun gewohnt war. Hiebei bemerkte sie, daß er sie vor Leuten noch zarter und noch aufmerksamer behandle als selber zu Hause.
Sie dachte: ›Jetzt weiß er, was mir fehlt‹, und hielt das erstickende Herz an sich.
Im nächsten Frühlinge nahm er sie und sein Kind auf eine Reise mit, und da sie gegen den Herbst zurück kamen, schlug er vor, lieber für beständig auf dem Lande, auf einem seiner Güter zu wohnen; denn auf dem Lande sei es doch viel schöner und viel annehmlicher als in der Stadt. Brigitta folgte ihm auf das Landgut.
Hier fing er an zu wirtschaften und umzuändern, und den Rest der Zeit, der ihm übrig war, zum Jagen zu verwenden. Und hier führte ihm das Schicksal ein ganz anderes Weib entgegen, als er es immer zu sehen gewohnt war. Auf einer der einsamen Jagden, die er jetzt häufig tat, wo er nämlich mit seiner Büchse allein durch die Gegend ging oder ritt, hatte er sie erblickt. Als er einmal sein Pferd langsam durch einen Weidebruch ein wenig abwärts leitete, hatte er plötzlich durch das dichte Ge-

büsch her zwei Augen gegenüber, erschrocken und schön, wie die einer fremdländischen Gazelle, und neben den grünen Blättern hatte das süßeste Morgenrot der Wangen geglüht. Es war nur ein Augenblick; denn ehe er recht hin sehen konnte, hatte das Wesen, das ebenfalls zu Pferde war und in dem Gebüsche stand, das Pferd gewendet und flog über die Ebene zwischen den leichten Büschen davon.

Es war Gabriele gewesen, die Tochter eines greisen Grafen, der in der Nachbarschaft wohnte, ein wildes Geschöpf, das ihr Vater auf dem Lande erzog, wo er ihr alle und jede Freiheit ließ, weil er meinte, daß sie sich nur so am naturgemäßesten entfalte und nicht zu einer Puppe gerate, wie er sie nicht leiden konnte. Die Schönheit dieser Gabriele war schon weithin berühmt geworden, nur zu Murais Ohren war der Ruf noch nicht gedrungen, weil er bisher nie auf diesem seinem Landgute gewesen war und in letzter Zeit sich auf seiner großen Reise befunden hatte.

Nach mehreren Tagen trafen die beiden schier auf derselben Stelle wieder zusammen, und dann öfter und öfter. Sie fragten nicht, wer und woher sie seien, sondern das Mädchen, gleichsam ein Abgrund von Unbefangenheit, scherzte, lachte, neckte ihn, und trieb ihn meistens zu kühnen, übermütigen Wettreiten an, wo sie wie ein himmlisches, tolles, glühendes Rätsel neben ihm her flog. Er scherzte mit und ließ sie meistens siegen. Eines Tages aber, als sie, vor Erschöpfung atemlos, nur durch wiederholtes Haschen nach seinem Zügel andeuten konnte, daß sie wolle, daß er halten solle, und als sie beim Herabheben vom Pferde schmachtend geflüstert hatte, sie sei besiegt – damals, nachdem er ihren Steigbügelriemen, an dem etwas gebrochen war, wieder hergestellt hatte und sie nun verglühend an einem Baumstamme stehen sah – riß er sie plötzlich an sich, preßte sie an sein Herz, und ehe er sehen konnte, ob sie zürne oder frohlocke, sprang er auf sein Pferd und jagte davon. – Es war Übermut gewesen, aber ein Taumel unbeschreiblichen Entzückens war in jenem Augenblicke in ihm, und vor seiner Seele, wie er heim ritt, hing das Bild der sanften Wange, des süßen Atems und der spiegelnden Augen.

Sie hatten sich von da an nicht mehr gesucht, aber da sie sich einmal zufällig auf einen Augenblick in dem Saale eines Nachbars sahen, wurden beider Wangen von einem tiefen Scharlache übergossen.

Murai ging dann auf eine seiner ferneren Besitzungen und änderte dort alle Verhältnisse um, die er vorfand.

Brigittas Herz aber war zu Ende. Es war ein Weltball von Scham in ihrem Busen empor gewachsen, wie sie so schwieg und wie eine schattende Wolke in den Räumen des Hauses herum ging. Aber endlich nahm sie das aufgequollne, schreiende Herz gleichsam in ihre Hand, und zerdrückte es.

Als er von seinen Umänderungen auf dem entfernten Landgute zurück kam, ging sie in sein Zimmer und trug ihm mit sanften Worten die Scheidung an. Da er heftig erschrak, da er sie bat, da er ihr Vorstellungen machte, sie aber immer dieselben Worte sagte: »Ich habe es dir gesagt, daß es dich reuen wird, ich habe es dir gesagt, daß es dich reuen wird«, – sprang er auf, nahm sie bei der Hand und sagte mit inniger Stimme: »Weib, ich hasse dich unaussprechlich, ich hasse dich unaussprechlich!«

Sie sagte kein Wort, sondern sah ihn bloß mit den trockenen, entzündeten Augen an – aber als er nach drei Tagen seine Reisekoffer gepackt und fortgeschickt hatte – als er nun selber in Reisekleidern gegen Abend fortgeritten war: so lag sie, wie einst, da sie die Dichtungen ihres Herzens den Büschen des Gartens zugerufen hatte, auch jetzt vor Schmerz auf dem Teppiche ihres Zimmerbodens, und so heiße Tropfen rannen aus ihren Augen, als müssen sie ihr Gewand, den Teppich und das Getäfel des Bodens durchbrennen – es waren die letzten, die sie dem noch immer Heißgeliebten nach sandte, dann keine mehr. Er ritt indessen auf der finstern Ebene, und hatte hundertmal im Sinne, sich mit der Sattelpistole das siedende Gehirn zu zerschmettern. Er war bei seinem Ritte, da es noch Tag war, an Gabrielen vorüber gekommen, sie stand auf dem Balkon ihres Schlosses, aber er hatte nicht hinauf gesehen und war weiter geritten.

Nach einem halben Jahre sandte er die Einwilligung zur Scheidung, und trat ihr auch den Knaben ab, war es nun, daß er ihn in ihren Händen besser aufgehoben meinte, war es noch die alte Liebe, die ihr nicht alles rauben wollte, ihr, die nun ganz allein sei, während ihm die weite Welt vor Augen lag. In Bezug auf das Vermögen hatte er für sie und den Knaben am günstigsten gesorgt, wie es nur immer möglich war. Er sandte die Papiere, die diese Sache enthielten, mit. Dies war das erste und letzte Zeichen, das Murai von seinem Dasein gegeben hatte, nachher kam keines mehr, und er erschien auch nicht wieder. Die Summen, die er brauchte, waren an ein Antwerpner Haus angewiesen. Dies sagte später sein Verwalter, mehr wußte der auch nicht.

Um diese Zeit waren kurz nacheinander Brigittas Vater, ihre Mutter und die beiden Schwestern gestorben. Murais Vater, der ohnedem schon sehr alt war, starb auch in kurzer Zeit darnach.

So war Brigitta im strengen Sinne des Wortes ganz allein mit ihrem Kinde.

Sie hatte sehr weit von der Hauptstadt ein Haus auf einer öden Haide, wo sie niemand kannte. Das Gut hieß Maroshely, woher auch der Name der Familie stammte. Nach der Scheidung nahm sie ihren ursprünglichen Namen Maroshely wieder an und begab sich in das Haidehaus, um sich dort zu verbergen.

So wie sie einstens, wenn man ihr wohl aus Mitleiden eine schöne Puppe gegeben hatte, dieselbe nach kurzer Freude wieder weg warf und schlechte Dinge in ihr Bettchen trug, als Steine, Hölzchen und dergleichen; so nahm sie jetzt auch ihr größtes Gut, das sie hatte, nach Maroshely mit, ihren Sohn, pflegte und hütete ihn, und ihr Auge hing einzig und allein über dem Bettchen desselben.

Wie er größer wurde und sein kleines Auge und sein Herz sich erweiterte, tat es auch das ihre mit; sie begann die Haide um sich zu sehen, und ihr Geist fing an, die Öde rings um sich zu bearbeiten. Sie nahm Männerkleider, stieg wieder, wie einst in ihrer Jugend, zu Pferde und erschien unter ihrem Gesinde. Wie der Knabe sich nur auf einem Pferde halten konnte, war er überall mit, und die tätige, schaffende, heischende Seele seiner Mutter floß allgemach in ihn. Diese Seele griff immer weiter um sich, der Himmel des Erschaffens senkte sich in sie; grüne Hügel schwellten sich, Quellen rannen, Reben flüsterten, und in das öde Steinfeld war ein kraftvoll weiterschreitend Heldenlied gedichtet. Und die Dichtung trug, wie sie tut, auch ihren Segen. Manche ahmten nach, es erhob sich der Verein, Entferntere wurden begeistert, und hie und da auf der öden, blinden Haide schlug sich ein menschlich freies Walten wie ein schönes Auge auf.

Nach fünfzehn Jahren, während welchen Brigitta auf Maroshely hauste, kam der Major, indem er seinen Landsitz Uwar, wo er sonst nie gewesen war, bezog. Von diesem Weibe lernte er, wie er mir selber sagte, Tätigkeit und Wirken – und zu diesem Weibe faßte er jene tiefe und verspätete Neigung, von der wir oben erzählt haben.

Nachdem nun, wie am Eingange des Abschnittes erwähnt wurde, dieser Teil aus Brigittas früherem Leben erzählt ist, gehen wir wieder in der Entwicklung der Zustände weiter, wo wir sie gelassen.

Wir ritten nach Maroshely. Brigitta ist wirklich jenes reitende Weib gewesen, das mir die Pferde mitgegeben hatte. Sie erinnerte sich mit freundlichem Lächeln an unsere alte Bekanntschaft. Meine Wangen wurden rot, weil ich auf das Trinkgeld dachte. Es war niemand anderer zum Besuche da als der Major und ich. Er stellte mich als einen Reisebekannten vor, mit dem er einmal viel zusammen gewesen sei, und von dem er sich schmeichle, daß er nun von einem Bekannten in einen Freund über zu gehen im Begriffe sei. Ich erlebte die Freude – und es war mir wirklich keine unbedeutende – daß sie fast alle Dinge wußte, die sich auf mein früheres Zusammensein mit ihm bezogen, daß er ihr also viel von mir erzählt haben mußte, daß er noch mit Vorliebe bei jenen Tagen verweile, und daß sie es der Mühe wert hielt, sich diese Sache zu merken.

Sie sagte, sie wolle mich nicht in ihrem Schlosse und in ihren Feldern herum führen, ich werde das gelegentlich sehen, wenn wir spazieren gehen, und wenn ich oft genug von Uwar werde herüber gekommen sein, wozu sie mich höflich einlade.

Dem Major machte sie einen Vorwurf, warum er denn so lange nicht herüber gekommen sei. Er entschuldigte sich mit den vielen Geschäften, und hauptsächlich damit, daß er ohne mich nicht herüber reiten wollte, und daß er doch vorher erst sehen wollte, wie sehr oder wie wenig ich zu seiner Freundin passe.

Wir gingen in einen großen Saal, in dem wir ein wenig ausruhten. Der Major zog eine Schreibtafel hervor und fragte sie um mehrere Dinge, die sie klar und einfach beantwortete, und von denen er sich manche aufzeichnete. Auch sie fragte dann um Verschiedenes, was sich auf manchen Nachbar, auf die Geschäfte des Augenblickes, oder auf den künftigen Landtag bezog. Ich sah bei dieser Gelegenheit, mit welch tiefem Ernste sie die Dinge behandelten, und welche Aufmerksamkeit der Major auf ihre Meinungen legte. Wo sie in etwas unsicher war, gestand sie ihre Unwissenheit und bat den Major um Berichtigung.

Als wir ausgeruht hatten und der Major die Schreibtafel einsteckte, standen wir auf, um in den Besitzungen einen Spaziergang zu machen. Hier redete man häufig von den Veränderungen, die erst jüngst in ihrem Hause entstanden waren. Wenn sie hiebei auf Dinge seines Hauses kam, war es mir, als läge eine Art Zärtlichkeit darinnen, wie sie sich um dieselben bekümmerte. Sie zeigte ihm den neuen hölzernen Säulengang am Gartengeschosse des Hauses und fragte, ob sie Reben hinan ziehen solle; an seinen Hoffenstern, meinte sie, ließe sich auch so ein Ding anbringen, wo es sich in der Spätherbstsonne recht angenehm sitze. Sie führte uns in den Park, der vor zehn Jahren ein wüster Eichenwald gewesen war; jetzt gingen Wege durch, flossen eingehegte Quellen und wandelten Rehe. Sie hatte durch unsägliche Ausdauer um den ungeheuren Umfang desselben eine hohe Mauer gegen die Wölfe aufführen lassen. Das Geld hiezu zog sie langsam aus ihrem Viehstande und aus den Maisfeldern, deren Pflege sie sehr empor gebracht hatte. Als die Einhegung fertig war, ging man in einem geschlossenen Jagen Schritt für Schritt durch jede Stelle des Parkes, um zu sehen, ob man nicht etwa einen Wolf zu künftiger Brut mit eingemauert habe. Aber es war keiner zugegen. Dann erst wurden Rehe in die Einhegung gesetzt und für anderes Vorkehrungen gemacht. Die Rehe, schien es, wußten das alles und dankten ihr dafür; denn wenn wir manches bei unserem Gange sahen, war es nicht scheu und blickte mit den dunkeln, glänzenden Augen gegen uns herüber. Brigitta führte ihre Gäste und Freunde recht gerne durch den

Park, weil sie ihn liebte. Wir kamen oben auch zur Anlage der Fasanen. Wie wir so durch die Wege gingen und weiße Wolken durch die Eichenwipfel herein schauten, gewann ich Gelegenheit, Brigitta zu betrachten. Ihre Augen, schien es mir, waren noch schwärzer und glänzender als die der Rehe, und mochten heute besonders hell strahlen, weil der Mann an ihrer Seite ging, der ihr Wirken und Schaffen zu würdigen verstand. Ihre Zähne waren schneeweiß, und der für ihre Jahre noch geschmeidige Wuchs zeugte von unverwüstlicher Kraft. Da sie den Major erwartet hatte, war sie in Frauenkleidern und hatte ihre Geschäfte bei Seite gesetzt, weil sie den Tag für uns widmete.

Unter Gesprächen der verschiedensten Art, von der Zukunft des Landes, von Hebung und Verbesserung des gemeinen Mannes, von Bearbeitung und Benützung des Bodens, von Ordnung und Einschränkung des Donaustromes, von ausgezeichneten Persönlichkeiten der Vaterlandsfreunde, kamen wir durch den größten Teil des Parkes, da sie uns, wie ich schon oben sagte, nicht durch ihre Besitzungen herum führen, sondern uns nur Gesellschaft leisten wollte. Da wir zu dem Hause zurückkehrten, war es Essenszeit. Zum Mahle kam auch Gustav, der Sohn Brigittas, mit ziemlich verbrannten Wangen, ein lieblich schlanker Jüngling, eine Blume von Gesundheit. Er hatte heute an der Stelle der Mutter die Felder besucht und die Arbeiten eingeteilt, und berichtete ihr jetzt manches mit kurzen Worten. Bei Tische saß er horchend und bescheiden unten an; in seinen schönen Augen lag Begeisterung für die Zukunft und unendliche Güte für die Gegenwart. Da auch, wie bei dem Major, das Gesinde mit an dem Tische saß, so bemerkte ich meinen Freund Milosch, der mich zum Zeichen alter Bekanntschaft grüßte.

Der größte Teil des Nachmittages verging mit Besichti-

gung mehrerer Veränderungen, die dem Major neu waren, mit einer Runde im Garten und mit einem Gange durch den Weinberg.
Gegen Abend nahmen wir Abschied. Da wir unsere Kleider zusammen suchten, machte Brigitta dem Major einen Vorwurf, daß er neulich in der Nachtluft von Gömör weg in leichten Kleidern nach Hause geritten sei – ob er denn nicht wisse, wie tückisch die Tauluft dieser Ebene sei, daß er sich so aussetze?! Er verteidigte sich nicht, und sagte, er werde in Zukunft schon vorsichtiger sein. Ich aber wußte recht gut, daß er damals seine Bunda Gustav aufgenötigt hatte, der ohne eine gekommen war, und dem er vorgelogen hatte, daß er noch eine andere im Stalle liegen habe. Dieses Mal aber schieden wir mit allem hinlänglich versorgt und verwahrt. Brigitta selbst bekümmerte sich um jedes, und ging erst in das Haus zurück, als wir schon in unsern dichten Oberkleidern zu Pferde saßen und der Mond aufging. Sie hatte dem Major noch ein paar Aufträge gegeben, und beurlaubte sich dann mit einfacher, edler Freundlichkeit.
Die Gespräche der zwei Menschen waren den ganzen Tag über ruhig und heiter gewesen, aber mir schien es, als zitterte eine heimliche Innigkeit durch, der sich beide schämten Raum zu geben, wahrscheinlich, weil sie sich für zu alt hielten. Auf dem Rückwege aber sagte der Major zu mir, als ich mich einiger wahrhafter, aufrichtiger Lobesworte auf diese Frau nicht enthalten konnte: »Freund! ich bin oft in meinem Leben heiß begehrt worden, ob auch so geliebt, weiß ich nicht; aber die Gesellschaft und die Achtung dieser Frau ist mir ein größeres Glück auf dieser Welt geworden als jedes andere in meinem Leben, das ich für eines gehalten habe.«
Er hatte diese Worte ohne alle Leidenschaft gesagt, aber mit einer solchen Ruhe der Gewißheit, daß ich in meinem Herzen von der Wahrheit derselben vollständig über-

zeugt war. Mir geschah es in diesem Augenblicke beinahe, was sonst nicht meine Art ist, daß ich den Major um diese Freundschaft und um sein häusliches Wirken beneidete; denn ich hatte damals recht auf der ganzen Welt nichts Festes, um mich daran zu halten, als etwa meinen Wanderstab, den ich wohl in Bewegung setzte, dieses und jenes Land zu sehen, der aber doch nicht recht nachhalten wollte.
Als wir nach Hause kamen, trug mir der Major an, daß ich noch den Sommer und Winter bei ihm zubringen möchte. Er hatte begonnen, mich mit größerer Vertraulichkeit zu behandeln und mich tiefer in sein Leben und sein Herz blicken zu lassen, daß ich eine große Liebe und Neigung zu dem Manne faßte. Ich sagte also zu. Und da ich dieses nun einmal getan hätte, sagte er, so wolle er mir auch sogleich einen Geschäftszweig seines Hauses auftragen, den ich ständig besorgen sollte – es würde mich nicht reuen, sagte er, und würde mir gewiß in der Zukunft von Nutzen sein. Ich willigte ebenfalls ein, und in der Tat, es war mir von Nutzen. Daß ich nun einen Hausstand habe, daß ich eine liebe Gattin habe, für die ich wirke, daß ich nun Gut um Gut, Tat um Tat in unsern Kreis herein ziehe, verdanke ich dem Major. Als ich einmal ein Teil jenes einträchtigen Wirkens war, das er entfaltete, wollte ich doch die Sache so gut machen, als ich konnte, und da ich mich übte, machte ich sie immer besser, ich war nütze und achtete mich – und da ich die Süßigkeit des Schaffens kennen lernte, erkannte ich auch, um wie viel mehr wert sei, was ein gegenwärtig Gutes setzt, als das bisherige Hinschlendern, das ich Erfahrungen sammeln nannte, und ich gewöhnte mich an Tätigkeit.
So ging die Zeit nach und nach hin, und ich war unendlich gerne in Uwar und seiner Umgebung.
Ich kam in diesen Verhältnissen öfter nach Maroshely.

Man achtete mich, und ich war fast wie ein Glied der Familien und lernte die Sachlage immer besser kennen. Von einer unheimlichen Leidenschaft, von einem fieberhaften Begehren, oder gar von Magnetismus, wie ich gehört hatte, war keine Spur. Dagegen war das Verhältnis zwischen dem Major und Brigitta von ganz merkwürdiger Art, daß ich nie ein ähnliches erlebt habe. Es war ohne Widerrede das, was wir zwischen Personen verschiedenen Geschlechtes Liebe nennen würden, aber es erschien nicht als solches. Mit einer Zartheit, mit einer Verehrung, die wie an die Hinneigung zu einem höheren Wesen erinnerte, behandelte der Major das alternde Weib; sie war mit sichtlicher innerlicher Freude darüber erfüllt, und diese Freude, wie eine späte Blume, blühte auf ihrem Antlitze und legte einen Hauch von Schönheit darüber, wie man es kaum glauben sollte, aber auch die feste Rose der Heiterkeit und Gesundheit. Sie gab dem Freunde dieselbe Achtung und Verehrung zurück, nur daß sich zuweilen ein Zug von Besorgnis um seine Gesundheit, um seine kleinen Lebensbedürfnisse und dergleichen einmischte, der doch wieder dem Weibe und der Liebe angehörte. Über dieses hinaus ging das Benehmen beider nicht um ein Haar – und so lebten sie neben einander fort.

Der Major sagte einmal zu mir, daß sie in einer Stunde, wo sie, wie es selten zwischen Menschen geschieht, mit einander inniger über sich selber sprachen, festgesetzt haben, daß Freundschaft der schönsten Art, daß Aufrichtigkeit, daß gleiches Streben und Mitteilung zwischen ihnen herrschen sollte, aber weiter nichts; an diesem sittlich festen Altare wollen sie stehen bleiben, vielleicht glücklich bis zum Lebensende – sie wollen keine Frage weiter an das Schicksal tun, daß es keinen Stachel habe und nicht wieder tückisch sein möge. Dies sei nun schon mehrere Jahre so, und werde so bleiben.

Das hatte der Major zu mir gesagt – allein in einiger Zeit darauf tat das ungefragte Schicksal von selber eine Antwort, die alles schnell und auf unerwartete Art lösete.
Es war schon sehr spät im Herbste, man könnte sagen, zu Anfang Winters, ein dichter Nebel lag eines Tages auf der bereits festgefrornen Haide, und ich ritt eben mit dem Major auf jenem neugebauten Wege mit der jungen Pappelallee, wir hatten vor, vielleicht ein wenig zu jagen, als wir plötzlich durch den Nebel herüber zwei dumpfe Schüsse fallen hörten.
»Das sind meine Pistolen, und keine andern«, rief der Major.
Ehe ich etwas begreifen und fragen konnte, sprengte er schon die Allee entlang, so furchtbar, wie ich nie ein Pferd habe laufen gesehen, ich folgte ihm nach, weil ich ein Unglück ahnete, und als ich wieder zu ihm kam, traf ich auf ein Schauspiel, so gräßlich und so herrlich, daß noch jetzt meine Seele schaudert und jauchzt: an der Stelle, wo der Galgen steht und der Binsenbach schillert, hatte der Major den Knaben Gustav gefunden, der sich nur noch matt gegen ein Rudel Wölfe wehrte. Zwei hatte er erschossen, einen, der vorne an sein Pferd gesprungen war, wehrte er mit seinem Eisen, die andern bannte er für den Augenblick mit der Wut seiner vor Angst und Wildheit leuchtenden Augen, die er auf sie bohrte; aber harrend und lechzend umstanden sie ihn, daß eine Wendung, ein Augenzucken, ein Nichts Grund werden könne, mit eins auf ihn zu fallen – da, im Augenblicke der höchsten Not, erschien der Major. Als ich ankam, war er schon wie ein verderblich Wunder, wie ein Meteor, mitten unter ihnen – der Mann war fast entsetzlich anzuschauen, ohne Rücksicht auf sich, fast selber wie ein Raubtier warf er sich ihnen entgegen. Wie er von dem Pferde gekommen war, hatte ich nicht gesehen, da ich später ankam; den Knall seiner Doppelpistole hatte ich

gehört, und wie ich auf dem Schauplatze erschien, glänzte sein Hirschfänger gegen die Wölfe, und er war zu Fuß. Drei – vier Sekunden mochte es gedauert haben, ich hatte bloß Zeit, mein Jagdgewehr unter sie abzudrücken, und die unheimlichen Tiere waren in den Nebel zerstoben, als wären sie von ihm eingetrunken worden.

»Ladet,« schrie der Major, »sie werden gleich wieder hier sein.«

Er hatte die weggeschleuderten Pistolen aufgerafft und stieß die Patronen hinein. Wir luden auch, und in dem Augenblicke, da wir ein wenig still waren, vernahmen wir den unheimlichen Trab um die Galgeneiche herum. Es war klar, die hungrigen, geängsteten Tiere umkreisten uns, bis ihnen wieder etwa der Mut zum Angriffe gewachsen sein würde. Eigentlich sind diese Tiere, wenn sie nicht von dem Hunger gespornt werden, feig. Wir waren zu einer Wolfsjagd nicht gerüstet, der unselige Nebel lag dicht vor unsern Augen, daher schlugen wir den Weg zu dem Schlosse ein. Die Pferde schossen in Todesangst dahin, und da wir so ritten, sah ich es mehr als einmal wie einen jagenden Schatten neben mir, grau im grauen Nebel. In unsäglicher Geduld eilte die Herde neben uns. Wir mußten in steter Bereitschaft sein. Von dem Major fiel einmal links ein Schuß, aber wir erkannten nichts, zum Reden war keine Zeit, und so langten wir an dem Parkgitter an, und wie wir hinein drangen, brachen die edlen, schönen, dahinter harrenden Doggen neben uns heraus, und in demselben Augenblicke scholl auch schon aus dem Nebel ihr wütendes Heulen, hinter den Wölfen haidewärts schweifend.

»Sitzt alle auf,« rief der Major den entgegen eilenden Knechten zu, »laßt alle Wolfshunde los, daß meine armen Doggen nichts leiden. Bietet die Nachbarn auf und jagt, so viel Tage ihr wollt. Ich gebe für jeden toten Wolf das doppelte Schußgeld, die ausgenommen, die an der

Galgeneiche liegen; denn die haben wir selbst getötet. An der Eiche liegt vielleicht auch eine der Pistolen, die ich voriges Jahr an Gustav geschenkt habe, denn ich sehe nur eine in seiner Hand, und das Sattelfach der andern ist leer; seht zu, ob es so ist.«

»Seit fünf Jahren«, sagte er zu mir gewendet, da wir im Parke weiter ritten, »hat sich kein Wolf so nahe zu uns gewagt, und es war sonst ganz sicher hier. Es muß einen harten Winter geben, und er muß in den nördlichen Ländern schon begonnen haben, daß sie sich bereits so weit herab drücken.«

Die Knechte hatten den Befehl des Herrn vernommen, und in weniger Zeit, als es mir glaublich schien, war ein Haufen Jäger ausgerüstet, und das Geschlecht jener schönen zottigen Hunde war neben ihnen, das den ungarischen Haiden eigen und für sie so unentbehrlich ist. Man beredete sich, wie man die Nachbarn abholen wolle, und dann gingen sie fort, um eine Jagd einzuleiten, von der sie erst in acht, vierzehn oder noch mehreren Tagen zurückkehren würden.

Wir hatten alle drei, ohne von den Pferden zu steigen, dem größten Teil dieser Anstalten zugeschaut. Als wir uns aber von den Wirtschaftsgebäuden dem Schlosse zuwendeten, sahen wir, daß Gustav doch verwundet sei. Als wir nämlich unter dem Torbogen anlangten, von wo wir in unsere Zimmer wollten, wandelte ihn eine Übelkeit an, und er drohte von dem Pferde zu sinken. Einer von den Leuten fing ihn auf und hob ihn herunter, da sahen wir, daß die Lenden des Tieres von Blut gefärbt waren. Wir brachten ihn in eine Wohnung des Erdgeschosses, die gegen den Garten hinaus ging, der Major befahl sogleich, Feuer in den Kamin zu machen und das Bett zu bereiten. Als indessen die schmerzende Stelle entblößt worden war, untersuchte er selber die Wunde. Es war ein leichter Biß im Schenkel, ohne Gefahr, nur der Blutverlust und die vorhergegangene Aufregung ließ jetzt den Jüngling mit Ohnmachten kämpfen. Er ward in das Bett gebracht und sofort ein Bote an den Arzt und einer an Brigitta abgefertigt. Der Major blieb bei dem Bette und sorgte, daß keine der Ohnmachten überhand nehmen könne. Als der Arzt kam, gab er ein stärkendes Mittel, erklärte die Sache für durchaus ungefährlich, und sagte, daß der Blutverlust selber ein Heilmittel gewesen sei, da er die Heftigkeit der Entzündung mindere, die sonst solchen Bißwunden gerne folge. Das einzige Krankheitsübel sei die Gewalt der Gemütsbewegung, und ein paar Tage Ruhe werde das Fieber und die Abspannung gänzlich heben. Man war beruhigt und erfreut, und der Arzt schied unter den Danksagungen aller; denn es war keiner, der den Knaben nicht liebte. Gegen Abend erschien Brigitta, und nach ihrer entschlossenen Art ruhte sie nicht eher, als bis sie den Körper ihres Sohnes Glied um Glied geprüft und sich überzeugt hatte, daß außer der Bißwunde nichts vorhanden sei, das ein Übel drohen könnte. Als die Untersuchung vorüber war, blieb sie doch noch an dem Bette sitzen und reichte nach der Vorschrift des Arztes die Arznei. Für die Nacht mußte ihr ein schnell zusammengerafftes Bette in dem Krankenzimmer gemacht werden. Am andern Morgen saß sie wieder neben dem Jünglinge und horchte auf seinen Atem, da er schlief und so süß und erquickend schlief, als wolle er nie mehr erwachen. – Da geschah ein herzerschütternder Auftritt. Ich sehe den Tag noch vor Augen. Ich war hinab gegangen, um mich nach dem Befinden Gustavs zu erkundigen, und trat in das Zimmer, das neben dem Krankengemache befindlich war, ein. Ich habe schon gesagt, daß die Fenster gegen den Garten hinaus gingen: die Nebel hatten sich gehoben, und eine rote Wintersonne schaute durch die entlaubten Zweige in das Zimmer herein. Der Major war schon zugegen, er stand an dem Fenster, das

Angesicht gegen das Glas gekehrt, als sähe er hinaus. Im Krankengemache, durch dessen Tür ich hinein schaute, und dessen Fenster durch ganz leichte Vorhänge etwas verdunkelt war, saß Brigitta und sah auf ihren Sohn. Plötzlich entrang sich ihren Lippen ein freudiger Seufzer, ich blickte genauer hin und sah, daß ihr Auge mit Süßigkeit an dem Antlitze des Knaben hänge, der die seinigen offen hatte; denn er war nach langem Schlafe aufgewacht und schaute heiter um sich. Aber auch auf der Stelle, wo der Major gestanden war, hatte ich ein leichtes Geräusch vernommen, und wie ich hinblickte, sah ich, daß er sich halb umgewendet hatte, und daß an seinen Wimpern zwei harte Tropfen hingen. Ich ging gegen ihn und fragte ihn, was ihm sei. Er antwortete leise: »Ich habe kein Kind.«

Brigitta mußte mit ihrem scharfen Gehöre die Worte vernommen haben; denn sie erschien in diesem Augenblicke unter der Tür des Zimmers, sah sehr scheu auf meinen Freund, und mit einem Blicke, den ich nicht beschreiben kann, und der sich gleichsam in der zaghaftesten Angst nicht getraute, eine Bitte auszusprechen, sagte sie nichts als das einzige Wort: »Stephan.«

Der Major wendete sich vollends herum – beide starrten sich eine Sekunde an – nur eine Sekunde – dann aber vorwärts tretend lag er eines Sturzes in ihren Armen, die sich mit maßloser Heftigkeit um ihn schlossen. Ich hörte nichts als das tiefe, leise Schluchzen des Mannes, wobei das Weib ihn immer fester umschlang und immer fester an sich drückte.

»Nun keine Trennung mehr, Brigitta, für hier und die Ewigkeit.«

»Keine, mein teurer Freund!«

Ich war in höchster Verlegenheit und wollte stille hinaus gehen; aber sie hob ihr Haupt und sagte: »Bleiben Sie, bleiben Sie.«

Das Weib, das ich immer ernst und strenge gesehen hatte, hatte an seinem Halse geweint. Nun hob sie, noch in Tränen schimmernd, die Augen – und so herrlich ist das Schönste, was der arme, fehlende Mensch hienieden vermag, das Verzeihen – daß mir ihre Züge wie in unnachahmlicher Schönheit strahlten und mein Gemüt in tiefer Rührung schwamm.

»Arme, arme Gattin,« sagte er beklommen, »fünfzehn Jahre mußte ich dich entbehren, und fünfzehn Jahre warst du geopfert.«

Sie aber faltete die Hände und sagte bittend in sein Antlitz blickend: »Ich habe gefehlt, verzeihe mir, Stephan, die Sünde des Stolzes – ich habe nicht geahnt, wie gut du seist – es war ja bloß natürlich, es ist ein sanftes Gesetz der Schönheit, das uns ziehet.« – –

Er hielt ihr den Mund zu und sagte: »Wie kannst du nur so reden, Brigitta – ja, es zieht uns das Gesetz der Schönheit, aber ich mußte die ganze Welt durchziehen, bis ich lernte, daß sie im Herzen liegt, und daß ich sie daheim gelassen in einem Herzen, das es einzig gut mit mir gemeint hat, das fest und treu ist, das ich verloren glaubte, und das doch durch alle Jahre und Länder mit mir gezogen. – O Brigitta, Mutter meines Kindes! Du standest Tag und Nacht vor meinen Augen.«

»Ich war dir nicht verloren,« antwortete sie, »ich habe traurige, reuevolle Jahre verlebt! – Wie bist du gut geworden, jetzt kenne ich dich, wie bist du gut geworden, Stephan!«

Und wieder stürzten sie sich in die Arme, als könnten sie sich nicht ersättigen, als könnten sie an das gewonnene Glück nicht glauben. Sie waren wie zwei Menschen, von denen eine große Last genommen ist. Die Welt stand wieder offen. Eine Freude, wie man sie nur an Kindern findet, war an ihnen – in dem Augenblicke waren sie auch unschuldig wie die Kinder; denn die reinigendste, die allerschönste Blume der Liebe, aber nur der höchsten Liebe, ist das Verzeihen, darum wird es auch immer an Gott gefunden und an Müttern. Schöne Herzen tun es öfter – schlechte nie.

Die zwei Gatten hatten mich wieder vergessen und wandten sich in das Krankenzimmer, wo Gustav, der das Ganze dunkel ahnte, wie eine glühende, blühende Rose lag und ihnen atemlos entgegen harrte.

»Gustav, Gustav, er ist dein Vater, und du hast es nicht gewußt«, rief Brigitta, als sie über die Schwelle in das verdunkelte Zimmer traten.

Ich aber ging in den Garten hinaus und dachte: ›O wie heilig, o wie heilig muß die Gattenliebe sein, und wie arm bist du, der du von ihr bisher nichts erkanntest und das Herz nur höchstens von der trüben Lohe der Leidenschaft ergreifen ließest.‹ – –

Erst spät ging ich in das Schloß zurück, und fand alles gelöset und gelüftet. Geschäftige Freude, wie heiterer Sonnenschein, wehte durch alle Zimmer. Man empfing mich mit offenen Armen als Zeugen des schönsten Auftrittes. Man hatte mich schon allenthalben suchen lassen, da ich ihnen, als sie zu sehr mit sich beschäftigt waren, aus den Augen gekommen war. Sie erzählten mir teils gleich in abgebrochenen Sätzen, teils die folgenden Tage im Zusammenhange alles, was sich zugetragen hatte, und was ich oben angemerkt habe.

Mein Reisefreund war also Stephan Murai gewesen. Er war unter dem Namen Bathori, der einem seiner weiblichen Vorfahren gehörte, gereiset. So hatte ich ihn auch gekannt, aber er ließ sich immer Major nennen, welchen Rang er in Spanien erworben hatte, und alle Welt nannte ihn auch den Major. Da er in der ganzen Welt gewesen war, ging er, von seinem Innern gezogen, unter demselben Namen nach dem wüsten Sitze Uwar, wo er nie gewesen war, wo ihn niemand kannte, und wo er, wie er recht gut wußte, der Nachbar seines getrennten Weibes werden würde. Gleichwohl kam er nicht zu ihr hinüber, die schon so schön auf Maroshely waltete, bis der Ruf die Kunde ihrer Todeskrankheit zu ihm trug. Da machte er sich auf, ritt hinüber, trat zu ihr, die ihn vor Fieber nicht kannte, blieb Tag und Nacht bei ihrem Bette, wachte über sie und pflegte sie, bis sie genas. Damals, durch den gegenseitigen Anblick gerührt und von leiser Liebe getrieben, aber dennoch ängstlich vor der Zukunft, weil sie sich nicht kannten, und weil sich wieder etwas Fürchterliches zutragen könnte, schlossen sie jenen seltsamen Vertrag der bloßen Freundschaft, den sie Jahre lang hielten, und den bisher keines zuerst anzurühren wagte, bis ihn das Geschick durch einen scharfen Schnitt, den es in beider Herzen tat, trennte und zu dem schöneren, natürlicheren Bunde wieder zusammen fügte.

Alles war nun gut.

Nach vierzehn Tagen wurde es in der Gegend kund getan, und die lästigen Glückwünscher kamen von nahe und von ferne.

Ich aber blieb noch den ganzen Winter bei den Leuten, und zwar auf Maroshely, wo vorläufig alles wohnte, und von wo der Major im Sinne hatte Brigitta nie fort zu ziehen, weil sie da in Mitte ihrer Schöpfung sei. Am freudigsten war schier Gustav, der immer so an dem Major gehangen war, der ihn immer leidenschaftlich und einseitig den herrlichsten Mann dieser Erde nannte, und der ihn nun als Vater verehren durfte, ihn, an dem sein Auge wie an einer Gottheit hing.

Ich habe jenes Winters zwei Herzen kennen gelernt, die sich nun erst recht zu einer vollen, wenn auch verspäteten Blume des Glückes aufschlossen.

Ich werde diese Herzen nie, nie vergessen! – –

Im Frühjahr nahm ich wieder mein deutsches Gewand, meinen deutschen Stab und wanderte dem deutschen Vaterlande zu. Ich sah auf dem Rückwege Gabrielens Grabmal, die schon vor zwölf Jahren im Gipfel ihrer jugendlichen Schönheit gestorben war. Auf dem Marmor standen zwei große weiße Lilien.

Mit trüben, sanften Gedanken zog ich weiter, bis die Leitha überschritten war und die lieblichen blauen Berge des Vaterlandes vor meinen Augen dämmerten.

DER HAGESTOLZ

ooooooooooooooooooooooooooooooooooooooooooooooooooooooooooooo

I. GEGENBILD

Auf einem schönen grünen Platze, der bergan steigt, wo Bäume stehen und Nachtigallen schlagen, gingen mehrere Jünglinge in dem Brausen und Schäumen ihres jungen, kaum erst beginnenden Lebens. Eine glänzende Landschaft war rings um sie geworfen. Wolkenschatten flogen, und unten in der Ebene blickten die Türme und Häuserlasten einer großen Stadt.
Einer von ihnen rief die Worte: »Es ist nun für alle Ewigkeit ganz gewiß, daß ich nie heiraten werde.«
Es war ein schlanker Jüngling mit sanften, schmachtenden Augen, der dieses gesagt hatte. Die andern achteten nicht sonderlich darauf, mehrere lachten, knickten Zweige, bewarfen sich und schritten weiter.
»Ha, wer wird denn heiraten,« sagte einer, »die lächerlichen Bande eines Weibes tragen und wie der Vogel auf den Stangen eines Käfiches sitzen?«
»Ja, du Narr, aber tanzen, verliebt sein, sich schämen, rot werden, gelt?« rief ein dritter, und es erschallte wieder Gelächter.
»Dich nähme ohnehin keine.«
»Dich auch nicht.«
»Was liegt daran?«
Die nächsten Worte waren nicht mehr verständlich. Es kam noch durch die Stämme der Bäume ein lustiges Rufen zurück und dann nichts mehr; denn die Jünglinge gingen bereits auf der schiefen Fläche, die sich von dem

Platze weg zieht, empor und setzten die Gebüsche der Fläche in Bewegung. Rüstig schritten sie in der funkelnden Sonne hinan, ringsum sind grünende Zweige, und auf ihren Wangen und in ihren Augen leuchtet die ganze unerschütterliche Zuversicht in die Welt. Um sie herum liegt der Frühling, der eben so unerfahren und zuversichtlich ist wie sie.

Der Jüngling, aus dessen Munde der Entschluß der Nichtvermählung hervor gegangen war, hatte in der Sache nichts mehr gesprochen, und sie war vergessen.

Ein neues Geplauder und ein fröhliches Sprechen tanzte von den beweglichen Zungen. Sie redeten zuerst von allem und oft alle zugleich. Dann reden sie von dem Höchsten, dann von dem Tiefsten und haben beides schnell erschöpft. Dann kommt der Staat. Es wird in ihm die unendlichste Freiheit vorgeschlagen, die größte Gerechtigkeit und unbeschränkteste Duldsamkeit. Wer gegen dieses ist, wird niedergeworfen und besiegt. Der Landesfeind muß zerschmettert werden, und von dem Haupte der Helden leuchtet dann der Ruhm. Während sie so, wie sie meinten, von dem Großen redeten, geschieht um sie her, wie sie ebenfalls meinten, nur das Kleine; es grünen weithin die Büsche, es keimt die brütende Erde und beginnt mit ihren ersten Frühlingstierchen wie mit Juwelen zu spielen.

Hierauf singen sie ein Lied, dann jagen sie sich, stoßen sich gegenseitig in den Hohlweg oder ins Gebüsch, schneiden Ruten und Stäbe, und kommen dabei immer höher auf den Berg und über die Wohnungen der Menschen.

Wir müssen hier bemerken: welch ein rätselhaftes, unbeschreibliches, geheimnisreiches, lockendes Ding ist die Zukunft, wenn wir noch nicht in ihr sind – wie schnell und unbegriffen rauscht sie als Gegenwart davon – und wie klar, verbraucht und wesenlos liegt sie dann als Vergangenheit da! Alle diese Jünglinge stürmen schon in sie

hinein, als könnten sie dieselbe gar nicht erwarten. Der eine prahlt mit Dingen und Genüssen, die über seine Jahre gehen, der andere tut langweilig, als hätte er schon alles erschöpft, und der dritte redet Worte, die er bei seinem Vater Männer und Greise hatte reden gehört. Dann haschen sie nach einem vorüberflatternden Schmetterlinge und finden auf dem Wege einen bunten Stein.
Immer höher streben sie hinauf. Oben an dem Waldesrande schauen sie auf die Stadt zurück. Sie sehen allerlei Häuser und Gebäude, und wetten, ob sie es sind oder nicht. Dann dringen sie in die Schatten der Buchen hinein.
Der Wald geht fast mit ebenem Boden dahin. Jenseits desselben aber steigen glänzende Wiesen mit einzelnen Fruchtbäumen besetzt in ein Tal hinab, das still und heimlich um die Bergeswölbungen läuft und von diesen Bergen zwei spiegelhelle, dahinschießende Bäche empfängt. Die Wasser rieseln lustig über die geglätteten Kiesel, an dichten Obstwäldern, Gartenplanken und Häusern vorbei, und von dort wieder in die Weinberge hinaus. Alles dieses ist so stille, daß man in mancher klaren Nachmittagsluft weithin den Hahn krähen hört, oder den einzelnen Glockenschlag vernimmt, der von dem Turme der Kirche fällt. Selten besucht ein Städter das Tal, und noch keiner hat in demselben seine Sommerwohnung aufgeschlagen.
Unsere Freunde aber laufen mehr, als sie gehen, über die Wiese in die sanft geschwungene Wiege hinab. Lärmend kommen sie an den Gartengehegen herunter, schreiten über den ersten Steg, über den zweiten, gehen dem Wasser entlang, und dringen endlich in einen Garten hinein, der von Flieder, Nußbäumen und Linden strotzt. Es ist der Garten eines Gasthauses. Hier umringen sie einen der Tische, wie sie mit den Füßen in dem Grase stecken, aufgenagelte Platten haben und auf den Platten eingeschnittene Herzen und Namen von denen zeigen, die vorlängst an dem Tische gesessen waren. Sie bestellten sich ein

Mittagsessen, und zwar ein jeder dasjenige, was er wollte. Als sie es verzehrt hatten, spielten sie eine Weile mit einem Pudel, der sich in dem Garten vorfand, zahlten und gingen dann fort. Sie gingen durch die Mündung des Tales in ein anderes, breiteres hinaus, in welchem ein Strom fließt. An dem Strome nahmen sie ein angebundenes Schiffchen und fuhren an einer bekannt gefährlichen Stelle über, ohne daß sie es wußten. Zufällig vorübergehende Frauen erschraken sehr, als sie die jungen Leute da fahren sahen. Jenseits des Stromes dingten sie einen Mann, der den Kahn wieder zurückführen und an der Stelle anbinden sollte, wo sie ihn genommen hatten.

Dann drangen sie durch Röhrichte und Auen vor, bis sie zu einem Damme gelangten, auf dem eine Straße lief und ein Wirtshaus stand. Bei dem Wirte mieteten sie einen offenen Wagen, um nun jenseits des Stromes in die Stadt zurück zu fahren. Sie flogen an Auen, Gebüschen, Feldern, Anlagen, Gärten und Häusern vorbei, bis sie die ersten Gebäude der Vorstädte erreichten und abstiegen. Als sie ankamen, lag die Sonne, die sie heute so freundlich den ganzen Tag begleitet hatte, weit draußen am Himmel als glühende, erlöschende Kugel. Da sie untergesunken war, sahen die Freunde die Berge, auf welchen sie heute ihre Morgenfreuden genossen hatten, als einfaches blaues Band gegen den gelben Abendhimmel empor stehen.

Sie gingen nun gegen die Stadt und deren staubige, bereits dämmernde Gassen. An einem bestimmten Platze trennten sie sich und riefen einander fröhlichen Abschied zu.

»Lebe wohl«, sagte der eine.

»Lebe wohl«, antwortete der andere.

»Gute Nacht, grüße mir Rosina.«

»Gute Nacht, grüße morgen den August und Theobald.«

»Und du den Karl und Lothar.«

Es kamen noch mehrere Namen; denn die Jugend hat viele Freunde, und es werben sich täglich neue an. Sie gingen auseinander. Zwei derselben schlugen den nämlichen Weg ein, und es sagte der eine zu dem andern: »Nun, Victor, kannst du die Nacht bei mir bleiben, und morgen gehst du hinaus, sobald du nur willst. Ist es auch wirklich wahr, daß du gar nicht heiraten willst?«
»Ich muß dir nur sagen,« antwortete der Angeredete, »daß ich wirklich ganz und gar nicht heiraten werde, und daß ich sehr unglücklich bin.«
Aber die Augen waren so klar, da er dieses sagte, und die Lippen so frisch, da der Hauch der Worte über sie ging.
Die zwei Freunde schritten noch eine Strecke in der Gasse entlang, dann traten sie in ein wohlbekanntes Haus und gingen über zwei Treppen hinauf an Zimmern vorbei, die mit Menschen und Lichtern angefüllt waren. Sie gelangten in eine einsame Stube.
»So, Victor,« sagte der eine, »da habe ich dir neben dem meinen ein Bett herrichten lassen, daß du eine gute Nacht hast, die Schwester Rosina wird uns Speisen herauf schikken, wir bleiben hier und sind fröhlich. Das war ein himmlischer Tag, und ich mag sein Ende gar nicht mehr unten bei den Leuten zubringen. Ich habe es der Mutter schon gesagt; ist es nicht so recht, Victor?«
»Freilich,« entgegnete dieser, »es ist bei dem Tische deines Vaters so langweilig, wenn zwischen den Speisen so viele Zeit vergeht und er dabei so viele Lehren gibt. Aber morgen, Ferdinand, ist es nicht anders, ich muß mit Tagesanbruch fort.«
»Du kannst, sobald du willst,« antwortete Ferdinand, »du weißt, daß der Hausschlüssel innen in der Tornische liegt.«
Während dieses Gespräches begannen sie sich zu entkleiden und sich der lästigen, staubigen Stiefel zu entledigen. Ein Stück der Kleider ward hierhin, das andere dorthin

gelegt. Ein Diener brachte Lichter, und eine Magd ein Speisebrett mit reichlicher Nahrung versehen. Sie aßen schnell und ohne Auswahl. Dann schauten sie bald bei dem einen, bald bei dem andern Fenster hinaus, gingen in dem Zimmer herum, besahen die Geschenke, die Ferdinand erst gestern bekommen hatte, zählten die roten Abendwolken, kleideten sich vollends aus und legten sich auf ihre Betten. In denselben redeten sie noch fort; aber ehe einige Minuten vergingen, war keiner mehr mächtig, weder zu reden noch zu denken; denn sie lagen beide in tiefem Schlafe.

Das nämliche mochte auch mit den andern sein, welchen dieselbe Lust mit ihnen heute zu Teil geworden war. – –

Während die Jünglinge diesen Tag so gefeiert hatten, war auf einer anderen Stelle etwas anderes gewesen: Ein Greis hatte den Tag damit zugebracht, daß er im Sonnenscheine auf der Bank vor seinem Hause gesessen war. Weit von dem grünen Baumplatze, wo die Nachtigallen geschlagen und die Jünglinge so fröhlich gelacht hatten, lag hinter den glänzenden blauen Bergen, die die Aussicht des Platzes besäumten, eine Insel mit dem Hause. Der Greis saß an dem Hause und zitterte vor dem Sterben. Man hätte ihn vorher schon viele Jahre können sitzen sehen, wenn er überhaupt gerne Augen zugelassen hätte, ihn zu sehen. Weil er kein Weib gehabt hatte, saß an dem Tage keine alte Gefährtin neben ihm auf der Bank, so wie an allen Orten, wo er vor der Erwerbung des Inselhauses gewesen sein mag, nie eine Gattin bei ihm war. Er hatte nie Kinder gehabt und nie eine Qual oder Freude an Kindern erlebt, es trat daher keines in den Schatten, den er von der Bank auf den Sand warf. In dem Hause war es sehr schweigsam, und wenn er zufällig hinein ging, schloß er die Tür selbst, und wenn er herausging, öffnete er sie wieder selbst. Während die Jünglinge auf ihrem Berge emporgestrebt waren und ein wimmelndes Leben und dichte Freude sie umgab, war er auf seiner Bank gesessen, hatte auf die an Stäbe gebundenen Frühlingsblumen geschaut, und die leere Luft und der vergebliche Sonnenschein hatten um ihn gespielt. Als die Jünglinge nach Vollbringung des Tages auf ihr Lager gesunken und in Schlummer verfallen waren, lag er auch in seinem Bette, das in einer wohlverwahrten Stube stand, und drückte die Augen zu, damit er schlafe. –

Die nämliche Nacht ging mit dem kühlen Mantel aller ihrer Sterne gleichgültig herauf, ob junge Herzen sich des entschwundenen Tages gefreut und nie an einen Tod gedacht hatten, als wenn es keinen gäbe – oder ob ein altes sich vor gewalttätiger Verkürzung seines Lebens fürchtete und doch schon wieder dem Ende desselben um einen Tag näher war.

2. EINTRACHT

Als das erste blasse Licht des andern Tages leuchtete, ging Victor schon in den noch öden Gassen der Stadt dahin, daß seine Tritte hallten. Es war anfänglich noch kein Mensch zu erblicken; dann begegnete ihm manche verdrießliche, verschlafene Gestalt, die zu früher Arbeit mußte; und ein beginnendes fernes Wagenrasseln zeigte, daß man schon anfange, Lebensmittel in die große, bedürfende Stadt zu führen. Er strebte dem Stadttore zu. Außer demselben wurde er von dem kühlen, feuchten Grün der Felder empfangen. Der erste Sonnenrand zeigte sich am Erdsaume, und die Spitzen der nassen Gräser hatten rotes und grünes Feuer. Die Lerchen wirbelten freudig in der Luft, während die nahe Stadt, die doch sonst so lärmte, fast noch völlig stumm war.

Als er sich außer den Mauern fühlte, schlug er sogleich einen Weg durch die Felder gegen jenen grünen Baumplatz ein, von welchem wir sagten, daß gestern dort die Nachtigallen geschlagen und die Jünglinge gescherzt hatten. Er erreichte ihn nach einer nicht ganz zweistündigen Wanderung. Von da machte er den nämlichen Weg wie gestern mit den Freunden. Er stieg die schiefe Berglehne mit den Gebüschen hinan, er kam an den Rand des Waldes, sah sich da nicht um, drang unter die Bäume ein, eilte fort und stieg dann über die Wiese mit den Fruchtbäumen in das Tal hinab, von dem wir sagten, daß es so stille ist, und daß in demselben die zwei spiegelnden Bäche rinnen.

Als er in dem Grunde des Tales angekommen war, ging er über den ersten Steg, nur daß er heute, gleichsam wie zu einer Begrüßung, ein wenig auf die glänzenden Kiesel hinab sah, über welche das Wasser dahin rollte. Dann ging er über den zweiten Steg und ging an dem Wasser dahin. Aber er ging heute nicht bis zu dem Gasthausgarten, in welchem sie gestern gegessen hatten, sondern viel früher bog er an einer Stelle, wo ein großer Fliederbusch stand, der seine Äste und Wurzeln mit dem Wasser spielen ließ, von dem Wege ab und ging in den Flieder und das Gebüsche hinein. Dort war eine aschgraue Gartenplanke, die ihre Farbe von den unzähligen Regen und Sonnenstrahlen erhalten hatte, und in der Planke war ein kleines Türchen. Das Türchen öffnete Victor und ging hinein. Es war wie ein Gartenplatz hier, und etwas ferner auf dem Platze blickte die lange weiße Wand eines niederen Hauses, sich sanft von Holundergesträuchen und Obstbäumen abhebend, herüber. Das Haus hatte glänzende Fenster, und hinter denselben hingen ruhige weiße Vorhänge nieder.

Victor ging an dem Gebüschrande gegen die Wohnung zu. Als er auf den freien Sandplatz vor dem Hause gekommen war, auf dem der Brunnen stand und ein bejahrter Apfelbaum war, an den sich wieder Stangen und

allerlei andere Dinge lehnten, wurde er von einem alten Spitz angewedelt und begrüßt. Die Hühner, ebenfalls freundliche Umwohner des Hauses, scharrten unter dem Apfelbaume unbeirrt fort. Er ging in das Haus hinein, und über den knisternden Flursand in die Stube, aus welcher ein reiner, gebohnter Fußboden heraus sah.
In der Stube war bloß eine alte Frau, die gerade ein Fenster geöffnet hatte und damit beschäftigt war, von den weißgescheuerten Tischen, Stühlen und Schreinen den Staub abzuwischen und die Dinge, die sich etwa gestern abends verschoben hatten, wieder zu recht zu stellen. Durch das Geräusch des Hereintretenden von ihrer Arbeit abgelenkt, wendete sie ihr Antlitz gegen ihn. Es war eines jener schönen alten Frauenantlitze, die so selten sind. Ruhige, sanfte Farben waren auf ihm, und jedes der unzähligen kleinen Fältchen war eine Güte und eine Freundlichkeit. Um alle diese Fältchen waren hier noch die unendlich vielen andern einer schneeweißen gekrauseten Haube. Auf jeder der Wangen saß ein kleines, feines Fleckchen Rot.
»Schau, bist du schon da, Victor,« sagte sie, »ich habe auf die Milch wieder vergessen, daß ich sie warm gehalten hätte. Es steht wohl alles an dem Feuer, aber dasselbe wird ausgegangen sein. Warte, ich will es wieder anblasen.«
»Ich bin nicht hungrig, Mutter«, sagte Victor; »denn ich habe bei Ferdinand, ehe ich fortging, zwei Schnitten Kaltes von dem gestrigen Abendmahle, das noch da stand, gegessen.«
»Du mußt aber hungrig sein,« antwortete die Frau, »weil du schon bei vier Stunden in der Morgenluft und dann durch den feuchten Wald gegangen bist.«
»So weit ist es ja nicht über die Thurnwiese herüber.«
»Ja, weil du immer läufst und meinst, die Füße dauern ewig – aber sie dauern nicht ewig – und im Gehen merkst

du auch die Müdigkeit nicht, aber wenn du eine Weile sitzest, dann schmerzen die Füße.«
Sie sagte nichts weiter und ging in die Küche hinaus. Victor setzte sich indessen auf einen Stuhl nieder.
Als sie wieder hereingekommen war, sagte sie: »Bist du müde?«
»Nein«, antwortete er.
»Du wirst wohl müde sein – freilich müde – warte nur, warte ein wenig, es wird gleich alles warm sein.«
Victor antwortete nicht darauf, sondern tief niedergebückt gegen den Spitz, der mit ihm hereingegangen war, strich er mit der flachen Hand über die weichen, langen Haare desselben, der sich ebenfalls liebkosend an dem Jünglinge aufgerichtet hatte und beständig in seine Augen schaute – er strich immer an der nämlichen Stelle, und blickte auch immer auf diese nämliche Stelle, als wäre eine recht schwere, tiefe Bewegung in seinem Herzen.
Die alte Mutter setzte indessen ihr Geschäft fort. Sie war sehr fleißig. Wenn sie den Staub nicht erreichen konnte, so stellte sie sich auf die Spitzen ihrer Zehen, um den unsauberen Gast fort zu bringen. Hiebei schonte und liebte sie die ältesten, unbrauchbarsten Dinge. Da lag auf einem Schreine ein altes Kinderspielzeug, das schon lange nicht gebraucht worden war, und vielleicht nie mehr gebraucht werden wird – es war ein Pfeifchen mit einer hohlen Kugel, in der klappernde Dinge waren – sie wischte es ringsum sauber ab und legte es wieder hin.
»Aber warum erzählst du denn nichts?« sagte sie plötzlich, da sie das rings um herrschende Schweigen zu bemerken schien.
»Weil mich schon gar nichts mehr freut«, antwortete Victor.
Die Frau sagte kein Wort, kein einzig Wörtlein, auf diese Rede, sondern sie setzte ihr Abwischen fort, und ihr stetes Ausschlingen des Tuches beim offenen Fenster.

Nach einer Weile sagte sie: »Ich habe dir oben den Koffer und die Kisten schon hergerichtet. Da du gestern aus warest, habe ich den ganzen Tag damit verbracht. Die Kleider habe ich zusammengelegt, wie sie in den Koffer getan werden müssen. Auch die Wäsche, welche ausgebessert ist, liegt dabei. Die Bücher mußt du schon selber besorgen, und eben so das, was du in das Ränzlein zu tun gedenkst. Ich habe dir einen weichen, feinen Lederkoffer gekauft, wie du einmal gesagt hast, daß sie dir so gefallen. – Aber wo willst du denn hin, Victor?«
»Einpacken.«
»Mein Gott, Kind, du hast ja noch nicht gegessen. Warte nur ein Weilchen. Jetzt wird es wohl schon warm sein.«
Victor wartete. Sie ging hinaus und brachte zwei Töpfchen, eine Schale, eine Tasse und ein Stück Milchbrod auf einem runden, reinen, messingberänderten Brette herein. Sie stellte alles nieder, schenkte ein, kostete, ob es gut und gehörig warm sei, und schob dann das Ganze vor den Jüngling hin, es dem Dufte der Dinge überlassend, ob er ihn anlocken werde oder nicht. Und in der Tat: ihre Erfahrung täuschte sie nicht; denn der Jüngling, der anfangs nur ein wenig zu kosten begann, setzte sich endlich wieder nieder, und aß mit all dem guten Behagen und Gedeihen, das so sehr der Jugend eigen ist.
Sie war indessen allgemach fertig geworden, und ihre Abwischtücher zusammenlegend, schaute sie zu Zeiten freundlich und lächelnd auf ihn hin. Als er endlich alles Hereingebrachte verzehrt hatte, gab sie dem Spitz noch die kleinen Überreste, die da waren, und trug dann das Geschirr wieder in die Küche hinaus, daß es von der Magd gereinigt werde, wenn sie nach Hause komme; denn dieselbe war auf den Kirchenplatz des Tales hinaus gegangen, um manche Bedürfnisse für den heutigen Tag einzukaufen.
Als sie wieder von der Küche herein gekommen war,

stellte sich die Frau vor Victor hin und sagte: »Jetzt hast du dich erquickt, und nun höre mich an. Wenn ich wirklich deine Mutter wäre, wie du mich immer nennst, so würde ich recht böse auf dich werden, Victor; denn siehe, ich muß dir sagen, daß dein Wort groß Unrecht ist, welches du erst sagtest, daß dich nichts mehr freue. Du verstehst es jetzt nur noch nicht, wie unrecht es ist. Wenn es selbst etwas Trauriges wäre, das auf dich harrt, so solltest du ein solches Wort nicht sagen. Siehe mich an, Victor, ich bin jetzt bald siebenzig Jahre alt, und sage noch nicht, daß mich nichts mehr freue, weil einen alles, alles freuen muß, da die Welt so schön ist und noch immer schöner wird, je länger man lebt. Ich muß dir nur gestehen – und du wirst selber auf meine Erfahrung kommen, wenn du älter wirst – als ich achtzehn Jahre alt war, sagte ich auch alle Augenblicke, mich freut nichts mehr – ich sagte es nämlich, wenn mir diejenige Freude versagt wurde, die ich mir gerade einbildete. Dann wünschte ich alle Zeit weg, welche mich noch von einer künftigen Freude trennte, und bedachte nicht, welch ein kostbares Gut die Zeit ist. Wenn man älter wird, lernt man die Dinge und Weile, welche auch noch immer kürzer wird, erst recht schätzen. Alles, was Gott sendet, ist schön, wenn man es auch nicht begreift – und wenn man nur recht nachdenkt, so sieht man, daß es bloß lauter Freude ist, was er gibt; das Leid legen wir nur selber dazu. Hast du im Hereingehen nicht gesehen, wie der Salat an der Holzplanke, von dem noch gestern kaum eine Spur war, heute schon aller hervor ist?«
»Nein, ich habe es nicht gesehen«, antwortete Victor.
»Ich habe ihn vor Sonnenaufgang angeschaut und mich darüber gefreut«, sagte die Frau. »Ich werde es mir von nun an sogar so einrichten, daß kein Mensch von mir mehr sagen kann, er habe mich eine Träne aus Schmerz weinen gesehen, wenn auch ein Schmerz käme, der doch wieder nur eine andere Art Freude ist. In meiner Jugend

habe ich große, große und heiße Schmerzen gehabt; aber sie sind alle zu meinem Wohle und zu meiner Besserung – oft sogar zu irdischem Glücke ausgefallen. Ich sage das alles, Victor, weil du bald fort gehst. Du solltest Gott sehr danken, mein Kind, daß du die jungen Glieder und den gesunden Körper hast, um hinaus gehen und alle die Freuden und Wonnen aufsuchen zu können, die nicht zu uns herein kommen. – – Siehe, du hast kein Vermögen – dein Vater hat von dem Mißgeschicke, das ihn hienieden traf, vieles selbst verschuldet, jenseits wird er wohl die ewige Seligkeit haben; denn er war ein guter Mann und hat immer ein weiches Herz gehabt wie du. Als sie dich nach der Verordnung des Testamentes deines verstorbenen Vaters zu mir brachten, damit du bei mir lebest und auf dem Dorfe für dich lernest, um was sie dich dann immer in der Stadt fragen würden, hattest du so viel als nichts. Aber du bist herangewachsen, und nun hast du sogar das Amt erhalten, um welches so viele geworben haben, und um welches sie dich beneiden. Daß du jetzt fort mußt, ist nichts, und liegt in der Natur begründet; denn alle die Männer müssen von der Mutter, und müssen wirken. Du hast daher lauter Gutes erfahren. Du sollst deshalb zu Gott dein Gebet verrichten, daß er dir alles gegeben hat, und du sollst demütig sein, daß du die Gaben hast, es zu verdienen. – – Siehst du, Victor, alles das zusammengefaßt, würde ich über deine Rede böse sein, wenn ich deine Mutter wäre, weil du Gott den Herrn nicht erkennst: aber weil ich deine Mutter nicht bin, so weiß ich nicht, ob ich dir so viel Liebes und Gutes getan habe, daß ich mich sonst auch erzürnen darf und zu dir sagen: Kind, das ist nicht recht von dir, und es ist ganz und gar nicht gut.«

»Mutter, ich habe es auch in dem Sinne nicht gemeint, wie Ihr es nehmt«, sagte Victor.

»Ich weiß, mein Kind, und betrübe dich auch nicht zu

sehr über meine Rede«, erwiderte die Mutter. »Ich muß dir nun auch sagen, Victor, daß du jetzt gar nicht so arm bist, als du vielleicht denken magst. Ich habe dir oft gesagt, wie ich erschrocken bin – das heißt, aus Freude bin ich erschrocken – als ich erfahren habe, dein Vater hätte in sein Testament gesetzt, daß du bei mir erzogen werden sollest. Er hat mich schon recht gut gekannt und hat das Vertrauen zu mir gehabt. Ich glaube, es wird nicht getäuscht worden sein. Victor, mein liebes, mein teures Kind, ich werde dir jetzt sagen, was du hast. Du hast an Linnen – das ist der auserlesenste Teil unserer Kleider, weil er am nächsten an dem Körper ist und ihn schützt und gesund erhält – so viel, daß du täglich wechseln kannst, wie du es bei mir gelernt hast. Wir haben alles ausgebessert, daß kein Faden davon schadhaft ist. Für die Zukunft wirst du immer noch erhalten, was du brauchst. Hanna bleicht draußen Stücke, wovon die Hälfte schon für dich gerechnet ist – und Stricken, Nähen, Ausbessern werden wir besorgen. Im andern Gewande bist du anständig; du kannst dich dreimal anders anziehen, das nicht gerechnet, was du eben am Leibe hast. Es ist jetzt alles feiner hergerichtet worden, als du es bisher gehabt hast; denn ein Mann, Victor, der sein erstes Amt antritt, ist wie ein Bräutigam, der ausgestattet wird – und er soll auch im Stande der Gnade sein, wie ein Bräutigam. Das Geld, welches sie mir alle Jahre für deinen Unterhalt geben mußten, habe ich angelegt, und habe immer die Zinsen wieder dazu getan. Das hast du nun alles. Der Vormund weiß es nicht und braucht es auch nicht zu wissen; denn du mußt ja auch etwas für dich haben, daß du es ausgeben kannst, wenn sich andere sehen lassen, damit dir das Herz nicht zu wehe tut. Wenn dir dein Oheim das kleine Gütchen entreißt, welches noch da ist, so betrübe dich nicht, Victor; denn es sind so viele Schulden darauf, daß kaum mehr ein einziger Dachziegel dazu gehört. Ich bin in dem Amte gewesen und habe mir es für dich aufschlagen lassen, damit ich es weiß. Manches Mal einen Notpfennig bekommst du schon von mir auch noch. So ist alles gut. – Zu deinem Oheime mußt du nun schon die Reise machen, ehe du in das Amt eintrittst, weil er es so wünscht. Wer weiß, wozu es gut ist – du verstehst das noch nicht. Der Vormund erkennt auch die Notwendigkeit, daß du dich dem Wunsche einer Fußwanderung zu dem Oheime fügest. Hast du gestern Rosina gesehen?«

»Nein, Mutter; wir sind spät abends zurück gekommen, haben in dem Zimmer Ferdinands gespeiset, und heute bin ich mit Tagesanbruch fort gegangen, weil so viel zu tun ist. Der Vormund hat gesagt, daß ich meine Fußreise über die Stadt antreten und bei dieser Gelegenheit von ihnen allen Abschied nehmen soll.«

»Siehst du, Victor, Rosina könntest du einmal zu deiner Frau bekommen, wenn du in deinem Berufe recht tätig bist. Sie ist sehr schön, und denke, wie ihr Vater mächtig ist. Er hat die lästige Vormundschaft über dich sehr redlich und fleißig verwaltet, und ist dir nicht abgeneigt; denn er hatte immer viele Freude, wenn du deine Prüfungen gut gemacht hattest. Aber lassen wir das, zu dieser Heirat ist es noch weit hin. – – Dein Vater könnte jetzt auch so hoch ein, oder noch höher; denn er hat einen gewaltigen Geist gehabt, den sie nur nicht kannten. Deine eigene leibliche Mutter hat ihn nicht einmal gekannt. Und gut ist er gewesen, so sehr gut, daß ich jetzt noch manchmal daran denke, wie er gar so gut gewesen ist. Deine Mutter ist auch recht lieb und fromm gewesen, nur ist sie viel zu frühe für dich gestorben. – – Sei nicht traurig, Victor – gehe nun hinauf in deine Stube und bringe alles in Ordnung. Die Kleider mußt du nicht auseinander reißen, sie liegen schon so, wie sie in den Koffer passen. Sei bei dem Hineinlegen sorgsam, daß nichts zu sehr verknittert wird. – So. – – Ehe du hinauf gehst, Victor, höre noch eine Bitte von deiner Ziehmutter: wenn du heute oder morgen noch mit Hanna zusammen triffst, so sage ihr ein gutes Wort; es ist nicht recht gewesen, daß ihr euch nicht immer gut vertragen habt! – So, Victor, gehe nun; denn ein Tag ist gar nicht so lange.«

Der Jüngling sagte gar nichts auf diese Rede, sondern er stand auf und ging hinaus, wie einer, dem das Herz in Wehmut schwimmt. Und wie man oft bei innerer Bewegung in der äußern ungeschickt ist, geschah es ihm auch, daß er die Schulter an die Fassung der Tür anstieß. Der Spitz ging mit ihm hinauf.

Oben in seiner Stube, in der er nun so viele Jahre gewohnt hatte, war es erst recht traurig; denn nichts stand so, wie es in den Tagen der ruhig dauernden Gewohnheit gestanden war. Nur eines war noch so: der große Holunderbusch, auf den seine Fenster hinaus sahen, und das rieselnde Wasser unten, das einen feinen, zitternden Lichtschein auf die Decke seines Zimmers herauf sandte; die Berge waren noch, die sonnenhell schweigend und hütend das Tal umstehen; und der Obstwald war noch, der im Grunde des Tales in Fülle und Dichte das Dorf umhüllt und recht fruchtbar und segenbringend in der warmen Luft ruht, die zwischen die Berge geklemmt ist. Alles andere war anders. Die Laden und Fächer der Kästen waren heraus gerissen und leer, und ihr Inhalt lag außen auf ihnen herum: die blütenweiße Linnenwäsche, nach Stücken geordnet – dann die Kleider, rein zusammen gelegt und in gehörige Stöße abgeteilt – andere Dinge, die teils in den Koffer gepackt werden sollten, teils in das Wanderränzchen gehörten, das schon geöffnet auf einem Sessel lag und wartete – auf dem Bette waren fremde Sachen, auf dem Boden stand der Koffer mit gelöstem Riemzeug und lagen zerrissene Papiere: nur die Taschenuhr, auf ihrem gewöhnlichen Platze hängend, pickte wie

sonst, und nur die Bücher standen in den Schreinen wie sonst und harrten auf ihren Gebrauch.
Victor sah das alles an, aber er tat nichts. Statt einzupacken, setzte er sich auf einen Stuhl, der in der Ecke des Zimmers stand, und drückte den Spitz an sein Herz. Dann blieb er sitzen.
Die Klänge der Turmuhr kamen durch die offenen Fenster herein, wie sie die Stunde ausschlug, aber Victor wußte nicht, die wie vielte es sei – die Magd, welche zurück gekommen war, hörte man aus dem Garten herauf singen – auf den fernen Bergen glitzerte es zuweilen, als wenn ein blankes Silberstück oder ein Glastäfelchen dort läge – das Lichtzittern auf der Stubendecke hatte aufgehört, weil die Sonne schon zu hoch hinüber gegangen war – das Horn des Hirten war zu vernehmen, der auf den Bergen seine Tiere trieb – die Uhr schlug wieder: aber der Jüngling saß immer auf dem Stuhle, und der Hund saß vor ihm und schaute ihn unbeweglich an.
Endlich, als er die Tritte seiner Mutter über die Treppe herauf hörte, sprang er plötzlich auf und stürzte an sein Geschäft. Er riß die Flügel des Bücherkastens auseinander und begann schnell die Bücher stoßweise auf den Boden heraus zu legen. Die Frau aber steckte bloß ein wenig den Kopf bei der gelüfteten Tür herein, und da sie ihn so beschäftigt sah, zog sie sich wieder zurück und ging auf den Zehen davon. Er aber, da er sich einmal in Tätigkeit gesetzt hatte, blieb auch dabei und arbeitete feuereifrig fort.
Alle Bücher wurden aus den zwei Bücherkästen heraus getan, bis sie leer waren und die ledigen Fächer in das Zimmer starrten. Dann band er die Bücher in Stöße und legte sie in eine bereit stehende Kiste, deren Deckel er, als die Bücher untergebracht waren, fest schraubte und mit einer Aufschrift versah. Hierauf ging er an seine Papiere. Alle Fächer des Schreibtisches und der zwei

andern Tische wurden heraus gezogen und alle Schriften, die darin waren, Stück für Stück untersucht. Einiges wurde bloß angeschaut und an bestimmten Stellen zum sofortigen Einpacken zusammen gelegt, anderes wurde gelesen, manches zerrissen und auf die Erde geworfen, und manches in die Rock- oder Brieftasche gelegt. Endlich, da auch alle Tischfächer leer waren und auf ihren Boden nichts zeigten als den traurigen Staub, der die langen Jahre her hinein gerieselt war, und die Spalten, die sich unterdessen in dem Holze gebildet hatten, band er auch die hingelegten Schriften in Bündel und legte sie in den Koffer. Nun ging er an die Kleider und an das Kofferpacken. Manches Gedenkstück früherer Tage, als ein kleines silbernes Handleuchterchen, ein Futteral mit einer Goldkette, ein Fernrohr, zwei kleine Pistolen und endlich seine geliebte Flöte, wurden unter die weiche, schonende Wäsche untergebracht. Als alles beendet war, wurde der Deckel geschlossen, das Riemzeug verschnallt, das Schloß gesperrt und oben eine Aufschrift aufgeklebt. Der Koffer und die Kiste mußten fort gesendet werden, das Ränzchen aber, welches noch auf dem Stuhle lag, sollte die Dinge enthalten, welche er auf seine Fußwanderung mitnehmen würde. Er packte es schnell voll und schnallte es dann mit seinem Riemzeug zusammen.

Als er nun mit allem fertig war, schaute er noch einmal in dem Zimmer und an den Wänden herum, ob nichts liege oder hänge, was noch eingepackt werden müsse: aber es war nichts mehr da, und die Stube blickte ihn verwüstet an. Unter dem Gewirre der fremden Dinge und der ebenfalls gleichsam fremdgewordenen Geräte stand das einzige Bett noch wie bisher; aber auch auf ihm lag verunreinigender Staub, oder lagen Stücke zerrissenen Papieres. So stand er eine Weile. Der Spitz, der bisher dem Treiben mit Verdacht schöpfenden Augen zugeschaut hatte und keinen einzigen Handgriff außer Acht

lassend bald rechts, bald links ausgewichen war, je nachdem er den Jüngling hinderte, stand nun auch ruhig vor ihm und blickte empor, gleichsam fragend: ›Was nun?‹
Victor aber wischte sich mit der flachen Hand und mit dem Tuche den Schweiß von der Stirne, nahm eine Bürste, die da lag, fegte damit den Staub von seinen Kleidern und stieg dann die Treppe hinab.
Es war indessen viele Zeit vergangen, und die Dinge hatten sich unten geändert. In der Stube war niemand. Die Morgensonne, welche so freundlich hereingeschienen und die Fenstervorhänge so schimmerweiß gemacht hatte, als er heute früh aus der Stadt gekommen war, ist nun eine Mittagssonne geworden, und stand gerade über dem Dache, ihr blendend Licht und ihren warmen Strom auf das graue Holz desselben nieder senkend. Die Obstbäume standen ruhig, ihre am Morgen so nassen und funkelnden Blätter sind trocken geworden, glänzen nur mehr matt, regen sich nicht, und die Vögel in den Zweigen picken ihr Futter. Die Fenstervorhänge sind zurück geschlagen, die Fenster offen, und die heiße Landschaft schaut herein. In der Küche lodert ein glänzendes, rauchloses Feuer, die kochende Magd steht dabei. – Alles ist in jener tiefen Stille, von der die Heiden einst sagten: ›Pan schläft.‹
Victor ging in die Küche und fragte, wo die Mutter sei.
»In dem Garten, oder sonst wo herum«, antwortete die Magd.
»Und wo ist Hanna?« fragte Victor wieder.
»Sie ist vor wenigen Augenblicken hier gewesen,« erwiderte die Magd, »ich weiß nicht, wo sie hingegangen ist.«
Victor ging in den Garten hinaus und ging zwischen reinlichen Beeten dahin, die er so lange gekannt hatte, und auf denen die verschiedenen Dinge knospeten und grünten. Der Gartenknecht setzte Pflanzen, und sein Söhnlein pumpte Wasser, wie es sonst oft gewesen war. Victor

fragte um die Mutter: man hatte sie in dem Garten nicht gesehen. Er ging weiter an Johannisbeeren, Stachelbeeren, an Obstbäumen und Hecken vorüber. Zwischen den Stämmen stand das hohe Gras, und in den Einfassungen blühten manche Blümlein. Von der Gegend des Glashauses, dessen Fenster in der Wärme offen standen, tönte eine Stimme herbei: »Victor, Victor!«
Der Gerufene, welcher durch seine feurige Arbeit in seiner Stube oben einen Teil der Bekümmernis zerstreut hatte, die wegen der nahen Fortreise über ihn gekommen war, wendete bei diesem Rufe sein erheitertes Antlitz gegen die Glashäuser. Es stand ein schönes, schlankes Mädchen dort, welches ihm winkte. Er schritt den nächsten Weg durch das Gartengras zu ihr hinüber.
»Victor,« sagte sie, als er bei ihr angelangt war, »bist du denn schon da, ich habe ja gar nichts davon gewußt, wann bist du denn gekommen?«
»Ja sehr früh morgens, Hanna!«
»Ich bin mit der Magd einkaufen gewesen, darum habe ich dich nicht ankommen gesehen. Und wo bist du denn dann darauf gewesen?«
»Ich habe in meiner Stube meine Sachen eingepackt.«
»Die Mutter hat mir auch gar nicht gesagt, daß du schon da seiest, und so habe ich gemeint, du würdest etwa lange geschlafen haben und erst nachmittags aus der Stadt herüber kommen.«
»Das war eine törichte Meinung, Hanna. Werde ich denn bis in den Tag schlafen, oder bin ich denn ein Schwächling, der einen Spaziergang vom Tage vorher durch Ruhe verwinden muß, oder ist es etwa weit herüber, oder soll ich die Mittagshitze wählen?«
»Warum hast du denn gestern gar nicht auf unsere Fenster herüber geschaut, Victor, da ihr vorbei ginget?«
»Weil wir Ferdinands Geburtstag feierten und nach Einverständnis der Eltern den ganzen Tag für uns besaßen.

Deswegen hatten wir keinen Vater, keine Mutter, noch sonst jemanden, der uns etwas befehlen durfte. Darum war auch unser Dorf bloß der Ort, wo wir zu Mittag essen wollten, weil es so schön ist, weiter nichts. Verstehst du es!«

»Nein; denn ich hätte doch herüber geschaut.«

»Weil du alles vermengst, weil du neugierig bist und dich nicht beherrschen kannst. Wo ist denn die Mutter? Ich habe ihr etwas Notwendiges zu sagen: erst war ich nur nicht gleich gefaßt, da sie mit mir redete, jetzt weiß ich aber schon, was ich antworten soll.«

»Sie ist auf der Bleiche.«

»Da muß ich also hinüber gehen.«

»So gehe, Victor«, sagte das Mädchen, indem es sich um die Ecke des Glashauses herumwendete.

Victor ging sofort, ohne sonderlich auf sie zu achten, gegen die ihm wohlbekannte Bleiche.

Es ist hinter dem Garten ein Platz mit kurzem, samtenen Grase, auf welchem weithin in langen Streifen die Leinwand aufgespannt lag. Dort stand die Mutter und betrachtete den wirtlichen Schnee zu ihren Füßen. Zuweilen prüfte sie die Stellen, ob sie schon trocken seien, zuweilen befestigte sie eine Schlupfe an dem Haken, mit dem das Linnen an den Boden gespannt war, zuweilen hielt sie die flache Hand wie ein Dächlein über die Augen und schaute in der Gegend herum.

Victor trat zu ihr.

»Bist du schon fertig,« sagte sie, »oder hast du dir etwas auf Nachmittag gelassen? Nicht wahr, es ist viel, wie wenig es auch aussieht. Du bist heute weit gegangen, tue den Rest nach dem Essen, oder morgen. Ich hätte gestern alles selber packen können, und wollte es auch tun; aber da dachte ich: er muß selber daran gehen, daß er es lernt.«

»Nein, Mutter,« antwortete er, »ich habe nichts übrig gelassen, ich bin schon ganz fertig.«

»So?« sagte die Mutter, »laß sehen.«
Bei diesen Worten griff sie gegen seine Stirne. Er neigte sich ein wenig gegen sie, sie streifte ihm eine Locke, die sich bei der Arbeit nieder gesenkt hatte, weg und sagte: »Du hast dich recht erhitzt.«
»Es ist schon der Tag so warm«, antwortete er.
»Nein, nein, es ist auch vom Arbeiten. Und wenn du alles getan hast, so mußt du heute und morgen schon in deinen Reisekleidern bleiben, und was wirst du denn da immer tun?«
»Ich gehe an dem Bache hinauf, an dem Buchengewände und so herum. Die Kleider behalte ich an. – – Aber ich bin wegen etwas anderem heraus gekommen, Mutter, und möchte gerne etwas sagen, aber es wird Euch erzürnen.«
»So erschrecke mich nicht, Kind, und rede. Willst du noch etwas? Geht noch irgendein Ding ab?«
»Nein, es geht keines ab, eher ist um eines zu viel. Ihr habt heute eine Rede getan, Mutter, die mir gleich damals nicht zu Sinne wollte, und die ich nun doch nicht wieder aus demselben bringe.«
»Welche Rede meinst du denn, Victor?«
»Ihr habt gesagt, daß Euch zu meinem Unterhalte ein Geld angewiesen worden sei, das Ihr alle Jahre empfangen solltet. – Ihr habt gesagt, daß Ihr das Geld empfangen habt – und ferner habt Ihr gesagt, daß Ihr das Geld für mich auf Zinsen angelegt und allemal auch die Zinsen dazu getan habt.«
»Ja, das habe ich gesagt, und das habe ich getan.«
»Nun seht, Mutter, da sagt mir mein Gewissen, daß es nicht recht sei, wenn ich das Geld von Euch annehme, weil es mir nicht gebührt – und da bin ich gekommen, um es Euch vorher lieber im guten zu sagen, als daß ich nachher das Geld ausschlüge und Euch erzürnte. – Seid Ihr böse?«

»Nein, ich bin nicht böse,« sagte sie, indem sie ihn mit freudestrahlenden Augen ansah – – »aber sei kein törichtes Kind, Victor! Du siehst wohl ein, daß ich dich nicht des Gewinnes wegen in mein Haus aufgenommen habe – um des Gewinnes willen hätte ich nie ein Kind genommen – daher ist ja das, was von dem Gelde jährlich übrig geblieben ist, von Rechts wegen dein. Höre mich an, ich werde es dir erklären. Die Kleider hat der Vormund herbei geschafft, für Speisen hast du keine Auslagen verursacht – du aßest ja kaum wie ein Vogel, und das Gemüse und das Obst und das andere, wovon du genossest, das hatten wir ja alles selbst. Siehst du nun? – Und daß ich dich so lieb gewonnen habe, das hat mir dein Vater nicht aufgetragen, das stand auch in keinem Testamente, und dafür kannst du nichts. Begreifst du nun alles?«
»Nein, ich begreife es nicht, und es ist auch nicht so. Ihr seid nur wieder zu gut, daß Ihr nichts als Scham auf mein Herz ladet. Wenn nach Abzug der Kosten wirklich in jedem Jahre etwas übrig geblieben wäre und Ihr hättet das für mich aufbewahrt, so wäre es schon nur eine Liebe und Güte gewesen; und nun sagt Ihr, daß alles übrig geblieben ist, – was man fast nur mit Schmerzen anhören kann. – Ihr habt ohnedies getan, was kaum zu verantworten ist: Ihr habt mir nicht nur eine schöne Stube gegeben, sondern habt auch gerade das hinein gestellt, was mir lieb und wert war; Ihr habt mir Speise und Trank verschafft und Euch nur Arbeit. Das ganze Reisegeräte habt Ihr jetzt wieder gekauft; von Euren Feldern und Gärten habt Ihr das Nötige abgekargt, daß schöne Linnen und anderes in meiner Lade liegen – – und wenn ich in früheren Zeiten alles hatte, was ich bedurfte, so ginget Ihr hin und gabet mir noch etwas – und wenn ich auch das hatte, so stecktet Ihr mir jeden Tag noch heimlich zu, was Euch deuchte, daß es mich freuen wird. – Ihr habt mich lieber gehabt als Hanna!«

»Nein, mein Victor, da tust du mir unrecht. Du verstehst das Gefühl noch nicht. Was nicht vom Herzen geht, geht nicht wieder zu Herzen. Hanna ist meine leibliche Tochter – ich habe sie im Schoße unter dem eigenen Herzen getragen, das ihrer Ankunft entgegen schlug – ich habe sie dann geboren: in spätem Alter ist mir das Glück zu Teil geworden, als ich schon hätte ihre Großmutter sein können – mitten unter dem Schmerze über den Tod ihres Vaters habe ich sie doch mit Freuden geboren – dann habe ich sie erzogen – – und sie ist mir daher auch lieber. Ich habe aber auch dich sehr geliebt, Victor. Seit du in dieses Haus gekommen und aufgewachsen bist, liebte ich dich sehr. Oft war es mir, als hätte ich dich wirklich unter dem Herzen getragen – – und ich hätte dich ja eigentlich unter diesem Herzen tragen sollen; es war Gottes Wille, wenn es auch nachher anders geworden ist – ich werde dir das erzählen, wenn du älter geworden bist. Und zuletzt, daß ich es sage, um Gott und der Wahrheit die Ehre zu geben, ihr werdet mir wohl beide gleich lieb sein. – – Mit dem Gelde machen wir es so, Victor: man muß keinem Menschen in seinem Gewissen Gewalt antun, und ich dringe daher nicht mehr in dich; lassen wir das Geld anliegen bleiben, wo es jetzt liegt, ich werde eine Schrift verfertigen, daß es dir und Hanna ausgefolgt werde, wenn ihr großjährig seid; dann könnt ihr es teilen oder sonst darüber verfügen, wie ihr wollt. Ist es dir so recht, Victor?«

»Ja, dann kann ich ihr alles geben.«

»Lasse das nur jetzt ruhen. Wenn die Zeit kömmt, wird sich schon finden, was mit dem Gelde zu machen sei. Ich will dir noch auf das andere antworten, was du gesagt hast, Victor. Wenn ich dir heimlich Gutes tat, so tat ich es auch Hanna. Die Mütter machen es schon so. Seit du in unser Haus gekommen bist, ist es beinahe, als wäre ein größerer Segen gekommen. Ich konnte für Hanna jährlich mehr ersparen als sonst. Die Sorge für zwei ist geschicktere und geübtere Sorge, und wo Gott für zwei zu segnen hat, segnet er oft für drei. – – O Victor! die Zeit ist recht schnell vergangen, seit du da bist. Wenn ich so zurück denke an meine einstige Jugend, so ist es mir: wo sind denn die Jahre hingekommen, und wie bin ich denn so alt geworden? Da ist noch alles so schön wie gestern – die Berge stehen noch, die Sonne strahlt auf sie herunter, und die Jahre sind dahin als wie ein Tag. – Wenn du nachmittag, wie du sagst, oder etwa morgen noch einmal in den Wald hinauf gehst, so suche eine Stelle auf – man könnte sie von hier beinahe sehen – siehst du, dort oben in der Bergrinne, wo das Licht gleichsam über die grünen Buchen herab rieselt. – Die Stelle ist für dich bedeutsam. Es quillt ein Brünnlein hervor und fließt in die Bergrinne nieder, über das Brünnlein legt sich ein breiter, flacher Stein, und eine sehr alte Buche steht dabei, welche unten einen langen Ast ausstreckt, auf den man Tücher legen oder einen Frauenhut aufhängen kann.«

»Ich kenne die Stelle nicht, Mutter, aber wenn Ihr wollt, werde ich hinauf gehen und sie aufsuchen.«

»Nein, Victor, dir ist sie doch nicht so nahe wie mir – auch wirst du andere wissen, die in deinen Augen schöner sind. Lassen wir das. Sei über alles ruhig, denke nicht mehr an das Geld und sei nicht traurig. Ich weiß es, der Schmerz über die Scheidung ist schon in dir, und da nimmst du alles tiefer auf, als es ist. – – Du sagtest, daß du heute noch an dem Buchengewände hinauf gehen willst: hast du aber auch gesehen, wie sich kein Zweiglein in dem Garten rührt und die Baumwipfel gleichsam in den Lüften stocken; ich denke, es könnte ein Gewitter kommen, du mußt nicht zu weit gehen.«

»Ich gehe nicht zu weit, und ich kenne schon die Gewitterzeichen; wenn sich einige zeigen, gehe ich nach Hause.«

»Ja, Victor, halte es so, und es ist gut. Willst du nach einem Weilchen mit mir in die Stube hinein gehen – es ist schon bald Mittag – oder willst du noch lieber hier herum sein, bis es Zeit zum Essen wird?«

»Ich will noch ein wenig in dem Garten bleiben.«

»So bleibe in dem Garten. Ich werde hier noch die Schlupfen befestigen und nachsehen, ob mir das Geflügel nicht wieder die Leinwand verunreinigt hat.«

Er blieb noch eine Zeit bei ihr stehen und sah ihr zu. Dann ging er in den Garten, und sie blickte ihm nach.

Hierauf befestigte sie die eine Schlupfe, und dann die andere, bis keine mehr fehlte. Sie wischte das Stückchen Erde weg, das ein Gänsefuß oder ein anderer auf das Linnen gebracht hatte. Sie lüftete jetzt diese und jetzt jene Stelle, daß sie nicht zu sehr an dem Grase klebe. – – Und so oft sie aufsah, sah sie sich nach Victor um, und erblickte ihn vor dem einen oder dem andern Busche des Gartens stehend, oder herum gehend, oder über die Planke hinaus nach der Gegend schauend. Dies dauerte so lange, bis plötzlich in der stillen, heißen Luft das klare Mittagsglöcklein klang – für die Gemeinde das Zeichen zum Gebete, und für dieses Haus nach stetiger Gewohnheit zugleich das Zeichen, daß man sich zum Mittagsessen versammeln solle. Die Mutter sah noch, wie sich Victor auf den Schall des Glöckleins umwandte und dem Hause zuschritt. Dann folgte sie ihm.

Als der Jüngling in das Haus trat, sah er, daß unterdessen Gäste gekommen waren, nämlich der Vormund und seine Familie. Man hatte, wie es bei solchen Gelegenheiten oft geschieht, Victor eine Überraschung machen und nebstbei einen Tag auf dem Lande zubringen wollen.

»Du siehst, mein lieber Mündel,« sagte der Vormund zu dem erstaunten Jünglinge, »daß wir artig sind. Wir wollen dich heute noch einmal sehen und ein Abschiedsfest feiern. Du kannst dann übermorgen, oder wann deine

Reiseanstalten fertig sind, deinen geraden Weg über die Berge wandern, ohne, wie wir verabredet haben, noch einmal die Stadt zu berühren, um von uns Abschied zu nehmen. Genieße dann nur recht deine wenigen noch übrigen Tage der Freiheit, bis du in das Joch der harten Arbeit mußt.«

»Sei mir gegrüßt, mein Sohn«, sagte die Gattin des Vormunds und küßte Victor, der sich auf ihre Hand niederbeugen wollte, auf die Stirne.

»Nicht wahr, das ist schön geworden, wie es jetzt ist?« sagte Ferdinand, der Sohn, indem er dem Freunde die Hand schüttelte.

Rosina, die Tochter, welche ein wirklich recht schönes zwölfjähriges Mädchen war, stand seitwärts, sah freundlich um sich, und sagte nichts.

Victors Ziehmutter mußte um den bevorstehenden Besuch gewußt haben; denn der Tisch war gerade für so viele Menschen gedeckt, als da waren. Sie grüßte alle sehr freundlich, als sie herein kam, ordnete an, in welcher Reihe man an dem Tische sitzen sollte, und sagte: »Siehst du, Victor, wie dich alle doch lieb haben.«

Die Speisen kamen, und das Mahl begann.

Der Vormund und seine Gattin saßen oben an, neben Rosinen wurde Hanna, die Ziehschwester Victors, gesetzt, den Mädchen gegenüber waren die Jünglinge, und ganz unten hatte sich als Wirtin die Mutter hingesetzt, die häufig aus und ein zu gehen und zu sorgen hatte.

Man genoß die ländlichen Gerichte.

Der Vormund erzählte Reiseabenteuer, die er selbst erlebt hatte, da er noch in den Schulen war, er gab Regeln, wie man mit mäßigem Frohsinne die Welt genießen solle, und unterwies Victor, wie er sich nun zunächst zu benehmen habe. Die Gattin des Vormunds spielte auf eine künftige Braut an, und Ferdinand sagte, er würde den Freund sehr bald besuchen, wenn derselbe nur einmal in seinen Standort würde eingerückt sein. Victor redete wenig, und versprach, alles genau zu befolgen, was ihm der Vormund anriet und einprägte. Den Brief, den er ihm an den Oheim mit gab, zu welchem Victor nun unmittelbar und zwar auf die ausdrückliche sonderbare und etwas eigensinnige Forderung des Oheims selbst zu Fuße zum Besuche kommen mußte, versprach er recht gut aufzubewahren und sogleich bei der Ankunft abzugeben.

Als es gegen Abend ging, machten sich die Stadtbewohner auf den Heimweg. Sie ließen ihren Wagen, der in dem Gasthause gehalten hatte, in dem engeren Tale bis zu seiner Mündung in das weitere vorausgehen, und wurden von ihrer Wirtin und Victor und Hanna begleitet.

»Lebt wohl, Frau Ludmilla,« sagte der Vormund, als er in den Wagen stieg, »lebe wohl, Victor, und befolge alles, was ich dir gesagt habe.«

Als er in den Wagen gestiegen war, als Victor noch einmal gedankt und man sich allseitig empfohlen hatte, flogen die Pferde davon.

Es war heute schon zu spät, daß Victor noch weit in den Wald hinauf gegangen wäre. Er blieb zu Hause, sah verschiedene Dinge in dem Garten an, und untersuchte noch einmal alle Habe, die er in sein Ränzchen gepackt hatte.

3. ABSCHIED

Der andere Tag, der letzte, den Victor in diesem Hause zuzubringen hatte, brachte nichts Ungewöhnliches. Man packte noch manches, man ordnete das schon Geordnete noch einmal, man tat, wie es in solchen Fällen sehr gewöhnlich ist, gegen einander, als sollte gar nichts vorfallen, und so war der Vormittag bald vorüber.

Nach dem Mittagsessen, als man kaum aufgestanden war, ging Victor schon an dem Bache durch die Gegend hinauf

und wandelte für sich allein dem Buchengewände und dessen Steinhängen zu.
»Laß ihn gehen, laß ihn gehen,« sagte die alte Frau für sich, »das Herz wird ihm schwer sein.«
»Mutter, wo ist denn Victor?« fragte Hanna einmal im Laufe des Nachmittages.
»Er ist Abschied nehmen gegangen,« antwortete diese, »von der Gegend ist er Abschied nehmen gegangen. Mein Gott! er hat ja nichts anders. Der Vormund, ein so vortrefflicher und vorsorglicher Mann er ist, ist ihm doch ferne, und so sind es auch die Angehörigen des Vormundes.«
Hanna erwiderte auf diese Worte nichts – – gar nicht den leisesten Laut erwiderte sie darauf, und ging zwischen das Gebüsche der kleinen Pflaumenbäume hinein.
Der Rest des Nachmittages verging in diesem Hause wie gewöhnlich. Die Menschen verbrachten ihn mit den Arbeiten, die ihnen zukamen, die Vögel in ihren Bäumen verzwitscherten ihn, die Hühner gingen in dem Hofe herum, die Gräser und Pflanzen gediehen ein wenig weiter, und die Berge schmückten sich mit Abendgold.
Als die Sonne schon von dem Himmel verschwunden war und nur mehr die goldblasse, ahnungsreiche Kuppel über dem Tale stand – darum ahnungsreich, weil sie morgen als eben so goldblasse Frühkuppel über dem Tale stehen und denjenigen auf immer fortführen wird, den hier alle so lieben – als diese Kuppel über dem Tale glänzte, kam Victor von seinem Gange, auf den er sich so eilig nach dem Essen begeben hatte, zurück. Er ging längs der Gartenplanke, um das Pförtchen zu gewinnen, das von der Leinwandbleiche hineinführt. Die weißen Linnenstreifen waren nicht mehr da, nur das grünere und nassere Gras wies die Stellen, wo sie unter Tags gelegen waren – manche Fenster waren über die Gartenbeete gedeckt, weil der blanke Himmel eine kühle Nacht versprach – von

dem Hause stieg ein dünnes Rauchsäulchen auf, weil die Mutter schon vielleicht für das Abendessen sorgte. Victor hatte sein Angesicht dem Abendhimmel zugewendet, es wurde von demselben sanft beleuchtet, die kühlere Luft floß durch seine Haare, und der Himmel spiegelte sich in dem trauernden Auge.

Hanna hatte ihn beinahe dicht an sich vorüber gehen gesehen, da sie an der innern Wand der Gartenplanke stand, aber sie hatte nicht den Mut gehabt, ihn anzureden. Das Mädchen war beschäftigt, von einem struppigen geschornen Busche Stücke eines Seidenstoffes herab zu lesen, die in einem getrennten Kleide bestanden, gefärbt worden waren und unter Tags zum Trocknen sich auf dem Busche befunden hatten. Stück nach Stück nahm sie herab und legte sie auf ein Häufchen zusammen. Da sie nach einer Weile umblickte, sah sie Victor im Garten bei der großen Rosenhecke stehen.

Später sah sie ihn wieder bei der Hecke des blauen Holunders stehen, der schon Knospen hatte. Der Holunder aber war viel näher gegen sie her als die Rosenhecke. Dann ging er wieder ein wenig weiter, und endlich kam er zu ihr herzu und sagte: »Ich will dir etwas hinein tragen helfen, Hanna.«

»Ach nein, Victor, ich danke dir,« antwortete sie, »es sind ja nur ein paar leichte Läppchen, die ich färbte und hier trocknen ließ.«

»Hat sie dir die Sonne denn nicht sehr ausgezogen?«

»Nein; dieses Blau muß man in die Sonne legen, vorzüglich in die Frühlingssonne, da wird es immer schöner.«

»Nun, und ist es schön geworden?«

»Sieh her.«

»Ach, ich verstehe es doch nicht.«

»Es ist nicht so schön geworden wie die Bänder im vorigen Jahre, aber doch schön genug.«

»Es ist sehr feine Seide.«
»Sehr fein.«
»Gibt es noch feinere?«
»Ja, es gibt noch viel feinere.«
»Und möchtest du recht viele schöne seidene Kleider haben?«
»Nein; sie sind zum Festtagsgewand sehr vorzüglich; aber da man nicht viel Festgewand braucht, so wünsche ich nicht viel Seide. Die andern Kleider sind auch schön, und Seide ist immer ein stolzes Tragen.«
»Ist der Seidenwurm nicht ein recht armes Ding?«
»Warum, Victor?«
»Weil man ihn töten muß, um sein Gewebe zu bekommen.«
»Tut man das?«
»Ja, man siedet sein Gespinst im Wasserdunst, oder räuchert es in Schwefel, damit das Tier drinnen stirbt; denn sonst frißt es die Fäden durch und kömmt als Schmetterling heraus.«
»Armes Tier!«
»Ja – und in unsern Zeiten trennt man ihn auch von seinem armen Vaterlande – siehst du, Hanna – wo er auf sonnigen Maulbeerbäumen herum kriechen könnte, und füttert ihn in unsern Stuben mit Blättern, die draußen wachsen und auch nicht so heiter sind wie in ihrem Vaterlande. – – Und die Schwalben und die Störche und die andern Zugvögel gehen im Herbste von uns fort, vielleicht weit, weit in die Fremde; aber sie kommen im Frühlinge wieder. – – Es muß die Welt doch eine ungeheure, ungeheure Größe haben.«
»Mein armer Victor, rede nicht solche Dinge.«
»Ich möchte dich um etwas fragen, Hanna.«
»So frage mich, Victor.«
»Ich muß dir noch vielmal danken, Hanna, daß du mir die schöne Geldbörse gemacht hast. Das Gewebe ist so

fein und weich, und die Farben sind recht schön. Ich habe sie mir aufbewahrt, und werde kein Geld hinein tun.«

»Ach, Victor, das ist ja schon lange her, daß ich dir die Börse gab, und es ist nicht der Mühe wert, daß du mir dankst. Tue du nur dein Geld hinein, ich werde dir eine neue machen, wenn diese schlecht wird, und so immer fort, daß du nie einen Mangel haben sollst. Ich habe dir zu deiner jetzigen Abreise noch etwas gemacht, das viel schöner ist als die Börse, aber die Mutter wollte, daß ich es dir erst heute abends oder morgen früh geben sollte.«

»Das freut mich, Hanna, das freut mich sehr.«

»Wo bist du denn den ganzen Nachmittag gewesen, Victor?«

»Ich bin an dem Bache hinaufgegangen, weil ich so lange Weile hatte. Ich habe in das Wasser geschaut, wie es so eilig und emsig unserm Dorfe zurieselt, wie es so dunkel und wieder helle ist, wie es um die Steine und um den Sand herum trachtet, um nur bald in das Dorf zu kommen, in welchem es dann doch nicht bleibt. Ich habe das Steinübergehänge angeschaut, das da steht und unaufhörlich in die Wellen blickt. Zuletzt bin ich in den Buchenwald hinauf gegangen, wo die Stämme schön sein werden, wenn ein oder zwei oder gar zehn Jahre verflossen sind. Die Mutter hat mir von einem Platze erzählt, wo ein flacher Stein über ein Brünnlein liegt und eine alte Buche mit einem tiefen, langen Aste steht. Ich konnte den Platz nicht finden.«

»Das ist das Buchenbrünnlein im Hirschkar. Es wachsen gute Brombeeren herum, ich weiß den Platz recht gut, und werde ihn dir morgen zeigen, wenn du willst.«

»Morgen bin ich ja nicht mehr da, Hanna.«

»Ach so, morgen bist du nicht mehr da. Ich meine immer, daß du stets da sein sollst.«

»Ach nein. – – Liebe Hanna, teile diese seidenen Flecke ab, ich will sie dir doch hinein tragen helfen.«

»Ich weiß nicht, wie du heute bist, Victor; die Dinge da sind ja so leicht, daß ein Kind das Zehnfache davon zu tragen vermöchte.«

»Es ist auch nicht wegen der Schwere, sondern ich möchte sie dir nur tragen.«

»Nun so trage einen Teil, ich werde sie gleich ordnen. Willst du schon in das Haus hinein gehen, so raffen wir schnell zusammen, was noch da ist, und gehen.«

»Nein, nein, ich will nicht hinein gehen – es ist ja nicht so spät, ich möchte noch in dem Garten bleiben. – – Und das von der Börse ist es auch nicht allein, was ich dir zu sagen habe.«

»So sprich, Victor, was ist es denn?«

»Die vier Tauben, die ich bisher ernährt habe – sie sind freilich nicht so schön, aber sie erbarmen mir doch, wenn sie nun niemand pflegt.«

»Ich will sorgen, Victor, ich will ihnen den Schlag am Morgen öffnen und am Abende schließen; ich will Sand streuen und ihnen Futter geben.«

»Dann muß ich dir noch für die viele Leinwand danken, die ich mit bekomme.«

»Um Gottes willen, ich habe sie dir ja nicht gegeben, sondern die Mutter – auch haben wir ja noch genug in unsern Schreinen, daß wir ihren Abgang nicht empfinden.«

»Das kleine silberne Kästchen von meiner verstorbenen Mutter, weißt du, das wie ein Trühelchen aussieht, mit der durchbrochenen Arbeit und dem kleinen Schlüsselchen, das dir immer so gefallen hat – das habe ich gar nicht eingepackt, weil ich es dir zum Geschenke da lasse.«

»Nein, das ist zu schön, das nehme ich nicht.«

»Ich bitte dich, nimm es, Hanna, du tust mir einen sehr großen Gefallen, wenn du es nimmst.«

»Wenn ich dir einen großen Gefallen tue, so will ich es nehmen und es dir aufheben, bis du kommst, und es dir sorgfältig bewahren.«

»Und die Nelken pflege, die armen Dinge an der Planke – hörst du – und vergiß den Spitz nicht; er ist zwar schon alt, aber ein treues Tier.«

»Nein, Victor, ich vergesse ihn nicht.«

»Aber ach, das ist es ja alles nicht, was ich eigentlich zu sagen habe – – ich muß etwas anderes sagen.«

»Nun so rede, Victor!«

»Die Mutter hat gesagt, ich möchte heute noch ein freundliches Wort zu dir sagen, weil wir öfter mit einander gezankt haben – ich möchte noch gut reden, ehe ich auf immer fort gehe – – und da bin ich gekommen, Hanna, um dich zu bitten, daß du nicht auf mich böse seiest.«

»Wie redest du nur, ich bin ja in meinem ganzen Leben nicht böse auf dich gewesen.«

»O, ich weiß es jetzt recht gut, du bist immer die Gequälte und Geduldige gewesen.«

»Victor, ängstige mich nicht, das ist dir nur heute so.«

»Nein, du warst immer gut, ich dachte es nur nicht so. Höre mich an, Hanna, dir will ich mein ganzes Herz ausschütten: ich bin ein unbeschreiblich unglücklicher Mensch.«

»Heiliger Gott! Victor, mein lieber Victor! was ist dir denn so schwer?«

»Siehst du, den ganzen Tag hängen mir die niederziehenden Tränen in dem Haupte, ich muß sie zurück halten, daß sie mir nicht aus den Augen fallen. Als ich nach dem Mittagsessen an dem traurigen Wasser und an dem Buchengewände hinauf ging, war es nicht eigentlich lange Weile, sondern daß mich nur keine Augen anschauen möchten – – und da dachte ich mir: ich habe doch gar niemand auf der ganzen großen, weiten Erde, keinen Vater, keine Mutter, keine Schwester. Mein Oheim bedroht mir meine wenigen Habseligkeiten, weil ihm mein Vater schuldig war, und die einzigen, die mir Gutes tun, muß ich verlassen.«

»O Victor, lieber Victor, kränke dich nicht zu sehr. Dein Vater und deine Mutter sind freilich gestorben; aber das ist schon lange her, daß du sie kaum gekannt hast. Dafür hast du eine andere Mutter gefunden, die dich so liebt wie eine wahre – und du hast ja zeither keine Klage wegen der Verstorbenen getan. Daß wir jetzt scheiden müssen, ist sehr, sehr traurig; aber versündige dich nicht an Gott, Victor, der uns die Prüfung auferlegt hat. Trage sie ohne Murren – ich trug sie auch schon den ganzen Tag her, und murrte nicht; ich hätte sie auch getragen, wenn du gar nicht mehr zu mir gekommen wärest, um mit mir zu reden.«

»O Hanna, Hanna!«

»Und wenn du auch fort bist, werden wir sorgen, was wir dir schicken sollen, wir werden für dich beten, und ich werde alle Tage in den Garten gehen und auf die Berge schauen, über die du fort gegangen bist.«

»Nein, tue es nicht; sonst wäre es gar zu kläglich.«

»Warum denn?«

»Weil doch alles nichts hilft – und weil es nicht das allein ist, daß ich scheiden muß, und daß wir uns trennen müssen.«

»Was ist es denn?«

»Daß alles vorüber ist, und daß ich der einsamste Mensch auf Erden bin.«

»Aber Victor, Victor.«

»Ich werde nie heiraten – es kann nicht sein – – es wird nicht möglich werden. Du siehst also, ich werde keine Heimat haben, ich gehöre niemanden an; die andern werden mich vergessen – und es ist gut. – Begreifst du es? – – Ich habe es nie gewußt, aber jetzt ist es ganz klar – ganz klar. Siehst du es nicht? – – Warum schweigst du denn plötzlich, Hanna?«

»Victor!«

»Was, Hanna?«

»Dachtest du schon?«
»Ich dachte.«
»Nun?«
»Nun – nun – es ist ja alles vergeblich, alles umsonst.«
»Bleibe ihr treu, Victor.«
»Ewig, ewig; aber es ist umsonst.«
»Warum denn?«
»Ich sagte dir ja, daß mir mein Oheim das Gut, das einzige, was übrig blieb, nimmt. Sie ist wohlhabend, ich bin arm und kann noch lange, lange Zeit kein Weib ernähren. Da wird einer um sie werben kommen, der sie ernähren, ihr schöne Kleider und Geschenke geben kann, und den wird sie nehmen.«
»Nein, nein, nein, Victor, das tut sie nicht – das tut sie ewig nicht. Sie wird dich ihr ganzes Leben lang lieben, wie du sie, und wird dich nicht verlassen, wie du sie nicht verläßt.«
»O liebe, liebe Hanna!«
»Lieber Victor!«
»Und es wird gewiß eine Zeit kommen, wo ich wieder zurückkomme – da werde ich nie ungeduldig werden, und wir werden leben wie zwei Geschwister, die sich über alles, alles lieben, was nur immer diese Erde tragen kann, und die sich ewig, ewig treu bleiben werden.«
»Ewig, ewig«, sagte sie, indem sie rasch seine dargebotenen Hände ergriff.
Sie brachen in bitterliche Tränen aus.
Victor zog sie sanft gegen sich her, und sie folgte. Sie lehnte das Haupt und das Angesicht an das Tuch seines Rockes, und gleichsam als wären jetzt bei ihr alle Schleißen recht geöffnet worden, weinte und schluchzte sie so sehr, als drückte es ihr das Herz ab, weil sie ihn verlieren müsse. Er legte den Arm um sie, wie beschützend und beschwichtigend, und drückte sie an sein Herz. Er drückte sie immer fester, wie ein hilfloses Wesen. Sie schmiegte

sich an ihn, wie an einen Bruder, der jetzt gar so, gar so gut ist. Er streichelte mit der einen Hand über ihre Lokken, die sie gescheitelt auf dem Haupte trug, dann beugte er sich nieder und küßte ihre Haare – aber sie hob ihr Angesicht zu ihm empor und küßte ihn so heiß auf seine Lippen, so heiß, wie sie nie gedacht habe, daß sie etwas küssen könne.

Dann standen sie noch eine Weile und sprachen nichts.

Da kam der Gärtnerknabe und sagte, daß ihn die Mutter schicke und ihnen sagen lasse, daß sie zu dem Abendessen kommen möchten.

Die seidenen Flecke, welche das Gespräch eingeleitet hatten, hielten sie noch immer in den Händen, aber sie waren verknittert, und manche waren von den Tränen Hannas naß. Sie nahmen daher dieselben zusammen, wie es sich eben fügen wollte, und gingen Hand in Hand auf dem Gartenwege gegen das Haus. Als sie die Mutter kommen sah und die rotgeweinten Augen ihrer Kinder erblickte, lächelte sie und ließ dieselben in die Stube treten.

Hier wurden die Gerichte aufgetragen, die Mutter legte jedem von den beiden vor, wie sie glaubte, daß es ihnen am liebsten sei, sie fragte nicht, was sie gesprochen haben, und so aßen die drei, wie sie an jedem Abende in aller bisher vergangenen Zeit gegessen hatten.

Hanna hatte sehr große braune Augen, die sich während dem Essen jeden Augenblick ohne Anlaß mit Tränen füllen wollten.

Als man fertig war, und ehe man sich zum Schlafengehen anschickte, mußte noch Hannas Geschenk herbei gebracht werden. Es war eine Brieftasche, die mit schneeweißer Seide gefüttert war und schon das Reisegeld enthielt, das die Mutter hinein gelegt hatte.

»Das Geld tue ich heraus«, sagte Victor, »und hebe mir die Brieftasche auf.«

»Nein, nein,« sagte die Mutter, »das Geld lasse drinnen; siehst du, wie schön die gedruckten feinen Papiere in der weißen Seide ruhen? Nebst andern Dingen muß dich Hanna auch immer mit Brieftaschen versehen.«
»Ich werde sehr darauf Acht haben«, antwortete Victor.
Die Mutter schloß nun mit dem winzig kleinen Schlüsselchen das Fach der Brieftasche zu, in welchem das Geld war, und zeigte ihm, wie man das Schlüsselchen berge.
Hierauf trieb sie zum Schlafengehen.
»Lasse das, lasse das,« sagte sie, als sie Victor anmerkte, daß er für das Reisegeld danken wollte, »gehet nun zu Bette. Um fünf Uhr des Morgens mußt du schon auf den Bergen sein, Victor. Ich habe gesorgt, daß uns der Knecht bei rechter Zeit wecke, wenn ich mich etwa selber verschlafen sollte. Du mußt noch ein recht gutes Frühmahl einnehmen, ehe du fort gehst. – So, Kinder, gute Nacht, schlafet wohl.«
Sie hatte während dieser Worte, wie sie es jeden Abend tat, zwei Kerzen für die Kinder angezündet, jedes nahm die seine von dem Tische, wünschte der Mutter eine ehrerbietige gute Nacht und begab sich auf seine Stube.
Victor konnte noch nicht sein Lager suchen. Die vielen unordentlichen Schatten, die die herumstehenden Dinge warfen, machten das Zimmer unwirtlich. Er ging an ein Fenster und sah hinaus. Der Holunderstrauch war ein schwarzer Klumpen geworden, und das Wasser war gar nicht mehr sichtbar: eine lichtlose Tafel war an der Stelle, wo es fließen sollte – nur ein von Zeit zu Zeit aufzuckender Funke zeigte, daß es da war und sich bewege. Als alle Stimmen des Hauses und des Dorfes verstummt waren, zeigte auch ein leises, leises Rieseln, das bei dem offenen Fenster hereinkam, von dem Freunde, der so viele Jahre an dem Lager des Jünglings vorbei geronnen war. Viele tausend Sterne brannten an dem Himmel, aber es er-

glomm nicht ein einziger, nicht der schmalste Sichelstreifen des Mondes.
Victor legte sich endlich auf das Bett, um die letzte Nacht hier zu verschlafen und den Morgen zu erwarten, der ihn vielleicht auf immer fortführen sollte, wo er, seit er denken konnte, sein Leben zugebracht hatte.
Dieser Morgen kam sehr bald! Als Victor noch kaum geglaubt hatte, die ersten erquickenden Atemzüge des Schlafes getan zu haben, klopfte es leise an seine Türe, und die Stimme der Mutter, die keinen Knecht zum Aufwecken bedurft hatte, ließ sich vernehmen: »Vier Uhr ist es, Victor, kleide dich an, vergiß nichts, und komme dann hinunter. Hörst du es?«
»Ich höre es, Mutter.«
Sie ging wieder die Treppe hinab; er aber sprang von seinem Lager empor. In der doppelten Beklemmung, der des Schmerzes und der der Reiseerwartung, kleidete er sich an und ging in das Speisezimmer hinunter. Im Morgengrauen stand schon ein Frühmahl auf dem Tische – man hatte nie ein so frühes verzehrt. Schweigend aß man davon. Die Mutter sah fast unverwandt Victor an; Hanna getraute sich nicht, ihre Augen auf irgend etwas empor zu heben. Victor hörte bald zu essen auf. Er erhob sich von seinem Stuhle und nahm sich zusammen. Er ging ein paar Male in dem Zimmer herum, und dann sagte er: »Mutter, es wird gerade Zeit sein; ich gehe.«
Er nahm das Ränzchen über die Schultern und zog die Riemen fest, daß es gut saß. Dann nahm er den Hut, griff an die Brust, ob er die Brieftasche habe, und untersuchte, ob er überhaupt nichts vergesse. Da dieses vorüber war, ging er gegen die Mutter, die mit Hanna aufgestanden war, und sagte: »Ich danke Euch für alles, liebe Mutter – –«
Mehr konnte er kaum über die Lippen bringen, und sie ließ ihn auch nicht reden. Sie führte ihn zu dem Weih-

wasser an die Tür, bespritzte ihn mit ein paar Tropfen, machte ihm das Zeichen des Kreuzes auf Stirne, Mund und Brust und sagte: »So, mein Kind, gehe jetzt ruhig fort. Sei gut, wie du bisher gut gewesen bist, und behalte das weiche, sanfte Herz. Schreibe oft, und verschweige nicht, wenn du etwas brauchst. Gott wird deine Wege schon segnen, die du gehst, weil du stets so folgsam gewesen bist.«

Bei diesen Worten träufelten ihr die Tränen hervor, und sie rührte nur mehr die Lippen und konnte nichts sagen.

Nach einem Weilchen ermannte sie sich wieder und sprach: »Die Kisten, welche noch oben sind, und den Koffer wirst du schon an dem Bestimmungsorte deines Amtes vorfinden, wenn du dort eintriffst. Halte Vorsicht auf das Geld und auf die Empfehlungsbriefe, welche dir der Vormund gab, erhitze dich nicht und trinke nicht kalt. Es wird alles gut werden. Das Fortgehen ist auch nicht so böse, und du findest überall gute Leute, die dir geneigt sein werden. Wenn ich nicht so lange an unsere Berge und an den Apfelbaum gewohnt wäre, so ginge ich mit Freuden in die Fremde. Und so lebe wohl, mein Victor, lebe wohl.«

Sie hatte ihn bei diesen Worten auf die Wangen geküßt.

Ganz stumm reichte er die Hand an die vor Tränen vergehende Hanna, und ging hinaus. Vor der Tür standen noch die Dienstleute und der Gärtner. Ohne zu sprechen, gab er rechts und links die Hand – sie gingen aus einander, und er schlug den schmalen Gartenweg gegen das Pförtchen ein.

»Wie er schön ist,« brach die Mutter fast laut weinend aus, da sie ihm mit Hanna nach sah, »wie er schön ist, die braunen Haare, der schöne Gang, die liebliche, die unbeschützte Jugend. Ach mein Gott!«

Und die Tränen rannen ihr an den nassen Händen herunter, die sie vor das Angesicht und vor die Augen hielt.

»Du hast einmal zu mir und Victor gesagt,« sprach Hanna, »daß dich niemand mehr aus Schmerz weinen sehen wird – und nun weinst du doch aus Schmerz, Mutter.«
»Nein, mein Kind,« antwortete die Mutter, »das sind Freudentränen, daß er so geworden ist, wie er ist. Es ist doch sonderbar: er hat seinen Vater gar nicht gekannt, und wie er da hinaus ging, hatte er das Haupt, den Gang und die Haltung seines Vaters. Er wird schon gut werden, und meine Tränen, mein Kind, sind Freudentränen.«
»Ach, die meinen nicht, die meinen nicht«, sagte Hanna, indem sie ihr Tuch neuerdings vor die unersättlich schmerzlichen Augen hielt.
Victor war unterdessen durch das Pförtchen hinaus gegangen. Er ging an dem großen Fliederbusch vorbei, er ging über die beiden Stege, an den vielen durch so lange Jahre bekannten Obstbäumen vorüber, und stieg gegen die Wiesen und gegen die Felder hinan. Auf dieser Höhe blieb er ein wenig stehen, und da er unter den schwachen, undeutlichen Tönen des Dorfes auch das wütende Heulen des Spitzes vernahm, den man hatte fangen und anbinden müssen, damit er nicht mit gehe: so brachen auf einmal die siedenden Tränen hervor, und er rief fast laut in die Lüfte: »Wo werde ich denn wieder eine solche Mutter finden und solche Geschöpfe, die mich so lieben? – – Vorgestern eilte ich so sehr aus der Stadt heraus, um noch einige Stunden in dem Tale zuzubringen, und heute gehe ich fort, um alle, alle Zeit anders wo zu sein.«
Da er endlich an eine Stelle gekommen war, die nicht mehr weit von der höchsten Schneide des Berges entfernt war, schaute er noch einmal, das letzte Mal, zurück. Das Haus konnte er noch erkennen, eben so den Garten und die Planke. Im Grünen sah er etwas, das so rot war wie Hannas Tuch. Aber es war nur das Dächelchen eines Schornsteins.
Dann ging er noch die Strecke bis zu der Bergschneide

empor – er blickte doch wieder um – ein glänzend schöner Tag lag über dem ganzen Tale. – – Hierauf ging er die wenigen Schritte um die Kuppe herum, und alles war hinter ihm verschwunden, und ein neues Tal und eine neue Luft war vor seinen Augen. Die Sonne war indessen schon ziemlich weit herauf gekommen, trocknete die Gräser und seine Tränen, und senkte ihre wärmeren Strahlen auf die Länder. Er ging schief an dem Berghange fort, und da er nach einer Weile seine Uhr hervorgezogen hatte, zeigte sie halb acht.

›Jetzt wird das Bettgestelle schon leer da stehen,‹ dachte er, ›das letzte Geräte, das mir blieb. Die Linnen werden heraus genommen sein, und das ungastliche Holz wird hervor blicken. Oder vielleicht arbeiten die Mägde schon in meinem Gemache, um ihm eine ganz andere Gestalt zu geben.‹

Und dann wandelte er weiter.

Er kam immer höher empor, der Raum legte sich zwischen ihn und das Haus, das er verlassen hatte, und die Zeit legte sich zwischen seine jetzigen Gedanken und die letzten Worte, die er in dem Hause geredet hatte. Sein Weg führte ihn stets an Berghängen hin, über die er nie gegangen war – bald kam er aufwärts, bald abwärts, im ganzen aber immer höher. Es war ihm lieb, daß er nicht mehr in die Stadt hatte gehen müssen, um sich zu beurlauben, weil er die Bekannten heute nicht gerne gesehen hätte. Die Meierhöfe und Wohnungen, die ihm aufstießen, lagen bald rechts, bald links von seinem Wege – hie und da ging ein Mensch und achtete seiner nicht.

Der Mittag zog herauf, und er wandelte fort und fort.

Die Welt wurde immer größer, wurde glänzender und wurde ringsum weiter, da er vorwärts schritt – und überall, wo er ging, waren tausend und tausend jubelnde Wesen.

Und noch größer und noch glänzender wurde die Welt, die tausend jubelnden Wesen waren überall, und Victor schritt von Berg zu Berg, von Tal zu Tal, den großen kindischen Schmerz im Herzen und die frischen, staunenden Augen im Haupte tragend. Jeder Tag, den er ferne von der Heimat zubrachte, machte ihn fester und tüchtiger. Die unermeßliche Öde der Luft strich durch seine braunen Locken; die weißen, wie Schnee glänzenden Wolken bauten sich hier auf, wie sie sich in seinem mütterlichen Tale aufgebaut hatten; seine schönen Wangen waren bereits dunkler gefärbt, das Ränzlein trug er auf seinem Rücken und den Reisestab in der Hand. Das einzige Wesen, das ihn an die Heimat band, war der alte Spitz, der furchtbar abgemagert neben ihm her lief. Am dritten Tage nach der Abreise war er ihm nämlich unvermutet und unbegreiflich nachgekommen. Victor ging eben in sehr früher Morgenstunde auf einem kühlen, breiten, feuchten Landwege durch einen Wald empor, als er umschauend, wie er es öfter zu tun pflegte, um sich an den Blitzen der nassen Tannen zu ergötzen, ein Ding gewahrte, das sich eilfertig gegen ihn heran bewegte. Aber wie staunte er, als die dunkle Kugel näher gekommen an ihm empor sprang und sich als den alten, ehrlichen Spitz seiner Ziehmutter auswies. Aber in welchem Zustande war er: die schönen Haare hatten sich durch Kot verklebt und waren bis zur Haut hinein mit weißem Straßenstaube angefüllt, die Augen waren rot und entzündet; da er rasche Freudentöne ausstoßen wollte, konnte er nicht; denn seine Stimme war heiser geworden, und da er auch Freudensprünge versuchte, fiel er mit dem Hintergestelle in den Graben.

»Du armer lieber Spitz«, sagte Victor, indem er sich zu ihm nieder kauerte; »siehst du nun, du altes törichtes Haus, was du da für Unsinn unternommen hast?«

Aber der Spitz wedelte auf diese Worte, als hätte er das größte Lob empfangen.
Das erste, was der Jüngling tat, war, daß er ihn mit einem Tuche etwas abwischte, damit er doch besser aussähe. Dann nahm er zwei Brode heraus, die er heute früh zu sich gesteckt hatte, wenn ihm etwa ein Bettelmann begegnete, setzte sich auf einen Stein und begann, sie dem Spitze stückweise vorzuwerfen, der sie heißhungrig und eilig verschlang und zuletzt noch immer auf die Hände des Jünglings schaute, als diese schon längstens leer waren.
»Jetzt habe ich nichts mehr,« sagte Victor, »aber wenn wir zu dem ersten Bauernhause kommen, kaufen wir eine Schüssel Milch, die du ganz allein ausfressen darfst.«
Der Spitz schien beruhigt, als hätte er die Worte verstanden.
Einige Schritte weiter weg, wo von einem moosigen Felsen ein dünnes Wasserfädlein herab rann, fing Victor in seinem ledernen Reisebecher, den ihm die Mutter gegeben hatte, so viel Wasser auf, bis er voll war, und wollte dem Spitz zu trinken geben. Allein dieser kostete nur ein wenig und schaute dann den Geber erwartend an; denn er war nicht durstig und mochte wohl aus allen den hundert Gräben und Bächen getrunken haben, über die er gekommen war.
Dann gingen sie mit einander weiter, und in dem ersten Wirtshause schrieb Victor einen Brief an die Mutter zurück, daß der Spitz bei ihm sei, und daß sie sich nicht kränken möge.
In Hinsicht der Milch hatte Victor redlich Wort gehalten. Auch sonst bekam der Spitz von nun an so viel, als er nur unterzubringen vermochte; allein, obgleich er auf diesem Wege in einem Tage mehr verzehrte, als zu Hause kaum in dreien, so verfiel er doch durch die Nachwirkung der ungewohnten Anstrengung, die weiß Gott wie furcht-

bar gewesen sein mag, so sehr, daß er gleichsam nur mehr in seiner eigenen Haut hängend neben dem Jünglinge hertrabte.

›Es wird sich schon bessern, es wird sich schon bessern‹, dachte dieser, und sie schritten weiter.

Grübelig blieb es Victor immer, warum ihm denn das Tier gerade dieses eine Mal nachgekommen sei, da es doch sonst, wenn er auch Tage lang fort war, auf einen einfachen Befehl zu Hause geblieben sei und auf ihn gewartet habe. Aber dann schloß er nicht unrecht, daß der Spitz, dessen ganze Lebensaufgabe es war, das Tun und Lassen seines höheren Freundes, des Knaben, zu beobachten, ganz wohl gewußt habe, daß dieser nun auf immer fort gehe, und daß er darum das Äußerste unternommen habe, um ihm zu folgen.

Und so schritten sie nun mit einander fort; über Hügel zu Hügeln, über Felder zu Feldern – und oft konnte man den Jüngling sehen, wie er an einem Wiesenbache den Hund wusch und ihn mit Gräsern und Laubwerk trocknete – oft, wie sie ruhig neben einander gingen – und oft, wie der Hund neben seinem Herrn stand und die Augen zu ihm empor richtete, wenn dieser auf einer Anhöhe stille hielt und weit und breit über die Auen schaute, über die langen Streifen der Felder, über die dunkeln Flecken der Wäldchen und über die weißen Kirchtürme der Dörfer.

An dem Wege des Wanderers wallten oft die Wellen des Kornes, das jemanden gehören mußte, Zäune umgaben es, die jemand gezogen haben mußte, und Vögel flogen nach diesen und jenen Richtungen, wie nach verschiedenen Heimaten. Victor hatte seit Tagen mit keinem Menschen gesprochen, als wenn ihn etwa ein Fuhrmann oder ein Wanderer grüßte, oder der Wirt zum Abschiede das Käppchen lüftete und sagte: »Glückliche Reise – auf Wiedersehen.«

Am achten Tage, nachdem er die Mutter und sein Tal verlassen hatte, kam er in eine Gegend, die ungleich mancher unwirtlichen, über die er bisher gewandert war, reinlich und wohltätig über sanften Hügeln dahin lag, wieder den Wechsel der Obstwälder zeigte, wie zu Hause in seinem Tale, mit wohlhabenden Häusern geziert war und kein handgroßes Stücklein aufwies, das nicht benützt war, und auf dem nicht etwas wuchs. In dem weiten Grün dahin war der Silberblick eines Stromes, und ferne war ein gar so sanftes, fast sehnsuchtreiches Blau der Berge. Diese Berge hatte er schon lange an seiner Linken hinziehend gehabt, nun aber schwangen sie sich in einem Bogen näher gegen die Straße und zeigten schon die mattfärbigen Lichter und Spalten in ihren Wänden.

»Wie weit ist es denn noch bis Attmaning?« frug er einen Mann, der in der Gartenlaube eines Dorfwirtshauses saß und einen kühlen Trunk tat.

»Wenn Ihr heute noch ein gutes Stück geht, so könnt Ihr es morgen bei rechter Zeit erreichen«, erwiderte dieser, »aber da müßt Ihr den Steig nehmen und Euch schon ob der Afel gegen das Gebirge schlagen.«

»Ich will eigentlich in die Hul.«

»In die Hul? – Da werdet Ihr schlechte Aufnahme finden. Aber wenn Ihr noch über die Grisel steigen wollt, rechts am See, da kommt Ihr zu einem lustigen Hammerschmiede, den ich Euch empfehlen kann, wo es schon ein anderes Geschicke hat.«

»Ich muß aber in die Hul.«

»Nun da habt Ihr von Attmaning noch drei schwache Stunden hinein.«

Victor hatte sich während des Gespräches zu dem Manne nieder gesetzt und sich und den Hund gelabt. Nachdem er mit seinem Nachbar noch einiges hin und her geredet hatte, machte er sich wieder auf, und ging an diesem Tage nach dem Rate seines neuen Gönners noch ein gutes

Stück, bis er zu der Afel kam, die ein blaues, klar fließendes Wasser war. Am andern Tage, als kaum die erste Dämmerung leuchtete, sah man ihn schon auf dem von seinem Ratgeber angezeigten und von ihm näher erfragten Fußwege von der Straße ab gegen das Gebirge wandeln. Die riesigen, hohen Lasten schritten immer näher gegen ihn und zeigten im Laufe des Vormittages mannigfaltige, freundliche, schönfärbige Zeichnungen. Rauschende Wässer begegneten ihm, Kohlbauern fuhren; manchmal ging schon ein Mann mit spitzem Hute und Gemsbarte – und ehe es zwölf Uhr war, saß Victor bereits unter dem Überdache des Gasthauses zu Attmaning, wo er wieder zu der Straße gekommen war, und sah gegen die Gebirgsöffnung hinein, wo alles in blauen Lichtern flimmerte und ein schmaler Wasserstreifen wie ein Sensenblitz leuchtete.
Attmaning ist der letzte Ort des Hügellandes, wo es an das Hochgebirge stößt. Seine hellgrünen Bäume, die nahen Gebirge, sein spitzer Kirchturm und die sonnige Lage machen es zu dem lieblichsten Orte, den es nur immer auf unserer Erde geben kann.
Victor blieb bis gegen vier Uhr an seinem Gassentischchen – welcher Gebrauch ihn sehr freute – sitzen und ergötzte sich an dem Anblicke dieser hohen Berge, an ihrer schönen blauen Farbe und an den duftigen, wechselnden Lichtern darinnen. Dergleichen hatte er nie in seinem Leben gesehen. Was ist der größte, mächtigste Berg seiner Heimat dagegen? Als es vier Uhr schlug und die blauen Schatten allgemach längs ganzer Wände nieder sanken und ihm die früher geschätzten Fernen derselben wunderlich verrückten, fragte er endlich, wohinaus die Hul liege.
»Da oben am See«, sagte der Wirt, indem er auf die Öffnung zeigte, auf welche Victor am Nachmittage so oft hingesehen hatte.

»Wollt Ihr denn heute noch in die Hul?« fragte er nach einer Weile.
»Ja,« sagte Victor, »und ich will die jetzige kühle Abendzeit dazu benützen.«
»Da müßt Ihr nicht säumen,« erwiderte der Wirt, »und wenn Ihr niemanden andern habt, so will ich Euch meinen Buben durch das Holz geben, daß er Euch dann weiter weise.«
Victor meinte zwar keines Führers zu bedürfen; denn die Bergmündung stand ja so freundlich und nahe drüben: aber er ließ es dennoch geschehen und richtete indessen seine hingelegten Reisesachen in Ordnung.
Seltsam war es ihm auch, daß die Leute, wenn sie von der Hul sprachen, immer ›oben‹ sagten, während für seine Augen die Berge dort so duftschön zusammen gingen, daß er den Wasserschein tief unten liegend erachtete; obwohl er anderseits auch sah, daß die Afel gerade von jener Gegend springend und schäumend gegen Attmaning daher kam.
»Geh, Rudi, führe den Herrn da auf den Hals hinauf, und zeige ihm dann in die Hul hinunter«, rief der Wirt in das Haus hinein.
»Ja«, tönte eine kindliche Stimme heraus.
Alsbald kam auch ein blondhaariger, rotbackiger Bube zum Vorscheine, sah Victor mit freundlichen blauen Glotzaugen an und sagte: »So gehe, Herr.«
Victor hatte seine Rechnung berichtigt und war zum Aufbruche fertig. Gleich von der Wirtsgasse aus verließ der Knabe mit ihm die Straße und führte ihn seitwärts auf einem steinigen Wege zwischen dichte, riesig große Eichen und Ahornen hinein. Der Weg ging bald bergan, und Victor konnte manchmal durch die Wipfel der nach abwärts stehenden Bäume auf die Bergeslasten hinaus sehen, die immer ernster zusammen rückten und desto dunkler wurden, je tiefer die Sonne stand, und die auch

ein desto schöneres Blau gewannen, je glänzender und schimmeriger der Strahl des Abends das grüne Laub der Bäume an seiner Seite färbte. Endlich wurde der Wald ganz dicht, das Laubholz verlor sich, und die zwei Wanderer gingen in struppigem, undurchsichtigem Nadelwalde hin, der nur zuweilen durch herabgehende erstarrte Steinströme unterbrochen war. Victor hatte von Attmaning aus den Wald gar nicht gesehen, und hätte nie geglaubt, daß eine solche Wildnis zwischen ihm und dem schönen Wasserblitz liegen könne, der so nahe heraus gegrüßt hatte. Immer gingen sie fort. Stets glaubte Victor, jetzt werde man bergab steigen, aber der Weg wickelte sich längs eines Hanges fort, der sich immer selber gebar, als rückte der Wald hinaus und schöbe auch den See vor sich her. Der Knabe lief barfuß auf dem spitzigen Steingerölle neben ihm. Endlich, da fast zwei Stunden vergangen waren, blieb der kleine Führer stehen und sagte: »Da ist der Hals. Wenn du jetzt diesen Weg da, nicht den andern, hinunter gehst, nämlich an dem Bilde des gemarterten Gilbert vorbei, und um das Seeeck herum, wo die vielen Steine herab gefallen sind, da wirst du Häuser sehen, die sind die Hul. Schaue nur immer durch die Zweige hinaus, daß du das Wasser siehst, weil auch ein Weg in den Afelschlag geht, der wäre gefehlt.«
Diese Worte sagte der Knabe, und nachdem er von Victor einen Lohn empfangen hatte, lief er desselben Weges zurück, den er den Jüngling heran geführt hatte.
Der Platz aber, von dem der Knabe so unbeachtend weg lief, als wäre er eben nichts, war für Victor von der unerwartetsten Wirkung. Die Gebirgsleute nennen häufig einen ›Hals‹ einen mäßigen Bergrücken, der quer zwischen höheren läuft und sie verbindet. Da er immer auch zwei Täler scheidet, so geschieht es nicht selten, daß, wenn man von dem einen langsam hinan steigt, man plötzlich ohne Erwartung den überraschendsten Überblick in das

andere hat. So war es auch hier. Der Wald hatte sich auseinander gerissen, der See lag dem Jünglinge zu Füßen, und alle Berge, die er von dem flachen Lande und Attmaning aus schon gesehen hatte, standen nun um das Wasser herum, so stille, klar und nahe, daß er darnach langen zu können vermeinte – aber dennoch waren ihre Wände nicht grau, sondern ihre Schluchten und Spalten waren von einem luftigen Blau umhüllt, und die Bäume standen wie kleine Hölzlein darauf, oder waren an andern gar nicht sichtbar, die schier mit einem ganz geglätteten Rande an dem Himmel hin strichen.
Nicht ein Häuschen, nicht einen Menschen, nicht ein einziges Tier sah Victor. Der See, den er von Attmaning aus als weiße Linie gesehen hatte, war hier weit und dunkel, nicht einen einzigen Lichtfunken, sondern nur das Dämmern der Schleiermauern, die ihn umstanden, gebend; und an den fernen Ufern lagen lichte Dinge, die er nicht kannte, und die sich bloß in den ruhigen Wassern spiegelten.
Eine Weile stand Victor und betrachtete das Ding. Er empfand den Harzduft, und hörte aber nicht das Wehen des Nadelwaldes. Von Regung war gar nichts zu verspüren, man müßte nur das Weiterrücken des späten Lichtes rechnen, das an dem Schwunge der Wände hinüber ging und sich die farbenkühlen Schatten folgen ließ.
Fast Furcht vor dieser Größe, die ihn hier umgab, im Herzen tragend, machte sich Victor daran, seinen Weg weiter zu verfolgen. Er ging den Pfad, den ihm der Knabe gezeigt hatte, hinunter. Die Berge sanken allgemach in den Wald, die Bäume nahmen ihn wieder auf, und wie es schon auf dem Halse gewesen war, daß der flache See gleichsam die Berge, die er säumte, hinaus zu rücken schien, damit das Auge das zarte Duftbild schauen könne, das sich von dem Grün der Tannennadeln hinaus warf, so blickte auch hier immer das dämmerige Gewebe von Berg

und Wasser links durch die Bäumäste herauf. So wie er beim Hinaufgehen gemeint hatte, der Berg nehme kein Ende, so ging er nun auch wieder unaufhörlich und sachte hinunter. Stets hatte er den See zur Linken, als sollte er die Hand eintauchen können, und stets konnte er ihn nicht erreichen. Endlich wich der letzte Baum hinter ihm zurück, und er stand wieder unten an der Afel, wo sie eben den See verließ und durch steilrechtes Geklippe fort eilte, nicht einmal einen handbreiten Saum lassend, daß man einen Pfad für wandelnde Menschen anlegen könnte. Victor meinte, hundert Meilen von Attmaning entfernt zu sein, so einsam war es hier. Nichts war da als er und das flache Wasser, das sich unaufhörlich und brausend in die Afel hinaus leerte. Hinter ihm stand der grüne, stumme Wald, vor ihm war die schwanke Fläche, geschlossen durch eine blaue Wand, die sich tief ins Naß zu erstrecken schien. Das einzige Werk von Menschenhand sah er in dem Stege, der über die Afel lag, und in einem Wasserbeschlage, durch den sie hindurch mußte. Langsam ging er über den Steg, und der Spitz mäuschenstille und zitternd hinter ihm her. Jenseits gingen sie auf Rasengrund neben Felsen. Bald war auch der Platz zu erkennen, von dem der Knabe gesprochen hatte: eine Menge durcheinander geworfener Steine lag herum und erstreckte sich in den See hinaus, daß man leicht erkennen konnte, hier mochte ein Bergsturz stattgefunden haben. Victor bog um eine scharfe Bergecke, und sogleich lag auch die Hul vor ihm: fünf oder sechs graue Hütten, die nicht weit entfernt auf dem Seeufer hin standen und von hohen grünen Bäumen umgeben waren. Auch der See, den ihm die vorspringende Ecke früher verdeckt hatte, erweiterte sich hier, und manche Berge und Wände, die sich ihm entzogen hatten, standen wieder da.

Als Victor zu den Häusern gekommen war, sah er, daß jedes mit einem Schoppen in den See hinaus ging, unter welchem angebundene Kähne lagen. Eine Kirche sah er nicht, aber auf einer der Hütten war ein Türmchen aus vier rot angestrichenen Pfählen, zwischen denen eine Glocke hing.

»Ist hier nicht ein Ort, der Klause heißt?« fragte er einen Greis, den er gleich an der ersten Hütte unter der Tür sitzen fand.

»Ja,« erwiderte der Greis, »auf der Insel ist die Klause.«

»Könnt Ihr mir nicht sagen, wer mich dahin überführen möchte?«

»Jeder Mensch in der Hul könnte Euch hinüber führen.«

»Also könntet Ihr es auch tun?«

»Ja – aber Ihr werdet nicht aufgenommen.«

»Ich bin in die Klause bestellt und werde erwartet.«

»Wenn Ihr Geschäfte dort habt und bestellt seid, da ist es anders. Fahrt Ihr gleich wieder zurück?«

»Nein.«

»So wartet hier ein wenig.«

Nach diesen Worten ging der Alte in die Hütte hinein, von der er aber bald wieder in Begleitung eines jungen, starken, rotwangigen Mädchens zurück kam, das sich daran machte, mit ihren entblößten Armen einen Kahn weiter in das Wasser hinaus zu schieben, während der Alte seinen Rock anzog und zwei Ruder herbei trug. Man hatte für Victor einen hölzernen Lehnsitz auf dem Kahne befestigt, auf den er sich niederließ, sein Ränzlein neben sich legend und den Kopf des Spitzes haltend, der sich gegen seinen Schoß schmiegte. Der Alte hatte verkehrt sitzend am Schiffsschnabel Platz genommen, und das Mädchen stand im Hinterteile, das Ruder in der Hand haltend. Gleichzeitig von beiden geschah der erste Schlag ins Wasser, der Kahn tat einen Stoß, glitt in die weichen Fluten hinaus und schnitt bei jedem Ruderschlage ruckweise weiter in die dunkler werdende säuselnde Fläche. Victor war nie auf einem so großen Wasser gefahren. Das

Dorf zog sich zurück, und die Wände um den See begannen sehr langsam zu wandern. Nach einer Weile streckte sich eine buschige Landzunge hervor und wuchs immer mehr in das Wasser. Endlich riß dieselbe gar von dem Lande ab und zeigte sich als eine Insel. Gegen diese Insel richteten die zwei Rudernden ihre Fahrt. Je näher man kam, desto deutlicher hob sie sich empor, und desto breiter wurde der Raum, der sie von dem Lande trennte. Ein Berg hatte ihn früher gedeckt. Man unterschied endlich sehr große Bäume auf ihr, anfangs so, als wüchsen sie gerade aus dem Wasser empor, dann aber auf bedeutend hohem Felsenufer prangend, das fallrecht mit scharfen Klippen in die Flut nieder ging. Hinter dem Grün dieser Bäume wanderte ein sanfter Berg, der von dem Abende lieblich gerötet war.

»Das ist die Grisel am jenseitigen Seeufer,« sagte der Alte auf Victors Frage, »ein bedeutender Berg, der aber doch nicht gar so beschwerlich ist. Es geht ein Pfad über ihn hinüber in die Blumau und ins Gescheid, wo die Hammerschmiede sind.«

Victor blickte den schönen Berg an, der so wandelte und in das Grün der Bäume sank, wie sie näher kamen.

Man war endlich in den grünen Widerschein gelangt, den die Baumlasten der Insel in das Wasser des Seees senkten, und fuhr in dem Raume desselben dahin. Da tönte von der Hul herüber das Glöcklein, das zwischen den vier Pfählen hing, und forderte zum Abendgebete auf. Die zwei Schiffenden zogen sogleich ihre Ruder ein und beteten still ihren Abendsegen, während der Kahn im Zuge gleichsam von selbst längs der grauen Felsen hin ging, die von der Insel in den See nieder standen. Auf den Bergen herum war hie und da ein irrendes Licht. Der See hatte sogar Streifen bekommen, deren einige glänzten und selbst Funken empor warfen, obwohl die Sonne schon seit längerer Zeit untergegangen war. Über alles das kamen die fortwährenden emsigen Klänge des Glöckleins herüber, gleichsam von unsichtbaren Händen tönend; denn die Hul war nicht zu sehen, und rings um den See war kein Flecklein, das nur entfernt einem menschlichen Aufenthalte ähnlich gesehen hätte.

»Im Kloster der Klause muß auch noch eine Glocke sein. Ich glaube, eine schöne Aveglocke,« sagte der Alte, nachdem er seine Mütze wieder aufgesetzt und das Ruder ergriffen hatte, »aber man läutet sie nie; ich wenigstens habe den Ton derselben nie gehört. Auch nicht einmal eine Uhr hört man schlagen. Mein Großvater hat gesagt, daß es sehr schön war, wenn in den vergangenen Tagen das ganze Geläute auf dem See lag – denn damals waren noch die Mönche – und wenn es in dem lichten Morgennebel daher tönte, ohne daß man wußte, woher es komme; denn Ihr werdet gesehen haben, daß wir den Berg umfahren haben, und daß man von der Hul aus die Insel nicht sehen kann. Es ist der hohe Orla, dieser Berg, und zwei Mönche haben ihn einmal bei klafterhohem Schnee überstiegen, da der See gefroren war, aber nicht trug, und da sie keine Lebensmittel mehr hatten. Sie hieben mit den Knechten, die sie in dem Schiffe hatten, eine Straße in das Eis, daß der Kahn gehen konnte, und als sie an dem Berge waren, stiegen sie über den Gipfel in die Hul; denn zwischen dem Berge und dem See ist kein Fußweg möglich. Es sind seitdem wohl über hundert Jahre vergangen, und selten geschieht es, daß der See überall mit einer Decke von Eis überzogen ist.«

»Sind also einmal Mönche auf der Insel gewesen?« fragte Victor.

»Ja«, antwortete der Greis. »In sehr alter, alter Zeit sind fremde Mönche hieher gekommen, da noch gar kein Haus an dem ganzen See stand, und da noch nichts in ihm schwamm als ein Baum, der von dem Felsen in ihm herab gefallen war. Sie sind auf Flößen und Tannenästen nach

der Insel über gefahren und haben zuerst die Klause gebaut, aus der nach und nach das Kloster entstanden ist, und in späteren Jahren auch die Hul, wo christliche Leute fischten und zur Klause in die Messe fuhren; denn damals waren die Landesherren draußen noch ganz und gar Heiden, und sie schlugen mit ihren Knappen, die grausam und wild waren, die Priester tot, welche aus dem Schottenlande mit dem Kreuze herüber kamen, um zu bekehren. Auf der Insel, die sie sich suchten, fanden die Väter Schutz; denn Ihr werdet es schon erkennen, daß diese Steine, die da nieder steigen, wie eine Festung sind. Es ist hier ein Schaum, wenn nur ein wenig Wind geht, daß er jedes Schiff in sich begraben kann. Nur an einer einzigen Stelle kann man landen, wo nämlich die Felsen zurück weichen und eine Öffnung lassen, in der das Wasser gegen guten Sand ausläuft. Es sind daher die Väter geschützt gewesen, so wie der alte Mann geschützt ist, der sich die Insel zur Wohnung auserkoren hat. Aus dieser Ursache fischt man auch hier nur an ganz schönen und stillen Tagen, wie der heutige einer ist.«
Während dieser Rede war man nach und nach eine geraume Strecke an dem Ufer der Insel hin gefahren und hatte sich dem Orte genähert, wo die Felsen niederer sind und eine sanfte, sandige Bucht bilden, die in abdachendes Waldland hinauf steigt. So wie die Ruderer diese Stelle gewannen, lenkten sie sogleich die Spitze des Kahnes hinein und ließen dieselbe gegen den Sand laufen. Der Alte stieg aus, zog das Schiffchen an der Kette des Schnabels noch weiter gegen das Land, damit Victor trockenen Fußes aussteigen konnte. Dieser schritt über den Schiffschnabel hinaus, und der Spitz sprang ihm nach.
»Wenn Ihr nun diesen Pfad, der sich da gleich zeigen wird, fort geht,« sagte der Greis, »so werdet Ihr in die Klause kommen. Es ist zwar auch ein sehr starkes Bohlenhaus auf der Griselseite, das die Mönche einmal in den

absteigenden Felsen zur Aufnahme ihrer Schiffe gebaut haben, aber man kann dort nicht einfahren, weil die Bohlen immer geschlossen sind. Gott behüte Euch nun, junger Herr – und wenn Ihr Euch nicht zu lange aufhaltet, und wenn der Eigentümer der Klause Euch zur Überfahrt keinen Kahn gibt, so laßt mir nur durch den alten Christoph Nachricht zukommen, und ich werde Euch an diesem Platze wieder abholen. In der Klause haben sie nicht allemal Zeit, ein Schiff abzusenden.«
Victor hatte unterdessen das bedungene Überfahrtsgeld aus seiner kleinen Börse hervor gesucht und es dem Manne gereicht. Hierauf sagte er zu ihm: »Lebt wohl, alter Freund, und wenn Ihr es erlaubt, so werde ich bei der Rückfahrt ein wenig in Eurem Hause einsprechen, und Ihr werdet mir vielleicht noch etwas von Euren alten Geschichten erzählen.«
Zu dem Mädchen, das unbeweglich in dem Hinterteile stehen geblieben war, getraute er sich nicht etwas zu sagen.
Der Greis aber antwortete: »Ei, wie werden denn meine Geschichten einem so jungen und gelehrten Herrn gefallen können?«
»Vielleicht mehr, als Ihr Euch denkt, und mehr als die, die aus den Büchern heraus zu lesen sind«, sagte Victor.
Der alte Mann lächelte, weil ihm die Antwort gefiel, aber er sagte nichts darauf, sondern bückte sich nieder, rollte die kurze Kette in den Schiffschnabel zurück und machte Anstalt zum Abfahren.
»Nun in Gottes Namen, junger Herr«, sagte er noch, gab dem Schiffe mit dem Fuße einen Stoß, sprang schnell in dasselbe ein, und das getroffene Fahrzeug schwankte in das Wasser zurück. Nach wenigen Augenblicken sah Victor schon die beiden Ruder taktmäßig steigen und fallen, und das Schiff schob sich in den Wasserspiegel hinaus.
Er stieg mit einigen Schritten das Ufer vollends hinan,

bis er von dem oberen Rande weit über den See schauen konnte. Er blickte den Abfahrenden nach und sagte zu seinem Begleiter, gleichsam als wäre er vernünftig und könnte die Worte verstehen: »Gott sei gedankt, da wären wir an dem Ziele unserer Wanderung. Der Herr hat uns gut und wohlbehalten geführt, das andere mag sich fügen, wie es will.«

Er tat noch einen Blick in die weite, schöne, von dem Abende andunkelnde Fläche des Sees hinaus, dann wendete er sich um und ging dem Pfade nach, der vor ihm lag, in die Büsche hinein.

Der Weg ging anfangs noch immer bergan zwischen Gebüsch und Laubbäumen hindurch – dann aber führte er eben hin. Das Gestrippe hatte aufgehört, und nur mehr ungemein starke Ahorne standen auf einer dunkeln Wiese fast nach einer gewissen Ordnung und Regel umher. Es war unverkennbar, daß hier einmal eine gute Fahrstraße gegangen war, aber sie war verkümmert und überall von wucherndem Krüppelgesträuche eingeengt. Victor ging durch den seltsamen Ahorngarten hindurch. Hierauf gelangte er durch neuerdings beginnendes Buschwerk an einen sonderbaren Ort. Er war wie eine Wiese, auf der kleine und zum Teile verkommene Obstbäume standen. Aber mitten unter diesen Bäumen war in dem Grase eine runde steinerne Brunneneinfassung, und allenthalben zwischen den Baumstämmen standen graue steinerne Zwerge, welche Dudelsäcke, Leiern, Klarinetten und überhaupt musikalische Gerätschaften in den Händen hielten. Manche davon waren verstümmelt, und es ging auch kein Weg oder gebahnter Platz von einem zum andern, sondern sie standen lediglich in dem hohen, emporstrebenden Grase. Victor schaute diese seltsame Welt eine Weile an, dann strebte er weiter. Sein Weg ging von diesem Garten über eine alte Steintreppe in einen Graben hinab, und jenseits wieder hinauf. Wie überall Gebüsche war, so war

es auch hier, aber hinter dem Gebüsche sah Victor eine hohe, fensterlose Mauer, in welcher ein Eisengitter stand, an dem der Weg endete.
Victor schloß nicht mit Unrecht, daß hier der Eingang in die Klause sein müsse, und er näherte sich deshalb dem Gitter. Als er angekommen war, fand er es verschlossen, und es war keine Glocke und kein Klöppel daran. Daß hier der Eingang in das Haus sei, zeigte sich nun deutlich. Hinter dem Eisengitter war ein geebneter, sandiger Platz, auf welchem Blumen standen. An dem Platze war ein Haus, von dem aber nur der Vorderteil sichtbar war, der Hinterteil sich hinter Gebüsche verlief. Unmittelbar von dem Sandplatze ging eine hölzerne Treppe in das erste Geschoß des Hauses hinauf. Jenseits des Platzes, der abermals mit Gebüschen gesäumt war, mußte wieder der See beginnen; denn es war hinter dem Grün der feine, sanfte Dunst, der gerne über Bergwässern ist, und es stiegen die rötlich schimmernden Wände der Grisel hinan.
Während Victor so durch die Eisenstäbe hinein schaute und an ihnen allerlei Versuche machte, ob er nicht eine Vorrichtung fände, durch die das Gitter aufgehe, trat ein alter Mann aus dem Gebüsche und sah nach Victor hin.
»Habt die Freundschaft,« sagte dieser, »öffnet mir das Tor und führt mich zu dem Herrn des Hauses, wenn nämlich dieses Gebäude die Klause heißt.«
Der Mann sagte auf die Worte nichts, sondern ging näher, schaute Victor eine Weile an und fragte dann: »Bist du zu Fuße gekommen?«
»Bis zu der Hul bin ich zu Fuße gegangen«, antwortete Victor.
»Ist es aber auch wahr?«
Victor wurde glühend rot im Angesichte; denn er hatte nie gelogen.
»Wenn es nicht so wäre,« antwortete er, »so würde ich es

nicht sagen. Wenn Ihr mein Oheim seid, wie es fast scheint, so habe ich hier einen Brief von meinem Vormunde, der Euch dartun wird, wer ich bin, und daß ich nur auf Euer ausdrückliches Verlangen die Fußreise hieher angetreten habe.«
Mit diesen Worten zog der Jüngling das reinlich erhaltene Schreiben, wie es ihm seine Ziehmutter anbefohlen hatte, hervor und reichte es zwischen den Eisenstäben hinein.
Der alte Mann nahm das Schreiben und steckte es ungelesen sein.
»Dein Vormund ist ein Narr, und ein beschränkter Mensch,« sagte er, »ich sehe, daß du deinem Vater ganz und gar gleich siehst, da er anhob, die Streiche zu machen. Ich habe dich schon über den See fahren gesehen.«
Victor, der in seinem Leben keine rücksichtslosen Worte gehört hatte, war stumm, und wartete nur, daß der andere das Gitter öffnen werde.
Dieser aber sagte: »Nimm eine Schnur mit einem Steine und ertränke diesen Hund in dem See, dann komme wieder hieher, ich werde derweilen öffnen.«
»Wen soll ich ertränken?« fragte Victor.
»Nun den Hund, den du da mitgezogen.«
»Und wenn ich es nicht tue?«
»So öffne ich dir diese Pforte nicht.«
»So komme, Spitz«, sagte Victor.
Er kehrte sich bei diesen Worten um, lief über die Treppe in den Graben, stieg jenseits empor, lief durch den Zwerggarten, durch die Ahornanlage, durch das folgende Gestrippe und langte an der Seebucht an, mit allen Kräften, deren sein Körper fähig war, hinaus rufend: »Schiffer! – alter Schiffer!«
Aber es war unmöglich, daß ihn dieser hören konnte. Den Knall eines Scheibengewehres hätte man in dieser Entfernung nicht mehr vernommen. Wie eine schwarze Fliege

stand das Schiffchen neben der dunkeln Fußspitze des Orlaberges, die weit in den Abendglanz des Sees hinaus stach. Victor nahm sein Sacktuch hervor, knüpfte es an seinen Stab und tat allerlei Schwenkungen in die Luft, damit er gesehen würde. Allein man sah ihn nicht, und zuletzt, wie er noch immer schwenkte, war auch die schwarze Fliege um die Bergspitze verschwunden. Der See war ganz leer, und nur die leise schäumende Brandung sah Victor im Abendwinde, der sich indessen gehoben hatte, längs den Felsen der Insel spielen.

»Es tut nichts – es tut auch nichts,« sagte er, »komme, Spitz, wir werden uns da am Ufer ins Gebüsche setzen und die Nacht über sitzen bleiben. Morgen zeigt sich wohl ein Kahn, den wir herzu winken werden.«

Was er sagte, tat er auch. Er suchte eine Stelle, wo das Gras des Rasens kurz und trocken war, und wo die Büsche dicht überhingen, ohne ihm die Aussicht auf den See zu benehmen.

»Siehst du,« sagte er, »wie es gut ist, wenn man täglich früh morgens etwas zu sich steckt. Du erprobest es auf dieser Reise schon zum zweiten Male.«

Bei diesen Worten zog er die zwei Brode heraus, die er heute früh in dem Afelwirtshause mitgenommen hatte, und begann teils selber davon zu essen, teils den Hund damit zu füttern. Da dieses Geschäft vollendet war, saß der Wanderer, der das Ziel seiner Reise erreicht zu haben glaubte, heute zum ersten Male in der einfachen Herberge des freien Himmels, und schaute die Gegenstände um sich herum an. Die Berge, die schönen Berge, die ihm, da er gegen sie heran kam, gar so sehr gefallen hatten, wurden immer schwärzer und legten drohende dunkle und zersplitterte Flecke auf den See, auf welchem noch das Blaßgold des Abendhimmels lag, das selbst in den dunklen Bergspieglungen zuweilen aufzuckte. Und immer sonderbarer, in die Schatten der Nacht sich hüllend, wurden die Gegenstände um ihn herum. Die Schlacken und das schwache Gold des Sees rührten sich und flossen öfters durcheinander, zum Zeichen, daß ein sanfter Luftzug dort herrschen müsse. Victors Auge, freilich nur an die schönen, heiteren Eindrücke des Tages gewöhnt, konnte sich doch auch nicht wegwenden von diesem allmähligen Verfärben der Dinge und von dem Einhüllen zur Ruhe der Nacht. Die große Ermüdung seiner Glieder ließ ihm das Sitzen auf dem weichen Grase und geschützt von den deckenden Gesträuchen recht angenehm erscheinen. Er saß mit dem Spitze an seiner Seite so lange, bis endlich das Dunkel mit immer größerer Schnelligkeit sich über See, Gebirge und Himmel webte. Dann beschloß er, sich nieder zu legen. Er machte alle Knöpfe seines Rockes zu, wie es ihn die Ziehmutter gelehrt hatte, daß er sich nicht verkühle – er band das Halstuch, das er unter Tags abgetan hatte, wieder um – er tat sein Regenmäntelchen aus Wachstaffet heraus und nahm es über – dann richtete er sich das Ränzchen als Kissen und legte das Haupt darauf, da die Finsternis schon wie eine Mauer um ihn stand. Das Begehren nach Schlummer zog sich, da er lag, bald durch alle seine ermüdeten Glieder. Die Gesträuche flüsterten, da sich das Lüftchen von dem See bis hieher gezogen hatte, und die Brandung murmelte deutlich von Wand zu Wand.

In diese Eindrücke, deren Wirkungen immer schwächer wurden, versanken seine Sinne, und das Bewußtsein wollte eben verschwinden, als er durch ein leises Knurren seines Hundes geweckt wurde. Er schlug die Augen auf – da stand einige Schritte vor ihm dicht am Landungsplatze eine menschliche Gestalt, sich dunkel gegen das schillernde Wasser des Sees werfend. Victor strengte seine Augen an, mehr von der Gestalt zu erkennen, aber die Umrisse zeigten nur, daß sie ein Mann sei, und es ließ sich nicht ermitteln, ob jung oder alt. Die Gestalt stand ganz ruhig

und schien unverwandt auf das Wasser hinaus zu schauen. Victor richtete sich zu sitzender Stellung empor, und blieb ebenfalls ruhig. Auf ein neues, stärkeres Knurren des Hundes drehte sich die Gestalt plötzlich um und rief:
»Seid Ihr da, junger Herr?«
»Ein junger Wandersmann mit seinem Hunde ist da,« sagte Victor, »was wollt Ihr?«
»Daß Ihr zum Abendessen kommt, denn die Stunde ist fast schon vorüber.«
»Zum Abendessen? – zu wessen Abendessen? – und wer ist es, den Ihr suchet?«
»Ich suche unsern Neffen; denn der Oheim wartet schon eine Viertelstunde.«
»Seid Ihr sein Gesellschafter, oder sein Freund?«
»Ich bin sein Diener, namens Christoph.«
»Des Herrn der Klause, meines Oheims?«
»Des nämlichen. Er hat die Anzeige Eurer Herreise erhalten.«
»Nun so sagt ihm,« sprach Victor, »daß ich hier die ganze Nacht sitzen will, und daß ich mir eher einen Stein um den Hals hängen und mich in den See werfen lasse, als daß ich den Hund ertränke, der mit mir ist.«
»Ich werde es ihm sagen.«
Mit diesen Worten kehrte sich der Mann um und wollte fortgehen.
Victor rief ihm noch einmal nach: »Christoph, Christoph.«
»Was wollt Ihr, junger Herr?«
»Ist kein anderes Haus, oder eine Hütte, oder sonst ein Ding auf der Insel, in welchem man übernachten könnte?«
»Nein, es ist nichts da,« antwortete der Diener, »das alte Kloster ist zugesperrt, die Kirche auch, die Speicher sind mit altem Geräte vollgepfropft, ebenfalls verschlossen, und sonst ist nichts da.«
»Es ist auch gut,« sprach Victor, »das Haus meines Oheims besuche ich durchaus nicht – von diesem Hause

verlange ich keinen Schutz. – – Mir deucht, der alte Schiffmann, der mich herüber geführt hat, hat Euren Namen genannt und hat gesagt, daß Ihr manchmal in die Hul hinaus kämet.«

»Ich hole unsere Lebensmittel und andere Dinge herüber.«

»So hört mich an, ich will Euch Euren Fährlohn reichlich zahlen, wenn Ihr mich heute noch in die Hul hinüber schifft.«

»Und wenn Ihr noch mehr zahltet, als ich verlangen wollte, so wäre es dreimal unmöglich. Erstens stehen alle Kähne in dem Bohlenverschlusse, das Tor ist gesperrt, und jeder Kahn liegt noch mit einem Schlosse an seinem Balken angeschlossen, wovon ich keinen Schlüssel habe. Zweitens, wenn auch ein Kahn wäre, so wäre kein Fährmann. Ich werde es Euch erklären. Seht Ihr dort gegen den Orla zu die weißen Flecke, die auf dem See sind? Das sind Nebelflecken, die gleichsam auf den Steinen des Orlaufers sitzen. Wir heißen sie die Gänse. Und wenn die Gänse einmal in einer Reihe da sitzen, dann kömmt Nebel. Wenn die Abendwehe, das ist der Wind, der nach jedem Sonnenuntergange aus den Schluchten auf den See heraus geht, aufhört, dann ist in einer halben Stunde der See mit Nebel angefüllt, und da kann man nicht wissen, wohin ein Kahn zu leiten ist. Unter dem Wasser laufen die Gebirgsgrate hin, die oft nur ein wenig bedeckt sind. Wenn man zu einem solchen Grate geriete und ein Leck in das Schiff stieße, da müßte man aussteigen und in dem Wasser stehen bleiben, bis man am Tage von jemanden gesehen würde. Aber man würde von niemanden gesehen, weil die Fischer niemals zu den Gebirgsgraten hinzufahren. Begreifet Ihr das, junger Herr?«

»Ja, ich begreife es,« antwortete Victor.

»Und zum dritten kann ich Euch nicht überführen, weil ich sonst ein ungetreuer Diener wäre. Der Herr hat mir keinen Auftrag gegeben, Euch in die Hul zu führen, und wenn er dies nicht tut, so führe ich Euch nicht über.«

»Gut,« antwortete Victor, »so bleibe ich hier so lange sitzen, bis morgen ein Fahrzeug so nahe kömmt, daß ich es herzu zu winken vermag.«

»Es kömmt aber kein Fahrzeug so nahe«, erwiderte der Diener; »es ist über unseren See kein Warenzug, weil der einzige Weg, der vom andern Ufer weiter führt, nur ein Fußweg über die Grisel ist und die Wanderer zu diesem Fußwege an dem unserer Insel entgegengesetzten Seeufer hinfahren. Dann ist die Brandung an den Gestaden der Insel so groß, daß sich wenige Fische da aufhalten und selten Fischerboote so nahe kommen. Es könnten acht oder mehr Tage vergehen, ehe Ihr eines seht.«

»So muß mich morgen mein Oheim in die Hul zurückführen lassen, weil ich auf sein Verlangen hieher gekommen bin, und weil ich nicht mehr länger da bleiben will«, sagte Victor.

»Es kann sein, daß er es tut,« antwortete der Diener, »ich weiß das nicht; aber jetzt wartet er mit dem Abendessen auf Euch.«

»Wie kann er warten,« sagte Victor, »da er gemeint hat, ich solle meinen Spitz ertränken, da er gesagt hat, daß er nicht öffnen wolle, wenn ich es nicht tue, und da er mich hierauf fort gehen sah und mich nicht zurück gerufen hat.«

»Das weiß ich alles nicht,« erwiderte Christoph, »aber Eure Ankunft ist in der Klause bekannt, und es war auf dem Tische für Euch gedeckt. Der Herr hat mir aufgetragen, Euch zu rufen, weil Ihr die Eßstunde nicht wißt, sonst hat er nichts gesagt. Weil ich es aber gesehen habe, wie Ihr von dem Eisengitter fortgelaufen seid, so dachte ich gleich, als er mir den Auftrag gab, Euch zum Essen zu rufen, ich müsse an diesen Ort gehen, ich würde Euch hier finden. Anfangs, da ich Euch nicht sah, meinte ich

gar, Ihr seid gleich wieder über das Wasser davongefahren, aber es war ja nicht möglich, der Mann, der Euch gebracht hat, muß ja schon um die Orlaspitze zurück gewesen sein, als Ihr hieher wieder zurück kamet.«
Als Victor hierauf nichts erwiderte, stand der Mann noch ein Weilchen, dann sagte er wieder: »Der Herr wird gewiß bereits zu essen begonnen haben; denn er hat seine festgesetzten Stunden und geht davon nicht ab.«
»Das ist mir eine gleichgültige Sache,« antwortete Victor, »er mag essen und sich sättigen, von seinem Mahle verlange ich nichts; denn ich und mein Spitz haben unsere Brode, die ich mir aufgehoben habe, schon verzehrt.«
»Nun so muß ich also gehen und ihm das melden,« sprach der Diener weiter, – »aber das müßt Ihr bedenken, daß Ihr, wie Ihr vorher selber sagtet, gekommen seid, weil es der Oheim begehrt hat, daß er also mit Euch zu sprechen wünscht, und daß Ihr das selber unmöglich macht, wenn Ihr in dem Gebiete seines Hauses unter freiem Himmel sitzen bleibt.«
»Ich wollte zu ihm gehen,« erwiderte Victor, »ich wollte mit ihm sprechen und ihn ehrerbietig grüßen, die Mutter hat mir auch gesagt, daß es gut sei, und der Vormund hat es auch befohlen – aber ehe ich dem Tiere, das mich mit Lebensgefahr aufgesucht und begleitet hat, etwas zu Leide tun lasse, will ich selber eher Verwundung und Tod ertragen.«
»Es wird dem Tiere nichts geschehen,« sagte Christoph, »der Herr hat Euch nur einen guten Rat gegeben; wenn Ihr ihn nicht befolgt, so kümmert es ihn nicht. Er denkt gewiß nicht mehr darauf; denn sonst hätte er mich ja nicht geschickt, Euch zum Essen zu holen.«
»Wenn Ihr mir verbürgen könnt, daß dem Hunde nichts geschieht, so will ich mit Euch gehen«, sagte Victor.
»Das kann ich Euch verbürgen,« antwortete der Diener,

»der Herr vergaß der Geringfügigkeit eines Hundes, und wird ihm nichts anhaben.«

»So komme, lieber Spitz«, sagte Victor, indem er aufstand.

Er suchte gleichsam mit zitternden Händen eine Schnur aus seinem Ränzlein hervor, dergleichen er immer zu verschiedenen Dingen im Vorrate mit zu führen pflegte, und befestigte dieselbe an dem Ringe des Halsbandes, das der Spitz trug. Hierauf nahm er das Ränzlein auf die Schulter, hob seinen Reisestab vom Boden auf und folgte dem alten Christoph, der ihn den nämlichen Weg führte, den er in der Abenddämmerung gegangen und dann wieder zurück gelaufen war. Er wäre in der Nacht schwer zu finden gewesen, wenn nicht der alte Christoph voran gegangen wäre. Sie gingen durch das Gestrippe, durch die Ahorne, durch den Zwerggarten, durch den breiten Graben, und kamen zu dem eisernen Gitter. Christoph zog hier ein kleines Ding aus seiner Tasche, das Victor für einen Schlüssel hielt; aber es war ein Pfeifchen, und der Diener tat damit einen gellenden Pfiff. Sogleich öffnete sich das Tor von unsichtbaren Händen – Victor begriff es gar nicht – und schlug sich hinter ihnen wieder krachend zu. Victor blickte von dem Sandplatze, auf dem sie nun waren, sogleich auf das Haus. An der ganzen Vorderseite desselben waren nur drei Fenster erleuchtet, zwei im oberen und eines im Erdgeschosse, alles andere war in Finsternis. Christoph führte den Jüngling über die Holztreppe, welche gut gedeckt war, von dem Sandplatze in das erste Geschoß hinauf. Sie kamen in einen Gang und von demselben in das Zimmer, dem die zwei erleuchteten Fenster angehörten. In dem Zimmer ließ Christoph den Jüngling, ohne weiter ein Wort zu sagen, stehen, und ging wieder rückwärts hinaus. An dem Tische dieses Zimmers saß der Oheim Victors ganz allein und aß. Er hatte abends, da ihn Victor zum ersten Male sah, einen weiten

grautuchenen Rock angehabt, jetzt hatte er diesen abgelegt und stak in einem weiten, großblumigen Schlafrocke, und hatte ein rotes, goldgerändertes Käppchen auf.
»Ich bin nun schon an den Krebsen,« sprach er zu dem eintretenden Jünglinge, »du bist zu lange nicht gekommen, ich habe meine festgesetzte Stunde, wie es die Gesundheit fordert, und gehe von derselben nicht ab. Man wird dir gleich etwas auftragen. Setze dich auf den Stuhl, der mir gegenüber steht.«
»Die Mutter und der Vormund lassen Euch viele Grüße sagen«, hob Victor an, indem er mit dem Ränzlein auf dem Rücken stehen blieb und zuerst die Aufträge seiner Angehörigen, dann seine eigene Ehrerbietung und Begrüßung darbringen wollte.
Der Oheim aber tat mit beiden Händen, in deren jeder er ein Stück eines zerbrochenen Krebsen hielt, einen Zug durch die Luft und sagte: »Ich kenne dich ja schon an dem Angesichte – so fange an, hier zu sein, wohin ich dich beschieden habe, und wo ich dich als den Beschiedenen erkenne. Wir sind jetzt bei dem Essen, daher setze dich nieder und iß. Was sonst alles zu tun ist, wird schon geschehen.«
Victor legte also sein Ränzlein auf einen Stuhl, den Wanderstab lehnte er in einen Winkel, und dann ging er gegen den angewiesenen Stuhl, den Spitz an der Schnur hinter sich her zerrend. Der alte Mann, dem er gegenüber saß, hielt sein mageres Angesicht gegen den Teller nieder, und das Angesicht rötete sich während dem Essen. Er riß mit den Händen die Krebse sehr geschickt auseinander, lösete das Fleisch aus und saugte den Saft aus dem Korbe des Oberleibes und dem Geflechte der Füße. Dem Jünglinge war das wohlwollende Herz, das er hieher hatte bringen wollen, erstickt, und er saß stumm dem Verwandten gegenüber, der ebenfalls stumm in dem Ge-

schäfte seines Essens fort fuhr. Es standen mehrere verschieden gestaltete und verschiedenfärbige lange Flaschen auf dem Tische, in denen verschiedene Weine sein mußten, und aus denen der Oheim wahrscheinlich schon getrunken hatte; denn bei jeder Flasche stand ein eigentümliches Glas mit einem Restchen Wein am Boden. Nur eine Flasche stand noch neben dem Teller, und aus derselben schenkte der alte Mann von Zeit zu Zeit ein Schlückchen in ein kleines, grünbauchiges Stengelglas. Für Victor war indessen eine Suppe gebracht worden, von welcher er mit seiner rechten Hand aß, während er mit der Linken das Haupt des unten sitzenden Spitzes an sein Knie drückte. In der Zeit, in welcher er seine Suppe aß, waren von einem alten Weibe nach und nach so viele Speisen für ihn herbei getragen worden, daß er in Verwunderung geriet. Er aß davon, bis er satt war, dann ließ er das übrige stehen. Der Oheim hatte ihm von den Weinen nichts angetragen, Victor verabscheute auch noch den Wein, sondern schenkte sich von dem Wasser, das in einer kristallschönen Flasche von derselben alten Frau, die aufwartete, alle Augenblicke erneuert wurde, ein, und erkannte, daß er nie ein so vortreffliches, frisches, pralles und starkes Wasser getrunken habe. Während er sich sättigte, aß der Oheim noch ein Stückchen Käse, dann allerlei Früchte und Zuckerwerk. Hierauf trug der alte Mann die verschiedenen Teller, auf denen Glasglocken über den Dingen des Nachtisches standen, eigenhändig in Schreine, die in die Mauern gefügt waren, und sperrte sie ein. Dann tat er die Restchen Wein jedes in seine Flasche und schloß die Flaschen in ähnliche Schreine ein.

Auf der Stelle des Zimmers, auf welcher der Oheim während dem Essen gesessen war, war ein dichter Teppich gebreitet, und auf dem Teppiche lagen drei alte, fette Hunde, denen der Greis von Zeit zu Zeit bald eine Krebsschere, bald eine Mandel, bald ein Stückchen Zucker-

werk hinab gereicht hatte. Schon als Victor mit dem Spitz eingetreten war, hatten alle drei geknurrt, und während dem Essen, wenn er dem armen Spitz ein Stückchen hinab reichte, grinsten sie wieder und ließen ein schwaches Murren hören.
So lange der Oheim bei seinem Nachtmahle beschäftigt gewesen war, hatte er zu Victor nicht gesprochen, gleichsam als wäre zu keinem andern Dinge Zeit; jetzt aber sagte er: »Hast du das Gerippe doch wieder mit geschleppt? Wer ein Tier hat, muß es auch ernähren können. Ich habe dir den Rat gegeben, daß du es in den See würfest, aber du hast ihn nicht befolgt. Die Hunde der Studenten habe ich nie leiden können; sie sind wie traurige Gespenster. Und gerade dieses Volk will immer Hunde haben. Wo hast du ihn denn mit genommen und brachtest ihn zu mir, ohne ihm unter Weges etwas zu fressen zu geben?«
»Es ist der Hund meiner Ziehmutter, Oheim,« sagte Victor, »ich habe ihn nirgends mit genommen, weder gekauft noch ertauscht; sondern am dritten Tage nach meiner Abreise ist er mir nach gekommen. Er muß stark gerannt sein, was er in seinem früheren Leben nicht gewohnt war; er muß auch große Angst ausgestanden haben, wozu er ebenfalls bei der Ziehmutter nie Ursache gehabt hatte – und deshalb ist er in den darauf folgenden Tagen so mager geworden, wie er nie gewesen ist, obwohl ich ihm gegeben habe, was er nur immer verlangte. Erlaubt daher, daß ich ihn in Eurem Hause bei mir behalte, damit ich ihn der Ziehmutter wieder übergeben kann, sonst müßte ich sogleich zurück reisen und ihn ihr überbringen.«
»Und da hast du ihn immer so Tag und Nacht bei dir gehabt?«
»Freilich.«
»Daß er dir einmal die Kehle abfrißt.«

»Das tut er ja nie. Wie fiele ihm denn das ein? Er ist bei meinen Füßen gelegen, wenn ich rastete oder schlief, er hat sein Haupt auf dieselben gelegt, und er würde eher verhungern, ehe er mich verließe oder mir ein Leid täte.«
»So gib ihm zu essen, und denke auf das Wasser, daß er nicht wütend wird.«
Das alte Weib hatte, als das Abendmahl aus war, nach und nach die Schüsseln, Teller und andere Reste desselben fort getragen; jetzt kam auch Christoph, den Victor, seit er mit ihm hieher gekommen war, nicht mehr gesehen hatte.
Der Oheim sagte zu dem hereintretenden Diener: »Sperre ihnen die Stalltür gut zu, daß keiner heraus komme, lasse sie aber vorher auf dem Sande unten ein wenig herum gehen.«
Auf diese Worte erhoben sich die drei Hunde, wie auf ein bekanntes Zeichen. Zwei folgten Christoph von selber, den dritten nahm er bei dem Balge und schleppte ihn hinaus.
»Ich werde dir deine Schlafkammer selber zeigen«, sagte der Oheim zu Victor.
Er ging bei diesen Worten in die Tiefe des Zimmers, wo es bedeutend dunkel war, weil nur ein Licht auf dem Tische brannte. Dort nahm er von einem Gestelle, oder sonst von etwas, das man nicht erkennen konnte, einen Handleuchter, kam wieder hervor, zündete die Kerze des Handleuchters an und sagte: »Jetzt folge mir.«
Victor nahm sein Ränzlein mit dem einen Riemen in den Arm, faßte seinen Stab, zog den Spitz an der Schnur und ging hinter dem Oheime her. Dieser führte ihn bei der Tür hinaus in einen Gang, in welchem der Reihe nach uralte Kästen standen, dann rechtwinklich in einen andern, und endlich eben so in einen dritten, der durch ein eisernes Gitter verschlossen war. Der Oheim öffnete das Gitter, führte Victor noch einige Schritte vorwärts, öff-

nete dann eine Tür und sagte: »Hier sind deine zwei Zimmer.«
Victor trat in zwei Gemächer, wovon das erste größer, das zweite kleiner war.
»Du kannst den Hund in die Nebenkammer einsperren, daß er dir nichts tut,« sagte der Oheim, »und die Fenster verschließe wegen der Nachtluft.«
Mit diesen Worten zündete er die auf dem Tische des ersten Zimmers stehende Kerze an, und ging ohne weiters fort. Victor hörte, daß er das Gitter des Ganges zusperre, dann verklang der schleifende Tritt der Pantoffeln, und es war die Ruhe der Toten im Hause. Um sich zu überzeugen, daß er hinsichtlich des Gitters recht gehört habe, ging Victor auf den Gang hinaus, um nach zu sehen. Es war in der Tat so: das eiserne Gitter war mit seinen Schlössern verschlossen.
›Du armer Mann,‹ dachte Victor, ›fürchtest du dich etwa vor mir?‹
Dann stellte er die Kerze, die er auf den Gang mit hinaus genommen hatte, wieder auf den Tisch neben das zinnene, verbogene Waschbecken und schritt gegen das große, vergitterte Fenster vor. Es waren zwei hart nebeneinander in steinene Simse gefügte Fenster. Victor sah, da das Glas geöffnet stand, durch das eiserne Gitter in die Nacht hinaus, und der Druck, der gleichsam auf seiner Seele lag, begann sich zu lösen. Es war ein blasser, mit wenigen Sternen besetzter Nachthimmel, der zu ihm herein blickte. Es mochte ein kleiner Ranft des wachsenden Mondes hinter dem Hause stehen; denn Victor sah das schwache Licht desselben auf den Blättern eines Baumes glänzen, der vor dem Hause war – aber die Berge, die gegenüber standen, zeigten sich völlig lichtlos. Die im Laufe dieses letzten Tages vielfach genannte Grisel erkannte er gleich. Sie stand wie ein flacher, schwarzer Schattenriß auf dem Silber des Himmels, bog sich niedergehend ein wenig

aus, und an dem Buge stand ein Stern, wie ein niederhängendes irdisches Ordenssternlein.

Victor schaute lange hinaus.

›Nach welcher Gegend hin‹, dachte er, ›wird das Tal meiner Mutter sein und wird das liebe schimmernde Häuschen zwischen den dunkeln Büschen stehen?‹

Er hatte nämlich durch die vielfachen Windungen des Weges an der Afel herein und durch die Kreuzgänge des Hauses die Richtung der Weltgegenden verloren.

›Jetzt werden dort auch die Sterne nieder scheinen, der Holunder wird stille sein, und die Wasser werden rieseln. Mutter und Hanna werden schlummern, oder sie sitzen noch an dem Tische, wo sie das Abendmahl verzehrt haben, mit ihrer Arbeit und denken an mich, oder reden wohl gar von mir.‹

Vor seinen jetzigen Fenstern war wohl auch ein Wasser, ein viel größeres als der Bach in seinem Muttertale, aber er konnte es nicht sehen; denn ein ruhiger weißer Nebel lag darauf, der oben durch eine wagrechte, gleichsam feste Linie abgeschnitten war.

›Von der Stube, in welcher ich schlief, schaut jetzt niemand nieder, um die Funken in dem regsamen Bache zu sehen, um die Bäume zu sehen, die herum stehen, oder auch die Berge, auf welche sich die Felder empor ziehen.‹

Es kam, während er so hinaus schaute, nach und nach eine kalte, sehr feuchte Nachtluft durch die Fenster herein. Victor schloß sie also zu, und besah, ehe er sich nieder legte, auch das zweite Gemach. Es war wie das erste, nur daß es kein Bett hatte. Ein rußiges Bild sah von einer Nische nieder, darauf ein Mönch abgemalt war. Victor schloß auch hier das schmale Fenster und ging zu seiner Lagerstätte hinaus. Den Spitz hatte er unwillkürlich immer an der Schnur mit sich geführt; nun aber lösete er den Knoten an dem Ringe, nahm ihm das Halsband

ab und sagte: »Lege dich hin, wo du willst, Spitz, wir werden uns wechselweise nicht absperren.«
Der Hund sah ihn an, als wollte er deutlich sagen, daß ihm alles befremdend vorkomme, und daß er nicht wisse, wo er sei.
Victor schloß nun auch seinerseits das Schloß seines Zimmers zu und entkleidete sich. Es fiel ihm während dieser Handlung auf, daß er heute abends in dem ganzen Hause nur drei Menschen gesehen habe – und daß diese lauter alte gewesen sind.
Als er sein Nachtgebet, das er gewissenhaft seit den ersten Tagen seiner Kindheit immer verrichtete, gesprochen hatte, legte er sich in das Bett. Er ließ eine Weile noch das Licht auf seinem Betttischchen brennen, bis ihm die Augenlider zu schwer wurden und die Sinne zu schwinden begannen. Dann löschte er die Kerze aus und drehte sich gegen die Wand.
Der Spitz lagerte sich, wie gewöhnlich, zu den Füßen seines Bettes, tat ihm nichts Leides, und beiden ermüdeten Wesen war die Nacht wie ein Augenblick.

5. AUFENTHALT

Als Victor des andern Morgens erwachte, erschrak er über die Pracht, die sich ihm darstellte. Die Grisel stand drüben in allen ihren Spalten funkelnd und leuchtend, und obwohl sie in der Nacht der höchste Berg geschienen hatte, so standen doch nun höhere neben ihr, die er in der Nacht nicht gesehen hatte, und die nun sanft blau nieder schienen und an vielen Stellen Schneeflecken zeigten, die sich wie weiße Schwäne in die Spalten duckten. Alles glänzte und flimmerte durcheinander, hohe Bäume standen vor dem Hause in einer solchen Nässe, wie er sie nie gesehen hatte, die Gräser troffen, überall gingen breite

Schatten nieder, und das Ganze erschien noch einmal in dem See, der von jeder Flocke Nebel rein gefegt wie der zarteste Spiegel dahin lag. Victor hatte seine Fenster aufgerissen und steckte das blühende Angesicht zwischen den Eisenstäben hinaus. Sein Erstaunen war außerordentlich. Mit alle dem Getümmel an Lichtern und Farben herum bildete das todähnliche Schweigen, mit dem diese ungeheuren Bergeslasten herum standen, den schärfsten Gegensatz. Kein Mensch war zu sehen – auch vor dem Hause nicht – nur einige Vögel zwitscherten zeitweilig in den Ahornen. Welch ein Morgenlärm mochte nicht in all diesen Höhen sein, aber er war nicht zu vernehmen, weil sie zu ferne standen. Victor streckte den Kopf, so weit er konnte, hinaus, um herum schauen zu können. Er sah einen ziemlichen Teil des Sees. Überall schritten Wände an demselben hin, und der Jüngling konnte durchaus nicht erraten, wo er herein gekommen war. Auch die Sonne war an einem ganz andern Orte aufgegangen, als er erwartet hatte, nämlich hinter dem Hause, und seine Fenster waren noch im Schatten, was eben das Licht der gegenüber liegenden Wände noch erhöhte. Mit dem Monde, den er gestern seiner Lichtwirkung nach höchstens für eine schmale Sichel gehalten hatte, war er ebenfalls im Irrtume; denn er stand nun als Halbmond noch am Himmel, gegen die Zacken der Gebirge sich nieder neigend. Victor kannte die Wirkung der Lichter in den Bergen noch nicht. Welche Flut hätte auf die fernen Wände fallen müssen, daß sie so erleuchtet dagestanden wären wie der Kirchturm seines Dorfes, der im Mondscheine immer so schimmernd weiß und scharf in die dunkelblaue Nachtluft empor gestanden war. Obwohl die Sonne schon ziemlich hoch stand, so war doch die Luft, die zu seinen Fenstern herein strömte, noch so kalt und naß, wie er sie zu Hause nicht gewohnt war; allein sie belästigte ihn nicht, sondern sie war zugleich

so fest und hart, daß sie alle seine Lebensgeister anregte. Er trat endlich von dem Fenster zurück und fing an, sein Ränzlein auszupacken, um sich anders anzukleiden, als er auf der Reise gewesen war; denn heute, dachte er, wird der Oheim zu ihm sprechen, und wird ihm erklären, warum er ihn zu sich auf diese vereinsamte Insel habe kommen lassen. Er legte reine Wäsche heraus, er bürstete den Staub von dem zweiten Anzuge, den er außer dem Reisekleide noch mit sich führte, er benützte reichlich das spiegelklare in dem zinnenen Kruge vorhandene Wasser, um den Reisestaub von sich zu waschen, und zog sich dann so zusammen stimmend und passend an, wie er es in dem überreinlichen Hause seiner Ziehmutter gelernt hatte. Selbst den Spitz, der ein so unwillkommener Gast in diesem Hause war, hatte er vorher noch gekämmt und gebürstet. Dann legte er ihm wieder das Halsband um und knüpfte seine Schnur an den Ring desselben. Als sie beide ganz und gar fertig waren, schloß er seine Türe auf und wollte in das Zimmer gehen, wo sie gestern abends gegessen hatten, um den Oheim zu suchen. Als er aber auf dem Gange war, fiel ihm ein, daß er heute zum ersten Male sein Morgengebet vergessen habe. Es mußte in der Wirkung der großen, nie gekannten Eindrücke des heutigen Morgens geschehen sein. Er ging daher noch einmal in das Zimmer zurück, stellte sich wieder an das Fenster und sagte die einfachen Worte, die er sich einst heimlich und ohne daß jemand etwas davon wußte, zu diesem Zwecke zusammen gedacht hatte. Dann trat er zum zweiten Male den Weg zu dem Oheime an.
Das eiserne Gitter am Gange war nicht mehr versperrt, er trat durch dasselbe hindurch und fand leicht den Gang, aus welchem er gestern in das Speisezimmer war geführt worden – aber der Gang hatte gar keine Tür, die in ein Gemach hätte leiten können, sondern es standen in demselben lauter alte Kästen, die er schon gestern beim

Schlafengehen im Kerzenscheine gesehen hatte. Die Gangfenster waren von unten gegen oben mit Brettern verschlagen, nur eine kleine Öffnung war oben frei, daß durch das Glas das Licht herein fallen konnte, gleichsam als scheute man die Freiheit und Klarheit des Lichtes und liebte die Finsternis in diesen Gängen. Da Victor so suchte, trat aus einem der Kästen die alte Frau heraus, die gestern zum Abendessen die Speisen gebracht hatte. Sie trug Tassen und Schalen, und ging wieder in einen solchen Kasten hinein. Da Victor an dem, wo sie heraus gekommen war, näher schaute, entdeckte er, daß derselbe ein verlarvtes Türfutter sei und zur Hinterwand die Tür habe, durch die er gestern zu dem Oheime hinein gegangen war, wie er an dem Ringe und Klöppel erkannte, die er gestern beim Lichte bemerkt hatte. Er klopfte leicht mit dem Klöppel, und auf einen Laut drinnen, der wie ›herein‹ klang, öffnete er und ging hinein. Er gelangte wirklich in das gestrige Speisezimmer und traf den Oheim.

Die vielen gleichen Kästen, die sich etwa in dem Gebäude vorgefunden hatten, schienen nur darum in den Gang gestellt worden zu sein, daß jemand, der in unredlicher Absicht durch eine Tür hinein gehen wollte, diese Absicht nicht leicht erreiche, weil er die kostbarste Zeit durch Untersuchung der wahren und falschen Türkästen vergeuden mußte. Zu demselben Zwecke größerer Sicherheit schienen auch die Gänge verfinstert worden zu sein.

Der Oheim hatte heute den grauen, weiten Rock an, in dem ihn Victor gestern an dem Eisengitter hatte stehen gesehen. Er stand jetzt im Zimmer auf einem Schemel und hatte einen ausgestopften Vogel in der Hand, von dem er mit einem Pinsel den Staub abbürstete.

»Ich werde dir heute die Stundeneinteilung meines Hauses geben, die durch Christoph aufgeschrieben ist, daß du dich darnach richten kannst; denn ich habe mein Früh-

stück schon nehmen müssen, weil die Zeit da war«, sagte er zu dem hereingekommenen Victor ohne weiteren Morgengruß oder sonstiger Bewillkommnung.
»Ich wünsche Euch einen sehr guten Morgen, Oheim,« sagte Victor, »und bitte um Verzeihung, daß ich die Frühmahlstunde versäumt habe, ich wußte sie nicht.«
»Freilich konntest du sie nicht wissen, Narr, und es verlangte niemand, daß du sie einhaltest. Gieße dem Hunde in jenen hölzernen Trog Wasser ein.«
Mit diesen Worten stieg er von dem Schemel herunter, ging zu einer Leiter, bestieg sie und setzte den Vogel in das obere Fach eines Glasschreines. Für den hineingestellten nahm er einen andern heraus und fing dasselbe Bürsten mit ihm an.
Victor konnte jetzt bei Tage erst sehen, wie ungemein hager und verfallen der Mann sei. Die Züge drückten kein Wohlwollen und keinen Anteil aus, sondern waren in sich geschlossen, wie von einem, der sich wehrt, und der sich selber unzählige Jahre geliebt hat. Der Rock schlotterte an den Armen, und von dem Kragen desselben ging der rötliche, runzlige Hals empor. Die Schläfe waren eingesunken, und das zwar noch nicht völlig ergraute, aber aus vielen mißhelligen Farben gemischte Haar war struppig um dieselben herum, niemals, seit es wuchs, von einer liebenden Hand gestreichelt. Die Augen, die unter den herabgesunkenen Brauen hervor gingen, hafteten auf dem kleinen Umkreise des toten Vogels. Der Rockkragen war an seinem oberen Rande sehr schmutzig, und an dem Ärmel sah ein gebauschtes Stück Hemd hervor, das ebenfalls schmutziger war, als es Victor je bei seiner Ziehmutter gesehen hatte. Und überall waren leblose oder verdorbene Dinge um den Mann herum. Es befanden sich in dem Zimmer eine Menge Gestelle, Fächer, Nägel, Hirschgeweihe und dergleichen, an welchen allen etwas hing und auf welchen allen etwas stand. Es wurde

aber mit solcher Beharrung gehütet, daß überall der Staub darauf lag, und daß sich vieles schon Jahre lang nicht von dem Platze gerührt hatte. In den Halsbändern der Hunde, wovon ein ganzer Bündel da hing, war innerlich der Staub; die Falten der Tabaksbeutel waren erstarrt und undenklich lange schon nicht geändert worden; die Röhre der Pfeifensammlung klafften, und die Papiere unter den unzähligen Schwersteinen waren gelb. Das Zimmer, welches statt der Decke ein bedeutend spitzes Gewölbe hatte, war ursprünglich bemalt gewesen, aber die Farbe in ihren Lichtern und Schatten war in ein gleichmäßiges uraltes Dunkel übergegangen. Auf dem Fußboden lag ein ausgebleichter Teppich, und nur dort, wo der Mann während des Speisens zu sitzen pflegte, war ein neuerer, kleinerer mit blühenden Farben gelegt. Jetzt wälzten sich eben die drei Hunde auf ihm. – Es war ein sehr starker Gegensatz, wie Victor in dem Zimmer dieses alten Mannes stand. Sein schönes Angesicht blühte in fast mädchenhafter Unschuld, es war voll Lebenslust und Kraft, die einfärbigen dunkeln Haare lagen gut geordnet um dasselbe, und in seinem Anzuge war er so rein, als wäre derselbe in diesem Augenblicke von liebreichen Mutterhänden besorgt worden.

Er blieb, wie er in das Zimmer getreten war, stehen und sah dem Oheime zu. Dieser aber fuhr in seinem Geschäfte fort, als wenn gar niemand zugegen wäre. Er mußte es schon sehr lange nicht verrichtet haben und heute bei Anbruch des Tages daran gegangen sein; denn es war bereits eine ziemliche Zahl Vögel geputzt, und die andern standen noch ganz grau vom Staube hinter ihren Gläsern. Die alte Frau, welche vorhin an Victor vorüber gegangen war, ohne ihn anzureden, brachte jetzt auf einem Brette ein Frühstück herein und setzte es ebenfalls schweigend auf den Tisch. Victor schloß, daß es für ihn sei, da es eben bei seinem Erscheinen gebracht worden war. Er setzte sich daher dazu und verzehrte davon so viel, als er morgens zu essen gewohnt war; denn es stand auf dem Brette weit mehr, als er bedurfte. Es war ein Frühmahl, wie es in England gebräuchlich ist, von Tee und Kaffee angefangen bis zu Eiern, Käse, Schinken und kaltem Rindsbraten. Der Spitz hatte es hiebei am besten; denn Victor gab ihm so viel, als er vielleicht niemals zu seinem Morgenmahle bekommen hatte.

»Hast du schon Wasser in den Trog gegossen?« fragte der Oheim.

»Nein,« entgegnete Victor, »ich vergaß es in dem Augenblicke, aber ich tue es gleich.«

Wirklich hatte der Jüngling im Anschauen seines Oheims auf den Wunsch desselben vergessen. Er nahm daher den großen gläsernen Krug, der mit demselben herrlichen Quellwasser wie gestern auf dem Tische stand, und goß davon einen Teil in einen kleinen hölzernen, wohlgebohnten Trog, der an der Wand neben der Tür stand. Nachdem der Spitz getrunken hatte, ging der Oheim von seinem Geschäfte weg und rief seine Hunde zu dem Wasser; da aber keiner Lust bezeigte, weil sie wahrscheinlich ohnehin schon getränkt waren, so drückte der Oheim an einem Stabe, der von der Wand des Troges empor stand, nieder, worauf sich im Boden des Gefäßes eine metallene Platte öffnete und die Flüssigkeit abrinnen ließ. Victor lächelte fast über diese Einrichtung; denn zu Hause bei ihm war das alles einfacher und freundlicher: der Spitz war in freier Luft, er trank am Bache und verzehrte sein Essen unter dem Apfelbaume.

»Ich zeige dir vielleicht einmal das Bildnis deines Vaters,« sagte der Oheim, »daß du siehst, wie ich dich gleich erkannte.«

Nach diesen Worten stieg der alte Mann wieder auf die Leiter und nahm einen neuen Vogel heraus. Victor stand immer in dem Zimmer und wartete, daß der Oheim mit

ihm über die Angelegenheit seiner Herreise zu sprechen beginnen werde. Aber dieser tat es nicht und putzte stets an seinen Vögeln fort. Nach einer Weile sagte er: »Das Mittagmahl ist genau um zwei Uhr. Stelle deine Uhr nach dieser dort, und komme darnach.«
Victor erstaunte und fragte: »Ihr werdet mich also vor dieser Zeit gar nicht mehr zu sprechen verlangen?«
»Nein«, antwortete der Oheim.
»So will ich hinausgehen, um Euch in Eurer Zeitverwendung nicht zu stören, und will den See, die Berge und die Insel betrachten.«
»Tue, was dir immer gefällt«, sagte der Oheim.
Victor ging eilig hinaus, allein er fand die Tür der hölzernen Treppe verschlossen. Daher ging er wieder zu dem Oheime zurück und bat, daß er möchte öffnen lassen.
»Ich werde dir selber aufmachen«, sagte dieser.
Er stellte seinen Vogel hin, ging mit Victor hinaus, zog einen Schlüssel aus seinem grauen Rocke und schloß damit die Tür der Holztreppe auf, die er hinter dem Jünglinge sogleich wieder versperrte.
Dieser lief die Treppe auf den Sandplatz hinab. Da hier die Flut des Lichtes seinen erfreuten Augen entgegen schlug, wendete er sich ein wenig um, um das Haus von außen zu betrachten. Es war ein festes dunkles Gebäude mit dem einzigen Geschosse, in welchem er die heutige Nacht geschlafen hatte. An den offenen Fenstern erkannte er seine Zimmer. Denn alle andern waren zu und prangten vielfach mit den schönen Farben der Verwitterung. Sie standen sämtlich hinter festen, starken Eisengittern. Das Haupttor war verrammelt, und die hölzerne überdeckte Treppe zu dem Sandplatze herab schien der einzige Eingang zu sein. Wie war das anders als zu Hause, wo Fenster an Fenster offen stand, weiße, sanfte Vorhänge wehten, und man von dem Garten aus das lustige Küchenfeuer flackern sehen konnte.

Victor wendete seine Augen nun gegen den freien Platz, der vor dem düsteren Hause weg ging. Er war das Freundlichste dieser Umgebung. Hinten an den Seiten des Hauses hatte er hohe Bäume, dann war er mit Sand bestreut, hatte hie und da ein Bänklein, mehrere Blumenstellen, und lief gegen den See in einen wirklichen Blumengarten und dann in Gebüsch aus. Zu beiden Seiten waren Bäume und Gesträuche. Victor ging auf diesem Platze herum, und Luft und Sonnenschein taten ihm sehr wohl.
Dann aber strebte er weiter, um die Dinge hier zu sehen. Eine uralte Lindenallee war ihm aufgefallen, die von dem Gebäude des Oheims weiter führte. Die Bäume waren so hoch und dicht, daß der Boden unter ihnen feucht war und das Gras sich mit dem schönsten, zartesten Grün färbte. Victor ging in der Mitte dieser Allee fort. Er gelangte zu einem andern Gebäude, dessen hohes, breites Tor verschlossen und eingerostet war. Über dem Bogen des Tores standen die steinernen Zeichen geistlicher Hoheit, Stab und Inful, nebst den andern Wappenzeichen des Ortes. Am Fuße des Bogens und des ganzen Holztores war weiches, dichtes Gras, zum Zeichen, daß hier lange kein menschlicher Tritt gewandelt war. Victor sah, daß er durch diese Pforte nicht in das Gebäude kommen konnte, er ging daher an demselben außen entlang und betrachtete es. Das Mauerwerk war ein aschgraues Viereck mit fast schwarzem Ziegeldache. Die überwuchernden Bäume der Insel waren hoch darüber hinaus gewachsen. Die Fenster hatten Gitter, aber hinter den meisten derselben standen statt des Glases graue, vom Regen ausgewaschene Bretter. Es war wohl noch ein Pförtchen in dieses Haus, aber dasselbe war wie der Haupteingang verrammelt. Weiter zurück war eine hohe Mauer, welche wahrscheinlich den ganzen Zusammenhang von Gebäuden und Gärten umschloß und als Eingang das Eisengitter des Oheims hatte. In einem ausspringenden Win-

kel dieser Mauer lag der Klostergarten, von dem aus Victor die zwei dicken, aber ungewöhnlich kurzen Türme der Kirche erblickte. Die Obstbäume waren sehr verwildert und hingen häufig zerrissen darnieder. Einen Gegensatz mit dieser trauernden Vergangenheit machte die herumstehende blühende, ewig junge Gegenwart. Die hohen Bergwände schauten mit der heitern Dämmerfarbe auf die grünende, mit Pflanzenleben bedeckte Insel herein, und so groß und so überwiegend war ihre Ruhe, daß die Trümmer der Gebäude, dieser Fußtritt einer unbekannten menschlichen Vergangenheit, nur ein graues Pünktlein waren, das nicht beachtet wird in diesem weithin knospenden und drängenden Leben. Dunkle Baumwipfel schatteten schon darüber, die Schlingpflanze kletterte mauerwärts und nickte hinein, unten blitzte der See, und die Sonnenstrahlen feierten auf allen Höhen ein Fest in Gold- und Silbergeschmeide.
Victor hätte recht gerne die ganze Insel durchgewandert, die nicht groß sein mußte, und die er gerne erkundschaftet hätte, aber er überzeugte sich schon, daß wirklich, wie er vermutet hatte, das ehemalige Kloster samt allen Nebengebäuden und Gartenanlagen von einer Mauer umfangen war, wenn auch oft blühende Gebüsche die Steine derselben verdeckten. Er ging wieder auf den Sandplatz zurück. Hier stand er eine gute Weile vor dem Gittertore, sah die Stäbe an und versuchte an dem Schlosse. Doch zu dem Oheime hinauf gehen und ihn bitten, daß er öffnen lasse – das vermochte er nicht, er hatte einen Widerwillen davor. Außer den zwei alten Dienern, dem betagten Christoph und der alten Frau, war es wie ausgestorben in dem ganzen Gebäude. Er ließ daher von dem Gitter ab und wandelte auf dem offenen Platze vorwärts gegen den See, um von dem Felsenufer, wenn hier auch eines wäre, in das Wasser hinab zu schauen. Es war ein Felsenufer, und zwar, da er am äußersten Rande

draußen stand, ein häuserhohes. Unten säumte das Wasser sanft den Strand; gegenüber stand die Grisel mit freundlichem Bergfuße, der seine weißen Steine und seine schimmernden Dinge im Wasser spiegelte. Und wenn er auf die Bergmauern ringsum schaute, an denen das Wasser dunkel, reglos und faltenlos lag, so war ihm wie in einem Gefängnisse, und als sollte es ihm hier beinahe ängstlich werden. Er versuchte, ob nicht eine Stelle zum Hinunterklettern an das Wasser zu finden wäre, aber die von Regen und Sturm gepeitschte Wand war glatt wie Eisen, ja sie ging sogar gegen das Wasser zu einwärts und überwölbte sich. Wie groß müssen erst die Wände der Grisel sein, dachte Victor, die schon von hier aus gesehen wie Paläste empor steigen, während das Felsenufer der Insel, da wir herfuhren, nur wie ein weißer Sandstreifen erschienen war.

Als er hier wieder eine Weile gestanden war, ging er längs des Saumes dahin, bis er an die Einfangungsmauer an die Seite des Klosters käme. Er kam dahin, und die Mauer stieg mit glattem Rande fallrecht in das Wasser nieder. Dann wendete er um und wandelte wieder an dem Saume fort, bis er neuerdings an die Mauer an der dem Kloster entgegenliegenden Seite käme. Aber ehe er dahin gelangte, traf er etwas anderes. Es stand eine gemauerte Höhlung da, wie die Tür eines Kellers, die hinter sich abwärts gehende Stufen zeigte. Victor meinte, dies könnte eine Treppe sein, die zum See hinab führe, um etwa Wasser herauf zu holen. Sogleich schlug er den Weg hinab ein, der in der Tat wie eine überwölbte Kellerstiege war und auf unzähligen Stufen nieder führte. Er gelangte wirklich an das Wasser, aber wie erstaunte er, als er statt eines armen Schöpfungsplatzes, wie etwa zum Begießen der Pflanzen nötig wäre, einen wahrhaften Wassersaal erblickte. Da er aus dem Dunkel der Treppe heraus kam, sah er zwei Seitenwände aus großen Quadern in den

See hinaus laufen, steinerne Simse an ihren Seiten führend, daß man auf ihnen neben dem Wasserspiegel, der den Fußboden der Halle bildete, hin gehen konnte. Oben war ein festes Dach, die Mauern hatten keine Fenster, und alles Licht kam durch die gegen den See gerichtete Wand herein, die ein Gitter aus sehr starken Eichenbohlen war. Die vierte, nämlich die Rückwand, bildete der Fels der Insel. Viele Pflöcke waren in den Grund getrieben, und an manchen derselben hing mittelst eines Eisenschlosses ein Kahn. Der Raum war sehr groß und mußte einst viele solche Kähne in sich liegen gehabt haben, wie das vielfach abgeschleifte Ansehen der Eisenringe der Pflöcke zeigte; aber jetzt waren nur mehr vier da, die ziemlich neu waren, sehr gut gebaut und mit Ketten und versperrten Schlössern in den Ringen hingen. Das Bohlenwerk hatte mehrere Türen zum Hinausfahren in den See, aber sie waren alle verschlossen, und die Balken gingen unersichtlich tief in das Wasser hinab.
Victor blieb stehen und sah in die grünblinkenden Lichter des Sees, die zwischen den schwarzen Balken des Eichenholzes herein schienen. Er setzte sich dann nach einer Weile auf den Rand eines Kahnes, um mit der Hand die Wärme des Seewassers zu prüfen. Es war nicht so kalt, als er es wegen seiner durchsichtigen Klarheit geschätzt hatte. Seit seiner Kindheit war das Schwimmen eines seiner liebsten Vergnügen gewesen. Als er daher gehört hatte, das Haus seines Oheims liege auf einer Insel, nahm er sein Schwimmkleid in dem Ränzlein mit, um dieser Übung recht oft nach zu gehen. Dies fiel ihm hier in dem Wassersaale augenblicklich ein, und er begann, die Stellen wegen künftigen Schwimmübungen mit den Augen zu prüfen, aber er erkannte gleich die Unmöglichkeit; denn wo die Kähne hingen, war es zu seicht, und wo es tiefer wurde, gingen gleich die Bohlen in das Wasser nieder. Zum Durchkommen durch die Bohlen war ebenfalls keine

Aussicht vorhanden; denn sie waren so enge an einander, daß sich nicht der schlankste Körper hätte hinaus zwängen können. Es blieb daher nichts übrig, als sich dieses Wasserhaus für die Zukunft zum bloßen Badeplatze zu bestimmen.

Zum Teile erfüllte er diese Absicht gleich auf der Stelle. Er legte so viel von seinen Kleidungsstücken ab, als nötig war, einige Körperteile, namentlich Schultern, Brust, Arme und Füße zu waschen. Den Spitz badete er ebenfalls. Hierauf legte er seine Kleider wieder an und stieg die Stufen zurück empor, die er herabgegangen war. Als er sodann an dem Ufer fort ging, traf er an das andere Ende der Einschlußmauer. Es ging wie das erste fallrecht in den See nieder und war so aus dem Felsen heraus gebaut, daß kaum ein Kaninchen um den Mauerrand hätte herum schlüpfen können. Victor blieb eine Weile lässig an dieser Stelle stehen – dann war, so zu sagen, sein Tagwerk aus. Er ging auf den Sandplatz zurück und setzte sich dort auf eine Bank, um von dem Bade auszuruhen und den Spitz zu trocknen. Das Haus des Oheims, welches er nun gegenüber hatte, war, wie es am Morgen gewesen war. Nur die Fenster des Zimmers, in welchem er geschlafen hatte, standen offen, weil er sie selbst geöffnet hatte, alles andere war zu. Niemand ging heraus, niemand ging hinein. Die Schatten wendeten sich nach und nach, und die Sonne, die morgens hinter dem Hause gestanden war, beleuchtete nun die vordere Seite desselben. Victor war es, wie er so da saß und auf die dunkeln Mauern schaute, als sei er schon ein Jahr von seiner Heimat entfernt. Endlich wies der Zeiger seiner Uhr auf zwei. Er hob sich daher, ging die Holztreppe empor, der Oheim öffnete ihm auf sein Klopfen mit dem Klöppel die Stiegentür, ließ ihn hinter sich in das Speisezimmer gehen, und sofort setzten sich beide zu Tische.

Das Mittagsmahl unterschied sich von dem gestrigen

Abendmahle nur darin, daß beide, Oheim und Neffe, zusammen aßen. Sonst war es wie gestern. Der Oheim sprach wenig, oder eigentlich so viel wie nichts; die Speisen aber waren mannigfaltig und gut. Es standen wieder mehrere Weine auf dem Tische, und der Oheim trug Victor sogar davon an, wenn er nämlich schon Wein trinke; dieser aber schlug das Anerbieten aus, indem er sagte, daß er bisher immer Wasser getrunken habe und dabei bleiben wolle. Der Oheim sprach auch heute nichts von dem Reisezwecke, sondern da das Essen aus war, stand er auf und beschäftigte sich mit allerlei Dingen, die in dem Gemache waren, und kramte in denselben herum. Victor begriff sogleich, daß er entlassen sei, und begab sich seiner Neigung zu Folge ins Freie.

Nachmittags, da die Hitze in diesem Talbecken, so wie morgens die Kühle, sehr groß war, sah Victor, da er über den Blumenplatz ging, den Oheim auf einer Bank mitten in den Sonnenstrahlen sitzen. Derselbe rief ihn aber nicht hinzu, und Victor ging auch nicht hinzu.

So war der erste Tag aus. Das Abendessen, wozu Victor um neun Uhr beschieden war, endete für ihn wie gestern. Der Oheim führte ihn in seine Zimmer und sperrte das Eisengitter des Ganges ab.

Den alten Christoph hatte Victor den ganzen Tag nicht gesehen, nur die alte Frau allein wartete bei Tische auf – wenn man nämlich das ›aufwarten‹ nennen kann, daß sie die Speisen brachte und forttrug. Alles andere hatte der Oheim selber getan; auch die Käse und Weine hatte er wieder eingesperrt.

Als man des andern Morgens vom Frühstücke aufgestanden war, sagte er zu Victor: »Komme ein wenig herein da.«

Mit diesen Worten schloß er eine kaum erkennbare Tapetentür des Speisezimmers auf und schritt in ein anstoßendes Gemach, wohin ihm Victor folgte. Das Gemach war wüste eingerichtet und enthielt mehr als hundert

Feuergewehre, die nach Gattungen und Zeiten in Glasschreinen waren. Hüfthörner, Waidtaschen, Pulvergefäße, Jagdstöcke und noch tausenderlei dieser Dinge lagen herum. Sie gingen durch dieses Zimmer hindurch, dann durch das anstoßende, das wieder leer war, bis sie in ein drittes kamen, in dem einige alte Geräte standen. An der Wand hing ein einziges Bild. Es war rund, wie die Schilde, worauf man die Wappen zu malen pflegt, und war von einem breiten, ausgeflammten und durchbrochenen Goldrahmen hohen Alters umschlossen.

»Das ist das Bild deines Vaters, dem du sehr gleich siehst«, sagte der Oheim.

Ein blühend schöner Jüngling, fast eher noch ein Knabe zu nennen, war in einem bauschigen, braunen, mit Goldtressen besetzten Kleide auf dem runden Schilde abgebildet. Die Malerei, obwohl kein Meisterstück ersten Ranges, war doch mit jener Genauigkeit und Tiefe der Behandlung begabt, wie wir sie noch recht oft auf den Familienbildern des vorigen Jahrhunderts sehen. Jetzt nimmt Oberflächlichkeit und Rohheit der Farbe überhand. Besonders rein waren die Goldborden ausgeführt, die noch jetzt mit düsterem Lichte funkelten und von den schneeweiß eingestaubten Locken und dem lieblichen Angesichtchen, dessen Schatten ganz besonders rein und durchsichtig waren, sich gut abhoben.

»Es ist in der adeligen Schule die närrische Sitte gewesen,« sagte der Oheim, »daß alle Zöglinge zum Andenken abgebildet und in solchen runden Schildern mannigfaltig bald in Gängen, bald in Vorsälen und gar in Zimmern aufgehängt wurden. Die Rahmen kauften sie sich selber dazu. Dein Vater ist immer eitel gewesen und ließ sich malen. Ich war viel schöner als er, und saß nicht. Als die Schule einging, kaufte ich das Bild hieher.«

Victor, der sich seines Vaters so wie seiner Mutter gar nicht mehr erinnern konnte, da sie ihm beide, zuerst die

Mutter und sehr bald darauf der Vater, in frühester Kindheit weggestorben waren, stand nun vor dem Bilde dessen, dem er das Leben verdankte. In das weiche Herz des Jünglings kam nach und nach das Gefühl, das Waisen oft haben mögen, wenn sie, während andere ihre Eltern in Leib und Leben vor sich haben, bloß vor den gemalten Bildern derselben stehen. Es ist ein von einer tiefen Wehmut reiches und doch einen traurig süßen Trost gebendes Gefühl. Das Bild wies in eine weite, längst vergangene Zeit zurück, wo der Abgebildete noch glücklich, jung und hoffnungsreich gewesen war, so wie der Betrachter jetzt noch jung und voll der unerschöpflichsten Hoffnungen für diese Welt ist. Victor konnte sich nicht vorstellen, wie vielleicht derselbe Mann später in dunklem, einfachen Rocke und mit dem eingefallenen, sorgenvollen Angesichte vor seiner Wiege gestanden sein mag. Noch weniger konnte er sich vorstellen, wie er dann auf dem Krankenbette gelegen ist, und wie man ihn, da er tot und erblaßt war, in einen schmalen Sarg getan und in das Grab gesenkt habe. Das alles ist in eine sehr frühe Zeit gefallen, wo Victor die Eindrücke der äußeren Welt noch nicht hatte, oder dieselben nicht für die nächste Stunde zu bewahren vermochte. Er sah jetzt in das ungemein liebliche, offene und sorgenlose Angesichtchen des Knaben. Er dachte, wenn er noch lebte, so würde er jetzt auch alt sein wie der Oheim; aber er konnte sich nicht vorstellen, daß der Vater dem Oheime ähnlich sehen würde. Da er noch lange stand, keimte in ihm der Entschluß, wenn er überhaupt mit dem Oheime auf einen bessern Fuß zu stehen käme, als er jetzt stand, daß er ihm die Bitte vortragen wolle, ihm das Bild zu schenken, denn dem Oheime könne ja so viel nicht daran gelegen sein, da er es in diesem ungeordneten Zimmer ganz allein auf der Wand hängen und den vielen Staub auf dem Rahmen liegen lasse.

Der Oheim stand indessen an der Seite und sah das Bild und den Jüngling an. Er hatte keine sonderliche Teilnahme gezeigt, und wie Victor die erste Bewegung machte, sich von dem Bilde zu entfernen, ging er gleich voran, um ihn aus den Zimmern zu führen, wobei er weder von dem Bilde noch von dem Vater etwas anders sagte als die Worte: »Es ist eine erstaunliche Ähnlichkeit.«

Als sie wieder in das Tafelzimmer gekommen waren, schloß er sorgfältig die Tapetentür, und begann, auf die gewöhnliche Weise in dem Gemache herum zu gehen und in den herum liegenden und stehenden Sachen zu greifen, zu stellen und zu ordnen, woraus Victor aus Erfahrung erkannte, daß er jetzt vor der Hand nichts mehr mit ihm zu tun haben wolle.

Er beschloß daher, wieder auf die Insel hinunter zu gehen. Die Treppentür war abermals geschlossen. Victor wollte nicht zu dem Oheime gehen, daß er ihm öffne, sondern er dachte an den Kasten, in welchen gestern das alte Weib mit den Schalen hinein gegangen war, und vermutete, daß durch denselben ein Ausweg sein müsse. Er fand den Kasten bald, öffnete ihn und sah wirklich abwärts führende Stufen, die er einschlug. Allein er gelangte auf denselben nicht in das Freie, sondern in die Küche, in welcher er niemanden traf als das alte Weib, welches mit der Herrichtung der vielen verschiedenen Dinge beschäftigt war, die zu dem Mittagsmahle gehörten. Nur noch ein jüngeres, beinahe blödsinnig aussehendes Mädchen unterstützte sie hiebei. Victor fragte das Weib, ob sie ihn nicht in den Garten hinaus lassen könne.

»Freilich«, sagte sie, führte ihn dieselbe Treppe hinauf, die er herunter gekommen war, und holte den Oheim heraus, welcher sofort öffnete und den Jüngling hinaus ließ.

Victor erkannte nun, daß die Holztreppe der einzige Ausgang sei, und daß man den mit solchem Mißtrauen geschlossen halte, obwohl das Ganze ohnehin mit einer undurchdringlichen Mauer umgeben sei.

Der Tag verging wie der gestrige. Victor kam um zwei Uhr zum Mittagsessen und ging dann wieder fort. Gegen Abend ereignete sich etwas Ungewöhnliches. Victor sah ein Schiff gegen die Insel kommen und gerade gegen das Wasserbohlenwerk zu fahren, das er gestern entdeckt hatte. Victor lief eilig die Treppen zum Wasserhause hinab. Das Schiff kam herzu, das Bohlentor wurde von außen mit einem Schlüssel geöffnet, und der alte Christoph fuhr ganz allein in einem Kahne herein. Er hatte Lebensmittel und andere Bedürfnisse geholt und war deswegen in der Hul und in Attmaning gewesen. Victor begriff nicht, da er die Ladung sah, wie der alte Mann diese Menge Dinge herbei geschafft und über den See gerudert habe. Auch war ihm leid, daß ihm die Abfahrt des alten Dieners nicht bekannt gewesen sei, weil er ihm einen Brief mitgegeben hätte, der an die Mutter laufen sollte. Christoph fing an, die Dinge auszuladen und die verschiedenen Fleischgattungen mit Hülfe des blödsinnigen Mädchens auf einer Tragbahre in die Eisgrube zu tragen. Victor sah hiebei ein ganz niederes eisernes Türchen an der Hinterseite des Hauses öffnen. Als er über die Treppen hinter dem Türchen hinab ging, erblickte er im Scheine der Laterne, die man dort angezündet hatte, eine gewaltige Last Eises, auf der allerlei Vorratsdinge herum lagen, und die eine fürchterliche Kälte in diesem Raume verbreitete. In später Dämmerung war die Arbeit des Ausladens vollendet.

Der dritte Tag verging wie die ersten zwei. Und es verging der vierte, und es verging der fünfte. Drüben stand immer die Grisel, rechts und links standen die blaulichen Wände, unten dämmerte der See, und mitten leuchtete das Grün der Baumlast der Insel, und in diesem Grün lag wie ein kleiner grauer Stein das Kloster mit dem Hause.

Der Orla ließ manches blaue Stück durch die Baumzweige darauf nieder schimmern.
Victor war bereits an allen Stellen der Einfassungsmauer gewesen, auf allen Bänken des Sandplatzes oder Gartens war er gesessen, und auf allen Vorgebirgen des Ufersaumes des eingefaßten Platzes war er gestanden.
Am sechsten Tage konnte er es nicht mehr so aushalten, wie es war, und er beschloß, der Sache ein Ende zu machen.
Er kleidete sich früh morgens sorgfältiger an, als er es gewöhnlich tat, und erschien so bei dem Frühstücke. Nachdem dasselbe vorüber war und er schon neben dem Oheime in dem Zimmer stand, sagte er: »Oheim, ich wünschte mit Euch etwas zu reden, wenn Ihr nämlich Zeit habt, mich anzuhören.«
»Rede«, sagte der Oheim.
»Ich möchte Euch die Bitte vortragen, mir in Gefälligkeit den Grund zu eröffnen, weshalb ich auf diese Insel kommen mußte, wenn Ihr nämlich einen besonderen Grund hattet; denn ich werde morgen meine Abreise wieder antreten.«
»Die Zeit bis zur Übernahme deines Amtes dauert ja noch über sechs Wochen,« antwortete der Oheim.
»Nicht mehr so lange, Oheim,« sagte Victor, »nur noch fünfunddreißig Tage. Ich möchte aber noch einige Zeit, bevor ich in das Amt trete, in meinem zukünftigen Aufenthaltsorte zubringen, und möchte deshalb morgen abreisen.«
»Ich entlasse dich aber nicht.«
»Wenn ich Euch darum bitte, und wenn ich Euch ersuche, mich morgen oder, wie es Euch gefällig ist, übermorgen in die Hul hinüber führen zu lassen, so werdet Ihr mich entlassen«, sagte Victor bestimmt.
»Ich entlasse dich erst an dem Tage, an dem du notwendig abreisen mußt, um zu rechter Zeit bei deinem Amte eintreffen zu können«, erwiderte hierauf der Oheim.

»Das könnt Ihr ja nicht«, sagte Victor.
»Ich kann es wohl«, antwortete der Oheim; »denn die ganze Besitzung ist mit einer starken Mauer umfangen, die noch von den Mönchen herrührt, die Mauer hat das Eisengitter zum Ausgange, das niemand anderer als ich zu öffnen versteht, und der See, welcher die fernere Grenze macht, hat ein so steiles Felsenufer, daß niemand zu dem Wasser hinunter kommen kann.«
Victor, der von Kindheit an nie die kleinste Ungerechtigkeit hatte dulden können, und der offenbar das Wort ›können‹ im sittlichen Sinne genommen hatte, wie es sein Oheim im stofflichen nahm, wurde bei den letzteren Worten im ganzen Angesichte mit der tiefsten Röte des Unwillens übergossen und sagte: »So bin ich ja ein Gefangener?«
»Wenn du es so nennst und meine Anstalten es so fügen, so bist du einer«, entgegnete der Oheim.
Victors Lippen bebten nun, er konnte vor Erregung kein Wort sagen – dann aber rief er doch zu dem Oheime: »Nein, Oheim! das können Eure Anstalten nicht fügen, was Ihr beliebig wollt; denn ich gehe an das Felsenufer hinvor und stürze mich gegen den See hinunter, daß sich mein Körper zerschmettert.«
»Tue das, wenn du die Schwäche besitzest«, sagte der Oheim.
Nun konnte Victor in der Tat keine Silbe mehr hervor bringen – er schwieg eine Weile, und es stiegen in ihm Gedanken auf, daß er sich an der Härte dieses abscheulichen Mannes rächen werde. Auf der andern Seite schämte er sich auch seiner kindischen Drohung, und erkannte, daß sich selber zu verletzen kein wesentlicher Widerstand gegen den Mann wäre. Er beschloß daher, ihn durch Duldung auszutrotzen. Darum sagte er endlich: »Und wenn der Tag gekommen ist, den Ihr genannt habt, lasset Ihr mich dann in die Hul hinüber führen?«

»Ich lasse dich dann in die Hul hinüber führen«, antwortete der Oheim.
»Gut, so bleibe ich bis dahin«, entgegnete Victor; »aber das sage ich Euch, Oheim, daß von nun an alle Bande zwischen uns zerschnitten sind, und daß wir nicht mehr in einem verwandtschaftlichen Verhältnisse stehen können.«
»Gut«, antwortete der Oheim.
Victor setzte noch im Zimmer sein Barett auf das Haupt, zerrte den Spitz, den er bei sich hatte, an der Schnur hinter sich her und ging zur Tür hinaus.
Der Jüngling betrachtete sich nun von jeder Rücksicht, die er sonst gegen den Oheim beobachten zu müssen geglaubt hatte, frei, und beschloß, fortan jede Handlungsweise sich zu erlauben, die ihm nicht von seinem Sittlichkeitsgefühle verboten oder von den Grenzen der offenbaren Gewalt unmöglich gemacht worden wäre.
Er ging von dem Oheime in sein Zimmer und schrieb dort über zwei Stunden. Dann ging er ins Freie. An der Treppentür war von innen und von außen ein Ring, der als Klöppel diente. Wollte Victor von nun an entweder hinein oder hinaus, so ging er nicht mehr, wie bisher, zu dem Oheime, daß er ihm öffne, sondern er stellte sich an die Tür und schlug mit dem Klöppel gegen dieselbe. Auf dieses Zeichen kam der Oheim allemal, wenn er in seinem Zimmer war, heraus und öffnete. War er selber im Freien, so stand die Tür ohnehin offen. Bei dem Mittagmahle des ersten Tages redete Victor nichts, der Oheim fragte ihn auch nichts, und als das Essen vorüber war, standen beide auf, und Victor ging sogleich fort. Auf dieselbe Weise war das Abendmahl.
Victor ging nun daran, alle Teile des eingeschlossenen Raumes zu durchforschen. Er drang in die Gebüsche, welche hinter dem Hause standen, er ging von Baum zu Baum und sah jeden an, und untersuchte ihn um seine

Eigenschaften und um seine Gestalt. Einmal drang er durch alle Gebüsche und Schlinggewächse, welche an der Innenseite der Einschlußmauer des Besitztumes waren, längs der ganzen Mauer dahin. Sie war, wie dumpfig und morsch sie auch an vielen Stellen von den unsäglichen Gewächsen, die an ihr wuchsen, war, dennoch überall ganz genug und fest genug. In dem Hause, in welchem er mit dem Oheime wohnte, durchsuchte er alles Treppe auf, Treppe ab, Gang aus, Gang ein; aber es war bei diesen Untersuchungen nicht viel zu finden. Überall, wo sich eine Tür oder ein Tor zeigte, waren die Schlösser gut versperrt, zum Teile standen große, schwere Kästen davor, in denen einst Getreide oder dergleichen gewesen sein mochte, und hinderten auf ewig das Öffnen, wie ja auch die meisten Fenster der Gänge, wie Victor gleich am ersten Tage bemerkt hatte, bis auf einen kleinen Teil, durch den das Licht kam, mit Brettern verschlagen waren. Außer den Gängen, die zwischen dem Speisezimmer und seinen zwei Wohnzimmern liefen, und außer der Treppe, über welche er in die Küche hinab gelangen konnte – welche zwei Dinge er ohnehin schon lange kannte – entdeckte er im Hause seines Oheims nichts als etwa die Treppe, welche einst abwärts zu dem Ausgange geführt hatte, nun aber an einem Tor endete, das niedrig, verschlossen und mit Rost bedeckt war.

Was Victor am meisten reizte, war das alte Kloster. Er ging an allen Seiten des grauen, einsamen Viereckes herum, und eines Tages, da er in dem verfallenen Klostergarten war, von dem man die Türme sehen konnte, gelang es ihm, über eine niedere Quermauer, aus welcher er mehrere Ziegel heraus brechen konnte, in einen Zwinger zu steigen und aus demselben in innere, nicht verschlossene Räume zu kommen. Er wanderte durch einen Gang, wo die alten Äbte aus und ein gegangen waren, abgebildet waren, aus schwarzen Bildern nieder sahen und blutrote

Namen und Jahreszahlen zu ihren Füßen hatten. In die Kirche gelangte er und stand an den von Gold und Silber entblößten Altären – dann war er über manche von ewigem Treten zerschleifte Steinschwelle in zufällig offen stehende Zellen gekommen, in denen es nun hallte und wo dumpfe Luft stand. Zuletzt war er in die Türme gestiegen und hatte die ruhigen, verstaubten Glocken hängen gesehen. Als er wieder über die Quermauer in den Obstgarten hinaus geklettert war, lösete er den Spitz, den er an einem Strunke angebunden hatte, und der indessen stille da gesessen war, wieder los und ging mit ihm fort.

Mehrere Tage darnach, als er mit dem Oheime den seltsamen Auftritt gehabt hatte, ging er einmal in das Bohlenhaus hinab, um sich, wie er es öfters getan hatte, mehrere Teile seines Körpers in dem erquickenden Wasser zu waschen. Als er auf den letzten Stufen so saß und, um sich abzukühlen, vor sich hin schaute, bemerkte er in der Tiefe des Wassers, weil ein ganz besonders schöner Tag war, oder weil er jetzt überhaupt alles schärfer beobachtete, daß einer der Bohlenzähne des Tores, die in das Wasser hinab ragten, kürzer sei als die andern, und so eine Lücke bilde, durch die man vielleicht mittelst Tauchen in den See hinaus gelangen könne. Er beschloß, auf der Stelle den Versuch zu machen. Zu diesem Zwecke ging er in seine Stube und holte sich sein Schwimmkleid. Da er mit demselben zurück gekommen war, sich ausgekühlt und entkleidet hatte, ging er der größeren Tiefe des Wassers zu, legte den Körper längs der Fläche, tauchte vorsichtig, schwamm vorwärts, hob das Haupt und war außer den Bohlen. Selbst den Spitz, welchem er die Schnur abgenommen hatte, konnte er, weil er schlank war, zwischen den Bohlen zu sich hinaus bringen. Nun schwamm er freudig in großen Kreisen aufwärts und abwärts des Bohlentores in dem tiefen See herum. Der Spitz neben ihm. Als seine Kraft gesättigt war, näherte er sich wieder

der Bohlenlücke, tauchte und kam unter die Kahnpflöcke und unter das Bohlenhaus hinein. Er kleidete sich nach diesem Bade an und ging fort. Das tat er nun alle Tage. Wenn die größte Hitze sich milderte, ging er in das Schiffhaus, machte sich schwimmgerecht und schwamm, so lange es ihm gefiel, außer dem Bohlentore herum.

Es fiel ihm wohl in dieser Zeit ein, daß er seine Kleider nebst einem Vorrate von Brod durch die Bohlen hinaus schaffen und sie an eine Schnur gebunden schwimmend hinter sich her ziehen könnte, bis er das nächste herein gehende Ende der Anschlußmauer umschwommen hätte. Dort könnte er aussteigen, in einem Verstecke die Kleider trocknen und sie dann anziehen. Es würde doch möglich sein, wenn das Brod nur aushielte, eine Zeit zu erwarten, in der man ein auf dem See fischendes Schiffchen herzu rufen könnte. Ja selbst das fiel ihm in Zeitpunkten der erregtesten Einbildungskraft ein, daß er mit einiger Anstrengung seiner Körperkräfte und mit Aufrufung seines Geistes von der Insel etwa bis an den Orlaberg hinüber schwimmen könnte, wo er sich dann durch Klettern und Wandern in die Hul hinüber finden müßte. Es kam ihm die Ungeheuerlichkeit dieses Wagestückes nicht so ungeheuer vor, weil ja auch die Mönche einmal über den Orla in die Hul gestiegen sind, und noch dazu im Winter; aber das bedachte er nicht, daß die Mönche Männer waren, die das Gebirge kannten, er aber ein Jüngling sei, der in diesen Dingen gar keine Erfahrung besitze. Aber wie lockend auch alle diese Vorspiegelungen sein mochten, so konnte er doch keiner derselben eine Folge geben, weil er dem Oheime versprochen hatte, bis zu dem notwendigen Tage da zu bleiben – und dieses Versprechen wollte er halten. Darum kam er von dem Schwimmen immer wieder unter dem Bohlentore herein.

Außer dem Schwimmen brachte er die andere Zeit mit anderen Dingen hin. Er hatte jede und alle Stellen des

eingeschlossenen Raumes schon besucht und kennen gelernt. Er wurde nun auf das Gehen und Kommen der Lichter auf den Bergen aufmerksam, und erkannte nach und nach die Schauer der Farben, die über sie gingen, wenn gemach die Tageszeiten wechselten, oder wenn die Wolken schneller an der blanken Decke des Himmels hin liefen. Oder er horchte durch die toten Lüfte, wenn er so saß, wenn die Sonne am Mittage stand oder eben am Bergrande untergegangen war, ob er denn nicht das Gebetglöcklein der Hul hören könne – denn auf der Insel war wirklich weder der Schlag einer Turmuhr noch der Klang einer Glocke zu vernehmen: – aber er hörte niemal etwas, denn die grüne, dichte Baumwand des größeren Teiles der Insel war zwischen seinem Ohre und dem Klange, den er damals abends so schön an dem Felsenufer gehört hatte. – Es waren nach lange dauernden Sternnächten – denn Victor war zur Zeit des abnehmenden Mondes gekommen – endlich auch sehr schöne Mondnächte erschienen. Victor öffnete da gerne seine Fenster, und sah, da er von Menschen geschieden war, das zauberhafte Flimmern und Glitzern und Dämmern auf See und Felswänden, und sah die schwarzen, vom Lichte nicht getroffenen Blöcke mitten in dieser Flirrwelt wie Fremdlinge schweben.
Mit Christoph und der alten Magd, wenn sie ihm begegneten, redete er kein Wort, weil er es nicht für würdig hielt, da er schon mit dem Herrn nicht spreche, mit seinen Dienern Reden zu wechseln.
So ging die Zeit nach und nach dahin.
Eines Tages, als er gegen fünf Uhr über den Blumenplatz gegen das Bohlenhaus zu schritt, um zu schwimmen, und wie gewöhnlich den armen Spitz an der Schnur hinter sich herzog, redete ihn der Oheim, der nach seiner Art auf einer Bank in der Sonne saß, an und sagte: »Du darfst den Hund nicht so an der Schnur führen, du kannst ihn schon frei mit dir gehen lassen, wenn du willst.«

Victor warf seine Augen erstaunt gegen den Mann, und sah wenigstens keine Unehrlichkeit in seinem Angesichte, wenn auch sonst nichts anderes.

Am folgenden Tage ließ er den Spitz des Nachmittags versuchsweise frei. Es geschah ihm nichts, und er ließ ihn von nun an alle Tage frei mit sich gehen.

So verfloß wieder einige Zeit.

Ein anderes Mal, als Victor eben schwamm und zufällig seine Augen empor richtete, sah er den Oheim in einer Tür, die sich aus dem Dache des Bohlenhauses öffnete, stehen und auf ihn herunter schauen. In den Mienen des alten Mannes schien sich Anerkennung auszusprechen, wie der Jüngling so geschickt die Wasserfläche teilte und öfter mit freundlichen Augen auf den Hund sah, der neben ihm her schwamm. Auch die hohe Schönheit des Jünglings war eine sanfte Fürbitte für ihn, wie die Wasser so um die jugendlichen Glieder spielten und um den unschuldsvollen Körper flossen, auf den die Gewalt der Jahre wartete, und die unenträtselbare Zukunft des Geschickes. – – Ob sich auch etwas Verwandtschaftsneigung in dem alten Manne gegen das junge, einzige Wesen regte, das ihm an Blut näher stand als alle übrigen auf der Erde – wer kann es wissen? Auch ob er heute das erste Mal oder schon öfter zugeschaut hatte, war ungewiß; denn Victor hatte früher nie gegen das Bohlentor empor geblickt; – aber am andern Tage um fünf Uhr nachmittags, als Victor über den Gartenplatz ging, den Oheim an den Blumen, der einzigen lieblichen Beschäftigung, bei der er ihn je erblickt hatte, herum arbeiten sah und, ohne ihn anzureden, vorüber gegangen war, fand er zu seiner größten Überraschung, da er in das Schiffhaus gekommen war, eine der Bohlentüren offen stehen. Er war geneigt, dieses Ereignis irgendeinem ihm unbekannten Umstande zuzuschreiben; allein am nächsten Tage und alle folgenden Tage stand um fünf Uhr das Bohlenhaus

offen, während es den ganzen übrigen Teil des Tages immer gesperrt war.
Victor wurde durch diese Sachen aufmerksam und erkannte leicht, daß er von dem Oheime beobachtet werde.
Als er, weil die Zeit gar so todlangsam hin ging, wieder einmal, was er seit seiner Gefangenschaft aus Stolz nie getan hatte, sehnsüchtig an dem eisernen Gitter der Einschlußmauer stand und sein Angesicht zwischen zwei Stäbe legte, um hinauszuschauen, hörte er plötzlich in dem Eisen ein Rasseln; eine Kette, die er schon öfter an den Stäben bemerkt hatte, wie sie empor ging und sich in die Mauer verlor, bewegte sich, und in dem Augenblicke fühlte er an dem sanften Nachgeben der Stäbe auswärts, daß das Gitter offen sei und ihn hinaus lasse. Er ging hinaus und ging in einigen Teilen der Insel herum. Er hätte jetzt die Gelegenheit zur Flucht benützen können, aber weil ihn der Oheim freiwillig hinausgelassen hatte, benützte er sie nicht und begab sich wieder freiwillig in sein Gefängnis. Bei seiner Annäherung an das Gitter war dasselbe zu, öffnete sich aber, als er heran trat, und ließ ihn herein, sich hinter ihm wieder schließend.
Durch alle diese Sachen hätte Victor weicher werden müssen, wenn der Mann nicht schon vorher am sanftesten sein Herz dadurch gerührt hätte, daß er ihm den Spitz frei gemacht hatte.
Der Jüngling fing nun folgerechter Weise auch seinerseits an, den Greis näher zu beobachten und oftmals zu denken: ›Wer weiß, ob er so hart ist, und ob er nicht vielmehr ein unglücklicher alter Mann sei.‹
So lebten die zwei Menschen neben einander hin, zwei Sprossen desselben Stammes, die sich hätten näher sein sollen als alle andern Menschen, und die sich so ferne waren wie keine andern – zwei Sprossen desselben Stammes, und so sehr verschieden: Victor das freie, heitere Beginnen, mit sanften Blitzen des Auges, ein offener Platz

für künftige Taten und Freuden – der andere das Verkommen, mit dem eingeschüchterten Blicke und mit einer herben Vergangenheit in jedem Zuge, die er sich einmal als einen Genuß, also als einen Gewinn, aufgeladen hatte. In dem ganzen Hause lebten nur vier Personen: der Oheim, der alte Christoph, Rosalie, so hieß die alte Haushälterin und Köchin, und endlich das blödsinnige, auch schon alte Mädchen Agnes, welche Rosaliens Handlangerin war. Unter diesen alten Menschen und neben dem alten Gemäuer ging Victor herum, wie ein nicht hieher gehöriges Wesen. Sogar die Hunde waren sämtlich alt; die Obstbäume, die sich vorfanden, waren alt; die steinernen Zwerge, die Bohlen im Schiffhause waren alt! Nur einen Genossen hatte Victor, der blühend war wie er, nämlich die Laubwelt, die lustig in der Verfallenheit sproßte und keimte.
Victor hatte sich schon früher öfter mit einer Tatsache beschäftigt, die ihn nachdenken machte. Er wußte nämlich nicht, wo sein Oheim das Schlafzimmer habe, und konnte es trotz aller Beobachtungen nicht entdecken. Er dachte daher, vielleicht verberge er es gar aus Mißtrauen. Einmal, da der Jüngling über die Treppe in die Küche hinab geriet, hörte er eben die Haushälterin sagen: »Er traut ja niemanden; wie könnte man ihm denn beibringen, daß er aus der Hul einen Menschen in Dienst nehme? das tut er nicht. Er rasiert sich darum selbst, daß ihm niemand den Hals abschneide, und er sperrt nachts die Hunde ein, daß sie ihn nicht fressen.«
An diese Umstände äußerster Hülflosigkeit mußte Victor nun immer denken, und dies um so mehr, als sich gerade jetzt gegen ihn mildere Zeichen einstellten. Die eiserne Gittertür im Gange zu seinem Schlafzimmer wurde nicht mehr gesperrt, das Bohlentor stand zur Schwimmzeit regelmäßig offen, und zum eisernen Hauptgitter der Mauer hatte Victor statt eines Schlüssels ein Pfeifchen

von dem Oheime empfangen, auf dessen Pfiff das Gitter sich öffnete; denn es war nicht wie gewöhnlich zu sperren und zu öffnen, sondern durch eine Vorrichtung von einem Zimmer des Oheims aus, man wußte nur nicht, von welchem.

Die ersten ordentlichen Unterredungen zwischen den zwei Verwandten wurden durch eine seltsame Veranlassung eingeleitet, man könnte sagen: aus Neid. Da nämlich eines Abends Victor von einem Streifzuge durch die Insel, wie er sie jetzt öfters machte, in Begleitung aller vier Hunde zurückkam – auch der des Oheims; denn sie hatten sich schon länger an ihn angeschlossen und waren in seiner und des Spitzes Gesellschaft lustiger und rühriger geworden, als sie es früher gewesen waren – sagte der Oheim, der zufälliger Weise noch in dem Garten war und dieses sah: »Dein Spitz ist auch weit besser als meine drei Bestien, denen nicht zu trauen ist. Ich weiß nicht, wie sie sich so an dich hängen?«

Dem Jünglinge, fuhren auf diese Rede die Worte, weil sie ihm so nahe lagen, aus dem Munde: »Habt sie nur lieb, wie ich den Spitz, und sie werden auch so gut sein.«

Der Mann sah ihn mit sonderbar forschenden Augen an und sagte gar nichts auf diese Rede. Aber sie wurde der Anker, an den abends bei Tische andere Gespräche über andere Gegenstände angeknüpft wurden. Und so ging es dann weiter, und Oheim und Neffe sprachen jetzt wieder mit einander, wenn sie zusammen kamen, was namentlich bei den drei Mahlzeiten des Tages der Fall war.

Besonders lebhaft wurde Victor einmal, da ihn der Greis zufällig oder absichtlich veranlaßte, von seiner Zukunft und von seinen Plänen zu reden. Er werde jetzt in sein Amt eintreten, sagte Victor, werde arbeiten, wie es nur seine Kraft vermag, werde jeden Fehler, den er antreffe, verbessern, werde seinen Obern alles vorlegen, was zu ändern sei, werde kein Schlendern und keinen Unterschleif dulden – in freien Stunden werde er die Wissenschaften und Sprachen Europas vornehmen, um sich auf künftige Schriftstellerarbeiten vorzubereiten, dann wolle er auch das Kriegswesen kennen lernen, um in dem höheren Staatsdienste einmal den ganzen Zusammenhang überschauen zu können, oder in Zeiten der Gefahr selbst zu Feldherrndiensten tauglich zu sein. Wenn er sonst noch Talent habe, so möchte er auch die Musen nicht ganz vernachlässigen, ob ihm vielleicht etwas gelänge, was sein Volk zu begeistern und zu entflammen vermöge.

Der Oheim hatte während dieser Rede Kügelchen aus Brod gedreht und hatte lächelnd mit den schmalen, zusammen gekniffenen Lippen zugehört.

»Wenn du nur das alles zusammenbringst,« sagte er, »jetzt kannst du schon gut schwimmen, das heißt, ziemlich gut; ich habe dir gestern wieder eine Weile zugeschaut – aber der Bogen der rechten Hand ist noch ein wenig zu kurz, es ist, als zögest du die Hand zurück, und die Fußbewegung ist auch noch zu heftig. – Willst du denn nicht auch einmal zu jagen versuchen? Verstehst du ein Gewehr los zu schießen und zu laden? Ich gebe dir ein paar aus meiner Gewehrkammer, und du kannst damit durch die ganze Insel herum gehen.«

»Freilich verstehe ich ein Feuergewehr zu behandeln,« antwortete Victor, »aber die Singvögel, die ich hier sehe, mag ich nicht schießen; denn sie erbarmen mir zu viel, und auf der ganzen Insel sehe ich nur veraltete Obstbäume und junges, darüber wachsendes Waldlaub, da wird schwerlich ein Fuchs oder ein anderes schießbares Wild sein.«

»Du wirst schon finden, nur muß man das Suchen verstehen.«

Mit diesen Worten trank der Oheim seinen Wein aus, aß sein Zuckerwerk und ließ den Gegenstand fallen. Hierauf gingen sie bald schlafen. Victor wurde jetzt nicht mehr wie in den ersten Tagen von seinem Oheime in das Schlafgemach geleitet, sondern seit das Schlafgitter nicht mehr gesperrt wurde, zündete er sich nach Beendigung des Mahles ein Licht an, wünschte dem Oheim gute Nacht und verfügte sich mit dem Spitz, der jetzt auch in Eintracht mit den andern Hunden aß, in seine zwei Gemächer.

In diesen Verhältnissen verging endlich alle Zeit, die Victor nach dem eigentlich erzwungenen Vertrage noch auf der Insel zu verleben gehabt hatte. Er war nie in Versuchung gekommen, etwas über diese Sachlage zu sagen, weil er zu stolz dazu war. Aber als der letzte Tag vergangen war, den er noch da sein konnte, um dann zu rechter Zeit in sein Amt einzutreffen, pochte ihm das Herz in dem Leibe. Man war mit dem Abendmahle fertig. Der Oheim war aufgestanden und kramte in allerlei Papieren, und schob sie nach Art des Alters mit ungeschickten Händen durcheinander. Dann legte er sie aber samt und sonders in einen Winkel und ließ sie dort liegen. Victor sah schon aus dem ganzen Benehmen, daß der Greis nichts mehr über den Gegenstand sagen werde, er nahm daher sein Licht und begab sich zu Bette.

Das Frühstück wurde am andern Tag mit derselben Langsamkeit verzehrt wie bisher immer. Victor hatte auf seiner Stube sein Ränzlein vollständig gepackt, und saß jetzt auf seinem Frühmahlstuhle und wartete, was der Oheim beginnen werde. Der alte Mann, der mit dem schlotternden grauen Rocke angetan war, stand auf und ging ein paar Mal durch die Tapetentür ein und aus. Dann sagte er zu Victor: »Du wirst dieser Tage, heute oder morgen, fort wollen?«

»Heute, Oheim, muß ich fort, wenn ich nicht zu spät kommen soll«, antwortete Victor.

»Du kannst ja draußen in Attmaning Fahrgelegenheit nehmen.«

»Das ist schon eingerechnet, das muß ich ohnehin tun«, sagte Victor; »denn da Ihr nichts über die Sache erwähntet, habe ich bis zu dem letzten Augenblicke gewartet.«
»Du mußt also heute,« sagte der Greis zögernd, – »du mußt – wenn du also mußt, so soll dich Christoph überführen, wie ich es gesagt habe. Sind deine Habseligkeiten schon in Ordnung?«
»Ich habe bereits gestern alles eingepackt.«
»Gestern hast du schon eingepackt – – und freust dich also sehr – so, so, so! – – Ich wollte doch noch etwas zu dir sagen – – was wollte ich sagen? – – Höre, Victor!«
»Was, Oheim?«
»Ich denke – und meine – wenn du es nun versuchtest, wenn du freiwillig noch ein wenig bei einem alten Manne bliebest, der niemanden hat.«
»Wie kann ich denn?«
»Deinen Urlaub hätte ich da – warte, in den Pfeifentisch, glaube ich, habe ich ihn gelegt.«
Mit diesen Worten schob der Oheim nun mehrere Fächer an dem Tische und Schreine, auf denen die Pfeifen und Beutel waren, aus und ein, bis er aus einem ein Papier hervor zog und es an Victor hin reichte.
»Siehst du da.«
Der Jüngling war im höchsten Grade erstaunt und verlegen; denn das Papier war in der Tat ein Urlaub auf unbestimmte Zeit.
»Du kannst es nun halten, wie du willst«, sagte der Oheim. »Ich lasse dich sogleich überführen – aber ich habe dich ersucht, noch ein wenig da zu bleiben, ob wir vielleicht gut mit einander lebten. Du kannst während der Zeit in die Hul, oder wohin es dir sonst gefällt, fahren, und wenn du endlich abreisen willst, so kannst du abreisen.«
Victor wußte nicht, wie ihm war. Er hatte lange auf den heutigen Tag gewartet – nun sah er den merkwürdigen Mann, den er eigentlich haßte, vor sich stehen und bit-

ten. Das alte, eingeschrumpfte Angesicht kam ihm unsäglich verlassen vor – ja es war ihm, als zittere sogar irgendein Gefühl darinnen. Das gute, schöne Herz, das der Jüngling immer gehabt hatte, regte sich in ihm. Nur einen Augenblick stand er, dann sagte er mit der Offenheit, die ihm eigen war: »Ich will gerne noch eine Zeit da bleiben, Oheim, wenn Ihr es wünscht und nach Einsicht und Gründen für gut erachtet.«
»Ich habe keinen andern Grund, als daß du noch ein wenig da seist«, sagte der alte Mann.
Dann nahm er das Papier, welches den Urlaub enthielt, von dem Tische und legte es, nachdem er drei Fächer versucht hatte, in ein viertes, in dem Steine staken.
Victor, der heute morgens, nicht ahnend, daß sich die Sache so entwickeln werde, seine Zimmer verlassen hatte, begab sich nun in dieselben zurück und packte langsam sein Ränzlein aus. Er war nun doppelt ungewiß und doppelt gespannt, wohin das alles ziele und was das sei, daß der Oheim sich eigens Mühe gegeben habe, ihm schon einen Urlaub auszuwirken, ehe er noch in das Amt eingerückt sei. – Einen Augenblick zuckte es ihm durch das Haupt: wie? wenn es Zuneigung wäre, wenn der Mann doch ein lebendiges menschliches Wesen lieber hätte als die tote, starre Fülle von Dingen und Kram, womit er sich umringte? Aber dann fiel ihm ein, mit welcher Gleichgültigkeit der Greis das Papier von dem Tische weggenommen und ein Fach gesucht habe, in das er es verbergen könne. Victor hatte überhaupt schon länger bemerkt, daß der Oheim nie ein Ding wieder in die nämliche, sondern stets in eine neue Lade lege. Und bei dem Herumsuchen hatte er den Jüngling nicht beobachtet und ihn hinaus gehen lassen, ohne ihn anzureden.
So war er also wieder da.
In dem Hause hatte der Oheim ein Bücherzimmer, aber er las seit langem nichts mehr, so daß Staub und Motten

in den Werken waren. Zu diesem Zimmer gab er Victor den Schlüssel, und diesen freute die Sache sehr. Er hatte nie eine Büchersammlung gesehen, außer den öffentlichen der Stadt, in denen er aber, wie es begreiflich ist, nicht herum suchen durfte. Er merkte sich den Gang, und ging oft in das Zimmer. Er stellte die Leiter an alle Fächer, putzte zuerst alle Bücher, und dann las und betrachtete er die Dinge, wie sie ihm in die Hand kamen und wie sie ihn anzogen.

Großes Vergnügen gewährte es ihm auch, wenn er auf die Diele des Bohlenhauses gehen und aus der Tür, von der ihm der Oheim zugeschaut hatte, in den See hinab springen konnte. Die Mönche hatten die Tür und die Diele gehabt, um Dinge aus dem Schiffe gleich aufziehen zu können, die sonst schwer über die Treppe empor zu bringen gewesen wären. Aus dem Büchsenschranke des Oheims hatte er sich doch ein schönes altdeutsches Gewehr heraus genommen und freute sich, es zu putzen und trotz seiner Ungefügigkeit los zu schießen. Seit langem mochten das wieder die ersten Knalle auf der Insel sein, welche den Widerhall der Berge erweckten. Christoph hatte dem Jünglinge einen finstern Gang gezeigt, durch welchen man gleich aus dem Hause des Oheims in das Kloster hinüber gehen konnte. Auch hatte er dem Jünglinge manche Räume aufgesperrt, die sonst immer verschlossen waren. Er zeigte ihm den großen Saal, in welchem goldene Leisten und Verzierungen waren, die Fenster weiß, grau und blau bemalt schimmerten, lange hölzerne Bänke an der Wand hin liefen, auf denen die Mönche gesessen waren, und ein ungemein großer Ofen stand, in welchem die einzelnen Täfelchen bunt eingebrannte Heiligenbilder und Geschichten enthielten. Er zeigte ihm das Kapitelzimmer, wo beraten wurde und jetzt nur mehr die schlichten, rohen Holzbänke standen und wenige dagelassene wertlose Bilder hingen. Er zeigte ihm die

leere Schatzkammer, er zeigte ihm die Sakristei, wo die Fächer der Kelche offen standen und nichts als die verschossene, einst dunkelrote Ausfütterung zeigten, und wo die Laden, einst der Aufbewahrungsort der Paramente, nun Staub enthielten. Zurück gingen sie durch die Kirche, die Kreuzgänge und die Sommerabtei, wo noch manch schönes Bild, manche Holz- und Steinverzierung unberührt starrte, weil man deren Wert nicht gekannt hatte, als man die Dinge aus dieser Gotteswohnung fortschaffte.
Nicht bloß in den Gebäuden und auf der ganzen Insel durfte Victor herum gehen und alles untersuchen, sondern der Oheim bot ihm auch an, daß er ihn in einem Kahne an alle Punkte des Sees fahren lassen wolle, wohin er nur verlange. Der Jüngling hatte wenig Gebrauch davon gemacht, weil er eigentlich, der nie in dem hohen Gebirge gewesen war, nicht wußte, wie er die Schätze desselben heben soll, daß sie ihm freude- und gewinnbringend würden. Er fuhr nur selber zweimal zu dem Orla hinüber, und stand an dem Ufer und sah die hohen, grauen und zeitweise flimmernden Wände an.
Trotz allem begann sich allgemach in Victor die Reue zu regen, daß er wieder da geblieben sei; namentlich da er nicht Zweck und Ursache des ganzen Verfahrens zu ermitteln im Stande war.
»Ich werde dich doch nun bald fort lassen«, sagte der Oheim eines Tages nach dem Mittagstische, da eben ein prachtvolles Gewitter über die Grisel ging und den rauschenden Regen wie Diamantengeschosse in den See nieder sandte, daß er sich in kleinen Sprüngen regte und wallte. Sie waren aus der Ursache dieses Gewitters etwas länger bei dem Tische sitzen geblieben.
Victor antwortete auf die Rede gar nichts, sondern horchte, was ferner kommen würde.
»Es ist zuletzt doch alles vergeblich,« hob der Oheim wieder mit langsamer Stimme an, »es ist doch vergeblich

– Jugend und Alter taugen nicht zusammen. Siehe, du bist gut genug, du bist fest und aufrichtig, und bist mehr, als dein Vater in diesen Jahren war. Ich habe dich die Zeit her beobachtet, und man dürfte vielleicht auf dich bauen. Du hast einen Körper, den die natürliche Kraft stark und schön gemacht hat, und du übst gerne die Kraft, sei es, daß du unter den Felsen herum gehst, oder in der Luft wanderst, oder in dem Wasser schwimmst – – aber was hilft das alles? Es ist für mich ein Gut, das weit, ja sehr weit jenseits aller Räume liegt. Mir sagte schon immer die heimliche Stimme: du wirst es nicht erreichen, daß sein Auge auf dich schaut, du wirst das Gut seines Herzens nicht erlangen, weil du es nicht gesäet und gepflanzt hast. Ich erkenne, daß es so ist. Die Jahre, die da zu nützen gewesen wären, sind nun vorüber, sie neigen jenseits der Berge hinunter, und keine Gewalt kann sie auf die erste Seite herüber zerren, auf der nun schon die kalten Schatten sind. Darum gehe nur zu dem alten Weibe, von dem du kaum mehr einen Brief erwarten kannst – gehe hin und sei dort heiter und freudig.«

Victor war im äußersten Maße betroffen. Der Greis saß gerade so, daß die Blitze in sein Antlitz leuchteten, und manchmal war es in dem dämmerigen Zimmer, als ob das Feuer durch die grauen Haare des Mannes flösse und ein rieselndes Licht über seine verwitterten Züge ginge. War dem Jünglinge früher das inhaltlose Schweigen und die tote Gleichgültigkeit an dem Manne öde und bekümmernd gewesen, so war er nun durch diese Aufregung um so ergriffener. Der Alte hatte seinen langen Körper in dem Lehnstuhle aufgerichtet, und er zeigte fast tiefe Bewegung. Eine Weile antwortete der Jüngling nichts auf die Rede des Oheims, die er mehr ahnte als verstand. Dann aber sagte er: »Ihr habt von Briefen geredet, Oheim; ich bekenne aufrichtig, daß es mich schon sehr unruhig gemacht, daß ich auf die mehreren Briefe, die ich nach Hause sandte, noch immer keine Antwort habe, obwohl Christoph schon mehr als zwanzigmal, seit ich hier bin, in der Hul und in Attmaning draußen gewesen ist.«

»Ich wußte es wohl,« antwortete der Oheim, »aber du kannst gar keine Antwort erhalten.«

»Warum denn nicht?«

»Weil ich es so eingerichtet und mit ihnen verabredet habe, daß sie dir, so lange du hier bist, nicht schreiben. Sie sind im übrigen, wenn du bekümmert sein solltest, alle wohl und gesund.«

»Das ist nicht gut, Oheim, daß Ihr das getan habt,« sagte Victor ergriffen, »die Worte, welche mir meine Ziehmutter in einem Briefe geschickt hätte, hätte ich sehr gerne empfangen.«

»Siehst du, wie du das alte Weib liebst,« sagte der Oheim, »ich habe es immer gedacht!«

»Wenn Ihr jemanden liebtet, so würde Euch wieder jemand lieben«, antwortete Victor.

»Dich hätte ich geliebt«, schrie der Greis heraus, daß Victor fast erzitterte. Es war einige Augenblicke Stille.

»Und der alte Christoph liebt mich,« fuhr er fort, »und vielleicht auch die alte Magd.«

»Was schweigst du denn?« sagte er nach einiger Zeit zu dem Jünglinge – »wie sieht es denn mit der Gegenliebe aus? Nun, so rede einmal.«

Victor schwieg und wußte kein einziges Wort heraus zu bringen.

»Siehst du,« sagte der Greis wieder, »ich habe es ja gewußt. Sei nur ruhig, es ist alles gut, es ist schon gut. Du willst fort, und ich werde dir ein Schiff geben, daß du fort kannst. – So lange wirst du doch warten, bis der Regen vorüber ist?«

»So lange und noch länger, wenn Ihr Ernstliches mit mir zu reden habt,« sagte der Jüngling, »aber das werdet Ihr doch erkennen müssen, daß keine bloße bittere Willkür einen Menschen binden könne. Es ist doch seltsam, wenn man das geringste Wort dafür wählen soll, daß Ihr mich anfangs auf dieser Insel gefangen hieltet, auf die Ihr mich zuvor gerufen habt, und auf die ich im Vertrauen kam, weil Ihr es verlangtet, und weil der Vormund und die Mutter mir es ans Herz legten. Ferner ist es seltsam, daß Ihr mich von den Briefen meiner Mutter abschneidet, und noch seltsamer ist es, was vielleicht vorher vorgefallen ist, vielleicht nicht.«

»Du redest, wie du es verstehst«, antwortete der Oheim, indem er den Jüngling lange ansah. »Dir mag manches herbe erscheinen, dessen Ziel und Ende du nicht begreifst. Es ist da nichts Seltsames in dem, was ich tat, sondern es ist klar und deutlich. Ich wollte dich sehen, weil du einmal mein Geld erbst, und ich wollte dich deshalb lange sehen. Es hat mir niemand ein Kind geschenkt, weil alle Eltern die ihrigen selber behalten; wenn einer meiner Bekannten gestorben ist, bin ich irgend wo anders hin gezogen, und endlich kam ich auf diese Insel, deren Grund und Boden samt dem Hause, das einmal das Gerichtshaus der Mönche gewesen ist, ich erworben habe, und wo ich Gras und Bäume wachsen lassen wollte, wie sie wuchsen, um unter ihnen herum zu wandeln. Ich wollte dich sehen. Ich wollte doch deine Augen, deine Haare, deine Glieder, und wie du sonst bist, sehen, so wie man einen Sohn ansieht. – Ich mußte dich daher allein haben und fest halten. Wenn sie dir immer schreiben, so halten sie dich in derselben süßlichen Abhängigkeit wie bisher. Ich mußte dich in die Sonne und in die Luft hervor reißen, sonst wirst du ein weiches Ding, wie dein Vater, und wirst, wie er, so nachhaltlos, daß du das verrätst, was du zu lieben meinest. Du bist wohl stärker geworden als er, du stößest mit deinen Waffen wie ein junger Habicht zu; das ist schon recht, ich lobe es: aber du solltest doch dein Herz nicht an bebenden Weibern üben, sondern an Felsen – und ich wäre eher ein Fels als etwas anders. Daß ich dich so fest gehalten habe, mußte sein; wer zuweilen nicht den Steinblock der Gewalttat schleudern kann, der vermag auch nicht von Urgrund aus zu wirken und zu helfen. Du weisest bei Gelegenheit die Zähne, und hast doch ein gutes Herz. Das ist recht. Du wärest endlich doch ein Sohn geworden, es hätte dich hingerissen, mich zu achten und zu lieben – und wenn du das getan hättest, dann wären dir die andern zahm und klein gewesen, die auch an mir nie bis zum Innern dringen konnten. Aber ich erkannte, daß, bis du dahin kämest, eher hundert Jahre vergingen, und darum gehe, wohin du willst, es ist alles aus. – – Wie oft habe ich dich verlangt, daß sie dich senden sollen, ehe sie es taten. Dein Vater hätte dich *mir* geben sollen – aber er hat gemeint, ich sei ein Raubtier, das dich zerrisse; ich hätte dich eher zu einem Adler gemacht, der die Welt in seinen Fängen hält und sie auch, wenn es sein muß, in den Abgrund wirft. Allein er hat zuerst das Weib geliebt, dann hat er es verlassen, und war doch nicht stark genug, dasselbe auf immer von hinnen zu tun, sondern er dachte stets an dasselbe, und steckte dich, da er starb, unter die Flügel desselben, daß du fast eine Henne würdest, um Küchlein zu locken, und nur zu kreischen, wenn ein Pferdehuf eins zertritt. Schon diese wenigen Wochen bei mir bist du mehr geworden, da du gegen Gewalt und Druck ankämpfen mußtest, und du würdest immer mehr werden. Ich habe verlangt, daß du den Weg zu Fuße hieher machest, daß du die Luft, die Müdigkeit, die Selbstbezwingung ein wenig kennen lernest. Was ich nach dem Tode deines Vaters Hippolyts tun konnte, tat ich, du wirst es gleich später hören. Ich ließ dich auch zu dem Zwecke zu mir kommen, daß ich dir nebst andern, was du hier solltest, einen guten Rat gäbe, den dir weder der Federmann, dein

Vormund, noch das Weib geben können, und den du dann beliebig befolgen kannst oder nicht. Weil du vielleicht heute noch, gewiß aber morgen fort gehen willst, will ich dir den Rat sagen. Höre mich. Du hast also im Sinne, in ein Amt zu treten, das sie dir verschafften, damit du dein Brod hast und versorgt bist?«

»Ja, Oheim.«

»Siehst du, und ich habe dir schon einen Urlaub ausgewirkt. Wie nötig mußt du also sein, und wie wichtig das Amt, das unausgefüllt auf dich warten kann. Einen Urlaub auf unbestimmte Zeit habe ich hier. Ich kann jeden Augenblick einen Abschied haben, sobald ich nur will. Das Amt bedarf also nicht deiner einzelnen bestimmten Fähigkeiten, ja es harrt schon einer, der nach deinem Austritte das Amt braucht. Du kannst auch jetzt noch in der Tat gar nichts leisten, was wirklich des Antrittes eines Amtes wert wäre, da du kaum ein Jüngling geworden bist, und kaum erst ein Sandkorn von der Erde bekommen hast, daß du es kennen lernest – und du kennst es noch nicht einmal. Wenn du also jetzt einträtest, so könntest du höchstens etwas wirken, was niemand frommt, und was dir doch langsam das Leben aus dem Körper frißt. Ich wüßte dir etwas anderes. Das Größte und Wichtigste, was du jetzt zu tun hast, ist: heiraten mußt du.«

Victor richtete sein klares Auge gegen ihn und fragte: »Was?!«

»Heiraten mußt du – eben nicht auf der Stelle, aber jung mußt du heiraten. Ich werde dir das zeigen. Jeder ist um sein selbst willen da. Das sagen wohl nicht alle, aber sie handeln alle so. Und die es nicht sagen, deren Handlungen sind oft desto ungeschlachter selbstsüchtig. Das wissen die auch recht gut, die sich dem Amte widmen: denn das Amt ist ihnen der Acker, welcher Früchte geben soll. Jeder ist seiner selbst willen da; aber nicht jeder kann es machen, daß er da ist, und mancher streckt sein Leben für etwas dahin, das weniger ist als sieben Pfennige. Der Mann, der zu deinem Schutze aufgestellt ist, meinte gut zu sorgen, wenn er bei Zeiten dein junges Blut einpferche, ganz allein dazu, damit du immer satt zu essen und zu trinken habest; das Weib in ihrer kleinen Gutherzigkeit darbte ein Sümmchen zusammen, ich weiß sogar genau, wie groß es ist, ein Sümmchen, wofür du dir auf einige Zeit Strümpfe anschaffen kannst. Sie hat es wohl gut gemeint, wohl am besten; denn sie ist in ihrem Willen vortrefflich. Aber was soll das alles? – – Jeder ist um sein selbst willen da, aber nur dann ist er da, wenn alle Kräfte, die ihm beschieden worden sind, in Arbeit und Tätigkeit gesetzt werden – denn das ist Leben und Genuß – und wenn er daher dieses Leben ausschöpft bis zum Grunde. Und sobald er so stark ist, seinen Kräften allen, den großen und kleinen, nur allen, diesen Spielraum zu gewinnen, so ist er auch für andere am besten da, wie er nur immer da zu sein vermochte, wie es ja gar nicht anders sein kann, als daß wir auf die wirken, die rings um uns gegeben sind; denn Mitleid, Anteil, Hülfreichigkeit sind ja auch Kräfte, die ihre Tätigkeit verlangen. Ich sage dir sogar, daß die Hingabe seiner selbst für andere – selber in den Tod – wenn ich den Ausdruck gebrauchen darf, gerade nichts anders ist als das stärkste Aufplatzen der Blume des eigenen Lebens. Wer aber in seiner Armut nur eine Lebenskraft einspannt, um nur eine einzige Forderung zu stillen, etwa gar die des Hungers, der ist für sich selber in einer einseitigen und kläglichen Verrückung, und er verdirbt die, die um ihn sind.– O Victor, kennst du das Leben? kennst du das Ding, das man Alter heißt?«

»Wie sollte ich, Oheim, da ich noch so jung bin?«

»Ja, du kennst es nicht, und du kannst es auch nicht kennen. Das Leben ist unermeßlich lange, so lange man noch jung ist. Man meint immer, noch recht viel vor sich zu haben und erst einen kurzen Weg gegangen zu sein. Darum schiebt man auf, stellt dieses und jenes zur Seite, um es später vorzunehmen. Aber wenn man es vornehmen will, ist es zu spät, und man merkt, daß man alt ist. Darum ist das Leben ein unabsehbares Feld, wenn man es von vorne ansieht, und es ist kaum zwei Spannen lang, wenn man am Ende zurück schaut. Auf dem Felde zeitigen so manche andere Früchte, als man zu säen geglaubt hat. Es ist ein schillernd Ding, das so schön ist, daß man sich gerne hinein stürzt und meint, es müsse ewig währen – – und das Alter ist ein Dämmerungsfalter, der recht unheimlich um unsere Ohren weht. Darum möchte man die Hände ausstrecken, um nicht fort zu müssen, weil man so viel versäumt hat. Wenn ein uralter Mann auf einem Hügel mannigfaltiger Taten steht, was nützt es ihm? Ich habe vieles und allerlei getan, und habe nichts davon. Alles zerfällt im Augenblicke, wenn man nicht ein Dasein erschaffen hat, das über dem Sarge noch fortdauert. Um wen bei seinem Alter Söhne, Enkel und Urenkel stehen, der wird oft tausend Jahre alt. Es ist ein vielfältig Leben derselben Art vorhanden, und wenn er fort ist, dauert das Leben doch noch immer als dasselbe, ja man merkt es nicht einmal, daß ein Teilchen dieses Lebens seitwärts ging und nicht mehr kam. Mit meinem Tode fällt alles dahin, was ich als Ich gewesen bin – – – –. Darum mußt du heiraten, Victor, und mußt sehr jung heiraten. Darum mußt du auch Luft und Raum haben, um alle deine Glieder rühren zu können. Dafür nun habe ich gesorgt, weil ich wußte, daß es alle jene nicht konnten, denen man dich anvertraut hat. Nach dem Tode deines Vaters nahm man mir die Macht, und ich habe doch besser gesorgt als die andern. Ich habe mich daran gemacht, dein Gut zu retten, das sonst verloren war. Staune nicht, sondern höre mich lieber. Wozu soll dir auch das

Sümmchen deiner Mutter, oder die ewige Versorgung deines Vormundes? Zu nichts, als daß du zerknickt und verkümmert würdest. Ich bin geizig gewesen, aber vernünftiger geizig, als mancher freigebig ist, der sein Geld weg wirft, und dann weder sich noch andern helfen kann. Deinem Vater lieh ich bei Lebzeiten kleine Summen, wie Brüder sonst einander schenken, er gab mir Bescheinigungen darüber, die ich auf sein Besitztum eintragen ließ. Da er nun tot war und die andern Gläubiger, die ihn verlockt hatten, kamen, um das arme Nest zu plündern, da war ich schon da und entriß es mit meinem Rechte ihnen und deinem Vormunde, der auch ein kleines Restchen für dich erstreiten wollte. Die Kurzsichtigen! – – Den Gläubigern gab ich nach und nach, was sie eingesetzt hatten, samt den Zinsen, aber nicht, was sie hatten erschinden wollen. Nun ist das Gut schuldenfrei, und der fünfzehnjährige Ertrag liegt für dich in der Bank. Morgen, ehe du fort gehst, gebe ich dir die Papiere; denn da ich jetzt das alles gesagt habe, ist es gut, daß du bald fort gehest. Ich habe den Christoph in die Hul geschickt, daß dich der Fischer, der dich gebracht hat, morgen an dem Landungsplatze wieder hole; denn Christoph hat keine Zeit, dich hinüber zu führen. Willst du morgen nicht fahren, sondern später, so können wir dem Fischer sein Fahrgeld geben und ihn wieder leer zurück gehen lassen. – Ich meine, du sollst ein Landwirt sein, wie es auch die alten Römer gerne gewesen sind, die recht gut gewußt haben, wie man es anfangen soll, daß alle Kräfte recht und gleichmäßig angeregt werden. – Aber du kannst übrigens tun, wie du willst. Genieße nach deiner Art, was du hast. Bist du weise, so ist es gut: bist du ein Tor, so kannst du im Alter dein Leben bereuen, wie ich das meinige bereut habe. Ich habe vieles getan, was gut war, ich habe sehr vieles genossen, was das Leben hat und mit Recht zum Genusse gibt – das war gut: aber ich habe vie-

les unterlassen, was die Reue und das Nachdenken erweckte, als beide vergebens waren. Denn das Leben flog, ehe es erhascht werden konnte. Du bist wahrscheinlich auch mein Erbe, und darum möchte ich, daß du besser tätest als ich. Daher ist mein Rat – ich sage ›Rat‹, nicht Bedingung; denn kein Mensch soll gebunden werden. – Reise jetzt zwei bis drei Jahre, komme dann zurück, heirate, behalte anfangs den Verwalter, den ich dir auf das Gut gesetzt habe; denn er wird dich gehörig anweisen. – Das ist meine Meinung, du aber tue, wie du willst.«
Nach diesen Worten hatte der alte Mann zu reden aufgehört. Er legte sein Tellertuch, wie er es gewöhnlich tat, zusammen, rollte es zu einer Walze und schob es so in den silbernen Reif, den er zu diesem Zwecke hatte. Dann stellte er die verschiedenen Flaschen in eine gewisse Ordnung zusammen, legte die Käse und Zuckerbäckereien auf ihre Teller und stürzte die gehörigen Glasglokken darauf. Von all den Sachen trug er aber nichts von dem Tische weg, wie er es sonst immer pflegte, sondern ließ sie stehen und blieb davor sitzen. Das Gewitter war indessen vorüber gegangen, es zog mit sanfteren Blitzen und schwächerem Rollen jenseits der östlichen Gebirgszacken hinunter, die Sonne kämpfte sich wieder hervor und füllte das Gemach allmählich mit lieblichem Feuer. Victor saß dem Oheime gegenüber, er war erschüttert und konnte kein Wort sagen.

Nach einer bedeutenden Weile fing der Greis, der immer so vor seinen Dingen da gesessen war, wieder zu reden an und sagte: »Wenn du schon eine Vorneigung zu einer Frauenperson hast, so tut das bei dem Heiraten gar nichts, es ist nicht hinderlich, und fördert oft nicht, nimm sie nur: hast du aber keine solche Vorneigung, so ist es auch gleichgültig; denn derlei Dinge sind nicht beständig, sie kommen und vergehen, wie es eben ist, ohne daß man sie lockt, und ohne daß man sie vertreibt. Ich

habe einmal eine solche Empfindung gehabt, du wirst es ohnehin wissen – und weil ich gerade davon rede, so werde ich dir das Bild zeigen, wie sie damals ausgesehen hat – ich habe sie selber malen lassen – – warte, vielleicht finde ich noch das Bild.«
Bei diesen Worten stand der Greis auf und suchte lange in seinen Laden herum, bald in diesem Zimmer, bald in einem andern, aber er konnte das Bild nicht finden. Endlich zog er es mit einer staubigen goldenen Kette aus einem Fache hervor. Er wischte das Glas des Bildes mit dem grauen Rockärmel ab, reichte es Victor und sagte: »Siehst du!«
Dieser aber wurde eine Purpurflamme und rief: »Das ist Hanna, meine Schwester.«
»Nein,« sagte der Oheim, »das ist Ludmilla, ihre Mutter. Wie kannst du denn auf Hanna kommen? Diese war noch lange nicht geboren, als das Bild gemalt wurde. Hat dir denn deine Ziehmutter nichts von mir erzählt?«
»Ja, sie hat von Euch erzählt, daß Ihr mein Oheim seid und in großer Abgeschiedenheit auf der Insel eines entfernten Gebirgssees lebet.«
»Sie hält mich für den ärgsten Bösewicht.«
»Nein, Oheim, das tut sie nicht. Sie hat noch von gar niemanden Böses gesagt, und wenn sie von Euch redete, so sprach sie immer so, daß wir meinten, Ihr seid sehr weit in der Welt herum gereist, seid alt geworden, und lebet nun sehr einsam und von der Welt getrennt, die Ihr sonst gerne in allen ihren Teilen besucht habt.«
»Und sonst sagte sie gar nichts von mir?«
»Nein, Oheim, gar nichts.«
»Hm – – das ist schön von ihr. Ich hätte mir das schon wohl denken können. Wenn sie nur um ein weniges stärker gewesen wäre und den klaren Verstand, der ihr Anteil war, nur über ein größer Stück Welt hätte ausdehnen können – alles wäre anders geworden. Und daß ich dir

dein Gütchen rauben wolle, davon sagte sie auch nichts?«

»Rauben sagte sie nie, sondern daß Ihr das Recht darauf habt.«

»Das habe ich auch, aber ich bin schon in der Jugend sehr tätig gewesen, habe Handelschaft begonnen, habe meine Geschäfte ausgedehnt und mehr erworben, als mir je not tut, so daß ich des kleinen Besitztumes schon gar nicht bedürftig bin.«

»Die Ziehmutter hat auch schon immer in der Zeit her darauf gedrungen, daß ich zu Euch komme, als Ihr es begehrtet, aber der Vormund hat es gehindert.«

»Siehst du!? – – dein Vormund hat überall einen guten Willen, aber der Tisch, auf dem er schreibt, deckt ihm die Welt und das Meer und alles zu. Er hat etwa gedacht, du vergessest, wenn du bei mir bist, einige Dinge, die du lerntest, und die dir für das ganze Leben hindurch unnütz sind. – Deine Ziehmutter habe ich einmal zu meiner Gattin machen wollen, wie du siehst; das wird sie dir also auch nicht gesagt haben?«

»Nein, sie nicht und der Vormund nicht.«

»Wir sind sehr jung gewesen, sie war eitel, und ich sagte einmal, daß ich ihr Bild wolle malen lassen. Sie willigte ein, und der Künstler, der mit mir von der Stadt kam, hat sie auf dieser länglichen Elfenbeinplatte gemalt. Ich behielt das Bild und ließ später den goldenen Reif darum und die goldene Kette daran machen. Ich war ihr darnach sehr zugeneigt und erwies ihr viele Aufmerksamkeiten. Wenn ich von den Reisen, die ich machte, um meine Handelsfreunde kennen zu lernen und um allerlei neue Geschäfte und Verbindungen anzuknüpfen, nach Hause kam, war ich sehr freundlich und brachte ihr auch das eine und andere sehr schöne Geschenk mit. Sie aber gab mir meine Aufmerksamkeiten nicht zurück, sie war freundlich, aber nicht zugeneigt, ohne daß sie mir einen Grund sagte, und sie nahm meine Geschenke nicht an, ohne daß sie mir ebenfalls einen Grund sagte. Als ich ihr endlich geradezu erklärte, ich würde sie ohne weiteres zu meiner Gattin machen, wenn sie es nur jetzt oder etwa späterhin so wolle, antwortete sie, das sei allerdings sehr ehrenvoll, aber sie könne die Neigung nicht empfinden, die ihr für eine lebenslängliche Verbindung notwendig erscheine. Als ich nach einiger Zeit einmal zu dem Buchenbrünnlein im Hirschkar hinauf ging, sah ich sie auf dem breiten Steine sitzen, der neben dem Brünnlein liegt. Ihr Tuch, das sie gerne an kühleren Tagen um die Schulter trug, hing an dem flachen Aste einer Buche, die etwas weiter zurück steht und nicht hoch vom Boden diesen Ast gerade wie eine Stange zum Aufhängen ausstreckt. Ihr Hut war gleichfalls neben dem Tuche. Auf dem Steine aber saß bei ihr mein Bruder Hippolyt, und sie hielten sich umschlungen. Es war dieser Ort schon lange der ihrer Zusammenkünfte gewesen, ich habe dies erst viel später erfahren. Anfangs wollte ich ihn ermorden, dann aber riß ich das Tuch, das mich wie ein Vorhang verbarg, herunter und schrie: ›So wäre es ja am Ende besser, ihr tätet alles öffentlich und heiratet einander.‹ – Von diesem Tage fing ich an, seine Liegenschaften zu ordnen und sein Amt zu befördern, daß sie sich nehmen könnten. Als aber dein Vater auf einige Zeit fort mußte, um noch etwas höher zu steigen, als er dort einen väterlichen Freund, der in einer augenblicklichen Verlegenheit Amtsgelder verwendete, von Pflicht wegen anzeigen sollte, als man in der Stadt schon davon flüsterte, als der Alte sich töten wollte, dein Vater noch in der Nacht hin lief, das Geld erlegte, zur Entkräftung jedes Gerüchtes die Tochter des Mannes, deine nachherige Mutter, zur Frau begehrte, und als die Verbindung wirklich vollzogen war: trat ich mit Hohn vor Ludmilla hin und zeigte ihr, wie sie ihren Verstand und ihr Herz nicht verwenden konnte. – Sie zog mit ihrem späteren Gatten auf das

Gütchen hinaus, wo sie nun lebt. – Aber das sind alte Geschichten, Victor, die sind schon lange, lange geschehen, und sind in Vergessenheit geraten.«

Nach diesen Worten nahm er das Bild von dem Tische, wo er es, während er wieder in seinem Sessel gesessen war, liegen gelassen hatte, stand auf, umwickelte es mit der Kette und steckte es in ein kleines Fach neben der Pfeifensammlung.

Das Gewitter war indessen völlig aus geworden, nur sammelten sich, wie es in dergleichen Fällen vorkommt, noch immer gelegentliche Nebel und Wolkenteile in dem Gebirgskessel, welche die Sonne, die ihre heißen Blicke schon länger hervorgeschossen hatte, bald durchscheinen ließen, bald verhüllten.

Wenn der Oheim nach dem Essen einmal aufgestanden war, so setzte er sich nicht leicht wieder nieder. So geschah es auch jetzt. Er nahm seine Flaschen von dem Tische, tat sie in ihre Wandkästchen und sperrte zu. Eben so verfuhr er mit dem Käse und mit den Zuckersachen und goß zur Vorsicht den Hunden noch einmal frisches Wasser in ihren Trog.

Als er mit allem dem fertig war, trat er an das Fenster und schaute auf den Gartenplatz hinunter.

»Siehst du,« sprach er zu Victor, »es ist genau so, wie ich dir neulich sagte. Der Sand ist beinahe trocken, und in einer Stunde wird man sehr bequem auf ihm herum gehen können. Es ist eine Eigenschaft des hiesigen Quarzbodens, der nur locker auf dem Felsengrunde aufliegt, daß er den Platzregen einschluckt wie ein Sieb. Darum muß ich bei den Blumen immer so viel Humus nachführen lassen, und darum vergehen die Obstbäume der Mönche so gerne, während die Rüstern, die Eichen, die Buchen und die andern unserer Bergbäume so gedeihen, weil sie den Felsen suchen, dort Spalten treiben und in sie eindringen.«

Victor ging ebenfalls zu dem Fenster hin und schaute hinunter.
Als später die Haushälterin kam und den Tisch abräumte, und als Christoph, der von der Hul schon zurück war, die Hunde hinaus führte, ging der Oheim durch die Tapetentür in sein Gewehrzimmer.
Der Jüngling aber, der eigentlich nach dem Gewitter im Freien in Weite und Breite herum geschweift wäre, ging jetzt in seine Zimmer und starrte bei dem Fenster hinaus. – –
Nach einer Weile sah er den Oheim, wie er unten auf dem Gartenplatze Blumen an die Stäbe band.
Da er dann noch längere Zeit in dem einen Zimmer hin und her gegangen war, schritt er doch wieder bei der Tür hinaus und ging in das Freie. Er ging über den Sandplatz, den der Oheim verlassen hatte, gegen das Seeufer zu, wo ein erhöhter Platz des Felsensaumes war, der eine bedeutende Umsicht gewährte. Dort blieb er stehen und schaute in die Gegend hinaus. Es war unterdessen schon der Abend gekommen. Einige Berge lagen mit dunkeln Wolkenstücken in Umarmung, andere ragten wie glühende Kohlen aus den Trümmern, und Inseln blassen Himmels schillerten ungesehen über dem Haupte des Jünglings. Dieser schaute in das Bild so hinaus, bis nach und nach alles verglomm und erlosch, und nichts mehr als die dichte Finsternis da war.
In derselben ging er, an den schwarzen Geistern der Bäume vorbei, langsam und nachdenkend in das Haus.
Er hatte beschlossen, morgen doch die Insel zu verlassen.
Als die Zeit des Abendessens gekommen war, begab er sich aus seinem Gemache über den Gang ins Speisezimmer. Der Oheim saß schon an dem Tische, und sofort wurde aufgetragen. Der Greis eröffnete dem Jünglinge, daß der alte Christoph von der Hul die Nachricht gebracht habe, daß der Fischer morgen mit Tagesanbruch

an dem Landungsplatze harren werde, wo er Victor bei seiner Ankunft ausgesetzt habe.
»Du kannst also«, schloß der Oheim, »morgen nach dem Frühstücke fort fahren, wenn du es dir so vorgenommen hast; denn du bist vollkommen dein Herr und kannst tun, wie es dir gefällt.«
»Ich habe mir wohl in den Sinn genommen, morgen fort zu reisen,« entgegnete Victor, »aber ich lege es doch in Eure Hand, Oheim, und werde tun, was Ihr für gut haltet.«
»Wenn es so ist,« sagte der Oheim, »so halte ich, wie ich schon am Mittage sagte, für gut, daß du morgen gehest. Was die Zukunft bringen kann, das bringt sie, und wie du meinen Rat befolgen willst, so befolgst du ihn. Du bist in allen Stücken ohne Bande.«
»Ich werde also morgen den Fischer auf dem Landungsplatze aufsuchen«, entgegnete Victor.
Diese Worte waren die einzigen, welche die zwei Verwandten über ihre Verhältnisse während des Abendessens gesprochen haben. Über fremde Gegenstände redeten sie noch mehreres. Namentlich erzählte der Oheim, daß der alte Christoph schon vor dem Gewitter in die Hul hinaus gefahren sei, daß das Gewitter dort und besonders gegen den Ausfluß der Afel hin fürchterlich gewirtschaftet habe, es seien bei dem Bergsturze neue und zwar ungeheure Trümmer herabgefallen, und es habe das Wasser die Ufer in erschreckender Weise ausgestoßen.
»Und bei uns, da es über die Grisel ging,« fuhr er fort, »war es so sanft und zahm, daß es mir die Blumen gut befeuchtete und kaum einige von ihren Stäben herabgeschlagen hat. Christoph, der nach dem Gewitter herüber gefahren war, wunderte sich, daß er bei uns so wenig Verwüstung antraf.«
Als das Abendmahl vorüber war, wünschten sich die beiden Verwandten zum letzten Male gute Nacht und

begaben sich zu Bette. Nur Victor packte noch, und wie er dachte, dieses Mal gewiß mit Erfolg, sein Ränzchen und richtete sich die Reisekleider auf einen Sessel.
Als der andere Morgen anbrach, kleidete er sich in diese Kleider, nahm seinen Reisestab in die Hand und hing das Ränzlein mit einem der Tragriemen an seinen Arm. Der Spitz, der das alles verstand, tanzte vor Freuden.
Das Frühstück wurde unter unbedeutenden Gesprächen verzehrt.
»Ich werde dich bis zu dem Gitter begleiten«, sagte der Oheim, als Victor aufgestanden war, sein Ränzlein auf den Rücken genommen hatte und Miene machte, sich zu beurlauben.
Der Greis war in ein Nebenzimmer gegangen und mußte dort auf eine Feder gedrückt haben, oder sonst einer Vorrichtung zugegangen sein; denn Victor hörte in dem Augenblicke das Rasseln des Gitters und sah durch das Fenster, wie dasselbe sich langsam öffnete.
»So,« sagte der Oheim, indem er heraus ging, »es ist in Bereitschaft.«
Victor griff nun nach dem Stabe und setzte seinen Hut auf das Haupt. Der Greis ging mit ihm über die Treppe hinab und über den Gartenplatz bis zu dem Gitter. Beide sagten sie auf dem Wege kein Wort. An dem Tore blieb der Oheim stehen, zog ein Päckchen aus der Tasche und sagte: »Hier hast du die Papiere.«
Victor aber antwortete: »Erlaubt mir, Oheim, daß ich sie nicht annehme.«
»Was? nicht annehmen? was kömmt dir denn bei?«
»Erlaubt es mir, und tut meinen Gefühlen keine Gewalt an,« sagte Victor, »lasset mir in diesem Dinge meine Weise, daß Ihr seht, daß ich uneigennützig bin.«
»Ich zwinge dich nicht«, sagte der Greis, und schob seine Papiere wieder in die Tasche.
Victor sah ihn eine Weile an. Aus den hellen Augen dran-

gen ihm die schimmernden Tränen – Zeugen eines tiefen Gefühles – dann bückte er sich plötzlich nieder und küßte heftig die runzlige Hand.
Der alte Mann gab einen dumpfen, unheimlichen Laut von sich – es war wie Schluchzen – und stieß den Jüngling bei dem Gitter hinaus.
Man vernahm gleich darauf den rasselnden Laut und den Stoß, wie sich das Tor zumachte und in das Schloß fiel. Victor wendete sich um und sah den Greis von rückwärts, wie er, mit seinem grauen Rocke angetan, seinem Hause zuschritt. Der Jüngling drückte sein Tuch gegen die Augen, die heftig strömten und nicht enden wollten. Dann kehrte er sich gleichfalls wieder ab und begab sich auf den Weg, der ihn zu der Stelle führte, wo er zum ersten Male diese Insel betreten hatte. Er ging an der einen Seite in den Graben hinab, an der andern hinauf, er ging durch den Zwerggarten, durch das Wäldchen der großen Bäume und durch das Gestrüpp. Als er an dem Landungsplatze angekommen war, waren seine Augen zwar schon getrocknet, aber noch sanft gerötet. Der Greis aus der Hul erwartete ihn schon hier, und auch das freundliche, blauäugige Mädchen stand in dem Hinterteile des Schiffes. Victor stieg mit dem Spitze ein und setzte sich nieder. Sofort wurde das Schiff zurück geschoben, wendete mit seinem Schnabel um, nach auswärts zu, und schwankte in die Wässer hinaus, während die Insel zurück trat.
Als man an die Spitze des Orla gekommen war, war sie schon weit zurück und ragte, wie einst, mit ihren grünen Bäumen aus dem Wasser heraus. Da das Schiffchen nun mit seinem Körper die Wendung machte, um den Grat des Orla herum, so deckte derselbe die Insel und ließ sie wie eine grüne Zunge hervor schauen, die, wie sie sich bei der Herreise verlängert hatte, sich nun hinter die Wände zurück zog. Zuletzt, als sie sich der Hul näherten, waren wie damals, als Victor ankam, nur mehr die blauen

Wände um das einsame Wasser, und der blaue Widerschein war in ihm.
In der Hul hielt sich Victor ein wenig auf, um mit dem alten Fischer etwas zu reden und ihm den Fährlohn zu geben. An die Märchen aber, von denen bei der Hinfahrt die Rede gewesen war, dachte man nicht.
In der Hul hatte der Jüngling schon die Verwüstungen des gestrigen Gewitters an den Durchfurchungen des Bodens und an den Zerstörungen der Ufer gesehen. Bei dem Steinsturze aber lagen furchtbare Trümmer herunten, die sich bei dem Eindringen des Wassers gelöst hatten und von der Höhe herabgefallen waren. Er ging von diesem Bilde der Zertrümmerung vorwärts gegen den Ausfluß der Afel und von da durch den langen Waldweg empor.
An dem Halse blieb er stehen und schaute auf den See zurück. Die Grisel war kaum ein wenig zu sehen, aber die kahle, dämmernde Wand, die er bei seiner ersten Hieherkunft so bewundert hatte, war der Orlaberg. Er schaute ihn jetzt eine Zeit an und dachte, hinter ihm ist die Insel, und auf derselben wird es jetzt sein wie so oft, wenn er von seinen Ausflügen zurück gekommen ist – von den wehenden Ahornen, von der rauschenden Brandung – daß nämlich irgendwo die zwei einsamen Greise sitzen, der eine hier, der andere dort, und daß keiner mit dem andern redet.
Nach zwei Stunden war er in Attmaning, und da er aus den dunkeln Bäumen gegen den Ort hinaus schritt, hörte er zufällig das Läuten der Glocken desselben, und nie hat ihm ein Ton so süß gedeucht als dieses Läuten, das so lieblich in seine Ohren fiel, weil er diesen Klang so lange nicht gehört hatte. Auf der Wirtsgasse waren Viehhändler mit den schönen braunen Tieren des Gebirges, die sie gegen das Flachland hinaustrieben, und in der Stube war alles voll Menschen, da eben Wochenmarkt war. Victor

war es, als hätte er unterdessen lange geträumt und wäre jetzt wieder in der Welt.
Nachdem er bei dem Wirte, der ihm damals den Knaben mitgegeben hatte, sein Mahl verzehrt hatte, begab er sich diesmal nicht mit dem Knaben, sondern mit dem stattlichen Wirtswägelchen auf die Weiterreise, das mit ihm dem Laufe der Afel entlang in die offeneren Länder hinausrollte.
Als er wieder zu den Feldern der Menschen, zu ihren Fahrstraßen und ihrem lustigen Treiben hinaus gekommen war, als sich die Fläche mit sanften Hügeln geschmückt in unermeßliche Länge und Breite vor ihm ausdehnte und die verlassenen Gebirge nur mehr wie ein blauer Kranz hinter ihm schwebten: ging ihm das Herz in dieser großen Umsicht aus einander und eilte ihm weit, weit über jenen fernen, kaum sichtbaren Strich des Gesichtskreises voraus, hinter dem die über alles geliebte Ziehmutter und ihre Tochter Hanna wohnen mußten.

6. RÜCKKEHR

Nachdem Victor, weil ihm das Gehen bei weitem lieblicher dünkte, das gemietete Fuhrwerk verlassen und sich für den Rest der Reise auf die gewöhnliche Wanderung begeben hatte, nachdem er auf dem langen Wege zur Mutter, den er darum eingeschlagen hatte, um auch sie, die verehrte und geliebte, um Rat zu fragen, was nun bei der neuen Gestalt der Dinge zu nächst zu tun sei, viele Zeit zugebracht hatte; ging er nach so manchem Tage, an dem er durch Felder und Wälder, über Höhen und Niederungen mit seinem Spitze gewandert war, wieder über die glänzenden Wiesen in das mütterliche Tal hinab, über die er vor so vielen Wochen mit seinen Freunden hinab gegangen war. Er ging über den ersten Steg, er ging über den zweiten, an dem großen Holunder vorbei, und durch das alte kleine Gartenpförtchen hinein. Als er näher gegen das Haus gekommen war, sah er die Mutter auf der Gasse vor dem Apfelbaume in der reinen weißen Schürze stehen, die sie gewöhnlich an Vormittagen um hatte, wo sie in der Küche und in dem ganzen Wirtschaftskreise nachsehen mußte.

»Mutter,« rief er, »da bringe ich Euch den Spitz wieder, er ist gut versorgt und erhalten gewesen – und auch ich komme noch einmal, weil ich manches mit Euch zu reden habe.«

»Ach, Victor, du bist es,« rief die alte Frau, »so sei gegrüßt, mein Sohn, sei tausendmal gegrüßt, du liebes Kind.«

Mit diesen Worten ging sie ihm entgegen, schob das Käppchen, das er auf hatte, ein wenig zurück, streichelte mit der Hand über die Stirne und die Locken, nahm ihn mit der andern bei seiner Rechten und küßte ihn auf die Stirne und auf die Wange.

Der Spitz, welcher von der Gartenpforte an gegen das Haus vorausgeschossen war, tanzte nun um die Mutter herum und bellte furchtbar.

Die Fenster und Türen des Hauses standen, wie gewöhnlich an schönen Tagen, offen, daher lief auf diese Schalle, die sie hinein gehört hatte, Hanna aus dem Hause heraus und blieb plötzlich stehen, ohne ein Wort hervor bringen zu können.

»So grüßet euch, Kinder, grüßt euch nach der ersten Abwesenheit von einander, die ihr erlebt habt«, sagte die Mutter.

Victor ging näher und sagte verschämt: »Gott grüße dich, liebe Hanna.«

»Gott grüße dich, lieber Victor«, antwortete sie, indem sie die dargereichte Hand annahm.

»Nun geht aber hinein, Kinder,« sagte die Mutter, »Victor muß seine Sachen ablegen und muß sagen, was er bedarf, ob er etwa müde ist, und was wir ihm zu essen geben können.«

Bei diesen Worten machte sie Anstalt, hinein zu gehen und die zwei Kinder, wie sie sie nannte, mit zu nehmen. Victor legte in dem großen Zimmer an dem Tische, den er nicht so bald wieder zu sehen gehofft hatte, sein Ränzlein ab, lehnte den Reisestab in einen Winkel und setzte sich auf einen Stuhl nieder. Die Mutter setzte sich in dem großen Lehnsessel neben ihn.

Der Spitz, gleichsam weil er so wichtig geworden war und zu den Angekommenen gehörte, ging mit hinein; aber als man zu reden und sich zu erzählen angefangen hatte, ging er wieder hinaus, und weil er recht gut eingesehen hatte, daß nun alle Gefahr, von seinem Freunde Victor getrennt zu werden, verschwunden war, sah man ihn später in seiner Hütte unter dem Apfelbaume liegen und die Müdigkeit, die er sich auf all diesen durchgemachten Wegen gesammelt hatte, behaglich verschlafen.

Als die Mutter, da sie bei dem Tische saßen, in Victor gedrungen war, daß er sage, ob er Hunger habe, ob er sonst irgend etwas bedürfe, daß er tun solle, was er wolle, um sich zu erholen – als er geantwortet hatte, daß er nichts bedürfe, daß er nicht müde sei, daß er spät das Morgenmahl genossen habe und daher schon bis zu der gewöhnlichen Mittagsstunde warten könne – als sie endlich hinaus gegangen war, um für ein hinlänglicheres und besseres Mahl Anstalten zu treffen: kam sie wieder herein, setzte sich zu ihm und begann über seine Angelegenheiten zu reden.

»Victor,« sagte sie, »als du mehrere Tage fort warst, kam ein Brief von dem Oheime, in welchem er verlangte, daß wir die ganze Zeit, die du bei ihm sein wirst, nicht an dich schreiben sollen. Ich dachte, daß er einen Grund zu dieser Forderung haben müsse, daß er vielleicht etwas

Nützliches mit dir vorhabe, und willigte ein. Du wirst dich recht gekränkt haben, da du keine Silbe, keinen Gruß und kein freundliches Wort von uns vernommen hast.«

»Mutter, der Oheim ist ein herrlicher, vortrefflicher Mann«, fiel Victor ein.

»Es ist gestern wieder ein Brief und allerlei Schriften von ihm an den Vormund gekommen,« sagte die Mutter, »der Vormund ist zu uns heraus gefahren und hat uns den Brief vorgelesen. Der Oheim meinte, daß du schon bei uns sein müssest, und verlangte, daß man dir den Brief mitteile. Nun, du wirst schon erfahren, was er enthält. – Ja, er ist ein vortrefflicher Mann, niemand kann das besser wissen als ich; darum habe ich auch immer darauf gedrungen, daß man dich zu ihm gehen lasse, wie er es verlangte, bis der Vormund einwilligte. Aber, mein Victor, er hat auch eine rauhe und harte Seite, darum hat er es nie machen können, daß ihn jemand liebe. Mir fiel manchesmal bei ihm der Spruch der heiligen Bücher ein, wo einmal die göttliche Gestalt erscheinen sollte: sie war nicht in dem Rollen des Donners, sie war nicht in dem Brausen des Sturmes; aber in dem Säuseln des Lüftchens war sie, das längs des Baches hinab durch die fruchtbaren Büsche ging. Ich habe einmal, da wir noch alle jung waren, gar nicht gewußt, daß ich ihn hochachten müsse. Ich werde dir einstens, wenn du älter geworden bist, etwas von uns erzählen.«

»Mutter, er hat es mir selber erzählt«, sagte Victor.

»Er hat es dir erzählt, Kind?« erwiderte die alte Frau, »dann ist er dir geneigter gewesen, als ich dachte.«

»Er hat mir die Tatsache nur in kurzen Worten gesagt.«

»Ich werde sie dir einmal in längeren erzählen, dann wirst du sehen, welche kummervollen, traurigen Tage über mich gegangen sind, bis alles so freundlich und herbstlich mit mir geworden ist, wie es ist. Dann wirst du

auch einsehen, warum ich dich so sehr liebe, du mein armer, lieber Victor!«
Mit diesen Worten tat sie nach Art des Alters ihren Arm um sein Haupt, zog es etwas näher und legte ihre Wangen an seine Locken, als wäre sie tief gerührt.
Als sie sich wieder gefaßt und zurück geneigt hatte, sagte sie: »Victor, in dem Briefe ist gestanden, was er in der letzten Zeit mir dir geredet hat, und was er für dich getan hat.«
Hanna ging, als die Mutter diese Worte sagte, schnell aus dem Zimmer hinaus.
»Er hat die Papiere,« fuhr die Mutter fort, »welche dir das Eigentum des Gutes übergeben, an den Vormund geschickt, du sollst es mit Freude und Dankbarkeit annehmen.«
»Es ist schwer, Mutter, es ist so seltsam – –«
»Der Vormund sagt, daß du alles genau so erfüllen sollest, wie es der Oheim begehrt. Du brauchst jetzt gar nicht mehr in dein Amt zu treten, in das er dich hat bringen wollen; denn diese Wendung der Dinge hat niemand vorher sehen können, und es steht dir ein herrliches Leben bevor.«
»Wird aber Hanna wollen?« sagte Victor.
»Wer spricht denn von Hanna?« antwortete die Mutter mit vor Freude glänzenden Augen.
Victor aber konnte vor glühender Verwirrung nichts sagen, er saß da, als müßten ihm vor Schamrot die Wangen zerspringen.
»Sie wird schon wollen,« sagte die Mutter wieder, »laß es nur gut sein, Kind, es wird alles zum besten ausfallen. Jetzt werden wir an deiner Ausrüstung zu der großen Reise arbeiten. Du bist jetzt dein eigener Herr, der Mittel hat – da muß alles anders werden, und auch wegen der Reise müssen die Sachen nach anderer Art hergerichtet werden. Es wird dies schon meine Sorge sein. Jetzt aber

muß ich auch für das Mittagessen sorgen, sieh dir indessen das Haus an, ob sich nichts verändert hat, oder tue, was dir gefällt – die Speisestunde wird ohnehin bald heran rücken.«

Mit diesen Worten erhob sie sich und ging in die Küche.

Als das Mittagmahl bereitet und aufgetragen war, saßen die drei wieder bei dem Tische, wie sie jetzt lange nicht bei einander gesessen waren.

Nachmittag ging Victor in die Gegend hinaus und besuchte alle Plätze, die ihm einst lieb und bekannt gewesen waren; Hanna aber lief in dem Hause herum und tat alles verkehrt.

Als er abends nach dem Essen schlafen gehen wollte und die Mutter mit der Kerze in der Hand mit ihm ging, führte sie ihn in seine alte Stube, und da sie eintraten, sah er, daß sie gar nicht verändert worden war, wie er es sich doch so lebhaft bei seiner Abreise vorgespiegelt hatte. Sogar der Koffer und die Kisten standen da, wie er sie eingepackt hatte.

»Siehst du,« sagte die Mutter, »wir haben alles stehen gelassen, weil der Oheim schrieb, daß wir nichts fort schicken sollen, indem es noch ungewiß ist, wie sich dein Schicksal gestalten werde. – Und nun, gute Nacht, Victor.«

»Gute Nacht, Mutter.«

Und er sah, da sie fort war, durch sein Fenster wieder auf die dunklen Büsche nieder und auf das rieselnde Wasser, in welchem sich die Sternlein spiegelten. Und als er schon im Bette lag, hörte er noch das Rieseln der Wässer, wie er es so viele Abende seiner Kindheit und seiner Jünglingszeit gehört hatte.

Wenn wir zu dem in den obigen Abschnitten dargestellten Jünglingsbilde noch etwas hinzufügen dürfen, so kann es folgendes sein.

Nachdem die Ausrüstung fertig war, welche die Mutter für Victors Reise ins Werk zu setzen hatte, und nachdem man über alles, was in der Zukunft für das Wohl des jungen Mannes ersprießlich sein könnte, im Reinen war, ereignete sich im tiefen Herbste desselben Jahres wieder ein Abschied – aber derselbe war kein so trauriger wie der erste, da er nicht so zu sagen für das ganze Leben, sondern nur für eine kleine Zeit notwendiger Abwesenheit galt, auf welche kleine Zeit dann eine lange, schöne, glückselige folgen sollte.

Daß Hanna recht gerne eine sehr nahe Teilnehmerin jener glücklichen Zeit werden wollte, zeigten ihre feurigen, heftigen Küsse, mit denen sie die Lippen Victors bedeckte, als sie einen einsamen Abschied von einander nahmen, als er sie heftig und schmerzlich an sich drückte und von ihr nicht lassen zu können vermeinte. Die zwei Ziehgeschwister weinten bei diesem glückverheißenden Abschiede so sehr, als ob er der trennendste und zerreißendste gewesen wäre und lange nicht, oder vielleicht nie mehr eine Wiedervereinigung hoffen ließe.

Die Mutter Ludmilla aber ging in stiller Freudigkeit herum, sie gesegnete den Sohn beim Abschiede, und dachte immer, wie sie es denn durch das wenige Gute, das sie in ihrem Leben stets mehr ausführen gewollt als gekonnt hatte, verdient habe, daß sie nun Gott in ihrem Alter so sehr belohne, ach so sehr, so sehr belohne.

Als er fort war, begann das stille, einfache Leben in dem Tale und Hause wieder, wie es bisher immer geführt worden war. Die Mutter tat in Unschuld die Geschäfte des Hauses, besorgte alles auf das beste, erwies Gutes, wo sie

es konnte, und ließ eine Fülle häuslicher Habe und Bequemlichkeit für eine nahe Zeit ausrüsten und arbeiten: Hanna war eine ergebene Tochter, die nur immer den Willen der Mutter tat und in innerer Bewegung und Erregung wartete, was die Zukunft bringen werde.
Als vier Jahre herum waren und die Briefe aus fremden Ländern, die alle dieselben lieben und bekannten Schriftzüge trugen, zu einem sehr großen Stoße angewachsen waren, kam der Briefschreiber selber, und die Briefe hörten auf. Victor kam so verändert zurück, daß selber die Ziehmutter staunte und überrascht wurde; denn aus dem fast kindischen Jünglinge war in der kurzen Zeit ein Mann geworden. Aber nur sein Verstand und sein Geist hatten sich heraus gebildet, das gute Herz, das sie in ihn gelegt, war unausrottbar geblieben, es war eben so kindlich und unversehrt, wie sie es ihm in der zarten Kindheit gegeben und dann weiter gepflegt hatte; denn ihr Herz vermochte sie ihm zu geben; was aber der starke Mann braucht, und was das harte Leben von ihm heischt, nicht. Hanna sah an Victor keine Veränderung; denn sie hielt ihn von Kindheit auf für gewandter und tüchtiger als sich; daß sie aber eine gute, einfache, große Seele habe, welche unbeugsam das Gute tut, wie das Wasser abwärts fließt, das wußte sie nicht, und das setzte sie als ein Gemeingut bei allen Menschen voraus.
Nicht sehr lange Zeit nach seiner Zurückkunft stand Victor mit Hanna zur ewigen Verbindung an dem Altare – zwei Wesen, deren Antlitze die Abbilder von zwei anderen waren, die einmal auch gerne vor demselben Altare gestanden wären, aber durch Unglück und Verschuldung aus einander gerissen worden waren, und dann lebenslänglich bereuten.
Alle Freunde, die einst jenen Spaziergang zur Feier von Ferdinands Geburtstag mitgemacht hatten, waren bei diesem Feste Victors und Hannas zugegen. Dann war auch noch der Vormund und seine Gattin, dann Rosina, jetzt

selber schon eine junge Frau, dann Rosinas und Hannas Gespielinnen und noch andere Menschen.
Nach Vollendung der Festlichkeiten führte Victor Hanna mit Triumph auf sein Gut. Die Mutter ging nicht mit; sie sagte, sie werde schon noch sehen, wie sich alles fügen werde.
Der Oheim war trotz der Bitten Victors, der selber bei ihm gewesen war, nicht zu der Vermählung seines Neffen gekommen. Er saß ganz einsam auf seiner Insel; denn wie er einmal selber gesagt hatte, es war alles, alles zu spät, und was versäumt war, war nicht nachzuholen.
Wenn man von dem Manne das Gleichnis des unfruchtbaren Feigenbaumes anwenden wollte, so dürfte man vielleicht die Worte sagen: ›Der gütige, milde und große Gärtner wirft ihn nicht in das Feuer, sondern er sieht an jedem Frühlinge in das früchtelose Laub und läßt es jeden Frühling grünen, bis einmal auch die Blätter immer weniger sind und zuletzt nur die dürren Äste empor ragen. Dann wird der Baum aus dem Garten weggetan und seine Stelle weiters verwendet. Die übrigen Gewächse aber blühen und gedeihen fort, und keines kann sagen, daß es aus seinen Körnern entsprossen ist und die süßen Früchte tragen wird wie er.‹ Dann scheint immer und immer die Sonne nieder, der blaue Himmel lächelt aus einem Jahrtausend in das andere, die Erde kleidet sich in ihr altes Grün, und die Geschlechter steigen an der langen Kette bis zu dem jüngsten Kinde nieder: aber er ist aus allen denselben ausgetilgt, weil sein Dasein kein Bild geprägt hat, seine Sprossen nicht mit hinunter gehen in dem Strome der Zeit. – Wenn er aber auch noch andere Spuren gegründet hat, so erlöschen diese, wie jedes Irdische erlischt – und wenn in dem Ozean der Tage endlich alles, alles untergeht, selbst das Größte und das Freudigste, so geht er eher unter, weil an ihm schon alles im Sinken begriffen ist, während er noch atmet, und während er noch lebt.

DER WALDSTEIG

Ich habe einen Freund, der, obwohl er noch am Leben ist, und bei uns von lebenden Leuten nicht leicht Geschichten erzählt zu werden pflegen, mir doch erlaubt hat, eine Begebenheit, die sich mit ihm zugetragen hat, zum Nutzen und zum Frommen aller derer zu erzählen, die große Narren sind; vielleicht schöpfen sie einen ähnlichen Vorteil daraus wie er.
Mein Freund, den wir Tiburius Kneigt hießen, hat jetzt das niedlichste Landhaus, das man sich in unserem Weltteile zu denken vermag, er hat die vortrefflichsten Blumen und Obstbäume um das Haus herum, er hat ein schöneres Weib, als je auf der Erde gewesen sein kann, er lebt Jahr aus, Jahr ein mit diesem Weibe auf seinem Landhause, er trägt heitere Mienen, alle Menschen lieben ihn, und er ist jetzt wieder sechsundzwanzig Jahre alt, da er doch noch vor kurzem über vierzig gewesen ist.
Das alles ist mein Freund durch nichts Mehreres und nichts Minderes geworden als durch einen einfachen Waldsteig; denn Herr Tiburius war früher ein sehr großer Narr, und kein Mensch, der ihn damals gekannt hat, hätte geglaubt, daß es mit ihm einmal diesen Ausgang nehmen würde.
Die Geschichte ist eigentlich recht einfältig, und ich erzähle sie bloß, damit ich manchem verwirrten Menschen nützlich bin, und daß man eine Anwendung daraus ziehe. Mancher, der in unserm Vaterlande und in unsern Gebirgen bewandert ist, wird auch, wenn er überhaupt diese

Zeilen liest, den Waldsteig sogleich erkennen und wird sich mancher Gefühle erinnern, die ihm der Steig eingeflößt hat, wenn er auf ihm wandelte, obgleich niemand durch denselben so gründlich umgeändert worden sein mag als Herr Tiburius Kneigt.
Ich habe gesagt, daß mein Freund ein sehr großer Narr gewesen sei. Dies ist er aus mehreren Ursachen geworden. Erstlich ist sein Vater schon ein großer Narr gewesen. Die Leute erzählten verschiedene Sachen von diesem Vater; ich will aber nur einiges anführen, was ich verbürgen kann, da ich es selbst gesehen habe. Ganz im Anfange hatte er viele Pferde, die er alle selber verpflegen, abrichten und zureiten wollte. Als sie insgesamt mißlangen, jagte er den Stallmeister fort, und weil sie sich durchaus von den Regeln und Einübungen, die er ihnen beibrachte, nichts merken konnten, verkaufte er sie um ein Zehntel des Preises. Später wohnte er einmal ein ganzes Jahr in seinem Schlafzimmer, in welchem er stets die Fenstervorhänge herabgelassen hielt, damit sich in der Dämmerung seine schwachen Augen erholen könnten. Auf die Vorstellungen derer, die sagten, daß er immer gute Augen gehabt habe, bewies er, wie sehr sie im Irrtume seien. Er tat das Schubfach, welches er in dem hölzernen, finsteren, an sein Zimmer stoßenden Gange hatte, auf und sah eine Weile auf den von der Sonne beleuchteten Kiesweg des Gartens hinaus, worauf er sogleich mit Gewissenhaftigkeit versichern konnte, daß ihm die Augen schmerzten. Der Schnee war gar erst ganz unerträglich. Weitere Einreden nahm er nicht mehr an. In der letzteren Zeit dieser Vorgänge tat er in dem dämmernden Zimmer noch eine Blendkappe auf das Haupt. Da das Jahr herum war, fing er gemach an, die Ärzte zu tadeln, welche Schonung der Augen anraten, und überhaupt alle Arzneiwissenschaft und deren Ausübung zu verwerfen. Zuletzt sagte er sich vor, die Ärzte hätten ihn zu dem ganzen Verfah-

ren gebracht, er häufte Schimpf und Schande auf das Gewerbe und tat die Prophezeiung, daß er sich nun selber behandeln werde. Er zog die Fenstervorhänge empor, machte alle Fenster auf, ließ den hölzernen Gang wegreißen – und wenn die Sonne ganz besonders heiß und strahlenreich schien, so saß er ohne Hut mitten in dem Lichtregen im Garten und schaute auf die weiße Mauer des Hauses. Er bekam hiedurch eine Augenentzündung, und als diese vorüber war, wurde er gesund. – Von weiteren Dingen führe ich nur noch an, daß er, als er sich mehrere Jahre sehr eifrig und sehr erfolgreich mit dem Schafwollhandel beschäftigt hatte, plötzlich dieses Geschäft wieder aufgab. Er hatte dann eine sehr große Anzahl Tauben, durch deren Vermischung er besondere Farbenzeichnungen zu erzielen strebte, und dann wollte er eine Sammlung aller möglichen Kaktusarten anlegen.

Ich erzähle diese Sachen, um die Geschlechtsabstammung des Herrn Tiburius fest zu stellen.

Zum zweiten war die Mutter. Sie liebte den Knaben außerordentlich. Sie hielt ihm warm, daß er sich nicht verkühle und ihr durch eine plötzlich hereinbrechende Krankheit entrissen werde. Er hatte sehr schöne gestrickte Unterleibchen, Strümpfchen und Ärmlein, die alle außer dem Nutzen noch manches sehr schöne rote Streifchen hatten. Eine Strickerin war das ganze Jahr für das Kind beschäftigt. Im Bettchen waren feine Lederunterlagen und Lederpolster, und gegen die Zugluft der Fenster stand eine spanische Wand. Für die Gehörigkeit der Speisen sorgte die Mutter schon selber und ließ sie durch keine Dienstleute bestellen. Als er größer war und herum gehen konnte, wählte sie nach bester Einsicht die Kleider. Zur Beschäftigung seiner Einbildungskraft, und daß sie ja nicht durch unliebliche Vorstellungen gepeinigt werde, brachte sie ihm allerlei Spielzeug nach Hause und trachtete dahin, daß das folgende immer das vorhergegangene an Glanz und Schönheit übertreffe. Allein hierin erlebte sie eine Verkehrtheit an dem Knaben, die sie sich ganz und gar nicht denken konnte; denn er legte alle die Dinge, nach kurzer Beschauung und einigem Spielen damit, wieder hin, und da er durch eine Seltsamkeit, die niemand begriff, immer lieber Mädchen- als Knabenspiele trieb, so nahm er alle Male den Stiefelknecht seines Vaters, wickelte ihn in saubere Windel ein und trug ihn herum und herzte ihn.

Drittens war der Hofmeister. Er bekam nämlich einen solchen. Derselbe war ein sehr ordentlicher Mann und wollte, daß alles in Gehörigkeit geschehe, ob nun die Ungehörigkeit einen Schaden bringe oder nicht. Gehörigkeit an sich ist Zweck. Daher litt er nicht, daß der Knabe etwas weitschichtig erklärte oder in abschweifenden Bildern vortrug; denn er, der Hofmeister, war in dem Stücke der Meinung, daß jedes Ding mit denjenigen Worten zu sagen sei, die ihm einzig not täten, mit keinem mehr, mit keinem minder – am allerwenigsten, daß man Nebenumstände bringe und das nackte Ding in Windel wickle. Da nun der Knabe nicht reden durfte wie Kinder und Dichter, so redete er fast wie ein Rezept, das kurz, kraus und bunt ist, und das niemand versteht. – Oder er schwieg und dachte sich innerlich allerlei zusammen, das niemand wissen konnte, eben weil er es niemanden sagte. Er haßte alle Wissenschaft und alles Lernen und konnte nur dazu gebracht werden, wenn der Hofmeister einen langen und bündigen Beweis über den Nutzen und die Vortrefflichkeit der Wissenschaften herbei führte, der den Knaben quälte. Wenn dieser dann nach fleißigen Tagen alles auf einmal hersagen wollte, wurden Dämme und Verschläge aufgebaut und nur der dünne Wasserfaden der Hauptsache heraus gelassen. Da der Hofmeister wegen seiner Tacitusschen Forderung kein Weib bekommen hatte, so blieb er recht lange in dem Hause.

Zum vierten und letzten war der Oheim. Derselbe war ein reicher, unverheirateter Kaufmann in der Stadt; denn Vater und Mutter des Knaben lebten außerhalb derselben auf einem Gute. Obwohl nun die Eltern des Knaben selber reich genug waren, so war doch noch die Erbschaft des Oheims für denselben zu erwarten, und der Hagestolz hatte dies selber oft genug durch seine ausdrücklichen Erklärungen bestätigt. Er nahm sich daher die Befugnis heraus, mit an dem Knaben zu erziehen. Er schrie ihm Praktisches zu und erklärte ihm deutlich, wenn er zu seiner Schwester auf das Landgut herauskam, wie man es bei dem Baumklettern, was aber der Knabe nie tat, machen müsse, daß man die wenigsten Hosen zerreiße.

Ehe ich in der Geschichte weiter gehe, muß ich auch sagen, daß mein Freund unglücklicher Weise gar nicht Tiburius hieß. Er hatte den Vornamen Theodor; aber er mochte, als er herangewachsen war, noch so groß unter seine schriftlichen Aufgaben setzen: ›Theodor Kneigt‹, er mochte, als er später gar reiste, in die Fremdenbücher schreiben: ›Theodor Kneigt‹, es mochte auf allen Briefen, die an ihn kamen, stehen: ›An den hochwohlgebornen Herrn Theodor Kneigt‹, – es half alles nichts; jedermann nannte ihn in der Rede nur ›Tiburius‹, und die meisten Fremden, die sich in der Stadt aufhielten, meinten nach und nach, das schöne Landhaus, das an der Nordstraße liege, gehöre dem Vater des Herrn Tiburius Kneigt. Der Name klingt so wirblicht und steht in keinem Kalender. Die Sache kam aber so: weil der Knabe öfter so sinnend und grübelnd war, so geschah es, daß er in der Zerstreuung Dinge tat, die lächerlich waren. Wenn er nun, um etwas von dem hohen Kleiderkasten herab zu holen, seine Kindertrommel als Schemel hinstellte – wenn er sich zum Spazierengehen seine Kappe ausbürstete, und dann die Kappe niederlegte und mit der Bürste fort ging – wenn er bei greulichem Wetter sich beim Fortgehen noch vorher die Schuhe auf der vor der Tür liegenden Matte sauber abwischte – oder wenn er mitten im Salatbeete saß und zu Katzen und Käfern sprach: pflegte gerne der Oheim zu rufen: »Oho! Herr Theodor, Herr Turbulor, Herr Tiburius, Tiburius, Tiburius!« Und da dieser Name als der leichteste auch von andern nachgesagt wurde, kam er in der Familie auf, trug sich dann unversehens in die Nachbarschaft, und kroch von da, weil der Knabe ein reicher Erbe war, auf den alles schaute, wie Schlingkraut in das Land, und schlug endlich seine Wurzelhaken in der entferntesten Waldhütte fest. So entstand der Name Tiburius, und wie es zu geschehen pflegt, daß, wenn einer einen ungewöhnlichen oder gar lächerlichen Vornamen hat, ihn keine Seele mehr bei seinem Familiennamen nennt, sondern eben nur bei seinem lächerlichen Vornamen, so geschah es auch hier: alle Welt sagte Herr Tiburius, und die meisten meinten, er heiße gar nicht anders. Es wäre nicht auszurotten gewesen, wenn man den wahren Namen auf alle Grenzpfähle des Landes geschrieben hätte.

Unter dem Einflusse seiner Erzieher wuchs Tiburius heran. Man konnte nicht sagen, wie er wurde: weil er sich nicht zeigte, und weil unter dem Erziehungslärm nur die Erzieher zu vernehmen waren, nicht das, was an dem Knaben davon haften blieb.

Als er beinahe zum Manne geworden war, fielen nach und nach in kurzer Zeit alle Erzieher hinweg. Zuerst starb der Vater, dann sehr schnell darauf die Mutter, der Hofmeister war in ein Kloster gegangen, und der letzte, den er verlor, war der Oheim gewesen. Er hatte von dem Vater das Familienvermögen geerbt, von der Mutter die einst bei ihrer Vermählung beigebrachte Mitgabe, und von dem Oheime das, was seit dreißig Jahren in dessen Handelschaft gearbeitet hatte. Der Oheim war kurz vor seinem Tode in den Ruhestand getreten, er hatte sein Geschäft in Geld verwandelt und wollte sodann von den Renten desselben leben. Allein er war nicht mehr im Stande, sie zu genießen, sondern er starb, und die Sache fiel an Tiburius. Herr Tiburius war also durch diese Umstände ein sehr reicher Mann, und zwar vorzüglich im Gelde, dessen Früchte zur Einsammlung die wenigste Mühe machen, nur daß man die Verfallszeit ruhig abwarte, dann darum hinschicke und sie hierauf verzehre. Was er von dem Vater erhalten hatte, bestand freilich zum Teile in dem Gute, das er eben bewohnte, aber in demselben lebte schon seit unvordenklichen Zeiten ein Altknecht, der das Gut verwaltete und von demselben meistens sehr reichliche Zinsen ablieferte. So blieb es auch bei Herrn Tiburius. Derselbe hatte also wenigstens in dem Augenblicke, da er das einzige Glied der Familie geworden war, nichts zu tun, als seine bedeutend großen Einkünfte zu verzehren. Er war von allen denjenigen, die bisher bei ihm gewesen waren, verlassen, und war recht hilflos. Da die Umstände in der weiten Nachbarschaft bekannt geworden waren, gab es sehr viele Mädchen, welche den Herrn Tiburius geheiratet hätten, er erfuhr es auch immer, aber er fürchtete sich und tat es durchaus nicht. Er fing im Gegenteile an, für sich seinen Reichtum zu genießen. Er schaffte vorerst sehr viele Geräte an und sah auch darauf, daß sie schön seien. Hiebei wurden auch schöne Kleider, an Linnen und Tuch, dann Vorhänge, Teppiche, Matten und alles ins Haus gebracht. Auch war endlich jedes, was als gut zu essen oder zu trinken gepriesen ward, im Vorrate und reichlich vorhanden. So lebte Herr Tiburius unter allen diesen Dingen eine Weile fort.

Nach Verfluß dieser Weile fing er an, die Geige spielen zu lernen, und da er einmal angefangen hatte, geigte er gleich immer den ganzen Tag, nur sah er darauf, daß die Dinge, die er spielte, nicht zu schwierig seien, weil er dann nicht unbeirrt fort geigen konnte.

Als er die Geige zu spielen wieder aufgehört hatte, malte er in Öl. In der Wohnung, die er sich auf dem Landgute eingerichtet hatte, hingen die Bilder, die er verfertigt hatte, herum, und er hatte sich sehr schöne Goldrahmen dazu machen lassen. Es waren später manche nicht mehr fertig geworden, und die Farben trockneten auf den vielen Paletten ein.

Es geschahen indessen auch andere Dinge, und es wurden viele Sachen herbei geschafft.

Herr Tiburius las in den Zeitungen sehr begierig die Bücherverzeichnisse, ließ den Ballen kommen und schnitt viele Stunden die Bücher auf. Zum Lesen hatte er sich ein feines, breites, ledernes Ruhebett machen lassen, auf dem er liegen konnte, oder er hatte auch einen Ohrsessel hiezu, oder er konnte an dem Stehpulte stehen, das so eingerichtet war, daß man es höher und niedriger schrauben konnte, damit er sich, wenn er genug gestanden war, auch davor niedersetzen könnte. Er hatte eine Sammlung berühmter Männer angelegt, deren Köpfe, in lauter gleiche schwarze Rahmen getan, das ganze Gebäude schmücken sollten. Auch eine Pfeifensammlung hatte er, die später in schöne Schreine getan werden sollte, jetzt aber noch auf den Tischen lag. Beschläge, Röhren, Kettchen, Zündmaschinen, Tabakgefäße und Zigarrenfächer waren sehr kostbar gearbeitet. Er hatte eine sehr schöne Dogge aus England kommen lassen, die auf einem eigens hiezu verfertigten Lederpolster im Zimmer des Bedienten lag. Auch hatte er vier Pferde bloß zu seinem ausschließlichen Gebrauche, falls er manchmal ausführe; darunter waren zwei Grauschimmel, die wirklich ausgezeichnete Tiere waren. Der Kutscher liebte sie außerordentlich und pflegte sie sehr gut. Zur Unruhe mehrten sich viele Dinge. Der neue Schlafsessel konnte nirgends gestellt werden, weil die alten noch die Plätze einnahmen, und die neuen Kästen, die er sehr fein gearbeitet bestellt hatte, konnten, da sie ankamen, nicht aus ihren Kisten gepackt werden, weil man noch keinen Ort auszumitteln im Stande war, auf den sie zu stehen kommen sollten. Herr Tiburius hatte es auf zwölf Schlafröcke gebracht, und der Uhrschlüssel waren unzählige geworden; desgleichen, wenn er jeden Tag des Jahres einen andern Stock hätte nehmen wollen, falls er aus ging, hätte ihm einer gedient. Manchmal an einem schönen Sommerabende, wenn er durch das Glas seiner wohlverschlossenen Fenster in den Hof hinab schaute und die Knechte mit einer Fuhr Heu oder mit einem Garbenwagen herein kommen sah, konnte er sich recht ärgern, wie denn dieser Schlag Menschen in seiner leichtsinnigen, rohen Lustigkeit in den Tag hinein lebe, sich um nichts bekümmere und unter dem Torwege die Heugabeln und Hemdärmel schüttle.

Endlich mußte er sichs eingestehen, daß er krank sei. Es waren sonderbare Sachen vorhanden. Wenn man auch von dem Zittern der Glieder, dem Schwanken der Augen und der Schlaflosigkeit nicht reden wollte, so war etwas anderes Außerordentliches da. Wenn er nämlich in der Abenddämmerung von einem Spaziergange nach Hause kam, traf es jedes Mal unabweislich und ohne Ausnahme ein, daß ein seltsamer Schatten wie ein Kätzchen neben ihm über die Stiege hinauf ging. Nur über die Stiege, sonst nirgends. Dies griff seine Nerven ungemein an. Er hatte genug gelesen, er hatte Bücher, in denen die alte und neue Weisheit stand; aber was zwei leibliche Augen sehen, das muß doch in Wahrhaftigkeit da sein. Und je unglaublicher den Menschen, die um ihn waren, der Gedanke vorkam, desto ernster und ruhevoller behauptete er ihnen die Sache in das Angesicht, und lächelte über sie, wenn sie sie nicht begriffen. Er ging deshalb am Abende nie mehr nach Hause, sondern immer früher.

Nach einiger Zeit ging er überhaupt nicht mehr aus dem Hause, und schritt in dem Zimmer und in den Gängen mit den gelbledernen, herabgetretenen Pantoffeln herum. In jene Zeit fiel es auch, daß er einen Band Gedichte, die er noch bei Lebzeiten seiner Eltern gemacht und sauber abgeschrieben hatte, behutsam in ein geheimes Fußbodenfach unter seinem Bette verbarg, daß ihm niemand darüber komme. Auf seine Leute wurde er stets aufmerksamer, daß jeder seiner Befehle auf das strengste vollführt würde, und er heftete dabei, so lange sie um ihn waren, immer seine Augen auf sie.

Endlich ging er nicht nur nicht mehr aus dem Hause, sondern gar nicht mehr aus seinem Wohnzimmer. Er ließ einen großen Stehspiegel in dasselbe tragen und betrachtete seine Gestalt. Nur des Nachts ging er in sein Schlafzimmer, das daneben war, und legte sich ins Bett. Wenn noch gelegentlich ein Besuch aus der Ferne oder aus der Stadt kam, wurde er bei dem Verweilen desselben ungeduldig, trieb ihn beinahe fort und schloß hinter ihm die Tür ab. Er sah wirklich übler aus: er bekam sogar Falten in dem Angesichte, und wenn er so auf und ab ging, hatte er meistens lange Bartstoppeln auf dem Kinne, wirrige Haare auf dem Haupte und den Schlafrock wie ein Büßerhemd um die Lenden. Nach einer Zeit ließ er Flanellstreifen auf die Fensterfugen nageln und die Türen verpolstern. Auf das Zureden und Dringen seiner Freunde, deren noch mehrere zu haben sich Herr Tiburius nicht erwehren konnte, wurde er nur spöttisch und gab nicht undeutlich zu verstehen, daß er sie für dumm halte, und daß es eigentlich am besten wäre, wenn sie ganz und gar nie mehr bei ihm erschienen. Dieses letztere geschah auch endlich, und es kam keiner mehr zu ihm. Der Mann war nunmehr einem Turme zu vergleichen, der sauber abgeweißt und überall verputzt wird, so daß ihn die Mauerschwalben und Spechte, die ihn sonst allseits umflogen hatten, verlassen müssen. Der Schwarm ist verflogen, und der Turm steht allein da. Herr Tiburius war über dieses

Ereignis eigentlich freudig, und er rieb sich seit langer Zeit zum ersten Male die Hände; denn er konnte nun ungestört an etwas gehen, was er schon öfter gewollt hatte, wozu er aber nie gekommen war. Er hatte nämlich, obwohl seine Krankheit als erwiesen da stand, noch nie etwas gegen sie gebraucht, weder hatte er einen Arzt holen lassen, noch hatte er sonst ein Mittel dagegen angewendet. Jetzt beschloß er sich zu behandeln. So wie der Altknecht seit jeher schon die Bewirtschaftung des Gutes führte, mußte nun der Bediente die Kleiderkammer übernehmen, der Schaffner erhielt die Geräte, der Verwalter das Vermögen, und er, der Herr, hatte kein anderes Geschäft, als sich zu heilen.
Um den Zweck völlig zu erreichen, schaffte er sich sofort alle Bücher an, die über den menschlichen Körper handelten. Er schnitt sie auf und legte sie in Stößen nach derjenigen Ordnung hin, nach der er sie lesen wollte. Die ersten waren natürlich die, die über die Beschaffenheit und Verrichtungen des gesunden Körpers handelten. Aus ihnen war nicht viel zu entnehmen, aber sobald er zu den Krankheiten gekommen war, so war es ganz deutlich, wie die Züge, die beschrieben wurden, in aller Schärfe auf ihn paßten, – ja sogar Merkmale, die er früher nicht an sich beobachtet hatte, die er aber jetzt aus dem Buche las, fand er ganz klar und erkennbar an sich ausgeprägt und konnte nicht begreifen, wie sie ihm früher entschlüpft waren. Alle Schriftsteller, die er las, beschrieben seine Krankheit, wenn sie auch nicht überall den nämlichen Namen für sie anführten. Sie unterschieden sich nur darin, daß jeder, den er später las, die Sache noch immer besser und richtiger traf als jeder, den er vorher gelesen hatte. Weil die Arbeit, die er sich vorgesteckt hatte, sehr umfangsreich war, so blieb er bedeutend lange Zeit in dem Geschäfte befangen, und hatte keine andere Freude als die, wenn man das überhaupt eine Freude nennen darf, daß

er manchmal seinen Zustand so außerordentlich und unglaublich treu angegeben fand, als hätte er ihn dem Manne selber in die Feder gesagt.
Drei Jahre hatte er sich behandelt, und er mußte zuweilen den Plan der Behandlung wechseln, weil er nach und nach zu einer bessern Einsicht gelangte. Endlich war er so schlecht geworden, daß er alle Merkmale aller Krankheiten zu gleicher Zeit an sich hatte. Ich führe nur einige an: er hatte jetzt einen kurzen Atem; denn er konnte, wenn er der Vorschrift eines Buches zu Folge doch an einem Sommertage in den Garten ging, nicht weit gehen, ohne müde zu werden und sich zu erhitzen – die rechte Schläfe pochte ihm zuweilen, und zuweilen die linke – wenn der Kopf nicht brauste und Mücken flogen, so war die Brust gepreßt oder stach die Milz – er hatte die wechselnden Fröste und die ziehenden Füße der Nervenkrankheiten – die plötzlichen Wallungen deuteten auf Erweiterung der Blutgefäße – und so war noch vieles. Er konnte jetzt auch nie mehr ordentlich hungrig werden, wie einst so köstlich in seiner Kindheit, obwohl er statt dessen eine falsche Begehrungsempfindlichkeit hatte, die ihn stets reizte, alle Augenblicke zu essen.
So weit war es mit Herrn Tiburius gekommen. Manche Menschen hatten Mitleiden mit ihm, und manches Mütterlein sagte sogar voraus, er werde es nicht lange mehr treiben. Aber er trieb es doch noch immer fort. Zuletzt redete man gar nicht mehr von ihm, weil er doch nicht sterben konnte; sondern nahm ihn als einen hin, der eben ist, wie er ist; oder man sprach von ihm bloß in der Art, wie man von einem spricht, der schon einmal etwas Ungewöhnliches an sich hat, wie zum Beispiele einen schiefen Hals, oder schrecklich schielende Augen, oder einen Kropf. Mancher, wenn er an dem Landhause mit den verschlossenen Fenstern vorüber ging, schaute hinauf und dachte, wie er doch das Vermögen da oben, wenn er es

hätte, so ganz anders genießen würde als der verworrene Herr. Die lange Weile und die Öde hatten ihre breite Fahne über das Landhaus des Herrn Tiburius ausgebreitet, im Garten standen die einförmigen Arzneikräuter, die er pflanzen zu lassen angefangen hatte, und ein Schalk behauptete, die Hähne krähten viel trauriger innerhalb der Gemarkungen seines Hofes als anderswo.

Somit wären wir denn so weit gelangt, das Elend des Herrn Tiburius einzusehen – wir gehen nun zu dem freudigern Ereignis über, wie er wieder aus diesem Abgrunde heraus gekommen und alles das geworden ist, was wir am Eingange dieser Geschichte so rühmlich von ihm erwähnt haben.

Da war ein Mann in der Gegend, von dem die Leute ebenfalls sagten, daß er ein großer Narr sei. Von diesem Manne ging plötzlich das Gerücht, daß er den Herrn Tiburius behandle. Der Mann war allerdings ein Doktor der Heilkunde, aber er heilte nichts, obgleich viele sein schriftliches Befugnis hiezu gesehen hatten; sondern er war eines Tages in die Gegend gekommen, hatte ein schlechtes Bauernhaus, dessen Besitzer im Abwirtschaften begriffen war, samt Garten, Feldern und Wiesen gekauft, baute das Haus um und trieb Landbau und Obstzucht. Wenn aber doch einer zu ihm kam, der ein Übel hatte, so gab er ihm keine Arznei, sondern schickte ihn fort und verschrieb ihm viel Arbeit, ein besseres Essen, als er bisher hatte, und ein angelweites Öffnen aller Fenster seiner Wohnung. Da nun die Leute sahen, daß er mit der Doktorei nur Schalksnarrheit treibe und statt der Mittel nur lauter natürliche Dinge verordne, kam keiner mehr zu ihm, und sie ließen ihn fahren. Hinter seinem Hause hatte er ein ganzes Feld voll rutendünner Bäumchen, auf die er sehr achtete, und in einem gläsernen Gebäude standen auch Ruten mit grünen, lederglänzenden Blättern, die niemand kannte. So wie nun ein Narr den andern anzieht, sagten sie, hätte Herr Tiburius zu dem einzigen Manne Vertrauen und nehme von ihm Mittel. Das war aber eigentlich nicht wahr, sondern die Sache verhielt sich so: da Herr Tiburius sich um alles, was Arzneiwissenschaft angeht, sehr bekümmerte, meinten seine Leute ihm einen Gefallen zu tun, wenn sie ihm von dem neuen Doktor erzählten, der das Querleithenhaus gekauft habe und nun dort wirtschafte. Der Zimmerdiener des Herrn Tiburius sprach ein paar Male davon, ohne daß der Herr Tiburius sonderlich darauf achtete; aber wie der Himmel zuweilen ganz wunderliche Wege einschlägt, damit sich das Schicksal eines Menschen erfülle, geschah es auch hier, daß Herr Tiburius in einer Schrift des alten, nun bereits schon seit langer Zeit seligen Haller auf eine Stelle geriet, die offenbar einen Widerspruch in sich enthielt, das heißt in so ferne offenbar, als man ein Arzneigelehrter ist – für einen andern war die Rede weder so noch so verständlich – in so ferne aber doch wieder nicht ganz offenbar, als es zweifelhaft war, ob man ein Arzneigelehrter sei oder nicht. In diesen Zweifeln, die den Herrn Tiburius quälten, fiel ihm wieder wunderbarer Weise der neuangekommene Doktor ein, obwohl sein Diener schon lange nicht mehr von ihm gesprochen hatte. Hier müssen wir aber der geschichtlichen Wahrheit die Ehre geben und bekennen, daß der Mann dem Herrn Tiburius gerade darum eingefallen ist, weil er von den Leuten ein Narr genannt wurde; denn Herr Tiburius hatte ganz eigene Ansichten von der Narrheit, und der Mann wurde ihm darum merkwürdig. Allein wenn Leute wie Herr Tiburius auf etwas denken, so bleibt es gewöhnlich bei dem Gedanken. Bei Herrn Tiburius mußte es auch eine Weile so geblieben sein, bis er einmal plötzlich befahl, daß man den geschlossenen Wagen anspannen solle, er werde zu dem Doktor im Querleithenhause hinüber fahren. Seine Leute staunten, wie er sich bei seiner schweren Krankheit in die Luft und in das Wagenrütteln hinauswagen könnte, da er doch reich genug war, um sich diesen Doktor und noch zehn andere in das Haus kommen zu lassen. Allein Herr Tiburius setzte sich in den Wagen und fuhr in die Querleithen hinüber.

Er fand den Doktor in Hemdärmeln und einen breiten, gelben Strohhut auf dem Haupte im Garten, wo er heftig arbeitete. Der Doktor war ein nicht gar großer Mann, mit lauter grober, ungebleichter, luftiger Leinwand bekleidet. Er setzte ein wenig von seiner Arbeit aus, als er den Wagen an seinen Garten heran fahren sah, und blickte mit dunkeln, feurigen Augen darnach hin. Herr Tiburius, gegen die Luft mit einem sehr dicken Anzuge verwahrt, stieg aus dem Wagen und ging auf den erwartenden Mann zu. Er sagte, da er vor ihm in dem Gartengange stand, er sei sein Nachbar Theodor Kneigt, er gebe sich viel mit Wissenschaften ab, insbesondere mit der Arzneikunde. Vor mehreren Wochen sei er im Haller auf eine Stelle geraten, welcher er mit seinen Kräften allein nicht völlig Herr werden könne, darum sei er zu ihm, den der Ruf als einen in diesen Dingen kundigen Mann verkünde, herüber gefahren und bitte ihn, daß er mit Aufopferung einiger Minuten seiner Zeit ihm mit einem Rate in der Sache beispringen möge.

Auf diese Anrede erwiderte der kleine Doktor, er lese veraltete Schriften, wie den Haller, gar nicht, er doktere jetzt auch ganz und gar nicht mehr, er wisse auch nur in ganz wenigen Fällen zuverlässige Mittel anzugeben, und er wende die Kunde, die er über Dinge des menschlichen Körpers habe, bloß dazu an, daß er sich selber ein Leben vorschreibe, welches seinem Körper das bei weitem nützlichste und heilbringendste sei. Deshalb habe er die Hauptstadt verlassen und sei so weit auf das Land heraus gegangen, daß er hier das gesündeste Leben führe und das höchste Alter erreiche, welches überhaupt der Zusammenstimmung der Elemente seines Körpers möglich sei. Wenn übrigens der Herr Nachbar den Haller bei sich habe, so könnte man ja die Stelle ansehen und einen Versuch wagen, was aus ihr herauszubringen sei, was nicht.

Herr Tiburius ging auf diese Rede zu seinem Wagen, zog den Haller aus der Tasche desselben und kam mit ihm wieder zu dem kleinen Doktor zurück. Dieser führte seinen Herrn Nachbar in ein Gartenhaus, dort blieben die Männer einige Zeit, und als sie wieder daraus hervor gingen, hatte Herr Tiburius die Genugtuung, daß der fremde Doktor über die Stelle im Haller das nämliche dachte und sagte wie er. Der Doktor sagte, nachdem das eigentliche Geschäft abgetan war, zu Herrn Tiburius, er habe zwar ein junges, sehr schönes Weib, es sei auch gewöhnlich Sitte, daß man einen Gast und Nachbar, der den ersten Besuch mache, zu der Frau des Hauses führe; allein er wisse nicht, ob der Herr Nachbar seinem Weibe nicht widerwärtig sein könnte; denn es ist unter seinen Grundsätzen auch der obenan, daß seine Gattin, so wie er, in allen nicht zur Ehe gehörigen Dingen die völligste Freiheit zu handeln haben müsse; darum werde er sein Weib fragen, und wenn der Herr Nachbar wieder einmal komme, werde er ihm sagen können, ob er ihn zu ihr führen werde oder nicht.

Hierauf erwiderte Herr Tiburius, er sei wegen des Hallers herüber gekommen, das sei abgetan, und es sei gut.

Desohngeachtet zeigte ihm der Doktor noch flüchtig seine Anlagen, wo er die Kamelienhäuser habe, wo er seine Rhododendern, seine Azalien, Verbenen, Eriken und andere ziehe, und wo er die Erden mische und brenne. Von dem Obste und andern Dingen sei noch nicht viel zu sehen.

Sodann stieg Herr Tiburius in seinen Wagen und fuhr davon. Der Doktor hatte eine hölzerne Vorrichtung, die mit Klöppeln sehr laut klapperte, um seine Leute, die in verschiedenen Geschäften zerstreut waren, zum Essen oder zur Arbeit oder zu einer Ankündigung zusammen rufen zu können. Als Herr Tiburius den Abhang der Querleithen hinab fuhr, hörte er schon wieder das Klappern dieser Vorrichtung, was andeutete, daß der fremde Doktor mit seinen Leuten schon wieder in einem Verkehre befindlich sei.

Zu diesem Manne kam Herr Tiburius nach einiger Zeit wieder, und dann öfter und so immer fort; war es nun, daß er, wie es bei derlei Leuten ist, einmal im Geleise war und daher in demselben fort ging, oder wollte er von dem Doktor etwas lernen. Da standen nun die zwei Männer, welche von den Menschen Narren geheißen wurden, manchmal in dem Garten beisammen; der eine in einem Strohhute und in einem grobleinenen Anzuge, daß ihm der Wind bei den Öffnungen hinein ging und durch alle Glieder strich: der andere mit einer Filzkappe auf dem Haupte, die er bis über die Ohren herab zog, mit einem langen Rocke, der fast die Erde kehrte, über die andern Kleider zusammen geknöpft war und oben unter dem Kragen noch ein großes, zusammengebauschtes Tuch sehen ließ, daß der Hals warm sei, und endlich mit großen, weiten Stiefeln, in denen er doppelte Strümpfe an hatte, daß sich die Füße nicht erkälten. Bei diesen Besuchen sagte der Doktor nichts mehr davon, daß er den Herrn Tiburius zu seinem Weibe hinein führen werde, und dieser verlangte es auch niemals.

Weil also Herr Tiburius zu keinem Menschen kam als zu dem Doktor, und weil er überhaupt nicht aus seinem Zimmer ging, als wenn er zu dem Doktor fuhr, so war es natürlich, daß die Leute glaubten, er werde von dem närrischen Doktor ärztlich behandelt, und beide hätten Mittel ausgesonnen, die sehr merkwürdig seien und geheim gehalten würden, weshalb sie immer zu einander kämen und die Köpfe zusammen steckten.

Dies war, wie wir wissen, allerdings nicht so: aber wie der Scharfsinn des Volkes immer in den ungegründeten Gerüchten, die in ihm empor tauchen, einige Körnchen Wahrheit und Veranlassung hat, so war es auch hier; denn von diesem Doktor ging wenigstens der erste Anstoß aus, der dann fortwirkte, und in Folge dessen sich Herr Tiburius ganz und gar verwandelte, wie die Raupe des Tagpfauenauges, die auch, nachdem sie auf dem Nesselkraute einförmig gelebt, sich dann gar aufgehängt hatte und eingeschrumpft war, eines Tages plötzlich aufspringt, den garstigen, schwarzen, mit Dornen besetzten Balg zurückstreift und die Hörner und Höcker der schönen Puppe zeigt, in der gar schon die künftigen farbigen, schimmernden und glänzenden Flügel eingewickelt liegen. Herr Tiburius fragte nämlich den Doktor eines Tages plötzlich um das, was er gewiß schon so lange auf dem Herzen getragen haben mußte; er sagte: »Wenn Sie, mein hochverehrtester Herr Doktor, wie Sie ja selber gerade heute vor fünf Wochen zu mir gesagt haben, in ganz wenigen Fällen zuverlässige Mittel wissen, so wüßten Sie etwa zufällig auch eins in dem meinigen?«
»Allerdings, mein verehrter Herr Tiburius«, antwortete der Doktor.
»Nun also – um Gottes Willen – so reden Sie.«
»Sie müssen heiraten, aber zuvor müssen Sie in ein Bad gehen, wo Sie sogar Ihr Weib finden werden.«
Das war für Herrn Tiburius zu viel!!
Er kniff seine Lippen zusammen und fragte mit ungläubigem, spöttischem Lächeln: »Und in welches Bad soll ich denn gehen?«
»Das ist in Ihrem Falle schier einerlei,« antwortete der Doktor, »nur irgendein Gebirgsbad dürfte am vorzüglichsten sein, etwa das in unserm Oberlande, wohin jetzt so viele Menschen ziehen. Oheime, Tanten, Väter, Mütter, Großmütter, Großväter sind mit sehr schönen Mäd-

chen dort, und darunter wird auch die sein, welche Ihnen bestimmt ist.«

»Und also endlich, weil Sie die Mittel so gut angeben, welches ist denn mein Fall?«

»Das sage ich nicht,« erwiderte der Doktor, »denn wenn Sie ihn einmal wissen, dann hilft kein Mittel mehr, weil Sie keins nehmen – oder Sie bedürfen keins mehr, weil Sie bereits gesund sind.«

Herr Tiburius fragte um nichts weiter, er sagte auf diese Unterredung kein Wort mehr, sondern er ging allmählig zu seinem Wagen und fuhr davon.

»Der verrückte Doktor hat recht,« sagte er zu sich in dem Wagen, »nicht in Beziehung des Heiratens hat er recht, das ist eine Narrheit – – aber ein Bad – ein Bad! – das ist das einzige, auf das ich noch nicht verfallen bin – es ist unbegreiflich, wie ich denn nicht darauf denken konnte. Ich werde mir gleich alle Bücher zu Rate ziehen, die von Bädern handeln, und auszumitteln suchen, welches Bad unseres Weltteiles für meine Zustände in Anbetracht kommen könnte.«

Und auf dem ganzen Wege brütete er an dem Gedanken fort.

Der Doktor hatte den Herrn Tiburius bedeutend aufgerührt. Auch an das Heiraten mußte er ein wenig gedacht haben; denn er schnitt sich mit einer Schere den Bart, den er sich in dem ganzen Angesichte hatte wachsen lassen, bis auf eine gewisse Kürze weg, rasierte ihn dann über und über sehr fein ab, und stellte sich vor den Spiegel und betrachtete sich.

»Nein, nein,« sagte er, »das ist nichts, das hat ganz und gar keinen Sinn, und das kann nicht sein.«

Desohngeachtet schickte er noch an diesem Abende um ein sehr gutes Zahnpulver in die Stadt, denn er hatte vor dem Spiegel bemerkt, daß er seine Zähne bisher in hohem Maße vernachlässigt habe.

In Bezug auf das Bad fing er am Morgen des nächsten Tages an, sehr ernsthaft die notwendigen Anstalten zu treffen. Er schrieb in die Stadt um alle Bücher, welche von Bädern handeln, um zuerst aus ihnen zu entnehmen, wohin er gehen solle, dann wolle er erst das Weitere anordnen. Allein der Gedanke des Bades hatte ihn so ergriffen, daß er nicht seinen bisherigen gewöhnlichen Weg, nämlich erst alle möglichen Bücher zu lesen, einschlug, was übrigens auch zur Folge gehabt hätte, daß er in diesem Sommer in gar kein Bad mehr gekommen wäre; sondern er entschied sich in der Tat sofort für das Bad, welches der Doktor vorgeschlagen hatte. Das erste, was er nun tat, war, daß er befahl, daß sein Reisewagen in reisefertigen Stand gesetzt werde. Seine Leute erschraken über diesen Befehl, leisteten ihm aber Folge. Er hatte in seinem ganzen Leben keinen Reisewagen gebraucht, da er nie weiter von seinem Gute gekommen war als in die Stadt. Daher glaubten seine Hausgenossen, daß er erst jetzt vollends närrisch geworden sei, oder sich im Beginne der Besserung befinde. Sie zogen den Reisewagen aus seinem Behältnis, in welchem er, seit ihn Herr Tiburius hatte machen lassen, gestanden war, auf den Hof hervor und untersuchten, ob er an allen Stellen gut sei, und versahen ihn dann mit allen Sachen, welche ein solcher Reisender, wie Herr Tiburius war, auf seinem Wege brauchen könnte. Hierauf schickte er um alle Bücher, welche über dieses einzelne Bad vorhanden wären, daß er sie mitnähme und dort lese. Dann schrieb er selber auf einen Bogen Papier die Sachen auf, welche seine Diener mitnehmen mußten, worunter auch seine Grauschimmel und sein Spazierwagen waren, die vorausgehen mußten, daß er sie dort gleich habe. Endlich mußte noch sogleich an den nötigen Kleidern, Sitzkissen und andern Geräten gearbeitet werden. Er machte diese Sachen mit ziemlichem Geschicke.

Zu dem Doktor, zu dem er noch zweimal während der

Zeit gekommen war, sagte er kein Wörtlein; derselbe schien auch auf die Unterredung über das Bad völlig vergessen zu haben.

Nachdem so eine Weile vergangen war, kamen eines Tages vier Postpferde auf das Gut des Herrn Tiburius und zogen den Herrn in seinem Reisewagen zur Verwunderung aller Menschen in die Fremde fort.

Ich darf mich nicht darauf einlassen, seine Reise zu beschreiben, da sie mit dem Zwecke dieser Zeilen nicht gar innig zusammen hängt: aber das muß ich doch sagen, daß es dem Herrn Tiburius vorkam, als fahre er schon viele, viele Meilen, als sei er schon in der fernsten Entfernung, da er bereits einen Tag fuhr, da er den zweiten fuhr, und da endlich gar der dritte gekommen war.

Am Nachmittage dieses dritten Tages, da eine unbeschreiblich große Sommerhitze herrschte, fuhr er in einem langen, schmalen Gebirgstale einem schönen, grünen, rauschenden, spiegelklaren Wasser entgegen. Als das Tal sich erweiterte, sah man aus einer großen Hütte eine weiße Dampfwolke aufsteigen, und der Diener sagte zu Herrn Tiburius, das sei der Dampf, der aus der Sole aufsteige, die in dem Hause gekocht werde, und man sei ganz nahe an dem Ziele der Reise. Bald nach diesen Worten fuhr Herr Tiburius in seinem von allen Seiten geschlossenen Wagen in die Gassen des Badeortes ein. Es war in demselben wegen der großen Hitze sehr still, niemand war im Freien, die gegliederten Fensterläden und die Fenstervorhänge waren zu, höchstens, daß bei einer Spalte oder bei einer Falte ein paar Augen heraus schauten, um zu sehen, wer denn wieder gekommen sei.

Herr Tiburius fuhr vor den Gasthof, in welchem ihm auf ein Schreiben seines Dieners ein Zimmerlein war aufgehoben worden. Er stieg aus und wurde in das Zimmerlein hinauf geleitet. Dort setzte er sich an das gelbangestrichene Tischlein, das da stand. Seine Diener und die

Leute des Gasthauses waren beschäftigt, die Dinge, die der Wagen enthielt, auszupacken und herauf zu tragen.
Herr Tiburius konnte sich nun mit Beruhigung sagen, daß er da sei. Aus der spöttischen Äußerung des kleinen Doktors war Ernst geworden. Gestern, da er noch in der Ebene draußen fuhr, hatte Herr Tiburius gedacht, wenn er nur nicht eher stürbe, ehe er ankäme, dann wäre alles gut; jetzt war er angekommen, und saß bereits neben seinem Tischlein da. Die Leute räumten beinahe die ganze Stube mit den Sachen voll, die sie in dem Wagen fanden. Durch die grünen Schienen der Fensterläden sahen duftige Bergwände herein – er war fast berauscht und legte sich seine Reiseeindrücke zurecht. Da waren noch die unendlichen Felder und Wiesen und Gärten, durch die er gefahren war, und die Häuser und Kirchtürme, die alle an ihm vorüber gegangen waren, dann rückten gar Gebirge näher, dann schwankte ein langer grüner See in seinem Haupte, über den er samt seinem Reisewagen gefahren war, und dann war das eilende Wasser in dem Tale und das erschreckliche Blitzen der Sonne auf allen Bergen. –
Aber auf das alles durfte Herr Tiburius zuletzt doch nicht gar zu stark denken; denn es waren jetzt ganz andere Dinge notwendig, nämlich daß seine Wohnung für seine Krankheit gehörig eingerichtet werde, und daß man sehr bald den Badearzt rufe, daß er ihn kennen lerne, und daß sie mit einander den Plan der Heilung verabredeten und sogleich zur Ausführung desselben den Anfang machten.
Es mußte vor allem noch ein größerer Tisch herbei, auf den er die Stöße Bücher, die sein Diener auspackte, legte, daß er sie bei erster Gelegenheit aufschneide und zu lesen beginne. Dann mußte das Bett, dessen Bestandteile er selber mitgebracht hatte, im noch kleineren Nebenzimmerchen, das an sein Wohngemach stieß, aufgestellt werden. Das Stahlgerüste desselben wurde in der Ecke aufgerich-

tet, in welcher am wenigsten Zugluft herrschen konnte. Hierauf wurden die Stäbe der spanischen Wand, die er mitgebracht, auseinander geschraubt, gestellt und mit dem dazu gehörigen Seidenstoffe bespannt, auf dem unzählige rote Chinesen waren. Weil so viele Mantelsäcke, Wagenkoffer und andere Lederfächer herumlagen, mußte der Wirt noch einen Schrein herauf schaffen, den man in das Vorzimmer, wo die Diener schliefen, stellte, daß man das Weißzeug, die Schlafröcke und die Kleider unterbringen könne. Zuletzt mußten noch die Schirme vor die Fugen der Fenster und Türen gestellt und die leeren Koffer und Lederfächer in das Wagenbehältnis gebracht werden.
Als alles in Ordnung war, sendete Herr Tiburius nach dem Badearzte. Es durfte nicht aufgeschoben werden, und es war überhaupt ungewiß, ob nicht auf die viele, viele Bewegung, die er auf der langen Reise her gemacht habe, eine arge Krankheit folgen könne.
Der Badearzt war nicht zu Hause und auch sonst nirgends zu finden. Herr Tiburius mußte bis auf den Abend warten. Er saß in seiner Stube und wartete. Am Abende kam der Arzt, und die zwei Männer beredeten sich über eine Stunde lang und setzten die ganze Wesenheit des zu befolgenden Heilplanes auseinander.
Am andern Morgen begann Herr Tiburius schon, den Plan ins Werk zu setzen. Man sah ihn in einem langen, grauen, zugeknöpften Oberrocke den Brunnengebäuden zu gehen und in denselben verschwinden. Er nahm darinnen sein erstes Bad. Und wo man die Molken nahm, wo man in der Sonne saß und ein wenig hin und her ging, konnte er später auch gesehen werden. So machte er es jeden Tag, und er ging gewissenhaft dorthin, wo es der Zweck erheischte. Um die von dem Arzte vorgeschriebene Bewegung mittelst Gehen zu machen, hatte er sich eine eigene Art ausgesonnen. Er fuhr nämlich mit seinen Grauschimmeln auf der Straße, die tiefer in das Gebirge

führt, eine Strecke fort, bis er zu einem gewissen großen Steine kam, den er gleich am ersten Tage entdeckt hatte. Neben dem Steine war eine ziemlich große, trockene Erdstelle, die aus fest gelagertem Sande bestand. An dieser Stelle stieg er aus und ging nach der Uhr so lange hin und her, als die zur Bewegung festgesetzte Zeit dauerte, dann saß er wieder ein und fuhr nach Hause. Die Leute, die im Bade versammelt waren, lernten ihn bald kennen und sagten, das sei der Herr, der neulich in dem geschlossenen Wagen gekommen sei.

Die Badezeit war eigentlich schon ziemlich vorgerückt, aber da in diesen Gebirgstälern die letzten Sommermonate die heißesten und trockensten sind, so war noch ein großer, glänzender und auserlesener Besuch zugegen. Darunter waren manche sehr schöne Mädchen. Herr Tiburius, welcher nicht umhin konnte, doch manchmal eine zu sehen, erinnerte sich flüchtig an die Heiratsworte des Doktors – aber er dachte, der Doktor sei ein Schalk, und verlegte sich hier nur auf das, was seiner Gesundheit unmittelbar not tat. Er las allgemach von dem Bücherhügel ein großes Stück herunter, er verrichtete genau alles, was ihm der Badearzt vorgeschrieben hatte, und tat noch manches andere dazu, was er selber aus den Büchern lernte und sich verordnete. Er hatte sich auch an seinem Fensterstocke ein Fernrohr angeschraubt und betrachtete durch selbes öfter die närrischen Berge, die hier herum standen, und die das Gestein in höchster Höhe oben trugen.

Es war seltsam, daß auch hier in dieser großen Entfernung, und zwar schon in sehr kurzer Zeit, nachdem Herr Tiburius angekommen war, der Name Tiburius im Munde der Leute gebräuchlich war, obwohl in dem Fremdenbuche der Name Theodor Kneigt stand, und obwohl ihn niemand kannte. Es mochten ihn wohl insgeheim seine Diener so genannt haben.

Es waren allerlei Menschen und Familien in dem Bade. Da war ein alter hinkender Graf, der überall gesehen wurde, und in dessen verwittertes Angesicht fast ein Schimmer von der sehr großen Schönheit seiner Tochter floß, die ihn überall mit Geduld begleitete und ruhig neben ihm her ging. In einem Wagen mit zwei feurigen Rappen fuhren gerne zwei junge, schöne Mädchen mit Augen, die noch feuriger waren als die Rappen, und mit roten Wangen, um die gewöhnlich grüne Schleier flatterten. Sie waren die Töchter einer badenden Mutter, die selbst noch schön war, und in ein reiches Tuch gewickelt in dem Wagen zurückgelehnt saß. Dann war ein dickes, kinderloses Ehepaar, das eine Nichte mit sich führte, die träumerisch darein schaute, manchmal unterdrückt aussah und schöne blonde Locken hatte, wie man sie nur immer erblicken konnte. In einem fensterreichen Hause tönten schier immer Klaviertöne, und viele Lockenköpfe junger Mädchen und Knaben waren zu sehen, wenn sie aus den Fenstern herausschauten oder von innen an denselben vorüber flogen. Dann waren manche einsame Greise, die hier ihre Gesundheit suchten und niemand als einen Diener hatten; dann manche Hagestolze, die über den Sommer des Lebens hinüber ohne Gefährtin herum gingen. Noch sind zwei blauäugige Mädchen zu erwähnen. Die eine sah gerne von einem abgelegenen Balkone mit ihren blauen Augen auf die nicht weit entfernten Wälder hinüber, und die andere richtete sie gerne auf die Tiefe des dahin rinnenden Stromes. Sie ging nämlich häufig mit ihrer Mutter an den Ufern desselben spazieren, wenn sie an ihm vorüber ging und die sieche, gedrückte Mutter begleitete. Dann waren die schönen errötenden Wangen der Landeskinder, die einen kranken Vater, eine Mutter, eine Wohltäterin hieher begleiteten – der vielen andern gar nicht zu gedenken, die alle Jahre kamen, sich an der Schönheit der Umgebung ergötzten, oder nur der Mode huldigten, alles zu beherrschen strebten, jedes neu Angekommene und Schüchterne besprachen und darüber triumphierten. Unter diesen Menschen lebte Tiburius fast scheu fort. Er mischte sich niemals unter sie, und wenn er mehrere auf seinen von dem Arzte vorgeschriebenen Gängen begegnen sollte, so machte er lieber einen Umweg, daß er ihnen auswich. Sie redeten von ihm, da er durch seine Absonderung auffiel; aber er wußte nicht, daß sie von ihm redeten, und wie sie ihn nannten. Er blieb beständig bei dem sich immer ablösenden Gewirre anwesend; denn wirklich kamen in der Zeit immer neue, und schieden die andern.

Wir können unmöglich sagen, wie Herrn Tiburius der Gebrauch des Bades bekam, denn er sagte selber zu niemanden etwas und badete immer fort. Dem Arzte erklärte er auf jede Frage, wie es ihm gehe, es gehe eben dem Gange des Dinges gemäß, und wir würden wohl am Ende in den Stand gesetzt worden sein, über den Erfolg seines Badens etwas Bestimmtes angeben zu können, wenn sich nicht das zugetragen hätte, wodurch sich alles veränderte und jede Berechnung der mitwirkenden Ursachen unmöglich wurde.

Wir haben oben schon gesagt, daß Tiburius immer zu seinen Bewegungen weiter hinaus fuhr und an einem einsamen Steine auf und nieder ging. Er war sehr fleißig und hatte dieses schon viele, viele Male getan. Eines Tages, nachdem seit seiner Ankunft schon eine geraume Zeit verflossen war, da eben ein beinahe stahlfester, dunkelblauer Himmel über dem Tale stand, fuhr er, weil ihm der Tag so wohl tat, weiter als gewöhnlich. Ganz fremde Berge sah er schon, und dunkle Tannen und lichtere Buchen schritten fast bis an seinen Wagen heran. Man weiß nicht, war die Empfänglichkeit für das Wohltätige des Tages schon eine Folge seines Badens, oder war es die ungemein liebliche, heitere und klare Milde der Luft, die alle Menschen und also auch ihn erfaßte. Neben seinem Wagen war ein sonniger Platz, der festen Haideboden hatte; er war von schützenden Steinwänden umstanden, daß kein rauher Wind herein streichen konnte, und ging so gegen das ganz stille Laub zurück. Dieses lockte den Herrn Tiburius aus dem Wagen, daß er ein wenig herum gehe und die sanften, senkrecht niedergehenden Mittagsstrahlen genieße.

»Ich werde meine Bewegung hier, nicht an dem Steine machen,« sagte er zu seinem Diener und zu dem Kutscher, »es ist einerlei; ihr wartet da an dem Platze, bis ich wieder komme und einsteige.«

Hierauf zog er seinen Oberrock aus, wie er es allemal tat, warf ihn in den Wagen zurück, stieg über den von dem Diener herab gelassenen Fußtritt herab und ging gegen den trockenen Waldplatz vorwärts. Tiburius hatte einen Wald nie von innen gesehen. In seiner Heimat war überhaupt nur kleines Gehölze, in das er übrigens auch nicht gekommen ist, und die großen Forste, die auf den Bergen des Badeortes herum lagen, hatte er nur durch sein Fernrohr vom Fenster aus beobachtet. Hier war er beinahe in einem Walde. Wenn auch der Platz, den er sich zu seinem Gange ausersehen hatte, von keinen Bäumen besetzt war, so standen dieselben doch so nahe und auf manchem benachbarten Hügel herum, daß man sagen könnte: Herr Tiburius befinde sich auf einer Waldblöße. Alles gefiel ihm sehr wohl. Kein menschliches Wesen ließ sich rings herum sehen und hören – das war ihm gerade recht. Der Platz ging von der Straße gegen die Tiefe der Gegend einwärts. Als Herr Tiburius über seine ganze Länge hin geschritten war und umkehren wollte, um, wie seine Spazierart war, hin und her zu gehen, sah er, daß weiter einwärts noch ein schönerer Platz war. Zur Linken befand sich eine Steinwand, die bedeutend hoch war, rechts standen in einiger Entfernung hohe Bäume,

und nach vorwärts war der Platz durch Waldwerk geschlossen. Es war hier noch stiller, und die Mittagswärme sank an der Steinwand so freundlich nieder, daß es war, als müßte man sie beinahe rieseln hören. Sie war bereits für den Körper sehr wohltätig, da die Jahreszeit schon in die Hälfte des Herbstes hinein ging und manches Laub schon ins Gelbe schimmerte. Der Boden war wegen der langen vorausgegangenen schönen Zeit sehr trocken.
Herr Tiburius beschloß sofort, auf diesem Platz vorzuschreiten und ihn zu seinem Bewegungsorte zu machen. Er dachte, wenn er auch etwas länger gerade aus vorwärts ginge, so könnte er doch nach seiner Uhr wieder umkehren und im ganzen gerade die vorgeschriebene Bewegung so machen, als wenn er hin und her gegangen wäre. Es wird gewiß nicht schädlich sein. Die milde Sonne tat ihm durch die Widerprallungskraft des Felsens, als er einmal bis in die Hälfte des neuen Platzes vorwärts gekommen war, so wohl, daß er sich äußerst anmutig fühlte. Auch waren ihm alle Dinge, die er herum sah, neu, sie gefielen ihm, und er hätte nie gedacht, daß er in einem Walde so zufrieden sein könnte. Da lag ein breiter, weißer Stein dem Boden entlang, und verschiedene Kräuter begleiteten ihn. Links an der Wand waren noch mehrere Steine, die von ihr herab gebrochen waren: weiße, gelbe, braune, und noch allerlei andere. Es stand in ihnen rostfarbenes Gestrüppe, einzelne Ruten und mehreres. Manches Mal saß ein Falter auf einem Steine und legte die schimmernden Flügel, derlei Herr Tiburius in seiner Heimat nie gesehen hatte, auseinander und sonnte sie. Manchmal flog einer stumm neben ihm, wie die stumme Luft, und ward gleich darauf nicht mehr gesehen. Auch bemerkte Herr Tiburius, daß ja da ein sehr angenehmer Wohlgeruch herrsche.
Er ging weiter. Zuweilen hielt er sein spanisches Rohr empor, drehte es langsam zwischen den Fingern und er-

götzte sich an dem Funkeln des Goldknopfes in der dunkeln, ruhigen, einsamen Luft. Nach einer Weile kam er zu verstümmelten Stämmen, von denen Pech herab rann. Er hatte das nie gesehen und blieb stehen. Die durchsichtige Flüssigkeit quoll in der Sonne aus der Rinde hervor, und die Tropfen standen wie reines, geschmolzenes Gold, das in einem Häutchen hing. Dann ging er wieder weiter. Es begegnete ihm eine Schar wundervoll blauen Enzians, er sah sie an und pflückte sogar einige Stämmchen.

Endlich war er schier an das Ende seines auserkorenen Spazierplatzes gekommen. Das Waldwerk, welches er von weitem als Schluß gesehen hatte, bestand in mehreren ziemlich weit von einander entfernten Bäumen. Tiburius blieb ein wenig stehen, um es anzusehen und zu überlegen, ob er hinein gehen solle oder nicht. – Eidechsen schlüpften im Mittagsglanze, ein Wässerlein ging ungehört gegen die Tannen, und zwischen den Stämmen spannen luftige glänzende Herbstfäden, wie sie Herr Tiburius auch öfter zu Hause in dem Garten gesehen hatte. Ehe er da weiter ging, mußte er doch noch erforschen, was denn das für ein seltsamer Reif sei, der dort auf den entfernten Tannennadeln liege, und wie die Wolke aussehe, die weit draußen zwischen dem Grün der Bäume herein schaue, ob sie nicht etwa Regen drohe. Er nahm sein Taschenfernrohr heraus, machte es zusammen und sah durch. Aber der Reif war nur der unsägliche Sonnenglanz, der auf der glatten Seite der Nadeln lag, und die Wolke war ein entfernter Berg, wie sie hier im Lande in einer großen Ausdehnung einer hinter dem andern stehen. Er beschloß also weiter zu gehen, insbesondere, da die Steinwand noch immer fortlief und anfangs nur eine und dann nur einige Buchen zwischen ihm und ihr waren. Auch ging ein sehr wohl ausgetretener, schwarzer Pfad in die Bäume hinein. Tiburius mußte, als er diesen Pfad betrat, an den kleinen närrischen Doktor denken, der sich aus verschiedenen Stoffen diese Erde für seine Rhododendern und Eriken brennen muß, wie sie hier von selber liegt; und Eriken sah er hier unter den Stämmen viel schöner blühen, als sie der Doktor in seinen Töpfen erziehe. Er nahm sich vor, wenn er nach Hause käme, ihm von dieser Tatsache zu erzählen.

Tiburius ging auf dem Pfade fort, der von allerlei Dingen eingefaßt war. Manchmal lag die Moosbeere wie eine rote Koralle neben ihm, manchmal streckten die Preißelbeeren ihr Kraut empor und hielten ähnliche Büschel von rotwangigen Kügelchen in den glänzenden Blättchen. – Die Bäume wurden immer dunkler, und zuweilen stellte ein Birkenstamm eine Leuchtlinie unter sie. Der Pfad glich sich immer, die kommenden Stellen waren wie die, die er verlassen hatte. Nach und nach wurde es anders, die Bäume standen sehr dicht, wurden immer dunkler, und es war, als ob von ihren Ästen eine kältere Luft herab sänke. Dies mahnte Herrn Tiburius, umzukehren, da es ihm vielleicht auch sogar schädlich sein könnte. Er zog die Uhr hervor und sah, was ihm ohnedem, als er aufmerksam geworden war, eine dunkle Vorstellung gesagt hatte, daß er weiter gegangen sei, als er dachte, und den Rückweg eingerechnet heute mehr Bewegung gemacht habe als sonst.

Er kehrte sich also auf dem Pfade um und ging zurück.

Er ging auf dem Rückwege schleuniger, da er die Gegenstände nicht mehr so beachten wollte, und ihm, seit er auf die Uhr gesehen hatte, darum zu tun war, den Wagen ehestens zu erreichen. Er ging auf dem Pfade fort, der genau so schwarz war und so neben den Bäumen fort lief, wie auf dem Herwege. Als er aber schon ziemlich lange gegangen war, fiel ihm doch auf, daß er die Steinwand noch nicht erreicht habe. Auf dem Herwege hatte er sie links gehabt, nun hatte er sich umgekehrt, folglich mußte sie ihm jetzt rechts erscheinen – aber sie erschien

nicht. Er dachte, daß er vielleicht im Hereingehen in Gedanken gewesen sei und der Weg länger wäre, als er ihn jetzt schätze; deshalb war er geduldig und ging fort – aber schneller ging er etwas.
Allein die Wand erschien nicht.
Nun wurde er ängstlich. Er begriff nicht, wie auf dem Rückwege so viele Bäume sein können – er ging um vieles schneller, und eilte endlich hastig, so daß er, selbst bei reichlicher Zugabe zu seiner Rechnung, nun doch schon längstens bei dem Wagen hätte sein sollen. Aber die Wand erschien nicht, und die Bäume hörten nicht auf. Er ging jetzt von dem Pfade sowohl rechts als auch links bedeutend ab, um sich Richtung und Aussicht zu gewinnen, ob die Wand irgend wo stehe – allein sie stand nirgends, weder rechts noch links, noch vorn noch hinten – – nichts war da als die Bäume, in die er sich hatte hinein locken lassen, sie waren lauter Buchen, nur viel mehrere, als er beim Herwege gesehen hatte, ja es war, als würden sie noch immer mehr – nur die eine, die am Anfange zwischen ihm und der Wand gestanden war, konnte er nicht mehr finden.
Tiburius fing nun, was er seit seiner Kindheit nicht mehr getan hatte, zu rennen an, und rannte auf dem Pfade in höchster Eile eine große Strecke fort, aber der Pfad, den er gar nicht verlieren konnte, blieb immer gleich, lauter Bäume, lauter Bäume. Er blieb nun stehen und schrie so laut, als es nur in seinen Kräften war und als es seine Lungen zuließen, ob er nicht von seinen Leuten gehört würde und eine Antwort zurück bekäme. Er schrie mehrere Male hinter einander und wartete in den Zwischenräumen ziemlich lange. Aber er bekam keine Antwort zurück, der ganze Wald war stille, und kein Laublein rührte sich. In den vielen Ästen, die da waren, sank die Menschenstimme wie in Stroh ein. Er dachte, ob nicht etwa die Richtung, in der er gerannt war, sich von der Straße, auf der sein

Wagen stand, eher entferne als nähere, da er sich etwa in dem vielen Suchen umgewendet haben könne, ohne es zu wissen. Dem zu Folge wollte er jetzt wieder in der nämlichen Richtung zurück rennen. Er warf noch eher den Enzian, den er noch immer in der Hand hatte und der ihn jetzt mit dem fürchterlichen Blau so seltsam anschaute, weg und rannte dann zurück. Er rannte, daß ihm der Schweiß hervor trat, und wußte nun wieder nicht, ob das die nämlichen Gegenstände seien, die er im Herrennen gesehen habe. Als er eine so große Strecke, die er früher nach der einen Richtung gemacht, jetzt nach der entgegengesetzten zurückgelegt zu haben glaubte und eine gleiche dazu, hielt er wieder inne und schrie abermals – allein er bekam wieder keine Antwort, es war nach seiner Stimme wieder alles stille. Hier war es auch ganz anders als an dem früheren Orte, und wildfremde Gegenstände standen da. Die Buchen hatten aufgehört; es standen Tannen da, und ihre Stämme streckten sich immer höher und wilder. Die Sonne stand schon schief, es war Nachmittag geworden, auf manchem Moossteine lag ein schreckhaft blitzendes Gold, und unzählige Wässerlein rannen, eins wie das andere.
Herr Tiburius konnte es sich nicht mehr leugnen, daß er ganz und gar in einem Walde sei, und wer weiß, in welch großem. Er war nie in der Lage gewesen, sich aus solchen Sachen heraus finden zu müssen, und seine Not war groß. Dazu gesellten sich noch andere Dinge. Er hatte in dem Hin- und Hergehen durch das Gras, als er von dem Pfade abgewichen war, um die Steinwand zu finden, nasse Füße bekommen, er war im Schweiße, und hatte nur einen einzigen, dünnen Rock, der andere lag im Wagen, er durfte sich gar nicht niedersetzen, um auszuruhen, so schön die Steine da lagen; denn er müßte sich verkühlen – und endlich lag auch das Fach mit der Arznei, die er heute nachmittag zu nehmen hatte, zu Hause. Er

sah das eine recht gut ein, was hier das Notwendigste war, nämlich, statt hin und her zu laufen, lieber auf dem Pfade immer in derselben Richtung fort zu gehen; denn irgend wohin mußte der Pfad doch führen, da er so ausgetreten war. Es war noch ein großes Glück, daß wenigstens ein Pfad vorhanden war; denn welches Unheil wäre es gewesen, in einem weglosen Walde in diesem Zustande zu stehen.

Herr Tiburius entschloß sich also, nach der zuletzt eingeschlagenen Richtung des Weges fort zu gehen.

Er knöpfte den Rock, den er an hatte, fest zu, stülpte die Kragenklappen desselben empor, legte sie sich fest an das Angesicht und ging sehr emsig fort. Er ging fort, und fort, und fort. Die Hitze des Körpers nahm überhand, der Atem wurde kurz, und die Müdigkeit wuchs. Endlich ging der Pfad bergauf und war ein gewöhnlicher Waldsteig geworden. Aber Tiburius kannte Waldsteige gar nicht. Steintrümmer der größten und fürchterlichsten Art lagen rechts und links an dem Wege, der oft über sie dahin ging. Einige waren in Moose gehüllt, die verschiedenes noch nie gesehenes Grün zeigten, andere lagen nackt und ließen den scharfen, gewaltigen Bruch sehen. Großfingrige Fächer von Farrenkräutern standen da, und die hohen, dicken Stämme der Tannen, die aus all dem Dinge empor ragten oder auch da lagen, waren, wenn sie Tiburius angriff, feucht. – Eine Weile bestand der Pfad aus lauter kleinen Prügeln, die quer lagen, manchmal fast im Wasser schwammen, bei jedem Tritte sich rührten, oder doch, wenn sie selbst fest waren, ausglitschen machten. – Dann stand ein steiler Berg da. Der Pfad klomm ihn unverdrossen hinan, und Tiburius ging auf ihm fort. Als er oben angekommen war, war es eben, und der Boden war sandig. Der Pfad lief hier gleichsam emsig und freudig vor Tiburius her, und dieser folgte ihm. Er wurde später aus dem scharfen Sande wieder schwarz, war breit, trocken, drückte bei jedem Schritte gegen den Fuß, als ginge man auf Federharz, und schlang sich so fort. Tiburius betrat ihn, in sein Schicksal ergeben. Endlich war es Abend geworden, unheimliche Amselrufe tönten, und Tiburius ging, in seinen unzulänglichen Rock geknöpft, weiter. – Nach einer Weile war es, als rauschte es irgend wo unten. – Tiburius ging fort, das Rauschen tönte näher, aber es war nur Wasser, das den Wald eher schauerlicher machte, und von dem keine Hülfe zu erwarten war. Tiburius ging noch eiliger fort, er ging fort, und fort – und leider wieder aufwärts. Endlich, da er um einen sehr großen Stein, der gleichsam alles vor ihm verdunkelt hatte, hinum gegangen war, senkte sich der Weg abwärts und wurde sandig und geröllig. Auch standen mit einem Male nicht mehr die hohen Tannen neben ihm, sondern allerlei lustiges Gebüsch von dichtem Laube, namentlich Haselstauden, was jederzeit ein Zeichen ist, daß ein Wald aufhöre und man sich im Saume befinde. Herr Tiburius kannte aber solche Zeichen nicht. Er ging noch die Strecke unter dem Gebüsche und auf den scharfen Steinen weiter, es wurde lichter, die Gebüsche hörten auf, der Wald war aus, und er stand hoch auf einer Wiese im Freien.

Er war in einem Zustande, in welchem er in seinem ganzen Leben nicht gewesen war. Die Knie schlotterten ihm, und der Körper hing vor Müdigkeit nur mehr in den Kleidern. Er empfand es, wie an seinem ganzen Leibe ohne seinen Willen die Nerven zitterten und die Pulse klopften. Aber auch hier war keine Aussicht auf Hilfe vorhanden. Die Sonne war schon untergegangen. Überall standen im kühlblauen Hauche des Abends Berge mit allerlei Gestalten herum, teils mit Wald bedeckt, teils Felsen empor streckend. Weit draußen hinter dem Saume eines grünen Waldes ragte ein sehr hoher Berg heraus. Er hatte mehrere Felsenkronen, die empor standen. Zwischen diesen Kronen lagen drei sehr große Schneefelder, welche aber jetzt rosenrot beleuchtet waren, und auf welche die Kronen Schatten warfen. Für Tiburius war dieses erhebende Schauspiel eher schreckhaft. Weit herum war kein Mensch und kein lebendes Wesen zu erblicken. Das Rauschen, welches er schon eine geraume Zeit in den Wald hinein gehört hatte, war ihm jetzt erklärbar. In der Rinne des Tales, gegen welches die Wiese, auf der er stand, hinab ging, lief über Steine und Klippen ein grünes, brodelndes Wasser heraus und eilte links durch die Taltiefe nach einander fort. Sonst war aber gar nichts zu erspähen, welches sich regte und rührte.

Tiburius sah, daß der Weg über den Wiesenhügel gegen das Wasser hinab gehe, und er dachte, da in dem Badeorte dasselbe grüne Wasser, aber in viel größerer Menge dahin fließe, so könne leicht dieser Bach zu jenem grünen Wasser hinaus eilen, und etwa gehe der Weg daneben fort. Er beschloß daher, dem Laufe des Pfades nach abwärts zu folgen. Er bezwang das stürmende Verlangen seines Körpers nach Ruhe – denn auf dem Grase lag überall schon der nasse Tau – und ging unter schmerzhaftem Vorwärtsstoßen seiner Kniee auf dem Pfade steil abwärts. Der Berg mit den rosenfarbenen Schneefeldern zog sich gemach unter den Wald zurück, bis nichts mehr als kalt blaue oder grüne Anhöhen, mit Dunststreifen durchwebt, da standen.

Tiburius kam zu dem Wasser hinunter. Es hastete mit dem Blaugrün seiner Wogen und dem fliegenden weißen Schaume darauf nach einander hin – und was er eben gedacht hatte, traf hier unten ein: der Weg ging neben dem Wasser fort. Er schlug ihn also ein und strengte seine Kräfte, die gleichsam auflösend und trunken waren, aufs neue und letzte an.

Da er eine Weile so gegangen war und bereits Dunkelheit einzutreten begann, hörte er plötzlich trotz des Rauschens, das der Bach in ziemlicher Tiefe unter ihm veranlaßte, Tritte hinter sich. Er sah um und erblickte einen Mann, der hinter ihm her ging und ihn eben eingeholt hatte. Der Mann trug eine Axt über den Rücken, mehrere eiserne Keile über die Schultern und hatte starke Holzschuhe an. Tiburius blieb stehen, ließ ihn vollends an sich kommen und fragte dann: »Guter Freund, wo bin ich denn, und wo finde ich denn in das Bad hinaus?«

»Ihr seid auf dem Wege zum Bade,« antwortete der Mann, »aber in der Keis draußen teilen sich die Wege wieder, und der bessere geht in die Zuderhölzer hinauf, da könntet Ihr Euch verirren. Weil ich ohnedem auf dem nämlichen Wege gehe, so könnt Ihr mit mir gehen, ich werde Euch hinaus führen. – Wie seid Ihr aber denn hieher gekommen, wenn Ihr nicht wisset, wo Ihr seid?«

»Ich bin ein Kranker,« sagte Herr Tiburius, »heile mich durch den Gebrauch des Bades, bin auf der Straße ziemlich weit fort gefahren, bin dann spazieren gegangen und habe mich in dem Walde verirrt, daher ich meinen wartenden Wagen nicht mehr finden konnte.«

Der Mann mit den eisernen Keilen sah Herrn Tiburius nach der Seite von oben bis unten an, und mit einem Zartgefühle, das diesen Menschen so gerne eigen ist, und das man ihnen ungerechter Weise nie zuschreibt, ging er nun, da er ihn betrachtet hatte, viel langsamer, als sonst seine Art war.

»Da seid Ihr durch das Schwarzholz gegangen, wenn Ihr nämlich über die Glockenwiese zu dem Wasser herab gekommen seid«, sagte er.

»Ja, ich bin über eine Wiese, die rund und steil wie eine Glocke war, zu diesem Wasser herab gestiegen«, antwortete Herr Tiburius.

»So – so –,« sagte der Mann darauf, »da gehen die Leute nicht gerne herauf, weil es so wild ist, und darum wußtet Ihr nicht, wo Ihr seid.«

»Ja, ja,« antwortete Herr Tiburius, »und wer seid denn Ihr, daß Ihr da so gegen die Nacht hin in diesem Graben heraus gehet?«

»Ich bin ein Holzknecht«, sagte der Mann, »und gehe heute nur aus Zufall hier heraus, weil ich dem Gewerkmeister in der Zuder eine Botschaft bringen muß. Da habe ich mein Geräte mitgenommen, daß ich es schärfe; denn mein Haus steht nur eine halbe Stunde von da links. Wir hauen in den Holzschlägen, die etwa sechs Stunden oberhalb des Platzes liegen mögen, an dem ich Euch getroffen habe. Jetzt gehen wir immer am Montage hinauf und am Samstage herab. Sonst bleiben wir auch zuweilen einige Wochen oben. Ich habe heute noch bis Nachmittag geholfen, dann bin ich herabgestiegen.«

»Und wann geht Ihr wieder hinauf?« fragte Tiburius.

»Ich bleibe heute bei meinem Weibe,« sagte der Holzknecht, »dann gehe ich morgen um drei Uhr früh in die Zuder zu dem Gewerkmeister, und von ihm wieder zurück in den Holzschlag, daß ich den Nachmittag noch zur Arbeit habe.«

»Das tut Ihr alles in einem Tage,« sagte Tiburius, »und dauert es so das ganze Jahr fort?«

»Im Winter ist es leichter,« antwortete der Holzknecht, »da sind wir im Tale, und oft wird nur bei dem Fuhrwerke die Zeit hin gebracht.«

»So, so«, antwortete Herr Tiburius, indem er neben dem Manne mühsam einherging.

Derselbe erzählte ihm noch mehreres von seinem Handwerke, wie sie es betreiben, wie sie nebstbei in den Hochgebirgen leben, und welche Gefährlichkeiten und Abenteuer sich dabei ereignen. Unter diesen Worten kamen sie immer weiter, bis sich, so viel man in der bereits eingetretenen Nacht erkennen konnte, das Tal erweiterte und sie wieder auf einem ziemlich steilen Wege herab stiegen. Der Holzknecht hielt sich bei Tiburius auf, unterstützte ihn und leitete ihn an dem Arme abwärts. Als sie wieder in der Ebene waren und noch eine Strecke zurück gelegt hatten, standen kleine Häuschen mit Lichtern da.

»So,« sagte der Holzknecht, »wir sind hier an Ort und Stelle. Ich bin weiter mit Euch gegangen, als mein Weg war, weil Ihr so krank seid und nicht fort kommen könnt; aber hier ist es schon recht leicht, geht nur noch die Gasse hinein, und dann gerade fort, da werdet Ihr bereits die Häuser kennen. Ich muß umkehren, weil ich nun beinahe zwei Stunden nach Hause habe, weil die Nacht kurz ist, und ich um drei Uhr wieder aufbrechen muß.«

»Lieber, guter Mann,« sagte Tiburius, »ich kann Euch ja gar nicht belohnen, weil ich kein Geld habe; denn dasselbe hat immer mein Diener, der jetzt nicht hier ist. Geht nur mit mir in meine Wohnung, daß ich Euch Eure Guttat vergelte, oder nehmt hier meinen Stock und leihet mir den Euren, ich bleibe noch bis tief in den Herbst hier, heiße Theodor Kneigt, und wenn Ihr oder ein anderer den Stock bringet, um ihn gegen den Euren auszutauschen, so werde ich meine Schuld mit Gewissenhaftigkeit zahlen.«

»Denkt nur,« sagte der Holzknecht, »daß ich auch noch mein Geräte zu schärfen habe. Ich kann gar keine Zeit mehr verlieren. Den Stock aber nehme ich recht gerne an, und werde ihn schon einmal bringen; denn ich habe auch zwei Kinder, und wenn Ihr diesen etwas geben wollet, so ist es mir schon recht, und der Mutter wird es auch schon recht sein.«

Nach diesen Worten tauschten sie die Stöcke um und nahmen Abschied. Tiburius ging langsam, sich auf das kurze Griesbeil des Holzknechtes stützend, an den Zäunen der kleinen Gärtchen der hier stehenden Häuser hin, und hörte noch die jetzt viel schnelleren Tritte des Holzknechtes, der, mit seinen Eisenkeilen beladen, hölzerne Schuhe an den Füßen tragend, und ohne Stab – denn Tiburius' Rohr mit dem feinen Goldknopfe war nicht zu rechnen – seinen Rückweg nach der zwei Stunden entfernten Hütte einschlug.

In dem Gasthause, in welchem Herr Tiburius wohnte, waren sie alle erstaunt, da sie ihn in der Nacht zu Fuße mit einem Griesbeil ankommen sahen. Der Wirt erkundigte sich bescheiden, die andern sagten es sich einer dem andern, daß es auch noch wie ein Lauffeuer in die übrigen Häuser des Ortes lief. Tiburius aber erzählte schnell dem Wirte den Vorfall, stieg noch mit dem Griesbeil in seine Wohnung hinauf, setzte sich dort in seinen bequemen, großohrigen Rollsessel und verlangte zu essen. Man stellte ihm ein Tischlein vor den Rollsessel, deckte es und stellte verschiedene Speisen darauf. Als er zu essen angefangen hatte, fragte er, ob der Wagen zurück gekommen sei. Man antwortete ihm mit Nein, und er ersah hieraus, daß sein Kutscher und sein Diener noch auf dem Platze warten mögen. Daher bezeichnete er die Stelle und befahl, daß man sogleich um sie hinaus sende. Nachdem er gegessen hatte, kleidete ihn sein zweiter Diener, der zu Hause geblieben war, aus und brachte ihn zu Bette. Als Herr Tiburius lag, gab er den Befehl, daß niemand in das Schlafzimmerchen hereinkomme, wenn er nicht läute, und als sich hierauf der Diener entfernt hatte, zog der Kranke die zwei Decken, mit denen er sich zugehüllt hatte, bis an das Angesicht empor; denn er wollte auf diese große Erregung einen Schweiß erzielen, weil dieser vielleicht noch alles abwenden könne. Nach einer kurzen Zeit tat Herr Tiburius die tiefen Atemzüge des Schlafes. – –

Wir wissen nicht, was sich in der Nacht ereignete, und können nur erzählen, wie es am andern Tage gewesen sei.

Als Herr Tiburius erwachte, war es heller Tag. Die Sonne schien herein, und die roten Chinesen, die auf der seidenen spanischen Wand waren, erschienen beinahe flammenrot, weil die Sonne durch sie hindurch schien; aber sie waren trotzdem sehr freundlich. Herr Tiburius sah lange Zeit auf sie hin, ehe er sich regte. Die Wärme des Bettes war unendlich behaglich. Zuletzt mußte er sich doch entsinnen und untersuchen, was ihm weh tue. Der Kopf tat ihm nicht weh, er wußte nicht, ob ein Schweiß gekommen sei, weil er geschlafen hatte, die Brust tat auch nicht weh, der Magen war wohl, nur daß er sehr großen Hunger anzeigte, und die Arme waren nicht steif und hatten auch kein Ziehen und Reißen. Er nahm die Uhr, die bei dem Bette lag, und sah darauf. Es war zehn Uhr und die Molkenzeit lange vorüber. Gebadet hatte er sonst auch immer früher, aber er konnte es ja heute später tun. Nun regte er die Füße und streckte sich – – aber siehe, die taten ihm fürchterlich wehe, vorzüglich der Oberfuß, allein es war nicht der Schmerz einer Krankheit, das erkannte er gleich, sondern die Müdigkeit, die im Ausruhen sogar etwas Süßes hatte. Er blieb wieder ruhig liegen. Er konnte sich nicht erwehren, in der Häuslichkeit, die er so in dem Bette hatte, eine kleine Schadenfreude zu empfinden, daß er die Molken verschlafen habe. Er schaute auf das Fenster und sein schönes Kreuz hin, in das das Glas gefaßt war, und er schaute auf die gemalten Schnörkel der Wände und auf die umliegenden Geräte.

Endlich läutete er doch. Es kam Mathias, der Diener, herein, der gestern mit gewesen war. Herr Tiburius stand nicht auf, sondern fragte ihn, was sie denn mit dem Wagen angefangen hätten, da er nicht gekommen sei.

»Wir blieben ruhig stehen,« sagte der Diener, »wie es gewöhnlich der Fall war, wenn Euer Gnaden hin und her spazieren gingen. Wir sahen Sie später nicht, machten uns aber nichts daraus. Als eine Stunde vergangen war, schauten wir öfter auf die Uhr, als dann noch eine Stunde verging, schauten wir noch öfter. Als ich später sagte, ich

würde nach gehen und herum sehen, antwortete Robert, der Kutscher, das sei ein Fehler, weil Euer Gnaden immer sagten, wir sollen genau das tun, was befohlen wird, und nicht mehr und nicht minder, und weil Euer Gnaden scharf darauf sehen, daß es so sei. Was würde entstehen, sagte er, wenn der Herr von einer andern Seite käme, fort fahren wollte, und du nicht dawärest. Dies sah ich ein und ließ das Suchen fahren. Als wir noch immer standen und die Sonne schon untergehen wollte, wurde uns bange. Jetzt meinte Robert selber, ich solle gehen und rufen. Ich lief in den Wald und schrie, aber es kam keine Antwort. Dann lief ich kreuz und quer und schrie immer, allein es kam keine Antwort. Als es schon stark Abend war, ging ich zu den Steinhäusern hinüber, die nicht weit von unserm Platze jenseits des Tales lagen, und holte Männer, welche in dem Walde suchen helfen sollten. Sie gingen mit, wir zündeten Pechfackeln an, und suchten und schrieen bis nach Mitternacht. Robert, zu dem ein Bote gekommen war, ist früher nach Hause gefahren, wir aber sind erst um drei Uhr zurückgekommen, da die Leute bis zu den ersten Häusern mit mir gegangen sind, wo ich sie bezahlte und zurück schickte.«
»Es ist schon gut,« sagte Tiburius lächelnd, »du kannst wieder hinaus gehen.«
Der Diener ging. Herr Tiburius aber stand nicht auf, sondern kehrte sich um, lächelte in sich hinein und war recht vergnügt, daß er in dem großen Walde gewesen sei und das Abenteuer bestanden habe.
Endlich, nachdem noch eine ganze Stunde vergangen war, wollte er aufstehen. Er klingelte wieder, und der hereingerufene Diener half ihm aus dem Bette und kleidete ihn an. Herr Tiburius ließ heute schon das Baden aus, es war bereits zu spät und könnte nur Störungen verursachen. Aber etwas anderes tat er, was er kaum zu verantworten vermochte. Er konnte sich nämlich nicht erwehren, er

frühstückte sehr viel Fleisch, und dann reute es ihn freilich. Aber es hatte keine üblen Folgen.
Von nun an tat Herr Tiburius wieder alles in der Ordnung, wie es ihm in dem Bade vorgeschrieben war, nur daß die Müdigkeit der Füße, die er sich in dem außerordentlichen Gange zugezogen hatte, schier acht Tage anhielt und ihn selbst zu gewöhnlichem Gehen beinahe untauglich machte. Aber immer dachte er in der Zeit an den seltsamen Pfad und war begierig zu erforschen, wie es denn gekommen sei, daß er sich verirrt habe.
Diesen Gedanken zu Folge fuhr er eines Tages, da er sich schon bedeutend erholt hatte, wieder an dieselbe Stelle, wo der feste, sonnige Haideboden war, und wo die schützenden Steinwände standen. Er stieg aus dem Wagen und sagte zu seinen Leuten, den nämlichen, die er damals mit hatte, sie sollten nur warten, er vergehe sich heute nicht. Er ging über den ersten Platz, wie damals, und kam auf den zweiten, der ihm so gefallen hatte, und der ihm heute wieder gefiel. Er ging über ihn und hatte auf alle Gegenstände wohl acht, die er sah. Dann ging er sogar in den Wald hinein. So wie er aber damals die Steinwand nicht hatte finden können, so konnte er sie heute nicht verlieren. Er mochte sich wenden, wohin er wollte, so sah er sie immer wieder stehen. Als er weiter auf dem Pfade fort ging und kleine Hölzlein, die er zu sich gesteckt hatte, auf ihn streute, um wieder zurück zu finden, erblickte er plötzlich auch die Ursache, welche ihn damals verlockt hatte. Zu seinem Wege nämlich, und zwar an einer Stelle, wo er über Steine ging und wenig bezeichnet war, gesellte sich sachte ein anderer, der viel deutlicher ausgetreten aus dem Walde seitwärts herauf ging. Sobald also Tiburius damals zurück gehen wollte, geriet er allemal in diesen deutlicheren Zweig des Weges und durch ihn in den ferneren Wald, der ihn von seinem Wagen ablenkte. Es erschien ihm unglaublich töricht, wie er

das nicht auf der Stelle erkennen und sehen hatte können. Heute war alles gar so klar. Er wußte nicht, daß es allen, die Wälder besuchen, so gehe. Jedes folgende Mal sind sie klarer und verständlicher, bis sie dem Besucher endlich zu einer Schönheit und Freude werden. Auch das sah er heute, daß er, als er sich einmal entschlossen hatte, immer ohne Umkehr fort zu gehen, gerade jene Richtung des Pfades eingeschlagen hatte, welche von seinem Wagen weg führte, und daß er also zu dem Bade zurück einen großen Bogen durch das Gebirge gemacht habe. Er ging eine Strecke auf dem Waldwege hinein, und erinnerte sich jetzt deutlich der Dinge, die er damals schon überall liegen und stehen gesehen hatte. Auf dem Rückwege waren sie noch freundlicher und bekannter als früher. Da er zu der Gabel des Weges gekommen war, ging er über die Steine, gelangte zu der Wand, die er jetzt zur Rechten hatte, und von derselben zu dem Wagen. Er stieg ein und fuhr nach Hause.

Was Herr Tiburius dieses eine Mal getan hatte, das versuchte er nun öfter. Ein ganz besonders schöner Herbst begünstigte ihn ausnehmend; schier immer stand die Sonne wolkenlos an einem milden, freundlichen Himmel. Tiburius ging stets weiter auf seinem Steige fort, er spürte keine Nachteile von diesen größeren Spaziergängen, ja es war sogar, als nützten sie ihm: denn er war, wenn er weit gegangen war, wenn er an der warmen Steinwand gesessen war, wenn er die Dinge um sich herum und an der Fläche des Himmels betrachtet hatte, viel heiterer als sonst, er fühlte sich wohl, hatte Hunger und aß. Endlich brachte er es so weit, daß er, wenn er nicht ganz spät am Vormittage hinaus fuhr, bis auf die Glokkenwiese, wo er den Berg mit den Schneefeldern und das heraus brodelnde Wasser sah, und von da wieder zurück zu dem Wagen gehen konnte. Er hatte dies dreimal in einer Woche getan.

Als Herr Tiburius die Geschichtsmalerei in Öl aufgegeben hatte, war er auf etwas Kleineres verfallen, nämlich auf das Zeichnen, um sich mit demselben manche angenehme Stunde zu machen, er hatte sich nach seiner Art gleich mehrere sehr vorzügliche Zeichenbücher angeschafft; aber er hatte während seiner Arzneistudien und da er so krank war, keinen Strich in diese Bücher gezeichnet. In das Bad hatte er auch die Gerätschaften des Zeichnens mit gebracht, war aber ebenfalls bis jetzt nicht dazu gekommen, auf das weiße Papier den geringsten Gegenstand zu entwerfen. Als er nun so oft seinen Waldsteig, auf dem er so viel gelitten hatte, aufsuchte, kamen ihm die Zeichenbücher und der Gedanke in den Sinn, daß er sie hieher mit nehmen und verschiedene Gegenstände nach der Wirklichkeit versuchen und endlich gar Teile des Steiges selber aufzeichnen könnte. Weil er mit gar niemanden im Bade zusammen kam, so konnte er seinen Gedanken um so leichter ausführen, da er durch keine Gesellschaften und Verbindungen gehindert war. Er fuhr also mit einem Buche hinaus, und saß an der sonnigen Wand und zeichnete. Dies tat er öfter, die Gegenstände, die er nachbildete, gefielen ihm, und endlich fuhr er unaufhörlich hinaus. Er ging nach und nach von den Steinen und Stämmen, die er anfänglich machte, auf ganze Abteilungen über, rückte endlich weiter in den Wald hinein und versuchte die Helldunkel. Besonders gefiel es ihm, wenn die Sonne feurig auf den schwarzen Pfad schien und ihn durch ihr Licht in ein Fahlgrau verwandelte, auf dem die Streifschatten der Bäume wie scharfe schwarze Bänder lagen. So bekam er schier alle Teile des dunkeln Pfades in sein Zeichenbuch. Aber er zeichnete nicht bloß immer, sondern ging auch herum, und einmal machte er den ganzen Weg wieder durch, den er zum ersten Male bei seiner Verirrung gemacht hatte.

Als Herr Tiburius schon lange kein Narr mehr war,

wenigstens kein so großer als früher, glaubten doch noch alle Leute, daß er einer sei, indem nämlich einmal durch seinen Arzt sein Zeichenbuch zur Ansicht kam und man darin die Seltsamkeit entdeckte, daß er ganz und gar lauter Helldunkel zeichne. Freilich muß ich hier auch bekennen, daß es im gelindesten Falle doch immer sonderbar war, daß er durchaus nirgends anders hin als zu seinem Waldsteige hinaus fuhr.

Bis hieher hatte Tiburius nie ein menschliches Wesen auf seinem Wege gesehen, aber endlich sah er auch ein solches, und dasselbe ward entscheidend für sein ganzes Leben.

Es lag ein schöner, langer Stein an dem Pfade, er lag schier auf der Hälfte des Weges zwischen der Wand und der Glockenwiese. Auf diesem Steine war Tiburius oft gesessen, weil er an einem sehr schönen, trockenen Platze lag, und weil man von ihm recht viele schlanke Stämme, herein blickende Lichter und abwechselnde Folgen von sanftem Dunkel sah. Als er eines Nachmittags gegen den Stein ging, um sich darauf zu setzen und zu zeichnen, saß schon jemand darauf. Tiburius hielt es von ferne für ein altes Weib, wie sie immer auf Zeichnungsvorlagen in Wäldern herum sitzen, namentlich, weil er etwas Weißes auf dem Pfade liegen sah, das er für einen Bündel ansah. Er ging gemach zu dem Dinge hinzu. Als er schon beinahe dicht davor stand, erkannte er seinen Irrtum. Es war kein altes Weib, sondern ein junges Mädchen, ihrer Kleidung nach zu urteilen, ein Bauermädchen der Gegend. Das grüne Dach des Waldes, getragen von den unendlich vielen Säulen der Stämme, wölbte sich über sie und goß seine Dämmerung und seine kleinen Streiflichter auf ihre Gestalt herab. Sie hatte ein weißes Tuch um ihr Haupt, ein leichtes Dächelchen über der Stirne bildend, fast wie bei einer Italienerin. Sie hatte ein hochrotes Halstuch um, auf dem Lichterchen, wie Flämmchen, waren.

Das Mieder war schwarz, und den Schoß umschloß ein kurzes, faltenreiches, blauwollenes Röckchen, daraus die weißen Strümpfe und die groben, mit Nägeln beschlagenen Bundschuhe hervor sahen. Was Tiburius für einen Bündel angesehen hatte, war ebenfalls ein weißes Tuch, das um ein flaches Körbchen geschlungen war, um es damit tragen zu können. Aber das Tuch konnte das Körbchen nicht überall verdecken, sondern dasselbe sah an manchen Stellen samt seinem Inhalte heraus. Dieser Inhalt bestand in Erdbeeren. Es war jene Gattung kleiner würziger Walderdbeeren, die in dem Gebirge den ganzen Sommer hindurch zu haben sind, wenn man sie nur an gehörigen Stellen zu suchen versteht.
Als Herr Tiburius die Erdbeeren gesehen hatte, erwachte in ihm ein Verlangen, einige davon zu haben, wozu ihn namentlich der Hunger, den er sich immer auf seinen Waldspaziergängen zuzog, antreiben mochte. Er erkannte aus der Ausrüstung, daß das Mädchen eine Erdbeerverkäuferin sei, wie sie gerne in das Bad kamen, und teils an den Ecken und Türen der Häuser, teils in den Wohnungen selber ihre Ware zum Verkaufe ausbieten. Im Angesichte hatte er das Mädchen gar nicht angeschaut. Er stand eine Weile in seinem grauen Rocke vor ihr, dann sagte er endlich: »Wenn du diese Erdbeeren ohnehin zu Markte bringst, so tätest du mir einen Gedallen, wenn du mir auch gleich hier einen ganz kleinen Teil derselben verkauftest, ich werde sie dir gut zahlen, das heißt, wenn du auf den Verkauf hinauf noch einen kleinen Weg mit mir zur Straße hinaus gehst, weil ich hier kein Geld habe.«
Das Mädchen schlug bei dieser Anrede die Augen gegen ihn auf und sah ihn klar und unerschrocken an.
»Ich kann Euch keine Erdbeeren verkaufen,« sagte sie, »aber wenn Ihr nur einen ganz kleinen Teil derselben wollt, wie Ihr sprecht, so kann ich Euch denselben schenken.«

»Zu schenken darf ich sie nicht annehmen«, antwortete Tiburius.
»Sagt einmal, hättet Ihr sie recht gerne?« fragte das Mädchen.
»Ja, ich hätte sie recht gerne«, erwiderte Tiburius.
»Nun so wartet nur ein wenig«, sagte das Mädchen.
Nach diesen Worten nestelte sie, vorwärts gebückt, den großen Knoten des Tuches über dem Körbchen auf, hüllte die Zipfel zurück und zeigte auf dem flachen Geflechte eine Fülle gelesener Erdbeeren, die mit größter Sorgfalt und Umsicht gesucht worden sein mußten; denn sie waren alle sehr rot, sehr reif, und schier alle gleich groß. Dann stand sie auf, nahm einen flachen Stein, den sie suchte, gebrauchte ihn als Schüsselchen, legte mehrere große grüne Blätter, die sie pflückte, darauf und füllte auf dieselben ein Häufchen Erdbeeren, so groß, als es darauf gehen mochte.
»Da!«
»Ich kann sie aber nicht nehmen, wenn du sie bloß schenkst«, sagte Tiburius.
»Da Ihr gesagt habt, daß Ihr sie recht gerne hättet, so müsset Ihr sie ja nehmen,« antwortete sie, »ich gebe sie Euch auch mit sehr gutem Willen.«
»Wenn du sie mit sehr gutem Willen gibst, dann nehme ich sie wohl an«, sagte Tiburius, indem er den flachen Stein mit Vorsicht aus ihrer Hand in die seinige nahm. Er aß aber in dem ersten Augenblicke nicht davon.
Sie beugte sich wieder nieder und richtete das Körbchen mit dem weißen Tuche in den vorigen Stand. Als sie sich empor gerichtet hatte, sagte sie: »So setzt Euch auf diesen Stein nieder, und eßt Eure Erdbeeren.«
»Der Stein ist ja dein Sitz, da du ihn zuerst eingenommen hast«, antwortete Tiburius.
»Nein, Ihr müßt Euch darauf setzen, weil Ihr esset, ich werde vor Euch stehen bleiben«, sagte das Mädchen.

Tiburius setzte sich also, um ihren Willen zu tun, nieder und hielt das Steinschüsselchen mit den Erdbeeren vor sich. Er nahm mit seinen Fingern zuerst eine und aß sie, dann die zweite, dann die dritte, und so weiter. Das Mädchen stand vor ihm und sah ihm lächelnd zu. Als er nur mehr wenige hatte, sagte sie: »Nun, sind sie nicht gut?«

»Ja, sie sind vortrefflich,« antwortete er, »du hast die besten und gleichbedeutendsten zusammen gesucht. Aber sage mir, warum verkaufst du denn keine Erdbeeren?«

»Weil ich durchaus keine verkaufe,« erwiderte sie, »ich suche sehr schöne und gute, und der Vater und ich essen sie dann. Das ist so: der Vater ist alt und wurde im vorigen Frühlinge krank. Der Badedoktor schaute ihn an, und gab ihm dann einige Dinge. Er muß ein närrischer Mann sein, denn nach einer Zeit sagte er, der Vater solle nur viele Erdbeeren essen, er werde schon gesund werden. Was sollen denn Erdbeeren helfen, dachte ich, sie sind ja nur ein Nahrungsmittel, keine Arznei. Weil man es aber doch nicht wissen konnte, ging ich in den Wald und suchte Erdbeeren. Der Vater aß sie gerne, und ich nahm immer einen Teil mehr aus dem Walde mit, daß auch einige für mich blieben; denn ich liebe sie auch. Der Vater ist schon lange gesund, ich weiß nicht, haben es die Erdbeeren getan, oder wäre er es auch ohne ihnen geworden. Weil sie aber so gut sind, so gehe ich noch immer und suche uns einige.«

»In dem Bade sind schon lange keine mehr zu haben, weil bereits Herbst ist«, sagte Tiburius.

»Wenn Ihr viele Erdbeeren wollt,« erwiderte das Mädchen – – »wie heißt Ihr denn, Herr?«

»Theodor heiße ich«, antwortete Tiburius.

»Wenn Ihr in dieser Jahreszeit viele Erdbeeren wollt, Herr Theodor,« fuhr das Mädchen fort, »so müßt Ihr in die Urselschläge hinüber gehen; denn da werden sie erst im Spätsommer reif. Jetzt sind sie noch schön genug. Geht einmal hin und pflückt Euch einige. In andern Zeiten sind sie wieder an andern Plätzen gut.«

Tiburius war unterdessen mit allen seinen Erdbeeren fertig geworden, und er legte das Schüsselchen mit den grünen Blättern neben sich auf den Stein.

»Ich habe an diesem Platze nur ein wenig gerastet, und gehe jetzt fort«, sagte das Mädchen.

»Ich gehe mit«, sagte Tiburius.

»Wenn Ihr wollt, so geht«, antwortete das Mädchen.

Sie beugte sich auf das weiße Linnen, das das Körbchen umhüllte und zu ihren Füßen auf dem Wege stand, nieder, faßte die vier Zipfel geschickt in ihre Hand, hob sie auf und ging, das Körbchen an ihrer Seite tragend, fort.

Tiburius hob sich von seinem Sitze, streifte die auf den Stein gefallenen Waldnadeln von seinem grauen Rocke und ging mit.

Sie führte ihn auf dem Wege, der zu der Steinwand und zu seinem Wagen ging, hinaus. Als sie aber zu der Gabel kamen, die Herrn Tiburius zum ersten Male verführt hatte, bog sie in den wohlbetretenen Pfad ein und ließ den zu ihrer Rechten liegen, der zu der Wand und zu Tiburius' Pferden hinaus führte. Er ging neben ihr her, der Pfad lenkte in schönen, dicht bestandenen Wald ein und ging in ihm fort. Das Mädchen schritt, von den tanzenden Lichtern des Waldes bald besprengt, bald gemieden, in einem mäßigen Tritte fort, daß Tiburius ohne Beschwerde neben ihr gehen konnte. Als sie eine Strecke zurück gelegt hatten, glaubte Tiburius den großen Stein zu erkennen, zu dem er damals gerannt war, und auf dem er stand, da er nach seinem Wagen und nach seinen Leuten gerufen hatte.

»Ich muß Euch doch um etwas fragen, das ich nicht verstehe«, sagte das Mädchen, da sie so mit einander gingen.

»So frage«, antwortete Tiburius.

»Ihr habt gesagt, daß Ihr mir die Erdbeeren abkaufen wolltet, daß Ihr kein Geld an jener Stelle hättet, wenn ich aber bis auf die Straße hinausginge, wolltet Ihr mir sie dort gut bezahlen. Wie ist nun das zu verstehen? Liegt Euer Geld auf der Straße?«

»Nein, das ist nur so,« antwortete Tiburius, – »aber sage mir auch, wie heißest denn du?

»Maria heiße ich«, erwiderte das Mädchen.

»Also siehst du, Maria, das ist so: ich gehe nur öfter ganz allein in den Wald herein, um da spazieren zu gehen, mein Diener wartet auf der Straße. Da nun er alles einkauft, was wir bedürfen, und da er auch das bezahlt, was ich kaufe, so trage ich nie ein Geld mit mir, sondern er hat mein Geld und verrechnet es mir zu gesetzten Zeiten.«

»Das ist ja sehr unangenehm und ein großer Umweg,« versetzte das Mädchen, »sein Geld muß man ja selbst bei sich haben, und selbst kaufen und zahlen; dann braucht man keinen andern und keine Rechnung.«

»Das ist wohl wahr,« sagte Tiburius, »und du hast recht, aber es ist auch schon so Sitte geworden.«

»Eine Sitte, die närrisch ist,« antwortete das Mädchen, »würde ich gar nicht mehr befolgen.«

So gingen sie unter verschiedenen Fragen und Antworten fort. Sie gingen eine geraume Weile in dem Walde. Endlich lichtete er sich, die Bäume standen dünner, Wiesen zeigten sich hie und da, und der Pfad lief durch dieselben hin, dem tiefern Gebirge zu. An einer schönen Stelle, wo Laubbäume standen und mehrere sonnenbeglänzte Steine lagen, bog Maria von dem Pfade ab, und auf ein dünnes feines Weglein, das über eine Matte hinauf ging, zeigend, sagte sie: »Hier geht man zu unserem Hause hinauf, wenn Ihr mitkommen wollt, seid Ihr eingeladen.«

»Ich gehe schon mit«, antwortete Tiburius.

Sie schritt also voran, und er folgte. Da sie in Windungen, weil die Matte bedeutend steil war, nicht gar soweit gegangen waren, zeigte sich das Haus. Es stand in einer breiten, bequemen Mulde des Abhanges, der in einem Halbkreise etwas weiter von dem Hause eine Steinwand bildete, die das Haus von allen Seiten, außer der des Mittags, wohin die Fenster gingen, schützte. Darum war es auch möglich, daß viele Obstbäume um das Haus standen und ihre Früchte zeitigen konnten, während doch in der ganzen Gegend, und insbesonders in der Höhe dieser Matte keine günstigen Bedingungen für Obst sind. Tiefer gegen die Wand hin standen auch Bienenstöcke. Der Größe nach gehörte das Haus eher zu den kleineren der Art, wie sie gerne in jenem Teile der Gebirge liegen. Maria ging voran über die Schwelle der offen stehenden Haustür, Tiburius ging hinter ihr. Sie führte ihn an der Küche, in welcher eine Magd scheuerte, vorüber in die Wohnstube, die von dem durch die Fenster herein fallenden Sonnenlichte hell erleuchtet war. An dem weißen buchenen Tische der Stube saß der Vater Marias, der einzige Bewohner der Stube und des Hauses, da die Mutter des Mädchens schon lange gestorben war. Sie stellte das Erdbeerkörbchen vorerst in einen Winkel der Bank und rückte für Tiburius einen Stuhl zu dem Tische und lud ihn zum Sitzen ein, indem sie dem Vater erzählte, daß sie den Herrn da im Schwarzholze gefunden habe, und daß er mit ihr herauf gegangen sei. Hierauf breitete sie ein weißes Tüchlein auf den Tisch, stellte drei Tellerchen, für den Vater, für Tiburius und sich, darauf, und brachte dann die Erdbeeren, in eine bemalte hölzerne Schüssel geleert, herbei. Die Magd stellte auch Milch hin, mit welcher der Vater von den für ihn gebrachten Früchten aß. Tiburius nahm nur äußerst wenig, und Maria sagte, daß sie sich ihren Anteil für abends aufhebe.

Nachdem Tiburius eine Weile mit dem Manne, der noch gar nicht alt war, sondern an der Schwelle des Greisenal-

ters stand, über verschiedenes geredet hatte, erhob er sich von seinem Stuhle, um fort zu gehen. Maria sagte, sie wolle ihn bis an die Straße geleiten, auf welcher er dann nur fort zu gehen brauche, um zu seinem Diener zu gelangen.
Das Mädchen führte ihn nun auf einem andern, eben so feinen Wege über die Matte hinab. Sie bogen gleich unterhalb des Hauses um die Steinwand der Mulde und gingen an deren sanfter Außenseite schräge hinab, gerade der Richtung entgegengesetzt, in der sie gekommen waren. Nach einer kleinen Zeit kamen sie in die Tiefe des Tales, und in demselben eine Weile unter Gebüschen und Bäumen fortgehend, gelangten sie auf die Straße.
»Wenn Ihr nun in dieser Richtung hin fort geht,« sagte sie, »so müßt Ihr an die Stelle kommen, wo Euer Diener steht, wenn Ihr nämlich auf dem kleinen Pfade an der Andreaswand in das Schwarzholz hinein gegangen seid und ihn dort an der Straße stehen gelassen habt.«
»Ja, ich bin dort hinein gegangen«, antwortete Tiburius.
»So lebt nun wohl, ich gehe nach Hause zurück. Weil Ihr vielleicht gar nicht einmal in die Urselschläge hinüber finden würdet, so will ich Euch dieselben zeigen, wenn Ihr übermorgen um Zwölf-Uhr-Läuten auf dem Steine auf mich warten wollt, wo Ihr mich heute angetroffen habt. Ihr könnt Euch dann genug Erdbeeren pflücken; denn ich werde Euch auch die Plätze zeigen, wo sie jetzt gerade am meisten sind.«
»Ich danke dir recht schön, Maria,« antwortete Tiburius, »daß du mich beschenkt und nun hieher geführt hast, ich werde gewiß kommen.«
»Nun so kommt«, erwiderte das Mädchen, indem es sich umwandte, und schon unter den Gebüschen wieder davon ging.
Tiburius schritt auf der Straße in der bezeichneten Richtung fort. Er ging ziemlich lange, bis er endlich seinen

Wagen und seine Leute stehen sah. Diese gaben, als er bei ihnen war, ihre Verwunderung zu erkennen, daß sie ihn heute nicht auf seinem Fußpfade, sondern auf der Straße daher kommen sahen. Er aber sagte keine Ursache, sondern saß in den Wagen und fuhr in das Bad zurück. Auch in dem Badeorte sagte er keinem Menschen etwas von dem Begegnisse, und daß er in dem Gebirgshause auf der Mulde gewesen sei.

Aber am zweiten Tage darauf fuhr er schon vormittags zu seiner gewöhnlichen Stelle hinaus. Er stieg aus, ließ den Wagen stehen und schlug den Pfad gegen seine bekannte Steinwand ein. Er ging an ihr vorüber, er ging gegen die Buchen, schritt auf den Waldsteig und ging auf ihm fort, bis er zu dem vertragsmäßigen Steine gelangte. Auf denselben setzte er sich nieder und blieb sitzen. Man konnte wohl in diese Entfernung und Wildnis keine Mittagsglocke hören, aber die Zeit, in welcher sie alle auf den Türmen und Türmlein des Landes tönen müssen, kannte Tiburius sehr wohl; denn er hatte die Uhr in der Hand; – und als diese Zeit gekommen war, sah er auch schon Maria in der Waldesdämmerung genau so wie vorgestern gekleidet auf sich zu gehen.

»Aber wie weißt du denn, daß es jetzt gerade Mittag ist, da man nicht läuten hört, und da ich keine Uhr bei dir sehe?« sagte Tiburius, als das Mädchen bei ihm angekommen war und stehen blieb.

»Habt Ihr vorgestern nicht die Uhr mit den langen Schnüren in unserer Stube hängen gesehen?« antwortete sie, »diese geht sehr gut, und wenn sie auf eilf zeigt, gehen wir zum Mittagsessen, dann richte ich mich zum Erdbeersammeln zusammen, und wenn ich auf den Zeiger schaue, ehe ich fort gehe, weiß ich genau, wann ich hier eintreffen werde.«

»Heute bist du ganz zu der versprochenen Zeit gekommen«, sagte er.

»Ihr auch,« antwortete sie, »das ist gut; nun aber kommt, ich werde Euch führen.«
Tiburius stand von dem Steine auf. Er hatte wieder seinen grauen Rock an, und so gingen sie, das Mädchen in der oben beschriebenen Kleidung, er in seinem grauen Rocke, durch den Wald dahin. Sie hatte wieder das flache Körbchen mit dem weißen Tuch darum, aber da es leer war, hing es lose an ihrem Arme. Sie führte Herrn Tiburius eine gute Strecke auf dem Waldpfade fort, den er kannte, der ihm einmal so Angst eingejagt hatte, und der jetzt so schön war. Als sie in das hohe Tannicht gekommen waren, wo die Pflöcke über den Weg liegen, beugte Maria von dem Pfade ab und ging in das Gestein und in die Farrenkräuter hinein. Tiburius hinter ihr her. Sie führte ihn ohne Weg, aber sie führte ihn so, daß sie auf trockenen Steinen gingen und das Naß, welches in dem Moose und auf dem Pfade war, vermieden. Später kamen sie auf trockenen Grund. Zuweilen war es wie ein schwach erkennbarer Weg, worauf sie gingen, zuweilen war es nur das rauschende Gestrippe, die Steine und das Gerölle eines dünn bestandenen Waldes, durch den sie gingen. Nach mehr als einer Stunde Wandelns kamen sie auf einen Abhang, der weithin von Wald entblößt war und durch die unzähligen noch deutlichen Stöcke zeigte, daß die Bäume erst vor wenig Jahren umgeschnitten worden waren. Der Abhang blickte gegen Mittag, war von warmer Herbstsonne beschienen und von Bergen und Felsen so umstanden, daß keine rauhe Luft herein wehen konnte. Es wuchs allerlei Gebüsche und Geblüme auf ihm, und man konnte vielfach das Kraut der Erdbeeren um die Stöcke geschart erblicken.
»Wir wollen nun hier in dem Urselschlage hinab sammeln,« sagte Maria, indem sie über dieses seltsame Baumschlachtfeld hin wies, »und wir werden nach einer Weile sehen, wer mehr hat.«

Nach diesen Worten ging sie schnell von der Seite Tiburius' in den Holzschlag und in das sonnige Gestrippe hinein, und in einiger Zeit konnte er schon sehen, wie sie sich hier und dort bücke und etwas auflese. Das Körbchen mußte sie irgendwo hingestellt haben; denn er sah nicht mehr, daß sie es noch am Arme habe.
Er wollte nun also auch Erdbeeren pflücken, allein er sah keine. Wo er stand, war alles grün oder braun oder anders – nur keinen einzigen roten Punkt konnte er erblicken, der eine Erdbeere angedeutet hätte. Er ging also weiter in den Schlag hinein. Jedoch hier sah er wieder nur das grüne Erdbeerkraut, allerlei braune und gelbliche Blätter, herabgefallene Baumrinde, und ähnliches: aber keine Erdbeere. Er nahm sich also vor, noch weiter zu gehen und noch genauer zu schauen. Es muß ihm auch gelungen sein; denn nach einer Weile hätte man schon sehen können, wie er sich bückte und wieder bückte. Es war ein seltsamer Anblick, die zwei Wesen in dem gemischten Gestrippe des Holzschlages zu sehen. Das flinke, geschickte Mädchen, welches sich gelenk zwischen den Zweigen bewegte, und den Mann in seinem grauen Rocke, dem man es gleich ansah, daß er aus der Stadt hieher in den Wald gekommen sei.
Nach einiger Zeit sah Maria ihren Begleiter stehen, wie er einige Erdbeeren, die er gepflückt hatte, auf der flachen Hand hielt. Sie ging in Folge dieser Beobachtung zu ihm hin und sagte: »Seht, da habt Ihr Euch kein Körbchen oder anderes Gefäß zum Sammeln der Beeren mit genommen – wartet, ich will Euch helfen.«
Nach diesen Worten zog sie ein Messer aus der Tasche ihres Röckchens, ging ein kleines Hügelchen, auf dem eine junge weißstämmige Birke stand, empor und lösete von dem Stamme mit geschickten Schnitten ein Viereck aus der Rinde, das so weiß, so kräftig und so zart war, wie ein Pergament. Mit dem Vierecke ging sie wieder zu

Tiburius, schnitt aus dem Gebüsche, das neben ihm war, einige schlanke Zweige ab, putzte sie glatt aus, tat in die zarte Rinde einige Schnitte, und machte so aus dem Vierecke und aus den Zweigen eine niedliche Tasche, welche nicht nur recht schön die Erdbeeren aufzunehmen fähig war, sondern auch noch den Vorteil hatte, daß sie auf den durchzogenen Zweigen wie auf Füßen stand.

»So,« sagte Maria, »da habt Ihr jetzt ein Körbchen, pflückt fleißig hinein, ich werde indessen auch in dem meinigen ungesäumt nachfüllen, und wenn Ihr fertig seid und etwa ein zweites braucht, so dürft Ihr nur rufen.«

Sie ging von ihm weg wieder auf ihren Platz und förderte ihr Werk – Tiburius auch.

Als sie so viel hatte, wie sie gewöhnlich zu sammeln pflegte, ging sie zu Tiburius und sah, daß er sein winzig kleines Körbchen auch beinahe voll hatte. Sie wandte sich nach einigen Seiten, um zu suchen, damit er doch auch sein Gefäß voll habe. Dann brachte sie ihm die gefundenen auf grünen Blättern und füllte sie ihm in sein Rindentäschchen.

»So,« sagte sie, »nun haben wir beide unsere Geschirre voll, und jetzt gehen wir.«

Sie gingen nun wieder in derselben fast lächerlichen Art zurück, wie sie hereingekommen waren; nämlich durch Gestripp, Farrenkräuter und Steine, ohne Weg, das Mädchen voran und Tiburius in dem grauen Rocke hinter ihr. Sie führte ihn mit derselben Sicherheit wieder auf seinen Waldsteig zurück, mit der sie ihn zu den Urselschlägen hinab geführt hatte. Als sie zu der Stelle kamen, wo die Wege sich trennten, sagte sie: »Ihr könnt jetzt da zu der Andreaswand hinaus gehen, da habt Ihr näher in das Bad, ich gehe wieder links durch den Wald nach Hause. Lasset Euch Eure Erdbeeren wohl schmecken. Ihr könnt auch Zucker dazu nehmen, sogar auch Wein. Wenn Ihr wieder kommt, nehmt ein Messer mit und macht Euch ein viel größeres Körbchen, als das heutige ist. Wollt Ihr mit mir sammeln gehen, so kommt nur wieder übermorgen; ich gehe jeden zweiten Tag, so lange das jetzige schöne Wetter dauert; wenn es einmal regnet, so sind in dieser Jahreszeit alle Erdbeeren verdorben, und ich gehe nicht mehr hinaus. Jetzt lebt recht wohl.«

»Lebe wohl, Maria«, antwortete Tiburius.

Sie ging, ihr Körbchen mit dem weißen Tuche im Waldesdämmer gerade so tragend wie neulich, auf ihrem Wege links, Tiburius ging rechts und fuhr dann, sein Erdbeerkörbchen im Wagen vor sich her haltend, in den Badeort zurück. Da sie ihn so ankommen sahen, und da die Geschichte, wie er mit einer Birkenrindentasche Erdbeeren sammeln gegangen und dann so zurück gefahren sei, sich auch in die nächsten Häuser verbreitet hatte, gab es wieder viel lustiges Gelächter: Tiburius aber wußte nichts davon, er ließ sich gegen Abend von seinem Diener sehr schöne Teller geben und aß die gesammelten Erdbeeren. Er nahm keinen Wein dazu.

Von nun an war er noch zwei Male mit ihr. Das erste Mal machte er sich wirklich mit seinem Messer, das er mit nahm, eine ziemlich große Tasche aus Birkenrinde, die er zur Hälfte mit Erdbeeren voll las: das zweite Mal hielt er doch diese Beschäftigung für zu kindisch, und saß, während Maria ihre Erdbeeren pflückte, mit einem Buche auf einem Stocke und las. Er ging dieses letzte Mal auch wieder mit ihr zu ihrem Vater, und saß in seinem ewigen grauen Rocke, den er lieb gewonnen hatte, geraume Zeit mit dem Manne auf der Bank vor dem Hause und redete mit ihm; denn der Tag war sehr schön, und die Herbstsonne legte ihre Strahlen so warm auf die Mittagseite des Hauses, daß sogar die Fliegen um die zwei Männer scherzten und lustig waren, als wäre es mitten im Sommer. Dann ging er allein, weil er jetzt den feinen Pfad über den Hügel hinab schon wußte, auf die Straße und zu seinen Pferden.

Dieser freundliche, warme Tag war wirklich der letzte schöne gewesen, wie es im Gebirge sehr oft, man könnte fast sagen, immer vorkömmt, daß, wenn im Spätherbste eine gar laue und warme Zeit ist, sie gewöhnlich als Vorbote erscheint, daß nun die Stürme und die Regen eintreten werden. Von der schönen duftigen Wand, die Tiburius immer von seinem Fenster aus gesehen hatte, und von der er sich anfangs gleich nach seiner Ankunft gewundert hatte, daß die Steine gar so hoch oben auf ihr hervorstehen, kam jetzt nicht mehr der schöne blaue Duft zu ihm herüber, sondern sie war gar nicht mehr sichtbar, und nur graue, wühlende Nebel drehten sich unaufhörlich von jener Gegend her, als würden sie aus einem unermeßlichen Sacke ausgeleert, der aber nie leer werden wolle; aus den Nebeln fuhr ein unablässiger Wind gegen die Häuser des Badeortes, und der Wind brachte einen feinen, prickelnden Regen, der entsetzlich kalt war. Tiburius wartete einen Tag, er wartete zwei, er wartete mehrere – allein da der Badearzt selber sagte, daß jetzt wenig Hoffnung vorhanden sei, daß noch milde und der Heilung zuträgliche Tage kämen, ja daß diese Zeit eher den Fremden schädlich als nützlich werden könne: ließ er seinen Reisewagen packen und fuhr nach Hause. Ein paar Tage vorher, da er gerade im Aufräumen begriffen war, war der Holzknecht bei ihm gewesen, der ihm damals in der Nacht den Weg von dem Schwarzholze nach Hause gezeigt hatte, und hatte ihm den anvertrauten Stock gebracht. Er sagte, daß er eher gekommen wäre, wenn er gewußt hätte, daß der Knopf von Gold sei, er habe es erst gestern erfahren. Tiburius antwortete, das mache nichts, und er wolle ihm für seinen Dienst mehr geben, als der Knopf samt dem Stocke wert wäre. Er hatte ihm die Belohnung eingehändigt, und der Knecht war unter sehr vielen Danksagungen fort gegangen.
In der Gegend, in welcher Tiburius' Landhaus stand,

waren noch recht schöne, wenn auch meistens sanft umwölkte Tage. Herr Tiburius fuhr zu dem kleinen Doktor hinaus, der in seinem Garten die klappernden Vorrichtungen hatte und seine Pflanzenanlagen immer erweiterte. Der Doktor empfing Herrn Tiburius wie gewöhnlich, er redete mit ihm, und sagte ihm aber nichts, ob er ihn besser oder übler aussehen finde. Herr Tiburius erzählte ihm, daß er in dem Bade gewesen sei, und daß es ihm bedeutend gut getan habe. Von dem Leben und Treiben des Bades, und was sich sonst in demselben ereignet haben könnte, erzählte er ihm nichts. Er stand an den Pflanzenbehältnissen, und der Doktor wirtschaftete trotz der vorgerückten Jahreszeit noch immer ohne Rock herum. Ehe der Schnee kam, war Tiburius noch wiederholt bei dem Doktor gewesen.

Im Winter nahm er einmal hohe Stiefel und einen warmen, rauhen Rock und versuchte, im Schnee spazieren zu gehen. Es gelang, und er tat es dann noch mehrere Male.

Als aber die Sonne ihre Strahlen im Frühlinge wieder warm und freundlich herab fallen ließ, und als sich Tiburius aus seinen Büchern, welche von dem Bade handelten, überzeugt hatte, daß jetzt dort auch schon die wärmere Jahreszeit angebrochen sei, rüstete er wieder seinen Reisewagen und fuhr nach dem Bade ab. Da er zu den Leuten gehörte, welche immer gerne bei dem Alten und einmal Gewohnten bleiben, hatte er schon in dem vorigen Herbste, ehe er nach Hause fuhr, die bisher besessene kleine Wohnung für den ganzen künftigen Sommer von seinem alten Wirte gemietet.

Als er dort angekommen war, als man alles ausgepackt hatte, als die seidenen Chinesen vor seinem wohlgeordneten Bette prangten, ging er daran, sich für den heurigen Sommer einzurichten. Er legte sich die schönen Zeichenbücher, die er für dieses Mal mitgebracht hatte, auf das Tischlein, auf das die blaue Wand jetzt recht freundlich herein schaute, er legte die Päckchen Bleistiften dazu, die er vorgerichtet hatte, und er fügte noch die niedlichen Kästchen bei, in denen die feinen Feilen befestiget waren, an welchen er die Zeichenstiften spitzte. Zuletzt, da alles geschehen war, ließ er auch den Arzt rufen, um mit ihm über sein bevorstehendes Verhalten etwas zu sprechen.

Als alles in Ordnung war, fuhr er zu der Andreaswand hinaus. Sie prangte in vollem Frühlingsschmucke. Die Gestrippe, die Blätter und die Pflanzen aller Art hatten jetzt das herrliche, lachende Grün statt dem Braun und Gelb des vorigen Herbstes, und es leuchtete daraus manches feurige Blau und Rot und Weiß emporgeblühter Blumen heraus. Der Wald hatte das jugendliche, hellgrüne Ansehen, und selbst aus manchem liegenden Strunke, der im vorigen Jahre nur dürres Holz geschienen hatte, standen frisch aufgeschossene beblätterte Triebe empor. Nur Erdbeeren, dachte er, werden wohl noch gar keine in dieser Jahreszeit sein.

Er stand eine Weile und ging herum und schaute. Da er das zweite Mal hinaus gekommen war, zeichnete er, und ging dann tief in seinen Waldpfad hinein. Es war auch hier alles anders: der Pfad schien enger, weil überall die Gräser hinzu wuchsen; und die Bäume und Gesträuche hatten lange Ruten und Zweige nach allen Richtungen hervor geschossen. Selbst die Steine, die er sehr wohl kannte, hatten manches lichte Grün, und auf verschiedenen Stellen, wo nur ein dürftiges Plätzchen zu gewinnen war, stand sogar ein Blümchen empor.

Als auf diese Weise einige Zeit vergangen war, als viele recht schöne Tage über das Gebirge und über das Tal gingen, als er sogar schon einmal durch das ganze Schwarzholz bis hinaus zu dem Anblicke der Schneefelder und von da wieder zurück gewandert war, geschah es eines Tages, da er eben mit seinen Zeichenbüchern und mit dem grauen Rocke auf dem Pfade schlenderte, daß Maria leibhaftig gegen ihn daher ging. Ob sie gekleidet war wie im vergangenen Jahre, ob anders, das wußte er nicht, denn er hatte es sich nicht gemerkt – daß er selber ganz und gar der nämliche war, wußte er auch nicht, weil er nie daran dachte.

Als sie ganz nahe gekommen war, blieb er stehen und sah sie an. Sie blieb gleichfalls vor ihm stehen, richtete ihre Augen auf ihn und sagte: »Nun, seid Ihr schon wieder da?«

»Ja,« sagte er, »ich bin schon seit längerer Zeit in dem Bade, ich bin auch schon oft hier heraus gekommen, habe dich aber nie gesehen, natürlich, weil noch gar keine Erdbeeren sind.«

»Das tut nichts, ich komme doch öfter heraus,« antwortete Maria, »denn es wachsen verschiedene heilsame und wohlschmeckende Kräuter, die im Frühlinge sehr gut sind.«

Nach diesen Worten richtete sie ihre hellen Augen erst noch recht klar gegen die seinen und sagte: »Warum seid Ihr denn damals falsch gewesen?«

»Ich bin ja gar nicht falsch gewesen, Maria«, antwortete er.

»Ja, Ihr seid falsch gewesen«, sagte sie. »Welchen Namen man von Geburt an hat, der ist von Gott gekommen, und den muß man behalten wie seine Eltern, sie mögen arm oder reich sein. Ihr heißet nicht Theodor, Ihr heißet Tiburius.«

»Nein, nein, Maria,« antwortete er, »ich heiße Theodor, ich heiße wirklich Theodor Kneigt. Die Leute haben mir den Namen Tiburius aufgebracht, er kam mir schon ein paar Male zu Ohren, und ein Freund zu Hause nennt mich unaufhörlich so – wenn du meinen Worten nicht glaubst, so kann ich es dir beweisen – warte, ich habe einige Briefe bei mir, auf welchen die Aufschrift auf mei-

nen Namen gemacht ist – und wenn du dann auch noch zweifelst, so kann ich dir morgen mein Taufzeugnis weisen, in welchem mein Name unwiderleglich steht.«
Bei diesen Worten griff er in die Brusttasche seines grauen Rockes, in der er mehrere Papiere hatte. Maria aber faßte ihn an dem Arme, hielt ihn zurück und sagte: »Lasset das, Ihr braucht es nicht. Weil Ihr es gesagt habt, so glaube ich es schon.«
Er ließ mit einigem Zögern die Papiere in der Tasche, zog die leere Hand heraus, und Maria ließ dann mit der ihrigen seinen Arm los.
Nach einer Weile fragte Herr Tiburius: »Also hast du mir in dem Bade nachgeforscht?«
Maria schwieg ein wenig auf die Frage, dann sagte sie: »Freilich hab ich Euch nachgeforscht. Die Leute sagen auch noch andere Dinge – sie sagen, daß Ihr ein sonderbarer und närrischer Mensch seid – aber das tut nichts.«
Nach diesen Worten richtete sie sich zum Gehen. Herr Tiburius ging mit ihr. Sie sprachen von dem Frühlinge, von der schönen Zeit; und wo der Weg die Gabel bildet, trennten sie sich – ihr Pfad ging links in die Waldestiefe hinunter; der seinige rechts gegen die Wand.
Herr Tiburius ging nun auch einmal auf den Muldenhügel hinauf, wo das Häuschen ihres Vaters stand, und nach diesem ersten Besuche kam er öfter, indem er die Pferde und die Leute auf dem gewöhnlichen Platze der Straße auf sich warten ließ. Er saß bei dem Vater und redete von verschiedenen Dingen mit ihm, wie sie dem Manne eben einfielen, – und er redete auch mit Maria, wie sie in dem Hause so herumarbeitete, oder, wenn sie in der Stube waren, zu ihnen an den Tisch trat und zuhorchte – oder, wenn sie auf der Gassenbank saßen, daneben stand, die Hand an das Angesicht hielt und auf die fernen Berge oder auf die Wolken hinaus schaute. Der Vater verzärtelte das Mädchen, er ließ sie arbeiten, was sie wollte,

oder er ließ sie auch, wenn es ihr gefiel, fort wandern und müßig in dem Walde herum gehen. Zuweilen begleitete sie den Herrn Tiburius ein Stückchen auf dem Hügel, und machte sich gar nichts daraus, ihm zu sagen, wenn sie wieder in den Wald käme, damit sie dort zusammen träfen.

Herr Tiburius versäumte diese Gelegenheiten nicht, sie gingen mit einander herum, sie pflückte die Kräuter in ihr Körbchen, zeigte ihm manche von ihnen auf ihrem Standorte und nannte ihm die Namen derselben, wie sie nämlich in ihrer ländlichen Sprache gebräuchlich waren.

Endlich zeigte ihr Tiburius seine Zeichenbücher. Er hatte erst spät vermocht, dieses zu tun. Er schlug die Blätter auf und wies ihr, wie er manche Gegenstände des Waldes und der Wand mit feinen, spitzigen Stiften nachbilde. Sie nahm den lebhaftesten Anteil an der Sache und geriet in ein sehr großes Entzücken, daß man mit nichts als ledigen schwarzen Strichen so getreu und lieblich und wahrhaftig, als ob sie da ständen, die Gegenstände des Waldes nachbilden könne. Sie saß von nun an, wenn er zeichnete, bei ihm, schaute sehr genau zu und ließ die Blicke auf die Gegenstände und auf die Linien des Buches hin und her gehen.

Nach einer Zeit redete sie sogar schon darein und sagte oft plötzlich: »Das ist zu kurz – das steht draußen nicht so.«

Er erkannte es jedes Mal als recht, was sie sagte, nahm Federharz, löschte die Striche aus und machte sie, wie sie sein sollten.

Zuweilen begleitete er sie nach solchen Stunden zu ihrem Vater, zuweilen ging sie mit ihm bis an die Steinwand. Von seinem Wagen, und daß seine Diener auf ihn draußen warteten, sagte er ihr nichts.

So verging ein geraumer Teil des Sommers.

Eines Nachmittags, als schon längstens wieder Erdbeeren waren, als er an der Steinwand saß und zeichnete, als sie, das volle Erdbeerkörbchen neben sich gestellt, hinter ihm in den Steinen saß und zuschaute, als eine langstielige, hohe Feuerlilie neben ihnen prangte, sagte er: »Wie kommt es denn, Maria, daß du dich in dem Walde gar nicht fürchtest und daß du von dem Augenblicke an, da wir zum ersten Male zusammen getroffen sind, auch mich gar nicht gefürchtet hast?«

»Den Wald habe ich nicht gefürchtet,« antwortete sie, »weil ich gar nicht weiß, was ich fürchten sollte – ich bin von Kindheit auf da gewesen und kenne alle Wege und Gegenden, und weiß nicht, was zu fürchten wäre. Und Euch habe ich nicht gefürchtet, weil Ihr gut seid, und weil Ihr anders seid als die andern.«

»Ja wie sind denn die andern?« fragte Herr Tiburius.

»Sie sind anders«, antwortete Maria. »Ich bin früher zuweilen in das Bad hinein gegangen, wie es hier schier alle tun, um mancherlei Gegenstände zu verkaufen – aber dann ging ich gar nicht mehr hin, als wenn die fremden Leute schon alle weg waren; denn sie haben mich immer – und darunter waren Männer, denen es gar nicht ziemte – an den Wangen genommen und gesagt: ›Schönes Mädchen.‹«

Herr Tiburius legte nach diesen Worten seinen Stift in das Zeichenbuch, tat das Buch zu, kehrte sich auf seinem Steine um und schaute sie an. Er erschrak ungemein; denn sie war wirklich außerordentlich schön, wie er in dem Augenblicke bemerkte. Unter dem Tüchlein, das sie immer auf dem Haupte trug, quollen sanft gescheitelt die dunkelbraunen Haare hervor und zeigten in ihren zwei Abteilungen die feine, schöne Stirne noch feiner und schöner, überhaupt war das ganze Angesicht trotz der frischen und gesunden Farbe unsäglich fein und rein, was durch die groben Kleider, die sie gewöhnlich an hatte, noch eher gehoben als gefährdet wurde. Die Augen waren sehr groß, sehr dunkel und glänzend, sie schauten den Menschen, wenn sie aufgeschlagen waren, sehr offen an, und waren, wenn sie sich nieder schlugen, von den langen, holden Wimpern demütig bedeckt. Die Lippen waren rot und die Zähne weiß. Ihre Gestalt zeigte selbst jetzt, da sie saß, die dem Antlitze entsprechende Größe und war schlank und sanft gebildet.

Herr Tiburius, da er sie so angesehen hatte, wendete sich wieder um, tat sein Buch wieder auf und zeichnete weiter. Aber er zeichnete nicht mehr gar lange, sondern sagte halb zu Maria zurück gewendet: »Ich höre heute lieber auf.«

Er steckte den Stift in die Hülse, welche an dem Zeichenbuche angebracht war, er tat das Buch zu und schnallte es zusammen, er steckte die Sachen, die herum lagen, zu sich und stand auf. Maria erhob sich ebenfalls aus dem Gesteine, in welchem sie gesessen war, und richtete ihr Körbchen zusammen. Dann gingen sie, er sein Zeichenbuch unter dem Arme, sie ihr volles Körbchen an der Hand tragend, mit einander fort. Sie gingen von der Wand nicht gegen die Straße zu, sondern gegen den Wald, weil sie Tiburius bis an die Stelle begleiten wollte, wo ihr Pfad in dem Dickicht seitwärts lenkte, um gegen den Hügel zu gehen, auf dem das Haus ihres Vaters stand.

Als sie an der Stelle angekommen waren, blieben sie stehen, und Maria sagte: »Lebt recht wohl, und vergeßt nicht, übermorgen zeitlich genug zu kommen; denn jetzt stehen die Erdbeeren in den Thurschlägen unten, wohin es viel weiter ist. Ihr könntet ja dann auch wieder einmal zu dem Vater mitgehen, ich richte euch beiden die Erdbeeren zurecht, daß ihr sie esset. Jetzt gute Nacht.«

»Gute Nacht, Maria, ich werde kommen«, antwortete Tiburius, und wandte sich gegen seine Wand zurück.

Sie aber vertiefte sich zwischen den Zweigen und Stämmen der Tannen.

Herr Tiburius kam an dem Tage, wie er versprach, sie aber war schon da und wartete auf ihn. Da sie ihn ansichtig wurde, lachte sie und sagte: »Seht, Ihr seid doch zu spät gekommen, ich bin heute genau nach unserer Uhr fort gegangen und bin früher eingetroffen als Ihr. Jetzt müßt Ihr mit mir in die Thurschläge hinunter gehen, und dann müßt Ihr mit zu dem Vater und müßt von den Erdbeeren essen.«

Tiburius ging mit ihr in die Thurschläge, er blieb dort, so lange sie Erdbeeren pflückte, ging dann mit ihr zu ihrem Vater und aß die Erdbeeren, die sie den Männern auf die gewöhnliche Weise herrichtete, während sie die ihrigen auf einem abgesonderten grünen Schüsselchen aß.

Allein Herr Tiburius war von jetzt an viel scheuer und schüchterner als zuvor.

Er erschien jedes Mal, wenn sie sich in dem Walde zusammen bestellten; sie gingen mit einander herum, wie zuvor; aber er war zurückhaltender als sonst, er umging mit Ängstlichkeit das Wörtchen du, daß er es nicht zu oft sagen mußte, und manchmal, wenn sie es nicht bemerkte, sah er sie verstohlen von der Seite an und bewunderte einen Zug ihrer Schönheit.

So verging der letzte Teil des Sommers, und es erschien der Herbst, an welchem es gerade ein Jahr war, daß er sie kennen gelernt hatte.

Da geschah es eines Abends, daß dem Herrn Tiburius unter den vielen Gedanken, die ihm jetzt seltsam, und ohne daß er oft ihren Ursprung kannte, in dem Haupte herum gingen, auch der kam: ›Wie wäre es, wenn du Maria zu deinem Weibe begehrtest?‹

Als er diesen Gedanken gefaßt hatte, wurde er fast aberwitzig vor Ungeduld; denn es war ihm, als müßten alle unverheirateten Männer des Badeortes den heißesten und sehnsüchtigsten Wunsch haben, Maria zu ehlichen. Er war heute nicht bei ihr und ihrem Vater gewesen: wie leicht konnte einer in der Zeit hinaus gefahren sein und um sie geworben haben. Er begriff den Leichtsinn nicht, mit welchem er den ganzen Sommer an ihrer Seite gewesen war, ohne diesen Zweck in das Auge gefaßt und Mittel zur annähernden Verwirklichung desselben eingeleitet zu haben.

Er ließ daher am andern Tage früh morgens anspannen und fuhr so weit auf der Straße hinaus, als es ohne Aufsehen möglich war, worauf er dann auf dem Fußwege durch das Gestrippe über den Hügel zu dem Häuschen hinauf wanderte. Er hatte die Badeordnung, die er überhaupt schon vernachlässigte, auf die Seite gesetzt.

Da sich Vater und Tochter verwunderten, warum er denn heute so früh komme, konnte er eigentlich keinen Grund angeben. Maria blieb gerade darum, weil er da war, immer in der Stube. Als sie aber einmal doch, um irgendein häusliches Geschäft zu besorgen, hinaus ging, trug er dem Vater sein Anliegen vor. Da sie wieder herein gekommen war, sagte dieser zu ihr: »Maria, unser Freund da, der uns in diesem Sommer so oft und so nachbarlich besucht hat, begehrt dich zu seinem Weibe – wenn du nämlich selber, wie er sagt, recht gerne einwilligst, sonst nicht.«

Maria aber stand nach diesen Worten wie eine glühende Rose da. Sie war mit Purpur übergossen und konnte nicht ein einziges Wort hervor bringen.

»Nun, nun, es wird schon gut werden,« sagte der Vater, »du darfst jetzt keine Antwort geben, es wird schon alles gut werden.«

Als sie auf diese Worte hinaus gegangen war, als Herr Tiburius, dem es beim Herausfahren nicht eingefallen war, daß er Belege über seine Person mitnehmen müsse, zu dem Vater gesagt hatte, er werde ihm alles, was ihn und seine Verhältnisse angehe, bringen, in so ferne er es hier habe, und um das Fehlende werde er sogleich schreiben, als er sich hierauf bald entfernt hatte und der Vater zu Maria, die auf dem hintern Gartenbänkchen saß, hinaus gegangen war, sagte diese zu ihm: »Lieber Vater, ich nehme ihn recht, recht, recht gerne; denn er ist so gut, wie gar kein einziger anderer ist, er ist von einer solchen rechtschaffenen Artigkeit, daß man weit und breit mit ihm in den Wäldern und in der Wildnis herum gehen könnte, auch trägt er nicht die närrischen Gewänder, wie die andern in dem Badeorte, sondern ist so einfach und gerade hin gekleidet, wie wir selber: aber das einzige fürchte ich, ob es denn wird möglich sein, ich weiß nicht, wer er ist, ob er ein Häuschen oder sonst etwas habe, womit er ein Weib erhalten könne, und als ich in dem Badeorte war und um ihn fragte, vergaß ich gerade um solche Dinge zu fragen.«

»Sei wohl über diese Sache ruhig,« antwortete der Vater, »er ist ja die ganze Zeit, da er uns besuchte, so eingezogen und redlich gewesen, seine Worte waren verständig und einleuchtend und immer sehr höflich. Er wird daher doch nicht um ein Weib anhalten, wenn er nicht hätte, was sich ziemt. Der Mensch kann mit wenigem zufrieden sein, so wie mit vielem.«

Maria war durch diese Worte überzeugt und beruhigt.

Als am andern Tage Tiburius kam, sagte ihm der Vater gleich beim Eintritte, daß Maria eingewilligt habe. Tiburius war voll Freude darüber, er wußte gar nicht, was er tun und was er nur beginnen solle. Erst in der nächsten Woche, als ihm Maria selber, da sie auf der Gassenbank saßen, sagte, daß sie ihn mit großer, großer Freude zum Manne nehme, legte er heimlich, ehe er fort ging, ein Geschenk auf den Tisch, das er schon mehrere Tage mit sich in der Tasche herum getragen hatte.

Es war ein Halsband mit sechs Reihen der erlesensten Perlen, welche schon durch viele Alter her ein Schmuck der Frauen seines Hauses gewesen waren. Er hatte, da er

im Frühlinge kam, das Schmuckkästchen mit sich in das Bad genommen, und es lagen noch mannigfaltige andere Sachen darin, die er nur erst fassen und umändern lassen mußte, um sie dann seiner Braut als Zierde geben zu können.
Maria kannte den großen Wert dieser Perlen nicht, aber sie hatte eine weibliche Ahnung, daß sie viel wert sein müssen – das einzige aber wußte sie mit Gewißheit, daß sie ihr, als sie sie einmal umgetan hatte, unsäglich schön und sanft um den Hals stünden.
Inzwischen waren die Beweise und Belege über alle seine Verhältnisse angekommen, und er legte sie dem Vater vor. Auch hatte er in der Zeit sehr schöne Stoffe in das Häuschen geschickt. Maria hatte daraus Kleider verfertigen lassen, aber alle in der Art und in dem Schnitte, wie sie dieselben bisher getragen hatte. Er hatte ihr nichts vorgeschrieben, sondern hatte seine Freude daran, und da sie angezogen war, fuhr er mit ihr in seinem Wagen, vor dem die schönen Schimmel her tanzten, durch die belebteste Straße des Badeortes.
Alle Leute erstaunten auf das äußerste; denn man erfuhr nun den Zusammenhang der Dinge, namentlich da Tiburius vor kurzem eine größere, schön eingerichtete Wohnung gemietet hatte. Kein einziger Mensch hatte die leiseste Ahnung davon gehabt; selbst seine Diener hatten immer geglaubt, er fahre bloß, um zu zeichnen, in den Wald hinaus: indessen hat er sich irgendwo dieses schöne Mädchen aufgelesen, und bringe sie nun als Braut. In alle Häuser, Zimmer und Kammern verbreitete sich das Gerücht. Nicht ein Mal, sondern mehr als hundert Male wurde das altdeutsche Sprichwort gesagt: »Stille Wässer gründen tief«, und mancher lüsterne, feinkennende, alternde Herr sagte bedeutungsvoll: »Der abgefeimte Fuchs wußte schon, wo man sich die schönen Trauben holen solle.«
Tiburius hatte indessen, als die gesetzlichen Bedingun-

gen erfüllt waren, und als die gesetzliche Zeit verflossen war, Maria in seine Wohnung als Gattin eingeführt, und im Spätherbste sahen alle Badegäste, die noch da waren, wie er sie in einen schönen, wohleingerichteten Reisewagen, der vor dem Hause hielt, einhob und mit ihr nach Italien davon fuhr.

Er wollte dort den Winter zubringen, allein er blieb dann drei Jahre auf Reisen durch die verschiedensten Länder, von wo er dann in das Haus zurückkehrte, das ihm unterdessen in Marias schönem Vaterlande gebaut worden war. Das väterliche hatte er verkauft.

Wie ist nun Herr Tiburius anders geworden!

Alle seidenen Chinesen sind dahin, die Elenhäute auf Betten und Lagerstätten sind dahin – er schläft auf bloßem, reinem Stroh mit Linnendecken darüber – alle Fenster stehen offen, ein Luftmeer strömt aus und ein, er geht zu Hause in eben so losen, leinenen Kleidern, wie sein Freund, der kleine Doktor, der ihm den Rat wegen dem Bade gegeben hatte, und er verwaltet sein Besitztum wie ebenfalls der kleine Doktor.

Dieser Doktor, der sich für sein Leben ein Rezept gemacht hatte, hauset nun schon mehrere Jahre in der Nähe von Tiburius, wohin er alle seine Pflanzen und Glashäuser wegen der bessern Luft und anderer gedeihlicherer Verhältnisse übergesiedelt hatte. Da ihm die Sache von Tiburius' Heirat zu Ohren gekommen war, soll er unbeschreiblich lustig gelacht haben. Er achtet und liebt seinen Nachbar ungemein, und obwohl er ihn damals gleich nach kurzer Bekanntschaft Tiburius genannt hatte, so tut er es jetzt nicht mehr, sondern sagt immer: »Mein Freund Theodor.«

Auch seine Gattin, die dem Herrn Tiburius zur Zeit seiner Narrheit besonders gram gewesen war, schätzt und achtet ihn jetzt bedeutend: Maria aber wird von ihr auf das herzlichste und innigste geliebt, und liebt sie wieder.

Mit dem treuen, reinen Verstande, der dem Erdbeermädchen eigen gewesen war, fand sie sich schnell in ihr Verhältnis, daß man sie in ihm geboren erachtete, und mit ihrer naiven, klaren Kraft, dem Erbteile des Waldes, ist ihr Hauswesen blank, lachend und heiter geworden, wie ein Werk aus einem einzigen, schönen und untadelhaften Gusse.
Tiburius ist nicht der erste, der sein Weib aus dem Bauernstande genommen hatte, aber nicht alle mochten so gut gefahren sein wie er. Ich habe selbst einen gekannt, dem sein Weib alles auf ihren lieben, schönen, ländlichen Körper verschwendete.
Der Vater Marias, weil es ihm in dem leeren Muldenhäuschen zu langweilig geworden war, lebt bei seinen Kindern, wo er in dem Stübchen die Uhr hat, welche sonst in der Stube seines Wohnhauses gehangen war.
So wäre nun bis hieher die Geschichte von dem Waldsteige aus. – Zuletzt folgt eine Bitte: Herr Theodor Kneigt möge mir verzeihen, daß ich ihn immer schon wieder Tiburius geheißen habe; Theodor ist mir nicht so geläufig und gegenwärtig wie der gute, liebe Tiburius, der mich damals so furchtbar angeschnaubt hatte, als ich sagte: »Aber Tiburius, du bist ja der gründlichste Narr und Grillenreiter, den es je auf der Erde gegeben hat.« Habe ich nicht recht gehabt?

Nachschrift. In dem Augenblicke, da ich dieses schreibe, geht mir die Nachricht zu, daß der einzige Kummer, das einzige Übel, der einzige Harm, der die Ehe Marias und Tiburius' getrübt hat, gehoben ist – es wurde ihm nämlich sein erstes Kind, ein lustiger, schreiender Knabe, geboren.

ZWEI SCHWESTERN

oooooooooooooooooooooooooooooooooooooooooooooooooooooooooooooooooooo

1. EINLEITUNG

Wir legen in folgenden Blättern nicht sowohl eine einfache Geschichte, wie wir sie in diesen Büchern gerne erzählt haben, als vielmehr noch weniger dar, nämlich bloß den Zustand einer Familie, wie er aus mehreren uns unbekannten Veranlassungen, hauptsächlich aber aus der großen innern Grundverschiedenheit zweier Schwestern, der einzigen Kinder des Hauses, hervor gegangen ist. Wenn wir auch denjenigen, die gerne viel Tatsächliches und Geschehenes lesen, nicht genug tun können, so glauben wir doch, daß mancher Seelen- und Menschenforscher, wenn er am Ende dieser Blätter angekommen ist, sie nicht ohne eine kleine Teilnahme weglegen wird. Uns hat es einst ein sanftes, fast trauriges Gefühl erregt, als uns ein Freund die lückenhafte Tatsache, wie sie war, und ohne auf Verzierungen und Ausschmückungen auszugehen, erzählt hat. Die Teilnahme war um so größer, als dieser Freund selber in seiner Jugend eine einseitige Bildung seiner Geisteskräfte erhalten hatte, wodurch er in der Folge viel leiden mußte, als er ferner manchen unverdienten Schmerz und manche Täuschung erfuhr, und als er auch von dieser Familie eine Umdüsterung seiner Seele fort trug, die er wohl durch die Stärke und Heiterkeit seines Geistes, welche er sich in späteren Jahren erwarb, überwunden haben wird. Wir erzählen die Tatsache mit den Worten unseres Freundes, obgleich wir als Nacherzähler auf die Frische und Ursprünglichkeit verzichten

müssen, die ihm, der die Sache erlebte, eigen war, und wir überhaupt nicht die Lebendigkeit der Darstellung besitzen wie unser Freund, der aber mit vielen sehr wohlbegabten Menschen die eigentümliche Sucht teilet, nie etwas Geschriebenes von sich geben zu wollen.
Nach diesen einbegleitenden Worten folge die Sache.

2. REISEFREUNDE

Wir fuhren einmal unser mehrere in einem Postwagen. In dem Kasten saß ein Vater mit zwei Töchtern – ich weiß es nicht genau, aber ich hielt ihn dafür. Das ältere der Mädchen, ungefähr dreizehn oder vierzehn Jahre alt, erregte durch ihr ernstes und ruhiges Benehmen unsere Aufmerksamkeit und unsern Beifall. Das jüngere war noch fast ein Kind, das mit kindlichen Augen in die Welt hineinschaute. Außer diesen drei Personen saß noch eine Frau in dem Kasten, die ich für die Begleiterin, gewesene Amme, oder sonst etwas dergleichen von den Mädchen hielt, obwohl sie vielleicht auch ganz und gar nicht zu ihnen gehören konnte; denn sie gab, ungleich der gewöhnlichen Art solcher Frauen, sehr wenige Zeichen von sich, regte sich wenig und sprach oft wirklich postenlange kein Wort. In dem hintern Gelasse des Wagens saßen ich und ein ältlicher Mann, den wir seines blassen Aussehens und seiner schwarzen Kleidung halber scherzweise Paganini nannten. Er lächelte einmal bei diesem Spottnamen trübsinnig und sagte: »Wer weiß, ob es nicht ein sehr großes Unglück für mich wäre, wenn ich wirklich Paganini wäre.« Unter dem Vordache des Wagens saß neben dem Postgeleiter ein Student, von dem ich nichts zu sagen weiß, als daß er sehr viel aus einem Meißnerkopfe rauchte, an dem er ein langes Rohr und ein bewegliches Mundstück hatte.
Die Reise war durch ganz und gar nichts ausgezeichnet,

weder durch sehr schlechtes noch durch sehr schönes Wetter – weder durch ein Glück noch durch ein Unglück – weder durch besonders langweiliges noch durch ungemein anziehendes Gespräch. Als wir uns erst ein wenig in einander hinein gelebt hätten und die Sache ein wenig in den Gang gekommen wäre, hatten wir unser Ziel erreicht, und wir gingen auseinander.
Ich hätte das Ding längst vergessen, wenn nicht der Zufall eine Fortsetzung daran gestückt hätte, wie er es oft mit den unzusammengehörigsten Sachen tut. Man wird bei solchen Vorgängen gereizt, nach einer Art Vernunft in dem Gemengsel zu suchen, und wenn wirklich etwas daraus erfolgt, schieben wir es der Vorsehung in die Schuhe – mit welchem Rechte oder Unrechte, weiß ich nicht. Die Sache aber war so. Als ich einmal, ich weiß nicht nach welch langer Zeit, in Wien war und in dem Gasthofe zur Dreifaltigkeit, den ich immer zu benützen pflege, die hintere Wendelstiege in den Hof hinab stieg, welche Stiege gewiß jeder Reisende kennt, der einmal in diesem Gasthofe gewohnt hat, weil sie so enge ist, daß sich ihrer zwei kaum ausweichen können: so begegnete mir hinauf steigend leibhaftig und wirklich unser falscher Paganini. Ich erkannte ihn sogleich wieder, was hauptsächlich dadurch möglich wurde, daß er, wie ich glaube, den nämlichen schwarzen Frack anhatte, wie damals im Postwagen. Da ich ihm meinen Gruß zurief, erkannte er mich auch, und wir drückten uns gegenseitig die Freude aus, uns hier so unvermutet getroffen zu haben. Wie es bei Reisenden gebräuchlich ist, fragten wir um unser Befinden, wie lange wir schon da seien, und wie lange wir uns noch aufzuhalten gedächten. Da erfuhren wir nun, daß wir nicht nur schon drei Tage Zimmernachbarn wären, sondern daß wir es auch wahrscheinlich noch sehr lange bleiben würden. Er hatte nämlich einen Prozeß zu betreiben und mußte in dieser Angelegenheit viele Gänge

und Besuche machen: ich war wegen der Betreibung eines Bittgesuches in Wien und hatte der Gänge und Besuche gewiß nicht weniger zu tun. Wir sprachen nach dieser Mitteilung die Hoffnung aus, daß wir uns gewiß nun öfter sehen würden, und um dies nicht eine bloße Redensweise sein zu lassen, verabredeten wir eine gemeinschaftliche Speisestunde in unserm Gasthofe, so oft es nämlich einem jeden von uns möglich sein würde; und bemerkten, daß wir uns auch ohnedem, da wir so nahe wären, manchmal treffen könnten.

In Folge dieses Versprechens kamen wir nun an dem Wirtstische zusammen, wir fanden Behagen an einander, und jeder erschien gerne zu der festgesetzten Stunde, wenn er nicht notwendig verhindert war. Zuletzt geschah es auch, daß wir sogar manchmal an Abenden, wenn es etwas regnerisch war, oder wenn einem ein Verdruß in dem Haupte spukte, an der Tür des Nachbars pochten; wenn er zu Hause war, eintraten, ein Stündchen verplauderten, und nicht selten den Verdruß verloren, weil man ihn erzählen und sich recht weidlich darüber aussprechen konnte. Zuweilen gingen wir dann auch an irgendeinen Vergnügungsort, wohin der einzelne, wenn er nicht aufgefordert worden wäre, gewiß nicht gegangen wäre.

So lebten wir drei Wochen neben einander, und lächerlich war es, daß wir beide immer im schwarzen Fracke gingen, natürlich, weil er immer bei Rechtsmännern, ich aber bei Beschützern aufwarten mußte. Er nannte mich daher einmal, da ich wieder ganz schwarz zum Speisen nach Hause kam, Paganini den Dritten. Es war dies der einzige Scherz, den ich den Mann, der eher immer trübsinnig war, sagen hörte.

Einmal war wieder recht schlechtes Wetter. Es war kein tüchtiger Regen, der alles rauschen und strömen macht, und daher doch wieder fröhlich ist, sondern es war das Wetter, das mir schier unter allen das widerwärtigste ist;

ein dicker, unbeweglicher Nebel, der sich wie Fließpapier an die Fenster legt, der oben am Himmel Sonne, Mond und alle Turm- und Häuserspitzen wegfrißt, und unten auf Erden alle Dinge naß, schmutzig und tropfend macht. Zum Überflusse war noch Sonntag, an dem wir beide keine Geschäfte hatten. Wir saßen stochernd und in den Zeitungen blätternd herum. Da geriet ich auf einen Einfall und legte ihn meinem Nachbar vor. Wir sollten nämlich in eins der Theater gehen, ohne eher, als wir uns in dem Hause befänden, zu wissen, in welches, und ohne das Stück zu kennen, das aufgeführt würde; denn die Zettel, die gewöhnlich auf einem Tischlein im Speisezimmer lagen, hatten wir vorher keiner angeschaut. Ihm war es recht, und ich schritt ans Werk. Ich ließ einen Lohndiener rufen, riß aus einem weißen Blatte Papier fünf Stücke, schrieb auf jedes den Namen eines der fünf Theater Wiens, rollte sie zusammen und befahl dem Diener, eins zu ziehen. In das Theater, dessen Namen er auf seinem Zettel finden würde, sagte ich, solle er uns Karten zu Sperrsitzen holen und die Karten in Papier gewickelt bringen. Unterwegs möge er uns einen Wagen bestellen, dem er das Theater nenne, daß er uns um halb sieben Uhr dahin fahre. Mein Nachbar ließ alles willig geschehen, und der Diener ging fort. Als er wieder gekommen war und uns die in Papier gewickelten Karten gebracht hatte, gingen wir auf mein Zimmer und verbrachten den Rest des Nachmittages, wie man solche Nachmittage zu verbringen pflegt, das heißt, wir rauchten ein wenig, sahen bei den Fenstern auf den Nebel hinaus, und manchmal auf die Uhr. Endlich ward es finster, weil die Zeit im späten Jahre war, es ward zuletzt auch halb sieben Uhr, und der Wagen wurde uns gemeldet.
Ich hatte den Plan, daß wir durchaus nichts von der Fahrt wissen sollten, ich sagte daher meinem Nachbar, daß ich die Fenstervorhänge des Wagens herab lassen wolle. Er

war, wie gewöhnlich, zufrieden, und wir stiegen ein. Der finstere Wagen fuhr aus dem Tore, wendete um Ecken, fuhr ziemlich lange fort, und setzte uns endlich an dem Josephstädter Theater ab. Ich sagte nun meinem Begleiter, wir wollen innen keinen Zettel anschauen, daß wir das Stück, das gespielt wird, nicht vorher kennen. Er willigte ein, wir gingen in das Haus, unsere Sitze wurden geöffnet, und wir setzten uns nieder. Wir waren ganz nahe an der Bühne, was uns angenehm war, und was wir dem Schutze unsers Lohndieners verdankten.

Das Theater war schon sehr voll, man könnte sagen, gedrängt voll, und doch kamen noch immer neue Menschen und klappten auf allen Seiten die Sperrsitze, woraus wir schlossen, daß ein sehr beliebtes Stück bevorstehe: aber unserem Vorhaben getreu fragten wir niemanden, und da wir Fremde waren, redete uns auch niemand an. Endlich, da schon alles außerordentlich erfüllt war, klang das Zeichen des Anfanges. Es wurde eine Musik gemacht, die kürzer und unbedeutender war, als sie gewöhnlich Stükken vorher zu gehen pflegt. Dann war es stille, und der Vorhang ging auf. Die Bühne zeigte ein schönes Zimmer und war leer, nur daß ganz vorne an den Lampen zwei Notenpulte standen. Unter den Zuschauern war das tiefste Schweigen. Da trat ein junger, schwarz gekleideter Mann aus dem Hintergrunde der Bühne hervor und führte ein Mädchen in weißem Gewande an der Hand – es war nicht eigentlich ein erwachsenes Mädchen, sondern ein Ding, das noch zwischen Kind und werdender Jungfrau stand – das weiße Kleid ließ dem Kinde sehr wohl, es hatte zwei breite, auf den Rücken hinab gehende Zöpfe, und die Augenbogen, wie ich zu bemerken glaubte, waren besonders klar. Die Haare waren einfach gescheitelt. Die Zuschauer erhoben, als sich dieses Paar zeigte, einen unglaublichen Sturm des Beifalles, und man erkannte leicht, daß er dem Kinde gelte, welches durch den jungen Mann bloß eingeführt worden war. Das Mädchen, da es in die Mitte der Bühne gekommen war, verbeugte sich dankend gegen die Zuschauer und blieb dann stehen, ungefähr wie jemand, dessen Sinn schon auf ganz andere Dinge gerichtet ist, und der die vorliegenden Beifallszeichen eher als eine Unterbrechung als etwas anderes ansieht. Endlich hörte der Lärm auf, und das Kind ging von der Mitte der Bretter, wo es bisher gestanden war, gegen die Lampen vorwärts. Seine Züge entwickelten sich – ich geriet in das äußerste Erstaunen, und mein Nachbar und ich sahen uns plötzlich an; denn das Kind war niemand anderer als jenes ältere der zwei Mädchen, die einmal mit uns in dem Postwagen gefahren waren, das immer so ernst gewesen war, und das uns so gefallen hatte. Es war das nämliche Mädchen, dem der Beifallssturm gegolten hatte, und das, als wir wieder hin sahen, eben eine Geige von einem der zwei Pulte nahm und sich noch einmal verbeugte. Mein Nachbar und ich sagten zu einander: »Wir werden also jetzt das Mädchen spielen hören«, und wir wußten nun auch, ohne daß es uns jemand sagte, wer von den Lampen hell beleuchtet vor uns stehe: Theresa Milanollo. – Mich ergriff nun jetzt ein ganz anderes Gefühl, nämlich die Angst, ob das Mädchen auch so gut spielen würde, wie ich es wünschte, und wie es mir um sie lieb wäre, wenn es wäre. Mir war von jeher bloße Fertigkeit sehr zuwider, und sogenannte Wunderkinder machten mir jedes Mal einen Schmerz. Welch eine Qual und welche unzählige Stunden der Anstrengung müssen vorhergehen, ehe das Kind sich die unglaubliche Fertigkeit erwirbt und die arme gelehrige Seele ein äußerst genau in das Ganze eingreifendes Geräte wird. Daher hatte ich Mitleiden, als ich das schöne, blasse Mädchen vor den Lampen stehen sah, ehe man anfing. Die Züge waren unbeweglich, und ich dachte mir damals, diese Büste könnte man in Marmor hauen. Ich glaubte zu erkennen, daß sie auf das nicht achte, was um sie vorgehe, allein das konnte eben so gut Befangenheit als Kunstgefühl sein.

Endlich begann die Musik des Orchesters – ich blickte auf sie – sie stand ruhig und sah mit ihren ernsthaften Augen vor sich. Als der Augenblick gekommen war, wo sie einfallen mußte, lag die Geige mit einem leichten Ruck an ihrer Schulter – und im Augenblicke ging auch der schöne, gehaltene Ton durch die Räume und durch alle Seelen. Mir war es auf der Stelle klar, dieser Ton könne gar nicht anders als aus dem Herzen kommen, so wie alle folgenden aus dem Herzen kamen, weil sie so zu Herzen gingen. Ich habe in späteren Zeiten das Mädchen wohl noch spielen, nie aber mehr sprechen gehört, ich bin mit ihr nie mehr zusammen gekommen, und habe sie auch nicht kennen gelernt. Ich kann daher aus andern Umständen nicht beurteilen, wie tief ihr Fühlen sei: aber aus diesen Tönen war es mir eine Unmöglichkeit, zu denken, daß es nicht so sei. Ich mußte mit Befremden in das Antlitz eines noch so jungen Kindes schauen, das schon so empfand. Wie ihre Saiten durch die andere Musik hervor tönten, wie sie so entschieden heraus ragte, wie ein Mann: war es mir, als höre ich ein inniges, starkes, erzählendes und manchmal auch klagendes Herz. Gar schön aber war es, wie die Unschuld in dem Spiele herrschte – eine Unschuld, die, möchte ich sagen, nur bei Kindern möglich ist, welche noch an kein Ich denken, das gefeiert werden soll, sondern die Sache spielen, die ihnen das einzige ist, das da gelte. Ich schäme mich daher nicht, es zu gestehen, daß ich von dem Kinde mit einer tiefen, schönen, sittlichen Gewalt erfüllt wurde. Ich klatschte daher auch nicht in die Hände, als sie endete, was aber unzählige andere mit fürchterlichem Gepolter taten. Ich kann nicht denken, daß diese das Eigentliche empfinden; denn wenn ein Künstler, also ein höherer Mensch – und jeder wahre Künstler muß das sein – vor uns steht, uns einen schönern, reinern Teil seiner Menschlichkeit vor Augen führt und die unsere zu sich empor hebt: dort ist mir, als sollten wir bescheiden verehren. Mit lustigem Beifallsklatschen und Rufen lohnt man nur den bezahlten Lustigmacher. Das Mädchen senkte die Geige, es verbeugte sich nur einmal und kurz, und wurde von demselben jungen Manne, der es eingeführt hatte, wieder fort geführt.

So endete die erste Abteilung.

Nach einem kurzen Zwischenraume, den die Menschen mit Gespräche und Gebrause ausfüllten, begann die zweite. In derselben führte Theresa die jüngere Schwester heraus. Sie hielt sie, gleichsam wie eine ältere Beschützerin, an der Hand. Wir sahen das jüngere der zwei Kinder aus dem Postwagen, das mit seinen Augen so kindlich geschaut hatte. Das Mädchen, bedeutend kleiner als Theresa, war ebenfalls weiß gekleidet, aber statt der gescheitelten Haare und der Zöpfe hatte es ein Kinderköpfchen, rund um voll Locken. Theresa stimmte ihr die kleinere Geige, die auf dem zweiten Pulte lag, und reichte sie ihr dar. Die jüngere Schwester stand nicht, bevor das Spiel begann, mit dem Ernste, und ich möchte sagen, mit der Düsterheit da, wie die ältere getan hatte, welche wußte, was für ein tiefes und schwankendes Ding jetzt beginnen werde: sondern sie war wie ein zuversichtliches Kind, das eine schwere Aufgabe her zu sagen hat, aber auch weiß, daß es dieselbe kann. Das Spiel fing an. Die Kleine spielte es mit Freudigkeit und mit Sicherheit – Theresa begleitete sehr bescheiden und half nur hie und da gelegentlich mit einem starken Striche aus. Da sie endeten, erhob sich ein rauschender, stürmender, tobender Beifall. Die kleine Künstlerin verbeugte sich freudig, wie eben ein Kind, das froh ist, daß es seine Sache gut gemacht hat. Ich dachte mir: du liebes Wesen, das Herz mit seinen Freuden und Leiden muß noch nicht in dir

erwacht sein; die Töne sind dir nette, gute Dinge, aus denen man recht schöne Sachen machen kann – aber du erfuhrst es noch nicht, welch eine Seligkeit und auch welch eine Wehmut in ihnen liegen könne. – Theresa führte unter einem Beifallsjubel das mit Lob überschüttete Kind von der Bühne; nur in der Mitte wendeten sich beide noch halb um und verbeugten sich.
So endete das zweite Spiel.
Im dritten spielte Theresa etwas Heiteres, aber Anstandvolles. Ich könnte sagen: sie wand ihre starken goldenen Töne herrlich um die Häupter der Menge.
Dann spielten beide ein kurzes Duett, und dann wieder Theresa allein. Mir fiel jetzt mein Nachbar ein, den ich in der Tat ganz und gar vergessen hatte. Ich wußte nicht, ob er ein Kenner oder ein Freund der Musik sei, wir hatten, wie mir schien, von Musik früher nie gesprochen. Er war auch die ganze Zeit über so stille neben mir gesessen, er hatte mich nicht angeredet, er hatte sich nicht gerührt, so daß es begreiflich wird, daß ich, der ich so aufmerksam gegen die Dinge vor mir hingezogen wurde, auf ihn vergessen konnte. Jetzt sah ich ihn an – aber ich erstaunte und erschrak fast; denn es fielen ihm Tränen, eine nach der andern, Schlag auf Schlag, über die gefurchten Wangen herab. Dabei saß er starr und unbeweglich. Alle, die um uns herum, und alle, die schön geputzt in den Logen saßen, blickten gegen die Bühne hin und sahen ihn nicht. Ich aber war ein wenig unruhig, und meine Aufmerksamkeit war geteilt. Die Töne gingen vor uns fort, und die Musik war eine traurige. Seine Tränen wurden noch reichlicher, und meinem ihm zugewendeten Ohre war es fast vernehmlich, als seien sie in ein hörbares Schluchzen übergegangen. Ich fürchtete, ich würde ihn aus dem Theater fort bringen müssen; denn da jetzt das Spiel aus war, sahen auch die Augen anderer Menschen auf ihn hin. Aber er hielt sich fest. Die Tränen wurden nicht mehrere,

eher weniger, und das Schluchzen wurde nicht hörbarer. Er sah hiebei nicht rechts und nicht links.
Theresa spielte noch etwas Einfaches, sehr Edles – dann war noch einmal ein ganz kurzes Duett – und dann war die Vorstellung aus.
Da nun die Menschen sich zum Gehen erhoben, da ein Teil derselben sich in Bänken und Gängen stellte, um den lärmenden Beifall fortzusetzen, so war es unter dem Gedränge leichter, meinen Nachbar fort zu bringen, da jetzt niemand weiter auf ihn achtete. Ich tat auch, als hätte ich nichts gesehen, und da er näher gegen das Ende der Bank gesessen war, ging er in der Menge vor mir her. Auf dem langsamen Wege bis zu dem Tore wurde nichts zwischen uns gesprochen, aber da wir in dem Wagen, den ich draußen herbei gerufen hatte, saßen, sagte er die Worte: »Ach, du unglücklicher Vater, du unglücklicher Vater!«
Da ich diese Äußerung durchaus nicht verstand, antwortete ich nichts darauf, und er sprach auch während des Fahrens nichts weiter. Als wir in unserem Gasthofe angekommen waren und ich eben den Fahrlohn für den Wagen bezahlte, ging er in sein Zimmer hinauf. Ich tat desgleichen, und begab mich nach einiger Zeit in das Gastzimmer hinunter, um noch etwas weniges zum Nachtmahle einzunehmen. Es saßen verschiedene Menschen da, worunter ich einige kannte, da sie ebenfalls Bewohner des Gasthofes waren und sich gewöhnlich zu den Versammlungsstunden in dem Speisesaale einzufinden pflegten. Wir sprachen verschiedene Dinge, unter andern auch von den Geschwistern Milanollo und ihrer heutigen Vorstellung, aber nur oberflächlich, wie es bei Reisenden oft gewöhnlich ist, die, wenn sie sich auf mehrere Augenblicke zusammen finden, gern einige flüchtige Worte wechseln. Mein Nachbar kam nicht zum Abendessen herunter. Ich blieb länger sitzen als gewöhnlich, teils weil

ich müde war, teils weil die Eindrücke, welche ich empfangen hatte, nur nach und nach verschwanden.
Als ich von dem Speisesaale über den Hof zu meiner Wendelstiege ging, sah ich gegen die Fenster meines Nachbars hinauf, sie waren schwarz, und er hatte bereits sein Licht ausgelöscht. Ich stieg die Treppe hinan, und da ich, um zu meinem Zimmer zu gelangen, an dem seinen vorüber mußte, hielt ich unwillkürlich an der Tür etwas an; aber es war totenstille in dem Innern, und der Bewohner mochte wohl schon in tiefem Schlafe liegen.
Da ich mein Gemach aufgeschlossen und wieder zugeschlossen hatte, da ich mein Licht auf dem Nachttischchen entzündet hatte, da ich ausgekleidet war und in dem Bette lag: hatte ich erst die rechte Zeit und nahm mir die rechte Muße, über das Benehmen meines Nachbars nachzudenken. Es mußte mir in der Tat bedeutend auffallen, und ich konnte nicht anders, als mir Vermutungen darüber zu machen. Ich hätte in der frühern Zeit eher gedacht, daß der mittelgroße, hagere, blasse Mann durch Töne nicht gar leicht zu bewegen sein müsse; denn in dem Wesen desselben lag etwas Stilles, mitunter auch Trokkenes, aber immer etwas, das sich nicht aufdringt, sondern eher in sich zurück tritt und verschließt. Daß wir ihn Paganini nannten, war mehr Schalkheit, durch die flüchtigste äußere Ähnlichkeit angeregt, als daß wir ihm diese Kunst zutrauten. Es boten sich mir drei Arten dar, sein heutiges Benehmen zu erklären. Entweder war er wirklich für Musik so empfänglich, daß das außerordentliche Spiel der Geschwister Milanollo auf ihn so wirkte, daß er nicht mehr Herr seiner Bewegung war und in die Tränen ausbrach, die wir an ihm sahen. Dann aber ist es nicht erklärlich, daß ich das nie früher bemerkt hatte; denn ungewöhnliche Empfänglichkeiten für ein Ding offenbaren sich meistens sehr bald, sei es durch die Rede, welche der Empfängliche gerne auf das Ding hinlenkt,

sei es ein wenn auch minder bedeutender Anlaß, der das Ding herbei führt und die Empfänglichkeit darlegt. Oder es mochte bei meinem Nachbar auch der zweite Fall sein, daß er nämlich zu jener Art Menschen gehört, die, ohne es zu wissen, eigentlich tiefes Gefühl haben, das nur außerordentlich schwer aufgeschlossen wird, aber, wenn es aufgeschlossen ist, desto stärker und nachhaltiger dahin strömt. An solchen Menschen gehen oft Töne, Farben und andere Gelegenheiten Jahre lang ohne Wirkung vorüber, wie Wasser über einen Felsen; aber von ungefähr werden sie durch einen Anlaß von ihrem unbekannten Innern ergriffen, daß sie seiner Gewalt, die sie überkömmt, gar nicht zu steuern wissen, ihr wie Kinder ohne Hilfe hingegeben sind und ihre Ratlosigkeit vor aller Welt offenbaren müssen. Solche Menschen werden von ihren Gefühlen viel stärker erschüttert als andere, die ihr Herannahen merken und tausend kleine Waffen dagegen in Bereitschaft halten. Aber auch gegen diesen zweiten Fall streitet der sonderbare Ausruf, den mein Nachbar im Wagen machte: ›Unglücklicher Vater, unglücklicher Vater.‹ Dieser Ausruf stimmt mit bloßer, wenn auch starker Erregung durch schöne Darlegung einer außerordentlichen Kunst nicht überein. Es bleibt daher der dritte Fall über, daß nämlich in dem Leben dieses Mannes, der jetzt in dem Zimmer neben mir einsam schläft, irgend unbekannte Verhältnisse sein mögen, die in Beziehung und Verbindung mit dieser Musik die Erregung so stark machten, daß er sie von Menschen weg in Verborgenheit trug und sich nicht mehr die wenigen Bissen Essen gönnen konnte, die er gewöhnlich zu seinem Abendmahle einnahm.

Ich beschloß daher, mir von der Sache gegen ihn gar nichts merken zu lassen und ihrer, wenn er nicht selber etwas sagte, nicht zu erwähnen.

Ehe ich einschlief, dachte ich auch noch an die mir so lieb

gewordene Theresa. Es ist also nicht, wie ich anfangs gefürchtet hatte, bloße außerordentliche Fertigkeit an ihr, sondern sie versteht, empfindet und erschafft das Gespielte. Aber auch so wollte ein Mitleid, und zwar noch ein innigeres, meine Seele um sie beschleichen. Wenn sie sehr oft in solchen heißen Gefühlen ist, so wird ihr Leben darunter ermatten und ihre Zukunft gefährdet sein. Dies ist jederzeit der Fall, und wenn die Selbstschöpfungen gar gewaltig aus dem noch jungen, weichen und hilflosen Herzen kommen, so muß dasselbe gleichsam wie in einem Samum welk werden. Aber, dachte ich wieder, sie wird schon stark und frei sein, daß sie das Gefühl ihrer Kunst ertragen kann, daß sie auch die anderen Dinge der Welt sieht und mit gesunden Augen durch das Leben geht. Oder vielleicht wird sie durch die Wiederholung und durch die Bekanntschaft mit ihren Wirkungen weniger angegriffen als wir, die wir von der Neuheit und von der Plötzlichkeit getroffen werden. Aber der Künstler kann andererseits nur allein die zarten Tiefen des Kunstwerkes, in das er sich versenkt, ergründen, und muß ihnen die Seele hingeben: während wir bloß von der Allgemeinheit der Sache überkommen werden und nur die Allgemeinheit des Gefühles mit nach Hause tragen.

Wer kann das wissen, und wer kann das ergrübeln?

Unter diesen Gedanken war nach und nach der Schlummer, dessen ich heute so bedurfte, über mich gekommen. Ich löschte mein Licht aus, und in wenigen Augenblicken waren beide Welten, die äußere und die meiner Gedanken, verschwunden.

Als ich am andern Tage viel später als gewöhnlich, weil ich spät einschlief, erwachte, als ich mich angekleidet hatte, in den Speisesaal hinunter gegangen war und um meinen Nachbar, an dessen Tür ich ein Vorlegschloß gesehen hatte, gefragt hatte, hieß es, daß er sehr früh ausgegangen war, ohne eine Nachricht hinterlassen zu haben wann er wieder kommen werde. Ich ging nun ebenfalls a meine Geschäfte und kam nicht eher als um die gewöhnliche Speisestunde nach Hause. Da ich in den Saal trat sah ich ihn schon an unserem Tische sitzen und setzte mich zu ihm. Es waren mehrere Menschen an dem Tische die gewöhnlich um diese Stunde zu kommen pflegten mein Nachbar erwähnte des gestrigen Tages nicht. Als wir nach Tische, wie häufig, einige Minuten in unseren Zimmern allein waren, sagte er auch nichts, und ich, meinem Vorsatze getreu, schwieg ebenfalls.

Nach diesem Ereignisse ging ich noch öfters, um die Geschwister Milanollo zu hören. Ich habe aber meinen Nachbar nie dazu eingeladen, und er hatte mich in jener Zeit auch nie gefragt, wo ich gewesen sei. Von den beiden Mädchen war zwischen uns nicht mehr die Rede.

Er lebte so stille und einfach fort, er war gefällig und zuvorkommend, wenn auch schweigsam und versunken. Ich bereute es in meiner Zartfühligkeit, daß ich ihn einmal schlechtweg bloß seines schwarzen Frackes und seiner blassen Gesichtsfarbe halber Paganini geheißen habe. Ich nahm mir mit festem Ernste vor, nie mehr einem Menschen auf Geratewohl einen Spottnamen zu geben, weil ich mit ihm später besser bekannt werden und einsehen konnte, wie wenig er ihn verdiene.

Wir blieben noch immer in unserem Gasthofe. Er ging alle Tage unverdrossen und, wie es mir schien, immer eifriger seinen Geschäften nach. Mein Bittgesuch, so langsam es sich auch förderte, ging doch seinen Weg, ich hatte alle Gänge, die dafür zu machen waren, gemacht, hatte sie wiederholt und konnte jetzt nichts weiter tun als ruhig abwarten, wie die Sache ausgehen werde. Nur die Anfragen, auf welcher Stelle seiner Laufbahn das Ding jetzt sei, konnten von Zeit zu Zeit gemacht werden.

Die Schwestern Milanollo waren indessen abgereiset. Die

Tagesschriften, welche von ihnen voll gewesen waren, hatten allgemach aufgehört, von ihnen zu reden, die Gespräche, in denen sie eine Rolle gespielt hatten, waren verstummt, das heißt, sie handelten jetzt von etwas anderem. Nur manches verspätete Gedicht machte sich noch in der einen oder andern Spalte einer Zeitschrift gelten, und in manchem Gespräche guter Freunde, wenn eben von Musik die Rede war, wurde noch ihr Name genannt. Ich habe immer und jederzeit, wenn sich Gelegenheit dazu gab, meine tiefen Gefühle über ihr Spiel offen dargelegt, nur wenn mein Nachbar zugegen war, mied ich eher die Gelegenheit, daß er nicht auf jenen Abend erinnert würde. Endlich kam die Zeit, wo man, so sehr man sie gefeiert hatte, doch nicht mehr eigens von ihnen sprach, sondern nur, wenn sich zufällig die Gelegenheit dazu ergab. Daß etwas der Stoff des allgemeinen Gespräches einer sehr großen Stadt sei, muß es sich eben zugetragen haben und muß Aufsehen erregen. Und gerade in großen Städten trägt sich immer etwas zu, und macht von Zeit zu Zeit etwas Aufsehen. Darum sind die Tagesgespräche so wandelbar. Wie lange das Kinderpaar in dem Gedächtnisse ihrer Freunde und Verehrer fortgelebt haben mag, kann ich nicht erörtern, und es liegt nicht innerhalb der Grenzen dieser Geschichte.

Mein Nachbar und ich waren noch immer in Wien. Er wurde später sogar krank, und bei der großen, sonderbaren Scheu, die er gegen jedes Hospital an den Tag legte, lag er auf seinem Zimmer neben dem meinen darnieder, und hatte einen Arzt und eine Wärterin, sonst aber niemanden. Ich ging daher häufig, wenn es meine Zeit zuließ, zu ihm hinüber, redete mit ihm, erzählte ihm die Tagesbegebnisse, was an der Wirtstafel gesprochen worden sei, wer abgereiset und neu angekommen wäre – ich gab ihm auch zuweilen Arznei ein, richtete ihm die Kissen, und erfuhr bei dieser Gelegenheit, wie bitter mager der Mann sei, wenn er so den Arm heraus streckte, um etwas zu fassen, oder wenn er etwa das Knie gegen die Decke stemmte und eine sehr spitzige Pyramide machte. Er lag den ganzen Tag ruhig, es kam kein Mensch zu ihm, und man wußte auch gar nicht, welche Angehörige er habe; denn man sah ihn nie Briefe empfangen oder schreiben.

Endlich wurde er wieder nach und nach gesund, und ging in seinem schwarzen Fracke aus, wie er vor der Krankheit ausgegangen war, nur daß man ihm das überstandene Übel ansah.

Seine Abreise, wie er sagte, näherte sich nun heran. Er mußte seinen Prozeß verloren haben, weil er noch düsterer und noch trauriger aussah.

Eines Tages kam er nach dem Mittagsessen zu mir herüber und sagte, daß er abends nach sechs Uhr mit dem Postwagen abreisen werde. Er frage mich daher, ob er mich kurz vor jener Stunde treffen könne, um von mir Abschied zu nehmen. Ich antwortete ihm, daß ich den ganzen Nachmittag zu Hause bleibe, und daß ich ihn sogar, wenn er es erlaube, bis zu dem Postwagen begleiten werde. Er nahm es gerne an, und ging wieder in sein Zimmer zurück. Von den Schwestern Milanollo hatte er richtig bis hieher kein Wort gesagt.

Am Nachmittage hörte ich ihn viel hin und her gehen; er mußte einpacken, was er selber tat, weil er nie einen Diener gehabt hatte. Ein wenig nach vier Uhr, da ich eben bei meinem Fenster hinaus sah, sah ich einen Träger einen ledernen Koffer und zwei Handsäcke von der Wendeltreppe herab über den Hof fort tragen, die ich als die seinigen erkannte. Von nun an war es in dem Zimmer neben mir stille.

Eine geraume Zeit nach fünf Uhr ging ich zu ihm hinüber und fragte, wann er gehen wolle; ich sei bereit, ihn zu begleiten.

»Ich werde gleich gehen,« antwortete er, »und wenn Ihr Zeit habt und Euch die Mühe nehmt, mich bis zu dem Postwagen zu begleiten, so freut es mich sehr.«
Bei diesen Worten steckte er noch Verschiedenes zu sich und warf verschiedenes Unbrauchbare weg.
»Ich bin noch Euer Schuldner«, sagte er dann, indem er etwas in ein Papier Gewickeltes, das auf dem Tische lag, nahm und es mir einhändigte.
»Wofür?« fragte ich.
»Ich habe vergessen, Euch damals meinen Anteil an den Sitzen und an dem Wagen zu bezahlen, als wir in dem Theater in der Josephstadt waren«, antwortete er.
»Ist es das?« sagte ich, »das ist ja so wenig, und es wäre von keinem Belange gewesen, wenn Ihr ganz und gar darauf vergessen hättet.«
»Muß doch berichtet sein«, antwortete er.
Ich steckte das Papier, ohne seinen Inhalt zu untersuchen, zu mir und verfolgte die Sache nicht weiter.
Er war indessen fertig geworden und sagte: »Ist es gefällig?«
Ich wandte mich zum Gehen, er zog noch flüchtig die Lade des Schreibtisches heraus, um zu sehen, ob er nichts vergessen habe, und wir schritten zur Tür hinaus. Es war sonderbar, es fiel mir schwer auf, obwohl ich mit dem Manne nie in einer eigentlich näheren Verbindung gewesen war, daß er nun gehe und, als wir das Zimmer verlassen hatten, die Schlüssel an der Tür stecken ließ, wo bisher immer, wenn ich in seiner Abwesenheit vorbei ging, ein festes, nettes Vorhängschloß angelegt war. Als wir in den Hof gekommen waren, sagte er der Magd, die wir dort sahen, und der gewöhnlich das Zimmerfegen oblag, daß er nun reise, daß die Schlüssel stecken, und daß sie über das Zimmer verfügen könne.
Wir schritten nunmehr bei dem Tore hinaus. Auf der Gasse sagte er zu mir: »Ich danke Euch noch einmal sehr

freundlich für die Güte und Aufmerksamkeit, die Ihr in meiner Krankheit für mich gehabt habt. Ihr seid ein guter, gefälliger Mensch, vielleicht treffen wir uns auf dieser Welt noch einmal irgend wo wieder.«

»Wo wohnt Ihr denn?« fragte ich ihn.

»Ich habe bisher in Meran gewohnt«, antwortete er; »wo ich in Zukunft wohnen werde, weiß ich noch nicht. Wenn Ihr aber einmal nach Meran kommet, dürft Ihr nur nach mir fragen, und man wird Euch dann meinen Aufenthaltsort schon sagen. Oder wenn Ihr mir Euren Wohnort nennet, so kann ich Euch auch einen Brief schreiben, worin ich Euch anzeige, wo ich sein werde. Wenn Ihr dann einmal in die Nähe kommt, so geht Ihr zu mir. Ich werde gewiß eine große Freude haben, Euch zu sehen.«

»Und ich gewiß auch«, antwortete ich.

Ich nahm nach diesen Worten eine Namenskarte aus meinem Taschenbuche, schrieb mit starker Bleifeder meine Wohnung auf die Kehrseite und sagte: »Unter dieser Aufschrift wird mich ein Brief von Euch zu jeder Zeit des Jahres finden.«

Er nahm die Karte und tat sie in seine Schreibtafel.

Nun gingen wir schweigend neben einander her, entweder weil wir wirklich nichts zu reden wußten, oder weil wir gespannt waren. Endlich, gleichsam um das kleine Stück Weges, das wir noch bis zur Post hatten, auszufüllen, tat er die Frage: »Seid Ihr schon einmal in Italien gewesen?«

»Es war wohl schon seit Jahren mein sehnlichster Wunsch, dieses merkwürdige Land zu sehen,« antwortete ich, »aber meine Verhältnisse gestatteten es bisher immer nicht, den Wunsch zu verwirklichen. Indessen gebe ich ihn nicht auf, und wenn einmal eine Zeit kommt, in der es mir möglich ist, eine große Reise zu machen, so ist Italien das Land, in welches ich sie unternehme.«

»Tut das ja,« sagte er, »es wird Euch gewiß nicht reuen.«

Mit diesen Worten waren wir an der Post angekommen und gingen bei dem großen Tore hinein. Der Innsbrucker Wagen war schon angespannt.
»Nun lebet wohl,« sagte er, »ich danke Euch für die Begleitung, und ich danke Euch auch noch einmal für alles andere, was Ihr mir getan habt, und grüßet unsere Mittagsgäste recht schön.«
»Lebet wohl,« antwortete ich, »und reiset glücklich.«
Somit war der Abschied vollbracht. Er ging an den Wagen und schaute bei allen Fenstern hinein; allein da er ziemlich spät gekommen war, saßen überall schon Reisende von verschiedener Gattung darinnen: dicke und dünne, schnurrbärtige und backenbärtige, mit Tabakspfeifen und Augengläsern versehene – nur in dem hintern Gelasse, bei einer Frau mit Reisesäcken und Fächern, war ein Plätzchen erübrigt – sein Mantel, den er voraus geschickt hatte, lag neben den hintern Rädern auf der Erde, er hob ihn auf und tat ihn um – auf der Wagendecke war man mit Schnüren und Zubinden fertig geworden, man packte den armen alten Mann, wie es gehen wollte, ein und fuhr mit ihm davon.
Ich blieb noch eine Weile auf der Gasse vor dem Posthause stehen und sah dem Wagen nach, so weit ich ihn erblicken konnte. Die Ecke der nächsten Gasse verdeckte ihn aber bald. Hierauf ging ich in eine Gesellschaft von jungen Männern, die ich kennen gelernt hatte, die sich jede Woche an einem bestimmten Tage versammelten, und die mich hiezu eingeladen hatten. Es war eben der Tag, und wir saßen ziemlich lange beisammen und redeten von den verschiedensten Dingen der Welt.
Am andern Tage stand ich auf und ging wieder meinen Geschäften nach.
Es ist unglaublich, aber es ist doch so: der alte Mann, der fort gefahren war, ging mir sehr ab. Zum Zimmernachbarn hatte ich einen Fruchthändler bekommen, der

immer mit den Fingern sehr schnalzte, wenn er über die Wendeltreppe hinab ging. Er war zugleich so dick, daß man auf der Stiege nicht an ihm vorbei konnte, sondern, in einen Gang oder unter eine Tür gestellt, ihn vorüber lassen mußte.
Ich war noch ziemlich lange an Wien gebunden. Endlich wurde meine Bittangelegenheit doch entschieden, und zwar gegen meinen Wunsch. Der Fruchthändler war schon lange abgereist, ich hatte nach einander wohl fünfzehn verschiedene Zimmernachbarn gehabt, und jetzt, da ich meinen lang ersehnten Bescheid in die Hände bekam, packte ich meine Sachen zusammen und fuhr ebenfalls davon.

3. REISEBESUCH

Ihr wißt alle, meine teuren Freunde, wie ich von jeher ein Kind des Zufalles gewesen bin. Zuerst ist schon meine Erziehung ein Zufall gewesen; denn nach dem Tode meiner vortrefflichen Mutter, welche der Meinung war, daß man das Herz und Gemüt vorzugsweise zu größtmöglichster sittlicher Vollkommenheit ausbilden müsse, kam mein Vater an die Reihe, der früher wegen seiner vielen Geschäfte nicht im Stande gewesen war, sich um mich zu bekümmern, der aber im allgemeinen den Plan meiner Mutter vollständig gebilligt hatte. Er wollte auf die Grundlage des Gefühles nun auch die wissenschaftliche Ausbildung setzen. Aber er starb ebenfalls in dem ersten Jahre. Nach ihm übernahm mein Oheim, der Bruder des Vaters, die Erziehung. Dieser verwarf alles, was nicht nach seinem Ausdrucke praktisch war. Praktisch war aber dasjenige, das er dafür erklärte. Ich mußte nun immer arbeiten, das heißt, wie er selber sagte, etwas hervor bringen. Das Hervorgebrachte aber mußte ein Sichtbares und Greifbares sein, das dem Staate und der menschlichen

Gesellschaft nützte. Er teilte mir Lehrer und Gehülfen zu, die selber arbeiteten und mich zur Arbeit anleiteten. Die Einbildungskraft und alles, was mit ihr zusammenhängt, nämlich alle Kräfte, die zur Ausschmückung und Ergötzung des Geistes dienen, hielt er strenge darnieder. Ich bin selber der Meinung, daß das heitere und freie Spiel jener Kräfte, die so schön und lieblich in der menschlichen Seele liegen, in Verbindung mit einer Tätigkeit, wodurch das irdische Gut für den einzelnen und so auch für die Gesellschaft hervorgebracht wird, den Menschen ganz und völlig erfüllt und glücklich macht; aber ich konnte beides zusammen nie erreichen, sondern immer nur eines allein; denn als ich aus der Erziehung des Oheims entlassen war, weil ich nun selbstständig in seiner Richtung vorwärts gehen konnte, tat ich es nicht. Ihr wißt, wie sich lange niedergehaltene Kräfte rächen. Ich gab mich nun, da ich frei war, dem Zuge meiner Einbildungskraft und den Anregungen meiner sinnenden Kräfte unbedingt hin. Ich ließ die schönen Künste und allerlei Schwelgereien der Gefühle ohne Maß auf meine Seele wirken. Wenn mir damals ein hochherziges, edles, starkes, tief fühlendes Wesen entgegen getreten wäre, das aber auch im Schaffen und Wirken tüchtig gewesen wäre, daß sich die Fülle der Habe und Wohnlichkeit ergieße: ich glaube, ich hätte es nicht erkannt, und gewürdigt. – Jetzt, da die Geschicke es weigern, könnte ich es wohl.

So wurde ich also durch Zufall, da ich meine Kräfte abgesondert und einseitig übte, ganz das Entgegengesetzte von dem, was meine Erziehung bezweckte. Was weiter kam, war die natürliche Folge davon.

Im kleinen war es ja auch ein Zufall, daß ich einmal mit den Schwestern Milanollo in einem Wagen fuhr, ohne sie zu kennen, und daß ich dann mit einem meiner damaligen Reisegenossen wieder zusammen traf und sie mit ihm hörte.

Noch mehr aber wirkte der Zufall später, da ich mich von meinem Zimmernachbar in der Dreifaltigkeit getrennt hatte.
Ich wollte damals, als ich in Wien war, durch die vielen Verbindungen, die ich meinem Vater verdankte, eine Stelle erringen, die ich meinen Fähigkeiten angemessen erachtete; denn das ohnehin nicht große Vermögen von meinen Eltern sah ich durch mein schlenderndes Leben sich nach und nach dem Ende zuneigen. Ich hatte große Versprechungen und zehrte durch den langen Aufenthalt in der großen Stadt noch einen Teil von Zeit und Geld auf. Da erhielt ich den abschlägigen Bescheid und reiste nach Hause. Es war die äußerste Zeit, irgend etwas fest zu setzen. Nun fing ich sofort an, durch außerordentliche Tätigkeit und durch sehr geschickte Berechnungen, welch beides ich von meinem Oheime gelernt hatte, mir im Handel ein Vermögen zu erwerben. Ich hatte den Plan, mir mit demselben, wenn es einmal groß genug wäre, ein recht nettes Häuschen mit einer Landwirtschaft zu meinem künftigen Lebensunterhalte anzuschaffen, freilich, um wieder träumen zu können. Zu meinen Berechnungen, deren Stoff ich mir mühsam durch stetes Herumfragen und Reisen erworben hatte, trafen noch glückliche Umstände hinzu, die niemand ahnen konnte, die mein Oheim selber nicht ahnte, und die machten, daß ich mein Ziel viel früher erreicht hatte, als ich dachte. Ich kaufte das Häuschen, und da ich es eingerichtet hatte, da um das ganze Besitztum eine Einfriedigung lief, da ich die Bearbeitung meiner Grundstücke begann: machte ich eine Erbschaft, in welcher das alles viel reicher und schöner vorhanden war, als ich es mir je hätte einbilden können. Eine Tante, die älteste Schwester meiner Mutter, die mich einmal als Kind lieb gehabt hatte, die nach dem Tode ihres Gatten, eines reichen Mannes, einsam gelebt hatte, und dem Anscheine nach allmählich, ohne daß man

die Ursache wußte, in tiefe Armut versunken war, war mit Hinterlassung eines bedeutenden Reichtumes gestorben. Sie hatte schon seit Jahren in einem kleinen Stübchen gelebt und sich nur mit dem Notdürftigsten genährt und gekleidet. Sie nahm von der Familie nie etwas an, und wurde im Laufe der langen Zeit von uns fast vergessen, als wäre sie gar nicht mehr vorhanden gewesen. Ein großes, äußerst reizendes Anwesen, welches ein Anwalt, der in ihrer Stadt lebte, bewirtschaftete, gehörte zu ihrem Eigentume. Er verwaltete es nur unter der größten Verschwiegenheit, daß niemand wisse, daß sie Vermögen habe, und sie etwa in ihrer Abgeschiedenheit überfalle und ermorde. Dieses Besitztum, welches die Tante Treulust nannte, obwohl das nahegelegene Dorf Reutschlag hieß, und wohin sie trotz der großen Entfernung von ihrer Stadt jährlich einmal im tiefsten Geheimnisse fuhr, hatte sie mir nebst einer beträchtlichen Summe Geldes, das zur ersten Einrichtung dienen sollte, als Erbteil hinterlassen. Die Söhne meines Oheims bekamen als bloße verschwägerte Glieder der Familie jeder nur ein kleines Vermächtnis, und alles übrige, dessentwillen sie so bitterlich gedarbt hatte, das sie durch lange Jahre und ungeheure Mühe zusammen gebracht hatte, wurde milden Stiftungen zugewandt, und zwar nur solchen, die werktätig zur Linderung menschlichen Leidens eingreifen. Das war der Zweck ihres Lebens gewesen. Das Testament meiner Tante hatte ein außerordentliches Aufsehen gemacht, teils der Willenskraft wegen, die mit einer solchen Verfahrungsart verbunden ist; teils des Gegensatzes wegen, da nach vermuteter Armut ein solcher Reichtum zum Vorscheine gekommen war. Bloß Treulust hatte für sie eine Schwäche dieses Lebens abgegeben: sie hatte den Sitz mit vieler Freundlichkeit und mit einem Geschmacke ausgestattet, den man der alten, herben Frau nicht zugemutet hätte, sie ließ das Besitztum immer im besten Baustande und Betriebe sein, und gab es endlich dem einzigen blutverwandten Wesen, das sie noch auf der Erde hatte, zur Erbschaft. Ich reisete, als mir diese Dinge durch die Gerichte bekannt gemacht wurden, nach meinem neuen Eigentume, fand es unendlich herrlicher als mein altes, verkaufte daher alles, was ich mir mit so vieler Mühe und so vielem Fleiße zusammengerichtet hatte, und übersiedelte mich in meine neue Wohnstätte.

Ich hatte in meinen früheren dürftigen Zeiten ein sehr schönes Mädchen gekannt. Ich weiß nicht, ob ich es liebte, was man lieben nennt; jenes Lodern, Leiden und Sprudeln, was ich an meinen Freunden sah, wenn sie liebten, war nicht in mir; aber ich hatte es sehr gerne, wenn ich die schöne Mathilde sah und mit ihr sprechen konnte. Ich näherte mich ihr, zeichnete sie aus und gestand ihr einmal meinen Wunsch, ihr näher angehören zu wollen. Sie war nicht abgeneigt und sagte, daß sie gerne einwillige, wenn ich nur so viel habe, eine Gattin den Verhältnissen gemäß erhalten zu können. Ich hatte mir eben damals mein erstes Besitztum erworben, und legte ihr dessen Beschaffenheit vor. Sie erwiderte, es möchte doch vielleicht noch zu wenig sein. Als ich Treulust erhalten hatte, war freilich alles zu spät; denn die schöne Mathilde war bereits mit einem Schloßbesitzer, der in einiger Entfernung wohnte, vermählt. Ich war verdrüßlich, war übel gestimmt, und beschloß, wenigstens jetzt allein zu bleiben und meinen Kohl zu bauen.

Ich begann es auch, und die Sache fügte sich nach und nach zusammen.

In jener Zeit dachte ich wieder an die Schwestern Milanollo. Wenn ich nämlich manchmal abends, da meine Leute etwa gar schon zur Ruhe gegangen waren, oder hinten an den Wirtschaftsgebäuden saßen und plauderten, einsam in meiner grünen Stube saß und nichts um mich war als die schönen Kupferstiche, die ich von der Tante geerbt hatte, nahm ich gerne meine Geige aus ihrem Fache und geigte mir etwas vor. Ich hatte nämlich in jener Zeit, als ich meinen Träumereien gelebt hatte, die Geige spielen gelernt und hatte manche Stunde mit meinem Meister vergeigt. Aber so schön wie Theresa geigte ich weder damals mit meinem Meister noch jetzt in meiner grünen Stube, obwohl ich eine aus alter Zeit stammende Cremoneser Geige besaß und mir die besten Saiten kommen ließ, die auf der Welt zu haben waren.

Wir hielten damals unser vier Mitglieder zwei politische Zeitungen, nämlich der Dechant zu Blumenau, der Forstmeister zu Olshag, der Schulmeister meines Dorfes und ich, da wir aber auch alle viere die Geige spielten, so wurde einmal, als wir uns bei einer Kircheneinweihungsfeier trafen, verabredet, daß wir alle Monate wenigstens einmal bei mir zusammen kommen und ein Quartett einrichten wollten. Das Ding geschah und kam bald in den Gang. Wir übten uns in wenigen der bekannteren Tonsetzer, und spielten gewöhnlich zuerst aus Haydn, dann aus Mozart, und endlich aus Beethoven. Wenn nun meine Mitspieler sehr zufrieden waren und sagten, die Kirchenmusik in Blumenau und in Stromberg sei lange nicht so gut als unsere Aufführungen, und die toten Meister könnten sich in ihrem Grabe freuen, daß sie so verehrt würden, und daß wir sie doch so gut vortrügen; dann dachte ich: ihr habt nie so gut spielen gehört wie ich, und mögt euch immerhin freuen, ich kann es nicht. Ich ließ sie gewähren und verschwieg meine Gedanken. – Unsere Lust an der Sache ermattete aber endlich ein wenig, und die monatlichen Quartette schrumpften zu vierteljährigen ein, die wir aber auch da nicht immer abhielten, außer wir schickten uns eigene Einladungsbriefe dazu. Am Ende kam alles in Vergessenheit.

So waren mehrere Jahre vergangen, die ich mit Einrichtungen in Treulust verbrachte. Da dachte ich wieder an meine italienische Reise. Ich konnte sie jetzt mit Bequemlichkeit machen. Meine Verhältnisse waren geordnet, ich hatte nichts zu erbauen, ich hatte keine Veränderungen vorzunehmen, und ich hatte keine Hoffnungen, die erfüllt werden sollten. In Tirol lebten zwei Freunde von mir, die mich beständig zu sich einluden. Der eine derselben hatte eine Musterwirtschaft, die schon oft von Reisenden und Zeitungen gelobt worden war. Ich konnte sie besuchen, dann weiter durch Südtirol gehen und bei dieser Gelegenheit auch in Meran nach meinem alten Reisefreunde fragen; denn der Brief, den er mir über seinen neuen Wohnort zu schreiben versprochen hatte, war nie angekommen.

Ich machte wirklich in Folge dieser Gedanken im Winter meine Vorbereitungen. Ich machte sie freilich nicht mit jener großen, freudevollen Hoffnung, wie ich sie vor mehreren Jahren gemacht hätte, wo mir mein Reiseziel noch so hold vorschwebte und es an allen Mitteln gebrach. Ich weiß nicht, war ich nun um eben diese Jahre älter geworden, oder hatte ich mich so in mein Besitztum hinein gelebt, daß das Fortgehen davon schwerer war als früher alle Reisen, wo ich eigentlich zwar immer irgend wo wohnte, aber nirgends zu Hause war. Indessen machte ich meine Anstalten doch noch immer mit gehöriger Lust, und besonders war es wohltätig, daß jetzt alle Mittel dazu vorhanden waren, die damals gänzlich gefehlt hatten.

Ich war gegen Anfang des Frühlings mit meinen Vorrichtungen fertig, und an einem sehr schönen Morgen fuhr mich mein Altknecht mit meinen liebsten Braunen, die ich ihm während meiner Abwesenheit recht auf die Seele band, auf einem Feldwege der nächsten Post zu.

Mein Plan war folgender: ich wollte erst in den Frühlingstagen reisen, um sie zu genießen. Eine kleine Zeit wollte ich bei meinen Freunden in Tirol zubringen, dann während des Sommers in Oberitalien verweilen. Gegen die mildere Herbstzeit zu wollte ich dann südlicher gehen, den Winter in Rom und den Sommer im Albanergebirge zubringen. Endlich wollte ich nach Neapel reisen, und im Winter dort, im Sommer aber auf Capri wohnen. Hiebei würde ich einmal Sicilien besuchen. Der dritte Winter würde in Florenz verlebt, und der nächste Frühling darauf würde mich wieder in der Heimat sehen. Ist die Reiselust dann gelöscht, dachte ich, so bleibe ich zu Hause, erwacht sie wieder, so besuche ich dann andere Länder, da ich ja in meiner Behausung nichts zurück lasse, das sich nach mir sehnt.

Auf der Post nahm ich von meinem Knechte und von den Pferden Abschied, ließ alle meine Leute grüßen, trug ihnen genaue Obsorge über das Hauswesen auf, und fuhr dann, da mein Gepäcke indessen umgepackt worden war, in die fremden Länder hinaus.

Ich rückte nun an Berg um Berg, an Tal um Tal vorüber. Die Reise übte, wie es jede an dem Menschen tut, einen sehr wohltätigen Einfluß auf mich aus. Das gleichmäßige Einerlei, in welches mich das ewige Betrachten des Getreidewachsens versetzt hatte, milderte sich und erfüllte sich nach und nach mit den Mosaikstücken grüner Berge, weißer Städte, leuchtender Landhäuser, und vermannigfaltigte sich durch die tausend fremder Angesichter, die mir begegneten, fremder Trachten, die ich sah, und durch das fröhliche und seltsame Gewimmel, das die unzähligen Menschen dieser Erde treiben müssen, um dem Tage das Leben abzugewinnen, und dieses Leben dann doch wieder in der Schnelle zu vergeuden.

Es ist ein großer, sonderbarer Anblick, dieses merkwürdige Geschlecht im ganzen zu überschauen – wie es sich immer und immer geändert hat und immer zu größerer Vollkommenheit zu gehen vermeinte. Wie mag es in den

Millionen künftiger Jahre sein, wohin unser befangener Blick nicht zu dringen vermag – wer kann es wissen? Wenn man mit seinem Fühlen und Denken außer der Gegenwart steht und von ihr nicht fortgerissen wird, so hastet alles in Unruhe, in Begehren und in Leidenschaft vorüber – manches schöne, edle Herz lächelt uns an, daß man es liebt und an sich drücken möchte; aber es geht auch vorüber: – – wenn man dann die Natur betrachtet, wie die Geselligkeit der Pflanzen über alle Berge dahin liegt, wie die Wolken ziehen, wie das Wasser rieselt und das Licht schimmert – welch ein Treiben jenes, welch ein Bleiben dieses! Durch die Natur wird das Herz des Menschen gemildert und gesänftigt, durch das Wogen der Völker, sobald man einen tieferen Geist hinein zu legen vermag, wird es begeistert und erhoben. Da ich immer ein einzelner war, der nicht hatte, was er lieben oder hassen konnte, lernte ich die Menschen in der Weltgeschichte kennen. Da waren sie anders, als sie sich immer in der nächstberührenden Welle geltend machen möchten. Was die Gegenwart oft als ihr Höchstes und Heiligstes hielt, das war das Vorübergehende: was sie nicht beachtete, die innere Rechtschaffenheit, die Gerechtigkeit gegen Freund und Feind, das war das Bleibende. Was ein Redner, von dem bloßen Teile eines Ganzen ergriffen, seinen Zeitgenossen heftig predigte, ist in den folgenden Geschlechtsräumen anders, weit anders gekommen.
Mit diesen Gedanken fuhr ich die Straße des schönen Tirols hinan und ließ diese Berge und Lasten auf mich einwirken, zwischen denen die Menschen herum gehen und wie überall, während sie wähnen, nur für die nächsten Bedürfnisse zu sorgen, den Bau der Zukunft aufbauen. Und je nach der Güte oder Zerworfenheit der Gegenwart wird dieser Bau auch dauernder oder hinfälliger.
Ich fuhr durch das lange Inntal und lenkte dann in das Pustertal ein. Ich hatte den einen meiner Freunde be-

sucht und war eine Woche bei ihm geblieben. Die Zeit wurde verbracht, indem wir teils schöne landschaftliche Stellen besuchten, teils mit seinen Freunden zusammen kamen, teils die Land- und Alpenwirtschaft dieses Volkes besahen. Dann reisete ich wieder weiter und kam zu dem andern, der den berühmten Hof hatte. Ich blieb drei Wochen bei ihm. Ich schaute alles an, was da war, ich betrachtete die Arbeiten, ich ließ mir erzählen, und fertigte ein Buch an, in welches ich alles eintrug, was ich mir merken wollte. Mit der schönsten Erinnerung und mit dem Bilde eines edlen Mannes – denn in früheren Zeiten hatten wir uns doch nur sehr oberflächlich gekannt – verließ ich das Haus und wandte mich nach dem südlichen Tirol.

Es gingen noch duftblaue Berge, glänzender Firn, dunkelnder Wald und grünes Gelände an mir vorüber. Über manchen rauschenden Bach mußte ich fahren, und an mancher freundlichen Häuserreihe mußte ich vorbei, bis ich eines Abends in Meran einzog.

Es waren sehr viele Fremde in dem Orte, die sich gewöhnlich im Sommer einfinden, um die ungemeinen Reize der Gegend zu genießen. Im Herbste, sagte man mir, kommen meistens noch mehrere, weil sie da eine Traubenkur zu gebrauchen pflegen.

Ich fragte, da ich nun da war, bei meinem Gastwirte um Franz Rikar, so hieß nämlich mein ehemaliger Zimmernachbar.

»Dieser Mann«, antwortete der Wirt, »ist schon sehr lange nicht mehr in Meran, er hat sich sehr einschränken müssen, es geht ihm sehr schlecht, und er hat sich an die Ufer des Gardasees zurück gezogen, wo er geboren ist.«

Als ich um den Ort fragte, sagte er, den wisse er nicht genau, wenn es aber nicht Riva sei, so müsse es ganz gewiß in der Nähe sein.

Als ich des Abends ein wenig in dem Städtchen herum

ging, um es mir anzuschauen, fragte ich auch noch andere Leute, und erhielt fast überall die nämliche Antwort, nirgends aber eine genauere.
Da ich diese Sache erfahren hatte, kam mir der Gedanke, den alten Mann nach Treulust zu schaffen. Er könnte, dachte ich, dort recht gut leben; ich bin ganz allein, er könnte unbeirrt sein, er könnte etwas tun, oder auch nicht; wenn ich zurück käme, könnte ich mit ihm reden und umgehen; vielleicht gewinne ich ihn gar lieb, kränke mich um ihn, wenn er krank wird, pflege ihn, und weine um ihn, wenn er stirbt.
Dieser Gedanke und dieser Beschluß änderten meine bisherige Reiserichtung, ich ließ von dem Wege, den ich nach Mailand verfolgen wollte, ab, ließ meine Sachen auf ein eigens gemietetes Fuhrwerk packen, und fuhr in demselben am andern Tage morgens auf dem nächsten Wege nach Riva zu. Ich beschloß, den Mann mit den nötigen Schriften und mit Geld zu versehen, ihn auf den Weg nach Treulust zu geben und dann meine Reisepläne wieder weiter zu verfolgen.
Als ich in Riva angekommen war, bewunderte ich nur ganz kurz die außerordentlich schöne Lage dieses Ortes und erkundigte mich gleich nach meinem Manne. Allein in ganz Riva kannte niemand den Namen Rikar, und als ich den Mann beschrieb, war niemand vorhanden, der sich erinnern konnte, je einen solchen gesehen zu haben.
Ich stand also an dem ersten Hindernisse meines gutgemeinten Planes. Weil ich aber einmal so weit war, so beschloß ich, gleich noch ein mehreres zu tun. Ich beschloß, da man einstimmig gesagt hatte, er müsse in der Nähe von Riva wohnen, sofort einen beliebigen Bogen an den Riva-Ufern des Gardasees herum zu fahren, an allen Orten, wo ich Menschen vermutete, anzuhalten und zu fragen.
Zu diesem Zwecke mietete ich ein Schiffchen und einen

Fährmann, der es lenken konnte. Ich besorgte Lebensmittel, wenn wir etwa länger an unwirtbaren Stellen verweilen sollten, barg meine Sachen in meinem Zimmer im Gasthofe, und beschloß, so bald als möglich meine Fahrt zu beginnen.

Dies geschah schon am nächsten Morgen, da sich mein Fährmann sehr früh eingestellt hatte. Wir begaben uns auf unsere sonderbare Reise, und wurden durch das herrlichste Wetter und manch anderes seltsame Ding belohnt. Was in mir von früheren Zeiten träumerisch war, war ganz geeignet, geweckt zu werden. Für Freunde landschaftlicher Natur und Entwicklung ist eine solche langsame, von häufigem Anhalten unterbrochene Fahrt an den Ufern bei weitem vorzüglicher als eine längs der Mitte des Sees, wo alles, was schön ist, nur in allgemeinen Bildern unentfaltet vorüber rückt. Wir fuhren stets an den Gestaden. Bald war es ein großer, unermeßlich scheinender Fels, den wir umschifften, und der wie ein Stück Alpe in das seichte Fahrwasser des Sees geworfen schien. An seinem Körper spielten die grauen Lichter und die violetten Schatten, und an seinem Fuße plauderten oder flüsterten die Wellchen, die unbemerkt und unablässig an seinem Korne wuschen. – Ein ander Mal war es wieder eine blendende Sandbank, die gegen das Dunkelblau des Wassers hinaus ging. Hinter ihr klomm das reine Grün empor, das wieder oben in Felsen überging, die dann blaulich in die noch blauere, fast funkelnde Luft hinein dämmerten. Oft stach eine solche Zunge gleichlaufend mit dem Ufer weit in den See hinaus, und jenseits derselben lag das ruhigste dunkelblaueste Wasser wie ein geborgenes Band an dem Gürtel des Gestades dahin. Wenn wir dann in die Langbucht einfuhren, so entwickelte sich eine Hütte, ein Häuschen, ein Landsitz, wo wir früher nur einen mattgrauen oder schwachweißen Punkt gesehen hatten. – Oft wurde das breite Wasser des Sees ganz

schwarzblau, unendlich dunkler als die Luft, und längs des fernen Saumes glänzte, wie eine lichte Kalkwand, das Zieratenwerk der Felsen und warf sein Gitter zauberhaft in die Fläche des schwarzen Spiegels. – Wenn wir manchmal eine Wand sahen und meinten, sie sei weithin die glatteste, ritzenloseste Mauer, so tat sie sich, wenn wir an ihr entlang fuhren, auf einmal auf, und trug in ihrer Faltung eine niedersteigende, von dichtem Buschwerke bewucherte Furche, in der das klareste, glasdurchsichtigste Alpenwasser nieder strömte. Und wenn wir dann um die Sandhügel, die sich heraus schoben, herum fuhren und in die Bucht einlenkten, die sich darstellte, so sahen wir, daß der Schauplatz sehr groß sei und an seinem Rande statt des grünen Wucherwerkes, welches wir erblickt hatten, riesengroße, schöne Bäume trug und in mancher Ecke noch ein aus rohen Steinen oder Stämmen zusammengefügtes Fischerhäuschen barg.
Mein Begleiter plauderte fast unablässig fort. Ich lernte sein seltsames Italienisch bald verstehen und antwortete ihm darin, worüber er große Freude hatte. Er nannte mir alle Stellen, von denen er die Namen wußte, erzählte mir Geschichten, die oft sehr abenteuerlich und unglaublich waren, und zeigte, wie fast alle Südländer gewohnt sind, das lebhafteste Entzücken über sein schönes Land. Das erste Mal aßen wir zu Mittag auf unserem Schiffchen, das wir ruhig stehen ließen, und über dessen Borde wir ein Brett als Tisch legten, auf dem wir unsere Sachen ausbreiteten. Er tat mir aus meiner Flasche Bescheid und wurde noch gesprächiger und lustiger als vorher. Da ich ihm den Zweck unserer Fahrt geoffenbart hatte, wurde er von dem Seltsamen des Dinges ergriffen, und so oft wir landeten, frug er in die Leute, die uns vorkamen, hinein, als müsse er ihnen den alten Mann um jeden Preis und mit Gewalt entreißen; und das Märchenhafte, daß ich nichts als den Namen Rikar wußte, ergötzte ihn

so, daß er nach jedem Punkte am Ufer spähte und oft ausrief: »Dort liegt ein Haus, dort liegt eine Hütte, dort liegt ein Stein.«

Die Nacht brachten wir in einer einzeln gelegenen Herberge zu, die mit ihren schimmernden Mauern, gleichsam wie eine weiße Tafel, an die Felsen geklebt schien und von einem ganz verwickelten Geländer des grünsten Weinlaubes umgeben war. Am andern Tage fuhren wir sehr früh ab, und sahen Riva, von dem wir gestern ausgegangen waren, wie kleine Papierstreifchen auf dem Wasser schwimmen.

Wir hatten alle unsere Vorbereitungen für den Gebrauch des Tages und für unser Mittagmahl wieder in das Schiffchen getan, und fuhren das blaue, schwellende Wasser dahin. An all den zahlreichen Stellen, an denen wir bisher gefragt hatten, hatten wir keine Antwort erhalten. Gespeist wurde wieder auf dem See.

Am Nachmittage gelangten wir in eine ödere Gegend des Wassers. Das Land stieg sanfter, aber auch unfruchtbarer gegen den Spiegel herab. Wo der See seichter gegen die Ufer auslief, lagen viele große Steine in der Gestalt von Knollen und Platten in ihm. Am Gestade stand ein graues Haus, und über ihm am Rande der Landschaft waren, wie überall, die Felsen.

Wir fragten in dem Hause, ohne eine Auskunft zu erhalten. Vielleicht, sagte man, wüßten die Fischer etwas, die weiter unten am Strande seien.

Da wir ein Weilchen gefahren waren, kamen uns die besagten Fischer zu Gesichte. Mehrere Männer standen mit hochaufgeschürzten Beinkleidern in dem seichten Wasser und wuschen Schmutz und schwarzes Gras aus den Netzen, die sie stückweise aus den Fahrzeugen wikkelten. Wir lenkten den Schiffsschnabel gegen sie und fragten um Franz Rikar. Aber sie sahen uns sprachlos an, als ob sie sich auf eine Antwort besännen. Als ich, wie

gewöhnlich, eine kleine Beschreibung von dem Manne gab, rief seitwärts eine feine, knabenhafte Stimme: »Da kann ich vielleicht eine Antwort erteilen.«
Wir sahen dahin, woher die Stimme gekommen war, und sahen einen Knaben auf einem der aus dem Wasser hervorragenden Steine stehen. Er gehörte nicht zu den Fischern, sondern hatte ihnen nur zugeschaut. Um das sehr schöne, aber sehr braune Angesichtchen mit den großen italienischen Augen waren äußerst verwirrte und verwilderte Haare, der Hals und die Oberbrust waren nackt, dann hatte er ein rauhes Ziegenfell um die Schultern, zu einer Art Überkleid geheftet, aus dem die nackten Arme hervor ragten, deren einer einen oben gekrümmten, unten mit der Spitze in das Wasser gestemmten Stab hielt. Die Beinkleider endeten mit zerrissenen Fetzen gleich unter dem Knie, von wo die nackten braunen Füße bis zum grauen Steine nieder gingen. An einer Schnur hatte er eine runde hölzerne Flasche umhängen. Die Erscheinung war wie ein kleiner Johannes in der Wüste.
»Nun, wenn du Auskunft geben kannst,« redete ich, »so sprich!«
Wir wendeten während dem unser Schiffchen etwas näher gegen ihn.
»Sagt, ist der Mann, den Ihr suchet, alt?« fragte er mit seiner feinen, klaren Stimme.
»So ziemlich alt«, antwortete ich.
»Nein, er ist sehr alt«, sagte er; – »und hat er immer, wie Ihr sprecht, ein blasses Angesicht und ein schwarzes Kleid?«
»Ja«, erwiderte ich.
»Dann ist er es schon,« sagte der Knabe, »der ist es, der so wunderbar geigt und auf den Anhöhen wohnt.«
»Er geigt?« fragte ich.
»Ihr könnt Euch nicht vorstellen, wie herzergreifend er geigt«, erwiderte der Knabe.

»Das ist ja nicht möglich,« sagte ich, »hast du ihn geigen gesehen?«
»Ich bin nicht bei ihm gestanden, da er geigte,« antwortete der Knabe, »aber ich habe ihn oft in der Ferne gehört. So geht er«.
Bei diesen Worten beugte sich der Knabe mit dem Oberleibe vor und fing an, auf seinem Steine hin und her zu gehen. Ich erkannte augenblicklich in dieser Nachahmung den Gang meines Reisefreundes. Ich hatte ihn oft so gesehen, ohne es mir besonders klar zu machen; der Knabe hatte es jetzt genau dargestellt.
»Ja, ja, der ist es schon,« rief ich, »der ist es schon. Ist er wohl sehr abgetragen und zerrissen?«
Der Knabe blickte mich stumm an, so daß ich sah, daß die Vorstellung von ganz oder zerrissen nicht in seinem Haupte sei.
»Nein,« sagte er endlich, »ich glaube nicht, daß sein Gewand zerrissen sei.«
»Nun, so weise uns nur an, wie wir zu ihm kommen«, sagte ich.
»Da müßt Ihr noch um das Höllwasser fahren,« antwortete er, »seht, wo dort die Steine liegen. Ich werde auch hinüber gehen, und wenn wir drüben sind, werde ich Euch schon hinauf weisen.«
Er zeigte hiebei dem Ufer entlang in der Richtung, in der wir zu fahren hatten. Es lag da ein großes Geröllwerk, wie es gerne entsteht, wo Gießwasser in den See gehen, Sand und Steine mitschleppen und diese Dinge wie einen Wall an der Mündung liegen lassen, der von ferne wie ein blendendes Dreieck aussieht. Während der Knabe auf diese Steine zeigte, beschrieb er zugleich mit seinem Arme sehr lebhaft einen Bogen, um anzudeuten, daß wir sie umfahren sollten.
Wir begannen die Fahrt, und zu gleicher Zeit hüpfte er am Ufer auf den Steinen neben uns her. Wir bemerkten

dabei, daß der lange Stab, den er in der Hand hielt, eine starke eiserne Spitze habe, und daß er sich mit Hilfe desselben von Stein auf Stein schwang. Er tat dies sehr behende und sicher, daß wir sahen, daß das Ding oft in einsamen Stunden seine Lieblingsunterhaltung gewesen sein mochte. Weil der Sandhügel ziemlich hoch und lang war, mußten wir zu seiner Umschiffung bedeutend weit in den See hinaus fahren und sahen den Knaben nun von ferne und ganz klein, wie ein graues Hüpfmännchen, in den grauen Steinen sich bewegen.

Als wir die Mündung umschifft hatten, stand er schon auf dem Rasen und wartete auf uns. Zugleich sahen wir mehrere Ziegen auf dem Grasgrunde, die zwischen den Steinen und dem wenigen Gestrippe kletterten, und zu denen er gehören mochte.

Da wir nahe genug waren, sagte er: »Da müßt Ihr nun hinauf steigen, bis Ihr in den Felsen, seht dort oben, in die Furche kommt, welche die Tiefspalte heißt – Ihr könnt da wo immer empor steigen; denn alle Ziegenpfade des Grases führen in die Tiefspalte hinauf. In derselben müßt Ihr fort gehen, bis Ihr zu dem Häuschen des alten Hieronymus kommt. Es steht nur ganz allein in der Spalte. Da fragt wieder an, und der alte Hieronymus wird Euch ganz gewiß zu dem Manne leiten, den Ihr sucht.«

Da ich ihn fragte, ob er mich nicht selber durch die Schlucht, die er die Tiefspalte hieß, hinauf führen und mir manches von dem Manne, den ich suche, erzählen könnte, antwortete er: »Ich kann Euch ja nicht hinauf führen, weil da die Ziegen sind, und von dem Mann kann ich nichts sagen, als daß er es schon ist, den Ihr suchet.«

Da nun die Sonne noch sehr hoch stand und ein bedeutender Rest des Tages übrig war, so beschloß ich, nach der Weisung des Knaben das Abenteuer zu wagen, um entweder meinen Mann selber zu finden, oder doch etwas Näheres von ihm zu erfahren. Deshalb wendete ich mich zu meinem Fährmanne und sagte: »Gerardo, die Flaschen, die da in dem Korbe stecken, sind Weinflaschen. Jede, wie du siehst, hat auf dem Halse ein Petschaft, welches auf dem Korke so angedrückt ist, daß man ihn nicht heraus nehmen kann, ohne die Buchstaben und die Zierden um dieselben zu verletzen. Wenn du es daher doch tätest, um ein wenig Wein zu trinken und Wasser nachzufüllen, würde ich es erkennen. Hier hast du eine Flasche, die darfst du trinken, die übrigen mußt du unberührt lassen; denn sonst würdest du betrunken werden und müßtest mir den teuren Wein bezahlen. Nun merke auf, was ich dir sage. Ich werde jetzt da hinauf steigen, um in den Bergen nach unserem Manne zu fragen. Du mußt hier in dem Schiffe warten, bis ich entweder selber komme oder dir einen Boten mit der Nachricht schicke, was du tun sollst. Wenn bis zu dem Abende weder ich selbst komme noch ein Bote erscheint, so fahre in das graue Fischerhaus zurück, oder sonst irgend wohin, und bleibe dort über Nacht. Am Morgen aber mußt du wieder auf diesem Platze sein und auf mich warten. Habe auf die Sachen Acht; ich will dir eine meiner Pistolen nebst Pulver und Blei zurück lassen, wenn du mit diesen Dingen umgehen kannst; verpuffe aber nicht etwa aus Kurzweile und Lustigkeit die Sachen auf dem See da und locke dir die müßigen Leute auf den Hals. Habe auf alles Sorge, was ich sage, und sei klug.«

»Ja, ja, Signore, ich werde klug sein«, sagte der freundliche Bursche; »aber die Pistole brauche ich nicht, ich kenne die Ufer ohnehin recht gut. Ich werde auf Euch hier warten, und wenn Ihr bis abends nicht kommt, und wenn auch keine Nachricht kommt, werde ich nicht ins Fischerhaus fahren, weil es mir nicht gefällt, sondern ich werde ein wenig in den See hinaus rudern, werde dort den Schiffspfahl in den Boden schlagen und das Schiff daran binden. Dann werde ich mich auf die Rohrmatten legen und schlafen. Ich habe zwei wollene Decken mit, die sind gut. Es wird eine warme Nacht kommen und kein Wind sein, wie alle Tage her.«

»Gut,« sagte ich, »mache es, wie du willst.«

Ich nahm nun meine Ledertasche vom Schiffsboden auf und hing sie um. Ich nahm mein Fernrohr, nahm die Pistolen, nahm eine Flasche Wein und etwas kalten Braten, steckte alles in meine Ledertasche und stieg zu dem Knaben am Ufer aus, der mich mit einem wirklich außerordentlich schönen, aber auch außerordentlich verwilderten Angesichte und mit verständigen Augen ansah. Ich gab ihm ein Geschenk, das er mit freundlichem Lächeln annahm.

»Lebt wohl, Signore«, rief mir mein Fährmann noch nach.

»Leb wohl, Gerardo,« antwortete ich, »sei folgsam und obsichtig.«

Und nun begann ich auf dem kurzen und ziemlich unfruchtbaren Grase empor zu steigen, während meine zwei Gesellschafter, wie ich hinter mir hörte, ein Gespräch mit einander begannen.

Das Höllwasser mußte zu Zeiten seinen Namen recht wohl verdienen, da ein solcher Greuel von Schutt und von Steinen neben mir lag, obwohl es jetzt so schwach und ohnmächtig wie ein Kind in diesen Dingen dahin fädelte, jeden Stein umgehen und in dem feinen Sande sich sein dünnes Rinnsal graben mußte.

Als ich eine Weile gestiegen war und mir in der großen Hitze, die im Gebirge herrschte, der Schweiß kam, blieb ich stehen und wendete mich um, um auf die zwei einzigen Wesen, welche ich in dieser Gegend verlassen hatte, zurück zu schauen. Ich nahm mein Fernrohr heraus und richtete es, um sie besser betrachten zu können. Ich fand sie mit dem Rohre auch sehr bald. Gerardo lag bereits über die Sachen des Schiffes längelang ausgestreckt, das Antlitz nach aufwärts gekehrt, die Arme oberhalb des Hauptes geschlagen, die rote Mütze über die Augen gezogen, und von der warmen südlichen Nachmittagssonne beschienen. Er genoß auf diese Art fröhlich der süßen Ruhe, die den Menschen seines Standes und Landes nächst der Nahrung des Leibes, oder noch vielleicht vor derselben, das Höchste ist. Den Hirtenknaben fand ich auch, wie er gleichfalls auf der Erde zwischen den grauen Steinen lag und sich wärmte. Außer diesen zwei Menschen und den wenigen Ziegen war in der ganzen Gegend nichts Lebendiges zu schauen. Die Umgebung stimmte gerade so feierlich und lächelnd, wie sie immer im Süden ist, dazu. Ich ließ mein Rohr abwechselnd von dem einen, der auf dem blendenden Schiffholze lag, zu dem andern, der in die einförmigen Steine gelegt war, hin und her gehen. Von ihnen weg dehnte sich die tief dunkelblaue Flut des Sees hinaus, die nur zeitweise eine weiße feurige Furche warf, oben stand der ebenfalls tiefdunkle Himmel, der zu dem Bilde gehörte, und an dem Rande woben die violetten, duftigen Berge.

Da ich eine Zeit gestanden war und mich erholt hatte, wendete ich mich wieder um und verfolgte meinen Weg wieder weiter.

Ich kam nach und nach in die Schlucht, welche der Knabe angedeutet hatte. Es begannen aus dem Rasen sich Steine zu heben, die mich in den natürlichen Zwischenraum, den sie zwischen sich ließen, hinein lockten. Bald ging ich auf einem Pfade, zu dessen beiden Seiten hohe Felswände waren, aufwärts. Der Pfad hob sich dann selber an der rechtseitigen der Wände und hatte links unter sich einen tiefen Grund, in welchem die Furche eines Gießwassers lief. Die Furche aber war nicht zu sehen, da die ganze Spalte, wie überall an den Ufern dieses Sees, mit dichtem Gebüsche und mit schlanken, wuchernden Bäumen bedeckt war. Unter dem Geheimnisse dieser grünen Decke hörte ich das Wasser, das jetzt sehr schwach war, fließen, ich hörte bald das Rascheln kleiner Abstürze, bald das Rieseln größerer Wasserfälle, während rechts von den Felsenmauern der brennende Sonnenstrahl auf mich fiel. So ging ich weiter.

In kurzer Zeit erblickte ich das Häuschen, von dem der Knabe gesprochen hatte. Es war schneeweiß, stand sehr nahe an dem Felsen und schien von weitem so flach zu sein, als wäre es mit dem Weinlaubgeländer, das hier überall um die Häuser läuft, an die Steine angebunden.

Da ich hinzu gekommen war, klopfte ich an die Tür, worauf eine Magd erschien und mich um mein Begehren fragte.

Ich sagte, daß ich einen Mann mit Namen Hieronymus suche.

»Mein Herr heißt eigentlich Hieronymus Rüdheim,« antwortete sie, »aber die Leute, denen er schon vierzig Jahre Gutes tut, und die ihn betrügen, nennen ihn nur schlechtweg und undankbar den alten Hieronymus. Wartet ein wenig, ich werde es ihm gleich sagen.«

Sie ging hinein und schloß vor mir wieder die Tür.

Nach kurzem öffnete sich dieselbe abermals, und ein alter Mann trat heraus, der den ganzen dichten Tirolerbart in blendend weißer Farbe trug. Er hatte einen schwarzen Rock an, der eine Tirolerjacke gewesen wäre, wenn ihn nicht seine Länge und Weite fast zu einer Kutte gemacht hätte. An der Brust blickten die breiten grünen Hosenträger hervor. Das dunkle Beinkleid reichte bis an die Knie, dort waren silberne Schnallen, dann kamen grüne Strümpfe und schwarze Bundschuhe.

»Was willst du denn?« fragte er mich, indem er unter der Tür stehen blieb.

»Unten am See hat man mir gesagt,« antwortete ich, »daß Ihr mir über einen Mann namens Franz Rikar Auskunft zu erteilen im Stande seid.«
»Gehe herein, ich werde dir etwas zu essen und zu trinken geben«, sagte er.
»Hinein gehen will ich wohl,« antwortete ich, »da es hier vor dem Hause so heiß ist, trinken will ich auch, wenn Ihr mir etwas gebt, aber essen kann ich nichts, da es von meinem Mittagmahle noch gar kurz her ist.«
»Nun, so gehe nur herein«, sagte er.
Ich trat, da er jetzt von der Tür zurück wich, in eine Art Vorhalle ein, die stark gewölbt und sehr angenehm kühl war. Um einen eichenen Tisch, der in einer Ecke stand, liefen Bänke herum, auf deren eine ich mich nieder ließ. Er setzte sich mir gegenüber.
»Marianne,« rief er, »bringe Wein, Brod und sehr frisches Wasser.«
Die Magd, welche sich im Hintergrunde der Halle beschäftigt hatte, entfernte sich, und brachte bald auf einem blanken Untersatze die geforderten Dinge.
»So, greife nun zu und stärke dich«, sagte er.
Ich schenkte mir Wein und Wasser ein, da ich in der Tat durstig war, trank und nahm dann ein Schnittchen von dem weißen, schönen Brode.
»Du willst also über Franz Rikar Auskunft haben?« sagte er.
»Nicht sowohl Auskunft,« antwortete ich, »als vielmehr den Weg zu seiner Wohnung wünschte ich zu erfahren. Wir waren einmal Reisegenossen, dann waren wir ein ander Mal sehr lange Zeit Zimmernachbarn, und versprachen, da wir schieden, daß wir uns, wenn einer in die Nähe des andern käme, besuchen wollten. Da ich nun zufällig durch diese Gegend reise und in Erfahrung gebracht habe, daß er hier herum irgend wo wohne, so möchte ich mein Wort lösen und ihn besuchen.«

»Du bist wahrscheinlich sein Freund von Wien her«, sagte der alte Mann.
»Ja, so ist es«, antwortete ich.
»Ich kann dir schon den Weg zu ihm zeigen,« sagte er, »und werde ihn dir zeigen; aber sage, wer hat dir denn Anweisung gegeben, daß du mich um Franz Rikar fragen sollst?«
Ich beschrieb ihm den Hirtenknaben und sagte, daß mich derselbe in die Schlucht zu ihm herauf gewiesen habe.
»Der Knabe Giuseppe hat schon recht,« sagte er, »ich kenne den Franz Rikar sehr gut und will ihm wohl. Er wird eine große Freude haben, dich zu sehen. Trinke deinen Wein aus, iß noch ein Stückchen von dem Brode, dann werde ich dir den Weg zu ihm zeigen.«
»Ich habe keinen Hunger,« antwortete ich, »und den Durst habe ich mir auch schon gelöscht. Wenn ich aber hier einen Boten haben könnte, der zu dem See hinunter ginge, wäre es mir lieb; denn ich habe einen Fährmann unten gelassen, dem ich gerne eine nähere Botschaft schicken möchte, vorausgesetzt, daß es zu Franz Rikar so weit ist, daß ich heute von ihm nicht mehr zu dem See zurück kommen kann.«
»Es ist so weit,« erwiderte er, »daß du von hier aus wohl bis Sonnenuntergang brauchen wirst, um zu ihm zu gelangen. Ich kann dir keinen Boten geben; denn dies Haus ist das einzige in der ganzen Gegend, und ich bin ganz allein mit der Magd auf der Sommerkühle heroben. Wenn mein Hausmeier oder sonst jemand von meinen Leuten zugegen wäre, würde ich ihn dir zu Rikar mit geben oder zu dem See hinab schicken, wie du wolltest. So aber kann ich es nicht. Wenn du daher mit deinem Fährmanne nichts Bestimmtes verabredet hast, so steige wieder zu ihm hinunter und schiebe den Gang zu Rikar auf morgen auf.«
»Ich habe eben so viel mit ihm verabredet,« antwortete

ich, »daß es nichts macht, wenn ich heute nicht mehr zu dem See hinunter komme; ich hätte ihm nur gerne eine ganz genaue Nachricht übersendet.«

»Nun das kannst du halten, wie du es für gut findest«, sagte er.

Während dieses Gespräches hatte ich mir, um seinen Willen zu tun, noch ein bißchen Wein eingeschenkt, ihn getrunken und ein Stückchen Brod dazu gebrochen. Nun aber drückte ich meinen Wunsch aus, aufzubrechen, um mein Ziel zu erreichen, und bat ihn, mir den Weg, wie er versprochen habe, zu zeigen.

»Da mußt du mit mir auf die Gasse heraus gehen,« sagte er, »trinke noch einmal auf glückliche Wanderung, und schlage genau den Weg ein, welchen ich dir erklären werde. Grüße mir Rikar und sage ihm, daß ich dir den Weg zu ihm gezeigt habe.«

Ich nahm meinen Hut von der Bank auf, er stieß mit mir auf glückliche Reise an, und wir gingen dann auf die Gasse hinaus.

»Du hast eigentlich«, sagte er, »den längsten und unbequemsten Weg eingeschlagen, der von dem See zu Rikar hinauf führt; aber da du einmal da bist, mußt du schon auf ihm fort gehen. Schreite von hier gar durch die Schlucht empor. Sie wäre oben geschlossen, daß man gar nicht hinaus könnte, aber ich habe der Aussicht wegen Stufen in die Steinwulst schlagen lassen, die quer über sie liegt, und diese Stufen steige hinan. Wenn du oben bist, schaue nach der Gegend, nach welcher die Sonne geht. In diese Gegend gehe du auch. Zur Sicherheit der Richtung wirst du einen Berg sehen, der so aussieht, als ob er auf seinem Gipfel rote Steine hätte. Auf diesen Berg gehe zu. Wenn du ihn erreicht hast, lasse ihn zu deiner rechten Hand und gehe fort. Du wirst dort auch einen getretenen Pfad finden. Wenn du den Berg hinter dir hast, gelangst du auf eine Haide, auf welcher sehr viele graue Steine liegen. Dort ist wieder kein Pfad. Gehe aber durch die Steine immer der untergehenden Sonne nach. In einer Weile wirst du einen Stein sehen, der viel größer ist als alle andern; du wirst ihn auch daran erkennen, daß er schwarz ist und auf seinem Gipfel eine verdorrte Fichte trägt. Er ist der einzige Stein in der Gegend, auf dem eine Fichte ist. Bei diesem Steine brich deinen Weg ab und gehe gerade nach der Richtung deines rechten Armes in das Tal hinein, das du sehen wirst. Du wirst da auch bald einen guten Weg finden, auf dem gehe fort, er führt dich um eine Felsenecke, und da wirst du grüne Bäume und weißes Mauerwerk sehen, da ist es, wo Franz Rikar wohnt. Während du aber auf der Bergebene fort gehst, mußt du auch noch eine andere Maßregel beobachten. Schaue öfters auf die Steinwulst zurück, durch die meine Schlucht geschlossen ist, du wirst sie sehr leicht erkennen; denn sie sieht wie ein gehobener Bühel aus. Diesen merke dir. Die Steine auf dem Hochlande sehen einer dem andern gleich, und wenn du daher die Anzeichen, die ich dir gegeben habe, nicht finden solltest, und wenn dir daher der Weg zu Rikar verschlossen wäre, so kehre wieder zu dem Bühel zurück, steige die Stufen herab und bringe die Nacht bei mir zu. Morgen kann ich dir einen Wegweiser mit geben. So – jetzt lebe wohl, schreite rüstig deines Weges und habe auf das Acht, was ich dir gesagt habe.«

»Lebt wohl,« erwiderte ich, »und habt Dank für die Erquickung, die Ihr mir gereicht, und für die Erklärung, die Ihr mir gegeben habt.«

Ich reichte ihm die Hand, indem er die Worte sagte: »Mit Gott, mit Gott.«

Ich stieg die paar Stufen, die von seinem Hause zu dem Pfade hinab führten, hinunter, und er schaute mir nach. Als ich dann eine kleine Strecke in der Schlucht weiter hinaufgegangen war und umschaute, stand er nicht mehr

auf der Gasse, sie war leer, und die dunkelbraun angestrichene Tür war zu.
Ich dachte, während ich so fort ging, ich hätte wohl um Näheres über Franz Rikar fragen können, ich hätte dem wohlwollenden alten Manne meinen Plan entdecken können, er würde mir gewiß mit den besten Mitteln an die Hand gegangen sein, wie ich ihn ausführen könnte. Allein anderseits war das Gefühl von Scheu, welches mich jedes Mal zurück hielt, wenn ich den Mund öffnen wollte, auch natürlich, und ich konnte ja zuerst bei Rikar selber sehen, wie die Sachen ständen, und konnte dann um so sicherer den Weg ermitteln, der betreten werden mußte.
Mit solchen Gedanken ging ich den Rest der Schlucht empor. Sie wurde enger und ungangbarer, aber auch seichter und unfruchtbarer. Ich sah von ihrem oberen Teile ihre ganze Länge hinab. Sie lag wie ein grünes Sammetbändchen zum See hinunter. – Endlich kam ich auch zu den Stufen, von welchen der alte Mann gesprochen hatte. Es wäre wirklich unmöglich gewesen, über den Steindamm, der sich quer über die Schlucht streckte, hinaus zu kommen; allein die Stufen, die schief und in einer künstlichen Wendung über ihn gehauen waren, machten die Sache leicht. Ich stieg über sie hinaus und stand bald auf der obersten Höhe des Bühels.
Hier war es ganz anders als unten. Die Fruchtbarkeit hatte ganz und gar und völlig aufgehört. Der Grund war mit dem grüngrauen Filze bedeckt, den ich oft auf Steinen angetroffen hatte, nur war er hier noch viel schaler und schwächer als irgend wo. Aber die Aussicht, von welcher der Greis nur im allgemeinen geredet hatte, war außerordentlich schön. Sie ging größtenteils nur in die Gegend, gegen welche ich wandern sollte. War ich schon unten am See von den mannigfaltigen, seltsamen Dingen, die ich angetroffen hatte, ergriffen, so war ich hier vollständig hingerissen und, ich kann sagen, in der Tiefe

meiner Seele entzückt. Die Maler haben eigentlich diese Dinge noch nicht gemalt; denn da war kein Baum, kein Gesträuchlein, kein Haus, keine Hütte, keine Wiese, kein Feld, sondern nur das sehr dürftige Gras und die Felsen – gewiß wenige Künstler hätten das für die Aufgabe eines Meisters gehalten, wenn sie nicht früher die Erfahrung gemacht hätten, wie so unaussprechlich die düstere Schönheit solcher Öden auf die Seele des Menschen zu wirken vermag. In allen Stufen des matten Grün, Grau und Blau lag das fabelhafte Ding hinaus; schwermütig dämmernde, schwebende, webende Tafeln von Farben stellten sich hin, und die Felsen rissen mattschimmernde Lichtzukkungen hinein; und wo das Land bloß lag und etwa nur Sand und Gerölle hatte, drangen Flächen fahlen Glanzes oder sanft gebrochene Farbtöne vor. Draußen über allem duftete ruhig und schwach rötlich ein Berg, der die roten Steine enthalten mochte, von denen der Greis gesprochen hatte. Von ihm gingen zwei langgestreckte, feurige Wolkenbänke weg, die von der bereits zum Untergange neigenden Sonne angezündet waren und das schwache, trübe Grün des südlichen Himmels neben sich hatten, das so sanft glänzte und oben in ein flammendes Blau überlief. Alles das hätte schon genügt zu der Größe des Bildes: aber weit links von mir lag noch zwischen den Felsen ein grauer, sanfter Strich durch den Himmel, der die Ebene der Lombardie war.

Gewohnt an die lieblichen Höhen meines Vaterlandes, wo Obstbaum an Obstbaum steht, Wäldchen sich mit Wäldchen ablöset, grüne Wiesen dazwischen ansteigen und das Gold der Weizenfelder leuchtet, wo kein Plätzchen unbenützt ist, ohne daß ein Kräutlein oder Baum steht, wo Quellen und Bäche in Menge rieseln, manche klare Flüsse und Ströme ziehen und weit draußen das sanfte Blau der Gebirge geht, hatte ich keinen andern Begriff von Schönheit der Landschaft, als daß sie so sein müsse – ja in einem schönen Lande lebend, achtete ich nicht einmal sonderlich auf derlei Reize: aber hier stand ich in einer Öde, wo alles fehlte, wo gar keine Mittel waren, etwas darzustellen, und wo sich doch eine so ruhige Schönheit zeigte, als legte die Natur ein einfach erhabenes Heldengedicht vor mich hin. Ich war gleichsam gebeugt, und die Lautlosigkeit um mich rückte erst alles recht in die Weite und Breite, daß ich mich verlor. –

Ich ging endlich von diesem Platze auf die Ebenen von Gras- und Steinboden, die sich vor mir erstreckten, hinaus. Ich ging der nach Untergang strebenden Sonne nach. Vorher hatte ich noch einen Blick zurück getan, ob ich meinen See sehen könnte. Wie eine blaue Sichel lag ein Stück von ihm zwischen roten Bergen, und da hier die Aussicht beschränkter war, verschwand dasselbe beim ersten Schritte, den ich noch vorwärts tat.

Ich beschloß nun, recht tüchtig darauf los zu gehen, um bei Zeiten an meinem Ziele anzulangen.

Ich ging ohne Pfad auf dem festen, prallen Grasboden fort.

Das sah ich sehr bald, daß der Greis mit seiner Warnung recht hatte, die besagte, daß ich öfters auf den Bühel zurück schauen und ihn mir merken solle; denn wie sehr sich die Felsen auf dieser Berghalde, auf der ich offenbar fort ging, glichen, kann nur der ermessen, der schon in solchen Gegenden gegangen ist. Wenn man daher die Richtung verliert und kein Merkmal hat, an dem man sie wieder gewinnen kann, so könnte man in jeder beliebigen falschen gehen, ohne es zu wissen. Allein das Merkmal, welches mir der Greis angegeben hatte, war sehr deutlich zu erkennen, denn der Bühel unterschied sich durch seine eigentümliche wulstige und getriebene Gestalt von allen Höhen, die ich sah.

So bin ich denn neugierig, dachte ich, wie ich in diesen wilden Gegenden, durch die ich gehe, den einfachen,

harmlosen Mann finden werde, auf dessen Werbung ich aus bin.
Die Felsen zogen sich neben mir zurück und hatten bald lichtgoldne Stellen, bald blauliche Schatten. Den Dunststreifen der südlichen Ebene hatte ich bald in kleinen Stückchen zwischen Felskuppen, bald war er ganz verschwunden. Er wurde durch den feurigen Ball der Sonne, der über ihm schwebte, nur noch dunstiger, flimmeriger und leuchtender.
Ich hatte ein paar Male den lächerlichen Einfall, eine Pistole los zu drücken, um die Wirkung unter dieser Steinbevölkerung zu beobachten; aber ich tat es doch wieder nicht, weil ich eines Teils wirklich nicht mehr kindisch genug zu dieser Handlung war, und weil mich andererseits das Gefühl zurück hielt, diese einsame Ruhe, die überall und allüberall herrschte, zu stören.
Den roten Berg meines Wegerklärers hatte ich unausgesetzt vor mir, und das Eisengestein, welchem er seine Farbe verdankte, wurde von einer Zeit zur andern immer deutlicher, so daß es endlich beinahe greifbar bei mir war.
Als ich wieder einmal etwas lange auf meinen Bühel zurück schaute, den mir der Greis Hieronymus als Rückmerkmal angegeben hatte, und dann mich zum Weitergehen wieder umwendete, sah ich die Sonne in einer zackigen Felsenmauer im fernen Westen untergehen, gleichsam in die Zacken zerfallen; aber diese Erscheinung war nicht geeignet, mir Unruhe oder Besorgnis einzuflößen; denn ich erreichte so eben den roten Berg, ließ ihn an meiner rechten Hand und ging auf dem Pfade neben ihm fort. Auch konnte mein Ziel nicht mehr ganz ferne sein, da der Greis gesagt hatte, daß ich es bis Sonnenuntergang erreichen werde, und ich mir eben keine gar große Langsamkeit im Gehen vorwerfen konnte.
Von dem Berge kam ich auf die kleine Haide hinaus, wel-

che Hieronymus voraus gesagt hatte, und ging wieder auf festem Grasboden zwischen häufigem fast metalldichtem Gesteine dahin.
Als ich eine Weile so gewandert war, stellte sich auch das letzte Merkmal, das mir angegeben worden war, dar, der schwarze Stein mit der verdorrten Fichte. Er war auf viele Schritte Entfernung kennbar, da er der einzige solcher Art in großer Umgebung war. Als ich zu ihm hinzu gekommen war, hatte ich einen seltsamen Anblick. Hoch im zartgoldenen Abendhimmel gerade über dem feinen Gerippe des dürren Baumes schwebte ein Adler, wie eine dunkle Fliege anzuschauen, und am Fuße des Steines in dem Schatten desselben, den er von dem Abendlichte warf, saß ein Mädchen. Ich konnte nicht erkennen, ob es schön sei, und wie es gekleidet sei, da die ganze hochgelbe Glut des Abends in mein Angesicht fiel und mich blendete; aber so viel erkannte ich doch, daß die Kleider weiß waren, und daß die Gestalt noch der Jugend angehörte. Das Mädchen saß ganz einfach da, wie auf einem Spaziergange begriffen und hier ein wenig der Ruhe genießend. Daß es so unbekümmert da saß, bewies mir auch, daß ich schon sehr nahe an menschlichen Wohnungen sein müsse.
Ich ging etwas näher und fragte, in welcher Richtung ich zu der Wohnung des Franz Rikar komme.
Das Mädchen hob den Kopf ein wenig empor, um mich anzuschauen, dann sagte es in einer wunderschönen deutschen Sprache: »Wenn Sie zu Ihrer Rechten in die Talebene hinein gehen, so werden Sie bald Bäume und unter ihnen ein Haus sehen, in welchem Rikar wohnt.«
Das war genau die Weisung, welche mir der Greis gegeben hatte. Ich dankte daher, und wendete mich rechts, wie sie sich ausgedrückt hatte, in die Talebene.
Es war wirklich eine Talebene, gleichsam eine Niederung von der Haide aus in den Gebirgskörper hinein geschnit-

ten. Auf der Erde hatten die Farben des Tages aufgehört, die Felsen waren unbestimmt, der Rasen wurde dunkler, und nur in der Luft schwamm das helle, flüssige Gold des Himmels über die Dinge dahin. Ich fand hier auch den Weg, welchen mir Hieronymus vorausgesagt hatte. Als ich ein Weilchen darauf gewandert war, bog ich um eine Felsecke und sah nun auch die Bäume. Ein Baum muß auf diesem Hochlande eine solche Seltenheit sein, daß ich nun recht wohl begriff, daß er als ein vorzugsweises Merkmal der Wegerklärung angeführt werde; ich begriff es um so mehr, da die Bäume, welche sich mir eben darstellten, meinen Augen so unsäglich wohl taten. Sie waren sehr groß, mußten bedeutend alt sein und schienen in Kastanien, vielleicht mit Obstbäumen untermischt, zu bestehen. Auch das Mauerwerk sah ich, so viel es der Abend zuließ, zwischen den Bäumen hervor schimmern. Ich ging auf dem Wege fort und sah bald, daß das Tal sich nach innen erweitere und einen ziemlich offenen, freien Platz bilde.

Nach einer Zeit kam ich zu einem Garten, an dessen Gittertore der Weg endete. Das Gitter stand offen, und ich ging in den Garten hinein. Ein breiter Weg führte in gerader Richtung auf das Haus zu. Wahrscheinlich, dachte ich, ist dieses das Haus, welches mir der Greis und das Mädchen als unter den Bäumen stehend und als Wohnort des Franz Rikar bezeichnet hatten – und ist es dasselbe nicht, so können mir wenigstens seine Bewohner angeben, wo ich Rikar finde. Ich ging also auf das Haus zu. Ich ging zwischen Kastanien, dann zwischen Obstbäumen und endlich zwischen Gemüsebeeten und Lattenobst hin. Als ich an das Ende des Weges gekommen und die einigen Stufen, die zu dem Hause empor führten, hinauf gestiegen war, befand ich mich an einem großen eisernen Gitter, hinter dem eine geräumige Halle war, wahrscheinlich der gemeinschaftliche Eingang des Hauses.

Der Abend war ganz still, hinter dem Hause hörte ich das Rauschen eines Springbrunnens, und in der Halle zündete ein altes Mütterlein eine Hängelampe an.
Die Fäden dieses Lichtes spannen sich in den Garten heraus, der durch sie auf einmal viel dunkler wurde. Die Züge des alten Mütterleins waren sehr schön, wie man sie oft auf italienischen Gemälden an Matronen antrifft, und in dieser Lage war das Mütterlein selber schier ein Gemälde, da es von oben herab recht schön beleuchtet wurde. Ich stand an dem Gitter, legte mein Angesicht zwischen die Stäbe und sah hinein.
Als sie mit ihrem Geschäfte fertig war, erhob ich meine Stimme und sagte: »Verzeiht, daß ich Euch anrede; ich bin ein Fremder, bin erst in der Abenddämmerung hier angekommen, der Weg hat mich an das Gitter geführt, und ich möchte gerne eine Frage tun.«
Das Mütterlein wendete sich rasch von ihrem Schämel gegen mich und sagte: »So fragt nur.«
Dieses Wort hatte sie in einem reinen Italienisch gesagt.
»Ich suche einen Mann namens Franz Rikar,« antwortete ich hierauf, »welcher hier irgendwo wohnen soll. Wenn Ihr ihn kennt oder sonst etwas von ihm wisset, so könnt Ihr mir vielleicht Auskunft geben.«
»Freilich kenne ich ihn,« sagte sie, »und Ihr dürft nicht mehr weit zu ihm gehen; denn er wohnt hier. Bleibt nur eine Weile stehen, ich werde es ihm sagen, daß ihn jemand sucht, und wenn er Euch kennt, wird das Gitter aufgesperrt werden.«
Nach diesen Worten ging die alte Frau fort und verschwand in dem Hintergrunde der Halle, war sie nun durch eine Tür hinein gegangen, oder über eine Treppe empor gestiegen.
Obwohl sie italienisch gesprochen hatte, hatte sie meine deutschen Worte doch sehr gut verstanden.
Ich blieb an dem Gitter und wartete.

Nach einiger Zeit kam die Frau wieder zum Vorscheine, und hinter ihr ging ein Mann, der eine brennende Kerze trug. Ich erkannte ihn sogleich, es war mein alter Zimmernachbar aus dem Gasthofe zur Dreifaltigkeit in Wien. Ich fand ihn ganz den nämlichen, er hatte wieder schwarze Kleider, und der Frack sah aus, als wäre es derselbe, den er damals getragen hatte. Er ging über die Breite der Halle, das Licht vor sich her tragend. Als er zu mir gekommen war, hob er die Kerze in die Höhe und leuchtete mich an.

»Gott grüße Euch, Herr,« sagte ich zu ihm, »Ihr seid es schon, den ich suche; seht, ich habe Wort gehalten und bin bei meiner Reise zu Euch gekommen.«

»Jawohl, Cornelia,« antwortete er, »den Mann kenne ich sehr gut, den kenne ich sehr gut, mache nur schnell auf.«

Das Mütterlein öffnete und ließ mich hinein.

»Seid mir vielmal gegrüßt,« sagte er zu mir, »seid mir vielmal gegrüßt; es freut mich sehr, daß Ihr mich alten Mann nicht vergessen habt und gar zu mir auf die Haide herauf gegangen seid. Ihr habt mir immer Liebes gezeigt, seid immer freundlich gewesen, und nun kommt Ihr gar in die Öde, mich zu besuchen. Seid mir vielmal, vielmal gegrüßt.«

Mit diesen Worten hatte er mir die Hand gereicht, welche er frei hatte, und hatte die meinige sehr freundschaftlich gedrückt.

»Seid mir ebenfalls auf das herzlichste gegrüßt,« sagte ich, »ich bin recht gerne zu Euch herauf gestiegen, und freue mich, Euch so wohl zu finden.«

»Ich habe hier alles, was ich brauche,« sagte er, »aber ich bin auch so einfach, wie ich es kaum in meinem Stüblein in der Dreifaltigkeit war, wißt Ihr, dessen Fenster auf den Ziehbrunnen des Hauses hinab gegangen sind. Seid Ihr von Sankt Gustav herauf gestiegen?«

»Ist Sankt Gustav eine Ortschaft?« fragte ich.

»Ja«, antwortete er.
»Dann bin ich nicht von dort herauf gekommen,« sagte ich, »ich bin von dem See herauf gekommen und bin durch eine Schlucht gestiegen, in welcher das Häuschen eines Mannes namens Hieronymus Rüdheim steht. Er hat mir den Weg zu Euch erklärt und hat gesagt, daß ich Euch von ihm recht schön grüßen solle.«
»Ich danke, ich danke, das ist ein treuer Freund«, antwortete er. »Also von dem See seid Ihr herauf gekommen, das ist ein sehr langer und wilder Weg. Aber wie habt Ihr mich denn ausgeforscht, daß ich hier bin?«
»Ich habe in Meran nach Euch gefragt,« sagte ich, »und man hat mich an den Gardasee gewiesen. Dort habe ich wieder geforscht und habe Euch so gefunden.«
Ich wollte ihm die näheren Umstände meines Forschens am See nicht genauer angeben.
Während dieser Worte waren wir teils in der Halle gestanden, teils waren wir langsam über dieselbe gegangen. Jetzt befanden wir uns am Fuße einer Treppe. Das alte Mütterlein hatte sich gleich, nachdem es das Gitter geöffnet und geschlossen hatte, entfernt.
»Steigt nun herauf in meine Stube,« sagte er, »und sitzt wieder ein wenig bei mir, wie einstmals. Steigt nur herauf.«
Mit diesen Worten begannen wir die Treppe empor zu steigen. Er ging voraus, hielt aber das Licht immer seitwärts, daß ich alle Stufen deutlich sehen konnte. Derlei Höflichkeiten hatte er immer gehabt. Als wir das erste Stockwerk erreicht hatten, kamen wir in einen Gang. Wir gingen in demselben eine Strecke fort. Hierauf öffnete er eine Tür und hieß mich eintreten. Ich tat es, und befand mich in einer Stube, die für einen einzelnen Menschen eingerichtet war. Auf dem Tische stand eine Lampe, und er stellte die Kerze dazu.
»Wir werden hier den Abend zubringen, wenn es Euch

gefällig ist,« sagte er, »und wenn die Schlafenszeit kömmt, werde ich Euch schon in ein Zimmer führen, in welchem Ihr ruhen könnt. Legt die Ledertasche ab, die Ihr an einem Riemen umhängen habt, legt den Hut ab und setzt Euch hier in diese guten Kissen nieder.«

Ich war nicht unbedeutend müde, namentlich hatte mich das unbequeme Gehen in den Steinen angegriffen, und ich folgte daher seiner Einladung gerne.

»Ihr müßt verzeihen,« sagte er nach einem Weilchen, »daß ich Euch eine kleine Zeit allein lasse. Ich muß einige Anstalten machen, dann werde ich gleich wieder kommen.«

Mit diesen Worten verließ er mich und ging zur Tür hinaus.

Als ich allein war, benützte ich die Zeit, mich ein wenig umzuschauen, wie es hier aussähe. Der Mann selber war nicht gar abgetragen; freilich war sein schwarzer Anzug nicht neu und vornehm, aber das war ich an ihm gewohnt, da er ihn beständig trug. Die Dinge, welche ihn in diesem Zimmer umgaben, waren ebenfalls nicht ärmlich. Über den Tisch, der die Lampe trug, war ein feiner Teppich gebreitet, der erst kürzlich gestickt worden sein mußte; unter dem Tische stand ein weicher, gefütterter Fußschemel, der ebenfalls Stickerei zeigte; die Sitzgeräte waren mit grünem Leder und, wie ich an meinem Sofa empfand, sehr gut gepolstert; alles übrige war sehr anständig; und auf dem Schreibtische standen sogar einige Ziergegenstände, die unter die aufgeschlagenen Bücher und umherliegenden Schriften gemischt waren.

In Folge dieser Beobachtungen beschloß ich, den Abend bei ihm ohne irgendeiner weiteren Maßregel zuzubringen. Morgen, dachte ich, würde ich schon sehen, bei wem er hier sei, und wie ich meine Handlungen einzurichten hätte.

Als ich mit meinen Betrachtungen und Vorsätzen fertig war, kam er wieder bei der Tür herein. Er setzte sich zu mir auf das Sofa, genau so, wie er es in der Dreifaltigkeit immer getan hatte, wo er es nicht leiden konnte, wenn einer von uns auf einem Sessel saß.

»Ihr seid also wahrscheinlich auf Eurer italienischen Reise begriffen?« sagte er.

»Ja«, antwortete ich; »was ich einstens gar nicht mehr gehofft hatte, ist durch einen Zufall möglich geworden; ich kann jetzt mit Ruhe und auf längere Zeit jenes Land besuchen.«

Ich erwartete nun, daß er etwas von dem Briefe sagen und sich entschuldigen würde. Er tat es aber nicht.

»Es scheint Euch sehr gut gegangen zu sein, seit wir uns damals in Wien trennten,« sagte er, »Ihr seht vortrefflich aus, und seid ein sehr stattlicher junger Mann geworden.«

Ich konnte von ihm zwar nicht ganz dasselbe sagen, er kam mir noch magerer vor, aber es schien doch eine gewisse Heiterkeit und Fröhlichkeit in ihm zu sein.

»Ja,« antwortete ich, »es ist mir in der letzten Zeit sehr wohl geworden, und ich glaube, daß ich nun für die ganze Dauer meines Lebens gesichert bin.«

Er lehnte sich auf den Tisch, sah mich mit treuherzigen Augen an und sagte: »Das freut mich sehr, es kann gewiß niemanden geben, den es so freut als wie mich.«

»Und wie habt denn Ihr seit der Zeit gelebt, seit der wir uns nicht gesehen haben?« fragte ich ihn.

»Ich bin nicht mehr krank gewesen, seit ich jenes Übel in der Dreifaltigkeit ausgestanden hatte,« antwortete er, »ich lebe vergnügt, und warte allgemach auf meinen Tod, der bei alten Leuten nicht lange ausbleiben kann.«

»Wird noch lange, lange ausbleiben, lieber Freund!« sagte ich.

»Nun, wie es ist, und wie es Gott will«, antwortete er.

Da wir also gerade auf die Weise bei einander saßen, wie wir es an so manchem Abende in Wien getan hatten, so dachte ich, ich könnte ihm erzählen, was mir bisher im allgemeinen begegnet sei, und könnte dabei etwas von meinem Plane mit ihm leise einfließen lassen. Ich sagte daher zu ihm: »Ich bin noch immer unverheiratet, es hat sich eben nicht gemacht. Von den vielen seltsamen und abenteuerlichen Planen, mit denen ich Euch oft in früherer Zeit unterhalten habe, habe ich die meisten, ja ich kann sagen, alle aufgegeben, und bin jetzt nichts mehr und nichts weniger als ein einfacher Landwirt. Eine alte Muhme, die sich im Leben nicht um mich bekümmert hatte, hatte im Tode recht gut für mich gesorgt und mir ein sehr schönes Anwesen hinterlassen. Es liegen liebliche Fluren um dasselbe herum, in einiger Entfernung davon steigen Wälder auf, und hinter ihnen sieht man das Blau der Hochgebirge hervor blicken. Das liebe ich nun, bin gerne dort, und hätte nie geglaubt, daß diese Dinge einen solchen Zauber ausüben könnten. Als ich das neue Besitztum antrat, fing ich gleich an, in demselben herum zu wirtschaften. Ich begann alle Felder zu lockern; ich habe zu den paar tausend Obstbäumen, die ich geerbt hatte, noch ein paar tausend neue hinzu gesetzt, habe alle diese Stämmchen veredelt und habe die alten gereinigt und geordnet; dann habe ich Glashäuser angelegt, in denen jetzt schon sehr schöne Blumen und Früchte sind, die noch immer schöner werden sollen, ich habe mir einige Zimmer zu meiner Wohnung eingerichtet, und mehrere andere stehen bereit, Gäste aufzunehmen, wenn sich einige bei mir einfinden sollten. In der Gegenwart bin ich auf einer längeren Reise begriffen, und wenn ich wieder nach Hause komme, werde ich aufs neue meine Felder bearbeiten, werde bauen, Ruhebänke, Aussichten anlegen, und so weiter – und so weiter. Nur einen Wunsch hätte ich: es wäre gut, wenn ich außer dem gelegentlichen Umgange, der sich einfindet, noch einen vertraulicheren und näheren hätte, etwa einen älteren, bewährten Freund, der mir mit Rat und Tat an die Hand ginge, bei mir wohnte und mir manchen Augenblick seiner Zeit schenkte; denn ich bin allein, und fühle es manchmal recht bedeutend.«

»Es freut mich, daß ich Euch so reden höre, und daß Ihr die Landwirtschaft so liebt,« antwortete er, »Ihr könnt gar nicht ahnen, wie wohltätig Eure Rede auf mich gewirkt hat. Und was einen Gefährten anlangt, so könnt Ihr bald eine liebe, angenehme Hausfrau bekommen, und Angehörige werden dann auch nicht fehlen.«

»Ich rede hier nicht von Angehörigen des Blutes«, erwiderte ich; »die, von denen ich herstamme, habe ich kaum gekannt, und ob sich andere einfinden werden, steht in sehr, sehr weitem Felde. Wenn es aber auch wäre, so wäre ein Mann doch noch recht gut, der durch die gleichen Bande der Gesinnung gebunden wäre, der sich mit mir vereinigte, ein heiteres, edles Landleben darzustellen, das andere anlockte, erhöbe und zur Nacheiferung verleitete. So möchte manches Ersprießliche gewirkt werden, das selbst nach unserm Tode fort lebte und für manche Zukunft segensreiche Früchte brächte. Ich habe in letzter Zeit oft gedacht, eine solche Aufgabe wäre eines Mannes nicht ganz unwürdig, daß er die Dauer seines Lebens daran setzte, natürlich wenn er von der Würde seiner Aufgabe ganz durchdrungen wäre.«

»Ich muß Euch noch einmal sagen,« antwortete er, »daß es mich sehr freut, daß Ihr die Pflege des Bodens so hochachtet – es ist ein schöner Abend für mich, daß Ihr von diesem Dinge so redet. Es gibt auch noch andere Beschäftigungen, von den Menschen bedeutend hoch geschätzt, Künste, die sehr, sehr schmerzlich sein können die ungemein, ganz ungemein schmerzlich sein können!«

Ich wußte nicht, was er bei diesen Worten immer an der Lampe zu tun und umzudrehen hatte. Er hatte dies auch in Wien öfters getan. Wenn wir so in seinem Zimmer, etwa bei schlechtem Wetter beisammen saßen, stand er manchmal plötzlich auf, ging in dem Zimmer hin und her, richtete etwas, das ohnehin recht stand, oder sah emsig bei dem Glase des Fensters hinaus, obwohl nichts zu sehen war, weil draußen eine rabenschwarze Finsternis lag. Es war gleichsam, als ob den Mann eine Sorge oder ein Kummer drücke.

Ich erkannte, daß ich jetzt eine unangenehme Saite in ihm berührt hatte, und brach das Gespräch ab. Wir saßen eine Weile stumm neben einander, dann redeten wir von anderen Dingen. Er erzählte mir von dem See, beschrieb mir manche Punkte und Stellen an ihm, und tat dies mit solcher Liebe und Angelegentlichkeit, daß ich sah, daß er hier geboren worden sei.

Während wir noch so sprachen, ging die Türe auf, und es kam eine Magd und ein Mann herein. Die Magd war so, wie man sie in manchen Häusern zu untergeordneten Diensten hat, und der Mann sah einem Gärtner oder so etwas Ähnlichem gleich. Sie trugen Tischzeug, um den Tisch damit zu decken. Sie taten den Teppich weg, stellten die Lampe seitwärts auf einen Kasten, deckten den Tisch für zwei Personen, stellten zwei Lichter darauf und ließen die Lampe auf dem Kasten fort brennen.

Dann gingen sie wieder zur Tür hinaus.

Nach kurzem brachte die Magd unsere Speisen, und der Mann brachte das Getränke.

Wir hatten eine Suppe, guten Braten mit Salat, eine Flasche vortrefflichen Weines und sehr frisches Wasser.

Das Abendessen hatte nichts Armes oder Bettelhaftes an sich.

Als wir es verzehrt hatten, kamen wieder die zwei nämlichen Menschen und räumten ab. Sie trug das Geschirr und er die übrigen Eßgeräte fort. Zuletzt breiteten sie wieder den Teppich über den Tisch, stellten die Lampe darauf und verließen uns.

Rikar hatte während ihrer Beschäftigungen manchmal ein

freundliches oder berichtigendes Wort mit ihnen geredet. Als wir allein waren, saßen wir noch lange beisammen und sprachen von verschiedenen, meistens gleichgültigen Dingen. Endlich sagte er zu mir: »Wenn es Euch genehm sein wird, zur Ruhe zu gehen, dann dürft Ihr es nur sagen, ich werde Euch in Euer Zimmer geleiten.«

Als ich daher dachte, daß es spät genug sein könnte, mein Lager zu suchen und ihm auch die Ruhe zu gönnen, äußerte ich diesen Wunsch. Er zündete mit einem Papierstreifen eine der da stehenden Kerzen an und sagte: »Wenn es Euch gefällig ist, folgt mir.«

Ich nahm meine Ledertasche und meinen Hut und folgte ihm.

Er führte mich noch eine Treppe hinauf, dann ein Stückchen über einen Gang, dann schloß er ein Zimmer auf und führte mich hinein. In demselben zündete er die zwei auf dem Tische stehenden Kerzen an, stellte die seinige einen Augenblick weg, nahm mich bei der Hand und sagte: »Schlaft recht wohl, genießt einer recht angenehmen und erquickenden Ruhe.«

»Ihr auch, Freund Rikar,« antwortete ich, »Ihr auch.«

»Gute Nacht«, sagte er, drückte meine Hand, nahm seine Kerze und ging zur Tür hinaus, die er hinter sich zuzog.

Ich war also in meinem Schlafzimmer allein.

An diesem Abende, dachte ich, hast du nunmehro gar nichts über die näheren Verhältnisse des Franz Rikar erfahren, wir werden nun sehen, wie es morgen damit beschaffen ist.

Mit diesem Gedanken ging ich gegen die Tür, schloß mich mit dem innern Riegel ab und legte dann meinen Hut und meine Ledertasche auf den Tisch nieder.

Es ist meine Gewohnheit, wenn ich in fremden Räumen übernachte, dieselben, bevor ich schlafen gehe, noch recht genau zu untersuchen. Dies tat ich auch jetzt. Ich nahm ein Licht und leuchtete umher. Ich sah sogleich, daß mein Schlafzimmer eigentlich aus zwei Zimmern bestehe, indem ich durch eine offen stehende Tür in ein anderes Gemach gelangen konnte, das wie ein Wohnzimmer eingerichtet war. Eine weitere Tür, die vielleicht in fernere Zimmer führen mochte, war durch einen Kasten verstellt. So war mein Bereich also ein völlig abgeschlossener. Ich ging nun an die Betrachtung der Geräte. Sie waren alle sehr anständig und fest, aber nicht neu, ja es konnte Zweifel entstehen, ob sie nicht ein paar Jahrhunderte alt seien. Das weiße Linnenzeug des Bettes stach sehr schön von dem braunen Holze des Gestelles ab. Der Geräte waren gerade so viele, als unumgänglich nötig war, die Zimmer einzurichten, keines mehr und keines minder. Was mir besonders auffiel, war, daß in jedem der Gemächer wohl ein Spiegel an der Wand war, sonst aber nichts erblickt werden konnte, was etwa wie ein Gemälde oder wie ein Kupferstich ausgesehen hätte. Es ist dies eine seltene Tatsache in Wohnungen von Landhäusern. Da ich mich nun über das Innere gänzlich vergewissert hatte, schritt ich an das Äußere. Ich ging in das Nebengemach meiner Schlafstube, öffnete eines der Fenster und sah hinaus. Aber von einer Aussicht war in einer Nacht wie diese keine Rede: Millionen dichter Sterne standen an dem fast schwarzen Himmel und funkelten nicht in weißem, sondern fast buchstäblich in goldenem Lichte hernieder. Unter ihnen lag die Gegend so unkenntlich, gleichsam wie eine schwarze Schlacke, an der die Funken des Himmels verknisterten. Selbst in der nächsten Nähe unter mir konnte ich keine Gegenstände unterscheiden als einige Ballen schweigender Bäume und fahle Dinge, wie Anlagen und Geländer. Weil aber die Nacht gar so milde war und die sanftere Kühle auf die Hitze des Tages so wohl tat, so blieb ich längere Zeit am Fenster und genoß der Annehmlichkeit und des erquickenden Bades der Luft.

Endlich entfernte ich mich doch und beschloß, mich zu Bette zu begeben. Ich ließ aber das einmal geöffnete Fenster offen stehen, um die holde Luft nicht von mir auszuschließen.
Ich ging in meine Schlafstube zurück, entledigte mich allgemach meiner Kleider, legte alles auf einen Sessel, löschte die Lichter aus und legte mich in das Bett. Ich dachte noch des armen Burschen Gerardo, was etwa er für eine Nacht in seinem Schiffe auf dem See haben möchte; und weil ich doch teils von dem Gange, teils von den vielen seltsamen Eindrücken etwas ermüdet war, streckte ich meine Glieder und entschlief bald angenehm und fest. Ohnehin mochte ich schon der letzte im Hause sein; denn da ich bei dem offenen Fenster hinaus geschaut hatte, waren alle anderen Fenster an dieser Seite des Hauses bereits finster gewesen.
Ich wußte nicht, wie lange ich geschlafen haben mochte, denn mein Schlaf ist gewöhnlich so fest, daß er nicht unterbrochen wird, außer wenn er überhaupt schon aus ist – ich wußte also nicht, wie lange ich geschlafen haben mochte, als ich durch ein Geräusch geweckt wurde. Ich wußte anfangs nicht, was es sei, und setzte mich im Bette auf, um besser zu horchen. Nach und nach erkannte ich das Ding als Klänge, und endlich, da ich mich völlig gesammelt hatte, als Töne einer Geige. Sie umspielten fast lieblich das sich mehr und mehr ermannende Gehirn, und als ich völlig wach und nüchtern war, waren es klare, reine, entschiedene und scharf gezogene Töne. Allein da ich kaum einige Takte zusammenhängend vernommen hatte, hörte alles auf. Ich setzte mich in meinem Bette zurecht, um gut zu lauschen. Nach einer Weile begann es wieder mit dem zartesten Piano und wuchs der Sache gemäß zu der Stärke, wie sie die Kunst erforderte. Ich erstaunte auf das äußerste. So konnte weder ich selber spielen, noch habe ich je so spielen gehört, wenn es nicht

Theresa Milanollo war. Das gab sich als höchste, edelste Kunst zu erkennen. Es war so ungemein genau begrenzt, kein Haar darüber und kein Haar darunter, es prägte sich klar, bestimmt und gegenständlich aus. Je länger ich zuhörte, je mehr wurde mir die Ähnlichkeit einleuchtend, bis ich, als das vorgetragene Stück aus war, fast zu der unumstößlichen Gewißheit kam, das müsse Theresa Milanollo sein, die eben gespielt habe. – Es begann wieder, und trug seine Dinge mit männlicher Entschiedenheit vor.

Ich stand nun auf, warf schnell etwas von meinen Kleidern um mich und schlich mich auf den Zehen in das andere Zimmer, dessen Fenster ich offen gelassen hatte. Ich ging an das Fenster und lehnte mich hinaus, um zu horchen. An dem ganz heiteren Himmel stand jetzt eine schmale silberne Mondessichel, so dünne wie ein in die Luft geschnittener Zirkel, erleuchtete aber doch so viel, daß ich sah, daß unter meinen Fenstern eine Terrasse sei, auf welcher Bäume standen, und auf welcher der schwache Schimmer einer Einfassung hin lief. Sonst sah ich nichts, nicht einmal das Dämmern der Felsen, von denen ich doch wußte, daß sie in einer nicht großen Entfernung sein müßten. Auch woher die Töne kamen, konnte ich mit dem Ohre nicht bemessen, kamen sie von rechts, kamen sie von links, oder kamen sie von unten. Selbst ob im Hause oder im Garten gespielt wurde, war mir nicht recht klar. Auf der Terrasse glaubte ich niemanden zu sehen, auch würde ich es da wohl erkannt haben, wenn auf ihr jemand gespielt hätte, da sie gerade unter meinen Fenstern hinlief.

Es begann wieder, nachdem es eine geraume Weile ausgesetzt hatte – und man könnte gleichsam sagen, es gab seine Seele in die Lüfte. Ich horchte fort und fort. Wenn es Theresa Milanollo ist, so mußte ich denken: ist denn das Kind in dieser kurzen Zeit um so viel älter geworden,

daß die süße Unwissenheit sich gewendet hat, die uns sonst so entzückte? Oft ist es ja in dem Spiele gar nicht anders, als sei bereits die Glut der Leidenschaft darinnen. Es ist nicht mehr das Ding, das mit einfacher Liebe in den goldenen Tönen gespielt hat, bloß aus dem Grunde, weil sie goldene sind; sondern das ist so zu sagen ein schreiendes Herz, welches seinen Jammer erkannt hat. Es lag in dem Spiele ein Schmerz und eine Sehnsucht, die so einleuchtend ausgesprochen waren, daß man sah, das sei nicht ein vorgebildetes und vorgespiegeltes Ding der Kunst, sondern das sei aus dem wirklichen, bitteren, erfahrenen Leben hergenommen. Es war für mein Ohr die ganz natürliche Steigerung des Herzens darinnen. Zuerst war eine sanfte Klage, die versuchsweise bittet und, wiewohl vergeblich, hinschmilzt – dann war das heiße Flehen, das ein fernes, wohlerkanntes Glück so gerne herbei ziehen möchte – dann war die Ungeduld des Heischens – dann stand die Seele auf, und es war ein Zürnen, daß das Gut, das man geben wolle, nicht erkannt werde – dann war ein Hohn, der da sagt, wie hoch das eigene Herz steht, und wie es sich durch Verachtung rächen will – – endlich war eine Fröhlichkeit, die es sich rauschend vorsagt, daß sie es sei. – – Ich dachte: du armes, armes Kind! was mußt du gelitten haben, daß du diese Dinge verstehst, und sie mit der einzigen Stimme, die dir Gott in so reichlichem Maße gegeben hat, ausdrücken kannst! Mir fiel auch jener wundersame Auftritt ein, den ich hatte, als ich Rikar in das Theater führte, und als er so auffallend weinte, da er die Schwestern Milanollo hörte. Wie mag das zusammen hängen?!
Ich hüllte mich fester in meinen Rock, den ich übergenommen hatte, weil die Nacht doch ein wenig kühl war, und hörte zu. Das Spiel setzte nun ziemlich lange aus, und begann wieder. Es wurde immer besser und geläuterter, als machte sich doch nach und nach die Kunst gel-

tend, die das menschliche Herz so beseligt und sänftigt, und als dränge sie die Leidenschaft zurück. Endlich wurde einmal jene Stärke, jene Begeisterung und Emporhebung, die gerne dem Ende einer Musik, namentlich dem einer sich selbst hörenden, vorausgeht, weil gleichsam die Seele sich selbst überholt hat, und das Werkzeug, wodurch sie sich ausgesprochen hatte, weglegt. So war es auch hier. Der Schluß, den ich selber als einen solchen erkannt hatte, offenbarte sich wirklich als einen solchen. Gleichsam wie ein goldener Blitz war der letzte Ton der Saiten über die Gegend hinaus gegangen – und es blieb still. Die silberne Luft und die starre weiße Lavasichel des Mondes standen unbeweglich.

Ich blieb noch lange an dem Fenster und wartete, ob es nicht wieder beginnen würde. Aber es begann nicht mehr. Alles blieb stille. Die Bäume unter mir hielten ihre Blätter an sich, daß keines wanke, und selbst das Rauschen des Springbrunnens, das ich deutlich vernommen hatte, als ich heute abends zu dem Hause herzu gegangen war, mußte versiegt sein, denn ich hörte es nicht.

Ich ging endlich ziemlich durchfroren in mein Bett zurück und legte mich nieder.

Bis sich meine Glieder erwärmten, dachte ich nicht viel nach; dann aber kam das Reich der Gedanken, der Ahnungen und Vermutungen. Anfangs hatte ich den zweckwidrigen Gedanken, Licht zu machen, zu dem Fenster zu gehen und hinunter zu leuchten; aber sogleich erkannte ich, daß ich gerade dann unten nichts sehen würde, wenn ich mir ein Licht vor die Augen hielte, und daß gerade, wenn ich jemanden sehen wollte, derselbe fort gehen würde.

Ich blieb also in dem Bette.

Mir fielen jetzt auch die Worte des Hirtenknaben ein, daß Rikar so schön geige. Aber den Gedanken, daß es der alte Mann gewesen sein könne, der gespielt habe, verscheuchte ich gleich. Wie könnte er auch solche Töne hervor gebracht haben; das waren die Töne der Jugend, die noch in den Empfindungen große und glühende Maße hat und über das Mögliche und Erreichbare hinausgeht; während das Alter bloß um größte Genauigkeit, Reinheit und Art des Spieles frägt, ohne in der Empfindung weit über das Mittelmaß dieseits oder jenseits hinaus zu kommen. Und insbesondere kannte ich meinen Reisefreund zu genau, als daß ich ihm nur das geringste von dem, was ich gehört hatte, zuzuschreiben vermocht hätte.

Die Musik hatte mich in der Tat zu sehr angegriffen, als daß ich sie gleich aus meinem Sinne hätte bringen können. Von einem Schlafen war daher keine Rede. Ich ging sie im Gedanken noch einmal durch und senkte mich in die Seele, aus der sie gequollen sein mochte.

Ich hielt meine Ohren bereit, um sie, wenn sie doch wieder begänne, aufnehmen zu können, und sah hiebei auf die unklaren Dinge meines Zimmers, die in dem schwachen und noch nichts bedeutenden Schimmer des Mondes da standen.

Aber sie begann nicht mehr.

Zuletzt übte doch die Natur ihr Recht, meine Gedanken wurden allgemach verworrener, und ich entschlief endlich.

Ich mußte sehr gut und ziemlich lange geschlafen haben; denn nach meiner Rechnung mußte die Musik bedeutend nach Mitternacht statt gefunden haben, und da ich erwachte, war es heller Morgen, und die Sonne warf ihr Strahlenmeer durch meine Fenster herein. Ich war von meiner Feldwirtschaft her gewohnt, immer vor der Sonne aufzustehen, schämte mich daher vor mir selbst und sprang schnell aus dem Bette. Ich war sehr ruhig, war gestärkt und heiter, wie ich es immer am Morgen bin. Daß ich wieder auf die Musik der Nacht dachte, war begreiflich; aber sie kam mir jetzt nicht mehr so zauberisch vor als in der Finsternis. Vielleicht war sie auch nur in der Erinnerung ein wenig abgeblaßt, da jetzt die erwachten Sinne anders und von den klaren und scharfen Dingen des Tages in Anspruch genommen waren. Ich wusch mir Angesicht und Haupt und begann mich anzukleiden. Während dieses Geschäftes ging ich auch mitunter an die Fenster, um hinunter zu schauen. Was ich gestern vermutet hatte, war richtig: eine Terrasse lag gerade unter meinen Fenstern. Sie enthielt Bänke, zwischen denen Kübel mit Orangenbäumen standen. Dann waren Weingeländer, Blumen und Zwergobst. Das alles war durch ein graues Gitterwerk von dem äußeren Garten getrennt. In diesem äußeren Garten standen Obstbäume, aber in ziemlichen Räumen von einander entfernt, und zwischen ihnen waren Gemüsebeete und wieder Blumen. Letztere aber waren sonderbarer Weise nicht zu Verzierungen verwendet, sondern sie standen alle nach Gattungen in großen einfärbigen Flecken beisammen. Da war nun einer hellrot, der andere blau, der dritte weiß. Jenseits des Gartens, der durch eine Mauer von rohen Steinen eingefaßt war, hörte die Baumpflanzung nicht auf, sondern es standen noch viele, je nachdem es der Grund zuließ, bald dichter, bald dünner beisammen, und zwischen ihnen lagen die grauen Steine der Gegend zerstreut. Außerhalb dem Ganzen sah ich wieder die Landschaft, die ich gestern den ganzen Nachmittag gesehen hatte, nämlich den schwachgrünen Rasen und die grauen, aus ihm hervorragenden Felsengruppen. Das Haus, in dem ich übernachtet hatte, mußte also am Ende einer Ortschaft liegen, oder es war das einzige in diesem Tale. Manche Anlagen um dasselbe mußten erst vor nicht langer Zeit gemacht worden sein; denn viele der Bäume waren noch sehr jung und schmächtig, und standen zwischen den älteren da. Selbst der Gemüsegarten mußte neueren Ursprunges sein; denn auch in ihm lagen zwischen den Pflanzen noch größere Stücke des grauen Steines, die man nicht hatte weg bringen können, oder die nur unterdessen noch da waren. Dies gab dem Garten ein seltsames, aber ich muß gestehen, malerisches Ansehen, da es die Einerleiheit, mit der uns unsere Gärten trotz ihrer Überladung quälen, sehr eigentümlich und phantastisch unterbrach. Daß ich als Landbewohner diese Dinge, wenn auch schnell, doch genau betrachtete, war natürlich.

Ich hatte mich endlich völlig angekleidet und ging in dem Zimmer herum, um manches, wie das nach der ersten Nacht natürlich ist, zu ordnen. Namentlich nahm ich meine Ledertasche her, um sie auszupacken. Der kalte Braten, den ich als Lebensmittel mit auf meine Wanderung genommen hatte, war schon fast ganz eingetrocknet und unbrauchbar. Ich wickelte ihn sehr sorgfältig in Papiere und schloß ihn in eine Lade des Kastens ein; denn ich wollte ihn als Speise für die Fische meines Sees, denen ich ihn lieber gönnte als den Wieseln der Haide, aufbewahren. Die Pistolen, das Fernrohr, die Weinflaschen und anderes, was ich mit hatte, tat ich gleichfalls aus der Ledertasche in eine Lade.

Als ich so hin und her ging, hörte ich ein feines Pochen an der Tür, ich hatte es früher schon einmal zu hören geglaubt, ohne darauf zu achten, jetzt aber ging ich zu der Tür, schob den Nachtriegel, der noch vor war, zurück und öffnete.

»Ist es schon erlaubt, herein zu treten?« fragte eine zarte, schön klingende Stimme.

»Allerdings«, gab ich zur Antwort, indem ich einen Schritt in das Zimmer zurück tat.

In der Lichtung des Türfutters standen zwei Frauengestalten. Die vordere erkannte ich, es war dasselbe alte Mütterlein mit dem schönen kleinfaltigen italienischen Bilderangesichte, das gestern in der Halle die Lampe angezündet und mir dann meinen Freund Rikar geholt hatte. Sie trug mehrere sehr weiße und frische Linnen über den Arm und hatte zwei kristallklare Flaschen mit Wasser in den Händen. Die zweite der beiden Gestalten, die durch die erste ein wenig gedeckt war, war ein junges Mädchen von höchstens zweiundzwanzig Jahren. Die Wangen waren äußerst blühend und gesund, aber für die gewöhnliche Vorstellung von Schönheit viel zu viel gebräunt. Die Stirne war lichter, aber doch noch dunkel genug. Die Augen waren bedeutend groß und glänzend und schienen mir in dem ersten Augenblicke schwarz. Die dunkeln Haare waren vorne gescheitelt und hinten in einem Geflechte mit einer goldenen Quernadel empor geheftet. Der Anzug war ein häuslicher und deutscher.

»Ich bitte nur herein zu treten«, sagte ich.

Sie gingen herein.

»Lege nur die Linnenzeuge dort auf den Waschtisch hin, Cornelia,« sagte die jüngere, »stelle die Flaschen dazu, und dann bist du schon fertig.«

Die Alte tat, wie ihr befohlen worden war, und ging dann wieder fort.

Das junge Mädchen war nun allein bei mir, es sah mich mit den großen Augen ruhig an und sagte: »Ich bin die Tochter des Franz Rikar; Sie haben ihn einmal in Wien in einer langen Krankheit gepflegt und gewartet; er ist noch gestern, da Sie schon schlafen gegangen waren, zu mir in mein Zimmer gekommen und hat mir gesagt, daß Sie da seien, und daß Sie vielleicht länger bleiben würden, ehe Sie Ihre Reise nach Italien wieder fortsetzten. Ich bin also heute früh zu Ihnen gegangen, um Ihnen auf die herzlichste und innigste Weise, die es nur auf Erden gibt, zu danken und Sie willkommen zu heißen.«

»Ach, Fräulein,« antwortete ich, »was ich getan habe, ist so einfach und natürlich, daß es keiner Rede wert ist.«

»Es ist einfach und natürlich,« sagte sie, »viele Menschen würden so handeln; aber eben so einfach und natürlich ist es, daß derjenige, gegen den die Handlung gerichtet war, sich bedankt. Ich stehe gewöhnlich vor Sonnenaufgang auf, ich hatte mir gleich gestern vorgenommen, zu Ihnen zu gehen, und da ich heute in einer Verrichtung an Ihrem Zimmer vorbei ging und Sie in demselben herum gehen hörte, holte ich mir die Amme Cornelia, daß sie zugleich besseres Linnen und Wasser mit herein brächte, und wir versuchten, ob wir schon zu Ihnen kommen dürften. Sie waren wirklich angekleidet, und somit danke ich Ihnen noch einmal, verehrter Herr, was Sie an dem Manne getan haben.«

»Ich bitte Sie sehr,« antwortete ich, »von dem Danke nichts weiter zu erwähnen.«

»Der Vater hat mir auch gesagt,« entgegnete sie, »daß Sie ein Landwirt seien, daß Sie Felder und Gärten haben, und daß Sie von der Pflege dieser Dinge mit vieler Liebe und Wärme gesprochen haben. Sehen Sie, das ist sehr schön und lieb von Ihnen. Sie sind wahrscheinlich als Landwirt gewohnt, sehr früh aufzustehen, die andern schlafen noch, obwohl die Sonne schon aufgegangen ist; wenn es Ihnen daher nicht unangenehm wäre, so würde ich Sie vor dem Frühmahle ein wenig herum führen. Sie sehen, ich bin darnach angekleidet.«

Wirklich war sie zu einem solchen Zwecke gut gekleidet. Ich hatte den Anzug, da sie so vor mir stand, schon früher bemerkt. Die Kleider waren kurz und von einem Stoffe, der, wenn er beschmutzt wird, leicht zu reinigen ist. An den Füßen hatte sie zwar schlanke, aber feste und weit hinauf reichende Stiefelchen an.

Ich sagte, daß mir ihr Antrag großes Vergnügen mache, und daß ich sofort bereit sei.

Ich nahm meinen Hut, wir verließen das Zimmer und gingen die Treppen hinab.

Als wir in die Halle gekommen waren, in der gestern das Mütterlein die Lampe angezündet hatte, sagte sie, ich

solle ein wenig warten, sie habe noch etwas zu tun. Sie ging in eine ebenerdige Stube hinein, und ich hörte sie dort reden.
Sie sprach immer in schönem, reinem Deutsch, und ich hatte schon in meinem Zimmer gesehen, daß, wenn sie die sehr gut gefärbten Lippen auftat, zwei Reihen sehr schöner und gesunder Zähne zum Vorscheine kamen.
Als sie aus der Stube heraus trat, nahm sie einen Strohhut, der an einem Nagel in der Halle hing, herab, setzte ihn auf und sagte: »Nun bin ich in Bereitschaft, kommen Sie.«
Wir gingen aus der Halle in den Garten. Was ich zum Teile schon von ihm gesehen hatte, bestätigte sich in ganzem Umfange. Er war durchaus ein Nutzgarten, sehr viele Obstbäume, teils Zwerg- und Lattenobst, teils hohe, reiche Stämme, standen auf dem Raume umher und hatten die Blumen und eine große Menge verschiedener Gemüse unter sich. Da wir uns etwas weiter entfernt hatten, sah ich auch, was ich schon fast vermutet hatte, daß wirklich da keine Ortschaft liege, sondern daß dieses Haus das einzige sei, das sich mit seinen Anlagen in dem Tale der Hochebene befinde. Gegen Norden, wohin ich früher keinen Blick gehabt hatte, zeigte sich in geringer Entfernung eine bedeutende Felsenmauer, welche das ganze Anwesen vor kalten Winden schützte. Das Haus, welches ich nun auch übersah, hatte zwei Stockwerke, war nicht zu weitläufig und nicht zu klein, und war von einigen Wirtschaftsgebäuden umgeben, die offenbar erst in neuerer Zeit gebaut worden waren. Die Mauern des Hauses waren glänzend weiß übertüncht. Meine Begleiterin schien diese meine schnellen Blicke auf die Lage des Ganzen nicht zu bemerken, weil ihr selber ja alles längst bekannt und geläufig war. Sie ging voraus, so lange der Weg enge war, wies auf verschiedene Dinge und sprach über sie.

Als ich ihr meine Bemerkung mitteilte, daß hier die Blumen nach Gattungen bei einander stehen, sagte sie: »Die Pflanzen sind in ihren Bedürfnissen äußerst verschieden, daher kann man nicht jeder Gattung geben, was ihr not tut, wenn alle unter einander stehen. Ich setzte sie daher allein, daß ich jede genau nach ihrer Art pflegen kann. Seit wir die Pflanzen verkaufen, ist es natürlich um so mehr notwendig, daß die einzelnen Gattungen sehr schön seien.«

»Also haben Sie selber alle diese Pflanzen gesetzt?« fragte ich.

»Nicht gerade ich selber,« antwortete sie, »aber mit Beihilfe der Leute, die zu dieser Beschäftigung aufgenommen worden sind. Es ist sehr schön, wenn man den Dingen die ihnen zugeartete Erde geben kann, wenn man sie nach ihrem Begehren feucht oder trocken halten und ihnen nach Wunsch Licht und Schatten erteilen kann. Dann sind sie auch dankbar, und werden so schön, wie man es vorher kaum geahnt hatte. Sehen Sie einmal.«

Mit diesen Worten beugte sie sich nieder und fuhr mit der Hand über einen sehr dunkeln Wald von Ranunkeln. Ich hatte wirklich nie diese stämmigen, festen, hohen und dunkeln Ranunkelblätter gesehen. Ich sagte es ihr.

»Nicht wahr?« erwiderte sie, und hatte ihre Freude darüber.

Dann zeigte sie mir auch ihre Nelken, Levkojen, Rosen und anderes; sie zeigte mir ihre Tulpenbeete und die, wo sie die Hyazinthen aus Samen ziehe.

»Ich habe,« sagte sie, »wenn ihnen die Zeiten ganz besonders günstig waren, schönere Zwiebeln bekommen, als die sind, die man aus Haarlem bezieht.«

Dann gingen wir um eine Ecke zu den Gewächshäusern. Sie waren sonderbarer Weise sehr viele und meistens kleine, in deren einzelnen immer die zusammengehörigen Gattungen standen. Ich mußte mich fast bücken, da ich durch die gläsernen Kästchen ging. Auch hier waren die einzelnen Pflanzen sehr schön. Auf meine Bemerkung, daß größtenteils Modegewächse da stünden, wie ich sie jetzt gar so viel auf meiner Reise gesehen hätte, antwortete sie: »Ich habe Ihnen ja gesagt, daß wir die Pflanzen verkaufen, ich zöge sie freilich lieber nach meinem Herzen, aber zu unserem Zwecke müssen wir solche haben, die die Leute wollen. Die Leute sind aber auch sehr gütig und nehmen unsere Ware gerne. Wir haben mehrere Esel, wovon täglich einige mit Ladung nach Sankt Gustav hinab gehen, und von dort an den See, wo die Sachen dann von verschiedenen Händlern weiter verführt werden. Sie würden gewiß in mancher Uferstadt von unserem Obste essen, wenn Sie zur Zeit der hiesigen Reife dort wären. Aber es geht auch noch weiter hinab, es geht bis dorthin, wo sie viel bessern Boden haben als wir hier; aber bei uns in den Steinen wird das Obst kräftiger, und es kommt nur darauf an, daß man die gehörige Sorge darauf verwende.«

Da sie so von dem Obste sprach, und ich auf die Bäume sah und an jedem ein Blechtäfelchen bemerkte, auf dem die Art geschrieben war, da ich überhaupt die Reinlichkeit und gute Haltung der Bäume sah, fragte ich sie, ob sie auch über die Bäume so wie über die kleineren Gewächse die Oberaufsicht führe.

»Freilich,« sagte sie, »ich habe ja die jüngeren alle mit Hilfe unserer Leute gesetzt.«

»Das ist ja nicht möglich«, antwortete ich, indem ich ihr in das Angesicht sah.

»Sie halten mich wahrscheinlich für viel zu jung,« sagte sie, »ich bin jetzt fünfundzwanzig Jahre alt. Vor etwas mehr als sechs Jahren haben wir die Stämmchen gesetzt. Sie gedeihen vortrefflich. Die älteren sind noch von dem Urgroßvater her. Vor mehreren Menschenaltern glaubte man allgemein, daß diese Gegend durchaus nicht im

Stande sei, Bäume zu tragen; aber es ist nicht wahr, wenn man nur beim Setzen recht tiefe und große Gruben lockert.«

»Aber«, sagte ich, »wo haben Sie denn die Kenntnisse hergenommen, die man, wie ich zu meinem Schaden recht gut weiß, zu diesen Dingen unumgänglich braucht?«

»Wo?« antwortete sie, »aus Büchern. Das sah ich wohl ein, daß ich aus mir selber nichts wisse. Wo sollte ich nun die Kenntnisse finden als in Büchern, in denen sie stehen? Ich kaufte und lieh mir dieselben zusammen, und lernte. Freilich ist mir hier ein Freund an die Hand gegangen, der mir die Wahl erleichterte und mich wohl selber oft unterrichtete. Er hat in der Nähe ein großes Besitztum und ist jetzt verreist. Da er täglich zurück kommen soll, so können Sie ihn kennen lernen, wenn Sie sich länger aufhalten, er ist ein vortrefflicher, außerordentlicher Mensch. Er kömmt, wenn es seine Geschäfte ein wenig zulassen, zu öfteren Zeiten zu uns herauf. Ich weiß nicht genau, woher ich mehr lernte, aus den Büchern oder aus seinem Unterrichte. Übrigens hoffe ich schon nach und nach noch mehr zu lernen, was ich brauche.«

Wir waren während dieses Gespräches unter den Bäumen in einem großen Bogen herum gegangen, und waren allgemach in die nördliche Gegend des Hauses gekommen, wo der Garten mehr den Anblick eines Vergnügungsplatzes gewann. Es war eine Kreisfläche von gestreutem Sande da, in deren Mitte ein Wasserbecken ruhte, das zwar den Stift, nicht aber den Strahl eines Springbrunnens hatte – es war eine gezimmerte Laube da, in der man essen oder sonst sich versammeln konnte, und es war in einiger Entfernung ein Kastanienwäldchen aus alten Bäumen, in deren Schatten man sich erfrischen konnte.

Wir gingen quer über die Sandfläche hin.

»Die Schwester hat wieder den Springbrunnen stehen gelassen,« sagte meine Begleiterin, ging gegen das Becken, schürzte den Arm auf, kniete auf den Steinrand, beugte sich vor und öffnete mit der Hand den Hahn, der an der messingenen Spitze des Springbrunnenrohres angebracht war. Das zurückgehaltene Wasser schoß in einem mächtigen Strahle empor.

»Sehen Sie, wie das prächtig ist«, sagte sie, nachdem sie aufgestanden war, sich die Hand abgewischt hatte und wieder zu mir zurück gekommen war.

Wir gingen hierauf durch die Anlagen bis in das Freie hinaus, woselbst, wie ich schon früher bemerkt hatte, auch noch Bäume zwischen den Steinen auf ihren gelokkerten Plätzen standen. Meine Begleiterin ging mit ihren Stiefelchen, ohne weiter darauf zu achten, durch das tauige Gras. Als wir bis zu einer Stelle gekommen waren, wo wieder eine leichte Mauer von losen, zusammen gelesenen Steinen lag, und wo man recht schön gegen die Felsenwand hinsehen konnte, die gegen Norden den Gesichtskreis schloß, blieb sie stehen und sagte: »Hier ist die Grenze unseres Besitztumes. Nur eine Kleinigkeit haben wir noch dort an dem Felsen, wo Sie den Rauch aufsteigen sehen; wir haben den dortigen Grund angeschafft, weil er zu den Erdbrennereien so geeignet ist. Das ganze Anwesen ist klein, ich habe Ihnen alles gezeigt. Es ist nichts mehr übrig. Es wurde bisher daraus gemacht, was nach den Verhältnissen daraus zu machen war; aber es wird schon noch besser werden. – Sie müssen gewiß lächeln, wenn Sie das ansehen. Bei Ihnen, denke ich, wird das alles weiter und breiter und prächtiger sein. Wenn man so durch mächtige Felder und Wiesen wandelt, muß das einen erhebenden Umblick gewähren. Felder und Wiesen haben wir nicht, weil der Grund, den wir geerbt haben, zu klein dazu ist. Auch sind seit Menschengedenken keine Felder hier gewesen: aber ich denke, warum soll es nicht möglich sein, da doch Bäume, die so tief wurzeln, da Blumen, Kräuter und Gemüse gedeihen, und der Regen nicht gar so selten ist. Grund und Boden wäre hier nicht teuer – denken Sie nur, wie es schön wäre, wenn da bis zur Felsenwand im Frühlinge die Saaten stünden, und im Sommer die hohen Wagen belastet würden.«

»Ich zweifle keinen Augenblick, daß es möglich wäre«, gab ich zur Antwort, indem ich die Fläche mit den Augen prüfte.

»Sehen Sie, ich auch nicht,« sagte sie, »es sind schon viele Dinge auf der Welt geworden, wie in den Büchern der Geschichte steht. – Wer weiß, was noch geschieht, wenn man nur zum Geschehen ein wenig nachhilft. An mir sollte es wahrlich nicht fehlen.«

Wir blieben noch eine Weile stehen und schauten gegen das nasse, in der Sonne funkelnde Gras der Haide. Dann wendeten wir uns zum Rückwege.

Sie führte mich durch die andere Seite des Gartens zurück. Dieselbe war ungefähr wie die, die wir bisher durchwandert hatten. Es zeigte jegliches denselben Zweck: Verwertung der Gewächse. Meine Begleiterin zeigte mir manches und erklärte mir verschiedene Dinge, die ich da anders fand als sonst wo.

Als wir in die Eingangshalle gekommen waren, hing sie ihren Strohhut wieder auf den Nagel und führte mich die Treppen zu meinen Zimmern empor. An der Tür derselben machte sie mich auf ein im Futter des Holzes befindliches Fach aufmerksam und sagte: »Solche Fächer haben wir bei allen Türen machen lassen, um dem ewigen Verlegen der Schlüssel vorzubeugen. So macht man auf.« Sie zeigte mir mit diesen Worten, wie man verfahren müsse, damit der Deckel des Faches aufspringe.

»Da legen Sie den Schlüssel hinein, wenn Sie fort gehen, und da werden Sie ihn wieder finden«, sagte sie. »Ich muß Sie jetzt verlassen, um mich zum Frühmahle anzukleiden, bleiben Sie in Ihren Zimmern, ich werde Sie durch die Amme holen lassen; denn es ist nicht mehr viel Zeit übrig.«

»Ich danke Ihnen recht schön, mein Fräulein, für Ihre Güte und Freundlichkeit«, sagte ich.

»Sie sind mir durchaus, durchaus keinen Dank schuldig«, antwortete sie, verneigte sich, und ging in dem Gange zurück, woher wir gekommen waren.

Ich nahm nun den Schlüssel, den ich während des Spazierganges in der Tasche getragen hatte, heraus, sperrte meine Zimmer auf, trat ein und legte den Hut auf den Tisch.

Die Verhältnisse meines Freundes Rikar sind also der Art, dachte ich, daß es mit dem Plane, den ich in Hinsicht seiner gefaßt hatte, nichts ist. Da das kleine Anwesen, welches ich so eben durchwandert hatte, und das Haus, in dem ich übernachtet hatte, sein Eigentum sind; da er eine Tochter hat, die dieses alles verwaltet, und da diese noch von einer weitern Schwester gesprochen hat, die den Springbrunnen stehen gelassen habe, so ist von irgendeiner Versetzung auf einen andern Grund und Boden keine Rede. Auch muß ihn die Wirtschaft, wie ich das aus meiner eigenen Erfahrung kenne, hinreichend nähren. Welche nun auch noch immer seine ferneren Verhältnisse sein mögen, die Ursache, aus der ich gekommen bin, ist dahin. Ich vergrub sie daher in meine Brust und nahm mir vor, mit keinem Menschen weiter davon zu reden.

Daß meine Begleiterin meine Verlegenheit nicht bemerkte, in die ich geriet, als ich gewahr wurde, daß ich nicht zu einem armen Manne, gleichsam zu einem Bettler gekommen sei, wie ich aus den Mitteilungen zu Meran vermuten mußte, war natürlich, da sie ja gar nicht ahnen konnte, daß ich nicht wisse, daß das Haus, in dem ich mich befinde, Eigentum des Franz Rikar sei. Ich ließ also

alles gut sein und beschloß, in weiterer Zeit schon zu ermessen, wie ich mich der anderweitigen Lage der Dinge nach zu benehmen hätte.
Mir war wohl während des Spazierganges auch das nächtliche Geigenspiel eingefallen, aber ich fragte nicht darüber, weil ich nicht zudringlich erscheinen wollte, und weil sich ja alles von selber entwickeln müsse, wenn noch einige Zeit verginge.
Als ich so eine Weile nachgedacht hatte, fiel mir auch das Frühstück ein, und daß ich dabei zu erscheinen hätte. Ich nahm daher ein Tuch und verwischte so viel als möglich die Spuren des heutigen Morgenspazierganges an meinen Kleidern, ordnete meine Haare vor einem Spiegel, und erwartete so gerüstet die Ankunft der Amme.
Sie ließ nicht gar lange warten. Das alte Mütterlein mit dem Bilderangesichte, das also, wie ich bereits wußte, die Amme war, kam nach ehrerbietigem Klopfen zu mir herein und sagte, sie habe den Auftrag, den Herrn in die Speisestube zu führen.
Ich folgte ihr, sie führte mich eine Treppe hinab, dann durch einen langen Gang, öffnete hierauf den Flügel einer hohen Tür und sagte, ich solle eintreten.
Ich trat ein. Das Gemach war ein ziemlich hoher Saal, dessen Fußboden mit schönem, verschiedenartigem Marmor belegt war. Die Wände hatten hohe Fenster, sie hatten einige nicht unbedeutende Wandgemälde, sonst aber nichts Auffallendes. In der Mitte des Saales stand der gedeckte Tisch, mit den verschiedenen Geräten und Speisen eines Frühstückes versehen. An der oberen Seite des Tisches in einem wohlgepolsterten und fast thronartigen Sessel saß eine ältliche Frau, deren Züge einstige und vielleicht große Schönheit verrieten. Sie war in reines Weiß gekleidet, und die gefaltete Krause der Haube lief schön um die feinen, lieblichen, aber verblühten Züge des Antlitzes. Ihre noch schönen Hände, die mit dem einzigen

einfachen Goldreife der Ehe geziert waren, gingen aus dem Weiß der weiten Ärmel hervor. Neben dieser Frau saß ein junges, sehr schönes Mädchen, ebenfalls in völliges Weiß gekleidet. Es hatte dieselben Züge wie meine Begleiterin, nur viel zarter und lichter gefärbt. Auf der andern Seite saß mein Reisefreund in seinem gewöhnlichen Schwarz. Meine Morgenbegleiterin war noch nicht da.

Als ich eingetreten war, standen alle auf. Mein Reisefreund ging mir entgegen, nahm mich an der Hand, führte mich zu der Frau und sagte, indem er meinen Namen nannte: »Diese ist meine vielgeliebte Gattin Victoria, die mir schon durch eine Reihe von Jahren die Bürde des Lebens tragen hilft. Bleibe nur auf deinem Sitze, Victoria, mein Freund soll nicht wie ein Fremder behandelt werden.«

»Seid mir recht vielmal und aufrichtig in unserem Hause willkommen,« sagte sie, »bleibt lange bei uns, und seid wie ein Glied unserer Familie; denn Ihr seid einmal mit meinem Gatten sehr gut gewesen, und das vergessen wir, wenigstens in unserer Familie, nie.«

Nach diesen Worten, die sie in sehr schönem Deutsch gesprochen hatte, verbeugte sie sich und setzte sich wieder in ihren Sessel nieder.

»Diese ist mein liebes Kind Camilla«, sagte mein Freund, indem er mich dem jungen Mädchen vorstellte.

Das Mädchen neigte sich sehr sittsam und errötete ein wenig; es öffnete aber den Mund nicht, um etwas zu reden. Ich verneigte mich, und schwieg ebenfalls.

»Die zweite von den Schwestern ist noch nicht da«, sagte mein Reisefreund.

In diesem Augenblicke öffnete sich die Tür, und meine Morgenbegleiterin trat ein. Sie war völlig umgekleidet, und hatte ein langes, eben so schönes weißes Kleid an wie die andere.

»Diese ist meine zweite Tochter, Maria,« sagte mein Freund, indem er die Hand gegen das näher kommende Mädchen streckte, »ein anderes Kind haben wir nicht mehr, diese zwei schließen den Kreis unserer Familie.«
»Vater, ich kenne unsern Gast schon,« antwortete das Mädchen, »wir sind heute morgens mit einander in dem Garten herum gegangen.«
»Also hast du ihn schon herum geführt und ihm vielleicht seine Morgenzeit genommen«, sagte der Vater.
»Wenn er zu Hause auch solche Dinge hat, so müssen ihn ja diese hier freuen, wenn sie gleich den seinen nachstehen«, antwortete Maria.
»Sie freuten mich in der Tat,« sagte ich, »und ich hätte meinen Morgen nicht besser und angenehmer zubringen können. Übrigens, wenn Sie glauben, daß meine Gewächse zu Hause schöner seien als die Ihrigen hier, so irren Sie sehr; sie sind nicht nur nicht schöner, sondern es wird überhaupt nicht viele so schöne geben.«
»Das kann dich freuen, Maria«, sagte der Vater.
Das Mädchen wurde bei dieser Rede purpurrot, viel röter, als es sich aus diesem Anlasse hätte ergeben sollen. Die andern sahen freundlich, und wir setzten uns zu dem Frühstücke nieder.
»Verzeiht, daß wir Euch nicht schon gestern empfangen haben,« sagte die Mutter, »aber wir haben von Eurer Ankunft nichts gewußt. Mein Gatte wollte wahrscheinlich mich und Camilla, die wir uns bald in unsere Zimmer zurück gezogen hatten, nicht stören.«
»Mir hat es der Vater wohl gestern noch gesagt,« erwiderte Maria, »aber erst so spät, daß von einem Empfange keine Rede mehr sein konnte. Als ich des Abends ein kleines Mahl für einen Gast des Vaters bereiten sah, konnte ich freilich nicht ahnen, wer dieser Gast sei.«
Unter diesen Worten begann das Frühstück, es war ein einfaches deutsches mit einigen kleinen Zutaten, die wohl

meinetwegen vorhanden sein mochten. Es wurde während desselben von manchen Dingen gesprochen, und hauptsächlich aus Höflichkeit gegen mich meiner Reise erwähnt, von der ich erzählen mußte.
Als wir von dem Tische aufgestanden waren, baten mich Rikar und seine Gattin, nun längere Zeit bei ihnen zu bleiben.
»Da Eure Reise«, sagte er, »eine Vergnügungsreise ist, so werden ihr mehrere Tage wohl keinen Abbruch tun; da Ihr einmal hier seid, da Ihr so gut gegen mich gewesen seid wie kein anderer fremder Mensch, und da vielleicht viele Jahre vergehen können, bis Ihr wieder einmal in diese Gegend kommt, so könnet Ihr wohl einige Zeit in unserer Familie zubringen, um zu sehen, wie wir hier mit einander leben – Ihr könnt mehrere Wochen oder Monate in unserem Hause zubringen, das so einsam und abgeschieden von der Welt daliegt.«
Da ich nun wirklich die Verhältnisse hier ganz anders gefunden hatte, als ich erwarten konnte, und da mich in der Tat die ungemein herzliche und freundliche Aufnahme in dieser angenehmen Familie ungewöhnlich freute und mir einsamen Menschen sehr wohl tat, so war ich nicht abgeneigt, auf einige Zeit meinen Aufenthaltsort hier aufzuschlagen.
Ich sagte daher: »Es freut mich sehr, so gütig und zuvorkommend eingeladen zu werden, ich nehme die Einladung mit vielem Danke an; aber da ich nur so auf das Ungewisse hin, und bloß um meinen Freund vorerst zu finden, herauf gegangen bin, so bin ich durchaus mit nichts versehen, was auch nur zu einem Aufenthalte von einigen Tagen unumgänglich nötig ist, auch wartet ein Fährmann am See auf mich: es wäre daher sehr wünschenswert, wenn ich einen Boten bekäme, der zu meinem Fährmanne am See eine Botschaft brächte, und zu dem Wirte nach Riva, wo ich mein Gepäcke habe, einen

Brief trüge. Unter dieser Bedingung kann ich einige Zeit hier verweilen, sonst muß ich selber heute noch zu dem See hinab gehen.«

»Einen Boten könnt Ihr ja sogleich von unsern Leuten haben,« sagte Rikar, »geht nur auf Eure Stube, wo Ihr Schreibzeug findet, und fertigt den Brief an, alles wird bald in Ordnung sein. Und wenn Ihr geschrieben habt, so werde ich zu Euch kommen, daß wir uns bereden, wie wir den heutigen Tag zubringen wollen.«

Das war nun gut. Ich erklärte meine Bereitwilligkeit, zu schreiben, wir trennten uns vorläufig, und ich ging auf mein Zimmer.

Dort schrieb ich an den Wirt zu Riva, ich sende ihm hier meinen Schlüssel, der die Lade öffne, in welcher meine Kleider liegen, die ich zu dem gewöhnlichen Gebrauche bedarf. Diese möchte er mir durch den Boten schicken. Den Koffer und das andere, was sich noch in dem Zimmer befinde, möchte er stehen lassen, bis ich nach Riva zurückkehre.

Als ich diesen Brief beendigt und gesiegelt hatte, pochte es an die Tür, und Maria kam mit einem ältlichenManne herein.

»Das ist der Bote,« sagte sie, »der Ihre Sache gut besorgen wird. Battista, merke wohl auf, was dir dieser Herr sagt, und tue genau so, wie er es haben will, ich werde schon auf dich denken.«

»Ja, Signora, ich werde es genau tun«, sagte der Mann.

Ich gab ihm hierauf das Fahrgeld, welches ich dem guten Gerardo schuldig war, und ließ demselben sagen, daß er nach Hause fahren möchte, und daß ich ihn schon noch besuchen würde, wenn ich nach Riva zurück gekommen wäre. Zum Zeichen, daß ich es sei, der den Boten schicke, gab ich demselben meine Ledertasche mit, und sagte ihm auch, er möge alle meine Dinge, die noch in Gerardos Schiff seien, zu dem Wirte nach Riva bringen, dem er

auch diesen Brief übergeben solle, worauf er mit den Sachen, die er von dem Wirte erhalten würde, wieder hieher zurück kommen müsse.
Als ich den Boten so unterrichtet hatte, und als ich mir von ihm die ganze Botschaft noch einmal hatte wiederholen lassen, entließ ich ihn.
Hierauf kam sogleich Rikar mit seiner Gattin zu mir herauf und sagte: »Ich drücke Euch noch einmal meine Freude aus, lieber Herr, daß Ihr hier bleibt, nehmt vorlieb mit dem, was wir bieten können, wir werden suchen, Euch den Aufenthalt so angenehm zu machen, als es möglich ist, und wünschen, daß Ihr denselben recht lange, lange hinaus dauern lassen möget. Jetzt sagt nur, wie wünschet Ihr den heutigen Tag zuzubringen, und was soll ich tun, daß er Euch auf das angenehmste verfließe?«
»Freund Rikar,« antwortete ich, »wenn Ihr mir den Aufenthalt so angenehm machen wollt, als es mein Wunsch ist, so ändert in Eurem ganzen Hauswesen gar nichts, als daß um eine Person mehr ist; nehmet an, diese Person sei schon lange hier und gehe im Hause herum, wie es etwa ein weitläufiger Verwandter tun würde, der bei Euch im Hause lebte. Je weniger ich Euch gebunden fühle, je weniger ich selber gebunden bin, desto leichter und freier und angenehmer vermag ich mich zu bewegen. Was den heutigen Tag anbelangt, so bin ich durch meine Beschäftigung gewohnt, mich viel zu bewegen, ich würde daher jetzt, wenn nichts dagegen ist, einen Spaziergang machen. Ohnehin ist Eure Gattin noch in Morgenkleidern, vieles in dem Hause mag zu ordnen sein, und Ihr dürftet vielleicht selber einige Geschäfte haben. Wenn ich von dem Spaziergange zurück komme und Ihr Zeit habt, so würde ich Euch ein wenig um Eure Gesellschaft bitten, ob Ihr mir vielleicht manches in Eurem Hause zeigen wollt, wie man es gerne mit Freunden tut, oder ob Ihr auf eine andere Weise die Zeit hinbringen wollt.«

»Seid in unserem Hause ganz unabhängig, und tut, wie es Euch gefällt,« sagte die Mutter, »in dem Gange des ersten Stockwerkes, Zahl sechs, ist eine Tür, welche zu meinen und Camillas Zimmern führt. Sie stehen täglich von zehn Uhr morgens an offen; wollt Ihr uns besuchen, so wird es uns sehr freuen. Im übrigen kommt und geht, wie es Euch beliebt, und benehmt Euch nach Wohlgefallen: nur bedenkt immer, daß Ihr bei Freunden seid, die Euch sehr wohlwollen.«
»Ich danke noch einmal auf das wärmste für die freundliche Aufnahme und Einladung,« sagte ich, »die größte Freude, die mir bisher in Eurem Hause zu Teil wurde, Freund Rikar, ist die, daß ich Euch so wohlbehalten in dem Schoße einer lieben Familie finde.«
»Das bin ich, das bin ich«, sagte er, indem er meine dargereichte Hand annahm und sie schüttelte.
Hierauf beurlaubte er sich mit seiner Gattin, um mich nicht ferner zu beirren, und Maria, die schweigend da gestanden war, folgte ihnen.
Weil nun wirklich in meinen Zimmern noch nicht zusammen geräumt war, da ich den Schlüssel in der Tasche herum getragen hatte, und weil es meine Gewohnheit ist, mir in jedem neuen Aufenthaltsorte die Gegend zu beschauen, so beschloß ich, meinen Spaziergang zu machen.
Ich nahm den Hut, ging zur Tür hinaus, sperrte sie ab und legte den Schlüssel in das Fach, welches mir Maria anempfohlen hatte. Ich ging über die Treppen durch die Halle, und durch den großen Gartenweg hinaus. Dort wendete ich mich aber seitwärts, um nach der entgegengesetzten Seite zu gelangen, als von der ich gestern gekommen war, und wo möglich eine Anhöhe zu gewinnen, um herum schauen zu können. Ich war sehr bald aus den grünen Anlagen und befand mich jenseits des Besitztums. Hier war es wirklich wieder so wie dort, wo ich mich

gestern genähert hatte. Das Haus mit seinen Anlagen war der einzige bewohnte Fleck auf der Hochebene. Ich ging nun über denselben fahlen Rasen, wie gestern, und über dasselbe harte Gestein, nur daß jetzt ein tiefblauer Himmel und seine funkelnde Morgensonne darüber schwebten.
Der Tau war schon von den kurzen Gräsern gewichen, die Luft war noch nicht heiß, sondern erquickte, und ich ging daher gerne immer weiter und weiter. Bei meinem Bestreben, auf eine Anhöhe zu gelangen, wo freilich die Felsen immer mehrere wurden, unterstützte mich der Rasen; denn wie dicht auch das Gestein starren mochte, so zog sich doch immer wenigstens ein dünner Streifen Grün hindurch, auf dem ich empor gehen, und in dessen Lockerheit ich meinen Fuß einsetzen konnte. Meine Mühe belohnte sich nach und nach, und ich kam immer höher hinauf. Endlich war ich auf der Wölbung des Hügels, wie ich bezweckt hatte, angekommen. Ich wendete mich um und sah auf das Ganze hinab. Welche Einsamkeit! Wie eine Insel lag das weiße, übertünchte Haus mit dem Grün seiner Bäume und Gemüse in dem allgemeinen grau, blau und violettlich duftenden Grunde, der eine Gestalt hatte wie überall auf der Höhe des Gebirges. Die Schindeldächer des Hauses hoben sich nicht einmal von der Allgemeinheit des Ganzen heraus, sondern waren in ihrem Grau wie über dem Hause schwebende Steine. Das ältere Holzwerk, welches angebaut war, erschien ebenfalls in der aschenhaften Farbe, so daß das weiße Haus und das frische Grün der Bäume und Gewächse in der Unendlichkeit und Breite dieser einförmigen Umgebung von ferne aussah wie eine weiß und grün gestickte Rose auf grauem Grunde. Und über das Ganze war ein so tiefes Schweigen ausgebreitet, daß gerade die Feierlichkeit der Öde durch dieses menschliche Haus eher vermehrt als vermindert wurde.
Wie es mir jedes Mal geschieht, daß, wenn ich einmal

im Gehen bin, ich immer weiter gehe, so geschah es mir auch hier. Ich beschloß, da ich diese Ansicht genossen hatte, nun noch höher zu steigen, um eine noch weitere zu genießen. Ich wollte wo möglich den höchsten Kamm der Felsen zu erreichen suchen. Derselbe lag in jener Reihe, die sich im Norden des Hauses dahin zog. Ich ging frisch an die Unternehmung und harrte trotz der größer werdenden Hitze aus. So gelangte ich endlich auf die Schneidelinie des Gesteins, von der ich auch in die jenseitigen Gegenden hinab sah. Ich sah aber auch die ganze Linie des Weges, auf dem ich gestern von dem Bühel des Hieronymus bis hieher gegangen war. Ich erblickte Spitze an Spitze in demselben Grau wie bisher; nur weit draußen zwischen matten Zinken lag das frische Blau sehr ferner Berge, wie ich es in meiner Heimat zu sehen gewohnt war. Den Dunststreifen der Lombardie sah ich nirgends, ich wußte auch gar nicht, in welcher Richtung er sein sollte.

Ich sah rechts, ich sah links in verschiedenen Richtungen. Überall war die größte Mannigfaltigkeit der Gestalten, und überall doch die größte Gleichmäßigkeit, und überall das blauliche Heraufdämmern der Schatten aus den Gründen.

Als ich lange gestanden war, und als ich lange herum geschaut hatte, und als die Sonne bereits schon einen großen Teil ihres Vormittagsbogens zurück gelegt hatte, dachte ich an den Rückweg. Ich wollte denselben nicht auf den Umkreisen, auf denen ich herauf gekommen war, zurück legen, sondern ich sah mich nach der geradesten Richtung um. Allein diese hatte die größten Schwierigkeiten, und ich wäre in üble Lagen gekommen, wenn mir nicht meine Gewandtheit im Bergsteigen, die ich mir in meinen Jünglingsjahren erworben hatte, beigestanden wäre. Nach dem verwickeltsten Klettern in gebrochenen und in zertrümmerten Linien kam ich endlich nicht weit

von dem Rauche, wo Rikar die Erden brennen läßt, herunter, und ging auf dem straffen und schwellenden Rasen dem Hause zu.
Als ich in meine Zimmer gekommen war, sah ich, daß dieselben nicht mehr meine Zimmer von gestern waren. Alles war in denselben im Laufe des Vormittages verändert worden, und ich traf noch die Leute, welche eben im Begriffe waren, die Veränderungen zu vollenden.
Auf mein Befragen antwortete der Mann, den ich schon gestern als Gärtner oder dergleichen beim Aufdecken zu meinem und Rikars Abendmahle bemerkt hatte: »Eigentlich hat uns Signora Maria schon am Morgen in der Halle unten, da Ihr mit ihr in den Garten ginget, den Auftrag gegeben, diese Geräte nach und nach in die Zimmer zu tragen; aber da der Zimmerschlüssel nicht in seinem Behältnisse lag, konnten wir nichts tun. Deshalb haben wir es jetzt bewerkstelliget, da Ihr aus waret, damit wir Euch nicht beunruhigten. Nur noch die Sessel sind herein zu stellen, und dann sind wir fertig.«
Also das war es, dachte ich, was sie am Morgen, da sie den Strohhut genommen hatte, noch zu befehlen gehabt hatte, und darum war es, daß sie mir sagte, daß ich den Schlüssel immer in sein Fach legen sollte.
Man hatte mich nicht nur besser eingerichtet, sondern meine zwei Zimmer auch noch mit einem dritten vermehrt. Die Tür nämlich, vor welcher der Kasten gestanden war, war geöffnet, und ich konnte in das angrenzende Zimmer gehen, dessen Fenster nach Norden schauten und mir die Felsenwand und den Rauch vor ihr, der etwas näher herwärts war, und den funkelnden Strahl des Springbrunnens ganz in meiner Nähe zeigten. Die Geräte, die ich jetzt hatte, waren ganz neu. Was zur Annehmlichkeit und Bequemlichkeit beitragen konnte, war da. Ein anderes Bettgestelle, andere Sessel, andere Kästen, schöne Tische, ein Sofa mit schwellenden Kissen,

ein Schreibtisch, mit allem Notwendigen versehen, eine Wanduhr, die ihr geselliges Picken ertönen ließ, Vorhänge, die in blendender Weiße die Fenster deckten und die Zimmer mit lauschender Dämmerung füllten, und endlich ein großer Stoß von Büchern, die auf einem Gestelle lagen und auf mein Beschauen und Untersuchen warteten. Ich muß gestehen, daß ich so schwach war, daß mich diese Aufmerksamkeit sehr freute. Was mir aber demohngeachtet wieder abging, waren Bilder, es hing nämlich kein einziges, nicht einmal der allerunbedeutendste Holzschnitt, an der Wand. Es war diese Bemerkung von meiner Seite natürlich, indem ich von meinem Hause gewohnt war, mich immer von den Kupferstichen der Tante umgeben zu fühlen. Auch besaß ich einige wertvolle alte Bilder, die in einigen Zimmern zerstreut waren, und vor denen ich gerne stand. Ich hatte sie mir in der Zeit, da ich noch schwärmte, von einem guten Teile meines väterlichen Erbes angeschafft, was namentlich den Zorn meines Oheims sehr anfachte; denn ich hatte nach und nach eine kleine Sammlung von Gemälden zusammengebracht, die mich unermeßlich ergötzten, aber ich hatte nicht mehr so viel Geld, daß ich ordnungsgemäß in den Jahren, die noch vor mir lagen, hätte leben können.

Als ich den Gärtner – denn das war er unstreitig, wie mir immer klarer wurde – gefragt hatte, wo die früheren Geräte hin getan worden seien, damit ich mir meine Dinge, die in deren Laden wären, hole, als er sie mir gezeigt, als ich diese Sache in Ordnung hatte und er fort gegangen war, setzte ich mich in die Kissen meines Sofas nieder und schaute untätig in das Zimmer hinaus, weil ich erstaunlich ermüdet war.

Die Kühle, welche hier herrschte und gegen die große Hitze, die draußen nach und nach anzuwachsen begann, angenehm abstach, die liebliche Lichtbrechung, die durch die Fenstervorhänge erzeugt wurde, die sanften Kissen, in denen ich ruhte, und der Anblick dieser schönen Geräte, wie ich sie von Kindheit an gewöhnt war – das alles sprach mich übereinstimmend und regelmäßig an, ich blieb sitzen, genoß meiner Ruhe, und war so in dieselbe versenkt, daß ich mir nicht einmal eines der da liegenden Bücher holte, um in demselben zu blättern und zu sehen, was es enthalte.

Diesen meinen Zustand mußte wohl Rikar geahnt haben; denn obwohl er mich nach Hause kommen gesehen und mich von meinem Fenster aus gegrüßt hatte, kam er doch nicht in mein Zimmer, um mich der Verabredung gemäß in dem Hause herum zu führen, oder sonst die Zeit mit mir zuzubringen; sondern er ließ mich allein und ließ mich erholen.

Als ich endlich nach einer Weile schon wieder anfing, gelegentlich herum zu gehen und dies und jenes anzuschauen, pochte er, und kam herein.

Er fragte mich, ob ich von dem Spaziergange schon ausgeruht hätte, und als ich dies bejahte, trug er mir an, mich in dem Hause herum zu führen.

Er führte mich in alle Räume, die nicht besonders zu einem ausschließlichen Gebrauche eines Familiengliedes bestimmt waren, und zeigte mir alles und erklärte mir alles. Das Haus hatte eben nichts Besonderes, aber seine Gelasse waren räumlich, und die Aufbewahrungsorte der Pflanzen waren eigentümlich und zweckmäßig eingerichtet. Sie waren, wie manches in diesem Hause, erst in neuerer Zeit errichtet und erregten meine besondere Aufmerksamkeit. Rikar hatte an meiner Teilnahme große Freude. Bei diesem Gange durch das Haus sah ich auch die Zimmer, welche geplündert worden waren, um die meinigen einzurichten.

Als wir von der Rundschau zurück gekommen waren, blieb er bei mir, und wir redeten von verschiedenen Dingen. Ich erzählte ihm, wo ich am Vormittage gewesen sei, und er sagte, ich müsse vorsichtig sein; denn oft schieße wider Vermuten hier das Gestein senkrecht ab, daß man sich verirren oder nur mit Lebensgefahr herab kommen könne. Ich suchte ihn darüber zu beruhigen und sagte, daß ich in meiner Heimat als einer der besten Alpensteiger bekannt sei, und daß ich die Merkmale gangbarer Richtungen schon recht gut zu unterscheiden wisse.

Im Verlaufe des Gespräches kamen wir auf Hieronymus Rüdheim, und er erzählte mir von ihm, daß er ein Tiroler aus dem Inntale sei, daß er einmal viel Vermögen besessen, manches auf einen ungeratenen Neffen verwendet, und manches unter arme Leute verteilt habe. Er besitze einen großen Meierhof, auf dem er im Winter lebe. Den Sommer bringe er gerne in seinem kleinen Häuschen in der Schlucht zu, weil es da viel kühler und einsamer sei. Er komme öfter in die Meierei hinab, und Knechte und Mägde gehen öfter auf und nieder, damit das Geschäft im Gange sei. Man habe ihn wegen diesem Häuschen den Einsiedlerbauer genannt. Er sei ein sehr rechtschaffener, uneigennütziger Mann, und habe sich gegen ihn selber, als er von Meran hieher kam, als edlen, hilfreichen Freund gezeigt.

Unter solchen Gesprächen kam endlich die Zeit des Mittagessens heran. Es wurde in demselben Saale verzehrt, in welchem wir das Frühmahl eingenommen hatten. Die Frauen waren jetzt statt mit dem weißen Morgengewande mit den bunten Kleidern des Tages angetan.

Nach Tische ist es gebräuchlich, den heißeren Teil des Tages in seinen Zimmern zuzubringen. Ich benützte die Muße, um die Bücher, welche man mir hergelegt hatte, zu besehen und mir diejenigen bei Seite zu legen, in denen ich allenfalls lesen mochte.

Als sich die Wärme etwas gemildert hatte, wurde ich von meinem Freunde Rikar neuerdings besucht und bescheiden gefragt, ob ich einen Teil meiner Zeit mit ihm und seinen Angehörigen zubringen wollte. Ich bejahte es bereitwillig, und er führte mich in den Garten hinunter. Wir trafen hier am Rande des Kastanienwäldchens die Gesellschaft, und es wurde das Vesperbrod bereitet. Maria ließ Milch, Käse und andere Dinge, die sich schickten, herbei bringen, und Camilla beschäftigte sich damit, dieselben auf dem Tische zu ordnen. Wir hatten die Aussicht nach allen Richtungen des Anwesens. Im Garten zog einer den Ziehbrunnen, daß das Wasser in große Gefäße laufe. Andere schöpften es aus diesen heraus und begossen die Gewächse. Einige jäteten in den Gemüsen, andere reinigten die Bäume, und manchmal kam eines herzu und rief Maria bei Seite, um mit ihr etwas zu reden. In einer kühlen Gartenhalle wurden bereits die Gegenstände gereinigt und geordnet, welche zunächst an der Reihe waren, versendet zu werden. In dieser Einsamkeit ist man gewohnt, auf die einfachsten Dinge als wie auf Abwechslungen zu schauen. Wir sahen auf die Vorragungen und Felsen der Landschaft und bemerkten, wie sich die Schatten derselben allgemach wendeten und nach anderen Richtungen wiesen.

Als es Abend geworden war, schlug man einen Spaziergang vor. Die Mädchen nahmen ihre großen Strohhüte und wandelten neben uns her. Hier sah ich die Ähnlichkeit der Schwestern. Neben dem dunkeln, bräunlichen Angesichte Marias hob sich das lichte und weiße Camillas hervor; es hatte dieselben Züge, nur weicher, und die Wangen waren mit dem Anhauche der lieblichsten Röte bedeckt. Die Augen waren gleich, nur blickten Marias feuriger und entschiedener.

Rikar führte uns zu dem sogenannten Brünnlein. Es war dies eine Falte der Berge, gleichsam eine schiefe Grube, die nur nach einer Richtung hin die Aussicht offen ließ. Auf dem Grunde der Grube quoll ein wunderbares klares

Wasser hervor, füllte ein Becken, in dem es wie ein Spiegel stand, und ließ den Überfluß längs der Haide dahin rinnen. Rikar hatte Steinsitze herum machen lassen, weil die Familie gerne an die Stelle ging und da saß. Wir blickten gegen die Anhöhen, die weit draußen an dem grünlich matten Himmel hinzogen, und sahen, wie die müden Nachmittagslichter auf den fahlen Rasen derselben hinschweiften. Die Einsamkeit der Lage dieses Hauses hatte etwas so Eindringliches, daß es fast wie Traurigkeit aussah.

Die Mutter hatte meinen Gedanken erraten, oder sie mochte in der unglaublichen Abgeschiedenheit des Ortes, an dem wir saßen, von ähnlichen Gefühlen ergriffen sein; denn sie sagte: »Wir sind nicht ganz so abgeschieden und von der menschlichen Gesellschaft getrennt, als Ihr etwa glauben mögt: wir werden Euch einmal auf das Grateck hinauf führen, von wo man nach Sankt Gustav und in die andern bewohnten Täler hinab sieht. Auch kömmt mancher Freund zu uns herauf, und wir kommen manchmal hinunter. Im Winter ist es fast noch geselliger, weil da die Menschen, wenn man die Höhen und Häuser verschneit und unzugänglich vermuten sollte, gerade absichtlich zusammen kommen und sich Gesellschaft leisten und Vergnügungen veranstalten, um den traurigen Winter und die Einförmigkeit und die Kürze der Tage zu betrügen.«

»Wenn die Zeit schön bleibt und meine Gesundheit es zuläßt,« sagte Rikar, »so werde ich Euch einen Genuß ganz anderer und seltener Art bereiten. Ich werde Euch auf die Adostaspitze geleiten, von welcher aus man das ganze nördliche Italien übersieht und an durchsichtigen Tagen gar den Glanz des Meeresspiegels erblickt.«

»Dann haben wir hier auch noch schöne Dinge,« sagte Maria, »die Halltäler, die Krummweiden, die Erkspitzen, die Grünbrüche, die Langhänge und anderes.«

Wir saßen auf den Steinbänken und neben dem klaren Wasser, bis die Sonne untergegangen war und die Gegend sich mit der gleichmäßigen Farbe der beginnenden Dämmerung bedeckte. Dann gingen wir bei einem leise wehenden Lüftchen, aber auf einem ganz andern Wege, als auf dem wir her gekommen waren, und in einem großen Umkreise nach Hause.

Als wir dort angekommen waren, sagte man mir, daß mein Bote zurückgekehrt sei. Ich ging gleich auf meine Zimmer, um zu sehen, wie gut er seine Sachen vollbracht habe. Ich fand alle die Kleider, die ich von dem Wirte begehrt hatte, nebst dem Kastenschlüssel, den er zurück schickte. Dabei lag eine abscheuliche Quittung von der Hand Gerardos, in welcher er mir anzeigte, daß er seinen Fährlohn richtig erhalten habe, und daß er den Wein gut aufbewahren wolle, bis er bei ihm erhoben würde. Battista hatte also seine Sache gut gemacht, und ich ging in den Hof hinab, um ihm seinen Lohn zu erteilen. Er stand, so viel es die Dunkelheit zuließ, in einer Stellung, daß ich die Absicht deutlich erkannte, daß er sich leicht wolle finden lassen. Ich gab ihm seine Gebühr und versicherte ihm auf seine Bitte, daß ich es auch Signora Maria sagen möchte, daß er seinen Auftrag gehörig vollbracht habe, ich würde es schon tun.

Hierauf ging ich wieder hinauf, brachte die Sachen in Ordnung, und war so kindisch, zum Abendessen einen schwarzen Frack anzuziehen, wie ihn mein Reisefreund stets an hatte.

Wir saßen nach dem Speisen länger beisammen, als es wohl sonst bei dieser Familie gebräuchlich sein mochte, und es löste sich das Band der Rede immer leichter, je mehr wir mit einander bekannt wurden. Endlich trennten wir uns, und jedes ging mit seinen Lichtern auf seine Zimmer.

Als ich in meiner Wohnung war, verschloß ich mich durch

den inneren Riegel gegen außen, stellte die Lichter auf den Tisch und warf den schwarzen Frack über das Sofa. – Theresa Milanollo war also ein verborgenes Geheimnis gewesen. Ich war begierig, ob ich heute die Musik wieder hören würde, über die den ganzen Tag auch nicht die geringste Erwähnung geschehen war. Ich ging in das zweite Zimmer und öffnete das Fenster, durch das eine stille, laue, glänzende Nacht herein schaute; denn das Lüftchen, das am Abende geweht hatte, hatte sich auch völlig wieder gelegt. Ich schaute, wie gestern, eine Weile in die dunkle Gegend hinaus. Als ich mich von dem Fenster entfernte, um mich zum Schlafengehen zu entkleiden, ließ ich die Flügel desselben offen stehen. Ich hatte am Nachmittage unter den Büchern, die man mir her gelegt hatte, auch Goethes Reise nach Italien gefunden. Diese nahm ich vor und beschloß, darin zu lesen. Ich stellte, da ich entkleidet war, die Lichter zu meinem Bette, legte mich nieder und nahm das Buch in die Hand. Obwohl mir das Werk ohnehin sehr gut bekannt war, übte es doch wieder eine sehr freundliche Wirkung auf mich aus, und ich las länger, als ich vorgehabt hatte. Dann löschte ich die Lichter aus und entschlief. Ich schlief, so zu sagen, nur mit halb geschlossenen Augen, um durch die Töne, wenn sie begännen, sogleich geweckt werden zu können. Aber ich wurde nicht geweckt, und die Nacht blieb fortdauernd stille. Nur den fernen Tritt der Saumtiere vernahm ich, als man sie mit ihrer heutigen Last bepackt hatte und von der hintern Gartenhalle aus auf dem Wege nach Sankt Gustav hinab führte. Dann schlummerte ich wieder weiter, bis ich durch den Anbruch des Tages erwachte, der trotz der Vorhänge mit einer flammenden Morgenröte zu mir herein sah.

Ich stand auf und kleidete mich an.

Das war also der erste Tag gewesen, den ich in Rikars Hause zugebracht hatte. Ihm folgten nun mehrere, die

sich alle bei der Einfachheit der Familie glichen. Sie waren alle im ganzen Hause so freundlich und zuvorkommend gegen mich, daß mir der eingegangene Vertrag, einige Tage hier zuzubringen, eine Annehmlichkeit war, und daß mir die Ursache, derentwillen ich gekommen war, so ferne wurde, als läge sie schon Jahre hinter mir. Ich teilte mir meine Zeit ein, machte weite Spaziergänge in alle Teile des Hochgesteines, um sie kennen zu lernen, und kam von solchen Gängen zuweilen erst gegen Abend in das Haus meines Freundes zurück. Es war sonderbar, daß ich hiebei sah, daß die verdorrte Fichte auf dem schwarzen Steine, die ihre zarten, abgestorbenen Zweige so düster in den Himmel tauchte, wirklich der einzige Baum in dem ganzen Umkreise der Gegend war.
Ich kam einmal in Marias Zimmer, die auf demselben Gange wie Rikars und nicht weit von ihnen lagen. Sie sahen wie eine Kanzlei aus. Viele Papiere und Bücher lagen in der musterhaftesten Ordnung herum, auch sah man Proben von Landwirtschaftsgegenständen in Fächern oder Papieren aufbewahrt. Das Mädchen schlief in diesen Gemächern mit der Amme und einer Magd, um in jedem Augenblicke, wo es nötig sein sollte, geweckt werden zu können. In die Zimmer Camillas und der Mutter war ich noch nicht gekommen, obwohl sie mich öfter dahin eingeladen hatten; denn wir brachten schier die meiste Zeit im Freien zu, da das Wetter gar so schön war. Ich konnte wirklich nicht sagen, wie eine Wolke auf dieser Hochebene aussähe, und ich konnte mir einen trüben Tag auf derselben nicht vorstellen. Nur in der heißesten Tageszeit, wie ich bereits sagte, war man auf seinen Zimmern. Ich las da meistens etwas, oder stand an dem Fenster und sah hinaus. Und selbst da sah ich manchmal Maria, von ihrem breiten Strohhute überschattet, in dem Garten wandeln, und sah das hohe Rot des Sonnenstrahls und der emsigen Geschäftigkeit auf ihren Wangen.

Wir wurden alle immer vertraulicher, so daß von den einigen Tagen des Bleibens keine Rede mehr war, sondern daß ich immer wieder blieb, und wieder blieb.
Maria war so ehrlich und offen, wie sie sich gleich am ersten Tage gegen mich gezeigt hatte. Rikar war gerade so, wie er bei unserer Reisebekanntschaft und dann bei unserem Aufenthalte in der Dreifaltigkeit gewesen war. Er war der einfache, bescheidene Mann, der sich mit seinen Verhältnissen nicht aufdringt, aber er war freundlich, gefällig und zeigte eine besondere Zuneigung und Anhänglichkeit an mich. Die Mutter war zwar ebenfalls nicht zuvorkommend und mitteilsam mit ihren besonderen Verhältnissen, aber sie war einfach, war klar, anmutig, und hatte jene Offenheit, aus der man sieht, daß man bei einer Familie willkommen ist. Camilla kümmerte sich um die Gartenangelegenheiten nicht so wie Maria, sondern sie pflückte nur zuweilen Blumen und machte Kränze. Sie war sehr weich, zart und edel, aber es war etwas Sonderbares an ihr, etwas Verwelkendes und Verblühendes, als hätte sie einen geheimen Kummer, und als zehre ein innerer Gram an ihr. Beide Mädchen hatten die Bildung der höheren Stände erhalten, das sah man an dem geregelten und ruhigen Benehmen derselben.
Wir waren einmal, wie die Mutter vorgeschlagen hatte, auf das Grateck gegangen. Es war dies ein nicht gar weit von dem Hause gelegener Punkt von unbeträchtlicher Höhe, der aber wegen seiner günstigen Lage eine bedeutende Aussicht bot. Wir sahen Sankt Gustav in einer grünen, üppigen Talfurche liegen, die sich zwischen kahlen Bergen dahin zog, wir sahen manche Landhäuser, manche Hütten, und in der Ferne manche weiße Punkte, die ebenfalls Wohnungen sein mochten. Wir sahen noch manche andere grüne Tallinie, die sich wie ein feines Samtband in den grauen und von ferne her blaulich schimmernden Felsen dahin wand. Nachdem wir alles

beschaut hatten, und nachdem wir mit dem Fernrohre alle weißen Pünktchen aufgesucht hatten und Rikar uns alle Namen von den Dingen, die uns besonders auffielen, gesagt hatte: gingen wir wieder auf unsere einförmige Haide und in unser einsames Haus zurück.

Ein ander Mal war ich mit Rikar allein auf der Adostaspitze. Ich hätte dem alten Manne nimmermehr die Rührigkeit im Felsenklettern zugetraut. Er mußte sich in seiner Jugend viel in der hiesigen Zerklüftung der italienischen Alpen herum getrieben haben. Der Umblick von der besagten Bergspitze war wirklich außerordentlich. Ich will nicht von dem duftenden Gewimmel der Berggipfel sagen, die man auch von andern Bergen sieht, aber die große Ebene war es, welche man hier übersieht, und welche wirkte. Ohne die einzelnen Merkmale des Bewohntseins zu gewahren, war es nur ein einfacher, unkenntlicher, undeutlicher, erschütternder Hauch, der in der Trübe des Himmels gehend und in ihr schwimmend die Seele mit dem ganzen riesenhaften Eindrucke des Unendlichen erfaßte. Das Meer hatte ich nicht gesehen, aber ich nahm mir vor, wenn ich die Merkmale der Klarheit, die ich recht gut kannte, ganz besonders an dem Himmel gewahrte, hin zu gehen, um den Glanz, der fabelhaft draußen liegen mußte, zu erspähen.

Ein drittes Mal waren wir in den Halltälern, sanften, grün ansteigenden Weiden in dem Gesteine. Wir waren an den Felsen gesessen, die die Lüfte des Nordens und den kühlen Hauch, der von daher kommen könnte, abhielten – wir waren längs der Grünbrüche gegangen – wir hatten die Erkspitzen erstiegen – und wir waren in den vielfach verschlungenen und um die Steine herumgehenden Krummweiden gewandelt. – –

Die zauberhaften Musiktöne jenes Abends hatte ich nie wieder gehört. An dem hohen, azurblauen Himmel der Nacht hörte ich jetzt nichts als das nun niemal mehr unterbrochene leise, gleichartige Rauschen des Springbrunnens, das sich oben an seinem Gewölbe zu sammeln schien. Nach Mitternacht zierte die schöne Kuppel jetzt ein halber, im Silberglanze funkelnder Mond, um, wenn er am höchsten Punkte seines Bogens erblaßte, einem Tage Platz zu machen, der in gleicher Schönheit über die Haide herüber blühte, wie alle die gewesen waren, die ihm voraus gegangen waren.

Einmal, da ich nachmittags von einem Spaziergange nach Hause zurück kehrte und mich dem Gebäude meines Freundes näherte, hörte ich aus dem Innern desselben plötzlich die lieblichen Töne, die ich nur einmal hier und dann vor mehreren Jahren in Wien gehört hatte. Ich ging näher, ich ging durch den Garten, ich ging in die Halle, ich bestieg die Treppe, und ich kam in den Gang, der durch das Geschoß des Hauses lief. Auch hier hörte ich die Töne – sie waren wirklich die Geigentöne meiner ersten hiesigen Nacht. Ich hörte sie hier gedämpfter, und sie schienen aus den Zimmern der Mutter zu kommen. Obwohl ich nie dort gewesen war, so ging ich doch jetzt auf dieselben zu. Als ich die große Tür geöffnet hatte, befand ich mich in einem Vorsaale, der leer war, und in dem nur die großen Kästen standen, die die Kleider der Frauen enthalten mochten. Die Tür in das weitere Zimmer war offen. Als ich in dieselbe trat, sah ich an einer schönen Alabastervase Camilla stehen, die Violine an ihrem Busen. Die Mutter saß in der Tiefe des Zimmers und hörte zu. Das Mädchen war in einem weiten weißen Gewande, wie sie es sonst nur an Vormittagen zu tragen pflegte. Der Arm, der entblößt aus dem weiten Ärmel des Kleides ragte und die Geige trug, war mit einem goldenen Reife geziert, der andere war schmucklos und führte den Bogen. Sie schlug aus dem weichen Angesichte die schönen großen Augen gegen mich auf, als ich unter der Tür erschien, und endete ihr Spiel. Sie stand da, die gesenkte Geige in der Linken, den Bogen in der Rechten haltend.

»Weil unser verehrter Gast nun einmal entdeckt hat, daß du diese Kunst treibst,« sagte die Mutter, »so magst du nun fortfahren, wenn es dir überhaupt zusagt, es zu tun, er wird herein treten und wird dir mit mir ein wenig zuhorchen.«

Sie rückte hiebei auf dem Sofa etwas weiter, gleichsam um mir neben sich Platz zu machen.

Camilla zauderte ein wenig, als wollte sie nicht tun, was die Mutter gesagt hatte. Als ich aber auf die Einladung, hinein zu treten, eine abwehrende Bewegung machte, als ich verlegen wurde, und als ich eine Wendung machte, fort zu gehen, errötete sie leise, zögerte noch ein Weilchen, und nahm dann die Geige empor und begann schüchtern zu spielen.

Die Töne, die von der Geige gingen, waren die merkwürdigen, die mich in der ersten Nacht so ergriffen hatten. Sie waren wieder die fast schmerzlich schönen Töne, die so eindrangen. Sie spielte ohne Noten, das Tonstück war mir völlig unbekannt, es mochten eigene hier ausgesprochene Gedanken sein. Das wunderbare Ding, von dem diese Töne hervor gingen, ruhte sicher an ihrem Herzen, als wäre es ein atmender Teil ihres Wesens, und der Bogen ging leicht, ich möchte den Ausdruck gebrauchen, gehaucht über die Saiten, daß die Töne klar und einzeln, aber auch zart und bildsam hervor traten, wie flüssiges, durchsichtiges Gold, wenn es eines gäbe. Sie hatte während des Spieles die großen Augenlider mit den langen feinen Wimpern gesenkt. Nach dem ersten Stücke, das nur etwas durch mein Erscheinen unterbrochen worden war, spielte sie ein zweites, das aber weniger traurig war als das erste, gleichsam als trüge sie es dem fremden zuhörenden Manne vor. Dann spielte sie noch etwas, dann noch etwas. Es waren eingeübte Dinge aus bekannten Tonsetzern. Zuletzt spielte sie noch eine Kleinigkeit, unterbrach sich ein wenig, und spielte sie dann aber doch aus. Hierauf legte sie die Geige sachte auf ein in der Nähe stehendes Klavier, ging zu ihrer Mutter, setzte sich zu ihr und schmiegte sich an sie an. Sie schlug jetzt die Augen zu mir auf, gleichsam zu fragen, ob es mir nicht mißfallen habe.

Als ich das Mädchen so vor mir stehen und sie spielen gesehen hatte, war es mir immer gewesen, als müßte ich sie schon irgend einmal, ehe ich dieses Haus betreten hatte, gesehen haben, nur konnte ich nicht heraus bringen, wo. Als sie jetzt bei der Mutter saß, war sie in dieser Gruppe wie ein altgriechisches Bildnis, das aus hartem Marmor so zart gehauen ist, daß man meint, man könne in die Körperteile durch Berührung ein feines Grübchen drücken, und das Kleid war so fein, daß man glaubte, man könne es in den Raum einer hohlen Hand bringen.

Die Mutter lud mich nun wiederholt ein, in das Zimmer zu treten. Ich tat es, legte das Buch, welches ich auf meinem Spaziergange mit gehabt hatte, weg, nahm mir einen Stuhl und setzte mich den Frauen gegenüber nieder.

Ich sagte zu Camilla: »Ich habe nie so schön und außerordentlich spielen gehört, als Sie, mein verehrtes Fräulein; nur einmal habe ich so ungewöhnliche, das Herz rührende Töne vernommen, und das war in Wien von Theresa Milanollo.«

Sie erglühte bei diesen Worten, daß der Purpur sich bis zu den schönen Augen und bis zu dem Nacken verbreitete. Die Mutter sah mit seligen, freudestrahlenden Augen vor sich.

»Mein Kind«, sagte sie, »hat zu dieser Kunst eine tiefe Zuneigung gefaßt, sie hat dieselbe viele Jahre geübt, und macht uns nun durch sie in mancher einsamen Stunde großes Vergnügen und großen Trost.«

»Ich habe Sie heute auch nicht zum ersten Male gehört,

mein Fräulein,« sagte ich, »sondern ich habe Sie schon in der ersten Nacht gehört, die ich in diesem Hause zugebracht hatte.«

»Warum haben Sie denn nichts davon gesagt?« fragte sie.

»Weil ich keine Ahnung haben konnte, wer gespielt habe,« antwortete ich, »weil ich dachte, es werde sich schon entwikkeln, und weil ich, da weiter nicht mehr gespielt wurde und man davon nicht sprach, die Sache für ein Geheimnis hielt, in das ich nicht befugt wäre einzudringen.«

»Ach nein,« antwortete Camilla, »es war kein Geheimnis, ich wollte Sie mit meinem Spiele nur nicht behelligen, ich habe in jener Nacht nicht gewußt, daß Sie in unserem Hause seien, und von da an habe ich immer nur ein wenig gespielt, wenn Sie auf einem Spaziergange abwesend waren.«

»Da müßte ich ja das Haus augenblicklich verlassen, wenn ich die Ursache wäre, daß Sie ihre holde, liebe Kunst nicht ausüben könnten«, sagte ich.

»O nein, nein, Sie sind kein Hindernis,« antwortete sie, »weil Sie mich nun einmal spielen gehört haben, so werde ich nun schon öfter spielen, wenn Sie sich nicht dadurch beirrt fühlen. Es würde den Vater, die Mutter, Maria und mich sehr kränken, wenn Sie fortgingen.«

»Es freut mich ja die Freundlichkeit, mit der ich hier behandelt werde,« sagte ich, »ich bleibe gerne, und wenn Sie spielen, so macht mir das keine Beirrung, sondern es macht mir Freude und erregt mir schöne Gefühle.«

Sie errötete bei diesen Worten wieder.

»Sonderbar ist es,« fuhr ich fort, »daß mir, als Sie spielten, plötzlich der Gedanke kam, daß ich Sie schon früher als in diesem Hause gesehen habe.«

»Sie haben mich auch gesehen,« antwortete sie, »ich saß an dem Abende, da Sie in unser Haus kamen, an dem schwarzen Steine draußen, Sie traten an mich heran und fragten um den Weg zu dem Vater.«

»Also sind es Sie gewesen«, sagte ich; »da der Sache nie erwähnt wurde, dachte ich, es müsse irgendein Mädchen des Tales gewesen sein, das an jenem Abende zufällig herauf gestiegen und an dem Steine gesessen sei.«
»Als ich herein gegangen war«, sagte sie, »und mich zur Mutter begeben hatte, erzählte ich ihr wohl, daß ein fremder Mann an dem schwarzen Steine draußen um den Vater gefragt habe; aber da uns der Vater keine Ankunft eines Gastes angezeigt hatte, so glaubten wir, es könne ein Bote oder ein Geschäftsmann gewesen sein, wie sie manchmal kommen und gleich wieder gehen. Der Vater aber hat die Anzeige unterlassen, weil die Mutter wegen leichten Unwohlseins in ihre Zimmer gegangen war und kein Abendmahl genommen hatte. So ist es gekommen, daß ich nicht gewußt habe, daß Sie in unserem Hause seien, und daß ich in der Nacht gespielt habe. Ich habe Sie am andern Morgen gleich erkannt.«
»Und haben nichts gesagt?«
»Weil ich es nicht für erheblich hielt.«
»Ich konnte Sie nicht erkennen,« sagte ich, »weil Sie in der Dämmerung des Steines gesessen waren, weil gegenüber das Abendrot geglüht hatte, und weil meine Augen geblendet waren. Sie waren damals in einer außerordentlich malerischen Ausnahmsstellung, und da ich Sie heute spielen sah, und dieses auch eine Ausnahmsstellung war, so mußte wohl die eine Vorstellung die andere erwecken.«
»Da Sie nie etwas sagten,« erwiderte sie, »so glaubte ich, Sie hätten in der ersten Nacht geschlafen und nichts von meinem Spiele gehört.«
Nach diesem Gegenstande sprachen wir von andern Dingen. Sie fragten mich, wo ich gewesen sei, ich sagte es ihnen und zeigte ihnen die Pflanzen, die ich auf dem Spaziergange gesammelt und in einem Fache bei mir hatte.
Als wir eine Weile gesprochen hatten, sagte die Mutter:

»Jetzt müssen wir unserem Gaste doch auch unsere Wohnung zeigen, in welcher ich und Camilla die meiste Zeit des Sommers und fast alle des Winters zubringen. Da er zum ersten Male hier ist, muß er die Sachen schon anschauen, die uns umgeben.«

Wir waren nämlich bisher immer nur im äußersten Zimmer gesessen.

»Kommt, lieber Herr«, sagte sie.

Ich war bereitwillig, wir standen auf und gingen durch alle Zimmer.

Es waren ihrer fünf; drei für die Mutter, und zwei für Camilla. Was mir gleich bei dem Eintritte aufgefallen war, war, daß sie schöner seien als alle andern. Die Fußböden waren mit neuem eingelegten Getäfel belegt, während alle andern Gemächer des Hauses nur die langen, glatt hingehenden Bretter hatten. Alle Geräte waren neu und nach den geschmackvollsten Mustern gearbeitet, die Spiegel waren groß und edel, und an den Fenstern hingen große, dunkelrote Falten, hinter denen erst die weißen, feinen Vorhänge lauschten. Gegen die Stürme des Winters waren außer den Fenstern noch feine Glaswände im Innern der Zimmer, die man im Sommer öffnen und wie einen Fächer zusammen legen konnte. Neben dem Schlafzimmer der Mutter, das mit allen Bequemlichkeiten ausgestattet, und namentlich mit feinen Teppichen, die den nackten Fuß weich umfangen, reichlich versehen war, befand sich ein Zimmer, das ausschließlich zur Aufbewahrung der Bücher diente. In einem großen, die ganze Wand deckenden Kasten waren sie aufgestellt, und hie und da waren gepolsterte Sitze und Tischchen zum Lesen. Die Bücher hatten lauter alte, aber sehr zierliche, mit Gold eingelegte und durch die festen Lederstoffe für die Dauer berechnete Einbände. Es sah aus, als wären sie sämtlich Teile aus einer großen, schon durch lange Zeit bestehenden Büchersammlung. Daß mich diese Sache an-

sprach, daß ich hinzu ging und um die Erlaubnis bat, näher einsehen zu dürfen, war natürlich. Ich besah die Aufschriften auf dem Rücken der Bücher, und ich machte manche auf und besah den Inhalt. Da sah ich nun, daß von den Meisterwerken der neueren Nationen fast kein einziges fehlte, daß aber von mittelmäßigen Arbeiten keine einzige da war. Vorzüglich war die Dichtkunst vertreten, dann kamen die Werke belehrenden und betrachtenden Inhalts, dann eigene Fachbücher, und endlich sogar die mit wissenschaftlichem Inhalte. Ein Buch, das zur bloßen, lediglichen sogenannten Unterhaltung diente, kam mir gar nicht in die Hände. Auf den Tischchen lagen aufgeschlagene umher, und in anderen, die zugemacht dort waren, staken Streifen Papier oder Seidenbänder, zum Zeichen, daß eben in ihnen gelesen wurde.
Aus den Zimmern der Mutter gingen wir in die Camillas. Das Bett stand in einer eigenen Vertiefung, die von der andern Wohnung durch einen Vorhang getrennt war. Der übrige Teil der Zimmer war so nett und rein wie bei der Mutter, ja noch sorgsamer und achtlicher zusammen gehalten. Die Zimmer waren in der äußersten Ecke des Hauses gegen den Springbrunnen zu. In dem Eckzimmer, das vier Fenster hatte, und in dem selbst im Sommer die feinen, fächerartigen Notfenster nicht weggenommen waren, standen die Geräte, die sich auf das Geigenspiel bezogen. Von dem schwersten, glattesten Ebenholze stand ein Notenpult fast mitten im Zimmer. Daneben war ein Fachwerk, ebenfalls von Ebenholz, das dazu diente, daß man die Notenbücher in dasselbe hinein lege, in dem sie leicht gesehen, und aus dem sie leicht heraus genommen werden konnten. Dann waren noch zwei Tischchen von Ebenholz. Auf ihnen lagen die Fächer, in denen sich die Geigen befanden. Diese Fächer waren von dunkelblauem Sammet und innerlich mit feuerroter Seide gefüttert. Nur in einem war eine Geige,

das andere stand offen, weil die Geige heraus genommen war und in dem ersten Zimmer der Mutter, in welchem Camilla gespielt hatte, auf dem Klaviere lag. Ich bat um die Erlaubnis, das geschlossene Fach öffnen und die darin liegende Geige betrachten zu dürfen. Es war eine Geige von dem alten Meister Guarneri. Außer den Geigengeräten war nichts in den Zimmern Camillas von Ebenholz, sondern es war genau in der Art und Weise wie in den Zimmern der Mutter. Mich freute es, daß das Mädchen gerade auf ihre geliebte Kunst diesen Schmuck und diese Auszeichnung verwendet hatte. Besonders bezeichnend war es für mich, daß sie zu den Geigenfächern den weichen Sammet und die dunkle Farbe gewählt hatte, welch beides ihrer sanften und mehr dem Traurigen zugewandten Gemütsart entsprach, wie ja auch ihre Stimme sich zu einem reinen, klaren Alte hinneigte.
Von diesem Eckzimmer gingen wir wieder durch alle Zimmer zurück.
Ich mußte nun auch die Arbeiten der Frauen besehen. Außer den nützlichen Arbeiten, die größtenteils in Stößen von feiner Wäsche auf den Tischen lagen, war meistens die andere nur solche, die zuvörderst auf Hervorbringung allerlei schöner Dinge abzielt, bei denen der Nutzen nur Nebensache ist, als Bettdecken, Tischüberzüge, Taschen, Fächer, und dergleichen. Namentlich tat sich hierin die Stickerei und Bildnerei auf das trefflichste hervor. Ich mußte alles ansehen und mußte mir alles erklären lassen. Da waren Arbeiten, die auf die längste Zeit hinaus sahen, unternommen worden. Für den Vater war ein großer Tischteppich angefangen worden, der eine Überraschung sein sollte, und an dem sie daher nur arbeiten konnten, wenn sie sicher waren, daß er sie nicht besuche und die Sache sehe. Dann hatten sie eine große Anzahl verschiedenfarbiger Seidenflecke; aus diesen wurden die Fäden in einen großen Korb gezupft, und wenn

genug derlei bunten Gemisches vorhanden wäre, dann würden daraus Decken gemacht, diese würden fein geschoren, und dann sähen sie aus, als wären unzählige Blätter, Blätterteile und Staubfäden von Blumen in allen Farben auf die Fläche gestreut worden, wie man eine bunte Spezerei hat, die man auf den warmen Ofen streut, daß der Rauch die Zimmer angenehm durchdüfte. Für Maria wurde eine Tasche gemacht, die innerlich Seide, äußerlich Stickerei hatte, weil sie gerne, wenn sie in dem Garten herum ging, eine Tasche an sich hängen hatte, in die sie reife Sämerei und andere Dinge tat, die sie in das Haus tragen wollte. Übrigens lagen in den Zimmern an verschiedenen Orten Arbeiten von vergangenen Zeiten herum. Da waren Kränze, Blumensträuße, Verzierungen, selbst Menschen und Tiere auf Pölstern, Schemeln, Teppichen und Gehängen abgebildet. Manches war noch roh, gleichsam wie zu Anfange der Lehrzeit Camillas, manches war sehr zierlich, ja mit einer gewissen Fertigkeit und Anmut eines Kunstanfluges verfertigt.
Als ich das alles gesehen hatte, nahm ich von den Frauen Abschied und begab mich auf mein Zimmer. Sie sagten, sie würden sich nun anziehen, würden dann in den Garten hinunter kommen, und wir könnten alle mit einander dann noch einen kleinen Spaziergang unternehmen. Ich versprach, zu rechter Zeit zugegen zu sein.
Als ich eine Zeit auf meinem Zimmer gewesen war, ging ich in den Garten, ich fand die Frauen schon in ihrem gewöhnlichen Tagesanzuge gegenwärtig, auch der Vater war da, und wir machten unsern Spaziergang. Als wir zurück gekommen waren, setzte sich Maria auf eine Bank vor dem Hause. Sie war sehr ermüdet, da sie den ganzen Tag fleißig gearbeitet hatte.
Weil nun der Rückhalt in Bezug des Geigenspieles Camillas weggefallen war, hörte ich sie von jetzt an öfters. Bald war es in dem Zimmer der Mutter, in das ich nun

zuweilen ging, und wo sie an der Alabastervase stehend ihre Übungen machte – bald war es auch in der Nacht, wo sie die Töne recht leise und gleichsam nur versuchsweise erklingen ließ, wo der Springbrunnen wieder manchmal gestillt war und die schwachen Laute in den weiten Flimmer der Natur hinaus gingen; denn der Mond war endlich voll geworden und stand mit einer wahrhaft prangenden Herrlichkeit über der Öde. Ich ging jedes Mal an mein Fenster, öffnete es, lehnte mich hinaus und hörte zu, so lange ein Ton zu hören war.
Ziemlich weit von dem Hause war eine Stelle, auf welcher das lagernde Gestein sich in einem Kreise herum schob und erhöhte, als wollte die Natur da ein Theater zum Sehen und Horchen errichten. An diese Stelle gingen wir öfter, auch der Vater und Maria. Da trug manchmal Camilla das Fach mit ihrer Geige mit sich. – Und wenn es dann sehr stille war, wenn ein klarer Schein durch alle Lüfte ging: öffnete sie das Fach, nahm die Geige heraus und spielte vor uns auf der Haide. Da geschah es zuweilen, daß man wie eine liebliche Staffage einen Knaben auf dem gegenüberliegenden Bergrücken erscheinen, mittelst eines langen Stabes von Stein auf Stein näher hüpfen, endlich aber auf den Stab gelehnt stehen bleiben und zuhorchen sah. Manchmal erschienen auch die Ziegen, die wie weiße Punkte auf den entfernten blaulichen Rasengründen kletterten. Ich erkannte sogleich den Ziegenbuben, der mich an Hieronymus gewiesen hatte. Ich begriff auch nun, wie er bei seiner doch ziemlichen Entfernung in den Irrtum hatte verfallen können, Rikar geige so schön.
Auf diese Weise gingen die Stunden in dem Hause dahin. Ja ich verfiel sogar wieder auf mein Zeichnungstalent; denn, was man kaum glauben sollte, in dieser Einsamkeit waren Linien von solcher Schönheit, daß sie mich reizten, ob ich sie nicht nachahmen könnte. Ich suchte

mein Buch hervor, welches mit den gehörigen Bleistiften in den Ledersack gepackt war, und zeichnete manche Felsengruppe, manchen Bergrücken, manche Fernsichten und manche Rasenplätze hinein, und ließ sie zu Hause sehen.

Eines Tages, als wir schon sehr vertraut waren, ließ mir Rikar sagen, ich möchte mit ihm einen kleinen Spaziergang machen, er hätte etwas Notwendiges mit mir zu reden. Ich sandte ihm die Antwort, daß ich sehr bereitwillig sei, daß ich mich zusammen richten und ihn dann in seinem Zimmer abholen würde.

Als ich meinen Rock gewechselt und meinen Hut aufgesetzt hatte, begab ich mich zu Rikar, den ich schon völlig zu dem Spaziergange gerüstet fand.

Wir gingen durch den Garten rückwärts hinaus, wo man den Springbrunnen zur Linken und die hohe Felsenwand im Angesichte hat. Als wir durch die lose Steinmauer hindurch gegangen waren und uns auf dem trockenen Grasboden befanden, sagte er: »Ich habe Euch eigentlich wegen etwas um Verzeihung zu bitten, welche Pflicht ich wohl schon längst hätte erfüllen sollen, wenn mich nicht eine Scheu zurück gehalten hätte; – aber einmal muß es doch sein.«

»Ich wüßte durchaus nicht, Freund Rikar,« sagte ich, »was Ihr gegen mich begangen haben könntet, dessentwillen Ihr mich um Verzeihung zu bitten hättet. Ihr seid ja gegen mich immer die Güte und Freundlichkeit selber.«

»Und doch habe ich etwas,« sagte er, »das mir auf dem Gewissen liegt. Ihr werdet Euch erinnern, daß ich Euch, als wir in Wien von einander schieden, das Versprechen gegeben habe, Euch einen Brief zu senden, der Euch von meinem Aufenthalte Nachricht geben soll. Den Brief habt Ihr nicht erhalten.«

»Nein, ich habe ihn nicht erhalten«, antwortete ich.

»Weil er gar nicht geschrieben worden war,« sagte er, »und diese Untreue ist es, derentwillen ich Euch um Verzeihung bitte.«

»Aber Freund Rikar,« erwiderte ich, »wie könnt Ihr nur so reden, wenn Ihr den Brief nicht geschrieben habt, so wird gewiß eine vollgültige Ursache vorhanden sein, derentwillen es unterblieben ist.«

»Wenigstens ist sie keine leichtsinnige gewesen,« sagte er, »höret mich an.«

»Nein, nein, Rikar, Ihr braucht Euch vor mir nicht zu entschuldigen,« erwiderte ich, »es wäre töricht und schlecht von mir, wenn ich zweifelte.«

»Wenn es aber eine Rechtfertigung und eine Genugtuung für mich ist, dann lasset Ihr mich wohl reden und hört mich an?«

»Ja, wenn das ist, Rikar, so redet«, sagte ich.

»Ich muß manches voraus erzählen, damit Ihr alles versteht«, begann er. »Ich wurde in Mailand geboren, meine Eltern aber waren deutsch aus Tirol, und siedelten sich erst nach ihrer Vermählung des Seidenhandels willen in Mailand an. Wir lebten im Winter in der Stadt, im Sommer auf dem Lande. Ich war der einzige Sohn und das einzige Kind. Da wir außer dem Handelsgeschäfte auch noch liegende Gründe in den Bergen hatten, so sah es mein Vater nicht gar so ungerne, daß ich zu dem Handel keine Freude hatte und mich mehr den Wissenschaften zuwendete, um einmal in die Dienste meines Vaterlandes zu treten. Ich war sehr eifrig, und meine Lehrer lobten mich. In Mailand lernte ich auch meine jetzige Gattin Victoria kennen. Sie war ein ausgezeichnetes Mädchen, und wollte mir wohl. Die beiderseitigen Eltern, die in Handelsverbindung standen, und auch sehr große Achtung vor ihrem wechselseitigen Charakter hatten, legten ihren Kindern gar nichts in den Weg. Wir waren sehr glücklich, und wenn sonst die Abwesenheit jedes Hindernisses gewöhnlich die Zuneigung erkalten läßt, so wuchs die unsere vielmehr an diesem Umstande, und ich muß Euch sagen, daß sie bisher in unsere alten Tage hinein immer gewachsen ist. Als ich in das Amt trat, wurde Hochzeit gemacht. Die Freunde und Verwandten der beiden Familien waren zugegen. Mein Vater hatte uns in einem Hause, das dem seinigen sehr nahe lag, eine Wohnung eingerichtet, daß wir in ihr leben und selbstständig sein könnten. Wir waren zufrieden, wie man es nur immer in der Welt sein kann. Meine Gattin gebar mir einen Sohn und zwei Mädchen. Der Sohn ist als Jüngling gestorben, die Mädchen leben, und ich habe sie noch. Zuerst starben die Eltern Victorias, dann starben auch die meinigen. Wir verkauften die Handelschaften, wir verkauften Victorias Haus, denn sie war auch die einzige Tochter und das einzige Kind ihrer Eltern gewesen, und wir zogen in das Haus meines Vaters. Ich war in den Diensten unserer Stadtgemeinde und diente unentgeldlich. In jener Zeit begannen mich üble Nachreden zu verfolgen, es wurden mir Hindernisse gelegt, und zuletzt brach noch ein Prozeß mit einem meiner weitschichtigen Verwandten aus. Diese Dinge veranlaßten uns, daß ich mein Amt nieder legte, und daß wir nach Meran, dem Stammorte Victorias, gingen; denn ihre Großeltern hatten in der Gegend gelebt. Wir wohnten in Meran abgeschieden und ohne Feinde. Aber die Gerichtssache wurde immer schwerer. Je weiter wir kamen, desto mehr dehnte sie sich aus, und ich mußte ihr meine ganze Aufmerksamkeit widmen. Weil wir in Meran sehr zurückgezogen lebten, so konnte ich den erforderlichen Anteil an dem Rechtsgange nehmen. Zuletzt wurde die Entscheidung nach Wien verlegt, und ich reiste ebenfalls dahin. Ich gab mir alle Mühe, das Ende herbei zu führen, und scheute keine Anstrengung und keine Aufopferung. Das Ende kam auch. Was ich nimmermehr geglaubt hätte –

ich hatte den Prozeß verloren – und mit ihm hatte ich aber auch mein ganzes Vermögen verloren. Von den Handelsgütern unserer Eltern war ohnehin nicht viel übrig geblieben, unsere Habe bestand größtenteils in unserem landschaftlichen Besitze, und dieser war der Gegenstand des Prozesses gewesen. Mein Gegner war ein sehr edler Mann, und er hat gewiß von meiner Lage nichts geahnt. Als Ihr mich zu dem Postwagen begleitetet, und ich meinen zertretenen Mantel, auf den die Leute gestiegen waren, von der Erde aufhob, um einzusteigen, wußtet Ihr wohl nicht, wie es mir im Herzen war. Es saßen lauter fröhliche Menschen in dem Wagen, ich drückte mich in die Ecke und schwieg. Ich kam nach Meran. Ich versammelte die Meinigen und sagte ihnen, was uns begegnet sei. Da war ein großer Schreck und eine große Traurigkeit. Aber wir faßten uns wieder und beschlossen, uns in dem, was uns geblieben war, umzusehen und zu versuchen, ob wir davon, wenn wir es zu Gelde gemacht hätten, leben könnten. Wir beschlossen den Verkauf aller unserer Dinge in Mailand. Unter den Liegenschaften, die wir besaßen, war auch dieses Haus hier, in dem wir jetzt wohnen. Es war nicht in den Verzeichnissen der streitigen Gegenstände aufgenommen gewesen, wollte mir nun mein Gegner ein Geschenk machen, oder hatte er es vergessen. Unsere Vorfahrer hatten einst sehr ausgedehnte Besitzungen in den Gegenden des Gardasees gehabt, die später unter ihren Nachfolgern bedeutend zusammen geschmolzen sind. Als noch die Hochebenen des Sees mit dichtem Walde bedeckt waren, erzählt die Sage, haben sie hier dieses Haus als ein Jagdschloß erbaut, um sich bei ihren Ausflügen und Vergnügungen zu schützen und zu sammeln. Aber diese Sage ist nicht wahr. Hier ist nie ein Wald gewesen, und weshalb unsere Voreltern das Haus erbaut haben mögen, können wir nicht mehr ergründen. Unsere nächsten Vorfahrer kümmerten sich nicht um das Gebäude, sie vergaßen es, und es geriet in Verfall. Mein Großvater, der ein Freund ländlicher Natur und Abgeschiedenheit war, erinnerte sich wieder daran, und wollte darin wohnen. Er besah es und machte seine Entwürfe. Er sandte dann Bauleute herauf, die diese Entwürfe verwirklichen mußten. Er ließ aus den vielen kleinen Zimmern, die dem Geschmacke des Mittelalters zusagten, wenigere, aber größere machen, wie sie von seiner Zeit gefordert wurden. Er ließ auch zubauen, ließ die Wände mit den Bildern bemalen, die Ihr noch seht, darum so viele Schäfer und so viele Gegenstände aus der Götterlehre sind, und ließ alles nach seinen Ansichten und seinen Neigungen verzieren. Ja er setzte sogar die Bäume, die Ihr jetzt als großgewachsen und alt um das Haus herum stehen sehet. So sehr ist man gewohnt, alles, was in dem Hause auffällt, auf Rechnung des Großvaters zu setzen, daß ihn auch sogar meine Mädchen, wenn sie von ihm reden, den Großvater nennen, obwohl er gegen sie der Urgroßvater ist. Als alles fertig war, ließ er Geräte herauf bringen, und brachte in jedem Sommer einen Teil seiner Zeit hier zu. Ich erinnere mich, daß ich als ganz kleiner Bube ein paar Male bei ihm heroben war. Mein Vater, als er selbstständig wurde, hatte keine Freude an dem abgelegenen Haidehause, sondern er brachte seine Sommermonate weit davon in einer kleinen Besitzung in Tirol zu. Ich kam in meinen Jugendstreifereien einige Male herauf, und achtete dann später, als ich mit Victoria in der Ehe lebte, nicht mehr auf diese Behausung. In der Zeit unserer Verluste aber, da wir die Reste unseres Besitzes zusammen zählten, dachten wir wieder auf das Haus, und ich schlug vor, um von den Leuten weg zu gehen und zu sparen, uns einstweilen hieher zurück zu ziehen und hier zu wohnen. Victoria, die mich sehr liebte, willigte ein, und die Mädchen hatten mir ohnedem in ihrem Leben noch nie widersprochen. Wir gingen also von Meran herauf. Als wir da wenigstens unter Dach waren, begann ich den Verkauf unserer Habseligkeiten in Mailand. Ich reiste hin und verkaufte das väterliche Haus, das ohnedem nur zur Bewohnung für seine Familie und zur Bewahrung seiner Handelsgegenstände eingerichtet gewesen war. Ich verkaufte hierauf alle Geräte, die sich in dem Hause vorgefunden hatten. Ich verkaufte die Gemälde, die in dem Hause waren, und die Bücher, die man in vielen Jahren noch von Tirol her gesammelt hatte, nur die ließ ich zurück, die sich Victoria heraus gesucht und zu ihrem künftigen Gebrauche aufbehalten hatte. Von den meinigen behielt ich kein einziges zurück. Wir verkauften auch, was wir an Schmuck besaßen, bis auf die zwei Eheringe und den goldenen Reif, den Camilla bei dem Geigenspiele anzuhaben gewohnt ist, und dann verkauften wir auch noch, was etwa wegen Seltenheit, wegen besonderer Vorliebe oder aus sonst einem veralteten Grunde vorhanden war. Als ich alles dieses verrichtet hatte, kehrte ich wieder zu den Meinigen zurück. Wir hatten nunmehr auf der ganzen Erde keinen einzigen dauernden Punkt mehr, den wir unser Eigentum nennen konnten, als das Haidehaus. Aber wie sah es damals hier aus! Victoria und Camilla mußten die ausgedörrten Fugen der Fensterrahmen ihrer Zimmer mit Wolle verstopfen, damit ihnen bei der Nacht der Wind nicht das Licht blies. Maria machte sich ihr Bett in einer Obstkammer, und die Magd, die einzige, die wir hieher mitgebracht hatten, schlief bei ihr in einem Vorkämmerchen; denn die größeren Zimmer und der Saal waren durchaus unbewohnbar. Es klafften in ihnen die Fensterrahmen fingerbreit, oder hingen durch das Wetter so verbogen hinaus, daß das Glas zersprungen war und sie nicht mehr in ihre Fugen gepaßt werden konnten. Andere Fenster waren leere Höhlen oder mit Brettern verschlagen. Von dem Dache hatte der Wind einen Teil weggetragen, daß der Regen eindringen konnte, und daß die Pflasterungen und Täfelungen der Zimmerböden teils eingesunken, teils zersprungen waren. Die Öfen hatten Löcher, der Staub rieselte aus ihnen heraus, und in den Ecken der Wände hingen die Fahnen alter und verlassener Spinneweben. Bloß für mich war am besten gesorgt worden, damit ich nicht krank würde. Das nämliche Zimmer, welches ich noch jetzt bewohne, und welches schon damals eines der besterhaltenen war, richteten die Meinigen, während ich in Mailand war, zusammen. Sie ließen alle schadhaften Stellen der Wände ausbessern, verstopften die Fensterritzen mit Wolle, bis auf einen Flügel, der zum Öffnen und zur Auslüftung des Zimmers diente, bekleideten die teilweise feuchten Wände mit Teppichen, legten dergleichen auch auf den Fußboden, und machten mir ein Bett aus den besten Dingen, die wir mitgebracht hatten. – Die Geräte, die in dem alten Hause standen, waren demselben nicht entsprechend, sondern noch schlechter. Da sie der Großvater hatte heraufbringen lassen, hatte er nicht etwa die Zweckmäßigkeit oder Bequemlichkeit im Auge gehabt, sondern er war einem eigentümlichen Zuge seines Charakters gefolgt. Er war nämlich ein großer Liebhaber und Verehrer von alten Sachen, namentlich von mittelalterlichen und ganz besonders von vorchristlichen. Um nun sein Jagdhaus geschichtlich einzurichten, hatte er alles, was er an alten Sachen besaß, herauf bringen lassen, und kaufte noch, was er antraf, zusammen. So wurde das Haus nicht etwa ein Denkmal, sondern es waren da Dinge aus den verschiedensten Zeiten beisammen und stachen von den auf die Wände gemalten Schäfern und Schäferinnen widerspenstig ab. Nach seinem Tode zerfielen sie völlig. Sie waren vom Wind und Regen verwittert, die Fugen ließen nach, manches hing nur lose zusammen und fiel, wenn wir es rückten, in einen Haufen Trümmer. Wir nahmen, was zu gebrauchen war, und räumten unsere Habseligkeiten ein. Wie manches Fach wurde nun mit unsern gewöhnlichen Dingen gefüllt, das einst zu einem ganz andern Gebrauche bestimmt war. Das Äußere des Hauses sah auch sehr übel aus. Es hatte schwarze, ausgebröckelte Mauern, von denen manches große Stück im Grase lag. Die Tore waren teils geschwunden, daß kein Riegel paßte, teils standen sie unbeweglich in verrosteten Angeln. Die Bäume des Großvaters waren verwüstet und vom Sturme gepeitscht. So war es, und da sollten wir nun leben und bis zum Ende unseres Lebens bleiben. Gleichwohl sahen wir alle ein, daß es geschehen müsse. Wir ließen zuerst das Dach und die Fenster und die Türen herrichten, daß wir wenigstens von außen gesichert wären, und dann gingen wir daran, uns im Innern eine Wohnung zurechte zu machen. Wir ließen das Notwendigste in Stand setzen und zogen uns in wenige Zimmer zurück. Als dies geschehen war, nahmen wir noch einen alten Mann mit einem Maultiere zu uns, welcher alle Geschäfte des Tales für uns zu verrichten hatte. Nach allen diesen Anordnungen, da wir nun heroben in unserem einsamen Hause wohnten, war es an der Zeit, daß wir auf die Mittel, welche uns nach dem Unglücke noch geblieben waren, einen aufmerksamen Blick richteten. Ich legte die Summe, die von dem Erlöse unserer Verkäufe nach Abzug der Auslagen noch da war, den Meinigen vor. Nach den bündigsten und genauesten Rechnungen zeigte sich, daß wir von ihr, wenn wir sie nach und nach aufzehrten, acht bis zehn Jahre leben könnten, das heißt, in äußerster Sparsamkeit, dann aber gar nichts mehr besäßen als das alte Haus auf der Haide. Wollten wir hingegen die Summe sogleich auf Zinsen austun, und sollten wir die höchsten dafür bekommen, so zeigte sich, daß wir bei der allergrößten Beschränkung nicht davon zu leben vermochten. Es war also eine große Besorgnis vorhanden, und wir mußten ernstlich darauf denken, was nun zu beginnen sei. In dieser Zeit fing meine Gattin an, Camilla, die uns oft in früheren Jahren mit ihrem Geigenspiele ergötzt hatte, und von der uns manche nähere Freunde versichert hatten, daß sie besser spiele als viele berühmte Meister, zu quälen, daß sie öffentlich auftreten und zu dem vorhandenen Vermögen so viel hinzu erwerben möge, daß die Familie für die Zukunft gesichert sei. Wir hatten sie sonst immer gerne gehört, und uns Eltern waren ihre Töne sehr lieblich in das Herz gegangen, ohne daß wir darauf gedacht hätten, diese Töne auch für Fremde preis zu geben: als aber jetzt diese Zumutung an Camilla erging, weigerte sie sich, darauf einzugehen, vergoß einen Strom von Tränen, und konnte sich nicht entschließen. Als die Sache öfter angeregt wurde, weigerte sie sich zwar nicht mehr geradezu, aber sie hatte rote Augen, ein abgehärmtes Antlitz und bleiche Wangen. Da sagte eines Tages Maria, die damals noch nicht völlig achtzehn Jahre alt war: ›Vater, ich werde etwas beginnen, was uns aus der Besorgnis und aus der Not heraus reißen wird.‹ Auf die Frage, was denn das sei, antwortete sie: ›Ich werde einen Obst- und Gemüsegarten, überhaupt eine Pflanzenwirtschaft hier anlegen, werde die Erzeugnisse verkaufen, davon werden wir leben und für die Zukunft etwas zurück legen.‹ Wir schauten das Kind an, und sagten, das sei wohl ein verunglückter Gedanke, da hier das Erdreich besonders unfruchtbar sei, da wir von den Orten des Verkehres abgelegen wären, da die Pflanzenpflege überhaupt nur sehr kümmerlich nähre, und da wir zuletzt ein zu kleines Stück Land um das Haus besäßen, als daß damit etwas anzufangen wäre. Hierauf antwortete sie: ›Ich habe auf das alles schon gedacht, aber die Erde muß durch sehr sorgfältige und außerordentliche Mittel, die ich aus Büchern lernen werde, verbessert werden, so zwar, daß sie besser sei als jede andere, welche sich in der Gegend befindet. Zu dem

Verkehre müssen die einfachsten und wohlfeilsten Mittel angeschafft werden, die sich selber wieder von den Abfällen der Pflanzen erhalten. Weil wir abgelegen sind, so ist gerade das Land wohlfeiler als in bevölkerten Tälern. Was die kümmerliche Ernährung durch die Pflanzenpflege betrifft, so muß man sie sehr gut betreiben, man muß die allerschönsten Pflanzen hervor bringen, man muß ihnen einen Markt suchen, und sie müssen Aufsehen erregen. Man muß schöne Blumen pflegen, namentlich jene schönen Blumen, welche den wohlhabenden Leuten sehr gefallen, die sie nicht selber hervor zu bringen verstehen und mit Freuden bezahlen. Was endlich den Umstand anlangt, daß wir nur ein kleines Stück Land um das Haus besitzen, so können wir ja nach und nach immer mehr erwerben, wie es unser Bedürfnis erheischt.‹ Es wohnte damals ein jugendlicher, freundlicher Landwirt unten im Tale, der seine ererbte schlechte Besitzung zur Verwunderung aller Menschen in reinlichen Stand gebracht und ihr Erträgnis sehr erhöht hatte. Diesen mochte Maria vor Augen gehabt haben. Am Nachmittage nahm sie auch den alten Mann mit dem Maultiere und ritt zu dem Landwirte hinunter. Sie eröffnete ihm nach ihrer Art unsere ganze Lage und erzählte ihm, wie alles gekommen sei. Am Abende kam sie wieder zurück. Sie saß auf dem Maultiere gegen die rauhe Luft wohl verwahrt, und hatte einen großen Pack Bücher bei sich, die sie dem Tiere aufgeladen hatte. ›Vater,‹ sagte sie, ›morgen wird Alfred Mussar herauf kommen, er wird das Land untersuchen und uns dann einen Rat erteilen.‹ Noch an demselben Abende fing sie sehr eifrig in den Büchern zu lesen an. Am andern Morgen kam Alfred wirklich zu uns herauf und sagte uns, was ihm das Mädchen anvertraut habe, und daß er den Boden ein wenig ansehen wolle. Er hatte auch einen Mann bei sich; mit diesem ging er auf dem Haidegrunde herum, ließ Erde ausheben und ließ an verschiedenen Stellen Gruben graben. Als dieses geschehen war, kam er wieder in das Haus zurück und sagte, er glaube, daß Maria vollkommen recht habe, daß wir durch Benützung unseres Grundes und Bodens unabhängig leben könnten, und wir sollten unverzüglich an das Werk schreiten; er werde uns als hilfreicher Freund an der Seite stehen. Wir gaben seinen Kenntnissen und Erfahrungen nach und verabredeten gleich im allgemeinen einen Plan zum Beginne. Alfred hat sein Versprechen, uns beizustehen, nicht nur gehalten, sondern er hat weit, weit mehr getan, er ist unser bester Freund geworden, und ist es bis zu dem heutigen Augenblicke geblieben. Schon zwei Tage nach seinem ersten Besuche sandte er uns einen sachverständigen Mann herauf, der bei ihm in Diensten war, daß er bei uns das Ganze leite und deshalb auch immer heroben bleibe. Er sandte uns auch einige Taglöhner, welche in Arbeiten dieser Art erfahren waren. Nun wurde die Erde umgegraben, die Steine zerschossen, Wasserrinnen angelegt, Dünger herbei geschafft und Rasen getürmt, daß sich Erde bereite. Maria war bei allen Dingen dabei, sie wurde immer heiterer, und hatte sich kürzere Röcke und Stiefelchen machen lassen, um überall hin gehen zu können. Wenn es Abend wurde und die Leute ruhten, saß sie bei den Büchern und lernte in ihnen, um etwas vorwärts zu bringen. Es ist unglaublich, wie sich das Kind damals um die Sache annahm. Ich konnte ihm beinahe in keinem Stücke beistehen, weil ich nach den Erschütterungen und Sorgen der vorhergegangenen Jahre fast immer krank war. Alfred kam anfangs in jeder Woche einmal, später sogar zweimal herauf. Wenn Maria sich nicht Rats wußte, ritt sie auch zu ihm hinunter. Sie saß hiebei immer auf dem Maultiere, das der alte Mann an dem Zaume führte. Endlich waren die Gründe umgearbeitet, die Mauer um dieselben aufgeführt, die alten Bäume beschnitten und gereinigt, neue gesetzt, und die nackte Erde des Gartens mit Pflanzen bedeckt. So konnte es nun weiter gehen. Im ersten Sommer war es nicht viel, aber es wurde bald besser, so daß wir bei unserer einfachen Lebensweise nichts mehr von dem Unsrigen beisetzen durften. Die Sache war nun im Gange, und schwang sich immer besser empor. Maria richtete sich das Zimmer ein, welches sie noch hat, schrieb dort alles auf, lernte dort, leitete alles, und führte es zu dem Zustande, in welchem es jetzt ist. Sie strengte die Kräfte, die der Herr in ihren Körper gelegt hatte, so an, daß ihre Schönheit, welche, obwohl ich es als ihr Vater nicht sagen sollte, damals nicht nur das sanfte Aussehen Camillas übertraf, sondern wirklich außerordentlich war, ganz und gar verloren ging. Sie hatte eine sehr große Freude, als sie die erste Summe ersparte und einen Teil ganz nach ihrem Ermessen verwenden durfte. Sie ließ das Haus damit gänzlich herstellen. Sie ließ das Dach und die Mauern ausbessern, ließ letztere mit der schönen weißen Farbe übertünchen, die sie jetzt haben, und ließ im Innern die Zimmer, wenn sie auch nicht bewohnt waren, in vollkommenen Stand setzen. Als sie wieder eine solche Ersparung machte, ließ sie schöne Geräte verfertigen, ließ Teppiche und Vorhänge herbei kommen und richtete für die Mutter und Camilla eine Wohnung ein. Später ließ sie die schönen ebenholzenen Dinge für Camillas Geigenspiel machen und überreichte sie ihr zum Namensfeste – und endlich kaufte sie noch Wolle, Seide, Zeuge und Zugehör, daß mir Victoria und Camilla die Decken, Teppiche, Schämel und andere wohltätige Dinge in meine Wohnung verfertigen konnten. Für sich tat sie nicht viel, als daß sie sich ihr Zimmer einrichtete, wie es jetzt ist, mit den Geräten, die sie eben vorfand.«

Bei diesen Worten schwieg Rikar plötzlich, wir gingen schweigend unseres Weges auf dem Rasen zwischen den

grauen Steinen dahin; denn auch ich mochte die Stille nicht unterbrechen.
Dann fuhr er wieder fort: »Ich wurde nach und nach gesünder, und endlich so wohl, daß ich auch bei der Führung unseres neuen Geschäftes und unserer neuen Haushaltung tätig sein konnte. Es wurden die Erdbrennereien angelegt, es wurden die Glashäuser errichtet, es kamen die Lasttiere in das Haus, und es mehrten sich die Leute, die wir brauchten. Die erste von denen, die in früherer Zeit bei uns dienten, und die von Maria wieder gerufen wurde, war die Amme Cornelia. Sie war, da wir Meran verließen, zu einer armen Verwandten gegangen, und hatte bei derselben gelebt. Sie folgte dem Rufe recht gerne, kam herauf in unsere Einsamkeit und schloß sich Maria bei der Führung der häuslichen Angelegenheiten an. Außer ihr kamen noch zwei andere, die sonst bei uns gewesen waren. Da alles schon behäbiger und freundlicher war, ließen wir die Nebengebäude verfertigen, die Laube in dem Kastanienwäldchen zimmern und zur Erheiterung den Springbrunnen graben. So wurde es uns immer besser und einträglicher. Unsere Erzeugnisse gehen unter dem Namen ›vom Berge Sankt Gustav‹ in die Täler, hauptsächlich aber über den See in die südlichen Gegenden, wo besonders Ableger, Knollen und Pflanzen unserer Blumen begehrt werden. Unter diesem Namen kommen auch die Briefe zu uns herauf, daher mag es gekommen sein, daß Euch in Riva auf meinen eigentlichen Namen niemand Auskunft zu geben vermochte. In jüngster Zeit wurden auch die andern Zimmer eingerichtet, daß wir doch einem Gaste, wenn einer zu uns herauf kömmt, eine Wohnung anweisen können. Von den alten Einrichtungsstücken sind manche geblieben, wie Ihr werdet gesehen haben, es wäre auch schade, wenn wir sie weg täten; denn sie sind noch brauchbar und erwecken, wenn sie an der rechten Stelle stehen, manche Erinnerung an

vergangene Zeiten. Ich glaube, wir können in der Zukunft ohne Sorgen leben, da die Dinge, die wir hervor bringen, ein wirkliches Bedürfnis der Menschen sind, da wir sie immer auf das beste zu erzeugen bemüht sind, und da wir uns um alle neuen Wege, Erfindungen und Begehrungen bekümmern. Wenn es so fort geht, so kömmt doch vielleicht wieder eine Zeit, wo wieder Gemälde in dem Hause sind, und wo wieder die Bücher da sind, die ich verloren habe – zwar nicht die nämlichen, die in meines Vaters Sammlung waren, – wo werden die sein – aber doch andere desselben Inhalts, die ich dann so binden lasse wie die Victorias, die sie aus der alten Sammlung gerettet hat. – Doch lassen wir das. – – Daß ich wieder auf den Punkt zurück komme, um den es sich eigentlich handelt, dessentwillen ich Euch heraus geführt habe, und dessentwillen ich Euch alles erzählt habe, – ich habe den Brief, den ich versprochen hatte, nicht geschrieben, weil ich so arm war, daß ich mich schämte, an Euch zu schreiben. Später hätte ich es wohl tun können, aber da dachte ich immer, was wird er denken, daß du nun plötzlich den Brief sendest. So unterblieb es bisher. Aber es war schon beschlossen, daß es geschehen sollte, und daß Euch alles dargelegt werden sollte – da kommt Ihr selber, was recht gut und recht schön und recht lieb von Euch ist – und Ihr verzeiht mir wohl meine Scham, gedacht habe ich immer an Euch, und Euer Benehmen gegen mich habe ich nie vergessen.«

»Freund Rikar,« antwortete ich, »da ist ja gar nichts zu schämen, das ist ja alles so gut und so ehrenwert und so herrlich! Hätte ich nur im mindesten gewußt, daß Ihr in Not seid, meine Lage war damals schon ziemlich gut, ich hätte Euch gewiß mit irgend etwas Beistand geleistet.«

»Ich weiß, ich weiß,« erwiderte er, »Ihr hättet mir geholfen; aber es ist doch besser, daß es so gekommen ist, wie es gekommen ist. Fremde Hilfe, wie gut sie auch gemeint sei, wie gerne sie auch geleistet wird, drückt doch immer den, der sie empfängt. So aber ist alles aus unserm Eigenen hervor gegangen. Alfred war so zart, daß er zu der Zeit, da wir noch nichts vergelten konnten, immer nur mit gutem Rat oder Handanlegung half, so daß er uns nicht den Glauben nahm, wir haben alles gemacht und haben durch Pflichterfüllung die Sache in den Stand gesetzt, in dem sie ist.«

Bei diesen Worten hatten wir auf unserem Rückwege um die Ecke eines Felsens gebogen, und das ganze Haus, das uns früher zum Teile verborgen gewesen war, lag vor uns. Es lag mit seinen Nebengebäuden ein wenig tiefer, als unser Standort war, so daß wir alles überblicken konnten. Die unaufhörlich reine Sonne dieser Tage schien mit ihren blendenden Strahlen auf das Anwesen nieder, die Dächer glänzten, die Mauern waren in angenehmem Sonnendufte, die Gewächse streckten alle ihre dunkeln Blätter zu dem segnenden Himmel empor, und die Haide mit ihren Steinen lag in ruhiger, in grauer und sonnenhafter Farbe herum.

Nachdem wir unwillkürlich ein wenig stehen geblieben und die Sache angeschaut hatten, sagte ich: »Lieber Freund, den größten Schatz habt Ihr bereits in Eurem Hause: Ihr lebt ein innerliches, liebliches, belohnendes Leben, und wenn Ihr auch von der Welt abgeschieden seid und wenig mit fremden Menschen zusammen kommt, so habt Ihr doch in Euch und den Eurigen ein Glück, das Ihr vielleicht nicht kennen gelernt hättet, wenn das Übel nicht über Euch gekommen wäre.«

»Denkt Ihr auch so,« erwiderte er, »mir ist das schon öfter in den Sinn gekommen. Wir haben einfach, gut und einträchtig gelebt, als wir noch im Wohlstande waren und fast gleichmäßig unsere Zeit und unsere Einkünfte verzehrten: aber erst, als das Mißgeschick zu uns gekommen war, erkannten wir, welche Liebe und Güte und zusammenhaltende Treue in dem menschlichen Herzen wohnen könne. Ich habe es also für eine Schickung der göttlichen Vorsicht gehalten, ich habe es für eine Wohltat gehalten, daß alles so gekommen ist, wie es gekommen ist.«

»Meine Erfahrung hat mich gelehrt,« antwortete ich, »daß der Schmerz und das, was wir im gewöhnlichen Leben ein Übel nennen, eigentlich nur ein Engel für den Menschen ist, ja der heiligste Engel, indem er den Menschen ermahnt, ihn über sich selbst erhebt, oder ihm Schätze des Gemütes zeigt und darlegt, die sonst ewig in der Tiefe verborgen gewesen waren. – Und wegen des Briefes, Freund Rikar, braucht Ihr gar nicht besorgt zu sein, ich hätte um kein Haar anders von Euch gedacht, wenn Ihr auch seiner gar nicht erwähnt hättet. Nur darum ist es mir jetzt lieb, daß Ihr von ihm gesprochen habt, weil ich durch diese Gelegenheit das so Schöne und Ehrenwerte erfahren habe, was ich erfahren habe.«

Wir gingen während dieses Gespräches die schwellende Wiege des Rasens sanft abwärts dem Hause zu. Mein Freund war gerührt, seine in das immerwährende Schwarz gekleidete Gestalt schnitt sich scharf von dem hellbeleuchteten Grunde des Rasens und von den in der Sonne fast weiß erscheinenden Steinen ab. Ich ging schweigend neben ihm. Als wir durch die lose Steinmauer in die Anlagen eintraten, betrachtete ich die kräftigen Blätter des Kohles, die dunkeln, aufwärts strebenden der Gemüse, die Pflanzen, welche bloß zum Tragen von Blumen bestimmt waren, die höheren Stämme und das überall verbreitete Zwergobst mit einer Art von Ehrfurcht. Wir gingen die Anlagen hindurch, rechts und links stand alles im besten Gedeihen, die fleißigen Hände von Arbeitern regten sich auf verschiedenen Punkten, und sie griffen nach ihren Kopfbedeckungen, wenn sie uns erblickten, um uns zu grüßen, was sie jedes Mal taten, wenn wir von

einem unserer Spaziergänge zurück kamen. Wir traten in das Haus und begaben uns nach einigen unbedeutenden Gesprächen jeder in unser Zimmer.
Ich war den ganzen Tag über in einer edleren Stimmung.
Es vergingen von da an mehrere Tage, ich brachte sie mit gewöhnlichen Dingen zu, teils mit Zeichnen, teils mit Marias Pflanzenpflege.
Da geschah es eines Nachmittages, daß wir an dem Rande des Kastanienwäldchens saßen, nämlich Mutter Victoria, Rikar und ich. Die Mädchen waren in dem Garten beschäftigt, oder eigentlich Maria tat ein Geschäft und Camilla sah ihr zu. Die Lüfte waren lind und der Springbrunnen plätscherte angenehm. Die Mutter war besonders freundlich und mild, und erzählte mir von Camilla, und wie sie dazu gekommen sei, die Geige als ihr liebstes musikalisches Instrument zu pflegen.
»Sie war ein sehr schönes, frohes Kind,« sagte sie, »sie war lebendig, feurig, rosenwangig und jauchzend. Jeder, der sie sah, geriet in Entzücken. Wir waren damals noch in Mailand, und die Eltern von beiden Seiten lebten noch. Da nahm ich das Kind einmal in den Dom mit. Die Eltern waren der Meinung, daß man ein Kind nicht zu früh in die Kirche führen solle, wenn es nämlich noch nichts von den heiligen Handlungen versteht. Da Rikar und ich diese Meinung teilten, war noch keine unserer Töchter in eine Kirche gekommen. Weil aber Camilla schon Vorstellungen von Frömmigkeit zu bekommen schien, da sie immer so andächtig bei ihrem Morgen- und Abendgebete kniete, und da sie die Äuglein nach oben erhob, als wüßte sie, wo das Wesen wohne, zu dem sie das Gebet richtete, so beschloß ich, sie einmal in die Kirche mit zu nehmen. Ich führte sie zuerst an einem Nachmittage in den Dom, zeigte ihr die Säulen, den Schmuck, die Wölbung und die Altäre, und sagte ihr,

daß dieses das Haus Gottes sei, wo die gläubigen Menschen zusammen kommen, um ihn, den man wohl überall anbeten könne, doch hier ganz besonders zu verehren. Ich versprach ihr, daß ich sie, wenn sie recht gut wäre, bald wieder mit mir in die Kirche nehmen würde, aber nicht, wenn dieselbe so leer stünde wie heute, sondern wenn die Menschen versammelt wären, um Gott anzubeten. Das Kind erinnerte mich nun alle Tage daran, und eines Tages, als ich in die Messe ging, nahm ich es mit. Ich wiederholte dieses von Zeit zu Zeit. Einmal war ein feierliches Hochamt. Wir gingen ebenfalls hin. Ich weiß nicht, warum ich dem Kinde nie gesagt hatte, daß man in der Kirche auch zuweilen Musik mache; wir hatten bisher nur immer die stille Messe besucht. Als in den großen Räumen, die heute noch dazu mit Menschen voll gefüllt waren, teils mit geputzten, teils mit armselig gekleideten, die Töne der Orgel erklangen, war Camilla außerordentlich überrascht. Das Kind mochte bisher die heiligen Verrichtungen des Priesters an dem Altare für die einzige Gottesverehrung gehalten haben, wie mußte es ergriffen werden, als es diese neue Anbetung vernahm. In unserem Hause war damals wenig Musik, bloß ein bißchen Klavier und Gesang. Das Kind, welches bisher immer neben mir gesessen war, und die Händchen gefaltet und die Augen gegen den Altar gerichtet hatte, vergaß seine Andacht und horchte mit der ganzen Kraft seiner Seele auf die Musik. Im Benedictus war ein Violinsolo, und als die Töne recht deutlich und verständlich von der andern Musik weg gingen, sah ich das Kind neben mir sitzen, seine Händlein waren ihm in den Schoß gesunken, und die Wänglein waren rosenrot erblüht. Als die Messe aus war, nahm ich es an der Hand, führte es hinaus, und das Kind hüpfte an meiner Seite nach Hause. Als wir zu Hause angekommen waren, erzählte es dem Vater von der Musik, die es gehört hatte, und fragte, was das für

Klänge gewesen seien, die so annehmlich und so lieblich getönt hätten. Ich antwortete: ›Eine Geige.‹ Von nun an fragte Camilla immer, was eine Geige sei, wie sie aussähe, und wie man sie behandle, daß sie klinge. Als sie einmal eine in einer Gesellschaft sah, rührte sie dieselbe an und versuchte, darauf zu spielen. Da ihr der Großvater eine zum Scherze kaufte, spielte sie immer darauf; und da sie einen Lehrer bekam, machte sie große Fortschritte. Sie liebte diese Töne ungemessen, und suchte sie immer hervor zu bringen. Sie machte oft tagelange, oft nächtelange Übungen, daß es selbst ihrer Gesundheit schadete. Als die Großeltern schon lange tot waren, und als sie den Lehrer nicht mehr hatte, der ihr nur die Anfangsgründe hatte beibringen können, ging sie allein zu ihren Notenbüchern und suchte den Inhalt derselben in ihre Saiten zu setzen. So trieb sie es fort, und gelangte nach und nach zu ihrer lieblichen, himmlischen Kunst, die ihr jetzt so viel gilt.«
»Teure Victoria,« antwortete mein Freund auf diese Worte, »ja es ist eine himmlische Kunst; aber unser Kind wird an dieser Kunst sterben. Du hast selber gesagt, wie die Übungen ihrer Gesundheit geschadet haben – du hast auch gesagt, wie sie rosenwangig und jauchzend gewesen sei – aber siehe, wo sind denn nun die roten Wangen, und wo ist die Fröhlichkeit? – Es ist wahr, daß die Kunst in jeder ihrer Darstellungsarten himmlisch ist, ja sie ist das einzige Himmlische auf dieser Welt, sie ist, wenn ich es sagen darf, die irdische Schwester der Religion, die uns auch heiligt, und wenn wir ein Herz haben, sie zu vernehmen, werden wir erhoben und beseligt: aber, liebe Victoria, der, der sie ausübt, muß fast mehr sein als ein Mensch, daß er ihr nicht unterliege. Er muß von dem, was er andern reicht, und wovon er mehr ergriffen wird als sie, nicht überschüttet und zerstört werden. Darum muß er auch die übrigen Kräfte in hoher Gabe haben: er

muß im Haupte den erhabenen Verstand haben, daß er die Dinge in großen Maßen verbinden und würdigen kann, er muß in den Nerven den festen Sinn haben, daß er die Welt aufnehmen und mit Entschiedenheit und Liebe tragen kann, und er muß in dem ganzen Körper die klare Gesundheit haben, daß er alles, sowohl die linden Lüfte und den warmen Sonnenschein als auch die starre Kälte und die schneidenden Winde, mit Anmut genieße. Von dem bloßen einseitig wiederholten heißen Gefühle ermattet das Herz. Siehst du nicht, wie von der Hingabe Camillas an ihr Spiel ihr Gemüt verwelkt? Ihre Wangen sind blasser, um die Stirne ist ein Flor, und die Augen sehen stiller, aber auch sehnsüchtiger und trauriger. Siehst du nicht, wie sie beim Fortschreiten dieser Dinge nur immer mehr zur Geige flüchtet, um ihr das versinkende Leben anzuvertrauen?«
»Du siehst wohl etwas zu hart, Rikar,« antwortete die Mutter, »die Gefühle Camillas sind wohl auch ohne der Kunst vorhanden, ja die Kunst ist eine Folge davon. Wenn ihre Wangen blasser sind und ihre Augen sanfter schauen als in der Kindheit, so ist das schon die Wirkung der Wesenheit solcher Menschen, die ein tieferes inneres Leben leben als andere, wodurch es geschieht, daß das äußere leidet. Auch haben ja Mädchen in ihren Jahren noch allerlei andere Gefühle, die sie beunruhigen, und die wir im Alter wohl belächeln.«
Ich konnte bei diesen Äußerungen einen tiefen Blick in das Innere der Familie tun, der mir manches enthüllte; aber ich konnte die Fortsetzung des Gespräches, und was der Vater auf die Worte der Mutter gesagt haben würde, nicht mehr erfahren; denn die angefangene Rede ward durch den Gegenstand derselben, durch die Mädchen, unterbrochen, welche auf dem Sandwege gegen uns heran kamen.
Sie gingen Arm in Arm. Sie waren beide ganz gleich gekleidet. Jede hatte einen breiten Sommerstrohhut auf,

dessen grüne Bänder an der Wange nieder gingen; jede hatte ein Sommerkleid von roher Seide an, nur daß es bei Maria um ein merkliches kürzer war als bei Camilla; und jede hatte endlich ein blaues Seidentüchlein um den Busen. Der einzige Unterschied war, daß Camilla einen Sonnenschirm hatte, den Maria nie trug.
Als sie herzu gekommen waren und so vor uns standen, konnte ich die Wahrheit oder Unwahrheit von Rikars Ausspruche beobachten. Wer die Schwestern mit oberflächlichem Blicke angeschaut hätte, würde sie für Zwillinge gehalten haben, und doch konnte es nichts Ungleicheres geben. Camilla hatte sanfte, weichgebildete Wangen, die von dem Strohhute überschattet wurden; die lichte, zarte Farbe derselben war von einem leichten Hauche von Rot überflogen; das Sommertuch deckte den schlanken keuschen Busen; und die lange Wimper hüllte sich über große Augen, in welchen wirklich, wie in einem Spiegel, Schwärmerei, wo nicht gar Schwermut und Leiden lag. Maria hatte dieselben Wangen, nur schienen sie fester gebildet, und die Überschattung durch den Strohhut konnte weniger bemerkt werden, weil sie ohnedem durch den Sonnenstrahl, dem sie immer ausgesetzt waren, gebräunt erschienen; das Sommertuch saß knapp und dicht über dem Herzen; und aus denselben großen spiegelnden Augen, wie sie Camilla hatte, sah der Glanz der Ruhe oder der der Zufriedenheit und Ehrlichkeit.
Das Gespräch der Ehegatten, welches für mich so bedeutsam werden wollte, war also unterbrochen, und es begann ein anderes mit den Ankömmlingen, die die Mutter fragte, was sie in der Blumeneinfassung getan hätten.
»Wir haben eben nichts Besonderes getan,« antwortete Maria, »ich habe die langgewachsenen Georginenstämme an Stützen gebunden, und Camilla hat mir zum Teile geholfen. Meine Arbeit ist für heute abgetan, und ich stehe euch zu Gebote, wenn ihr etwas unternehmen wollt, sei

es nun, daß wir in dem schattigen Wäldchen hier bleiben, oder daß wir einen Spaziergang hinaus auf die Höhen und unter die Steine versuchen.«

»Bleibt ein wenig bei uns und setzt euch hier nieder,« sagte die Mutter, »es ist zum Spazierengehen in dem Augenblicke noch zu warm, und später werden wir schon sehen, was zu tun sei.«

Camilla lehnte ihren Sonnenschirm an einen Kastanienstamm, was sie immer tat, weil sie ihn auf einem Tische oder auf einer Bank vom Staube gefährdet gehalten hätte, den sie, wie jede Unreinlichkeit, aufs äußerste fürchtete, und beide Mädchen setzten sich nieder.

Die Bänke standen am Rande des Kastanienwaldes und auch in dessen Mitte so, daß immer ihrer mehrere einen kleinen Kreis bildeten, in welchem man sich gegenüber setzen konnte.

So taten wir auch heute; wir saßen so, daß wir uns in die Angesichter sehen konnten, und sprachen, wie es öfter geschah, wenn wir während der Hitze unter dem schirmenden Laubdache dieser Bäume saßen, von verschiedenen wichtigen Dingen. Es wurden die menschlichen Angelegenheiten besprochen, und nicht selten kamen wir auch auf die Abhandlungen der Weltweisheit und mancher Aussprüche, die gelehrte und berühmte Männer in Vorzeiten getan und verfochten haben, was sie zum Zwecke ihres Lebens gemacht, und wofür sie nicht selten dieses ihr Leben eingesetzt hatten.

Wir gingen an diesem Tage auch nicht mehr auf die Höhen und unter die Steine hinaus, sondern, wie es sich öfter ereignete, weil der Garten so reich und mannigfaltig war und viele Gegenstände zur Betrachtung und Unterhaltung bot, blieben wir in demselben, wir zeigten uns dies und jenes, wir befragten uns, unterredeten uns, arbeiteten gelegentlich noch etwas, trennten und fanden uns, wie es eben der Gegenstand, mit dem wir uns beschäftigten, erheischte, und als, wie es allemal war, eine außerordentlich prachtvolle Nacht über diese Einöde herüber zog, lehnte ich noch sehr lange in meinen Fenstern und schaute hinaus. – –

Endlich richtete ich mich doch zu meiner Abreise zusammen. Ich brachte meine Sachen in Ordnung, und wollte sie in den nächsten Tagen in das Ränzlein packen, um von diesem Punkte meine Reise wieder in die weitere Welt fortzusetzen.

Aber es kam ein wenig anders.

Als ich eben mein Ränzlein packte, hörte ich im Gange ein freudiges Laufen, ein Rufen, ein Zuschlagen der Türen – und dann war es stille. Ich ließ ab von meinem Geschäfte, ließ die aufgelösten Riemen des Ränzleins über den Tisch herabhängen und begab mich hinaus, um zu erforschen, was die ungewöhnliche Bewegung bedeute. Gleich bei meiner Tür stieß mir die Amme auf, und ich fragte sie, was es gäbe.

»Mein Gott,« sagte sie, »so habt Ihr denn von allem nichts gesehen und gehört – und es ist doch ein solcher Lärm gewesen. Drei Maultiere haben die Kisten getragen, man hat sie abgeladen und hat sie unterdessen in das Gewölbe der Halle gesetzt. Wo seid Ihr denn gewesen, daß Ihr nichts gesehen und gehört habt? Alfred Mussar ist gekommen, er ist von seiner großen Reise zurückgekehrt, und ist auf seinem braunen Pferde herauf geritten. Jetzt sind sie alle im Speisesaale beisammen.«

Die Amme war hochrot vor Freude, und ich drehte den Schlüssel im Schlosse meiner Tür vollends um und steckte ihn zu mir, um in den Speisesaal zu gehen.

Als ich eintrat, hatte ich einen Anblick, wie der war, den ich in meinem Zimmer verlassen hatte. Es lag nämlich auf dem Tische ebenfalls ein Ledersack, der ebenfalls zum Teile geschnürt war und die andern Riemen über den Tisch herabhängen ließ: nur der Unterschied war, daß dieser Ledersack viel größer als der meine, und daß man nicht im Zusammenpacken, sondern im Auspacken begriffen war. Alle standen um den Sack herum. Man hatte mich ganz vergessen. Als ich herein kam, riefen sie mir zu, ich solle mich nähern und solle an dem Vorgange Anteil nehmen.

Außer den gewöhnlichen Mitgliedern der Familie, nämlich Rikar, der Mutter und den beiden Mädchen, stand noch ein junger Mann mit freundlichen, leuchtenden Augen an dem Tische. Er war in die Gebirgstracht der Gegend gekleidet, nur hie und da ein wenig veredelt, die ihm sehr wohl stand. Er war äußerlich angenehm gebildet, ich könnte sagen, ungemein schön: die Wangen waren fein und rot, nur etwas zu dunkel, der Mund edel, das Kinn rein, die Stirne hoch und die Locken darum anmutig gelegt. Er hatte die Augen zu mir erhoben, als ich eingetreten war, und als er das Rufen der Umgebenden vernahm, und hatte von seinem Geschäfte abgelassen; denn unstreitig war er darin begriffen, den Ledersack aufzuschnallen.

Rikar löste sich von der Gesellschaft los, ging auf mich zu, nahm mich bei der Hand, führte mich zu dem Fremden und sagte: »Mein sehr lieber Freund, Otto Falkhaus, der in Wien mein langwochentlicher Nachbar war, der mir jene Liebesdienste tat, wovon ich Euch erzählt habe, und der uns jetzt die Freude machte, uns auf einer Durchreise zu besuchen und eine Zeit in unserm Hause zu verweilen.«

Als er mich so vorgestellt hatte, wendete er sich mit der Hand gegen den jungen Mann und sagte: »Mein anderer sehr lieber Freund, Alfred Mussar, der uns dieses Haus und Anwesen in den Stand setzen half, in dem es jetzt ist, der uns immer ein treuer Freund und Ratgeber gewesen ist, der uns zu lange verlassen hat, und der nun doch wieder in seine Heimat zurückgekehrt ist.«

Bei diesen Vorstellungen verbeugten wir uns gegenseitig stumm, und ich sah bei dieser kleinen Bewegung, daß der Fremde das Benehmen der feineren Stände haben müsse.

»Jetzt laßt uns aber unser Geschäft nicht mehr unterbrechen,« sagte die Mutter, »stellen Sie sich zu uns, und sehen Sie mit uns, was unser Freund vornehmen wird.«

Ich stellte mich auf diese Einladung der Mutter an den Tisch, und zwar auf Seite der Mädchen, und Alfred fuhr fort, die Schnallen des Sackes aufzulösen.

Als man ihm hiebei helfen wollte, hatte ich auch Gelegenheit, seine Stimme zu hören; denn er sagte den Scherz: »Ich bitte, mich nicht zu unterstützen; niemand kennt die Geheimnisse meines Sackes, und es könnte nur Verwirrung entstehen.«

Die Stimme war rein und einnehmend und wohltönend.

Als er alle Schnallen gelöst hatte, tat sich der Sack auseinander und zeigte im Innern zwei Hauptfächer, in denen wieder mehrere in Papier gewickelte Gegenstände verpackt waren.

»Ehe ich weiter schreite,« sagte er, indem er bei seiner Arbeit inne hielt, die Hand auf den Sack legte und die Augen gegen die Anwesenden richtete, »bitte ich alle, daß niemand gegen die Geschenke, welche ich gebracht habe, und welche mich freuen, eine Einwendung mache, sondern daß jeder die für ihn bestimmten freundlich und bereitwillig annehme.«

Als alle auf diese Bedingung eingegangen waren, sagte er: »Nun, so fahren wir fort.«

Nach diesen Worten löste er noch die inneren Schnallen und Bänder, die der Sack hatte, und es kamen nun sehr viele und verschiedene Papiersäcke zum Vorscheine, auf deren jedem der Name dessen stand, dem er gehörte. Aber auch anderes war dabei.

»Jetzt ist es erlaubt,« sagte Alfred, »daß jedes das Papier, auf welchem sein Name steht, auflöse und die Sache,

die es enthält, herausnehme. Damit aber dieser Sack nicht weiter stört, wollen wir ihn beseitigen.«
Mit diesen Worten nahm er den leeren Sack von dem Tische und trug ihn in eine abgelegene Ecke des Saales. Die Anwesenden aber begannen die vielen Schnüre und Papiere zu lösen, mit denen die unbekannten Gegenstände umwickelt waren. Alfred und ich halfen gelegentlich bald hier, bald da. In kurzem war der Tisch mit Schnüren, Papieren und Geschenken bedeckt.
Alfred war in Paris gewesen. Da kamen nun schwere Seidenstoffe zum Vorscheine, es kamen Teppiche, Umhängtücher, Halstücher, Kleiderzeuge von allen Arten, und endlich Kopfputze, Handschuhe und sogar Stiefelchen. Aber auch jene vielseitigen Spielereien und Tändeleien fehlten nicht, an denen Paris so reich ist, und in denen das französische Volk alle andern Völker der Erde übertrifft. Außer diesen allgemeinen Geschenken waren aber auch noch besondere, welche nur einzig und allein auf den Beteiligten paßten, daß man sah, wie emsig Alfred auf die Familie bedacht war, und wie sehr er sich in der Ferne mit jedem einzelnen beschäftigt hatte.
Die Mutter bekam eine kleine goldene Uhr, sehr zierlich gearbeitet und so flach, daß sie fast mit einer Münze wetteifern konnte. Sie bekam noch einen kostbaren Lichtschirm, mehrere französische Bücher, die sie noch nicht hatte, und endlich ein Schreibgeräte und feines Siegellack, weil sie die einzige in der Familie war, die noch zuweilen freundschaftliche Briefe, und zwar an eine alte Jugendfreundin in Mailand schrieb.
Der Vater erhielt ein Schachspiel aus Ebenholz und Elfenbein, ein auserlesenes Fernrohr, ein Thermometer, und ein Instrument, die Bläue des Himmels zu messen, mit welcher Erscheinung er sich besonders abgab.
Camilla empfing zu ihrem goldenen Armringe, den sie gewöhnlich bei ihrem Geigenspiele anzuhaben pflegte,

einen zweiten ähnlichen, der ungemein leicht und edel gearbeitet war, dann erhielt sie noch in mehreren ebenholzenen Büchslein duftendes Geigenharz und in violett samtenen Fächern eine Sammlung aller Geigensaiten, welche in der ganzen Welt gemacht werden.

Maria bekam ein großes Werk in gepreßtes Leder gebunden, das eine Einzelbeschreibung der Kamelien nebst ausgezeichneter Abbildung aller bekannten Arten enthielt. Außerdem empfing sie noch ein Werk über Orchideen, und eins über Landbenützung, das in Paris neu war und Aufsehen erregt hatte. Und zum Schlusse erhielt sie einen Schwank, nämlich gleichsam wie ein chirurgisches Besteck ein Fach mit allen kleineren Gartenwerkzeugen, Messern, Scheren und dergleichen, alles zierlich eingeteilt und mit silbernen Griffen versehen.

Als man alles ausgepackt hatte, als man nun im Ernste mit Erstaunen vor diesen Geschenken da stand, und mit Aufrichtigkeit, auf die im Scherze eingegangene Bedingung vergessend, versicherte, daß das zu viel sei, sagte Alfred: »Ich habe es ja gewußt, daß es mir so ergehen wird. Ich habe mich auf der ganzen Reise auf diesen Augenblick gefürchtet. Wollt ihr mir denn keine Gefälligkeit erweisen? Ich habe gar niemanden. Ihr wißt, daß mein Haus allein steht, daß kein Nachbar da ist, daß nur meine Arbeitsleute mit mir unter demselben Dache wohnen, daß ich keinen Vater, keine Mutter, keine Schwester, keinen Bruder, keine Gattin habe. Ich habe bei meiner Art zu leben um viel weniger zu dieser Reise gebraucht, als mir ein Bekannter, der in diesen Dingen erfahren ist, voranschläglich ausgerechnet hatte. Ich habe also erspart. Ich habe verschiedene Dinge gekauft, um auch die größte Freude, die eine Reise gewährt, zu haben, nämlich die, Geschenke zu bringen. Ich wollte sie euch bringen, weil ihr meine nächsten Nachbarn seid, und mir sonst auch gerne eine Freundschaft erwiesen habt. Ich

hatte den Wunsch gehabt, noch viel mehr zu kaufen, allein mir fehlte der Mut dazu.«
Auf diese Worte war es um den ganzen Tisch herum sehr stille; denn jedes fühlte in sich, daß es unedel wäre, auch nur ein einziges der Geschenke zurückzuweisen, und daß sie daher alle angenommen werden müßten.
Rikar ging auf den jungen Mann zu und sagte: »Ihr seid recht gut und recht wahrheitsliebend, und das Gefühl, das Ihr ausgesprochen habt, lebt allerdings in dem menschlichen Herzen, ich kenne es sehr gut; darum fühlen wir uns geehrt, daß Ihr dieses Gefühl gegen uns gewendet habt, da Euch nähere Angehörige abgehen; und ich glaube die Gesinnung aller der Meinigen zu treffen, wenn ich erkläre, daß wir die Geschenke mit großer Freude annehmen und unsern Dank für die Erinnerung, die Ihr in fremden Ländern an uns bewahrt habt, auf das innigste ausdrücken.«
Victoria stimmte der Erklärung ihres Gatten bei, und die Mädchen sahen Alfred an, dessen Angesicht voll Zufriedenheit glänzte.
»Aber da wir noch bei diesen herrlichen Sachen beisammen stehen,« fing jetzt die Mutter an, »so fällt mir etwas ein, das ich vortragen will, und für das ich um die Zustimmung bitte – oder vielmehr ihrer gewiß bin. Während wir über diese lieben Dinge, die uns ein Freund als Andenken mitbrachte, sehr erfreut sind, während er selber erfreut ist, sie gebracht zu haben, steht ein anderer Freund bei uns, der eben so wie der Angekommene keinen Vater, keine Mutter, keine Schwester, keinen Bruder, keine Gattin zu Hause hat, der uns allen gleich lieb ist, und der daher ein Recht hat, zu uns zu gehören. Da Alfred, der zur Bedingung seiner Reise gemacht hat, keinen Brief zu schreiben und zu empfangen, nicht wissen konnte, welch lieben Besuch wir in seiner Abwesenheit erhalten haben, so konnte er auch bei der Verteilung der Ankommensrechte nicht auf denselben Rücksicht neh-

men, wie er wohl sonst getan hätte: ich stimme daher, daß wir den Sinn des Gebers ergänzen, und einen Teil unserer Rechte, so viel jedes will, an unsern Gast abtreten, daß er nicht ein Fremder, sondern ganz und gar einer der Unserigen sei.«
Dieser Vorschlag der Mutter hatte aus dem Ernste, der einige Augenblicke geherrscht hatte, wieder die Heiterkeit hervorgerufen. Alle riefen einstimmig: »Ja, ja, das wollen wir tun.«
Ich fühlte, wie mir das Blut in das Angesicht stieg, ich fühlte es an der Hitze meiner Wangen und widersetzte mich dem Antrage. Aber alle stürmten auf mich ein, sie sagten, ich dürfe keine Widerrede machen, es dürfe einmal nicht sein, und man werde zur Teilung schreiten.
»Wenn eine solche Sache beliebt wird, und wenn Allgemeinheit unter uns eingeführt wird,« sagte Alfred, »so ist meine Freude und mein Vergnügen noch größer.«
»Er ist zu Hause ein Landwirt, wie wir hier,« sagte Maria, »und wenn Sie in den Kisten, die in der Halle stehen, landwirtschaftliche Gegenstände haben, wie Sie sagten, und er einige brauchen kann, so muß er auch davon noch nehmen, nicht wahr?«
»Freilich,« sagte Alfred, »und es freut mich doppelt, daß der Gast dieses Hauses ein Landwirt ist. Es sind viele Gegenstände in den Kisten, er kann sich auswählen, und wenn er mir die Ehre seines Besuches in meiner Behausung angedeihen lassen will, so muß er manches als Erinnerung an diese Gegend annehmen und es nach seiner Heimat schicken.«
»Mengt nicht neue Dinge ein,« sagte die Mutter, »sondern laßt uns zur Erledigung der alten schreiten. Ich stimme zuerst. Nehmt diesen Lichtschirm, gebraucht ihn manchmal, wenn Ihr an langen Winterabenden zu Hause bei Eurem Arbeitstische sitzt und etwas schreibt oder leset, und erinnert Euch dabei an uns.«

Mit diesen Worten legte sie ihren schönen Lichtschirm auf die Stelle des Tisches, an welcher ich stand.
Rikar stimmte der zweite. »Nehmt dieses Fernrohr,« sagte er, »unter allen Dingen, die ein Reisender nötig hat, ist dieses eines der nötigsten und zweckmäßigsten, namentlich für einen, der nicht Geschäfte halber reiset, sondern ansehen will, und insbesondere Gegenden und Fernen ansehen will.«
Ich erwiderte hierauf: »Nein, Rikar, dieses kostbare Instrument kann ich nicht annehmen; es dient Euch selber sehr gut, und Ihr erinnert Euch ja, daß ich ohnedem ein gutes Fernrohr mit mir führe.«
»Eben darum sollt Ihr es nehmen,« sagte er, »weil an dem Eurigen etwas brechen und es zeitlich untauglich machen kann. Ich habe denselben Grund wie Ihr, ich habe ebenfalls schon ein sehr gutes Rohr. Und der letzte Grund, den ich habe, ist der, daß Ihr es annehmen müßt.«
Er legte mit diesen Worten das Rohr zu dem Lichtschirme.
»Ich weiß nicht, was ich von meinen Dingen geben soll,« sagte Camilla, »aber Sie sind ein so guter Kenner von Geigentönen, daß Sie zu Hause gewiß auch nicht anders als vortrefflich spielen. Ich gebe Ihnen daher von diesem Geigenharze und teile die Saiten mit Ihnen.«
»Ich kann eigentlich nicht teilen,« sagte Maria, »da ich lauter Ganze erhalten habe; aber ich gebe Ihnen ein Ganzes, nämlich diese Bücher, sie sind unvergleichlich ausgestattet, stellen Sie dieselben in Ihre Sammlung, und denken Sie an uns. Weil ich den Inhalt nicht entbehren kann, so wird Alfred schon so gut sein, mir anzugeben, wo ich sie wieder bekommen kann.«
Mit diesen Worten reichte sie mir das französische Werk hin, das ihr Alfred gebracht hatte, und das sehr kostbar gebunden war.
»Und daß er nicht bloß etwas von den einzelnen Gaben

habe, die uns zugedacht worden sind, sondern auch von den allgemeinen,« sagte die Mutter, »so wollen wir ihm noch diesen Teppich geben, der die Bestimmung haben soll, daß er ihn zu Hause unter seinen Schreibtisch lege.«
»Ja, den Teppich müssen Sie noch nehmen, den müssen Sie noch nehmen«, sagten die Mädchen.
Man schob ihn auf dem Tische gegen meinen Platz hin.
Ich war nun im äußersten Grade verlegen und sagte: »Nein, diese Sachen kann ich unmöglich alle annehmen, sie sind zu viel. Ich bin durch die Mitteilung aller jetzt reicher geworden als die einzelnen Gebenden.«
»Wenn Ihr reicher geworden seid,« antwortete die Mutter, »so ist das ganz natürlich; denn wem mehrere andere geben, der kann leicht etwas mehr haben als die einzelnen. Aber wem von uns könnt Ihr etwas zurückgeben, ohne ihm wehe zu tun? Nehmt es daher so freundschaftlich an, als es geboten worden ist.«
Das Wohlwollen und die Güte aller war so unverkennbar und eindringend, daß es unzart gewesen wäre, sich noch gegen irgend etwas zu weigern; ich schämte mich, daß ich es schon getan habe, und nahm die Sachen mit Freude und mit der Äußerung des Dankes an.
»Jetzt aber, Kinder,« sagte die Mutter, »müssen wir den Tisch abräumen und diese Sachen wegschaffen. Alfred hat sich zu Mittag eingeladen, die Zeit rückt heran, und der Tisch muß zu andern Zwecken benützt werden. Ich dächte, jedes sollte sich seine Sachen auf seine Zimmer bringen lassen, daß hier Raum werde.«
So taten wir auch. Die Mädchen riefen Leute herbei, die ihnen halfen; ich nahm meine Dinge zusammen, rollte den Teppich in eine Rolle und trug alles in meine Zimmer.
Das Mittagsessen ließ nicht lange auf sich warten. Es war recht lieb und freundlich, daß heute ein Gast da war, und man sah es auch, daß man seinetwegen ein mehreres getan habe.

Nach dem Essen wollten alle in den Garten; aber Alfred verlangte, daß man noch eher die Sachen auspacken solle, welche in Kisten unten in der Vorhalle stünden. Wir begaben uns daher alle hinab. Rikar beorderte einen Mann mit Hammer und Meißel, der die Kistendeckel aufbrechen sollte. Als dies geschehen war und die Kisten offen standen, machte sich Alfred daran, die Gegenstände heraus zu nehmen. Es waren lauter Bedürfnisse der Landwirtschaft, namentlich der Gärtnerei. Samen, Knollen, Wurzeln, Ableger, die in dieser Gegend noch nicht bekannt waren oder großen Wert besaßen; dann Geräte, Werkzeuge und Modelle, die im größeren ausgeführt werden sollten. Ich mußte von manchen Dingen, welche mehrzählig vorhanden waren, nehmen, um sie in meiner Besitzung anzupflanzen, und von manchen Geräten nahm ich mir vor, Zeichnungen zu machen, weil ich sie als vorzüglich anwendbar erkannte. Als Alfred fertig war und man die Dinge in Körben fortgetragen hatte, war erst Zeit, in den Garten zu gehen.

Hier hatte ich nun Gelegenheit, ihn noch mehr zu beobachten, und noch mehr mit ihm zufrieden zu sein. Er ging gleich mit vieler Teilnahme zu allen Dingen, er fragte um alles, er ließ sich alles zeigen, und nahm Anteil, als ob es sein Eigentum wäre, oder als ob er es selber gepflanzt hätte. Fast der ganze Nachmittag ging so in dem Garten dahin.

Gegen Abend nahmen wir das Vesperbrod in den Zimmern der Mutter ein, und als die Sonne sich dem Rande der Felsen zuwendete, war es für Alfred Zeit, an den Aufbruch zu denken. Der erste Besuch nach seiner Reise war vorüber. Er lud uns alle ein, recht bald zu ihm auf seine Besitzung hinab zu kommen und einen ganzen Tag dort zuzubringen. Insbesondere lud er mich ein, einmal allein zu kommen, daß er mir alles bis zum Kleinsten zeigen könne, was die andern ohnedem schon genau kann-

ten. Zu diesem Behufe bat man mich, meine Abreise nun noch ein wenig aufzuschieben, und ich willigte ein.
Nach einer halben Stunde setzte sich Alfred zu Pferd, um wieder nach Hause zu reiten. Ich ging in den Hof zurück, um ihn zu sehen. Er saß auf einem braunen, nicht gar großen, aber sehr zierlichen Pferde. Die Männer mit den Maultieren, welche die Kisten und den Mantelsack gebracht hatten, waren gleich wieder umgekehrt. Alfred mußte also jetzt allein hinab reiten. Es standen alle bei ihm und nahmen Abschied. Als er recht höflich gegrüßt hatte, ritt er bei dem hintern Tore hinaus und schlug den schmalen Saumpfad nach Sankt Gustav hinab ein.
Als die Dämmerung gekommen war, und ehe es zum Abendessen wurde, ging ich in mein Zimmer. Die Riemen meines Ränzleins hingen noch von dem Tische herunter. Ich packte also aus, was ich gegen Mittag so sorgsam eingepackt hatte.
Es war, als sollte ich aus diesem Hause nicht fortkommen.
Die Dinge, die man mir geschenkt hatte, legte ich in eine Ordnung, freute mich darüber und nahm mir vor, sie, sobald ich nach Riva käme, auf den Weg nach Treulust zu geben.
Nach wenigen Tagen verabredeten wir den Tag, an welchem wir zu Alfred hinunter wollten, und ließen es ihm wissen.
Als der Tag gekommen war und Maria noch am Morgen ihre Anordnungen getroffen hatte, was während ihrer Abwesenheit geschehen sollte, ritten wir auf Maultieren längs des Saumpfades hinunter. Als wir tief genug gekommen waren, sah ich in einer jener grünen Furchen, die ich am ersten Tage meiner Anwesenheit von den Felsen aus als durch die kahlen Berge laufend gesehen hatte, und die in der Nähe breite, üppige Täler waren, Alfreds Haus. Eine Reihe wohnlicher Fenster glänzte uns aus

dem Gebüsche, das das Haus reichlich umgab, an. Als wir näher gekommen waren, sah ich die große Ausdehnung und die reinliche Haltung des Ganzen. Alfred empfing uns in dem Sandhofe des Hauses, der Blumenbeete und einen Springbrunnen hatte. Er half uns mit einem Diener von den Maultieren, überließ letztere dem Knechte und führte uns über eine Treppe in das Gesellschaftszimmer hinauf. Dieses war groß und geräumig, sah mit vielen Fenstern auf das Grüne und auf die schwankenden Baumzweige hinaus, und hatte mehrere erlesene Bilder aus der italienischen Schule. Als er uns hier einige Erfrischungen, worunter namentlich Milch und mehrere Früchte waren, die eigentlich der Jahreszeit nach im Freien noch nicht reif sein konnten, vorgesetzt, und als wir manches davon gekostet hatten, gingen wir in den Garten hinunter. Maria führte mich hier zu mehreren wahrhaft ausgezeichneten Anstalten, und sagte im Triumphe: »Da sehen Sie erst, da sehen Sie erst!«

Wir gingen zu einigen Glashäusern, in denen die schönsten einheimischen Früchte reiften, und die das Edelste und Wesentlichste der fremden enthielten. Dann besahen wir die Einrichtungen, die der Garten überhaupt hatte, teils zum Bewässern der Pflanzen, teils zu ihrer Nahrung, Zucht, Pflege und Vervollkommnung. Alles war in der Tat auserlesen und vortrefflich und hatte viele Ähnlichkeit mit den Anstalten Marias. Von dem Garten gingen wir nach und nach auf einem gewundenen Wege, der durch viele Gebüsche führte, empor, und kamen endlich auf eine freie, kahle Spitze, die einen großen Umblick gewährte. Wir sahen von hier aus die Felder Alfreds, die sich um einen Hügel herum in einer kleinen Ebene dahin legten. Das ruhige, einfache, edle und liebliche Wogen des Getreides, das ich jetzt so lange nicht gesehen hatte, legte sich schmeichelnd und befriedigend an das Herz. Wir standen lange und sahen die verschiedenen

Grün an: das blauliche leichte und sanfte Mischen des Silbers, das dunklere grüne und tiefe Heraufblicken der Wogen, das hellere grünere Wellenschlagen der kleineren Saaten, und das leichte Hinzittern der Spitzen; denn es ging ein sanftes Windchen unter der blauen und heiteren Kuppel des Himmels.

Es ist doch, dachte ich, eine wunderbare Anmut, wie der Mensch in der Gesellschaft mit seinen Pflanzen lebt, die seinen Geist zum Himmel leiten und seinem Leibe die einfachste, edelste und keuscheste Nahrung gewähren. Brod, das einfachste aller Dinge, das weltverbreitetste, ist das Symbol und das Zeichen aller Nahrung der Menschen geworden.

Von der Spitze gingen wir auf einem anderen Wege und von einer anderen Seite wieder dem Hause zu. Die Aufbewahrungsorte und andern Anstalten, die wir an seinem Äußeren trafen, hatten wieder viele Ähnlichkeit mit denen Marias. Als wir in die Zimmer gekommen waren, führte uns Alfred auch in ihnen herum. Die Mädchen bemerkten gleich die Veränderungen, die seit ihrem letzten Besuche statt gefunden hatten, und sprachen sich billigend oder mißbilligend darüber aus. Die Zimmer waren einfach, lieb und freundlich und sprachen einen freien, heiteren Geist des Bewohners aus. Das Gesellschaftszimmer, in dem jetzt die Erfrischungen weggeräumt waren, empfing uns mit Ernst und Würde. Es enthielt nichts von all den Spielereien, mit denen man gewöhnlich unsere Besuchzimmer überladen findet, dafür stieß das Bücherzimmer an dasselbe, und an den Kästen steckten überall die Schlüssel, daß man sich nach Belieben Bücher heraus nehmen konnte. Aber dessen ungeachtet fehlte es nicht an Spielereien und Launen des Bewohners. In einem Zimmer war eine Sammlung aller Ähren der ganzen Welt, ich erstaunte, daß es eine so ungeheure Menge derselben geben könne, und in einem Buche, das auf dem Tische lag, waren lauter lose Blätter, auf denen alle Blumen, die in den Getreiden wachsen, in Wasserfarben sehr schön abgebildet waren. Alfred hatte sie sich von einem wandernden armen Künstler, der sehr geschickt war, und den er eine Zeit beschäftigte, verfertigen lassen.

»Es ist merkwürdig, wie wichtig eigentlich diese Dinge sind«, sagte Alfred. »Diese getrockneten Ähren in ihren Glaskästen, die nur einfache Gräsersamen sind, und diese Blümlein auf ihren Stängeln, die zu den bescheidensten gehören und oft keine Schönheit ansprechen, sind das auserlesenste und unbezwinglichste Heer der Welt, die sie unvermerkbar und unbestreitbar erobern. Sie werden einmal den bunten Schmelz und die Kräutermischung der Hügel verdrängen und in ihrer großen Einfachheit weit dahin stehen. Ich weiß nicht, wie es dann sein wird. Aber das weiß ich, daß es eine Veränderung der Erde und des menschlichen Geschlechtes ist, wenn zuerst die Zedern vom Libanon, aus denen man Tempel baute, dann die Ahorne Griechenlands, die die klingenden Bogen gaben, dann die Wälder und Eichen Italiens und Europas verschwanden, und endlich der unermeßliche Schmuck und Wuchs, der jetzt noch an dem Amazonenstrome steht, folgen und verschwinden wird. Es gibt unendliche Wandlungen auf der Welt, alle werden sie nötig sein, und alle werden sie, eine auf die andere, folgen.«

In dem an das Ährenzimmer stoßenden Saale, der eigentlich mehr ein langer Gang war, dessen blumenverzierte Fenster gegen den Garten gingen, war eine seltsame, launige Sammlung, gleichsam ein friedlicher Waffensaal der Erde. Es waren da nämlich alle Werkzeuge des Landbaues aufgestellt, nach der Art, wie sie gebraucht werden und dienen: die zum Felde, zur Wiese, zum Garten, zum Walde, zum Weinberge, zum Hause gehörigen. Welche zu groß gewesen waren, als daß man sie hätte herein stellen können, die waren in einer Verkleinerung

zugegen. Ich bin selber ein Landwirt, kannte sie fast alle, und war doch überrascht über die Menge und Mannigfaltigkeit derselben. Sie waren geschickt längs der Wand des Ganges aufgestellt.
Das Mittagsmahl wurde auf einem Hügelchen unter freien luftigen Kastanien eingenommen. Dann gingen wir noch eine Strecke in der Talschlucht spazieren und sahen wunderliche Felsen, Wasserfälle, Steinlager und kühle Grotten – und als beinahe schon das Abendgold auf diesen sonderbaren Bergen glänzte, dachten wir erst auf die Rückreise.
Alfreds Leute waren sehr artig und aufmerksam gegen uns gewesen. Er selber begleitete uns auf seinem braunen Pferdchen, als wir auf unsern Maultieren den Saumpfad wieder hinan ritten, als die grauen Steine um uns waren, und als wir auf dem trockenen Grasboden lange, weit hinzielende Schatten warfen. Da er umkehrte, lud er mich ein, nächstens allein zu ihm hinab zu kommen, damit er mir alles im einzelnen und nach landwirtschaftlichen Grundsätzen, die mir lieb sein würden, erkläre. Ich nahm die Einladung an.
Er ritt mit seinem Pferdchen, das sehr geschickt in den Steinen kletterte, hinunter, und wir strebten immer mehr auf die steinige und auf die einsame Anhöhe empor. Als es Abend und immer finsterer wurde, und ich deshalb eine Besorgnis äußerte, beschwichtigte mich Maria, indem sie sagte, daß, wenn es sogar ganz finster wäre und man keine Handbreite vor den Augen sähe, wir nur getrost die Zügel auf den Hals der Maultiere legen dürften; diese Tiere würden nicht stolpern und würden uns sicher auf das Haidehaus bringen.
So geschah es auch; wir langten in dichter Finsternis auf demselben an.
Schon nach ein paar Tagen ging ich allein zu Alfred hinunter.

Er empfing mich sehr freundlich, und wir verbrachten den Tag, indem er mir alles, was er hatte, zeigte, und wir es nach den Grundsätzen, die wir jeder aus Büchern und aus Erfahrungen gesammelt hatten, durchgingen. Wir näherten uns einander sehr, ich fand seine Sachen vortrefflich, und wir tauschten manche Bemerkungen aus. Die Nacht brachte ich ebenfalls bei ihm zu, wie ich es schon meinen Gastfreunden vorausgesagt hatte, und eben so einen Teil des folgenden Tages.

Er erzählte mir mehrere Dinge und auch manches aus seinem Leben.

Er hatte als Kind in einer sehr drückenden Lage gelebt. Sein Vater, der ihn und die Mutter durch ein kleines Geschäft ernährte, starb frühzeitig und hinterließ nur ein sehr mäßiges Vermögen, das allerlei Gläubiger, Kuratoren und Vormünder teils in Anspruch nahmen, teils verschleppten. Die Mutter muß eine außerordentliche Frau gewesen sein. Sie prägte dem Knaben früh ein, daß man sich nicht auf andere Leute verlassen dürfe, daß diese meistens hart und jedes Gefühl verletzend seien, wenn sie helfen – deshalb lebten sie und der Knabe in der äußersten Versagung und Strenge, und deshalb führte er es auch so fort, als sie gestorben war und er in den Studien lebte. Er erwarb sich das Wenige, was er brauchte, selbst, und kam nie zu einem andern um Hilfe. Der vorige Besitzer des Anwesens, welches nun Alfreds Eigentum war, war ihm nur verschwägert gewesen, hatte sich nie um ihn bekümmert, hatte das Anwesen vernachlässigt, und hatte es ihm nur als Erbe hinterlassen, weil er doch der einzige Anverwandte gewesen war. Alfred hatte genugsam erfahren, wie sehr man der Sklave anderer sei, wenn man nicht genug Mittel habe, selbstständig zu sein, und wie sehr man doch abhänge, wenn man sich auch noch so eifrig bestrebe. Darum fing er mit der glühenden Freiheitsliebe, die ihm eigen war, an, seine herabgekommene Besitzung zu verbessern. Er las aus Büchern, er fragte um Rat, er sah gute Wirtschaften an, er machte selber Pläne und Entwürfe, und da er für sich wenig brauchte, wandte er alles Erworbene wieder der Sache selber zu. So brachte er nach und nach sein ererbtes Anwesen in immer blühenderen Zustand. Er wurde bekannt, man suchte ihn, knüpfte Verbindungen mit ihm an, und durch glückliche Unternehmungen brachte er nicht bloß Wohlstand, sondern, man konnte sagen, Reichtum in sein Gehöft.

Als ich ihn einmal während des Tages fragte, ob es ihn denn nicht sehr freue, wenn er sein blankes Haus zwischen den holden Gebüschen betrachte und durch das Gedeihen und Emporblühen aller der Dinge um ihn dahin gehe, antwortete er: »Es ist sonderbar, wie die Abstufung der Dinge, unter denen wir leben, auf den Menschen wirkt. Wie fremd sind uns die Minerale, wie hart, seltsam, abenteuerlich sind uns ihre Farben – das giftige Grün, das Blau, das Braun, das Grau, das heftige Gelb, zum Beispiele am Schwefel – wie unbekannt ist uns ihr Entstehen in dem dunkeln Schoße der Erde, wo sie in einander verwachsen und wunderlich gebildet ruhen und lauschen. Wie näher sind uns schon die Pflanzen, sie sind unsere Gesellschaft über der Erde, der sie wohl noch mit der Wurzel angehören, von der sie aber doch mit ihrem edleren Teile, mit der Krone und mit der Blüte, wegstreben; ihre Nahrung und ihr Wachsen ist wie das unsrige, sie nehmen die irdischen Stoffe in ihre feinen Organe und verwandeln sie in ihr Wesen, und wenn wir gleichwohl nicht begreifen, wie das geschieht, so ist es für unsere Liebe schon genug, daß sie uns hierin verwandt sind; und wie hold sprechen uns ihre Farben gegen die der Minerale an, selbst ihre heftigsten Rot und Gelb und Blau; und wie sanft ist das allgemeine Kleid, das sie antun, das Grün. So zugeartet ist uns dasselbe, daß wir dort, wo wir Abweichendes erblicken, wie an jenen rostbraunen oder blutig roten Blättern mancher fremden Bäume, eine Art Schauer empfinden. Noch näher sind uns die Tiere, wenigstens die außer der Erde lebenden und vollkommneren. Nur mehr ein kleiner Teil, und die am tiefsten stehenden, lebt in der Erde, die andern sind mit uns in der Luft und der Sonne. Sie sind die Spiegelbilder von uns, die abgeblaßten. Sie zeigen uns unsere Affekte, unsere Leiden, unsere Freuden, die Hingabe an innere Triebe, die verstümmelte Natursprache und ein dumpfes Dämmern von Vernunft und höherer Ahnung. Daher lieben wir sie schon zuweilen, weil sie uns wie die Knospe von uns selbst erscheinen, weil sie uns in ihrer Hilflosigkeit wie zurückgesetzte Menschen vorkommen, die nur nicht genug an Geist und Kraft erhalten haben, um sich empor zu schwingen und eine stättige Vervollkommnung einzuleiten. Das Nächste aber ist für den Menschen doch immer wieder der Mensch, der ihm sein eigenes Herz, sein Ahnen und sein Hoffen entgegen trägt. Das weiß man in großen Städten nicht, wo sich das Geschlecht an einander drängt und seine Widrigkeiten zeigt. Freilich ist die Natur im Ganzen, wozu indes der Mensch auch als Glied gehört, das Höchste. Sie ist das Kleid Gottes, den wir anders als in ihr nicht zu sehen vermögen, sie ist die Sprache, wodurch er einzig zu uns spricht, sie ist der Ausdruck der Majestät und der Ordnung: aber sie geht in ihren großen eigenen Gesetzen fort, die uns in tiefen Fernen liegen, sie nimmt keine Rücksicht, sie steigt nicht zu uns herab, um unsere Schwächen zu teilen, und wir können nur stehen und bewundern.« – –

Auch von Rikar erzählte mir Alfred einiges. Er achtet ihn sehr hoch, weil er, wie er sagt, in seiner Einfachheit so tief ist. Er hat außer den zwei Mädchen auch einen Sohn gehabt, von dem er aber nie eine Erwähnung getan hatte. Als der Jüngling sein zwanzigstes Jahr begann, wurde er ihm durch eine schwere Krankheit, die ihn in der Fremde befiel, und in der ihn Rikar, der zu ihm geeilt war, pflegte, entrissen. Er mußte einen großen Schmerz empfunden haben, er sagte nichts davon, aber er trug das schwarze Kleid seit jenem Tage, und trägt es heute noch.

Als wir unser Mittagmahl unter den Kastanien verzehrt hatten, begleitete mich Alfred auf einem großen Umwege durch das Gebirg, welchen Umweg er mich geführt hatte, damit ich auch diese Teile der Gebirge kennen lernte. Als die Sonne sich schon gegen Untergang neigte, als wir auf dem Kamme der Gebirge standen, zeigte er mir die Richtung, nach welcher ich in Rikars Haus gelangen würde, und wir trennten uns. Er ging talwärts, ich aber wandelte auf der Schneide so mancher Gesteine dahin, bis ich spät in der Besitzung meines Gastfreundes ankam.

In den nächsten Tagen, die ich noch in dem Hause zubrachte, glaubte ich eine sonderbare Bemerkung zu machen. Camilla trug eine Neigung zu Alfred im Herzen. Die Zeichen waren leise, ihr selber vielleicht unbewußt, aber ich glaubte sie doch deutlich zu erkennen.

Wenn er da war, sprach sie viel weniger als sonst. Sie saß da und horchte aufmerksam zu, wenn er erzählte. Wenn wir spazieren gingen, wandelte sie sanft gesenkten Hauptes meistens vor ihm und achtete der Worte, die von seinen Lippen kamen. Wenn er abwesend war, sprach sie am liebsten von den Ländern, in denen er gewesen, und von denen er eben zurückgekehrt war. Ich habe sie allein in dem Garten lustwandeln gesehen, ihre Wangen waren zart gefärbt, in den Mienen war etwas Gehobenes, und die schönen Augen, in welchen ohnedem eine solche Schwermut lag, waren gegen die Ferne gerichtet, so daß es aussah, als befände sich dort etwas, oder als suchte sie dort etwas. Oder sie stand auch zuweilen an dem Springbrunnen, dessen Strahl Maria so gerne im Gange erhielt,

und woran sie sich ergötzte, und sah auf das Silber der emporsteigenden Säule, und sah viel länger darauf hin, als es die bloße Betrachtung dieses Dinges erforderte. Sie spielte vor dem Schlafengehen oder am Morgen nach dem Aufstehen wieder gerne auf ihrer Violine.
Die Töne waren sanft und sehnsuchtsvoll, als fragten sie oder suchten sie nach irgendeinem Dinge, sie waren nicht entzücken- und jubelerfüllt, aber sie waren auch nicht so traurig wie in der ersten Nacht, als sprächen sie von einem schmerzlichen Glücke, das zerflatternd und vergehend nirgends zu ergreifen sei.
In dem gewöhnlichen Verkehre mit uns und andern Menschen war sie nicht anders, als sie bisher immer gewesen war, nämlich gütig und einfach gegen jedermann, und bestrebt, jedem eine Freude zu machen. Wenn sie mit Alfred sprach, so waren ihre Worte nicht bedeutender, als wenn sie mit andern sprach, nur waren sie immer kurz und der Sache angemessen.
Ihr Antlitz trug das Durchscheinen eines Erhabenen oder eines, das mit dem Gewöhnlichen, das die Zeit und das Leben bringt, nichts zu tun hat.
Diese Merkmale hatte ich nach und nach beobachtet, ohne daß ich eben darauf ausging.
So wandelte sie unter uns dahin, und ließ den Tag kommen, wie er kam, und ließ den Tag gehen, wie er ging.
So standen die Sachen, als die Zeit, die ich noch zugegeben hatte, ohne dem Ganzen meiner Reise gar zu viel abzubrechen, beinahe verstrichen war. Da geschah es eines Tages, daß Alfred nicht in seinen gewöhnlichen Kleidern, sondern in einem schwarzen Anzuge zu Rikar herauf kam. Ich hatte ihn durch den Garten herein gehen gesehen. Er war anfangs eine Weile bei dem Vater gewesen, dann ging er über den Gang zu der Mutter. Als ich von meinen Zimmern in das Freie hinab ging, hieß es, er habe um Maria geworben.

Ich stand da und fragte den Gärtner, aber der wußte nicht, von wem er es gehört habe, jedoch gewiß sei es ganz und gar. Ich fragte noch andere, die sagten, es sei schon gewiß, wenn man auch nicht wisse, woher; es sei schon gewiß, und könne nicht anders sein.

In diesem Augenblicke, da ich mir nicht getraute, in das Haus hinein zu gehen, um niemanden ungelegen zu sein, kam die Mutter in geschäftigem Eifer heraus, und da sie mich erblickte, ging sie auf mich zu und sagte: »Er hat um Maria geworben. Wir wissen nicht, wo Maria ist, vermutlich ist sie in dem äußeren Garten mit irgend etwas Angelegentlichem beschäftigt.«

Nach diesen Worten verließ sie mich und ging in die Tiefe des Gartens zurück.

Ich wußte eigentlich nicht, wie mir bei dieser Nachricht geschah, aber daß ich jetzt niemanden begegnen müsse, daß ich nicht in das Haus gehen müsse, und daß ich mit keinem Mitgliede der Familie reden müsse, das schien mir deutlich zu sein. Ich ging daher in einen abgelegenen Teil des Gartens, den wir gewöhnlich nicht viel besuchten, und ich ging noch dazu auf Wegen, die weniger betreten waren als die andern, weil sie zwischen dichten Pfirsichgeländern lagen und selbst in trockenen Zeiten ein wenig feucht waren; allein wie ich so zwischen den Pfirsichgeländern wandelte, sah ich außerhalb derselben dicht neben mir meinen Freund Rikar bei mir vorbei und in ein hölzernes Häuschen hinein gehen, das in dieser Gegend stand, um Früchte, Sämereien, Gemüse und andere Dinge, die man nicht gleich in das Haus bringen wollte, gelegentlich aufzubewahren. Als er in die Tür des Häuschens trat, drückte er seine Hände in einander und sagte: »Ich habe es ja gewußt, ach, ich habe es ja gewußt!«

Ich brach bei einer Lücke, die sich mir darbot, aus dem Pfirsichgeländer hinaus, weil es mich sonst unmittelbar zu dem Häuschen geführt hätte, in dem Rikar war, und wollte, quer durch die Gemüse und Blumen gehend, zu der Steinmauer gelangen, um ein Stück auf dem Rasen hinauszugehen. Als ich unter den Blumen und etwas freier war, sah ich in der Ferne des Gartens die Mutter und Maria dem Hause zugehen. Die Mutter hatte Maria an der Hand, und so gingen sie gegen das Haus. Ich erreichte die lose Steinmauer, und weil an dieser Stelle kein Pförtlein war, so kletterte ich über dieselbe hinüber, gelangte in die offeneren Gründe, und ging von ihnen in die völlig leere Haide hinaus.

Ich ging an dem Gesteine dahin, und als eine geraume Zeit verflossen war, wendete ich mich wieder gegen das Haus.

Da ich dort anlangte, war alles entschieden: sie hat ihn ausgeschlagen. Rikar, der mir auf dem Gange begegnete, sagte es mir selber. Die Mutter hat sie in dem Garten gesucht, hat sie in das Arbeitszimmer geführt und dort mit ihr geredet. Nach kurzem sind sie wieder heraus gekommen, Maria hatte sich entschlossen und alles abgelehnt.

Ich ging auf meine Zimmer, und dachte über die Begebenheit nach.

In einer Weile kam Alfred herauf. Er war sehr freundlich, er war sehr ruhig, aber auch sehr ernst. Er sagte, nachdem er sich zu mir gesetzt hatte: »Sie werden wohl schon alles wissen. Ich habe zuerst um die Einwilligung der Eltern nachgesucht, und hätte dann das Mädchen um ihr Jawort gebeten. Bei dieser Familie wäre es unwürdig gewesen, hinter dem Rücken zu werben. Ich war anfangs der Meinung, man solle es Maria nicht gleich sagen, sondern sie darauf vorbereiten; aber die Mutter machte dagegen gelten, daß man keine Zeit vor ihr ein Geheimnis haben könne, da von ihr allein die Entscheidung abhänge und die Sache ihr Eigentum sei. Das sah ich ein und willigte in alsogleiche Kundgebung. Die Würfel sind gegen meine Wünsche gefallen. Aber wie es auch sei, ich werde diese Familie immer lieben und ehren. Es ist alles in größter Freundschaft und Ordnung vorgefallen, und das Haus, das mir so lieb und teuer geworden ist, wird auch in Zukunft meine Freude und meine Erholung sein.«

Nach diesen Worten redete er von meiner Reise, fragte, wohin sie jetzt unmittelbar gerichtet sei, was ich dann vorhabe, wie lange sie dauern werde, und ob ich dann zu Hause zu bleiben gesonnen sei. Er bat mich auch, ihn vor meiner Abreise noch einmal zu besuchen, und ihm vielleicht auch von irgend woher einen Brief zu senden. Ich versprach beides.

Alfred blieb bei dem Mittagsessen. Die Gespräche waren herzlich und gut, ja es schien mir, als sei man noch zarter und gemütsreicher als sonst.

Eine Zeit nach dem Essen nahm Alfred Abschied. Er war zu Fuße herauf gekommen, und wollte auch zu Fuße wieder hinab gehen. Als man sich unter dem großen Tore trennte, sagte er: »Wenn ich wieder komme, werde ich die Aurikelsamen und einen Teil der neuen Zwiebel mitbringen.«

Als ich am Nachmittage durch das Kastanienwäldchen ging und gegen ein Gebüsch bog, das ziemlich dicht war, sah ich Maria vor demselben stehen und in die Zweige hinein schauen. Sie hatte die Hände in einander geschlagen und hielt sie gesenkt vor sich hin. Das Gebüsch bestand aus wilden Rosen und Flieder, es war ziemlich weit von dem Hause entfernt, hatte für den Gartengebrauch keinen Wert, und war von uns sonst nicht beachtet und besucht worden.

Als ich sie so stehen sah, ging ich näher. Da sie meine Tritte vernahm, löste sie die Hände auseinander und ließ sie so zufällig und lose von ihrem Körper hängen. Ich aber ging völlig hinzu, sah ihr in das Angesicht und blieb ein Weilchen stehen. Dann faßte ich eine ihrer Hände, hob sie empor und sagte: »Maria, ich kenne Sie, ich kenne Sie sehr genau!«

Sie drückte mir die Hand, mit der ich die ihre hielt, und sagte: »Sie sind ein edler, Sie sind ein guter und vortrefflicher Mensch.«

Mehr konnte sie nicht sagen. Aus ihren ehrlichen Augen brach ein Strom von Tränen, und ihre kräftigen Lippen zuckten vor Schmerz. Sie nahm das Taschentuch, das sie in ihren Kleidern verborgen gehalten hatte, hervor, drückte dasselbe an die Augen und weinte heftig und lange. Ich blieb schweigend bei ihr stehen und hielt nur ihre Hand, die sie mir gerne ließ.

Endlich ermannte sie sich doch. Sie drückte mit dem Tuche mehrere Male gegen die Augen, um sie zu trocknen, und sagte: »Er weiß gewiß alles, o gewiß – gewiß – er weiß alles. Sie hätte den Schmerz nicht ertragen können, ich aber werde ihn ertragen. Sie ist so gut, so gut und unschuldig, daß sie das höchste Glück auf Erden verdient. Ihr Gemüt ist so zart geartet, daß sie alle Eindrücke aufnimmt und fest hält. Sie würde den Schmerz im Herzen halten, bis es bräche. Sie hat ohnedem dieses Herz durch das Spiel ihrer Geige, das so schön ist, und das uns so erfreut, noch mehr gelockert, daß alles Übel viel, viel tiefer eingreift.«

Nach diesen Worten fuhr sie sich noch einmal mit dem Tuche über die Augen, um alles völlig abzutrocknen. Ich gab ihr den Arm und führte sie in dem Garten herum. Sie sammelte sich nach und nach gänzlich. Wir sprachen ernsthaft und freundlich mit einander, gingen noch lange herum, bis wir uns trennten.

Ich ging hierauf in meine Zimmer, legte die Stirne an das Glas eines Fensters, und es traten mir die Tränen des Mitleides in die Augen.

Ich nahm nach einer Weile das Buch, das ich mir in Tirol zusammen geheftet hatte, um Wirtschaftsgegenstände einzuschreiben, und schrieb diese Begebenheit hinein.

Ich schrieb bis tief gegen den Abend.

Am Abende kamen wir wieder alle, wie gewöhnlich, zusammen, und es waren Gespräche von fernen, auf die gegenwärtige Lage keinen Bezug habenden Dingen.

Obwohl nun meine Zeit, die ich noch zugegeben hatte, vorüber war, so wollte ich doch in diesem Augenblicke nicht fort reisen, weil es geschienen hätte, als nähme ich jetzt die Flucht, wo in die Familie etwas Drückendes eingetreten sei. Ich blieb noch da. Ich ging ein paar Male zu Alfred hinunter, er ist auch einige Male zu uns herauf gekommen.

Als sich nach und nach die Spannung und das Gefühl, das in Folge des letzten Ereignisses doch in der Familie entstanden war, gemildert hatte, und wieder der liebe freundliche Umgang war, der vorher statt gehabt hatte, erklärte ich, daß ich jetzt reisen müsse, und daß ich keinen Aufschub mehr machen könne. Man versuchte auch keinen zu erzielen, und es wurde der Tag festgesetzt.

Ich ging noch zu Alfred hinunter, um Abschied zu nehmen.

Ich packte nach und nach meine Sachen zusammen. Ich war jetzt viel reicher, als da ich herauf gekommen war. Man wollte mich überreden, den Weg über Sankt Gustav zu nehmen, aber ich sagte, daß mir der, auf welchem ich gekommen sei, so lieb geworden, daß ich ihn auch auf der Rückreise einschlagen wolle. Nur das wurde jetzt notwendig, daß man mir ein Saumtier geben mußte, was mit den andern, wenn sie die Gartenwaren fort trügen, fort ginge und meine Sachen an den See brächte, von wo sie nach Riva kommen könnten – ferner, daß man mir an dem See ein Schiffchen bestellte, das mich nach meinem Gasthofe überführte. Beides wurde in das Werk gesetzt.

Als der Tag der Abreise gekommen war, wollten sie mich eine Strecke begleiten. Ich verbat es mir aber und gestand nur zu, daß sie mit mir bis an die Grenze des Gartens gehen dürften. Ein längeres Begleiten sei doch nur ein längerer und schmerzlicherer Abschied.

In dem Gefunkel einer schönen Morgensonne gingen wir durch den Garten. An dem Pförtchen der losen Steinmauer angelangt, blieben wir stehen und nahmen Abschied. Die Mutter sagte mir liebe, freundschaftliche Worte, die meist dahin gingen, daß ich sie bald wieder besuchen solle, Rikar und ich drückten uns an die Brust, Maria hielt ich einen Augenblick fest an beiden Händen, und Camilla brach in heftige Tränen aus.

Man wollte doch wieder mit mir gehen, als ich mich zum Weitergehen wendete, aber ich drückte sie mit den Händen in den Garten zurück, wendete mich in tiefer Bewegung um und ging weiter.

Sie mochten in den Garten zurückgegangen sein, denn als ich nach einer Weile umsah, sah ich sie nicht mehr. Ich ging in dem Tale fort. Als ich zu dem schwarzen Felsen kam, wo ich die sanfte Camilla zum ersten Male gesehen hatte, war mir unsäglich wehe: ich hätte nicht gedacht, daß ich so schwer von diesem Hause fort gehen würde. Ich sah das tote Bäumchen, das auf dem Felsen stand, eine Weile an, und ging dann weiter. Ich wendete mich, wie es mein Weg vorschrieb, links. Als ich in der verödeten Landschaft weiter schritt, kam ich mir recht einsam und verlassen vor, ich fühlte erst jetzt recht lebendig, wie lieb und wie hold es sei, einer Familie anzugehören, dergleichen ich früher nicht gehabt hatte, und jetzt auch nicht hatte.

Ich ging in dem Felsengebiete, das ich rechts und links von mir hatte, fort und sah beinahe durch zwei Stunden den sonderbaren Bühel des Hieronymus vor mir. Endlich erreichte ich ihn, und da ich ihn erstiegen hatte, hatte ich wieder den blauen Blick des Sees unter mir. Ich stieg die Stufen hinunter, gelangte zu dem weißen Häuschen, sprach vor, und blieb eine Weile bei dem alten Manne,

dem ich von Rikar erzählte. Endlich stieg ich die Schlucht gar hinab, kam zu dem Höllwässerlein, das wo möglich noch kleiner und dünner war, und kam zu dem Gerölle, das in den See hinein ragte, und an dem auch das Schifflein lag, das auf mich wartete.
Ich stieg ein, und wir fuhren in die blaue, säuselnde Flut hinaus. Bald sah ich das gewaltige Gerölle nur mehr als ein kleines weißes Dreieck hinter mir, das an die dunkle Fläche des Sees grenzte, und bald waren auch die ganzen Ufer hinter mir in eine einzige gestreckte, gerade Linie versunken, während die weißen Punkte von Riva vor mir auftauchten.

4. REISEZIELE

In Riva kannten jetzt sehr viele die Pflanzenanlage meines Freundes, wenn ich von dem Berge Sankt Gustav sprach.
Ich hielt mich aber nicht mehr lange in Riva auf. Nur die Zeit verbrachte ich dort, die ich brauchte, um meine Sachen, welche ich in Rikars Hause zum Geschenke erhalten hatte, sehr gut zu packen und auf den Weg nach Treulust zu geben. Dann dachte ich auf die Weiterreise. Ich packte meine Reisestücke aus den Laden des Wirtes in den Koffer und bestellte auf den nächsten Morgen einen Platz auf einem Schiffe, welches südwärts ging.
Als dieser Morgen angebrochen war und ich mit einem Manne, der mein Gepäcke trug, gegen den See ging, kamen wir an einer Planke vorbei, über welche Weinlaub herüber ragte. Plötzlich hörte ich eine Stimme, die mir bekannt schien, rufen: »Signore, Signore!«
Ich wandte mich gegen die Stelle, woher die Stimme kam, und sah Gerardos Lockenhaupt über die Bretter herüber schauen, zugleich sah ich ein nettes Häuschen in dem Garten stehen, das ganz mit Weinlaub umfaßt war

und große Fenster hatte. Bei einem dieser Fenster sah ein schönes Mädchen mit offenen, feurigen Augen heraus.
»Ich bin da,« rief Gerardo, »und das ist unser Garten und unser Haus, und das ist meine Schwester.«
»So? das ist ja recht schön«, antwortete ich.
»Signore, Eure Flaschen sind noch da«, sagte er wieder.
»Sind die Flaschen noch voll?« fragte ich.
»Ei freilich,« antwortete er, »ich habe sie im Keller aufbewahrt.«
»So trinke sie in meinem Namen aus,« sagte ich, »und die leeren Flaschen wirf in den See. Deiner Schwester aber gib dieses kleine Goldstück, daß sie es sich aufhebe und sich meiner erinnere, wie ich mich deiner erinnern werde, weil du ein so guter, fröhlicher Bursche bist.«
»Ich danke, Signore,« rief er, »ich danke. Seid Ihr noch immer in Riva? ich habe Euch gesucht und nicht gefunden. Machen wir bald wieder eine Fahrt?«
»Siehst du nicht,« sagte ich, »daß dieser Mann meine Reisesachen trägt? Wir gehen zu dem See, wo ein Schiff ist, das mich auf immer von Riva fort bringen wird.«
»Auf immer?!« rief er, »nun so lebt recht wohl, Signore, lebt wohl und nehmt unsern Dank mit.«
»Lebt wohl und nehmt unsern Dank«, tönte jetzt eine helle, schmelzende, silberklare Stimme. Es war die Schwester gewesen, die aus dem Fenster gerufen hatte.
»Lebt auch Ihr wohl«, sagte ich, winkte freundlich gegen das Fenster, und wir gingen weiter.
Das waren die letzten Stimmen gewesen, die ich von Bekannten meines Aufenthaltes in dieser Gegend gehört hatte. Im nächsten Augenblicke sah ich den Bord und die Stangen unseres Schiffes.
Mir kam das Zusammenleben dieses Geschwisterpaares fast lieblich vor. Ich hatte nicht gefragt, ob auch noch eine Mutter, ein Vater, oder beide, oder noch sonst jemand in dem Häuschen wohne. Ich konnte mir nicht an-

ders vorstellen, als daß nur diese zwei da wohnen, daß das Häuschen äußerst reinlich gehalten werde, daß sie mit ihrer silberklaren Stimme öfters singe, daß er sie gutmütig behandle, und daß sie sehr glücklich zusammen seien.

Ich bestieg mein Schiff, auf welchem ich lauter fremde Menschen antraf. Einen Stich gab es mir in das Herz, als ich unter den Waren, die auf dem Schiffe lagen, auch zwei Ballen liegen sah, die Marias Zeichen trugen.

Ich gab dem Manne, der mein Gepäcke getragen hatte, seinen Lohn, und er ging fort.

In kurzer Zeit machte das Schiff, welches nur ein gewöhnliches Transportschiff war, sich von dem Ufer los, die Ruder fielen in das Wasser, klatschten in ihrem gewöhnlichen Takte fort, die weiße Häuserlinie von Riva und die Berge hinter ihr wichen allgemach zurück, immer mehr legte sich die dunkle Flut zwischen uns und das Land, bis die Bergwelt, in welcher ich jetzt so lange und so glücklich gelebt hatte, nur mehr wie blaue, duftige Erhebungen hinter mir stand.

Wir kamen nach dem Süden, dessen langgestreckte, einfache, verschwimmende Linien mich aufnahmen.

Mit einem sonderbaren gedrückten und schweren Herzen saß ich in dem Wagen und fuhr in der sonnenglänzenden, freundlichen und fruchtbaren Lombardie dahin. – –

Ich war von da an in einer langen Reihe von Tagen und von Wochen in Venedig gewesen und hatte seine Schätze und den gesitteten, achtungswerten Menschenschlag kennen gelernt – ich war von da durch Toscana gefahren, das man den Garten Italiens nennt – ich hatte mich in die Campagna gewendet, die so luft-, duft- und lichtdurchwoben ist – ich war dann in Rom gewesen, das zwei große Vergangenheiten hat, eine geschichtliche und eine künstlerische – ich war nach Neapel gekommen und hatte gesehen, wie das blaue Meer, in dem die weißen Segel leuchteten, von dem langen Kranze der Stadt umschlungen ist, und wie wieder die Stadt in weitem Kreise von den grünen Höhen umfangen wird, in denen die Landhäuser wie andere Segel in einem zweiten Meere glänzen – ich war endlich einige Wochen in Neapel, das sie ein Stück Himmel nennen, geblieben: aber ich konnte nicht recht froh werden. Wenn ich in dem Wagen fuhr, wenn ich so auf freie Anhöhen kam, wenn ich die Merkwürdigkeiten der Zeit und Kunst ansah, oder wenn ich auf einer Felseninsel in der Bai von Neapel saß, schwebten mir die sanften Wangen und die schönen Augen Marias vor. Ich habe nie ein einfacheres, natürlicheres, edleres und großmütigeres Mädchen kennen gelernt. Die braune Farbe ihrer Wangen, gegen welche sie ihre Schönheit aufgeopfert hatte, kam mir verehrungswürdig vor, ich hätte sie durchaus nicht wegwünschen mögen, weil sie ihr Preis, ihr Schmuck und ihre Würde ist. Ihr klares, gerades Herz hatte sich so schön an das meine gewendet, was sie sagte und tat, war mir so zugeartet und verwandt, daß mir jetzt, da ich unter andern Menschen herum wanderte, war, als hätte ich meine Heimat, als hätte ich Vater, Mutter und alles verlassen. Ich hatte nie gewußt, was Zuneigung und Liebe zu einem Wesen des weiblichen Geschlechtes sei, jetzt wußte ich es.

Ich ging von Neapel noch gar in die Südspitze der Halbinsel und nach Sicilien. Dort aber wendete ich um. Den Plan eines längeren Verweilens in Italien gab ich nun vollends auf und suchte so schnell als möglich Treulust zu gewinnen. Ich ging durch die Halbinsel zurück, sah noch alles an, was ich auf der Hinreise nicht gesehen hatte, und nahm es mit ernstem Gemüte auf. In Livorno schiffte ich mich nach Genua ein, ging von da nordwärts und kehrte durch die Schweiz in das Vaterland zurück.

Es war ein trüber, nebliger Tag, als ich in Treulust eintraf. Der tiefe Herbst hing über der Gegend. Auf den Feldern waren keine Früchte mehr, sondern die Halme waren eingefurcht, und die braunen, nassen Schollen liefen dahin. Nur einige Futterkräuter und das letzte Gras auf den Rainen und Wiesen gab der Gegend ein Grün. Als ich zwischen meinen Gartenanlagen hinein fuhr, kamen mir die Gewächse, die in denselben standen, und die ich selber mit Freude gepflanzt hatte, wie schlechte Dinge vor. Unter Marias Händen wären sie besser gediehen.

Man hatte mich noch nicht erwartet; denn ich hatte in der letzten Zeit nicht geschrieben und von meiner Rückkehr nichts gemeldet. Als ich daher mit Postpferden in den Hof hinein fuhr und sie mich beim Aussteigen erkannten, kamen alle herbei, welche eben im Gebäude waren, und begrüßten mich und bezeugten ihre Freude, daß ich da sei. Mancher hatte mir zu sagen, welche Veränderungen während meiner Abwesenheit vorgefallen seien, und was er mir zeigen müsse. Mich freute die Freude der Leute, und es rührte mich, daß ich hier eine solche Anhänglichkeit besitze.

Ich dankte allen und grüßte sie von Herzen. Dann ließ ich meine Sachen abpacken, und mehrere der Leute geleiteten mich in meine Zimmer. Dort erwartete mich etwas Liebes. Ich fand nämlich da die Dinge, welche ich in Rikars Hause geschenkt erhalten und von Riva hieher gesendet hatte. Der Altknecht hatte sie auspacken und da nieder legen lassen. Auf dem Tische lag der Teppich und ließ einen Zipfel herab hängen, zum Zeichen, daß ihn meine Leute auseinander gelegt hatten, um zu sehen, ob er schön sei. Daneben lag das Fernrohr, lag der Lichtschirm, die Bücher Marias, die Büchschen mit dem Geigenharz, die Fächer mit den Saiten und alle die landwirtschaftlichen Gegenstände und Dinge. Nur was an Knollen und Sämereien noch im Herbste in die Erde

mußte, hatte der Gärtner nach meiner gesendeten Anweisung untergebracht.
Die Zimmer waren nicht im geeigneten Zustande.
Als ich ein wenig gesessen war und mich wieder an den Anblick meiner Wände gewöhnt hatte, befahl ich, daß man die Zimmer etwas in Ordnung bringe, namentlich daß man sie lüfte und dann heize, ich würde unterdessen ein Weilchen in dem Hause herum gehen.
Als meine Anordnung in Vollzug gesetzt und die Zimmer in Bereitschaft waren, ging ich in dieselben hinauf. Es war mittlerweile auch die Nacht herein gebrochen. Noch bei dem Scheine der Kerzen ließ ich die geschenkten Sachen ihrer Bestimmung zuführen. Ich ließ den Teppich unter den Schreibtisch breiten, stellte den Schirm vor meine Lichter, legte Camillas Geschenke zu meinen Geigensachen, stellte die Bücher in den Bücherschrank, tat das Fernrohr zu seines Gleichen und brachte die landwirtschaftlichen Gegenstände an den geeigneten Plätzen unter. Als dies geschehen war, und als ich den Abend gar mit Lesen, mit Verzehrung meines Nachtmahles und mit Unterredung mit meinen Leuten hingebracht hatte, legte ich mich auf das Bett, um das erste Mal wieder in meinem Hause zu schlafen.
Am andern Morgen ging ich an die Arbeit und Besichtigung meiner Angelegenheiten.
Als die ersten dringenden Beschäftigungen vorüber waren, und als die Vorrichtungen, die ich brauchte, fertig waren, schickte ich auch einige Geschenke nach Rikars Hause. Ich schickte ihm zwei ausgezeichnete und gut erhaltene Wouwerman, damit er nicht mehr zu sagen brauchte: ›Vielleicht kommen auch wieder Bilder in das Haus.‹ An die Mutter sendete ich einen schön gebundenen Dante und mehrere Bücher der neueren Zeit, die sie noch nicht hatte. An Camilla schickte ich meine Cremoneser Geige, zu der ich ein Fach aus Ebenholz, mit vio-

lettem Sammet gefüttert, hatte machen lassen, genau, wie es bei ihren Geigen ist. An Maria sandte ich die Bücher desselben Inhaltes, wie sie mir gegeben hatte, nachdem ich sie sehr schön hatte binden lassen. Überdies schickte ich ihr Pflanzen aus meinem Garten und bat, sie möchte dieselben, wenn sie auch nicht so schön wären als die ihrigen, doch annehmen und ihnen bei sich einen Platz anweisen. Auch bat ich, daß sie jeden Herbst eine Zusammenstellung von Hyazinthenzwiebeln von mir annehme. An Alfred ließ ich ebenfalls eine Sendung kleiner Landwirtschaftsdinge nebst einem guten Chronometer abgehen.

Alle Sachen wurden von mir eigenhändig in eine Kiste gepackt und auf den Weg gegeben.

Sie kamen sehr gut an; denn nach ein paar Wochen bekam ich ein Schreiben, das die glückliche Ankunft und den außerordentlichsten Dank aussprach. Das Schreiben bestand aus fünf Briefen, deren vier aus Rikars Hause und der fünfte von Alfred waren. Jeder freute mich herzlich; denn jedes sprach in demselben seine wahrsten, freundschaftlichsten Gesinnungen aus. Ich legte die Briefe von den fünf liebsten Menschen, die ich jetzt auf der Erde hatte, zu meinen Kostbarkeiten in einen Schrein. Kostbarkeiten sind bei mir Dinge, die mir in irgendeiner Beziehung zu einem Menschen lieb geworden sind.

Ein Winter kam und verging. Ein Sommer kam und verging. Ein neuer Winter kam und verging auch. Als der Frühling angebrochen war, wurde es mir wie den Zugvögeln. Ich tat die notwendigen Anordnungen in meiner Besitzung, sagte, daß ich eine Weile aus sein würde, setzte mich in einen Wagen und fuhr fort.

Ich fuhr auf dem geradesten Wege nach Riva.

Als ich dort angekommen war, ging ich in das Häuschen Gerardos.

»Da seid Ihr ja wieder«, rief er, als er mich ansichtig wurde.

»Ja,« sagte ich, »ich bin doch nicht auf immer von Riva fort gegangen, sondern ich bin wieder gekommen, und will sogar wieder in dieselben Berge gehen, in denen ich vor zwei Jahren gewesen war, und du mußt mich über den See fahren«.

»Hat es Euch dort so gefallen?« fragte er, indem er mich ansah.

Bei der Anfrage dieses natürlichen Menschen war es mir, als durchschaue er mich, und ich errötete.

»Heute müßt Ihr aber auch in unser Haus herein gehen«, sagte er.

Er führte mich in das Häuschen, in welchem ich die Schwester fand.

Wirklich war es so, wie mir ein Instinkt gesagt hatte. Die zwei Menschen wohnten allein in dem Häuschen, das Häuschen war sehr rein, und sie waren sehr glücklich. Ob sie auch singe, konnte ich nicht heraus bringen, sie leugnete es, aber ihre Stimme war so biegsam, so ausgebildet, daß ich es mir nicht anders erklären konnte, als sie müsse öfters und zwar viel singen. Beide waren noch sehr jung, sie aber viel jünger als Gerardo. Er wachte eifersüchtig über sie, wie über eine Geliebte. Sie zeigte mir den Dukaten, den sie vor zwei Jahren von mir empfangen hatte.

Als wir verabredet hatten, daß er mich morgen vor Tagesanbruch abholen solle, ging ich fort.

Da noch die Sterne an dem Himmel standen, kam er, und wir fuhren in das finstere Wasser hinaus. Ich hatte ihm gesagt, daß er mich in gerader Richtung zu dem Höllwässerlein hinüber fahren sollte; denn ich hatte meinen Willen darauf gesetzt, genau denselben Weg zu gehen, den ich vor zwei Jahren gegangen war.

Als der Morgen herauf gekommen war, als die Sonne sich über die Berge erhoben hatte und ihr Licht über die wunderschöne Öde dieser Landschaft ausgegossen hatte, kamen wir an dem Geröllstrome und an dem Höllwässerlein an. Dieses Mal waren weder die Fischer noch der Ziegenknabe anwesend, sondern die Gegend war völlig menschenleer.

Ich gab Gerardo seinen Lohn, hieß ihn zurückfahren und stieg gegen die Schlucht empor. Ich sprach auch ein wenig bei dem alten Hieronymus ein und plauderte ein Weilchen mit ihm. Dann ging ich den Felsenweg bis zu dem schwarzen Steine, an dem dieses Mal auch niemand saß. Als ich in das Seitental einbiegend die grünen Bäume sah und aus ihnen das weiße Haus Rikars hervor schimmerte, klopfte mir das Herz, und ich verdoppelte die Schritte. Da ich näher kam, hatte ich eine Überraschung: alle großen Steine waren aus den Gemüsebeeten fort, und jenseits des Hauses bis zu dem Rauche hin, wo die Erden gebrannt werden, wogte eine lustige junge und sehr grüne Saat.

Ich ging durch den Garten, und als ich mich dem Hause näherte, sprang Maria in ihren kurzen Kleidern und mit dem Strohhute auf dem Haupte die Stufen von der Halle herab und grüßte mich. Hatte sie mich nun kommen gesehen, oder war sie eben zufällig im Begriffe, heraus zu gehen.

»Seien Sie gegrüßt,« rief sie, »seien Sie gegrüßt, das ist sehr schön, daß Sie kommen.«

Sie faßte mich an der Hand und führte mich in das Haus. »Kommen Sie, kommen Sie«, sagte sie.

Sie führte mich die Treppe empor, sie führte mich an ihren und an des Vaters Zimmern vorbei, und gerade auf die der Mutter und Camillas zu. Als wir eingetreten waren, als wir das Vorzimmer zurückgelegt hatten und sie die Tür in das erste Zimmer öffnete, rief sie: »Vater, Mutter, wen bringe ich da?!«

Die Mutter kam uns aus dem nächsten Zimmer entgegen, und der Vater schritt aus einem weiteren heraus.

»Ach, das ist schön, das ist schön!« riefen sie fast gleichzeitig.
Die Mutter reichte mir die Hand, der Vater umarmte mich und drückte mir wiederholt die Hände. Es war von beiden Seiten eine große, unverhohlene Freude, und ich entzückte mich an der Wärme des Empfanges.
»Kommt herein, kommt herein«, sagte die Mutter.
Sie führten mich in eine Art Gesellschaftszimmer, das früher nicht so gewesen war, und an das die Zimmer Camillas stießen. Aber bei der offenen Tür hinein sehend, sah ich nicht die Geigengeräte und die Einrichtung Camillas, sondern Rikars Tisch, sein Sofa, und aus dem ferneren Zimmer heraus blickend sein Bett, wie er alles früher in dem Gemache gehabt hatte, in dem ich bei meiner ersten Ankunft mit ihm zu Abend gegessen hatte.
Als wir uns niedergesetzt hatten und sie mein Befremden bemerkten, sagte die Mutter: »Nicht wahr, da haben sich Veränderungen begeben und Ihr vermißt etwas? Camilla hat uns verlassen, sie ist jetzt unsere Nachbarin auf dem Gute Alfreds, und ist mit allen ihren Sachen dahin gezogen. Rikar ist zu mir gekommen, und so leben wir jetzt in unserem Alter wieder in gegenseitigem Beistande, wie wir in der Jugend gelebt hatten.«
Als ich meinen Beifall zu dieser Veränderung ausgesprochen hatte, sagte sie: »Ja, es hat sich bei uns vieles und sehr zum guten geändert. Die jungen Eheleute leben sehr glücklich – wir müssen sie einmal besuchen – und auch bei uns haben sich sehr angenehme und sehr zweckmäßige Veränderungen ergeben.«
Nachdem sie mir noch vielfach ihre Freude ausgedrückt hatten, daß ich gekommen sei, nachdem wir von verschiedenen Dingen, namentlich von unseren Erlebnissen während der zwei Jahre gesprochen hatten, und die Mutter noch manches von den jungen Leuten erzählt hatte, führte mich Rikar in sein Schreibzimmer und zeigte mir die

zwei Wouwerman, die er dort aufgehängt hatte. Über dem Schreibtische hing ein kleines Bildnis von Guido, das ihm Maria zum Geburtstage gegeben hatte. Die Mutter zeigte mir meine Bände auf dem Ehrenplatze in ihrer Büchersammlung.

Als wir in den Garten hinunter gegangen waren, und ich alles, was in der Zeit geschehen war, besah, führte mich Maria zu dem Platze, wo meine Blumen standen. Sie waren in dem vortrefflichsten Zustande. Die Hyazinthen waren längst verblüht, aber sie standen allein in einem eigenen Beete beisammen.

Am andern Tage führte mich Maria zu ihren neuen Feldern hinaus. Als wir so an der schönen Saat dahin gingen, sagte sie sanft: »Er hat mich erraten und hat mich belohnt. Sie leben sehr glücklich. Sie gab ihr ganzes zärtliches Herz hin, und liebt ihn unermeßlich. Er liebt sie auch, und schont und ehrt und achtet sie. Ich habe es gewußt, daß Alfred so handeln werde. Er horcht auf ihre schönen Töne, wenn sie ihr Gefühl ausspricht, und sie wird bei ihm tüchtiger, tätiger und an den Wirtschaftssorgen teilnahmsvoller. Sie werden sehen, wenn wir hinab kommen, wie gesund sie ist. Sie ahnt von dem Zusammenhange nichts. Auch hier oben weiß man nichts, wenn es nicht etwa der Vater ist, der alles erkennt.«

Maria hatte keinen Neid, als sie dieses sprach, sondern die reinste Freude strahlte aus ihren Augen.

»Ich habe mir hier etwas anderes zusammengerichtet,« sagte sie leise, »sehen Sie, da ist Weizen, da ist Gerste, da ist Korn.«

Bei diesen Worten führte sie mich auch gegen ein kleines gemauertes Gebäude, das an einen Gartenschoppen angebaut war. In dem Gebäude standen zwei jener schönen, glatten Gebirgsochsen, wie man sie in der Gegend zuweilen trifft.

»Ich habe sie mir angeschafft, daß sie meine Feldarbeit verrichten«, sagte sie.
Von dem Neubruche der Felder gingen wir in die Halltäler, wo sie mir eine kleine Alpenwirtschaft zeigte, die sie auf den grünen Matten im Schutze der Felsen angelegt hatte. Dann gingen wir wieder zurück.
Wir waren ganz allein gegangen. Sie ging freundlich neben mir, bückte sich manchmal um eine Blume, sprach mit mir, oder grüßte liebreich einen Mann aus ihren Leuten, der uns begegnete. Man sah dem Manne die Freude an, und wie er das Mädchen liebte und achtete.
Am nächsten Tage gingen wir alle zu Alfred. Mit einem wahren Sturme von Freude wurden wir empfangen. Camilla konnte mir nicht genug sagen, wie es sie freue, daß ich da sei. Ich aber geriet fast in ein Erstaunen, wie sie sich geändert hatte. Eine volle, klare Gestalt stand vor mir, die Wangen waren dunkler, die Augen glänzender. Mit einer lieben Geschäftigkeit ordnete sie die Dinge des Hauses an, die unsere Ankunft notwendig gemacht hatte. Im Triumphe zeigte sie mir meine Geige, die sie bei den andern in ihrem Fache aufbewahrt hatte. Unaufgefordert spielte sie etwas Heiteres und Kräftiges auf diesen Saiten. Alfred behandelte sie sehr zart, und man sah, er hegte und pflegte sie in seinem Herzen.
Wir blieben außer Maria, die zurück mußte, zwei Tage auf dem Gehöfte und wurden mit Freude und Bewirtung überhäuft.
Auch Alfred und Camilla kamen später zu uns auf das Haidehaus und blieben zwei Tage.
Als die Zeit, die ich mir bei Rikar bestimmt hatte, vorüber war, als wir alles geredet hatten, was zu reden war, nahm ich Abschied. Der Abschied war sehr herzlich, und man trug mir auf, recht bald wieder zu kommen.
»Leben Sie wohl, lieber, teurer Mann,« sagte Maria, »und kommen Sie sehr bald wieder.«

Ich hatte mir dieses Mal den Weg über Sankt Gustav gewählt, und von da nach Riva, und in der kürzesten Linie nach Treulust zurück.
Zu Maria hatte ich nicht das leiseste – nicht das leiseste gesagt. Wie sollte ich auch? Dieses Mädchen steht so fest auf dem irdischen Boden, und sein Herz ragt doch so schön und zart in den höchsten Himmel hinein. Ich trage ihr Bild heiß – heiß in meinem Herzen. Aber was kann sie mir sein? Sie ist gut, freundlich und lieb gegen mich, aber sie hat, wenn auch ohne Wunsch und Begehr, ein anderes Bild in sich.
Ich werde nie mehr zu Rikar gehen.
Der Zufall, der immer eine solche Rolle in meinem Leben gespielt hat, hatte mich in dieses Haus geführt, um mir zu zeigen, welch ein Glück es für mich gäbe, und um es mir auf immer zu nehmen.
Ich hatte gar nie gewußt, daß ein solches Mädchen auf der Erde möglich ist. Wie wäre es schön, wenn sie um mich waltete, wenn sie wirtschaftete, schaffte, mich mit dem klaren, einfachen, heiteren Verstande umgäbe, immer und zu jeder Frist freundlich, offen und gut wäre, und in dem edlen, starken Herzen mich mit der tiefsten, heißesten Gattenliebe trüge. Wie wollte ich in dem jetzt einsamen Treulust walten, oder wie gerne wollte ich auch in dem stillen Alpentale bei ihr sein und dort mit ihr wirken und schaffen. – Ich sollte nur erkennen, was einzig schön und göttlich ist, um es dann auf ewig ferne zu haben.

5. NACHWORT

Der Zufall, von dem mein Freund behauptet, daß er so wichtig in sein Leben hinein spiele, hat ihn diesmal gut gebettet. Nie hat es zwei Menschen gegeben, die besser für einander taugen als er und Maria. Darum wird er sein

Vorhaben nicht halten. Er wird und muß wieder nach Riva und in das Haidehaus gehen. Maria wird allgemach und unvermerkt seine Gattin werden, sie werden mit einander leben, eine Schar blühender Kinder wird sie umgeben, und sie werden ein festes, reines, schönes Glück genießen.
Dies ist so wahr, als die Sonne im Osten auf- und im Westen untergeht, und als sie noch viele Jahre auf- und untergehen wird.

Vorhaben [illegible]. Er wird und muß [illegible] nach [illegible] in das [illegible]. Maria wird [illegible] und [illegible] werden, [illegible] Kinder [illegible] geben, und [illegible] ein [illegible], feines, schönes Glück genießen.

D[illegible] wahr, als die Sonne im Osten auf- und im Westen untergeht, und als sie noch viele Jahre auf- und untergehen wird.

DER BESCHRIEBENE TÄNNLING

I. DER GRAUE STRAUCH

Wenn man die Karte des Herzogtumes Krumau ansieht, welches im südlichen Böhmen liegt, so findet man in den dunkeln Stellen, welche die großen Wälder zwischen Böhmen und Baiern bedeuten, allerlei seltsame und wunderliche Namen eingeschrieben; zum Beispiele: ›zum Hochficht‹, ›zum schwarzen Stocke‹, ›zur tiefen Lake‹, ›zur kalten Moldau‹ und dergleichen. Diese Namen bezeichnen aber nicht Ortschaften oder gar Herbergen, die solche Schilder führen, sondern ganz einfache Waldesstellen, die hervorgehoben sind, um gewisse Linien und Richtungen anzugeben, nach denen man in den weiten Forsten ohne Weg oder anderes Merkmal gehen könnte. Die Namen sind von denjenigen Leuten erfunden worden, welche am meisten ohne Weg und Bezeichnung im Walde zu gehen pflegen, nämlich von Jägern und Schleichhändlern. Wie aber sinnliche Menschen, das heißt solche, deren Kräfte vorzugsweise auf die Anschauung gerichtet sein müssen, schnell die bezeichnenden Eigenschaften der Dinge finden, sind auch diese Namen meistens von sehr augenfälligen Gegenständen der Stellen genommen.
So heißt es auch in einem großen Flecke, der auf der Seite des böhmischen Landes liegt, ›zum beschriebenen Tännling‹. Einen Tännling nennt man aber in der Gegend eine junge Tanne, die jedoch nicht größer sein darf, als daß sie noch ein Mann zu umfassen im Stande ist. Wenn nun ein Wanderer wirklich zu der Stelle geht, auf welcher

es ›zum beschriebenen Tännling‹ heißt, so sieht er dort allerdings eine Tanne stehen, aber dieselbe ist kein Tännling mehr, sondern ein riesenhaft großer und sehr alter Baum, der gewaltige Äste, eine rauhe, aufgeworfene Rinde und mächtige, in die Erde eingreifende Wurzeln hat. An seinem Fuße liegen mehrere regelmäßige Steine, die wohl zufällig dort liegen mögen, die aber wie zum Sitzen hingelegt scheinen. Den Namen ›beschrieben‹ mag die Tanne von den vielen Herzen, Kreuzen, Namen und andern Zeichen erhalten haben, die in ihrem Stamme eingegraben sind. Natürlich ist sie einmal ein Tännling gewesen, die Steine, an denen sie stand, mochten zum Sitzen eingeladen, und es mochte einmal einer seinen Namen oder sonst etwas in die feine Rinde eingeschnitten haben. Die verharschenden Zeichen haben einen andern angereizt, etwas dazu zu schneiden, und so ist es fortgegangen, und so ist der Name und die Sitte geblieben. Der beschriebene Tännling steht mitten in dem stillen Walde, und die andern Tannen stehen tausendfach und unzählig um ihn herum. Oft mögen sie noch größer und mächtiger sein als er. Der Wald, dem sie angehören, ist ein Teil jener dunkelnden großen und starken Waldungen, die über den ganzen emporgehobenen Landstrich gebreitet sind, der sich zwischen Böhmen und Baiern dahin zieht.

In diesen Waldungen ist auch da, wo sie sich gegen das österreichische Land hinziehen, ein helles, lichtes Tal geöffnet, von dem wir an der zweiten Stelle unserer Geschichte nach dem beschriebenen Tännling reden müssen, weil sich in ihm ein großer Teil von dem, was wir erzählen wollen, zugetragen hat. Das Tal ist sanft und breit, es ist von Osten gegen Westen in das Waldland hinein geschnitten, und ist fast ganz von Bäumen entblößt, weil man, da man die Wälder ausrottete, viel von dem Überflusse der Bäume zu leiden hatte und von dem Grundsatze ausging, je weniger Bäume überblieben, desto besser sei es. In der Mitte des Tales ist der Marktflecken Oberplan, der seine Wiesen und Felder um sich hat, in nicht großer Ferne auf die Wasser der Moldau sieht, und in größerer mehrere herumgestreute Dörfer hat. Das Tal ist selber wieder nicht eben, sondern hat größere und kleinere Erhöhungen. Die bedeutendste ist der Kreuzberg, der sich gleich hinter Oberplan erhebt, von dem Walde, mit dem er einstens bedeckt war, entblößt ist, und seinen Namen von dem blutroten Kreuze hat, das auf seinem Gipfel steht. Von ihm aus übersieht man das ganze Tal. Wenn man neben dem roten Kreuze steht, so hat man unter sich die grauen Dächer von Oberplan, dann dessen Felder und Wiesen, dann die glänzende Schlange der Moldau und die obbesagten Dörfer. Sonst sieht man von dem Kreuzberge aus nichts; denn ringsum schließen den Blick die umgebenden blaulichen, dämmernden Bänder des böhmischen Waldes. Nur da, wo das Band am dünnsten ist, sieht man doch manchmal auch noch etwas anderes. Wenn an einem Morgen Regen bevorsteht und die Luft so klar ist, daß man die Dinge in keinem färbenden Dufte, sondern in ihrer einfachen Natürlichkeit sieht, so erblickt man zuweilen im Südost über der schmalsten Waldlinie die Norischen Alpen, so weit und märchenhaft draußen schwebend wie mattblaue, starr gewordene Wolken. Gewöhnlich überzieht sich an solchen Tagen gegen Mittag hin der ganze über dem Waldlande stehende Himmel mit einer stahlgrauen Wolkendecke, und läßt nur über den Alpen einen glänzenden Strich, zum Zeichen, daß in dem niedriger gelegenen Österreich noch heiterer Sonnenschein herrscht. Am andern Tage rieselt dann der feine, dichte Regen nieder und verhüllt nicht nur die Alpen, sondern auch die umgebenden blauen Bänder des Waldes.

Aber nicht bloß wegen seiner Aussicht kömmt der Kreuzberg in Betracht, sondern es sind auch noch mehrere

Dinge auf ihm, die ihn den Oberplanern bedeutsam und merkwürdig machen.
An einer Stelle stehen Felsen hervor, auf die man einerseits eben von dem Rasen hinzu gehen kann, und die andererseits tief und steil abfallen, fast viereckige Säulen bilden und am Fuße viele kleine Steine haben. Es ist einmal eine Bäuerin gewesen, die wegen ihrer außerordentlichen Schönheit berühmt war. Sie trug immer die Milch, die sie den fernen Arbeitern auf einer Wiese zur Labung brachte, über den Kreuzberg. Weil sie aber den Worten eines Geistes kein Gehör gab, wurde sie von ihm auf ewige Zeiten verflucht, oder, wie sich die Bewohner der Gegend ausdrücken, verwunschen, daß an ihrer Stelle die seltsamen Felsen hervor stehen, die noch jetzt den Namen Milchbäuerin führen. Die Säulen der Milchbäuerin sind durch feine, aber deutlich unterscheidbare Spalten geschieden. Einige sind höher, andere niederer. Sie sind alle von oben so glatt und eben abgeschnitten, daß man auf den niederern sitzen und sich an die höhern anlehnen kann. In der sonnigen Tiefe unter der Milchbäuerin sind die Pflanzbeete der Oberplaner, das ist, aufgelockerte Erdstellen, in denen sie im ersten Frühlinge die Pflänzchen des Weißkohles ziehen, um sie später auf die gehörigen Äcker zu verpflanzen. Warum die Leute diese von ihren Wohnungen so entlegene Stelle wählen, ist unbekannt, nur ist es seit Jahrhunderten so gewesen; befindet sich etwas Eigentümliches in der Erde, oder ist es nur die warme Lage des Bodens, der sich gegen Mittag hinabzieht, oder ist es die Abhärtung, welche die Pflänzchen auf dem steinigen Grunde erhalten: genug, die Leute sagen, sie gedeihen von keiner Stelle weg so gut auf den Feldern wie von dieser, und Versuche, die man unten in Gärten gemacht hat, fielen schlecht aus, und die Setzlinge verkamen nachher auf den Äckern.
Nahe an der Milchbäuerin stehen zwei Häuschen auf dem

Rasen. Sie sind rund, schneeweiß, und haben zwei runde, spitzige Schindeldächer. Sie haben keine Fenster und Simse, sondern nur eine kleine Tür. Wenn man bei dieser Tür hinein schaut, so sieht man keinen Fußboden, sondern unten, durch den Kreis der Ummauerung eingefangen, ein ruhiges, klares Wasser, das den Sand und den Kies seines Grundes so deutlich herauf schimmern läßt wie durch feines geschliffenes Glas. Auf jedem der zwei Wasserspiegel schwimmt ein kleiner hölzerner Kübel, der einen langen Stiel hat, welcher bei der Tür heraus ragt, daß man ihn fassen und sich Wasser herauf schöpfen kann. Zwischen den zwei Häuschen steht eine sehr alte und sehr große Linde. Ihr Stamm ist so mächtig, daß eine kleine Wohnung darin Platz hätte, und ihre mannsdicken Äste gehen weit über die zwei spitzigen Schindeldächer hinaus.

Wieder nicht weit von den Häuschen, so daß man etwa mit zwei Steinwürfen hinreichen könnte, steht ein Kirchlein. Es ist das Gnadenkirchlein der schmerzhaften Mutter Gottes zum guten Wasser, weil ein Bildnis der heiligen Jungfrau mit den Schwertern des Schmerzes im Herzen auf dem Hochaltare steht. Zwischen Oberplan und dem Kirchlein ist ein junger Weg mit jungen Bäumen an den Seiten, so wie von dem Kirchlein zu den Brunnenhäuschen ein breiter Sandweg mit alten, schattigen Linden ist.

Außer den drei Dingen, der Milchbäuerin, den Brunnenhäuschen und dem Kirchlein, ist noch ein viertes, das die Aufmerksamkeit auf sich zieht. Es ist ein alter Weg, der ein wenig unterhalb des Kirchleins ein Stück durch den Rasen dahin geht, und dann aufhört, ohne zu etwas zu führen. Er ist von alten gehauenen Steinen gebaut, und an seinen Seiten stehen alte Linden; aber die Steine sind schon eingesunken und an manchen Stellen in Unordnung geraten; die Bäume jedoch, obwohl sie schon manchen dürren Ast zum Himmel strecken, haben noch so viel Lebenskraft bewahrt, daß sie alle Jahre im Herbste eine ganze Wucht von gelben Blättern auf die verwitternden und verkommenden Steine zu ihren Füßen fallen lassen.

Wenn man das Kreuz auf dem Gipfel ausnimmt, so ist nun nichts mehr auf dem Berge, das Merkwürdigkeit ansprechen könnte. Die obenerwähnten Bäume sind die einzigen, die der Berg hat, so wie der Felsen der Milchbäuerin der einzige bedeutende ist. Von Oberplan bis zu dem Kirchlein ist der Berg mit feinem dichten Rasen bedeckt, der wie geschoren aussieht und an manchen Stellen den Granit und den steinigen Gries des Grundes hervor schauen läßt. Von dem Kirchlein bis zu dem Gipfel und von da nach Ost, Nord und West hinunter stehen dichte, rauhe, knorrige, aber einzelne Wachholderstauden, zwischen denen wieder der obgenannte Rasen ist, aber auch manches größere und gewaltigere Stück des verwitternden Granitsteines hervorragt.

Von der Entstehung des Kirchleins und der Brunnenhäuschen gibt eine alte Erzählung folgende Aufklärung:

In dem Hause zu Oberplan, auf welchem es ›zum Sommer‹ heißt, und welches schon zu denjenigen gehört, die sehr nahe an dem Berge sind, so daß Schoppen und Scheune schon manchmal in denselben hinein gehen, träumte einem Blinden drei Nächte hintereinander, daß er auf den Berg gehen und dort graben solle. Es träumte ihm, daß er dreieckige Steine finden würde, dort solle er graben, es würde Wasser kommen, mit dem solle er sich die Augen waschen, und er würde sehen. Am Morgen nach der dritten Nacht nahm er eine Haue, ohne daß er jemanden etwas sagte, und ging auf den Berg. Er fand die dreieckigen Steine und grub. Als er eine Weile gegraben hatte, hörte er es rauschen, wie wenn Wasser käme, und da er genauer hin horchte, vernahm er das feine Geriesel. Er legte also die Haue weg, tauchte die Hand in das Wasser und fuhr sich damit über die Stirne und über die Augen. Als er die Hand weg getan hatte, sah er. Er sah nicht nur seinen Arm und die daliegende Haue, sondern er sah auch die ganze Gegend, auf welche die Sonne recht schön hernieder schien, den grünen Rasen, die grauen Steine und die Wachholderbüsche. Aber auch etwas anderes sah er, worüber er in einen fürchterlichen Schrecken geriet. Dicht vor ihm mitten in dem Wasser saß ein Gnadenbild der schmerzhaften Mutter Gottes. Das Bildnis hatte einen lichten Schein um das Haupt, es hatte den toten, gekreuzigten Sohn auf dem Schoße und sieben Schwerter in dem Herzen. Er trat auf dem Rasen zurück, fiel auf seine Knie und betete zu Gott. Als er eine Weile gebetet hatte, stand er auf und rührte das Bild an. Er nahm es aus dem Wasser und setzte es neben dem größten der dreieckigen Steine auf den Rasen in die Sonne. Dann betete er noch einmal, blieb lange auf dem Berge, ging endlich nach Hause, breitete die Sache unter den Leuten aus, und blieb sehend bis an das Ende seines Lebens. Noch an demselben Tage gingen mehrere Menschen auf den Berg, um an dem Bilde zu beten; später kamen auch andere; und da noch mehrere Wunder geschahen, besonders an armen und gebrechlichen Leuten, so baute man ein Dächelchen über das Bild, daß es nicht von dem Wetter und der Sonne zu leiden hätte. Man weiß nicht, wann sich das begeben hatte, aber es muß in sehr alten Zeiten gewesen sein. Eben so weiß man nicht, was später mit dem Bilde geschehen sei, und aus welcher Ursache es einmal in dem Laufe der Zeiten nach dem Marktflecken Untermoldau geliehen worden ist: aber das ist gewiß, daß der Hagelschlag sieben Jahre hintereinander die Felder von Oberplan verwüstete. Da kam das Volk auf den Gedanken, daß man das Bild wieder holen müsse, und ein Mann aus dem Christelhause, das auf der kurzen Zeile steht, trug es auf seinem Rücken von Untermoldau nach Oberplan. Der Hagelschlag hörte auf, und man baute für das Bild eine sehr schöne Kapelle aus Holz und strich dieselbe mit roter Farbe an. Man baute die Kapelle an das Wasser des Blinden und setzte hinter ihr eine Linde. Auch fing man einen breiten Pflasterweg mit Linden von der Kapelle bis nach Oberplan hinab zu bauen an, allein der Weg ist in späteren Zeiten nicht fertig geworden. Nach vielen Jahren war einmal ein sehr frommer Pfarrer in Oberplan, und da sich die Kreuzfahrer zu dem Bilde stets mehrten, ja sogar andächtige Scharen über den finstern Wald aus Baiern herüber kamen, so machte er den Vorschlag, daß man ein Kirchlein bauen solle. Das Kirchlein wurde auf einem etwas höheren und tauglicheren Orte erbaut, und man brachte das Bild in einer frommen Pilgerfahrt in dasselbe hinüber, nachdem man es vorher mit zierlichen und schönen Gewändern angetan hatte. Die rote Kapelle wurde weggeräumt, und über dem Wasser des Blinden, das sich seither in zwei Quellen gespalten hatte, wurden die zwei Brunnenhäuschen gebaut. Dadurch geschah es, daß die Linde, die hinter der Kapelle gestanden war, nun zwischen den Brunnenhäuschen steht, und dadurch geschah es, daß der Pflasterweg, der früher zur Kapelle hätte führen sollen und unvollendet geblieben war, nun ohne Ziel und Zweck in dem Rasen liegt. Ein Nachfolger des Pfarrers ließ den jungen Weg von Oberplan zu dem Kirchlein machen, pflanzte die jungen Bäume an seine Seiten, und ließ von den Schulkindern die kleinen Steine von ihm weg lesen, die sich aus Zufall dort eingefunden hatten.

Das Kirchlein ist das nämliche, das noch heut zu Tage steht. Das Türmchen mit den hellklingenden Glocken steht gegen Sonnenaufgang, die Mauern sind weiß, nur daß sie an den Simsen und Fenstern hochgelbe Streifen haben, die langen Fenster schauen alle gegen Mittag, daß eine freundliche Helle ist und an schönen Tagen sich der Sonnenschein über die Kirchstühle legt. Das Gnadenbild befindet sich auf dem Hochaltare, so daß, wenn am Morgen die Sonne aufgeht, ein lichter Schein um sein Haupt ist, wie einstens im Wasser, da es sich dem Blinden entdeckte. Manche Menschen haben Kostbarkeiten und andere Dinge in das Kirchlein gespendet. Wie sehr es gehegt und gepflegt werde, hängt jedesmal von dem Pfarrer in Oberplan ab. Jetzt ist immer, wenn nicht gar schlechtes Wetter ist, die zweite Messe oben, und immer finden sich Andächtige ein, die ihr beiwohnen. Selbst in der heißen Erntezeit, wo alles auf den Feldern ist, sitzen wenigstens einige Mütterlein da und beten zu dem wundertätigen Bilde. Die Bewohner der Gegend verehren das Kirchlein sehr, und mancher, wenn er in den fernen Wäldern geht und durch einen ungefähren Durchschlag derselben das weiße Gebäude auf dem Berge sieht, macht ein Kreuz und tut ein kurzes Gebet.

Wann das Kreuz auf dem Gipfel gesetzt worden ist, ob es samt dem Namen des Berges schon vor dem Kirchlein vorhanden gewesen, oder erst später entstanden ist, weiß kein Bewohner von Oberplan oder von den umliegenden Ortschaften anzugeben.

Die Oberplaner gehen sehr gerne auf den Berg, besonders an Sonntagnachmittagen, wenn es Sommer und schön ist. Sie gehen in das Kirchlein, gehen unter den Wachholderstauden herum, gehen zu dem roten Kreuze und zu den zwei Brunnenhäuschen. Da kosten sie von dem Wasser und waschen sich ein wenig die Stirne und die Augenlider. Die Kinder gehen wohl auch an andern Tagen hinauf, um unter den Wachholdersträuchen gestreifte Schneckenhäuser zu suchen.

Nachdem wir nun den Schauplatz beschrieben haben, gehen wir zu dem über, was sich dort zugetragen hat.

Wenn man von dem roten Kreuze über den Berg nach Westen hinabgeht, so daß die Häuser von Oberplan vor den Augen versinken, so geht man anfangs zwischen den dichten Wachholderstauden, dann beginnt feiner Rasen, und dann stehen zuerst dünne und dann dichter einzelne Föhrenstämme, welche die Pichlerner Weide heißen, weil einstens das Vieh zwischen ihnen herum ging und weidete. Wenn man aber aus den Föhrenstämmen hinaus getreten ist, so steht ein weißes Häuschen. Nicht weit davon, etwa zwei Büchsenschüsse, beginnen Felder und Wiesen, in denen das Dorf Pichlern liegt, durch das ein schöner Bach der Moldau zufließt.

Das weiße Häuschen ist vor vielen Jahren von den Besitzern der Schwarzmühle zu Pichlern zu dem Zwecke erbaut worden, daß es allemal einem alten Dienstboten, der lange und treu in der Schwarzmühle gedient hatte, als Wohnung gegeben werde. Wenn auch das Häuschen einsam am Rande der Weide liegt, so liegt es doch, wie es für das Alter nötig ist, gegen die Sonne gekehrt und ist durch die Bäume vor den Winden geschützt.

Zur Zeit, als das Kirchlein auf dem Berge schon stand, als es aber noch so früh war, daß eben die Tage unserer Großeltern im Anbrechen waren, lebte in dem weißen Häuschen eine Frau, die zwar kein Dienstbote in der Schwarzmühle gewesen war, der man aber doch aus Mildtätigkeit das Häuschen eingeräumt hatte, weil eben kein geeigneter Dienstbote vorhanden gewesen war. Die Frau hatte nur eine Ziege, welche in dem Ställchen des Häuschens angebunden war. Sie selber hatte das Stübchen daneben. Das Winterholz, welches aus lauter dünnen Stäben bestand, die sich die Frau im Walde gesammelt hatte, war um das Häuschen aufgeschlichtet, so daß nur die Fenster durch kleine Öffnungen heraus schauten und das Dach auf dem Holze aufzuliegen schien. Wenn sehr schönes Wetter herrschte, ging sie gerne mit ihrer Ziege an den Zäunen gegen den Kramwiesbach hinaus und ließ sie die verschiedenen Blätter von den Gesträuchen des Zaunes fressen, oder sie war häufig auf dem Kreuzberge, wo sie zwischen den Steinen und den Wachholdergesträuchen die schlechten Blätter ausraufte, oder die blauen Beeren in ihre Schürze sammelte. Manchmal kniete sie auch an dem roten Kreuze und betete, oder sie saß auf den flachen Steinen vor demselben, und die Ziege stand vor ihr.

Diese Frau hatte ein Kind. Das Kind war ein Mädchen, und war so außerordentlich schön, daß man sich kaum etwas Schöneres auf Erden zu denken vermag. Aber wenige Menschen bekamen das Kind zu sehen; denn es war immer in dem Stübchen, und wenn die Frau auf längere Zeit fortging, sperrte sie dasselbe ein. Sie nährte es von der Milch der Ziege, von dem Mehle, das ihr der Schwarzmüller oder andere gaben, und von manchem Haupte Kohl oder Gemüse, das ihr die Leute auf Rainen oder auf Äckern auszusetzen erlaubten.

Als das Kind größer geworden war, erschien es wohl auch bei den Spielen der Kinder auf dem Platze zu Pichlern, allein es stand nur immer da und sah zu, entweder weil es nicht mitspielen durfte, oder weil es nicht mitspielen wollte. Gegen Abend ging es allein unter den Föhrenstämmen herum, oder es ging in das weiße Häuschen zurück.

In Oberplan herrscht der Glaube, daß dasjenige, um was man die schmerzhafte Mutter Gottes zum guten Wasser am ersten Beichttage inbrünstig und aufrichtig bittet, in Erfüllung gehen werde. Der erste Beichttag der Kinder ist aber immer vor Ostern, dem wichtigsten Feste des ganzen Jahres. So wichtig ist das Fest, daß die Sonne an demselben nicht wie an jedem andern Tage langsam aufgeht, sondern in drei freudenreichen Sprüngen über die Berge empor hüpft. An diesem Feste bekommen die Leute schöne Kleider, die frischen Fahnen und Kirchenbehänge werden ausgelegt, und die Natur feiert die Ankunft des Frühlings. Damit nun auch die Kinder so rein seien wie die Kleider, die Kirchenfahnen und der Frühling, müssen diejenigen, welche zum ersten Male zur Beichte gehen, dieses vor dem Ostersonntage tun. Viele Wochen vorher werden sie schon unterrichtet und die Vorbereiteten ausgelesen. Wenn der Tag angebrochen ist, werden die Erwählten gewaschen, schön angezogen und von ihren Eltern zur Tür des Pfarrhofes geführt. Wenn der Pfarrer öffnet, dürfen die Kinder eintreten, und die Eltern gehen wieder nach Hause. In dem Innern des Pfarrhofes werden sie geordnet, und da stehen sie mäuschenstille, und jedes hat einen Zettel in der Hand, auf welchem Name und Alter steht. Wenn an einem die heilige Handlung vorüber ist, geht es zerknirscht und demütig in den Hintergrund. Wenn alle fertig sind, wird gebetet, es wird eine Anrede gehalten, und dann dürfen sie zu ihren Eltern nach Hause zurückkehren. Zum Tische des Herrn dürfen sie nach der ersten Beichte noch nicht gehen, weil dazu eine sehr große Würdigkeit gehört, die sie nur den Eltern und erwachsenen Leuten zuschreiben. Nach dem Essen gehen sie, wenn es schön ist, auf den Kreuzberg. Wie sie bei der Beichte allein waren, so dürfen nun auch schon andere Menschen mitgehen, meistens Eltern und Verwandte. Besonders gesellen sich gerne alte Mütterlein hinzu, die ebenfalls geputzt neben den Kindern gehen, sie zur Andacht ermahnen und ihnen heilige Geschichten erzählen. Man betet in dem Kirchlein, man geht auf dem Berge herum, und gegen Abend begeben sie sich wieder nach Hause. So kann dieser Tag, der der merkwürdigste ihres Lebens ist, nach und nach ausklingen, und es können sich wieder die andern gewöhnlichen anschließen.

Einen solchen ersten Beichttag hatte auch Hanna, das Kind des Weibes in dem weißen Häuschen. Das Mädchen war vorbereitet und würdig befunden worden. Am

Morgen führte es die Mutter auf dem ebenen Wege, der von Pichlern nach Oberplan geht, hinüber. Viele andere Menschen hatten ihre Kinder auch dahin geführt. Unter der dichten, geputzten Schar, die sich vor dem Pfarrhause versammelt hatte, stand nun auch Hanna, und aus dem groben Kleide sah das feine Angesichtchen und die blauen Äderchen heraus. Allen Mädchen waren ihre Haare von den Eltern straff zurück gekämmt worden, und es war Puder auf dieselben gestreut, damit sie schön wären und in der festlich weißen Farbe da stünden. Nur Hannas Haare waren dunkel geblieben, weil ihre Mutter keinen Puder zu kaufen vermochte. An die Hüften des Unterkleides hatte sie ihr zwei kleine, feste, längliche Puffchen angenäht, daß das darüber angelegte Röckchen doch ein wenig wegstehe und einen Reifrock mache, wie er von den andern so schön wegragte, gleichsam ein faltenreiches, sanft hinab gebogenes Rädchen. Als die Kinder in den Pfarrhof hinein gegangen waren, begab sich die Mutter wieder nach Pichlern zurück. Da die Beichte aus war, ging Hanna auf dem ebenen Feldwege nach Hause. Nach dem Essen ging sie abermals nach Oberplan, und ging mit einer Schar von Mädchen, bei denen auch keine Eltern waren, auf den Berg. Die Kinder gingen zuerst in das Kirchlein zum Gebete, wo sie in den sonnenhellen Bänken kaum mit den Häuptern hervorragten. Dann gingen sie auf den höheren Teil des Berges empor und suchten Veilchen; denn der Berg war bekannt, daß auf ihm die ersten dieser Blümchen wachsen, weil sie in dem kurzen Grase unter dem schützenden Geflechte des Wachholders einen sichern Stand haben, und die mittägliche Sonne auf dem Abhange des Berges leicht auf sie scheinen kann. Dann suchten sie auch Steinchen und andere Dinge und kamen bis zu dem roten Kreuze empor. Von dem Kreuze gingen sie zu den Brunnenhäuschen hinab. Sie schöpften sich Wasser und benetzten sich die Lippen, die Stirne und die Augenlider. Als der Abend erschienen war, gingen manche, bei denen sich ihre Eltern befanden, nach Hause; andere aber, die allein waren, blieben noch; denn die Kinder haben keine Rechnung der Zeit und geben sich dem Augenblicke unbedingt hin. Einige Mädchen, worunter auch Hanna war, gingen gar gegen die Felsen der Milchbäuerin zu und setzten sich dort auf die Steine. Es hatte den ganzen Tag die Sonne auf die Felsen geschienen, daß sich die Wärme in ihnen ansammeln und länger nachhalten konnte als an irgendeiner andern Stelle des Berges. Die Pflänzchen schauten aus den bebauten Pflanzbeeten am Fuße der Felsen schon heraus, über der Gegend war ein leichter grüner Hauch, und die Kinder erkannten recht gut diese Verheißung. Sie blieben sitzen, manches der Mädchen nahm die Hand seiner Nachbarin, legte sie an den Stein und sagte: »Siehe nur, wie warm er ist.«

Als die Sonne schon hinter dem Rande des Waldes hinab gegangen war, fragte eines der Mädchen ein anderes: »Um was hast du denn heute die heilige Jungfrau gebeten, Elisabeth?«

»Ich habe sie um ein langes Leben und um eine gute Aufführung gebeten«, antwortete die Gefragte.

»Und um was hast denn du gebeten, Veronika?«

»Ich habe auch um einen guten Lebenswandel gebeten«, sagte diese.

»Und du, Agnes?«

»Ich habe um gar nichts gebeten.«

»Und du, Cäcilia?«

»Ich auch nicht, mir ist nichts eingefallen.«

»Und du, Hanna?«

»Ich werde etwas sehr Schönes und sehr Ausgezeichnetes bekommen,« sagte diese, »denn als ich zu der heiligen Jungfrau recht inbrünstig betete und das feste seidene Kleid sah, das sie anhat, und die goldenen Flimmer, die an feinen Fäden am Saume des Kleides hängen, und die grünen Stängel, die darauf gewebt sind, und die silbernen Blumen, die an den grünen Stängeln sind, und da ich den großen Blumenstrauß von Silber und Seide sah, den die Jungfrau in der Hand hat, und von dem die breiten weißen Bänder nieder gehen: da erblickte ich, wie sie mich ansah und auf die goldenen Flimmer, auf die Blätter, auf die Stängel und auf die Bänder nieder wies.«

»Geh, du bist nicht recht vernünftig«, sagte eines der Mädchen.

»Ich bin doch vernünftig, und werde die Sachen bekommen«, antwortete Hanna.

Die Kinder fing es an zu schauern, und da die Dämmerung auch schon sehr stark herein zu brechen begann, gingen sie allmählich nach Hause. Einige gingen um die Wölbung des Berges herum nach Oberplan; aber Hanna ging über den Berg nach Pichlern. Sie ging an den grauen, kaum mehr recht sichtbaren Steinen vorbei, an den schwarzen Wachholderstauden, an den dunkeln Föhrenstämmen, und kam in das weiße Häuschen, als auf der Leuchte schon das helle Feuer brannte und ihr ihre Mutter daran eine Suppe kochte.

Von dieser Zeit an wuchs Hanna heran und entwickelte sich immer mehr und mehr.

Sie ging noch in die Schule, sie ging immer allein, und wenn sie zum Lesen aufgerufen wurde, stand sie sittsam auf und erhob die Stimme.

Sie hatte immer ein weißes, leinenes Tüchlein um den Busen, auf welches ihre dunkeln Augen hinab schauten und ihre noch dunkleren Wimpern hinab zielten. Um das Haupt hatte sie ein färbiges Tuch gebunden, das nach der Sitte der Gegend im Nacken in einen Knopf gewunden war und die breiten Zipfel auf den Rücken hinab gehen ließ. Als Röcklein hatte sie dasjenige an, das sie bisher immer angehabt hatte.

Als sie erwachsen und so groß war wie die andern Mädchen von Pichlern, die man für erwachsen erklärte, ging sie nicht mehr in die Schule, und war meistens in dem weißen Häuschen ihrer Mutter. Man wußte nicht, ob sie dort etwas arbeitete, oder was sie sonst tat. Wenn sie aber doch mit den Leuten des Müllers auf die Wiese Heu zu rechen, oder sonst irgend wohin ging, war sie nicht wie die andern, sondern wie eine, die am Sonntage aus der Kirche geht. Sie gab sehr Acht, daß sie sich nicht beschmutze, und wich mit ihren Füßen den rauhen Stellen und der Nässe aus. Seit sie erwachsen war, ging sie auch nicht mehr barfuß, sondern hatte immer Strümpfe und Schuhe an, die besser waren, als die andern an Feiertagen hatten.

Obwohl sie sehr wenig gesehen wurde, so ward die zarte Schönheit ihrer Wangen und der Glanz ihrer Augen doch weit und breit bekannt, und mancher Wandersmann, den man durch die Föhren gehen sah, ging ihretwegen, und manches Lied, das nachts in der Gegend erschallte, wurde ihretwegen gesungen. Selbst Söhne reicher Bauern waren darunter, und wenn auch ihre Eltern dachten, das arme Mädchen könne keine Schwiegertochter abgeben, so meinten die Söhne, daß sie eine sehr gute Schwiegertochter wäre, und hielten es für ein Glück, wenn sie nur einmal mit ihr an dem Holzstoße vor dem Häuschen oder unter den grauen Wachholderstauden des Berges reden und von ihr zärtliche Worte und freundliche Blicke erhalten könnten.

Aber das Glück wurde keinem zu Teil, außer einem einzigen. Er war nicht der Schönste unter allen, ja er war vielleicht weniger schön als alle andern, er war ein schlanker Mann mit blitzenden Augen und ungemeiner Kraft in seinem Körper, und die Leute sagten, Hanna fürchte und liebe ihn. Er war ein Holzknecht in den oberen Wäldern, der lange Hanns geheißen, aber er war sehr ehrbe-

gierig und stolz, arbeitete tüchtig, trug Sonntags schöne Kleider, klimperte mit dem Gelde in der Tasche, und litt keinen Schimpf und Hohn, wie gering er auch war, sondern nahm den Schimpfenden an dem Kragen des Hemdes oder an der Schulter und warf ihn in das Gras, oder in den Sand, oder in eine Rinne, wie es kam. Dieser Hanns ging oft in das weiße Häuschen zu Hanna, er brachte ihr alles, was er erarbeiten konnte, daß sie nichts entbehre und ihren Leib schmücken könne. Die Leute behaupteten, sie sei auch dankbar, indem sie sagten, daß sie gesehen hätten, wie sie neben den grauen Steinen und grauen Sträuchen ihre Arme um ihn geschlungen und mit ihren Lippen ihn geküßt hätte.
So war es auch, Hanns hatte selber kein Hehl darüber, er ging immer zu Hanna, und alle Menschen wußten, daß sie Liebende und Geliebte seien.

2. DER BUNTE SCHLAG

Wenn man gegen das Oberplaner Tal hingeht und sein Angesicht gegen Westen wendet, so sieht man in dem fernen Blau der Wälder, die man da vor sich hat, allerlei seltsame Streifen hinziehen, die meistens rötlich matt leuchtend und dämmerig sind. Sie sind Holzschläge, und die großen Wälder, von denen man den oberen Wald rechts hat, die Seewand gerade vor sich und die Alm links, enthalten viele derselben. Eigene Menschen werden das ganze Jahr hindurch beschäftigt, und das Geschäft eines Holzhauers ist nicht freudenlos und nicht entblößt von dichterischen Reizen, und wenn ein Mann ein reicheres und weicheres Herz hat, so hängt er mit einer gewissen Schwermut an seinem Tun und an den Schauplätzen desselben. Wenn man von Pichlern durch die Felder westwärts geht und das Dorf Pernek hinter sich hat, so beginnen schon die Wälder. Es steht hinter Pernek der Hausberg, der mit all den folgenden Wäldern zusammen hängt. Aber auf ihm stehen zarte Birken und andere gesellige Gruppen von Bäumen auf Rasenplätzen, die man einst gereutet hat, damit die Rinder dort weiden können. Weiter aufwärts sind die Wälder schon dichter, und in dem Innern ihrer großen Ausbreitungen hegen sie die Holzschläge. Wenn man den Rand eines solchen Streifens betritt, wie wir sie oben genannt haben, so ist er in der Nähe größer und ausgedehnter, als man sich in der Ferne gedacht hätte, und die Menschen sind auf ihm beschäftigt. Es liegen wie Halmen gemähten Getreides die unzähligen Tannenstämme verwirrt herum, und man ist beschäftigt, sie teils mit der Säge, die langsam hin und her geht, in Blöcke zu trennen, teils von den Ästen, die noch an ihnen sind, zu reinigen. Diese Äste, welche sonst so schön und immer grün sind, haben ihre Farbe verloren und das brennende Ansehen eines Fuchsfelles gewonnen, daher sie in der Holzsprache auch Füchse heißen. Diese Füchse werden gewöhnlich auf Haufen geworfen, und die Haufen angezündet, daher sieht man in dem Holzschlage hie und da zwischen den Stämmen brennende Feuer. An anderen Stellen werden Keile auf die abgeschnittenen Blöcke gestellt, auf die Keile fällt der Schlägel, und die Blöcke werden so getrennt und zerfallen in Scheite. Wieder an andern Stellen ist eine Gruppe beschäftigt, das Wirrsal der Scheite in Stöße zu schichten, die nach einem Ausmaße aufgestellt sind, und in denen das Holz trocknet. Diese Stöße stehen oft in langen Reihen und Ordnungen dahin, daß sie von ferne aussehen wie Bänke von rötlich und weiß blinkenden Felsen, die durch die Waldhöhen hinziehen. An einer Stelle des Holzschlages ist die Hütte der Arbeiter, das ist ein von der Erde aufsteigendes Dach, das vorne mit Stämmen gestützt und seitwärts mit Zweigen und Reisig gepolstert ist. Sein Raum enthält das Heulager der Arbeiter, die Truhen mit ihren Kleidungsstücken, manche Geräte und Geschirre und allerlei anderes, was ihnen in diesem Waldleben nötig oder nützlich ist. Vor der Hütte brennt das Feuer, an dem sich das Mittag- oder Abendmahl bereitet. Es ist nicht viele Sorge auf Genauigkeit und Holzersparung verwendet, indem um die kochenden Töpfe gleich ganze Stämme herum liegen, die da verkohlen. Von solchen verkohlenden Stämmen rührt der schöne blaue Rauch her, den man oft tagelang aus den fernen Wäldern aufsteigen sieht. Von den Füchsen, die man in den Holzschlägen verbrennt, kömmt wenig oder gar kein Rauch; denn anfangs brennen sie mit einem glänzenden, rauchlosen Feuer, dann, wenn die Nadeln und das Reisig verbrasselt haben und sich die dickeren Äste in der Glut krümmen, erscheint wohl etwas Rauch, aber er ist zu machtlos, kräuselt sich dünne durch die Zweige der noch stehenden Bäume, und verliert sich am Himmel. So sieht ein Holzschlag aus, auf ihm ist Leben, Regung und scheinbare Verwirrung, an seinem Rande, wo er aufhört, ist es stille, und dort steht wieder, wie es erscheint, der feste, dichte, unerschöpfliche, ergiebige Wald.

Wenn eine Fläche des Waldes abgeschlagen ist, wenn die Scheite geordnet, getrocknet, weggeführt sind, wenn die Reisige verbrannt wurden, wenn man keine Hütte der Holzhauer mehr sieht und die Arbeiter fortgegangen sind, dann ist der erste Teil des Lebens eines Holzschlages aus, und es beginnt nun ein ganz anderer, stillerer, einfacherer, aber innigerer. Wenn die Halde leer dasteht, wenn sie nur mehr manchen schlechten stehengelassenen Baum wie eine Rute gekrümmt trägt, wenn die bloßgelegten Kräuter und Gesträuche des Waldes zerrüttet und welkend herum hängen, wenn mancher nicht ganz verbrannte Reisighaufen im Verwittern begriffen, und ein anderer in den Boden getreten und verkohlt ist: dann steht die einsame, verlassene Bevölkerung von Strünken dahin, und es schaut der blaue Himmel und schauen die Wolken auf das offene Erdreich herein, das sie so viele Jahre nicht zu sehen bekommen haben. – Das erste, was nach langen Zeiten herbei kömmt, um die umgewandelte Stätte zu besetzen, ist die kleine Erdbeere mit den kurzen, zurück geschobenen Blättern. Sie sproßt zuerst auf der schwarzen Erde einzeln hervor, siedelt sich dann um Steine und liegen gebliebene Blöcke an, überranket fleißig den Boden, bis nichts mehr zu sehen ist, und erfreut sich so sehr der Verlassenheit und der Hitze um die alten sich abschälenden Stöcke herum, daß es oft nicht anders ist, als wäre über ganze Flecke ein brennendes, scharlachrotes Tuch ausgebreitet worden. Wenn es so ist, dann sammelt sich allgemach unter ihren Blättern die Nässe, und es erscheint auch schon die größere, langstielige Erdbeere mit den gestreckten Blättern und den schlanken Früchten. Es beeilt sich die Himbeere, die Einbeere kömmt, manche seltsame, fremdäugige Blume, Gräser, Gestrippe und breite Blätter von Kräutern; dann die Eidechse, die Käfer, Falter und summende Fliegen; mancher Schaft schießt empor mit den jungen feuchtgrünen Blättern; es wird ein neuer, rauher, hochrutiger Anflug, der unter sich einen nassen, sumpfigen Boden hat, und endlich nach Jahren ist wieder die Pracht des Waldes.

Dies ist der zweite Teil des Lebens eines Holzschlages.

Wenn es nicht so schön ist, wenn kein Wald mehr entstehen soll, dann werden die Waldgäste mit Absicht hintan gehalten, es wird gereutet, und lieber statt all des Anfluges der Geselle des Menschen, das Wiesengras, heran gelockt, daß Mäheplätze entstehen oder Weideplätze für das Vieh werden, wie man es mit dem Hausberge hinter Pernek getan hat, der auch einmal eine schöne Wildnis war, und es jetzt nicht mehr ist.

Wenn der Holzhauer auch schon die Stätte seines Wirkens verlassen hat, so liebt er sie doch noch immer, und wenn er nach langen Jahren durch den neuen Anwuchs geht, durch die Himbeergesträuche, durch die Gezweige, die Axt auf der Schulter oder die breite Säge über den Rücken gebunden, so wandelt er in seinem Reiche, er gedenkt der Tage, wo er hier gewirkt hat, und wenn er auch nun in andern, frischen Wäldern beschäftigt ist, so gehört doch auch ein Teil seines Herzens der Stelle, auf der einst seine Hütte gestanden war.

Der lange Hanns arbeitete in dem Schlage des Thußwaldes. Der Thußwald aber liegt so weit in der Tiefe der Bergrücken zurück, daß die Holzarbeiter die ganze Woche dort beschäftigt sein mußten und nur an Sonntägen den weiten Weg zu den Menschen und in die Kirche hinaus machen konnten. Hanns war wie ein König in seinem bunten, einsamen, entfernten Schlage. Teils gehorchten manche ihm freiwillig, weil er ein guter Anordner war, teils scheuten sich manche, weil er große Körperkräfte besaß, und teils ehrten ihn viele, weil er ein vorzüglicher Arbeiter war. Da stand er nun entweder an einem Stamme, zirkelte die Stelle, wo er angesägt werden solle, daß er wanke, weiche und sausend und krachend in das andere Gehölze nieder stürze – oder er war um den gefallenen Baum beschäftigt, im Gestrippe und Geniste stehend, daß die Äste und Zweige weg kämen und der Stamm frei zur Arbeit würde – oder er half schon, ihn in Stücke zu zerteilen, und da rollte seine Säge frisch und tüchtig hin und her – oder sein Arm schwang den Schlägel, daß er klingend auf den Keil fiel – oder er stand hoch auf einem Stoße, die dargereichten Scheite schnell legend, daß ihm zwei Handreicher nicht folgen konnten, und daß es unter ihm zusehends wuchs. Er war gewöhnlich zur Arbeit gehörig gekleidet. An seinem Oberleibe hatte er schier kein Gewand; denn das grobe Hemd war zurück geschlagen und an den Armen weit über den Ellbogen aufgestellt;

um die Lenden war das linnene Kleid, an den Füßen hatte er die starken, jedem Dorne und Splitter trotzenden Bundschuhe an, und auf dem Haupte war gewöhnlich nichts als das rötliche, leuchtende Haar.
So ging die Woche dahin, und so vollendete die Sonne fünfmal ihren Kreislauf um den Himmel, und beschien fünfmal die seltsamen verschiedenartigen Dinge des Holzschlages.
Wenn es am Samstage Mittag wurde, da hörte das Wochenwerk auf, und es wurden Anstalten zum Fortgehen getroffen. Ruhe herrschte auf dem Platze, alle Werkzeuge, Kleiderstücke, Töpfe und dergleichen wurden zusammen gelesen, die Arbeiter trafen bei der Hütte ein, dort wurde einiges zusammengeschnürt, daß man es mitnehme, anderes wurde geborgen, daß es da bleibe, schönere Kleider wurden aus den Truhen hervor gesucht, es wurden Angesichter gewaschen, manches wurde noch genestelt, und einige und andere schlugen den Weg ein, der sie eben ihrer Heimat zuführte. Mancher ganz Faule blieb auch da und verschlief den Sonntag vor der Hütte in der lautlosen Stille des Holzschlages, von nichts besucht als von dem raschelnden Grase und von der stummen Hitze des Tages.
Der größere Teil der Arbeiter ging gegen Pernek und Pichlern hinaus. Sie mußten anfangs durch den Thußwald, dann über die Thußecke, dann über einen Berg, die rauhe Hochstraß geheißen, dann durch Auen, und dann führte der Weg in das Tal, durch das man gegen Pernek kommen konnte. Man plauderte gerne auf diesem Gange, man klapperte mit den eisernen Keilen, man jauchzte oder sang, man schlug sich Feuer und rauchte. Vom Holzschlage weg gingen alle miteinander, die diese Richtung hatten, aber je weiter der Weg führte, desto wenigere wurden sie immer; denn bald nahm der eine Abschied und ging seitwärts, bald der andere, so wie ihr Weg in

ihre Heimat von dem allgemein eingeschlagenen Wege abführte, und nicht selten geschah es, daß, wenn die untergehende Sonne glutig am Rande der Seewand lag, und jeder emporragende Zaunpfahl, ja eine herausstehende Ähre einen langen Schattenstreifen über das Getreide warf, Hanns allein durch die Perneker Felder ging und den Weg hinab gegen Pichlern einschlug. Er ging auf dem Fahrwege hinab, er bog um die große Linde des Schwarzmüllers, zielte gegen die ferneren dünnen Föhrenstämme und schritt auf das weiße Häuschen zu.

Wenn er dort anlangte, war meistens die Mutter, wie sie es am Abende gewohnt war, außen herum. Sie schlichtete etwas an dem Holze, oder tat sonst etwas, oder betete, indem sie herum ging, und häufig zur Ziege redete, die sie nicht eher in den Stall tat, als bis sie selber in die Stube ging. Im Innern saß Hanna in einem reinen, schimmernden Gewande. Sie hatte vorher jedes Stäubchen von dem Tische, der Bank, dem Stuhle und dem Fußboden gefegt; denn auch das gehörte mit zu ihren Eigentümlichkeiten, daß sie außerordentlich reinlich war. Sie wollte nicht mit der Hand und nicht mit dem Gewande an Staub rühren.

»Die wird Gott strafen, daß sie so stolz ist,« sagten oft die Leute, »und ihn dazu, daß er so verblendet ist und ihr alles anhängt.«

Hanns ging hinein, Hanna sprang auf und grüßte ihn. Er blieb bis spät abends, sie plauderten, koseten, aßen; die Mutter war bei ihnen, sprach mit, aß, oder nickte schlummernd ein wenig mit dem Kopfe, wie es eben kam.

Erst im Sternenscheine ging Hanns fort und begab sich zu den Leuten, wo seine Schwester war, und wo er eine Lagerstätte hatte; denn sein Vater und seine Mutter waren längstens gestorben.

Daß Hanns aber an Hanna etwas verwendete, schien ihm gar nicht leid zu tun. Wenn er mit ihr bei einem Tanze oder bei sonst einer Gelegenheit war, wo sie viele sehen konnten, und wenn nun der eine oder andere junge Mann mit seinen Augen schier nicht von ihr lassen konnte und stundenlang sie mit denselben gleichsam verschlang, so hatte Hanns seine außerordentliche Freude darüber und triumphierte. Wenn sie spät mit einander nach Hause gingen, wo die einsame Wachholderstaude stand, oder der graue, verschwiegene Stein des Brunnberges lag, da schlang sie ihren Arm um seinen Nacken, drückte ihn heiß an sich, sah ihn an und flüsterte gute Worte. Daß da eine außerordentliche, unheimliche Seligkeit in ihm war, bewies der Umstand, daß er ihr von seinen Habseligkeiten alles, alles gab.

Am andern Tage, wenn er so einen Feiertag bei ihr zugebracht hatte, sah man ihn dann wieder in frischen Linnenkleidern, die Axt oder die Keile auf der Schulter tragend, durch die Felder schreiten und seinem Walde zueilen.

Einmal fragte ihn Hanna, um was er denn am ersten Beichttage die heilige Jungfrau Maria gebeten habe.

»Ich habe um nichts gebeten,« antwortete er, »du weißt ja, daß ich nicht oft zu ihr in ihr Kirchlein hinauf komme, weil ich nicht Zeit habe; aber von ferne und von dem Walde aus, wo er eine Lücke hat, sehe ich das weiße Kirchlein sehr gerne, weil von ihm nach abwärts die Wachholderstauden anfangen, dann die Föhren der Pichlerner Weide stehen, und noch weiter unten das Häuschen ist, in dem du bist.«

»Du solltest aber doch gebeten haben«, sagte Hanna; »denn sie ist sehr wundertätig und stark, und was man am ersten Beichttage mit Inbrunst und Andacht verlangt, das muß in Erfüllung gehen, es geschehe auch, was da wolle.«

»Das habe ich ja gar nicht gewußt,« sagte Hanns, »es hat es mir damals niemand gesagt, und wenn ich es auch gewußt hätte, so hätte ich sie doch gewiß um nichts gebeten, weil mir nichts gefehlt hat. – Meinst du denn im Ernste, daß sie etwas tun kann, um was man sie recht bittet?«

»Freilich kann sie es tun,« antwortete Hanna, »weil sie sehr mächtig ist, und sie tut es auch, weil sie sehr gut ist.«

»Aber am ersten Beichttage muß man sie darum bitten?« fragte Hanns.

»Um was man sie am ersten Beichttage bittet,« sagte Hanna, »das tut sie immer und jedes Mal; aber auch an jedem andern Tage kann man sie bitten, und sie kann die Bitte gewähren, weil ihre Macht außerordentlich ist.«

»Aber das ist ja kaum denklich,« erwiderte Hanns, »weil sonst alle Leute daher kämen und um die verwirrtesten und verkehrtesten Dinge bäten.«

»Wenn sie um verwirrte und verkehrte Dinge bitten,« sagte Hanna, »so läßt sie diese nicht in Erfüllung gehen; aber bitten muß man sie immer, weil man nicht wissen kann, welches Ding verwirrt oder verkehrt ist, und weil sie allein die Entscheidung hat, was in Erfüllung gehen solle und was nicht.«

Hanns antwortete nun nichts mehr darauf.

Die Liebe, die Zuneigung und die Anhänglichkeit wuchs immer mehr und mehr. Hanns tat alles, was ihm sein Herz einflößte. Er ehrte die Zeiten, wie es in jener Gegend gebräuchlich ist. Er setzte Hanna den schönsten Maibaum vor die Türe, er wand das schönste Tuch um ihr Haupt und band die schönste Schürze um ihren Leib, er trug den größten Palmbaum am Palmsonntage für sie in die Kirche, er steckte sogar eine goldene Nadel in ihr Haar, er brachte ihr den schönsten Strauß von Walddingen aus seinem Schlage nach Hause, er führte sie an Sonntägen in die Kirche, und ging mit ihr, wenn schönes Wetter war, in den Feldern und Wiesen spazieren. Sogar zu

Zeiten, wo es nicht schicklich war, daß er sich bei Hanna im Häuschen befand, sahen ihn die Leute unter den Föhrenstämmen und Steinen in großen Kreisen um das Häuschen herum gehen.

3. DER GRÜNE WALD

Im Herbste, da die Blätter sich mit schönen Farben zu mischen begannen und Hannsens Schlag noch brennender, feuriger und seltsamer war, erhob sich die Sage, daß in der Gegend von Oberplan ein großes Jagen sein werde, daß der Fürst und Grundherr kommen werde, und daß ihn eine Menge Herren und Frauen begleiten würden. Die Diener hatten das Gerücht ausgebreitet, aber man wußte nicht, ob ihm die Herren eine Folge geben würden oder nicht. So erhielt sich die Sache lange. Endlich aber erschienen wirklich einige Abgeordnete in Oberplan, welche die Voranstalten zu dem Feste machen sollten.
Von nun an hatte das Gerücht freien Spielraum, und es ging durch die ganze Gegend.
Im Stegwalde, hieß es, werde ein Netzjagen sein, in welchem man Gespinste aus Seilen aufspannen und das Wild darinnen einfangen werde. Im oberen Walde, im Langwalde und an der Flaniz sollen Treibjagen sein, wie man seit Menschengedenken nicht gehört hätte, und sie sollten sich über tagelange Wälder ausbreiten. Außer dem Jagen sollen auch andere Feste angeordnet sein. Auf den Oberplaner Wiesen, den nämlichen, von denen wir am Eingange unserer Geschichte gesagt haben, daß die Moldau in großen Schlangenwindungen durch sie geht, soll ein Essen sein, an dem mehrere hundert Personen würden Teil nehmen können. Wer nur wolle, dürfe zuschauen, und auf Schrägen würden Weinfässer aufgestellt sein, von denen jedem, der mit einem Geschirr hinzu

ginge, herab gelassen würde. Die Diener würden bei der Tafel aufwarten, und die angesehensten Männer der Gegend würden eingeladen sein. Außer dem Essen aber soll noch ein Tanzboden errichtet sein, auf welchem man durch unzählige Blumengewinde Tänze aufführen würde. Dieses und noch viel anderes, das man noch gar nicht wisse, solle geschehen. In der Gegend sollen schon tausend Taglöhner zu Handlangern, Arbeitern und Treibern gedungen worden sein. Alles werde durch eine feierliche Messe in dem Gnadenkirchlein zum guten Wasser eingeleitet werden.

Auf was sich die Leute am meisten freuten, war das Netzjagen, das sich keiner vorstellen konnte, und von dem keiner eine Ahnung hatte. Nur der achtzigjährige Schmied in Vorderstift erinnerte sich, als ganz kleiner Knabe einem solchen Jagen beigewohnt zu haben. In der Dürrau waren Stricknetze und Tücher, unabsehlich zu schauen, aufgespannt gewesen, zuerst weiter, dann enger, und dann durch einen Vorhang zu schließen, wodurch das Wild in einem Raume eingesperrt war, in dem es von dem Rande der Tücher herab erschossen werden konnte. Er unterließ nie, wenn er die Sache erzählte, eines Bären zu erwähnen, der mit den andern ins Netz getrieben worden war, und der bald zum allgemeinen Ergötzen diente, indem jeder so schnell als möglich sein Geschick an ihm versuchen wollte. Da nun die Hirsche oft himmelhohe Sprünge wagten, ob sie die Leinwand übersetzen könnten, ohne daß es ihnen gelang, so fuhr der Bär, der bereits verwundet war, in seiner Verzweiflung gegen das Gewebe, packte es mit seinen Tatzen und riß von dem furchtbar starken Geflechte eine ganze Strecke heraus, so daß Tuch und Netz weg waren, und daß man von den draußen stehenden Bühnen die nackten Füße und das Gerüste samt Verlattung sehen konnte. Der Bär und der ganze gehetzte Schwarm, der noch übrig war, fuhr nun mit großem Getöse durch das Loch hinaus, und alle, die zugegen waren, mußten in ein Gelächter ausbrechen.

Ein solches Fest erwartete nun Oberplan, und die Leute waren begierig, wann die Herren kommen würden. Aber sie kamen immer nicht, weil die Vorbereitungen noch dauerten. Es war noch der Haber auf den Feldern gestanden, es war das Sommerkorn noch nicht geschnitten gewesen, und hie und da lag selbst noch eine Gerste auf den Äckern, als die Bevollmächtigten angekommen waren: aber die Gerste wurde eingeführt, das Sommerkorn geschnitten, der Haber gemäht, beides in die Scheunen gebracht, und man war noch immer nicht fertig, weil alles vortrefflich werden sollte. Die Axt der Zimmerer erklang im Walde, Verzeichnisse von Treibern und andern wurden angefertigt, Abmessungen wurden vorgenommen, die Forste, welche durchstrichen werden sollten, wurden begangen, und Versammlungen und Rate sind gehalten worden.

Endlich, als auf den Feldern nur mehr das braungedörrte Kraut der Kartoffeln und die blaubetauten Häupter des Weißkohles standen, wurde der Tag bekannt gemacht, an welchem die Jagdgesellschaft eintreffen würde. Man rüstete sich zu dem Empfange, und alles war gespannt.

Am Tage vorher trafen Diener, Pferde und Troß ein.

Als am andern Morgen die Sonne aufgegangen war und ein recht heiterer, funkelnder Herbsthimmel über der Gegend stand, war schon alles in Bereitschaft. Um zehn Uhr, als auf dem Turme das Zeichen gegeben wurde, daß sie kommen, sah man es auf der Straße von Honetschlag her durch den Staub von Pferden und Wagen blitzen, und als eine Viertelstunde vergangen war, fuhren sie bei der oberen Gasse herein. Sie fuhren dann über das Steinbrückchen des heiligen Johannes und hielten auf der Gasse vor dem Pfarrhofe und der Schule an, wo der Pfarrer, dann der Schulmeister mit weiß gekleideten Mädchen und geputzten Buben und die Obrigkeiten standen. Es war eine ganze Reihe von Wägen. Männer und Frauen saßen darinnen. Die Frauen waren nicht geschmückt, sie waren kaum geputzt. Sie hatten nicht einmal Reifröcke an, sondern nur ein schlichtes, einfach hinab fallendes Jägerkleid. An den Männern war auch nicht zu erkennen, ob sie in Feierkleidern seien oder nicht; sie hatten sämtlich Mäntel um; denn es war kühl, und am Morgen war ein schneeweißer Reif über alle Wiesen gewesen. Sie hatten alle ungepuderte Haare, weil sie nicht im Amte oder in einer festlichen Gesellschaft, sondern nur auf einer Reise begriffen waren. Nur zwei alte Männer hatten schön gelockte Perücken mit blütenweißem Staube darauf. Im ersten Wagen saß der Grundherr, seine Frau und sein Sohn. Die Buben hatten ein klingendes Lebehoch gerufen, und die Forstmeister, Revierjäger, Heger und Holzmeister des Herrn standen in Ordnung da. Die Mädchen warfen grüne Zweige unter die Räder des Wagens. Der Pfarrer trat hervor und grüßte den Herrn in einer Rede. Desgleichen taten die Richter und Geschwornen. Als der Herr allen gedankt hatte, als er mit dem Förster von Vorderstift, in dessen Reviere der erste Jagdplatz lag, gesprochen hatte, als er sich besonders freundlich gegen den Schulmeister und die weißen Mädchen verneigt hatte und der gelüftete Hut wieder auf seinem Haupte saß: fuhren sie weiter. Man fuhr zu dem Rathause, in welchem dem Grundherrn für die Dauer der Feste seine Wohnung war zubereitet worden. Er stieg aus und ging mit den Seinigen in seine Zimmer. Alle Mitgekommenen stiegen ebenfalls aus ihren Wägen, um sich in ihre bereit gehaltenen Wohnungen zu verfügen und sich zu den Festen vorzubereiten. Für die Diener und Pferde waren an einer Straße, die der Minnegraben hieß, und auf der Weide des oberen Anspaches bretterne Hütten aufgeschlagen worden, aus denen am ganzen Tage und einen Teil

der Nacht hindurch Zechen und Jubeln vernommen wurde.
Der Tag verging ohne besonderes Ereignis, außer daß die Oberplaner in Angst und Besorgnis waren, dem Küchen- und Kellermeister alles Erforderliche auszuliefern und es den hohen Herrschaften recht zu Danke zu machen.
Am nächsten Tage war bloß die Jagdmesse. Das Kirchlein zum guten Wasser war mit Menschen angefüllt. In den Stühlen, zu denen man noch vorne mehrere mit Tuch ausgeschlagene gefügt hatte, saßen die Herren und Frauen. Weiter rückwärts befanden sich die Bewohner der Gegend und alle, die von ferne herbei gekommen waren. Sie sangen zu den Tönen der Orgel das schöne Marienlied, das man einst eigens für diese Kirche gedichtet hatte, und das sie alle kannten. Am Nachmittage begaben sich die Herren nach Vorderstift, um im Jägerhause zu übernachten und dem Jagdschauplatze näher zu sein.
Am Tage, der nun folgte, sollte das große Netzjagen sein.
Die Bewohner der Gegend waren äußerst begierig darauf.
Schon vor Anbruch des Taglichtes gingen die Gruppen auf verschiedenen Wegen und in gedämpften Gesprächen dem Stegwalde zu. Sie ergötzten sich schon in vornhinein an den Dingen, die kommen sollten. Das Wild, hieß es, sei schon alles in dem Netzraume eingeschlossen. Es sollen Hirsche dabei sein, Hasen, Rehe, auch Dachse, Füchse, Marder und vieles dergleichen, ein Luchs soll zugegen sein und manches seltene Tier. Ob ein Bär eingegangen sei, wisse man nicht genau, aber gewiß sei auch einer darunter. Die ganze Sache sei sehr künstlich. Der Jagdraum, in welchem sich Gesträuche, hohe Bäume, Steine und selbst Klüfte befinden, sei in einem großen Kreise von den stärksten Stricknetzen umfangen, die in eisernen Ringen an gehauenen Bäumen befestiget wären. Innerhalb der

Netze seien Tücher gespannt, daß alles hübscher aussähe. Außerhalb derselben befänden sich die Schießstände der Herren, und gleich hinter denen seien die Bühnen für die Zuschauer; denn die Herren hätten es selber gerne, wenn viele Zuschauer kämen und ihre Kunst bewunderten. Um die Tiere in den Raum zu bringen, seien Wege angelegt worden, nämlich Räume, an welchen zu beiden Seiten Netze empor gespannt wären; diese Räume wären zuerst sehr weit, würden immer enger und mündeten endlich mit einer Öffnung in den Jagdraum. Da, wo diese Öffnung sei, befinde sich eine Netztür, die man sehr schnell von dem Boden empor ziehen und befestigen könne, damit das Wild, wenn es einmal in den Kreis eingegangen sei, nicht mehr hinaus zu kommen vermöge. Durch zehn Tage habe man schon das Wild gegen den Stegwald zusammen treiben lassen. Es seien Jäger, Heger und Treiber verwendet worden, und hätten auf der einen Seite gar bei dem Schlosse Sankt Thomas und dem Jungwalde angefangen, den Forst zu durchstreifen, und auf der andern vom Almwalde und dem Hochficht, um die Tiere gegen den Stegwald zu drängen. Damit die Herren zu ihren Schießstätten könnten, sei von der Glöckelberger Straße aus ein Weg mitten durch den grünen Wald angelegt worden, auf dem man gehen, reiten und fahren könne.

So erzählten sich die Leute und gingen fort. Sie fanden den Weg, der in den Wald hinein gemacht worden war, und gelangten zu dem Jagdraume.

Lange bevor der Tag angebrochen war, waren schon alle Zuschauerräume dicht mit Menschen besetzt.

Nach Aufgang der Sonne kamen auch die Herren und stiegen zu ihren Bühnen empor. Jeder hatte einen geräumigen Platz, auf dem ein Gestelle angebracht war, an welchem die glänzenden Jagdbüchsen lehnten. Jeder hatte auch zwei Diener hinter sich, die beständig laden und die

Gewehre darreichen sollten. Heute waren die Herren alle in vollem Putze und hatten die Mäntel in den Wägen, in denen sie gegen den Wald gekommen waren, liegen gelassen. An den Westen und Röcken hatten sie goldene Borden, und alle hatten kleine, mit Gold ausgelegte Hirschfänger an den Schößen, sie trugen sämtlich gepuderte Haare und darauf einen dreieckigen Hut. Die meisten waren in Tannengrün gekleidet, und nur einige hatten auch Kleiderteile von hochgelbem Lederstoffe. Wo nicht Borden waren, war häufig schöne Stickerei auf den Gewändern, und die Troddeln des auf die Weste herab gehenden Halstuches hatten goldene Fransen.

Von den Frauen und Mädchen, die zu den Herren gehörten, war keine einzige zugegen, nicht einmal die, die doch in Jägerkleidern nach Oberplan gekommen waren. Der Schulmeister von Oberplan sagte, die Frauen dürften wohl Jägerkleider anhaben, aber nicht jagen; die Sitte erlaube nicht einmal, daß die Frauen bei dem Töten der Tiere zugegen seien, weil sie zu zart und zu fein sind, so daß sich nur das Schäferspiel für sie schicke, daß ihnen die Herren nur Blumensträuße reichen, sie mit der Laute begleiten oder beim Menuette führen dürfen.

Die Mädchen und Frauen der Gegend und des Landes hatten diese Gesinnungen nicht; denn es waren sehr viele zum Zuschauen herbei gekommen, und ihre Augen und Mienen verrieten fast die brennende Neugierde und das klopfende Herz. Sie waren sonntäglich gekleidet, trugen zum Teile Reifröcke, zum Teile das kurze, faltenreiche Röckchen und meistens auch Zwickelstrümpfe und Stöckelschuhe. Manche Vornehmere hatte weißbestäubtes Haar.

Als alle Schützen an ihrem Platze standen, und als auch sonst alles in Ordnung war, begann eine rauschende Waldmusik von Hörnern und andern klingenden Instrumenten; aber von dem Jagdraume herauf erschollen

Schrecktöne und plötzliche Rufe der Angst; denn die Ohren des Waldes kannten nur die Laute des Donners und Sturmes, nicht den Schreckklang tönender Musik. Als dieses große Musikstück aus war, tat ein einzelnes Jagdhorn helle, auffordernde, liebliche Rufe, und dies war das Zeichen, daß die Jagd beginne. Man ließ, da das Horn geendet hatte, die Hunde aus ihren Behältern gegen den Raum los, daß das Wild auffahre und gegen seine umstrickenden Wände ankämpfe. Plötzlich wurde es nun in dem Netzraume lebendig, man sah das schlanke Waldwild durch die Gesträuche huschen, und hie und da legte sich eine Büchse an das weißbestäubte Haar. Man vernahm von einer Seite her einen Schuß, dann von einer andern her wieder einen, und da es unten immer lebendiger wurde, und da die Tiere immer heftiger durcheinander fuhren, blitzte und krachte es von allen Seiten. Ein Hirsch setzte über alle Gebüsche, sprang endlich gegen das Linnen so hoch auf, als wollte er eine Himmelsleiter überspringen, wurde im Sprunge getroffen, überstürzte sich und fiel hernieder. Eine wilde Katze schoß jäh an einem Baume empor, um sich von ihm aus über die Netze hinaus zu werfen, aber sie wurde von einer Kugel auf ihrem Baume erreicht, schnellte in einem Bogen hoch über den Wipfel und fiel auf die Erde. So ereigneten sich auf verschiedenen Stellen verschiedene Dinge. Als es schon eine ganze Weile fast ununterbrochen geknallt und der Raum sich mit Pulverdampf gefüllt hatte, als endlich die Schüsse immer seltener wurden und nur mehr einzelne zu hören waren; so erschallte wieder die klingende Musik und ertönte wieder nach ihr das einzelne Jägerhorn, zum Zeichen, daß man nun aufhören solle. Die Schüsse hörten auch auf, die Büchsen wurden in die Stände gestellt, und der weiße Rauch verzog sich durch die schön gezackten grünen Wipfel der Tannen und durch die entfernteren Buchen. Man ließ nun an verschiedenen Stellen die Netze hernieder, und das Wild, das übrig geblieben war, weil es sich in die Gesträuche oder gar in Klüfte geduckt hatte, konnte in den schützenden Wald entrinnen und den größten Angsttag seines Lebens vergessen. Die Diener lockten die Hunde zu sich, um die verwundeten zu salben und den hungrigen Nahrung zu geben. Hierauf erschienen mehrere Jäger, Heger und andere Leute und suchten in dem Jagdraume herum, um das gefallene Wild zu finden und zusammen zu tragen. Auch manche Herren und andere Leute stiegen in den Jagdraum nieder, um sich das Wild zu betrachten und die Spuren der eben vergangenen Begebenheit zu sehen.

Die Schützen und die Zuschauer mischten sich auf ihren Bühnen, und da das Vergnügen allgemein gewesen war, so redeten jetzt auch alle mit einander. Da wollte es der Zufall, daß Hanna, die Tochter des armen Weibes, die auch herbei gekommen war, dem Feste zuzuschauen, neben einen außerordentlich schönen, jungen Mann von vornehmem Stande zu stehen kam. Dieser Mann war schon früher aufgefallen. Er war, der allgemeinen Sitte zuwider, der einzige, der keine weißbestäubten Haare trug, sondern seine eigenen Locken, die von wunderschönem Gelb waren, bis auf die Schultern und auf den Rockkragen niederfallen ließ. Er hatte sehr gut geschossen, hatte immer auf die unsichersten Punkte gezielt und immer getroffen. Er war so schön, daß er, wie die Landleute sagen, wie Milch und Blut aussah, seine Augen waren groß und sanft, und er war schier prächtiger gekleidet als alle andern.

Da Hanna so neben ihm stand, erblickte sie ein Mann aus dem Volke, der sich unten in dem Netzraume befand, zeigte mit dem Finger hinauf und rief: »Das ist das schönste Paar!«

Das Volk, welches ohnehin schon in eine höhere Stimmung gekommen war, welches an der Jagd den lebhaftesten Anteil genommen, mit den Fingern nach dieser und nach jener Stelle gezeigt und freudig gejubelt hatte, wenn sich etwas Merkwürdiges zugetragen hatte, war zu dem Ungewöhnlichsten aufgelegt. Kaum hatte es also die Worte des Mannes vernommen, so rief es gleichsam mit einer Stimme und laut: »Das ist das schönste Paar, das ist das schönste Paar!«

Der junge Mann wandte sich in seiner Verwirrung gegen Hanna und sah sie an. Da wurde sein Angesicht so scharlachrot wie die Bänder, an denen er seinen Hirschfänger hängen hatte.

Hanna wandte sich ebenfalls nach dem Rufe gegen ihren Nachbar, und da sie den ausgezeichneten Mann gesehen hatte, wurde ihr Antlitz gleichsam mit dem dunkelsten Blute übergossen. Sie sah ihn eine Weile mit offenen Augen an, dann drängte sie sich unter das Volk und ging über die Treppe hinab. Ihr Benehmen war wie das einer Trunkenen.

Da das Hin- und Hergehen und Sprechen noch eine Zeit gedauert hatte, fing man an, sich zu entfernen. Die Diener sammelten die Gewehre auf den Schießständen und trugen sie fort. Die einzelnen Herren begaben sich gegen die Treppen und suchten ihre Wägen zu gewinnen. Den jungen Mann umringten seine Freunde und wünschten ihm Glück. Von Hanna war nichts mehr zu sehen; sie ging bereits mit mehreren schön geputzten Freundinnen, die sich zu ihr gesellt hatten, auf dem durch den Wald gehauenen Wege hinaus. Die jüngeren Schützen hatten sich meistens Reitpferde kommen lassen. Diese wurden vorgeführt und in Ordnung gerichtet, daß man sie besteigen und in Gesellschaft davon reiten könnte.

Auch das Volk, dessen Erregung und Übermut durch den Ausruf über Hanna gleichsam den höchsten Gipfel erreicht hatte, begann sich zu entfernen. Aber es ging fast insgesamt, wie es gewöhnlich bei Vergnügungen uner-

sättlich ist, gegen Vorderstift hinaus, um dem Mittagsessen der Herren zuzuschauen, von dem es hieß, daß es offen auf der grünen Weide würde abgehalten werden.
Bald war es auf dem Jagdraume leer. Der feinste Rauch hatte sich verzogen, und die Bäume standen in ihrem glänzenden Nadelgrün oder in der stillen Glut ihres roten und gelben Laubes da. Nur die leeren Gerüste und die zerknickten Zweige gaben Zeugnis von der hier statt gehabten Versammlung.
Die letzten, welche den Schauplatz verließen, waren diejenigen, denen die Obsorge über das gefallene Wild anvertraut war. Sie hatten Karren in den Netzplatz bringen lassen, hatten das Wild aufgeladen, und fuhren in Begleitung von Jägern, die die lechzenden Hunde an der Leine führten, durch die stille, von dem Dufte der zerquetschten Kräuter geschwängerte Waldluft auf dem einsamen Wege hinaus, der vor ihnen von so vielen Pferden und Menschen betreten worden war.
Das Mittagsmahl hatte wirklich auf der Weide vor dem Jägerhause zu Vorderstift statt. Bei demselben waren auch die Frauen zugegen. Sie waren so eingeteilt, daß immer zwischen zwei Herren eine Frau oder ein Fräulein saß. Die angesehenen Männer der Gegend, welche als geladene Schützen der Jagd beigewohnt hatten, waren auch zu dem Mahle geladen und hatten ihre Frauen und Töchter bringen müssen. Die ganze Gesellschaft saß an zwei langen Tischen dahin. Über ihren Häuptern war ein rot und weiß gestreiftes Tuch gespannt. Zwischen den Pfeilern, welche das Tuch trugen, waren die Räume hie und da frei, hie und da aber mit feinem, fast durchsichtigem Gewebe bespannt. Auf den Tafeln standen die Speisen, standen die feinen Gläser mit den Weinen, und standen in schönen Geschirren die wenigen Blumen der Gärten und Felder, die man in dieser Jahreszeit noch hatte auftreiben können. Rings herum waren auch noch

allerlei andere Geräte, namentlich Körbe, die die Herren von der Ferne mitgebracht hatten, und aus denen die Diener, welche aufwarteten und Speisen trugen, kostbare Gebäcke und andere Dinge auspackten. Das Volk stand in großer Menge und dicht um das linnene Gebäude der Speisenden herum und sah zu. Man hatte von den großen Fässern mit Wein, welche herbei gebracht worden waren und im Grase lagen, auch den Gebrauch gemacht, daß man die Flüssigkeit in großen Krügen herabließ und dem Volke, wenn es wollte, einen Willkommenstrunk gab. Es waren deshalb eine Menge Gläser und Krüglein vorhanden. Auch war auf mehreren Tischen auf dem Raume der Weide Braten und anderes Speisengemische zur Bewirtung aufgestellt. Die Armen und auch andere, welche sich nicht scheuten, gingen hinzu, ließen es sich schmekken und tranken von dem Weine. Die aber, welche das nicht tun wollten, begaben sich zu dem Schmied in Vorderstift, dessen Sohn zu dieser Gelegenheit große Vorräte von Bier, Wein und Speisen auf seine Wiese hatte bringen lassen, hielten dort gegen Bezahlung ihr Mittagmahl, und begaben sich wieder zum Anschauen des Festes. Das Fest aber dauerte bis in die Nacht. Da es dunkel wurde, ließ man gläserne Ballen kommen, in denen Lichter brannten, die auf die Tische gestellt wurden und eine überraschende Wirkung hervor brachten. Draußen war die dunkle Nacht auf der Haide, an deren Saume die schwarzen Wälder warteten, dunkle Menschen, von einzelnen getragenen Lichtern unterbrochen, bewegten sich auf der Haide, dichte Menschen, hell in den Angesichtern beleuchtet, standen um das glänzende Bauwerk, und feine Strahlen spannen sich aus dem Gewebe in die Räume hinaus. Da die Herren von den Weinen tranken, wurden sie gesprächiger, und da die Gläser und Krüge in dem Volke viel herum gingen, sprach es auch unter sich und wurde heiter. Zuletzt, da an der Tafel Lebehoch ausgebracht wurden auf Seine Majestät den Kaiser, auf alle wackeren Heerführer, auf den Grundherrn, auf jeden rechtschaffenen Mann und sämtliche schöne Frauen, da wurde die Freude allgemein, viele Gläser streckten sich, von den Händen der Herren gehalten, bei dem Linnengebäude des Speisesaales heraus, um mit dem Volke anzustoßen, und die Rufe auf das Glück und die Gesundheit aller, die es gut mit uns meinen, und die wir lieben, tönten weit in die Nacht hinaus. Endlich wurde das Fest aus, man erhob sich von der Tafel, um sich in das Jägerhaus zu begeben. Den Beschluß des Tages machte ein schöner Zug von Fackeln, bei deren Schein sich die Herren, von denen jeder eine Frau oder ein Jungfräulein führte, zu Fuße nach Oberplan verfügten. Das gesamte Volk ging mit. Erst als die Schützen und Gäste ihre Herbergen gesucht und man die Fackeln eine nach der andern ausgelöscht hatte, zerstreute sich die Menge und begab sich auf die verschiedenen Wege nach Hause. In dieser einsamen Gegend, wo selten andere Abwechslungen vorkommen als die des Wetters, der Jahreszeiten und fruchtbarer und unfruchtbarer Jahre, wird, konnte man vorhersagen, das Andenken an diesen Tag nicht so leicht erlöschen, und Enkel und Urenkel werden sich von dem merkwürdigen Feste, das in dem Stegwalde und in Vorderstift einst gefeiert worden ist, erzählen.

Nach diesem Festtage sollten, wie es ausgemacht worden war, mehrere Zwischentage folgen, bis das zweite Jagen statt haben konnte. Diese Zwischentage sollten namentlich dazu dienen, daß der Grundherr manche Orte und manche Werke und Anlagen besuchen und besehen konnte, die er in dieser Gegend hatte, und zu denen er nicht so bald wieder kommen würde. Seine Gäste könnten es sich in dieser Zeit einrichten, wie sie wollten, und sich die Zeit mit Spielen, Herumgehen und andern Dingen, die sie erlustigten, vertreiben.

Der Herr ritt mit mehreren Begleitern auf dem neugemachten Wege nach dem Hüttenwalde, und durch diesen gegen den Hüttenhof und gegen die Alm, wo er eine Viehzüchterei und Käsewirtschaft hatte, er ritt dahin, um diese Dinge zu besehen, die Waldbesamungen zu besuchen, und die Geisberge, den Urbach und die Rathschläge zu besehen. Der Weg, den er nach und nach zurückzulegen hatte, war ein sehr langer.
Die zurückgeblieben waren, schafften Kähne herbei und machten eine Fahrt auf der Moldau unter Schalmeien und Tannenkränzen. Dann fischten einige, dann besuchten sie Höhen, von denen man weit herum sah, oder sie gingen mit den Frauen und Fräulein in den Fluren spazieren.
In Oberplan war wegen dieser Dinge eine ganz außergewöhnliche Stimmung. Weil die Gegend so einsam liegt, so war der Vorstellungskreis der Bewohner durch die Ankunft der Herren verrückt worden. Es kam ihnen vor, als ob Jahrmarkt wäre, oder als ob Theaterspieler gekommen wären, oder als ob zur Fastnachtszeit Vermummungen aufgeführt würden. Jeder ging nach Verrichtung seiner Geschäfte noch gerne aus dem Hause, um einem der fremden Gäste zu begegnen, oder sie gehen zu sehen, oder sonst seine Neugierde zu befriedigen. Alle waren darin einig, daß die Herren sehr leutselig wären, daß sie mit jedem Weibe und jedem Kinde sprächen und sich sehr freundlich betrügen.
Das zufällige Nebeneinanderstehen Hannas und des schönen jungen Herrn war nicht ohne weitere Folgen geblieben. Er hatte ausgeforscht, wer das Mädchen wäre und wo es wohne. Er war nach Pichlern zu dem weißen Häuschen gegangen und hatte mit Hanna und der Mutter geredet. Er war öfter hinüber gegangen und hatte öfter mit Hanna geredet. Auch in Oberplan hatte er sie gesehen, wenn sie Neugierde halber hinüber kam, er hatte sie begleitet, und einmal hatte man ihn gar vor ihr im hohen

Erlengebüsche auf den Knieen liegen gesehen, ihre Hand mit inbrünstigem Bitten haltend und mit den wunderschönen Augen zu ihr hinauf blickend. Weil die andern Herren, welche zur Besichtigung mancher Werke der Gegend fortgeritten waren, viele Tage ausblieben, konnte die Sache in den Gang kommen und Hanna auch von Empfindungen ergriffen werden. Die beiden gingen mit einander im Kosen durch die Fluren, sie gingen an dem Wachholder und den grauen Steinen vorbei, sie gingen an der niedern Mauer, die als Feldeinfassung von dem weißen Häuschen durch die Talniederung gegen das Gemurmel des Baches hinan lief, sie gingen an den blutroten Blättern des Kirschengeheges, oder saßen auf den geraden und senkrechten Pfeilern des Felsens der Milchbäuerin. Er ging an dem hellen, lichten Tage in das weiße Häuschen hinüber, oder er sendete sehr prächtig gekleidete Diener mit Botschaften an Hanna dahin. Man erstaunte über diese Dinge, und die alte Mutter war wie blödsinnig, und machte Knixe, wenn der schöne Herr oder seine Diener in das Häuschen traten.
Endlich bemächtigte sich der Ruf dieser Sache und trug seine Gerüchte in der Gegend herum. Guido, wie die mitgekommenen Freunde den jungen Mann immer nannten, werde Hanna heiraten, sie werde zu einem erstaunlich hohen Stande erhoben werden, die Gegend, in welche man nur zu jagen gekommen sei, werde ein ganz anderes Fest, ein unglaubliches Fest und ein unvergeßlicheres Fest zu sehen bekommen als die anfänglich bestellten Jagdfeste. Es sei schon alles gewiß, und dem weißen Häuschen stehe eine Freude bevor, die man sich gar nicht vorstellen könne. Es seien jetzt nur erst die Edelsteine, die goldgewirkten Kleider und die spinnengewebefeine Wäsche unter Weges, und wenn diese angekommen wären, dann werde alles öffentlich bekannt gemacht werden und kein Zweifel mehr sein.

Weil jetzt alles nach ganz anderem Maßstabe in Oberplan geschah als zu sonstigen Zeiten, so waren auch alle Köpfe verrückt und hatten nur schöne Kleider und Hoffart und gnädige Frauen und gnädige Herren vor Augen. Die Bewohner von Pichlern, die weniger in Berührung mit den Gästen kamen, schauten nur mit Scheu und Verwunderung auf das weiße Häuschen.

4. DER DUNKLE BAUM

Hanns wußte von dem allen nichts. Der Grundherr wollte nämlich auch alle seine Holzschläge besuchen, und hatte deshalb den Befehl ergehen lassen, daß kein Arbeiter seinen Platz verlassen dürfe, bis er nicht dort gewesen und den Fortgang des Geschäftes gesehen hätte. Dies war die Ursache, daß Hanns nicht nur das Jagdfest nicht hatte besehen können, sondern daß er auch trotz des Sonntages, der in diese Zeit fiel, nicht in die Gegend hinaus gekommen war.

Endlich aber war der Grundherr mit den Herren, die ihn begleitet hatten, überall, wo er zu tun hatte, und also auch in Hannsens Holzschlage gewesen. Die Folge hievon war, daß er nicht nur selber nach Oberplan zurückkehrte, sondern auch seinen Arbeitern in Betracht seiner Zufriedenheit mit ihnen und in Betracht der außerordentlichen Zeit erlaubte, mehrere Tage zu feiern und hinaus zu gehen und die Feste anzuschauen.

Hanns ging von seinem Walde nach Pichlern.

Als er dort angekommen war, ging er zu dem weißen Häuschen; aber er fand es verschlossen. Auf sein Befragen erfuhr er nun alles.

Er ging zu seiner Schwester und zog die Sonntagskleider an.

Dann ging er wieder zu dem Häuschen, das noch ver-

schlossen war. Die Mutter, hieß es, sei mit ihrer Ziege auf den Brunnberg gegangen oder sonst irgend wohin; und Hanna befinde sich in Oberplan oder in einem andern Orte, wo man die Vorbereitungen zu dem großen morgigen Jagen im Langwalde treffe.
Hanns ging nun in die grauen Steine. Er setzte sich dort auf einen derselben nieder, und hielt den Kopf fest in beiden Händen, gleichsam als warte er.
Da aber eine Zeit vergangen war, stand er wieder auf und schlug den Weg nach Oberplan ein. Als er gegen die Wiesen kam, in denen die Moldau in einer Schlange geht, erstaunte er über das, was er sah. Eine große Menge von Menschen war versammelt. Das Bretterhaus, das zu dem großen Tanzfeste dienen sollte, war schon aufgebaut und ragte aus dem Menschengewühle hervor. Hanns wußte nicht, was das zu bedeuten habe. Als er aber sah, daß sich um dieses hölzerne Gebäude die meisten Leute drängten, ging er auch auf dasselbe zu. Er erreichte den Platz und sah, daß um das Gebäude eine Treppenrundung lief, über die man hinaufgehen konnte, wo dann Säulen standen, die den Bau zierten, und zwischen denen man in das Innere sehen und auch an vielen Stellen hinein gehen konnte. Er stieg die Stufen zwischen den Menschen empor und stellte sich neben eine Säule. Da sah er im Innern einen großen Raum, auf dem geputzte Herren herum gingen oder standen, er sah einen erhöhteren Raum, der um den ersten herumlief, auf dem sich Tische und Stühle befanden, und er sah noch ganz oben rings herum einen Bau, wie eine zierliche Bühne, auf der man sitzen und nach abwärts schauen konnte. Überall gab es Menschen. An den Säulen und Brettern waren schon die Nägel und Latten, an denen man die Lampen, die Tuchverzierungen und Blumen befestigen würde.
Hanns fragte einen Mann, an dem er dicht gedrängt stand, was es gäbe.

»Es werden die Treiber, die Heger, die Jäger und alles andere verlesen, was morgen bei der Treibjagd im Langwalde statt haben solle«, antwortete der Mann.
Wirklich sah Hanns mehrere Herren an einem Tische mit Papieren beschäftigt, er sah, wie sie sprachen und an manche Bewohner der Gegend Zettel verteilten.
Oben auf der zierlichen Bühne sah er nebst vielen andern Menschen auch Hanna sitzen. Sie saß neben dem wunderschönen Guido, hatte ihre weiche Hand in seine beiden gelegt, und so sahen sie in den Saal hinab.
Jetzt trat ein Herr von dem Tische weg und rief: »Nun wollen wir die Schützen verlesen, auf welchen Ständen sie sich morgen vor Tagesanbruch einfinden sollen, und auf welchen jeder, ehe die Sonne aufgeht, gerüstet dastehen muß.«
Es ward in dem Saale etwas stiller, und der Herr las mit lauter Stimme aus einem Papiere vor: »Herr Andreas bei der roten Lake.«
»Weiß sie nicht.«
»Gidi wird dich führen.«
»Herr Gunibald in der Kreixe.«
»Weiß sie.«
»Herr Friedrich von Eschberg am gebrannten Steine.«
»Weiß ihn nicht.«
»Der Schmied Feirer wird Euch begleiten.«
»Herr Guido beim beschriebenen Tännling.«
»Weiß ihn.«
»Herr Albrecht Hammermann im Fuchslug.«
»Weiß es.«
»Herr Thorngar am Brunnkreß – Herr Wenhard am Obergehag – Herr Emerich im Auwörth.«
»Wissen es.«
Und so ging es fort, bis sämtliche Herren und Schützen herab gelesen waren. Da dies das Letzte war, was verkündet werden mußte, so gingen die meisten Herren und

mit ihnen auch andere Leute von dem Holzgebäude fort. Hanna und Guido erhoben sich und verschwanden hinter dem Volke. Hanns drängte sich durch die Leute, die an der äußeren Treppe waren, um die Stelle zu gewinnen, an der Hanna aus dem Gebäude kommen mußte. Als er dahin gelangte, sah er, daß sie bereits in einem leichten, schönen Wagen saß, daß Guido bei ihr saß, daß sich ein prächtig gekleideter Diener hinten hinauf schwang, und daß der Wagen fort rollte. Er rollte an den nächsten Häusern, wo man einen Weg über die Wiesen gemacht hatte, herum und schlug die Straße nach Vorderstift ein.

Hanns wendete sich um und ging nach Pichlern. Er hatte dort bei seiner Schwester einen Schrein, in welchem er seine Arbeitsgeräte, die er eben nicht auf dem Holzplatze brauchte, aufbewahrt hatte. Er öffnete die Tür des Schreines und sah auf die Dinge, die da in angebrachten Querhölzern in Einschnitten steckten. Er nahm zuerst einen Bohrer heraus und steckte ihn wieder hin, dann nahm er ein Sägeblatt, besah es und steckte es wieder in die Rinne. Dann nahm er eine Axt, wie er sie gerne anwendete, wenn er keilförmige Einschnitte in die Bäume auszuschrotten hatte. Diese Äxte haben gerne einen langen Stiel, sie selber sind schmal und von scharfer Schneide. Diese Axt nahm er heraus und tat die Tür des Schreines wieder zu. Dann ging er in die Schwarzmühle, wo sie hinter dem Gebäude der Brettersäge unter einem Überdache einen Schleifstein haben, den man mittelst eines Wässerleins, das man auf sein Rad leitete, in Bewegung setzen konnte. Hanns rückte das Brett, das das Wasser dämmte, setzte den Stein in Bewegung und schliff seine Axt. Als er damit fertig war, lenkte er das Wasser wieder ab, stillte den Stein, nahm die Axt auf seine Schulter, wie er sie gerne hatte, wenn er sich nach dem Thußwalde begab, und ging davon. Er ging hinter dem Dorfe durch die Gärten des Weißkohles gegen den Brunnberg zu.

Das Töchterlein eines armen Weibes, das man die Sittibwitwe nannte, sah ihn dort gehen und sagte: »Mutter, da geht Hanns.«

»Laß ihn gehen,« sagte diese, »das ist eine sehr unglückselige Geschichte.«

Hanns stieg über die sehr niedere Mauer, die um die Kohlgärten aus losen Steinen gelegt war, und ging durch die verkrüppelten Erlenstauden und durch die Wachholdergebüsche empor, durch welche Hanna an ihrem ersten Beichttage in der Dämmerung hernieder gegangen war. Er ging an der Milchbäuerin vorüber und begab sich zu den zwei Brunnenhäuschen. Dort lehnte er die Axt an den Stamm der Linde, kniete vor der Tür des einen Häuschens nieder, nahm den Stiel des Schöpfers, schöpfte sich Wasser heraus und trank einen Teil davon. Mit dem Reste benetzte er sich die Stirne, benetzte sich die Augenbrauen, die Augenlider und dann die Augen selber. Er ließ eine geraume Zeit das Naß auf diesen Teilen des Körpers liegen, dann zog er ein Taschentuch hervor und trocknete sich ab. Als dies geschehen war, schüttete er das Wasser, das noch in dem kleinen Schöpfkübel war, aus und schöpfte sich neues. Von diesem tat er noch einmal einen Trunk und schüttete den Rest in den Brunnen zurück. Hierauf legte er den Schöpfkübel in seine gewöhnliche schwimmende Lage auf das Wasser und erhob sich von den Knieen. Er nahm wieder die Axt und schlug den Weg zwischen den Baumreihen zu dem Kirchlein ›zum guten Wasser‹ ein.

Als er bei dem Kirchlein angekommen war, dessen Tür offen stand, blieb er auf dem Grabsteine, der vor der Türe liegt, stehen und tat seinen Hut ab. Dann ging er hinein, den Hut in der einen seiner Hände haltend. Mit der andern nahm er die Axt, die er trug, von der Schulter und lehnte sie neben dem Becken, das das Weihwasser enthielt, in eine Mauerecke. Hierauf ging er bis zu dem Hochaltare hinvor. In dem Kirchlein war niemand als zwei sehr alte Mütterlein, die vielleicht die einzigen waren, welche von dem Verhältnisse zwischen Hanns und Hanna nichts wußten. Hanns kniete an den Stufen des Hochaltares, auf welchem sich die schmerzhafte Jungfrau Maria befand, nieder. Er legte den Hut neben sich, faltete die Hände und betete. Er betete sehr lange. Dann löste er die gefalteten Hände auf, neigte sich vorwärts, neigte sich immer mehr und legte sich endlich auf den kalten Stein, daß seine Arme auf demselben lagen und seine Lippen denselben berührten. Er küßte den Stein mehrere und wiederholte Male. Dann richtete er sich nach und nach auf, und blieb wieder knien und betete wieder. Als er genug gebetet hatte, tat er die gefalteten Hände wieder auseinander, fuhr mit der rechten gegen die Stirne und machte das Zeichen des heiligen Kreuzes. Dann nahm er den neben sich liegenden Hut, stand auf und ging wieder in der Kirche zurück. Die Mütterlein machten einen demütigen und kirchlichen Gruß gegen ihn mit Neigen des Hauptes. An der Tür nahm er mit den Fingerspitzen Weihwasser aus dem Becken, bespritzte sich das Antlitz und machte wieder das Kreuzzeichen. Dann nahm er wieder seine Axt aus der Mauerecke, tat sie auf die Schulter, trat aus der Kirche und setzte den Hut auf.

Von der Kirche ging er zu dem Kreuze empor. An demselben legte er wieder den Hut und die Axt ab, kniete auf den flachen Stein, der vor dem Holze lag, er kniete so nahe, daß seine Brust fast dicht an dem roten Stamme war, und betete da wieder. Nachdem er gebetet hatte, nahm er abermals Hut und Axt.

Gegen den Gipfel des Kreuzberges sehen dunkle Waldhäupter herein. Man sieht sie, wenn man den fernen blauen Alpen, die im Süden sind, den Rücken zuwendet. Die Waldhäupter sind durch ein Tal von dem Kreuzberge geschieden, führen den Namen des oberen Waldes, und

leiten quer über ein Tal in den Langwald. Hanns, nachdem er von dem Beten aufgestanden war, wendete gar nicht den Rücken, der gegen Oberplan und seine Bewohner gerichtet war, sondern sah gegen die Waldhäupter. Er ging in der Richtung gegen sie über den Berg hinab. Im Tale unten beginnen dünnstehende Föhrenstämme, die den Namen der Schieder führen. Hanns ging zwischen den Stämmen und auf dem sumpfigen Boden, der sich unter ihnen befindet, dahin. Er ging durch die Wiesen, die jenseits der Schieder sind, und klomm endlich die Höhen des oberen Waldes hinan, der dichten, verworrenen Baumwuchs und in ihm das eigentümliche Gedämmer schwerer Wälder hat. Er klomm zwischen den Stämmen immer weiter und weiter hinan. Die Kuppe des oberen Waldes ist ein von Bäumen entblößter Fels, von dem man aus das böhmische Waldland wie ein graues Gewebe liegen und seine Teiche darin wie Lichtblicke glänzen sieht. Als Hanns diese Kuppe erreicht hatte, blieb er eine Weile stehen und betrachtete das Land, vielleicht die höchste menschliche Gestalt, die man heute in den Lüften hätte erblicken können. Er blieb eine gute Weile stehen und sah hinaus. Die Sonne war nur mehr einen kleinen Bogen von dem Rande der Westwälder entfernt. Dann ging er wieder weiter.
Er ging jetzt einen sanften Abhang schief abwärts, der mit Gebüschen, Laubbäumen und Steinen besetzt war. Er ging immer fort. Wo die Dachung des Gehölzes minder schief war und wieder fast sich ebenem Lande gleich gestaltete, tat sich eine längliche Waldwiese auf, auf der neben einem grauen Steinhaufen ein Schoppen stand, in den man im Sommer das Heu tut, um es im Winter auf dem gefrornen Hochschnee mit Handschlitten nach Hause zu bringen. Hanns stand vor dem Schoppen und sah eine Weile in das Heu hinein. Dann sah er mit der Hand über den Augen nach dem Stande der Sonne. Diese blickte

nur mehr durch die niederen vergoldeten Tannenzweige herein. Dann ging er wieder weiter. Er ging jetzt durch dichten, dunkelnden Wald. Er ging an starken Stämmen vorüber, die die rauhe Rinde hatten, und von deren verdorrten Ästen die grünen Bärte des Mooses herunter hingen. Er ging an großen Steinen vorüber, die mit einer weichen Hülle bedeckt waren, auf der zarte Fäden und feuchte Blättchen wuchsen. Er ging auf dem modrigen Boden, der die tausendjährigen Abfälle der Bäume enthielt und dem Tritte keinen Widerstand leistete. Er ging auf keinem Wege, weil er die Gestalt und Richtungen des Waldes auch ohne Weg sehr gut kannte. – Endlich war er an seinem Ziele. Ein sehr hoher Baum stand unter den andern ebenfalls hohen und alten Bäumen des Waldes. Hanns lehnte die Axt an den Stamm und sah den Baum an. In seiner Rinde waren die Zeichen der Liebe eingegraben: ein Herz mit Flammen, die durch auseinander gehende Striche angedeutet waren, ein Ring, der zwei Namen umfaßte, ein Kreuz, das aus Keilen empor ragte, der Name Marias, der aus verschlungenen Buchstaben zusammengesetzt war, dann andere Namen, in zwei Buchstaben bestehend, oft verziert mit einem Kränzlein oder dergleichen, oft ohne Verzierung, zuweilen frisch, so wie die Besitzer noch in Jugend unter den Lebenden wandeln, zuweilen vernarbt und unkenntlich, so wie die Liebenden schon durch Alter eingebückt, oder im Grabe bereits zerfallen sind. Der Baum stand sehr hoch in die Abendluft empor und zeichnete seine Zacken, weil er eine Tanne war, in dieselbe. Die wagrechten Äste ruhten wie die ausgebreiteten Fittige eines Vogels in der Luft. An dem Fuße des Stammes lagen einige Steine, als wären sie zum Sitzen und Ausruhen her gelegt worden. Auch ging ein schwaches Waldweglein an dem Baume vorbei, auf dem aber Hanns nicht gekommen war.

Nachdem Hanns den Baum so betrachtet hatte, nachdem

er eine Weile so gestanden war, knöpfte er sich den Rock bis ans Kinn zu und setzte sich auf die Steine, die an dem Fuße des Stammes lagen. Es war der Abend schon sehr stark herein gebrochen, und Hanns sah mit seinen Augen in das Dunkel und in die Dämmerung. Die Baumgitter, die emporwachsenden und nun verdorrten Kräuter und der Boden waren nicht mehr zu unterscheiden, nur daß ein feuchter Punkt oder ein schwaches Wässerlein noch zeitweilig blitzte. Aber endlich hörte auch dieses auf, und es war nur eine einzige Finsternis, in der alles still war.

Hanns saß mit dem Rücken an dem Stamme und schlummerte.

Da kam in der Nacht eine seltsame Erscheinung. Um den Baum wurde es immer lichter und lichter, so daß seine Zacken deutlich in der Helle standen und erkennbar waren. Der Baum war so hoch, daß er bis in den Himmel reichte, und bis in den Himmel reichte die Helle um seine Zacken. In den Zweigen hoch im Himmel stand das Bildnis der heiligen Jungfrau, wie es im Kirchlein zum guten Wasser ist, und doch war sein Antlitz und seine Züge recht deutlich zu erkennen. Auf dem Haupte war die Krone, aus der Brust standen die sieben Schwerter, und in dem Schoße ruhte der gekreuzigte Sohn. Das Bild hatte den Blumenstrauß in der Hand, von dem die Bänder nieder gehen, es hatte das starre seidene Kleid an mit den Flimmern, mit den gestickten Blumen und den gewundenen Stängeln. Das Antlitz aber sah strenge, unerbittlich strenge auf Hanns hernieder. Es sah unverwandt und ernst auf ihn nieder. Da ermannte sich Hanns, er erwachte, er wandte das Haupt aufwärts und sah in den Baum. Der Baum war wieder so klein geworden wie sonst, die heilige Jungfrau stand nicht mehr in den Zweigen, aber ein großes Stück Mond, das, indessen Hanns geschlafen hatte, aufgegangen und über den Wald herüber gerückt war, stand fast gerade über dem Baum, daß seine Zweige glänzten, daß zwischen ihnen lange Lichtstreifen wie silberne Bänder auf Hanns nieder gingen, und daß die Dinge des Waldes in einem zweifelhaften, aber doch erkennbaren Lichte da standen. Hanns erhob sich von seinem Sitze, trat ein wenig seitwärts und sah wieder auf den Baum. Aber es war immer das nämliche. Da fuhr Hanns mit der Hand über sein Angesicht und sagte die Worte: »Es muß etwas Verworrenes gewesen sein, um das ich gebeten habe.«

Da nahm er den Rock etwas enger zusammen und drückte die Oberarme gegen den Leib; denn es war ihm im Schlafe sehr kalt geworden. Dann ging er wieder gegen den Baumstamm und griff mit den Händen in der Gegend, wo er die Axt hingelehnt hatte. Als er sie gefunden hatte, nahm er sie in die Hand, trat weg und sah wieder auf den Baum. Dann sah er noch einmal hinauf, schulterte dann seine Axt und ging von der Stelle fort.

Er ging in anderer Richtung, als er gekommen war, er ging zwischen den Stämmen und an den hie und da von dem Monde beleuchteten Gesträuchen dahin.

Als der Morgen anbrach, an dem die Treibjagd im Langwalde sein sollte, war er schon weit von demselben entfernt. Er ging auf den baumentblößten Höhen dahin, die nicht weit von dem Markte Wallern sich hinziehen.

Der Mann schien ganz gebrochen zu sein. In einer Hütte, die eine halbe Stunde Weges von Wallern liegt, bat er um eine Suppe. Als man ihm dieselbe aus Milch und Mehl gemacht hatte, und als er dieselbe getrunken hatte, begab er sich wieder auf den Weg. Er lenkte von der bisherigen Richtung ab und schlug die nach dem Thußwalde ein.

Als er in seinem Holzschlage angekommen war, legte er sich unter der Bretterhütte in das Heu und in die getrockneten Kräuter des Waldes, die dort zur Lagerstelle waren.

Dort blieb er immer liegen, so lange die Festlichkeiten in Oberplan dauerten, und so lange die anderen Holzknechte, welche freie Zeit hatten, zur Beschauung derselben sich draußen befanden. Nur ein paar alte Weiber waren wegen Beschwerlichkeit des langen Weges zurück geblieben, sie unterhielten das Feuer vor der Hütte, kochten sich und gaben auch Hanns zu essen.

Die Jagd im Langwalde war an dem Tage abgehalten worden. Guido stand schon vor Aufgang der Sonne an dem beschriebenen Tännlinge. Weiter unten im Dickichte stand sein Diener, und so waren in dem ganzen Walde die einzelnen Männer zerstreut, daß das Wild, wenn es vor dem Lärme der Treiber dahin strich, zu Schusse käme und seinen Zoll, bevor es in unbesetzte Reviere ausbrechen konnte, abgäbe. Die meisten Schützen zogen diese Art Jagd bei weitem einer Netzjagd vor, weil dem Wilde der Raum zur Flucht gegeben ist und eine Geschicklichkeit erfordert wird, den Augenblick zu benützen, um das flüchtende Gewild nieder zu strecken. Nur das Volk hatte von dieser Jagd weniger Vergnügen, weil es nicht zuschauen und sich nur an dem heimgebrachten Wilde, an den Sträußen auf den Hüten und an den fröhlichen Mienen der Schützen ergötzen konnte. Guido hatte einen Hirsch an dem beschriebenen Tännlinge geschossen, ein anderer etwas anderes, und so vergnügt waren alle Schützen, daß man noch ein zweites Treibjagen verabredete, ehe es zu dem Balle auf den Moldauwiesen käme, obwohl dieses zweite Treibjagen nicht in dem ursprünglichen Plane gelegen war.

An der Ausschmückung und Herstellung der Gebäude auf den Moldauwiesen zu dem großen Tanzfeste wurde auch auf das eifrigste gearbeitet.

Indessen geschah das Außerordentliche, was manche geahnt, manche vorausgesagt, und doch wenige eigentlich geglaubt hatten. Hanna wurde öffentlich als Guidos

Braut erklärt. Sie sollte mit ihm samt ihrer Mutter auf seine Besitzungen geführt und dort getraut werden. Von dem Augenblicke der Erklärung an stand immer ein schöner, leichter Wagen vor dem weißen Häuschen, den sie beliebig gebrauchen konnte. Kleider und Schmuck waren auch angekommen. Die Bewohner von Pichlern sahen sie in einem schönen Gewande, um den Hals hatte sie ein glänzendes, kostbares Ding, und um den schönen Arm einen goldenen Ring.

Das zweite Treibjagen war in einer andern Waldgegend abgehalten worden.

Jetzt kam auch die Nacht des Tanzfestes, des letzten Festes, das gefeiert werden sollte. Die Holzgebäude mit allen ihren Ausschmückungen waren fertig geworden. Unermeßliche Zuschauermengen strömten von allen Gegenden zusammen und drängten sich in dem Raume außerhalb der Säulen. So viele Lichter waren angezündet worden, daß man meinte, der ganze innere Bau lodere im Feuer. So viele kunstreich gemachte Blumen waren verschwendet worden, daß man meinte, so viele natürliche könnten in zwei Jahren nicht in Oberplan wachsen. Die Herren und Frauen waren so schön, so außerordentlich schön, daß alles, was man bisher gesehen hatte, nur ein Spielwerk und ein kindisches Ding dagegen war. Sie führten angenehme Tänze auf, Menuette und andere. Das feinste Backwerk und süße Weine wurden an die Frauen verteilt. Das Höchste waren Spiele und Masken. Es waren Schäfer und Schäferinnen, Bauern und Bäuerinnen, Jäger, Bergleute, Zauberinnen, dann Götter und Göttinnen, insbesondere Venus und Adonis zugegen. Hanna nahm schon an dem Feste in dem kostbaren Gewande der vornehmen Frauen Anteil. Erst gegen Morgen entfernten sich die Gäste, erloschen die Lichter, und begaben sich die mit Verwunderung überladenen Zuschauer auf den Heimweg.

Der Tag war der Ruhe gewidmet. Der nächste war zur Abfahrt bestimmt.
Als dieser Tag angebrochen war, geschah der Abzug aller Herren und Frauen zu Wagen und zu Pferd mit Dienerschaft und Troß, wie es der Jagdmarschall vorher bestimmt hatte. Hanna und ihre Mutter, die bereits Dienerinnen hatten, waren in dem Zuge.
In Oberplan und in der Umgegend war es nun leer und stille. Das Gebäude auf den Wiesen wurde abgetragen, das Gerüste im Stegwalde wurde abgebrochen, und bald war das Ganze in der Erinnerung der Menschen wie ein Traum.
Nach einiger Zeit kam die amtliche Kunde von der Vermählung Hannas und Guidos. Die Leute sagten, daß sie in einem sehr schönen Schlosse wohne, und daß auch die Mutter in demselben sitze, aber traurig sei. –
Hanns hatte lange nach diesen Ereignissen erst erzählt, was ihm am beschriebenen Tännlinge begegnet wäre.
Jahre nach Jahren waren vergangen. Hanns blieb immer im Holzschlage. Als seine Schwester, die geheiratet hatte, kurz nach ihrem Manne gestorben war, nahm er die drei hinterlassenen Kinder zu sich und ernährte sie.
Als nach vielen Jahren Hanna wieder einmal in die Gegend kam, begegnete sie Hanns. Sie fuhr eben auf dem Wege zwischen Pichlern und Pernek. Sie hatte eine dunkle, samtne Überhülle um ihren Körper und war in dem Wagen zurück gelehnt. Ihr Angesicht war fein und bleich, die Augen standen ruhig unter der Stirne, die Lippen waren ebenfalls schier bleich, und der Leib war runder und voller geworden. Hanns, dessen Angesicht Furchen hatte, stand auf dem Wege. Er hatte sich an ein mit Leinwand überspanntes Wägelchen gespannt, in dem er die drei Kinder eben in seinen Holzschlag führte. Hanna, die ihn nicht kannte, wollte dem armen Manne eine Wohltat erweisen und warf einen Taler aus ihrem

Wagen auf die Erde. Hanns aber hatte sie gar wohl erkannt.

Er ließ später den Taler in eine Fassung geben und hing ihn in dem Kirchlein zum guten Wasser auf, wie man silberne oder wächserne Füße und Hände in solchen Kirchen aufzuhängen pflegt. – –

Als eine Zeit nach Hannas Vermählung sich ihre Gespielinnen an den Abend ihres ersten Beichttages erinnerten und sagten, daß Hannas Voraussagung in Erfüllung gegangen sei, daß sie nun schöne Kleider habe mit gewundenen Stängeln und Gold- und Silberstickerei, und daß sich an ihr die Gnade der heiligen Jungfrau recht sichtlich erwiesen habe, erwiderte der uralte Schmied in Vorderstift: »An ihr hat sich eher ihre Verwünschung als ihre Gnade gezeigt – ihre Weisheit, Gnade und Wundertätigkeit haben sich an jemand ganz anderem erwiesen.«

NACHWORT

»Das Komma im Frack« hat Friedrich Hebbel einen anonym, im Oktober 1858 in den »Stimmen der Zeit. Monatsschrift für Politik und Literatur« erschienenen Angriff auf die Genre-Malerei in der Dichtung seiner Zeit überschrieben; er tadelte in diesem Aufsatz den »stumpfen Realismus« in der Literatur, »der die Warze ebenso wichtig nimmt, wie die Nase, auf der sie sitzt«, und rügte insgesamt den Aufstand des Details gegen das Ganze: »Da fängt das ›Nebenbei‹ überall an zu florieren; der Kot auf Napoleons Stiefeln wird, wenn es sich um den großen Abdikationsmoment des Helden handelt, ebenso ängstlich treu gemalt, wie der Seelenkampf auf seinem Gesicht; . . . die Statue buhlt mit der Nips-Figur um ihre Reize und unterscheidet sich zuletzt nur noch durch die Dimensionen von ihr usw. Kurz, das Komma zieht den Frack an und lächelt stolz und selbstgefällig auf den Satz herab, dem es doch allein seine Existenz verdankt.« In der »absurden Bauern-Verhimmlung« in Malerei und Literatur des 19. Jahrhunderts trat für Hebbel die Vorliebe für spielende Kinder und säugende Mütter besonders deutlich und lächerlich hervor, und zielstrebig ordnete er Adalbert Stifter, den er schon 1849 mit Brockes, Geßner und Kompert zu den Dichtern der Käfer und der Butterblumen gerechnet hatte, jenen Naturdichtern zu, welche das Kleine auf Kosten des Großen, die Naturdarstellung auf Kosten der Menschendarstellung pflegten und die bedeutenden Talente damit um ihre »rasche Wirkung« brachten: »Erst dem Mann der ewigen Studien, dem behäbigen Adalbert Stifter, war es vorbehalten, den Menschen ganz aus den Augen zu verlieren, und in diesem vollzog sich denn auch die Selbstaufhebung der ganzen Richtung, die in seinem ›Nachsommer‹ den letzten denkbaren Schritt getan hat. . . . Der ausartende Genre reißt sich mehr und mehr vom alles bedingenden, aber auch alles zusammenhaltenden Zentrum los und zerfällt in demselben Moment in sich selbst, wo er sich ganz befreit zu haben glaubt. Und das überschätzte Diminutiv-Talent kommt ebenso natürlich vom Aufdröseln der Form zum Zerbröckeln und Zerkrümeln der Materie, schließt damit aber auch den ganzen Kreis vollständig ab.« Stifter wurde von der – durch Hebbel und andere geübten – nachrevolutionären Kritik an seinen »Studien«-Erzählungen, dem Werk, dem er seinen Ruhm bei den Zeitgenossen verdankte, hart getroffen. Er hat nicht nur in der Vorrede zu den »Bunten Steinen« mit der Formulierung des »sanften Gesetzes« darauf geantwortet, sondern auch mit der geduldigen Ausprägung eines zeremoniellen, epischen Altersstiles, der ihn den zeitgenössischen realistischen Kritikern und den auf Realismus festgelegten Interpreten bis heute noch stärker entfremdete, der experimentierfreudigen Moderne aber näherrückte. Als eine Art von Eskapismus haben Peter Handke und Peter Rosei Stifters Schreiben gekennzeichnet, und Rosei hat im Gegensatz zu Hebbel erkannt, daß bei Stifter »die Landschaft die natürliche Bühne« ist »für die in ihr auftretenden Menschen«. Stifter, so Rosei, »will eben jener Brüchigkeit der auf Vernunft basierenden Konventionen entgehen, indem er die ohnehin selbstverständliche Lösung noch durch ihre Ausführung zementiert. – Stifter hat sehr wohl gewußt oder zumindest gespürt, wie dünn das logische, sprachliche Parkett war, auf dem er sich bewegte. Im Alterswerk wird die Angst vor dem Einbrechen in das von Stifter als gesetzlos empfundene *Unten* überdeutlich spürbar. An zahlreichen Stellen sucht er den vorhergegangenen Satz durch den nachfolgenden geradezu zu bestätigen. Die Angst, und es ist keine andere als die alte Angst seines Lebens, zwingt ihn dazu, die Sprache bis auf ihr Skelett abzumagern, die Phantasie bis auf ein Minimum zurückzunehmen und nichts mehr dem *Zufall* zu überlassen.«

Adalbert Stifter, der den politischen und kulturellen Einbruch des Revolutionsjahres 1848 so stark erlebte, daß er davon sprach, Achtung und Liebe zu den Menschen verloren zu haben, sah im Untergang der Welt seiner Jugend ein naturgesetzlich begründetes Schicksal, das in der historisch bestimmten, daher der Deutung unterliegenden Welt des Menschen ebenso wirksam ist, wie in der an Katastrophen und Veränderungen gänzlich uninteressierten außermenschlichen Natur. Er hat mit der Naturwissenschaft seiner Zeit das gnadenlos-unmenschliche Entwicklungsgesetz der Natur beobachtet und den Menschen in dieses Gesetz mit eingeschlossen gesehen; den idealistischen Entfremdungs- und Herrschaftstheorien hat er das Wissen um die natürliche Abkunft des Menschen entgegengestellt, die lebensvolle Spannung von Fremde und Vertrautheit, die im Verhältnis des Menschen zur eigenen Natur ebenso wirkt, wie in dem zur außermenschlichen Natur und in den Beziehungen zwischen den Menschen. W. H. Rey hat von dem »kosmischen Erschrecken« gesprochen, das die frühen Erzählungen Stifters mit der Welterfahrung seiner Zeitgenossen verbindet, ja sie für diese Zeitgenossen zu eigentlichen Zeichen ihrer Welterfahrung macht, doch sind Stifters Erzählungen mehr als bloße Boten einer auf den Monismus zusteuernden, naturwissenschaftlich dominierten Moderne. Schon Goethes Werther erschrickt vor dem Blick in die Natur, das »ewig verschlingende, ewig wiederkäuende Ungeheuer«, und Jean Pauls gewaltige »Rede des toten Christus vom Weltgebäude herab, daß kein Gott sei« hat mit einem Schlage das Harmoniestreben der klassisch-romantischen Welt entzaubert: »Ich ging durch die Welten, ich stieg in die Sonnen und flog mit den Milchstraßen durch die Wüsten des Himmels; aber es ist kein Gott. Ich stieg herab, soweit das Sein seine Schatten wirft, und schauete in den Abgrund und rief: ›Vater, wo bist du?‹ aber ich hörte nur den ewigen Sturm, den niemand regiert, und der schimmernde Regenbogen aus Wesen stand ohne eine Sonne, die ihn schuf, über dem Abgrunde und tropfte hinunter. Und als ich aufblickte zur unermeßlichen Welt nach dem göttlichen *Auge*, starrte sie mich mit einer leeren bodenlosen *Augenhöhle* an; und die Ewigkeit lag auf dem Chaos und zernagte es und wiederkäuete sich.« Auch die Angstvisionen im Werke E.T.A. Hoffmanns belegen jene Neuzeit konstituierende Epochenschwelle, die von der Explosion des Erfahrungswissens herbeigeführt wurde und an der – literarhistorisch gesprochen – »zwischen Balzac und Flaubert die Entdeckung der faszinierenden Wirklichkeit in die Desillusionserfahrung hoffnungsloser Immanenz umschlägt« (G. R. Kaiser). Die Werke Jean Pauls aber gehören mit denen Herders, Tiecks und E. T. A. Hoffmanns zur Quellenliteratur des jungen Adalbert Stifter, die insbesondere in den Journalfassungen seiner »Studien« tiefe Spuren hinterlassen hat. In den Jahren, die der Arbeit an den »Studien«-Erzählungen galten, las er Herders »Ideen zu einer Philosophie der Geschichte der Menschheit« und fand dort jene Sätze, die fast als Motto über die in die »Studien« aufgenommenen Früherzählungen gesetzt werden könnten: »Die Regel, die Weltsysteme erhält und jeden Kristall, jedes Würmchen, jede Schneeflocke bildet, bildete und erhält auch mein Geschlecht.« (F. Krökel) Studien also hat Adalbert Stifter verfaßt, das heißt, er hat im Sinne der Malerei, in der er sich mehr als nur dilettierend betätigte, und durchaus mit dem Anspruch, eine eigene literarische Kunstform zu entwickeln, Skizzen und Vorarbeiten zu dem großen Gemälde eines neuen Natur- und Menschenbildes entworfen, in dessen Zentrum sich das geschichtslose Gesetz der Natur und die historisch bedingte Gestalt des Menschen begegnen sollten. Solche Studien, meinte

Stifter – und stimmte auch darin mit Herder überein –, wirkten nicht selten »wahrer und tiefer ... als Bilder selbst«.
Auch wenn Stifter, in diesem Naturverständnis bewußter und deshalb moderner als Eichendorff, das Naturgemäße und damit die Notwendigkeit von Schmerz und Leid und Katastrophen im menschlichen Leben erkannte, hat er die Hinfälligkeit des flüchtigen Lebens noch keineswegs monistisch mit der Erhaltung der Art begründet, sondern sich das – nach H. O. Burger – gleichgültige und damit auch immer und überall gleich geltende Gesetz der Natur, vielleicht wie sein großes Vorbild Jean Paul, vor Augen geführt, um durch Erschütterung geheilt zu werden und »alle Gefühle, die das Dasein Gottes bejahen« (Jean Paul), in einem unglücklichen und leeren Herzen wieder zu erwecken. Nach Schicksal und Wahl nämlich – so hat Friedrich Sengle verdeutlicht – gehörte Stifter dem Zeitalter Metternichs an; er war so tief im Zeitalter der Restauration verwurzelt, daß ihm weder die Wissenschaft noch die Poesie autonom dünkten: »Über beiden Formen des menschlichen Weltverständnisses steht das Gesetz *göttlicher* Wirklichkeit und Wahrheit. Die Wissenschaft, wie er sie versteht, bedient sich noch nicht der Formel, sondern der Sprache; schon dadurch wird das wissenschaftliche Denken in der Dichtung möglich.« (F. Sengle) Und doch weist Stifters Erzählen über Jean Pauls empfindsam gebrochene Schreckensvision eines Alls hinaus, welches einem »in die Nacht gewühlten Bergwerk« gleicht, »in dem die Sonnen wie Grubenlichter und die Milchstraßen wie Silberadern gehen«. Der Stern- und Blumenanalogie romantischer Bildhaftigkeit verwandt, ist der Kosmos bei Jean Paul, im vertrauten Vergleich, dem irdischen Erfahrungsbereich anverwandelt, während er bei Stifter – auch in der Metaphorik und gestützt durch physikalische Erläuterungen – durch Ent-

fremdung von der vertrauten und nahen Erde gekennzeichnet ist. Als weiße, dünne, sich dehnende und regende Leichentücher erscheinen im »Condor« die Wolken des Himmels; und das scheinbar blaue, Leben atmende Himmelsgewölbe ist im Blick der Kosmonautin ein schwarzer Abgrund, in dem die Sterne als winzige, ohnmächtige Goldpunkte stehen, so daß die Schönheit des Himmels im eigentlichen Wortsinn als optische Täuschung entschleiert wird: » – und endlich die Sonne, ein drohendes Gestirn, ohne Wärme, ohne Strahlen, eine scharfgeschnittene Scheibe aus wallendem, blähendem, weißgeschmolzenem Metalle: so glotzte sie mit vernichtendem Glanze aus dem Schlunde –«. Im Blick neuer Meß- und Beobachtungsinstrumente taucht in Stifters frühen Erzählungen aus dem Dunkel der Vermutungen und Hypothesen eine bis dahin nicht gesehene Wirklichkeit auf, welche ihre Faszination in der Fülle von möglicher mikro- und makroskopischer Beobachtung bis heute nicht verloren hat. Der manipulierende Eingriff in diese Wirklichkeit freilich scheidet unsere Zeit scharf von der Epoche Stifters. Das »kosmische Erschrecken«, das sich in der Literatur unserer Gegenwart (bei Wolfgang Hildesheimer, Thomas Bernhard u. a.) wiederholt, ist noch immer durch jene Herrschaftsgeste bedingt, in welcher – aus dem 19. Jahrhundert überkommen – sich menschliche Freiheit als Freiheit des Menschen von den Zwängen der außermenschlichen Natur beweist. Daß diese Freiheit sich dort selbst zu zerstören droht, wo Entfremdung umschlägt in Vernichtung und Vergewaltigung, ist eine Erfahrung, die schon die Gestalten in Stifters Erzählungen machen. Das »kosmische Erschrecken«, welches das dem Instrument und dem Experiment verfallene 19. Jahrhundert durchzieht und sich noch in den heitersten Erzählungen Gottfried Kellers bemerkbar macht, wandelt sich schon im »Condor«

in jenen »Dualismus von Schrecken und Begeisterung angesichts der zum Weltraum veränderten Welt«, den Martin Selge als ein Charakteristikum von Stifters Poesie aus dem Geist der Naturwissenschaft beschrieben hat. Daß der Schrecken dabei der Frau zugeschrieben wird – »das Weib erträgt den Himmel nicht« –, die Begeisterung aber den männlichen Ballonfahrern, hängt mit Stifters Abneigung gegen die jungdeutsche, frühliberalistische Emanzipationsliteratur zusammen, der er in der Erzählung »Feldblumen« ein eigenes, an Jean Paul orientiertes Ideal der Mädchenerziehung entgegenstellte. So hat Stifter, unter dessen Gedanken sich in der Tat restaurative Vorstellungen mischen, an der Naturwissenschaft seiner Zeit nicht nur ein stoffliches, sondern vor allem ein erzählerisches Interesse. Wie der Tagebuchschreiber im »Condor« von Grauen überfallen wird, weil er durch sein Fernrohr zwar das Schiff unter der großen, dunklen Kugel des Ballons erkennen kann – »im Glase des Rohres zitternd und schwankend, klein wie ein Gedankenstrich am Himmel – das Schiffchen, ein gebogenes Kartenblatt, das drei Menschenleben trägt, und sie noch vor dem Frührote herabschütteln kann, so naturgemäß, wie aus der Wolke daneben ein Morgentropfen fällt« –, nicht aber die Stricke, mit denen das Schiff am Ballon gehalten wird, so wird der Leser der Erzählung durch den seit jeher umrätselten erzählerischen Bruch zwischen dem Blumen- und dem Fruchtstück jäh aus der Erwartung linearen Erzählens gerissen. Martin Selge hat in der vom erzählenden Ich hier erfahrenen Diskrepanz von Wissen und Wahrnehmung eine Bewußtseinsproblematik gesehen, »die, von der romantischen Phantasie aufgerührt, erst der nachfolgenden Epoche als reale Erfahrung, als Erfahrung der Entfremdung zwischen Sein und Bewußtsein, aktuell« geworden ist. Die an E.T.A. Hoffmann geschulte Technik der Irritation des Lesers verweist die

Erfahrung des Fremden, welches uns aus einer wissenschaftlich entschleierten Natur erschreckend und verstörend anblickt, auf einen innermenschlichen Bereich, in dem das Fremde und Trennende als Teil der natürlichen Abstammung des Menschen weiterwirkt.

Die kleine Geschichte von den unsichtbaren Fäden, an denen das Schiff des Lebens hängt, ist dann nicht nur Bild für die Schwäche der Wissenschaft, der es (noch) nicht gelingt, diese Fäden sichtbar zu machen, sondern vor allem Ausdruck eines die Diskrepanz von Wissen und Wahrnehmung lösenden »anthropologischen Heißhungers«, von dem später der Erzähler in Franz Grillparzers »Armem Spielmann« berichten sollte. In seiner Rezension dieser (zur Zeit der Arbeit an den »Studien« entstandenen) Novelle hat Stifter (1847) eine Poetik des eigenen Schaffens gegeben, welches immer auf den Menschen, nicht auf die ihn umgebende Natur oder die von ihm geschaffenen Dinge zielte. An Grillparzers Erzählung, so verdeutlichte Stifter, sei zu erkennen, »weshalb wir die Seele des Menschen höher stellen als jedes Ding dieser Erde, weshalb wir die Dinge schätzen, die Seele aber lieben müssen«. Mit Grillparzer rechnete sich Stifter einer älteren Erzählschule zu, welche Spannung, Esprit und Aktualität nicht zu den Tugenden der Novellistik zählte, sondern die Hingabe des Lesers an einen didaktisch und bewußt therapeutisch gestalteten Erzählfluß forderte: » . . . aber wenn man eine Weile gelesen hat, dann geht man in dem ruhigen, gehaltenen, und, ich möchte sagen, goldenen Strome fort.«

Der Tiermediziner Melchior Westhues, 1956 Rektor der Universität München, schloß am 10. Februar dieses Jahres seine Einführungsrede bei der Feier von Stifters 150. Geburtstag, zur Erheiterung seines Auditoriums, mit dem Satz: »Und was unsere erregten Zeitläufte anlangt, mag gesagt sein: Wer Stifter liest, wird nicht neurotisch und wer neurotisch ist, möge Adalbert Stifter lesen.« Die Erheiterung wäre vermutlich dem Nachdenken gewichen, hätte der Mediziner wenigstens einen Hinweis auf die alte und bewährte Bibliotherapie gegeben, die »in Antike und Mittelalter einen festen und genau umschriebenen Platz im System der Medizin« hatte, »und zwar in der Diätetik, dem dritten Feld medizinischer Praxis neben der medikamentösen und chirurgischen Therapie« (D. von Engelhardt). Dem Affektbereich der in sich vielfach gegliederten Diätetik ist seit alters die Literatur zugeordnet, wobei die Regeln der Rhetorik (etwa der »sermo suavis« als Heilmittel gegen die Melancholie) mit Bedacht dem System der Diätetik dienstbar gemacht werden. Jean Paul hat ironisch und humorvoll über die diätetische Wirkung von Literatur geschrieben, doch belegt die Ironisierung der Bibliotherapie (in »Dr. Katzenbergers Badereise«) die Übersteigerung einer psychosomatisch wirkenden Therapeutik in einer sonst medizinisch weithin hilf- und ratlosen Zeit. Jean Paul und Ernst von Feuchtersleben sind Adalbert Stifters diätetische Autoritäten, und an der gemütskranken Luise von Eichendorff, der Schwester Joseph von Eichendorffs, hat er selbst die beruhigende und die depressionslösende Wirkung seiner Schriften versucht. Er empfahl Luise von Eichendorff die Lektüre des »Nachsommer« als Therapeutikum, während diese gerade durch die Lektüre der »Studien« ihr »von so mancherlei Dingen gequältes Gemüt zu stiller Zufriedenheit« geleitet fühlte. Bibliotherapie und Schreibtherapie gehören bei Stifter – im Selbstversuch und in der beabsichtigten Wirkung auf den Leser – eng zusammen; und die diätetische Wirkung der Lektüre hat dieser Autor nicht nur mit eigenen Schriften erprobt, sondern auch als Thema in sein Werk eingeführt. Eine der schönsten Männergestalten, die Stifter jemals gelungen ist, verweist schon im charakterisierenden Namen auf den Erfolg von Schreib- und Lektüretherapie, die er einem alten Kriegsmann verdankt. Der »sanftmütige Obrist« nämlich, einst ein Spieler und ein mutwilliger Duellant, ehrsüchtig, prachtliebend und »vom Pariser Strolchengolde« lebend, ist durch Schreib- und Lektüretherapie eben zu dem geworden, als der er sich dem Doktor in der »Mappe meines Urgroßvaters« darstellt, nicht mehr ein auf Heldentaten durch Töten ausgehender, von Trieb und Leidenschaft regierter Soldat, sondern ein »sanftmütiger«, dem Frieden, der Vergebung und der Geduld dienender Mensch, der das »sanfte«, das immer gleich gültige Gesetz seines Lebens erkannt und danach gelebt – und geliebt hat. Dieser Obrist hat die alte Volksweisheit des »Zeit heilt Wunden« zu einem Therapeutikum gemacht und aus dem Therapeutikum eine diätetische Methode entwickelt, die von der modernen Psychotherapie nur zögernd wiederentdeckt, aber nie systematisch gelehrt worden ist. Sein Mittel, dem Leben, seinen Schrecken und seinen Freuden, standzuhalten, besteht darin, »daß einer sein gegenwärtiges Leben, das ist, alle Gedanken und Begebnisse, wie sie eben kommen, aufschreibt, dann aber einen Umschlag darum siegelt und das Gelöbnis macht, die Schrift erst in drei bis vier Jahren aufzubrechen und zu lesen«. So lernte er, »das Gute von dem Gepriesenen unterscheiden, und das Heißerstrebte von dem Gewordenen«, und er wurde unter Krieg und Blutvergießen »ein sanfterer Mensch«.

Mit gutem Grund also schätzte Stifter die Dichtkunst höher als die Wissenschaft, denn sie blickt tiefer in das menschliche Herz und seine Dauer als Medizin, Psychologie und Biologie. Die Poesie kann dadurch, daß sie Menschen erschafft, Menschen mit allen Vorzügen und Schwächen, mit ihrer »tigerartigen Anlage« wie mit der »himmlischen«, auch dadurch, daß sie die »kosmische

Kälte« bedenkt, die »im Eros wirkt« (F. Sengle), jene unsichtbaren Fäden aufdecken, die den Menschen an die Natur fesseln und ihn zurückbinden an den – von Stifter mit mystischem Vokabular beschriebenen – einfältigen (also: nur einmal gefalteten) Grund der Seele. In diesem Schöpfungsgrund aber fallen die Natur des Menschen und die des Kosmos in eins, so daß Stifter die »ursprüngliche Gottähnlichkeit der menschlichen Seele« mit der Majestät und der Unschuld des Weltalls vergleichen konnte. »In der Kindlichkeit dieser Dichtung«, heißt es in seiner Rezension von Grillparzers »Armem Spielmann«, »liegt es wieder so klar, was uns aus den Schöpfungen der größten Künstler entgegentritt, und was selber in der Unschuld und Majestät des Weltalls liegt, daß alle Kraft, alle Begabung, selbst der schärfste Verstand nichts ist gegenüber der Einfalt sittlicher Größe und Güte.«

Was Stifter im »Condor« noch metaphorisch verschlüsselt beschrieben hat, wurde wenige Jahre später in der Einleitung zur Erzählung »Brigitta« reflektierend offengelegt. In diesen Überlegungen wird die Dichtkunst als ein der (experimentellen und reflektierenden) Wissenschaft überlegenes Erkenntnisinstrument insofern bezeichnet, als sich die Ursachen von Sympathie oder Antipathie, von Liebe oder Haß (auch dann, wenn die entsprechenden Symptome neuronal zu beschreiben sein sollten) dem bewußt kalkulierenden Verstand entziehen und nur einem Medium zugänglich sind, das durch Gefühl und Zärtlichkeit, durch Sinnlichkeit und Phantasie andere als messende und rationale Zugänge zu den Rätseln des menschlichen Inneren öffnet: »Wir glauben . . ., daß es nicht zu viel ist, wenn wir sagen, es sei für uns noch ein heiterer unermeßlicher Abgrund, in dem Gott und die Geister wandeln. Die Seele in Augenblicken der Entzückung überfliegt ihn oft, die Dichtkunst in kindlicher Unbewußtheit lüftet ihn zuweilen; aber die Wissenschaft mit ihrem Hammer und Richtscheite steht häufig erst am Rande, und mag in vielen Fällen noch gar nicht einmal Hand angelegt haben.« Auf diese wenigen Sätze hat Stifter in der Buchfassung der Erzählung eine lange einleitende Passage der Journalfassung der »Brigitta« (in: »Gedenke Mein! Taschenbuch für 1844«) zusammengezogen, in der die Übereinstimmungen mit der Bildsprache des »Condor« so stark sind, daß das große die »Studien« durchziehende Thema aller darin enthaltenen Erzählungen deutlich wird: die in der Poesie durch künstlerische Gestaltung erfolgende, und daher unbewußt-schuldlose Entschleierung der Gesetze (auch der menschlichen) Natur; die Lösung der großen Entfremdung einer auf Beherrschung und Überwältigung ausgehenden Menschheit von der Natur; und schließlich die Aufdeckung der unsichtbaren Lebensfäden, mit denen der Mensch an die Natur als seine Natur gefesselt ist. ». . . seh'n wir dann aber in die Seele selber«, heißt es im Rahmen der Journalfassung von »Brigitta«, »so ist es . . . dunkel, magische Dinge geschehen, . . . wir ahnen endlose Gebiete, dann blitzt es oft auf, als läge hinter denen erst noch recht ein seltsames Land, und so fort, daß das Herz sich vor sich selber fürchten möchte – wer weiß, wie weit es geht; eine gelegentliche Tat, ein glücklicher Blick der Wissenschaft zuckt zuweilen den Schleier weg, aber das Ahnen ist dann schauerlicher, als das Wissen – . . . Und wie zahllos, mannigfaltig, unbegreiflich müssen erst jene Fäden und Brücken sein, die zwischen Geist und Geist gespannt sind, niemand hat sie gesehen und gezählt, und dennoch sind sie da, und mehr, als die Zahl der Sterne am Firmamente – auf ihnen geht die fremde Seele zu der unsern herüber, liebt sie, haßt sie, umhüllt sie, schmeichelt ihr, zieht sie uns aus dem Leibe, und nimmt sie zu sich hinüber – – unbegreiflich, unausstaunbar sind wir oft gekettet an ein anderes, lechzen nach ihm, verspritzen unser Blut für ihn – und wissen nicht warum.« Stifter hat in der »Studien«-Fassung der Erzählung diese Passagen gekürzt, da seine Beispiele, die »Geisterfurcht« und der »Somnambulismus«, allzu zeitgebunden und ein Nachhall spätromantischer Themen waren, doch hat er damit auch die allgemeine Geltung des »Brigitta«-Rahmens zugunsten des stärker auf die Binnenerzählung bezogenen Themas von äußerer Häßlichkeit und innerer Schönheit zurückgeschnitten.

Ballon, Höhenmesser, Hammer, Richtscheit, Teleskop sind nur eine Auswahl der Instrumente wissenschaftlichen Forschergeistes, welche strukturierend in die »Studien«-Erzählungen verflochten sind; sie alle sind dem sprachlichen Erkenntnisinstrumentarium nachgeordnet. Und trotzdem ergibt sich aus dem gehäuften und konkreten, nicht nur bildhaften Gebrauch dieser wissenschaftlichen Instrumente eine neue Perspektive auf eine neue Dimension von Wirklichkeit. »Stifter macht ästhetisch ernst mit der dem neuzeitlichen Menschen nicht zuletzt durchs Fernrohr aufgezwungenen Erfahrung, daß es Dinge gibt, die außerhalb seiner natürlichen Reichweite liegen.« (M. Selge) Man hat den Blick von Stifters poetischen Gestalten durch das Fernrohr mit dem in romantischer Literatur so häufigen Blick aus dem Fenster verglichen, ohne aber zu bemerken, daß Stifter über die typologisch verfestigte Situation romantischer Perspektivfiguren in Richtung auf eine realistische Erzählweise weit hinausgeht. Der Blick romantischer Figuren aus dem Fenster, aus der geöffneten Türe, unter dem Brückenbogen hervor in die Weite des Waldes, der Landschaft, des Himmels und des Meeres ist Bestandteil einer literarischen Entgrenzung, die nur durch die in den Rahmen (des Fensters, des Brückenbogens etc.) gefügte Perspektive Kontur und Festigkeit bekommt. Durch diesen (in

Dichtung und Malerei gleichermaßen beliebten) Blickwinkel wird der ästhetisch zur Landschaft geformte Ausschnitt aus der Natur einer Ahnung des Ganzen zugeordnet, wird die empirisch entfremdete Natur ästhetisch dem Menschen in ihrer Fülle wieder vertraut gemacht. Es sind daher meist ins Unendliche entschwebende Landschaftselemente, die auf den Betrachter romantischer Natur eindringen.
In den ungezählten Fenstersituationen im Werke Eichendorffs etwa erwachsen die Landschaften aus akustischen Signalen, aus Liedern und Posthornklängen, die in ihrer Unbestimmbarkeit den Eindruck von Weite, Ferne und Sehnsucht hervorrufen:

»Es schienen so golden die Sterne,
Am Fenster ich einsam stand
Und hörte aus weiter Ferne
Ein Posthorn im stillen Land«, –

so beginnt einer der berühmtesten Fensterblicke bei Eichendorff, in dem entfremdete Natur im Lied ästhetisch vertraut gemacht wird. Das am Fenster lauschende Ich hört das Lied der fernen Wanderer, und aus dem Dunkel der Nacht steigt darin das Bild einer italienischen Landschaft, die, im kenntlichen Anklang an Goethes »Kennst du das Land, wo die Zitronen blühn«, als die Heimat der Kunst beschrieben wird:

»Sie sangen von Marmorbildern,
Von Gärten, die überm Gestein
In dämmernden Lauben verwildern,
Palästen im Mondenschein,
Wo die Mädchen am Fenster lauschen,
Wann der Lauten Klang erwacht
Und die Brunnen verschlafen rauschen
In der prächtigen Sommernacht.«

Stifters teleskopisch dem Blick des Betrachters näher gerückte und zugleich durch das Instrument verfremdete Landschaften bleiben dagegen konkret und stehen in der Spannung von Fremdheit und Vertrautheit. »Bis zum Erschrecken klar und nahe«, heißt es in »Hochwald«, habe der Blick durch das Fernrohr alles vor die Schwestern »gezaubert, aber es war alles wildfremd.« Selbst das Vaterhaus, das dann »zitternd im Runde des wunderbaren Glases« steht, ist, in der Nähe aller in Wirklichkeit fernen Details, in diese Spannung eingebettet, denn jeder Blick durch das Rohr ist bedingt von der Angst, dieses geliebte Haus, einen winzigen Punkt am Horizont, zwischen der glänzenden Wüste des Himmels und den »riesenbreiten dunklen blähenden Wogen« der Wälder, verwüstet und entstellt zu sehen. Wenn im Kapitel »Waldfels« dann das Vaterhaus, »angeleuchtet von der sanften Sonne, ruhig starr, zum Entsetzen deutlich« im Blick durch das Fernrohr als Ruine vor den Augen der Mädchen steht, so ist nur erfüllt, was in all den zitternden Beschwörungen der Unversehrtheit des Hauses vorgedeutet war, da diese Beschwörungen stets ein »noch« enthalten und auf die Gebrechlichkeit alles Irdischen und heimatlich Vertrauten verweisen. So wird das Ende des Glücks mit der Sprachgeste der biblischen Todes- und Kreuzigungsszenerie beschrieben: »Als sie sich nun ohnmächtig zurücklehnte, hörte sie eben, wie Clarissa mit schneebleichem Antlitze sagte: ›Es ist geschehen.‹ ›Es ist geschehen‹, erwiderte Gregor; ...« Eine »sanfte Sonne« bescheint hier das Bild der Verwüstung, eine Sonne, die im Gesetz ihres Strahlens und ihres Laufes am Himmel unberührt bleibt von den wandelbaren Schicksalen der Erde, die durch sie lebt. Das unheimlich-heimliche Wort »sanft« wird von Stifter stets so gebraucht, daß seine Verwandtschaft mit »sammeln« und »gesamt« deutlich bleibt, da die Bedeutungen »weich«,

»mild« und »gütig« urverwandt sind mit Bedeutungen des Beisammenseins und der Übereinstimmung. Das Sanfte also ist bei Stifter das der Natur Gemäße, es bezeichnet im Kosmos das dort wirkende Gesetz, in der Menschenwelt aber meint es die Übereinstimmung mit dem Sittengesetz, mit der Ordnung menschlicher Natur. Zu dem Bedeutungsfeld des Sanften und der Natur Gemäßen gehören bei Stifter auch Wort und Begriff der »Ruhe«, deren gespenstischer Doppelsinn schon Walter Benjamin aufgefallen ist. »Ruhe« meint bei Stifter das tödliche Schweigen des Universums ebenso wie die »Ruhe, Stille und Feierlichkeit« eines von Liebe erfüllten Hauses. Die Dominanz des Visuellen bei Stifter, die von der Romantik weg in realistische Erfahrungswelten hinausweist, gibt der Ruhe als Thema und Grundzug seiner Schriften ein so einseitiges Gewicht, daß die Nähe dieser Ruhe zur Ruhe des Todes nicht mehr abzuweisen ist. »Ruhe ist nämlich die Abwesenheit zunächst und vor allem jeglicher akustischen Sensation.« (W. Benjamin) Diese Ruhe, die keine Offenbarung hören kann, die als das Schweigen der Unendlichkeit dem Tode verschwistert ist, scheint Stifters Versuch zu sein, eine Grenzerfahrung zu gestalten, in der das menschliche Leben sich der kosmischen Bewegung annähert, ohne aber die nur in Schmerz und Erosion zu erfahrende Übereinstimmung zu erreichen. In »Hochwald« vereint die Ruhe des Todes und die in allen Bereichen (empfunden oder nicht empfunden) wirkende Zerstörung Mensch und Natur. Das vom Menschen – und allein von ihm – zu empfindende Glück ist nur momenthaft möglich und einem Sonnenstrahl zu vergleichen, der am fernen Buchenhang ein kleines Blatt in der Farbe seines Todes leuchtend heraushebt: »Und die alte Ruhe war wieder über dem Walde. – – . . . wenn das Stahlgrau des Spätherbstes fest über die ganze Himmelskuppel gegossen liegt, so tritt ein Sonnenstrahl heraus, und küsset aus dem fernen Buchenhange ein goldnes Fleckchen, das gegen den Rand zieht, und von ihm unsichtbar in die Luft tritt, nachher ist dasselbe Grau über alle Weiten. Und so war es mit den Schwestern.«

Auf der Basis einer Beschreibung menschlicher Grenzerfahrungen, in der Begegnung von Natur- und Sittengesetz, erhebt sich in Stifters Erzählungen ein kunstvoll gegliedertes Gebäude menschlicher Schicksale, die auch dort, wo es sich um historische Erzählungen handelt, in Umbruchsituationen wurzeln, ihre größte Wirkung aber dort entfalten, wo Stifter den Stoff aus zeitgenössischen Problemfeldern entnahm. Im Zeitalter der bürgerlichen Freiheiten ist dabei die Emanzipation ein dominantes Problemfeld, das in mehreren Erzählungen der »Studien« variiert wird. Die Emanzipation der Frau, vor allem in der Journalliteratur der Zeit heftig umstritten, wurde so zum Thema nicht nur der frühesten »Studien«-Erzählungen, sondern auch zum Thema von »Brigitta«, wo es sich mit dem Thema der Melioration der ungarischen Steppen verbindet, dem für den österreichischen Vielvölkerstaat im Vormärz vorrangigen ökonomischen und sozialen Problem. Die Emanzipation des europäischen Judentums, die in den Staaten des Deutschen Bundes seit 1815 schrittweise wieder zurückgenommen und deshalb im Vormärz um so heftiger umkämpft wurde, hat Stifter in »Abdias« die Feder geführt. Daß er dabei auf Nachrichten aus Nordafrika zurückgreifen konnte, wo die Unterdrückung der jüdischen Minderheit seit 1830, durch das französische Protektorat, gemildert wurde, ist nur ein Grund für die noch um die Jahrhundertwende empfundene Aktualität der Erzählung. »Abdias« erschien im gleichen Jahr (1843), in dem Karl Marx seinen Aufsatz »Zur Judenfrage« geschrieben hat, in einem Jahr also, in dem die Entwicklung des meist in jüdischer Hand befindlichen Bankenwesens zu einer Frage von europäischem Gewicht geworden ist. Die in Restauration und Vormärz ungemein virulente Frage der Ablösung überholter ständischer Ehrbegriffe durch den Begriff »innerer Ehre« hat Stifters (späterer) Rivale um die Gunst des Wiener Publikums Friedrich Hebbel in seinem Drama »Maria Magdalene« (1844) so dargestellt, daß nicht mehr Gift und Dolch (wie in den frühen bürgerlichen Trauerspielen, bei Lessing und Schiller) als Mordwaffen dienen, sondern der starre Begriff ständisch-zünftiger Ehre genügt, um Klara in den Selbstmord zu treiben. Den Eindruck »vernichtender Traurigkeit«, den dieses Drama verbreitete und wohl auch verbreiten sollte, hat Heinrich Laube anläßlich der Leipziger Aufführung 1846 bestätigt: »Als der Vorhang zum letztenmale gefallen war, herrschte in dem kleinen Zuschauerkreise helle Verzweiflung. Wir gingen von dannen wie von einer Hinrichtung.«

In der Zeit, in der Hebbel an seinem Trauerspiel arbeitete, publizierte Stifter (zuerst im »Österreichischen Novellen-Almanach für das Jahr 1844«) die Erzählung »Das alte Siegel«, in der die starren Begriffe der Familienehre Glück und Liebe zerstören, und das blanke Wappenschild mit der Umschrift »Servandus tantummodo honos« (»Unversehrt muß die Ehre bleiben«) nicht so sehr die »Reinheit der Ehre« einer (wohlgemerkt) bürgerlichen Familie, als vielmehr die völlige Inhaltsleere dieser zu Liebe und Verzeihung unfähigen Ehrsucht bedeutet. Im »Alten Siegel« und in »Brigitta« hat Stifter Komplementärerzählungen geschrieben, da dort ein äußerlich schöner Mann die innere Schönheit durch sein starres Festhalten an der Familienehre verfehlt, hier aber eine als häßlich geschilderte Frau durch die stete und geduldige Arbeit an der Kultivierung auch der eigenen Natur zu innerer Schönheit findet. Die aktuellen Nebenthemen in diesen

Erzählungen mit fast emblematischer Struktur, das Thema des Verhältnisses von Frankreich und Österreich (im »Alten Siegel«) in einer Zeit erneuter Kriegsgefahr in Europa, das Thema der Abweisung romantischer Poetologie in »Brigitta«, wo der blassen typisierten Venusgestalt der Gabriele die realistisch-lebensvolle und häßliche Brigitta gegenübergestellt wird, wurden von den Zeitgenossen freilich nicht bemerkt.

»Die Mappe meines Urgroßvaters« schließlich – um ein letztes Beispiel aktueller Stoffe zu nennen – ist gleichsam das Abschiedsgeschenk der Literatur an die so viele Jahrhunderte eng mit ihr verbundene Medizin, vor deren Aufbruch in das naturwissenschaftliche Zeitalter, in die Phase der medikamentös und chirurgisch bestimmten Wissenschaft. Anders als Büchners Lenz, dessen Versuch einer Wiederholung von Christi Auferweckung der Tochter des Jairus (Markus 5,35 ff.) mißlingt, gelingt dem Arzt, der sich selbst und seine Leidenschaft bezwungen hat, da er die diätetische Methode des sanftmütigen Obristen (in diesem seinem Buch, der Mappe) nachgeahmt hat, die Heilung eines Kindes. Auch wenn Stifter den Erstdruck von Büchners 1839 im »Telegraphen für Deutschland« erschienener Erzählung nicht gekannt haben sollte, sind die Parallelen doch erstaunlich. Die modernen Ärzte (in der »Mappe meines Urgroßvaters«) hatten das kranke Kind längst aufgegeben, als es der alt gewordene Arzt aus Thal ob Pirling ins Leben zurückrief: ». . . es ward gesund, und blühte noch lange, da der Greis schon in seinem kühlen Grabe lag.« Das Thema der »Brigitta« also, daß jene Menschen, welche den Wolf in sich besiegt haben, auch die kommende Generation vor den Wölfen zu bewahren vermögen, klingt – diätetisch abgewandelt – schon in der »Mappe« an.

Was all diese Erzählungen für die Moderne so faszinierend macht, sind nicht die den Problemfeldern des

19. Jahrhunderts entnommenen Themen, auch wenn sie – wie die alte Gesundheitslehre – wieder aktuell zu werden versprechen, sondern ist die Gestaltung von Grenzerfahrungen und Grenzüberschreitungen: im frevelhaften Versuch der Erforschung der Natur, in der Forderung unbedingter Liebe, in der Unfähigkeit zu verzeihen, im Einbruch kosmischer Kälte in ein vom Schicksal des eigenen Volkes gezeichnetes Leben, in das unbewachte und unbewehrte Herz. »Die mit der schweigsamen Überklarheit«, schreibt Margarete Susmann (1965), »der Strenge und visionären Schönheit von Stifters Pinsel gezeichnete Wüstenlandschaft, die die Heimat Abdias' wie die Urheimat seines Volkes ist, erscheint selbst als ein Symbol des Äußersten, in das dieser gewaltige späte Mensch gestellt ist, als ein Symbol der Grenze des Lebenkönnens, an der der jüdische Mensch überhaupt, vollends aber in der modernen Welt steht.« Hundertfältig sind in Stifters Erzählungen die Hinweise auf solche Grenzerfahrungen, die seine Menschen dorthin zu treiben vermögen, wo der sanftmütige Obrist einst angelangt war, wo sich auch der Doktor in der »Mappe meines Urgroßvaters« plötzlich findet: zum Selbstmordversuch. »Aber es liegt wirklich etwas Schauderndes in der gelassenen Unschuld, womit die Naturgesetze wirken«, heißt es – exemplarisch für die Mehrzahl der »Studien«-Erzählungen – in »Abdias«, »daß uns ist, als lange ein unsichtbarer Arm aus der Wolke, und tue vor unsern Augen das Unbegreifliche. Denn heute kömmt mit derselben holden Miene Segen, und morgen geschieht das Entsetzliche. Und ist beides aus, dann ist in der Natur die Unbefangenheit wie früher.« Die Parallelen zur modernen Naturerfahrung, etwa in Thomas Bernhards »Frost« zum Tod des Malers Strauch, sind evident: »Kälte, Schneetreiben, Föhn und die Lebensweise seiner Umgebung verursachen in ihm einen unerträglichen Schmerz, denn ›die Natur

ist auf viele Zentren aufgebaut, aber hauptsächlich auf das Zentrum des Schmerzes‹. Die Ungeheuerlichkeit dieses Schmerzes treibt ihn zuletzt in den Selbstmord.« (A. Doppler) In den Grenzerfahrungen ihrer Protagonisten geraten die Erzählungen Stifters unter so ungeheuere Spannung, daß nur die detailgetreu, Schritt für Schritt erzählte Entwicklung die poetischen Figuren (und vielleicht auch ihren Autor) vor dem Wahnsinn, die Form der Erzählungen vor dem Zerbrechen bewahrt. Und noch einmal wird hier der instrumentale Gebrauch der Sprache virulent. Denn wie sich das Detail der Wirklichkeit durch den Gebrauch des wissenschaftlichen Instrumentes, in verfremdender Nähe, fixieren und beobachten läßt, so das Detail der menschlichen Herzensregung durch das Sprachinstrumentarium des Dichters. Darin sind beide Instrumentarien tatsächlich verwandt, daß in der Gestaltung einer poetischen Welt die nur scheinbar vertraute empirische Welt distanziert und in der Distanz des Schreibens auf ihren gesetzmäßigen Ursprung hin durchschaubar wird. Das wissenschaftliche Beobachtungs- und Analyseinstrumentarium gehört unverrückbar zu Stifters Bild der Wirklichkeit, wie sich die Dichtkunst in dieser neuen Wirklichkeit allein dadurch zu legitimieren vermag, daß sie für das wahrhaft Lebendige, die Empfindung des Menschen, ein der Wissenschaft therapeutisch und analytisch überlegenes Erkenntnisinstrumentarium bildet: »Wie schwach und wie herrlich ist der Mensch, wenn ein allmächtig Gefühl seine Seele bewegt, und ihr mehr Schimmer und Macht verleiht, als im ganzen andern toten Weltall liegt!«

*

In sechs Bänden hat Stifter seine zunächst in unterschiedlichen Journalen erschienenen Erzählungen nicht so sehr gesammelt, als vielmehr zu »Studien« überarbeitet, an ihnen immer wieder gefeilt, das allzu häufig auftretende Wort »Leidenschaft« in den neuen Fassungen reduziert und zumal die Fremdworte unnachsichtig verfolgt. Da er keineswegs alle seine frühen Erzählungen in die »Studien« aufgenommen, sondern mit Bedacht ausgewählt und überarbeitet hat, ergab sich in dieser Sammlung von dreizehn Erzählungen eine Art von Querschnitt durch sein Werk, das durch die verzweigte Überlieferungsgeschichte noch verdeutlicht wird. In den ersten 1844 erschienenen Band wurden aufgenommen »Der Condor« (zuerst in: »Wiener Zeitschrift für Kunst, Literatur, Theater und Mode«, 1840), »Feldblumen« (zuerst in: »Iris. Taschenbuch für das Jahr 1841«, 1840) und »Das Haidedorf« (zuerst in: »Wiener Zeitschrift für Kunst, Literatur, Theater und Mode«, 1840); im zweiten, ebenfalls 1844 erschienenen Band wurden gedruckt »Der Hochwald« (zuerst in: »Iris. Taschenbuch für das Jahr 1842«, 1841) und »Die Narrenburg« (zuerst in: »Iris. Taschenbuch für das Jahr 1843«, 1842); der dritte, 1847 erschienene Band war allein für »Die Mappe meines Urgroßvaters« reserviert, die zuerst in Fortsetzungen in der »Wiener Zeitschrift für Kunst, Literatur, Theater und Mode« 1841 und 1842 publiziert worden war; der vierte, wiederum 1847 erschienene Band enthielt »Abdias« (zuerst in: »Österreichischer Novellen-Almanach«, 1843), »Das alte Siegel« (zuerst in: »Österreichischer Novellen-Almanach für das Jahr 1844«, 1843) und »Brigitta« (zuerst in: »Gedenke Mein! Taschenbuch für 1844«, 1843); die Bände fünf und sechs erschienen, durch die Revolutionsereignisse bedingt, erst 1850, wobei Stifters kurzer Vorbemerkung zu diesen Bänden zu entnehmen ist, daß »ein Teil des fünften Bandes . . . bereits gedruckt [war], als die Bewegung des Jahres 1848 ausbrach«. Band fünf enthielt die Erzählungen »Der Hagestolz« (zuerst in:

»Iris. Taschenbuch für das Jahr 1845«, 1844) und »Der Waldsteig« (zuerst in: »Oberösterreichisches Jahrbuch für Literatur und Landeskunde«, 1845); Band sechs schließlich »Zwei Schwestern« (zuerst in: »Iris. Taschenbuch für das Jahr 1846«, 1845) und »Der beschriebene Tännling« (zuerst in: »Rheinisches Taschenbuch auf das Jahr 1846«, 1845). Obwohl die erste Auflage der ganzen Sammlung noch nicht abgeschlossen war, schloß der Verleger an den Erfolg der beiden ersten Bände an und druckte 1847 (zugleich mit der Erstausgabe der Bände drei und vier) bereits eine zweite Auflage der Bände eins und zwei; die Bände drei und vier erschienen schon 1848 in zweiter Auflage, wobei »die Abweichungen der zweiten Auflage von der ersten ... jedoch eine weit gründlichere Überarbeitung [verraten], als man nach den Ankündigungen erwarten möchte. Sie beziehen sich vorwiegend auf Wortwahl und Wortform, seltener auf die Fügung, und lassen ein gewandeltes Stilempfinden erkennen, bereits im Sinne ›einer reiferen und männlicheren Gestaltung‹«, die Stifter »den Erzählungen in einer geplanten späteren Gesamtausgabe zu geben wünschte«. (M. Gerken) Die komplizierte Textgeschichte von sieben zu Lebzeiten des Dichters erschienenen Auflagen der »Studien«, von denen, neben den Journalfassungen, mit Sicherheit die erste und die zweite Auflage textkritisch relevant sind, kann erst im Apparat der historisch-kritischen Ausgabe der »Studien« (durch H. Bergner und U. Dittmann) geklärt werden. Max Stefl jedenfalls entnahm den Text seiner (hier zugrunde gelegten) Ausgabe im Insel-Verlag der vierten Auflage der »Studien«, die als »Stereotyp-Ausgabe in drei Bänden« 1855 bei Gustav Heckenast in Pesth erschienen ist.

Der Einbruch in der Einschätzung seines Schaffens durch die Kritik erreichte Stifter also, noch ehe er den Erfolg der ersten »Studien«-Bände verwerten, ja noch ehe er die erste Auflage abschließen konnte. In Gutzkows »Telegraph für Deutschland« besprach Georg Schirges (im Dezember 1844) die ersten beiden Bände mit jenem Vokabular, wie es für die frühliberalistische Kritik und Literatur charakteristisch war, die »Modernität«, »Wissenschaftlichkeit« und »Leben« von einem gelungenen Kunstwerk forderte: »Diese Studien verdienen vorzugsweise *modern* genannt zu werden; sie sind das Ergebnis einer *poetisch wissenschaftlichen Anschauung* des *kosmischen Ganzen*, durch welche die Begriffe über Gegensätze zwischen Natur und Mensch, wie sie sich im klassischen und Mittelalter geltend machten, modifiziert werden.... Stifter ist eine bedeutende Erscheinung, *durch* und *durch* Poet, durch und durch Leben.« Doch schon die Bände drei und vier verfallen (1847 durch Levin Schücking) dem Vorwurf der virtuosen Detail-Malerei, bis Julian Schmidt, von Emil Kuh der »Nicolai unserer Tage« genannt und von Friedrich Sengle mit Gottsched verglichen, »der die Barockliteratur zu zerschmettern versuchte«, 1853 in den »Grenzboten«, dem Organ eines normativen und programmatischen Realismus, die Isolation Stifters unter den als »modern« geltenden Autoren eines neuen »ästhetischen Prinzips« vollendete. Insbesondere die »Studien« wurden – schon ihres programmatisch biedermeierlichen Titels wegen – heftig kritisiert, da die Kunst nicht darauf ausgehen könne, »uns Studien zu geben, wie sie der denkende und fein fühlende Mensch selber macht«. Stifter hat rasch bemerkt, daß die zunehmende Autorität der politischen Zweckliteratur sein Werk von der breiteren Publikumsresonanz ausschloß und hat sich durch den – seit der zweiten Auflage der »Studien« zu verfolgenden – Stilwandel, im Sinne der älteren, der Biedermeiertradition verpflichteten Erzählschule, auch bewußt den realistischen Modernitäts-Ansprüchen entzogen. »Meinten doch auch viele«, schrieb er im Oktober 1849 an seinen Verleger Heckenast, »die Kunst sei dem Ernst und der Größe der Zeit gegenüber unbedeutend und auf viele Jahre hin würden sich die Menschen mit dieser Spielerei nicht mehr abgeben. Ich sagte darauf, die Kunst sei nicht nur höher, als alle Welthändel, sondern sie sei nebst der Religion das Höchste, und ihrer Würde und ihrer Größe gegenüber seien die eben laufenden Dinge nur törichte Raufhändel; . . .« Durch diese Frontstellung gegen die militant auftretende Programmatik der deutschen Kritiker hat Stifter dann früher als seine Zeitgenossen den Anschluß an die europäische Moderne gefunden, in deren Gefolge seine Wiederentdeckung in Deutschland begonnen hat.

Wolfgang Frühwald

INHALT

Zu dieser Ausgabe

insel taschenbuch 915
Adalbert Stifter
Studien

Der Text folgt der Ausgabe: Adalbert Stifter, Gesammelte Werke. Herausgegeben von Max Stefl. Erster Band: Studien I, Zweiter Band: Studien II. Insel-Verlag, Wiesbaden 1959. Frontispiz in beiden Bänden: Adalbert Stifter. Ölgemälde von Bartholomäus Szélely. Oberösterreichisches Landesmuseum, Linz. Foto: Eiersebner, Linz. Umschlagabbildung des ersten Bandes: Adalbert Stifter: Der Sarstein bei Alt-Aussee (Fassung I). 1835. Öl auf Leinwand. Umschlagabbildung des zweiten Bandes: Adalbert Stifter: Wasserfall in der Ramsau mit Blick auf den Watzmann. 1829. Deckfarben auf blauem Papier. Kassettenmotiv: Adalbert Stifter: Mondaufgang. Um 1855. Öl auf Karton, unvollendet. Die Reproduktion der Gemälde erfolgt mit freundlicher Genehmigung der Adalbert-Stifter-Gesellschaft, Wien.

Klassische deutsche Literatur im insel taschenbuch

Johann Wolfgang von Goethe: Der Briefwechsel zwischen Schiller und Goethe. 2 Bde. Herausgegeben von Emil Staiger. Mit Illustrationen. Bildkommentar von Hans-Georg Dewitz. it 250

– Briefwechsel mit Marianne und Jakob Willemer. Herausgegeben von Hans-J. Weitz. it 900

– Briefwechsel zwischen Goethe und Zelter 1796-1832. Herausgegeben von Max Hecker. it 950

Goethes Gedanken über Musik. Eine Sammlung aus seinen Werken, Briefen, Gesprächen und Tagebüchern. Herausgegeben von Hedwig Walwei-Wiegelmann. it 800

Goethes Liebesgedichte. Herausausgegeben von Hans Gerhard Gräf mit einem Nachwort von Emil Staiger. it 275

Jeremias Gotthelf: Die schwarze Spinne. Mit Illustrationen von Renate Sendler-Peters. it 991

Christian Dietrich Grabbe: Scherz, Satire, Ironie und tiefere Bedeutung. Ein Lustspiel in drei Aufzügen. Mit Illustrationen von Friedrich Heubner. it 534

Jacob Grimm: Über den Ursprung der Sprache. Gelesen in der Preussischen Akademie der Wissenschaften am 9. Januar 1851. Mit Anmerkungen und einem Nachwort von M. Rassem. it 877

Hans Jakob Christoffel von Grimmelshausen: Der abenteuerliche Simplicissimus. Mit Zeichnungen von Fritz Kredel. it 739

– Trutz-Simplex oder Ausführliche und wunderseltzame Lebensbeschreibung der Ertzbetrügerin und Landstörtzerin Courasche. Mit einem Nachwort von Wolfgang Koeppen. it 211

Karoline von Günderode: Gedichte. Herausgegeben von Franz Josef Görtz. it 809

Johann Christian Günther: Gedichte. it 1028

Wilhelm Hauff: Märchen. Erster Band. Herausgegeben von Bernhard Zeller. Mit Illustrationen von Theodor Weber, Theodor Hosemann und Ludwig Burger. it 216

– Mitteilungen aus den Memoiren des Satan. Herausgegeben von Bernhard Zeller und zahlreichen Illustrationen von Rolf Köhler. it 782

Friedrich Hebbel: Erzählungen und Tagebuchblätter. Ausgewählt und mit einem Nachwort versehen von Hermann Hesse. it 1029

Johann Peter Hebel: Kalendergeschichten. Ausgewählt und mit einem Nachwort von Ernst Bloch. Mit neunzehn Holzschnitten von Ludwig Richter. it 17

161/6/7.88

Klassische deutsche Literatur im insel taschenbuch

Johann Wolfgang von Goethe: Schatzkästlein des rheinischen Hausfreundes. Nachdruck der Ausgabe von 1811 sowie sämtliche Kalendergeschichten aus dem »Rheinländischen Hausfreund« der Jahre 1808-1819. Herausgegeben und mit einem Nachwort versehen von Jan Knopf. it 719

Heinrich Heine: Atta Troll. Ein Sommernachtstraum. Mit einem Nachwort von Bernd Kortländer, kommentierenden Anmerkungen und zahlreichen Abbildungen. it 748

– Buch der Lieder. Mit zeitgenössischen Illustrationen und einem Nachwort von E. Galley. it 33

– Deutschland. Ein Wintermärchen. Mit einem Nachwort von Joseph Peter Strelka. Anhang mit Bibliographie und einer Zeittafel. it 723

– Florentinische Nächte. Mit Illustrationen von Wilhelm Wagner. it 923

– Italien. Mit farbigen Illustrationen von Paul Scheurich. it 1072

– Neue Gedichte. it 1055

– Der Rabbi von Bacherach. Ein Fragment. Mit Illustrationen von Max Liebermann und einem Nachwort von Joseph A. Kruse. it 811

– Reisebilder. Mit einem Nachwort von Joseph A. Kruse und zeitgenössischen Illustrationen. it 444

– Die romantische Schule. Mit einem Nachwort von Norbert Altenhofer. it 910

– Romanzero. Mit einem Nachwort von Joseph A. Kruse und zeitgenössischen Illustrationen. it 538

Julius Eduard Hitzig: E.T.A. Hoffmanns Leben und Nachlaß. Mit Anmerkungen zum Text und einem Nachwort von Wolfgang Held. it 755

Friedrich Hölderlin: Gedichte. Herausgegeben und mit Erläuterungen versehen von Jochen Schmidt. it 781

– Hyperion oder Der Eremit in Griechenland. Herausgegeben und mit einem Nachwort versehen von Jochen Schmidt. it 365

– Hölderlins Diotima Susette Gontard. Gedichte-Briefe-Zeugnisse. Mit Bildnissen. Herausgegeben von Adolf Beck. it 447

Hölderlin. Dokumente seines Lebens. Briefe, Tagebuchblätter, Aufzeichnungen. Herausgegeben von Hermann Hesse und Karl Isenberg. it 221

E. T. A. Hoffmann: Die Abenteuer der Silvester-Nacht. Mit farbigen Illustrationen von Monika Wurmdobler. it 798

– Brautwahl. Mit farbigen Illustrationen von Monika Wurmdobler. it 1124

– Die Elixiere des Teufels. Mit Illustrationen von Hugo Steiner-Prag. it 304

161/7/7.88

Klassische deutsche Literatur im insel taschenbuch

E. T. A. Hoffmann: Das Fräulein von Scuderi. Erzählung aus dem Zeitalter Ludwig des Vierzehnten. Mit Illustrationen von Lutz Siebert. it 410

– Der goldne Topf. Ein Märchen aus der neuen Zeit. Mit 13 Illustrationen von Karl Thylmann. Herausgegeben und mit einem Nachwort von Jochen Schmidt. it 570

– Klein Zaches genannt Zinnober. Ein Märchen. Mit Radierungen von Renate Sendler-Peters. it 777

– Lebensansichten des Katers Murr, nebst fragmentarischer Biographie des Kapellmeisters Johannes Kreisler in zufälligen Makulaturblättern. Mit Illustrationen von Maximilian Liebenwein. Mit Anmerkungen. it 168

– Das Majorat. Mit farbigen Illustrationen von Monika Wurmdobler. it 1085

– Meister Floh. Ein Märchen in sieben Abenteuern zweier Freunde. Mit Illustrationen von Otto Nückel. it 503

– Nachtstücke. Mit einem Nachwort von Lothar Pikulik und Illustrationen von Renate Sendler-Peters. it 589

– Nußknacker und Mausekönig. Mit farbigen Illustrationen von Monika Wurmdobler. it 879

– Prinzessin Brambilla. Ein Capriccio. Nach Illustrationen von Jacques Callot. it 418

– Der Sandmann. Mit Illustrationen von Hugo Steiner-Prag und einem Nachwort von Jochen Schmidt. it 934

– Die Serapions-Brüder. Gesammelte Erzählungen und Märchen in vier Bänden. Mit Illustrationen von Monika Wurmdobler und einem Nachwort von Hartmut Steinecke. it 631

– Der unheimliche Gast. Und andere phantastische Erzählungen. Herausgegeben von Ralph-Rainer Wuthenow. it 245

Alexander von Humboldt: Vom Orinoko zum Amazonas. 2 Bde. in Kassette. Reise in die Äquinoctial-Gegenden des neuen Kontinents. Herausgegeben von O. Ette. Mit zahlreichen Abbildungen. it 990

Karl Leberecht Immermann: Münchhausen. Eine Geschichte in Arabesken. Mit Anmerkungen, einer Zeittafel, bibliographischen Hinweisen und einem Nachwort von Hans-Joachim Piechotta. it 747

Jean Paul: Der ewige Frühling. Mit einem Vorwort von Hermann Hesse. Ausgewählt von Carl Seelig. Mit Zeichnungen von Karl Walser. it 262

– Flegeljahre. Eine Biographie. Mit einem Nachwort von Hermann Meyer. it 873

161/8/7.88

Klassische deutsche Literatur
im insel taschenbuch

Jean Paul: Leben des vergnügten Schulmeisterlein Maria Wutz in Auenthal. Eine Art Idylle. Mit einem Nachwort von Peter Bichsel. it 778

– Des Luftschiffers Giannozzo Seebuch und über die natürliche Magie der Einbildungskraft. Mit Illustrationen von Emil Preetorius und Aufsätzen zu Jean Pauls Werk von Ralph-Rainer Wuthenow. it 144

– Siebenkäs. Blumen-, Frucht- und Dornenstücke oder Ehestand, Tod und Hochzeit des Armenadvokaten F. St. Siebenkäs im Reichsmarktflecken Kuhschnappel. Mit einem Nachwort von Hermann Hesse. it 980

– Titan. Mit einem Nachwort von Ralph-Rainer Wuthenow. it 671

Johann Heinrich Jung-Stilling: Lebensgeschichte. it 709

Das Kalte Herz. Und andere Texte der Romantik. Mit einem Essay von Manfred Frank. it 330

Gottfried Keller: Der grüne Heinrich. Erste Fassung. 2 Bde. Mit Zeichnungen Gottfried Kellers und seiner Freunde. it 335

– Die Leute von Seldwyla. Vollständige Ausgabe der Novellensammlung. Mit einem Nachwort von Gerhard Kaiser. it 958

– Romeo und Julia auf dem Dorfe. Mit einem Kommentar und einem Nachwort von Klaus Jeziorkowski. it 756

– Züricher Novellen. Mit einem Nachwort von Werner Weber. it 201

Heinrich von Kleist: Werke in vier Bänden. 4 Bde. in Kassette. Herausgegeben von Siegfried Streller. it 981-984

– Band 1: Dramen I. Die Familie Schroffenstein. Robert Guiskard. Der zerbrochne Krug. Amphitryon. it 981

– Band 2: Dramen II. Penthesilea. Das Käthchen von Heilbronn. Die Hermannsschlacht. Prinz Friedrich von Homburg. it 982

– Band 3: Erzählungen, Gedichte, Anekdoten. it 983

– Band 4: Briefe. it 984

– Geschichte meiner Seele. Das Lebenszeugnis der Briefe. Herausgegeben von Helmut Sembdner.it 281

– Die Marquise von O ... Mit Materialien und Bildern zu dem Film von Eric Rohmer und einem Aufsatz von Heinz Politzer. Herausgegeben von Werner Berthel. it 299

– Michael Kohlhaas. Aus einer alten Chronik. Mit einem Nachwort von Jochen Schmidt. it 844

– Der zerbrochne Krug. Ein Lustspiel. it 171

August Klingemann: Nachtwachen von Bonaventura. Mit Illustrationen von Lovis Corinth. Herausgegeben und mit einem Nachwort versehen von Jost Schillemeit. it 89

161/9/7.88

Klassische deutsche Literatur
im insel taschenbuch

Friedrich Gottlieb Klopstock: Gedanken über die Natur der Poesie. Mit einem Nachwort von Winfried Menninghaus. it 1038

Gotthold Ephraim Lessing: Dramen. Mit einem Nachwort herausgegeben von Kurt Wölfel. it 714

– Hamburgische Dramaturgie. Erläuterungen von Bodo Lecke. it 869

– Laokoon. Herausgegeben von Kurt Wölfel. it 1048

Georg Christoph Lichtenberg: Aphorismen. In einer Auswahl. Herausgegeben und mit einem Nachwort versehen von Kurt Batt. it 165

– Der Fortgang der Tugend und des Lasters. Erklärungen zu Daniel Chodowieckis Monatskupfer zum Göttinger Taschenkalender 1778. it 936

– Sudelbücher. Herausgegeben von Franz H. Mautner. Mit einem Nachwort, Anmerkungen zum Text, einer Konkordanz der Aphorismen-Nummern und einer Zeittafel. it 792

Liselotte von der Pfalz: Briefe. Herausgegeben und eingeleitet von Helmuth Kiesel. Mit zeitgenössischen Portraits. it 428

Martin Luther: Luthers Fabeln und Spruchweisheiten. Mit zahlreichen Abbildungen. Herausgegeben von Reinhard Dithmar. it 1094

Märchen der Romantik. Mit zeitgenössischen Illustrationen. Herausgegeben von Maria Dessauer. it 285

Meister Eckhart: Das Buch der göttlichen Tröstung. Ins Neuhochdeutsche übertragen von Josef Quint. it 1005

Conrad Ferdinand Meyer: Jürg Jenatsch. Eine Bündnergeschichte. Mit einem Nachwort von Reto Hänny. it 862

Eduard Mörike: Alte unnennbare Tage ... Ausgewählte Gedichte. Herausgegeben und mit einem Vorwort von Hermann Hesse, Zeichnungen von Eduard Mörike und einem Essay von Wolf von Niebelschütz. it 246

– Die Historie von der schönen Lau. Mit Illustrationen von Moritz von Schwind und einem Nachwort von Traude Dienel. it 72

– Maler Nolten. Novelle in zwei Teilen. Erste Fassung. Mit zeitgenössischen Illustrationen und einem Nachwort von Wolfgang Vogelmann. it 404

– Mozart auf der Reise nach Prag. Eine Novelle. Mit Illustrationen von Hugo Steiner-Prag und einem Nachwort von Traude Dienel. it 376

Karl Philipp Moritz: Anton Reiser. Ein psychologischer Roman. Mit einem Nachwort von Max von Brück. it 433

Wilhelm Müller: Die Winterreise und andere Gedichte. Herausgegeben von Hans-Rüdiger Schwab. it 901

161/10/7.88

Klassische deutsche Literatur
im insel taschenbuch

Johann Karl August Musäus: Rübezahl. Für die Jugend von Christian Morgenstern. Mit Illustrationen von Max Slevogt. it 73
– Volksmärchen der Deutschen. it 1034
Johann Nestroy: Komödien. 3 Bde. Herausgegeben von Franz H. Mautner. it 526
– Nestroy für Minuten. »Das ist klassisch«. Herausgegeben und mit einer Vorrede von Egon Friedell. Mit acht Rollenbildern. it 818
Novalis: Gedichte. Die Lehrlinge zu Sais -- Dialogen und Monolog. Mit einem Nachwort von Jochen Hörisch. it 1010
– Heinrich von Ofterdingen. Herausgegeben von Jochen Hörisch. Mit zeitgenössischen Abbildungen. it 596
Pückler-Muskau: Andeutungen über Landschaftsgärtnerei. Herausgegeben von Günter Vaupel. Mit zahlreichen Abbildungen. it 1024
Wilhelm Raabe: Werke in 10 Bänden. Herausgegeben von Hans-Jürgen Schrader. it 881-890
– Die Akten des Vogelsangs. it 888
– Altershausen. it 890
– Die Chronik der Sperlingsgasse. Mit Handzeichnungen Wilhelm Raabes. it 370
– Hastenbeck. it 889
– Horacker. it 883
– Im alten Eisen. it 885
– Krähenfelder Geschichten. it 882
– Das Odfeld. it 886
– Pfisters Mühle. it 884
– Stopfkuchen. it 887
– Stuttgarter Erzählungen. it 881
Leopold von Ranke: Die römischen Päpste in den letzten vier Jahrhunderten. Vollständige Ausgabe in 2 Bänden. Mit einem Vorwort von Walther Peter Fuchs. it 960
Friedrich Rückert: Werke. 2 Bde. in Kassette. Ausgewählt und herausgegeben von Annemarie Schimmel. it 1022
Ferdinand von Saar: Novellen aus Österreich. it 906
Friedrich von Schiller: Der Geisterseher. Und andere Erzählungen. Mit einer Einleitung von Emil Staiger und Erläuterungen von Manfred Hoppe. Mit zeitgenössischen Illustrationen. it 212
– Wallenstein. Ein dramatisches Gedicht. Wallensteins Lager -- Die Piccolomini – Wallensteins Tod. Herausgegeben von Herbert Kraft. Mit einem Nachwort von Oskar Seidlin. it 752

161/11/7.88

Klassische deutsche Literatur im insel taschenbuch

Friedrich Schiller/Ludwig Ferdinand Huber: Avanturen des neuen Telemachs. Eine Geschichte in Bildern. Texte von Ludwig Ferdinand Huber. Mit einem Nachwort herausgegeben von Karl Riha. it 941

Friedrich Schlegel: Lucinde. Ein Roman. Mit Radierungen von M. E. Philipp und einem Nachwort von Wolfgang Paulsen. it 817

– Romantische Sagen des Mittelalters. Herausgegeben von Hermann Hesse. it 930

– Theorie der Weiblichkeit. Herausgegeben und mit einem Nachwort versehen von Winfried Menninghaus. it 679

Johann Gottfried Schnabel: Die Insel Felsenburg. Roman. it 953

Arthur Schopenhauer: Aphorismen zur Lebensweisheit. Mit einem Nachwort von Hermann von Braunbehrens. Mit 16 Daguerreotypen und Fotos und Bilderläuterungen von Arthur Hübscher. it 223

– Kopfverderber. Über die Universitäts-Philosophie und ihre Professoren. Herausgegeben von Otto A. Böhmer. Mit Abbildungen. it 661

Heinrich Seidel: Leberecht Hühnchen. Prosa-Idyllen. it 786

Charlotte Stieglitz: Gedichte und Tagebücher. Herausgegeben von Franz Josef Görtz. it 986

Adalbert Stifter: Aus dem alten Wien. Zwölf Erzählungen. Herausgegeben von Otto Erich Deutsch. Mit farbigen Abbildungen. it 959

– Bergkristall. Und andere Erzählungen. it 438

– Der heilige Abend. Mit farbigen Illustrationen von Monika Wurmdobler. it 699

– Die Mappe meines Urgroßvaters. Mit einem Nachwort von Peter Suhrkamp. it 1108

– Der Nachsommer. Mit einem Essay von Hugo von Hofmannsthal. it 653

Adalbert Stifter: Studien. 3 Bde. in Kassette. it 915-917

Theodor Storm: Gesammelte Werke. 6 Bde. Herausgegeben von Gottfried Honnefelder. it 731-736

– Band 1: Gedichte. it 731

– Band 2: Immensee und andere Novellen. it 732

– Band 3: Pole Poppenspäler und andere Novellen. it 733

– Band 4: Carsten Curator und andere Novellen. it 734

– Band 5: Hans und Heinz Kirch und andere Erzählungen. it 735

– Band 6: Der Schimmelreiter. it 736

– Am Kamin. Und andere unheimliche Geschichten. Mit Illustrationen von Roswitha Quadflieg. Ausgewählt und mit einem Nachwort von Gottfried Honnefelder. it 143

161/12/7.88

Klassische deutsche Literatur
im insel taschenbuch

- Unter dem Tannenbaum. Mit Illustrationen der Erstausgabe von Otto Speckter und Ludwig Pietsch. Herausgegeben von Gottfried Honnefelder. it 1042

Ludwig Tieck: Der gestiefelte Kater. Ein Kindermärchen in drei Akten, mit Zwischenspielen, einem Prologe und Epiloge. Mit Radierungen von Otto Speckter. it 940

- Der Hexen-Sabbat. Mit einem Nachwort von Achim Hölter. it 1084
- Märchen und Novellen. Ausgewählt und mit einem Nachwort versehen von Hermann Hesse. it 1061

Ludwig Uhland: Gedichte. Herausgegeben von Hans-Rüdiger Schwab. it 928

Friedrich Theodor Vischer: Auch einer. Eine Reisebekanntschaft. Mit einem Nachwort von Otto Borst. it 1063

Johann Carl Wezel: Belphegor oder Die wahrscheinlichste Geschichte unter der Sonne. Übersetzt von Goethe. Zweisprachige Ausgabe. Mit Zeichnungen von Antoine Watteau. Herausgegeben und mit einem Nachwort versehen von Horst Günther. it 776

Christoph Martin Wieland: Aristipp. Herausgegeben von H. Pröhle. it 718

Wieland Lesebuch. Herausgegeben von Heinrich Bock. Bildauswahl: Gisela Krauß. Übersetzungen: Hildegard Bock. it 729

161/13/7.88

Märchen und Sagen im insel taschenbuch

Alexander N. Afanassew: Russische Volksmärchen. Übertragen von Werner von Grimm. Mit farbigen Illustrationen von Ivan Bilibin. it 1058

Hans Christian Andersen: Märchen. 3 Bände. Mit Illustrationen von Vilhelm Pedersen und Lorenz Frølich. Aus dem Dänischen von Eva-Maria Blühm. it 133

– Märchen meines Lebens ohne Dichtung. Ein Skizze. Mit Porträts des Dichters. Aus dem Dänischen von Michael Birkenbihl. it 356

Apuleius: Der goldene Esel. Mit Illustrationen von Max Klinger zu ›Amor und Psyche‹. Aus dem Lateinischen von August Rode. Mit einem Nachwort von Wilhelm Haupt. it 146

Arabische Märchen. Aus mündlicher Überlieferung gesammelt, übertragen und mit einem Nachwort, einem Namensverzeichnis und Worterklärungen versehen von Enno Littmann. it 779

Emmy Ball-Hennings: Märchen am Kamin. it 945

Ludwig Bechstein: Das Deutsche Märchenbuch. Mit Illustrationen von Ludwig Richter. it 1113

Ivan Bilibin/Alexander Puschkin/Elisabeth Borchers: Das Märchen vom herrlichen Falken und andere russische Märchen mit Illustrationen von Ivan Bilibin. Nacherzählt von Elisabeth Borchers. it 487

– Das Märchen vom Zaren Saltan. Das Märchen vom goldenen Hahn. Nacherzählt von Elisabeth Borchers. Mit Illustrationen von Ivan Bilibin. it 2002

– Wassilissa die Wunderschöne. Das Märchen vom herrlichen Falken. Und andere russische Märchen. Mit Illustrationen von Ivan Bilibin. Nacherzählt von Elisabeth Borchers. it 2020

– Wassilissa, die Wunderschöne und andere russische Märchen mit Illustrationen von Ivan Bilibin. Nacherzählt von Elisabeth Borchers. it 452

Born Judas. Altjüdische Legenden und Volkserzählungen. Aus dem Hebräischen von Rahel bin Gorion. Auswahl und Nachwort von Emanuel bin Gorion. it 529

Clemens Brentano: Gockel Hinkel Gackeleia. Märchen. Mit Initialen und Lithographien von Caspar Braun nach Entwürfen von Clemens Brentano. Mit einem Nachwort von Franz Deibel. it 47

– Italienische Märchen. Mit einem Nachwort von Maria Dessauer. it 695

– Rheinmärchen. In der von Guido Görres herausgegebenen Ausgabe von 1846. Mit Illustrationen von Edward Steinle. it 804

Deutsche Heldensagen. Nacherzählt von Gretel und Wolfgang Hecht. it 345

160/1/5.88

Märchen und Sagen
im insel taschenbuch

[illegible] Volksmärchen. Übertragen von [illegible] Mit farbigen Illustrationen von [illegible] Bilibin [illegible]

[illegible] Märchen [illegible] Bände. Mit Illustrationen von [illegible] Aus dem [illegible] von [illegible] Kurt Pfister. [illegible]

[illegible] Skizzen [illegible] Porträts [illegible] Michael Birkenbihl [illegible]

[illegible] Illustrationen von [illegible]

[illegible] und [illegible] Aus dem [illegible] von [illegible]

[illegible] von Wilhelm [illegible] it 446

[illegible] Märchen. Aus dem [illegible] Übertragung [illegible]

[illegible] Wort [illegible] it 7[illegible]

[illegible] Märchen [illegible] it 94[illegible]

[illegible] Märchenbuch [illegible] Ludwig [illegible] it 1[illegible]3

[illegible] Märchen [illegible] Illustrationen von Elisabeth [illegible]

[illegible] von Zarah [illegible] Das Märchen vom goldenen [illegible] Elisabeth [illegible] Illustrationen [illegible] it [illegible]

[illegible] Das Märchen [illegible]

[illegible] Märchen [illegible]

[illegible] Märchen [illegible]

[illegible] Nachwort [illegible]

[illegible] Gordon [illegible]

[illegible]

Adalbert Stifter, geboren am 23. Oktober 1805 in Oberplan/Böhmerwald, ist am 28. Januar 1868 in Linz gestorben.
Die dreizehn Erzählungen, die Stifter selbst, in Anlehnung an die Malerei seiner Zeit, »Studien« genannt hat, erschienen zuerst in Almanachen und Taschenbüchern der Biedermeierzeit und wurden vom Autor zwischen 1844 und 1850 in Buchform publiziert; sie haben Stifters Ruhm bei den Zeitgenossen begründet. Während Joseph von Eichendorff in dieser »gesunden Poesie« keine Spur von »moderner Zerrissenheit« fand, hat Friedrich Hebbel den Detail-Realismus der Erzählungen heftig getadelt. Heute sind diese längst klassisch gewordenen Texte hochaktuell, nicht nur wegen Stifters therapeutischer Schreibweise, sondern wegen der Vorwegnahme des wissenschaftlichen Blickes moderner Naturdichtung. Die darin enthaltene Darstellung der Spannung zwischen Entfremdung und Vertrautheit menschlicher und außermenschlicher Natur reklamiert die Literatur als ein der Psychologie und der Biologie überlegenes Erkenntnis-Instrument zur Beobachtung des Menschen in seiner Welt.

insel taschenbuch 915

Adalbert Stifter

Studien

Erster Band

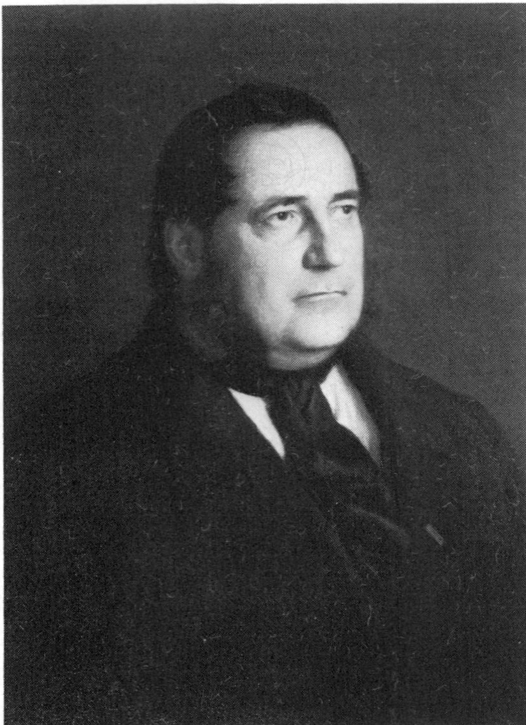

Adalbert Stifter

ADALBERT STIFTER

STUDIEN

HERAUSGEGEBEN VON

MAX STEFL

Mit einem Nachwort von

Wolfgang Frühwald

ERSTER BAND

INSEL VERLAG

insel taschenbuch 915
Erste Auflage 1989

Hinweise zu dieser Ausgabe am Schluß des zweiten Bandes
Vertrieb durch den Suhrkamp Taschenbuch Verlag
Umschlag nach Entwürfen von Willy Fleckhaus
Druck: Nomos Verlagsgesellschaft, Baden-Baden
Printed in Germany

1 2 3 4 5 6 – 94 93 92 91 90 89

SEINER MUTTER

UND SEINEN GESCHWISTERN

WIDMET

DIESE ERSTEN VERSUCHE

DER VERFASSER

In beifolgenden Versuchen wird dem Publikum eine Sammlung loser Blätter vorgelegt, die sich zu verschiedenen Zeiten von meinem Schreibtische verloren hatten. Es lag eigentlich nie in meiner Absicht, als Schriftsteller aufzutreten, sondern wie die meisten Menschen eine Lieblingsspielerei haben, der sie sich zur Erheiterung hingeben, so liebte ich es, an gegönnten Stunden mich in Bildern und Vorstellungen zu ergehen, wie sie eben der Gemütslage zusagten, und solche Dinge zu Papiere zu bringen: allein wie es mit jeder Liebhaberei geht, daß man sie nämlich immer weiter treibt, so ging es auch hier. Die Zeit am Schreibtische ward endlich die liebste und gewünschteste, und wie jede heimliche Liebe zuletzt eine offene wird, wird es auch die Schriftstellerei – und ist man einmal so weit, daß man mehrere zerstreute Blätter in den Händen des Publikums weiß, so ist der Schritt ein ganz leichter, daß man sie sammelt und ein Buch daraus macht, ob mit Recht oder Unrecht, weiß ja der Verfasser selber nie, da er aus seinen Arbeiten zuletzt doch immer nur das Gewollte herauslieset, nicht das Gewirkte. Auf diese Weise entstanden folgende Bände, und auf diese Weise wünscht der Verfasser, daß man ihr Erscheinen entschuldige.
Auf eine vorteilhafte Zusammenstellung der Arbeiten habe ich nicht gesonnen, sondern ich ließ sie so folgen, wie sie entstanden sind, daß sich dem, der das Buch seiner Durchsicht würdigt, zeige, ob ein Fortschritt zu bemerken sei oder nicht. Die Fehler, welche mir durch zugekommene Urteile bekannt geworden sind, habe ich, so weit ich sie einsah, zu verbessern gesucht, da ich den ganzen Stoff umarbeitete, – die andern, die ich nicht einsah, oder deren Vermeidung außer den Grenzen meiner Kräfte lag, sind freilich stehen geblieben. Auf Schrift-

stellertum macht das Vorliegende keinen Anspruch, sondern sein Wunsch ist nur, einzelnen Menschen, die ungefähr so denken und fühlen wie ich, eine heitere Stunde zu machen, die dann vielleicht weiter wirkt und irgendein sittlich Schönes fördern hilft. Ist dies gelungen, dann ist der Zweck dieser Blätter erreicht, und sie mögen vergessen werden – ist doch selbst die glänzendste Tat der Gegenwart eigentlich nur ein Baugerüste der Zukunft, und wird abgebrochen, so wie diese Zukunft fertig ist – aber eben darum geht auch nicht das kleinste Körnchen verloren, das in der Gegenwart ein wahrhaft Gutes setzt; denn der ganze Bau der Ewigkeit ruht mit auf diesem Körnchen.

Und möchten die vorliegenden Schriften nur die kleinsten aus solchen kleinen Körnchen enthalten, dann bereut der Verfasser nicht die Zeit, die er auf ihre Abfassung verwendet, und nicht die Gefühle, womit ihn Gott während der Arbeit belohnt hat.

Wien, im Mai 1843 A. Stifter

DER CONDOR

1. EIN NACHTSTÜCK

Um zwei Uhr einer schönen Junimondnacht ging ein Kater längs des Dachfirstes und schaute in den Mond. Das eine seiner Augen, von dem Strahle des Nachtgestirnes schräg getroffen, erglänzte wie ein grüner Irrwisch, das andere war schwarz wie Küchenpech, und so glotzte er zuletzt, am Ende der Dachkante ankommend, bei einem Fenster hinein – und ich heraus. Die großen, freundlichen Räder seiner Augen auf mich heftend, schien er befremdlich fragen zu wollen: »Was ist denn das, du lieber, alter Spiel- und Stubengenosse, daß du heute in die späte Nacht dein Gesicht zum Fenster hinaushältst, das sonst immer rot und gesund auf dem weißen Kissen lag und ruhig schlummerte, wenn ich bei meinen Nachtgängen gelegentlich vorbeikam und hineinschaute?«

»Ei, Trauter,« erwiderte ich ihm auf die stumme Frage, »die Zeiten haben sich nun einmal sehr geändert, das siehst du; – die weißen Kissen liegen unzerknittert dort auf dem Bettgestelle, und der Vollmond malt die lieblich flirrenden Fensterscheiben darauf, statt daß er in mein schlummerndes Angesicht schiene, welches Gesicht ich dafür da am Simse in die Nacht hinaushalten muß, um damit schon durch drei Vierteile derselben auf den Himmel zu schauen; denn an demselben wird heute das seltenste und tollste Gestirn emporsteigen, was er je gesehen. Es wird zwar nicht leuchten, aber wenn nach Verdienst gerichtet würde, so ist etwas in ihm, das strahlenreicher ist, als der Mond und alle Sterne zusammengerechnet, deine glänzenden Augen nicht ausgenommen, Verehrtester.«

So sagte ich ungefähr zu dem Kater, er aber drehte seine Augen, als verstände er meine Rede, noch einmal so groß und noch einmal so freundlich gegen mich, daß sie wie Glimmerscheiben leuchteten, und die Seite seines weichen Felles gegen meine Hand krümmend und stemmend, hob er sofort sein traulich Spinnen an, während ich fortfuhr, mit ihm zu kosen: »Man sieht viel in einer langen Mondnacht, das wirst du wissen, Lieber, wenn du sonst Beobachtungsgeist besitzest; aber siehe, *ich* wußte es nicht, da ich nie Zeit hatte, eine so recht von Herzen anzuschauen, allein in diesem Harren und Schauen nach dem Himmel, namentlich da der gehoffte Weltkörper immer nicht kam, hatte ich Muße genug, den Lebenslauf einer Frühlingsnacht zu studieren.«

Da aber alles wahr ist, was ich da meinem lieben Freunde Hinze eröffnete, so sehe ich nicht ab, warum ich es nicht auch einem noch liebern Menschenauge eröffnen, dem einst dieses Blatt vorkommen könnte, warum ich nicht sagen sollte, daß mich wirklich ein närrisches und unglückliches Verhängnis an dieses Fenster kettete und meine Blicke die ganze Nacht in die Lüfte bannte. Es will fast närrisch sein, aber jeder säße auch bei mir hieroben, wenn er vorher das erlebt hätte, was ich.

Die Zeit war zäh wie Blei.

Leider war ich schon viel zu früh heraufgestiegen, als sich noch das leidige Abendgetümmel der Menschen durch die Gassen schleppte und eine wunderliche Dissonanz bildete zu dem lieben Monde, der bereits mit rosenrotem Angesichte dort drüben zwischen zwei mächtigen Rauchfängen lag und auf meine zwei Fenster herübergrüßte.

Allmählig puppte sich denn doch alles, was Mensch heißt, in seine Nachthüllen ein, und nur die Rufe der Schlemmer tönten hie und da herauf, wie sie ihren späten Nachtweg nach Hause suchten – dann hob jene Zeit an, die die Philosophen, Dichter und Kater lieben, die *Nachtstille* – mein vierpfotiger Freund hat eben nicht den übelsten Geschmack für die Zeit seiner Spaziergänge. – Der Mond hatte sich endlich von den Dächern gelöset und stand hoch im Blau – ein Glänzen und ein Flimmern und ein Leuchten durch den ganzen Himmel begann, durch alle Wolken schoß Silber, von allen Blechdächern rannen breite Ströme desselben nieder, und an die Blitzableiter, Dachspitzen und Turmkreuze waren Funken geschleudert. Ein feiner Silberrauch ging über die Dächer der weiten Stadt, wie ein Schleier, der auf den hunderttausend schlummernden Herzen liegt. Der einzige Goldpunkt in dem Meere von Silber war die brennende Lampe drüben in dem Dachstübchen der armen Waschfrau, deren Kind auf den Tod liegt.

So schön das alles war, so wurden doch die Stunden eine nach der andern länger – die Schatten der Schornsteine hatten sich längst umgekehrt, die silberne Mondkugel rollte schon bergab auf der zweiten Hälfte ihres dunklen Bogens – es war die tödlichste Stille – nur ich und jenes Lämpchen wachten.

Was ich aber suchte, das erschien nicht.

Zweimal schritt Hinze über die Dächer, ohne zu mir zu kommen. Die große Stadt unter mir, in der undeutlichen Magie des Mondlichts schwimmend, lag im tiefsten Schlummer, als sollte man sie atmen hören – aber auch der Himmel an der gesuchten Stelle blieb glänzend einsam, wie er die ganze Nacht gewesen. Ich harrte fort. Es war, als würde es mit jeder Minute lautloser. Der Mond zog sichtlich der zweiten Halbkugel zu; eine Herde Lämmerwolken, die tief gegen Süden auf der blauen Weide gingen, wurde leise angezündet, und selbst ferne Wolkenbänke, die schon seit Abend unten am Westhimmel schlummerten und sich dehnten – und lange in unsere Nacht hinein die Sonne Amerikas wiedergeschienen hatten, waren erloschen und glommen nun vom Monde an, und durch ihre Glieder floß ein sanftes, blasses Licht, als regten sie sich leise.

Da schlug es zwei Uhr, und Hinze kam. Er war mir in dieser Nacht ordentlich bedeutsam geworden. Es entspann sich das stumme Gespräch mit ihm, das ich anfangs dieses Blattes berichtete; aber freilich dauerte die Unterhaltung mit ihm nicht lange, da wir beide des Zwiegesprächs bald müde waren und jeder zu unserm Geschäfte übergingen: er zu seinem Lustwandeln, ich zu meinem einförmigen Schauen.

Das Lämpchen der Witwe war mittlerweile ausgelöscht worden, dafür fürchtete ich, daß bald eine ganz andere Lampe angezündet werden würde; denn im Osten kroch bereits ein verdächtiges Lichtgrauen herum, als sei es der Morgen; auch die Luft, bisher so warm und todesruhig, machte sich auf; denn ich fühlte es schon zweimal kühl aus Morgen her an mein Gesicht wehen, und das Rauschen der Frühlingsgewässer wurde deutlich von den Bergen herübergetragen.

Da auf einmal, in einem lichten Gürtel des Himmels, den zwei lange Wolkenbänder zwischen sich ließen, war mirs, als schwebe langsam eine dunkle Scheibe – ich griff rasch um das Fernrohr und schwang es gegen jene Stelle des Firmaments – Sterne, Wolken, Himmelsglanz flatterten durch das Objektiv – ich achtete ihrer nicht, sondern suchte angstvoll mit dem Glase, bis ich plötzlich eine große, schwarze Kugel erfaßte und festhielt.

Also ist es richtig, *eine* Voraussage trifft ein: gegen den zarten, weißen Frühhimmel, so schwach rot erst wie eine Pfirsichblüte, zeichnete sich eine bedeutend große, dunkle Kugel, unmerklich emporschwebend – und unter ihr an unsichtbaren Fäden hängend, im Glase des Rohres zit-

ternd und schwankend, klein wie ein Gedankenstrich am Himmel – das Schiffchen, ein gebogenes Kartenblatt, das drei Menschenleben trägt und sie noch vor dem Frührote herabschütteln kann, so naturgemäß, wie aus der Wolke daneben ein Morgentropfen fällt.
Cornelia, armes, verblendetes Kind! möge dich Gott retten und schirmen!
Ich mußte das Rohr weglegen; denn es wurde mir immer grauiger, daß ich durchaus die Stricke nicht sehen konnte, mit denen das Schiff am Ballon hing.
Ist nun auch die *zweite* Tatsache so gewiß wie die erste, dann lebe wohl, du mein Herz, – dann kanntest du und liebtest du das schönste, großherzigste, leichtsinnigste Weib!!
Ich mußte doch das Rohr wieder nehmen; aber der Ballon war nicht mehr sichtbar, wahrscheinlich hatte ihn das obere jener Wolkenbänder aufgenommen, gegen dessen Grund seine Zeichnung verschwand. Ich wartete und suchte dann noch lange am Himmel, fand aber nichts mehr.
Mit seltsamen Gefühlen des Unwillens und der Angst legte ich das Fernrohr weg und starrte in die Lüfte, bis endlich eine andere, aber glühende Kugel emporstieg und ihr strahlendes Licht über die große, heitere Stadt ausgoß, und auf meine Fenster, und auf einen ungeheuren, klaren, heitern, leeren Himmel.

2. TAGSTÜCK

Der junge Mann, aus dessen Tagebuche das Vorstehende wörtlich genommen wurde, war ein angehender Künstler, ein Maler, noch nicht völlig zweiundzwanzig Jahre alt, aber seinem Ansehen nach hätte man ihm kaum achtzehn gegeben. Aus einer Fülle blonder Haare, die er noch fast

knabenhaft in Locken trug, sah ein unbeschreiblich treuherziges Gesicht heraus, weiß und rot, voll Gesundheit, geziert mit den Erstlingen eines Bartes, den er sehr liebte, und der kindisch trotzig auf der Oberlippe saß, – zwei dunkelblaue, schwärmerische Augen unter einer ruhigen Stirn, auf der noch alle Unschuld seiner Kindheit wohnte. Wirklich hatte er auch aus der Einsamkeit des Waldlandes, in dem er erzogen wurde, alle Herzenseinfalt seines Tales und so viel Wissen, als bei seinen Jahren überhaupt möglich ist, in die große, lasterhafte Stadt gebracht.
Un so saß er früh nach jener ihm merkwürdigen Nacht, die er oben beschrieb, auf seiner Dachstube, die nach und nach voll warmen Morgenlichts anquoll, rückgelehnt auf die hohe Lehne eines tuchenen, altmodischen Sessels, des unzählige gelbe Nägel im Frühlichte einen gleißenden Sternenbogen um ihn spannten. Die Hände ruhten in dem Schoße, und die Augen schauten auf die leere Leinwand, die vor ihm auf der Staffelei stand, aber sie sannen nicht auf Bilder, sondern in ihrem tiefen, schwermütigen Feuer stand der Anfang einer Leidenschaft, die düsterselig in dem Herzen anbrannte und trotzig-schön in das kindliche Antlitz trat – auf dem unbeschriebenen Blatte die ersten Lettern der großen Stadt, der Titel, daß nun ein heißes Leben beginne, voll Seligkeit und Unruhe, aber fernabliegend von der friedlichen Insel seiner Kindheit.
Die Liebe ist ein schöner Engel, aber oft ein schöner Todesengel für das gläubige, betrogne Herz!
Sein Nachtgenosse, Hinze, der Kater seiner Mietsfrau, lag auf dem breiten Fenstersimse und schlief in den Strahlen der Morgensonne. Nicht weit davon auf der Zeichnung eines Cherubs lag das Fernrohr. Unten in den Gassen lärmte bereits die Industrie einer großen Hauptstadt, sorgend für den heutigen Hunger und für die heutige Üppigkeit.

Während nun der Künstler so saß in seiner engen Dachstube, die ihm der Himmel endlich ganz mit Sonnengold angefüllt hatte, begab sich anderswo eine andere Szene: hoch am Firmamente in der Einöde unbegrenzter Lüfte schwebte der Ballon und führte sein Schiffchen und die kühnen Menschen darinnen in dem wesenlosen Ozeane mit einem sanften Luftstrome westwärts. Rings ausgestorbene Stille, nur zeitweise unterbrochen durch das zarte Knarren des Taffets, wenn der Ostwind an seinen Wänden strich, oder durch ein kaum hörbares Seufzen in dem seidenen Tauwerk. Drei Menschen, ebenfalls im tiefsten Schweigen, saßen in dem Schiffe, bis ans Kinn in dichte Pelze gehüllt, und doppelte grüne Schleier über die Gesichter. Durch einen derselben schimmerten die sanften Umrisse eines schönen, blassen Frauenantlitzes mit großen, geistvollen, zagenden Augen – und somit war auch die zweite Tatsache richtig, welche der nächtliche Beobachter der Auffahrt vermutet hatte. Aber wie sie hier schiffte, war in ihr nicht mehr jene kühne Cornelia zu erkennen, die gleich ihrer römischen Namensschwester erhaben sein wollte über ihr Geschlecht und gleich den heldenmütigen Söhnen derselben den Versuch wagen, ob man nicht die Bande der Unterdrückten sprengen möge, und die an sich wenigstens ein Beispiel aufstellen wollte, daß auch ein Weib sich frei erklären könne von den willkürlichen Grenzen, die der harte Mann seit Jahrtausenden um sie gezogen hatte – frei, ohne doch an Tugend und Weiblichkeit etwas zu verlieren. Sie war nicht mehr, was sie kaum noch vor einer halben Stunde gewesen; denn alles, alles war anders geworden, als sie sich gedacht hatte.

In frühester Morgendämmerung, um jeder unberufenen Beobachtung zu entgehen, ward die Auffahrt veranstaltet, und mit hochgehobenem Herzen stand die schöne Jungfrau dabei, als der Ballon gefüllt wurde, fast nicht bändigend den klopfenden Busen und die ahnungsreiche Erwartung der Dinge, die da kommen sollten. Dennoch war es ein banger Augenblick für die umstehenden Teilnehmer, als der unscheinbare Taffet zu einer riesenhaften Kugel anschwoll und die mächtigen Taue straff spannte, mit denen sie an die Erde gebunden war. Seltsame Instrumente und Vorrichtungen wurden gebracht und in die Fächer des Schiffes geschnallt. Ein schöner, großer Mann – sonst war er sanft, fröhlich und wohlgemut, heute blaß und ernst – ging vielmal um die Maschine herum und prüfte sie stellenweise um ihre Tüchtigkeit. Endlich fragte er die Jungfrau, ob sie auf ihrem Wunsche beharre, und auf das Ja sah er sie mit einem seltsamen Blicke der Bewunderung an, und führte sie ehrerbietig in das Schiff, bemerkend, daß er ihr nicht mit Wiederholung der Warnungen lästig sein wolle, die er ihr schon vor vierzehn Tagen gemacht, da sie dieselben ohne Zweifel wohl überlegt haben würde. Er wartete noch einige Minuten, und da keine Antwort erfolgte, so stieg auch er ein, und ein alter Mann war der letzte; sie hielt ihn für einen ergrauten, wissenschaftlichen Famulus.

Alle waren sie nun in Bereitschaft, die Maschine in Ordnung. Einen Blick noch tat Cornelia auf die Bäume des Gartens, die ins Morgengrau vermummt umherstanden und zusahen – dann erscholl aus dem Munde ihres Begleiters der Ruf: »Nun laßt im Namen Gottes den braven Condor fliegen – löst die Taue!« Es geschah, und von den tausend unsichtbaren Armen der Luft gefaßt und gedrängt, erzitterte der Riesenbau der Kugel und schwankte eine Sekunde – dann sachte aufsteigend zog er das Schiffchen los vom mütterlichen Grunde der Erde, und mit jedem Atemzuge an Schnelligkeit gewinnend, schoß er endlich pfeilschnell, senkrecht in den Morgenstrom des Lichts empor, und im Momente flogen auch auf seine Wölbung und in das Tauwerk die Flammen der

Morgensonne, daß Cornelia erschrak und meinte, der ganze Ballon brenne; denn wie glühende Stäbe schnitten sich die Linien der Schnüre aus dem indigoblauen Himmel, und seine Rundung flammte, wie eine riesenhafte Sonne. Die zurücktretende Erde war noch ganz schwarz und unentwirrbar, in Finsternis verrinnend. Weit im Westen auf einer Nebelbank lag der erblassende Mond.

So schwebten sie höher und höher, immer mehr und mehr an Rundsicht gewinnend. Zwei Herzen, und vielleicht auch das dritte, alte, pochten der Größe des Augenblicks entgegen.

Die Erhabenheit begann nun allgemach ihre Pergamente auseinanderzurollen – und der Begriff des Raumes fing an mit seiner Urgewalt zu wirken. Die Schiffenden stiegen eben einem Archipel von Wolken entgegen, die der Erde in demselben Augenblicke ihre Morgenrosen sandten, hier oben aber weiß schimmernde Eisländer waren, in den furchtbar blauen Bächen der Luft schwimmend und mit Schlünden und Spalten dem Schiffe entgegen starrend. Und wie sie näher kamen, regten und rührten sich die Eisländer als weiße, wallende Nebel. In diesem Augenblicke ging auf der Erde die Sonne auf, und diese Erde wurde wieder weithin sichtbar. Es war noch das gewohnte Mutterantlitz, wie wir es von hohen Bergen sehen, nur lieblich schön errötend unter dem Strahlennetze der Morgensonne, welche eben auch das Fenster des Dachstübchens vergoldete, in dem der arme junge Meister saß.

»Wie weit, Coloman?« fragte der Luftschiffer.

»Fast Montblancs Höhe,« antwortete der alte Mann, der am andern Ende des Schiffchens saß, »wohl über vierzehntausend Fuß, Mylord.«

»Es ist gut.«

Cornelia sah bei dieser Rede behutsam über Bord des Schiffes und tauchte ihre Blicke senkrecht nieder durch den luftigen Abgrund auf die liebe verlassene, nunmehr schimmernde Erde, ob sie etwa bekannte Stellen entdecken möge – aber siehe, alles war fremd, und die vertraute Wohnlichkeit derselben war schon nicht mehr sichtbar, und mithin auch nicht die Fäden, die uns an ein teures, kleines Fleckchen binden, das wir Heimat nennen. Wie große Schatten zogen die Wälder gegen den Horizont hinaus – ein wunderliches Bauwerk von Gebirgen, wie wimmelnde Wogen, ging in die Breite und lief gegen fahle Flecken ab, wahrscheinlich Gefilde. Nur ein Strom war deutlich sichtbar, ein dünner, zitternder Silberfaden, wie sie oft im Spätherbste auf dunkler Haide spinnen. Über dem Ganzen schien ein sonderbar gelbes Licht zu schweben.

Wie sie ihre Blicke wieder zurückzog, begegnete sie dem ruhigen Auge des Lords, an dem sie sich erholte. Er stellte eben ein Teleskop zurecht und befestigte es.

Dies nun war der Moment, in welchem wir den Ballon trafen, als wir uns aus der Stube des Künstlers entfernten. Er zog, wie wir sagten, mit einem sanften Luftstrome westwärts, ohne weiter zu steigen; denn schon über zwanzig Minuten fiel das Quecksilber in der Röhre gar nicht mehr. Die beiden Männer arbeiteten mit ihren Instrumenten. Cornelia drückte sich tiefer in ihre Gewänder und in die Ecke ihres Sitzes. Die fließende Luft spielte um ihre Locken, und das Fahrzeug wiegte sich. Von ihrem Herzen gab sie sich keine Rechenschaft.

Die Stille wurde nur unterbrochen durch eintönige Laute der Männer, wie der eine diktierte, der andere schrieb. Am Horizonte tauchten jetzt in nebelhafter Ferne ungeheure schimmernde Schneefelder auf, die sich Cornelia nicht enträtseln konnte. »Es ist das Mittelmeer, verehrtes Fräulein«, sagte Coloman; »wir wollen hier nur noch einige Luftproben in unsere Fächer schöpfen und die Elektrizität prüfen; dann sollen Sie den Spiegel noch viel schöner sehen, nicht mehr silbern, sondern wie lauter blitzendes Gold.«

Während dessen hatte der junge Luftschiffer eine Phiole mit starkem Kaffee gefüllt, in ungelöschten Kalk gelegt, hatte Wasser auf den Kalk gegossen und so die Flüssigkeit gewärmt; dann goß er etwas Rum dazu und reichte der Jungfrau einen Becher des heißen und erhitzenden Getränkes. Bei der großen Kälte fühlte sie die wohltätige Wirkung augenblicklich wie neues Leben durch ihre Nerven fließen. Auch die Männer tranken. Dann redeten sie leise, und der jüngere nickte. Hierauf fing der ältere an, Säcke mit Sand, die im Schiffe standen, über Bord zu leeren. Der Condor wiegte sich in seinem Bade, und wie mit den prächtigen Schwingen seines Namensgenossen hob er sich langsam und feierlich in den höchsten Äther – und hier nun änderte sich die Szene schnell und überwältigend.

Der erste Blick Cornelias war wieder auf die Erde – diese aber war nicht mehr das wohlbekannte Vaterhaus: in einem fremden, goldnen Rauche lodernd, taumelte sie gleichsam zurück, an ihrer äußersten Stirn das Mittelmeer wie ein schmales, gleißendes Goldband tragend, überschwimmend in unbekannte phantastische Massen. Erschrocken wandte die Jungfrau ihr Auge zurück, als hätte sie ein Ungeheuer erblickt – aber auch um das Schiff herum wallten weithin weiße, dünne, sich dehnende und regende Leichentücher – von der Erde gesehen – Silberschäfchen des Himmels. – Zu diesem Himmel floh nun ihr Blick – aber siehe, er war gar nicht mehr da: das ganze Himmelsgewölbe, die schöne blaue Glocke unserer Erde, war ein ganz schwarzer Abgrund geworden, ohne Maß und Grenze in die Tiefe gehend, – jenes Labsal, das wir unten so gedankenlos genießen, war hier oben völlig verschwunden, die Fülle und Flut des Lichtes auf der schönen Erde. Wie zum Hohne, wurden alle Sterne sichtbar – winzige, ohnmächtige Goldpunkte, verloren durch die Öde gestreut – und endlich die Sonne, ein drohendes Gestirn, ohne Wärme, ohne Strahlen, eine scharfgeschnittene Scheibe aus wallendem, blähendem, weißgeschmolzenem Metalle: so glotzte sie mit vernichtendem Glanze aus dem Schlunde – und doch nicht einen Hauch des Lichtes festhaltend in diesen wesenlosen Räumen; nur auf dem Ballon und dem Schiffe starrte ein grelles Licht, die Maschine gespenstig von der umgebenden Nacht abhebend und die Gesichter totenartig zeichnend, wie in einer *laterna magica*.

Und dennoch – die Phantasie begriff es kaum – dennoch war es unsere zarte, liebe Luft, in der sie schifften – dieselbe Luft, die morgen die Wangen eines Säuglings fächelt. Der Ballon kam, wie der Alte bemerkte, in den obern umgekehrten Passatstrom, und mußte mit fürchterlicher Schnelligkeit dahingehen, was das ungemeine Schiefhängen des Schiffes bewies, und das gewaltige Rütteln und Zerren an dem Taffet, der dessenungeachtet keinen stärkern Laut gab als das Wimmern eines Kindes; denn auch das Reich des Klanges war hier oben aus – und wenn das Schiff sich von der Sonne wendete, so war nichts, nichts da, als die entsetzlichen Sterne, wie Geister, die bei Tage umgehen.

Jetzt, nach langem Schweigen, taten sich zwei schneebleiche Lippen auf und sagten furchtsam leise: »Mir schwindelt.«

Man hörte sie aber nicht.

Sie schlug nun den Pelz dichter um sich, um den schüttelnden Fieberfrost abzuwehren. Die Männer arbeiteten noch Dinge, die sie gar nicht verstand; nur der junge, schöne, furchtbare Mann, deuchte es ihr, schoß zuweilen einen majestätischen Blick in die großartige Finsternis und spielte dichterisch mit Gefahr und Größe – an dem Alten war nicht ein einzig Zeichen eines Affektes bemerkbar.

Nach langer, langer Zeit der Vergessenheit neigte der Jüngling doch sein Angesicht gegen die Jungfrau, um nach ihr zu sehen: sie aber schaute mit stillen, wahnsinnigen Augen um sich, und auf ihren Lippen stand ein Tropfen Blut.
»Coloman,« rief der Jüngling, so stark er es hier vermochte, »Coloman, wir müssen niedergehen; die Lady ist sehr unwohl.«
Der alte Mann stand auf von den Instrumenten und sah hin, es war ein Blick voll strahlenden Zornes und ein tief entrüstetes Antlitz. Mit überraschend starker Stimme rief er aus: »Ich habe es dir gesagt, Richard, das Weib erträgt den Himmel nicht – die Unternehmung, die so viel kostete, ist nun unvollendet; eine so schöne Fahrt, die einfachste und ruhigste in meinem ganzen Leben, geht umsonst verloren. Wir müssen freilich nieder, das Weib stirbt sonst hier. Lüfte nur die Klappen.«
Nach diesen Worten saß er wieder nieder, klammerte sich an ein Tau und zog die Falten seines Mantels zusammen; der Jüngling aber tat einen jähen Zug an einer grünseidnen Schnur – und wie ein Riesenfalke stieß der Condor hundert Klafter senkrecht nieder in der Luft – und sank dann langsamer immer mehr und mehr.
Der Lord hielt die ohnmächtige Cornelia in den Armen.

3. BLUMENSTÜCK

Ich weiß nicht, wie viel Zeit seit der Luftfahrt vergangen war – da war es wieder eines Morgens, ehe kaum der Tag graute, daß der junge Künstler wieder auf dem altmodischen Sessel mit den gelben Nägeln saß und wieder auf die gespannte Leinwand schaute: aber diesmal war sie nicht leer, sondern mit einem großen skizzierten Bilde prangend, das bereits ein schwerer Goldrahmen umfing.

Wie einer, der heißhungrig nach Taten ist, arbeitete er an dem Bilde, und wer ihn so gesehen hätte, wie er in Selbstvergessenheit die Augen über die gemalte Landschaft strömen ließ, der hätte gemeint, aus ihnen müsse die Wärme und Zärtlichkeit in das Bild geflossen sein, die so unverkennbar und reizend aus demselben traten. Oft ging er einen Schritt zurück, mit klugem Blicke das Ganze prüfend und wägend; dann ward mit leuchtenden Augen die Arbeit fortgesetzt. Es ist ein schöner Anblick, wenn der Engel der Kunst in ein unbewußtes, reizendes Jünglingsantlitz tritt, dasselbe verklärt und es ohne Ahnung des Besitzers so schön und so weit über den Ausdruck des Tages emporhebt. Heller und heller schien die Sonne in das Gemach, und in dieser Stimmung war es, daß ein Diener gegen Mittag ein versiegeltes Blättchen brachte.
Der Jüngling riß es auf. »Gut, ich werde kommen«, sagte er, und ein heißes Rot lief auf seine Wangen, der Zeuge eines Gefühls, das er in der tiefsten Falte seines Herzens verborgen wähnte und in letzter Zeit gar unmutig und unwillig niedergekämpft hatte.
Der Diener ging – der Jüngling aber malte nun nicht mehr.
Um zehn Uhr des andern Tages, in feines Schwarz gekleidet, den leichten Hut über den blonden, vorquellenden Locken, ging er aus der Stadt, die langen, lichten Gassen der Vorstadt entlang, bis er zu dem Eingange eines schönen Landhauses gelangte; dort trat er ein, stieg die breite, sommerliche Treppe hinauf und öffnete die Flügeltüren zu einem großen Saale voll Bilder. Hier harrte er und ließ sich melden. Nach einer Zeit tat sich eine Tür gegenüber dem Eingange auf, und eine ältliche Frau trat heraus, die ihm sogleich mit mütterlicher Freude die Hand reichte und sie herzlich drückte.
»Gehen Sie nur hinein,« sagte sie, »gehen Sie hinein – Sie werden fast mit Angst erwartet. Ach, Gustav, was

habe ich gelitten! – Sie hat es wirklich ausgeführt; dann war sie krank – sie muß fürchterliche Dinge gesehen haben, sie muß sehr weit, sehr weit gewesen sein; denn drei Tage und Nächte dauerte die Rückreise. – Seit sie genesen, ist sie gut und sanft, daß es mir oft wunderbar ins Herz geht; aber sie sagt von jener Sache auch nicht ein leises, leises Wörtchen. Gehen Sie nur hinein.«

Der Jüngling hatte mit düsterer Miene zugehört; er schwieg, und die Miene wurde nur noch düsterer.

Er schritt der Türe zu, öffnete sie und verschwand hinter derselben. Das Zimmer, in dem er sich nun befand, war groß und mit dem feinsten Sinne eingerichtet. An einem Fenster desselben, mitten in einem Walde fremder Blumen, saß eine junge Dame. Sie war in einem weißen Atlaskleide, dessen sanfter Glanz sich edel abhob von den dunkelgrünen Blättern der Kamelien.

Sie war aufgestanden, als der junge Mann eintrat, und ging ihm freundlich entgegen. Eine Gestalt über mittlerer Größe, voll jener hohen Grazie der Vornehmen, aber auch voll jener höheren der Sitte, die den Menschen so schön macht. Ihr Angesicht war geistvoll, blühend, aber heute blaß. Zwei große schwarze Augen schauten dem Künstler aus der Blässe entgegen und grüßten ihn freundlich.

Er aber sah es nicht, daß ein leises Ding von Demütigung oder Krankheit in ihrem Wesen zittere – sein Herz lag gebannt in der Vergangenheit, sein Auge war gedrückt und trotzend.

Einen Moment war Stille.

»Wir haben uns lange nicht gesehen«, sagte sie weich; »ich war auch ein wenig krank.«

Er sagte auf ihre Anrede nichts, sondern verbeugte sich nur.

»Sie waren immer wohl?« fragte sie.

»Ich war wohl«, antwortete er.

Ein großer, verwundernder Blick flog auf ihn – aber sie sagte nichts, sondern ging gegen die Kamelien, wo eine Staffelei stand, rückte dort etwas, dem kein Rücken not tat; stellte etwas zurechte, das ohnedies recht stand; sah in die grünen Pflanzenblätter, als suche sie etwas – und kam dann wieder zurück. Er stand indessen auf demselben Flecke, wie einer, der Befehle erwartet, den Hut in der Hand, und seinen Ort nicht um die Breite eines Haares verrückend.
Die Dame atmete und fragte dann endlich sich zwingend noch sanfter: »Dachten Sie wohl auch die Zeit her an uns?«
»Ich dachte oft«, sagte er mit unbefangener Stimme, »an Sie und an unsere Studien. Jetzt werden wohl die Farben auf dem Bilde gar zu sehr verdorrt sein.«
Nun aber wird sie purpurrot und stieß heiß heraus: »Malen wir.«
Das Rot des Antlitzes war im raschen Umwenden ihrer Gestalt nur hinter den Schläfen sichtbar geworden, und den tiefen Unmutsblitz des Auges hatte nur der Spiegel aufgefangen. Es war ganz deutlich, und schon ihr Anzug hatte es gezeigt, daß sie nicht hatte malen wollen: aber wie er nun den Hut abgelegt, an die Staffelei getreten, dort ein Fach geöffnet, Malergeräte herausgenommen und stehend die Farben auf die Palette gestellt – und wie sie allem dem mit großem, schweigendem Auge zugesehen hatte – und wie er ihr die Palette artig reichte: so drückte sie rasch den einen Ärmel ihres Atlasgewandes zusammen, empfing die Palette und setzte sich mit unsäglichem Stolze nieder.
Er stand hinter ihr, auf dem Antlitze nicht einen Hauch von Erregung zeigend.
Das Malen begann. Die ältliche Frau, die Amme der jungen Dame, ging zeitweise ab und zu.
Der junge Mann, als Lehrer, begann mit klarer Stimme

kühl und ruhig die Beurteilung des bereits auf der Leinwand Vorhandenen, und tat dieses Geschäft lobender und kürzer als sonst; dann gab er den Plan für das, was nun dem Bilde zunächst not tue; er nannte die erforderlichen Töne und die Farben, aus denen sie zu mischen seien. Sie nahm und mischte.

»Gut«, sagte er. Die Töne wurden nun in einem Bogen auf der Palette neben einander aufgestellt – das Malen begann, und das Zimmer war totenstill; nur, wie eine Grotte durch fallende Tropfen, so ward es durch die gelegentlichen Worte unterbrochen: »gut – wärmer – tiefer –.« Nach und nach tönte auch dies nicht mehr; mit dem langen Stiele des Pinsels zeigte er, was zu verbinden war, was zu trennen; oder er setzte plötzlich ein Lichtchen oder einen Drucker hin, wo es not tat und sie es nicht wagte.

Was er gewollt, hatte er erreicht; aber wer ihn nun gesehen hätte, wie er sein schönes Antlitz hinter ihrem Rücken einsam emporhob, der hätte den leisen, heißen Schmerz bemerkt, der in demselben schwamm – aber sie sah sich nicht um, und sonst waren rings nur die blinden Wände.

Wie so oft der Geist des Zwiespalts zwischen Menschen tritt, anfangs als ein so kleines, wesenloses Ding, daß sie es nicht sehen oder nicht wert halten, es mit einem Hauch des Mundes, mit einer Falte des Gewandes wegzufegen – wie es dann heimlich wächst, und endlich als unangreifbarer Riese wolkig, dunkel zwischen ihnen steht: so war es auch hier. Einstens, ja in einem schönen Traume war es ihm gewesen, als zittre auch in ihr der Anfang jenes heißen Wesens, das so dunkel über seiner Seele lag, einstens in einem schönen Traume; aber dann war ihr Stolz wieder da, ihr Freiheitsstreben, ihr Wagen – alles, alles so ganz anders, als ihm sein schüchtern wachsendes, schwellendes Herz sagte, daß es sein solle – so ganz anders, ganz anders, daß er plötzlich knirschend alles hinter

sich geworfen, und nun dastand, wie einer, der verachtet – und wie sie immer fortmalte und auch nicht *eine* Seitenbewegung ihres Hauptes machte, und auch nicht *ein* Wort sagte: da preßte er die Zähne seines Mundes aufeinander und dachte, er hasse dieses Weib recht inbrünstiglich! – Und wie Stunde um Stunde des Vormittags floß, – wie er ihren Atem hörte, und wie doch keine Sekunde etwas anderes brachte, als immer dasselbe Bild: – da wurde es schwül im Zimmer, und auf einmal – er wußte nicht warum – trat er an das Fenster und sah hinaus. Es war draußen still, wie drinnen; ein traurig blauer Himmel zog über reglose grüne Bäume – der Jüngling meinte, er ringe mit einer Riesenschlange, um sie zu zerdrücken. Plötzlich war es, als höre er hinter sich einen dumpfen Ton, wie wenn etwas niedergelegt würde – er sah um: wirklich waren Palette und Malerstab weggelegt, und die Jungfrau saß im Stuhle rückgelehnt, die beiden Hände fest vor ihr Antlitz drückend. Einen Moment schaute er auf sie und begann zu beben; – dann ging er leise näher – sie regte sich nicht – dann noch näher – sie regte sich nicht – er hielt den Atem an, er sah auf die schönen Finger, die sich gegen die Blüte des Antlitzes drückten – und da sah er endlich, wie quellend Wasser zwischen ihnen vordrang – mit eins lag er auf seinen Knieen vor ihr. Man erzählt von einer fabelhaften Blume der Wüste, die jahrelang ein starres Kraut war, aber in *einer* Nacht bricht sie in Blüten auf, sie erschrickt und schauert in der eignen Seligkeit – so wars hier: mit Angst suchte er unter ihren Händen empor in ihr Angesicht zu schauen; allein er konnte es nicht sehen, – er suchte sanft den Arm zu fassen, um ihr eine Hand herabzuziehen; – allein sie ließ den Arm nicht. Da preßten seine Lippen das heiße Wort heraus: »Liebe, teure Cornelia!«
Sie drückte ihre Hände nur noch fester gegen das Gesicht,

und nur noch heißer und nur noch reichlicher flossen die Tränen hervor.
Ihm aber – – wie war ihm denn? Angst des Todes war es über diese Tränen, und dennoch rollte jede wie eine Perle jauchzenden Entzückens über sein Herz – – wo ist die Schlange am Fenster hin? wo der drückende blaue Himmel? – Ein lachendes Gewölbe sprang über die Welt, und die grünen Bäume wiegten ein Meer von Glanz und Schimmer!
Er hatte noch immer ihren Arm gefaßt, aber er suchte nicht mehr ihn herabzuziehen – sie ward ruhiger – endlich stille. Ohne das Antlitz zu enthüllen, sagte sie leise: »Sie haben mir einst über mein den Männern nachgebildetes Leben ein Freundeswort gesagt, ...«
»Lassen wir das,« unterbrach er sie, »es war Torheit, Anmaßung von mir...«
»Nein, nein,« sagte sie, »ich muß reden, ich muß Ihnen sagen, daß es anders werden wird – – ach, ich bin doch nur ein armes, schwaches Weib, wie schwach, wie arm selbst gegen jenen greisen, hinfälligen Mann – – sie erträgt den Himmel nicht! – –«
Hier stockte sie, und wieder wollten Tränen kommen. Der Jüngling zog nun ihre Hände herab; sie folgte, aber der erste Blick, den sie auf ihn tat, machte sie erschrecken, daß plötzlich die Tränen stockten. Wie war er verwandelt! Aus den Locken des Knaben schaute ein gespanntes, ernstes Männerantlitz empor, schimmernd in dem fremden Glanze des tiefsten Fühlens; – aber auch sie war anders: in den stolzen, dunklen Sonnen lag ein Blick der tiefsten Demut, und diese demütigen Sonnen hafteten beide auf ihm, und so weich, so liebreich wie nie – – hingegeben, hilflos, willenlos – sie sahen sich sprachlos an – die heiße Lohe des Gefühles wehte – das Herz war ohnmächtig – ein leises Ansichziehen – ein sanftes Folgen – und die Lippen schmolzen heiß zusammen, nur noch ein

unbestimmter Laut der Stimme – und der seligste Augenblick zweier Menschenleben war gekommen, und – vorüber.

Der Kranz aus Gold und Ebenholz um ihre Häupter hatte sich gelöset, der Funke war gesprungen, und sie beugten sich auseinander – aber die Häupter blickten sich nun nicht an, sondern sahen zur Erde und waren stumm.

Nach langer, langer Pause wagte der Jüngling zuerst ein Wort und sagte gedämpft: »Cornelia, was soll nun dieser Augenblick bedeuten?«

»Das Höchste, was er kann«, erwiderte sie stolz und leise.

»Wohl, er ist das Schönste, was mir Gott in meinem Leben vorgezeichnet,« sagte er, »aber hinter der großen Seligkeit ist mir jetzt, als stände ein großer, langer Schmerz – Cornelia – wie werde ich diesen Augenblick vergessen lernen?!«

»Um Gott nicht,« sagte sie erschrocken, »Gustav, lieber, einziger Freund, den allein ich auf dieser weiten Erde hatte, als ich mich verblendet über mein Geschlecht erheben wollte – wir wollen ihn auch nicht vergessen; ich müßte mich hassen, wenn ich es je könnte. – Und auch Sie, bewahren Sie mir in Liebe und Wahrheit Ihr großes, schönes Herz.«

Er schlug nun plötzlich die Augen zu ihr auf, erhob sich von dem Sitze, trat vor sie, ordentlich höher geworden, wie ein starker Mann, und rief: »Vielleicht ist dieses Herz reicher, als ich selber weiß; eben kommt ihm ein Entschluß, der mich selber überrascht, aber er ist gut: meine vorgenommene Reise trete ich *sogleich* und zwar morgen schon an. – Ich kann noch an das neue Glück nicht glauben – ist es etwa nur ein Moment, ein Blitz, in dem zwei Herzen sich begegneten, und ist es dann wieder Nacht? Laß uns nun sehen, was diese Herzen sind. Verloren kann diese Minute nie sein, aber was sie bringen wird!?

Sie bringe, was sie muß und kann – und so gewiß eine Sonne draußen steht, so gewiß wird sie eines Tages die Frucht der heutigen Blume beleuchten, sie sei so oder so – – – ich weiß nur eines, daß draußen eine andere Welt ist, andere Bäume, andere Lüfte – und ich ein anderer Mensch. O Cornelia, hilf mirs sagen, welch ein wundervoller Sternenhimmel in meinem Herzen ist, so selig, leuchtend, glänzend, als sollt' ich ihn in Schöpfungen ausströmen, so groß, als das Universum selbst, – aber ach, ich kann es nicht, ich kann ja nicht einmal sagen, wie grenzenlos, wie unaussprechlich und wie ewig ich Sie liebe und lieben will, so lange nur eine Faser dieses Herzens halten mag.«
Cornelia war im höchsten Grade erstaunt über den Jüngling und seine Sprache. – Sie war mit ihm in gleichem Alter, aber *sie* war eine aufgeblühte, volle Blume, *er* konnte zu Zeiten fast noch ein Knabe heißen. – Bewußt oder unbewußt hatte sie die Liebe vorzeitig aus ihm gelockt – in *einer* Minute war er ein Mann geworden; er wurde vor ihren Augen immer schöner, wie Seele und Liebe in sein Gesicht trat, und sie sah ihn mit Entzücken an, wie er vor ihr stand, so schön, so kräftig, schimmernd schon von künftigem Geistesleben und künftiger Geistesgröße, und doch unschuldig wie ein Knabe und unbewußt der göttlichen Flamme Genie, die um seine Scheitel spielte.
Seele kann nur Seele lieben, und Genie nur Genie entzünden.
Cornelia war nun auch aufgestanden, sie hatte ihre schönen Augen zu ihm emporgeschlagen, und alles, was je gut und edel und schön war in ihrem Leben, die unbegrenzte Fülle eines guten Herzens lag in ihrem Lächeln, und sie wußte es nicht, und meinte zu arm zu sein, um dieses Herz lohnen zu können, das sich da vor ihr entfaltete. Er aber versprach sich in diesem Momente inner-

lich, daß er ringen wolle, so lange ein Hauch des Lebens in ihm sei, bis er geistesgroß und tatengroß vor allen Menschen der Welt dastehe, um ihr nur vergelten zu können, daß sie ihr herrlich Leben an ihn hingebe für kein anderes Pfand, als für sein Herz.

Sie waren mittlerweile an das Fenster getreten, und so sehr jedes innerlich sprach, so stumm und so befangener wurden sie äußerlich.

Es ist seltsam, wie das Gemüt in seiner Unschuld ist: wenn der erste Wonnesturz der ersten Liebe auf dasselbe fällt, und nun vorüber ist – so ist der erste Eindruck *der*, zu fliehen, selbst vor der Geliebten zu fliehen, um die stumme Übermacht ins Einsame zu tragen.

So standen auch die beiden an dem Fenster, so nahe aneinander, und doch so fern. Da trat die Amme ein, und gab beide sich selbst wieder. Er vermochte es, von seiner Reise und von seinen Planen zu sprechen, und als die Amme sagte, er möge doch auch schreiben, und die Gebirge und Wälder und Quellen so schön beschreiben, wie er oft auf Spaziergängen getan habe, – da streifte sein Blick scheu auf Cornelia, und er sah, wie sie errötete.

Als endlich die Amme wieder abgerufen wurde, nahm auch er sachte seinen Hut und sagte: »Cornelia, leben Sie wohl!«

»Reisen Sie recht glücklich«, antwortete sie, und setzte hinzu: »Schreiben Sie einmal.«

Sie hatte nicht mehr den Mut, nur noch mit einem Worte die vergangene Szene zu berühren. Sie getraute sich nicht zu bitten, daß er die Reise aufschiebe, und er nicht zu sagen, daß er lieber hier bliebe, und so gingen sie auseinander, nur daß er unter der Tür noch einmal umblickte und die liebe, teure Gestalt schamvoll neben den Blumen stehen sah.

Als er aber draußen war, eilte sie rasch vor ihr Marienbild, sank vor demselben auf die Kniee und sagte: »Mut-

ter der Gnaden, Mutter der Waisen, höre mein Gelübde: ein demütig schlechtes Blümchen will ich hinfort sein und bleiben, das er mit Freuden an sein schönes Künstlerherz stecke, damit er dann wisse, wie unsäglich ich ihn liebe und ewig lieben werde.«
Und wieder flossen ihre Tränen, aber es waren linde, warme und selige.
So trennten sich zum erstenmal zwei Menschen, die sich gefunden. Wer weiß es, was die Zukunft bringen wird? Beide sind sie unschuldige, überraschte Herzen, beider glühendster, einzigster Entschluß ist es, das Äußerste zu wagen, um nur einander wert zu sein, um nur sich zu besitzen, immerfort in Ewigkeit und Ewigkeit.
Ach, ihr Armen, kennt ihr denn die Herrlichkeit, und kennt ihr denn die Tücke des menschlichen Herzens?

4. FRUCHTSTÜCK

Manches Jahr war seit dem Obigen verflossen, allein es liegt nichts davon vor. – Welch ein Glühen, welch ein Kämpfen zwischen beiden war, wer weiß es? Nur ein ganz kleines Bild aus späterer Zeit ist noch da, welches ich gerne gebe. Vor einigen Jahren war ich in Paris, und hörte einmal zufällig beim Restaurateur einem heftigen Streite zu, der sich über den Vorzug zweier Bilder erhob, die eben auf der Ausstellung waren. Wie es zu gehen pflegt, einer pries das erste, der andere das zweite, aber darin waren alle einig, daß die neue Zeit nichts dem Ähnliches gesehen habe, und was die ganze Welt nur noch mehr reizte, war, daß kein Mensch wußte, von wem die Bilder seien. »Ich kenne den Künstler,« rief ein langer Herr, »es ist derselbe blasse Mann, der vorigen Sommer so oft auf dem Turme von Notre-Dame war und so viel schwieg. Er soll jetzt in Südamerika sein.«

»Das Bild ist von Mousard,« sagte ein anderer, »er will nur die Welt äffen.«
»Ja, das malt einmal Mousard,« schrie ein dritter, »die Gemälde sind darum mit einem falschen Namen versehen, sage ich, weil sie von einer hohen Hand sind.«
Einige lachten, andere schrieen, und so ging es fort, ich aber begab mich vom Restaurateur auf den Salon, um diese gepriesenen Stücke zu sehen. Ich fand sie leicht, und in der Tat, sie machten mich eben so betroffen wie die andern, die neben mir standen. Es waren zwei Mondbilder – nein, keine Mondbilder, sondern wirkliche Mondnächte, aber so dichterisch, so gehaucht, so trunken, wie ich nie solche gesehen. Immer stand eine gedrängte Gruppe davor, und es war merkwürdig, wie selbst dem Munde der untersten Klassen ein Ruf des Entzükkens entfuhr, wenn sie dieselben erblickten und von dieser Natur getroffen wurden. Das erste war eine große Stadt von oben gesehen, mit einem Gewimmel von Häusern, Türmen, Kathedralen, im Mondlichte schwimmend – das zweite eine Flußpartie in einer schwülen, elektrischen, wolkigen Sommermondnacht.
›Gustav R... aus Deutschland‹ stand im Kataloge, und man kann denken, welche Reihe von Erinnerungen plötzlich in mir aufzuckten, als ich ›Gustav‹ las – ich kannte nun den Künstler sehr wohl. – Also auf *diese* Weise, dachte ich, ist dein Herz in Erfüllung gegangen, und hat sich deine Liebe entfaltet! Armer, getäuschter Mann! – Auch das werden unsere Leser verstehen, was sich damals ganz Paris als eine Seltsamkeit und Künstlerlaune erzählte, daß nämlich auf jedem Bilde eine Katze vorkomme – der ehrliche, gute Hinze.
Ich blieb fast bis zum Schlusse, und sah nun auch die andern Bilder an. Als ich auf meinem Rückwege durch die Säle wieder an den zwei Gemälden vorüberkam, bemerkte ich, wie ein Galeriediener einer Dame, die davor

stand, bedeutete, daß sie gehen müsse, weil geschlossen werde. Die Dame zögerte noch einen Moment, dann löste sie ihr Auge von den Gemälden und wandte sich zum Gehen – nie wurde ich von zwei schöneren Augen getroffen – sie ließ den Schleier überfallen und ging davon. Ich konnte damals nicht ahnen, wer sie war, und erst heute nach einer Reihe von Jahren vermag ich zu berichten, daß die Dame nach jenem Besuche in dem Salon nach ihrem Hause in der Straße St. Honoré fuhr, daß sie dort in ihrem Schlafgemache die Fenstervorhänge niederließ, die Hände über ihrem Haupte zusammenschlug und dann ihr Angesicht tief in die Kissen des Sofas drückte. Wie zuckte in ihrem Gehirne all das leise Flimmern und Leuchten dieser unschuldigen, keuschen Bilder, gleichsam leise, leise Vorwürfe einer Seele, die da schweigt, aber mit Lichtstrahlen redet, die tiefer dringen, die immer da sind, immer leuchten, und nie verklingen, wie der Ton!

Paris wußte es nicht, als jenes Tages seine gefeiertste Schönheit in keinem der Zirkel erschien, die Schönheit, welche tausend Herzen entzündete und mit tausenden spielte – Paris wußte es nicht, daß sie zu Hause in ihrem verdunkelten Zimmer sitze und hilflos siedende Tränen über ihre Wangen rollen lasse, Tränen, die ihr fast das lechzende Herz zerdrücken wollten; – aber es war vergebens, vergebens! Gelassen und kalt stand die Macht des Geschehenen vor ihrer Seele, und war nie und nimmermehr zu beugen – und fern, fern von ihr in den Urgebirgen der Cordilleren wandelte ein unbekannter, starker, verachtender Mensch, um dort neue Himmel für sein wallendes, schaffendes, dürstendes, schuldlos gebliebenes Herz zu suchen.

ANMERKUNGEN ZU DEM CONDOR

Es wurde im zweiten Kapitel gesagt, daß den Luftschiffern die Erde in goldnem Rauche erschien, daß die Sterne sichtbar wurden, und daß der beleuchtete Ballon in schwarzem, finsterm Rauche hing. Für Nichtphysiker diene folgende kleine Erklärung:

1. *Da das von der beleuchteten Erde allseitig in die Luft geworfene Licht b l a u reflektiert wird, so ist das hinausgehende (nach der Optik) das komplementäre O r a n g e, daher die Erde, von außen gesehen, golden erscheint wie die andern Sterne.*
2. *Das Licht selbst ist nicht sichtbar, sondern nur die von ihm getroffenen Flächen, daher der gegenstandlose Raum schwarz ist. Das Licht ist nur auf den Welten, nicht zwischen denselben erkennbar. Wäre unsere Erde von keiner Luft umgeben, so stände die Sonne als scharfe Scheibe in völligem Schwarz.*
3. *Daß wir am Tage keine Sterne sehen, rührt von dem Lichtglanze, den alle Objekte ins Auge senden; wo dieser abgehalten wird, wie zum Beispiel in tiefen Brunnen, erscheinen uns auch die Sterne am Tage.*

FELDBLUMEN

I. PRIMEL

24. April 1834

Man legt oft etwas dem Menschen zur Last, woran eigentlich die Chemie alle Schuld hat. Es ist offenbar, daß, wenn ein Mensch zu wenig Metalle, zum Beispiel Eisen, in sein Blut bekommen hat, die andern Atome gleichsam darnach lechzen müssen, um, damit verbunden, das chemisch heilsame Gleichgewicht herstellen zu können. Nur mißversteht aber der so schlimm Begabte meistens seinen Drang, und statt ins Blut, schleppt er unbeholfen die Metalle in seine Stube und in die Kästen, und greift hierbei ganz ungeschickt nach Silber und dergleichen. Wir heißen den armen Schelm dann einen Geizhals; – sei's um den Namen – aber *verachten* soll man ihn nicht so leichtfertig, als sei er selber schuld, was sich doch offenbar durch die Tatsache widerlegt, daß gerade der *echteste* darunter alles Papiergeld haßt und durchaus nicht nach Zinsen trachtet, sondern das einfache, reine, schöne Metallgeld aufhebt und hütet.

Andere haben andere Verwandtschaften, lieber Titus! zum Beispiel ich und Du, denen man es übel nahm, daß sie die Damen, und darunter wieder die schönsten, oft unbillig anstarren; – aber bei mir wenigstens ist es nicht abzustellen, weil ich, so zu sagen, ein Schönheitsgeizhals bin. Ich habe es jetzt heraus, wie mich das Ding schon als Kind verfolgte, wo ich oft um lichte Steinchen raufte, oder als Knabe mit dicken, rotgeweinten Augen von dem Taubenschlage herabkam, in dem ich stundenlang gekauert saß, um die schönsten Romane zu lesen, die mein seliger Vater gar so sehr verbot, weil er es lieber hatte, daß ich das Quae maribus und solches Zeug lernte, was ich zwar auch tat, so daß ich das Ding der Länge nach herzusagen vermochte; – aber ich hatte es millionenmal lieber, wenn ich mich aus einem schönen Ritterbuche abängstigen konnte, oder wenn mir einmal – ich habe seitdem das Werk nicht mehr gelesen – geradezu das Herz brach, da Ludwig der Strenge sofort seine wunderschöne, unschuldige Gattin hinrichten ließ, die bloß verleumdet war, und die niemand retten konnte als ich, der ich aus dem Buche die ganze Schlechtigkeit ihrer Feinde gelesen hatte, aber unglücklicher Weise dreihundert Jahre zu spät. Damals, da ich bis zur letzten Seite auf Rettung baute und traute, und endlich keine kam, rieb ich mich fast auf vor Schmerz. Aus jenem unbewohnten, staubigen Taubenschlage, Titus, trug ich wundersame, liebe Gefühle bis in die spätesten Zeiten meines Lebens hinüber, und wurde nach der Hand für und für kein anderer; immer suche ich noch, bildlich gesprochen, solche Taubenschläge, spanne mich aus der Gewerkswelt los und buhle um die Braut des Schönen.

Freilich werde ich hierbei nicht reich; aber mein Vetter, der Metallgeizhals, kümmert sich auch nicht um Schönheit. – Die Dinge sind eben ganz entgegengesetzt; nur können wir uns beide die Sache nicht ausschlagen, weil das Leben keinen Dreier mehr wert ist, sobald man unser Streben daraus wegnimmt. Darum sollte man es jedem lassen, keinen fremden Maßstab und leichtfertigen Tadel an unser Tun legen, weil man die Chemie nicht einsieht. Da bin ich milder und schreie nicht gleich Zeter, wenn mein ehrlicher Doppelgänger einigen zweckmäßigen Hunger leidet, weil noch eine Prachtsumme zurückzulegen ist, die seiner Sammlung zur wahren Zierde gereichen wird; – aber er und andere sollen dafür auch nicht mur-

ren, wenn ich Geld und Gut nicht achte, in Konzerte, unter den Sonnenhimmel, in Theater, Bildersäle laufe und die Dinge anhöre und ansehe, besonders aber gern die Augen in lieben, feinen, jungen weiblichen Gesichtchen stecken lasse; es ist ja keine Selbstsucht – wahrlich keine. – – – Das ist eben das komisch Ärgerliche bei uns Geizhälsen, daß die andern uns so viel Selbstsucht andichten, während wir doch (er und ich) nur die reine Form anbeten und den stofflichen Besitz endlich immer jemand anderm lassen, – er freilich etwas spät und ungern, nämlich bei seinem Lebensende, – ich aber jeden Augenblick und mit größter Heiterkeit.
Ich will aber jetzt von dieser Vergleichung aufhören und Dir andere Dinge in diesem Tageblatte berichten. Ich habe mein Modell wieder gesehen. Sie ist noch immer dieselbe. Aus Zufall sah ich sie mit ihrer Mutter in die Annenkirche gehen, und ich ging dann auch hinein. Sollte ich sie hier öfter sehen können, so will ich suchen, mir ihre Züge zu stehlen und in einer glücklichen Stunde auf die Leinwand zu werfen; dann sende ich Dir ein Miniaturbild davon für deine Sammlung schöner Menschenköpfe. Vielleicht kann ich Dir gleich *zwei* erlesene Stücke senden; denn Aston versprach, daß ich in den nächsten Tagen bei seiner Familie eine der größten Schönheiten sehen solle – ja, die größte, wie er unumwunden erklärte, welche die Luft innerhalb der Mauern Wiens atme – und daß er es so veranstalten wolle, daß ich unvermerkt ihr Bild in meine Mappe bekomme, da sie außer andern tausend Torheiten auch die besitze, nie einem Maler sitzen zu wollen. Sie ist die vertraute Freundin seiner Töchter, denen sie, wie er sagt, den Kopf eben so albern mache, wie der ihrige ist. Jetzt kommt sie nicht, weil ihre Tante krank ist. Ihr Vorname ist Angela, welchem Vornamen sie wohl körperlich, aber nicht geistig entsprechen soll. Nun, ich bin neugierig – toll wäre es, wenn sie meine Antike wäre.

Noch muß ich Dir sagen, ehe ich schließe, daß ich gestern wieder einmal recht spazieren war, so zu sagen unendlich, auf allen Landen herum, um Heerschau über alle Schönheiten zu halten, über lebende und leblose. Da waren die lichten, klaren, glänzenden Lüfte mit den wunderlichen Aprilwolken voll Sonnenblicken – das Zittern der anbrütenden Lenzwärme über den noch schwarzen Feldern – die schönen, grünen Streifen der Wintersaat dazwischen; – dann waren die rötlich fahlen Wälder, die an den Bergen hinanziehen, mit dem sanften, blauen Lufthauch darüber, und überall auf der farblosen Erde die geputzten Menschen wandelnd, die so gern die ersten Strahlen der schwachen Lenzsonne und der reinen Luft genießen wollten. Eine Mutter sah ich mit mehreren schönen Töchtern, die sehr jung waren und in allen Abstufungen bis zur Kindheit herab auf den lieben, runden Wangen das Rot der Unschuld und Gesundheit trugen, welches Rot noch röter wurde, als ich sie unversehens anblickte. – Ich habe diese Gattung Scham so gern – gleichsam rotseidne Vorhänge zieht die junge Seele plötzlich vor dem fremden Auge über, das unberufen will hineinsehen. Auch Männer sah ich viele, aber wenig von Wert; – nur einen fand ich, der mich fesselte, einen sehr jungen Mann: er zeichnete die Aussicht in ein Gedenkbuch, und ich sah ihn mit Muße an – ein Gesicht voll Ernst und Güte, mit klugen, unschuldigen Augen. Er schenkte mir keine Aufmerksamkeit, und ich ging endlich weiter. Da dachte ich so, wie denn Gott mit den Linien und Formen des Menschenangesichts so eigen und am wunderbarsten den Geist der Schönheit verband, daß wir so mit Liebe hineinsehen und von Rührung getroffen werden; – aber kein Mensch, dachte ich, kann eigentlich dieses wundervolle Titelblatt der Seele so verstehen als ein Künstler, ein echter, rechter, wie er uns beiden oft im Ideale vorschwebte; denn der Weltmensch schaut nur oberflächlich oder selbstsüchtig, und der Verliebte verfälscht, nur zu sehr am irdischen Geschöpfe hangend: aber der reine, einfältige Meister in seiner Werkstätte, tagelang denselben zwei Augen gegenüber, die er bildet und rundet, – der sieht den Finger Gottes aus den toten Farben wachsen, und was er doch selber gemacht hat, scheint ihm nun nicht bloß ein fremdes Gesicht, sondern auch eine fremde Seele, der er Achtung schuldig ist, – und öfters mag es geschehen, daß mit einem leichten ungefähren Zug des Pinsels plötzlich ein neuer Engel in die Züge tritt, davor er fast erschrickt und von Sehnsucht überkommen wird. Ferner dachte ich an Galerien, wo die Augen und Wangen längst vergangener Geschlechter noch immer ihre Freude und ihr Weh erzählen – – – – dann dachte ich an unser eignes Sterben und an den Glanz derer, die nachher sein werden – – und in dem Fortspinnen desselben düster schönen Gedankens zog ich die sanften Fäden planlosen Phantasierens um mein Haupt und über die große, stille Landschaft vor mir, – ich ging herum ins Weite und Breite und ließ von Gedanken und Phantasieen kommen, was da wollte. Ach! ein sanftes Eden liegt im Menschenherzen, und es blühen darin leuchtende und dunkle Blumen. Meine gewöhnliche Frühlingstrauer stellte sich ein. Ich weiß nicht, ob die schönen allerersten Frühlingstage auch andere traurig machen. Ist es etwa die Ruhe nach den Winterstürmen, die lächelnd in der ungeheuern Bläue liegt, und darunter auch ruhig die tote Erde und das schwarze Baumgitter, das des Keimens harrt – oder ist es physischer Einfluß der weichen Luft nach der Winterhärte, oder beides? – – –

Weithin über den Horizont Ungarns schweiften trübe, gedehnte Streifen – der Abend kam endlich – ein weißlicher Rauch trank die Stadt ein – Frühlingsabenddünste beschmutzten das Gold des Himmels, und ein dumpfer, roter Mond kämpfte sich langsam herauf. – Ich aber dachte und dachte – – so geht es immer – und so geht es immer.

2. VEILCHEN

25. April 1834

Heute ist weithin heiterer Himmel mit tiefem Blau, die Sonne scheint durch mein geöffnetes Fenster; das draußen schallende Leben dringt klarer herein, und ich höre das Rufen spielender Kinder. Gegen Süden stellen sich kleine Wolkenballen auf, die nur der Frühling so schön färben kann; die Metalldächer der Stadt glänzen und schillern, der Vorstadtturm wirft goldne Funken, und ein ferner Taubenflug läßt aus dem Blau zu Zeiten weiße Schwenkungen vortauchen.

Wäre ich ein Vogel, ich sänge heute ohne Aufhören auf jedem Zweige, auf jedem Zaunpfahle, auf jeder Scholle, nur in keinem Käfig - und dennoch hat mich der Arzt in einen gesperrt und mir Bewegung untersagt; deshalb sitze ich nun da, dem Fenster gegenüber, und sehe in den Lenz hinaus, von dem ein Stück gütig zu mir hereinkommt. Auf dem Fenstergesimse stehen Töpfe mit Levkojenpflänzchen, die sich vergnüglich sonnen und ordentlich jede Sekunde grüner werden; einige Zweige aus des Nachbars Garten ragen um die Ecke und zeigen mir, wie frohe Kinder, ihre kleinen, lichtgrünen, unschuldigen Blättchen.

Zwei alte Wünsche meines Herzens stehen auf. Ich möchte eine Wohnung von zwei großen Zimmern haben, mit wohlgebohnten Fußböden, auf denen kein Stäubchen liegt; sanft grüne oder perlgraue Wände, daran neue Geräte, edel, massiv, antik einfach, scharfkantig und glänzend; seidne, graue Fenstervorhänge, wie matt geschliffenes Glas, in kleine Falten gespannt und von seitwärts gegen die Mitte zu ziehen. In dem einen der Zimmer wären ungeheure Fenster, um Lichtmassen hereinzu-

lassen und mit obigen Vorhängen für trauliche Nachmittagsdämmerung. Rings im Halbkreise stände eine Blumenwildnis, und mitten darin säße ich mit meiner Staffelei und versuchte endlich jene Farben zu erhaschen, die mir ewig im Gemüte schweben und nachts durch meine Träume dämmern – ach, jene Wunder, die in Wüsten prangen, über Ozeanen schweben und den Gottesdienst der Alpen feiern helfen. An den Wänden hinge ein oder der andere Ruysdael oder ein Claude, ein sanfter Guido und Kindergesichtchen von Murillo. In dieses Paphos und Eldorado ginge ich dann nie anders, als nur mit der unschuldigsten, glänzendsten Seele, um zu malen oder mir sonst dichterische Feste zu geben. Ständen noch etwa zwischen dunkelblättrigen Tropengewächsen ein paar weiße, ruhige Marmorbilder alter Zeit, dann wäre freilich des Vergnügens letztes Ziel und Ende erreicht.
Sommerabends, wenn ich für die Blumen die Fenster öffnete, daß ein Luftbad hereinströme, säße ich im zweiten Zimmer, das das gemeine Wohngehäuse mit Tisch und Bett und Schrank und Schreibtisch ist, nähme auf ein Stündchen Vater Goethe zu Handen oder schriebe, oder ginge hin und wieder, oder säße weit weg von der Abendlampe und schaute durch die geöffneten Türflügel nach Paphos, in dem bereits die Dämmerung anginge oder gar schon Mondenschein wäre, der im Gegensatze zu dem trübgelben Erze meines Lampenlichtes schöne, weiße Lilientafeln draußen auf die Wände legte, durch das Gezweig spielte, über die Steinbilder glitte und Silbermosaik auf den Fußboden setzte. Dann stellte ich wohl den guten Refraktor von Fraunhofer, den ich auch hätte, auf, um in den Licht- und Nebelauen des Mondes eine halbe Stunde zu wandeln; dann suchte ich den Jupiter, die Vesta und andere, dann unersättlich den Sirius, die Milchstraße, die Nebelflecken; dann neue, nur mit dem Rohre sichtbare Nebelflecken; gleichsam durch tausend Him-

mel zurückgeworfene Milchstraßen. In der erhabenen Stimmung, die ich hätte, ginge ich dann gar nicht mehr, wie ich leider jetzt abends tun muß, in das Gasthaus, sondern....

Doch dies führt mich auf den zweiten Wunsch: nämlich außer obiger Wohnung von zwei Zimmern noch drei anstoßende zu haben, in denen die allerschönste, holdeste, liebevollste Gattin der Welt ihr Paphos hätte, aus dem sie zuweilen hinter meinen Stuhl träte und sagte: diesen Berg, dieses Wasser, diese Augen hast du schön gemacht. Zu dieser Außerordentlichen ihres Geschlechts ginge ich nun an jenem Abende hinein, führte sie heraus vor den Fraunhofer, zeigte ihr die Welten des Himmels, und ginge von einer zur andern, bis auch sie ergriffen würde von dem Schauder dieser Unendlichkeit – und dann fingen begeisterte Gespräche an, und wir schauten gegenseitig in unsere Herzen, die auch ein Abgrund sind, wie der Himmel, aber auch einer voll lauter Licht und Liebe, nur einige Nebelflecke abgerechnet; – oder wir gingen dann zu ihrem Pianoforte hinein, zündeten kein Licht an (denn der Mond gießt breite Ströme desselben bei den Fenstern herein), und sie spielte herrliche Mozart, die sie auswendig weiß, oder ein Lied von Schubert, oder schwärmte in eigenen Phantasieen herum – ich ginge auf und ab oder öffnete die Glastüren, die auf den Balkon führen, träte hinaus, ließe mir die Töne nachrauschen und sähe über das unendliche Funkengewimmel auf allen Blättern und Wipfeln unseres Gartens, oder wenn mein Haus an einem See stände – – – –

Aber, siehst Du, so bin ich – da wachsen die zwei Wünsche, daß sie mir am Ende kein König mehr verwirklichen könnte. Freilich wäre alles das sehr himmlisch, selbst wenn vor der Hand nur die zwei Zimmer da wären, auch mit etwas geringern Bildern; denn die Herrliche, die ich mir einbilde, wäre ja ohnedies nicht für mich leidenschaftlichen Menschen, der ich sie vielleicht täglich verletzte, wenn mich nicht etwa die Liebe zu einem völligen sanften Engel umwandelte. Indessen aber stehe ich noch hier und habe Mitleid mit meiner Behausung, die nur eine allereinzige Stube ist mit zwei Fenstern, durch die ich auf den Frühling hinausschaue, zu dem ich nicht einmal hinaus darf, und an Wipfeln und Gärten ist auch nichts Hinreichendes, außer den paar Zweigen des Nachbars, sondern die Höhe der Stube über andern Wohnungen läßt mich wohl ein sattsames Stück Himmel erblicken, aber auch Rauchfänge genug und mehrere Dächer, und ein paar Vorstadttürme. Die südlichen Wolken stellten sich indessen zu artigen Partieen zusammen und gewinnen immer liebere und wärmere Farben. Ich will, da ich schon nicht hinaus darf, einige abzustehlen suchen und auf der Leinwand aufzubewahren. – – Ich schrieb das Obenstehende heute morgens und malte fast den ganzen Tag Luftstudien. Abends begegnete mir ein artiger Vorfall. Auch moralischen und sogar zufälligen Erscheinungen gehen manchmal ihre Morgenröten vorher. Schon seit vielen Wochen ist mir die Bekanntschaft eines jungen Künstlers versprochen worden. Heute wurde er als Krankenbesuch von zwei Freunden gebracht, und siehe da! es war derselbe junge, schöne Mann, den ich vor zwei Tagen auf dem Spaziergange, der mir mein jetziges Halsweh zuzog, gefunden hatte. Ich erkannte ihn augenblicklich und war fast verlegen; er gab kein Zeichen, daß er auf den Spaziergänger geachtet habe, der so dreist in sein Gesicht und Studienbuch geschaut hat. Der Besuch war ein sehr angenehmer, und die Bitte um Wiederholung wurde zugesagt. Sein Name ist Lothar Disson, und sein vorzugsweises Fach die Landschaft; doch soll er auch sehr glücklich porträtieren.

29. April 1834

Ein Tagebuch ist eigentlich nur für den Führer desselben ansprechend, und ich müßte Dich schlecht lieben, mein Titus, wenn ich Dich erbarmungslos durch alle Tage meines Kalenders schleppte. Als wir an jenem Abende auf dem Rigi, mitten unter kalten Reisebeispielen von Engländern, beide zwar so arm wie Kirchenmäuse, aber toll und lustig genug, Abschiedsfeste feierten und in unsrer Lyrik erst unsre Namen tauschen wollten, dann aber dieses sogar zu dürftig fanden, sondern versprachen, unser ganzes künftiges Leben auszuwechseln, das heißt uns gegenseitige gewissenhafte Tagebücher zu senden – als alles dies vorfiel, konnte es doch unmöglich so gemeint sein, daß ich Dir jeden kahlen Tag übermache, der mich in dieser Hauptstadt überfällt, welche Hauptstadt mir oft kleinstädtisch genug und abgeschabt vorkommt gegen die freie, gewaltige Residenzstadt der Natur, insonderheit, da mir Deine Pyrenäenreise ganze Prachteindrücke übersendet. Du bist wohl noch der alte Narr, und ein hiesiger Freund oder, besser gesagt, nur ein Bekannter, den ich unlängst erwarb, Anselm Ruffo, sagte, ich sei auch ein großer, aber unschädlicher, das heißt für andere, mir selber aber beständig im Lichte. Es kann sein, und wenn Du eine stichhaltige Beschreibung eines Narren auftreibst, so sende sie schleunigst; dann läßt sich die Sache eher entscheiden – bisher wußte ich keine. Bleibe fürerst nur der liebe, gute, treue und schönheitsbegeisterte Narr, als welchen ich Dich kenne, und ich will Dich einige millionenmal mehr lieben, als die andern gescheiten Leute. Sende fleißig Pyrenäentage und zürne nicht, wenn Dir unser Lyoner Spediteur von mir ein Päckchen sendet, in denen nicht jeder Tag ein Gesicht zeigt – es hat eben nicht jeder eines.

Disson war während der Zeit wieder bei mir, und wir ge-

fielen uns so, daß wir nicht nur volle drei Stunden verplauderten, sondern auf den ersten Mai, falls es meine Gesundheit zuläßt, einen Spaziergang von einem ganzen Tage verabredeten.
Ich habe richtig jenes Mädchen in der Annenkirche wieder gesehen; sie geht täglich um zehn Uhr dahin in Begleitung einer alten Frau, die ich für ihre Mutter halte. Du würdest Dich wundern; ganz eigen ist der ruhige, große, fromme Blick der blauen Augen.
Sie wäre, wie ich anfangs scherzte, in der Tat ein antikes Modell. Als ich sie der Gasse entlang schreiten sah und ihr nachblickte, dachte ich: so müßte ein altgriechisches Marmorbild ausgesehen haben, das wandeln könnte und Augen gehabt hätte. Da kamen mir allerlei Spintisierungen über sie: ich möchte sie einmal beten sehen; aber nicht in der Kirche, wo sie die Augen mit den Wimpern kalt verhüllt, sondern wenn sie in ihrem Zimmer einsam Gott dankt oder um Abwendung eines entsetzlichen Wehes bittet; – oder ich möchte sie in Liebesfreude schwärmen sehen oder im Schmerze das Auge aufschlagen – oder tanzen – oder eine Gebirgspartie machen – lachen – ihren Vogel kosen – eine kleine Schwester belehren; oder wenn sie Tee bietet; wenn ihr etwas sehr komisch erscheint – und so weiter – und so weiter.
Aston will Bilder aus Wiens Umgebungen von mir, und findet sie immer sehr schön, wenn ich ihm auch noch so sehr (nach meiner alten Untugend, wie Du sie nennst) die Fehler darin aufdecke – – aber siehe, Titus, ich muß es ja tun, sonst meinen fürwahr die Leute, ich sehe die Fehler nicht ein und wolle mich nicht bessern – – also er findet die Bilder immer schön, und wir sind in voller Arbeit – ich mit Malen und er mit Anordnungen, die ich immer nicht befolge. Im August wird eine Alpenreise gemacht, und vielleicht berede ich Lothar auch dazu, wenn nämlich der Verlauf der Bekanntschaft mit ihm so

glücklich fortgeht, wie der Anfang ist. Wir wollen den Großglockner besteigen. Zum Schlusse noch eins: Du hast dreißig Dukaten angewiesen; ich habe sie erhalten. Es hat sich hierbei die Lächerlichkeit ereignet, daß mein Kontingent, nämlich die Hälfte meiner diesmonatlichen Einkünfte, welche Dir gebührt, gerade eben so viel beträgt. Laß uns also in Zukunft lieber Gegenrechnungen machen und bloß die Überschüsse senden. Ich glaube, wir erfüllen so unsern Bruder- und Teilungsvertrag auch und mit weniger Umständen.
Lebe wohl und bleib mein treues Bruderherz.
Das heutige Tagebuchblatt ist nur dieser Brief an Dich; aber ich dachte auch nichts als Dich. Lebe wohl!

4. GLOCKENBLUME

3. Mai 1834

Ich hasse eigentlich keinen Menschen auf Gottes ganzer grüner Erde – aber da ist ein junger Mann, der mir nachgerade zuwider wird, wie die ärgste meiner Sünden. Er ist ein Begegner, deren fast jeder einen hat, so wie ich ihn; ob aber der andern ihre auch so emsig und unermüdlich sind, daran zweifle ich. Gehe ich in den Prater, so sitzt er auf einer Bank, fliege ich von da ins Belveder, so geht er schon am Rennwege herein. Wenn Dir etwa in den Pyrenäen ein langer Herr vorfällt, der kein Halstuch umhat, und schlechthin den Mylord spielt, der ist es und kein anderer. Es ist mir, als suche er mich ordentlich. Entweder ist er der ewige Jude, oder jener Reisende, dessen Name überall steht, oder, weil dieser gestorben sein soll, sein Geist. Es wäre das vernünftigste, wir grüßten uns gegenseitig höflich.
Ich hätte mich weniger über ihn aufgehalten – aber am ersten Mai, da ich mit Lothar von Dornbach den so schönen Weg nach Haimbach machte und eben dort ankam,

war er auch da, jedoch zum Glücke gerade im Begriffe, in den Wagen zu steigen zu einer Dame, die schon darinnen saß und – stelle Dir vor – mein Griechenbild aus der St. Annenkirche war. Es saß noch die alte, schöne Frau bei ihr, ihre gewöhnliche Begleiterin, und dann eine junge, schlanke Gestalt, die aber einen ganzen Wolkenbruch von Schleiern über dem Gesichte hatte. Wie kommt er nun zu dieser?

Daß wir alle Wirtsleute fragten, wer die Abfahrenden wären, war sehr natürlich; daß es aber niemand wußte, ärgerlich.

Wir blieben fast den ganzen Nachmittag in dem lieblichen Tale, und als ich, wie zur Spielerei, die Wirtsfrau, ein mitteljähriges, gutmütiges Gesicht, in meine Mappe zeichnete, so lächelte sie unbeholfen verschämt und meinte, wenn ich und der andere Herr in unsere Bücher da Gesichter und Leute abmalten, so hätten wir um zwei Stunden früher kommen sollen, als noch die zwei jungen Fräulein da waren, die wären der Mühe wert gewesen; denn von allen Stadtjungfern sei noch keine so schöne da gewesen, wie Milch und Blut, und so freundlich wie zwei Engel – auch der junge Herr sei sanft und stille, wie die andern alle nicht, die aus der Stadt kommen (außer uns beiden, die wir auch recht gutherzig aussähen) und die alte Frau habe so viele Freude über die jungen Leute, daß sie immer lächle. Die gute Wirtsfrau wurde zutraulich, und freute sich, daß sie ihr Gesicht in dem schönen, großen Buche habe neben den schönen Fräulein und vornehmen Herren, die wohl alle noch darin wären – dabei sah sie neugierig die Mappen an, daß ich sie ihr endlich aufschlug, und ihr Erstaunen auf das höchste trieb, als sie ihr eigenes Haus fand, und die Bäume um dasselbe in netten Farben und die Berge und den Himmel mit leibhaftigen Lämmerwolken (wie sie sie nannte) und noch dazu Leute. die unter dem Apfelbaume frühstückten –

dann auf andern Blättern ihren Hund, dann den Knecht mit dem Schimmel, den blinden Zitherspieler, den Bach mit dem Stege usw. Das hätte sie nie geglaubt, meinte sie; denn in diese Bücher mit dem schneeweißen Papiere paßten eher die prächtigen Stadthäuser und schöne Spaziergänger und Reiter und Wagenzüge. Schade, da wären noch leere Blätter genug, und auf einem würde die Gesellschaft dieser schönen Fräulein recht gut Platz gehabt haben, und aus dem Fenster der Gaststube hätten wir es recht leicht abmalen können, wie sie an dem weißen Tische mitten auf der Wiese frühstückten und scherzten. Sie wundere sich nur, daß heute, als am ersten Mai, jemand da herausgekommen sei, da ja alles bei dem Frühlingsfeste im Prater sein werde. Wir lachten und sagten, daß es uns selber hinreichend freuen würde, wenn wir die zwei Engel konterfeien könnten. »Wer weiß es«, versetzte die Wirtin; »Berg und Tal kommen nicht zusammen, aber die Menschen.«

»Jawohl,« lachte Lothar, »wir wollen sogar zuversichtlich hoffen, daß gerade diese zwei Engel, welche am ersten Mai anno domini 1834 in Haimbach frühstückten, dereinst noch unsere Frauen werden, und wieder eines schönen Tages in unsrer Gesellschaft frühstücken werden. Was meinen Sie dazu, Herr Kollege?«

»Topp«, rief ich; »aber mir muß die Unverschleierte bleiben.«

»Die andere ist noch schöner«, rief die Wirtin.

Ich meinte, das sei nicht möglich, und halte mich an das Gewisse.

»Gut,« sagte Lothar, »von heute binnen drei Jahren, Frau Wirtin, rüsten Sie ein wackeres Frühstück und Mittagsmahl; denn wir werden den ganzen Tag mit den zwei Engeln, unsern lieben, rechtschaffenen Ehefrauen, in Haimbach zubringen. Ich nehme in Gottes Namen die Verschleierte, da ich keine von beiden von Angesicht

kenne und mich ganz auf den Geschmack unserer Frau Wirtin verlasse.«
»Und ich dagegen«, fiel ich ein, »will diese besagte Frau Wirtin zum Andenken an diesen Tag recht sauber auf schneeweißes Papier malen und in einem schmucken Goldrahmen mitbringen.«
Ei, das wäre für sie alte Frau viel zu viel Ehre, vermeinte sie, und übrigens könnte ich so etwas leicht versprechen, ohne deswegen mein Farbenzeug aufmachen zu dürfen, da zwei solche lustige Herren gewiß ohne dies schon jeder eine Fräulein Liebste in der Stadt haben würden, die schon unter den schönen Gesichtern des Buches sein werde.
Wir sahen uns beide an, und lachten: denn wahrhaftig, keiner hatte nicht im geringsten ein derlei Wesen aufzuweisen. – Übrigens fingen wir zwei dann selber an, die Sache weiter auszumalen, und dichteten den zwei Huldinnen eine unaussprechliche Sehnsucht nach uns an, stießen die Gläser an, ließen sie hoch leben und entwarfen Plane, ihnen den Ehestand zu versüßen.
Nach Tische wurde gezeichnet.
Spät erst, als schon das Abendrot an allen Bergen hing und im jungen Buchengrün von Laub zu Laub neben uns hüpfte, gingen wir selig durch die Loudonischen Anlagen nach Hadersdorf, wo wir übernachteten, weil wir am andern Tage Tiergartenpartieen malen wollten, wozu uns Lothar die Erlaubnis ausgewirkt hatte. Noch beim Einschlafen neckten wir uns mit den Vorzügen unserer neuen Liebchen ein gut Stück in die Nacht hinein, und spintisierten über den Engländer, der ein Anbeter zu sein drohe.
Wir schliefen fest, und zeichneten am zweiten Mai tüchtig darauf los, und rückten meilenweit in gegenseitige Bekanntschaft und Freundschaft hinein.
Ich hätte die Sache gar nicht erwähnt und sie gewiß heute

schon vergessen, wenn ich sie eben vergessen hätte. Aber in meiner närrischen Phantasie nimmt die Holde ordentlich eine rührende Miene an, bloß weil wir so lange von ihr geredet haben, weil ich sie Dir gar beschrieben und weil sie lustiger Weise nicht ein Sterbenswörtchen davon weiß. Aber in der Tat, so ist unsre Einbildung, und meine erst vollends: wenn wir einen Menschen in nahen Verhältnissen mit uns dichten, so wird er uns fast lieb, besonders wenn er ein schönes Mädchen ist, und wir eben fünfundzwanzig Jahre alt werden. Ich gehöre da zu den Narren, die so sehr aus dem Häuschen sind, daß sie am Ende die Sache auch gar noch glauben. Neulich zum Beispiel geschah es, daß ich einem armen Teufel durch mäßiges Lob zu einer Bedienstung helfen sollte – anfangs lobte ich auch gewissenhaft und empfahl ordentlich – aber endlich ging ich immer weiter, bis er ein gänzliches Genie war. Ich erstaunte in der Tat, wie ich so viel Talent und Kraft bisher so wenig beachtet haben konnte. Er bekam auch den Dienst und mich als Freund und Gönner dazu. Meiner einstigen Geliebten wird dieser Zug von mir zu Statten kommen, – aber da sehe ich schon, daß Du verstockt sein wirst und kaum die Hälfte glaubst, wenn ich sie Dir vormale – – aber siehe, Titus, glaube, was Du willst – – was kann denn am Ende der arme Mensch von einem andern Nebenmenschen abmalen, sich selbst vorstellen, – lieben oder hassen – als das Bild, das er sich von ihm zu machen versteht, da das Ich des andern so wüstenweit von ihm getrennt ist, wie kaum Weltsysteme, die wir doch durch Gläser aus ihrem Himmel ziehen?

Lasse mich dem Gedanken nachhängen.

Seit der ersten Kindheit, wie viel tausend verschwimmende Gestalten von kleinen Gedanken, Ahnungen, – dann halbgeborne Dichtungen, Träume, Ideen, Kleinode von Empfindungen, mögen das lange Leben eines Men-

schen durchwandeln, ohne daß Kunde davon wird! – Man denke nur an das innere, namenlose Gewimmel des erwachenden Jünglings – an die langen träumenden, erinnernden, wortkargen Tage des einschlummernden Greises – an die Liebestage der schamvollen Jungfrau, an die innere, unausgesprochene Traumwelt phantasiereicher Weiber überhaupt, die durchgängig mehr mit Empfindungen handeln, ohne immer das Glöckchen derselben zur Hand zu haben, was wir hingegen häufiger können und tun. In dem reichsten wie ärmsten Menschen geht eine Bibliothek von Dichtungen zu Grabe, die nie erschienen sind – nur aus den drei Stanzen, die er herausgab, machen wir ein Urteil zusammen und sagen, seht, das ist der Dichter. Und glückselig der, der ein Ohr hat, auch nur die drei Stanzen recht zu hören und sich ein schönes Bild zu machen – so hat er dann eine schöne Welt: es gibt aber Leute, die aus den wenigen Farbenkörnern, die dem andern entspringen, nur Fratzen bilden – und diese bedaure ich – sie sagen freilich, sie kennen die Welt, aber es ist nicht wahr, sie bekennen nur wider Willen ihr kleines Innere, und haben noch dazu eine Zerrwelt. – – Vor dem Hohlspiegel unsrer Sinne hängt nur das Luftbild einer Welt, die wahre hat Gott allein.
Titus! Dieser Gedanke hat mich ernst gemacht!! Als wir auf dem Rigi, umgeben von dem Abendglühen der Alpen, standen und Abschied nahmen, als mein Mund an Deinem brannte, als wir uns an die Brust drückten, daß wir meinten, sie müsse knirschen – was hatten wir von einander, und wie nahe waren wir uns? –
Ein Sirius sandte zwei einsame Strahlen, und diese wurden auf einem andern Sirius gesehen – aber es waren zwei Weltkörper, und eine Wucht von Leben trugen sie ungekannt durch ihren öden Weltraum.
Oft und oft, wenn ich die ewigen Sterne sah, diese glänzenden Tropfen, von dem äußeren, großen Weltenozeane

auf das innere, blaue Glöcklein hereingespritzt, das man über uns Infusionstierchen gedeckt hat – wenn ich sie sah und mir auf ihnen dachte dieses Unmaß von Kräften und Wirkungen, die zu sehen und zu lieben ich hienieden ewig ausgeschlossen bin; so fühlte ich mich fürchterlich einsam auf der Insel ›Erde‹ – – und sind denn nicht die Herzen eben so einsam in der Insel ›Körper‹? Können sie einander mehr zusenden, als manchen Strahl, der noch dazu nicht immer so freundlich funkelt, als der von den schönen Sternen? Wie jene Herzen des Himmels durch ein einziges, ungeheures Band verbunden sind, durch die Schwerkraft, sollten auch die Herzen der Erde verbunden sein durch ein einziges, ungeheures Band – die Liebe – – aber sind sie es immer??

Noch sind Kriege, noch ist Reichtum und Armut.

Was hat denn der unergründliche Werkmeister vor mit dem Goldkorne, Mensch, das er an einen wüsten Felsen klebt, dem gegenüber der glänzende Sand einer endlosen Küste schimmert, der Saum eines unentdeckten Weltteils? und wenn dereinst ein Nachen hinüberträgt, wird da nicht etwa wieder eine neue, schönere Küste herüberschimmern? – –

Ich weiß nur das eine, Titus, daß ich alle Menschen, die eine Welle dieses Meeres an mein Herz trägt, für dies kurze Dasein lieben und schonen will, so sehr es nur ein Mensch vermag – ich muß es tun, daß nur etwas, etwas von dem Ungeheuren geschehe, wozu mich dieses Herz treibt. — Ich werde oft getäuscht sein, aber ich werde wieder Liebe geben, auch wenn ich nicht Liebe glaube – nicht aus Schwäche werde ich es tun, sondern aus Pflicht. Haß und Zank zu hegen oder zu erwidern ist Schwäche, – sie übersehen und mit Liebe zurückzuzahlen ist Stärke. Es ist tief in der Nacht, lebe wohl, guter, geliebter Mensch.

5. NACHTVIOLE

11. Mai 1834

Schon wieder muß ich die Nacht zu Hilfe nehmen, und wer weiß es, ob ich sie nicht verschreibe, bis die helle Morgendämmerung durch meine Fenster scheint; in dieser gehobenen Stimmung ist an keinen Schlaf zu denken. Und sollte ich töricht und lächerlich im höchsten Grade sein, – Titus, Dir muß mein Herz offen liegen – aber es ist geschwellt, schwärmend und genugsam verrückt. Ich spielte und scherzte in Haimbach mit gewissen Wünschen und Verhältnissen, und der Himmel strafte mich mit einer verkehrten Gewährung. Höre nur. Ich weiß nicht, ob damals, als wir beide zugleich in Wien waren, in der Mitte des Paradiesgartens ein schwarzer erhabner Spiegel auf einem Untersatze angebracht war – den Garten kennst Du – kurz, jetzt ist ein solcher Spiegel da, und ein Teil der Stadt, die grünen Bäume und der Rasenplatz vor derselben und der Ring der Vorstädte steht in niedlicher Kleinheit darinnen, durch die Schwärze des Spiegels in einer Art Dämmerungsdüster schwimmend. An diesem Spiegel stand, als mich heute mittags, wo fast gar keine Menschen in dem Garten sind, meine gewöhnliche Frühlingsspaziersucht vorbeiführte, ein Weib, durch ihren Bau, den ich nur von rückwärts sah, große Schönheit versprechend, und sah hinein. Ich blieb stehen und zeichnete mit den Augen die wirklich ausnehmend schöne Gestalt – deshalb war ich fest entschlossen, auch ihr Angesicht zu sehen. Ich stellte mich ruhig hinter sie, um ihr Weggehen zu erwarten; denn mich ihr gegenüber zu stellen, war ich nicht dreist genug.

Als sie immer und immer stehen blieb, malte ich im Gedanken die lächerliche Gruppe, die wir bildeten, und hierdurch kam mir der Mut, sie zum Umsehen zu zwingen, nämlich ich sagte plötzlich: »Eine wahre Unterweltbeleuchtung schwebt über diesem kleinen Nachbilde.« Sie

sah auch um – und ich prallte fast zurück. – – – Von meiner Kindheit an war immer etwas in mir, wie eine schwermütig schöne Dichtung, dunkel und halbbewußt, in Schönheitsträumen sich abmühend – oder soll ich es anders nennen, ein ungeborner Engel, ein unhebbarer Schatz, den selber die Musik nicht hob – – in diesem Augenblicke hatte ich das Ding zwei Spannen breit meinen Augen sichtbar gegenüber. –
War sie so unermeßlich schön?
Ich weiß es nicht, aber es war mir wie einem Menschen, der in dunkler Nacht wandert in vermeintlich unbekannter Gegend – auf einmal geschieht ein Blitz – und siehe, wunderbar vergoldet steht sein Vaterhaus und seine Kindesfluren vor den Augen.
Ein Blick von mir war es, ein einziger, ein heftiger, der die ganze Dichtung dieses Angesichts in sich schlingen wollte – dann schnell ein zweiter und dritter. Sie sah mich ernst und unverwirrt an, und ließ dann einen dichten Schleier herabfallen. In mein Angesicht flog die brennende Röte der Scham, daß ich ihr aufgelauert hatte.
Ob ich in sie verliebt wurde? – Nein, in diese war ich es seit meinem ganzen Leben schon gewesen.
Sie ging langsam, wie eine stolze Südländerin – wie jene Zenobia, die Königin der Wüstenstadt – zu einer Gruppe Herren und Frauen und mischte sich unter sie – und ich auf einmal unendlich verarmt schritt aus dem Garten, und als ich die Steintreppe in die düstre Stadtgasse hinabstieg, wallte mir das vorher erschrockene Herz erst recht auf, und es wurde mir, als sollt' ich sie ohne Maß und ohne Grenzen lieben. Eine Ahnung solchen Gefühles vermag Beethoven zu geben, wenn er dir den schönsten unbekannten Demant aus deinem eigenen Herzen hebt und ihn dir glänzend und lichtersprühend vor die Augen hält. Ich ging noch sehr lange in den lärmenden Gassen und auf den Basteien herum, und suchte erst, als schon alle

Laternen brannten, meine Stube und trug das neuerworbene Bild mit hinein.
Diese ist es.
Alle, die mir sonst so sehr gefielen, selbst die aus der Annenkirche – sie sind gar nicht mehr. – –
Und nun erkläre mir ein Erdenmensch die Heftigkeit eines solchen Eindruckes. Es ist im Leben schon öfters dagewesen – auch zwischen Mann und Mann war es schon. Ich bin kein Kind, das sich überraschen läßt, ich bin kein Weichling, der sich Gefühle vorlügt – das Leben hat mich wacker durchgerüttelt – aber ihr Erscheinen in dem Kreis meiner Vorstellungen wirkte wie ein Riß in dieselben. Ist es ein Schönheitseindruck, den ich nur verkenne? – wie etwa alle Gemälde, Musiken, Dichtungen flach werden, sobald etwas Außerordentliches dieser Art an unser Herz tritt? Aber ich sah ja Raffaele, Guidos, Correggios – sie waren wunderschön, aber anders. Ich sah ungewöhnlich schöne Weiber, und fühlte etwas anderes. – Aber Schönheit war es ja nicht, was eben wirkte; denn ich erinnere mich keines Zuges ihres Angesichtes, selbst wenn ich alle Nerven des Gehirns martere; nur das eine, das ganze Bild liegt auf ihnen, wie eingebrannt dem Spiegel meiner Augen, und wenn ich sie beide schließe, so sehe ich es noch immer vor mir schweben. Ich kann nicht sagen, daß ich sie liebe; denn man liebt ja nur, was man kennt – und doch ists, als wäre sie vor ungezählten Jahren in einem andern Sterne meine Gattin gewesen.
Sind das Wechselseitigkeiten der Geister, sind es Seelenwahlverwandtschaften? Ist es gänzliche Narrheit?
O Titus, Titus! da gehe ich in meinem Zimmer auf und ab, draußen am Himmel liegt eine schwere, warme Wolkennacht, ganz ruhig, ganz ruhig – – und ich herinnen bin ein heftiger, schwärmerischer Tor und trage mich selber in ein immer heißeres Gefühl hinein.
Ich mag nun Astons versprochene Angela gar nicht ein-

mal sehen und werde auch gar nicht hingehen – mir ekelt vor den sogenannten Schönheiten. Warum ich mich um sie gar nicht weiter erkundigte? – ich weiß es nicht – aber es schien mir so unwesentlich und nicht zu meiner Empfindung gehörig, daß ich auf den Gedanken nicht verfiel, und jetzt mache ich mir doch Vorwürfe, daß ich es nicht tat. Du wirst wohl lächeln, daß ich wieder einmal außer mir bin; aber siehe, es ist herrlich um ein schwärmendes, hochwallendes Herz – es sind das Augenblicke, in denen wir uns ohne Vorwurf lieben dürfen – auch die Nacht stimmt zu der Feier. Ich habe den Schreibtisch an das Fenster gerückt und dasselbe geöffnet, und sternenlos schaut sie zu mir herein; aber selbst so ist sie großartig, besonders wenn, wie eben, am Himmel geheime Rüstung ist. Es schlägt zwölf Uhr, kein Lüftchen geht, die Lenznacht wird immer stiller und wärmer, immer seltner kommt ans Ohr das schwache Rollen verspäteter Wagen aus mancher träumenden Gasse, und am Rande des Gesichtskreises lechzen die Erstlingsblitze, wie flüchtige Küsse der Mitternacht.

Ich war ans Fenster getreten.

Du große, weite, dämmervolle Stadt unter mir, ruhe wohl – auch *ihr* Herz, ein lebender, klopfender, fühlender Punkt unter den andern tausenden, pocht schlummernd in einem deiner Häuser. Über all die Dome und Paläste und Türme breitet sich stumm und elektrisch der Gewitterhimmel und brütet Fruchtbarkeit. In den Wohnungen der Menschen gehen die Träume aus und ein, und die Nacht fördert ihr Werk. Erst hatte sie über alle Dächer sanft das große Tuch des Schlummers ausgebreitet, und als sie alles zur Ruhe gebracht, und das Schweigen kam, dann löste sie hoch über den Lagern der begrabenen Menschen von ihrer erhabenen Trauerfahne sachte eine Falte nach der andern und ließ dieselbe endlich schwer und breit vom Himmel niederhängen.

Ich sah noch lange zum Fenster hinaus, und es ergriff mich, daß nun nicht ein Laut ertönte in diesem Vulkane menschlichen Treibens – selbst die Luft stand unbeweglich still. Endlich schlug es ein Uhr morgens, und es war, als hätte dieser eine Klang die hängende Lawine gelöst; denn gleich nach dem Glockenschlage wallte schlaftrunken durch den ganzen Himmelsschleier das erste tiefe, schwache Donnern, wie ein Traumreden der schlummernden Frühlingsnacht.
So ruhet wohl, alle Menschenherzen – und auch Du, unbekanntes Herz in Deinem schönen Busen, schlummre wohl – und auch Du, des fernen lieben Reisenden, schlummre wohl!

6. WIESENBOCKSBART

12. Mai 1834

Die Nacht ist vorübergegangen und hat mancherlei geändert. Vom Himmel hat sie die Perlen der Fruchtbarkeit herabgeschüttet und ihn gänzlich rein gefegt, daß er mit dem klaren, frühen Morgengelb zu mir hereinsieht – die Schornsteine und nassen Dächer schneiden sich scharf gegen ihn, und die kühle Luft regt die Nachbarzweige und strömt zu meinem offen gebliebenen Fenster herein. – Ich schreibe noch im Bette.
Was ist es nun mit dem Menschen, wenn er heute dieser ist und morgen jener? Auch mein Herz, wie der Himmel, ist frisch und kühl und sucht sich auf gestern zu besinnen. Was ists nun weiter?
Hat die Flasche Rüdesheimer, die ich gestern zu meinen Nachteinbildungen getrunken, die Seele so voll Sehnsucht angeschwellt – und ist sie heute leer, so wie die Flasche, die dort so wesenlos auf dem Tische steht, daß das Morgenlicht hindurch scheint?
Was ists nun weiter?

Ein prachtvoller Blitz, eine schöne Rakete, eine ausbrennende Abendröte, ein verhallendes Jauchzen, eine gehörte Harmonie, ein ausschwingendes Pendel, – – – und wer weiß, was es noch alles ist.
Mein Herz ist kraftvoll und jede Fiber daran gesund, – und Du darfst schon heute auf Scherze rechnen, lieber Titus; denn wenn auch die zauberische Armida noch im Spiegel meines Innern schwebt, so ist derselbe doch ein fester, blanker Stahlspiegel, nicht das weiche Ding von gestern. Vor der Hand bleibt sie als Studie, als neue Kunstblüte da, als schönes Bild im Odeon, wo die andern stehen. Heute muß noch versucht werden, ob ich den Eindruck nicht in Farben herstellen kann, um mir seine reine Schönheit in alle Zukunft hinüber zu retten.
Da fällt mir nun ein närrischer Gedanke ein. Außerordentlich schwärmerische Menschen, Genies und Narren sollten gar nicht heiraten, aber die erste Liebe äußerst heiß, just bis zum ersten Kusse treiben – und dann auf und davon gehen. Warte mit dem Zorne, die Gründe kommen. Der Narr nämlich und das Genie, und der besagte schwärmerische Mensch tragen so ein Himmelsbild der Geliebten für alle künftigen Zeiten davon, und es wird immer himmlischer, je länger es der Phantasie vermählt ist; denn bei dieser ist es unglaublich gut aufgehoben; die Unglückliche aber, der er so entflieht, ist eben auch nicht unglücklich, denn solche herrliche Menschen, wie der Flüchtling, werden meist spottschlechte Ehegemahle, weil sie über vierzig Jahre immer den ersten Kuß und die erste Liebe von ihrer Frau verlangen und die dazu gehörige Glut und Schwärmerei – und weil er ihr nicht durch die Flucht so zuwider wird, wie er es als Ehemann mit seinen Launen und Überschwenglichkeiten würde, sondern sie sieht auch durch alle Zukunft in ihm den liebenswürdigen, schönen, geistvollen, starken, göttergleichen Mann, der sie gewiß höchst beseligt hätte,

wenn er nur nicht früher fortgegangen wäre. Und ist eine solche Phantasie-Ehe nicht besser und beglückender, als wenn sie beide im Schweiße des Angesichts an dem Joche der Ehe tragen und den verhaßten Wechselbalg der erloschenen Liebe langsam und ärgerlich dem Grabe hätten entgegenschleifen müssen. – Bei Gott, Titus, da ich auch so ein Stück eines Phantasten bin, so wäre ich im Stande, wenn ich die Unbekannte je fände, mich immer tiefer hineinzuflammen, und wenn dann einmal eine Stunde vom Himmel fällt, wo ihr Herz und mein Herz entzündet, selig in einander überstürmen – – – dann sag ich ihr: »Nun drücken wir auf diese Herrlichkeit noch das Siegel des Trennungsschmerzes, daß sie vollendet werde, und sehen uns ewig nicht mehr – sonst wird dieser Augenblick durch die folgende Alltäglichkeit abgenützt, und wir fragen einst unser Herz vergeblich nach ihm; denn auch in der Erinnerung ist er verfälscht und abgesiecht.« So spräche ich; denn mir graut es, sollte ich auch einmal die Zahl jener Gestalten von Eheleuten vermehren, wie ich viele kenne, die mit ausgeleerten Herzen bloß neben einander leben, bis eines stirbt und das andere ihm ein schönes Leichenbegängnis veranstaltet. Himmel! lieber eine echte unglückliche Ehe, als solch ein Zwitterding.
Alle Millionen Jungfrauen Europas habe ich hier zu Gegnerinnen, weil sie meinen, alle künftigen Himmelreiche würden ja durch einen solchen Entschluß freiwillig bei Seite gestellt, und diese müßten gerade jetzt erst recht angehen, da die Aufschrift an dem Tore schon so schön gewesen sei – aber das Prachttor führt nur zu oft in einen artigen Garten, der sich in Steppen verflacht oder leider oft in einem Sumpf vergeht.
Groß müssen zwei Herzen sein, die, dem leise nagenden Zahn der Alltäglichkeit nicht untertan, sich in ein reiches Leben schauen lassen, wo die Grazie täglich in einer andern Gestalt auf dem Throne sitzt; – groß müssen sie

sein und ohne Sünde. Dann dürfen sie getrost eingehen durch das Prachttor; für sie führt der Garten ins Unendliche.

Ein närrischer Gedanke heckt den andern aus. Ein solches Ehepaar – nein, zwei, drei, vier solche Ehepaare möchte ich an einem schönen See haben, zum Beispiel dem Traunsee, der so reizend aus schönem Hügellande ins Hochgebirge zieht. Dort baue ich zwei, drei Landhäuser fast altgriechisch einfach, mit Säulenreihen gegen den See, nur durch einen schönen Blumengarten von ihm getrennt. Aus dem Garten führen zehn breite Marmorstufen zu ihm hinunter, wo unter Hallen die Kähne angebunden sind, die zu Lustfahrten bereit stehen. Der Garten hat Glashäuser für die Tropengewächse – sie sind ganz aus Glas, mit eisernem Gerippe, nur äußerlich mit einem Drahtgitter gegen den Hagel überspannt. – Auch ganz gläserne Säle fehlen in ihm nicht, daß man wie in einer Laterne mitten in der Paradiesesaussicht schwebe. Von dem Garten wieder auf zehn Stufen steigt man zum Landhause, das den Eintretenden mit einer Säulenrundung empfängt. Diese Rundung ist durch Glas zu schließen, hat an der Hinterwand Sitze, und rings stehen dunkelblättrige Topfpflanzen, als da sind: Oleander, Kamelien, Orangen usw.

Zwischen diesen glänzen Marmorbilder. Zu den Seiten dieser Halle und über ihr sind die Zimmer, zu denen breite, sanfte, lichte Treppen mit Standbildern führen. Das ebene Dach ist ganz mit Blumen, Bäumchen und Sitzen bedeckt. Von ihm ragt der astronomische Saal empor. Auch ein paar Spiegelzimmer dürfen nicht fehlen, – von dem Fußboden bis zur Decke Spiegelebenen, im Vieleck gestellt, mit veränderlichem Neigungswinkel, daß man im lustigen Humor die Aussicht durch einander wirren und stückweise zerwerfen kann. Der naturwissenschaftliche Saal ist hinten im Baumgarten. Am Hause

rückwärts bilden zwei Flügel einen Hof mit – nicht Ställen, sondern – Zimmern für die Tiere, die fast ängstlich rein gehalten werden. Man hegt deren allerlei, und jede Gattung hat ihren geräumigen Spielplatz. Der Obst- und Gemüsegarten ist sehr groß und liefert durch gute Pflege genug und erlesenes Obst in die Winterbehältnisse. Park ist keiner, weil ohnehin einer da ist, den die Natur meilenweit umhergelegt hat mit Seen, Strömen, Alpenwässern, Matten, Felsen, Wäldern, Schneebergen usw. – nur mit kunstlosen Pfaden und Ruheplätzen wird nachgeholfen, aber nur äußerst vorsichtig, daß ja nichts verkleinlicht werde. Die einzelnen Landhäuser – denn die Ehepaare sind die besten Freunde – sind durch Säulengänge verbunden, in denen im Sommer die Orangensammlung steht.
In diesem Tuskulum nun wird gelebt und eine Schönheitswelt gebaut. Der Himmel segnete die Ansiedlung mit Weltgütern (sonst hätten sie die Landhäuser gar nicht erbauen können), und keiner der Männer ist an ein sogenanntes Geschäft gebunden, das ihm die allerschönsten Lebensjahre wegfrißt und das Herz ertötet, sondern jeder weiht seine Tätigkeit nur dem Allerschönsten und sucht, so viel an ihm ist, das Reich der Vernunft auf Erden zu gründen. Wissenschaft und Kunst werden gepflegt, und jede rohe Leidenschaft, die sich äußert, hat Verbannung aus dem Tuskulum zur Folge. Kurz, ein wahres Götterleben beginnt in dieser großartigen Natur unter lauter großen, sanften Menschen. Auch für ihre etwa kommenden Kinder ist mir nicht bange; sie werden schon recht erzogen werden.
Ich gehe hin und bitte die Eheleute um des Himmels willen, sie möchten mich bei sich leben, malen und dichten lassen, als Kebsmann des Bildes meiner getrennten Zenobia, die ihrerseits wieder anderswo mit meinem Bilde in geistiger Ehe lebt.

Du siehst schon daraus, Titus, daß ich sehr bald überschnappe.
Aber der Gedanke von den Landhäusern ist nicht neu – nur die trefflichen Ehepaare habe ich erst jetzt dorthin versetzt. Die Landhäuser sind schon seit 1830 fertig, das heißt ich suchte den Platz dazu aus, als ich im besagten Jahre den Juli, August und September an den Ufern dieses Sees zubrachte. Ich lebte damals abwechselnd fast an allen Punkten seiner Umgebung und oft ganze Tage auf ihm selber. Ja, ich muß nur meine ganze Schwäche eingestehen – ich malte das Traunkirchner Ufer dazumal und die fertigen Häuser bereits hinein. Sie stehen der Landschaft trefflich zu Gesichte. Vom Traunsteiner Ufer gesehen, sind sie weißglänzende Punkte; aber dem Näherschiffenden wachsen liebliche Säulen aus dem Wasser und flattern umgekehrt, wie leichtfertige Bänder, in dem schwanken Spiegel. Es sind ihrer mehrere gezeichnet worden, und ein Billionär, der sie etwa auf das großartigste ausführen wollte, kann täglich bei mir die Plane und Gemälde einsehen; ja ich wäre erbötig, dem Manne noch mehrere, die bis jetzt nur in meinem Kopfe sind, auf schönes Bristolpapier zu werfen. – – –
Nun, Freund, da ich ausgeschwärmt, stehe ich Deiner letzten Frage und Klage Rede, daß ich nämlich immer in Phantasieen und Späßen herumjage und in meinem Tagebuche nichts von meinen persönlichen Verhältnissen anmerke. – Liebster, ich habe aber gar keine persönlichen Verhältnisse. Meine Seele bin ich, das heißt eben jenes spaßige, phantasierende Ding, das nebenher oft wieder gerührter ist, als kluge Leute leiden können. Willst Du aber auch von der Fassung dieses Dinges etwas wissen, so horche nur: Vier Treppen hoch liegt eine Stube – Schreib-, Wohn-, Schlaf- und Kunstgemach – lächerlich sieht es drinnen aus! Dichter, Geschichtschreiber, Philosophen, auch Mathematiker und Naturforscher liegen

broschiert auf dem ungeheuren Schreibtische – dann Rechentafeln – Griffel, Federn, Messer, ein Kinderballen – mein kleiner Hund braucht ihn zum Spielen – ein Fidibusbecher, Handschriften, Tintenkleckse – – – daneben zwei bis drei Staffeleien in voller Rüstung; an den Wänden Bilder, auf den Fenstern Blumen, und noch eigens eine Menge derselben auf einem Gestelle; dann eine Geige, die ich abends peinige, und rings Studien, Skizzen, Papiere, Folianten – Fuggers Ehrenspiegel des Erzhauses Österreich mit Stichen – dann noch anderes, woraus dem Eintretenden sofort klar wird, daß hier gelehrt gelebt werde und ein Junggesellenstand sei, in welchem eine große Anzahl Gulden Jahr aus, Jahr ein nicht da ist, wo aber Künste und Wissenschaften blühen und an Gefühlen ein wahrer Überfluß herrscht. – Hier nun lebt Dein Freund und verlegt sich auf das Schöne. Er liest eine Menge Bücher, läuft spazieren – ja, der Unglückliche geht oft drei Tage spazieren und gelangt zum Schneeberge, was dann zur Folge hat, daß er wieder drei Tage zurückspazieren muß; aber er tut es gern, und begeht da gerade die besten Pfingstfeste seines Herzens. Dann malt er fleißig an Vormittagen – dann wohnt er wieder einen Tag in einer Bilder- oder Büchersammlung – macht abends Besuche oder geht gar in eine Schenke, wo ein Kränzchen von Bekannten wacker plaudern und alle Wissenschaften handhaben – oder er nimmt sein Geräte zur Hand und sitzt wochenlang auf den Bergen um Wien herum und will dort die Natur abkonterfeien. Wenn sie einen oder den andern Helden im Theater aufführen, so sitzt der frohe Kauz schon viel zu früh darinnen – manches Konzert kann er kaum erwarten; in die Oper und in das Ballett geht er gar nicht, der Einseitige – und in diesem Augenblicke wird er häufig in der Gemäldeausstellung und im Paradiesgarten gesehen. In manchen Familien haben sie ihn lieb, und er geht oft hin; in andern können sie ihn nicht ganz gut leiden, und er geht auch hin, wenn er sie gleich durch verschrobene Begriffe ärgert. Nun, ich denke, hier hast Du persönliche Verhältnisse genug – aber da ich einmal im Zuge bin, so fahre ich fort. Bekannte habe ich eine Menge, worunter zwei fast Freunde sind, – Lothar und der drollige alte Engländer Aston. Er scheint mit mir einen Plan zu haben – er hat überhaupt für sein Leben gern Plane – ich weiß zwar nicht was für einen, aber daß ein solcher in voller Blüte steht, leuchtet wie ein Zeichenfeuer aus seinem ganzen Wesen. Kein Mensch auf Erden leitet und ordnet so gerne als er. »Ich bitte Euch flehentlich,« sagt er, »lasset nur mich gewähren und verderbet nichts;« – dafür, wenn man ihm die Sache überläßt, darf man aber auch rechnen, daß sie bis ins kleinste meisterhaft ist – nur darf es nichts Wichtiges sein; das verpfuscht er. Er überrascht auch gerne und hat seine Heimlichkeiten; nur weiß man sie immer, meist aus den Schildwachen, die er mit Angst um das Geheimnis stellt. Sein Herz ist wie Gold, und ich kenne mehrere Züge des anspruchlosesten Edelmutes von ihm. Im übrigen reitet er unterschiedliche Steckenpferde und tut seiner Kappe jährlich ein paar Schellen und sauberes Pelzwerk zu, was ihm wohl Du und ich am wenigsten verargen können, denen gewiß derlei Glocken und Streitrosse nicht ausbleiben werden. Und am Ende ist mir ein phantasiereicher Greis mit seinen paar zugehörigen Narrheiten lieber, als jene erloschenen Menschen, die sich vorgestorben sind und ihren Körper wie das leere Fach der Seele hinfristen. Gegen mich ist er väterlich warm und will mein Glück machen, da er mich wirklich mehr liebt, als ich es verdiene; er traut mir nämlich des Guten nicht weniger als alles zu, was mich manchmal sehr beschämt; daher, wenn ihn andere Leute seiner Eigenheiten willen unleidlich finden oder lächerlich machen, liebe ich ihn dafür von ganzem Herzen – und

kann stundenlang mit ihm spazieren gehen und ihn gewähren lassen, wie er teils erzählt, teils Plane dartut, teils verworrene Stücke seiner Vergangenheit herbeischiebt und im naiven Fortplaudern – weil er sich vor mir gehen läßt – arglos eine wahre Rumpelkammer eines Herzens auftut, worin Plunder und Kleinodien liegen, die nur niemand geordnet hat, weil die einzige Hand, die es konnte, und der er es mit geduldigster Liebe überlassen hätte, längst schon im Grabe liegt, – die seiner Gattin, deren leise, schöne Schritte in der Plunderkammer oft deutlich sichtbar werden, wenn der Zufall das eine oder andere unnütze Tuch von ihnen abhebt. Diese meine Schonung seiner Eigentümlichkeit mag ihm oft halb klar vorschweben und eigentlich das Band zwischen uns sein; denn das Anerkennen seiner Trefflichkeit teile ich mit vielen seines Umgangs – jene Schonung mit wenigen. So gut ist er gegen mich, daß, wenn ich so schlecht wäre, seines Vermögens halber einer seiner zwei Mädchen Liebe vorzuheucheln und sie zu gewinnen, er freudig sein Ja dazu sagen würde. Ohnehin weiß Wien nicht anders, als daß ich in die bedeutend schöne und noch dazu geistreiche Lucie, die ältere seiner Töchter, verliebt sei und deshalb sein Haus besuche. Man macht mir artige Worte über meinen Geschmack und lobt hinter meinem Rücken meinen Berechnungsgeist und mein Unterhandeltalent, mit dem ich den Vater gewinne.
Sonderbar ist mir noch eines, was ich hier anmerken muß, daß ich mich nämlich schon seit einiger Zeit mit einem Netze von Heimlichkeiten umgeben fühle, dessen Fäden ich oft sichtbar vor mir zu haben wähne, und wenn ich danach greife, so ist nichts da. Gestalten von Bedeutung sind zuweilen in meinem Bereiche, wiederholen sich und verlieren sich. Wünsche, die ich nie ausgesprochen habe, finde ich oft in meinem Zimmer verwirklicht. Nachfragen werden gehalten, Bestellungen gemacht, von denen

ich nicht weiß, für wen, und so andere Dinge, die ich fühle, aber für den Augenblick nicht darstellen kann.
Das Allerverkehrteste ist aber das, daß meine unbekannte Südländerin, die stolze Zenobia, nichts weniger als eine Südländerin ist, sondern die russische Fürstin Fodor. Sie reist bloß durch, und zwar aus Frankreich kommend, wo sie mit ihrem Gemahle das Grab ihrer Eltern besuchte, die dort vor vielen Jahren auf eine gewaltsame und geheimnisvolle Weise umgekommen sein sollen. Sie wird in einigen Tagen nach Petersburg abreisen, um die dortigen Gesellschaften zu verherrlichen, wo sie mit ihrem Gemahle das schönste Paar sein soll. Woher ich dies alles weiß? – – Ja, noch mehr – – während ich hier schreibe, liegt ihr äußerst gelungenes kleines Abbild neben dem Papiere auf dem Schreibtische. Niemand anders nämlich wurde mit dem Auftrage beglückt, sie lebensgroß zu malen, als Freund Lothar. Er malte sie in ihrer Wohnung und färbte sich heimlich das kleine Bildchen zusammen, als einen Schönheits-Diebstahl, und lief sogleich zu mir, um damit meine Paradiesgartenschönheit, von der ich ihm erzählte, auszustechen.
Wie staunte er, als ich ihm sagte, die sei es eben – und beide wunderten wir uns über den Zufall. Er verschaffte mir später sogar, daß ich das große Bild selbst sehen konnte, zu welchem Zwecke er ein Mädchen der Fürstin mit Geld und Liebesworten bestach. Die Arbeit war schön, und obwohl er sagte, daß sie nicht von weitem an das Urbild reiche, so wiederholte sich doch an mir fast dieselbe Wirkung, wie damals vor jenem erhabnen Spiegel. Er ergötzte sich herzlich an meinem elektrischen Funkeln, teilte es aber nicht im mindesten, obwohl er zugab, daß diese Arbeit die schönste Belohnung seines Pinsels sei, die er je zu hoffen habe, und er wolle nun recht geduldig viele der häßlichsten Gesichter nachbilden. Er schenkte mir das kleine Gemälde, und ich be-

wahre es als Denkmal der sonderbarsten Wirkungen unserer Phantasie auf; denn die Fürstin soll hart und kalt sein und von dem echtesten Ahnenstolze besessen; – ich aber hatte alle Weichheit und Güte der schönsten Seele in die Züge dieses Bildes getragen. – Wenn sie längst in ihrem Norden ist, dann nehme ich erst das Bild recht her und dichte ihm alles an, was mir nur immer beliebt – ich wüßte nicht, wer mirs wehren könnte! Gute Nacht, Titus!

7. HIMMELBLAUER ENZIAN

3. Juni 1834

Seit dem zwölften Mai gab es gar nichts; aber das Ende dieses Monats war eigentümlich genug. Das Wetter hatte sich lange zusammengezogen, und Anzeichen und Wahrsagungen und Ahnungen und alles ging vorher; nun ist es da – ich bin verliebt, und, bei Gott! ich nehme mir vor, es ganz unmäßig zu sein und den Becher tüchtig rasch hineinzutrinken, in den sie uns das himmlisch süße Gift tun.

Höre mich – ich will Dir alles schreiben. Am letzten Mai war ich bei Aston geladen und ging hin. Die Pastoralsymphonie wurde von lauter feurigen Verehrern des toten Meisters vortrefflich ausgeführt. Ich floh in sein Schreibstübchen, in das keine andere Beleuchtung floß, als eine sanfte Dämmerung aus einem dritten Zimmer, in welchem vier dicht bei einander stehende Lampen aus matt geschliffenem Glase die Milch ihres Lichtes ergossen. An dieses ferne Zimmer erst stieß der Saal, wo die Musik und die Gesellschaft war; ich war also so gut wie allein. Auf dem weichen, weißen Samte dieses Lichtes nun wallte die Symphonie zu mir herein und brachte alle Idyllen und Kindheitsträume mit, und je mehr sie schwoll und rauschte, um so mehr zog sie gleichsam goldne Fäden um das Herz. Wie ist diese Musik rein und sittlich gegen

den leichtfertigen Jubel unserer meisten Opern! Auf unbefleckten, weißen Taubenschwingen zieht sie siegreich in die Seele.
Ich wäre ohne weiteres mit ihrem Ende fortgegangen, wenn dies auf eine andere Weise möglich gewesen wäre, als mitten durch alle Anwesende, deren Grüße, Fragen, Anreden, Gutenachtwünsche usw. mir unangenehm waren. Der letzte Ton war verhallt, und sogleich ging draußen ein Brausen an und ein Sesselrücken, und ein leidiges Tanzen begann. Im Lampenzimmer wurden gar Spieltische gestellt, und bis zu mir herein drangen die Streifenden. Sofort hob für mich die Langeweile an. Emma, die jüngere Tochter Astons, wollte, ich solle tanzen. Ich erwiderte, daß ich nicht starker Geist genug sei zu solchen Übergängen, wie unser Jungfrauengeschlecht, das dicht an Beethoven das Tanzen nicht verachte. »Doch ist jemand aus dem Geschlechte so stark,« sagte Emma lächelnd, »und sogar zwei sind es. Lucie und ihre altrömische Freundin, die Sie heute werden kennen lernen, – der weibliche Cato von Utika – oder von wo – sie sind sogar in den Garten hinabgegangen. Übrigens,« fügte sie bei, »mir hat die Symphonie sehr gut gefallen; aber jetzt gefallen mir sämtliche Tänzer auch, und ich kann mit meiner Empfindung nicht so breit tun, wie mit einem steifseidenen Gewande, und wie die andern, und so ade, Herr Aristoteles.« Sie knickste ernsthaft und schwebte künstlich zwischen all den Klippen der Spieltische, wie ein leichtes Fahrzeug, hinaus in die wogende See des Tanzsaales.
Nach dem Garten hätte ich wohl auch ein Gelüste getragen, aber ich mußte es nun aufgeben, um die zwei Freundinnen nicht zu stören, die ihn wahrscheinlich für ganz unbesucht hielten. Ich trat daher, wie gewöhnlich, Reisen durch alle Zimmer und durch die Gruppen darin an, und als ich im Bedientenzimmer die Pulte und Reste

der Symphonie, wie ein kahles Feuerwerksgerüste, antraf, hatte ich eine Art Schmerzempfindung, wie bei dem Anblicke eines abgebrannten Hauses. Auf dem Rückwege geriet ich zwischen die Wimpel und Fahnen mehrerer Putzhauben, die zusammenstaken und verleumdeten. »Beide«, hörte ich sie sagen, »sind im Garten, und sie macht die Lucie noch zu derselben unnatürlichen Figur, wie sie selbsten ist. – Gott genade dem Manne, der eine solche verschrobene ....« Mehr hörte und wollte ich nicht hören.
Arme Angela, dies ist nun seit einer kleinen halben Stunde schon die zweite harte Äußerung über dich – noch dazu an deinem Namenstage – so dachte ich und nahm mir vor, sobald sie heraufkäme, sie mir zeigen zu lassen und sie gerade recht mit Auszeichnung zu behandeln, namentlich auch, um die Putzhauben zu ärgern.
Ich trat wieder unter die Tanzenden – alles – die herumfliegenden Gestalten, die glühenden Wangen und strahlenden Augen der Mädchen, das Vergnügen der zusehenden Mütter, selbst die spielenden Herren – alles nimmt nun in meiner Erinnerung eine rührende Gestalt an. Ich werde den Grund angeben. Als ich nämlich sattsam wie ein Irrstern unter diesen Wandelsternen herumgeschweift war, ließ ich mich endlich häuslich nieder vor einer Rheinweinflasche, die mir Aston immer aus Vorliebe gibt, und rief einen Bekannten herzu, der ebenfalls ein Fremdling in der Tanz- und Spielwelt war. Wir gerieten ins Plaudern, während der Tanz draußen schleifte und schwirrte und rauschte. Unser Tisch war gleichsam ein Landsitz außerhalb dieses Stadtgewühls; denn er stand im Schreibstübchen, das aber jetzt beleuchtet war. Im Zimmer daneben und im dritten, im Lampenzimmer, saßen hartnäckige Whistgesellen. Wir hatten bereits die zweite Flasche angebrochen und handelten den Virgil ab, die musikalischste Muse der Römer, als sich folgendes

ergab. Mein Nachbar pries seine Zartheit in der sinnlichen Malerei, in der er fast an die Griechen reiche, und sagte die Stelle als Beleg:

Tempus erat, quo prima quies mortalibus aegris
Incipit et . . . et . . . .

Aber weder er noch ich wußten den schönen Vers zu Ende – da sprach unglaublich sanft eine weibliche Stimme hinter mir:

et dono divum gratissima serpit.

Ich sah neugierig um und – lege den größten Maßstab an mein Erschrecken – dicht hinter meiner Stuhllehne an der Seite Luciens, von unserer Lampe scharf beleuchtet, schwebt das Gesicht aus dem Paradiesgarten – dasselbe edle, sanfte, unbeschreiblich schöne Angesicht in der ersten Blüte der Jugend, dieselben Augen, zwei Sonnenräder, nur darüber dämmernd die langen, feinen Wimpern, wie Mondesstrahlen. Ich war aufgesprungen und starrte sie töricht an, während sie mit tiefem Purpur übergossen wurde.

»So schlagen Sie mich überall aus dem Felde, schöne Feindin«, sagte mein Nachbar, der auch aufgestanden war und sich artig lächelnd verbeugte; »auch im Virgil sind Sie mir überlegen.«

»Hier führe ich Ihnen«, sprach Lucie, »meine liebste Freundin auf, die längst versprochene Angela« – und dann zu ihr gewendet – »dies ist der bescheidene Maler der Umgebungen Wiens.«

Wir verbeugten uns gegenseitig.

Mein Nachbar sprach sogleich darein und benahm sich überhaupt wie ein Bekannter Angelas.

In diesem Augenblicke trat auch Aston herbei, und in seinem Angesichte war ein Weltmeer von Freude zu sehen über die gänzlich gelungene Überraschung, von der er alles und jedes auf seine Rechnung setzte, was an Ratlosigkeit in meinem Gesichte mußte sichtbar gewesen sein. Freilich konnte er den Grund meiner lächerlichen Verlegenheit nicht ahnen, die mich immer von neuem erfaßte, wenn ich sie ansah und die in mir herumringenden Gestalten in eine erträgliche Ordnung zu bringen versuchte. Diese also ist die verschrobene Angela, sie ist aber auch die Fürstin – und wer stand denn nun vor dem Hochspiegel – wer ist denn das lebensgroße Bild, wer das kleine Abbild? und Lothar sitzt höllischer Weise auf dem Hochschwab und malt dort Naturstudien und kann keinen Teufel aufklären – wenn er nicht gar selber im Komplotte steckt und sich zu guter Zeit auf und davon gemacht hat. Im ganzen goldnen Lamme wohnt ja die Fürstin, wenn sie nicht schon davon gefahren ist; das weiß ja ganz Wien, und daß sie von dem jungen Maler außerordentlich getroffen wurde, erzählt auch ganz Wien – und daß ich das lebensgroße Bild selber im goldnen Lamme sah, schon im Rahmen, schon an den Boden der Reisekiste geschraubt, weiß ich mit Gottes Hilfe auch, – und hier steht sie im einfachsten Kleide und lächelt mich an! – In meinem Zimmer – wenn es sich nicht unterdessen in eine Kohle verwandelt hat – liegt das kleine Bild, auf dem sie auch steht! – Dann die seltsame Lage hilft ihr auch noch, mich zum Narren zu machen, daß nämlich zweimal dasselbe ungewöhnlich schöne Angesicht allemal dicht vor meinen Augen in der Luft hing und zauberte, statt daß es ordentlich in der deutlichen Sehweite gesessen wäre zu verständiger Betrachtung und Anschauung. Und alle machten sie so unschuldige Gesichter, als wäre auf dem ganzen Erdboden kein trübes Wässerlein – oder gelang dem Aston dieses Mal eine meisterhafte Verwirrung? Wenn nur die Fürstin noch da ist, so warte ich morgen tausend Stunden vor dem goldnen Lamme, daß ich sie ausfahren sehe, und Lucie – denn das Teufelchen Emma sagt nichts – muß heute noch Rede und Antwort stehen. Eine solche Ähnlichkeit zwi-

schen zwei wildfremden Menschen ist gar ganz unmöglich; das muß ich verstehen, der ich schon über hundert Angesichter malte.
So dachte ich ungefähr in dem Augenblicke, als ich vor ihr stand; was ich aber geredet habe, weiß ich nicht mehr. Ersprießlich muß es nicht gewesen sein; denn sie wurde sichtbar verwirrt und errötete wiederholt, und Lucie machte immer größere Augen.
Aston sprang uns allen, wie ein Engel des Himmels, bei, als er die Nachricht brachte, draußen stehe alles aufgedeckt, und man warte schon auf uns zum Speisen.
Auf dem Wege ins Tafelzimmer nahm er mich am Arm, während die zwei schönen Mädchengestalten vor uns gingen, und flüsterte mir ins Ohr: »Hab ich Ihnen mit dieser das Konzept verrückt? – und sie wird Ihnen sogar zu einem Bilde sitzen, wenn es Lucien gelingt, sie vollends zu überreden; denn nur ihr, als Freundin, wolle sie ein Bild von sich als Andenken überlassen. Dann wird sie gleich lebensgroß gemacht; die Kleiderverhältnisse wählen Sie selber, und ich stehe Ihnen bei, und wenn wir sie überreden, daß sie Ihnen zu Ruhm und Glück dadurch verhelfen kann, so erlaubt sie auch, daß das Bild in die Ausstellung darf, und dann ist Ihr Ruf gegründet, Freund. Diese ist einmal ein Gegenstand, durch den sich ein Künstler Ehre gewinnen kann. Die ganze Männerschaft ist verloren, wenn sie das Bild anschaut, und verliebt sich bei dieser Gelegenheit auch in den Künstler, und die Weiber werden sofort alle von Ihnen gemalt sein wollen, weil sie meinen, sie würden dann auch so hübsch aussehen und so prachtvoll zwischen dem Goldrahmen sitzen. Wären Sie nur letzte Zeit nicht so halsstarrig gewesen – sie hat sogar einige Male nach Ihnen gefragt – so hätten Sie sie schon längst sehen können; denn mein Plan war es schon vom Winter her, Ihnen mit ihr den Verstand zu zerrütten. Aber es ist nicht aller Tage Abend

– ich könnte Ihnen noch allerlei Dinge sagen; aber gegebene Worte muß man halten – man muß sie halten.«
Mittlerweile gelangten wir an den Tisch, und er setzte mich ihr gegenüber. Meine Ruhe war durch den Gang ziemlich hergestellt, und ich saß voll Gelassenheit zwischen zwei schönen angewiesenen Tischnachbarinnen nieder, um mein Gegenüber auch einmal mit Ordnung und Verstand zu betrachten und über selbes zu richten.
Aber gefährlich blieb es; denn selbst jetzt, in dieser Prosa des Anschauens – das Himmelsbild setzte gar eine Tasse mit Rindsuppe an den Mund – verspürte ich doch gleich beim ersten Blicke wieder etwas von jener Zauberei, wie vor drei Wochen im Paradiesgarten. Ich sprach daher mit meiner Nachbarin rechts über das auserlesene Wetter; dann mit meiner Nachbarin links auch über das auserlesene Wetter – es ist aber auch wirklich auserlesen, wie es hier seit dem Jahre 1811 nicht gewesen ist; so sagen die Weinkenner – dann aß ich, reichte Teller herum, mischte mich in Gespräche und verlegte mich überhaupt auf die Unbefangenheit. Aston sah verschmitzt aus. Man sprach über die Symphonie und stritt. Ich mischte mich ein. Auf einmal, mitten in dem allgemeinen Brausen, tönte wieder die unglückselige, sanfte lateinische Stimme, aber diesmal deutsch. – Ohne Verzug lagen meine Augen drüben und begegneten einem großen, unschuldig schönen Blick voll Männerernstes. Sie fing eben an, den armen Ludwig gegen zwei ältliche Frauen zu verteidigen, die ihm Überspanntheit und Verworrenheit vorwarfen. Ein alter Herr mit schneeweißen Haaren – er hatte das Violoncell gespielt – stimmte ihr bei und ereiferte sich jugendlich für seinen Liebling, wofür ihn das schönste Augenpaar des Saales einigemal recht töchterlich lieb ansah. Der ewig alte Hader, in den man allezeit gerät, wenn man von Beethoven spricht, ob er oder Mozart vorzuziehen sei, entstand auch hier und ward mit Hast ver-

fochten. Alle Damen waren Mozartistinnen und ein großer Teil der Männer – Angela stand für Beethoven, unterstützt von dem greisen Violoncellisten und mir. Lucie mischte sich nicht ein; aber Emma sehr heftig für Mozart. Aber es war von beiden Seiten wenig zu gewinnen; denn gleich nach dem ersten Worte bemächtigte sich das mit starken Herren besetzte Südende des Tisches der Frage, und eine lärmende Kriegsfurie brach los. Sogleich schwieg Angela, und nur gleichsam sich entschuldigend und dankend wandte sie sich zu mir und sagte: »Ich bin nicht Kennerin genug, um anders als nach meinem Eindrucke zu urteilen; aber mich reißt es hin, wo, wie in der Natur, großartige Verschwendung ist. Mozart teilt mit freundlichem Angesichte unschätzbare Edelsteine aus und schenkt jedem etwas; Beethoven aber stürzt gleich einem Wolkenbruch von Juwelen über das Volk; dann hält es sich die Hände vor den Kopf, damit es nicht blutig geschlagen wird, und geht am Ende fort, ohne den kleinsten Diamanten erhascht zu haben.«

Mir war das Urteil aus der Seele gesprochen; aber ich war eigentlich nicht im Stande, etwas recht zu genießen, weil es in mir noch immer durcheinander ging und mir niemand gutstehen konnte, daß ich nicht jeden Augenblick mit der Frage herausfahre, ob sie denn ganz und gar und ohne weiteres die Fürstin Fodor sei, die mit ihrem Gemahle nach Rußland gehen werde, um dort die Leute zu bezaubern; aber dies ist ja unmöglich, denn sie ist Luciens Jugendfreundin, und ich werde sie diesen Sommer malen; aber dennoch ist sie mit jeder Linie und Färbung des Angesichtes mein kleines Abbild, das ich von Lothar erhalten hatte. Diese Doppelgängerei fing nun an, etwas Unheimliches zu gewinnen. Ich mußte sie mir hier und zugleich beim goldnen Lamme oder gar bereits in einer polnischen Herberge schlafend denken. Das beklagenswerte Essen nahm auch kein Ende, und da der

Streit noch immer heftig währte, so konnte auch kein vernünftiges Wort aufkommen. Deshalb blieb mir nichts übrig, als daß ich sie mit Muße betrachtete.

Titus, sie ist wahrlich und wahrhaftig unbegreiflich schön, zumal im Profil; da zeichnet sich die schönste Linie in die Luft, welche das Weltall besitzt, und die man versucht wird, sich nur *ein* Mal daseiend zu denken. Hinter ihr war an den Wänden dunkelsamtnes Gehänge, und bei jeder Wendung schnitt sich das hellbeleuchtete Angesicht aus rabenschwarzem Grunde. In unsern Zeichenbüchern ist diese Linie noch nicht; sie stammt aus der schönsten Zeit des alten Perikles – und wenn sie sich dann plötzlich zu dir wendet und die beiden Augen auf dich richtet, in denen etwas Treuherziges und Schwärmerisches ist, so wird das Bild wieder ein ganz neues, und aus der Antike springt eine romantische Shakespearesgestalt. Wenn unter dem eine törichte und verschrobene Seele voll Albernheit wohnt, wie Aston und jeder von ihr sagt, so ist es die schmerzlichste Ironie, und ich möchte dann den Apoll von Belvedere zertrümmern; denn was hat denn Schönheit dann für eine Bedeutung, als daß sie geradehin nur Grimm des Herzens aufrühren mag? Aber ich glaube es nun und in Ewigkeit nicht. Ich wollte nur, Du könntest sie sehen, mein Titus; eine Last dunkler Haare, daraus hervorleuchtend die weiße Stirn voll Sittlichkeit, adelig geschnitten von zwei feinen Bogen, und darunter die zwei ungewöhnlich großen, lavaschwarzen Augen, brennend und lodernd, aber mit jenem keuschen Madonnenblicke, den ich an feurigen Augen so sehr liebe, sittsam und ruhevoll – Du würdest wähnen, in dieser Klarheit müsse man bis auf den Grund der Seele blicken können – und wenn sie mit dem weichen, klugen Munde doch so blöde lächelt, so meint man Pallas Athene als Kind zu sehen.

Wie ich ihr so gegenüber saß, schwoll mir das Herz wehmütig an und sehnsuchtsweich, und ich hatte das Gefühl, hinter allem diesem berge sich vielleicht ein seltener Glanz, dem sich kein Mann nahen dürfe, als nur mit dem schönsten Geistesschmucke; sie aber stehe unter der Menge wie eine Fremde, deren Sprache man nicht kennt. Jedenfalls muß ihre Erziehung von der gewöhnlichen abgewichen sein; denn in all ihrem Tun war ein gewisser Zuschnitt, der etwas Fremdes hatte. Dies gab ihr einen Schein von Unbeholfenheit oder Ziererei – besonders da sie, wie oft pedantische Gelehrte, zuweilen geradezu gegen alle gewöhnliche Art verstieß, wie es das seichteste Gänschen nicht gemacht hätte, während oft ein Schimmer hervorbrach, den freilich das Gänschen auch nicht machen konnte, ja, ihr verargte. Mir erschien sie dadurch noch reizender, wie jene Tropenblumen, die dem ersten Blicke des Nordländers fremdartig, ja lächerlich sind, dem öftern Beschauer aber immer dichterischer werden und die fernen Wunder ihres heißen Vaterlandes erzählen.

Champagner kam; denn von Astons Sitze schollen dessen Begrüßungsschüsse, und bald, da jene schlanksten aller Gläser rings gefüllt waren, tönte es: »der Namenstag hoch!« Sie stand auf und dankte; ein Knäuel von Gläsern drängte sich an ihres, um anzustoßen; sie stand mild, wie eine Märtyrerin, und ließ den Wirrwarr über sich ergehen. Manche kamen zwei-, dreimal, um anzustoßen, ich weiß nicht, ihretwegen oder wegen des Champagners. Endlich, wie alles in der Welt, nahm auch dieses Glockenspiel ein Ende, und sie setzte ihr Glas nieder, ohne einen Tropfen zu kosten.

Auch andere Sprüche brachen los; man stand schon teilweise an dem Tische, – da kamen zwei schöne Arme von rückwärts um sie geschlungen und zogen sie küssend in eine Umarmung und in einen Glückwunsch – Lucie war es – auch Emma kam, und Rosa und Clara und Lina, und wie sie alle heißen: auch die verleumdenden Putzhau-

ben, und zogen sie in Wünsche hinein und von dem Tische hinweg.
Deinem armen Freunde war es nun, als hätte man alles Licht aus dem Saale fortgetragen, in welchem es bereits lustig und laut zu werden begann. Dichte Gruppen taten sich um die Flasche zusammen, und alle redeten wie die Apostel am Pfingstfeste, in lauter fremden Zungen, daß ein eitel Gebrause und Gesause wurde. Ein junger Mann mit dem richtigst gezeichneten Angesichte, was ich je sah, schritt auf mich mit seinem Glase zu, um anzustoßen. »Auf Ihr schönes Gegenüber«, sagte er; »wir zwei allein stießen vorher mit ihr nicht an.« Also hatte er es auch bemerkt – ich habe wohl gesehen, wie er nicht anstieß, – vielleicht aus demselben Grunde wie ich, weil ich ihr nämlich nicht auch noch zur Last sein wollte.
Ein neues Tanzen jubelte draußen los, vom Champagner angezündet, und trieb seine hochgehenden Wogen herein in den trüben Schwemmteich von Reden, Streiten, Lachen, Scherzen, daß ein tosendes Meer um die Ohren kochte.
Ich stand auf, unendlich erleichtert, daß ich von dem Tische losgeschmiedet sei und dem sinnverwirrenden Klingen und Schleifen und Schweifen und Reden und Brausen entfliehen könne. Mein Weg führte durch das Tanzzimmer, und es kam mir vor, als seien der Paare noch einmal so viel geworden, und als würden sie ohne Ende mehr, wie sie von einer tollen Galoppe herumgeschleudert wurden, immer schneller und schneller, weil einer, der auf dem armen Piano wie mit Keulen hämmerte, den Kreisel wie zur Lust immer bacchantischer drehte, vom Fieber angesteckt und alles ansteckend. Ich haschte mit den Augen nach Gesichtern, und wie die Mädchen vorüberjagten mit dem wilden Wangenfeuer, unschön, mit den hartroten Antlitzen, so fürchtete ich, auch ihres in dem Zustande zu sehen – aber es war nicht

darunter. Ich war, wie allemal beim Anblicke solches Überschäumens bloßer Lustigkeit, traurig geworden und ging gerne weiter.
Im Lampenzimmer endlich, wo noch die Kartenruinen lagen, stand sie, aber eingewickelt in einen Ballen von Freundinnen und Feindinnen, die Glück wünschten, und von Männern, die den Hof machten. – So hat denn heute Aston, wie jener König im Evangelio, die Blinden und Lahmen und die ganze Wiener Stadt und den Erdkreis zu diesem Feste eingeladen, daß die Menschen kein Ende nehmen wollten!! Ich ging noch weiter in das nächste Zimmer, wo endlich bloß drei waren, die Langeweile hatten, und ich setzte mich dort in einem Winkel als vierter nieder.
Ich war unsäglich traurig und konnte mich der tiefsten Schwermut fast nicht erwehren. Ich sah durch die Türen in alle Zimmer zurück, die ich durchwandelt hatte, und lud meinen armen Augen die Last aller Bilder derselben auf: den fernen, schwarzen Grund der Männer im Tafelzimmer, undeutlich wogend und im Lichterrauche schwimmend – auf diesem Grunde gedreht, gewirbelt, gejagt der weiße Kranz der Galoppe, seinerseits wieder zerschnitten durch die stehenden Gestalten und Gruppen im nächsten Zimmer herwärts – durch die wieder manche ganz im Vordergrund wandelnde Gestalt bald eine schwarze, bald eine weiße Linie zog – und auf diesen Wust von Bildern und Farben, noch dazu wankend und wallend in einem betäubenden Lichterglanze, zeichnete sich ihre Gestalt, die einzig ruhige, wie in die wimmelnde, zitternde Luft eine liebliche, feste fata morgana.
Leider kam nun Aston zu mir herein, der mich suchte, und fing zu reden an. Er glänzte von Wein und Freude und unterhielt sich nach seinem Ausdrucke ›köstlich‹. Er sagte, wenn er reden dürfte, so könnte er mir Dinge sagen – Dinge – aber es werde sich alles, alles aufklären,

und da irgendein anderer Mensch, den er nicht nennen dürfe, schon einmal verrückt sei und das eigne Unglück wolle, so werde alle Welt sehen, daß sein Plan, Daniel Astons Plan, der beste war und von Alpha bis Omega in Erfüllung gehe. Was Angela betreffe, müsse er bemerken, daß es eben kein Wunder sei, wenn ich mich in sie verliebe; das taten schon sehr viele; aber ein großes wäre es, wenn sie sich in mich verliebte – das tat sie noch nie. Er traue mir zwar viel zu, was Weiberherzen gewinnen könne; aber sie sei auch nicht wie andere Weiber, sondern ihr Lehrer habe ihr allerlei Dinge beigebracht, die seltsam und ungewöhnlich seien – für eine gute Hausfrau tauge sie gar nicht, weil ihr alles und jedes Praktische fehle – jedoch sie wäre schon abzurichten, da sie in allen Narrheiten, wozu sie sich gelegentlich wende, mit der musterhaftesten Ordnung und mit größtem Erfolge vorgehe; nur seien leider das Dinge, die alle nichts nützen und gegen Herkommen und Brauch seien. »Unter uns gesagt: sie kann gar nicht einmal kochen. Aber verlieben Sie sich immerhin.« Er wollte mich durchaus hinausführen, aber ich lehnte es entschieden ab und war froh, als er endlich von dannen ging. Mittlerweile entführte der Tanz eine Freundin nach der andern von Angela, und sie stand zuletzt nur noch mit einem Manne im Gespräche, demselben jungen, schönen Manne, der mit mir auf ihre Gesundheit angestoßen hatte. Auch Emma schwirrte einmal durch das Lampenzimmer in den Tanz, der unaufhörlich toller und toller hereintönte.

Da trat der Violoncellist zu mir und fing an, über Beethoven zu sprechen und über den guten Takt des schönen, fremden Fräuleins in Beurteilung des größten aller Tondichter.

Das schöne, fremde Fräulein hatte sich indes auf einen Diwan niedergesetzt, und der schöne, fremde Herr stand vor ihr.

Mein Nachbar zerlegte mitten im Klingen und Singen der Tanzmusik kunstgerecht die Pastoralsymphonie und zog mich doch zuletzt ins Interesse, weil er aus dem Tonstücke Erinnerungen zurückrief, die sich eben jetzt an mein gewitterschwüles Herz wie Engelsflügel legten, weil sie wie reine Lichtstrahlen abstanden von der roten Pechfackel der Tanzmusik, die eben draußen in jubilierender Sinneslust geschwungen wurde. Ich sprach endlich hingerissen einige heiße Worte über die Symphonie, und als meine Empfindung in der Stimme erkennbar geworden sein mußte, drückte mir mein begeisterter Nachbar, wie ein Kind gerührt, beide Hände, und mir kam das Haarsilber auf seinem schönen Greisenhaupte doppelt ehrwürdig vor.

Auch er schied endlich, und als ich aufblickte, war auch sie und ihr Gesellschafter fort, vielleicht gar zum Tanze; auch meine Genossen, die drei langweilenden Gesellen, waren verschwunden, und das Zimmer stand ganz leer; nur aus dem Spiegel gegenüber starrte mein eigenes Angesicht.

Da saß ich nun und wußte durchaus nicht, was in der nächsten Zeit zu tun sein werde.

Endlich ging ich wieder in das Tanzzimmer, ob ihr denn nicht auch das Tanzen anders lasse als den andern. Man führte jetzt eben Figuren aus, was ich viel lieber sehe als das leere Galoppjagen – aber sie war nicht bei den Figuren. Bei einer alten Frau saß sie und redete äußerst freundlich mit ihr.

Ich weiß es nicht, was mich denn so zauberisch bindet. In ihren Augen – in der Art, sie zu heben oder zu senken, oder hinträumen zu lassen in dichterischer Ruhe – in dem Munde, wenn auf ihm das Licht des Lächelns aufgeht – selbst in der Hand, die eben jetzt wie ein weißes Apfelblütenblatt auf ihrem schwarzseidnen Kleide lag – – in allem, in allem ist ein Stück meines eignen Herzens, was

mir hier nur unsäglich reizender und inniger zur Anschauung kam.
Ich ging wieder in das leere Zimmer zurück. Fraget mich nicht, warum ich denn eine so große, feierliche, unabweisbare Empfindung in mir zurücktrug – ich weiß es nicht. Unter allen, die da freudig hüpften und freudig zusahen, ist nur ein einzig Herz, mein Herz ist es, das bitterlich weinen möchte. Sie ist der unschuldige Gegenstand, daß eine Empfindung in mir emporschwoll, ungeheuer, riesig, wohl- und wehmütig, verwaist und einsam in dem Herzen liegend – mir war, als hätte ich bisher keinen Freund und keine Freundin gehabt!!
Endlich war der Tanz aus, und die erhitzten Paare fluteten herein.
Jetzt mußt' ich Lucien sprechen. Sie trat auch zu mir, Angela und die hochatmende Emma am Arme führend.
Wie ganz anders sind die Worte, die man einer geliebten Gestalt in Gedanken sagt, als wenn sie dann vor uns tritt und das dumme Herz erschrocken zurücksinkt und eine Flachheit vorbringt.
Emma sagte, ich sei heute der unerträglichste Mensch; auch Lucie fand mich verstimmt. Ich entschuldigte mich, daß ich nicht tanze und also nichts zum allgemeinen Vergnügen beitragen könne. Angela sagte, daß sie mich schon lange aus meinen Bildern und aus den Beschreibungen kenne, die ihre zwei Freundinnen von mir machten, und es sei gar nicht schön von mir, daß ich ihr fast absichtlich auswich; – ich errötete heftig und konnte es zu keiner Entschuldigung bringen. Indessen kamen wir zu einem Sitze; alle drei setzten sich, und ich blieb vor ihnen stehen.
»Jetzt müssen Sie aber sehr oft kommen«, sagte Lucie, »und unsere liebe Freundin kennen lernen; sie ist es wohl ein wenig wert.« Hierbei sah sie dieser lieben Freundin zärtlich ins Antlitz und nahm ihre weiße Hand.

»Und er ist es auch erschrecklich wert«, entgegnete Emma; »denn er ist der liebenswürdigste Pedant, der je einem Mädchen Langeweile machte.« Unverzüglich nahm sie auch meine Hand, ihre Schwester äffend, und legte alle vier Hände aufeinander, so daß meine auf Angelas kam, und denke Dir, Titus! dies war mir peinlich – ich zog sie fast unartig zurück. Angela zog ihre auch weg und legte sie wie dankend auf die Schulter Luciens und hob dabei, wie eine griechische Priesterin, das schöne Haupt.

Plötzlich, als sie meiner Phantasie das Bild einer antiken Priesterin bot, fiel mir ihr Latein ein, und ich griff hastig nach diesem Gesprächsanker, mit der Bemerkung, daß es wohl ein seltner Fall sein möge, daß ein Mädchen den Virgil in der Ursprache lese.

»In gar keiner sollte man den langweiligen Menschen lesen«, meinte die ewig dareinsprechende Emma.

»Als nur in der Ursprache«, entgegnete Angela; »weil selbst in der besten Übersetzung drei Vierteile verloren gehen und das vierte seelenlos bleibt.« Dann, zu mir gewendet, fuhr sie wie entschuldigend fort: »Ich kann aber auch sehr wenig; mein gütiger Lehrer erzählte mir eine so schöne Geschichte von den Taten der alten Heiden, daß ich ihn bat, mich auch ihre Sprache zu lehren, ihre Seele, wie er sagte. Er tat es, und ich lernte auf diese Weise ein weniges.«

»Also können Sie auch Griechisch?« platzte ich heraus, sie mit offenen Augen anstarrend.

Jungfräulich errötend und fast erschrocken durch meine Hast, sagte sie verwundert: »Ja« und sah mich verlegen an.

Emma, die einen Instinkt hat, zu rechter Zeit drollig zu sein, sagte: »Sie lernt noch die Taktik, wenn Sie ihr einen Meister auftreiben.«

»Warum nicht?« entgegnete Angela; »wenn man nicht so

traurig werden müßte, daß es unter vernünftigen Geschöpfen noch eine solche Wissenschaft geben kann.« – –
»Habe ich etwas Unschickliches gesagt?« fragte sie plötzlich Lucien, wahrscheinlich weil sie an mir die äußerste Verwunderung merkte und nicht deuten konnte.
Die sanfte Lucie nahm nun das Wort, indem sie den früher um Angelas Nacken geschlungenen Arm herabzog und die schöne Gruppe auflöste und sagte: »Sie müssen nämlich erfahren, daß unsere Freundin nicht in Wien erzogen worden ist und auch nicht von einem Manne, der mit unsern Sitten sehr einverstanden wäre. Wenn Sie uns nicht schon geraume Zeit her so sehr vernachlässigt hätten, so hätten Sie ihn kennen gelernt, da er die letzte Zeit fast täglich in unser Haus kam; aber eine seiner ewigen Reisen führte ihn mit seiner Schwester nach Frankreich, von wo er kaum vor September zurück sein wird. Der Vater hat ihm von Ihnen so viel Gutes gesagt, daß er Ihre Bekanntschaft verlangte. Aber er mußte abreisen, ehe dies bewerkstelligt werden konnte. Seine Schülerin kennen Sie jetzt in unserer Angela; seiner Tante werden wir Sie später vorstellen; auf ihn und die Schwester aber müssen Sie bis zum Herbste warten. Ich bin der vollsten Überzeugung, daß ihr euch gegenseitig sehr gefallen werdet.«
»O, ich auch der vollsten«, sprach Emma drein; »da wird ein Leben losgehen, närrische Leute die Hülle und Fülle: Sie, er, seine Schwester, Fräulein Natalie, Angela, ich, die zärtliche Schwester Lucie beginnt auch schon, der Vater obendrein, – die Plane sollen sich kreuzen und mehren und verwirren; wir müssen noch mehr solches Zeug herbeischaffen – Sie haben ja da einen neuen Freund angeworben – Disson, glaub ich, heißt er – den Sie so sehr lobten – der wird doch auch einen oder den andern Sinn verkehrt haben – diesen bringen Sie – und in den Pyrenäen reist auch einer, den Sie neulich lobposaunt

haben: der muß auch herbei, und wenn der Vater so fortsammelt, dann erleben wir die lichte Freude: auf Erhabenheit verlegt, Überschwenglichkeit getrieben – und zuletzt Lieb' und Heiraten aller Orten und Wegen: Sie mich, Angela ihren Lehrer, – – nein, der ist für sie zu ruhig: ich den Lehrer, Sie die Angela, Lucie den Lothar, Natalie den spanischen Reisenden – – nun, ich denke: dann sind alle unter Dach gebracht.«
Lucie, die seit dem Tode der Mutter eine Art sanfter Vormundschaft über den jungen Wildfang übte, verwies ihr lächelnd ihre unartige Übermütigkeit. In den lebhaften jugendlichen Augen glänzte so eben ein neuer Übermut; aber in dem Augenblicke stob eine ganze Spreu von weißen Mädchen herbei, gefolgt von jungen Männern, die alle über den Schlußtanz unterhandelten. Emma war sogleich mitten drinnen, hielt kurze Staats-Versammlungsreden und stimmte unmittelbar darauf. In diesem Augenblicke ergriff ich die Gelegenheit, endlich einmal mit meiner Paradiesgartenbegegnung hervorzukommen – vor Emma wollte ich nicht. – Ich erzählte etwas lügnerischer Weise, daß es wahrscheinlich eine russische Fürstin gewesen sei, die ich unlängst im Paradiesgarten vor dem schwarzen Hochspiegel sah und die mit dem gegenwärtigen Fräulein die vollständigste Ähnlichkeit habe, die ich je auf Erden gefunden; darum habe es mich so sehr verwirrt, als ich heute dieselbe Gestalt und dasselbe Angesicht hinter meiner Stuhllehne sah und sogleich als Freundin Luciens und Emmas aufgeführt bekam. »Und«, schloß ich, »doppelt überraschend war mir Ihr Anblick, weil ich neulich durch Zufall ein lebensgroßes Bild der Fürstin zu sehen bekam, auf dem sie in einem schwarzseidnen Kleide saß, gerade so, wie Sie hier eines anhaben; ja, was mir beinahe Schreck einjagte, war noch, daß Sie auch das kleine goldne Kreuzchen tragen, wie jene Fürstin mit einem abgebildet ist. Ich besitze ein kleines

Nachbild von dem Gemälde, wo all das noch jeden Augenblick zu sehen ist.«
Beide Schwestern sahen sich seltsam an, als ich dieses sprach – Angela aber mußte bis zu Tode erschrocken sein, denn sie stand weiß wie eine getünchte Wand da und wankte; mit unbeholfener Verlegenheit suchte sie das äußerst kleine Kreuzchen in ihrem Busen zu bergen – es gelang – eine Sekunde nur wars, sie bezwang sich, und die ernsten, schönen Augen auf mich richtend, sprach Angela, daß sie mit dieser Fürstin nichts gemein habe; ich möge sie nur als ein einfaches Mädchen ansehen und behandeln, das nie einen Adelsbrief gehabt habe, noch je einen haben werde.
»Außer den lilienweißen des allerschönsten und liebsten Herzens, das auf dieser Erde schlägt«, rief Lucie mit sonderbarer Rührung, die mir für diese Veranlassung zu heftig vorkam, und küßte sie auf die Augen und suchte sie hinwegzuziehen; allein es war nicht möglich, denn in demselben Augenblicke erschien ein Mann und erinnerte Lucien an ihr Versprechen, die dritte Figur mitzumachen – und – so ist der Mensch – in höchster Verwirrung und Not tut er noch immer eher das Schickliche als das Rechte: Lucie ließ sich in der Betäubung fortziehen; sie fand das Wort der Widerrede nicht, und die Fremde stand verlassen in ihrer so seltsamen Erregung vor dem Fremden – aber so klar es war, daß ich irgendein unheimlich Sonderbares getroffen haben mußte: so klar war es auch, daß in dem Augenblicke keine Spur mehr davon in ihrem Antlitze übrig war. Wie ich nämlich beklommen scheu in dasselbe blickte, war das sanfte Rot wieder in die vorher lilienweiße Wange geflossen, und das große Auge sah freundlich auf mich, als sie die Worte sagte: »Mir ist nicht unwohl geworden, wie Sie etwa denken können, sondern, wie es wohl öfters bei Menschen geschieht, es ist plötzlich ein sehr wichtiges Ereignis mei-

nes Lebens eingetreten, und das hat mir die kindische Erregung gemacht, die Sie gesehen haben.«
Mir war diese ruhige Aufrichtigkeit bei einer Sache, die jede andere verborgen, ja, gerade unter Unwohlsein verborgen hätte, sonderbar, zum mindesten neu; ich blieb daher befangen stehen und sagte kein Wort.
»Ich werde jetzt fortgehen«, sagte sie nach einem Augneblicke; »aber vorher muß ich Ihnen noch sagen: daß *ich* es gewesen bin, die Sie an dem erhabenen Spiegel gesehen haben – nannten Sie nicht die Beleuchtung eine Unterweltsbeleuchtung?«
»Ja, ja, ich nannte sie so«, antwortete ich freudig, als wir bereits im Hinausgehen waren, wo sie sich dann verneigte und wieder zu jener ältlichen Frau ging, bei der ich sie heute schon einmal gesehen hatte. Später, als der Tanz aus war, sah ich sie noch einmal hinter einem Vorhange in Luciens Armen und heftig mit ihr reden – dann sah ich sie nicht mehr; denn sie war fortgefahren – nur ein schönes, liebes, süßes Bild schwebte mir im Haupte und im Herzen.
Also war es doch sie gewesen!
Welch schöne Größe und Milde sah ich damals in ihrem Angesichte; wie wahr hatte meine Empfindung geredet! nun ist sie fort; das Rollen ihrer Räder hörte ich herauf; ich hörte es mit dem Herzen; ihr Bild schwebt noch in dem Gewirre, das um mich ist, und ich stehe wie ein Fremder in dem Sausen.
Gütiger, heiliger Gott! welch sanftes, schönes Fühlen legtest du in des Menschen Seele, und wie groß wird sie selbst vor dir, wenn sie Freude fühlt, in ein fremdes Herz zu schauen und es zu lieben, weil sie weiß, daß dieses Herz schön sein wird. – Dies nennen sie Unnatur, was wie ein einfach Licht der Engel um ihr Haupt fließt.
Freilich, weil sie diesen Schein nicht kennen, und sich dafür nur armseligen Modeflitter hinaufstecken.

Ich ging auch bald nach Hause und schrieb noch bis fünf Uhr; dann legte ich mich erst nieder und sank in ein verworrenes Träumen.

8. ERDRAUCH

4. Juni 1834

Es greifen immer sonderbarere Menschen in mein Leben – es ist, als sollte ich mit lauter ausländischen Dingen umringt werden. Ich wußte eigentlich bisher gar nie recht, was ein Nabob ist, und weiß es noch nicht; aber doch soll ich mit einem zusammenkommen, und Aston sagt, daß dies mein Lebensglück gründen werde; – nun, ich bin neugierig – er sagt nicht, wie? – überhaupt muß man mit mir irgendein Geheimnis haben; ich merke es an Lucien und Emma – aber ich kann es nicht ergreifen – mögen sie immerhin – aber seltsamer Weise, wie man oft vorgefaßte Meinungen über das Aussehen und den Charakter von Menschen hat, die man nie sah, so geht es einem auch oft mit Worten und Begriffen. Dieses ›Nabob‹ ist so ein Wort für mich gewesen seit meiner Kindheit. Ich stellte mir darunter immer einen Mann vor zwischen fünfzig und sechzig Jahren, gut erhalten, braunen Angesichts, ein farbiges Tuch um den Hals, einen Hut mit breiten Krempen, einen lichten, meistens gelben Rock an – einen Mann, der in irgendeinem Indien Pflanzer war, alle seine Neger hindanngegeben und nun in Europa viel Gold genießt und grob ist.

Ist diese Beschreibung falsch, so bitte ich alle um Verzeihung, die sich dadurch gekränkt fühlen; denn ich kenne keine Schuldefinition eines Nabob – ja, sogar der Name war mir von jeher fast lächerlich.

Aston sagt, dieser Mann und ich gleichen uns in Launen und Gutherzigkeit, wie ein Wassertropfen dem andern – wäre ich nur diese Zeit her, wie er sich ausdrückte, nicht immer auf so ausschweifend langen Ausflügen gewesen, daß ich unter den hundert Malen, die er ihn zu mir geschleppt, zu treffen gewesen wäre, so könnte bereits alles in Ordnung sein; aber so habe der Nabob fort gemußt, und alles schiebe sich auf die lange Bank. Es seien noch ganz andere Dinge dahinter, die er mir nicht sagen dürfe. »Dieser Nabob,« rief er aus, »so ganz vortrefflich er sonst ist, gehört unter die Menschen, die immer voll von Planen stecken, was mir so verhaßt ist, weil sie auf keinen Rat hören, und einen nichts machen und fügen lassen, wenn es auch sonnenklar besser wäre.«

Lieber Titus! Wenn der Nabob, wie ihn Aston nennt, etwa so ein Mann ist, der um sein gutes Geld auch ein Mäcenas sein will, so wird das Wohlvernehmen von kurzer Dauer sein; denn ich meine, daß bei einem solchen Seebär, wie ich mir ihn vorstelle, nicht leicht geistige Duldung vorhanden sein wird. Daß es übrigens der gute Daniel Aston mit seiner Güte und Pfiffigkeit, womit er den Gefühlen in die Schuhe hilft und Freundschaften übereilt, unsäglich gut meine, bin ich vollkommen überzeugt – jedoch bei all den Geschäften, die er sich immer zum Heile der Menschheit auf den Hals ladet, und wofür ihm niemand dankt, tappt er oft zu; es geht ihm, wie mir einst als Knaben, da ich gefangene Schmetterlinge unter Gläser einsperrte und mit dem besten Rindfleisch fütterte.

Ehe ich schließe, muß ich Dir noch den Verlauf mit dem kleinen Bilde erzählen. Man hat mich bei Aston dringend gebeten, es zu bringen; ich versprach es auf meinen nächsten Besuch. Da ich nun des andern Tages kam, hielt mich der Diener im Vorzimmer auf und sagte, er müsse Lady Lucia rufen. Sie kam und bat mich mit ihrer eigentümlich gewinnenden Leutseligkeit, ich möchte ihr das Bildchen einhändigen, sie würde es zu rechter Zeit vorbringen. Wir traten zu Emma und Angela ein, die im Besuchzimmer waren. Sogleich heftete sie ihre großen

Augen auf Lucien und sagte: »Nun, zeige nur!« »Liebe Angela, ein wenig später wird es doch besser sein«, meinte Lucie mit bittendem Blicke.
»Es wird wohl später sein wie jetzt«, entgegnete Angela; »aber wenn du es wünschest, will ich warten.«
Zögernd reichte Lucie das Elfenbein hin, und wie ein Pfeil schoß Angelas Auge darauf und darüber weg auf den Spiegel; dann erblaßte sie – Lucie sah nicht das Bild, sondern die Freundin an und hütete jeden Zug derselben. Emma flog herbei, und den überraschten Lippen entfuhr der leise Ausruf: »Ach Gott, wie treu!« und sogleich sah sie Angela an und ich auch. Wie eine schneeweiße Rose war auch heute wieder ihr schönes Haupt; aber nach wenig Augenblicken ward eine purpurrote daraus, und so stand sie da, zitternd vor innerer Bewegung, die sie sichtlich zu bemeistern strebte. Was das mit dem Bilde bedeuten mag – Gott kanns wissen!
Ich ging augenblicklich in das Nebenzimmer und sah zum Fenster hinaus. In dem von mir verlassenen Gemache hob nun ein langes Reden und Flüstern an, das ich beinahe hineinhörte; ich wäre gerne fortgegangen, wenn das Zimmer einen Ausgang gehabt hätte; aber endlich wurde ich durch Emmas Stimme gerufen, und ruhig, wie ich sie gewöhnlich sah, bat mich Angela, ihr ein Nachbild dieses Bildes nehmen zu lassen. Mit Hast trug ich ihr das Urbild selber an; sie nahm es nur unter der Bedingung, daß sie mir ein Nachbild davon zustellen lassen dürfe.
Ich ging es ein; das Bildchen lag indes verkehrt auf dem Nebentische.
Gezwungene Gespräche wollten nun anheben; allein ich fühlte, daß ich heute bald gehen müsse, und ich ging.

9. SCHWARZROTE KÖNIGSKERZE

26. Juni 1834

Fast ein Monat, merke ich, ist verflossen, ohne daß ich eine Zeile für Dich aufgesetzt – es ist kein Vergessen auf Dich; aber es war keine Zeit zu dem unerträglich langsamen Schreiben übrig; im Kopfe habe ich Dich mehr als je. Selbst heute kann ich in der Schnelligkeit nur ein paar Worte hersetzen; aber noch diese Woche schieße ich einen eigenen Tag für Dich aus, um Dir alles zu schreiben. Es war irgendein Geheimnisvolles oder Schmerzhaftes oder sonst etwas – kurz es war eine seltsame Bewegung im Hause Astons unmittelbar nach jener Zeit, da ich das Bildchen übergeben hatte, man kümmerte sich wenig um mich, sondern hatte mit eigenen Angelegenheiten zu tun – dann war alles wieder gleich und ruhig – wie ein Schatten war es vorüber, den eine Wolke wirft, die man nicht sieht – mir kann es gleich sein; denn es wurde dann eine heitere, klare, liebe Zeit – ich komme nun, so wie früher gar nicht, ebenso jetzt täglich in Astons Haus. – Das Leben des Menschen ist fast, wie man eine Hand umkehrt; es ist dieselbe und doch ganz anders – ein ruhiger Umgang eröffnete sich, ein heiteres Entgegenkommen, und jetzt sind Verträge gemacht, daß wir Musik machen, lesen und Malerei treiben wollen; es mußte gleich die bestimmte Zeit hiezu vermessen werden; denn es gehört mit zu Angelas Verschrobenheiten, daß sie alles nach der strengsten Zeiteinteilung tut. Emma, die wieder alles zeitlos tut, das heißt wie es eben der Augenblick bringt, wollte mit der Pedanterei verschont bleiben, wie sie sagte, und beschloß, dabei zu sein oder nicht, wie es eben ihr Inneres füge. Aston, der sonst vielleicht störte, reitet zum Glücke sehr viel; der Arzt hat es ihm verordnet, und in Folge dessen geriet er auf den Einfall, sich für einen Pferdekenner zu halten, was ihn täglich stundenlang auf die Plätze führt, wo Reiter

und Pferde zu sehen sind und über Gattung, Feuer usw. gesprochen wird.
Außer dieser Zeit, die einzig lieb und schön ist, hat sich auch etwas anders begeben, was einen festen Halt und viele Freude in mein Leben bringt: das Amt nämlich, in das mich wohlmeinende Freunde bringen wollten, um jene Erscheinung an mir darzustellen, die man gesichertes Dasein nennt, ist mir glückseliger Weise abgeschlagen worden, und als ich mit dem lieben Bescheide in der Tasche nach Hause kam, so war es nicht anders, als hüpften mir meine Farben entgegen und sähen mich noch einmal so freundlich an: Du kennst das Gläschen mit dem Ultramarin; es sah mit seinem Feuerblau wie ein tiefer Harmonikaton aus, – der Purpur wie Liebeslieder – die Grün wie sanfte Flöten – das Rot wie Trompetengeschmetter, und so weiter. Jetzt will ich nicht mehr auf Abfall und Felonie sinnen, ihr lieben, treuen, herzigen Vasallen, bis ich sterbe, und dann wird schon im Testamente stehen, daß mit euch die Hand eines närrischen Freundes, den ich jetzt noch nicht nenne, ein heiteres Bild auf meinen Sarg malen soll. Wir bleiben bei einander und handieren nun erst recht mit Wonne und mit Lust, seit es gewiß ist, daß uns nun nichts mehr auf dieser Erde trennen kann, wie wohlgetraute Eheleute, die der Tod nur scheidet.
Das erste sollen Deine wunderschönen Skizzen sein, wofür ich Dir tausend Dank sage; sie freuten mich unendlich. Wir haben bereits zwei große Tafeln mit dem zartesten grauen Grunde bereiten lassen, worauf wir sie ausführen werden; Lothar den Mont perdu und ich den schwarzen See, dessen Namen ich in Deinem Schreiben nicht lesen kann, und den Du besser geschrieben wiederholen magst. Es soll das erste und schönste Fest werden, sobald wir von unserer Reise zurück sind. Lothar geht nämlich mit, und nach der Zurückkunft werden wir zu-

sammen wohnen und in einer Stube arbeiten, was köstliche Stunden geben soll; denn ich fange an, diesen Menschen ungemein zu lieben, und wenn erst auch Du zurück sein wirst, dann soll das wahre, schöne Künstlerleben angehen und nichts getan werden, als nur lauter Schönes – und sonst lauter Spaß. Wir müssen unweigerlich alle drei unter *einem* Dache wohnen, unter *einem* Dache arbeiten, mit Glück und Lust nach dem Höchsten streben, jede Schmach von uns stoßen, jeden Fund schnell einander mitteilen, ein Liebchen selig im Herzen tragen und drei Hände zu schöner, fester, urewiger Männerfreundschaft zusammenfügen. Wärest Du nur erst da, daß Du den sanften Lothar sähest und seine schönen Bilder: Du würdest ihn bald mehr lieben als mich selber.
Ich bin heute fast so lustig, als wären mir meine Farben ganz neu geschenkt worden, wie damals, da mir mein Vater in unser abgelegenes Waldhaus das erste Farbkästchen brachte und mir zeigte, wie man mit den prächtigen Täfelchen Reiter und Hirsche und Soldaten anfärbe – besonders für die Hirsche hatte ich eine Vorliebe, und wenn Du einmal meine alte Mutter besuchst, so kannst Du auf dem Scheunentore noch viele gelungene Beispiele sehen, schön ziegelrot und von hochgrünen Hunden heftig verfolgt. Ich bin wieder zum heitern Kinde geworden und möchte mit Lust heute noch Reiter und Hirsche färben – und ich tu's auch, weil ich sie dem kleinen Sandi (dem Söhnchen der Leute, wo ich zur Miete bin) geben kann, den sie auf drei Tage glücklich machen.
Der russischen Fürstin habe ich vor dem goldnen Lamme vorgewartet; ich sah sie auch ausfahren – wahrhaftig, als ob Angela, wie sie leibt und lebt, in dem Wagen säße. – Jetzt ist die Fürstin längst fort, aber Angela noch da. Das kleine Bildchen sah ich seit der Zeit, als ich mir eine schnelle Kopie davon machte, weder bei Aston noch bei ihr.

Sonnenschein ist draußen, als wäre er eigens recht feierlich bestellt, und eine tiefdunkle Bläue ist am Himmel, festlich wehend, wie Fronleichnamsfahnen, und Frühsommer auf allen Hügeln prangend, leuchtend, funkelnd, daß ich noch heute die halbe Stadt umkreisen muß. Ich will meinen Stift und schönes Papier nehmen und nach Dornbach, Weidling und weiß Gott wo noch hin wandern.

Der lange Engländer, mein ewiger Jude, begegnet mir zu meiner Freude auch schon seit Wochen nicht mehr. Wasserfarben nehme ich in die Tasche, und in Weidling am Bache will ich zu Mittag essen, und dort im Kastanienschatten male ich für Sandi Hirsche und Reiter, um einmal ein Kind zu sein und einen rechten Idyllentag herumzubringen.

Heute schreib ich nichts mehr, – morgen ein Weiteres.

Spanne Dir Gott auch einen so glänzenden Sommer über Deine Berge, wie er uns hier tut – ich erlebte nie so andauernd schönes Wetter – und ein Glück ists für unser einen, daß Wien so liebliche Umgebungen hat.

Aber jetzt muß ich fort, ohne Widerrede.

Lebe mit Gott.

10. EHRENPREIS

27. Juni 1834

Um zwölf Uhr in der Nacht kam ich erst zurück und brachte Freude, Sehnsucht, Gedichte, Müdigkeit, Hirsche und Reiter genug nach Hause, Bäume und Häuser obendrein.

Eben wird alles geordnet und dann zu Sandi getragen. Der Bube wird mir ordentlich lieb, weil ich ihm eine Freude zudenke, und ich machte weit mehr, als ich anfangs dachte, und konnte ordentlich nicht aufhören, als ich einmal daran war, obwohl alle Kellner zuschauten. Beiläufig, Titus, – es muß eine große Freude sein, Kin-

der zu haben, und ich würde ein Narr mit ihnen, ritte vergnügt auf einem Steckenpferde und hinge mir allen Ernstes eine Kindertrommel um.
Es ist heute Sonntag, und ich will ihn, wie ich versprach, ganz für Dich ausschießen und Dir eine Menge aufschreiben und schildern. Sonntag ist hierorts der Tag der Landausflüge, und was in der Woche am Webstuhle des Lebens keuchte, gibt sich am Sonntage der Freude und wo möglich dem Lande hin – und an diesem Tage gilt der Vers in seinem vollen Maße:

Ergo omnis longo solvit se Teucria luctu:
Panduntur portae: – –

und aus den expansis portis strömt Wien hinaus. So will ich denn auch auf den gestrigen Spaziergang heute wieder einen machen, aber nur ganz allein mit Dir, das heißt ich will ein Stück Wiener-Wald bewohnen und aus der einen oder andern Baumgruppe einen Flug Brieftauben an Dich abfertigen. Ich trage zu solchem Behufe tragbares Schreibgeräte mit mir, da ich zu artig bin, an Dich mit Bleifeder zu schreiben; zudem muß alles, was an Dich losfliegt, gewissenhaft in mein hiesiges Tagebuch eingetragen werden.
Studiere Dir nur fleißig den Plan von Wiens Umgebungen, den ich Dir sandte, denn Du wirst noch viele Spaziergänge mit mir tun müssen, ehe Du da bist – und noch mehrere, wenn Du da bist – und es ist der Mühe wert: Stille Täler, ganz abgeschieden – Waldeinsamkeit mit ganzen Wolken von Vögeln, die den blauen Himmel ansingen – Aussichten ins Hochgebirge – selbst Schluchten mit flinken Wässerlein, als wärest Du in der Wildnis, nicht etwa eine bis zwei Meilen von einer der lebhaftesten Hauptstädte der Welt. Viele, selbst hier Geborne, kennen die eigentlichen Schätze nicht, weil sie nicht weit von den Spazierwegen abgehen, die man ihnen überall bahnt; aber da muß man abseits gehen, wohin

der Schwarm nicht kommt; dort ist das Schönste, und ich will Dich schon herumzerren, wenn Du nur einmal da bist; Du weißt, ich habe ein eignes Talent im Auffinden solcher Dinge. Und noch dazu der heurige Sommer, ewig schön, so recht für die Dichter, Maler, Spaziergeher, Weinfreunde.
Suche auf Deiner Karte Mariabrunn, dann wirst Du finden, daß dort ein Waldgebirge beginnt, das mit dem Norischen Alpenzuge zusammenhängt und hier Wienerwald genannt wird. In einem schmalen Tale, welches rechts von dem Dorfe Weidlingau über eine Wiese hineinlauft, sitzt in diesem Augenblicke Dein Freund an einem hölzernen Tischchen in dem schönsten Buchenschatten und schreibt dieses für Dich. Freilich steht neben dem Tintenfasse auch ein Fläschchen Nußberger; denn das Ungeheuer eines Gesellschaftswagens hat uns etwas gerädert, und wenigstens ich muß, wie der barmherzige Samaritaner, auf die zerschlagenen Glieder das Labsal des Weines gießen, und bis jetzt tunkte ich öfter den Zwieback als die Feder ein. Es geht mir wieder, wie alle Mal, wenn ich unendlich viel zu schreiben weiß, daß ich vor Fülle des Stoffes gar nicht anfangen kann und mich blätterweise in Unbedeutenheiten umtreibe, gleichsam das Köstlichste, Labende aufzuschieben, wie einen auserlesenen Nachtisch – und am Ende kommt der Abend oder ein Regen oder ein Besuch, und ich kann das Zukkerwerk nur ruhig in der Tasche lassen. So ging es mir tausend Male.
Durch meine Buchenzweige, die ein hereinspielender Sonnenstrahl in grünes Feuer setzt, sehe ich auf die dämmernden Farben der Tiergartenwälder; höher hängt in dem Laubwerk das blaue Email des Himmels, in tausend Stücke zerschnitten, wie lauter Vergißmeinnicht. Ein Fink schlägt zu meiner Rechten fast leidenschaftlich; aus dem vom Walde abwärts liegenden Wirtsgarten

verlieren sich einzelne Stimmen von Leuten herauf, die frühstücken und sich herumjagen; die Biene summt, ein goldner Falter weht vorüber, stahlblaue Fliegen sonnen sich auf der Tischecke, langbeinige Dinge schreiten auf der Bank und auf meinem Papiere, und rings um mich regt, drängt und treibt tausendfaches Leben in tausendfachen Gestalten; funkelndes Geschmeide rührt sich im Grase, auf dem Wege und auf Baumstämmen; gefiederte Familien lärmen durcheinander, und Sonntagsglockenläuten kommt über das Gebirge. Die Zweige flüstern nicht, aber ein melodisches Summen irrt in ihnen von tausend Wesen, die im Sonnenstrahle spielen und arbeiten, und dieses fortgehende Summen dient als zarter Grund, auf dem sich die andere Morgenmusik geltend macht.

An diesem versteckten Waldtische sitze ich und will ihn bis nach Mittag bewohnen, nichts um mich, als die Millionen kleiner Mitwaldbewohner, die bereits alle an ihre Geschäfte gingen – und zwei liebste Gestalten, die ich mir auf den ganzen Tag geladen habe und die ich still überall mit mir herumführen will: Dich und sie. Wenn ja von dem außen schwärmenden Volke einer herein verschlagen wird und den fremden Mann an dem abgelegenen Tische sitzen sieht und noch dazu schreiben und die hundert Sachen ringsum ausgebreitet, so geht er schon sachte vorüber, weil er den Sonderling nicht stören mag. Wie aber soll ich nun beginnen, Dir diese Tage her abzuschildern? Binde alle bisher von mir erhaltenen Papiere zusammen und schreibe auf den Umschlag: ›alte Geschichte‹ – die neue, die romantische, beginnt mit jenem Balle bei Aston. Titus, eine Tempelhalle, weit und ungeheuer, hat sich in meinem Herzen aufgebaut, und ich trage einen neuen seligen Gott darinnen. Wärest Du nur da, oder wenigstens Lothar, der auf dem Hochschwab oder Schneeberg Studien macht; denn so habe ich keine

Seele zum Umgang, das heißt ich habe eine Menge, aber alle taugen nicht dazu, daß man vor ihnen ein kindisches, seliges Herz ausschütte – und so trage ich es schon Wochen lang voll und ahnungsreich in den tosenden Gassen herum, oder, wenn mich diese drücken, so suche ich das Freie und bette es in den Schatten eines Baumes und horche seinen Blättern, die sich Sommermärchen erzählen; dann wird es so ruhig und sanft in mir, wie Sonntags auf den Feldern. – Oder ich lese eine Nacht aus, in der ich auf einen der Westberge Wiens steige, um den Tagesanbruch über der großen Stadt zu sehen, wie erst sachte ein schwacher Lichtstreif im Osten aufblüht, längs der Donau weiße Nebelbänke schimmern, dann die Stadt sich massenweise aus dem Nachtdufte hebt, teilweise anbrennt, teilweise in einem trüben Goldrauche kämpft und wallt, teilweise in die grauesten Ferntöne schreitet, und wie der ganze Plan durchsät von goldnen Sternen ist, die da von Fenstern blitzen, von Metalldächern, Turmspitzen, Wetterstangen, und wie draußen das blaßgrüne Band des Horizonts schwach und sanft durch den Himmel gehaucht ist.
Und wenn ich nicht mit der Natur umgehe, so sitze ich zu Hause und arbeite an meinen Tafeln – oft sehe ich sie stundenlang an und habe das Gefühl, als sollt ich wunderschöne Dinge machen – da kommen mir dann Träume von glänzenden Lüften und schönen Wolkenbildern darin, lieben fernen Bergen und ihrem Sehnsuchtsblau, wie Heimwehgefühle, von sonnigen Abhängen, von Waldesdunkel und kühlen Wässern drinnen und von tausend andern Dingen, die sich nicht erhaschen lassen, schattenhaft und träumerisch durch die Seele ziehend, wie Vormahnungen von unendlicher Seligkeit, die bald, bald kommen müsse. Dann male ich und lasse das Ding so gehen, wie es geht, und es ist mir, Titus, als finge manches Bild an, mir zu gefallen.

Nachmittags endlich, wenn sich die Hitze mildert, gehe ich zum Essen, was, wie Du weißt, bei mir im Sommer sehr wenig ist, und dann in ein wohlbekanntes Vorstadthaus, durchschreite seinen Hof und trete in den Garten, wo zwei stille und zwei schelmische Augen, Luciens und Emmas, mich willkommen heißen und zu einem Nestor von Apfelbaum laden, der sein Schattengesprenkel auf ihre weißen Kleider, auf den Sandweg, auf Tisch und Sessel streut. Dort harre ich dann ruhig, bis der freundlichste aller Sommerstrohhüte durch den Flieder gewandelt kommt, und dann aus ihm zu uns ein sonnenschönes Antlitz schaut, ein Antlitz, das sich täglich tiefer und süßer in meine Seele senkt. Wenn sie dann den Hut weglegt oder mit dem grünen Bande an den Baum hängt, und nun so dasteht, die ernsten Augen freundlich auf uns gerichtet, den sanften Nacken vorgebogen: so ist es eine schöne attische Muse, die uns grüßt, die im weißen Kleide vor uns steht und die Wangenrosen, die ihr von der Bewegung angeblüht sind, sanft verglühen läßt.
Endlich, mein Pylades, bin ich dort angelangt, wohin ich doch eigentlich mit meinem ganzen heutigen vorgerichteten Tage, mit meinem Waldtischchen, mit allen Einleitungen und allen Aufschiebungen ganz allein zielte – bei ihr. Nun habe ich euch beide neben mir, und ich will euch den ganzen Tag nicht entlassen und ein wahres Götterleben führen. Ihr sollt mir mit einander bekannt werden und euch wacker lieben.
Nichts stört und hindert uns hier; der Sonnenstreifen auf dem Tische rückt nicht näher, sondern ist ganz weg; der Fink schweigt, die kleine Gesellschaft, die gegen meinen Platz gewandert kam, ging bescheiden vorüber, und ein einladendes Dämmern ist überall zwischen den Stämmen, nur hie und da geschnitten von einem glänzenden Streiflichtchen, das traulich herüberschaut. Ich fahre also fort:

Es ist recht lieb von ihr, daß sie, selbst wenn die Tante mitkommt, und obwohl für unsere schönen und wissenschaftlichen Sitzungen bestimmte Stunden festgesetzt sind, immer früher kommt (ich natürlich ohnehin immer viel zu früh), daß noch einiges Gespräch vorher hin und wider gehen könne. Das Buch, aus dem diesen Abend gelesen werden soll, liegt schon seitwärts, und zeigt den grünen Einband, den alle Bücher aus Astons Sammlung und auch Angelas ihre haben; aber kein Mensch darf es eher aufmachen, als bis die Stunde schlägt, weil wir alle das leidige Vorausnaschen nicht leiden können. Wenn aber dann der Glockenschlag fällt, dann wird bei dem eingelegten Zeichen geöffnet und im reinen Ergusse das abgesteckte Feld durchgangen, während alles Stricken, Sticken, Nähen und anderes weibliche Lückenbüßen ruhen muß, weil die Augen auf dem Vorlesenden und die Herzen im Buche sind. Emma ist nicht immer dabei, Aston nie; er ist froh, wenn er fort kann, weil wir unpraktisches Zeugs lesen. Aber seine Freude hat er doch an unserm Treiben, und das Vergnügen mußten wir ihm lassen, daß er uns für unsere Wissenschaften ein ›Prytanäum‹ schuf und uns damit überraschte. Er hat es uns allen zu Danke gemacht. Drei Zimmer voll Gartengrün und Pappelschatten hat er dafür eingerichtet. Von dem Apfelbaume führt die Treppe hinan, und lieb und heiter ist es in ihnen, wie die Kunst; denn sie sehen über den Garten auf noch mehr Gärten und auf die Berge, und täglich lodert bei den großen Fenstern der Abendbrand des Himmels herein, dann schießen Goldflammen über das Glas der Bücherkästen und ihre grünseidnen Vorhänge; auf dem Klaviere und den Papieren wanken Laubschatten und Purpurlichter, und endlich auf das weiße Kleid und in das Antlitz der schönsten Gestalt wirft er ein ganzes, sanftes Tabor von rosenfarbener Verklärung. – Wenn nun mitten unter dies die Worte eines großes Toten tönen

und die Begeisterung anfängt, ihre Fittige zu dehnen: dann steht sachte in drei Herzen der Geist empor, den der Dichter rufen wollte, und verscheucht das lastende Gespenst, Alltäglichkeit. Wenn aus den schwarzen Zeilen allmählig sich die Gedanken heben, die einst ein gottähnliches Herz gedacht – dann habe ich ein Angesicht gegenüber, ein Angesicht, gespannt von Aufmerksamkeit und Empfindung; ach, und ich liebe es mit zagendem Herzen; denn es wird dann unnennbar schöner. Der reine Demant sittlicher Freude hängt in ihren Augen, und in ihren Zügen blüht ein weiches, großes Herz – aber mir tritt sie wie ein unerreichbarer Stern, vom Sehrohr verfolgt, in noch weitere und noch tiefere Himmel zurück.
Auch Lucie verklärt ihr Wesen in den Strahlen dieses schönen weiblichen Geistes, und aus ihrem Innern wächst ordentlich täglich sichtbarer eine höhere Gestalt hervor, an der die Weihe des ernsten Strebens sichtlich wird; denn sie ging schon seit länger her unter Angelas Leitung an die Wissenschaften der Männer und erobert sich freudig ein Feld nach dem andern. Selbst die kindische Emma wird eingeschüchtert von ihrer vorausschreitenden Schwester; sie mag es wohl fühlen, daß hinter dem pedantischen Krame, wie sie ihn nennt, wohl mehr stecke, als sie ahnte und mancher sich gern den Anschein gäbe; denn das drückt den andern ewig. – Das Wissen stellt den Menschen glänzender unter seine Brüder zurück, wie einen fremden Weisen, vor dem man Ehrfurcht hat.
Der Gedanke, daß wir statt des gebräuchlichen unersprießlichen Besuchwesens einen geistigen Umgang eröffnen sollen mit den größten Menschen, lebenden und toten; daß wir an ihnen uns erheben und vor uns selber liebenswerter werden mögen, ging von Angela aus, der jedes Leere fremd ist; darum sie auch in jenem Umgange, der unsern Jungfrauen eigen zu sein pflegt, linkisch und unwohl ist, und eben darum von den Besuchen

gehaßt und verspottet wird. Unser Tun ward schon Teegespräch, und man findet es lächerlich, anmaßend, oder heißt uns Phantasten – aber es tut nichts; denn es ist ein ganz anderes, mein Titus, einen seltnen Menschen zu Hause unter seinen vier Wänden allein und still wegzulesen und tausenderlei zu übergehen, oder ihn vor geliebten Herzen gleichsam laut reden zu hören, sich gegenseitig sein Verständnis zu vermitteln und an der schönen Freude in Freundesaugen seine eigne zu entzünden und reiner und begeisterter hinwallen zu lassen. Begeisterung wohnt nicht in einsamen Studierstuben, sondern nur der Fleiß; sie schwingt ihre Lohe nicht in Wüsten, sondern unter Völkern; nicht von einem einzigen, sondern von tausend Häuptern lodert sie empor – aber immer ist es Einer – und selten sind solche – der die Fackel schleudert, daß sie den Brennstoff fasse. Wir nennen ihn dann ein Genie.
Selbst von den weichen Locken des sechzehnjährigen Kindes Emma spielt ihre goldne Flamme; denn als neulich eine Stelle gelesen wurde, ungefähr so lautend: »Ihr großen, seligen Geister, die wir bewundern und zu denen wir beten, wenn der Mensch sein Glück wegwirft, weil er es kleiner achtet als sein Herz, so ist er so groß als ihr!« und als in jedem Auge der Beifall glänzte, sprang sie auf, und in den schönen braunen Kindesaugen schimmerten die Tränen – sie stand neben mir und blickte mich liebeglühend an; ich war selbst tiefgerührt und wußte nicht, wie es geschah, daß ich sie an mich zog und voll Liebe meinen Mund an die Kinderknospe ihrer Lippen drückte – sie drückte heiß entgegen und schlang die Arme um meinen Nacken. Es war nur ein Moment, und gleich darauf stand sie, wie eine Purpurrose, glühend vor Scham da, die Tränen noch in den Augen. Uns allen schien sie in diesem Augenblicke kein Kind mehr zu sein. Ich war im höchsten Grade verlegen: da trat Lucie zu uns, nahm

meine Hand und drückte sie recht herzlich, wahrscheinlich um Emmas und mein unschickliches Tun zu verschleiern; – dann küßte und herzte sie die Schwester und sagte wiederholt: »Du liebes, gutes, heftiges Kind, siehst du, welche Gewalt die Worte eines Menschen haben können? Und der, welcher diese sagte, und noch andere schöne, die in diesem Buche stehen, war ein einfältiger Pfarrerssohn aus Baiern, der Jahre lang ungekannt war und nichts hatte, als sein eigenes unerschöpfliches Herz, das nun auf die entferntesten Menschen und auf die entferntesten Länder wirkt, wie Predigten der Apostel und Propheten.«

Durch die Tränen schon wieder lächelnd, sagte Emma zu ihr: »Du selbst bist auch so eine Prophetin und kannst das Predigen nicht lassen, und denkst gar nicht daran, daß andere auch ein Herz haben, das seine Gefühle so gut hat, wie ihr alle, wenn man auch dieselben nicht so gelehrt sagen kann, wie ihr.«

Nach diesem Zwischenspiele lasen wir – Lucie war die Vorleserin – noch den Abschnitt zu Ende, und seit jenem Tage versäumt Emma keine einzige Vorlesung, ja, sie fing sogar an, Meßkunst zu lernen.

Nach solchen Abenden gehe ich dann im milden Vollmondscheine, den wir eben haben, mit einer fast unschuldigen, hochtönenden Seele durch alle möglichen Umwege in die Stadt zurück.

Zur Musik sind auch bestimmte Tage auserkoren. Daß aber da von keinem bloßen Herabschütten der Noten die Rede sein kann, begreifst Du; sondern da wird an das Pianoforte gesessen, jede Stelle des Tonstückes geprüft und um ihr Gefühl gefragt, wobei jedes seine Meinung abgibt, weil sie vorgetragen zu werden verlangt; dann forscht man nach der Seele des Ganzen und paßt ihr die Glieder an – dann so lange Proben, bis nicht mehr die kleinste Ausführungsschwierigkeit vorhanden ist – dann

eines schönen Abends braust ein Beethoven durch die Fenster hinaus.
Einmal war schon volle Instrumentalmusik; meistens aber wird er vierhändig auf dem Piano vorgetragen.
Angela ist auch hier wieder die Meisterin, und behandelt das Instrument so kräftig wie ein Mann. Ihr Lehrer hierin war derselbe Mann, der sie auch in dem andern unterrichtete. Dann, wenn sie vor dem Instrumente sitzt, zieht ein neuer Geist in dies seltsame Wesen; sie wird ordentlich größer, und wenn die Töne unter ihren Fingern vorquellen und dies unbegreiflich überschwengliche Tonherz, Beethoven, sich begeistert, die Tore aufreißt von seinem innern tobenden Universum, und einen Sturmwind über die Schöpfung gehen läßt, daß sich unter ihm die Wälder Gottes beugen – – und wenn der wilde geliebte Mensch dann wieder sanft wird und hinschmilzt, um Liebe klagt oder sie fordert für sein großes Herz, und wenn hierbei ihre Finger über die Tasten gehen, kaum streifend, wie ein Kind andrücken würde, und die guten, frommen Töne wie goldene Bienen aus den vier Händen fliegen, und draußen die Nachtigall darein schmettert, und die untergehende Sonne das ganze Zimmer in Flammen und Blitze setzt – und ihr gerührtes Auge so groß und lieb und gütig auf mich fällt, als wäre der Traum wahr, als liebte sie mich: dann geht eine schöne Freude durch mein Herz, wie eine Morgenröte, die sich aufhellt – die Töne werden wie von ihr an mich geredete Liebesworte, die vertrauen und flehen und alles sagen, was der Mund verschweigt.
Solches Tun und solche Freuden reinigen das Herz. Wir stehen dann alle vier am Fenster, wie lauter Geschwister, die keiner Schranke gegen einander bedürfen, weil kein Wunsch da ist, eine zu überspringen, sondern nur einfache Liebe. Und wenn ich fortgehe, so geschah es schon, daß sie mir freiwillig, Lucie und Angela, die liebe Hand

hinreichten, die Angela sogar herzlich drückend in die meine fügte, mit liebevollen, kühlen Augen mich anblickend, und sagend: »Kommen Sie morgen nicht zu spät, und gehen Sie heute in kein Gasthaus mehr.« Sie hat nämlich einen fast übertriebenen Haß gegen diese Anstalten. Und in Wahrheit, Titus! seit ich sie kenne, ist es mir selber so; mich widert das schale Unterhaltungsuchen unsäglich an, und hier ist es ziemlich, wie in jeder großen Stadt, im Schwunge, und sogar eine Abschiedsrede haben sie, die sagt: ich wünsche Ihnen gute Unterhaltung. – Ich glaube, ein Bauer meines Geburtstales schämte sich, wenn man diese Abschiedsrede zu ihm sagte, da er sich Unterhaltung nur erlaubt, aber Arbeit für ehrenvoll ansieht. Ich werde daher außer dem Mittagessen und manchmal abends, dem alten Aston zu lieb in einem Garten, nie in einem Gasthause gesehen.

Seit jenem Balle sind nun vier Wochen, und ich sehe sie seit der Zeit täglich – und dennoch weiß ich von ihren gewöhnlichen Verhältnissen nichts, ja nicht einmal ihren Familiennamen, sondern nur, daß sie bei Oheim und Tante wohnt, die alle Welt Oheim und Tante heißt, und die sehr reich sein sollen. Den Oheim sah ich nie, die Tante schon öfter, eine gutmütige, aber unbedeutende alte Frau, deren Gesicht ich schon muß irgendwo gesehen haben; aber ich kann durchaus nicht herausbringen, wo. Sehr neugierig bin ich auf ihren Lehrer. Im ganzen ist mir aber nicht zu Mute, als sollte ich um Näheres über sie fragen; genug, sie ist da, und scheint von dem gütigen Schicksale mir angenähert worden zu sein, auf daß kein Herz vergessen werde und seinen Anteil an Freude zugeteilt erhalte. Meine Stellung gegen sie ist ruhig, wie es nach der Aufregung in Folge ihres ersten Anblicks kaum zu erwarten war; aber sie ist so; jedes Scharfe und Harte entfernt sie von sich, oder es entfernt sich selber. Meine Empfindung ist sanft und still, und es

drängt mich nicht, sie ihr zu zeigen, ja, sie käme mir entweiht vor, wenn sie Erwiderung verlangte.
Im Sommer ist sie meistens weiß gekleidet, und ihre Kleider, abweichend von der jetzigen Mode, reichen ohne Ausnahme bis zum Halse. Ich glaube, es täte mir weh, wenn ich ihre nackte Schulter sähe – was ich doch bei den Hunderten, die sie täglich und gern zur Schau tragen, nicht anstößig finde. Lucie trägt es auch so, Emma nicht, ich glaube aus Widerspruchsgeist. – –
Siehe da – der Diener bringt schon mein heraufbestelltes Mittagessen – nun, da ihr zwei, Du und sie, als Scheinwesen, nichts brauchet, so bleibet mittlerweile hübsch artig auf der Holzbank sitzen, indes ich aufstehen und ein wenig heraumschauen und den vorliegenden kalten Braten und den schönen Salat essen werde. Dann wollen wir weiter fahren und den Rest des Tages gemütvoll verwenden. – – – Aber fort waret ihr, als ich Messer und Gabel hinlegte – die Gestalten mit wirklichem Fleische und Blute, die um den Tisch stehen, haben euch verscheucht. – Nun sehr bald das Weitere; für jetzt lebe wohl, guter Titus; Aston und zwei Herren, und seine Mädchen und Angela (die körperliche) – das steht alles vor mir und lacht mich aus, daß sie um mein Vorhaben gewußt und mich hier überfallen haben. Ich muß mit ihnen fort. Merke Dir, wo wir in unserer Geschichte geblieben sind.

II. OSTERLUZEI

22. Juli 1834

Armer Freund! Du hast lange warten müssen – und heute, mit welch ganz anderer Empfindung fahre ich fort, als ich damals begonnen.
Gibt es eine Liebe, die so groß, so unermeßlich, so endlos still ist, wie das blaue Firmament? Sie flößt eine solche ein. O mein Titus, mein guter, mein einziger Freund!

mit mir ist es nun auf alle Ewigkeit entschieden. Mein werden kann sie nie; was wollte auch der ernste, ruhige, gemütsgewaltige Cherub mit mir? Aber lieben mit dem Unmaß aller meiner Kräfte – lieben bis an das Endziel meines Lebens darf ich sie, und so wahr ein Gott im Himmel ist, ich will es auch. Sie ist das reinste und herrlichste Weib auf Erden. Was sagten sie da oft für ein albernes Märlein: die wissenschaftliche Bildung zerstöre die schöne, zarte Jungfräulichkeit, und die Naivetät und die Herzinnigkeit und so weiter? – Hier ist doch eine Wissensfülle, an die wenig Männer reichen, und doch steht eine strahlenreiche Jungfrau da – ja, erst die rechte, ernste Jungfrau, auf deren Stirne das Vollendungssiegel leuchtet, eine erblühte, selbstbewußte, eine würdevolle Jungfrau, vor der zaghaft jeder Schmutzgedanke verstummen muß. – Eure Jungfräulichkeit und Weiblichkeit, die mich sonst so entzückte, ist nur erst das Vorbild und die Anlage der rechten, und neben dieser steht sie fast wie Dummheit da – und sie ist es auch, weil sich an sie der Verführer wagt. Am Kinde entzückt das Lallen, aber der Knabe muß reden lernen. Selbst die geistvollsten Mädchen meiner Bekanntschaft, wenn sie neben ihr sind, werden ordentlich armselig, und wenn sie den Mund auftun, so ist es doch nur jenes ›Alltagsei der Einfalt‹, was sie legen. Selbst das Naive, Weibliche, Jungfräuliche an ihnen erscheint mir gemacht und unnatürlich oder unreif neben dem einfachen gelassenen Sichgehenlassen Angelas, das keinen Anspruch und Aufwand macht, und doch erkannt wird als die Königin. Es muß ein riesenhafter Geist gewesen sein, der dieses Weib erzogen hat. Ich bin sie bei weitem nicht wert – aber jede andere vermag ich jetzt auch nicht mehr zu ehelichen, weil ich sie nicht zu lieben vermag, und so will ich ihr Bild bewahren als das schönste Geisterkleinod, was mir in diesem Leben begegnete. Ein tiefer Ernst sitzt mir im Herzen, und sie hob seitdem wieder manche jener erträumten göttlichen Gestalten empor, die einst mein sehnsüchtiges Herz bevölkerten, und die ich aber in die Tiefe sinken ließ, weil ich sie für wesenlose Phantome hielt, nur meiner Sehnsucht angehörend; aber sie hat auch dergleichen und betet sie ruhig an, ohne sich weiter umzusehen, ob ihnen ein Halt zukomme im äußern Gewerbsleben oder nicht; genug, in ihrer Seele, der mondlich stillen, wandeln sie, wie die hohen Gestalten in der Geschichte – und daher *sind sie*. Ihr hat man die Heiligkeit der Phantasie, die unsere Erzieher eine Betrügerin nennen, nicht verleidet, und sie hat dessen kein Hehl; aber ihre bringt ihr auch nur heilige Gestalten. Mit einem leisen Ruck, mit einem harmlosen Worte, das wie Zufall aus ihrer innern Welt klang, ruft sie oft in meiner ein ganzes totgeglaubtes Volk wach, und ich erkenne, daß dasselbe ja vor längster, längster Zeit in mir geherrscht hat und geleuchtet, – und wie viel mag man bei meiner verkehrten Erziehung getötet haben, was nie mehr eine Wiederauferstehung feiern kann! Man raufte die Blumen aus und machte sehr nützliches Heu daraus. In mancher Kinderbrust blüht ein Reich der Kleinode auf, heimlich und herrlich, wie jener Schatz, der, wenn man so durch die Landschaft geht, fern in der Mittagssonne glitzert, in die er still emporgetaucht ist, und mit Schweigen und reiner Hand gehoben werden kann, vor dem Sünder aber auf immer und ewig versinkt. Und wenn einst jemand diese Blätter sollte zu Gesicht bekommen, der den Schatz noch hat, so verhülle er ihn vor den Spießgesellen – aber einst einer lieben, großen Seele, einer unschuldigen wie er, hülle er alles auf und schenke ihr alles!

Siehst Du, Titus, das ist es, was die Welt an ihr die Verschrobenheit heißt. Was sie sechzig Jahre sehen, und was ihr Vater und Großvater auch sechzig Jahre gesehen haben, das ist ihnen das Natürliche, wie verkehrt es auch sein mag, – und wer sich dagegen auflehnt und ein Neues bringt, der ist ein Fremdling unter ihnen, ein Aufrührer gegen die Natur.

Ich will Dir noch einiges von ihr erzählen; höre mir gütig zu, mein Titus.

Erstens weiß sie Latein und Griechisch – das Französische und Englische wird ihr nicht übel genommen. Zweitens weiß sie so viel Mathematik, als zum Verständnis einer allgemeinen Naturlehre nötig ist; ja, sie weiß noch mehr, weil sie die Sternkunde verstehen wollte und nun wirklich versteht. Drittens, daß sie Bücher über Seelenkunde und Naturrecht studierte, ward für lächerlich erklärt, sie aber meinte, sonst die Weltgeschichte nicht verstehen zu können. Selbst in philosophische Systeme steckte sie den Kopf – nur gegen Physiologie wehrte sie sich hartnäckig; sie fürchtete Zerstörung der schönen innern Welt. – O, die ist ja gelehrt, ein Ausbund, sagen viele ihrer Mitschwestern, aber ich glaube, es ist bei vielen Neid, bei vielen Beschränktheit – die Männer sagen, das müsse fade sein – und dennoch schrumpft der, der es sagte, in ihrer Gegenwart jämmerlich ein, wenn auch nur Alltägliches gesprochen wird. Ich bewundere ihren Lehrer, wie ich Dir schon mehrfach sagte, der mir bis längstens im August versprochen wird; denn er war es, welcher ihren schönen Geist in die ersten Hallen der Wissenschaft führte und ihr die Bilder dieses Isistempels deutete. Darum ist ihr die Wissenschaft Schmuck des Herzens geworden, und das ist die größte und schönste Macht derselben, daß sie den Menschen mit einer heiligenden Hand berührt und ihn als einen des hohen Adels der Menschheit aus ihrer Schule läßt – freilich, bei andern bleibt es dürr liegen, wie die glänzenden Dinge, die ein Rabe in sein Nest trägt, und auf denen er dann blödsinnig sitzt.

Die Sprachen lernte sie in der Kindheit – die Wissenschaften von ihrem zwölften bis in das zweiundzwanzigste Jahr (so alt ist sie jetzt) und von da noch immer fort; – was Dichtung ist, trieb und treibt sie ihr ganzes Leben. Du wirst wohl nicht fragen, wo sie die Zeit hernimmt, da Du es selber warst, der mir Verschwender zuerst dieses kostbare Gut zeigte, wie zum Erstaunen ergiebig es sei, wenn man es richtig einteilt und kein Teilchen desselben töricht wegwirft. Doch wirst Du begreifen, wie viel Zeit sie hatte, wenn ich Dir aus Luciens Munde berichte, daß sie eine Menge nicht kann und nicht lernte, was nicht zu können jedes Mädchen Wiens für eine Schande halten würde. Zum Beispiel: Stricken. Es war mir ein Jubel, als ich das hörte. O, dieser ewige Strickstrumpf, an dem unsere Jungfrauen nagen – es gibt nichts Öderes und Geistloseres als das unendliche Fortbohren und das Zuschauen eines unglücklichen Mannes. Wohl wird es zuletzt zur Gewohnheit, und sie können so schön und frei denken, ob sie stricken oder nicht – aber es ist nicht wahr; denn welche kostbare Zeit verlernten sie an dem Ding, und verlernten dabei das schöne, freie Denken mit, welches Denken übrigens bei jeder fortgesetzten einförmigen Körperbewegung immer etwas von dem Wesen dieser Bewegung annimmt. Ersparnis ist es in den meisten Familien auch nicht; denn sonst müßten sie sich folgerechter Weise auch die Schuhe machen und noch andere teurere Sachen – aber wo Ersparung not tat, hätten die Töchter etwas Besseres lernen können, um sich damit Strümpfe genug und all die teuern Sachen obendrein zu verdienen. Bei ihrer sehr einfachen Art, sich zu kleiden, erspart Angela mehr, als sie für Strümpfe wird ausgeben müssen. Es ist Unglück genug, daß bei dem Unsinne des Verschwendens, der sich der Welt bemächtigte, ohnehin ein so großer Teil der Menschen verdammt ist zur lebenslangen Arbeit des Körpers, daß er kaum Zeit hat, zum Himmel zu schauen, wie er so schön blau ist. Dazu hat uns Gott nicht gemacht, und Jahrtausende werden ver-

gehen, bis wir natürlicher, das heißt geistig reicher und körperlich einfacher werden.
Ferner das Sticken, von dem ihr Lehrer sagte, es sei die sündenvollste Zeitverschwendung; denn das endlich fertige Ding sei kein Kunstwerk; ist es schön, so ist das Vorbild schuld, nicht die Nachmacherin; meist aber bleibt es hinter dem mittelmäßigsten Gemälde zurück, und kann solches auch seiner Verfertigung zufolge nicht erreichen, kostet aber so viel Zeit und Mühe, daß man mit derselben ein wahrer Künstler in Farben werden könnte – ferner als Geräte dient die Stickerei nicht, da zu viel Zeit und Geld daran haftet, als daß man sie sofort ohne Umstände gebrauchen könne, da man Polster, Teppiche usw. sehr geschmackvoll haben kann, und um weit geringere Mühe und Preise. Das Machen – und dies ist das Traurigste – gewährt auch nicht das geringste Ersprießliche; denn man denke, wie viel schöne Gedanken und Empfindungen könnten in der Zeit durch das Herz der Jungfrau gehen und ihr geläufig werden, während sie zusammengebeugt und eingeknickt die mechanische Arbeit verrichtet und in den gefärbten Wollknäueln wirtschaftet. Ja, dieses langsame, tote Nachstechen von Form in Form verödet das Herz, und der Geist wird dumpf und leer. Die Nachwelt wird einmal staunen, daß die Töchter der ausgezeichnetsten Geschlechter drei Vierteile ihrer Jugend auf so geistloses Tun verwenden konnten, wodurch ein Zwitterding von Kunstwerk und Prunkstück zu Stande kommt, daran das Verdienst eine Million Stiche war.
Dann welcher Nachteil für die Gesundheit, wenn der blühende, drängende, treibende Jugendkörper zusammengeknickt wird und in einer Stellung stundenlang verharrt, die ihm unnatürlich ist, und im Eifer der Arbeit noch unnatürlicher gemacht wird durch vermehrtes Bükken, durch das Andrücken des Rahmens an die Brust, und dergleichen.

Wirklich, Titus, dachte ich auch oft, wenn ich so eine holde, aufknospende Gestalt über den Rahmen hängen sah: – du liebe, arme Blume, man hat einen finstern Topf über deine Herzblätter gestürzt, daß du nichts weißt von Luft und Sonne; – wenn du statt dessen diese Zeit durch in die Strahlen gestellt würdest, die aus so vielen großen Herzen der Vergangenheit auf uns herüberleuchten: wie würdest du daran deine Blüte entfalten können! – wenn du statt dessen in den Hauch Gottes gestellt würdest, der von Bergen zu Bergen weht: wie würdest du die großen, frischen Blätter deiner Seele auftun und froh erstaunen über die Schönheit der Welt!
Freilich sagen die Guten: »Aber es freut uns, solches zu bilden und dann unserer Hände Arbeit in der lieben Wohnung zu erblicken und uns zu freuen, wenn sie dem Geräte zur Zierde dient, und uns an den Werken einstens in die schöne Jugendzeit zurückzuzählen.«
»Ihr Lieben, Holden!« sag ich dagegen – »ja, bildet nur, aber gleich noch etwas Schöneres, wenn ihr schon den Bildungstrieb habt – etwas, das noch dazu leichter ist; – lernet, daß es ein Schaffen gibt, ein Erschaffen des eignen Herzens, Bildung dieses schönen Kunststückes, Ansammlung und Eigenmachung der größten Gedanken, welche erhabene Sterbliche vor uns gedacht haben und uns als teures Erbstück hinterließen; ja lernet, daß ihr leicht in der wahren Kunst etwas zu machen verstehen werdet, was aus der freien Seele quillt, nicht als Aftertrieb eines fremden Stammes, und woran ihr, als an einer viel schönern Blumenkette, in eure Jugend zurückgehen könnet. Wenn ihr mir aber vorhalten könntet, es freue euch nun einmal so und nicht anders, und die Freude sei der Zweck: dann widerlege ich euch nicht mehr; denn es muß Leute geben, die an derlei Freude haben, weil sie eine höhere nicht haben können, und ich erinnere mich, einmal mit Rührung einer geistesschwachen Frau zugesehen

zu haben, wie es ihr innige Freude machte, viele blaue und grüne Steine auf den Tisch zu zählen, und von ihm auf die Bank und wieder auf den Tisch und so weiter.«
Dann haben sie ein anderes Zauberwort, mit dem sie sich tragen und alles abfertigen: die Häuslichkeit. Diese Häuslichkeit aber ist ein Hinfristen an Bändern und Kram, ein Ordnen der Hausbälle und Tafeln und Gesellschaften, und ein unnötiger Prunk an Kleidern und Gerätstücken. Freilich hat da eine Frau samt der ihr beigegebenen Dienerschaft genug zu tun. Wenn aber Häuslichkeit nur heißt: Wohnung, Kleider, Speise in ordentlichem Stande zu erhalten, so mag sie allerdings ein Teil und zwar ein kleiner Teil des weiblichen Berufes sein, der aber so leicht zu erfüllen ist, daß zu dem größern und höhern noch Zeit genug übrig bleibt, da ohnehin in diesen Dingen Mutter Natur die größte Einfachheit vorgeschrieben hat und die Abweichung durch Krankheiten aller Art bestraft. Diese letzte Häuslichkeit hat Angela in hohem Grade; denn sie ist immer, obgleich einfach, doch bis zum Eigensinne rein und edel gekleidet, und zu Hause, wo sie die Oberleitung führt, soll es immer aussehen wie in einer Kapelle. Einen andern schönen Teil der Weiberpflicht aber erfüllt sie, wie wenige ihrer Schwestern: Bildung des künftigen Mutterherzens, von dem man nicht wissen kann, ob nicht ein Sokrates, Epaminondas, Gracchus als wehrloser Säugling an demselben liegt und die ersten Geisterflammen von ihm fordert und fordern darf. Wie nun, wenn sie der Sendung nicht gewachsen wäre, und den Geistesriesen zu einem Nero und Octavianus verkommen ließe? Und der erste Druck in das weiche Herz gibt ihm meist seine Gestalt für Leben lang.
Endlich selbst Vorbereitung und Erfüllung der Mutterpflicht schließt nicht den Kreis des Weibes. Ist es nicht auch um sein selbst willen da? Stehen ihm nicht Geister- und Körperreich offen? Soll es nicht, wie der Mann,

nur in der Weise anders, durch ein schönes Dasein seinen Schöpfer verherrlichen? – Endlich, hat es nicht einen Gatten zu beglücken, und darf es ihm statt des schönen Herzens eine Wirtschaftsfertigkeit zubringen, die geistig genug zu sein glaubt, wenn sie nur unschuldig ist? Das ist der Knecht, der sein Talent in das Schweißtuch vergraben hat.

O Titus! Angela hat mir die Augen geöffnet über Wert und Bedeutung des Weibes. – Ich schaudere, welche Fülle von Seelenblüte taub bleibt; wenn die Besterzogenen dastehen, nichts in der Hand als den dürren Stengel der Wirtschaftlichkeit und das leere, schneeweiße Blatt der angebornen Unschuld, auf das, wenn nicht mehr das Mutterauge darauf fällt, wie leicht ein schlechter Gatte oder Hausfreund seinen Schmutz schreiben kann – und die Guten merken es lange nicht oder erst, wenn es zu spät ist, ihn wegzulöschen. Andere werden freilich unterrichtet, aber obiges Blatt wird dann eine bunte Musterkarte von unnützen Künsten und Fertigkeiten, die man unordentlich und oberflächlich darauf malte.

Es ist ein schweres Ding um die rechte, echte Einfalt und Naturgemäßheit – zumal jetzt, wo man bereits schon so tief in die Irre gefahren ist.

Wie manche warme und großgeartete Seele in diesem Geschlechte mag darben und dürsten, so lange sie lebt – bloß angewiesen an den Tand, den ihr der Herr der Schöpfung seit Jahrtausenden in die Hände gibt.

Doch genug hievon.

Lächerlich ist es oft, die heitere, überfröhliche Emma ihr gegenüber sich bemühen zu sehen, Bänder und Kleider und Stickereien und dergleichen geltend zu machen. Sie läßt sie in allem gewähren und ist stets mild und freundlich, und am Ende merkt doch das kleine, hocherrötende Trotzköpfchen, daß es widerlegt ist.

Ob es Angela ahnt, wie sehr ich sie liebe, weiß ich nicht,

aber vermute es – nur in ihrer einfältigsten Natürlichkeit kennt sie gewiß den Stachel nicht, der ewig leise fortschmerzend mir im Herzen sitzt; denn es freut sie, in mir einen ihr gleichgestimmten Menschen gefunden zu haben, und als solchen liebt sie mich auch und zeigt es unverhohlen vor allen – selbst neulich, in einem Kreise von Frauen und Männern, reichte sie mir ohne Umstände die Hand, die keiner von den Anwesenden je zu berühren wagte, und sagte, daß sie sehr erfreut sei, daß ich gekommen. Ich merkte es deutlich, wie mitleidig man diese Ungehörigkeit mit ansah. Wir reden oft stundenlang mit einander, und sachte geht dann ein Tor nach dem andern von den innern Bildersälen auf; sie werden gegenseitig mit Freude durchwandelt; ganze Wände voll quellen vor und schwärmen, und wenn dann plötzlich manche Götterform vorspringt, längst gehegt, geträumt und geliebt im eignen Innern – und wenn nun das Doppelkleinod jubelnd hervorgezogen wird – und endlich immer mehrere und schönere derlei kommen, so steht auch in ihrem Auge ein so schöner Strahl der Freude, daß sie ihn vergißt zu bergen und ihn als arglos liebevoll in das meine strömen läßt. Das ist das Hohe einer naturgerecht entwickelten Seele, daß jenes kranke, empfindelnde und selbstsüchtige Ding, was wir Liebe zu nennen pflegen, was aber in der Tat nur Geschlechtsleidenschaft ist, vor ihr sich scheu verkriecht – und das ist der Adel der rechten Liebe, daß sie vor tausend Millionen Augen offen wandelt und keines dieser Augen sie zu strafen wagt.
Luciens Geist ist ihr am verwandtesten, oder vielmehr, es mögen es viele sein, jedoch sie wurden nicht wie diese zu ihr hinangebildet. Emma, wie sehr auch noch ein Kind, zeigt doch schon Spuren, wie unwiderstehlich das gelassen fortwirkende Beispiel eingreift. Daß man es wagt, in gewissen Kreisen, ja fast in allen, den Stab über Angela zu brechen, wirst du wohl begreifen; unserer weiblichen

Zeit steht sie zu weit voraus – ja sogar, da nie ein starker oder gar sündiger Affekt an ihr sichtbar wird, oder jenes Aufkreischen oder Herumspringen, was Natur und Lebhaftigkeit sein soll, so nennt man sie kalt, sie, in deren Auge allein, wenn es in irgendeinem Augenblick zum Verkünder ihres Innern wird, in einer Sekunde mehr Dichtungsfülle liegt als in dem Herzen anderer das ganze Leben hindurch. Diese Augen verrieten mir auch etwas, was ihr Mund bisher verschwieg – nämlich es ist mir außer allem Zweifel, daß irgendein Weh in ihrem Leben liegt und bei gelegentlicher Erregung auf ihr Herz drückt; denn in eben diesen Augen sah ich schon ein paar Mal, zufällig erregt, nur gleichsam durchgleitend und schnell bekämpft, einen tiefen, deutlichen Blick der Trauer und Wehmut, was um so mehr wirkt, weil sie sichtlich einen solchen Augenblick zu vermeiden sucht oder unterdrückt.
Ich forsche nicht; aber es erschreckte mich, als ich sie vorgestern abends am Apfelbaume lesend fand; ich war ungehört näher gekommen, und als ich sie grüßte, schlug ein erschrockenes Auge zu mir empor, das offenbar nicht gelesen hatte, und das zu schnell in die größte Freundlichkeit überging.
Aber sei es genug – wer stellt mich auch zum Wächter ihrer Augen auf?
Eine Narrheit von mir muß ich Dir noch melden, lieber Titus. Wenn mir dieser Tage her irgendein Mann mit einem spanischen Rohre begegnet und dem Goldknopf darauf, und ein westindisches Gesicht macht, so jage ich mir Schrecken ein, daß es bereits mein Nabob sei, mit dem ich zerfallen werde; denn Aston kündete ihn nun zuverlässig in ›baldester Bälde‹ an, und er werde auf meine Zukunft den entscheidendsten Einfluß haben. Ich verlange aber nicht im geringsten einen derlei Einfluß. Im übrigen muß der Nabob bald kommen, und der Einfluß

bald beginnen: denn sonst trifft er mich nicht mehr hier, da wir, Lothar und ich, unsere Gebirgsreise, von der ich Dir schon einmal gemeldet zu haben glaube, längstens in vierzehn Tagen antreten werden. Lebe wohl!

12. VERGISSMEINNICHT UND WOLFSMILCH

2. August 1834

Ich bitte Dich, bleibe bei Deinem Vorsatze und komme bald; denn ich brauche Dich hier, wie nie in meinem ganzen Leben. Zwei Dinge sind hereingebrochen, die alles ändern und alles zerbrechen. Lothar ist bereits zurück, und auf übermorgen ist der Postwagen nach Linz bestellt. Angelas Lehrer ist zurück – aber ich tat etwas und ich erfuhr etwas, das mich auf ewig um diesen ersehnten Menschen bringen kann und muß.

Ich bin in Verwirrung; aber dennoch will ich versuchen, Dir alles in der Ordnung zu schreiben.

Am dreißigsten Juli abends ging ich zu Aston. Sie waren alle in Dornbach, sollten aber jeden Augenblick kommen; ich ging ins Musikzimmer, um ihre Rückkunft abzuwarten. Angela saß am Piano, und aus der Abendröte strömte mir eine heitere Tonflut entgegen, als ich eintrat. Sie stand sogleich auf, da sie mich erblickte, und kam mir mit einem strahlenden Gesichte entgegen, meldend, heute morgens endlich sei ihr teurer Freund und Lehrer Emil gekommen, und morgen nach Tische dürfe ich keinen Pinsel mehr berühren, sondern müsse gleich in Astons Garten erscheinen, da werde er, der Oheim und alles da sein, und sie müsse die Freude haben, zwei Menschen, wie er und ich, mit einander bekannt zu machen, »und ihr werdet euch«, setzte sie hinzu, »im Fluge lieb gewinnen und dann nie mehr von einander lassen können; das weiß ich so gewiß, als es gewiß ist, daß ich schon über eine Stunde hier auf die böse Lucie warte.«

Ihr Gesicht schimmerte recht im eigentlichen Sinne von innerer Seligkeit, und mein Herz war schlecht genug, den Menschen um die Freude in diesen Augen zu beneiden – siehst Du, wie viel besser sie ist als wir alle. – Hätte sie dies mein häßliches Gefühl nur von ferne geahnt, sie hätte gewiß ihre Freude mäßiger gezeigt – aber sie traut mir geradewegs ihr eignes schönes Herz zu.
O Titus! Jetzt, wie ich davon schreibe, quellen die Empfindungen jener merkwürdigen Stunde wieder in mir empor, jener Stunde, die ich hervorrief und ewig, ewig, ach, ewig nicht vergessen werde können.
Ich sagte ihr, daß ich recht gern kommen werde, setzte aber hinzu, daß die Bewillkommnung sehr bald in einen Abschied übergehen werde, da ich mit Freund Lothar in einigen Tagen eine Reise nach dem Glockner antreten werde. – Denke Dir, Titus, wie mir ward, da bei diesen Worten ihr Gesicht, noch eben leuchtend von der höchsten Freude, auf einmal mit Todesblässe überzogen wurde!
»Wie lange bleiben Sie aus?« fragte sie.
»Zwei Monate«, sagte ich.
»Dann sind wir bei Ihrer Rückkehr schon in Frankreich«, erwiderte sie leise; »in vierzehn Tagen gehen wir auf immer fort und werden am Jura wohnen.«
Nun war der Schrecken an mir: ich starrte sie zu Tode betroffen an.
»Wußten Sie das nicht?« fragte sie.
»Ich nicht, sonst hätte ich die Reise verschoben.«
Sie schwieg, und ich auch – es war ein peinlich schwüler Augenblick. Die Ankündigung meines Entschlusses, daß ich ja meine Reise aufgeben könne, hätte alles gelöst; aber es wollte schon so sein, wie es war. – Ich sagte nichts; mir wurde, als liebe ich sie seit einer einzigen Sekunde millionenmal mehr als je – ich begreife jetzt gar nicht, warum ich denn das Wort nicht sagen konnte, daß ich gar nicht reisen wolle – sondern eine Stimme lag in

meinen Ohren: ›Nimm jetzt den Abschied von ihr, in dieser Sekunde nimm den Abschied; denn es wird keine mehr kommen, wo du allein bist mit der geliebtesten, schönsten, freundlichsten Gestalt deines Lebens, die nun auf ewig, ewig untersinkt; morgen stehe ich wie ein Fremder, wie ein Geschiedener neben ihr‹ – – ich weiß nicht: war es diese Stimme, war es Verhängnis, war es sonst etwas – kurz, ich weiß nichts mehr von dem Augenblicke, als daß ich mich schmerzenswild von ihr abwandte und dadurch auch in ihr die Erregung emporjagte – und daß ich die bittern Worte ausstieß: »Ja, ja – so ist es – ich sollte mein Herz an nichts hängen – an gar nichts; – – den in den Pyrenäen wird schon auch eine Kugel treffen; o gewiß – gewiß!«
Ich wendete mich nicht um und starrte in das Blut des Abendhimmels hinaus; sie regte sich auch nicht hinter mir – wahrscheinlich war sie erschrocken – da trat ein Diener Astons herein und meldete, sein Herr habe den Wagen geschickt und lasse das Fräulein bitten, damit in den Augarten zu fahren, wo man sie am Eingange erwarten werde. Als er abgegangen, wandte ich mich um und suchte scheu ihr Auge – sie stand noch auf demselben Flecke, und ihre Blicke wurzelten auf dem Boden. Ich konnte nicht reden, sondern ging zweimal im Zimmer auf und ab; dann leise zu ihr tretend, sagte ich sanft: »Da es nun einmal unvermeidlich ist – da es doch einmal sein müßte, so gestatten Sie, daß ich Ihnen hier, wo wir allein sind, das Abschiedswort sage; denn vor den vielen Blicken vermöchte ich es nicht – –«
Da hob sie auf einmal die zwei Augen auf, groß und dunkel auf mich gerichtet, und von etwas umdüstert, wie von einem schweren Schmerze – dies lockte plötzlich auch den ganzen Strom des meinen hervor. – Es ist ja eine alte Schönheit des Menschenherzens: Scheidende lieben sich am heißesten, und alles Schöne und alles Gute,

was sie sich in langem Zusammensein getan, preßt sich in den letzten Augenblick – »O, Angela,« rief ich, »liebe, liebe Freundin; ich kann ja die Öde nicht fassen und nicht tragen, daß nun ein ganzes langes Leben vor mir liegt, in dem Sie nicht sind – nicht mehr die holde Stimme, das liebe Auge, das gute Herz – Sie sind so gut, so gut – – und jetzt ist alles aus!«
Auch durch ihre ganze Gestalt ging eine Erschütterung und Abschiedswehmut, die immer wuchs und immer mehr ihr Angesicht entfärbte – aber schneebleich wurde sie plötzlich, und plötzlich wegtreten mußte sie, als ich die Worte sagte: »Waren Sie mir denn auch nur im kleinsten, nur im wenigsten gut, das heißt anders gut, als Sie es ja allen Menschen, selbst den bösen sind? – Ach, ich weiß erst jetzt, wie unaussprechlich lieb Sie mir gewesen – ach, so unaussprechlich lieb!«
Sie stand am Fenster in Unentschlossenheit und Tränen wankend – mir war vor Bewegung und Erregung alle Welt vergangen; nur das Glutauge der untergehenden Sonne, war mir, als sähe ich es draußen zwischen den grünen Zweigen liegen und eine Gestalt mit Gold besäumen, die hier vor mir stand und mir so unermeßlich bedeutsam geworden war.
Ich weiß nicht mehr, wie kurz, wie lang diese Zeitlage dauerte – vor meinen Augen schwebt nur immer noch das so weiche, so gütige Angesicht der sonst immer so ruhigen Gestalt, das Angesicht, mit dem sie sich zu mir umwandte – die verhaltnen Tränen waren hervorgebrochen, sie aber trocknete dieselben schnell und sagte mit gesammelter Stimme: »Ich weiß es ja erst seit einer Minute, was ich weiß – gegen Sie muß ich aufrichtig und wahr sein; Sie sind es auch immer gegen mich – ich weiß nicht, ist es gut, was ich tue, ist es nicht gut; aber ich folge meinem Gefühle, das mir sagt, ich müsse es tun: – ich gebe Ihnen gern, gern mein Herz, und ich will Sie

lieben, so lang ich lebe.« Sie hielt einen Augenblick inne; dann aber, gleichsam erleichtert, setzte sie noch die Worte hinzu: »Ich mußte es sagen, da es so ist und da Sie fragten; aber da es nun gesagt ist, so dürfen Sie auch für alle Zukunft darauf bauen.«

Ich stand sprachlos bei ihr; in die großen, schönen Augen waren wieder Tränen getreten, und freiwillig, ohne Zierei und gütig durch die Tränen lächelnd reichte sie mir die Hand, nach der ich schüchtern langte – ich beugte mich darauf nieder und drückte meine Lippen darauf: sie aber, welche meinte, sie müsse nun recht treuherzig gegen mich sein, legte unbeholfen ihre andere Hand auf mein Haupt – ich glaubte, wir haben beide in jenem Augenblicke gezittert.

Ich weiß nicht, wie es war; nur daß ich ihre Hand immer fester gegen mich ziehend, fast erstickt sagte: »Wie, wie nur in der Welt kann ich dieses Glück begreifen und verdienen? O Angela, o Braut, o Gattin!«

Sie zuckte bei diesem Worte auf, und sich sanft los machend, sprach sie sehr ernst: »So muß es ja auch sein – so muß es sein, ich werde gern und mit Freuden Ihre Gattin werden; aber es ist noch ein Mensch, dem ich alles sagen muß – und er ist gut, so gut, wie Sie sich kaum vorstellen können; auch er wird sich sehr darüber freuen. Morgen werden wir wieder davon sprechen.«

O Titus! Du ahnst nicht, wie selig dieses reine Gold der Natürlichkeit in meine Seele floß. Es öffnete sich ein weites Paradies vor mir, und hatte ich jemals in meinem Leben einen Himmel zu erwarten, in jenem Augenblicke war er mein.

Einige Minuten standen wir noch neben einander am Fenster und sahen in das Abendrot, das langsam ausbrannte, und sprachen nichts; – dann, als wieder, gleichsam mahnend, der Diener eintrat, nahm sie ihren Hut und sagte, sie wolle nun in den Augarten fahren, aber ich möge sie nicht dahin begleiten; denn sie würden sonst wieder sagen, das habe sich nicht geschickt. Ich führte sie an den Wagen, und da ich ihr sagte, daß ich meine Reise ganz aufgeben wolle, freute sie es sichtlich, und die Hand noch nach ihrer Art herausreichend, sagte sie: »Kommen Sie nicht später, als um vier Uhr.« Dies waren ihre letzten Worte, und dies war ihr letzter Blick – wer hätte damals gedacht, daß es das Letzte in diesem Leben sein werde! Noch schwebte der Blick vor meinem Auge, und noch klingen die Worte in meinen Ohren.

Ich will versuchen, Dir das Ende noch zu schreiben, wie es sich begab.

Ich ging, da mir das letzte Rad ihres Wagens entschwunden war, vor die Stadt ins Grüne. Ich war wie ein Träumer, wie ein Trunkener, fast nicht ertragend das ungeheure Glück – und als ich schon zu Hause war – als ich ohne Licht auf meinem Sofa saß, malte ich mir dieses Glück noch seliger in die finstere, wimmelnde Luft.

O, ich Tor! ich Tor!

Auch am andern Tage, als ich erwachte, mußte erst einige Zeit verfließen, ehe ich es mir wieder stückweise klar machen konnte, was seit gestern mit mir geschehen.

Es war erst vier Uhr; ich aber stand auf und dachte, ich wolle den Morgen im Freien genießen. Mein Weg führte mich in den Park von Schönbrunn, alle Zweige hingen voll Morgengetön der Vögel, und ganz fern über den Karpathen stand der sanftblaue Duft eines Morgengewitters, und die Luft versprach etwas mehr als einen gewöhnlich schönen Tag.

Du kennst den Obelisk im kaiserlichen Garten; hinter ihm erhebt sich eine kleine buschige Wildnis, die ich sehr liebe. Deshalb lenkte ich meine Schritte dorthin – es war kaum fünf Uhr morgens vorüber; in dem ganzen Parke war kein einziger Mensch zu sehen, als nur die Schildwache am Schlosse. Rechts vor dem Obelisk ist eine nachgeahmte römische Ruine um ein melancholisches Wasserbecken herum, in welchem allerlei bunte Tierchen und Wasserpflanzen schwimmen. Vor diesem Wasser sah ich zwei Menschen stehen, einen Mann und eine Frau; sie standen mit dem Rücken gegen mich, als blickten sie ins Wasser; aber bald erkannte ich, daß sie mit einander sprechen. Ich dachte, sie hätten wohl auch die Morgenstunden gewählt, wie ich, um einsam zu sein; deshalb wollte ich sie nicht stören, sondern schlug den Seitenpfad ein, der zur Brunnennymphe führt, um von dort in meine Wildnis hinauf zu gelangen. Aus Neugier blickte ich von oben herab noch einmal durch die Zweige auf das Paar, und fand es in der traulichsten, süßesten Unterredung stehen, ja, er legte einmal sogar beide Hände auf ihre Schultern und zog sie sanft gegen sich. Von den Angesichten konnte ich nichts sehen, weil meine Richtung gegen sie zu schief war. Er zeigte von rückwärts eine schöne Gestalt, ganz in Schwarz gekleidet; seine Bewegungen waren so fein, als gehöre er den höchsten Ständen an; von ihr sah ich nur Teile des weißen Kleides, da er sie mir fast ganz deckte.

Einen Augenblick nur hätte es noch bedurft, und ich wäre weiter gegangen; aber gerade in diesem Augenblicke hob sie ihr Haupt empor und zeigte mir durch eine Wendung ihr volles Gesicht, und denke Dir, es war Angela!

Ich weiß nicht mehr, wie mir wurde – ich weiß es eigentlich noch nicht, wie mir ist – aber ich will jede Empfindung wegweisen und nur erzählen, was sich weiter ergab. In meiner Jugend geschah es einmal, daß ich mit einem Messer im Spiele meinen Bruder in die Seite stach, und als sogleich ein dunkler Blutbach das Kinderhemdlein netzte, und der rote Fleck riesig weiter wuchs – damals verzweifelte ich, hielt mich für einen Mörder und wurde ohnmächtig – später, als der Bruder verbunden und ich geweckt war, fragte man mich, wie mir gewesen, und ich konnte es in meiner Kindereinfalt nicht anders ausdrücken, als daß ich sagte, das Herz sei mir stehen geblieben, der Himmel sei finster geworden und voll Regenbogen und hätte mich zusammengedrückt; aber das Herz habe auf einmal einen Stoß getan, und die Regenbogen seien verschwunden. Gerade so, mein Titus, war es mir in diesem Augenblicke wieder. Ich erinnere mich deutlich, daß ich eine Zeit gar nichts sah als Farben, und auch den Stoß des Herzens spürte ich deutlich, wodurch die Farben verschwanden. Als sich die Gegenstände vor meinen Augen wieder lösten und sich begrenzten, standen auch die zwei Gestalten wieder da – ich sah klar die großen, schwarzen, schönen Augen, mit denen sie ihn so aufrichtig anschaute, wie gestern mich. Es half kein Sträuben: sie war es.

Jetzt redete er, und sie sah ihn unverwandt an; dann redete sie, und er horchte – dann schien es wieder, als schwiegen sie und schauten rätselhaft in das Wasser, wie ich sie gefunden hatte. Ich mußte eine Sekunde die Augen schließen – dann öffnete ich sie wieder. Sie hatte das Antlitz jetzt weggewendet, und auch von der bloßen Gestalt war es, als flösse noch der ganze betörende Zauber nieder, und die Hoheit und die Unschuld, womit sie mich besiegt hatte. An ihm war, wie ich schon gesagt habe, jene Art Herrschaft und Sicherheit der hohen Stände. – Einmal streckte er den Arm aus; sie schmiegte sich etwas näher gegen ihn und bog das Hinterhaupt zurück, wie eine, die emporschaue; er aber krümmte mit Feinheit den ausgestreckten Arm zurück und endete damit, daß er die Hand auf ihr Haupt legte, gleichsam mit Zärtlichkeit die gescheitelten Haare streichelnd, denn sie war barhaupt, und der wohlbekannte Strohhut hing an ihrem linken Arme. Dann wendeten sie sich; ich sah noch ihre Hand in seinem Arme liegend – ein dichtbelaubter Ulmenast stellte sich dann zwischen mich und sie – dann sah ich noch weiße Kleiderstückchen zwischen dem Baumgitter schimmern und dann nichts mehr. Ich blickte noch länger, aber die Stelle blieb leer, und es war, als sei der ganze Garten leer. Der weiße, einsame Obelisk zeichnete sich gegen die dunkelblaue Wand des Ostgewitters, das indes langsam heraufgezogen war – es war schwül geworden – kein Vogel sang mehr in dem Parke, und ich drückte meine Stirn fester gegen den Stamm der Akazie, an der ich saß.

O Titus, ein Gefühl, so häßlich, daß ich mich fast verachtete, kroch in mir herauf, – aber dennoch war es, als riefe jede Ader in mir, das Gefühl sei gerecht!

Ich blieb sitzen an der Pyramide und brütete, wie der Vormittag, der sein Gewitter braute. Nicht ein Hälmchen rührte sich, und der ganze Garten wartete gedrückt; über ihm stand schwer niederhängend die Wucht stummer, warmer, dicker Wolken, die sich rüsteten und mit leisen Regungen durcheinanderschoben. Mein Auge starrte entzündet hinauf, und dem Herzen taten ordentlich die armen kleinen, glänzenden Flöckchen weh, die aus dem dunkeln Knäuel vorhingen – gleichsam gerettete schöne Kindheitsgedanken in einem dumpfen Herzen – und immer dicker und schwerer wurden Luft und Wolken; im fernen Osten ging in schiefen Streifen schon der rötlich graue Schleier des Regens nieder – da kam der Wind geflogen und der Donner, rollend über alle Wipfel des Gartens; große Tropfen fielen, und somit löste sich die Stille am Himmel und auch in mir. Ein frisches Rauschen wühlte in den Bäumen und mischte Grün und Silber durch einander, und in mir raffte sich ein fester, körniger Entschluß empor und gab mir meine Schnellkraft wieder, nämlich der Entschluß, sogleich abzureisen. – Fahre wohl, Armida, – dachte ich – fahre wohl! Ich ging nach Hause; ein prachtvoller Regen rauschte

nieder, und ich freute mich, je toller er um meine Schläfe rasselte, und je nasser ich wurde.
Den Rest des Tages, als ich mich umgekleidet hatte, verbrachte ich mit Packen, war abgesperrt und ließ niemanden zu mir. Den Lothar hatte ich beredet, daß wir am andern Tage, das ist: heute abreisen. Von der Familie Aston nahm ich schriftlich Abschied, weil ich Angela dort zu treffen fürchtete. Ich sagte in dem Briefe, daß mich am letzten Juli um fünf Uhr früh am Obelisk zu Schönbrunn etwas betroffen habe, was es mir unmöglich mache, ihn persönlich zu sehen. Bei meiner Zurückkunft werde sich vielleicht manches aufklären; an die liebe Lucie und Emma gab ich viele Grüße auf.
Noch eins muß ich Dir melden. Anselm Ruffo, ein Bekannter von mir, ein kalter philosophischer Geselle, begegnete mir zufällig auf der Straße und hing sich an mich und sagte mir nebst vielem andern, ich möchte mich in Acht nehmen mit meinem weiblichen Umgange; denn das Mädchen, dem ich sehr viele Aufmerksamkeiten erweise, sei stadtbekannt als die Geliebte des Engländers Grafen Lorrel. Ich dankte ihm kühl für die Nachricht – sie war mir nun fast gleichgültig.
Und nun, Titus! Wenn Du Deine Herreise beschleunigen kannst, so tue es, ich bitte Dich, tue es; ohnedies bangt mir oft sehr für Dich, wenn ich von den Abscheulichkeiten lese, die der spanische Bürgerkrieg erzeugt. Lebe wohl für heute! In München triffst Du Briefe, die Dir sagen, wo Du mich findest. – – – – – – – – – – – – – – – – –
– –

Abends um 8 Uhr

Es wird doch heute ewig nicht zehn Uhr, welcher Glockenschlag mich endlich aus dieser Stadt bringt. Alles ist geordnet; Lothar geht herum Abschied nehmen, und ich gehe schon tausendmal in meinem Zimmer auf und ab.

Nun, es wird ja doch auch verhallen und verklingen, wie so vieles verhallte und verklang. Nur daß das kindische Herz sich so mag aufregen und sich von seinen Wallungen Ewigkeit vorspiegeln, und weiß es doch, wie noch jede Bewegung desselben ausschwang und verging. Oder hat eine Entzückung über eine Seele vor der über die A-Symphonie etwas voraus? Sind nicht beide bloße Werke der Schönheit? Ach Gott, die A-Symphonie blieb schön!! Siehst Du, das ists, daß es Ideen geben darf, glänzend und höchsten Adels, und daß sie so höhnisch dürfen mißhandelt werden. Getäuschte Liebe, geäffte Anbetung ist ein altes Märchen, – doch darüber sich zu härmen ist kläglich und schwach – aber es gibt einen größern Schmerz, den Schmerz verlorner Seelen, und der meine wäre derselbe, wenn ich sie auch nur bloß gekannt hätte, etwa als Mutter, Gattin – und dann den widrigen Flecken an dem Wunderwerke gesehen hätte. Wenn blaue Lüfte, duftige Berge, schöne Wolken in meinem Auge schweben – wenn der Donner und die Flötenstimme an mein Ohr dringt – und dies alles Wahrheit außer mir haben darf: warum lügt das Herz in uns? – Wenn das wahr ist, was meinem Tiere zusagt, kann das höhnen, was mich vergöttert? Sie selbst, trotz der schnöden Mißstimmung, hat es mir wieder gezeigt, was uns das eigne Herz als künftigen unbekannten Himmelslohn verspricht, das muß wahr sein – es muß wahr sein – nur das Suchen kann in der raschen Trunkenheit verfehlt werden. Somit – fahre wohl!! In zwei Stunden geht es auf den Postwagen und dann in Gottes urewige, schuldlose Berge.

13. PURPURROTES FINGERHÜTLEIN

Linz, 3. August 1834

O Titus! was sind denn eigentlich drei Tage? – und welche Macht haben sie auf den Menschen! – Zürne nur

nicht; ich weiß alles, was Du sagst, und habe Deinen Rat befolgt, ehe Du ihn gabst. Wenn ich Dich in der Stadt Linz getroffen hätte und Du hättest alle meine frühern Tagebuchsblätter gelesen gehabt, so wäre Dein Rat, nicht wahrscheinlich, sondern gewiß dieser gewesen: »Albrecht, gehe auf die Post und gib den letzten Pfennig dafür her, daß man dich eiligst nach Wien befördere; – dann tritt vor sie und sage: ›Ich bin ein gehetzter Tor gewesen und drei Tage lang ein schlechter Mensch.‹«
So geschieht es auch: ich bin in kindischer Raserei nach Linz gefahren, und nun ist der Postwagen wieder bestellt; morgen um fünf Uhr gehe ich mit ihm nach Wien. Lothar ist einverstanden, und wird acht Tage in Linz warten, bis ich selber wieder komme oder ein Brief. Er weiß alles und erschrak fast über die Rücksichtslosigkeit meines Verfahrens. Erst einen Tag vorher sagte sie die Worte: »Da es nun gesagt ist, so dürfen Sie für alle Zukunft darauf bauen«, und ich glaube schon am andern Morgen darauf den Ratschlägen der bösesten, blindesten Leidenschaft mehr, als der ganzen klaren Sittlichkeit ihres Wesens, die mir so lange vorlag – einer Leidenschaft, die berühmt ist wegen ihrer Roheit und ihrer Trugschlüsse. Sie, an allem, was gut ist, so weit über mir, gab sich mir als Braut, und vertraute mir, mir unbedeutendem Menschen, der ich noch vor wenig Tagen jeden Mann für sie zu schlecht hielt – und in der ersten Probe sinke ich schon so schmachvoll tief. Ich schäme mich, so knabenhaft gehandelt zu haben. Eifersüchtig zu werden, alle Welt vor den Kopf zu stoßen und auf und davon zu fahren! Setzen wir den Fall umgekehrt: was würde sie getan haben? Entweder sie hätte gar nichts gesagt, oder etwa, warum ich so geizig bin und eine Freundin, die ich so lieb habe, ihr vorenthalte; es wäre ja schöner, wenn ein Mensch mehr im Bunde sei, der sich unsers Lebens und Strebens freue. Ich will des Todes sterben, wenn sie

nicht so gehandelt hätte. Ich kann es nicht tragen, ach ich kann es nun nicht tragen, bis der Fehler gut gemacht ist – es war ja nicht Mißtrauen, Mißtrauen war es nicht, nur ganz blinde, sprudelnde Eifersucht, und es soll das erste und letzte Mal sein, daß ein solch böses Ding in mein Herz kam – es überraschte mich, und in der gänzlichen Neuheit der Sache wußte ich mich nicht zu nehmen. O Titus, die Reue ist noch nagender als die Eifersucht selbst; hilf mir nur die Stunden ertragen, die noch bis zur Abfahrt sind – ach, und erst die zwanzig langen Stunden der Fahrt!! Indes will ich die ganze Nacht an diesem Tische verschreiben, um mich anzuklagen. Auch verstandeslos war ich ganz und gar – ist es denn nicht sonnenklar, daß es ihr hochverehrter Lehrer war, mit dem sie die Morgenstunde wählte, um ihm alles zu sagen, – ihr Freund, von dem sie es gar nicht erwarten konnte, mich ihm zu zeigen – wie sie jubelte, wie wir uns verstehen und lieben werden? – Und nun! und nun!! daß er sie umarmte? Tun Bruder und Schwester das nie? Führen es nicht auch andere Verhältnisse herbei? Als ich einmal der Braut eines meiner Studienfreunde auseinandersetzte, warum er sie verlassen mußte, und als sie über die bösen Verleumdungen, die sein Herz von ihrem trennten, im ausgelassensten Schmerze verging: nahm ich sie da nicht, selbst gerührt, in die Arme, drückte sie an mein Herz, faßte ihre Hände, tröstete sie und versprach, alles ins Gleichgewicht zu bringen? Wie töricht nun, wenn er auf diese Umarmung wäre eifersüchtig geworden!

Endlich, jeder Erscheinung gehen ihre Zeichen vorher und nachher, und jede Erscheinung muß umringt sein von Nachbarn und Verwandten. Nie steht die glühende Abendwolke einzeln und geschnitten an dem Scheitel des blauen Mittaghimmels. Eben so ist dieser vereinzelte Verrat mitten in ihrem andern Leben eine Unmöglichkeit, ein Unding, eine Ungereimtheit. Wie mußte sie meine Roheit befremden und schmerzen, sie, die mir gestern alles gab! – – und die Zeit, die Zeit geht so langsam. – – Aber so ist es, wenn uns einmal der Nebelgeist der Leidenschaft und Unvernunft umdüstert: die nächsten Mittel erkennen wir nicht mehr. Was harre ich auch des Eilwagens? – Was hindert mich denn daran, sogleich ein Fischerschiffchen zu mieten, und so viel Ruderer dazu, als hineingehen? Der Mond steht am Himmel, das Wasser geht voll – wie oft hört ich sagen, solche Leute können in einer Nacht von Linz nach Wien fahren – – ich tu's, ich tu's!

14. GINSTER

Linz, 8. August 1834

›Wer des Drachen Zähne säet, der hoffe nichts Erfreuliches zu ernten.‹ Es ist alles aus, und ich bin selbst schuld daran. Ich dichtete mir einst am Traunsee ein schönes Tuskulum, aus dem jede Äußerung roher Leidenschaft Verbannung nach sich zieht – jetzt habe ich mich selbst durch solche Leidenschaft von einem schönern Tuskulum verbannt. Sie muß eingesehen haben, daß sie sich in mir irrte – und sie hat sich auch geirrt.

Ich mietete die Rudersmänner; sie flogen beinahe mit mir die Donau entlang, und ich war schon um acht Uhr früh des vierten August in Nußdorf und um neun Uhr in Astons Wohnung. Er allein war zu Hause. Auch ihn habe ich fast verloren. Es ging mir tiefer zu Herzen, als ich je ahnte, wie ich bemerkte, daß selbst dieser Mensch, sonst die lautere Güte gegen mich, nun ernst und scheu und kalt war – aufgeschreckt aus seinem Glauben an mich. Er erzählte ruhig und ohne Vorwurf, daß Angela mit ihrem Lehrer die Morgenstunde gewählt habe, nach Schönbrunn zu fahren; auch die Tante und die Schwester sind dabei gewesen; nur gingen sie entfernter, und da habe sie ihm ihr Verhältnis zu mir geoffenbart. Desselben Tages abends war alles in seinem Garten, und man wartete vergeblich auf mich, und als er, in der Besorgnis, ich sei krank, einen Diener sendete, so habe dieser meine Wohnung verschlossen gefunden. Mein Abschiedsbrief habe alles aufgeklärt. Angela habe fast einen halben Tag geweint, dann aber sich aufgerichtet und gebeten, man möge ja nur recht bald abreisen. Sie selbst packte mit großer Ruhe und Stille ihre Sachen, und gestern sind sie alle nach Frankreich abgegangen. Nur die Diener packen noch einige Dinge und folgen ihr nach. Sie hat von mir kein Wort mehr gesprochen. Lucie und Emma sind in Preßburg.

Ich schleuderte die zwei glühenden Funken, die mir bei seinem Berichte in die Augen stiegen, seitwärts, und schüttelte ihm heftig die Hand, sagend, daß ich gewiß nicht so schlecht sei, als alles scheine, und daß ich nun in die Gebirge gehe. Etwas freundlicher durch meine unverkennliche Reue, fragte er um meinen Reiseplan, und ich sagte ihm denselben – und als ich fortging, küßte er mich wohl wieder, aber nicht so herzlich als sonst, wenn ich nur auf einige Tage verreiste.

Und nun sitze ich wieder in derselben Stube meines Gasthofes in Linz, von der ich vor kurzem mit solcher Glut und solchen Hoffnungen nach Wien geflogen – aber alles ist aus – und wie anders, wie anders als noch vor zwei Tagen ist mein Herz! – Es ist aus, es hat sich beruhigt; aber *wie* beruhigt? Gleichsam gelassen entzweigedrückt liegt es in der Brust. – Die Natur, das einzige Unschuldige, ist freundlich wie immer – meine Fenster gehen auf den Landungsplatz und die Donau. Der Tageslärm ist verstummt, durch die Fenster schwimmt die laue Augustusnachtluft herein und krümmt mein Licht, an dem ich schreibe, und trägt das Rauschen des Stromes mit herein und sein Plätschern an den Schiffen, die beiliegen.

– Drüben schlummert das Mondlicht auf den alten Waldbergen des Mühlkreises, und die Lichter der Vorstadt Urfahr strecken lange, rote, zitternde Säulen in das Wasser. So still und mild ist alles draußen, als sei ringsum lauter Glück. Es ist auch ringsum; nur hie und da geht einer in der Welt, der sich durch Ungeschick das eigne Herz zerquetschte. Von heute an will ich ein guter Mensch werden, so gut, daß nicht ein Tierchen von mir leiden soll. Es freut mich von ihr, daß sie den Freund, an dem sie sich geirrt, entschlossen bei Seite stellte und den Schauplatz ihrer Torheit schnell verläßt. Ihr Herz geht gewiß noch schöner aus dieser Prüfung. Schade, daß ich selbst das schöne, wiewohl unwahre Bild, das sie sich von mir gemacht haben mag, so grell zerstörte! Wer einmal Selbstmord versuchte, der geht hinfüro unheimlich unter den übrigen Menschen herum, und wer sich vor reingesitteten Wesen einer wilden Leidenschaft überläßt, der begeht sittlichen Selbstmord, und erregt die Furcht, daß er wieder einmal dasselbe Spiel beginne – und Liebe, das zarte Gewebe aus Vernunft und Sitte, zerstört er ja ganz natürlich durch solch Beginnen, ganz natürlich!
Morgen geht die Reise von hier über Steier, wo wir mit zwei Reisegefährten, ältern Bekannten von mir, zusammentreffen werden, mit denen ich eigentlich diese Reise schon längst verabredet hatte. Ich werde Dir von Zeit zu Zeit aus einem und dem andern Orte ein Blättchen senden; aber es wäre recht lieb und schön von Dir, wenn Du viel eher kämest, als Du vorhast.
Kennst Du nicht ein Lied von Justinus Kerner: ›Das Alpenhorn‹? Es ist, wie einer immer, wo er geht und steht, das Alpenhorn seiner Heimat leise, leise klingen hört, und es ihn mahnt, als müsse er sogleich nach dem Elternhause aufbrechen – eben wird es in einem Zimmer neben dem unsrigen von einer außerordentlich schönen Männerstimme gesungen – ach! Mancher hat eine Heimat, an

die ihn ein ewig tönendes Alpenhorn erinnern wird; aber er vermag sie nicht mehr zu erreichen, ach, nicht mehr zu erreichen. Wo in Zukunft etwas Gutes und Schönes für mich erblühen wird, werde ich es zusammenfließen lassen mit ihrem schönen, geliebten, schwer gekränkten Bilde, und dieses Bild werde ich treulich durch mein ganzes Leben tragen. Es ist gut, daß Lothar um mich ist, dieses kräftige dichterische Herz – – es wird schon alles gehen!! Lebe wohl, lebe tausendmal wohl!

15. LIEBFRAUENSCHUH

Aussee, 15. August 1834

Es ist heute Sonntag und auch nicht mehr viel davon übrig. Ich will ihn größtenteils zum Schreiben an Dich verwenden. Wir fuhren von Steier bis Kirchdorf, um von dort abends im Mondscheine nach Scharnstein zu gehen. Die zwei andern Begleiter unserer Reise sind ein junger Doktor der Arzneikunde, Josef Knar, und Isidor Stollberg (kein Verwandter der Grafen). Wir blieben fast einen ganzen Nachmittag in Kirchdorf. Lothar malte das Kremstal, und Isidor und ich saßen im Schatten der Apfelbäume bis fünf Uhr; da kam Lothar wieder, und der Aufbruch wurde beschlossen; aber es fehlte der Doktor. Auf der Kegelbahn war er gesehen worden; auch in der Wirtsstube, im Hofe, selbst im Stalle – und jetzt war er nirgends zu finden. Erst um sechs Uhr kam er mit leuchtenden Augen und erzählte, daß er beim Wirte Brunmaier gewesen – ein Reisewagen habe ihn hingelockt, der auf der Gasse stand und prächtig war. Eine blutjunge Dame mit nur einem Diener habe im Wirtsgarten gewartet, bis ihre zwei Begleiter, die zu gewissen Eisenwerken in das Tal gegangen waren, zurückkamen; – mit dieser Dame habe er bis jetzt streiten müssen und habe sich in sie verliebt. Der Doktor ist ein drolliger, sehr lustiger Mensch. Er ahnt nicht im leisesten mein schweres trauriges Herz; er schwor daher lachend, er wolle den härtesten Eid ablegen, daß die Hexe Witz habe, und unter den braunsten Haaren die dunkelblauesten Augen – ja, sie seien fast veilchenblau, was zwar gesetzwidrig sei; denn in der ganzen Zoologie kämen keine solchen vor; aber sie habe sie, und sei selbst ein Muster der unfolgerichtigsten Unlogik.

In Scharnstein – ich habe Dir einmal gesagt, daß ich einen Menschen habe, der mir überall begegnet – einen Engländer hieß ich ihn – in Scharnstein saß er in der Wirtsstube, als wir eintraten. Ich erschrak fast über diese seltsame Laune des Zufalls, später aber knüpfte ich sogar ein Gespräch mit ihm an und fand ihn gar nicht so übel, und als er unsern Reiseplan erfuhr, so trug er sich zum Begleiter an, wenn wir es nicht übel nähmen. Es wurde einmütig angenommen.

Wir brachen zeitlich morgens auf, natürlich alles zu Fuß. Lothar wird von Stunde zu Stunde herrlicher: wie die reine Alpennatur in seine Seele fällt, so breitet er sie himmlisch aus auf seiner Leinwand. Jede Studie, von der man meint, sie sei die beste, wird von ihrer Nachfolgerin übertroffen – und er wird schwärmerisch begeistert für die Berge und Wolken und Seen, wie für eine Jugendgeliebte.

Ein schöner Augenblick war es am Freitag nachmittag, da das kleine Tal von Habenau skizziert wurde. Der Platz ist wunderbar lieblich: eine heitergrüne Wiese in sanften Wellenbildungen, rechts ein dunkler Wald, hinter dem eben eine Wolke zwei schneeweiße Taubenflügel heraufschlug – vor uns die wunderlichen Felsen des Almseegebirgs, und links tief zurück der große und kleine Briel, die lichten Häupter in finstrer Bläue badend – kein Lüftchen – blendender Sonnenschein. Nach drei Stunden Malens stand Lothar auf, und seine Wangen glänzten, wie die eines verschämten Knaben. Alle waren entzückt; nur der Engländer sah auf das Blatt, ohne eine Silbe zu verlieren. Wir blieben noch lange und tranken aus unsern Reiseflaschen. Der Doktor blies auf seiner Stockflöte, Isidor lag im Grase auf dem Rücken und breitete die Arme auseinander. Der weiche, stille, heiße Sommernachmittag hauchte nicht und drückte sich tiefblau in seine Berge nieder. Endlich gingen wir weiter zu den Ufern des Almsees und an ihm fort bis zum Seehaus.

Ich konnte nichts malen, und werde es wahrscheinlich auf der ganzen Reise nicht tun können; denn der große, der drückende Schmerz über mich und das Mitleid mit ihr, der unschuldig Gekränkten, liegen wie Bergeslasten über meine Brust gedeckt und sehen mich aus der Natur an, als hätte sie ein dunkleres Trauergewand angelegt. So saß ich auch, als wir uns in dem Seehause eingerichtet hatten, wo wir über Nacht bleiben wollten, und als alle wieder auf Spaziergänge fort waren, so saß ich auch vor dem Hause auf der Bank und sah diese Berge an, die ich unter ganz andern Umständen zu sehen hoffte. Sie standen da in müder Tagesruhe, und das späte, kühle Nachmittagslicht lag auf ihnen, sachte aufwärts glimmend. Im See schliefen die Wellen, und in der Luft das Echo. Italien fiel mir ein und Indien und Griechenland und Amerika, und die ganze schöne Kugel und die Meere darauf und die Palmenwälder – und daß ich all das nie in meinem Leben werde sehen können.

Mein Reisedurst brannte, wie so oft – ich stand nun auch auf und ging von dem Seehause fort ins Ungewisse herum und senkte mich in meine Träume. Die Natur hielt Abendfeier, das Sonnenlicht schritt nur noch auf den höchsten Spitzen, die Luft ward immer wellenloser und stiller – ich ging südwärts gegen die Felsen – da war es, als ob das Echo, das tausendfältig in diesen Bergen schläft, traumredete und etwas wie Glockentöne lallte; – aber Glocken können hierher ihre Klänge nicht senden, da der Ort tief einsam im Gebirge liegt – ich ging immer weiter weg von dem Hause. Es gibt eine Stille, – kennst Du sie? – in der man meint, man müsse die einzelnen Minuten hören, wie sie in den Ozean der Ewigkeit hinuntertropfen. – Eben von ewig fortpolternden Städten gekommen, wurde mir diese Stille fast gespenstig, und ich war erleichtert, als endlich gegen Abend in der Dunkelheit ein leichter, kühler Hauch an mein Gesicht wehte und sich zwei Blätter an einem Schlehenstrauche neben mir rührten, aber ohne zu flüstern. Ich ging spät in das Haus zurück. Sie hatten schon zu Abend gegessen und mich und den Engländer vergeblich erwartet. Gleich nach uns sind noch zwei Fremde gekommen, und diese und die andern sind alle auf den See hinaus. Den Engländer glaubte man bei mir. Ich ging auch wieder fort, und als ich gegen den See kam, konnte ich sie nicht erblicken, weil es schon zu sehr dämmerte. Ich stieß einem Jäger auf, der mir sagte, er warte auf den Vollmondsaufgang. Ich wollte nun dasselbe tun und legte mich zu ihm ins Gras, und ließ mir von ihm erzählen, und wie sich seine Gebirgsmärchen, gleich Zitherklängen, entwickelten, schaute ich träumend in die phantastische Dunkelheit, in der die Gebirge hingen, in immer stillere und größere Massen schmelzend, und auf den See, der stets starrer und schwärzer ward und nur hie und da mit einem schwachen, ungewissen Lichtchen aufzuckte. Und immer tiefer sank Berg und Tal und See in die dunkle, schlummerige Luft vor mir zurück – eine unsägliche Wehmut war in meinem Herzen – der Jäger schwieg endlich auch, und ich hörte jetzt deutlich Lothar und des Doktors schöne Stimme von dem See her gedämpft singen – dann einen Pistolenschuß und das darauf folgende Gewitter des Echo, das die Berge und den See im Finstern durcheinanderwühlte, und in Kreisen rollte und sich mäßigte und beschwichtigte und ausmurmelte; sein Verzittern machte mir die Landschaft nur noch unbeweglicher, wie einen schwarzen Klumpen, der in zackiger Linie den silbergrauen Himmel abschnitt. »Seht einmal auf den Röllberg«, sagte mein Nachbar, und zeigte mit dem Finger in die Nacht hinaus. Ein lichter Schein stand unten an dem bezeichneten Berge – die Mondesaurora war es; ich glaubte, er selber werde jetzt aufsteigen; aber nur der Schein klomm längs der steilen Kante des Felsens, der ordentlich schwarz gegen diesen Schimmer stand, bis der Mond endlich gerade auf dem Gipfel des Steines wie ein großes Freudenfeuer emporschlug zu dem Himmel, an dem schon alle Sterne harrten. Er trennte sich sodann und schwamm wie eine losgebundene blitzende, weißglühende Silberkugel in den dunkeln Äther empor – und alles war hier unten wieder hell und klar. – Die Berge standen wieder alle da und troffen von dem weißen niederrinnenden Lichte, das Wasser trennte sich und wimmelte von Silberblicken, ein Lichtregen ging in den ganzen Bergkessel nieder, und jedes feuchte Steinchen und jedes tauige Gräschen hatte seinen Funken. Auch das Schiff der Freunde erblickte ich jetzt, und ein vierstimmiger Männerhymnus begann darauf, und der Gesang wogte gedämpft, ein Echo schleifend, von dem See herüber, und zog sich dann ferner und verklang – dann ein mattes Jauchzen – das Rollen ferner Pistolenschüsse, und dann wieder die Mondesstille.

Ihr Auge, dieser schöne Mond ihrer Herzenssonne – wo mag dieses nun aufblicken zu seinem Schwestergestirne des Himmels? O, ihr schönen Felsen und du, schimmerndes Firmament! Was ist zwischen heute und jenem Abende vor zwölf Jahren, als ich das erste Mal an diesem Ufer stand, ein unschuldiger Jüngling voll ungebändigter Hoffnungen und ein unerschöpfliches Weltmeer von Vertrauen in dem Herzen! – – Wie viel hat sich seitdem geändert – wie viel habe ich geirrt, gesündigt und gebüßt, und wie scharf einsam bin ich heute gegen das Wogen und Wallen von Gestalten, die mich damals umgaben! Aber ein Rest ist geblieben, ein Boden, auf dem die Blumenphantasie gestanden: die feste, schönheitsliebende Seele ist geblieben – und manch schönerer Blumenwald kann einst wieder daraus emporsprossen – er kann ja noch sprossen!

»Geht schlafen, lieber Herr«, sagte plötzlich der Jäger zu mir: »Ihr habt morgen einen weiten Weg, und es wird heiter und heiß sein – ich verlasse Euch, da mir der Mond schon hoch genug ist.«

Ich schlafen gehen? Dazu war ich viel zu bewegt. Ich ging den See entlang, von dem jetzt Ruderschläge herkamen, und bald darauf das Schiff der Freunde. Isidor sprang heraus und jubelte und sagte, es sei eine Götternacht, und der Doktor bedauerte mich, daß ich nicht mit zu Schiffe gewesen; an diesem einen der zwei angekommenen Fremden habe er einen wahren Fund getan; er singe einen unvergleichlichen Tenor; der sei noch immer abgegangen; Lothars Stimme sei doch nur ein Bariton; nur schade, daß die Zither, die der Fremde mitgebracht, in der Eile in dem Hause vergessen worden sei. Sie gingen alle dem Hause zu – ich nicht; denn wo sie ihr Schiff anlegten, bemerkte ich ein zweites kleines; mit diesem wollte ich ganz allein auf den See hinausfahren. Ich band es leicht los und stieß ab.

Nun wurde es weit um mich – die Berge traten zurück und standen groß da in lichtnebligen Schleiern und sanft in träumerischer Magie, und ich schwamm auf dem schönen, glatten, flimmernden Elemente, und bei jedem Ruderschlage rann flüssiges Silber um mein Schiffchen. Aus dem Seehause schallten noch die Reden meiner Reisegefährten, die schlafen gingen, und als es immer mehr und endlich ganz still geworden, und der Mond schon fast im Scheitel seiner blauen Halle stand, da hörte ich wieder zu meinen Häupten das leise seltsame Läuten: aber es war, als fielen nur einzelne Töne unendlich fern aus der Luft – dann schien es von dem See zu kommen, dann von den Felsen – dann schwamm es wieder hoch am Himmel – ich ließ das Ruder sinken und das Wasser an dem Schiffchen aussäuseln und horchte hin – keine Glocke, eine Zither war es; die Laute kamen von einem schwarzen Punkte aus dem Wasser; nur das Echo hatte mit den Klängen so wunderbar gespielt. Ich fuhr so leise als möglich näher; die Töne wiegten sich und schwollen, und wurden ein Gewimmel, und plötzlich sang eine Männerstimme darein. Ich erkannte die Melodie: es war die Schubertsche über das Seelied von Goethe – deutlich kamen die Worte her: »Wie ist Natur so hold und gut, die mich am Busen hält«.... Ich irre nicht: es war dieselbe Stimme, die das Alpenhorn von Justinus Kerner sang. Mein Kahn war noch im Zuge und glitt ohne Rudern näher; ich konnte jetzt dem Gesange Wort für Wort folgen und folgte mit steigendem Herzen:

Aug, mein Aug, was sinkst du nieder?
Goldne Träume, kommt ihr wieder?
Weg, du Traum, so Gold du bist;
Hier auch Lieb' und Leben ist.

Ich konnte nicht anders: ich ließ die Tränen in die Augen steigen, daß der Mond zitternd und zerblitzend drinnen schwankte – o, mein Traumgold war heute auch schon längstens wieder gekommen – ich vermochte es aber nicht wegzuweisen und zu sagen: »Hier auch Lieb' und Leben ist.« Das Lied ging fort und wurde groß und fromm, erschütternd einfach, wie im Kirchenstile vorgetragen – ich regte mich nicht in dem Kahne; aber als es geendet und nur noch die Zithertöne, dieser wahre Kuhreigen der Oberennsischen Alpen, fortdauerten und hüpften und zitterten, im Wechselgesange mit der Alpentochter Echo: fuhr ich rasch näher und erblickte einen Kahn, wie meiner war, und drinnen saß der Engländer, oder vielmehr er lehnte vor einem Brette, worauf er die Zither hatte. Seine Ruder lagen bei ihm auf dem Schiffe, das bei der Stille des Wassers auf einem und demselben Punkte stehen blieb. Als er meiner ansichtig wurde, streute er gleichsam noch ein paar Hände voll Töne wie Goldkörner über den See und sah mich schweigend an, der ich seinem Gesichte fast auf Spannenweite nahe gekommen war. Ich war sehr verlegen, was ich sagen sollte, als ich das wirklich schöne Angesicht, vom Mondlichte beschienen, fragend auf mich geheftet sah. »Herr,« sagte ich endlich, »ich störe Sie wohl? Sie genießen schön diese ausnehmend schöne Nacht.«

»Sie stören mich nicht«, antwortete er: »ich dachte mir wohl halb und halb, daß Sie oder Disson auf den See herausfahren würden. Als ich nämlich meinen Kahn ablösete, sah ich, daß an der Stelle noch mehrere angebunden lagen, die vielleicht andere benützen könnten. Die Zither, die ich hier habe, gehört gar einem ganz fremden Menschen, der sie im Seehause liegen gelassen hatte, als alle auf das Wasser hinausfuhren, um zu singen, ich nahm sie; denn in solch schöner Nacht, dachte ich, dürfte sie nicht zu Hause bleiben. Auf Sie war ich beinahe gewiß gefaßt, daß Sie kommen würden.«

»Auf mich waren Sie gefaßt?« fragte ich erstaunt.

»Ja, auf Sie,« sagte er, »und daß ich aufrichtig bin: ich erwartete Sie sogar hier. Ich kenne Ihre Gemütslage, – ich will nicht zurückhaltend sein – da Sie nun wirklich da sind, so lassen Sie uns hier den ersten Handschlag geben, wo uns nicht die Augen all dieser Menschen umgeben.« – Bei diesen Worten reichte er die Hand über den Bord seines Schiffes herüber, und fuhr fort: »Wir kennen uns eigentlich schon lange; ich bin der Freund, ich könnte sagen Bruder eines Wesens, das Sie vor nicht langer Zeit sehr liebten.«

»Emil?« rief ich.

»Ja, Emil«, antwortete er.

»Und Sie suchten mich?« fragte ich in höchster Spannung.

»Ich suchte Sie«, erwiderte er.

Wie von einer freudenvollen, schmerzensvollen Ahnung durchflogen, sprang ich auf, und wäre im Schaukeln meines Schiffchens bald in das Wasser gestürzt.

Dann mit einem Sprunge war ich in seinem Kahne, und wir lagen uns in den Armen – ich fast in ein krampfhaftes Schluchzen ausbrechend – er mich fest und lange an seine Männerbrust drückend.

Endlich ließen wir los und blickten uns in die Gesichter – zwei Menschen, die sich lange suchten, geistig längst berührten, ja sich liebten und sogar körperlich schon kannten, und nun sich so seltsam fanden.

»Da ich Sie nun gefunden,« fing er wieder an, »so lassen Sie mich eine freundliche Bitte tun: Fassen Sie Vertrauen zu mir – und die ersten Tage keine Frage um Dinge in Wien.«

Schon sein Erscheinen und Aufsuchen war Seligkeit und Freude für mich, und ich schlug gerne ein. Und nun erzählte er mir, daß er gleich erkannt, eine unverstandne Wallung habe wahrscheinlich ein sonst rechtes Herz beirrt – er habe mich gesucht; er habe sogar in Linz eine Nacht im Zimmer neben mir geschlafen, ohne es zu wissen, und erst von Aston habe er brieflich erfahren, daß ich in Wien gewesen, was ihn außerordentlich erfreuet und mich gerechtfertigt habe; – von Aston endlich habe er meinen Reiseplan erfahren, und in Folge dessen habe er mir in Scharnstein vorgewartet.

»Also sind nicht alle nach Frankreich?« fragte ich.

»Nein«, antwortete er; »wir wollten es. Aber da ich

immer gewohnt bin, über keinen zu urteilen, ehe ich ihn kenne; ferner, da die Sache so viel auf das Spiel setzte, so beschloß ich – wenn man es auch aufdringlich nennt – Ihnen nachzureisen, um da zu sehen und zu schauen, wo die andern absichtlich blind sind. Ich mußte Sie ja suchen, wie den Stein der Weisen«, fuhr er lächelnd fort; »vor meiner Abreise war ich mit Aston gewiß zehnmal bei Ihnen, ohne Sie je zu treffen.«

»Der Nabob?« fuhr ich heraus.

»So heißt mich Aston immer wegen meiner ostindischen Geburt«, erwiderte er.

»O Gott! o Gott! wie das alles einfach gewesen wäre,« rief ich, »und wie es jetzt geworden ist!«

»Lassen Sie nur das,« sagte er, meine Hand nehmend, »ich liebe Sie schon lange und recht von Herzen...«

»Ich habe Sie verehrt«, unterbrach ich ihn.

»Daran taten Sie zu viel,« sagte er, »und die Quelle, die unsere gegenseitigen Gefühle vermittelte, mag wohl beiderseits ein wenig parteiisch gewesen sein. Lassen Sie nur jeden Kummer, und geben Sie der jungen Freundschaft ein kleines Recht; die Verzeihung von einer andern Seite wird wahrscheinlich viel leichter zu erhalten sein, als von Aston und mir. Jetzt lassen Sie uns zusammen ein Stück reisen – und vertrauen Sie mir ein wenig.«

»Ganz und mit vollem Herzen!« rief ich aus.

»Amen,« sagte er, »und nun reisen wir zusammen, und lernen auch unsere Fehler ein wenig kennen. Vor allem ist einer gut zu machen, nämlich Ihren Kahn aufzusuchen, den Sie beim Überspringen in mein Schiff weggestoßen haben.«

Sohin nahm er ein Ruder, und ich auch eines. Der Kahn war bald gefunden und an den andern angehängt, und dann unter verschiedenem Gespräche fuhren wir fast noch eine Stunde auf diesem Zauberspiegel herum, und gönnten unsern Seelen Frist, so nach und nach

die ersten Fäden gegenseitiger Bekanntschaft anzuknüpfen.
O wie schön, und wie anders als vor zwei Stunden, stand der Mond jetzt am Himmel, sich neigend gegen die Felsen, die im Abend standen – herabsehend auf ein erleichtert Herz, und ruhig silbern fortglänzend, weil sich alles und jedes auf der Erde friedlich lösen müsse – und sei es auch in dem Grabe!
Nach Mitternacht gingen wir schlafen, und auch hier im engen Zimmer floß das milde Licht und zeichnete auf dem Fußboden das ruhige Fensterkreuz. Ich schaute es so lange an, bis die Mohnkörner des Schlummers auf mein Haupt fielen, – meine Mutter, meine ferne Schwester als Traumgestalten ein-, zweimal vor dem schon halb verhüllten Gehirne vorübergingen – und dann der feste, ruhige Schlaf kam.
Um vier Uhr weckte uns der Führer, und siehe, noch einmal sah ich den heutigen Mond, der mir so lieb geworden war. Auf einem gezackten Blocke des Westen lag er vor dem Tag erlöschend, während im Morgen die Röte flammte und auf dem See die langen Elfenstreifen von weißen Nebeln woben. Bis wir frühstückten, uns ankleideten und rüsteten, hatte die Sonne schon alles ins Klare gebracht, und der junge Tag blitzte freundlich auf allen Bergen. Ich wunderte mich, daß der See so klein sei; das zauberische Nachtlicht hatte mir alles in seinen Schleiern auseinandergerückt und vergrößert. Ich schaute mit frischem Morgengefühl noch einmal den Schauplatz der vergangenen Nacht an, und prägte mir das Bild dieses liebgewordenen Sees in mein Herz, um es lange nicht daraus zu lassen.
Von dem sogenannten lustigen Örtl sahen wir den See noch einmal, dann rückwärts alle Berge bis Spital. Die andern warfen Grüße und Küsse zurück; – ich sah auf das Auge des nächtlichen Sängers, – es lag in mildem

Ernste über der Aussicht, und war freundlich. Lothar malte, die andern sangen. Es ist eine mächtige tote Wildnis, durch die wir gingen, ein Steinmeer, und am ganzen Himmel kein Wölkchen; kein Hauch regte sich, und der Mittag sank blendend und stumm und strahlenreich in die brennenden Steine. Die zwei Fremden, die vom Almsee bis Aussee mit uns gehen wollten, sind Studierende, und der eine hat in leichtsinniger Lustigkeit an himmelblauem Bande seine Zither umhängen und geht singend und pfeifend durch das Geklippe. Wir wissen bereits, daß er in Wien ein Liebchen hat, das ihm das blaue Band gegeben.

Um acht Uhr waren wir in Aussee.

Obwohl körperlich beschwerdevoll, war es doch geistig ein schöner Wandertag gewesen, der hinter mir lag. Viele tausend Berührpunkte fand ich an Emil, und konnte freudig anknüpfen. Alle jene Einfachheit, aller Ernst und alle Glut, die ich an ihr so liebte, ist auch in ihm, aber noch, schien es mir, natürlicher und freier herausgebildet – selbst Lothar erschien etwas weiblich gegen ihn, und die Studenten scheuten ihn, wie einen Professor.

Vor großer Ermüdung gingen wir sehr früh schlafen, und beschlossen, den andern Tag, eben den heutigen, hier zuzubringen. Nach dem Frühstücke sahen wir bei den Fenstern auf eine Art Platz hinaus; es war wieder schön, ja der Himmel hatte ein noch blaueres Sonntagsgewand angetan, und die Sonne strahlte festlich geschmückt. Der Platz vor dem Hause war sauber gekehrt, auf der Bank unten saß ein uraltes Mütterchen, schön angezogen, wie ein Kind, das man Sonntags putzt; ein nettes Mädchen ging vorüber, den Braten zum Bäcker tragend, und gegenüber vor einem Hause standen die Leiterwagen in einem Winkel geschoben, und der Hahn stand darauf und krähte seinen Morgenruf hinaus. Landleute in ihrem Feiertagsanzuge kamen, und aus den Tälern erschienen geputzte Älpler. Um neun Uhr gingen wir alle in die Kirche und wohnten dem Gottesdienste bei. Nach demselben, als die Landleute vor der Kirche standen, und die Frauen nach Hause trachteten, und geschmückte Mädchen herumsahen, und der Pfarrer vorüberging, und alles die Hüte abtat: da mahnte es mich heimwehmütig, weil mir einst in meiner Eltern Tale das alles so tief feierlich erschienen war. Als wir noch aus den Fenstern sahen, so erblickten wir durch die ruhigen Gefilde überall die heimkehrenden Kirchgänger und sonntäglichen Gruppen, die an den Bergen klommen. Meine Reisefreunde gingen nach dem Essen alle zu dem Grundelsee – ich nicht, weil mir unwohl wurde und ich mich ein wenig auf das Bett legte. Es wurde bald besser, und ich schlief ein. Als ich erwachte, saß Emil an meinem Bette. Ich war befremdet, daß er sich meinetwegen das Vergnügen versagte, da selbst meine Freunde meinen Zustand unbedenklich fanden. Er heftete die schönen Augen auf mich, indem er sagte: »Wir sind uns ja nicht fremd; aber ich hätte es auch gegen einen Fremden getan – ja, in einem Walde Amerikas pflegte ich einmal einen fremden Hund, bis er genas – und dann freilich nicht mehr von mir ging. Übrigens sind die, die mit Ihnen sind, Ihre Freunde nicht, sondern nur Bekannte, außer Lothar, dessen schöne Blumenseele Sie sich bewahren müssen.«

Als ich aufgestanden war, schrieb er Briefe, und ich das vorliegende Blatt an Dich, bis es sehr spät abends war.

Eben kommt alles von dem Grundelsee zurück. Es soll sehr schön gewesen sein. Man fuhr auf dem See, und tanzte sogar im Seehaus. Der Wiener Studiosus dichtete ein Lied und trug es aus dem Stegreif vor, dann sangen sie ein Männerquartett auf dem See; der Doktor verschoß ein Pulverhorn voll Pulver – und ans Heimgehen dachten sie erst, als, wie Lothar sagte, See und Felsen im Abende loderten, und ringsum das klangreiche Lullen und Jauchzen der Sennerinnen hallte und auf dem Elm ein Freudenfeuer brannte.

16. BALDRIAN

Hallstadt, 17. August 1834

Emil eröffnete mir auf dem Wege von Aussee nach Hallstadt freiwillig, daß, wenn ich meine Reise abkürzen wolle, alles, was noch von Besorgnis in meinem Gemüte sei, sich viel kürzer ins Klare bringen lasse. »Augenblicklich will ich umkehren«, sagte ich; »der Großglockner hat bei meiner innern Unruhe jeden Wert für mich ohnedies schon längst verloren.«

Nur eine Woche, bat er, solle ich ihm in Hallstadt schenken; er habe diese Bitte einer eigensinnigen Person versprochen, die er mir bald vorführen werde, und die mich auch wolle kennen lernen.

Wir kamen früh genug in Hallstadt an, um die Einladung Emils annehmen zu können, mit ihm in der Gosaumühle zu essen. Er, Isidor, der Doktor, Lothar und ich fuhren in einem Kahne dahin. Auf der Gasse vor der Mühle stand ein schöner Reisewagen, und der Doktor behauptete sogleich, es sei derselbe, den er in Kirchdorf gesehen habe. – In demselben Augenblicke hüpfte eine grüngekleidete Dame aus dem Hause, und mit den Worten: »Gott grüße dich, Emil!« nahm sie unsern Begleiter schlechtweg bei dem Kopfe und küßte ihn herzlich – und als sie auch uns grüßte, denke Dir meine Überraschung, war es dieselbe Dame, die ich einst mein Griechenbild von St. Anna nannte, dieselbe schöne, blauäugige Dame, deren Angesicht ich oft in der Annenkirche studierte, und die ich nachträglich einmal in Haimbach mit Emil sah – also war die andere Verschleierte damals ohne weiteres niemand anders gewesen als Angela, und die alte Frau die Tante.

Wie der Witz des Zufalls zuweilen spitzig sein kann! Emil stellte uns die Dame als seine Schwester vor. Sie verbeugte sich schelmisch gegen den höchst verlegenen Doktor. Ein ältlicher Mann kam mit umgebundenem Speisetuche heraus und rief unter uns: »Na, da sind sie, aber Du hast lange warten lassen; gestern den ganzen Tag saßen wir hier, und das sind vermaledeite Berge. Du mußt einen andern Wagen schaffen.«
»Oheim,« entgegnete Emil, »wir fahren ohnedies für diesmal nicht tiefer in die Berge. Natalie will nur, daß wir ein bißchen in Hallstadt verweilen.«
Natalie grüßte uns alle noch einmal als Reisegefährten des Bruders, und dann ging es an das Mittagsessen und an das Plaudern, und jeder sagte nach Tische dem andern, daß ihm die junge Dame ausnehmend gefalle.
Nachmittag fuhren wir in zwei Kähnen nach Hallstadt zurück, und richteten uns in unsern Zimmern ein, so gut es ging. Lothar wird Punkte des Sees malen.

19. August

Verzeihe, daß ich zwei Tage an diesem Blatte nichts schrieb: es war keine Zeit. Manche Wienerin würde es übel nehmen, daß eine junge Dame mit den glänzendsten braunen Haaren, dem tiefsten, schwermütig funkelnden Augenblau, und dem edelsten Gesichte, das noch dazu voll lauter Blüte und Huld ist – daß diese Dame so allein (nur ein Mädchen hat sie zur Bedienung) mit jungen Männern im Gebirge herumgehen kann; aber Natalie tut das alles so schön und einzig, daß man es ganz in der Ordnung findet; überhaupt ist sie, wenn es möglich wäre, die zweite Ausgabe von Angela, dieselbe schöne sittliche Grazie und, ich glaube fast, dieselbe Bildung. Wir vergingen die ganzen zwei Tage buchstäblich im Freien in den Gebirgen.

23. August

Es ist bereits der sechste Tag, daß wir in Hallstadt sind. Emil hat Instrumente in dem Wagen gehabt, und stellte manchmal physikalische Versuche an, während der Doktor und Isidor das Echo müde singen. Der Doktor bleibt immer noch hier, weil er in Natalie wirklich verliebt ist, und Isidor, weil ihm die ganze Sache Spaß macht.

Lothar ist nie bei uns. Er malt den ganzen Tag, und bringt von seinen einsamen Wanderungen jeden Abend himmlischere Bilder. Er ist ordentlich verwandelt in dieser schönen Bergwelt; sein Angesicht ist verklärt, sein ganzes Wesen klingt und schwebt, und er spricht nie anders als in Bildern.

Gestern abends vor Schlafengehen reichte mir Emil die Hand und sagte: »Wir sind im Klaren, Bruder; schenk dem Eigensinne der Schwester noch ein paar Tage.« Er nennt mich öfter scherzweise du, aber ich kann es nicht über das Herz bringen, ihn im Ernste darum zu bitten.

O Titus! mir ist seltsam im Umgange dieser zwei Menschen, die so einzig trefflich sind. Emil ist überall hoch und schön, wie eine große ruhevolle Alpe: sie säugt Kräuter und Blumen, trägt wehende Wälder am Busen und das leuchtende Gletschersilber; – doch weiß sie's nicht, und über ihr Haupt ist das schöne zarte Duftblau der Anmut ausgegossen. Natalie ist dasselbe, nur als sei es noch durchsichtiger, wie von einer Seesfläche zurückgespiegelt. In Wien, umgeben von den hunderttausend Lastern und Torheiten der Leute, war ich oft selbst nicht gut; in diesen Landschaften, unter diesen Menschen wird mein Wesen immer klarer und fester, und selbst der sanfte Schmerz, der noch immer in dem Herzen sitzt, steht verschönernd drinnen, wie jene Träne, die man oft mitten in Kristallen findet.

Wenn es dem Doktor gelänge, Natalie zu gewinnen, so hat er in seiner Blindheit den Stein der Weisen gefunden.

Er mag es fühlen; denn er wird immer scheuer gegen sie. Wir sind noch immer in Hallstadt, und es ist, als sollte das so fortwähren. Nicht eine Silbe sagte noch Natalie von Angela, und ich kerkere die Sache in meine Brust, wie in ein ehernes Schloß. – Lebe wohl! Morgen wieder zwei Zeilen.

24. August

Heute morgens nach neun Uhr saß ich mit dem Fernrohre auf dem Hallstädter Kirchhofe und sah hinunter auf den See. Er warf nicht eine einzige Welle, und die Throne um ihn ruhten tief und sonnenhell und einsam in seinem feuchten Grün – und ein Schiffchen glitt heran – einen schimmernden Streifen ziehend. – Ich richtete das Rohr darauf, und sah – es war, als träume ich – Aston mit seinen Mädchen sah ich. Fast ein Hinabstürzen war es von der Kirche in den Ort, und eben stiegen sie alle aus – der alte Herr in meine Arme, jubelnd, freudevoll – Emma, lachend, sprang herbei und sagte, daß sie in ihrem ganzen Leben noch auf keinen Menschen so zornig gewesen sei, als auf mich – und Lucie reichte mir lächelnd die Hand, und schwieg und war freundlich wie immer. Sie sind in Ischl, und werden noch vier Wochen dort bleiben. Wir traten alle in die obere hölzerne Gaststube, die die Aussicht auf den See bietet, und nun ging es an ein Fragen und an ein Erzählen, und an ein Essen und Trinken – und kein Wort von ihr. Im Anschauen dieser geliebten Menschen und Freunde wurde mir Angela wieder so heiß lieb, wie in jenen schönen Tagen, ja, noch unendlich heißer und sehnsuchtsvoller; es ist, als könnte ich nicht leben, ohne sie nur einmal noch zu sehen. Jede Miene, jeder Laut, jeder Blick zog eine Reihe jener eingesunkenen Tage hervor, die so tief und so selig zurückstanden, als lägen schon Jahre dazwischen – aber heute kamen sie alle jene Tage, wieder, und standen so lieb und allbekannt vor meinem Herzen.

Hundertmal wollte ich fragen, und hundertmal vermochte ich es nicht. Sie mußten mir es in den Augen lesen, aber keines erwähnte ihrer. Ja, als es endlich Abend geworden und sie alle abfuhren und mich recht freundlich nach Ischl einluden, überwältigte mich fast der Unmut; – ich ging auf unser Zimmer, und in tiefem Schmerze lehnte ich die Stirne an das Fensterkreuz und starrte hinunter. – Der letzte Abend verglomm auf den Bergeshäuptern, und an ihren schwarzen Wänden hing bereits die Nacht. »Ist Ihnen unwohl?« fragte eine unsäglich sanfte Stimme hinter mir. Emil war es, der schöne Mensch, und nie glichen seine Augen so sehr denen eines Engels. – »Nichts ist mir,« antwortete ich, »als ihr tut mir alle zu sehr weh.« – »Wir werden es nun nicht mehr tun!« sagte er sehr sanft, und bat mich, ihn auf einer Nachtfahrt auf dem See zu begleiten, und dort trug er mir das brüderliche Du an. Als wir zurückgekehrt waren, gab ich ihm mein Tagebuch, weil ich ihm von nun an völlige Offenheit schuldig zu sein glaubte.

25. August

Der gestrige Abend hat eine Folge gehabt, die alles löste. Natalie bat mich heute, sie ein wenig in das Strubtal zu begleiten; dort aber bat sie mich um Aufmerksamkeit, sie müsse mir etwas erzählen, das lang sei – und dann erzählte sie mir folgendes:

»In den blutigsten Tagen der Französischen Revolution floh nebst vielen andern auch Eduard Morus, aus Boston gebürtig, weil ihm Gefahr drohte, aus Paris, wo er handelshalber ansässig war. Er ging nach Ostindien, wo er einen Bruder hatte, und wurde dort zum reichen Manne. Seine Frau gebar ihm, nach langer kinderloser Ehe, hintereinander vier Söhne und zwei Töchter; aber nur der älteste Sohn und die jüngste Tochter lebten. Der Knabe war zehn, das Mädchen zwei Jahre alt, als Morus starb. Die Mutter, eine Pariserin, konnte ihr Vaterland nicht vergessen; deshalb, mit Hilfe des Bruders ihres verstorbenen Gatten, machte sie ihre Habe beweglich und ging nach Paris, das inzwischen ausgetobt hatte. Es war im Jahre 1817. Das neue Paris gefiel der alten Dame nicht mehr, und ein schönes Landhaus in den Cevennen sollte ihr Ruheplatz werden. Er wurde es; denn noch in demselben Sommer starb sie. Jetzt zog auch der Oheim sein Vermögen aus dem ostindischen Handel, und ging nach Frankreich auf dasselbe Landhaus und verwaltete auch die Habe seiner zwei Bruderskinder als Vormund.

»Der Knabe wurde bald mit einem Lehrer nach Paris getan, und das Mädchen erhielt eine Erzieherin. Als er zwölf Jahre alt war, geschah es, daß er mit seinem Erzieher auf der Reise nach dem Landhause in eine Schenke der Cevennen trat. Viele Leute gingen aus einer Kammer aus und ein und machten traurige Gesichter, und als er auch hineinging, sah er einen toten Mann liegen, mit jungem, blassem Gesichte und einer breiten Stirnwunde, aus der kein Blut mehr floß, und die sauber ausgewaschen war. Über den Leib war ein weißes Tuch gebreitet. Als er sich erschrocken wegwendete, sah er auf einer zweiten Bank eine Frau liegen, bis auf die Brust zugedeckt; diese aber und das Angesicht waren weiß wie Wachs und wunderschön, nur in der Gegend des Herzens war ein roter Fleck, wo, wie sie sagten, die Bleikugel hineingegangen sei. Was aber den Knaben zumeist jammerte, war ein etwa zweijähriges Kind, das bei der Frau saß und fortwährend die weißen Wangen streichelte. Des Morgens hatte man sie etwa eine halbe Meile tiefer im Walde bei einem umgestürzten und geplünderten Wagen gefunden. Das Mädchen sei unverletzt unter einem Haufen schlechter Kleider gelegen, und hatte ein sehr kleines goldnes Kreuzchen um den bloßen Hals hängen.«

»Angela!« rief ich –

»Ja, unsere Angela!« erwiderte sie, und fuhr fort: »Emil

ging zu dem Mädchen und liebkoste es; da lächelte ihn die Kleine an und sagte Laute, die nicht französisch waren. Der Knabe begehrte das Kind mitzunehmen, und da man ihn und seinen Oheim kannte, so ward sie ihm ohne weiteres überlassen, bis sie von ihren Angehörigen jemand zurückfordere. So brachten die zwei Männer das Kind auf das Landhaus. Nie hat sich aber jemand mehr um die Waise gemeldet. Sie ward sofort meine Gespielin und der Liebling Emils. So oft er auf Besuch da war, der oft Monate dauerte, lehrte er sie Buchstaben kennen, Blumen und Falter nennen, und erzählte ihr Märchen. Sie horchte gern auf ihn und begriff wunderähnlich, und liebte ihn auch am meisten. Dann sagte er ihr von fernen Ländern, in denen er geboren worden, und von den schönen Menschen, die dort wohnen. Auf einmal verlangte er selber nach Ostindien. Alle Werke über dieses Land, die er habhaft werden konnte, las er durch und entzündete sich immer mehr und mehr, ja, als er im nächsten Jahre von Paris kam, redete er zum Erstaunen des Oheims ziemlich gut die Sprache der Bramanen. In demselben Jahre starb ein Handelsfreund in Calcutta, und dies machte eine Reise des Oheims nach Indien nötig. Emil jauchzte über den Tod des unbekannten Freundes, weil er mitdurfte. Die Mädchen kamen unter die Obhut der Tante.

»Sechs Jahre blieb er aus, und als er zurückkam, war er ein Mann, stark und gütig. Auch das unscheinbare Kräutlein, Angela, war eine schöne Wunderblume geworden, so daß er betreten war bei ihrem Anblicke. Wir siedelten damals nach Wien über. Er unternahm nun ausschließlich unsere Erziehung, und erzog sich selbst dabei. Er fing die Wissenschaften an, und dichtete uns nebenbei indische Märchen vor, voll fremden Dufts und fremder Farben. Er predigte und lehrte nie, sondern sprach nur und erzählte uns, und gab uns Bücher. Wir lernten trotz Männern. Die Dichter las er vor. So wurden wir uns nach und nach, wie die Jahre vergingen, immer gleicher, und für Europa eine Art fremdländischer Schaustücke – aber das Herz, die Seele, glaube ich, hat er an den rechten Ort gestellt – nun, Sie kennen ja jetzt alle drei. Einmal ging er wieder fort, und war zwei Jahre in Amerika. Als er zurückkam und Angela wieder herrlicher und schöner fand, so erkor er sie zu seiner Braut; aber er sagte nichts zu ihr, sondern beschloß, daß sie nun noch mehr als früher unter Männer, wo möglich bedeutsame, käme und etwa frei wähle. – Indes begann er sie immer mehr und mehr zu lieben, ja, er lebte recht eigentlich um ihretwillen – sie liebte ihn auch unter allen Dingen dieser Erde am meisten; aber Emil behauptete immer, sie liebe ihn als Bruder. Da ihm ihr Glück das Höchste war, so wollte er ihre Freiheit und Unbefangenheit nicht im geringsten beirren, sondern, um ihrem Herzen allen und jeden Raum zu geben, nahm er sich vor, nach Frankreich zu gehen, wo er ohnedies Vermögensgeschäfte zu ordnen hatte, und mich mitzunehmen. Ich sage Ihnen, es war der schönste Augenblick meines Lebens, da ich diesen herrlichen Menschen Abschied nehmend vor Aston stehen sah und ihn dringlich bitten hörte, er möge Angela lieben und schützen; er möge die besten und edelsten Männer in ihre Nähe führen, ob sie nicht einen wähle, der es verstände, ihres Herzens wert zu werden. Ich weinte; Aston tadelte ihn heftig, und da alles nichts half, so schlug er Sie vor. Emil billigte es, und wir reisten. Ich hatte sehr gezürnt, als wir zurückkamen und Angela in Schönbrunn alles erzählte – noch mehr zürnte ich aber, da ich Ihre Abreise und Heftigkeit erfuhr. – Alle waren wir gegen Sie, nur Emil nicht, und was auch wir alle – Angela war nie im Rate – was auch wir alle über Aufdringlichkeit und über Wegwerfung sagten: er dachte anders, und reiste Ihnen nach. – »Wen sie so lange geachtet hat,« sagte er, »der verdient nicht, daß man ihn so behandle und ohne weiters wegwerfe.« Und so hat er Sie gesucht, so hat er Sie gefunden – und so ist er nun entschlossen, Ihnen sein Liebstes zu geben.

»Nun aber verzeihen Sie, daß wir Sie so lange in Hallstadt aufgehalten haben; wir liebten Sie wohl schon früher, aber durch Ihre Eifersucht geschreckt, bat ich den Bruder, daß er mir erlaube, hieher zu kommen, damit ich doch auch mit eigenen Augen sähe, an wen er unsere Angela hingeben wolle. Ich las durch Emil Ihr Tagebuch, und dieses tilgte den letzten bösen Funken, der in mir war – wie Ihnen ja die heutige Unterredung zeigt. – Sie sind ein guter Mensch, das genügt mir: was Sie sonst sind, mag die Männer angehen. Das Tagebuch ist bereits an Angela abgesendet – zürnen Sie nicht, *ich* habe es so angeordnet; denn unter uns ist es Sitte, daß unbeschränkte Aufrichtigkeit herrscht. Emil ist der beste und stärkste Mensch. Er opferte freudig jeden Anspruch; er liebt Sie, und will das Glück seiner Schwester gründen. Noch dürfte es Ihnen zum Verständnis dienen, daß mein Bruder der Graf Lorrel ist; Morus, Grafen von Lorrel waren unsere Vorfahrer, aber wir sind nur die Kaufleute Morus. In Wien ist man ohne unser Zutun dahintergekommen. Es wird Ihnen jetzt auch ein gewisser Satz Ihres Tagebuchs verständlich sein. In gewissem Sinne war sie immer Emils Geliebte.

»Auch ihre Herkunft hat sich im vergangenen Sommer aufgeklärt, und Sie waren die eigentliche Veranlassung dazu. Sie ist die Zwillingsschwester der russischen Fürstin Fodor, der sie schon als Kind so ähnlich war, daß ihnen ihr Großvater kleine goldne Kreuzchen mit verschiedener Bezeichnung umhing, daß man sie unterscheiden könne. Die Fürstin wurde bei ihrem Großvater erzogen, dessen Liebling sie war, und dessen Erbin sie werden sollte; Angela aber, die, wie wir jetzt wissen, eigentlich Alexandra heißt, blieb bei den Eltern, und wurde auf jene unglückselige Reise mitgenommen, wo beide ein so trauriges Ende nahmen. Man hielt in Rußland Angela für tot, und erst im vergangenen Sommer, da die Fodor den Schauplatz des Mordes ihrer Eltern besuchte, ersah sie aus den dortigen gerichtlichen Angaben, daß und wo ihre Schwester lebe. Sie fuhr sofort nach Wien, und setzte ihre Gesandtschaft in Bewegung, um die verlorne Schwester aufzufinden. Ihre Erzählung auf jenem Balle bei Aston, daß Sie die Fürstin im Paradiesgarten gesehen, daß Lothar sie gemalt habe, daß sie ein goldnes Kreuzchen trage, wie Angela, und daß sie ihr so ähnlich sei, hat zwar nicht ausschließlich das Erkennen bewirkt, wohl aber die Annäherung. Die Schwestern sahen sich in Wien, und es war dies ein bittrer Tag für Angela. Die Fürstin forderte, daß Angela hinfort den Umgang mit diesen Menschen abbreche, unter denen sie sich bisher ›umtrieb‹; ›sie habe nicht weiter not, als aufgelesenes Findelkind bei derlei Menschen zu verbleiben, von Almosen zu leben, oder etwa gar von einem noch schnödern Lohne.‹ Angela richtete sich gegen diese Worte auf, und wies sie entschieden zurück, und da die Fürstin darauf beharrte, so weinte Angela wohl einige bittere Unmutstränen, aber entsagte, wie es in ihrer entschiedenen Natur liegt, lieber der neugefundenen Schwester, die solches forderte, als uns, die wir doch eigentlich die Verwandten ihres Herzens geworden sind. Sie wies auch jeden Antrag hinsichtlich des Vermögens von sich – sie hat auch nicht nötig, einen Anspruch zu machen; denn meine und Emils Habe wurde schon längst in drei gleiche Teile geteilt, und Angelas Teil ist ihr gerichtlich zugesichert, da wir ja alle drei Geschwister sind, und es ewig bleiben wollen.« Ihre Augen brachen in Tränen aus, als sie das sagte, und hinzusetzte: »Morgen werden Sie sie sehen, und desto früher, je weiter Sie ihr entgegenfahren. Sie wird heute abends nach Gmunden kommen.«

Ich war erschüttert und gerührt, und bat sogleich, als wir zurückkamen, den Bruder Emil, mit mir aufzubrechen, und nicht zu ruhen, bis wir heute noch Gmunden erreicht hätten. Er sagte es zu. Das Schiff steht bereitet. Lebe wohl!

17. LILIE

Hallstadt, 26. August 1834

Und nun habe ich meine Angela wieder gesehen, auf ewig meine Angela! Heute sind wir alle, Emil, Aston, seine Mädchen, Angela, Natalie, Lothar und ich, bis tief in die Nacht beieinander gewesen, und obwohl es spät ist, so muß ich doch noch ein Stück meines lärmenden, freudefunkelnden Herzens an Dich absenden. O komme nur, o komme nur – das sind Menschen!! Du fehlest noch, und die Häuser am Traunsee – dann wäre ja der schönste, einst so närrische Traum erfüllt; das Schwerste ist überwunden, die Menschen sind da!
Nur in Kürze kann ich Dir etwas senden – in Genf wirst Du wieder ein Blatt finden, das letzte. – Dann eile mit Windesflügeln nach Wien.
Nun etwas von dem Wiedersehen Angelas. – O Titus! komme nur, daß Du sie sehen kannst, Du siehst die reinste, fleckenloseste Lilie!
Wir kamen abends in Gmunden an! Atemlos ging ich mit Emil die Treppe hinan auf ihr Zimmer – nur der beigegebene Diener war da und sagte, sie sei mit ihrem Mädchen längs des Sees gegen Altmünster gegangen. Wir gingen eilig nach – meine Augen fanden sie bald. Im gewohnten weißen Kleide wandelte sie langsam vor uns, das Antlitz auf den abendglühenden Traunstein gerichtet. Kaum zwei Schritte waren wir nur noch hinter ihr, als sie sich umsah – ach! ganz so schön, wie ich gedacht hatte, war ihr Benehmen – nur eine Sekunde stockte sie, dann, nur Freude, die schöne, die herrliche Freude, der

Schmuck des Menschenangesichtes, glänzte aus ihren Augen, als sie uns die Hände reichte – nicht eine Ahnung eines Vorwurfs in den heitern Mienen.

»Ich habe unrecht getan, Angela!« sagte ich zitternd, indem ich ihre Hand hielt und in ihre Augen sah. Fast ihren Bruder vernachlässigend, wandte sie sich ganz zu mir; und meinem Blicke voll Sanftmut begegnend, sagte sie: »Nicht unrecht taten Sie, nur übereilt geurteilt haben Sie, und sich recht viel Weh bereitet – ich will es durch noch mehr Liebe gut zu machen suchen, daß ich die Ursache war.«

»Nein!« rief ich, »ich kann nur durch die grenzenloseste Liebe schwach vergelten, daß einmal bittere Tropfen durch mich in diese Augen stiegen – und, Angela, ich will es auch vergelten, so lange in mir ein Hauch des Lebens ist.«

»Liebe verbricht nichts«, antwortete sie; »sondern nur der Haß – und Liebe vergilt nicht, sondern nur die Gerechtigkeit. – Liebe ist da, weil sie da ist, und beglückt so Geber wie Empfänger – ich bin erst recht glücklich geworden, als ich Sie so lieb gewonnen. Lassen Sie mir auch die Tropfen; sie waren nicht bitter – und ich gäbe sie jetzt durchaus nicht mehr zurück. Eines aber haben Sie zu büßen, daß Sie mir die Freude, die ich mir selbstsüchtig zubereiten wollte, verdarben; nämlich euch beide einander im Triumphe zuzuführen, und zu sehen, wie Schritt um Schritt einer den andern an sich reißen wird – und nun kommen sie beide und haben am Almsee die schönste Nacht gefeiert, während die arme Schwester sich in Wien mit Ahnungen abquälen mußte: wo werden sie jetzt sein, was werden sie tun, wie viel werden sie schon gesprochen haben, wie gefallen sie sich?....«

»Aber nun sei herzlich und tausendmal gegrüßt!« fiel Emil ein; »hier hast Du beide, und betrachte sie nur, wie sie sich schon gut sind, und es täglich noch mehr werden

wollen, und nun gehen wir nicht mehr auseinander, Natalie und die Astons und wir und, geliebt es Gott, noch einer, nämlich Lothar – das soll ein schönes Leben geben, wie es in den Traunseehäusern gedichtet worden ist.«
Ich errötete, weil mir einfiel, daß sie so eben mein Tagebuch gelesen habe. Sie fühlte es augenblicklich und sagte freundlich: »Wenn wir in den Gasthof kommen, werde ich Ihnen alle meine geheimsten Schriften einhändigen.«
Der erste Augenblick war nun überstanden – wir gingen weiter den See entlang, und immer leichter und immer traulicher lösete sich das Band der Rede, bis alles war, wie einst, wenn ich mit ihr manche Stunde so recht in den dichterischsten Schwärmereien herumwandelte. Emil war mir keine fremde Störung, ihr ohnehin nicht, ja es war, als gehörte er eben so, wie er ist, dazu. Die Reden wurden immer wärmer und begeisterter, und die Herzen gaben sich immer reiner und unverhüllter. Drei glücklichere Menschen mochten an diesem Abende gewiß nicht in den Mauern der reizenden Uferstadt gewesen sein. Wir gingen erst in unser Gasthaus, als schon zwei Sternenhimmel leuchteten, einer über, einer unter dem See. Als Emil und ich in unserem Zimmer waren, trat ich an das Fenster, das auf den See sah, und bat Gott sonst um gar nichts, als: er möge mir die Gnade verleihen, diesem weiblichen Wesen ganz so vergelten zu können, wie sie es verdient. Ehe wir schlafen gingen, tat ich etwas, was seit Jahren das Albernste war, was ich erdenken konnte. Ich trat nämlich beklommen zu Emil und sagte, daß ich es für meine Pflicht halte, ihm zu eröffnen, daß meine Vermögensumstände geringe seien und ich seiner Ziehschwester daher nur ein sehr bescheidenes Los anbieten könne – und es drücke mich dieser Gedanke schon lange her – – –
Er sah mich befremdet an, dann sagte er lächelnd: »Da hast du dir einen netten Zopf in dem alten Europa ge-

flochten und hängst ihn dir heute abends vor mir ehrbar an – und stehst da, daß ich dich auslachen soll! Nicht wahr, wenn du in den See fällst und ertrinken willst, und ich ziehe dich mit äußerster Gefahr meines Lebens heraus, so dankest du mir, und es freut dich, und du erscheinst dir nicht gedemütigt – aber wenn ich sage: das Glück und der Fleiß meines Vaters hat mir so viel zugeführt, daß ich und andere ein schönes Vernunftleben führen können, wie es Gott nach unserer Lage fordern kann, und wenn ich sage, da liegt so viel übrig, daß wir es gar nicht verbrauchen können, bleibe da, gönne uns einen Anteil und Genuß an deinem Geistesleben, und verwende von dem, was sonst unnütz da läge, so viel du willst, zu immer weiterer Ausbildung dieses deines Geisteslebens – nimm Anteil an dem, was wir gesellig beginnen wollen, und an den Taten, wodurch wir das Reich des Guten zu erweitern streben wollen; wenn ich dieses alles sage, so sitzest du da und fühlst dich gedrückt – warum? weil sie alle ihr Leben lieber für den andern wagen als ihr Geld; weil alles mitteilbar ist, nur kein Vermögen – außer in Almosen – und weil sie dieses mit Stolz und so geben, daß der Empfänger gedemütigt wird. Wenn ein Freund ein übermäßiges Vermögen mit dem andern dürftigeren Freunde teilt, so schreien sie, das sei eine ungeheure, schöne Tat – damit aber bekennen sie nur die ganze eingewurzelte Schlechtigkeit ihrer Selbstsucht. Haben dich die dreißig Dukaten deines Titus beleidigt? oder ihn und dich das, daß ihr euer Erworbenes in Hälften aneinander mitteiltet? Es hat euch nicht beleidigt, weil ihr euch zurückerstattet – also, wenn ich dich aus dem See gezogen hätte, dann müßte ich aus Zartheit hineinfallen, daß du mich wieder heraus zögest? Wir sind Eine Familie; dadurch, daß dich Angela liebgewonnen hat, trittst du in diese Familie ein, und diese Familie hat so und so viel Güter, und so und so viel fällt

auf euch beide gerade in der Art, wie wenn du etwa eine Million von einem wildfremden Oheim geerbt hättest – oder fühlst du dich auch gegen den verblichenen Oheim untertänig? Nicht – weil Erben herkömmlich ist, anderes nicht. – – Daß Angela dir ihr Herz gab, das ist eine Gabe, das ist ein reines Geschenk, das du in Demut annehmen magst, und wo du auf Vergeltung sinnen kannst, wenn es anders möglich ist, etwas so Hohes zu vergelten.
»Ich verachte selbst den Mann, der, wenn er ein reiches Weib heiratet, sofort jedes Geschäft fahren und sich von ihr ernähren läßt – – aber wird dein Streben in all unsrer schönen Zukunft nicht weit mehr wert sein als das, was dir hier zufällig entgegenkommt? Doch genug, es ließ dir naiv; aber ich habe es von dir nicht erwartet, daß du mit dieser Last angefahren kommen wirst. Wir wollen es den Mädchen verheimlichen: sie müßten dich auslachen.«
»So höre einmal auf!« rief ich aus, und in der Tat, Titus! es kam etwas Schamröte über mich, wie er die Dinge so gelassen einfach entwickelte. – Wie töricht weit sind wir doch in unserer Ausbildung schon in Unverstand und Unnatur hineingefahren!
»Lothar scheint derselbe Narr zu sein«, fuhr er nach einer Weile fort; »er quält sich sichtbar ab – und dennoch, als der Doktor Natalien den Hof machte, konnte sie nichts Eiligeres tun, als ihr Herz an die frommen, schönen Künstleraugen Lothars weggeben – ich habe es gleich bemerkt; er nicht, sondern er ringt und malt, und malt in jedes Bild deutlicher seine Liebe hinein. Nun, es wird sich finden. Dadurch, daß Natalie diesen Menschen wählte, hat sie ihrem schönen Wesen die Krone aufgesetzt, und dann, Albrecht, sollen deine Villen auferstehen, wenn anders Raum zu ihnen zu bekommen ist. Bringe nur bald auch den Titus.«
Die Bemerkung über Lothar war mir nicht neu – ich

hatte sie in der Stille auch schon gemacht, und mein Tagebuch muß ihm eher Vorschub als Abbruch getan haben.
Heute fuhren wir schon um vier Uhr früh über den See, in der Lambath wartete der Wagen, und wir verlebten alle den herrlichen Tag in Ischl.
Wir bleiben noch drei Wochen in dem Gebirge, und dann geht es wieder vorläufig nach Wien.

18. GUNDELREBE

Wien, 18. September 1834

Ich muß Dir noch dies Blättchen senden, ehe ich Dich an meinem Herzen habe. Es freut mich etwas gar zu sehr. Aston hat es zwar allein geordnet, der Plan aber ging von allen aus. Mein Paphos, mein Eldorado, meine zwei Zimmer, wie ich sie einst dichtete, sind leibhaftig und in Wahrheit da. Aston, der vor Freude um volle dreißig Jahre jünger ist, und Emil holten mich heute in meiner Stube ab, und führten mich hin. Diese Zeilen schreibe ich schon da. Die Staffelei, die Tropenpflanzen, die Bilder, die Statuen, die grauen Vorhänge, die Geräte, das Fernrohr (aber es ist ein Plößl), alles, alles ist da, und wie ich so recht freudig war, wie ein Kind, und dem guten, freudigen Aston die Hände drückte, machte er sich los, riß eine unbemerkte Tapetentür auf, und dahinter stand lächelnd Angela und Lucie, und Natalie und Emma, und hinter ihnen die drei Zimmer, wie sie gewünscht wurden, mit dem Piano, und der Glastür und dem Balkone und dem Garten. Alle Mädchen lachten und freuten sich, und alle mußten den alten Aston küssen; denn er allein hat alles gemacht und ordnen lassen, und kein Auge durfte es früher sehen, als heute. Eine Tafel stand in einem der Zimmer gedeckt und bereitet, das Mahl zu empfangen, das heute hier in meiner Wohnung eingenommen werden soll, – und Angela hat das ganze Mahl gerüstet. – Sie kann also doch auch kochen – o Titus! wie schön, wie unsäglich reizend läßt der hochgeistigen Gestalt die liebe Wirtlichkeit, die Schürze, die Schlüssel, das hausmütterliche Auge, und die höhere Wangenröte von der Bewegung und Arbeit! – Sie war selbst so sehr freudig und neckisch, daß sie ordentlich irdischer wurde und ich den Mut bekam, bei einer gelegenen Sekunde ihre Wange zu küssen, was ich nie gewagt hatte; sie litt es ohne Ziererei, sah mich an, und enteilte. Lothar und Natalie sind auch ein Paar. – O komme nur, komme, daß ich Dich nur einmal fassen kann, und fast an mir zerdrücken; sonst werde ich noch vor Freude närrisch.

19. HIMMELSRÖSCHEN

Wien, 1. Mai 1835

Die Gundelrebe war das letzte Tagebuchblatt Albrechts, und das Himmelsröschen ist ganz von mir, das heißt von dem Sammler und Erzähler der obigen Blätter – und das Himmelsröschen hätte mit Fug eine Vorrede abgegeben, wenn nicht alles dadurch verraten worden wäre. Deshalb folgt es jetzt gleichsam als Nachrede, und enthält wieder eine Geschichte. Am ersten Mai anno domini 1835 war zu Haimbach ein großes Frühstück. Es war da: erstens ein junger, schöner, höchst geistvoller Mann mit ernsten Augen und mutigem Antlitz, Albrecht, der Schreiber obiger Blätter; an seiner Seite war Angela, sein wohlgetrautes Eheweib, eine vollendete Minerva. Item ein zweites junges Ehepaar: Lothar und Natalie; Albrecht zeichnete sie in seinen Blättern ohnedies sehr gut. Tertio: Emil und Lucie, kein Ehepaar, sondern gute Freunde. Ferner ein sonnverbrannter, feurig blickender Mann, mit mehr Lockenwald als Jupiter Olympicus, aber etwas klein und stämmig: der Titus aus den Pyrenäen. Ihm zur Seite saß – nicht sein Weib – sondern Jungfrau Emma, frisch herumblickend, voll trotziger Gesundheit, item Onkel und Tante; und zuletzt Aston, zu dem sich kein weiblicher Gesponse vorfand, man müßte nur die Wirtin rechnen, die freudig und verschämt lächelnd herumging und alle Hände voll zu tun und ihres Wunderns und Gesegnens kein Ende hatte; denn ganz oben am Ende des Tisches, im schönsten Goldrahmen prangend, steht ihr sehr gelungenes Konterfei auf ›schneeweißem Papiere‹ in netten Farben ausgeführt, wie es Albrecht in der Glockenblume versprochen hatte.

So war also jener Scherz schon in einem Jahre in Erfüllung gegangen, nur verkehrt. Lothar hatte das Griechenbild und Albrecht die Verschleierte gewonnen. Und dem damaligen Scherze zu lieb wurde das heutige Frühstück veranlaßt, um die Voraussagung so wahr als möglich zu machen.

Ich saß jenes gesegneten Tages aus purem blindem Zufalle in Haimbach, und diesem Zufalle verdankt der Leser die ganze obige Geschichte; denn, weiß Gott, wie es kam – die Leutchen alle gefielen mir so sehr, und ich etwa ihnen auch, daß sich eine Bekanntschaft entspann, und dann gar ein Mitihnenfahren, und sofort eine nähere bis heute fortgesetzte Freundlichkeit und ein traulicher Umgang, und lieb wäre es mir, wenn ich eines schönen Tages die liebholdeste Emma zum Altare führen könnte.

Noch einen Rat füge ich in Schnelle bei, bevor wir scheiden, nämlich:

»Wer etwa diese Zeit her Lust hat, den Traunsee zu besuchen, der warte noch zwei oder drei Jahre, wenn es angeht; denn dann sind die zwei wunderschönen Landhäuser schon fertig, die ganz nach Albrechts Angabe am Traunkirchner Ufer werden aufgeführt werden, als Wohnung der obigen Frühstückgesellschaft – wenn nicht bis

dahin ein anderer Plan gefaßt wird, etwa am Jura zu wohnen, oder in Neuseeland, oder sonst wo, was von so überirdischen Köpfen nicht zu wundern wäre.«
Und so, lieber Leser, gehabet dich wohl!!!

DAS HAIDEDORF

oooooooooooooooooooooooooooooooooooooooooooooooooooooooo

1. DIE HAIDE

Im eigentlichen Sinne des Wortes ist es nicht eine Haide, wohin ich den lieben Leser und Zuhörer führen will, sondern weit von unserer Stadt ein traurig liebliches Fleckchen Landes, das sie die Haide nennen, weil seit unvordenklichen Zeiten nur kurzes Gras darauf wuchs, hie und da ein Stamm Haideföhre, oder die Krüppelbirke, an deren Rinde zuweilen ein Wollflöckchen hing, von den wenigen Schafen und Ziegen, die zeitweise hier herumgingen. Ferner war noch in ziemlicher Verbreitung die Wachholderstaude da, im weitern aber kein andrer Schmuck mehr; man müßte nur die fernen Berge hierher rechnen, die ein wunderschönes blaues Band um das mattfärbige Gelände zogen.

Wie es aber des öftern geht, daß tiefsinnige Menschen, oder solche, denen die Natur allerlei wunderliche Dichtung und seltsame Gefühle in das Herz gepflanzt hatte, gerade solche Orte aufsuchen und liebgewinnen, weil sie da ihren Träumen und innerem Klingklang nachgehen können: so geschah es auch auf diesem Haideflecke. Mit den Ziegen und Schafen nämlich kam auch sehr oft ein schwarzäugiger Bube von zehn oder zwölf Jahren, eigentlich um dieselben zu hüten; aber wenn sich die Tiere zerstreuten – die Schafe, um das kurze, würzige Gras zu genießen, die Ziegen hingegen, für die im Grunde kein passendes Futter da war, mehr ihren Betrachtungen und der reinen Luft überlassen, nur so gelegentlich den einen oder andern weichen Sprossen pflückend – fing *er* inzwischen an, Bekanntschaft mit den allerlei Wesen zu machen, welche die Haide hegte, und schloß mit ihnen Bündnis und Freundschaft.

Es war da ein etwas erhabener Punkt, an dem sich das graue Gestein, auch ein Mitbesitzer der Haide, reichlicher vorfand und sich gleichsam emporschob, ja sogar am Gipfel mit einer überhängenden Platte ein Obdach und eine Rednerbühne bildete. Auch der Wachholder drängte sich dichter an diesem Orte, sich breit machend in vielzweigiger Abstammung und Sippschaft nebst manch schönblumiger Distel. Bäume aber waren gerade hier weit und breit keine, weshalb eben die Aussicht weit schöner war als an andern Punkten, vorzüglich gegen Süden, wo das ferne Moorland, so ungesund für seine Bewohner, so schön für das entfernte Auge, blauduftig hinausschwamm in allen Abstufungen der Ferne. Man hieß den Ort den Roßberg; aus welchen Gründen, ist unbekannt, da hier nie seit Menschenbesinnen ein Pferd ging, was überhaupt ein für die Haide zu kostbares Gut gewesen wäre.

Nach diesem Punkte nun wanderte unser kleiner Freund am allerliebsten, wenn auch seine Pflegebefohlenen weit ab in ihren Berufsgeschäften gingen, da er aus Erfahrung wußte, daß keines die Gesellschaft verließ, und er sie am Ende alle wieder vereint fand, wie weit er auch nach ihnen suchen mußte; ja, das Suchen war ihm selber abenteuerlich, vorzüglich, wenn er weit und breit wandern mußte. Auf dem Hügel des Roßberges gründete er sein Reich. Unter dem überhängenden Blocke bildete er nach und nach durch manche Zutat und durch mühevolles, mit spitzen Steinen bewerkstelligtes Weghämmern einen Sitz, anfangs für einen, dann füglich für drei geräumig genug; auch ein und das andere Fach wurde vorgefunden oder hergerichtet, oder andere bequeme Stellen und Winkel, wohin er seinen leinenen Haidesack legte, und sein Brod, und die unzähligen Haideschätze, die er oft hieher zusammentrug. Gesellschaft war im Übermaße da. Vorerst die vielen großen Blöcke, die seine Burg bildeten, ihm alle bekannt und benannt, jeder anders an Farbe und Gesichtsbildung, der unzähligen kleinen gar nicht zu gedenken, die oft noch bunter und farbenfeuriger waren. Die großen teilte er ein, je nachdem sie ihn durch Abenteuerlichkeit entzückten oder durch Gemeinheit ärgerten: die kleinen liebte er alle. Dann war der Wachholder, ein widerspenstiger Geselle, unüberwindlich zähe in seinen Gliedern, wenn er einen köstlichen, wohlriechenden Hirtenstab sollte fahren lassen oder Platz machen für einen anzulegenden Weg; – seine Äste starrten rings von Nadeln, strotzten aber auch in allen Zweigen von Gaben der Ehre, die sie Jahr aus Jahr ein den reichlichen Haidegästen auftischten, die millionenmal Millionen blauer und grüner Beeren. Dann waren die wundersamen Haideblümchen, glutfärbig oder himmelblau brennend, zwischen dem sonnigen Gras des Gesteines, oder jene unzählbaren kleinen, zwischen dem Wachholder sprossend, die ein weißes Schnäbelchen aufsperren, mit einem gelben Zünglein darinnen – auch manche Erdbeere war hie und da, selbst zwei Himbeersträuche, und sogar, zwischen den Steinen emporwachsend, eine lange Haselrute. Böse Gesellschaft fehlte wohl auch nicht, die er vom Vater gar wohl kannte, wenn sie auch schön war, zum Beispiel hie und da, aber sparsam, die Einbeeren, die er nur schonte, weil sie so glänzend schwarz waren, so schwarz, wie gar nichts auf der ganzen Haide; seine Augen ausgenommen, die er freilich nicht sehen konnte.

Fast sollte man von der lebenden und bewegenden Gesellschaft nun gar nicht mehr reden, so viel ist schon da; aber diese Gesellschaft ist erst vollends ausgezeichnet. Ich will von den tausend und tausend goldenen, rubine-

nen, smaragdenen Tierchen und Würmchen gar nichts sagen, die auf Stein, Gras und Halm kletterten, rannten und arbeiteten, weil er von Gold, Rubinen und Smaragden noch nichts sah, außer was der Himmel und die Haide zuweilen zeigte; – aber von anderem muß gesprochen werden. Da war einer seiner Günstlinge, ein schnarrender, purpurflügliger Springer, der dutzendweise vor ihm aufflog und sich wieder hinsetzte, wenn er eben seine Gebiete durchreisete – da waren dessen unzählbare Vettern, die größern und kleinern Heuschrecken, in mißfarbiges Grün gekleidete Heiducken, lustig und rastlos zirpend und schleifend, daß an Sonnentagen ein zitterndes Gesinge längs der ganzen Haide war – dann waren die Schnecken mit und ohne Häuser, braune und gestreifte, gewölbte und platte, und sie zogen silberne Straßen über das Haidegras, oder über seinen Filzhut, auf den er sie gerne setzte – dann die Fliegen, summende, singende, piepende, blaue, grüne, glasflüglige – dann die Hummel, die schläfrig vorbeiläutete – die Schmetterlinge, besonders ein kleiner mit himmelblauen Flügeln, auf der Kehrseite silbergrau mit gar anmutigen Äuglein, dann noch ein kleinerer mit Flügeln, wie eitel Abendröte – dann endlich war die Ammer und sang an vielen Stellen; die Goldammer, das Rotkehlchen, die Haidelerche, daß von ihr oft der ganze Himmel voll Kirchenmusik hing; der Distelfink, die Grasmücke, der Kiebitz, und andere und wieder andere. Alle ihre Nester lagen in seiner Monarchie und wurden aufgesucht und beschützt. Auch manch rotes Feldmäuschen sah er schlüpfen und schonte sein, wenn es plötzlich stille hielt und ihn mit den glänzenden erschrokkenen Äuglein ansah. Von Wölfen oder andern gefährlichen Bösewichtern war seit Urzeiten aller seiner Vorfahren keiner erlebt worden, manches eiersaufende Wiesel ausgenommen, das er aber mit Feuer und Schwert verfolgte.
Inmitten all dieser Herrlichkeiten stand er, oder ging,

oder sprang, oder saß er – ein herrlicher Sohn der Haide: aus dem tiefbraunen Gesichtchen voll Güte und Klugheit leuchteten in blitzendem, unbewußtem Glanze die pechschwarzen Augen, voll Liebe und Kühnheit, und reichlich zeigend jenes gefahrvolle Element, was ihm geworden und in der Haideeinsamkeit zu sprossen begann, eine dunkle, glutensprühige Phantasie. Um die Stirne war eine Wildnis dunkelbrauner Haare, kunstlos den Winden der Fläche hingegeben. Wenn es mir erlaubt wäre, so würde ich meinen Liebling vergleichen mit jenem Hirtenknaben aus den heiligen Büchern, der auch auf der Haide vor Bethlehem sein Herz fand, und seinen Gott und die Träume der künftigen Königsgröße. Aber so ganz arm, wie unser kleiner Freund, war jener Hirtenknabe gewiß nicht; denn des ganzen lieben Tages Länge hatte er nichts, als ein tüchtig Stück schwarzen Brotes, wovon er unbegreiflicher Weise seinen blühenden Körper und den noch blühendern Geist nährte, und ein klares, kühles Wasser, das unweit des Roßberges vorquoll, ein Brünnlein füllte, und dann flink längs der Haide forteilte, um mit andern Schwestern vereint jenem fernen Moore zuzugehen, dessen wir oben gedachten. Zu guten Zeiten waren auch ein oder zwei Ziegenkäse in der Tasche. Aber ein Nahrungsmittel hatte er in einer Güte und Fülle, wie es der überreichste Städter nicht aufweisen kann, einen ganzen Ozean der heilsamsten Luft um sich, und eine Farbe und Gesundheit reifende Lichtfülle über sich. Abends, wenn er heim kam, wohin er sehr weit hatte, kochte ihm die Mutter eine Milchsuppe, oder einen köstlichen Brei aus Hirse. Sein Kleid war ein halbgebleichtes Linnen. Weiter hatte er noch einen breiten Filzhut, den er aber selten auftat, sondern meistens in seinem Schlosse an einen Holznagel hing, den er in die Felsenritze geschlagen hatte.

Dennoch war er stets lustig und wußte sich oft nicht zu

halten vor Frohsinn. Von seinem Königssitze aus herrschte er über die Haide. Teils durchzog er sie weit und breit, teils saß er hoch oben auf der Platte oder Rednerbühne, und so weit das Auge gehen konnte, so weit ging die Phantasie mit, oder sie ging noch weiter und überspann die ganze Fernsicht mit einem Fadennetze von Gedanken und Einbildungen, und je länger er saß, desto dichter kamen sie, so daß er oft am Ende selbst ohnmächtig unter dem Netze steckte. Furcht der Einsamkeit kannte er nicht; ja, wenn recht weit und breit kein menschliches Wesen zu erspähen war und nichts als die heiße Mittagsluft längs der ganzen Haide zitterte, dann kam erst recht das ganze Gewimmel seiner innern Gestalten daher und bevölkerte die Haide. Nicht selten stieg er dann auf die Steinplatte und hielt sofort eine Predigt und Rede – unten standen die Könige und Richter, und das Volk und die Heerführer, und Kinder und Kindskinder, zahlreich wie der Sand am Meere; er predigte Buße und Bekehrung – und alle lauschten auf ihn; er beschrieb ihnen das Gelobte Land, verhieß, daß sie Heldentaten tun würden, und wünschte zuletzt nichts sehnlicher, als daß er auch noch ein Wunder zu wirken vermöchte. Dann stieg er hernieder und führte sie an, in die fernsten und entlegensten Teile der Haide, wohin er wohl eine Viertelstunde zu gehen hatte – zeigte ihnen nun das ganze Land der Väter, und nahm es ein mit der Schärfe des Schwertes. Dann wurde es unter die Stämme ausgeteilt und jedem das seinige zur Verteidigung angewiesen.

Oder er baute Babylon, eine furchtbare und weitläufige Stadt – er baute sie aus den kleinen Steinen des Roßberges, und verkündete den Heuschrecken und Käfern, daß hier ein gewaltiges Reich entstehe, das niemand überwinden kann, als Cyrus, der morgen oder übermorgen kommen werde, den gottlosen König Belsazar zu züchtigen, wie es ja Daniel längst vorher gesagt hat.

Oder er grub den Jordan ab, das ist den Bach, der von der Quelle floß, und leitete ihn anderer Wege – oder er tat das alles nicht, sondern entschlief auf der offenen Fläche und ließ über sich einen bunten Teppich der Träume weben. Die Sonne sah ihn an und lockte auf die schlummernden Wangen eine Röte, so schön und so gesund, wie an gezeitigten Äpfeln, oder so reif und kräftig, wie an der Lichtseite vollkörniger Haselnüsse, und wenn sie endlich gar die hellen großen Tropfen auf seine Stirne gezogen hatte, dann erbarmte ihr der Knabe, und sie weckte ihn mit einem heißen Kusse.

So lebte er nun manchen Tag und manches Jahr auf der Haide, und wurde größer und stärker, und in das Herz kamen tiefere, dunklere und stillere Gewalten, und es ward ihm wehe und sehnsüchtig – und er wußte nicht, wie ihm geschah. Seine Erziehung hatte er vollendet, und was die Haide geben konnte, das hatte sie gegeben; der reife Geist schmachtete nun nach seinem Brote, dem Wissen, und das Herz nach seinem Weine, der Liebe. Sein Auge ging über die fernen Duftstreifen des Moores, und noch weiter hinaus; als müsse dort draußen etwas sein, was ihm fehle, und als müsse er eines Tages seine Lenden gürten, den Stab nehmen und weit, weit von seiner Herde gehen.

Die Wiese, die Blumen, das Feld und seine Ähren, der Wald und seine unschuldigen Tierchen sind die ersten und natürlichsten Gespielen und Erzieher des Kinderherzens. Überlaß den kleinen Engel nur seinem eigenen innern Gotte, und halte bloß die Dämonen ferne, und er wird sich wunderbar erziehen und vorbereiten. Dann, wenn das fruchtbare Herz hungert nach Wissen und Gefühlen, dann schließ ihm die Größe der Welt, des Menschen und Gottes auf.

Und somit laßt uns Abschied nehmen von dem Knaben auf der Haide.

Eine gute Wegestunde von dem Roßberge stand ein Haus, oder vielmehr eine weitläufige Hütte. Sie stand am Rande der Haide weit ab jeder Straße menschlichen Verkehres; sie stand ganz allein, und das Land um sie war selber wieder eine Haide, nur anders als die, auf der der Knabe die Ziegen hütete. Das Haus war ganz aus Holz, faßte zwei Stuben und ein Hinterstübchen, alles mit mächtigen braunschwarzen Tragebalken, daran manch Festkrüglein hing, mit schönen Trinksprüchen bemalt. Die Fenster, licht und geräumig, sahen auf die Haide, und das Haus war umgeben von dem Stalle, Schoppen und der Scheune. Es war auch ein Gärtlein vor demselben, worin Gemüse wuchs, ein Holunderstrauch und ein alter Apfelbaum stand – weiter ab waren noch drei Kirschbäume und unansehnliche Pflaumengesträuche. Ein Brunnen floß vor dem Hause, kühl, aber sparsam; er floß von dem hohen, starken Holzschafte in eine Kufe nieder, die aus einem einzigen Haidestein gehauen war.

In diesem Hause war es sehr einsam geworden; es wohnten nur ein alter Vater und eine alte Mutter darinnen, und eine noch ältere Großmutter – und alle waren sie traurig; denn er war fortgezogen, weit in die Fremde, der das Haus mit seiner jugendlichen Gestalt belebt hatte, und der die Freude aller war. Freilich spielte noch ein kleines Schwesterlein an der Türschwelle, aber sie war noch gar zu klein und war noch zu töricht; denn sie fragte ewig, wann der Bruder Felix wieder kommen werde. Weil der Vater Feld und Wiese besorgen mußte, so war ein anderer Ziegenknabe genommen worden; allein dieser legte auf der Haide Vogelschlingen, trieb immer sehr früh nach Hause, und schlief gleich nach dem Abendessen ein. Alle Wesen auf der Haide trauerten um den schönen, lockigen Knaben, der von ihnen fortgezogen.

Es war ein traurig schöner Tag gewesen, an dem er fortgegangen war. Sein Vater war ein verständig stiller Mann, der ihm nie ein Scheltwort gegeben hatte, und seine Mutter liebte ihn, wie ihren Augapfel; – und aus ihrem Herzen, dem er oft und gerne lauschte, sog er jene Weichheit und Phantasiefülle, die sie hatte, aber zu nichts verwenden konnte, als zu lauter Liebe für ihren Sohn. Den Vater ehrte sie als den Oberherrn, der sich Tag und Nacht so plagen müsse, um den Unterhalt herbeizuschaffen, da die Haide karg war und nur gegen große Mühe sparsame Früchte trug, und oft die nicht, wenn Gott ein heißes Jahr über dieselbe herabsandte. Darum lebten sie in einer friedsamen Ehe und liebten sich pflichtgetreu von Herzen und standen einander in Not und Kummer bei. Der Knabe kannte daher nie den giftigen Meltau für Kinderherzen, Hader und Zank, außer wenn ein stößiger Bock Irrsal stiftete, den er aber immer mit tüchtigen Püffen seiner Faust zu Paaren trieb, was das böseste Tier von ihm, und nur von ihm allein gutwillig litt, weil es wohl wußte, daß er sein Beschützer und zuversichtlicher Kamerade sei. Der Vater liebte seinen Sohn wohl auch, und gewiß nicht minder als die Mutter, aber nach der Verschämtheit gemeiner Stände zeigte er diese Liebe nie, am wenigsten dem Sohne – dennoch konnte man sie recht gut erkennen an der Unruhe, mit der er aus- und einging, und an den Blicken, die er häufig gegen den Roßberg tat, wenn der Knabe einmal zufällig später von der Haide heim kam als gewöhnlich – und der Bube wußte und kannte diese Liebe sehr wohl, wenn sie sich auch nicht äußerte.

Von solchen Eltern hatte er keinen Widerstand zu erfahren, als er den Entschluß aussprach, in die Welt zu gehen, weil er durchaus nicht mehr zu Hause zu bleiben vermöge. Ja, der Vater hatte schon seit langem wahrgenommen, wie der Knabe sich in Einbildungen und Dingen abquäle, die ihm selber von Kindheit an nie gekommen waren; er hielt sie deshalb für Geburten der Haideeinsamkeit, und sann auf deren Abhilfe. Die Mutter hatte zwar nichts Seltsames an ihrem Sohne bemerkt, weil eigentlich ohnehin ihr Herz in dem seinen schlug; allein sie willigte doch in seine Abreise aus einem dunkeln Instinkte, daß er da ausführe, was ihm not tue.

Noch eine Person mußte gefragt werden, nicht von den Eltern, sondern von ihm: die Großmutter. Er liebte sie zwar nicht so wie die Mutter, sondern ehrte und scheute sie vielmehr; aber sie war es auch gewesen, aus der er die Anfänge jener Fäden zog, aus welchen er vorerst seine Haidefreuden webte, dann sein Herz und sein ganzes zukünftiges Schicksal. Weit über die Grenze des menschlichen Lebens schon hinausgeschritten, saß sie wie ein Schemen hinten am Hause im Garten an der Sonne, ewig einsam und ewig allein in der Gesellschaft ihrer Toten, und zurückspinnend an ihrer innern ewig langen Geschichte. Aber so wie sie da saß, war sie nicht das gewöhnliche Bild unheimlichen Hochalters, sondern wenn sie oft plötzlich ein oder das andere ihrer innern Geschöpfe anredete, als ein lebendes und vor ihr wandelndes; oder, wenn sie sanft lächelte, oder betete, oder mit sich selbst redete, wundersam spielend in Blödsinn und Dichtung, in Unverstand und Geistesfülle: so zeigte sie gleichsam, wie eine mächtige Ruine, rückwärts auf ein denkwürdiges Dasein. Ja der Menschenkenner, wenn hier je einer hergekommen wäre, würde aus den wenigen Blitzen, die noch gelegentlich auffuhren, leicht erkannt haben, daß hier eine Dichtungsfülle ganz ungewöhnlicher Art vorübergelebt worden war, ungekannt von der Umgebung, ungekannt von der Besitzerin, vorübergelebt in dem schlechten Gefäße eines Haidebauerweibes. Ihre gemütreiche Tochter, die Mutter des Knaben, war nur ein schwaches Abbild derselben. Das alte Weib hatte in

ihrem ganzen Leben voll harter Arbeiten nur ein einziges Buch gelesen, die Bibel; aber in diesem Buch las und dichtete sie siebenzig Jahre. Jetzt tat sie es zwar nicht mehr, verlangte auch nicht mehr, daß man ihr vorlese; aber ganze Prophetenstellen sagte sie oft laut her, und in ihrem Wesen war Art und Weise jenes Buches ausgeprägt, so daß selbst zuletzt ihre gewöhnliche Redeweise etwas Fremdes und gleichsam Morgenländisches zeigte. Dem Knaben erzählte sie die heiligen Geschichten. Da saß er nun oft an Sonntagnachmittagen gekauert an dem Holunderstrauch – und wenn die Wunder und die Helden kamen, und die fürchterlichen Schlachten und die Gottesgerichte – und wenn sich dann die Großmutter in die Begeisterung geredet, und der alte Geist die Ohnmacht seines Körpers überwunden hatte – und wenn sie nun anfing, zurückgesunken in die Tage ihrer Jugend, mit dem welken Munde zärtlich und schwärmerisch zu reden, mit einem Wesen, das er nicht sah, und in Worten, die er nicht verstand, aber tiefergriffen instinktmäßig nachfühlte, und wenn sie um sich alle Helden der Erzählung versammelte und ihre eigenen Verstorbenen einmischte, und nun alles durcheinander reden ließ: da grauete er sich innerlich entsetzlich ab, und um so mehr, wenn er sie gar nicht mehr verstand – allein er schloß alle Tore seiner Seele weit auf und ließ den phantastischen Zug eingehen, und nahm des andern Tags das ganze Getümmel mit auf die Haide, wo er alles wieder nachspielte.
Dieser Großmutter nun wollte er sein Vorhaben deuten, damit sie ihn nicht eines Tages zufällig vermisse und sich innerlich kränke, als sei er gestorben.
Und so – an einem frühen Morgen stand er neben den Eltern reisefertig vor der Tür, sein dürftig Linnenkleid an, den breiten Hut auf dem Haupte, den Wachholderstab in der Hand, umgehängt den Haidesack, in welchem zwei Hemden waren und Käse und Brot. Eingenäht in

die Brusttasche hatte er das wenige Geld, welches das Haus vermochte.

Die Großmutter, immer die erste wach, kniete bereits nach ihrer Sitte inmitten der Wiese an ihrem Holzschemel, den sie dahin getragen, und betete. Der Knabe warf einen Blick auf den Haiderand, welcher schwarz den lichten Himmel schnitt, – dann trat er zu der Großmutter und sagte: »Liebe Mutter, ich gehe jetzt, lebet wohl und betet für mich!«

»Kind, du mußt der Schafe achten, der Tau ist zu früh und zu kühl!«

»Nicht auf die Haide gehe ich, Großmutter, sondern weit fort in das Land, um zu lernen und tüchtig zu werden, wie ich es Euch ja gestern alles gesagt habe.«

»Ja, du sagtest es,« erwiderte sie, »du sagtest es, mein Kind – ich habe dich mit Schmerzen geboren, aber dir auch Gaben gegeben, zu werden wie einer der Propheten und Seher – ziehe mit Gott, aber komme wieder, Jacobus!«

Jacobus hatte ihr Sohn geheißen, der auch einmal fortgegangen, vor mehr als sechzig Jahren, aber nie wieder zurückgekehrt war.

»Mutter,« sagte er noch einmal, »gebt mir Eure Hand.«

Sie gab sie ihm; er schüttelte sie und sagte: »Lebt wohl, lebt wohl.«

»Amen, Amen«, sagte sie, als hörte sie zu beten auf.

Dann wandte sich der Knabe gegen die Eltern; das Herz war ihm so sehr emporgeschwollen – er sagte nichts, sondern mit eins hing er am Halse der Mutter, und sie, heiß weinend, küßte ihn auf beide Wangen und schob ihm noch ein Geldstück zu, das sie einst als Patengeschenk empfangen und immer aufgehoben hatte, allein er nahm es nicht. Dem Vater reichte er bloß die Hand, weil er sich nicht getraute, ihn zu umarmen. Dieser machte ihm ein Kreuz auf die Stirne, auf den Mund und die Brust, und als hierbei seine rauhe Hand zitterte und um den harten Mund ein heftiges Zucken ging, da hielt sich der Knabe nicht mehr. Mit einem Tränengusse warf er sich an die Brust des Vaters, und dessen linker Arm umkrampfte ihn eine Sekunde, dann ließ er ihn los und schob ihn wortlos gegen die Haide. Die Mutter aber rief ihn noch einmal und sagte, er möge doch auch das kleine Schwesterchen gesegnen, die man in ihrem Bettlein ganz vergessen habe. Drei Kreuze machte er über den schlafenden Engel, dann schritt er schnell hinaus und ging trotzig vorwärts gegen die Haide.

So ziehe mit Gott, du unschuldiger Mensch, und bringe nur das Kleinod wieder, was du so leichtsinnig fortträgst!

Als er an den Roßberg gekommen, ging die Sonne auf und schaute in zwei treuherzige, zuversichtliche, aber rotgeweinte Augen. Am Haidehause spiegelte sie sich in den Fenstern und an der Sense des Vaters, der mähen ging.

3. DAS HAIDEDORF

Des ersten Abends war es öde und verlassen, und den beiden Eltern tat das Herz weh, als sie in der Dämmerung des Sommers zu Bette gingen und auf seine leere Schlafstelle sahen. Um denselben Menschen, der vielleicht eben jetzt noch auf dürrer Heerstraße wanderte und von keinem beachtet, ja von den meisten verachtet wurde, brachen fast zwei naturrohe Herzen im entlegenen Haidehause, daß sie ihn von nun an, vielleicht auf immer entbehren sollten; aber sie drückten den Schmerz in sich, und jedes trug ihn einsam, weil es zu schamhaft und unbeholfen war, sich zu äußern.

Aber es kam ein zweiter Tag, und ein dritter, und ein vierter, und jeder spannte denselben glänzenden Him-

melsbogen über die Haide, und funkelte nieder auf die Fenster und das altergraue Dach des Hauses eben so freundlich und lieblich, wie als er noch da gewesen war.
Und dann kamen wieder Tage und wieder.
Die Arbeit und Freude des Landmanns, durch Jahrtausende einförmig und durch Jahrtausende noch unerschöpft, zog auch hier geräuschlos und magisch ein Stück ihrer uralten Kette durch die Hütte, und an jedem ihrer Glieder hing ein Tröpflein Vergessenheit.
Die Großmutter trug nach wie vor ihren Holzschemel auf die Wiese und betete daran, und sie und klein Marthe fragten täglich, wann denn Felix komme. Der Vater mähete Roggen und Gerste – die Mutter machte Käse und band Garben – und der fremde Ziegenbube trieb täglich auf die Haide. Von Felix wußte man nichts.
Die Sonne ging auf, und ging unter, die Haide wurde weiß, und wurde grün, der Holunderbaum und der Apfelbaum blüheten vielmal – klein Marthe war groß geworden, und ging mit, um zu heuen und zu ernten, aber sie fragte nicht mehr, – und die Großmutter, ewig und unbegreiflich hinaus lebend, wie ein vom Tode vergessener Mensch, fragte auch nicht mehr, weil er ihr entfallen war, oder sich zu ihren heimlichen Phantasiegestalten gesellt hatte.
Die Felder des Haidebauers besserten sich nachgerade, als ob der Himmel seine Einsamkeit segnen und ihm vergelten wollte, und es wurde ihm so gut, daß er schon manchen Getreidesack aufladen und mit schönen Ochsen fortführen konnte, wofür er dann einige Taler Geldes und Neuigkeiten von der Welt draußen heimbrachte. Einmal kam auch ein Schreinergeselle mit seinem Wanderpacke zu Vater Niklas, dem Haidebauer, und brachte einen Gruß und einen Brief von Felix, und sagte, daß derselbe in der großen, weit entfernten Hauptstadt ein schmukker, fleißiger Student sei, daß ihn alles liebe, und daß er

gar eines Tages Kaplan in der großen Domkirche werden könnte. Der Schreinergeselle wurde über Nacht im Haidehause gut gehalten, und ließ eitel Freude zurück, als er des andern Tages in entgegengesetzter Richtung von dannen zog. So kam es, daß jedes Jahr ein- oder zweimal ein Wandersmann den Umweg über die Haide machte, dem schönen, freundlichen, handsamen Jünglinge zu liebe, der gern einen Gruß an sein liebes Mütterchen schicken wollte. Ja sogar einesmals kam einer geschritten, und konterfeite das Häuschen samt dem Brunnen und Flieder- und Apfelbaume.

Auch andere Veränderungen begannen auf der Haide. Es kamen einmal viele Herren und vermaßen ein Stück Haideland, das seit Menschengedenken keines Herrn Eigentum gewesen war, und es kam ein alter Bauersmann, und zimmerte mit vielen Söhnen und Leuten ein Haus darauf, und fing an, den vermessenen Fleck urbar zu machen. Er hatte fremdes Korn gebracht, das auf dem Haideboden gut anschlug, und im nächsten Jahre wogte ein grüner Ährenwald zunächst an Vater Niklas' Besitzungen, wo noch im vorigen Frühlinge nur Schlehen und Liebfrauenschuh geblüht hatten. Der alte Bauer war ein freundlicher Mann, ein Mann vieler Kenntnisse, und teilte gerne seinen Rat und sein Wissen und seine Hülfe an die frühern Haidebewohner, und hielt gute Nachbarschaft mit Vater Niklas. Sie fuhren nun beide gar in die Stadt, verkauften dort ihr Getreide weit besser, und am Getreidemarkt im goldenen Rosse waren die Haidebauern wohl gekannt und wohlgelitten.

Nach und nach kamen neue Ansiedler; auch eine Straße wurde von der Grundherrschaft über die Haide gebahnt, so daß nun manchmal des Weges ein vornehmer Wagen kam, desgleichen man noch nie auf der Haide gesehen. Auch des alten Bauers Söhne bauten sich an, und einer, sagte man sich ins Ohr, werde wohl schön Marthens

Bräutigam werden. Und so, ehe sieben Jahre ins Land gegangen, standen schon fünf Häuser mit Ställen und Scheunen, mit Giebeln und Dächern um das kleine, alte, graue Haidehaus, und Felder und Wiesen und Wege und Zäune gingen fast bis auf eine Viertelstunde Weges gegen den Roßberg, der aber noch immer so einsam war wie sonst; – und am Pankratiustage hatte Vater Niklas die Freude, zum Richter des Haidedorfes gewählt zu werden, – er der erste seit der Erschaffung der Welt, der solch Amt und Würde auf diesem Flecke bekleidete.

Wieder waren Jahre um Jahre vergangen, die Obstbaumsetzlinge, zarte Stangen, wie sie der alte Nachbarsbauer gebracht und an Niklas mitgeteilt hatte, standen nun schon als wirtliche Bäume da und brachten reiche Frucht und manchen Sonntagstrunk an Obstwein. – Marthe war an Nachbars Benedikt verheiratet, und sie trieben eigene Wirtschaft. – Die Haide war weiß und wieder grün geworden; aber des Vaters Haare blieben weiß, und die Mutter fing bereits an, der Großmutter ähnlich zu werden, welche Großmutter allein unverwüstlich und unveränderlich blieb, immer und ewig am Hause sitzend, ein träumerisches Überbleibsel, gleichsam als warte sie auf Felixens Rückkehr. Aber Felix schien, wie einst Jacobus, verschollen zu sein auf der Haide. Seit drei Jahren kam keine Kunde und kein Wandersmann. – In der Hauptstadt, wohin gar Benedikt gegangen, um ihn zu suchen, war er nicht zu finden, und im Amte sagten ihm die Kanzleiherren aus einem großen Buche, er sei außer Landes gegangen, vielleicht gar über das Meer. Der Vater hörte schon auf, von ihm zu reden; Marthe hatte ein Kindlein und dachte nicht an ihn, die Haidedörfler kannten ihn nicht, und liebten ihn auch nicht, als einen, der da einmal davongegangen; die Großmutter fragte nur bisweilen nach Jacobus: – aber das Mutterherz trug ihn unverwischt und schmerzhaft in sich, seit dem Tage, als er von dannen gezogen und an ihrem Busen geweint hatte – und das Mutterherz trug ihn abends in das Haus und morgens auf die Felder – und das Mutterherz war es auch allein, das ihn erkannte, als einmal am Pfingstsamstage durch die Abendröte ein wildfremder, sonnverbrannter Mann gewandert kam, den Stab in der Hand, das Ränzlein auf dem Rücken, und stehen blieb vor dem Haidehause.

»Felix« – »Mutter!«

Ein Schrei und ein Sturz an das Herz.

Das Mutterherz ist der schönste und unverlierbarste Platz des Sohnes, selbst wenn er schon graue Haare trägt – und jeder hat im ganzen Weltall nur ein einziges solches Herz.

Das alte Weib brach an ihm fast nieder vor Schluchzen, und er, vielleicht seit Jahren keiner Träne mehr gewohnt, ließ den Bach seiner Augen strömen, und hob sie zu sich auf, und drückte sie, und streichelte ihre grauen Haare, nicht sehend, daß Vater und Schwester und das halbe Dorf um sie beide standen.

»Felix, mein Felix, wo kommst du denn her?« fragte sie endlich.

»Von Jerusalem, Mutter, und von der Haide des Jordans. – Gott grüß Euch, Vater, und Gott grüße Euch, Großmutter! Jetzt bleib ich lange bei euch, und geliebt es Gott, auf immer.«

Er schloß den zitternden Vater ans Herz, und dann die alte Großmutter, die fast schamhaft und demütig bei Seite stand – und dann noch einmal den Vater, den schönen, alten, braunen Mann mit den schneeweißen Haaren, den er mit noch dichten, dunkeln Locken verlassen hatte, und der doppelt liebenswert da stand durch die unbehülfliche Verlegenheit, in die er dem stattlichen Sohne gegenüber geriet; – das Mutterherz aber, sich ihres immer unverjährbaren Ranges bewußt, zeigte nichts dem Ähnliches; sie sah nicht seine Gestalt und seine Kleider, sondern ihr Auge hing die ganze Zeit über an seinem Angesichte, und es glänzte und funkelte und schäumte fast über vor Freude und vor Stolz, daß Felix so schön geworden, und so herrlich.

Endlich, als sich sein Herz etwas gesättigt, fiel ihm klein Marthe bei; er fragte nach ihr, und sein Auge suchte am Boden umher – allein die Mutter führte ihm ein blühendes Weib vor, mit hellen, blauen Augen, ein Kind auf dem Arme, wie eine Madonna, deren er in Welschland auf Bildern gesehen – er erkannte im Kinde klein Marthe, die Mutter des Kindes getraute er sich aber nicht zu küssen, und auch sie stand blöde vor ihm und sah ihn bloß liebreich an – endlich grüßten und küßten sie sich herzinnig als Geschwister, und der ehrliche Benedikt reichte ihm die Hand und sagte, wie er ihn vor zwei Jahren so emsig in der ungeheuersten Entfernung gesucht habe.

»Da war ich im Lande Egypten,« sagte Felix, »und Ihr hättet mich auch dort kaum erfragt; denn ich war in der Wüste.«

Auch die Bauern und ihre Weiber und Kinder, die sich vor Niklas' Hause eingefunden hatten und ehrbar neugierig herumstanden, grüßte er alle freundlich, lüftete den Reisehut und reichte ihnen, obwohl unbekannt, die Hand.

Endlich ging man in das Haus, und nach Haidesitte gingen viele Nachbarn mit, und waren dabei, wie er Geschenke und Berichte auspackte. Auf der Gasse wurde es stille, die Menschen suchten nach dortigem Gebrauche zeitig ihre Schlafstellen, und die roten Pfingstwolken leuchteten noch lange über dem Dorfe.

Und als des andern Tages die ersten Sonnenstrahlen glänzten, und die Haidedorfbewohner bereits im Festputze gerüstet waren, um zur fernen Kirche zu gehen: so war einer der Bewohner mehr, und einer der Kirchgänger mehr. Die Nacht hatte es manchem verwischt, daß er gekommen, aber der Morgen brachte ihnen wieder neu den neuen Besitz, damit sie sich daran ergötzten: die einen mit ihrer Neugierde, die andern mit ihrer Liebe – alle aber hatten eine unsichere Scheu, selbst die Eltern, was es denn wäre, das ihnen an ihm zurückgebracht worden sei, und ob er nicht ein fremdes Ding in der übrigen Gleichheit und Einerleiheit des Dorfes wäre.
Er aber stand schon angekleidet, und zwar in dem leinenen Haidekleide und dem breiten Hute im Freien, und schaute mit den großen, glänzenden, sanften Augen um sich, als die Mutter zu ihm trat und ihn fragte, ob er auch in die Kirche gehen werde, oder ob er müde sei und Gott zu Hause verehren wolle.
»Ich bin nicht müde,« antwortete er freundlich, »und ich werde mit euch gehen«; denn er sah, daß die Mutter zum Kirchengehen angezogen war, und daß auch der Vater in seinem Sonntagsrocke aus dem Hause komme.
Festliche Gruppen zeigten sich hie und da auf dem Anger des Dorfes; manche traten näher und grüßten, andere hielten sich verschämt zurück, besonders die Mädchen, und wieder andere, welche zu Hause blieben und in der Festtagseinsamkeit das Dorf hüten mußten, standen unter den Haustüren oder sonst wo, und schauten zu.
Und als noch Pfingsttau auf den Haidegräsern funkelte und glänzte, und als die Morgenkühle wehte, setzte sich schon alles in Bewegung, um zu rechter Zeit anzulangen – und so führte denn Felix das alte Weib an seiner Hand, und leitete sie so zärtlich um den sanften Haidebühel

hinan, wie sie einstens ihn, da er noch ein schwacher Knabe war und Sonntags vormittags die Ziegen und Schafe zu Hause lassen durfte, damit er hinausgehe und das Wort Gottes höre. Der Vater ging innerlich erfreut daneben, die andern teils voran, teils hinten. Endlich war die letzte Gruppe hinter dem Bühel verschwunden, die Nachschauenden traten in ihre Häuser zurück, und kurz darauf war jene funkelnde Einsamkeit über den Dächern, die so gern an heitern Sonntagvormittagen in den verlassenen Dörfern ist; – die Stunden rückten trockener und heißer vor, eine dünne, blaue Rauchsäule stieg hie und da auf, und mitten in dem Garten des Haidehauses kniete die hagere Großmutter und betete. – Und wie endlich nach stundenlanger Stille durch die dünne, weiche, ruhende Luft, wie es sich zuweilen an ganz besonders schweigenden Tagen zutrug, der ferne, feine Ton eines Glöckleins kam, da kniete manche Gestalt auf den Rasen nieder und klopfte an die Brust; – dann war es wieder stille und blieb stille – – die Sonnenstrahlen sanken auf die Häuser nieder, mehr und mehr senkrecht, dann wieder schräge, daß die Schatten auf der andern Seite waren – endlich kam der Nachmittag, und mit ihm alle Kirchgänger – sie legten die schönsten Kleider und Tücher von dem erhitzten Körper, taten leichtere an, und jedes Haus verzehrte sein vorgerichtetes Pfingstmahl.
Und was war es denn, was ihnen an Felix zurückgebracht worden war, und warum ist er denn so lange nicht gekommen, und wo ist er denn gewesen?
Sie wußten es nicht.
In der Kirche war er mit gewesen; – fast so kindlich andächtig, wie einst, hatte er auf die Worte des Priesters gehorcht, sanftmütig war er neben der Mutter nach Hause gekehrt, und wenn dann bei Tische der Vater das Wort nahm, so brach Felix das seine aufmerksam ab und hörte zu – und gegen Abend saß er mit der Großmutter

im Schatten des Holunderbusches, und redete mit ihr, die ihm ganz sonderbare und unverständliche Geschichten vorlallte – – und wenn dann so den Tag über die Neugier der Mutter in sein Auge blickte, halb selig, halb schmerzenreich, wenn sie nach den einstigen weichen Zügen forschte – ihren ehemaligen heitern, treuherzigen, schönen Haideknaben suchte sie – – – und siehe, sie fand ihn auch: in leisen Spuren war das Bild des gutherzigen Knaben geprägt in dem Antlitze des Mannes, aber unendlich schöner – so schön, daß sie oft einen Augenblick dachte, sie könne nicht seine Mutter sein; – wenn er den ruhigen Spiegel seiner Augen gegen sie richtete, so verständig und so gütig – oder wenn sie die Wangen ansah, fast so jung wie einst, nur noch viel dunkler gebräunt, daß dagegen die Zähne wie Perlen leuchteten, dieselben Zähne, die schon an dem Haidebuben so unschuldig und gesund geglänzt – und um sie herum noch dieselben lieblichen Lippen, die aber jetzt reif und männlich waren, und so schön, als sollte sogleich ein süßes Wort daraus hervorgehen, sei's der Liebe, sei's der Belehrung – –
›Er ist gut geblieben‹, jauchzte in ihr dann das Mutterherz; ›er ist gut geblieben, wenn er auch viel vornehmer ist als wir.‹
Und in der Tat, es war ein solcher Glanz keuscher Reinheit um den Mann, daß er selbst von dem rohen Herzen des Haideweibes erkannt und geehrt wurde.
Was lebte denn in ihm, das ihn unangerührt durch die Welt getragen, daß er seinen Körper als einen Tempel wiederbrachte, wie er ihn einst aus der Einsamkeit fortgenommen? – –
Sie wußten es nicht; nur immer heiterer und fast einfältiger legte sich sein Herz dar, so wie die Stunden des ruhigen Festtages nach und nach verflossen.
Spät abends erzählte er ihnen, da alle um den weißen, buchenen Tisch saßen, und auch Marthe mit ihrem Kinde

da war, und Benedikt und andere Nachbarn – er erzählte ihnen von dem Gelobten Lande, wie er dort gewesen, wie er Jerusalem und Bethlehem gesehen habe, wie er auf dem Tabor gesessen, sich in dem Jordan gewaschen; – – den Sinai habe er gesehen, den furchtbar zerklüfteten Berg, und in der Wüste ist er gewandelt. – Er sagte ihnen, wie seine gezimmerten Truhen mit dem Postboten kommen würden; dann werde er ihnen Erde zeigen, die er aus den heiligen Ländern mitgebracht – auch getrocknete Blumen habe er, und Kräuter, aus jenem Lande und Fußtritte des Herrn, und was nur immer dort das Erdreich erzeuge und bringe – und viel heiliger, viel heißer und viel einsamer seien jene Haiden und Wüsten, als die hiesige, die eher ein Garten zu nennen – – und wie er so redete, sahen alle auf ihn und horchten – und sie vergaßen, daß es Schlafenszeit vorüber, daß die Abendröte längst verglommen, daß die Sterne emporgezogen und in dichter Schar über den Dächern glänzten.

Von Städten, den Menschen und ihrem Treiben hatte er nichts gesagt, und sie hatten nicht gefragt. Die Worte seines Mundes taten so wohl, daß ihnen gerade das, was er sagte, das Rechte deuchte und sie nicht nach anderem fragten.

Marthe trug endlich das schlafende Kind fort, Benedikt ging auch, die Nachbarn entfernten sich – und noch seliger und noch freudenreicher als gestern gingen die Eltern zu Bette, und selbst der Vater dachte, Felix sei ja fast wie ein Prediger und Priester des Herrn.

Auch auf die Haide war er gleich nach den Feiertagen gegangen, auf seiner Rednerbühne war er gesessen; die Käfer, die Fliegen, die Falter, die Stimme der Haidelerche und die Augen der Feldmäuschen waren die nämlichen. Er schweifte herum, die Sonnenstrahlen spannen, – dort dämmerte das Moor, und ein Zittern und Zirpen und Singen – – – und wie der Vater ihn so wandeln sah, mußte er sich über die dünnen, grauen Haare fahren und mit

der schwielenvollen Hand über die Runzeln des Angesichts streichen, damit er nicht glaube, sein Knabe gehe noch dort, und es fehlen nur die Ziegen und Schafe, daß es sei wie einst, und daß die lange, lange Zeit nur ein Traum gewesen sei. Auch die Nachbarn, wie er so Tag nach Tag unter ihnen wandelte, wie ihn schon alle Kinder kannten, wie er mit jedem derselben, auch mit dem häßlichen, so freundlich redete, und wie er so im Linnenkleide durch die neuen Felder ging – glaubten ganz deutlich, er sei einer von ihnen, und doch war es auch wieder ganz deutlich, wie er ein weit anderer sei als sie.
Eine Tat müssen wir erzählen, ehe wir weiter gehen und von seinem Leben noch entwickeln, was vorliegt – eine Tat, die eigentlich geheim bleiben sollte, aber ausgebreitet wurde, und ihm mit eins alle Herzen der Haidebewohner gewann.
Als endlich die gezimmerten Truhen mit dem Postboten in die Stadt und von da durch Getreidewagen auf die Haide gekommen waren, als er daraus die Geschenke hervorgesucht und ausgeteilt, als er tausenderlei Merkwürdiges gezeigt, Blumen, Federn, Steine, Waffen – und alles genug bewundert worden war, – trat er desselben Tages abends zu dem Vater in die hintere Kammer, als er gesehen hatte, daß derselbe hineingegangen und, wie er gern tat, sich in den hineinfallenden Fliederschatten gesetzt hatte – er trat beklommen hinein und sagte mit fast bebender Stimme: »Vater, Ihr habt mich auferzogen und mir Liebes getan, seit ich lebe – ich aber habe es schlecht vergolten; denn ich bin fortgegangen, daß Ihr keinen Gehülfen Eurer Arbeit hattet und Eurer Sorge für Mutter und Großmutter – und als ich gekommen, warfet Ihr mir nichts vor, sondern waret nur freundlich und lieb; ich kann es nicht vergelten, als daß ich Euch nicht mehr verlassen und Euch noch mehr verehren und lieben will als sonst. So viel Jahre mußtet Ihr sein, ohne in mein Auge schauen zu können, wie es Eurem Herzen wohlge-

tan hätte; – aber ich bleibe jetzt immer, immer bei Euch. – Allein weil mich Euch Gott auch zur Hülfe geboren werden ließ, so lernte ich draußen allerlei Wissenschaft, wodurch ich mir mein Brot verdiente, und da ich wenig brauchte, so blieb manches für Euch übrig. Ich bringe es nun, daß Ihr es auf Euer Haus wendet und im Alter zu Gute bekommet, und ich bitte Euch, Vater, nehmet es mit Freundlichkeit an.«

Der Alte aber, hochrot, zitternd vor Scham und vor Freude, war aufgesprungen und wies mit beiden Händen die dargebotenen Papiere von sich, indem er sagte: »Was kommt dir bei, Felix? Ich bin so erschrocken, – da sei Gott vor, daß ich die Arbeit und Mühe meines Kindes nehme – ach, mein Gott, ich habe dir ja nichts geben können, nicht einmal eine andere Erziehung, als die dir der Herr auf der Haide gab, nicht einmal das fromme Herz, das dir von selber gekommen. – Du bist mir nichts schuldig – die Kinder sind eine Gottesgabe, daß wir sie erziehen, wie es ihnen frommt, nicht wie es uns nützt; – verzeihe mir nur, Felix, ich habe dich nicht erziehen können, und doch scheint es mir, bist du so gut geworden, so gut, daß ich vor Freuden weinen möchte« – –

Und kaum hatte er das Wort heraus, so brach er in lautes Weinen aus und tastete ungeschickt nach Felix' Hand. – Dieser reichte sie; er konnte sich nicht helfen, er mußte sein Antlitz gegen die Schulter des Vaters drücken und das grobe Tuch des Rockes mit seinen heißesten Tränen netzen. Der Vater war gleich wieder still, und sich gleichsam schämend und beruhigend sagte er die Worte: »Du bist verständiger als wir, Felix. Wenn du bei uns bleibst, arbeite, was du willst; ich verlange nicht, daß du mir hilfst – da ist ja Benedikt und seine Knechte, wenn es not täte; auch habe ich schon ein Erspartes, daß ich mir im Alter einen Knecht nehmen kann. – Du aber wirst schon etwas arbeiten, wie es Gott gefällig und wie es recht ist.«

Felix aber dachte in seinem Herzen, er werde doch in Zukunft, wenn es nötig sei, lieber in der Tat selbst und durch Leistung des eben Mangelnden beistehen, damit ihm das Herz nicht so weh täte, wenn er dem Vater gar nichts Gutes bringen könnte. Ach, das Beste hat er ja schon gebracht, und wußte es nicht, das gute, das überquellende Herz, das jedem, selbst dem gehärtetsten Vater ein freudigeres Kleinod ist, als alle Güter der Erde, weil es nicht Lohn nach außen ist, sondern Lohn in der tiefsten, innersten Seele.

Der Vater tat nun gleichgültig und machte sich mit diesem und jenem im Zimmer zu tun; kaum aber war Felix hinaus, so lief er eiligst zur Mutter und erzählte ihr, was der Sohn hatte tun wollen – sie aber faltete die Hände, lief vor die Heiligenbilder der Stube, und tat ein Gebet, das halb ein Frevel stürmenden Stolzes, halb ein Dank der tiefsten Demut war.

Dann aber ging sie hin und breitete es aus.

Das war nun klar, daß er gut war, daß er sanft, treu und weich war, und das sahen sie auch, daß er schön und herrlich war; – des weitern forschten sie nicht, was es sei, und was es sein werde.

Er aber ging her, und ließ sich weit draußen von dem Dorfe entlegen, auf der Haide ein Stück Landes zumessen, und begann mit vielen Arbeitern ein steinernes Haus zu errichten. – Daß es größer werde, als er allein brauche, fiel allen auf; aber als es im Herbste fertig war, als es eingerichtet und geschmückt war, bezog er es gleichwohl allein, und so verging der Winter. Es kam der blütenreiche Frühling – und Felix saß in seinem Hause auf der Haide, und herrschte, wie einst, über alle ihre Geschöpfe, und über all die hohen, stillen Gestalten, die sie jetzt bevölkerten.

Was war es denn aber, was den Eltern und Nachbarn an ihm zurückgebracht worden ist?

Sie wußten es nicht.
Ich aber weiß es. Ein Geschenk ist ihm geworden, das den Menschen hoch stellt, und ihn doch verkannt macht unter seinen Brüdern – das einzige Geschenk auf dieser Erde, das kein Mensch von sich weisen kann. Auf der Haide hatte es begonnen, auf die Haide mußte er es zurücktragen. Bei wem eine Göttin eingekehrt ist, lächelnden Antlitzes, schöner als alles Irdische, der kann nicht anders tun, als ihr in Demut dienen.
Damals war er fortgegangen, er wußte nicht, was er werden würde – eine Fülle von Wissen hatte er in sich gesogen: es war der nächste Durst gewesen, aber er war nicht gestillt; er ging unter Menschen, er suchte sie völkerweise – er hatte Freunde – er strebte fort, er hoffte, wünschte und arbeitete für ein unbekanntes Ziel – selbst nach Gütern der Welt und nach Besitz trachtete er: aber durch alles Erlangte, – durch Wissen, Arbeiten, Menschen, Eigentum – war es immer, als schimmere weit zurückliegend etwas, wie eine glänzende Ruhe, wie eine sanfte Einsamkeit – – – hatte sein Herz die Haide, die unschuldsvolle, liebe Kindheitshaide mitgenommen? oder war es selber eine solche liebe, stille, glänzende Haide? – – Er suchte die Wüsten und die Einöden des Orients, nicht brütend, nicht trauernd, sondern einsam, ruhig, heiter, dichtend. – Und so trug ihn dieses sanfte, stille Meer zurück in die Einsamkeit und auf die Haide seiner Kindheit – und wenn er nun so saß auf der Rednerbühne, wie einst, wenn die Sonnenfläche der Haide vor ihm zitterte und sich füllte mit einem Gewimmel von Gestalten, wie einst, und manche daraus ihn anschauten mit den stillen Augen der Geschichte, andere mit den seligen der Liebe, andere den weiten Mantel großer Taten über die Haide schleifend – und wenn sie erzählten von der Seele und ihrem Glücke, von dem Sterben und was nachher sei, und von anderem, was die Worte nicht

sagen können – und wenn es ihm tief im Innersten so fromm wurde, daß er oft meinte, als sehe er weit in der Öde draußen Gott selbst stehen, eine ruhige, silberne Gestalt: dann wurde es ihm unendlich groß im Herzen, er wurde selig, daß er denken könne, was er dachte – und es war ihm, daß es nun so gut sei, wie es sei.

Die blödsinnige Großmutter war die erste gewesen, die ihn erkannt hatte.

»Es sind der Gaben eine Unendlichkeit über diese Erde ausgestreut worden,« hatte sie eines Tages gerufen, »die Halmen der Getreide, das Sonnenlicht und die Winde der Gebirge – da sind Menschen, die den Segen der Gewächse erziehen und ihn ausführen in die Teile der Erde; es sind, die da Straßen ziehen, Häuser bauen, dann sind andere, die das Gold ausbreiten, das in den Herzen der Menschen wächst, das Wort und die Gedanken, die Gott aufgehen läßt in den Seelen. Er ist geworden wie einer der alten Seher und Propheten, und ist er ein solcher, so hab ich es vorausgewußt, und ich habe ihn dazu gemacht, weil ich die Körner des Buches der Bücher in ihn geworfen; denn er war immer weich wie Wachs, und hochgesinnt wie einer der Helden.«

Die Großmutter war es aber auch, mit der er sich allein mehr beschäftigte, als alle andern mit ihr; er war der einzige, der sie zu flüssigen Reden bringen konnte, und der einzige, der ihre Reden verstand; er las ihr oft aus einem Buche vor, und die hundertjährige Schülerin horchte emsig auf, und in ihrem Angesichte waren Sonnenlichter, als verstände sie das Gelesene.

So war der Frühling vergangen, so waren wieder Pfingsten gekommen: – aber wie waren es diesmal andere Pfingsten als vor einem Jahre. Eine doppelte furchtbare Schwüle lag auf beiden, auf dem Dorfe und auf Felix, und bei beiden lösete sich die Schwüle am Pfingsttage – aber wie verschieden bei beiden!

Ich will noch, ehe wir von seinem einfachen Leben scheiden, dieses letzte Ergebnis, das ich weiß, erzählen.
Wenn er so manchmal von der Haide kam und durch das Dorf ging, Geschenke für die Kinder seiner Schwester tragend, Steinchen, Muscheln, Schneckenhäuser und dergleichen, die Locken um die hohe Stirne geworfen, wie ein Kriegsgott, und doch die schwarzen Augen so sehnsuchtsvoll und schmachtend: dann war er so schön, und es trug ihn wohl manche Dirne der Haide als heimlichen Abgott im Herzen verborgen, aber er selber hatte einen Abgott im Herzen; – einen einzigen Punkt süßen, heimlichen Glückes hatte er aus der Welt getragen, als er ihre Ämter und Reichtümer ließ – einen einzig süßen Punkt durch alle Wüsten – und heute, morgen, dieser Tage sollte es sich zeigen, ob er sein Haus für sich allein gebaut, oder nicht. – Alle Kraft seiner Seele hatte er zu der Bitte aufgeboten, und mit Angst harrte er der Antwort, die ewig, ewig zögerte.
Wohl kam Pfingsten näher und näher, aber zu der Schwüle, die unbekannt und unsichtbar über des Jünglings Herzen hing, gesellte sich noch eine andere, über dem ganzen Dorfe drohend, ein Gespenst, das mit unhörbaren Schritten nahte; – nämlich jener glänzende Himmel, zu dem Felix sein inbrünstiges Auge erhoben, als er jene schwere Bitte abgesandt hatte, jener glänzende Himmel, zu dem er vielleicht damals ganz allein emporgeblickt, war seit der Zeit wochenlang ein glänzender geblieben, und wohl hundert Augen schauten nun zu ihm ängstlich auf. Felix, in seiner Erwartung befangen, hatte es nicht bemerkt; aber eines Nachmittags, da er gerade von der Haide dem Dorfe zuging, fiel ihm auf, wie denn heuer gar so schönes Wetter sei; denn eben stand über der verwelkenden Haide eine jener prächtigen Erscheinungen, die er wohl öfters, auch in morgenländischen Wüsten, aber nie so schön gesehen, nämlich das Wasserziehen der Sonne: – aus der

ungeheuren Himmelsglocke, die über der Haide lag, wimmelnd von glänzenden Wolken, schossen an verschiedenen Stellen majestätische Ströme des Lichtes, und, auseinanderfahrende Straßen am Himmelszelte bildend, schnitten sie von der gedehnten Haide blendend goldne Bilder heraus, während das ferne Moor in einem schwachen milchichten Höhenrauche verschwamm.
So war es dieser Tage oft gewesen, und der heutige schloß sich wie seine Vorgänger; nämlich zu Abends war der Himmel gefegt und zeigte eine blanke, hochgelb schimmernde Kuppel.
Felix ging zu der Schwester, und als er spät abends in sein Haus zurückkehrte, bemerkte er auch, wie man im Dorfe geklagt, daß die Halme des Kornes so dünne standen, so zart, die wolligen Ähren pfeilrecht empor strekkend, wie ohnmächtige Lanzen.
Am andern Tage war es schön, und immer schönere Tage kamen und schönere.
Alles und jedes Gefühl verstummte endlich vor der furchtbaren Angst, die täglich in den Herzen der Menschen stieg. Nun waren auch gar keine Wolken mehr am Himmel, sondern ewig blau und ewig mild lächelte er nieder auf die verzweifelnden Menschen. Auch eine andere Erscheinung sah man jetzt oft auf der Haide, die sich wohl früher auch mochte ereignet haben, jedoch von niemand beachtet; aber jetzt, wo viele tausend und tausend Blicke täglich nach dem Himmel gingen, wurde sie als unglückweissagender Spuk betrachtet: nämlich ein Waldes- und Höhenzug, jenseits der Haide gelegen und von ihr aus durchaus nicht sichtbar, stand nun öfters sehr deutlich am Himmel, daß ihn nicht nur alles sah, sondern daß man sich die einzelnen Rücken und Gipfel zu nennen und zu zeigen vermochte – und wenn es im Dorfe hieß, es sei wieder zu sehen, so ging alles hinaus und sah es an, und es blieb manchmal stundenlang stehen, bis es

schwankte, sich in Längen- und Breitenstreifen zog, sich zerstückte, und mit eins verschwand.
Die Haidelerche war verstummt; aber dafür tönte den ganzen Tag und auch in den warmen, taulosen Nächten das ewige einsame Zirpen und Wetzen der Heuschrecken über die Haide und der Angstschrei des Kiebitz. Das flinke Wässerlein ging nur mehr wie ein dünner Seidenfaden über die graue Fläche, und das Korn und die Gerste im Dorfe standen fahlgrün und wesenlos in die Luft und erzählten bei jedem Hauche derselben mit leichtfertigem Rauschen ihre innere Leere. Die Baumfrüchte lagen klein und mißreif auf der Erde, die Blätter waren staubig, und von Blümlein war nichts mehr auf dem Rasen, der sich selber wie rauschend Papier zwischen den Feldern hinzog.
Es war die äußerste Zeit. Man flehte mit Inbrunst zu dem verschlossenen Gewölbe des Himmels. Wohl stand wieder mancher Wolkenberg tagelang am südlichen Himmel, und nie noch wurde ein so stoffloses Ding wie eine Wolke von so vielen Augen angeschaut, so sehnsüchtig angeschaut, als hier – aber wenn es Abend wurde, erglühte der Wolkenberg purpurig schön, zerging, lösete sich in lauter wunderschöne zerstreute Rosen am Firmamente auf, und verschwand – und die Millionen freundlicher Sterne besetzten den Himmel.
So war der Freitag vor Pfingsten gekommen; die weiche, blaue Luft war ein blanker Felsen geworden. Vater Niklas war nachmittags über die Haide gekommen, das Bächlein war nun auch versiegt, das Gras bis auf eine Decke von schalgrauem Filze verschwunden, nicht Futter gebend für ein einzig Kaninchen; nur der unverwüstliche und unverderbliche Haidesohn, der mißhandelte und verachtete Strauch, der Wacholder, stand mit eiserner Ausdauer da, der einzige lebhafte Feldbusch, das grüne Banner der Hoffnung; denn er bot freiwillig gerade heuer

eine solche Fülle der größten blauen Beeren, so überschwenglich, wie sich keines Haidebewohners Gedächtnis entsinnen konnte. – Eine plötzliche Hoffnung ging in Niklas' Haupte auf, und er dachte als Richter mit den Ältesten des Dorfes darüber zu raten, wenn es nicht morgen oder übermorgen sich änderte. Er ging weit und breit und betrachtete die Ernte, die keiner gesäet, und auf die keiner gedacht, und er fand sie immer ergiebiger und reicher, sich, weiß Gott, in welche Ferne erstreckend – aber da fielen ihm die armen tausend Tiere ein, die dadurch werden in Notstand versetzt sein, wenn man die Beeren sammle: allein er dachte, Gott der Herr wird ihnen schon eingeben, wohin der Krammetsvogel fliegen, das Reh laufen müsse, um andere Nahrung zu finden.

Da er heimwärts in die Felder kam, nahm er eine Scholle und zerdrückte sie, aber sie ging unter seinen Händen wie Kreide auseinander – und das Getreide, vor der Zeit Greis, fing schon an, sich zu einer tauben Ernte zu bleichen. Wohl standen Wolken am Himmel, die in langen milchweißen Streifen tausendfasrig und verwaschen die Bläue durchstreiften, sonst immer Vorboten des Regens; aber er traute ihnen nicht, weil sie schon drei Tage da waren, und immer wieder verschwanden, als würden sie eingesogen von der unersättlichen Bläue. Auch manch anderer Hausvater ging händeringend zwischen den Feldern, und als es Abend geworden und selbst zerstückte Gewitter um den Rand des Horizontes standen und sich gegenseitig Blitze zusandten, – sah ein von der Stadt heimfahrender Bauer selbst die halbgestorbene Großmutter mitten im Felde knien und mit emporgehobenen Händen beten, als sei sie durch die allgemeine Not zu Bewußtsein und Kraft gelangt, und als sei sie die Person im Dorfe, deren Wort vor allen Geltung haben müsse im Jenseits.

Die Wolken wurden dichter, aber blitzten nur und regneten nicht.

Wie Vater Niklas zwischen die Zäune bog, begegnete er seinem Sohne, und siehe, dieser ging mit traurigem Angesichte einher, mit weit traurigerem, als jeder andere im Dorfe.

»Guten Abend, Felix,« sagte der Vater zu ihm, »gibst du denn die Hoffnung ganz auf?«

»Welche Hoffnung, Vater?«

»Gibt es denn eine andere als die Ernte?«

»Ja, Vater, es gibt eine andere; – die der Ernte wird in Erfüllung gehen, die andere nicht. Ich will es Euch sagen, ich selber habe etwas für Euch und das Dorf getan. Ich habe zu den Obrigkeiten der fernen Hauptstadt geschrieben und ihnen den Stand der Dinge gemeldet; ich habe Freunde dort, und manche haben mich lieb gehabt, – sie werden Euch helfen, daß ihr keinen Hauch von Not empfinden sollet, und auch ich werde so viel helfen, als in meiner Kraft ist. Aber tröstet Euch und tröstet das Dorf: alle Hilfe von Menschen werdet Ihr nicht brauchen; ich habe den Himmel und seine Zeichen auf meinen Wanderungen kennen gelernt, und er zeigt, daß es morgen regnen werde. – Gott macht ja immer alles, alles gut, und es wird auch dort gut sein, wo er Schmerz und Entsagung sendet.«

»Möge dein Wort in Erfüllung gehen, Sohn, daß wir zusammen glückliche Festtage feiern.«

»Amen,« sagte der Sohn, »ich begleite Euch zur Mutter; wir wollen glückliche Festtage feiern.«

Pfingstsamstags-Morgen war angebrochen, und der ganze Himmel hing voll Wolken; aber noch war kein Tropfen gefallen. So ist der Mensch. Gestern gab jeder die Hoffnung der Ernte auf, und heute glaubte jeder, mit einigen Tropfen wäre ihr geholfen. Die Weiber und Mägde standen auf dem Dorfplatze und hatten Fässer und Geschirr hergebracht, um, wenn es regne und der Dorfbach sich fülle, doch auch heuer, wie sonst, ihre Festtagsreinigungen vornehmen zu können und feierliche Pfingsten zu halten. Aber es wurde Nachmittag, und noch kein Tropfen war gefallen, die Wolken wurden zwar nicht dünner – aber es kam auch Abend, und kein Tropfen war gefallen.

Spät nachts war der Bote zurückgekommen, den Felix in die Stadt zur Post gesendet, und brachte einen Brief für ihn. Er lohnte den Boten, trat, als er allein war, vor die Lampe seines Tisches und entsiegelte die wohlbekannte Handschrift:

›Es macht mir vielen Kummer, in der Tat, schweren Kummer, daß ich Ihre Bitte abschlagen muß. Ihre selbstgewählte Stellung in der Welt macht es unmöglich, zu willfahren; meine Tochter sieht ein, daß es so nicht sein kann, und hat nachgegeben. Sie wird den Sommer und Winter in Italien zubringen, um sich zu erholen, und sendet Ihnen durch mich die besten Grüße. Sonst Ihr treuer, ewiger Freund.‹

Der Mann, als er gelesen, trat mit schneebleichem Angesichte und mit zuckenden Lippen von dem Tische weg – an den Wimpern zitterten Tränen vor. Er ging ein paarmal auf und ab, legte endlich das erhaltene Schreiben langsam auf den Tisch, schritt mit dem Lichte gegen einen Schrein, nahm ein Päckchen Briefe heraus, legte sie schön zusammen, umwickelte sie mit einem feinen Umschlage und siegelte sie zu – dann legte er sie wieder in den Schrein.

»Es ist geschehen«, sagte er atmend, und trat ans Fenster, sein Auge an den dicken, finstern Nachthimmel legend. Unten stand ein verwelkter Garten – die Haide schlummerte – und auch das entfernte Dorf lag in hoffnungsvollen Träumen.

Es war eine lange, lange Stille.

»Meine selbstgewählte Stellung«, sagte er endlich sich

emporrichtend – und im tiefen, tiefen Schmerze war es wie eine zuckende Seligkeit, die ihn lohnte. Dann löschte er das Licht aus und ging zu Bette.
Des andern Morgens, als sich die Augen aller Menschen öffneten, war der ganze Haidehimmel grau, und ein dichter, sanfter Landregen träufelte nieder.
Alles, alles war nun gelöset; die freudigen Festgruppen der Kirchgänger rüsteten sich, und ließen gern das köstliche Naß durch ihre Kleider sinken, um nur zum Tempel Gottes zu gehen und zu danken – auch Felix ließ es durch seine Kleider sinken, ging mit und dankte mit, und keiner wußte, was seine sanften, ruhigen Augen bargen.
So weit geht unsere Wissenschaft von Felix, dem Haidebewohner. – Von seinem Wirken und dessen Früchten liegt nichts vor: aber sei es so oder so – trete nur getrost dereinst vor deinen Richter, du reiner Mensch, und sage: »Herr, ich konnte nicht anders, als dein Pfund pflegen, das du mir anvertraut hast«, und wäre dann selbst dein Pfund zu leicht gewesen, der Richter wird gnädiger richten als die Menschen.

DER HOCHWALD

I. WALDBURG

An der Mitternachtseite des Ländchens Österreich zieht ein Wald an die dreißig Meilen lang seinen Dämmerstreifen westwärts, beginnend an den Quellen des Flusses Thaia, und fortstrebend bis zu jenem Grenzknoten, wo das böhmische Land mit Österreich und Baiern zusammenstößt. Dort, wie oft die Nadeln bei Kristallbildungen, schoß ein Gewimmel mächtiger Joche und Rücken gegen einander, und schob einen derben Gebirgsstock empor, der nun von drei Landen weithin sein Waldesblau zeigt und ihnen allerseits wogiges Hügelland und strömende Bäche absendet. Er beugt, wie seinesgleichen öfter, den Lauf der Bergeslinie ab, und sie geht dann mitternachtwärts viele Tagereisen weiter.

Der Ort dieser Waldesschwenkung nun, vergleichbar einer abgeschiednen Meeresbucht, ist es, in dessen Revieren sich das begab, was wir uns vorgenommen zu erzählen. Vorerst wollen wir es kurz versuchen, die zwei Punkte jener düsterprächtigen Waldesbogen dem geneigten Leser vor die Augen zu führen, wo die Personen dieser Geschichte lebten und handelten, ehe wir ihn zu ihnen selber geleiten. Möchte es uns gelingen, nur zum tausendsten Teile jenes schwermütig schöne Bild dieser Waldtale wieder zu geben, wie wir es selbst im Herzen tragen, seit der Zeit, als es uns gegönnt war, dort zu wandeln und einen Teil jenes Doppeltraumes dort zu träumen, den der Himmel jedem Menschen einmal und gewöhnlich ver-

eint gibt, den Traum der Jugend und den der ersten Liebe. Er ist es, der eines Tages aus den tausend Herzen *eines* hervorhebt und es als unser Eigentum für alle Zukunft als einzigstes und schönstes in unsere Seele prägt, und dazu die Fluren, wo es wandelte, als ewig schwebende Gärten in die dunkle, warme Zauberphantasie hängt!
Wenn sich der Wanderer von der alten Stadt und dem Schlosse Krumau, dieser grauen Witwe der verblichenen Rosenberger, westwärts wendet, so wird ihm zwischen unscheinbaren Hügeln bald hier bald da ein Stück Dämmerblau hereinscheinen, Gruß und Zeichen von draußen ziehendem Gebirgslande, bis er endlich nach Ersteigung eines Kammes nicht wieder einen andern vor sich sieht, wie den ganzen Vormittag, sondern mit eins die ganze blaue Wand, von Süd nach Norden streichend, einsam und traurig. Sie schneidet einfärbig mit breitem, lotrechtem Bande den Abendhimmel, und schließt ein Tal, aus dem ihn wieder die Wasser der Moldau anglänzen, die er in Krumau verließ; nur sind sie hier noch jugendlicher und näher ihrem Ursprunge. Im Tale, das weit und fruchtbar ist, sind Dörfer herumgestreuet, und mitten unter ihnen steht der kleine Flecken Oberplan. Die Wand ist obgenannter Waldesdamm, wie er eben nordwärts beugt, und daher unser vorzüglichstes Augenmerk. Der eigentliche Punkt aber ist ein See, den sie ungefähr im zweiten Drittel ihrer Höhe trägt.
Dichte Waldbestände der eintönigen Fichte und Föhre führen stundenlang vorerst aus dem Moldautale empor, dann folgt, dem Seebache sacht entgegensteigend, offenes Land; – aber es ist eine wilde Lagerung zerrissener Gründe, aus nichts bestehend als tief schwarzer Erde, dem dunklen Totenbette tausendjähriger Vegetation, worauf viele einzelne Granitkugeln liegen, wie bleiche Schädel von ihrer Unterlage sich abhebend, da sie vom Regen bloßgelegt, gewaschen und rund gerieben sind. –

Ferner liegt noch da und dort das weiße Gerippe eines gestürzten Baumes und angeschwemmte Klötze. Der Seebach führt braunes Eisenwasser, aber so klar, daß im Sonnenscheine der weiße Grundsand glitzert, wie lauter rötlich heraufflimmernde Goldkörner. Keine Spur von Menschenhand, jungfräuliches Schweigen.
Ein dichter Anflug junger Fichten nimmt uns nach einer Stunde Wanderung auf, und von dem schwarzen Samte seines Grundes herausgetreten, steht man an der noch schwärzern Seesfläche.
Ein Gefühl der tiefsten Einsamkeit überkam mich jedesmal unbesieglich, so oft und gern ich zu dem märchenhaften See hinaufstieg. Ein gespanntes Tuch ohne eine einzige Falte liegt er weich zwischen dem harten Geklippe, gesäumt von einem dichten Fichtenbande, dunkel und ernst, daraus manch einzelner Urstamm den ästelosen Schaft emporstreckt, wie eine einzelne altertümliche Säule. Gegenüber diesem Waldbande steigt ein Felsentheater lotrecht auf, wie eine graue Mauer, nach jeder Richtung denselben Ernst der Farbe breitend, nur geschnitten durch zarte Streifen grünen Mooses, und sparsam bewachsen von Schwarzföhren, die aber von solcher Höhe so klein herabsehen wie Rosmarinkräutlein. Auch brechen sie häufig aus Mangel des Grundes los und stürzen in den See hinab; daher man, über ihn hinschauend, der jenseitigen Wand entlang in gräßlicher Verwirrung die alten, ausgebleichten Stämme liegen sieht, in traurigem, weiß leuchtendem Verhack die dunklen Wasser säumend. Rechts treibt die Seewand einen mächtigen Granitgiebel empor, Blockenstein geheißen; links schweift sie sich in ein sanftes Dach herum, von hohem Tannenwald bestanden und mit einem grünen Tuche des feinsten Mooses überhüllet.
Da in diesem Becken buchstäblich nie ein Wind weht, so ruht das Wasser unbeweglich, und der Wald und die

grauen Felsen und der Himmel schauen aus seiner Tiefe heraus, wie aus einem ungeheuern schwarzen Glasspiegel. Über ihm steht ein Fleckchen der tiefen, eintönigen Himmelsbläue. Man kann hier tagelang weilen und sinnen, und kein Laut stört die durch das Gemüt sinkenden Gedanken, als etwa der Fall einer Tannenfrucht oder der kurze Schrei eines Geiers.

Oft entstieg mir ein und derselbe Gedanke, wenn ich an diesen Gestaden saß: – als sei es ein unheimlich Naturauge, das mich hier ansehe – tief schwarz – überragt von der Stirne und Braue der Felsen, gesäumt von der Wimper dunkler Tannen – drin das Wasser regungslos, wie eine versteinerte Träne.

Rings um diesen See, vorzüglich gegen Baiern ab, liegen schwere Wälder, manche nie besuchte, einsame Talkrümme samt ihren Bächlein zwischen den breiten Rükken führend, manche Felsenwand schiebend mit den tausend an der Sonne glänzenden Flittern, und manche Waldwiese dem Tagesglanze unterbreitend, einen schimmernden Versammlungssaal des mannigfachsten Wildes.

Dieses ist der eine der zwei obbemerkten Punkte. Lasset uns nun zu dem andern übergehen. Es ist auch ein Wasser, aber ein freundliches, nämlich das leuchtende Band der Moldau, wie es sich darstellt von einem Höhenpunkt desselben Waldzuges angesehen, aber etwa zehn Wegestunden weiter gegen Sonnenaufgang. Durch die duftblauen Waldrücken noch glänzender, liegt es geklemmt in den Talwindungen, weithin sichtbar, erst ein Lichtfaden, dann ein flatternd Band, und endlich ein breiter Silbergürtel, um die Wölbung dunkler Waldesbusen geschlungen – dann, bevor sie neuerdings schwarze Tannen- und Föhrenwurzeln netzt, quillt sie auf Augenblicke in ein lichtes Tal hervor, das wie ein zärtlich Auge aufgeschlagen ist in dem ringsum trauernden Waldesdunkel. – Das Tal trägt dem wandernden Waldwasser gastliche Felder entgegen, und grüne Wiesen, und auf einer derselben, wie auf einem Sammetkissen, einen kleinen Ort mit dem schönen Namen Friedberg. – Von da, nach kurzem Glanze, schießt das Wellensilber wieder in die Schatten erst des Jesuiterwaldes, dann des Kienberges, und wird endlich durch die Schlucht der Teufelsmauer verschlungen.

Der Punkt, von dem aus man fast so weit, als es hier beschrieben, den Lauf dieser Waldestochter übersehen kann, ist eine zerfallene Ritterburg, von dem Tale aus wie ein luftblauer Würfel anzusehen, der am obersten Rande eines breiten Waldbandes schwebet. Friedbergs Fenster sehen gegen Südwesten auf die Ruine, und dessen Bewohner nennen sie den Thomasgipfel oder Thomasturm, oder schlechthin St. Thoma, und sagen, es sei ein uraltes Herrenschloß, auf dem einst grausame Ritter wohnten, weshalb es jetzt verzaubert sei und in tausend Jahren nicht zusammenfallen könne, ob auch Wetter und Sonnenschein daran arbeite.

Oft saß ich in vergangenen Tagen in dem alten Mauerwerke, ein liebgewordenes Buch lesend, oder bloß den lieben aufkeimenden Jugendgefühlen horchend, durch die ausgebröckelten Fenster zum blauen Himmel schauend, oder die goldnen Tierchen betrachtend, die neben mir in den Halmen liefen, oder statt all dessen bloß müßig und sanft den stummen Sonnenschein empfindend, der sich auf Mauern und Steine legte – – oft und gern verweilte ich dort, selbst als ich das Schicksal derer noch nicht kannte, die zuletzt diese wehmütige Stätte bewohnten.

Ein grauer viereckiger Turm steht auf grünem Weidegrunde, von schweigendem, zerfallenem Außenwerke umgeben, tausend Gräser und schöne Waldblumen und weiße Steine im Hofraume hegend, und von außen umringt mit vielen Platten, Knollen, Blöcken und andern wunderlichen Granitformen, die ausgesäet auf dem Rasen herumliegen. Keine Stube, kein Gemach ist mehr in wohnbarem Zustande, nur seine Mauern, jedes Mörtels und Anwurfes entkleidet, stehen zu dem reinen Himmel empor, und tragen hoch oben manche einsame Tür oder einen unzugänglichen Söller, nebst einer Fensterreihe, die jetzt in keinem Abendrot mehr glänzen, sondern eine Wildnis schöner Waldkräuter in ihren Simsen tragen. – Keine Waffen hängen an den Mauerbögen, als die hundert goldenen Pfeile der schief einfallenden Sonnenstrahlen; keine Juwelen glänzen aus der Schmucknische, als die schwarzen befremdeten Äuglein eines brütenden Rotkehlchens; – kein Tragebalken führt vom Mauerrande sein Dach empor, als manch ein Fichtenbäumchen, das hoch am Saume im Dunkelblau sein grünes Leben zu beginnen sucht. – Keller, Gänge, Stuben – alles Berge von Schutt, gesucht und geliebt von mancher dunkeläugigen Blume. Einer der Schutthügel reicht von innen bis gegen das Fenster des zweiten Stockwerkes empor. Dem, der ihn erklimmt, wird ein Anblick, der, obwohl im geraden Gegensatze mit den Trauerdenkmalen ringsum, dennoch augenblicklich fühlen läßt, daß eben er die Vollendungslinie um das beginnende Empfinden lege, nämlich: über alle Wipfel der dunklen Tannen hin ergießt sich dir nach jeder Richtung eine unermeßne Aussicht, strömend in deine Augen und sie fast mit Glanz erdrückend. – Dein staunender und verwirrter Blick ergeht sich über viele, viele grüne Bergesgipfel, in webendem Sonnendufte schwebend, und gerät dann hinter ihnen in einen blauen Schleierstreifen – es ist das gesegnete Land jenseits der Donau mit seinen Getreidehängen und Obstwäldern – bis der Blick endlich auf jenen ungeheuren Halbmond trifft, der den Gesichtskreis einfasset: die Norischen Alpen. – Der große Briel glänzt an heitern Tagen wie eine lichte Flocke am Himmelsblaue hängend, – der Traunstein

zeichnet eine blasse Wolkenkontur in den Kristall des Firmaments. – Der Hauch der ganzen Alpenkette zieht wie ein luftiger Feengürtel um den Himmel, bis er hinausgeht in zarte, kaum sichtbare Lichtschleier, drinnen weiße Punkte zittern, wahrscheinlich die Schneeberge der ferneren Züge.
Dann wende den Blick nach nordwärts; da ruhen die breiten Waldesrücken und steigen lieblich schwarzblau dämmernd ab gegen den Silberblick der Moldau; – westlich blauet Forst an Forst in angenehmer Färbung, und manche zarte, schöne, blaue Rauchsäule steigt fern aus ihm zu dem heitern Himmel auf. Es wohnet unsäglich viel Liebes und Wehmütiges in diesem Anblicke.
Und nun, lieber Wanderer, wenn du dich satt gesehen hast, so gehe jetzt mit mir zwei Jahrhunderte zurück, denke weg aus dem Gemäuer die blauen Glocken, und die Maßlieben und den Löwenzahn, und die andern tausend Kräuter; streue dafür weißen Sand bis an die Vormauer, setze ein tüchtig Buchentor in den Eingang und ein sturmgerechtes Dach auf den Turm, spiegelnde Fenster in die Mauern, teile die Gemächer, und ziere sie mit all dem lieben Hausrat und Flitter der Wohnlichkeit – dann, wenn alles ist wie in den Tagen des Glückes, blank, wie aus dem Gusse des Goldschmiedes kommend – – dann geh mit mir die mittlere Treppe hinauf in das erste Stockwerk, die Türen fliegen auf – – – Gefällt dir das holde Paar?
Es sind die Töchter Heinrichs des Wittinghausers, in dessen Wohnung du dich befindest – Wittinghausen hieß vor Zeiten das Schloß, ehe es von einem in der Nähe erbauten und nun ebenfalls verfallenden Kirchlein den Namen St. Thoma erhielt.
Die jüngere sitzt am Fenster und stickt, und obwohl es noch früh am Morgen ist, so ist sie doch schon völlig angekleidet, und zwar mit einem mattblauen Kleide nach

der so malerischen Art, wie wir sie noch hie und da auf Gemälden aus der Zeit des Dreißigjährigen Krieges sehen. Alles ist nett. Ärmel und Mieder umschließen reinlich, jede Falte der Schleppe liegt bewußtvoll, jede Schleife sitzt wohlberechtigt, und jede Buffe gilt, und über dem Ganzen des Trachtenbaues schwebt als Giebel ein schönes Köpfchen, über und über blondlockig, und schaut fast wunderselig jung aus der altväterischen Kleiderwolke. Man sieht es offenbar, sie hat hohe Freude an ihrem Anzuge, und hat ihn auch deswegen schon ganz und gar an. Zu den blonden Locken stehen seltsam die dunkelbraunen, fast schwarzen Augen, wenn sie mit ihnen gelegentlich erschrocken oder neugierig emporleuchtet – aber dann liegen sie so rein und rund in ihrem Rahmen, daß man sieht, wie die junge Seele, unberührt von Schmerz und Leidenschaft, noch so arglos zutäppisch durch ihre Fensterlein herausschaut, weil die Welt gar so groß und prächtig ist. Den Locken nach ist sie älter als achtzehn, den Augen nach jünger als vierzehn Jahre. Vielleicht steht sie mitten.

Die ältere ist noch nicht angezogen. Sie sitzt in einem weißen Nachtkleide auf einer Art von Ruhebett, auf dem sie viele Papiere und Pergamentrollen ausgebreitet hat, in denen sie herumsucht. Eine Fülle äußerst schwarzer Haare ist aufgelöst und schneidet in breitem, niedergehendem Strome den faltenreichen Schnee des Nachtgewandes. Das Gesicht ist fein und geistreich, nur etwas blaß, daher die Augen desto dunkler daraus vorleuchten, da sie den Haaren entsprechend sind, tief schwarz, und fast noch größer, als die braunen der Schwester.

Das Zimmer ist das Wohn- und Schlafgemach der Mädchen; denn in seiner Tiefe stehen die zwei aus Eichenholz geschnitzten Bettgestelle, jedes überwölbt mit einem seidenen Baldachin und umlegt mit blühenden Teppichen; – Sessel und Schemel stehen verschoben, als eben gebraucht und zum Teil bedeckt mit Stücken weißen Nachtzeuges. Die Betschemel stehen jeder in einer andern Fensterbrüstung, daß sich die betenden Schwestern nicht sehen können; denn die Andacht ist verschämt, wie die Liebe. Auf dem Putztische ist nur ein hoher, schmaler Spiegel und echte Schmuckstücke. Es ist noch sehr früh am Morgen, wie die langen Schatten und die Silberblitze an den taufeuchten Tannen draußen zeigen. Der Tag ist ganz heiter, die Alpenkrone liegt in den zwei Fenstern, wie in einem Rahmen, und ein glänzender Himmel spannt sich darüber weg.

Die am Fenster stickt emsig fort, und sieht nur manchmal auf die Schwester. Diese hat mit einmal ihr Suchen eingestellt und ihre Harfe ergriffen, aus der schon seit länger einzelne Töne wie träumend fallen, die nicht zusammenhängen, oder Inselspitzen einer untergesunkenen Melodie sind.

Plötzlich sagt die jüngere: »Siehe, Clarissa, wenn du auch die Melodie verbergen willst, ich kenne doch das Lied, das du schon wieder singen möchtest. –«

Die Angeredete, ohne zu antworten, sang mit leiser Stimme die zwei Verse:

Da lagen weiße Gebeine,
Die goldne Kron dabei.

Dann ließ sie ab vom Spiele, und ohne die Harfe wegzustellen, sah sie durch die Saiten in das unschuldige Angesicht der Schwester.

Diese erwiderte mit den guten, runden Augen den Blick, und sagte dann fast schüchtern: »Ich weiß nicht, das Lied ist mir so unheimlich, es ahnt einen Unglückliches an – und der Inhalt ist so schauerlich – – auch weißt du ja, daß es der Vater nicht gern höret, daß du gerade dieses Lied singest – –«

»Sieh, und dennoch hat es einer gedichtet, der sehr sanft und gut war«, fiel die ältere Schwester ein.

»So hätte er gleich lieber ein sanfteres und freundlicheres dichten können,« erwiderte die jüngere, »denn ein Lied muß gut und hold sein, daß man es liebet, und nicht fürchtet wie dieses.« Clarissa sah bei diesen Worten mit einer so gütigen Zärtlichkeit auf die Schwester, fast wie eine Mutter, und sagte: »O du gutes Ding, du treuherziges, wie bist du noch gar so jung! – – – Jene Furcht, jenes Schauern ist ja eben der Abgrund unseres Gewissens, und versöhnt zuletzt zu gedoppelter Güte.«

»Nein, nein«, antwortete die andere; »ich bin lieber gleich vom Anfange gut. Ein Lied muß bei mir lieb und hell sein, wie der heutige Tag, kein Wölkchen, so weit du schauen magst, lauter Blau und lauter Blau, das reinste und freundlichste Blau. Deine Melodieen sind jetzt immer wie Nebel und Wolken, oder gar wie Mondschein, der wohl auch schön ist, aber bei dem man sich fürchtet.«

»O die vielgeliebten, schwebenden, webenden Wolken,« entgegnete Clarissa, »wie sie aufblühen in der Öde des Himmels, um die Berge glänzen und träumen, schimmernde Paläste bauen, massenweise sich sonnen, und abends so liebrot entbrennen, wie schlafmüde Kinder! – – – O Johanna, liebes Mädchen, wie bist du noch dein eigner Himmel, tief und schön und kühl! Aber es werden in ihm Düfte emporsteigen – der Mensch gibt ihnen den Mißnamen Leidenschaft – du wirst wähnen, sie seien wonnevoll erschienen, Engel wirst du sie heißen, die sich in der Bläue wiegen – aber gerade aus ihnen kommen dann die heißen Blitze, und die warmen Regen, deine Tränen – und doch auch wieder aus diesen Tränen baut sich jener Verheißungsbogen, der so schön schimmert, und den man nie erreichen kann – – – der Mondschein ist dann hold und unsre Melodieen weich. – – Kind, es gibt Freuden auf der Welt, von einer Überschwenglichkeit, daß sie unser Herz zerbrechen können – – und Leiden von einer Innigkeit – – – o sie sind so innig!! –«

Johanna stand schnell auf, ging zu ihrer Schwester und küßte sie unsäglich zärtlich auf den Mund, indem sie beide Arme um ihren Hals schlang, und sagte: »So bist du, ich weiß es; dein Herz tut dir weh, liebe Schwester; aber denke, der Vater liebt dich, der Bruder, ich, und gewiß alle Menschen, weil du so gut bist, wie sonst gar kein Mensch; aber sprich nicht so – singe lieber, singe alles, selbst das von dem König. Ich weiß, daß du heute schon seit dem Aufstehen daran dachtest.«
Clarissa küßte sie zweimal recht innig entgegen auf die Kinderlippen, an deren unbewußter, schwellender Schönheit sie wie ein Liebender Freude hatte, und sagte dann lächelnd: »Schaffe dir keine Sorgen, liebes Herz, ich werde fleißig mit dir arbeiten, daß unser Vater Vergnügen an den schönen Blumen habe, die unter deinen Händen erwachsen.« Sie setzte sich an die entgegengesetzte Seite des Stickrahmens, und während Johanna an den Blumen arbeitete, begnügte sie sich, den Grund auszufüllen. Sie sprachen noch vielerlei, dann schwiegen sie – dann sprachen sie wieder, aber immer blieb als Grundton die Innigkeit zweier herzlieben Geschwister, wobei jedoch die ältere eine Art sanfter Vormundschaft ausübte. Die Kleine hatte etwas auf dem Herzen, so schien es; denn sie holte schon einige Male aus – aber jetzt nahm sie sich einen Anlauf, und brachte einen kühnen Wildschützen daher, von dem sie gehört habe, daß er die westlichen Wälder zu seiner Wohnung erkoren, die damals ungleich größer waren als jetzt. Es seien von ihm die sonderbarsten Gerüchte im Umlaufe. Sie erzählte, daß sie gestern gehört habe, daß er mit keiner andern Kugel als einer geweihten erschossen werden könne, und daß er in der Nacht mit Männern Unterredungen habe, die gar nicht von Fleisch und Blut sind.
Clarissa widersprach diesem, und meinte, derlei dichte der Aberglaube dazu, wahrscheinlich gäbe es gar nicht

einmal einen solchen Mann, da sich das Volk nur so gern in schaurigen Berichten gefalle.

»Wohl, wohl gibt es einen solchen«, fiel Johanna eifrig ein.

»Und wenn auch,« antwortete Clarissa, »so ist er gewiß nicht das, wofür man ihn hält.«

»O vielleicht ist er etwas noch viel Ärgeres – weißt du von jenem unglücklichen Müller in Spitzenberg – den hat er erschossen.«

»Rede doch nicht so freventlich nach, was nicht erwiesen ist. Jener Müller ließ sich zu Kundschaft in dem schwedischen Heere gebrauchen, deshalb ist er erschossen worden.«

»Ja, so hat man vermutet, aber niemand kann es erweisen – und daß ich es dir nur gestehe – ich habe gestern abends zugehört, als der Jägerbursche, der dem Vater den Brief vom Ritter brachte, in der Gesindestube von diesem Manne erzählte. Er ist groß und stark wie ein Baum, trägt einen wilden Bart, und geht Tagereisen weit mit seiner langen Flinte durch die Wälder. Von den Menschen, die hier im flachen Lande wohnen, haben ihn noch wenige gesehen, aber der Jägerbursche sah ihn schon so nahe, wie ich dich – und er und kein anderer hat den Mord verübt. Man fand den Müller im Parkfriedergehölze beim Muttergottesbilde, wo sich die Wege teilen, und keine einzige Wunde an seinem Leibe, als das Loch der kleinen Kugel durch die Schläfe, und kein Mensch, als nur dieser Wildschütze, gebraucht so kleine Kugeln. Dann sagte er noch etwas, das aber zu gottlos ist, als daß es wahr sein könnte.«

»Nun?«

»Daß dieser Mann sein Gewehr nur losschießen dürfe, und er treffe doch immer den, den er sich denke.«

»Wie magst du nur solchen Reden zuhören,« sagte Clarissa ernst, »das ist blinder, leerer Frevel. Wie könnte denn Gott, der allmächtige Herr des Weltalls, solche böse Wunder zulassen, wenn er wollte, daß wir noch fürder seinen Einrichtungen trauen sollten, wie es ja doch unsre Pflicht und unsre Freude ist.«

»Ich habe es ja auch nicht geglaubt«, sagte Johanna treuherzig; »aber da ich zuhörte und sah, wie unsre Mägde fast erbleichten, so schauderte es mich auch, und trotz dem, daß ich gehen wollte, horchte ich doch wieder auf seine Worte hin. Er hat alles so lebendig beschrieben, auch die Wälder alle dort oben, unermeßlich und undurchdringlich, so daß unsre nur Gärten dagegen sind. Ein schöner, schwarzer Zaubersee soll in ihrer Mitte ruhen, und wunderbare Felsen und wunderbare Bäume um ihn stehen, und ein Hochwald ringsherum sein, in dem seit der Schöpfung noch keine Axt erklungen. Der Jäger sagte, daß er wohl bisher noch nicht so tief hineingedrungen sei, um zu dem Wasser zu gelangen, aber nächstens würde er es tun, und da trägt er auch einen geweihten silbernen Knopf bei sich, um den Wildschützen und Mörder niederzuschießen, sobald er ihn ansichtig wird; denn gegen Blei ist er fest.«

»Warum tat er es denn nicht schon,« sagte Clarissa, »da er ihn, wie du sagst, schön öfters sah? – Siehst du, du bist ein argloses Närrchen, und der Bursche ist ein prahlender Schalk, der euch gern schaudern machte, daß er als desto größerer Held erscheine. An deiner Stelle hätte ich gar nicht zugehört. Jener Mann ist wohl nur ein harmloser Schütze – oder es existiert ganz und gar kein solcher; denn alle, die je in jene Waldländer gerieten, fanden eine schöne Wildnis voll gesunder Blumen, Kräuter und herrlicher Bäume, die Wohnung unzähliger fremder Vögel und Tiere, aber nicht das mindeste Verdächtige.«

»Aber in den Glöckelbergen schwemmte der Bach erst neulich die Knochen eines Eberkopfes aus, in denen die kleine Kugel steckte.«

»Nun laß gehen«, sagte Clarissa lächelnd; – »über dem Gewimmel deiner Wälder, Seeen und Knochen und Jäger hat dir diese Rose ein häßlich Eck bekommen.«
Johanna, eben in dem Alter des größten Wucherns der Räuber- und Zauberphantasieen, wollte nicht so leicht ablassen, jedoch Clarissa ließ sich nicht mehr hinlenken, und so kam das Gespräch auf die Stickerei, da Johanna die angegriffene Rose verteidigte, und wurde mit jener Folgerichtigkeit fortgeführt, die sie jetzt auf Tanz und Sterbefälle bringt, jetzt auf Kriegsrüstungen, Lavendel, Eingesottenes und Kometen. Wie des Blutes Welle aus dem Herzen hüpfet, springt das leichte Gedankengeschwader mit, die Kinderzunge plaudert sie heraus, das runde Auge schaut uns groß und freundlich an – und unser Herz muß sie mehr lieben als alle Weisheit der Weisen. So über alle Maßen kostbar ist das reine Werk des Schöpfers, die Menschenseele, daß sie, noch unbefleckt und ahnungslos des Argen, das es umschwebt, uns unsäglich heiliger ist als jede mit größter Kraft sich abgezwungene Besserung; denn nimmermehr tilgt ein solcher aus seinem Antlitz unsern Schmerz über die einstige Zerstörung, – und die Kraft, die er anwendet, sein Böses zu besiegen, zeigt uns fast drohend, wie gern er es beginge; wir bewundern ihn, aber mit der natürlichen Liebe quillt das Herz nur dem entgegen, in dem kein Arges existiert. Daher sagte vor zweitausend Jahren jener Eine: »Wehe dem, der eines dieser Kleinen ärgert!« Und wenn wir so die zwei schönen Angesichte gegenübersehen, ihre Worte hören, jedes ein durchsichtiger Demant, gefaßt in das Silberklar der Blicke, so deucht uns das einfache Gemach, obgleich umlegt mit Geräten täglichen Gebrauches, dennoch geweiht und rein, wie eine Kirche.
Die Sonne hatte sich allbereits über den Wald geschwungen, der Vormittag glänzte und funkelte über den schwei-

genden Wipfeln, und ein lichter Sonnenstreifen begann sich gemach über die Stickerei zu legen – siehe, da pochte es draußen ehrbar leise an der Tür, Einlaß heischend. Johanna sprang auf und öffnete eilig den noch vorgeschobenen Riegel. Es trat sofort ein Mann herein, freundlich Willkommen bringend – der Vater der Mädchen, der in ihr Morgengemach so bescheiden und ehrfürchtig eintrat wie ein Fremder. Er war damals schon hoch in den Jahren, aber ein wunderschöner Greis, eine Gestalt, als träte sie aus einem Rahmen van Dycks – in schwarzen Samt gekleidet, hoch und stattlich, weißen Haupthaares und eines Bartes, der glänzend auf die schöne breite Greisenbrust herniederwallte – ein Auge, stark gewölbt und sprechend, unter einer felsigen, gefurchten Stirne – so hob sich die Erscheinung fast in jene Zeit der Seher und Propheten hinüber, eine Ruine gewaltiger Männerkraft und Männergröße, eine Ruine, jetzt nur noch beschienen von der milden Abendsonne der Güte, wie ein stummer Nachsommer nach schweren, lärmenden Gewittern – wie der müde Vollmond auf den Garben des Erntefeldes – – die stille, milde, tiefe Güte. Er war eine der wenigen damals noch sichtbaren Figuren des abgeblühten Rittertums, so unpassend für seine Mitwelt, wie eine Zeitlose auf der plattgeschornen Herbstwiese, da die andern Blumen alle längst in die Scheunen gesammelt sind.
Beide Kinder hängen an seinen Augen. Er heißt sie fortsticken – und da sie es tun, weilt sein Blick ungesehen auf ihnen mit Ernst und Liebe. Er besieht die Arbeit und lobt sie, fragt dieses und jenes und weiß immer eine Antwort, die wie Öl in ihre Herzen fließet.
Da die Mutter der Mädchen schon vor zehn Jahren gestorben war, so war es um so rührender, den alten Mann unter den mutterlosen Töchtern zu sehen – es ist eine Art von Zartheit darinnen, wie er mit ihnen umgeht, um ihnen das verlorne Mutterherz zu ersetzen. Vorzugs-

weise beschäftigt er sich mit der jüngeren, als sei sie es noch am bedürftigsten.
Nachdem er sie befragt, ob sie in ihrem kleinen Haushalte etwas benötigten, ob keine Farbe der Stickerei auszugehen drohe, ob ihre Kleider und Stoffe in gutem und prunkendem Stande seien, ob keine Magd oder Zofe etwas verschuldet, oder ob sie sonst nichts vermißten oder wünschten – und als er auf all dies lauter »Nein« oder lauter »guter, lieber Vater« zur Antwort erhielt, so lächelte er, und sagte, er habe gleichwohl die schönsten und seltensten Dinge aus der Stadt Augsburg zum Ansehen und Aussuchen verschrieben, und wie er der festen Hoffnung sei, daß sie binnen jetzt und acht Tagen da sein müssen, und daß er Ehre und Freude damit einlegen werde. Sie mögen sich bis dahin nur recht mit Wünschen und Vorspiegelungen rüsten, was not täte, und was man vielleicht, wäre es dabei, wählen würde, und was nicht. Ferner, als ob er ein Bitteres und Ungewünschtes vor seinem eigenen Herzen noch hinausschieben möchte, ging er in all ihre Kleinigkeiten ein, und nahm ernsthaften Anteil – – an Johannens Hühnern, an ihrem Rehe und Schwarzkehlchen, an ihren Fensterblumen – an Clarissens Harfe und Zeichenbüchern, an Briefen und am Befinden entfernter Freundinnen – und zuletzt tat er an Blondköpflein die Frage, ob sie wohl nie ihr Abendgebet verschlummere, wie noch vor wenig Jahren, wo man sie oft vom Söller oder Gartenanger rotgeschlafen auflas und bei noch schimmernder Abendsonne mühselig entkleidete – und als er endlich gar beide mit Rührung fragte, ob sie denn auch allemal im Gebete der verstorbenen Mutter gedächten: so ahnete es ihnen wohl, daß er etwas auf dem Herzen trage, was er sich scheue, ihnen zu eröffnen; denn es war eine der holdesten Blüten an dem kraftvollen Greise, daß er, wie ganze und starke Menschen so oft, mit der Sorge des Vaters um seine Töchter

auch fast eine Scheu vor ihnen darlegte, wie ein Geliebter, und da ihre Verehrung und Hochachtung noch unbegrenzter war, so hingen ihre Augen wohl mit Ängstlichkeit an seinen Mienen, aber keine getraute sich zu fragen. Die Liebe, in jeder Gestalt, ist scheu wie die Tugend, und die Ehrfurcht zaghafter als selbst die Furcht. Er verstand sie, wie sie ihn verstanden hatten.
Mit Sorgsamkeit, daß er es nicht zerknittere, nahm er ein Stück eines gefalteten Weißzeuges von einem Sessel, rückte denselben näher an Fenster und Stickrahmen, und setzte sich den Mädchen gegenüber, scheinbar noch immer, als täte er es der Behaglichkeit willen, weniger die Mädchen als vielmehr sich selbst mit einem Anscheine von Unbefangenheit täuschend.
»Ich glaube,« begann er, »ihr habt schon vernommen, daß der Ritter gestern von seinem Jagdausfluge zwar nicht selbst zurückgekommen, aber einen Boten mit einem Schreiben gesandt habe. Sie waren sehr glücklich, und eine ganze Fracht von Wild ist unterwegs; auch kann er nicht genug Lobes sagen, wie schön und still und wie abgeschlossen und unzugänglich jene Waldesgärten sind, in denen er nun schon über vier Wochen dem Jagdvergnügen obliegt. Es ist fast wehmütig zu lesen, wie schwer sie Abschied davon nehmen – er sagt: Kein Hauch, keine Ahnung von der Welt draußen dringt hinein, und wenn man sieht, wie die prachtvolle Ruhe Tagereisen weit immer dieselbe, immer ununterbrochen, immer freundlich in Laub und Zweigen hängt, daß das schwächste Gräschen ungestört gedeihen mag, so hat man schwere Mühe, daran zu glauben, daß in der Welt der Menschen schon die vielen Jahre her der Lärm des Krieges und der Zerstörung tobe, wo das kostbarste und kunstreichste Gewächs, das Menschenleben, mit eben solcher Eil und Leichtfertigkeit zerstört wird, mit welcher Müh und Sorgfalt der Wald die kleinste seiner Blumen hegt und

auferziehet. Denkt nur, einen schönen Felsenberg haben sie gefunden, der über den Wald emporragt, von wo aus man unser Schloß erblicken kann; sie meinen, von unserm roten Eckzimmer müssen wir denselben sehen können. Wir wollen heute noch in demselben das Sehrohr aufstellen, und sehen, ob wir den Felsenstock entdecken können, der der Blockenstein heißt – oder wäre es nicht gar noch schöner, ehe der Winter kommt, geradewegs selber einen Spaziergang in jene anmutigen Wildnisse zu machen?«
Ein zu Tode erschrockener Blick schlug aus den Augen Johannas gegen den Vater empor und traf auf das freundlich fragende Vaterauge. Er stand auf und ging einige Male unruhig im Zimmer auf und nieder, dann vor sie tretend, die mit Angst jede seiner Bewegungen hütete, sagte er ernst und liebreich: »Johanna, liebes furchtsames Reh – – und dennoch muß es sein, wir werden alle zusammen jene Wälder besuchen – – – – antworte noch nicht; – – es tut not, Kinder, daß ich euch eröffne, was wir diesen Sommer fürgesorgt haben. Dieser Brief ist aus Rosenberg – hier einer aus Goldenkron – dieser von Prag – dieser aus Meißen und endlich einer aus Baiern. Ich habe euch stets mit Nachrichten aus den Kriegsfeldern verschont, daß euer Herz nicht mit Dingen beleidiget werde, die ihr lieber nicht wisset; aber ich habe ein Netz über alle Kriegsplätze gesponnen, daß ich stets Kenntnis der schwebenden Sache behielt und Voraussicht der künftigen – es geschah zu Frommen des Vaterlandes, und zu eurem Schutze, wie es ja Gott zu meiner lieben väterlichen Pflicht gemacht. Man bereitet noch vor Winter eine Unternehmung gegen die obern Donauländer vor, deren rechter Flügel bestimmt ist, über unsre Berge zu gehen – diese Schweden kennen meinen Namen gar wohl – und auch, wenn sie ihn nicht kennten, so ist aller Grund zu glauben, daß sie unser Haus mitfegen werden,

und die ersten Schneeflocken des künftigen Winters werden wahrscheinlich auf seine schwarzgebrannten Mauertrümmer fallen – mag es – das Haus werden wir wieder aufbauen, und für euch habe ich nach bester Meinung gesorgt. Wie ich es mit Geld und Geldeswert veranstaltet, werde ich später darlegen – jetzt, was wichtiger – von euch. Es liegt ein Platz im Hochwalde, ich kenne ihn längst, so einsam, so abseit alles menschlichen Verkehrs, daß kein Pfad, kein Fußtritt, keine Spur davon erspählich ist, überdem unzugänglich an allen Seiten, außer einer, die zu verwahren ist – sonst aber wundersam lieblich und anmutsreich, gleichsam ein freundliches Lächeln der Wildnis, ein beruhigender Schutz- und Willkommensbrief. Auf diesem Platze steht ein Haus, das ich diesen Sommer zimmern ließ, allbereits schön und wohnlich für euch eingerichtet; denn dort werdet ihr wohnen, bis es hier wieder hergestellt und gefahrlos ist. Kein Mensch kennt dessen Dasein; denn die es zimmerten, sind mir dreifach verbunden: vorerst weil ich sie in Eid und Pflicht nahm, dann weil sie mir als Untertanen seit Jahren mit Liebe zugetan gewesen, und endlich, weil ich nur solche Leute wählte, die mir zufällig vor längerer Zeit schon ihre ganze Barschaft eingehändigt, daß ich sie als Aufbewahrtes neben meinem Eigentume schütze, bis die Kriegsgefahr vorüber. Diese werden sich wohl hüten, durch Verletzung ihres Eides mir Schaden zuzuwenden. Sie wurden alle über einen sehr steilen Felsenweg dahingeführt, der aber nun durch gesprengte Steine unzugänglich ist. Wir werden einen weitern Weg durch bisher unbetretenen Wald einschlagen, wo ich es viel bequemer vermute, da der Boden eben ist, und der Ritter meint, der Wald müsse dort sehr dünne sein, daß man sogar vielleicht reiten könne. Wo es sodann beschwerlicher wird, dort werden wir von einem Führer, der eines andern Weges von seiner Heimat herüberkommen wird, erwartet werden, und für euch wird eine Sänfte bereitet sein. Der Wald, wenn auch Urwald, ist so schön und traulich wie bei uns, und Menschen werdet ihr die ganze Zeit eures Aufenthaltes daselbst nicht sehen, außer die zu euch gehören. So habe ich gesorgt, und ich glaube, daß es gut sei. – – – Und nun, Kinder, redet.«

Beide, totenstill, sahen ihn an.

»Nun, Johanna,« sagte er lächelnd, »tut es dir so leid um deine Stube hier? Sieh, die dortige ist gerade so gebaut und so eingerichtet wie die – – Nun?«

Mit ordentlicher Mühe preßte sie schüchtern die Worte heraus: »Aber ein Mörder und Wildschütze ist dort.«

Der Vater zuckte unwillig auf bei diesen Worten, sagte aber dann sehr gelassen und fest: »Es ist keiner dort. Leid ist es mir aber sehr, äußerst unangenehm ist es mir, daß das widersinnige Gerücht auch in eure Stube Eingang gefunden. Es ist keiner dort, glaubt es mir; denn die drei ganzen Monate, die der Ritter abwesend war, hat er mit Felix den Wald weit und breit durchsucht und bei allen seinen Randwohnern und in allen Köhler-, Holzschläger- und Forsthütten um Grund oder Ungrund jener Gerüchte geforscht – es war überflüssige, aber zu unsrer eignen Beruhigung unternommene Vorsicht; kein Gedanke irgendeines solchen Mannes ist dort, selbst nicht die Sage von ihm, die nur müßig in unsrer Gegend schweifte – aber sehr unlieb ist es mir um euch, denn es wird unnötig eure Phantasie beschweren. Glaubst du denn, Johanna, du abtrünnig Mädchen, dein Vater werde dich zu Räubern und Mördern führen? und wenn ein Wildschütze dort ist, so ist es ein schöner alter Mann, der zu eurer Bedienung gehören wird, und den du bald so lieben wirst wie deinen eignen Vater. Seid wohlgemut, meine Kinder, ihr werdet von eurem neuen Wohnorte sehr traurig scheiden, und wenn wir euch verkünden werden, daß dieses

Schloß wieder neu und blank herausgeputzt ist, wie vorher nie, so wird wohl auch aus dem freudigen Auge ein Tränlein auf die holde Stelle fallen, von der ihr scheidet. Werfet das Unkraut getrost aus eurem Herzen, und bedenket, daß in einem Monate hier die Kriegslager rauchen und Waffentosen und wüstes Handwerk statt der Harfenklänge in diesem Gemache schallen werden. Seid heiter und rüstet euch. In acht Tagen wollen wir den Weg antreten. Oder wüßtet ihr noch etwas gegen den Vorschlag?«
Sie wußten wohl beide nichts, aber wohlgemut waren sie auch nicht, sondern, wie immer, erkannten sie seine Absicht als gut, und versprachen, in einigen Tagen zur Reise vollkommen vorbereitet zu sein. In dem schönen und heitern Morgenzimmer, schwimmend im sanften Glanze der Vormittagssonne, geweiht durch die Anwesenheit zweier Engel und angeschaut von der ruhigen Naturfeier draußen, war nunmehr mit einem Male ein düstrer Flor herniedergelassen, hinter dem drei beklommene Gesichter standen; der Vater wegen der Mädchen, diese wegen der Sache, und wie auch jedes rang nach Unbefangenheit, so war sie eben deshalb ungewinnbar.
Demgemäß trat er an das Fenster, und schaute emsig nach dem Wetter, damit nur die erste Befangenheit der Mädchen sich etwas lüften möge, und als sollte er die Himmelsschäfchen zählen, die eben vom Süd heraufzukommen begannen, so lange und sorglich sah er nach ihnen, die Hand ob den Augen haltend. Die Mädchen – es ist wunderbar, was für ein Zauber der Beruhigung in geliebten treuen Augen liegt – zwei Blicke waren es nur in die gegenseitige Güte derselben – – und Johannens Angst, eben noch riesig und unbesiegbar, war alle ganz und gar verflogen. Der Vater kam lächelnd von dem Fenster herüber, und sagte, wenn sie heute den Waldfelsen und nebstbei auch die schöne, ferne, anstrebende Waldmauer sehen wollten, in der, wie in einer Nische, ihr

hölzern Waldschloß stehe, so müßte dies bald geschehen, und er werde auch deshalb das Sehrohr vorläufig im roten Zimmer aufstellen; denn trügen nicht alle Zeichen, so käme gewiß heute noch ein Gewitter – er sah schelmisch nach Johanna, deren Lippen, schon wieder in allem Purpur prangend, ein leises Lächeln zu hegen und zu bergen suchten, das er gleichwohl sah und kannte. Es gehörte nämlich zu seinen Schwächen, Gewitter zu prophezeien, und wenn nach zehn ausgebliebenen eines eintraf, so überzeugte sich niemand fester von der Untrüglichkeit seiner Symptome als er selber. Ob er aber heute solche Symptome an dem spiegelreinen Himmel entdeckte, oder sich in der Trefflichkeit seines Herzens nur derlei vorgelogen, um Reiz zur Heiterkeit zu wecken – – wer könnte es entscheiden? – Genug, er war vergnügt, daß er die Pein der ersten Spannung aus den ihm lieben Angesichtern schwinden sah, und wohl wissend, daß, wenn er sie verlassen, er sie eben gegenseitig in die besten Hände gebe, schritt er heiter und scherzend der Tür zu; »Clarissa,« rief er, noch die Klinke in der Hand haltend, »du wirst wieder mit deinem Anzuge die Ewigkeit brauchen – übereil dich deshalb nicht – ich habe vorher noch ein Geschäft, und wenn ihr fertig seid, mögt ihr gelegentlich in die rote Stube kommen und es mir sagen lassen, – aber eilt deshalb nicht.«

Und somit zog er die Tür hinter sich zu.

Einzige geliebte Menschen! Ob ihnen auch der Vater die Ewigkeit ihres Anziehens selbst in den Mund legte, als Gelegenheit, sich zu vertrauen und zu besprechen, so waren sie doch zu unschuldig, ihn zu verstehen, sondern sie sputeten sich maßlos, um nur irgendeinen Anzug zu Stande zu bringen, daß er nicht zu lange warten dürfe.

Nur ein einziges Mal hatten sich die Schwestern, als er fort war, umarmt und zwei, drei heiße Küsse auf die Lippen gedrückt als feste, kräftige, unzerreißbare Ver-

sicherungen und Siegel gegenseitigen Schutzes und Beisammenbleibens.
So wundergleich ist die Macht der Liebe, daß ihr Strahl, wenn er bei Gefahr und Not aus dem andern Auge bricht, sogleich eine eherne Mauer von Zuversicht um unser Herz erbauet, wenn er gleich aus den Augen eines zagen Mädchens kommt, das selber alles Schutzes bar und bedürftig ist.
Freudigkeit, Zutrauen, ja sogar Lustigkeit, Scherzen und Neugierde war aus jenen Küssen in die Herzen der Mädchen gekommen, und sie lachten, wenn sie in der übertriebenen Eile des Anziehens etwas verhasteten und abgeschmackt erzielten.
Sie eilten, da sie endlich fertig waren, in das rote Zimmer und trafen dort den jungen Jäger, dem der Freiherr eben eine Strafpredigt über sein gestriges Prahlen und Haselieren hielt – »jetzt geh,« schloß er, da er die Mädchen eintreten sah, »geh und trolle dich – – – nun, nun, Sebastian, bin ich denn so furchtbar,« rief er in sanfterem Tone dem Burschen nach, »daß du dich so eilig und so linkisch fortsputest? lasse dir unten einen Becher Wein geben, oder meinetwegen zwei. Jetzt geh.«
Der Jäger ging, und der Vater wendete sich äußerst vergnügt an die Mädchen. »Ei, ei, ihr seid ja sehr bald fertig geworden; schau wie schön – jetzt wollen wir das Rohr aufstellen und durchsehen.«
Und so geschah es.

2. WALDWANDERUNG

Es sind noch heutzutage ausgebreitete Wälder und Forste um das Quellengebiet der Moldau, daß ein Bär keine Seltenheit ist, und wohl auch noch Luchse getroffen werden: aber in der Zeit unserer Erzählung waren diese

Wälder über alle jene bergigen Landstriche gedeckt, auf denen jetzt gereutet ist, und die Walddörfer stehen mit ihren kleingeteilten Feldern, weißen Kirchen, roten Kreuzen und Gärtchen voll blühender Waldbüsche. Wohl acht bis zehn Wegestunden gingen sie damals in die Breite, ihre Länge beträgt noch heute viele Tagreisen.

An dem Laufe eines frischen Waldwassers, das so klar wie flüssiges Glas unter naßgrünen Erlengebüschen hervorschießt, führt ein gewundenes Tal entlang, und in dem Tale geht heutzutage ein reinlicher Weg gegen das Holzdorf Hirschbergen, das seine malerischen hölzernen Waldhäuser zu beiden Seiten des Baches auf die Abhänge herumgestreut hat. Diese Abhänge prangen mit Matten der schönsten Bergkräuter, und mit mancher Herde, deren Geläute mit einzelnen Klängen sanft emporschlägt zu der oben harrenden Stille der Wälder. Damals aber war weder Dorf noch Weg, sondern nur das Tal und der Bach, jedoch diese noch schöner, noch frischer, noch jungfräulicher als jetzt, besetzt mit hohen Bäumen der verschiedensten Art. An der einen Seite des Wassers standen sie so dünne, daß sich der grüne Rasen wie ein reines Tuch zwischen den Stämmen dahinzog, ein Teppich, weich genug selbst für den Fuß einer Königstochter. Aber kein Fuß, schien es, hat seit seinem Beginne diesen Boden berührt, als etwa der leichte Tritt eines Rehes, wenn es zu dem Bache trinken kam, oder sonst zwischen den Stämmen und Sonnenstrahlen lustwandeln ging. Heute aber war der Tag gekommen, wo die Heerschar der Gräser und Blümlein dieses Rasens, ungleich ihren tausendjährig stillen und einsamen Ahnherren, zum ersten Male etwas anderes sehen sollten, als Laubgrün und Himmelsblau, und etwas anderes hören, als das Gemurmel der Wellen.

Klare, liebliche, silberhelle Menschenstimmen – Mädchenstimmen – drangen zwischen den Stämmen vor,

unterbrochen von dem teilweisen Anschlage eines feinen Glöckleins. – – Gleichsam wie lauschend dem neuen Wunder hielt die Wildnis den Atem an, kein Zweig, kein Läubchen, kein Halm rührte sich – die Sonnenstrahlen traten ungehört auf das Gras und prägten grüngoldne Spuren – die Luft war unbeweglich, blank und dunkelblau – nur der Bach, von seinem Gesetze gezwungen, sprach unaufhörlich fort, flüchtig über den Schmelz seiner Kiesel schlüpfend wie über eine bunte Glasur. – Näher und näher klangen Stimmen und Glöcklein. – Plötzlich sprang eine Gestalt vor – elfig, wie einst Libussas Mutter, in schneeweißem Kleide saß sie auf schneeweißem Pferdlein, das so zartfüßig wie ein Reh, kaum den Rasen eindrückend, halb hüpfend, halb spielend seine Last wie eine schwebende Feder zwischen den Stämmen hervortrug; – zwei Demanten leuchteten voran, neugierig das fernere Geheimnis des Waldes suchend – Johannas Augen waren es, die heiter, glänzend, freudig vorausflogen, um die Schönheit des Tages und die ausnehmende Lieblichkeit des Plätzchens vorweg zu genießen – auch das Pferdchen, Luft gewinnend zwischen den hochschaftigen, weitstehenden Bäumen, spielte neckisch vorwärts, baumelnd und neigend mit Kopf und Hals, als wollte es zu eigener Freude recht oft das silberne Glöcklein erklingen lassen, das es an himmelblauem Bande um den Nacken trug. Hinter Johanna erschien nun auch Clarissa, auf einem ähnlich gezäumten Pferde, das aber hellbraun und ohne den kindischen Schmuck des Glöckleins war. Sie trug ebenfalls ein weißes Kleid.
Auch der stattliche alte Ritter wurde sofort sichtbar, und ihm zur Seite ein schöner blonder Jüngling, oder vielmehr fast noch ein Knabe, der oben angeführte Felix, der Bruder der Mädchen, beide zu Pferde, und endlich noch ein fünfter Reiter, ein hoher Mann mit sprechendem Antlitze, nachlässig edel sein Pferd zwischen den schlan-

ken Waldsäulen vorwärts geleitend – und, wie es schien, in seine dunklen Augen nachdenklich einprägend die so schönen vor ihm schwebenden schuldlosen Gestalten.
Die Waldblumen horchten empor, das Eichhörnchen hielt auf seinem Buchenast inne, die Tagfalter schwebten seitwärts, als sie vordrangen, und die Zweiggewölbe warfen blitzende grüne Karfunkel und fliegende Schatten auf die weißen Gewänder, wie sie vorüberkamen; der Specht schoß in die Zweige, Stamm an Stamm trat rückwärts, bis nach und nach nur mehr weiße Stückchen zwischen dem grünen Gitter wankten – und endlich selbst die nicht mehr – aber auch der Reiter tauchte in die Tiefe des Waldes und verschwand, und wieder nur der glänzende Rasen, die lichtbetupften Stämme, die alte Stille und Einöde und der dareinredende Bach blieben zurück, nur die zerquetschten Kräutlein suchten sich aufzurichten, und der Rasen zeigte seine zarte Verwundung. – Vorüber war der Zug – unser lieblich Waldplätzchen hatte die ersten Menschen gesehen.
Immer entlang dem Waldbache, aber seinen Wassern entgegen geht der Zug, sich vielfach windend und biegend, um den tiefer hängenden Ästen und dem dichteren Stande der Bäume auszuweichen. – Sie betrachten und vergnügen sich an den mancherlei Gestaltungen des Waldes. Die vielzweigige Erle geht am Wasser hin, die leichte Buche mit den schönfarbigen Schaften, die feste Eiche, die schwanken Halme der Fichten stehen gesellig und plaudern bei gelegentlichen Windhauchen, die Espe rührt hiebei gleich alle ihre Blätter, daß ein Gezitter von Grün und Silber wird, das die Länge lang nicht auszutaumeln und auszuschwingen vermag – der alte Ahorn steht einsam und greift langarmig in die Luft – die Tannen wollen erhabne Säulengänge bilden, und die Büsche, Beeren und Ranken, gleichsam die Kinder, sind abseits und zurück in die Winkel gedrängt, daß mitten Raum bleibe

für hohe Gäste. Und diese sind auch gekommen. Frei und fröhlich ziehen sie das Tal entlang.
Wer die Gesichter der Mädchen ansieht, wie sie doppelt rein und zart neben dem dunkeln Grunde des Waldlaubes dahinschweben, wie sie blühend und vergnügt aus dem wallenden weißen Schleier des Kopfschmuckes herausblicken – der hätte nicht gedacht, daß sie sich noch kürzlich so sehr vor diesen Wäldern fürchteten und scheuten. Johanna blieb fast immer an der Spitze, wie sie ihrer Natur gemäß sich vorher unmäßig fürchtete, so freute sie sich auch jetzt unmäßig – und von dem zarten Rot, das sie sich beim Abschiede vom Hause in die Augen geweint hatte, war keine Spur mehr sichtbar.
Die Pracht und Feier des Waldes mit allem Reichtume und aller Majestät drang in ihr Auge und legte sich an ihr kleines Herz, das so schnell in Angst, aber auch so schnell in Liebe überfloß – und jeder Schritt gab ihrer Einbildungskraft neuen Stoff, war es nun ein seltsamer Strauch, mit fremden glühend roten Beeren überschüttet, oder war es ein mächtiger Baum von ungeahnter Größe – oder die schönen buntfarbigen Schwämme, die sich an Stellen schoben und drängten, oder war es ein plötzlich um eine Ecke brechender Sonnenstrahl, der die Büsche vor ihr in seltsames grünes Feuer setzte und aus unsichtbaren Waldwässerchen silberne Funken lockte, – oder war es endlich dieser oder jener Ton, der als Schmelz oder Klage, als Ruf oder Mahnung aus der Kehle eines Waldvogels tief aus den ferneren geahnten Waldschoßen drang. – Alles fiel in ein schon aufgeregtes, empfangendes Gemüt. Clarissas edles Angesicht lag liebreich ruhevoll dem Himmel offen, der zwischen den Ästen festlich wallend sein Blau hereinhängen ließ und erquicklich seine Luft um ihre lieben sich färbenden Wangen goß; – – wie ein schöner Gedanke Gottes senkte sich gemach die Weite des Waldes in ihre Seele, die dessen unbewußt in

einem stillen und schönen und sanften Fühlen dahinwogte. Selbst der alte Freiherr empfand sich in der freien Luft wie gestählt und von einem frischen Hauche seiner Jugend angeweht.
So ritten sie alle vorwärts, und wenn auch die Bäume und Gesträuche oft stellenweise sich zusammendrängten und sich ihnen entgegenstellten, so fanden sie doch immer wieder einen Ausweg, der sie vorwärts geleitete, tiefer und tiefer in das Tal hinein, das die Wiege des ihnen begegnenden Baches war.
Der Vater, wo es die Stellen zuließen, ritt gerne an die Seite der Mädchen und sprach und kosete mancherlei mit ihnen. Felix war bald vorne bei den Schwestern, bald hinten bei dem nachdenklichen Reiter.
Endlich wurde der Boden so ansteigend und der Waldbestand so dichte, daß das Weitervordringen immer beschwerlicher ward, bis sie zuletzt zu einem Felsen gelangten, der jede weitere Aussicht zu verstellen schien: aber eben dieser Felsen war auch das glücklich erreichte Ziel, das sie vor der Hand mit ihrer Wanderung anstrebten; auch war der Gegenstand, den sie hier antreffen sollten, bereits allen Augen sichtbar. Ein alter Mann saß in der Nachmittagssonne an dem glänzenden Gesteine und hatte den Kopf in seine Hände gestützt, als schlummere er, oder denke nach. Zu seiner Seite lag ein Feuergewehr und ein langer Waldstock. Die Mädchen stutzten, und eine heftige Furcht schien Johannen zu fassen, obwohl sie wußte, daß man einen Führer erwarte. Bei dem Annähern der Reitergesellschaft, insbesondere der zögernden Mädchen, stand er auf und entblößte sein Haupt, indem er den breiten beschattenden Hut von demselben herabzog – schneeweiße Haare wallten den Blicken der Mädchen entgegen, zurückweichend von einer Stirne, die hoch und schön gewölbt, aber tiefbraun und von den Linien des Hochalters gefurcht war – zwei große treu-

herzige Augen sahen zu ihnen hinauf, in ihrer Schwärze seltsam abstechend gegen die zwei schneeweißen Bogen, die sich über ihnen spannten. – Auf den harten Wangen lag Sonnenbrand, Alter und Gesundheit.

Von aller Furcht erlöset, erwiderte Johanna zierlich seinen Gruß, und bei dem zweiten und dritten Blick mußte sie ihm schon gut sein – eine solche eherne Einfalt und Güte prägte sich in der ganzen Gestalt aus, wie er dastand und sie alle mit den klugen Augen ansah.

Man war nach und nach abgestiegen, und der alte Freiherr trat auf den Erwartenden zu, schüttelte ihm die Hand, die der andere ohne Zögern dargereicht hatte, und sagte freudig: »Gott grüße dich, Gregor, Gott grüße dich tausendmal; so haben wir uns doch noch einmal in diesem Leben gesehen – aber, Knabe, alt sind wir geworden, seit wir in dem Jungwalde zum letzten Male miteinander jagten – alt, alt –.«

Freilich waren sie alt geworden, das sahen die jungen Begleiter alle, die seitwärts standen und sämtlich ihre Blicke auf die zwei Greise hefteten. – Es war ein schöner Anblick, wie sie dastanden, beide so ungeheuer verschieden, und beide doch so gleich. Der Freiherr, wie gewöhnlich, im schwarzsamtnen Kleide, der andere in dem gröbsten grauen Tuche; der Freiherr, obwohl gebräunten und gefurchten Antlitzes, doch fast mädchenhaft weiß gegen die dunkle Sonnenfarbe des andern, ein Stubenbewohner gegen den Genossen des Mittagsbrandes und des Sturmes; der eine ein Sohn der Waffen, die er einst geführt mit Grazie und Kraft, jetzt zum Danke von ihnen geschmückt; der andere ein Bruder des Felsens neben ihm. Siebenzig Jahre sind Regen und Sonnenschein vergeblich auf beide gefallen, sie sind beide nur ein wenig verwittert – der eine mit dem Anstande der Säle, der andere mit dem der Natur; aber schön sind sie beide, und ehrwürdig beide, beide der Abglanz einer großgearteten

Seele, und das Haarsilber liegt mit all der Unschuld des Alters auf ihrem Haupte.

»Ja,« erwiderte Gregor, »wir mögen wohl um eine Handvoll Jahre gealtert sein. Herr, – Eure braunen Haare sind seitdem auch alle ganz weiß geworden. Ich bin sehr erfreut, Euch noch einmal zu sehen, Ihr waret damals ein freundlicher, zugänglicher Herr.«

»Und du ein lustiger, goldtreuer Jäger. Siehe, das habe ich nie vergessen, und wie mir der Knabe da von dir erzählte, daß er dich in dem Walde gefunden, und daß du ihn so lieb habest, so erfreute sich mein altes Herz darüber, und ich dachte, er wird wohl des Vaters nicht vergessen haben, und deshalb, Gregor, gebe ich dir meine Kinder in den Schutz – Gott gab mir den Gedanken, dich dazu auszuwählen, als alten, wohlbekannten Freund und Kameraden. Siehe, diese zwei Mädchen sind mein; sie werden dir recht gut sein, und die Hand und das Haupt ehren, so über ihnen wacht.«

Des alten Mannes Augen erglänzten, wie von einem melancholischen Strahle der Freude, als er dieses hörte, und seine Blicke, wie zwei Adler, gegen die Mädchen kehrend, sagte er: »Sie sind zwei schöne Waldblumen; es wäre schade, wenn sie verkämen.« – Und er konnte seine Augen ordentlich gar nicht zurückziehen, als ihm die sanften, glänzenden Blicke der zwei schönen Wesen vor ihm begegneten.

»Tritt näher, Johanna,« sagte der Freiherr, »und reiche diesem Manne die Hand; er wird nun längere Zeit bei euch leben.«

Johanna tat es augenblicklich. Der alte Mann reichte die seine fast verschämt zögernd hin, und es war eine seltsame Vermählung, ein lieblicher Gegensatz, als sich ihre weiche, kleine Hand, wie eine Taube, in die Felsen seiner Finger duckte, – auch Clarissa reichte ihm ungeheißen ihre schöne Rechte, und auch Felix und der fremde Ritter hießen ihn willkommen.

Der alte Jäger hatte sichtliche Freude an den Mädchen; das sah man an der Art, wie er dem Freiherrn alle die Anstalten auseinandersetzte, die er zum Weiterkommen getroffen habe. Von hier aus sollen die Pferde zurückgeschickt werden, sobald des Freiherrn Beauftragter eingetroffen, dann gehe man über den Hirschfelsen zu Fuß, und jenseits warte schon eine zweisitzige Sänfte für die Jungfrauen. Die Männer müssen sie alle zu Fuße begleiten.

Als er noch sprach, kamen drei Männer über den Felsen herüber, die den Freiherrn ehrerbietig grüßten. Sie waren die Bestellten. Sofort wurden ihnen die Pferde übergeben mit der Weisung, sie zurückzuführen bis Pernek, um dort auf weitere Verordnung zu warten. Johanna umarmte fast ihr kleines weißes Rößlein, und dieses, als betrübe es sich um seine Herrin, ging traurigen Auges und gesenkten Hauptes hinter seinem Führer.

Man nahm an dem Felsen ein kleines Mahl, und eine andere Wanderung begann nun. Der Schutz des Vaters und des fremden Reiters, den der Freiherr immer bloß mit dem Namen ›Ritter‹ anredete, hörte auf, und es begann der des alten Jägers, dem der Freiherr mit vielem Lachen erzählte, wie ihn seine törichte Tochter Johanna für einen furchtbaren Wildschützen gehalten, der in dem entsetzlichen Walde sein Unwesen treibe – und wie sie ihn nun mit so freundlichen Augen ansehe, und in den Wald nun begierig wie in eine liebliche grüne Fabel eindringe. Nur ein kurzer, für Sänften ungangbarer Felsensteig war zu erklimmen, und sie traten wieder auf einen Rasenplatz hinaus, wo zwei Männer mit einer Sänfte harrten. Die Mädchen stiegen ein, und mit dem alten Jäger an der Spitze schlug die Gesellschaft einen Weg ein, der mit dem Tale der Hirschberge einen rechten Winkel bildete.

Die Nachmittagssonne war schon ziemlich tief zu Rüste

gegangen und spann schon manchen roten Faden zwischen den dunklen Tannenzweigen herein, von Ast zu Ast springend, zitternd und spinnend durch die vielzweigigen Augen der Himbeer- und Brombeergesträuche – daneben zog ein Hänfling sein Lied wie ein anderes dünnes Goldfädchen von Zweig zu Zweig, entfernte Berghäupter sonnten sich ruhig, die vielen Morgenstimmen des Waldes waren verstummt, denn die meisten der Vögel arbeiteten, oder suchten schweigend in den Zweigen herum. Manche Waldlichtung nahm sie auf und gewährte Blicke auf die rechts und links sich dehnenden Waldrücken und ihre Täler, alles in wehmütig feierlichem Nachmittagsdufte schwimmend, getaucht in jenen sanftblauen Waldhauch, den Verkünder heiterer Tage, daraus manche junge Buchenstände oder die Waldwiesen mit dem sanften Sonnengrün der Ferne vorleuchteten. So weit das Auge ging, sah es kein ander Bild, als denselben Schmelz der Forste, über Hügel und Täler gebreitet, hinausgehend bis zur feinsten Linie des Gesichtskreises, der draußen am Himmel lag, glänzend und blauend, wie seine Schwester, die Wolke. Selbst als sie jetzt einen ganz baumfreien Waldhügel erstiegen hatten, und der alte Gregor der wundervollen Umsicht halber sogar die Sänfte etwas halten ließ, ging der Blick wohl noch mehr ins Weite und Breite, aber kein Streifchen nur linienbreit wurde draußen sichtbar, das nicht dieselbe Jungfräulichkeit des Waldes trug. – Ein Unmaß von Lieblichkeit und Ernst schwebte und webte über den ruhenden dämmerblauen Massen. – Man stand einen Augenblick stumm, die Herzen der Menschen schienen die Feier und Ruhe mitzufühlen; denn es liegt ein Anstand, ich möchte sagen ein Ausdruck von Tugend in dem von Menschenhänden noch nicht berührten Antlitze der Natur, dem sich die Seele beugen muß, als etwas Keuschem und Göttlichem, – – und doch ist es zuletzt wieder die Seele

allein, die all ihre innere Größe hinaus in das Gleichnis der Natur legt.
Die Gemüter der Mädchen, wie sie so dasaßen in ihrer Sänfte und wie zwei Engelsbilder aus einem Rahmen herausschauten, erweiterten sich und hoben sich, und fast war alle Sorge um zu Hause verlassene Erdengüter von ihnen abgefallen – die Blumen ihrer Herzen, die Augen, schauten glänzend hinaus in die schöne Welt, und waren selbst schöner als sie – auf ihrem schmalen Brettchen mußten sie jede den einen Arm um die andere schlingen, und die Herzen, die sich fast gegenseitig schlagen hörten, hätten sich gerne noch fester aneinander gedrückt, um sie nur zeigen zu können, die unbegrenzte Fülle von Liebe und Güte, die sie zueinander hatten.
Der alte Gregor tupfte endlich mit der Hand an den Sänftenrand, und zeigte rechts hinüber auf einen machtvollen schwarzblau hereingehenden Waldrücken, von grauen Felsenbändern schräge gestreift, die aber kaum sichtbar waren in dem Funkeln und Dämmern der Luft. – »Seht,« sagte er, »das ist das Ziel unserer Reise, und wir müssen heute noch fast bis auf zwei Drittel gegen seine Schneidelinie hinauf. Der Platz hier hat etwas wunderlich Zutunliches, und ich wußte, daß er euch gefallen müsse, aber die Sonne neigt sich der Wand zu, und wir müssen weiter.«
»Ja, ja,« fuhr er fort, als man die Sänfte wieder aufgenommen hatte und die andere Seite des Waldhügels hinabging – »ja, ja, schöne Jungfrauen, der Wald ist auch schön, und mich dünkt manchesmal, als sei er noch schöner, als die schönen Gärten und Felder, welche die Menschen machen, weil er auch ein Garten ist, aber ein Garten eines reichen und großen Herrn, der ihn durch tausend Diener bestellen läßt; in ihm ist gar kein Unkraut, weil der Herr jedes Kräutlein liebet und schätzt – er braucht auch ein jedes für seine vielen tausend Gäste,

deren manche lecker sind und ganz Besonderes verlangen. – Sehet, da habe ich draußen – es sind wohl einige Wegestunden von hier – da habe ich auch ein paar Kühe, viele Ziegen, auch Hafer- und Gerstenfelder – jetzt gehört alles meinem Enkel – der pflegt und hegt es – – aber wenn ich damals, vor zwanzig, dreißig Jahren, von meinem Hauswesen so des Sonntags in den Wald herauf ging in die Länge und Weite immer tiefer, so allerlei sinnend, oft auf das Wild gar nicht einmal Acht habend, so war das ein lieblicherer, anmutigerer Tag, als die ganze andere Woche, und öfter wollte es mich bedünken, als hätte ich da eine schönere Vesper gefeiert, als die hinaus in die Nachmittagskirche, aber auch in das Schenkhaus gegangen sind; denn seht, ich habe mir immer mehr und mehr ein gutes Gewissen aus dem Walde heimgetragen. Es kann ja auch nicht anders sein; – denn wie ich nachgerade mutiger wurde, und weiter und weiter herein kam, auch mehr Zeit hatte, da mein Sohn Lambrecht das Hauswesen überkam – sehet, da fing ich an, allgemach die Reden des Waldes zu hören, und ich horchte ihnen auch, und der Sinn ward mir aufgetan, seine Anzeichen zu verstehen, und das war lauter Prachtvolles und Geheimnisreiches und Liebevolles von dem großen Gärtner, von dem es mir oft war, als müsse ich ihn jetzt und jetzt irgendwo zwischen den Bäumen wandeln sehen. – – Ihr schaut mich mit den schönen Augen seltsam an, Jungfrau – aber Ihr werdet, wenn Ihr länger hier bleibt, schon auch etwas lernen; denn Eure Augen sind schön und klug. In allem hier ist Sinn und Empfindung; der Stein selber legt sich um seinen Schwesterstein, und hält ihn fest, alles schiebt und drängt sich, alles spricht, alles erzählt, und nur der Mensch erschaudert, wenn ihm einmal ein Wort vernehmlich wird. – Aber er soll nur warten, und da wird er sehen, wie es doch nur lauter liebe, gute Worte sind.« – –

Johanna sah mit unverhohlnem Erstaunen in das Antlitz des alten Waldsohnes, und es begann ihr ordentlich immer schöner zu werden. Man war mittlerweile wieder ins Tal zu einem rauschenden, springenden Bach gekommen, und Gregor mußte sein Gespräch abbrechen, weil er hier wieder Anordnungen behufs des Weitergehens zu machen hatte.

»Vater, Vater,« sagte Johanna leise, »welch einen seltsamen Menschen habt Ihr uns hier beigegeben!«

»Kind, dies ist ein Kleinod der Wüste,« erwiderte der Vater, »niemand weiß dies weniger, als er selber; du wirst oft auf seine Worte horchen wie auf Klänge silberner Glocken, du wirst von ihnen vieles lernen – und er wird euch eine Stimme der Wüste sein, wenn ihr fern von der Heimat in der Einsamkeit leben müsset. Wir haben vor Jahren manche Tage miteinander verlebt, damals war er kühner und feuriger, aber die wunderlichen Gedanken seines Herzens spannen sich schon damals, wie ein seltsamer ausländischer Frühling, aus ihm heraus, und wenn wir so oft einen langen Nachmittag mit einander allein zu einem fernen Jagdzuge gingen, und er zutraulich wurde und das Band seiner Reden und Phantasieen löste, so warf er Blüten und Bäume, Sonne und Wolken durch einander, und abenteuerlich Glauben und Grübeln, daß es mir oft nicht anders war, als würde aus einem alten schönen Dichtungsbuche gelesen. Manche höhnten ihn, und gegen diese verschloß er wie mit Felsen den Quell seiner Rede, aber ich habe ihn jederzeit geliebt, und er mich auch. Er war es, der mir einst den schönen einsamen Platz zeigte, zu dem wir eben auf der Wanderung sind, und den vielleicht kein Mensch weiß, und er ist es auch, der nicht um Geld und Geldeswert, sondern ebenfalls aus alter Liebe zu mir, und neuer zu euch, wenn ihr sie nicht verscherzet, sich entschlossen hat, die Zeit eures Waldaufenthaltes bei euch zu wohnen,

um mit dem Reichtume seiner Erfahrungen zu eurem Schutze behülflich zu sein.«
Der Gegenstand, von dem die Rede war, trat indessen wieder hervor, als ziehe es ihn zu der Gegenwart der lieblichen Wesen, die ihm anvertraut werden sollten. Der Bach, an dem man jetzt entlang und ihm entgegen stieg, war nicht das klare Waldwasser aus dem Tale der Hirschberge, sondern ein wild einherstürzender, schäumender Bergbach mit goldbraunem, durchsichtigem Wasser. Man ging immer an seinen Ufern, und die Männer mit der Sänfte stiegen rüstig von Stein auf Stein, wie sie so weiß auf dem schwarzmoorigen Grunde umherlagen, von dem Wasser geschlemmt und gebleicht. Das Land hob sich sanft der blauen Waldwand entgegen, auf die Gregor gezeigt hatte. Man eilte sichtlich; denn am Rande der Wand, die, wie man ihr näher kam, immer größer und kühler emporstieg, spielten schon die Strahlen der Abendsonne in breiten Strömen herein und legten einen mattroten Goldschein weithin auf die gegenüberliegenden Waldlehnen. Am kühlblauen Osthimmel wartete schon der Halbmond. Der Boden fing an, sehr merklich emporzusteigen und wilder und wilder zu werden. Manch zerrißner Baumstamm stand an ihrem Wege – mancher Klotz war in das Wirrsal der Ranken und Schlingkräuter geschleudert, um dort zu vermodern, oder auch öfters kamen sie zwischen manneshohen Farrenkräutern durch, oder Himbeergesträuchen, die oft mit Beeren bedeckt waren, von ferne zu sehen, als hätte man ein rotes Tuch über sie gebreitet.
Da sie gelegentlich wieder an einer Espe vorüberkamen, deren Blätter, obwohl sich kein Hauch im ganzen Walde rührte, dennoch alle unaufhörlich zitterten, so sagte Clarissa zu dem Alten, wenn er die Zeichen und die Sprache der Wälder kenne und erforsche, so wisse er vielleicht auch, warum denn gerade dieser Baum nie zu einer Ruhe

gelangen könne, und seine Blätter immer taumeln und baumeln müssen.

»Es sind da zwei Meinungen,« entgegnete er, »ich will sie euch beide sagen. Meine Großmutter, als ich noch ein kleiner Knabe war, erzählte mir, daß, als noch der Herr auf Erden wandelte, sich alle Bäume vor ihm beugten, nur die Espe nicht, darum wurde sie gestraft mit ewiger Unruhe, daß sie bei jedem Windhauche erschrickt und zittert, wie jener ewige Jude, der nie rasten kann, so daß die Enkel und Urenkel jenes übermütigen Baumes in alle Welt gestreut sind, ein zaghaft Geschlecht, ewig bebend und flüsternd in der übrigen Ruhe und Einsamkeit der Wälder. Darum schaute ich als Knabe jenen gestraften Baum immer mit einer Art Scheu an, und seine ewige Unruhe war mir wie Pein. Aber einmal, es war Pfingstsonntags nachmittag vor einem Gewitter, sah ich (ich war schon ein erwachsener Mann) einen ungemein großen Baum dieser Art auf einer sonnigen Waldblöße stehen, und alle seine Blätter standen stille; sie waren so ruhig, so grauenhaft unbeweglich, als wären sie in die Luft eingemauert, und sie selber zu festem Glase erstarrt – es war auch im ganzen Walde kein Lüftchen zu spüren und keine Vogelstimme zu hören, nur das Gesumme der Waldfliegen ging um die sonnenheißen Baumstämme herum. Da sah ich mir denn verwundert den Baum an, und wie er mir seine glatten Blätter, wie Herzen, entgegenstreckte, auf den dünnen, langen, schwanken Stielen, so kam mir mit eins ein anderer Gedanke: wenn alle Bäume, dacht ich, sich vor dem Herrn geneigt haben, so tat es gewiß auch dieser, und seine Brüder; denn alle sind seine Geschöpfe, und in den Gewächsen der Erde ist kein Trotz und Laster, wie in den Menschen, sondern sie folgen einfältig den Gesetzen des Herrn, und gedeihen nach ihnen zu Blüte und Frucht – darum ist nicht Strafe und Lohn für sie, sondern sie sind von ihm alle geliebt – und das Zittern der Espe kommt gewiß nur von den gar langen und feinen Stielen, auf die sie ihre Blätter, wie Täfelchen, stellt, daß sie jeder Hauch lüftet und wendet, worauf sie ausweichen und sich drehen, um die alte Stellung wieder zu gewinnen. Und so ist es auch; denn oft habe ich nachher noch ganz ruhige Espen an windstillen Tagen angetroffen, und darum an andern, wo sie zitterten, ihrem Geplauder mit Vorliebe zugehört, weil ich es gut zu machen hatte, daß ich einstens so schlecht von ihnen gedacht. Darum ist es aber auch ein sehr feierlicher Augenblick, wenn selbst sie, die so leichtfertige, schweigt; es geschieht meistens vor einem Gewitter, wenn der Wald schon harret auf die Stimme Gottes, welche kommen und ihnen Nahrung herabschütten wird. – Sehet nur, liebe Jungfrauen, wie schmal der Fuß ist, womit der Stiel am Holze und das Blatt am Stiele steht, und wie zäh und drehbar dieser ist – – sonst ist es ein sehr schönes Blatt.«

Bei diesen letzten Worten hatte er einen Zweig von einer der Espen gerissen und ihn Clarissen hingereicht.

»Es ist ein Zeichen, daß wir eine schöne Nacht bekommen,« fuhr er fort, »da diese Zweige so munter sind; vor dem Nachtregen werden sie gern ruhiger.«

»Kommen wir denn in die Nacht?« fragte Johanna.

»Wenn es auch geschähe,« antwortete der Jäger, »so steht ja schon dort am Himmel der aufnehmende Mond, der so viel Licht gibt, daß gute und achtsame Augen genug haben. Aber ich denke, daß wir ihn gar nicht mehr brauchen werden.«

Das Laubholz wurde seltener, und die ernste Tanne und Fichte zog ständeweis gegen die Bergbreiten – der rote Sterbeglanz des Tages auf dem jenseitigen Joche ging langsam gegen die Bergschneide empor, und aus dem Tale hoben sich die blauen Abendschatten – der Halbmond wurde jede Minute sichtlich glänzender an seinem

bereits stahlblauen Osthimmel. Der Freiherr drängte sich durch Farrenkraut und Schlinggewächse, um an der Seite der Sänfte zu bleiben.
Felix war mit dem Ritter in tiefem Gespräche begriffen und ziemlich weit hinten geblieben. Der Bach war stellenweise gar nicht mehr sichtbar und hörbar, weil er unter übergewälzten Felsenstücken hinfloß.
So mochte die Wanderung noch eine halbe Stunde gedauert haben, und eine dichtere Finsternis blickte schon aus den Tiefen der Fichtenzweige, die sich so nahe drängten, daß sie häufig die Sänfte streiften – da blitzte es sie mit einem Male durch die Bäume wie glänzendes Silber an. Sie stiegen einen ganz kleinen Hang nieder, und standen an der weit gedehnten Fläche eines flimmernden Wassers, in dessen Schoße bereits das zarte Nachbild des Mondes wie ein blödes Wölklein schwamm. Ein leises Ach des Erstaunens entfuhr den Mädchen, als sie den schönen See erblickten, da sie derlei in dieser Höhe, die sie erstiegen zu haben meinten, gar nicht vermuteten – ein flüchtig Schauern rieselte durch Johannas Glieder, da dies ohne Zweifel jener Zaubersee sei, von dem sie gehört hatte. – Die hohen Tannen, die dem Ufer entlang schritten, schienen ihr ordentlich immer größer zu werden, da sie gemach und feierlich den einfärbigen Talar der Abenddämmerung angetan und von ihren Häuptern fallen ließen, wodurch sie massenhafter und somit größer wurden. – Die jenseitige Felsenwand zeichnete sich schwach silbergrau, wie ein zartes Phantasiebild, in die Luft, zweifelhaft, ob sie nicht selbst aus Luft gewoben sei; denn sie schien zu schwanken und sich nach dem Takte zu neigen, aber es waren nur die Wasser, die sich abendlich bewegten.
Der Vater hieß die Mädchen aussteigen, und mit Freuden verließen sie das enge tragbare Gefängnis. Ein Floß lag am Gestade, und trug ein erhobenes Gerüste mit Sit-

zen für die Gesellschaft. Man bestieg ihn, und die zwei Sänftenträger, und noch zwei andere Männer, die man bei dem Floße stehend vorgefunden, lenkten das Fahrzeug in den See hinaus, gerade auf die Felsenwand zu. Die Waldmassen traten zurück und verschränkten sich dem Auge nach und nach zu einer hohen, dichten, schwarzgrünen Mauer, die das Wasser umfängt – die Felsenwand trat näher, und stieg so mauerrecht aus dem See empor, daß man nicht absah, wie zu landen sein werde, da wohl kein handgroß Steinchen dort liegen möge, um darauf stehen zu können: allein zur größten Überraschung in diesem Lande der Wunder tat sich den Mädchen auch hier wieder eines auf. Wie man der Wand sich näherte, wich sie zurück und legte ein liebliches Rasenland zwischen sich und den See, und auf dem schönen Grün desselben sahen die Mädchen nun auch ein geräumiges hölzernes Haus stehen, nach Art der Gebirgshäuser gebaut – und alle seine Fenster schimmerten sie gastlich silbern an, schwach erglänzend von dem Scheine der weißen aufblühenden Rosenknospe des Mondes.

Das Reiseziel war erreicht. Weibliche Diener der Mädchen stürzten gegen das Ufer, Hand und Kleider ihrer holden Gebieterinnen küssend, und voll Freude, daß sie endlich gekommen. Das sämtliche Dienstgesinde, das aus zwei Mägden und drei Knechten bestand, wurde einige Tage vorher mit der größten Mühseligkeit über die Felsenrücken herübergebracht, da man den weiteren, aber leichteren Weg durch den Urwald noch nicht wußte, den Gregor erst für den Freiherrn ausgekundschaftet hatte. Mit freundlichen Worten dankten die Mädchen den Sänftenträgern und Ruderern, und dann, der Freiherr Johannen, der Ritter Clarissen am Arme nehmend, führten sie dieselben die Treppe hinan in eine Art Tafelzimmer, wo für alle, die Diener und Träger mit eingeschlossen, ein Abendmahl bereitet stand. Nach Beendigung desselben

und tausend Gutenachtwünschen führte der Freiherr mit schmerzlich freudigen Gefühlen seine Töchter in die zwei für sie bestimmten Gemächer. Ein Ruf der Überraschung und ein doppeltes Umschlingen der schönen Arme lohnte ihn; denn bis zum Erschrecken ähnlich waren die Zimmer denen, die sie zu Wittinghausen bewohnt hatten. Der Vater küßte beide auf die Stirne, wünschte ihnen eine friedensreiche, gute erste Nacht und ging zur Tür hinaus – die Mägde wurden sogleich entlassen – und nun, als die Tür verriegelt war, gleichsam als hätte ein Hemmnis bisher die Flut gewaltsam zurückgehalten, brach sie vor: die Mädchen stürzten sich in die Arme, Herz an Herz verbergend, ja fast vergrabend in einander, und sich die zarten Siegel der Lippen anpressend so heiß, so inbrünstig, so schmerzlich süß, wie zwei unglückselig Liebende, und fast eben so trennungslos. – – Also ist es wahr, die Heimat, das gute Vaterhaus ist preisgegeben und verloren, all ihr früher Leben ist abgeschnitten, sie selbst wie Mitspieler in ein buntes Märchen gezogen, alles neu, alles fremd, alles seltsam und dräuend – in dem drohenden Wirrsal kein Halt, als gegenseitig die warmen Lippen, das treue Auge und das klopfende Herz.
Aber als bei den Mädchen Tränen und Kosen in Ruhe übergegangen, traten sie auf den hölzernen Söller, der vor ihren Fenstern lief, heraus, und blickten noch, ehe sie schlafen gingen, in die kühle beruhigende Nacht. Der See lag zu ihren Füßen, Stücke schwarzer Schatten und glänzenden Himmels unbeweglich haltend, wie erstarrte Schlacken – der Wald dehnte seine Glieder weithin im Nachtschlummer, die feuchten Mondesstrahlen spannen von Berg zu Berg, und in dem Tale, woher die Wanderer gekommen sein mochten, blickte ruhender Nebel auf.
Gute Nacht, ihr lieben, schönen, fürchtenden Herzen, gute Nacht!

Des andern Tages morgens nahm der Vater, der Bruder und der Ritter Abschied. Der Freiherr erklärte, daß er es für Pflicht halte, zu seinem Schlosse zurückzukehren, um es, falls es nur eine streifende Rotte berührte, gegen selbe zu halten, oder, wenn ein Hauptschlachthaufe einträfe, es ehrenvoll und vielleicht vorteilhaft zu übergeben, und dadurch, daß er sich der kriegerischen Ehre der Schweden als Gefangenen überliefere, die Forschung nach andern Bewohnern des Schlosses zu vereiteln, da es niemanden einfallen werde, weiter nach Mädchen zu fragen, wenn der Gebieter der Burg in ihren Händen sei. Felix, trotz der Bitten der Schwestern und des Vaters, konnte nicht bewogen werden, sich von letzterem zu trennen. Was die beweglichen Güter, Geld und Geldeswert, anlangte, eröffnete ihnen der Freiherr, daß er dasselbe dem Schoße der Erde anvertraut habe, und daß, wenn man von dem Muttergottesbilde an der großen Buche im Wittinghauser Forste abwärts stiege und den Stein der neunten Stufe aufhöbe, dort in einer blechernen Kapsel sich Auskunft darüber vorfände. Er eröffnete ihnen dieses, falls Gott etwas Menschliches über ihn verhänge. – Mitwisser seien übrigens nur noch Felix und der Ritter.
Und somit, schloß er, mögen sie ihn durch unmäßige Trauer nicht betrüben: ihr größter Schutz sei ihre Einsamkeit. Er lasse ihnen drei Knechte zurück, welchen sie jede Art Aufträge hinsichtlich des Herbeischaffens von Lebensmitteln erteilen könnten, Gregors zweiter Enkel werde von Zeit zu Zeit Botschaften zwischen hier und Wittinghausen tragen, und nebst andern unter der Leitung Gregors stehen, daß, sobald sich etwas Verdächtiges an der Waldgrenze ereigne, es demselben sogleich angezeigt werde; denn er besitze Mittel in seiner Kenntnis der Wälder, sie immerhin zeitweise an Orte zu führen,

wo sie vor einer vorübergehenden Gefahr sicher wären. Zu ihrer noch größeren Beruhigung lege er ihnen außer der gänzlichen Abgeschiedenheit noch die feste Lage ihres Hauses vor Augen: rückwärts ist die unzugängliche Seewand, links des Hauses stürzt der Blockenstein mit einem vorspringenden Pfeiler senkrecht in das Wasser, und rechts, wo der See umgangen werden könne, ist der Paß durch eine künstliche Seebucht abgegraben und noch durch einen Verhau der größten Tannen geschützt, so daß der Zugang nur über den See möglich ist. Selbst für den Fall, daß sich ein Haufe bis in diese Einöden verschlüge, wisse Gregor einige Stunden von hier in den höchsten Klippen, nur ihm zugänglich, eine Höhle, wo er sie verbergen könnte, bis die Gefahr vorüber. Zwei Flöße, ein größerer und kleinerer, auf jedem ein kugeldichtes Häuschen, stehen zu ihrer Verfügung, aber nie soll einer am jenseitigen Ufer selbst nicht für Augenblicke liegen bleiben, auch sollen sie die Spaziergänge nie über ihren Rasenplatz zwischen See und Felsenwand ausdehnen, ohne daß sie Gregor davon in Kenntnis setzen, oder er sie begleitet. Sei auch alle diese Vorsicht übertrieben, so diene sie zu seiner Beruhigung, daß er sich nicht sagen dürfe, er habe etwas vergessen, was vielleicht not täte. Gegen wilde Tiere brauchten sie ohne Furcht zu sein; das sei das Merkwürdige dieser Wälder, daß man nie in ihnen einen Wolf getroffen; Luchse seien höchst selten und nur in den dichtesten Beständen – und wenn ja ein Bär sie ansichtig würde, so sei er ein zu gut geartet Tier, als daß er nicht vor ihnen auf das eiligste davonliefe, dies habe er selbst in seinem langen Leben wohl ein dutzendmal gesehen – zudem sei ihnen Gregors Büchse immer zur Hand. So, denke er, seien sie hinlänglich geschützt, wenn nicht ein Wunder geschieht, und dieses stehe in Gottes Hand, die uns hier und überall erreichen kann. Dann trug er ihnen noch auf, vorsichtig mit dem Lichte umzugehen,

da alles von Holz sei; deswegen habe er auch die Küche abseit des Hauses in das steinerne Häuschen verlegt, damit von dieser Seite keine Gefahr entstehe. In der Kiste, die noch im Speisezimmer stehe, finden sie Stoffe von Seide, Wolle und Linnen; sie mögen zerschneiden und verarbeiten, wie viel sie wollen; Nadeln und Nähzeug liege auch im Vorrate dabei, nebstdem Bänder und Schleifen, auch Bücher, Papiere, Farben und bunte Dinte – in der dreieckigen Kiste ist die Harfe. Er hoffe, daß sie keinen Schaden gelitten haben werde, als man sie mit Stricken über Felsen herablassen mußte – zurück wolle er sie über das Hirschental bringen lassen – der Ritter lasse auch sein Fernrohr da, daß sie zuweilen auf den Blockenstein steigen und damit gegen Wittinghausen sehen, ob es noch auf seinem Waldrande schwebe und vom Vater herübergrüße.
Bei diesen Worten traten ihm fast die Tränen in die Augen, er küßte und segnete sie – Felix, mit krampfhaftem Zucken seines Gesichtes, umarmte und drückte sie ans Herz – seitwärts stand der rätselhafte Begleiter ihrer Reise, der Ritter, der Clarissa düster anstarrte. Diese aber wand sich aus der Umarmung des Bruders, und das edle, wahre Auge, so schwarz oder schwärzer als seines, freundlichlieb und fest auf ihn richtend, reichte sie ihm die Hand und sagte, sie danke ihm recht herzlich und recht vielmal, daß er seine Kraft und Zeit so lange her verwendet habe, um das sicher und gut ins Werk zu führen, was ihnen jetzt Schutz gewähren werde – sie wünsche sehnlich, ihm durch Taten ihren Dank zeigen zu können – – – »wenn es in ihrer Macht wäre«, setzte sie sehr leise hinzu. – – Johannens Augen ruhten mit höchster Spannung auf den Lippen des Ritters, allein diese öffneten sich ruhig und sagten die schönen Worte: »Ich tat, was ich tat, weil Ihr und Johanna gut seid; es würde mich betrüben, sännet Ihr auf Vergeltung. Handelt so oder so, es wird immer das Rechte sein.«

Man schwieg einen Augenblick von allen Seiten, dann reichte Johanna dem Ritter gleichsam, als ob er sie dauerte, auch die Hand mit den Worten: »Lebt recht wohl, guter und freundlicher Mann, und kommt sehr bald wieder.«

»Ich dank Euch, schöne Muhme,« antwortete er lächelnd, »aber das Bald liegt in Gottes Hand, da ich wieder zu dem kaiserlichen Heere abgehe, und erst kommen kann, wenn wir den Feldzug fröhlich beendet.«

Noch ein Umarmen, ein Schütteln der Hände zwischen Vater und Geschwistern – die Männer verließen das Gemach – im nächsten Augenblicke waren sie am Strande, und die Mädchen sahen lange vom Söller nach, wie die drei Gestalten, auf dem Floße stehend, langsam dem Wasser entlang schwebten, bis sie im entgegenliegenden Tannenwalde verschwanden, und gleich darauf die zwei Knechte mit dem leeren Floße zurückfuhren. – –

Seltsam und beklemmend mußte es ihnen freilich sein, wenn sie die ersten Tage aufwachten, und die Morgenröte ihre frühesten Lichtströme hereingoß, über lauter Wald und lauter Wald – erbrausend von der Musik des Morgens, darunter nicht ein Ton, wie wir sie von Kindheit an gewohnt sind unter Menschenwohnungen zu hören, sondern ein Getue und Geprange, ein Rufen, ein Heischen, ein Erzählen und Jauchzen – und darein oft plötzlich von dem nächsten Tannenaste wie ein gesprochen Wort herabfallend, daß man erschrocken hinsah, aber nur ein fremdartiger Vogel schritt auf seinem Aste mit dem Kopfe blödsinnig nickend wie zum Einverständnisse mit dem Hinaufschauenden. – Aus den Tälern nahe und ferne stiegen indessen wie Rauchsäulen die Opfer der Morgennebel empor und zerschnitten die schwarzen breitgelagerten Massen. – Etwas Seltsames geschah Johannen schon am ersten Tage nach ihrer Ankunft: – – sie erwachte nämlich schon bei dem frühesten Tagesgrauen,

und – neugierig, den See auch bei Tage zu betrachten, schlich sie sich bei dem Lager der noch tief schlummernden Schwester leise vorbei und ging auf die hölzerne Brüstung des Hauses hinaus – da zum Erschrecken nahe stand ein Hirsch am Fichtensaume in dem seichten Wasser, ein schöner, großer Hirsch, ihr gerade gegenüber am Ufer, wo der Verhau war. Verwundert, betroffen und wohlgefällig sah sie auf das edle Tier, das seinerseits auch mit den unbeweglichen, neugierigen Augen herüberglotzte auf das neue Wunderwerk der Wildnis, auf die weiße in der Morgenluft schwebende Gestalt und ihre bannenden Augen – das Haus mochte ihn weniger beirrt haben. – Mehrere Augenblicke dauerte die Szene, bis Johanna sich regte, worauf er den Kopf leicht erschrocken zurückwarf, sich langsam wendete und zurück in die Gebüsche schritt, die Tautropfen von ihnen in den See schüttelnd.
Ihren Garten, so hießen sie nämlich den großen Rasenplatz um das Haus, hatten sie bald durchwandert und durchforscht. Es war eine glänzend grüne natürliche Waldwiese, wie ein halber Mond herausgeschnitten aus dem See und der Felsenwand, der Morgen- und Mittagssonne offenliegend, und nur im späten Nachmittage von der Seewand beschattet, wenn die Fichtengehäge jenseits des Sees in düsterm Spätlichte glänzten. Landwärts stieg diese Wiese sanft auf, bis die ungeheuren senkrechten Felsen aus ihr emporwuchsen, zwischen ihren Schluchten ein paar mächtige Ströme von Steingerölle hervorschiebend gegen den weichen grünen Teppich des Rasens. In der Nähe des Hauses, gegen die Wand schreitend, stand eine Gruppe von Buchen und riesenhaften Ahornen, deren Grün sehr hold abstach gegen das Düster der Fichten und Schwarzföhren. In ihrem Schatten waren Tischchen und Bänke angebracht. Zu erwähnen ist noch eine eiskalte Quelle, in einer Felsenvertiefung stehend, von solcher Durchsichtigkeit, daß, wenn das Gestein naß

war, man nicht wußte, wo die Luft aufhöre und das Wasser beginne. Ihr Abfluß ging als kleines Bächlein unter einem Steine hervor und durchschnitt quer die Wiese, dem See zueilend.
So war diese Stelle nicht umsonst von dem Vater ›wundersam lieblich und anmutsreich‹ geheißen, eine warme, windstille Oase, geschützt von Felsen und See und bewacht von der ringsum liegenden heiligen Einöde der Wildnis.
Das Haus war, wie man sie noch heute in jenen Gegenden sieht, aus Holz, hatte ein Erdgeschoß und ein Stockwerk, eine ringsum laufende Brüstung und ein flaches Dach. Sonst war es viel geräumiger als die, welche die heutigen Walddörfer bilden. Gleich neben dem Eingange lag Gregors Stube, der auch die Schlüssel führte, weiterhin die der Knechte, und die Kammern der Vorräte. Im ersten Stocke war ein Speisezimmer, und zwei Zimmer der Mädchen, nebst einem Vorzimmer für die Mägde. Alles war auf das vorsorglichste eingerichtet, nicht die kleinste Kleinigkeit, von Männern oft selten beachtet, aber für Mädchen von großem Werte, fehlte hier, und täglich entdeckten sie neuerdings, daß der Vater oft dahin vorgesehen hatte, wohin sie selbst bisher noch nicht gedacht. Der Schmerz, die Furcht, das Ungewohnte ihrer Lage in den ersten Tagen stillte und fügte sich allgemach, und somit begannen sie schüchtern und vorsichtig nach und nach die Entdeckungsreisen in ihrem Gebiete und fingen an, für dasselbe Neigung und Herz zu gewinnen.
Ihr erstes Unternehmen über die Grenze ihres Besitztumes hinaus und zwar über den See war, um den Blockenstein zu besteigen und mit dem Rohre gen Wittinghausen zu sehen. Gregor und die drei Knechte, alle bewaffnet, mußten mitfahren, dann, als sie ausgestiegen, einer mit dem Floße zwanzig Schritte weit vom Ufer harren, die übrigen sie begleiten. Gregor lächelte gutmütig über

diese kriegerischen Anstalten und ließ sie gewähren. Er führte sie um den Seebusen herum, und von rückwärts auf den Blockenstein, so daß sie, als sie nach einer Stunde seinen Gipfel erreichten, meinten, ihr Haus liege ihnen gerade zu Füßen, und ein losgelassenes Steinchen müsse auf sein Dach fallen. – Das Fernrohr wurde ausgepackt und an dem Stumpfe einer verkrüppelten Birke befestigt. – – Aller Augen aber waren schon vorher in die Weite gegangen – wie eine glänzende Wüste zog der heitere Himmel hinaus über alle Wälder weg, die wie riesenbreite, dunkle, blähende Wogen hinauslagen, nur am äußersten Gesichtskreise gesäumt von einem Hauche eines fahlen Streifens – es waren die bereits reifenden Kornfelder der Menschen – und endlich geschlossen von einem rechts in das Firmament ablaufenden Duftsaume – – – – siehe, der geliebte kleine Würfel, wie ein blauer Punkt schwebt er auf seinem Rande! Johannas Herz wogte in Freude und Schmerz. – – Clarissa kniete mittlerweile vor dem Rohre und rückte und rückte; das sah sie gleich, daß es ein ungleich besseres sei als das des Vaters, jedoch finden konnte sie damit nichts. Bis zum Erschrecken klar und nahe stand alles vor sie gezaubert, aber es war alles wildfremd. – Abenteuerliche Rücken und Linien und Vorsprünge gingen wie Träume durch das Glas – dann farbige Blitze – dann blau und blau und blau – – sie rührte die Schraube, um es zu verlängern – dann führte sie es dem Saume eines dunklen Bandes entlang – plötzlich ein schwacher Schrei – zitternd im Runde des wunderbaren Glases stand das ganze Vaterhaus, klein und zart, wie gemalt, aber zum Staunen erkennbar an Mauern, Erkern, Dächern – ja die Fenster meinte man durchaus sehen zu müssen. Johanna sah auch hinein – blank, unversehrt, mit glänzendem Dache stand es in der Ruhe des Himmels. O wie schön, wie freundlich!

Auch der alte Gregor sah durch das zaubernde, ihm unerklärbare Rohr, und in seinen Mienen war erkennbar, wie er höchlich darnach rang, das Ding begreifen zu können. Auch die Knechte ließ man hineinsehen und freute sich an ihrem Erschrecken und Staunen. Man getraute sich fast nicht, etwas zu rücken, aus Furcht, das teure Bild zu verlieren, aber Clarissa zeigte ihnen bald, wie man es machen müsse, um es immer wieder zu finden. Sie konnten sich nicht ersättigen, immer das eine und das eine anzusehen. – So wie es ihren Augen, schien es auch ihrem Herzen näher, und sie waren fast zu Hause – so ruhig und so lieb stand es da, und so unverletzt. – Freude, Wehmut, Sehnsucht stieg so hoch, daß man sich das Versprechen gab, sehr oft, ja jeden ganz heitern Tag heraufsteigen und durchsehen zu wollen. Endlich fing man doch an, auch anderes zu suchen und zu prüfen. Der fahle Streifen am Gesichtssaume war das erste, und deutlich zeigte sich, daß es angebautes Land mit Erntefeldern war – dann wurden die Waldberge, dann der See und endlich gar das Haus versucht. Alles war gar so schön und gar so reinlich.

Nach langem Aufenthalte auf dem Felsen beschloß man die Rückkehr, und das Rohr wurde von Gregor mit Achtsamkeit und sogar mit einer Art Scheu in sein ledernes Fach gepackt und mit der größten Obhut getragen. Auf dem Rückwege trug sich nichts Merkwürdiges zu. Sie fanden ihren Floß warten, stiegen ein, fuhren über, und der Tag endete, wie alle seine bisher erlebten Vorgänger, mit einer glühenden Abendröte, die sie nie anders als auf den gegenüber liegenden Wäldern flammen sahen, während der See eine ganz schwarze Tafel vor ihre Fenster legte, nur zeitweise von einem roten Blitze durchzuckt.

Dieser ersten Wanderung folgten bald mehrere und mehrere, die immer kühner und weitschichtiger wurden, je mehr sie die Ruhe und Sicherheit des Waldes kennen lernten. Von dem Vater war bereits zweimal beruhigende

Botschaft gekommen; auch, wenn sie den Blockenstein bestiegen und durch das Rohr sahen, das ihnen das liebste Kleinod geworden, – stand immer dasselbe schöne, reine, unverletzte Bild des väterlichen Hauses darinnen, so daß Johanna einmal den kindischen Wunsch äußerte, wenn man es doch auch von der anderen Seite sehen könnte. Zuweilen, wie Kinder, kehrten sie das Rohr um, und freuten sich, wenn ihr Haus, winzig wie ein Stecknadelkopf, meilenweit draußen lag, und der See wie ein kleines Glastäfelchen daneben.
Ein paar Gewitter hatten sie erlebt, denen einige traurige, graue Regentage folgten. Sie brachten dieselben im Zimmer zu, an all ihren Stoffen und Kleidern schneidend und nähend und ändernd, und da schon Tage und Wochen vergangen waren, ohne daß sich das mindeste Böse einstellte, ja da draußen alles so schön und ruhig lag, als wäre nirgends in der Welt ein Krieg, und sogar nach des Vaters letzter Nachricht der Anschein war, als würde über Wittinghausen gar niemal etwas kommen: so erheiterten und stillten sich wieder ihre Gemüter, so daß die Erhabenheit ihrer Umgebung Raum gewann, sachte ein Blatt nach dem andern vorzulegen, das sie auch gemach zu verstehen begannen, wie es ihnen Gregor oft vorhergesagt. – Auch Scherz und Mutwille stellte sich ein: Johanna beredete einmal die Schwester, ihren schönsten Kleiderschmuck sich gegenseitig anzulegen – und wie sie es getan und nun sich vor den Spiegel stellten, so überkam ein leichtes Rot die edlen, feinen Züge Clarissens wegen dieser mädchenhaften Schwäche, während die Augen Johannens vor Vergnügen funkelten.
Der alte Gregor hatte seine Freude an ihrem Mute; er begann sie von Tag zu Tag lieber zu gewinnen, und wie sich ihre Herzen, wie zwei Sterne des Waldhimmels, immer lieber und freundlicher gegen ihn neigten, so ging auch das seine in diesen sanften Strahlen immer mehr und

mehr auf – bis es dastand, großartig schön, wie das eines Jünglings, ruhend in einer Dichtungs- und Phantasiefülle, üppig wuchernd, schimmernd, wie jene Tropenwildnisse, aber eben so unbewußt, so ungepflegt, so naturroh und so unheimlich, wie sie. Seinen ganzen Lebenslauf, seine ganze Seele hatte er dem Walde nachgedichtet, und paßte umgekehrt auch wieder so zu ihm, daß man sich ihn auf einem andern Schauplatze gar nicht denken konnte. Daher dichtete er auch seinen Schutzbefohlenen sich und ihre Einöde in solch wunderlicher, zauberhafter Art und Gestalt vor, daß sie auch ihnen zu reden begann und sie sich immer wie inmitten eines Märchens zu schweben schienen.

Aber vielmehr *sie* waren ein Märchen für die ringsum staunende Wildnis. Wenn sie zum Beispiele an dem See saßen, lange weiße Streifen als flatternde Spiegel ihrer Gewänder in ihn sendend, der gleichsam seine Wasser herandrängte, um ihr Nachbild aufzufassen – so glichen sie eher zwei zart gedichteten Wesen aus einer nordischen Runensage, als menschlichen Bewohnern dieses Ortes – – oder wenn sie an heißen Nachmittagen zwischen den Stämmen wandelten, angeschaut von den langstieligen Schattenblumen des Waldes, leise umsummt von seltsamen Fliegen und Bienen, umwallt von den stummen Harzdüften der Fichten, jetzt eine Beere pflückend, jetzt auf einen fernen Waldruf horchend, jetzt vor einem sonnigen Steine stehen bleibend, auf dem ein fremder Falter saß und seine Flügel breitete – so hätte er sie für Elfen der Einöde gehalten, um so mehr, wenn er die Geister- und Zaubergeschichten gewußt hätte, die ihnen Gregor von manchen Stellen des Waldes erzählte, wodurch vor ihrer Phantasie er, sie und die Umgebung in ein Gewirre von Zauberfäden geriet – – oder wenn sie in der bereits milder werdenden Herbstsonne auf ihrer Wiese am Rande des Gerölles saßen, auf irgendeinem grauen Felsblocke ausruhend, Johanna das kinderlockige Haupt auf den Schoß ihrer Schwester gelegt, und diese mit klarem, liebreichem Mutterauge übergeneigt, in einem Gespräche des sichersten Vertrauens versunken – und wenn dem Siegel des Mundes das Herz nachfloß, und sie schweigend saßen, die schönen Hände ineinander gelegt, wie zwei Liebende, bewußtvoll ruhend in der grenzenlosen Neigung des andern, und wenn Johanna meinte, nichts auf Erden sei so schön als ihre Schwester, und Clarissa, nichts sei so schuldlos als Johanna: so ist es, als schweige die prangende Wüste um sie aus Ehrfurcht, und die tausend kleinen Glimmertäfelchen der Steinwand glänzen und blitzen nur so emsig, um einen Sternenbogen um die geliebten Häupter zu spannen.

Oder noch märchenhafter war es, wenn eine schöne Vollmondnacht über dem ungeheuren dunklen Schlummerkissen des Waldes stand und leise, daß nichts erwache, die weißen Traumkörner ihres Lichtes darauf niederfallen ließ, und nun Clarissens Harfe plötzlich ertönte – man wußte nicht woher, denn das lichtgraue Haus lag auf diesen großen Massen nur wie ein silberner Punkt – und wenn die leichten einzelnen Töne wie ein süßer Pulsschlag durch die schlafende Mitternachtluft gingen, die weithin glänzend, elektrisch, unbeweglich auf den weiten schwarzen Forsten lag: so war es nicht anders, als ginge sachte ein neues Fühlen durch den ganzen Wald, und die Töne waren, als rühre er hie und da ein klingend Glied, – das Reh trat heraus, die schlummernden Vögel nickten auf ihren Zweigen und träumten von neuen Himmelsmelodieen, die sie morgen nicht werden singen können, – und das Echo versuchte sogleich das goldne Rätsel nachzulallen. – – Und als die Harfe längst schwieg, das schöne Haupt schon auf seinem Kissen ruhte – – horchte noch die Nacht; der senkrecht stehende Vollmond hing lange Strahlen in die Fichtenzweige und säumte das Wasser mit stummen Blitzen – indessen ging die Wucht und Wölbung der Erde, unempfunden und ungehört von ihren Bewohnern, stürmend dem Osten zu – der Mond wurde gegen Westen geschleudert, die alten Sterne mit, neue zogen in Osten auf – – – und so immer fort, bis endlich mitten unter ihnen am Waldrande ein blasser, milchiger Lichtstreifen aufblühte – ein frisches Lüftchen an die Wipfel stieß – und der erste Morgenschrei aus der Kehle eines Vogels drang! – – –

4. WALDSEE

Es waren schon viele Tage und Wochen vergangen – Erwarten und Fürchten, keines war um die Breite eines Haares vorgerückt! – In gleicher Schönheit, so oft sie es suchten, stand das Vaterhaus in dem Glase ihres Rohres, in gleichem tiefem Frieden lagen die an ihren Wald grenzenden bewohnten Länder, obgleich sie recht gut wußten, daß draußen, wohin ihr Blick nicht mehr reiche, der Qualm des Krieges liege, der jeden Augenblick an ihrem Gesichtskreise sichtbar werden könne.
Ihr Garten, der Wald, unbekümmert um das, was draußen vorging, förderte sein Werk für diesen Sommer, ja er hatte es fast abgetan; denn die milde Spätsonne goß schon ihr Licht trübselig auf die bunten, gelben und roten Herbststreifen, die sich durch das Duftblau der Wälder hinzogen. – – Da geschah es eines Tages, daß die zwei Mädchen und Gregor jenseits des Sees am Ufer saßen ihrem Hause gegenüber. Sie waren ziemlich weit von demselben entfernt, und sahen auf jene Stelle, wo der Blockenstein in den See stürzt, ihre Waldwiese von dem andern Lande trennend. Die Knechte waren schon seit drei Tagen um Lebensmittel aus und wurden abends zurückerwartet. Die Sonne des Nachsommers war so rein,

so warm und einladend, daß das Herz sich traulich hingab – die zwei Mägde waren in das Gebirg gegangen, um Brombeeren zu suchen, und unsre kleine Gesellschaft, nachdem sie Gregor über den See geschifft und dann an schönen Stellen herumgeführt hatte, saß jetzt, der lauen Luft genießend, in angenehmer Müdigkeit auf einem großen Steine, um den die Glut roten Herbstgestrippes und dichter Preißelbeeren zu ihren Füßen prangte und die langen Fäden des Nachsommers glänzten. Sie sahen auf ihr leeres Haus und auf die graue Steinwand hinüber, während ihnen Gregor erzählte, der ebenfalls von der feierlich stillen Pracht, mit der, wie gewöhnlich, der Nachsommer über die Wälder gekommen war, befangen, in immer romantischere und schwermütigere Weisen versank.

Johanna fragte ihn, wie es denn gekommen, daß er diesen See entdeckt habe, den so hoch oben gewiß niemand vermute, und von dem er ihnen auch sage, daß wenige Menschen von seinem Dasein wissen.

»Es wissen ihn auch wenige«, erwiderte der alte Mann, »und suchen ihn auch nicht, da sie nicht Grund dazu haben, und die von ihm Ahnung bekommen, hüten sich wohl, ihn aufzusuchen, da sie ihn für ein Zauberwasser halten, das Gott mit schwarzer Höllenfarbe gezeichnet und in die Einöde gelegt hat. Nun, was die schwarze Farbe betrifft, so mag es wohl damit nur die Ursache haben, daß die dunklen Tannen und Berghäupter aus ihm widerscheinen – wäre er draußen im ebenen Lande, so wäre er so blau wie ihre Teiche, auf die nichts als der leere Himmel schaut – und was die Einöde anlangt, so weiß ich nicht, ob ihn Gott an ein schöner Plätzchen hätte legen können als dieses. Ich kenne ihn schon über vierzig Jahre, und habe ihn in dieser Zeit nur zwei Menschen gezeigt; da wir beide noch jung waren, Eurem Vater und, da ich alt geworden bin, einem jungen Manne, den ich lieb gewonnen, und mit dem ich manches Wild geschossen habe. In Hinsicht seiner Entdeckung aber, liebe Jungfrau, war es so: Seht, da ich ein Bube war, von zwölf, dreizehn Jahren oder darüber, da waren noch größere und schönere Wälder als jetzt. – Holzschläge waren gar nicht zu sehen, diese traurigen Baumkirchhöfe, weil nächst dem Waldlande wenig Hütten standen und diese ihr Brennholz noch an den Feldern bald in diesem, bald in jenem Baume fanden, den sie umhieben – und man merkte nicht, daß einer fehle. Damals gingen auch die Hirsche oft in Herden gegen unsere Wiesen, und man brauchte sie nicht in den Wäldern aufzusuchen, wenn man einen schießen wollte. – –«

Bei diesen Worten unterbrach er sich, und plötzlich zu Clarissa gewendet, sagte er: »Wollt Ihr, Jungfrau, eine der schönen gelbgestreiften Schwungfedern, so schieße ich Euch das Tier herab; ich glaube, ich werde es erreichen.« Er zeigte hiebei in die Luft, und die Mädchen sahen einen schönen Geier mit gespannten Flügeln hoch über dem See schweben. Er schien gleichfalls ohne alle andere Absicht zu sein, als sich in der ausnehmend klaren, lauen, sonnigen Herbstluft zu ergehen; denn auf seinen Schwingen ruhend, die Gabel des Schweifes wie einen Fächer ausgebreitet, ließ er sich gleiten auf dem Busen seines Elementes, langsame Kreise und Figuren beschreibend, während Schwung- und Ruderfedern oft zierlich gedreht im Sonnenscheine spielten und die Fittige nur nach langen Zwischenräumen zwei bis drei leichte Schläge taten. Die Mädchen bewunderten die zarte Majestät dieses Naturspieles; sie hatten nie dieses mächtige Tier in solcher Nähe gesehen, und baten daher einmütig, dem schönen Vogel nichts zu Leide zu tun.

»Freilich ist er ein schönes Tier,« antwortete der Jäger, »und daß sie ihn draußen ein Raubtier heißen, daran ist er so unschuldig wie das Lamm; er ißt Fleisch, wie wir alle auch, und er sucht sich seine Nahrung auf, wie das Lamm, das die unschuldigen Kräuter und Blumen ausrauft. Es muß wohl so Verordnung sein in der Welt, daß das eine durch das andere lebt. Nun seht ihn nur recht an, wie er sich langsam dreht und wendet, und wie er stolzieret – er wird nicht sobald dieses Wasser verlassen; ich sah es öfter, daß sie gerne über solchen Stellen schweben, als schauten sie sich in einem Spiegel. In der Tat aber wartet er bloß auf die verschiedenen Tiere und Vögel, die an das Wasser trinken kommen.«

Sie sahen nun eine Zeit lang den Vogel schweigend an, wie er in großem Bogen langsam dem See entlang schwebte, und immer kleiner ward – wie ihn rechts hohe Tannen ihrem Auge entrückten – und wie er dann wieder groß und breit dicht ob ihnen durch die dunkle Luft hervorschwamm. Endlich, da sich seine Kreise und Linien näher an die gegenüber liegende Wand verloren, schwächte sich auch der Anteil an ihm, und Johanna fragte wieder, wie es sich mit der Entdeckung des Sees ergeben.

»Das war nun so«, entgegnete Gregor; »ich habe Euch schon gesagt, daß weit von hier ein Haus und ein Feld sei, wo ich und meine Enkel leben, und wo mein Vater und Großvater gelebt haben, und das sagte ich auch, daß einmal viel größere Wälder waren als heute. Damals kam nie einer herauf; denn sie fürchteten die Einöde und entsetzten sich vor der Sprache der Wildnis – da waren nun solche, bei denen die Sage ging, es sei irgendwo ein schwarzes Zauberwasser in dem Walde, in welchem unnatürliche Fische schwimmen, und um das eine verwunschene graue Steinwand stehe, und es seien lange Gänge darinnen. Alles flimmert von Gold und Silber, schönen Geschirren und roten Karfunkeln, wie ein Kopf so groß. Vor vielen hundert und hundert Jahren hat ein heidnischer König aus Sachsen, der vor dem frommen Kaiser Karl floh, sich und seine Schätze in diese Felsen vergraben, und bei seinem Tode sie verzaubert, daß man weder Tor noch Eingang sehen kann – nur während der Passionszeit, so lange in irgendeiner Kirche der Christenheit noch ein Wörtlein davon gelesen wird, stehen sie offen – da mag jeder hineingehen und nehmen, was er will; aber ist die Zeit um, dann schließen sie sich und behalten jeden innen, der sie versäumt.«

Johanna sah hinüber auf die Wand, und es war ihr, als rührten sich die Felsen.

»Nun, sagte man nicht, daß sich jemand einmal hinein gewagt habe?« fragte Clarissa.

»Ei freilich,« erwiderte der Jäger, »da erzählte mir meine eigne Großmutter, daß es wirklich wahr sei, daß nicht weit von dem Berge, wo die drei Sessel stehen, ein solcher See liege, und daß auch einmal vor vielen hundert Jahren ein Mann, der auf dem Schestauer Hause zu Salnau wirtschaftete, aber viel Fluchens und arge Werke trieb, deswegen auch sein Gut nicht vor sich bringen konnte, am Charfreitage, als alle Christen vor dem Grabe des Herrn beteten, heraufgestiegen sei und, damit sie mehr Schätze tragen können, auch sein Söhnlein mitgenommen habe. – Wie sie nun eintraten, befiel das unschuldige Kind ein Grausen, daß es rief: ›Vater, Vater, sieh die glühenden Kohlen, geh heraus!‹ – – Aber diesen hatte der böse Feind geblendet, daß er unter den Karfunkeln wählend und wühlend seiner Zeit nicht wahrnahm, bis der Knabe wie mit einem Windesruck an dem See stand, und gerade sah, wie der Fels mit Schlagen und Krachen sich schloß und den unseligen Vater lebendig darinnen behielt. Den Knaben befiel Entsetzen, er lief, als ob alle Bäume hinter ihm her wären, bergab, und die heilige Jungfrau lenkte seine Schritte auch so, daß er sich glücklich nach Hause fand. Er wuchs heran, wurde gottesfürchtig, und fastete jeden Charfreitag, bis die Sterne am Himmel standen – war auch gesegnet in seinen Feldern und in seinem Stalle.

Seitdem hat man nirgends gehört, daß einer in den Berg gedrungen.«
Man sah schweigend auf die graue Wand hinüber, und auch Clarissen war es jetzt, als rühre sie sich und die grünenTannen stehen als Wächter und flüstern mit einander.
Der Geier war noch immer in der Luft sichtbar, sanft kreisend und schwimmend, oder oft sekundenlang so unbeweglich stehend, als wäre er eine in diesem Dome aufgehängte geflügelte Ampel.
Gregor fuhr fort: »Ich war damals ein Bube, und meine Großmutter wußte viele solche Geschichten. Da steht auch ein Berg drei Stunden von hier. – In der uralten Heidenzeit saßen auf ihm einmal drei Könige und bestimmten die Grenzen der drei Lande: Böheim, Baiern und Österreich – es waren drei Sessel in den Felsen gehauen, und jeder saß in seinem eigenen Lande. Sie hatten vieles Gefolge, und man ergötzte sich mit der Jagd, da geschah es, daß drei Männer zu dem See gerieten und im Mutwill versuchten, Fische zu fangen, und siehe, Forellen, rot um den Mund und gefleckt wie mit glühenden Funken, drängten sich an ihre Hände, daß sie deren eine Menge ans Land warfen. Wie es nun Zwielicht wurde, machten sie Feuer, taten die Fische in zwei Pfannen mit Wasser und stellten sie über. Und wie die Männer so herumlagen, und wie der Mond aufgegangen war und eine schöne Nacht entstand, so wurde das Wasser in den Pfannen heißer und heißer und brodelte und sott, und die Fische wurden darinnen nicht tot, sondern lustiger und lustiger – und auf einmal entstand ein Sausen und ein Brausen in den Bäumen, daß sie meinten, der Wald falle zusammen, und der See rauschte, als wäre Wind auf ihm, und doch rührte sich kein Zweig und keine Welle, und am Himmel stand keine Wolke, und unter dem See ging es wie murmelnde Stimmen: es sind

nicht alle zu Hause – zu Hause.... Da kam den Männern eine Furcht an, und sie warfen alle die Fische ins Wasser. Im Augenblicke war Stille, und der Mond stand recht schön an dem Himmel. Sie aber blieben die ganze Nacht auf einem Stein sitzen, und sprachen nichts, denn sie fürchteten sich sehr, und als es Tag geworden, gingen sie eilig von dannen und berichteten alles den Königen, die sofort abgezogen und den Wald verwünschten, daß er eine Einöde bleibe auf ewige Zeiten.«

Er schwieg, und die Mädchen auch.

»Sehet, schöne Jungfrauen,« fuhr er nach einer Weile fort, »dies alles rieselte mir damals gar sonderbar durch die Gebeine, und mit Grauen und mit Begierde sah ich immer seitdem auf den blauen Wald hinauf, wie er geheimnisvoll und unabsehlich längs dem schönen lichten Himmel dahinzog. Ich nahm mir vor, sobald ich ein Mann sein würde, den schönen zauberhaften See und die Heidenwand aufzusuchen. Mein Vater und die Leute lachten mich aus und meinten, das sei eitel Fabel und Narrheit mit diesem Wasser; – aber sehet, da ich den Wald nach und nach kennen lernte und einsah, wie wunderbar er sei, ohne daß die Menschen erst nötig hätten, ihre Fabeln hinein zu weben – und da mir viele klare Wässerlein auf meinen Wanderungen begegneten, alle von einem Punkt der Höhen herabfließend und deutlich mit kindlichem Rieseln und Schwätzen von ihrem Vater erzählend, – so stieg ich herauf, und sehet, an dem Platze, wo wir eben sitzen, kam ich heraus und fand mit eins das schöne, liebliche Wasser.«

»Und hat es Euch nicht geängstet und gegraut?« fragte Johanna.

»Geängstet?« entgegnete der Alte, »geängstet? – Gefreuet habe ich mich der schönen Stelle; denn ich wußte dazumal schon sehr gut, daß der Wald keine frevlen Wunder wirke, wie es gehässige und gallige Menschen gern täten, hätten sie Allmacht, sondern lauter stille und unscheinbare, aber darum doch viel ungeheurere, als die Menschen begreifen, die ihm deshalb ihre ungeschlachten andichten. Er wirkt sie mit ein wenig Wasser und Erde und mit Luft und Sonnenschein. Sonst ist kein anderes da, noch je dagewesen, glaubet es mir nur. Auch auf dem Berge der drei Sessel war ich oben – nie saß ein König dort, so wenig als hier jemand gefischt hat. Wohl stehen die drei steinernen Stühle, aber nicht etwa einfältig eben und geglättet, wie die hölzernen in eurem Hause, sondern riesengroß und gefurcht und geklüftet; die leichten Finger des Regens haben daran gearbeitet, und das weiche, aber unablässige Schreinerzeug der Luft und der Sonne haben sie gezimmert. – Ich saß darauf und schaute wohl stundenlang in die Länder der Menschen hinaus – und wie ich öfter hier und dort war, erkannte ich gar wohl, daß dies alles nur Gottes Werk sei und nicht der Menschen, zu denen sich nur die Sage davon verlor. Sie können nichts bewundern, als was sie selber gemacht haben, und nichts betrachten, als in der Meinung, es sei für sie gebildet. Hat Gott der Herr dem Menschen größere Gaben gegeben, so fordert er auch mehr von ihm – aber darum liebt er doch auch nicht minder dessen andere Geschwister, die Tiere und Gewächse; er hat ihnen Wohnungen gegeben, die dem Menschen versagt sind, die Höhen der Gebirge, die Größe der Wälder, das ungeheure Meer und die weiten Wüsten – dort, ob auch nie ein Auge hinkomme, hängt er ob ihnen seine Sterne auf, gibt ihnen die Pracht ihrer Gewänder, deckt ihren Tisch, schmückt sie mit allerlei Gaben, und kommt und wandelt unter ihnen, gerade wie er es hier und unter den Menschen macht, die er auch liebt, obwohl sie ihm, wie es mir oft gedeucht hat, seine Tiere und Pflanzen mißbrauchen, weil sie im Hochmute sich die einzigen wähnen, und in ihrer Einfalt nie hinausgehen in die Reiche

und Wohnungen derselben, um ihre Sprache und Wesenheit zu lernen – – – – .«
Während er noch so redete, fuhr jenseits von der Wand des Heidenkönigs ein leichter Blitz auf, und der Geier stürzte pfeilgerade in das Wasser – im Augenblicke rollte auch der Schuß die klippige Wand entlang und murmelte von Wald zu Wald.
Die Mädchen sprangen erschrocken auf, und Gregor schaute starren Auges hinüber, als wollte er die harte Wand durchbohren.
In der Totenstille der Wälder war die Lufterschütterung fast grauenhaft gewesen – – und wieder war es nun totenstille und reglos, wie vorher; selbst die Leiche des Geiers lag ruhig auf ein und derselben Stelle des Wassers. Es vergingen angstvolle Minuten der Erwartung; denn wer konnte das sein?!
»Seht Ihr etwas?« flüsterte Johanna mit zitternder Stimme.
»Nein,« antwortete der Jäger, – »der Schuß kam dort von den Stämmen, die von der Seewand gebrochen sind und am Ufer liegen, aber ich sehe niemanden.«
»Laßt uns eilig überfahren,« meinte Clarissa, »das Haus steht ganz leer – auch nicht eine Seele ist darinnen.«
»Mit nichten, Kind«, sagte der Jäger; »wenn Gefahr ist, wären wir eine schlechte Besatzung des Hauses. Geht in euer Floßhäuschen, ich werde das Fahrzeug ein Stück in den See hinausfahren, und dort bleiben wir stehen. Niedergelegt längs dem Baume der Schutzwehre will ich hinübersehen, und da wollen wir abwarten, wie er es beginnen wird, das Tier aus dem Wasser zu holen.«
Aber sie warteten vergeblich. Minute an Minute verging. Ruhig, mit verschobenem Gewande und geklebtem Federschmucke lag der Geier auf dem Wasser – der Rauch des Schusses hatte sich längst verzogen, und im lieblichen Nachmittagslichte glänzend schaute ihr verlassenes Wohnhaus herüber. Kein Laut regte sich, und wie

die Augen auch angestrengt an dem Blockensteiner Vorsprung hafteten, – nichts war dort ersichtlich, als das Gewirre der bleichen herabgestürzten Bäume, wie ihre Äste lange weiße Scheine in den dunklen Wasserspiegel sandten.

Gregor begann nach und nach die Hand nach dem Ruder zu heben, um dem Vogel langsam näher zu fahren.

»Etwa sind die Knechte schon zurück«, meinte Clarissa.

»Das war kein Knall aus einer unsrigen Büchse«, sagte Gregor.

In dem Augenblicke wurden die zwei Mägde auf dem hölzernen Söller des Hauses sichtbar, die in dem Geklippe der Wand und an den Ufern der Gerölle Brombeeren gesucht hatten. Sie hielten wahrscheinlich den Schuß für Gregors und winkten häufig auf eine Stelle, vielleicht weil sie meinten, man sehe vom Schiffe aus den Vogel nicht.

Mittlerweile blieb der See und Wald ruhig, wie sie es den ganzen Tag waren. Die Sonne, eine weißglühende Lichtkugel, lag schon am Rande der Felsenwand; breite Schatten rückten über Haus und Rasenplatz auf den See heraus, dieser war glatt und schwarz, nur auf dem Schiffe lag das müde Nachmittagslicht, eben so war der tote Vogel wie ein weißer Punkt beleuchtet, und im grünroten Schimmer floß es um das Gehäge der Fichten. Indes war man, dem Tiere näher rückend, auch bereits dem sumpfigen Ufer, wo das Gewirre der Baumstämme lag, so nahe gekommen, daß man jeden kleinsten Zweig ausnehmen konnte, ja in der Stille der Luft und des Wassers sah man es sogar deutlich, wenn ein Frosch, der sich sonnte, von einem Stamme in das Wasser sprang und die leichten Wellenringe fast bis auf den Floß auseinandertrieb. Aber nicht das geringste Anzeichen eines Menschen wurde sichtbar, so daß der Glaube immer mehr Wahrscheinlichkeit gewann, es sei nur irgendein

Schütze durch Zufall so tief in den Wald geraten und an den See verschlagen worden, habe sein gutes Auge an dem Federtier versucht, und habe dann, da er das Fahrzeug und das Haus erblickte, aus Aberglauben die Flucht ergriffen, namentlich, da er mußte gesehen haben, wie sich das Schiff bewegte, ohne daß er Menschen darauf wahrgenommen. Endlich mit einigen langsamen Ruderschlägen war man dem Tiere so nahe gekommen, daß es Gregor mit der Hakenstange des Floßes herbeifischen konnte. Es war ein sonderbarer Anblick, wie die langen triefenden Schwingen hinabhingen, wie die nassen, klebenden Federn den sehnigten Körperbau bloßlegten und die Wunde zeigten, die mitten in die Brust ging. Gregor untersuchte sogleich dieselbe und zog mit einem Werkzeuge seiner Waidtasche eine sehr kleine Kugel daraus hervor. – Johanna fuhr vor Schreck zusammen, – und auch Clarissa sah gespannten Auges und klopfenden Herzens auf das Angesicht des Jägers – dieser aber, nicht eine Miene verziehend, steckte die Kugel gelassen zu andern in seinen ledernen Beutel – ja er stand sogar seiner Länge nach auf dem Floße auf, und fuhr unbefangen dem Landungsplatze am Hause zu, wo man abends anlangte.

Als sie ausgestiegen waren, fragte Clarissa geradeweg, was er von der Sache halte?

»Freilich kenne ich den Schützen«, sagte er; »es sind allerlei Toren auf der Welt – und er mag ein großer unter ihnen sein – – von ihm ist euch keine Gefahr – – ich irre mich nicht, ich kenne die Kugel – aber es ist grundlos töricht, warum er hier sein mag – – die Sonne scheint auf Eitelei und Torheit. – Ich habe viele Tage gesehen, und so ist der Mensch: er sucht den Schimmer und will das Irrlicht greifen – –.«

»O Gott! Ihr wißt mehr, als Ihr uns sagen wollet«, rief Johanna angstvoll.

»Ich habe euch gesagt, Jungfrau, daß ihr möget ohne Sorgen sein – ja ich kenne vielleicht den Mann, obwohl mir seine Anwesenheit unbegreiflich ist – er begeht lauter Dinge, die ohne Ziel und Zweck sind, und strebt nach Unerreichbarem. Er hat manchmal wollen den Sonnenschein auf seinen Hut stecken und die Abendröte umarmen; – es regnet viele Tropfen, ehe man Einsicht gewinnt, und Jahre vergehen, ehe man weise wird. Dringt nicht, Kinder, ihr habt keine Gefahr – und wenn ich etwas wüßte und euch verbergen wollte, so würden meine Zähne verschlossener sein, als die Steintore des Heidenschatzes, die kein eiserner Balken aufzuzwingen vermag. Schlafet ruhig; – jedes Haar meines Scheitels ist ein Wächter für euch – ich liebe euch, ihr seid gut und unschuldig, und fast so schön als Martha.« – – –

Ein erkennbares Zucken spielte bei dieser Erinnerung um seinen alten, harten Mund, aber sogleich fuhr er fort: »Ich liebe euren Vater, und werde in Zukunft das Plätzchen hier noch mehr lieben, als früher, wenn ich wieder einmal heraufkomme, das Haus längst nicht mehr steht, der Krieg seine Endschaft erreicht und euer Schloß euch wieder aufgenommen hat. Seid sorgenlos, meine lieben Töchter, und schlafet süß, wie vor vielen Jahren in eurem Kinderbettlein.«

Die Mädchen sahen gerührt und ängstlich auf ihn, wie sie mit verschlungenen Armen vor ihm standen, und es mochte ihnen fast unheimlich dünken, daß er, an der äußersten Grenze menschlichen Hochalters stehend, dennoch von Planen und Zeiten rede, die weit in die Jahre hinauslagen. Johanna suchte vergeblich ihre aufsteigenden Furchtgedanken zu dämpfen, die sie sich nicht zu sagen getraute.

»Sehet, da geht der blutrote Vollmond auf,« begann er wieder, »sehet nur hin auf das düstre, holde Licht, wie es am Waldesrand erglimmt, und fast schon sichtbar die langen Schatten über den See streichen – ich hab es hundert und hundertmal gesehen; – aber immer gefällt es mir – ich habe so stets meine eigenen Gedanken gehabt über das Mondlicht – es ist ein wundervolles Licht.«

»Ein schmerzlich schönes Licht«, sagte Clarissa.

»Und nirgend seht ihr es so schön als im Walde«, fuhr Gregor fort; »manche Nacht habe ich es schlummern gesehen über den Forsten, wenn ich auf den Höhen gegangen bin – da glänzte alles und flimmerte und glitzerte so ruhevoll – daß ich so manche Gedanken hatte über diese Einrichtung, daß nachts an dem Himmel diese glänzenden Scheiben hingehen – aber zum Nutzen ist es sichtbarlich; denn seht, wenn er so oben steht, mitten über den Wäldern, und weit und breit sein Licht niederrieselt in die Zweige – wie sie da so froh sind im Nachtlichte, und Blätter und Nadeln auseinanderlegen, wie man eine Hand aufmacht, und in der Christnacht, wenn der Herr geboren wird, reden sie mit einander – – geht schlafen, Kinder, geht schlafen – es droht euch gar keine Gefahr; ich muß hier die Knechte erwarten, daß ich ihnen den Floß hinüberrudere, wenn sie das Zeichen geben. Und ihr«, sagte er zu den dastehenden Mägden, »nehmt das Federtier hinein, und trocknet es sorglich, vielleicht, daß die Schönheit des Gefieders wieder etwas herzustellen ist.«

»Gute Nacht, Vater«, sagte Clarissa.

»Gute Nacht, Tochter«, erwiderte der Greis.

Und somit stiegen die Schwestern die Treppe zu ihrem Gemache hinan, angstvollen und harrenden Herzens, und als sie ihr mäßig Abendmahl verzehrt, sich entkleidet und die Magd entlassen hatten, schlossen sie besorgt doppelt Schloß und Riegel an den Türen, setzten sich auf *ein* Bette zusammen, und redeten noch vieles und manches, sich tröstend und liebversichernd, auch daß sie morgen wieder nach Wittinghausen blicken, und daß sie nie mehr

ohne das Fernrohr einen Spaziergang machen wollen. So koseten sie noch lange, bis die rote Scheibe des Mondes, hoch ob dem Erdenrande schwebend, längst zur goldenen geworden, und Johanna am Busen der Schwester wie ein Kind entschlafen war.
Clarissa ließ sie sanft auf die Kissen gleiten, und suchte auch ihr Lager; – noch hörte sie in ihre beginnenden Träume hinein das Jauchzen der zurückkehrenden Knechte jenseits des Sees herüber, und das Plätschern des abfahrenden Gregors, der sie holte.
Dann sank tiefe, feste Ruhe über die schönen Augenlider.

5. WALDWIESE

Des andern Tages stand schon die Sonne am Morgenhimmel, als Clarissa erwachte und an das Bett Johannens trat, die noch tief schlummerte und sich ein ganzes Morgenrot auf ihre unschuldigen Wangen geschlafen hatte. Da ging sie leise an das Fenster, das im Morgengold wallte, sah einige Augenblicke auf den Wald, der mit Reif bedeckt war und Funken warf, und kniete endlich auf ihren Schemel nieder, um ihr Morgengebet zu verrichten. Als sie aufstand, sah sie auch Johannen an ihrem Schemel knieen; daher wartete sie ruhig, bis auch diese aufgestanden war, und dann, noch den Abglanz des gläubigen Gebetes in den Augen, grüßten sie sich heiter und freudig und scherzten fast über ihre gestrige Angst. Man ließ die klopfende Magd herein, und diese berichtete, daß die Knechte erzählt hätten, wie draußen bereits Kriegsvölker ziehen, und daß es über die Wasserscheide oft wie Ameisenzüge gehe, alles gegen die oberen Donauländer. An den Waldrändern ist es so einsam und stille wie immer. Von Wittinghausen wußten sie nichts. Man beschloß, Gregor zu bitten, daß er sie, sobald die Gräser

und Gebüsche etwas trocken geworden wären, auf den Blockenfels geleiten möge.
Als sie angekleidet waren und die hohe Sonne schon Reif und Tau von ihrer Wiese gezogen hatte, wollten sie auf selber ein wenig lustwandeln gehen. Wie sie über die Treppe hinabkamen, fanden sie Gregor, wie er eben lockere Bretter und Balken festnagelte, auch befremdete es sie, daß das äußere Tor an den Pflöcken, das immer ganz und gar offen gestanden, nicht nur eingeklinkt, sondern auch verriegelt war. Gregor ließ sogleich von seinem Geschäfte ab und zeigte ihnen den getrockneten Geier, dessen Federn er in schöne Ordnung gebracht habe, und von denen er sie bat sich die schönsten als ein Angedenken ihres Waldlebens auszusuchen; indes wolle er hineingehen und sich richten, um sie begleiten zu können. Er ging. Aber anstatt sich Federn auszulesen, standen die Mädchen und sahen sich befremdet an; denn heute war alles neu. Sonst hatte er sie ganz allein auf ihrer Wiese weit und breit bis an das Gerölle gehen lassen, ohne sich weiter zu bekümmern. Susanna, die Magd, die eben dastand, erzählte auch, daß, als sie erfahren, daß nicht Gregor den Geier geschossen, sondern ein anderer Schuß es war, man wisse nicht woher, sie vor Angst fast die ganze Nacht nicht geschlafen, und da sei sie spät nach Mitternacht, als bereits die zurückgekommenen Knechte längst schliefen, durch ein seltsames Geräusch erschreckt worden, als ob ein Schloß raßle – und da sie nun behutsam zum Fenster hinausgesehen, habe sie wirklich gehört, wie das Schloß am äußeren Tore gesperrt werde, und sodann eine Gestalt, die sie für Gregors hielt, dem Ahornwäldchen zuschritt. Fast eine Stunde verging, ehe die Gestalt wieder kam, aufsperrte und hereintrat, hinter sich sorgsam verriegelnd – es war nun, wie er zum Hause kam, deutlich erkennbar, daß es Gregor sei. Diese Tatsache war nicht geeignet, die Unruhe der Mädchen zu vermin-

dern – allein wie Gregor die Tür heraustrat und sie den schönen Greis ansahen mit der aufrichtigen Stirne und darunter dem glänzenden dichterischen Augenpaare, so folgten sie ihm willig durch das Tor, das er hinter sich wieder schloß. Keine – wie durch Verabredung – tat der neuen auffallenden Vorkehrungen Erwähnung. Er schwieg auch darüber.
Nachmittags, das heißt nach damaliger Sitte schon um zwölf Uhr, stieg man auf den Blockenstein. Zwei bewaffnete Knechte begleiteten sie, der dritte hütete den Floß. Das Rohr wurde befestiget, und rein und klar, wie immer, stand das kleine Nachbild des Vaterhauses darinnen. Wie ein Vorgefühl, als sähen sie es zum letzten Male so, überkam es die Herzen der Mädchen, und es war ihnen, als könnten sie sich gar nicht davon trennen, und als müßten sie den geliebten schönen Vater oder den unschuldigen Knaben Felix auf irgendeinem Vorsprunge stehen sehen. Wahrscheinlich waren es die neuen Anstalten Gregors, die ihnen dieses Unruhegefühl einflößten.
Endlich, da immer dasselbe längstbekannte und unbelebte Bild im Glase stand, und nach tausend Grüßen, die laut und heimlich hinübergesendet wurden, nahm man das Rohr ab und trat den Rückweg an. Zu Hause wählten sie sich noch einige Federn des Geiers, und begaben sich wieder in ihre Zimmer.
Kein einziger Vorfall geschah diesen und die folgenden Tage, außer daß man wieder einmal wollte bemerkt haben, daß Gregor in der Nacht das Haus verlassen habe: aber eine gewisse Schwüle und Angst lag über dem Tale und den Herzen, als müsse jetzt und jetzt etwas geschehen. Seltsam – als ob die unsichtbaren Boten schon vorausgingen, wenn ein schweres Ereignis unserm Herzen naht. – –
Es war die fünfte Nacht nach dem Schusse des Geiers – der abnehmende Mond stand am blauen Nachthimmel und malte die Fenstergitter auf die Sessel und Bettvor-

hänge der Mädchen – da saß Johanna am Rande des Bettes ihrer Schwester, und mit dem Finger sanft ihre entblößte Schulter betupfend suchte sie dieselbe zu wekken, indem sie angstvoll leise die Worte hauchte: »Hörst du nichts?«
»Ich höre es schon lange,« antwortete Clarissa, »aber ich wollte dich nicht wecken, daß du keine Angst habest.«
Nun aber richtete sie sich auch in ihrem Bette auf, und von dem einen Arme Johannas gehalten, auf die Bettkante gestützt, saßen sie da, keinen andern Hauptschmuck als das schöne Haar, den Körper im Horchen sanft vorgebogen, unbeweglich, wie zwei tadellose Marmorbilder, um die das milde Licht der Herbstnacht fließet.
Es war, als hörten sie undeutlich in der Ferne eine Stimme, schwebend zwischen Rufen und Gesang – es war aber weder die eines Knechtes noch Gregors.
Sie horchten lautlos hin, aber hörten gerade jetzt nichts.
Auf einmal ganz deutlich, wie herausfordernd, – schwärmerisch wild kam ein Gesang einer Männerstimme herüber, folgende Worte tragend:

Es war einmal ein König,
Er trug 'ne goldne Kron.
Der mordete im Walde
Sein Lieb – und ging davon.

Da kam ein grüner Jäger:
»Gelt, König, suchst ein Grab?
Sieh da die grauen Felsen,
Ei, springe flugs hinab.«

Und wieder war ein König,
Der ritt am Stein vorbei:
Da lagen weiße Gebeine,
Die goldne Kron dabei.

Die Stimme schwieg, und die Stille des Todes war wieder in Luft und Wald, und in den Herzen der Mädchen – und als es draußen schon längst geschwiegen, getrauten sie sich noch nicht, sich zu regen, als sei die Szene nicht aus, und als müsse noch etwas kommen.
Aber sie war aus. Kein Laut, kein Atemzug regte sich in der stummen, funkelnden Mondluft. – Da, nach langem Warten, drückte sich Johanna sanft und langsam rückwärts aus der Umarmung, und sah der Schwester in das Angesicht.
Es lag so bleich vor ihren Augen, wie der Mond auf der Fensterscheibe.
Nicht eine Silbe sagten sie beide.
Johanna, wie im Instinkt des Guten und hier Zuständigen, wendete ihre Augen wieder ab und barg ihr eigenes Antlitz in das Nachtgewand der Schwester – und so viele, viele Augenblicke lang, aneinandergedrückt wie zwei Tauben, hielten sie sich, daß Johanna Clarissens Herz pochen fühlte, und diese das Zittern des Armes der andern auf ihrem Nacken empfand. – – Endlich furchtsam leise fragte die jüngere: »Clarissa, fürchtest du dich?«
»Fürchten?« – sagte diese, indem sie sich sanft aus der Umarmung löste – »fürchten? nein, Johanna – das Rätsel ist klar, dessen dunkler Schatten uns dieser Tage ängstete – – ich fürchte nichts mehr.«
Und dennoch bebte ihre Stimme, als sie diese Worte sagte, und Johanna konnte selbst bei dem schwachen Mondlichte bemerken, wie allgemach ein feines Rot in die vorher so blassen Wangen floß und darinnen sanft bis zur schönsten Morgenröte anschwoll. Ein ungeheuer Empfinden mußte in ihrer Seele emporwachsen, wechselnd in Wohl und Weh; denn ein fremder Geist lag auf diesen sonst so ruhigen Zügen und goß eine Seele darüber aus, als glühete und wallete sie in Leidenschaft.
»Johanna,« sprach sie, »es ist wunderbar, sehr wunder-

bar, wie die Wege der Vorsehung sind. Wer hätte gedacht, daß das, was ich neulich an der Felsenwand zu dir sprach, so nahe sei – in der schönen Einöde hat mich Gott der Herr gefunden – mag es sich erfüllen, wie es muß und wird – fürchte dich nicht, liebes Kind – auch mitten im Walde ist der Herr ob uns. Du kennst das Lied, du ahnest auch, wer es sang – er hat es gut gewählt – er wird mich sehen, ja, aber nicht in unserem heiligen Hause – Gregor und du werdet mich begleiten – sieh mich nicht so erschrocken an – wenn selbst die kleine Kugel von ihm kam, und wie er auch mit diesem Wald zusammenhängt: Gefahr solcher Art droht uns nicht – – ja, ja, den Sonnenschein hat er wollen auf den Hut stecken und die Abendröte umarmen – – ja, es ist seine Art so zu erscheinen, wie er hier tat, das Lied hat mich herausgefordert – gut, aber jetzt ist es kein Kind mehr, hilflos gegeben in die Allgewalt der eignen Empfindung: eine Jungfrau, stark und selbstbewußt – sie wird kommen, statt der Lilie das Schwert des Herrn in ihrer Rechten – ja sie wird kommen!!«

Ihr Antlitz strahlte – eine solche Schönheit überging ihre Züge, daß selbst Johanna scheu zu ihr hinüberblickte – mit Inbrunst schwärmte ihr dunkles Auge hinaus, angeglänzt von dem Lichte der Nacht – – auf die Stirne flog es wie ungeheurer Stolz und Triumph – – so saß sie und badete das gehobne Antlitz in den Strahlen des Mondes – – – bis sie endlich in einen Strom siedend heißer Tränen ausbrach und sich wie ein Kind an das Herz der Schwester legte.

Wer sie in dieser Nacht gesehen hätte, der hätte begriffen, wie denn diese sanfte, ewig ruhige Gestalt zu den tief schwarzen, lodernden Augen gekommen.

Johanna schlang ihre beiden Arme um sie, und obgleich sie die Gewalt dieser Tränen nicht begriff, so wurde sie doch selbst bis zu dem heftigsten Schluchzen gerührt –

und die Last der Herzen löste sich durch diese milden Perlen.
Der Morgen fand sie, Johannen an dem Busen der Schwester mit den müde geweinten Augen tief und fest entschlummert. Clarissa wachte schon längst, aber da der Schwester Haupt ihr zum Teil auf Busen und Schulter lag, so regte sie sich nicht, um ihr nicht den Morgenschlaf zu stören, der mit so sichtbar süßer Hülle auf dem geängsteten Herzen lag. Endlich, da sich die braunen Augen langsam auftaten und befremdet auf Clarissen sahen, wie sie denn in ihr Bett geraten, so strich diese sanft mit der Hand über die Scheitel der goldblonden Locken und sagte: »Guten Morgen, liebes, liebes Kind.«
Aber mit einer Art Beschämung über die Lage, in der sie sich fand, sprang Johanna auf und begann sich anzukleiden, indem ihr nach und nach das Bewußtsein der vergangenen Nacht kam, und der Wichtigkeit des heutigen Tages.
Auch Clarissa kleidete sich schweigend an, und ließ dann durch die Magd den alten Gregor rufen. Er kam.
»Ihr habt heute nacht singen gehört«, redete sie ihn an.
»Ja.«
»Ihr kennt den Mann sehr gut, welcher gesungen?«
»Ich kenne ihn sehr gut.«
»Er wünscht dringend mit uns zu reden.«
Der Jäger sah sie mit betroffenen Augen an. »Ich weiß es«, sagte er; »aber daß auch ihr es wisset?!«
»Wir wissen es, und wollen ihn auch sprechen, und zwar, wenn es möglich ist, noch heute; aber nicht hier – in unser Haus soll kein fremder Mann kommen – sondern an der Steinwand bei den letzten Ahornen soll er uns erwarten. Johanna und ich werden kommen, und Ihr seid gewiß so freundlich, uns zu begleiten. Wenn der Schatten der Tannen von dem See gewichen ist, möget Ihr uns abholen, wenn es bis dahin geschehen kann.«

»Es kann geschehen – aber bedenket, daß ihr selbst es seid, die es so wollen.«
»Bereitet es nur, Gregor – ich kenne auch den Mann, und wir wollen ihn fragen, warum er unsere Ruhe und Zuflucht stört.«
Gregor ging.
Der Vormittag war vorüber, der Schatten der Tannen war von dem See gewichen, und man sah Gregor mit der Büchse auf der Schulter die zwei Mädchen dem Ahornwäldchen zuführen. Johanna war, wie gewöhnlich, in ihrem weißen Kleide, aber Clarissa hatte all ihren Schmuck und ihre schönsten Kleider angetan, so daß sie wie eine hohe Frau war, die zu einem Königsfeste geführt wird. Es liegt etwas Fremdes und Abwehrendes in Schmuck und Feierkleid der Frauen; sie sind gleichsam der Hofstaat ihrer Seele, und selbst der alte Waldsohn, der nie andere Juwelen sah als die des Morgens in den Tannen, fühlte sich von Clarissens Schönheit gedrückt und fast untertänig; denn auch in ihrem Angesichte lag ein fremder Schimmer und ein strahlender Ernst.
Johannas Herz klopfte ungebändigt, und – obwohl sie sichs zu sagen schämte – die kleine Kugel und der Jägerbursche, der von dem furchtbaren Wildschützen erzählt hatte, wollten ihr nicht aus dem Sinne kommen, und es war ihr dunkel drohend, als ob etwas Entsetzliches kommen würde.
So war man bis gegen die letzten Ahornen gelangt. Ein Mann, in einfache, ungebleichte Linnen gekleidet, einen breiten Hut auf dem Haupte, eine Flinte in dem Arme, saß auf einem der grauen Steine. Wie man ganz in die Nähe gekommen, stand er auf, zog ehrerbietig den Hut und wies sein Antlitz. – Johanna hätte fast einen Schrei getan – so schön war er – auch Clarissa wankte einen Augenblick. Wie er den Hut abgenommen und das Angesicht mit einem schnellen Ruck ihnen zugewendet,

warf sich eine Flut von Haaren, wie ein goldener Strom, auf seine Schultern, darlegend das lichte Antlitz, fast knabenhaft schön und fein, daraus die zwei großen dunkelblauen Augen hervorsahen, wie zwei Seelen, die auf Clarissen hafteten. – – Auch sie vergaß ihr dunkles Auge auf seinen Zügen, den wohlbekannten, vielgeliebten, vielgekränkten, – bis sie plötzlich hocherrötend einen unbeholfenen Schritt seitwärts tat, gleichsam gegen die Bank hin, die in der Nähe stand, als wollte sie sich darauf setzen. Johanna, bloß diese Absicht vermutend, war ihr behülflich und setzte sich neben sie. Er, noch immer kein Wort redend, ließ unbewußt seine Blicke ihren Bewegungen folgen, als sei er betreten, daß eine ganz andere Gestalt gekommen, als er erwartet. Endlich legte er seine Flinte seitwärts und setzte sich den Mädchen gegenüber auf denselben grauen Stein, auf dem sie ihn gefunden.

Die hohen Bäume, die graue Felswand und die weißen Nachmittagswolken sahen stumm auf die seltsame, ebenfalls stumme Versammlung.

Gregor ging abseits von den Ahornen, anscheinend so hie und da das fortschreitende Vergelben der Blätter betrachtend.

Endlich taten sich Clarissas Lippen auf, und sie sagte: »Ihr habt uns aufgefordert – – Ihr wolltet, mein' ich, mit uns reden – wir sind gekommen – so redet.«

»Ja,« antwortete er, »ich bat Euch um eine Unterredung, aber nur Euch; denn ich kenne die andere Jungfrau nicht.«

»Es ist meine Schwester Johanna.«

Mit Verwunderung blickte er nun auf Johannen und sagte trübselig lächelnd: »Sie ist aus einem Kinde nun eine schöne Jungfrau geworden; – o Clarissa, wir haben uns sehr lange nicht gesehen – damals war sie ein Kind, das selten sichtbar wurde, daß ich ihrer schon ganz vergaß. – Kennet Ihr mich, Johanna?«

Sie schüttelte mit dem Kopfe.
»Nun, Clarissa,« fuhr er fort, »verzeihet, daß ich gekommen, und auch die Art, wie ich es tat. – Seht, ich wollte nicht plötzlich, wenn Ihr lustwandeln ginget, vor Euch treten – ich hätte es einige Male gekonnt – sondern erst Euern Begleiter, den ich seit langem kenne, sprechen, aber er war stets an Eurer Seite und verließ sonst nie das Haus, daher sandte ich ihm durch den Geier meine Kugel, die er wohl kennt, auch suchte er mich sogleich und fand mich, aber keine Macht der Überredung konnte ihn dahin bringen, daß er Euch von mir eine Botschaft brächte – – ja er verrammelte und bewachte das Haus nun vorsichtiger als je, so daß ich ihn, der mich einst so liebte, gar nicht begriff. – Ich selbst mußte mir nun, sei es auch auf die Gefahr hin, daß mich einer Eurer Knechte erschieße, Gelegenheit verschaffen, Euch meine Anwesenheit kund zu tun, ob Ihr etwa freiwillig gewährtet, was ich nicht rauben wollte und von ihm nicht erbitten konnte. Ich sang das Lied, das Ihr kennen müsset.«
»Ich kannte es,« sagte Clarissa, »und sei es nun auch unrecht, daß ich kam, ich wollte Euch nicht fortweisen, da Ihr so viel Anstalt machtet, mich zu sprechen – – und nun redet, warum seid Ihr hier, die Zuflucht und Ruhe zweier Mädchen zu unterbrechen, die so kindisch sind, daß sie oft das unversehene Rauschen eines Blattes schreckt, sagt, warum seid Ihr hier?«
»Clarissa, – Ihr fragt das,« sagte er, indem ein leichter Hauch von Rot über sein Gesicht flog, »wisset Ihr selber denn das nicht?«
»Nein, ich weiß es nicht«, antwortete sie mit unsicherer Stimme.
»Ihr wißt das nicht?« wiederholte er zweimal, »Ihr wißt das nicht? –« und er warf sein Haupt, wie im Schmerz, empor, so, daß auf einen Augenblick der Glanz der Herbstsonne auf die schwärmerischen Züge fiel – und

sie verklärte – – »Ihr wißt das nicht?! Sehet, ich bin in Frankreich gewesen – ich war weiter, in dem neuen Lande war ich jenseits des großen glänzenden Meeres – ich kam wieder, ich suchte Euer Schloß, es ist bedroht, Ihr seid geflüchtet, niemand weiß, wohin – ich kundschaftete auf allen Straßen, eine führt gegen den Wald, sie sah Euch ziehen, – ich suchte Gregors Hütte, er ist nicht da. – Durch alle Wälder und Schluchten, lebend von dem, was mir meine Büchse erwarb, ging ich tagelang, wochenlang, bis – es war eine lichte, schöne Stunde – bis der Gedanke dieses Sees wie ein Blitz in meine Seele fuhr, wie ihn mir einst Gregor zeigte und die Worte sagte: ›Auf diesem Anger, an diesem Wasser ist der Herzschlag des Waldes; mir ist, als müßte ich ihn hören, so lieblich und treu, und fester als die Burg eines Königs‹ – ich kam hieher – am Rande jener Felsenmauer herüber kletternd, erblickte ich das hölzerne Haus, auf einem Felsensteige – Gregor weiß ihn – Euch wäre er tödlich – stieg ich nieder. – Dort, wo die Sandriesen beginnen, im Schatten des Felsens ruhte ich ermüdet aus, wischte mir das Blut von den Händen – und wie ich nach diesem Geschäfte aufblickte – kaum hundert Ellen von mir am Rande des Gerölles saßet Ihr mit Johannen, beide in weißen Gewändern, und vertraulich redend – – ich erschrak, daß sich der See und die Bäume drehten – das schreiende Herz drücke ich nieder, ja in meiner Torheit halte ich den Atem an, daß er Euch nicht erreiche, obwohl ich nicht einmal Eure Worte hören konnte – aber hold und süß müssen sie gewesen sein; denn Ihr saßet und sprachet lange, legtet endlich Eure Hände in einander und sahet schweigend in die Luft hinaus, mir wollte es bedünken im Übermaß der Rührung und der Liebe und des Vertrauens – als es Abend wurde, ginget Ihr – diese Bäume hier verschlangen den letzten Schimmer Eures Gewandes – ich blieb sitzen und stillte mei-

nen Hunger mit einer Handvoll Brombeeren. Wieder sah ich Euch – gehen durch den Wald, wandeln an dem See, ruhen auf diesem oder jenem Steine – ich war Euch oft so nahe, daß ich Euch greifen konnte; Eure Harfe hörte ich des Nachts. – – Seht Ihr, dort oben, wo der dürre Sandstrom um die zwei Felsenhäupter quillt, steht ein Baum, es ist nur mehr der Strunk einer Föhre, die der Blitz einst zerschlug, bei Tage ist er ein mißfärbiges Grau, aber in der Nacht beginnt er zu leuchten, blau und grün und weiß – stundenlang saß ich an dem Felsen und sah auf das stille nächtliche Glimmen desselben – – Clarissa! und Ihr fragt, weshalb ich gekommen??«
»O übt ihn nicht,« sagte sie mit innig flehender Stimme, »o übt ihn nicht, den alten Zauber, dessen Gewalt Ihr kennt und einst erprobtet gegen ein törichtes Mädchen – o übt ihn nicht, es ist nicht redlich.«
Es war seltsam anzuschauen, wie die entschloßne Jungfrau zu schwanken begann und fast eingeschüchtert war einem Manne gegenüber, dessen Mienen doch so offen lagen wie die eines Kindes; aber wenn man ihn ansah, wie er auf ihre Rede schwieg und hinaussah in die Räume, so war es, als sähe man den Geist aufleben, dem sie sich beugte: eine milde Hoheit, eine schwärmerische Dichtung lag in diesen Zügen, im Auge etwas, was fleht und herrschet – ein Schmelz von Zärtlichkeit, unsäglich bindend das geliebte Herz, es selbst unsäglich liebend, und doch hinaus verlangend ins Unbekannte, ein aufquellend Herz, nach Taten schmachtend. Und gerade das letzte, jeden Augenblick Liebeverlust drohend, war es, was sie so zauberisch band.
»Ja, ja,« begann er wieder sanft, »Clarissa, süßer Engel, es ist redlich; ich bin nicht töricht und ohne Zweck gekommen; denn wisset, seit jenem Tage, wo ich fort ging, teils gedrängt, teils selbst hinausschwärmend, war es doch nur *ein* Gedanke, dem ich nachhing, dem ich glü-

hend nachstrebte – damals lebte *er* noch, der befehlen konnte: laß fahren das Scheinding; – – ich schlug es los, in alle Winde wollte ich es streuen; ich ging Monate lang durch diese Wälder, dem wilden Hange folgend – da fand ich Gregor. – Wie ein Sohn liebte ich den Alten, obwohl er ein Kind war gegen mich in Schwärmerei und Wagnis – das Scheinding aber trug ich im verschwiegenen Herzen – dann sah ich jene schimmernde Stadt, ich sah grenzenlose Wildnisse des neuen Landes – ich kam wieder, als er tot war, aber ich brachte das Scheinding, wie er es nannte, wieder mit – – Clarissa, nun aber ist alles gut – ein Jahr hab ich gearbeitet, ein mühselig Jahr, berghohe Hemmnisse hinweggewälzt – alles ist eben – ich bin frei. – – Wie keine Mutter ihr Kind, hab ich dich gesucht, die Geliebte, die Verlassene, die Unvergeßliche, um dir alles, alles mitzuteilen – – o Clarissa, ich bitte dich, denke zurück, blicke in dein Herz, und um der Güte Gottes willen frage nicht mehr, warum ich gekommen!!«
Ehe sie es ahnen und hindern konnte, stand er auf, und auf die harten Steine zu ihren Füßen sinkend, nahm er ihre Hand, schloß sie in seine, die großen blauen Augen angstvoll auf ihr sterbebleiches Antlitz heftend.
»O steht auf,« sagte sie in der Ohnmacht ihrer Seele mit den Augen herumirrend – »so steht doch auf – – ich kam gewaffnet hieher, die Gewalt Eures Herzens soll mir diese Waffen nicht ablösen – nein, sie soll es gewiß nicht. – Denket nicht mehr, ich sei noch das Kind, das Ihr einst kanntet – – wie Ihr damals in unser Schloß kamet, wie der Vater Euch lieb gewann; – – Ihr waret so schön, mein Auge konnte fast nicht ablassen von dem Euren, ein ganzes Meer von Seele und Gemüt gosset Ihr in mein dunkel bewußtes Herz, meine hülflose Kinderseele zwanget Ihr an Eure Lippen zu fliegen – ich fragte nicht, woher Ihr kamet, wer Ihr seid – ich hing an Euch –

im Wahnsinne von Seligkeit hing ich an Euch, sündhaft vergessend meinen Vater, meine Mutter, meinen Gott – – da ginget Ihr fort – – – nun, es ist alles überstanden – ich erkannte die Sünde; – Gott gab mir die Gnade, sie zu bereuen und zu vergessen. Die Seele wandte sich wieder ihrer reinen Liebe zu. Seht, dies unschuldige Mädchen hier, meine Schwester, dann mein Vater und der Bruder Felix zu Hause – diese sind meine Geliebten – und der Herr im Himmel, der ist mein Gott – – es ist überstanden.«

Tränen brachen aus ihren Augen und schimmerten neben den Diamanten des Stirnbandes.

»Nein, Clarissa, es ist nicht überstanden,« sagte er, zu ihr emporblickend, indem ein Entzücken durch den Himmel seines Auges ging, »nein, es ist nicht überstanden; – goß ich auch ein Meer von Gemüt und Seele in dein Kinderherz, so goß ich es auch in meines. – Es ist wahr, anfangs reizte mich bloß die ungewohnte Fülle und Macht, aufsprossend in dem Kinderherzen, daß ich prüfend und probend an sie trat, daß ich die Kinderlippen an mich riß – aber eine Seele, tief, wild, groß und dichterisch wie meine, wuchs aus dem Kinde an mich, daß ich erschrak, aber nun auch mich im Sturme an sie warf, namenlos, untrennbar Glut um Glut tauschend, Seligkeit um Seligkeit. – – Weib! Du warst damals ein Kind, aber die Kinderlippen entzückten mich mehr, als später jede Freude der Welt, sie glühten sich in mein Wesen unauslöschlich – ein Königreich warf ich weg um diese Kinderlippen; nicht Jahre, nicht Entfernung konnten sie vertilgen – und nun bin ich hier, abgeschlossen mit der Welt, um nichts auf der ganzen Erde mehr bittend, als wieder um diese Kinderlippen.«

Er blieb knieen, das geliebte Antlitz schaute zu ihr empor, vergessend seiner selbst und der Umgebung, – sie aber fühlte sich verlieren; um ihre Stirne irrte es wie dunkle Wonne, wie Morgenröte des Gefühls. – Einen Augenblick noch sah sie hülflos umher, ringend mit dem eignen Herzen, das in so ganz anderer Absicht hergekommen war – dann überzog neuerdings ein feuchter Schleier ihr Auge, aber es war darinnen süße, düstre Zärtlichkeit, wie es auf ihn niedersank und sie fast unhörbar und zitternd die Worte sagte: »Und doch, Ronald, bist du fortgegangen!!«

»Ja,« rief er, indem eine schnelle, schwärmerische, fabelhafte Freude über seine Züge flog, »ja, ich ging fort, weil es einer befahl, der mächtiger war als ich und du, und als dein Vater und dein König – aber nicht weil er es befahl, ging ich, sondern weil er bat, weil er sagte, es sei zu deinem und zu meinem Heile – – und, Clarissa, weil mein eigen tobend Herz mich hinausriß, töricht schweifend in das Leere, als seien draußen namenlose, ungeheure Dinge zu vollführen – – aber, bin ich gegangen, so bin ich ja auch wieder da, und ich gehe nie, nie mehr von dir; – du bist mein Atem und mein Pulsschlag. – Draußen ist es dürre wie Sand, und unersprießlich alle Welt gegen dein schlagendes Herz, gegen deine Güte und gegen deine Liebe; – – siehe, er hat mich groß machen wollen, wie einen seiner Helden, oder gar wie sich selbst, er hat mich abgöttisch geliebt als das Ebenbild meiner Mutter. In unser schönes, fernes Land, sagte er, werden wir zurückkehren, dort wolle er es heben zu einem der ersten der Welt, ich werde ihm zunächst stehen, und an mir wolle er es gut machen, was er an meiner armen Mutter verschuldet – er, der Starke gegen alle Welt, war schwach gegen mich, er ließ meine Jugend schwärmen, in die ganze Welt wollte ich fliegen, weit und breit; selbst in Feindeslande ging ich herum, auf eurem Schlosse lebte ich Monate lang. – – Als ich ihn glühend um dich bat, sagte er, du bist noch ein Knabe, gehe fort, gehe in die Welt, gehe hin, wo du willst, selbst über das Meer, und wenn du wieder kommst und sie noch willst, sollst du sie haben und in unser Land führen – aber geh, und laß lieber fahren das Scheinding – – – aber, o Clarissa, als ich wieder kam, war er längst tot – von all denen, die um ihn trauerten, waren zwei Augenpaare, die gewiß am heißesten weinten, meines, und sicher auch das meiner fernen Mutter. Ich hab ihn noch einmal gesehen – ich brachte es dahin, daß mir Gruft und Sarg geöffnet wurde. – In den Busen des Kanzlers hatte er die Plane über mich niedergelegt, mit diesem, den Führern und andern mußte ich ein Jahr kämpfen, ein mühselig schleppend Jahr, bis ich mir Freiheit errang, zu tun, wie ich wollte – und dann mein erster Gang – nein, es war ein Fliegen: zu dir – zu dir, um zu fragen, ob du mich hassest – ob du verzeihest – – ob du noch liebtest, zu dir ging ich zuerst, dann aber muß ich meine Mutter suchen.«

Seine Augen schwammen in Tränen, welche die fernere Rede erstickten; er wischte mit der Hand darüber und sagte dann unsäglich mild: »Clarissa, du hast dich sehr verändert und bist größer und stattlicher geworden, und fast schöner als damals, so daß ich beinahe den Mut verlor, da ich dich heute sah – Clarissa, tue ab den starren Schmuck, der so traurig um dein liebes Antlitz funkelt, sei wieder das Kind, das mich einst so selig machte – nicht wahr, Clarissa, du liebst mich noch? – – – Liebst du mich noch – du, mein schüchtern, mein glühend Kind!« – – Er sah so treuherzig zu ihr hinan, und eine so weiche, unschuldige Seele lag in seinen Zügen, – – daß ihr ganzes Herz voll alter Liebe hinschmolz.

Wie schwach und wie herrlich ist der Mensch, wenn ein allmächtig Gefühl seine Seele bewegt, und ihr mehr Schimmer und Macht verleiht, als im ganzen andern toten Weltall liegt! – Der ganze Wald, die lauschenden Ahornen, die glänzende Steinwand, selbst Johanna und Gregor versanken um Clarissa, wie wesenlose Flitter,

nichts war auf der Welt als zwei klopfende Herzen, – allvergessen neigte sie das liebeschimmernde Antlitz und die dunklen, strömenden Augen immer mehr gegen ihn, und in Tönen, worüber Johanna erschrak, sagte sie: »O Ronald, ich liebe dich ja, ich kann mir nicht helfen, und hättest du tausend Fehler, ich liebte dich doch – ich lieb dich unermeßlich, mehr als Vater und Geschwister, mehr als mich selbst und alles, mehr als ich es begreifen kann...«
»Und ich,« erwiderte er, ihr in die Rede fallend, – – »siehe, tropfenweise will ich dieses Blut für dich vergießen, ich will gut werden und sanft, wie das Lamm des Feldes, daß ich dich nur verdiene – gehe mit mir in mein Vaterland, oder bleibe hier, ich will auch bleiben – – nimm mir mein Leben, nimm mir die Seele aus dem Leibe, damit du nur siehest, wie ich dich liebe. – –«
Er zog sie gegen sich – machtlos folgte sie – und beide zitternd vor Übermacht des Gefühles stürzten sich in die Arme, so fest umschlingend und klammernd, daß seine blonden Locken auf das Samtkleid ihrer Schultern niederwallten.
Die beiden Zeugen dieser Szene sahen sich verwirrt und staunend an – aber Johanna, die bisher mit steigender Angst zugehört hatte, sprang plötzlich auf, und mit den zornesmutigen Tränenfunken in den Augen rief sie: »Clarissa, was tust du denn?!«
Diese, wie aufgeschreckt, fuhr empor, wendete sich um, und wie sie das Kind, dessen Lehrerin und Vorbild sie bisher war, vor sich stehen sah – nein, nicht mehr das Kind, sondern die Jungfrau mit der Purpurglut der Scham im Gesichte, so warf sie sich demütig, und doch strahlend vom Triumphe an ihre Brust. – –
Es war eine stumme Pause, man hörte ihr Schluchzen, und das sanfte Wehen des Waldes. –
Wie sie endlich das milde Haupt wieder aus der Umar-

mung hob, erleichtert und verschönert, und wie sie mit den selig schönen Augen Johannen voll Liebe in das Gesicht schaute, diese aber noch immer dastand mit Tränen kämpfend: so trat Gregor hinzu und sagte zu ihr: »Beruhigt Euch nur, liebe Jungfrau, es ist in dem Ganzen kein Arg; denn es ist so der Wille Gottes – darum wird der Mensch Vater und Mutter verlassen und dem Weibe anhängen – es ist schon so Natur – beruhiget Euch nur, und sehet sie freundlich an, die immer so mütterlich liebreich gegen Euch gewesen ist. – Aber du, Ronald, zu dir sage ich ein Wort, du weißt es, wie du in den Wald gekommen bist, wie du mich gefunden hast, wie ich dich lieb hatte, wie wir jagten, Kräuter suchten, Felsen bestiegen, wie wir uns ergötzten, als draußen die Sage ging von dem furchtbaren Wildschützen und seiner kleinen Kugel – ich habe dich damals nur um deinen Namen gefragt, daß ich dich damit rufen könne – du hast mir nie von dieser gesagt, daß du ihr so in Liebe zugetan bist, es war auch keine Ursache dazu. Jeder Mensch hat sein Herz, wie jedes Kraut seine Blume, er mag es geheim halten, die Blume tut es nicht – es macht nichts – du gingst fort von mir – ich habe deiner oft gedacht, und es war mir, als gingest du mir ab. Jahre vergingen – da kamest du plötzlich an diesen See, und trachtetest stürmisch darnach, mich zu verlocken, daß ich dich mit den Jungfrauen sprechen ließe, auch da noch fragte ich nach keiner Ursache – ich dachte sie mir wohl, nämlich die Schönheit der Jungfrauen reize dich –: aber jetzt, siehe einmal, der Vater dieser Mädchen ist ein hochansehnlicher Mann, ein Mann von gutem Herzen und trefflichen Gaben, er hat so weiße Haare wie ich; er ist mein Freund, und ein viel älterer als du – er hat mir diese Kinder gegeben, daß ich ihnen Vater sei, so lange sie im Walde leben, bis er sein Schloß aus der Gefahr gerissen – und da will es mich nun bedünken, daß ich dich fragen müsse, wer bist du denn, daß du um diese freiest? wes Volkes und Geschlechtes, daß ich es ihm vermelden lassen kann, und wo steht deine Hütte?«

»Meine Hütte, Alter, hat tausend Fenster, und ihre Dächer könnten so viel Land beschatten, als jener See dort deckt, aber sie steht weit, weit von hier, und der sie mir gab, und der mir alles gab, hat sich ein Grab ersiegt in eurer Erde – diese ist nun mein Vaterland! – O Clarissa, dieser unheilvolle Krieg wird enden, muß bald enden, und dann ist kein Unterschied mehr zwischen Schwedisch und Deutsch, eure Nordlandsbrüder werden euch lieben, und ihr sie; denn alle sind sie Kinder desselben Namens – sieh mich an, trag ich nicht Zeichen und Abbild an meinem Körper, daß ich ein Germane bin, so rein vielleicht wie die, die uns jener Römerheld beschrieben hat – dein Vaterland wird fortan meines sein. – Schaue auf diesen schönen, ernsten, schweigenden Wald um uns – o wie lieb ich ihn, wie ergriff er schon, da ich ihn zum ersten Male betrat, mein Herz, das noch das dunkle, dämmerhafte Bild jener weiten Fichtenhaine in sich trug, in denen meine Mutter meine ersten Kindertage erzog – und nun mitten in seinen Schoßen erblüht mir die süße, zaubervolle, märchenhafte Waldblume meines Glückes: du! – – O Clarissa, warme, dunkle Blume, wie neigt sich dir mein Herz! O, lehre es das Wort seiner Liebe aussprechen, daß es nicht daran verschmachte.«

Er war wieder ihr gegenüber gesessen, sein leuchtendes Antlitz zu ihr emporgewendet, umwallt von dem flüssigen Gold der Haare, angeschaut von den zwei vollen Sternen ihrer Liebe. – Sie war mit jener schönen Empfindung des Schicklichen, die Frauen selbst in der Glut des Gefühles nicht verläßt, zu Johannen gesessen, und war fortwährend mehr ihr als ihm zugewendet. Bei seinem letzten Worte tat sie ihre Lippen auf und sagte halb zärtlich, halb schamvoll: »Ronald, schone Johannen.«

»Nur noch einen Augenblick, süße Blume, laß mich schauen in dein Auge,« entgegnete er, »nur einen Augenblick noch, daß ich mir mein Glück einpräge, und nur ein Tausendstel davon mit forttragen kann – ich weiß nicht, geht von dir dieser Zauber der Verwandlung aus oder von dem Walde – mir ist, als wär ich ein anderer, als wäre draußen nicht der Sturm und die Verwüstung, sondern, wie hier, die stille, warme Herbstsonne. Siehe, die Steinwand schaut festlich flimmernd nieder, der Ahorn läßt Zeit um Zeit ein Blatt fallen, dort zirpt die Herbstheuschrecke, die sanfte Luft vermag nicht einmal jene glänzenden Fäden zu zerreißen, und die Wärme des Nachmittags sinkt zitternd längs dem grauen Gesteine nieder – – mir ist, als gäbe es gar kein Draußen, gar keine Menschen als die hier, die sich lieben und Unschuld lernen von der Unschuld des Waldes – lasse es mich noch einen Augenblick genießen, wer weiß, ob wieder ein solcher kommt; denn der Mensch ist vergänglich, wie das Blatt des Baumes, ja noch mehr als dies; denn dasselbe kann nur der Herbst abschütteln, den Menschen jeder Augenblick«.
Bei diesen Worten sah selbst Johanna, die liebevoll Wandelbare, mit Freundlichkeit und Teilnahme auf den schönen Jüngling, und selbst mit schwach aufsteigender Neugier, wo es denn liege, was ihren größten Schatz dieser Erde, Clarissas Herz, gewonnen.
»Laß diese Wiese,« fuhr er fort, »diese schöne Wiese, auf der wir sitzen, unbedeutende Geschöpfe vor dem Herrn, wie die andern, die da spielen und atmen in den Gräsern und Gesteinen, umweht von den Wäldern Gottes, in denen kein Rang und Stand ist – lasse sie den Verlobungssaal sein – und alles, was uns umringt, sei Zeuge – reiche mir die Hand, Clarissa, so mir Gott gnädig sein wolle, bin ich dein für alle Zeiten, in Leid und Freud, und sollte dies Auge unversehens der Schatten des Todes berühren, so weine ein kleines Tränlein als meine Witwe.«

Ein leichter Schauder ging über Clarissen; sie war in höchster Erschütterung aufgestanden, und unfähig, nur ein einzig Wort zu sagen, legte sie ernst, wie mit kirchlicher Andacht, ihre Hand in seine. Johanna atmete bange auf, daß sich ihr Busen hob und senkte, und die angerufenen Zeugen standen todesstumm herum, nur der Fichtenwald streute seinen Harzgeruch als Weihrauch darauf, und die Grillen zirpten leichtsinnig fort.

Der alte Jäger stand auf, seine Büchse nach vorn gelehnt, wie ein Standbild, und keine Fiber an ihm verriet, was in ihm vorgehen könne. Ronald griff mit der linken Hand umher, als suche er Johannas ihre; – diese, in ein krampfhaftes Schluchzen ausbrechend, reichte sie ihm und drückte sie lange und fest, gar nicht loslassend, gleichsam eine stumme, hülflose Bitte um Clarissas Glück.

Nach einigen Sekunden sprachloser Gemütsbewegung löste sich sanft die Gruppe, und der schöne Schwedenjüngling trat an Clarissa, neigte seinen Mund auf ihre Stirne und küßte sie ernst und ruhig, die demütig, wie eine erglühende Blume, unter seinem Hauche dastand. Dann aber trat sie zu Johannen und nahm sie wie in den schönsten Tagen des vergangenen Schwesterglückes bei der Hand, wohl fühlend, was das unschuldige Herz neben ihr in diesem Augenblicke verlor. Zu ihm gewendet aber sagte sie beklommen die Worte: »Ronald, wird es gut sein, was wir taten – ach, ich dachte nicht an meinen Vater! – sage, wird es gut sein, und was wird nun ferner zu tun sein?«

»Höre mich, mein Herz,« antwortete er, »was längst beschloßne Sache war. Ich gehe fort, und zwar augenblicklich. Mit deinem Herzen bin ich verständigt, nun zu deinem Vater. Euer Schloß ist in Gefahr. Unter Torstensohns Befehlen steht die Abteilung, – die bestimmt ist, bei Gelegenheit seines Durchzuges Wittinghausen zu nehmen. Torstensohn und ich lieben uns seit früher Zeit, und gewiß bringe ich es dahin, daß man euer harmlos Haus ganz unangetastet läßt, und daß auf dem hochverehrten Haupte, das mir und dir heilig ist, kein einzig Härchen gelüftet werde. Ich weiß, daß in dieser Zeit der Übergang geschehen werde, und sollte doch eine Belagerung stattfinden, so werde ich dabei sein, um deine beiden Geliebten zu schützen. Wenn nicht alle Zeichen trügen, so naht dieser Krieg schnell seinem Ende; in der Zeit lege ich deinem Vater alles vor, was er über mich zu wissen braucht, und wenn sich die versöhnten Völker umarmen und *ein* Schrei des Jubels durch die Länder geht, dann, Clarissa, falle unser kleines Fest in das große allgemeine – ich suche meine Mutter, bringe sie in euer Land – – und, Clarissa, hier an dieser Stelle, auf dieser heiligen Insel des Waldes lasse ich uns ein lieblich Haus bauen, und wohnen wir gleich nicht immer da, so besuchen wir doch die zauberische Stelle oft, und sind wieder, wie jetzt, die einsamen, losgebundenen Kinder des Waldes. – Und nun, du mein klopfend Herz, der Augenblick, daß du dich an dieser Blume noch erlaben wolltest, ist vorüber, rüste dich – – und, gebe Gott der Herr Gedeihen und ein frohes Wiedersehen – – noch in dieser Minute gehe ich. Die Zeit ist maßlos kostbar; darum drang ich so stürmend auf diese Unterredung und führte sie mit Gewalt herbei. – – – Noch einen Blick in dein Auge! – – – So – ach, es deucht mir gar nicht möglich, daß ich fort gehen soll.« –

Tränen umflorten seinen Blick, aber sich schnell fassend, reichte er die Hand an die Mädchen: »Lebe wohl, Clarissa, Braut! Lebe wohl, Johanna, und du, Gregor, Gott schütze dich; hüte diese beiden, wie die Sterne deiner Augen« – und somit wollte er sich wenden, aber Gregor hielt ihn auf und sagte: »Ronald, in allem, was du sagtest, ist Vernunft, ich lobe dich deshalb, nur in einem ist Torheit, wie du sie öfter hattest; baue an dieser Stelle kein Haus – du tätest dem Walde in seinem Herzen damit wehe und tötetest sein Leben ab – ja sogar, wenn diese Kinder wieder in ihr Schloß gehen, dann zünde jenes hölzerne Haus an, streue Kräutersamen auf die Stelle, daß sie wieder so lieblich und schön werde, wie sie es war seit Anbeginn, und der Wald über euer Dasein nicht seufzen müsse. – So, jetzt gehe, halte dich von dem Seebache rechts durch die Buchenlehnen, du gewinnst an Weg – steige die Felsenleiter wieder hinauf. Ich ließe dich überführen, aber unsere Leute sollen nicht wissen, daß du da warest – so gehe einmal, Knabe!«

Dieser aber blickte wie aus Träumen auf, und noch ein Händedruck – ein sekundenlang Zögern – dann nahm er die Flinte und schritt entschlossen der Felswand zu.

Die Mädchen sahen ihn noch lange, wie sich die graue Gestalt in dem grauen Gesteine regte, winzig klein, bis nichts mehr sichtbar war, als die ruhige schon im Nachmittagsschatten stehende Wand.

Man sah sich wechselweise an. Wars ein Traum, daß in der Wildnis nur eben eine andere Stimme erklungen war als die ihre – die Sonne schien, wie immer, die Vögel zwitscherten, und der blaue Waldhimmel sah hernieder. Gregors Stimme tönte plötzlich recht sanft in die Träumerei: »Der Mann muß Euch sehr lieben.«

Ihr Auge schlug mit einem schönen Blicke auf zu ihm, dem väterlich Verehrten, aber Johanna sagte schmerzvoll: »Möge sich alles zum Glücke enden!«

Diese Worte waren die einzigen, die von der Gesellschaft über die seltsame Verlobung gesprochen wurden, die eben wie ein unheimlich Schattenspiel auf ihrer Wiese vorübergeglitten war, nichts zurücklassend, als den schönen prangenden Boden, auf dem sie noch standen, und über den sie drei so oft in Lieb und Eintracht geschritten. Auch heute ging man an den Ruhebänken, an den Ahornstämmen vorüber und dem Wasserfaden ihrer Quelle entlang, wie immer, aber mit Gedanken, *nicht* wie immer. Die im Hause sahen gegen Abend den Jäger und die Mädchen von ihrem Spaziergange aus dem Ahornwäldchen zurückkehren, und wunderten sich nur über die eigensinnige Vorsicht des Alten, daß er sie alle zur Bewachung des Hauses innerhalb der Pflöcke hereingesperrt habe. Sie traten von der Waldwiese in das Haus. – Clarissa war nicht mehr ruhig – Johanna nicht mehr glücklich.

6. WALDFELS

Und die alte Ruhe war wieder über dem Walde. – – Zuweilen, wenn das silberne Schiff, die Wolke, einzeln durch die Bläue zieht, so geht unten ein Schatten über den Wald, und dann steht wieder dasselbe feste Licht auf seiner ganzen Breite – – oder wenn das Stahlgrau des Spätherbstes fest über die ganze Himmelskuppel gegossen liegt, so tritt ein Sonnenstrahl heraus und küsset aus dem fernen Buchenhange ein goldnes Fleckchen, das gegen den Rand zieht und von ihm unsichtbar in die Luft tritt, nachher ist dasselbe Grau über alle Weiten. Und so war es mit den Schwestern.
Sonnen waren wieder gekommen und waren wieder gegangen, aber sie wurden immer kürzer und kühler. Gregor traf allerlei Vorkehrungen. Das Tor an den Pflöcken stand nachgerade wieder offen, weder gesperrt noch eingeklinkt, und die Mädchen konnten wieder auf ihrer Wiese weit und breit gehen, und sie taten es auch. – Am Hause sammelte sich gemach eine Schicht Brennholzes nach der andern, von den Knechten aus den Gaben des Waldes gelesen; denn Gregor ließ nicht zu, daß ein frischer Baum gefällt werde – eine Mooshülle begann man über die Wände zu weben, das Winterkleid des Hauses.

– Der zarte, schwerfällige Sohn des Spätjahres hatte sich bereits eingestellt, der Nebel, und oft, wenn die Schwestern an der noch immer sonnenwarmen Wand ihrer Felsen saßen, die einzelnen Glanzblicke des Tages genießend, so wogte und webte er draußen, entweder Spinnenweben über den See und durch die Täler ziehend, oder silberne Inseln und Waldesstücke durcheinander wälzend, ein wunderbar Farbengewühl von Weiß und Grau und der roten Herbstglut der Wälder; dazu mischte sich die Sonne und wob heiße, weißgeschmolzne Blitze und kalte, feuchte, blaue Schatten hinein, daß ein Schmelz quoll, schöner und inniger, als alle Farben des Frühlings und Sommers. Und wenn die Mädchen dann so schweigend hinaussahen, so rieselte es neben ihnen leise, und ein oder zwei blutrote Blätter des Waldkirschbaumes fielen zu ihren Füßen. Sie saßen da und sahen selber herbstlich trauernd dem Schauspiele zu, ahnend, wie majestätisch der Winter hier sein müsse, da sich ihm ihre Wildnis mit solcher Feierlichkeit und Stille entgegenrüste. Im Hause wurden Hauen, Schaufeln, Schneereife, Schlitten und andere Geräte angehäuft, um nicht eingeschneit zu werden oder durch Schneemassen von der Welt abgeschnitten.
Seltsam ist der Mensch und seltsamer sein Herz. Wie einförmig waren vor Ronalds Ankunft die Tage einer um den andern im Walde hingegangen! Täglich dieselben Farben, dieselben Stimmen, dieselbe Feierlichkeit, und auf dem See dieselbe Windstille, daß es öfters war, als hätten sie lange Weile; – nun war eine Fülle, ja ein Schauer von Wonne über Clarissas Herz gegangen, ausströmend von jenem unbegreiflichen Gefühle, wodurch der Schöpfer die zwei Geschlechter bindet, daß sie selig seinem Zwecke dienen – aber dennoch war ihr nicht, als sei sie selig, ja ihr war, als seien jene einförmigen Tage vorher glücklicher gewesen als die jetzigen, und als habe sie sich damals mehr geachtet und geliebt. – Sie blickte fast mit

Wehmut darnach zurück, wie sie so gegangen war durch die Stellen des Waldes mit Gregor, mit Johannen, unschuldig plaudernd, selbst so unschuldig wie die Schwester und der Greis, die so schön an sie geglaubt hatten, dann abends kosend und lehrend und einschlafend mit Johannen, deren einfältigem Herzen sie Schatz und Reichtum dieser Erde gewesen – – und jetzt: ein schweres, süßes Gefühl trug sie im Herzen, hinweggehend von den zwei Gestalten an ihrer Seite, den sonst geliebten, und suchend einen Fremden, und suchend die Steigerung der eignen Seligkeit. – – O du heiliges Gold des Gewissens, wie schnell und schön strafst du das Herz, das beginnet, selbstsüchtig zu werden.
Johanna, wie überschüttend auch die Liebesbeweise ihrer Schwester waren, und vielleicht eben darum, fühlte recht gut, daß sie etwas verloren – nicht die Liebe der Schwester, diese war ja noch größer und zarter, nicht ihr früher gegenseitig Tun und Wandeln, das war wie ehedem – was denn nun? Sie wußte es nicht; aber es war da, jenes Fremde und Unzuständige, das sich wie ein Totes in ihrem Herzen fortschleppte; – sie liebte Clarissen noch heißer als früher, weil sie ihr erbarmte, aber oft überkam ihr Herz, wie ein Kind, ein Heimwehgefühl nach der Vergangenheit, und dies trat dann zuweilen bei den geringfügigsten Dingen hervor, die sich mit ein paar Fäden zurückspannen in die Zeit, die einzig schön und einfach war. So kamen sie eines Tages ob dem See über den Verhau herüber und traten auf ein Birkenplätzchen hinaus, das sie im Sommer seiner Hitze wegen geflohen hatten; denn es lag in eine Felsenbucht hinein, von der die Sonnenstrahlen glühend widerprallten. Jetzt floß, wie süße Milch, der laue Nachsommer um die weißen Stämme und um ihre einzelnen goldgelben Blätter; er floß hier wärmer und schmeichelnder als an jeder andern Stelle, und wie sie vorwärts schritten, gewahrten sie, ordentlich

sonderbar in so spätem Herbste, eine ganze Versammlung jener schönen großen Tagesfaltern, die von den vier dunklen, beinahe schwarzen Flügeln mit den gelben Randbändern den Namen Trauermantel erhalten haben, teils auf dem weißen Stamme sitzend, die dürftige Sonne suchend und nach Art dieser Tiere in derselben spielend, indem sie die Flügel sachte auf- und zulegten – oder indem sie mit den unhörbaren Flügelschlägen um denselben Stamm herumflatterten, auf dem die andern saßen. Die Mädchen blieben überrascht stehen und betrachteten das seltsame Schauspiel. Die zarten Mäntel waren von so weichem unverletztem Samte, die Bänder von so frischem, dunklem Gelb, daß Johanna augenblicklich ausrief: »O ihr armen betrogenen Dinger, ihr seid noch Kinder und alle noch in eurer Kinderstube versammelt; die warme Herbstsonne dieses Platzes log euch heraus, und nun seid ihr da, unheimliche Fremdlinge dieser Sonne, trägen Flügelschlages in diesem Afterfrühlinge, und gewiß sehr hungrig; denn wo sind die Blumen und die Lüfte und die summende Gesellschaft, die euch das Herz eures Raupenlebens versprach, und von denen euer Puppenschlaf träumte. – Sie werden alle kommen, aber dann seid ihr längst erfroren.«

»Da irret Ihr Euch, Jungfrau,« fiel der alte Jäger ein, »es kommt nur darauf an, ob sie sich vermählen oder nicht. Diese Tierchen sterben bald nach ihrer Hochzeit, und wie oft habe ich nicht eine Mutter tot an demselben Zweige hängen gefunden, um den sie ihre Eier gelegt hatte. Wenn sie sich aber nicht vermählen, so erstarren sie, und seht, in einer Felsenritze geduckt, oft in Eis und Schnee gefroren, überdauert dieses zerbrechliche Wesen den harten Winter des Waldes, und erlebt dann seinen versprochenen Frühling. Habt Ihr noch nie schon beim ersten Sonnenblicke, wenn noch kaum Halm und Gras hervor ist, einen Falter fliegen gesehen mit ausgebleichten, zerfetzten Flügeln, wie ein vorjährig verwittert Blatt? – Dies ist so ein Überwinterer.«

Aber Johanna antwortete nicht; die Rede des Alten fiel ihr wie ein Stein auf das Herz; es wurde ihr fast so weh, daß sie nichts redete, und der armen Schwester nachsah, die vorausging und ihre Gedanken längst schon von den Faltern abgewendet hatte.

»Die in unsrem Garten zu Hause sind aber auch viel lustiger und schöner,« sagte sie endlich zu Gregor, »sonst hätte Clarissa schon mehr auf sie und auf unsere Rede geachtet.«

Aber ein Tränentropfen kam ihr in die Augen.

Gregor schwieg und schüttelte den Kopf.

Schon früher einmal, da sie es selbst nicht wußte, hatte er ihr schweres Herz bemerkt. Zwei Sperlinge waren die Veranlassung gewesen. Als nämlich Johanna einmal nach dem Mittagessen auf den Söller trat, um den Hühnern die Brosamen hinabzuwerfen, so bemerkte sie unter ihnen zwei dieser menschenliebenden Vögel, mit hastigem Hunger von den Körnern pickend, die für die Hühner dalagen. Sie erschrak beinahe freudig, denn sie meinte, sie können nicht anders als vom Vaterhause gekommen sein, und eine solche Wehmut kam über sie, daß ihr fast ein Weinen ankam!! –

»Gregor, verscheucht sie nicht,« rief sie hinab, »daß sie ihr Mittagsbrot verzehren können, ehe sie ihre weite Reise wieder antreten.«

»Sie reisen nicht,« antwortete er, »denn sie sind schon drei Tage hier. Dieser Vogel sucht den Menschen, und findet ihn selbst in der Wildnis, um in seinem Hause zu wohnen. Wenn wir über Winter da sind, diese bleiben gewiß auch da.«

Johanna schaute zärtlich hinunter und ließ Brosamen und Tränen fallen, – sie wußte nicht, warum ihr Herz bedrängt sei. – – Du ahnungsvolle Unschuld! – der glän-

zendweiße Seraph deiner Schwesterliebe fühlt sich bedrückt durch den, der seine dunklen Schwingen im Herzen der Schwester reget.
Und dennoch ging sie hinein und zog Clarissen heraus, um ihr die Sperlinge zu zeigen.
Gregor führte ›seine Kinder‹ wie vor und ehe durch die Wälder und zeigte ihnen das allgemache Winterrüsten, das langbärtige Moos der Birken- und Tannenäste, die fliegenden Waldsamen, unter die dürre Hülle der Gräser und Blätter schlüpfend, das Abfallen der letzten Himbeeren und das Verkümmern der noch nicht gezeitigten; er zeigte ihnen an den Laubzweigen schon jetzt die Vorbilder der künftigen Frühlingsknospen in ihren braunen Panzern. Die Fichtengeschlechter standen unverändert in düstergrüne Mäntel eingehüllt, auf Eis und Schnee harrend, und der Eichbaum hielt sein raschelnd Laub fest in den tausend zähen Fingern. Ja, Gregor malte ihnen schon die künftige Winterschönheit vor: an heiteren Tagen das Glänzen und Flimmern, das Leuchten, Spiegeln hier und dort und oben und unten, ein durchbrochner Eispalast der ganze Wald, zart wie Spitzengewebe ihres Kleides, ja tausendmal zarter hängend von Zweig zu Zweig, dann das Krachen, wenn eine Schnee- oder Eislast bricht und die feste, kalte Luft erschüttert – oder wenn sie nachts bei Lichte in der warmen Stube sitzen, kein Lüftchen um das Haus, oben aber Tauwind geht, daß die Wälder seufzen, und sie das ferne Wehen und Sausen bis in ihr Bette hören, oder das Knarren und Girren der reibenden Stämme, und vom Felsen das Brechen und Fallen der Lawine – oder im Frühlinge, wenn die neugebornen Bäche nächtlich all überall von den Höhen rauschen und ahnungsreich ans Ohr schlagen – – – es ist keine Jahreszeit, in der er nicht die Pracht des Waldes gesehen.
Er dichtete und erzählte auf den Wanderungen, wie früher, und schwärmte sich in Phantasieen und Gefühle der

Einöde hinein, wie früher, aber der dichterischen Rede fehlte jetzt das dichterische Ohr; denn er in seiner Einfalt wußte nicht, daß Clarissa viel öfter an Ronald dachte als er selber, und Johanna an Clarissen. Dafür aber, wenn sich jetzt ein Ohr für ihn auftat, so fielen seine Worte in empfänglichere, schwülere Herzen und lockten aus ihnen Blumen empor, größer, dunkler, duftender als je zuvor.

Vom Vater war seit langem gar keine Botschaft gekommen, Gregors Enkel blieb aus, und zu ihrer Unruhe dauerte schon die Verschleierung des Himmels über vierzehn Tage, so daß man nicht gegen Wittinghausen sehen konnte.

Die Kohlmeise wurde nicht mehr gehört, der Krammetsvogel war fort, und fast täglich zog sich durch den grauen Himmel der graue Faden der Wandergänse, nach Süden ziehend.

Oft, wenn der Nachtnebel über den See sank, riesenarmige Schatten durcheinandergriffen, unten am Wasser gestaltlose, schwarze Dinge standen, und die sanfte Mondesscheibe über all den Perlenflor ein trübes, gehauchtes Gelb goß: saß das schöne Paar in dem bereits geheizten Zimmer, durch dessen Fenster ihr Lampenlicht goldne Fäden hinausspann in die Silbernacht des Nebels, und Clarissa goß all ihr Lieben und ihr Hoffen in die Harfentöne, und Johanna sah sie liebreich und erbarmend an, in ihrem Herzen denkend, o, es ist nicht gut so – mir ahnt, es ist nicht gut so …

»Wie schön er ist, und wie hold er unsre Sprache redet«, sagte Clarissa plötzlich.

»Aber,« entgegnete Johanna, »eines Tages wird er fortgehen und ein Held werden, wie sie sagen, das heißt er wird Menschenblut vergießen, wie die anderen, ohne um den Grund zu fragen, wenn nur Abenteuer und Gefahr dabei ist, und da wird er sich erst groß und würdig dünken. Klebt auch, wie du sagst, noch kein Tröpflein deutsches Blut an seinen Händen, so wissen wir nicht, ob es nicht in dem Augenblicke der Fall sein kann, als wir hier reden, oder morgen oder übermorgen – – es ist ein hartes, gewalttätiges Geschlecht – o wie hasse ich sie, diese Männer!«

Clarissa lächelte selig und schüttelte sanft das Haupt.

Endlich war ein Abend gekommen, der ungleich seinen grauen Vorgängern so rein und kalt, wie eine aus Gold gegoßne Kuppel, über dem Walde stand, und auch blieb, ja des Nachts sich mit einem Übermaß der Sterne füllte, daß man meinte, sie hätten nicht Platz und einer berühre den andern.

Eine sehr kalte Nacht folgte, und als die Sonne aufgegangen, stand der ganze Wald in weißem Reife da, in lauter weißen Funken brennend und glitzernd, so dicht, als wäre nachts der ganze Sternenhimmel auf ihn herabgesunken.

Gregor gab nicht zu, daß man im Reife und der Morgennässe aufbreche, sondern erst gegen Mittag, als der ungewöhnlich kalten Nacht eine ungewöhnlich heiße Sonne gefolgt war, traten sie den Weg auf den ersehnten Blokkenfels an.

Sie waren jetzt lange nicht dort gewesen. Wie verändert war der Wald! – Bis ins fernste Blau zog sich das Fahlrot und Gelb des Herbstes, wie schwache blutige Streifen durch das Dämmerdunkel der Nadelwälder gehend, und alles war ruhig, gleichsam ergeben harrend, daß es einschneie. Nur der Himmel, so lieb und rein wie einst, ohne ein einzig Wölklein, zog über die schweigsame Waldestrauer hinaus. Johanna fand durchaus den kleinen blauen Würfel nicht am Waldesrand, wie sehr sie ihr Auge auch anstrengte, und wie klar und fast wesenlos die Herbstluft auch war. Clarissa, wie gewöhnlich, richtete das Rohr – – aber auch sie fand das Schloß nicht, sondern rückte und rückte am Waldessaume entlang, und wieder zurück, sie sah wohlbekannte Biegungen und Linien, in deren Nähe das Schloß sein sollte, – – endlich erklärte

sich das Rätsel, wenn auch nicht am ganzen Himmel, so lag doch an dem fernen Waldsaume ein kleines Wölklein gerade da, wo sie das Vaterhaus sehen sollten. Gregor glaubte, sie sollen ein wenig warten, etwa vergehe es bald, wenn es nicht sei, wie im Herbste so oft, daß der Nebel an einem einzigen kleinen Punkte anzuschießen beginne, wie ein unbedeutend Wölklein, das hereinhängt, bis er sich schnell vergrößert, und endlich ganze Waldstrecken einhüllt. Wenn letzteres der Fall ist, wird morgen gewiß schlechtes Wetter sein, und dann harren sie vergebens.
Sie warteten. –
Aber weder vergrößerte sich das Wölklein sonderlich, noch auch verzog es sich, bis sogar der Greis darauf drang, die Sache für heute ganz aufzugeben, da der Nachmittag jetzt so kurz sei, und sie doch bei zwei Stunden brauchen könnten, bis sie in ihr Haus kämen. Morgen sei gewiß allen Anzeichen nach ein noch schönerer Tag, und er werde sie sodann so früh als möglich heraufführen. Noch drei-, noch viermal sahen sie durch das Rohr, aber ohne Erfolg, und sie trennten sich endlich ungern und unruhig von dem Platze. – Man langte zu Hause an. Dieselbe goldne, wunderschöne Kuppel, wie gestern, baute sich auch heute abend über die dunklen, abendfrischen Waldhöhen auf, und dasselbe Wimmeln der Gestirne folgte, wie gestern, aber fast noch dichter, als sänke der ganze Himmel in einem leisen, lichten Schneeregen nieder, woraus der Alte einen noch klareren Tag prophezeite.
Alles suchte die Ruhe. Gregor verbrachte eine schwere, kummervolle Nacht.
Endlich kam der Morgen. Dieselbe spiegelreine Sonne stieg herauf, wie gestern, und beleuchtete den Reif, der schnell so Blatt als Gras der Veralterung und dem Verfalle entgegenführte. Die Mädchen drängten den Greis, aber er hieß sie die reine Mittagsluft erwarten.
Endlich brachen sie auf, wieder von einer fast heißen

Sonne geleitet. Im Emporsteigen konnten sie recht die Verwüstungen des Frostes betrachten, wie noch rückgebliebene Blätter rostbraun oder blutrot oder vergelbt am Strauchwerke hingen, und wie die Farrenkräuter und die Blätter der Beeren und die aufgeschoßnen Schafte gleichsam gesotten und schlapp herabhingen.

Johanna war die erste am Gipfel des Felsens, und erhob ein lautes Jubeln; denn in der glasklaren Luft, so rein, als wäre sie gar nicht da, stand der geliebte kleine Würfel auf dem Waldesrande, von keinem Wölklein mehr verdeckt, so deutlich stand er da, als müßte sie mit freiem Auge seine Teile unterscheiden, und der Himmel war von einem so sanften Glanze, als wäre er aus einem einzigen Edelsteine geschnitten.

Clarissa hatte inzwischen das Rohr befestigt und gerichtet. Auf einmal aber sah man sie zurücktreten und ihre Augen mit sonderbarem Ausdrucke auf Gregor heften. Sogleich trat Johanna vor das Glas, der Würfel stand darinnen, aber siehe, er hatte kein Dach, und auf dem Mauerwerke waren fremde, schwarze Flecken. Auch sie fuhr zurück – aber als sei es ein lächerlich Luftbild, das im Augenblicke verschwunden sein müsse, drängte sie sogleich ihr Auge wieder vor das Glas, jedoch in derselben milden Luft stand dasselbe Bild, angeleuchtet von der sanften Sonne, ruhig starr, zum Entsetzen deutlich – und der glänzende, heiter funkelnde Tag stand darüber – nur zitterte es ein wenig in der Luft, wie sie angestrengten Auges hineinsah; dies war aber daher, weil ihr Herz pochte und ihr Auge zu wanken begann.

Als sie sich nun ohnmächtig zurücklehnte, hörte sie eben, wie Clarissa mit schneebleichem Antlitze sagte: »Es ist geschehen.«

»Es ist geschehen«, erwiderte Gregor; »mir ahnete gestern schon aus dem sanften, unbeweglichen Wölklein – aber lasset mich es auch erblicken.«

Mit diesem Worte schaute er in das Rohr, aber ob auch sein Auge durch Übung vielmal schärfer war als das der Mädchen, so sah er doch auch nichts anders als sie: in schöner Klarheit einen gewaltigen Turm von dem Waldrande emporstehen ohne Dach und mit den schwarzen Brandflecken, nur schien es ihm, als schwebe noch eine ganz schwache blaue Dunstschichte über der Ruine. Es war ein unheimlicher Gedanke, daß in diesem Augenblicke dort vielleicht ein gewaltiges Kriegsgetümmel sei, und Taten geschehen, die ein Menschenherz zerreißen können; aber in der Größe der Welt und des Waldes war der Turm selbst nur ein Punkt. Von Kriegsgetümmel ward man gar nichts inne, und nur die lächelnde, schöne Ruhe stand am Himmel und über der ganzen Einöde.

Es ergriff hart das Herz des alten Mannes, daß er mit den Zähnen knirschte, jedoch er tat nicht den geringsten Schmerzenslaut, sondern vom Rohre wegtretend, sagte er: »Da haben sie etwas davon, wenn sie das alte Dach abbrennen, wo man ohnedies bald ein neues hätte setzen müssen. – Was er doch für ein erfahrner Kriegsmann ist, euer Vater; er hat es gerade so vorausgesagt. Tröstet euch nur, meine Kinder, – Clarissa, schaut nicht so schreckhaft auf einen Punkt hinaus!«

»Ja,« erwiderte sie langsam, »das Dach ist verbrannt worden, das sehen wir, aber was noch geschehen ist, das sehen wir mit diesem Rohre nicht – – sagt, warum kommt Euer Enkel Raimund nicht, warum keine Botschaft schon seit Wochen?«

»Weil nichts entschieden war«, fiel Gregor ein; »gestern, vorgestern kann der Brand erst stattgefunden haben, darum wird und muß morgen oder übermorgen Botschaft eintreffen, ja wer weiß, ob sie nicht schon unser im Hause harret. Kommt, – es geschah, was wir voraus wußten. – Daß ein Haus verbrannt von durchziehenden Heerhaufen wurde, ist nichts Absonderliches, und wird oft in diesem Kriege geschehen sein.«

»Aber zwei Menschen waren in diesem Hause ...«

»Und einer davon,« unterbrach er, »war einst ein großer Krieger, der gewiß für Abzug und Geleite oder für ehrliche Haft unterhandelt haben wird.«

»Und ein andrer war dabei,« fuhr Clarissa fort, »der sagte, daß auf dem hochverehrten Haupte kein einzig Härchen sollte gelüftet werden.«

»Und es wurde auch kein einziges gelüftet, wenn Ronald zugegen war ...«

»Oder ?«

»Es ist auch auf seinem Haupte kein einziges mehr lebendig.«

Zwei angstvolle Gesichter sahen in maßloser Bestürzung auf ihn.

»Macht mich nicht selbst zum Toren,« rief er unwillig aus, »und jagt mir nicht kindische Angst ein – ich sage euch ja, es ist nichts geschehen, weils zu unvernünftig wäre – – darum gebt eure Sorge und euer Herz in Gottes Hand, und harret nach eures Vaters Willen auf die Entscheidung. Kommt, nehmt weg das Rohr, und lasset uns den Heimweg suchen.«

Aber sie nahmen das Rohr nicht weg. Clarissa warf sich neuerdings vor das Glas und sah lange hinein – aber dieselbe eine Botschaft war immer darinnen, doppelt ängstend durch dieselbe stumme Einförmigkeit und Klarheit. Auch Johanna sah hindurch, um ihn nur gewöhnen zu können, den drohenden, unheimlichen Anblick; denn sobald sie das Auge wegwendete und den schönen blauen Waldduft sah, wie sonst, und den lieblich blauen Würfel, wie sonst, und den lachenden blauen Himmel gar so prangend, so war es ihr, als könne es ja ganz und gar nicht möglich sein – und wenn sie wieder in das Glas sah, so wars, als sei selbst das heitre Firmament düster und schreckhaft und das Walddunkel ein riesig hinausgehendes schwarzes Bahrtuch.

Endlich – Clarissa faßte sich zuerst, und den Gedanken verwerfend, den die erste Fieberhaftigkeit eingegeben, nämlich alsogleich aufzubrechen und, koste es, was es wolle, das Vaterhaus zu suchen, schlug sie vor, ohne Säumen in das Haus zu gehen, und sogleich einen der Knechte auf Kundschaft auszusenden und, bis er zurückkehre oder ein anderer Bote eintreffe, bei vorsichtigster Bewachung der Zugänge im Hause zu verharren. Sogleich nahm sie auch das Rohr ab und schob es ineinander, sich selbst und Johannen jeden ferneren Blick strenge versagend, um nicht länger den untätigen Schmerz und die vielleicht unnötige Angst zu nähren.

Johanna, mit einem Schmerzblick, ließ es geschehen; aber es loderte in ihr auch Bewunderung Clarissens auf, die wieder ihre schöne, starke Schwester geworden, der sie sich sonst so gerne und so liebend unterworfen hatte.

Gregor billigte alles, nur nicht das Wegsenden eines Knechtes. »Euer Vater«, sagte er, »weiß, daß ihr dies Rohr habt und von dem Stande der Dinge unterrichtet sein müsset: er wird daher keine Minute säumen, euch das Nähere kund zu tun. – Der Knecht könnte in Feindeshand geraten, und in der Angst euren Aufenthalt offenbaren.«

Die Mädchen sahen ein und gaben nach.

Noch einen traurigen Blick taten sie über Weite und Breite ihrer herbstlichen Wildnis, und dann verließen sie den Gipfel ihres vielgeliebten Felsens mit Gefühlen, so ganz anders, als sie sonst immer herabgestiegen waren – mit Ahnungsgefühlen, die jede heimlich angstvoll wälzte, und der andern verbarg und sie an ihr bekämpfte.

Am See standen die zwei ruhigen, dunklen Gestalten der Knechte, die auf sie warteten; man bestieg den Floß und fuhr über. Gregor ließ das Fahrzeug anbinden, und als

man durch das Pfahltor eingegangen war, wurde es eingeklinkt und mit den Riegeln verschlossen. Nachts lösten sich die Knechte im Wachen ab.
Morgen erschien und verging, aber kein Bote war gekommen.
Ebenso übermorgen.
Und so verging Tag um Tag, bis ihrer eilf vorüber waren, ohne daß Botschaft gekommen. Gregor gab nach, und geleitete sie noch einmal auf den Felsen. Mit derselben starren Einfachheit stand die Ruine am Waldrande, wie des ersten Tages, aber nicht ein Hauch einer andern Nachricht war von ihr herübergekommen. Die Angst mit breiten schwarzen Flügeln senkte sich auf Tal und Wald. Endlich sanken die ersten weißen, zarten Schneeflocken in den dunklen See – und man hatte nun doch einen Knecht auf Kundschaft ausgesendet – –
Aber auch er ist nicht wieder gekommen.

7. WALDRUINE

Auf grünem Weidegrunde stand ein gewaltiger viereckiger Turm, von zerfallendem Außenwerke umgeben. Er hatte kein Dach, und seine Ringmauern hatten keine Tore, gerade, wie er noch heutzutage steht – aber er trug noch nicht die verwitterte graue Farbe seiner bloßgelegten Steinmauern, wie heute; sondern war noch bekleidet mit Anwurf und Tünche, nur war deren Reinheit beschmutzt mit häßlichen Brandflecken, aus den Fenstern ausgehend und wie Kometenfahnen aufwärts zielend. Auch war in dem äußern Mauerwerke manch tiefe Verwundung ersichtlich. Der Rasen umher war verschwunden, und glich einer gestampften Tenne, von tiefen Räderspuren durchfurcht, und hie und da mit einem verkohlten Baume oder Trümmern unbekannter Geräte bedeckt. Die größte Stille und ein reiner Himmel mit freundlicher Novembersonne schaute auf diese Todesstelle nieder. Kein Gedanke eines Feindes war ringsum zu erschauen, aber auch kein einzig anderes lebendes Wesen stundenweit in die Runde; die Hütten waren verbrannt, und der Ort Friedberg lag in Trümmern. Gleichwohl stieg ein dünner blauer Rauchfaden aus der Ruine zu dem dunklen Himmel hinauf, als wäre sie von irgendeinem menschlichen Wesen bewohnt. Ja man sah sogar über den Weideboden, der zwar noch nicht beschneit, aber fest gefroren war, einen Reiter eilig dem Trümmerwerke zureiten. Er zwang das Pferd durch den weit klaffenden Torweg über herabgestürzte Steintrümmer hinein, band es, nachdem er abgestiegen, an die Stange eines eisernen Fenstergitters, von dessen Simse noch das geschmolzene Glas wie schmutziges Eis herabhing, wandte sich dann schnell weg und drang durch das halbverschüttete Tor in das Innere des Turmes. Hier durch ausgebrannte Türen und Fenster glotzten ihn Gänge und Gemächer an, die ihm schauerlich fremd vorkamen, und aus ihren Höhlungen wehte eine ungastliche Luft. Dennoch entdeckte er bald eine hölzerne Treppe, aus noch frischen Bäumen gezimmert und mit gehauenen Pfosten überdeckt. Er stieg sie hinan, und gelangte in einen Gang und in ein Vorgemach, dessen Decke nicht eingestürzt war. Wie er durch den finstern Gang schritt, sah er einen alten Mann stehen, aber er achtete dessen nicht, sondern pochte an das Gemach. Ein weibliches Gesicht wurde durch das geöffnete Schubfach der Türe sichtbar.

»Susanna,« sagte der Fremde mit sanfter Stimme, »darf ich eintreten?« Die Magd öffnete sogleich die Tür, führte ihn durch das Gemach, und öffnete ihm gegenüber wieder eine Tür, die in ein weiteres erhaltenes Zimmer führte. Er trat ein.

Eine der zwei darinnen sitzenden schwarzgekleideten Ge-

stalten erhob sich sogleich und trat ihm mit den Worten entgegen:
»Seid uns von ganzem Herzen willkommen, Ritter.«
Er heftete sein dunkles Auge mit traurigem Glanze auf ihre blassen Züge – – ja es war Clarissa, die vor ihm stand, und von deren schöner Gestalt das schwarze Trauerkleid herniederwallte. Seitwärts saß Johanna – ein Antlitz, weiß wie Alabaster, sah aus der schwarzen Florhülle zu dem Ritter herüber, und die Tropfen, die auf die Wangen flossen, jagten sich schneller, seit sie ihn sah und sich nach Sprache bemühte, ihn zu grüßen. Er mit dem düsterschönen Ausdrucke seines Wesens stand auch einige Augenblicke sprachlos, und blickte auf das mit schlechtem Papiere verklebte Fenster, unfähig, ein einzig Wort herauszubringen, da auch Clarissa schwieg und ihr Mund und ihre Wimpern vergeblich zuckten, um die Tränen zurückzuhalten. Sie schob ihm einen Stuhl hin, er aber trat zu Johannen und ergriff ihre Hand, sie sanft und fest in seine drückend.
»Weil Ihr nur da seid,« sagte diese endlich schluchzend, »weil nur einmal ein Mensch da ist.«
»Zürnet mir nicht,« entgegnete er ihr, »es sind erst fünf Tage, seit ich frei bin, und diese bin ich fast unausgesetzt geritten, um euch zu suchen.«
»So waret Ihr gefangen?«
»Ich war gefangen, sonst wäret ihr nicht so lange ohne Hülfe geblieben – nun aber bin ich da, und bitte euch inständig, nehmt alles, was ich bin und habe, zu eurer Hülfe und eurem Dienste. Meine Burg an der Donau ist zwar auch verbrannt und noch mehr zusammengestürzt als diese; – es tut nichts, ich brauche sie nicht, und baue sie auch nicht mehr, bis einmal Friede im Lande ist. Einige Mittel aber habe ich geborgen, und die wollen wir vorerst anwenden, um dieses euer Haus in etwas wohnlicheren Stand zu setzen. Hierher wird nicht so leicht mehr

ein Feind kommen; denn der Übergang war höchst schwierig, und von unbedeutenden Folgen. Sie stehen jetzt alle in Winterquartieren.«
Mit einem schmerzhaft freundlichen Schimmer ihrer aufrichtigen Augen reichte ihm Clarissa die Hand hin, indem sie sagte: »So seid Ihr wieder der erste, wie immer, der da kommt zu helfen, Ihr, gegen den ich immer so undankbar gewesen bin.«
»Lasset das jetzt, Clarissa,« erwiderte er mit trübfunkelnden Augen, »lasset das, es ist vorüber, und ich bin nichts als Euer Vetter und Bruder – wie hätte ich auch ahnen können. – – Wäret Ihr von jeher vertrauender gegen alle gewesen, so hätte ich Euch nie mit Werbung gequält, und wahrscheinlich wäre das Letzte auch nicht geschehen – –«
»So wisset Ihr – – ?«
»Ich weiß, Clarissa, ich weiß – – –.«
»Auch er – ist es so – auch er! ?«
»Auch er.«
Clarissas Antlitz zuckte jäh hinüber und haschte nach Atem; ein maßloser Schmerz lag darauf, ja sogar etwas wie Grimm, als sie das Auge gegen das Fenster wandte, wie gegen einen blinden Himmel – und sekundenlang starrte, weil sie kämpfte. – –
Noch war es fast wie Hohnlächeln in ihren Zügen, unheimlich anzusehen, als sie das Angesicht zurückwendete und mit fast ruhiger Stimme sagte: »Ritter, wenn Ihr etwas Näheres wisset, so sagt, so erzählt es uns, wir wissen nur das eine – – sagt, Ritter, woher wißt Ihr das Nähere ?«
»Ich war dabei.«
»Ihr waret dabei, Bruno ?« schrie Johanna aufspringend, »Ihr seid dabei gewesen, Bruno«, rief sie mit den schmerzlichsten Tönen ihrer Seele. – »Um Gottes willen, o so saget, wie war es, erzählt – nehmt diese furchtbare Last von meinem Herzen; mir ist, als wäre mir leichter, wenn ich alles wüßte.«

Da er unschlüssig zauderte, sagte Clarissa: »Ritter, seid barmherzig und erzählet.«
»Ein Wald«, begann er, »war das eigentliche Unglück. – Euer Haus – – kein Finger hätte es angerührt; – weit links davon sollte der Zug gehen – aber Gallas hatte Völker gesandt, mich auf eignes Ansuchen mit, um in jenem Walde [er zieht sich rechts von hier gegen das Moldautal ab] Schanzen aufzuwerfen und den Feind zurückzuweisen. Friedbergs unglückliche Bewohner, die graben mußten, werden zeitlebens an den Schanzwald denken und den Namen ihren Enkeln und Urenkeln einprägen; denn er war ihr und unser Unglück. Ich sah es voraus, wie es kam, und bat euren Vater noch Tags zuvor, er möge die Burg preisgeben und zu euch flüchten; aber er verwarf den Antrag mit Entrüstung, weil ein Haufe Kaiserlicher unter seinem Befehle die Burg besetzt hielt. Harmlos, wie eine Schar Wallfahrer, mit klingenden Liedern stiegen die Schweden den schönen Wald heran. – – Es war schrecklich anzusehen, wie, da der Rauchwall aus unsern Gewehren sich verzog, ihre zerfetzten und blutenden Linien zurücktaumelten. Kein neuer Angriff ward mehr gewagt, die Kurzsichtigen unter uns jubelten, aber noch diese Nacht sahen wir den Brand Friedbergs, und des andern Tages, da die Scharen schwollen, ward im furchtbaren Morden die Schanze gestürmt. Die Unsern zerstäubten, wie zerbrochenes Glas; ein Teil warf sich nach Wittinghausen, ich mit ihnen. O Clarissa, alles wäre noch gut geworden. Der erste siegestrotzige Anfall wurde zurückgeschlagen – eine Woche verging schon – und noch eine, – der Feind, bereits abgekühlt und einsehend, wie wenig ihm eigentlich an dem Hause gelegen sein könne, hatte nur den Schein von Ehre zu wahren und bot willig die Hand zur Unterhandlung. Da, eines schönen Morgens, sahen wir, gleichsam wie einen neuen Befehlshaber, einen jungen Mann in prachtvollen Kleidern durch die

Reihen der Belagerer reiten, gleichsam wie Anordnungen treffend.« – Clarissa mit halb geöffnetem Munde, atemlos, mit gespannten, dürstenden Augen horchte hin. – »Wir begriffen nicht, was er wollte; die Anführer alle, Sture an der Spitze, standen ehrfurchtsvoll vor ihm. Es war gerade Waffenstillstandstag. Am andern Morgen ritt derselbe Mann – ach, wie wir glaubten, um zu kundschaften, ungewöhnlich nahe an die Mauern – und, wie es manchmal der Zufall will, der Helm entfiel ihm – ein ganzer Wall von blonden Locken rollte in diesem Augenblicke über seinen Nacken – – . . .

»War es nun Verblendung, war es Verhängnis, das sich erfüllen mußte, wir verstanden die Zeichen des Jünglings nicht, wie er so zuversichtlich vorritt, ja euer Vater mit allen Merkmalen höchster Überraschung sah lange und unverwandt auf ihn hin; – da sah ich nach und nach ein Rot in seine Wangen steigen, bis sie dunkel wie in Zornesglut brannten. Ohne eine Silbe zu sagen, schleuderte er mit einem Male seine Lanze gegen den Reiter, nicht bedenkend, daß sie auf diese Entfernung gar nicht treffen könne – ach, sie traf auch nicht, die arme, schwache, unschuldige Lanze – allein sie wurde das Zeichen zu vielen andern, die augenblicks von unsern Leuten flogen; auch hörten wir zugleich das Krachen von unsern Doppelhaken hinter uns. Von den Schweden sahen wir nur noch, wie viele vorsprengten, um den Reiter in ihre Mitte zu nehmen, wie er sank – und dann, ehe uns noch kaum Besinnung wiederkehren konnte – – war schon Sturm hier, dort, überall – wütend von der Schwedenseite, wie nie – Rauch, daß kein Antlitz auf drei Schritte erkennbar war – – Clarissa, höret Ihr?«

»Weiter, weiter«, sagte sie angstvoll vorgebogen.

»Es ist nichts mehr weiter – die Burg brannte, wir mußten ausfallen – – – ich wurde verwundet, besinnungslos, gefangen – – –«

»Und . . . ??« – –
»Clarissa – Johanna – – Sture selbst ließ beide, ihn und den Knaben, kriegerisch ehrenvoll unter der Steinplatte vor dem Altare der Thomaskirche begraben, die freilich auch abgebrannt war – ich, verwundet und waffenlos, erhielt Erlaubnis, beizuwohnen.«
»Und ich«, rief Clarissa zurücksinkend, »war es, ich, die Vater und Bruder erschlagen« – und sie brach, beide Hände vor ihre Augen drückend, in ein wildes Schluchzen aus, daß ihr ganzer Bau darunter erzitterte. Johanna, selbst kaum ihrer Kräfte mächtig, und schön, wie ein gestorbner Engel, stand doch sogleich auf und drückte Clarissen an ihren Busen, das Haupt derselben an ihr Herz legend und es ausweinen lassend, während sie ihre Hände lieblich zärtlich um dasselbe legte und selbst die heißen Tränen auf sie niederfallen ließ.
Der Ritter wischte sich das Wasser aus seinen schönen dunklen Augen und stand in tiefem Schmerze da, aber er bereute nicht, daß er den ihrigen durch die Erzählung hervorgerufen; denn er wußte wohl, wie herzzerreißend diese Tränen auch seien, daß ihnen Linderung folgen werde, unsäglich süßer und heilsamer, als all ihre frühere dumpfe Ergebung. Auch löste sich bald das erste krampfhafte Schluchzen, und nur mehr ein leises, kaum hörbares Weinen rieselte durch das totenstille, verdunkelte Zimmer, und endlich auch dies nicht mehr. Clarissa, ohnmächtig schmiegsam, lag kindlich an Johannens Herzen, von ihr, wie früher, umschlossen – und wie bitter auch die ersten Tränen beider hervorgepreßt waren, so flossen sie doch jetzt leicht, reichlich und wie von selbst, ja sogar linde süß, wie das letzte Blut eines getöteten Geschöpfes.
Endlich nach langer Stille hob Clarissa wieder ihr Haupt und Auge müde und verklärt zu dem Ritter empor und sagte leise: »Bruno, sagt uns nun auch, wo ist das andere

Grab, und wie......?« Ihre Stimme erstickte neuerdings.
»Forschet nicht, Clarissa; wer enträtselt das Wirrsal jenes Augenblicks? – – Er hatte eine Kugel in der Brust, wahrscheinlich aus einem unserer Doppelhaken, seinen Körper brachten sie weg, wohin, – ich weiß es nicht. Erst bei den Schweden erfuhr ich, daß er als Vermittler gekommen, daß er vorschlug und durchsetzte, daß man die kaiserliche Besatzung frei abziehen und euren Vater ungestört in seinem Hause lassen solle. – – Sein Tod war die Losung der Sturmes – Sture und alle liebten ihn sehr.«
»Alle liebten ihn sehr,« sagte sie, vor innigem Schmerze lallend, »alle liebten ihn sehr – – – – o du schöne, du schöne, du unglückliche Waldwiese!!« Sie verbarg wieder ihr Haupt an Johannas Herzen, fast kindisch furchtsam die Worte sagend: »Johanna, du zürnest – Johanna, ich liebe dich, jetzt nur dich – – o Kind, liebe mich nun auch wieder.«
Diese im Unmaß des Schmerzes und der Zärtlichkeit wußte nicht, was sie tun solle; sie drückte die Schwester an sich, sie umschlang sie mit einer Hand und streichelte mit der andern über die glänzenden Haupthaare derselben, wie man todbetrübte Kinder beschwichtiget; – – sie selbst, bis zu Tode betrübt, erhielt nur Kraft durch die noch größere Betrübnis der Schwester, die sie lindern wollte. Zu dem Ritter aber sagte sie leise: »Erzählet nichts mehr.«
Dieser aber beugte sein Haupt im Schmerze vorwärts, und sah mit den verdunkelten, von Tränen zitternden Augen auf das schöne vor ihm vergehende Geschöpf, das er so lange geliebt, das sein Herz so lange begehrt hatte; es wollte ihm vor Mitleid zerspringen, und es war ihm, als drehe sich mit ihm der Fußboden des Gemaches. Sachte wollte er hinausgehen, um den Schwestern Zeit zu gönnen, aber Clarissa hörte seine Tritte, und sah plötz-

lich auf und sagte: »Bruno, geht nicht, es ist hier so dunkel, und wir haben niemand, als einen alten Mann und seinen Enkel – – Bruno, lasset uns ein Fenster machen.«
»Alles, alles, Clarissa, werden wir machen lassen. Sehet, ich werde noch heute um Arbeiter fortreiten, wir werden für den Winter ein Notdach auf einige Gemächer setzen, Fenster, Türen, Stiegen, alles anfertigen – Eure Harfe werde ich aus dem Waldhause holen lassen – Eure Bücher, daß Ihr dem Winter getrost entgegensehen könnet.«
»Wir sehen jetzt allem getrost entgegen«, sagte sie, indem sie wieder ihr Antlitz auf Johannens Schulter legte.
Der Ritter ging stille hinaus. Er sprach mit Gregor, Raimund und den Mägden, und nach einiger Zeit sah man ihn wieder über den grauen gefrornen Boden davonreiten.
Ein Notdach war gesetzt, Tore, Stiegen, Gemächer wieder eingerichtet, aber immer sah die Burg wie eine Ruine aus. Jahre kamen und vergingen, und immer sah die Burg wie eine Ruine aus. Alle Zeichen Ronalds trogen, und der Krieg, statt ein Ende zu nehmen, dauerte noch in die Jahre und Jahre, aber nie mehr erschien ein Feind vor Wittinghausen; ein Teil wußte, was sie für Ronald bedeutete, ein Teil kannte weder Ronald, noch die Feste.
Die Schwestern lebten fortan dort, beide unvermählt. Johanna war eine erhabne Jungfrau geworden, rein und streng, und hatte nur *eine* Leidenschaft, Liebe für ihre Schwester. Clarissa liebte und hegte Ronald fort und fort; in den goldnen Sternen sah sie seine Haare, in dem blauen Himmel sein Auge, und als einmal ein Zufall jenes feenhafte Gedicht des britischen Sängers auf ihre Burg herüber wehte, so sah sie ihn dann oft als den schönen, elfigen, blondgelockten Knaben auf seinem Wagen durch die Lüfte schwimmen, den Lilienstängel in

der rechten Hand, ihr entgegen, der harrenden Titania. Selbst, als sie schon achtzig Jahre alt geworden, und längst ruhig und heiter war, konnte sie sich ihn nicht anders denken – selbst wenn sie ihn noch lebend träumte und einmal kommend – als daß er als schöner, blondgelockter Jüngling hereintrete und sie liebevoll anblicke. Wenige Menschen besuchten die seltsame, verwitterte Burg, nur ein einziger Ritter ritt zuweilen ab und zu.
Eines Tages blieb er auch aus – er war gestorben. Daß die Schwestern sehr alt geworden, wußte man bis in die neuesten Zeiten, und der Hirt zeigte die Kammer derselben, aber kein Mensch kennt ihr Grab; ist es in der verfallenen Thomaskirche, oder deckt es einer der grauen Steine in der Burg, auf denen jetzt die Ziegen klettern? – Die Burg hatte nach ihnen keine Bewohner mehr.
Westlich liegen und schweigen die unermeßlichen Wälder, lieblich wild wie ehedem. Gregor hatte das Waldhaus angezündet und Waldsamen auf die Stelle gestreut; die Ahornen, die Buchen, die Fichten und andere, die auf der Waldwiese standen, hatten zahlreiche Nachkommenschaft und überwuchsen die ganze Stelle, so daß wieder die tiefe, jungfräuliche Wildnis entstand, wie sonst, und wie sie noch heute ist.
Einen alten Mann, wie einen Schemen, sah man noch öfter durch den Wald gehen, aber kein Mensch kann eine Zeit sagen, wo er noch ging, und eine, wo er nicht mehr ging.

DIE NARRENBURG

Sieh nur,
welch düstere Geschichten
diese Trümmer reden.

Altes Buch

1. DIE GRÜNE FICHTAU

Hanns von Scharnast hatte ein lächerliches Fideikommiß gestiftet. Seine Burg Rothenstein samt Zugehör an Untertanen, an Jagd-, Fisch- und Berggerechtigkeit solle sich in gerader Linie immer auf den ältesten Sohn forterben; ist kein Sohn da, auf Töchter, und in Ermanglung dieser auf die älteste Seitenlinie und so fort, bis etwa einmal der Fall eintritt, daß weder ein Kognat, noch ein Agnat von benanntem Hause übrig ist, wo sodann die Burg samt Zugehör an den Fiskus fällt. Bis hieher wäre alles richtig; aber eine Bedingung fügte er dem Fideikommisse bei, welche der ganzen Sache eine andere Wendung gibt. Jeder nämlich, dem die Burg als Erbschaft zufiel, mußte, ehe sie ihm ausgeantwortet würde, zweierlei Dinge leisten: erstens mußte er schwören, daß er getreu und ohne geringsten Abbruch der Wahrheit seine Lebensgeschichte aufschreiben wolle, und zwar von der Zeit seiner ersten Erinnerung an bis zu jener, da er nur noch die Feder zu halten im Stande war. Diese Lebensbeschreibung solle er dann Heft für Heft, wie sie fertig wird, in dem feuerfesten Gemache hinterlegen, das zu diesem Zwecke in den roten Marmorfels gehauen war, der sich innerhalb der Burg erhebt; – zweitens mußte er schwören, daß er sämtliche bereits in dem roten Steine befindlichen Lebensbeschreibungen lesen wolle, wobei es ihm aber nicht gestattet ist, irgendeine von dem Gemache ihrer Aufbewahrung wegzutragen. Wer eine von

diesen Bedingungen nicht erfüllen könne oder wolle, der wird betrachtet, als sei er im Augenblicke des Anfalles des Fideikommisses gestorben, und dasselbe geht auf seinen fideikommissarischen Nachfolger über. Für jeden minderjährigen Fideikommissar müsse das Erbe so lange vormundschaftlich verwaltet werden, bis er großjährig geworden und sich erklären könne, ob er schwören wolle, ob nicht. Bei wessen Tode sich der Fall ereigne, daß man von ihm gar keine Lebensbeschreibung in dem roten Steine finden könne, der wird als gar nicht geboren betrachtet, also ist auch seine ganze Nachkommenschaft nicht geboren, und das Fideikommiß geht an ihnen vorüber den Weg Rechtens weiter.
Der Grund, der Hannsen leitete, eine so seltsame Klausel an sein Fideikommiß zu hängen, war ein zweifacher. Erstens, obwohl er ein sehr frommer und tugendhafter Mann war, so hatte er doch in seinem Leben so viele Narrheiten und Übereilungen begangen, und es war ihm daraus so viel Beschämung und Verdruß zugewachsen, daß er beschloß, alles haarklein aufzuschreiben, ja auch seinen Nachfolgern die Pflicht aufzulegen, daß sie ihr Leben beschreiben, damit sich jeder, der nach ihnen käme, daran zu spiegeln und zu hüten vermöge.
Der zweite Grund war: daß sich jeder, der nur die entfernteste Anwartschaft auf Rothenstein hätte, gar wohl von Laster und Unsitte fern halten würde, damit er nicht dereinst in die Lage käme, sie beschreiben zu müssen, oder sie doch halbswegs einzugestehen, wenn er den Eid von sich schiebe.
Was nun den ersten Punkt anlangt, so hatte Hanns das Unglück, das schnurgerade Gegenteil von dem zu erreichen, was er erzielen wollte. Es mußte nämlich von ihrem Ahnherrn her so viel tolles Blut und so viel Ansatz zur Narrheit in den Scharnasts gelegen haben, daß sie, statt durch die Lebensbeschreibungen abgeschreckt zu

werden, sich ordentlich daran ein Exempel nahmen und so viel verrücktes Zeugs taten, als nur immer in eine Lebensbeschreibung hineingeht – ja selbst die, welche bisher ein stilles und manierliches Leben geführt hatten, schlugen in dem Augenblicke um, als sie in den Besitz der verwetterten Burg kamen, und die Sache wurde immer ärger, je mehr Besitzer bereits gewesen waren, und mit je mehr Wust sich der neue den Kopf anfüllen mußte. Der Stifter würde sich im Grabe umgekehrt haben, wenn er durch die dicken Felsenwände in seine Gruft hineingehört hätte, was die Leute sagten; nicht anders nämlich, als die ›Narrenburg‹ nannten sie den von ihm gerade in dieser Hinsicht so wohl verklausulierten Rothenstein.

In Bezug des zweiten Punktes, der Tugend nämlich, war es nicht recht klar, in wie weit der Gründer seinen Zweck erreicht habe; man sagte wohl den Scharnasts verschiedenes Böse nach, allein es kroch immer nur so im Dunkel herum: andrerseits stand aber auch die Tatsache fest, daß man sich nie einer Zeit erinnern konnte, wo einer von ihnen als ausnahmsweises Muster der Tugend wäre aufgestellt worden.

Heutzutage liegt die Burg beinahe in Trümmern, und seit der letzte Scharnast in Afrika erschossen worden ist, konnte man auch gar keinen Anwärter mehr auf den Rothenstein auftreiben, und ein Schalk warf bereits die lächerliche Rechtsfrage auf, ob nun auch der Fiskus seine Lebensbeschreibung werde schreiben müssen.

So standen aktengemäß die Sachen, als sich das zutrug, was wir in den folgenden Blättern erzählen wollen.

Eines schönen Sommertages gegen Abend im Jahre 1836 schritt ein junger, leidlich schmucker Bursche das romantische Waldtal der Fichtau an dem Flusse Pernitz entlang. Dieser Mann war trotz des jungen freundlichen Gesichtes lächerlich anzusehen; denn er war verworren angezogen und mit den seltsamsten Dingen bepackt. An einem um die Schulter gehenden Lederriemen hing eine große, flache Seitentasche, wie ein Ofenschirm, der ihn am Gehen hinderte; längs der Kante dieser Tasche war ein Holzfuß geschnallt, der, auseinandergelegt, das Gerüste zu einem Feldsessel abgab. Auf dem Rücken trug der Mann ein Ränzlein, das ebenfalls wieder so breit war, daß es rechts und links an seiner Person hervorstand; davon hing ein langstieliger Hammer und eine abenteuerliche Hacke herab; oben war ein großer grauer Regen- und Sonnenschirm und eine lange Blechbüchse daran geschnallt, welche beide wagrecht so sehr über seine Schultern hinausragten, daß er von fern anzusehen war wie ein wandelndes Kreuz. Die Hand hielt einen Alpenstock mit mächtiger Eisenspitze – des übrigen hatte er einen breiten Strohhut auf, eisenbeschlagene Stiefel an, und sein Rock schlug bei jedem Schritte so pendelmäßig gegen seine Füße, als trüge er beide Säcke voll Eisen oder Gestein. So hatte man ihn schon mehrere Wochen in den Bergen der Fichtau herumgehen und herumsitzen gesehen. Die Fichtau aber ist ein schönes Bergrevier, voll sanftblickendem, rotbrüchigem Marmor, frischem Waldesgrün und eiskalten, abschießenden Quellen. Die Pernitz läuft unten voll Lärmen und Gepränge durch, bis sie draußen ein zahmer Fluß wird, Wiesen wässert und Walkmühlen treibt. Die Fichtau ist ein paar Tagreisen östlich von dem freundlichen Pfarrdorfe Grünberg und dem schönen Markte Pirling, welche beide an demselben Flusse Pernitz liegen. In der ganzen Fichtau ist kein einziger Ort, aber dafür ist sie gleichsam besäet mit einzeln liegenden Häusern und Gehöften, und mancher Landmann, wenn er seiner Arbeit nachging, sah obbesagten Wanderer, wie er samt seiner Bepackung entweder an einer Felsenwand kletterte und Steine herabschlug, mit denen er sich dann belastete und sie seines Weges mit fortschleppte – oder man sah ihn auf seinem Feldsessel sitzen; den eisenspitzigen Stock hatte er in die Erde gebohrt, den Stiel seines Sonnenschirmes darauf geschraubt, und im Schatten desselben zeichnete er Wälder oder Blöcke ab, auf die sonst keiner geachtet hatte, ob sie auch schon sein Lebtage in dem Tale gelegen waren – oder man sah ihn gehen, wie er einen schweren Strauß von Blumen und Kräutern in der einen Hand vor sich her trug, während er in der andern nebst dem Alpenstocke noch einige Ruten und anders Zeugs hinter sich herschleifte.

Des Abends nun an jenem schönen Tage, dessen wir oben erwähnten, ging er schleuniger als gewöhnlich neben der Pernitz hin, und machte mit Händen und Armen allerlei Bewegungen, wie einer, der ungeduldig und hastig ist, oder mit sich selbst redet. – Freilich war der Mann schon in seiner Jugend mit diesem Übel der lauten Selbstgespräche behaftet, und was noch ärger ist, er deutete auch immer mit den Händen dazu, besonders, wenn er von Eifer oder Ungeduld gestachelt war, in welche beide er übrigens sehr leicht geriet.

Er hatte eine Gruppe Häuser vor sich, auf die er zusteuerte. An einer Stelle nämlich, wo sich das Tal am meisten erweiterte und der Fahrweg ordentlich in eine breite Straße auseinanderging, stand das Wirtshaus der Fichtau, zur grünen Fichtau geheißen, zwar nur aus Holz gezimmert, aber mit einer glänzenden Fensterreihe auf den Straßenplatz heraussehend, der so groß und eben war, daß hundert Wagen hätten darauf stehen können. – Mit Scheunen und Schoppen und einem großen Garten ging das Haus in den geräumigen Winkel eines Seitentales zurück, aus dem ein starker Bach hervorsprudelte. Jenseits des Baches steht eine Sägemühle, dann ist noch eine Schmiede, und weiter zurück hinter dem Wirtsgarten sind vier oder fünf Häuser mit blanken Fenstern und dem schönen flachen Gebirgsdache.

Dieser Häusergruppe eilte unser Wanderer zu, als hätte er noch so Wichtiges auf dem Herzen, und immer schleuniger ging er, je näher er kam, so daß das Gehen fast in ein halbes Laufen ausartete, da er vor dem Wirtshause anlangte.

»Gott grüß Euch, Vater Erasmus«, sagte er eilig zu dem Wirte, der mit seinem großen Hunde auf der Gasse stand und mit dem Schmiede und einem Fuhrmanne plauderte, welcher Fuhrmann eine Art Wochenbote war und alle Sonnabende bei dem Wirte zur grünen Fichtau anzukommen pflegte, wo er alles abgab, was immer für die Fichtauer aus dem Flachlande eingelaufen sein mochte. Sein Schecke stand im Stalle, sein Wagen im Schoppen, und er saß in der Abendsonne auf der langen Gassenbank des Wirtshauses, seine Gebirgspfeife rauchend und Neuigkeiten aus dem Lande draußen auskramend. – »Gott grüß Euch, Vater Erasmus«, sagte also der angekommene Wanderer; »ich werde nur schleunig diese Sachen auf mein Zimmer hinauftragen, und sogleich wieder herabkommen und Euch eine Menge ausfragen. Ich habe heute die wundervollsten Ruinen entdeckt, und sie sogar gezeichnet.« Und somit ging er die Treppe hinan.

»Nun das geht dem noch ab, daß er das verrückte Schloß gefunden hat«, sagte der Wirt zu den zwei andern, aber der hinauflaufende Mann hatte diese Worte mit seinem scharfen Gehöre vernommen, und wurde dadurch nur noch mehr gespannt. Nachdem er das Gepäcke abgelegt und einen gehörigen Hausrock angetan hatte, kam er in dem Augenblicke wieder herunter, ein Papier in der Hand tragend, auf dem ein weitläufiges auf Felsen herumgruppiertes Mauerwerk mit Bleistift sauber skizziert war.

»Das ist doch ein höchst merkwürdiges Gebäude,« sagte er, »ich bin vollständige vier Stunden selbst mit Anlegung meiner Steigeisen rings um dasselbe herumgeklettert, und habe durchaus keinen Eingang entdecken können.«

»Ei so«, sagte der Wirt, und sah die andern zwei pfiffig an.

»Was denn, ei so? die Sache ist haarscharf, wie ich sage, und ich begreife nicht, was da ein solches ›ei so‹ sagen will.«

»Ich meine nur,« antwortete der Wirt, »daß das jeder Mensch in der Fichtau weiß, und daß es wunderbar ist, daß Ihr allein es nicht wisset.«

»Ich sehe nicht ein, woher ich es wissen sollte; ich sage Euch ja, ich habe heute das Schloß gerade erst so frisch gefunden, als hätte ich vor dritthalbhundert Jahren Amerika entdeckt. In Eurem Lande unterstützt man Forschungen so wenig, daß sie den schönsten Marmor unbeachtet liegen lassen, oder höchstens Schweintröge daraus machen. Ihr selbst habt Eure Mistjauche hinten mit Stücken des feinsten Kornes eingedämmt.«

»Hab ich das? ei, ei, Oheim, wenn Ihr weiter forschen werdet, so werdet Ihr auch Türstöcke und Wasserkufen davon finden, und wenn Ihr dort überhaupt forschen dürftet, so fändet Ihr in Annens Schlafkammer die feinsten Fenstersimse davon gemeißelt, und einen Waschtisch und Weihbrunnenkessel und ich weiß nicht, was noch, und in der Pernitz liegen noch unzählige Stücke und Blöcke, auf die niemand achtet als die Forellen, die darunter aus- und einschlüpfen.«

»Hab alles außer dem Waschtisch und Weihbrunnenkessel schon gesehen und beobachtet«, entgegnete der Wanderer; »aber da habt ihr wohl Türpfosten, das ist gut; allein eines Eurer Herdecken ist auch von rotem Marmor, während das andere von Ziegeln ist; – aber das ist Nebensache. – Ihr sagt da von Forellen – haben wir morgen einige? Ihr habt sie uns auf Sonntag versprochen.«

»Eine Million ist unten im Fischtroge, – eine Million.«

»Ich möchte wohl auch ein Dutzend«, sagte der Schmied. »Es kommt morgen mein Schwiegersohn, der Stadtschreiber.«

»Sollst haben, schwarzer Ohm,« sagte der Wirt, »sende nur herüber – also der Stadtschreiber kommt, und also auch die schneeweiße Thrine mit – schau, schau, –«

Und mit diesen Worten wiegte er den Kopf hin und her, gleichsam als dächte er nach, und sein unmäßig großer, graugetigerter Hund saß mit dem Rücken gegen die untergehende Sonne, daß seine Rückenhaare wie feurige Spieße glänzten, und schaute seinem Herrn altklug ins Gesicht. Aber auch der junge Wandersmann stand noch immer trotzig mit seiner Schloßzeichnung da, und schaute ihm auch ins Gesicht und sagte: »Das mit den Forellen ist nun gut, Vater Erasmus, – den Stadtschreiber und die schneeweiße Thrine werden wir morgen begrüßen. Ich will selber einen schönen Rock antun und mit in die Kirche hinausfahren; aber nun gebt mir auch ein klein Gehör. – Der Abend ist so schön als einer. Wir haben uns alle bei Tage geplagt; morgen ist Sonntag, und da dürfen wir heute schon noch ein wenig in der Dämmerung plaudern. Lasset mir den Wein auf den Gassentisch stellen, ich setze mich zu Boten-Simon auf die Bank, und wenn er Euch alle Getreidepreise von draußen gesagt und die Pferde- und Wein- und Kriminal- und Unglücksgeschichten erzählt hat: dann schaut aber auch auf mein Papier her, und sagt, was es mit diesem Schlosse ist, das da so, ohne daß jemand etwas davon weiß, mitten in der Fichtau steht, mit Abenteuerlichkeit geziert, und so gut als in gar keinem Stile gebaut ist.«

»Das ist recht schön, Oheim, daß die Thrine herauskommt,« sagte der Wirt, »aber wenn sie nur nicht wieder eine Fracht Bücher bringt und bei Annen abladet – und da müssen wir ja doch noch vor Sonnenaufgang sehen, daß wir einige Salblinge fangen und nachmittags ein

Scheibenschießen machen – oder so etwas – damit sich alles recht gut unterhalte, – es freut mich – – und was Euer Schloß anlangt, junger Ohm, so würdet Ihr Stile genug sehen, wenn Euch Ruprecht einmal hineinließe, ja Ihr würdet Schlösser genug drinnen sehen, eine Sammlung von Schlössern, eine halbe Stadt von Schlössern, wie sie da herum auf allerlei rote Steine angeklebt sind.«

»Wer ist denn dieser Ruprecht, und wie macht man es denn, daß er einen hineinläßt?«

»Das wäre sehr leicht,« antwortete Vater Erasmus, »wenn er nur selber einmal herauskäme.«

»War gleichwohl gestern in Priglitz«, sagte der Schmied »und redete mit meinem Schwiegersohne, dem Stadtschreiber; ich stand selber dabei, als ihm der sagte, daß noch immer niemand aufgetrieben sei.«

»Ich habe ihn auch gesehen,« redete jetzt der Boten-Simon darein, »es ist wirklich so, und ein erstaunlicher Fall ist es, daß ein so herrisches, verbreitetes Geschlecht ganz und gar ausgestorben sein soll – keine Maus hat sich gemeldet. Das Schloß, lieber junger Herr, das Euch so anliegt, daß Ihr es gar auf Papier abgerissen habt, das Schloß ist jetzt zu haben, und Einkünfte genug dazu; es kommt nur darauf an, daß Ihr von einer recht närrischen Familie abstammet.«

»Ich gehöre selber unter den Rothenstein,« sagte der Wirt, »und das ganze rechte Pernitzer Viertel samt Zehent und Gebühren, dann das linke Viertel bis in die Hatzleser Gräben, und ich glaube auch noch die Waldhäuser bis zum Ottostift hinauf, und bis an den Asang.«

»Der Asang gehört auch noch dazu«, sagte der Schmied; »er ist nur seit dem alten Julian an die Priglitzer verpfändet; mir hat es mein Schwiegersohn, der Stadtschreiber, erzählt.«

»Das ist nicht wahr«, rief der Boten-Simon; »ich bin

von Asang, und ich und mein Vater und Großvater und wieder dessen Vater haben immer an die Priglitzer gesteuert, und keinen Hut vor dem Rothensteine gerückt.«

»Das ist,« entgegnete der Schmied, »weil der alte Julian älter ist als ihr alle, dein Scheck dazu gerechnet, und weil ihr eher an Priglitz verpfändet waret, als ihr geboren wurdet. Mein Schwiegersohn, der Stadtschreiber, hat mir einmal die Urkunde auf dem Stadthause gezeigt, und gestern hat er gesagt, daß jetzt alles kaiserlich wird, und dann wird der Pfandschilling hindangezahlt und der Asang wieder an das alte Eisen angeschweißt. Der Julian war sonst ein entsetzlicher Herr; er hat seinen leibeigenen Bruder erschlagen.«

»Nicht erschlagen,« sagte der Wirt, »sondern nur um das Erbe der Mutter hat er ihn gebracht, weil er nie genug hatte, obwohl ihm auch der Rothenstein zugefallen war. In unsrem eigenen Hause war es, wo sie die Zusammenkunft hatten – mein Großvater war damals noch ein Bube, und er hat es uns wohl hundertmal erzählt – es war das letzte Mal, daß sich die Brüder gesehen hatten. Sie hießen Julius und Julianus. Julianus war der ältere, und da ihr Vater starb, war Julius in weiten Ländern, und kam auch gar nicht auf den Rothenstein, sondern auf unsrer Gasse sahen sie sich zum ersten Male seit Jahren wieder, und da hatten sie sich zum Willkomm umarmt, daß die Schwerter an ihnen rasselten, und dann sind sie in die grüne Oberstube hinaufgegangen, und die Pferde blieben auf der Gasse stehen. Die Kinder, nämlich mein Großvater und seine Schwester, dann auch ihre Mutter saßen beängstigt herunten in der Schenkstube, weil ihnen gleich nichts Gutes ahnte. Anfangs hörten sie nichts über sich als den ruhigen Schritt der beiden Männer, wie sie oben taktgemäß auf und nieder gingen; dann war es stille, als ständen sie und als ob einer spräche. – Mein Urgroßvater, der damalige Schenke, kam kreideweiß zu den Kindern in die Stube und sagte, als er oben nur zur Tür hineingeblickt, ob sie nichts brauchten, so hätten sie ihn gleich angefahren, und der Julius stehe an dem Tische und schütte entsetzlich viel Wein hinunter. Der Urgroßvater blieb nun auch bei den Kindern herunten, und man horchte lange, lange hinauf, aber es blieb oben alles stille – immer stille – doch einmal geschah ein Fußtritt, daß man meinte, alle Tragbalken müßten knacken, und im Augenblicke, aber nur einige Sekunden, rasselten wieder die Schwerter – dann wards todstille. – Sogleich aber rannte Julius die Treppe herunter, schwang sich mit glühenden Augen auf seinen schwarzen Hengst, warf ihn herum und jagte so schnell dort an der Steinwand hinab, daß mein Großvater meinte, er sehe ordentlich ohne Unterbrechung die Hintereisen blitzen, als wolle sie der Rappe rücklings in die Luft schleudern, und Stücke roter Straßensteine flogen in die Pernitz. – Alle aber liefen ungesäumt in die Oberstube, um dem gemordeten Julianus beizuspringen – dieser aber stand lebendig am Tische und strich sich furchtbar mit der Hand den großen, roten Schnurrbart, den er immer trug – dann aber goß er einen ganzen Krug Wein in sich hinein, warf ein Stück Geld auf den Tisch, ging hinab und ritt gelassen auf den Rothenstein zu. Er war von nun an Herr des Schlosses, wie es dem Erstgebornen auch gebührt; allein er war und blieb auch Herr der Schätze und Einkünfte seitens der früher verstorbenen Mutter, was von Rechts wegen dem jüngeren Julius gehört hätte. Von diesem aber ist seit jener Zeit kein Faden seines Gewandes mehr in der Fichtau sichtbar geworden.«

»Weil ihn doch der Julianus irgendwo erschlagen hat«, versetzte der Schmied.

»Dann müßte er ihn tiefer begraben haben, als Regen und Tau dringen können,« versetzte der Wirt, »daß ihn nicht die Pernitz oder unsere Bergwässer zu Tage gewaschen hätten – geht, geht, Ohm, das steht nur so in den Ritterbüchern Eurer Thrine.«

»Mein Schwiegersohn, der Stadtschreiber,« sagte der Schmied, »meint selber – seit der letzte Abkömmling des Julian tot ist, und nun bereits das Schloß mit Lieg- und Fahrnissen in die Jahre lang allwärts ausgeschrieben ist, sei es seltsam, daß sich keine Klaue und kein Hufnagel gefunden, der Anspruch machen könne – also ist der Julius damals erschlagen worden.«

»Das ist nur so, Kinder,« sagte der Boten-Simon, indem er die Pfeife ausklopfte, und wieder anstopfte, und alles umständlich tat, und seine Rede beim Wiederanzünden durch kräftiges ›Paff, Paff‹ häufig unterbrach – »das ist nur so: im Lande draußen erzählte mir vor langen Jahren ein Krämer, daß der Julius in Kriegsdienste des französischen Königs gegangen sei – aber da widerredete es ein alter Stelzfuß und sagte: der Julius habe nicht gar so weit von der Fichtau gelebt, eine Bauerndirne geheiratet, und seine Tochter wieder an einen niedrigen Mann gegeben, und so sei nach und nach das Geschlecht im Volke verronnen, wie es ja auch einst daraus entstanden war.«

»So mag es sein,« sagte der Wirt, »oder es mag auch anders sein, aber daß er ihn erschlagen, glaube ich nicht; so schlecht waren sie nicht; sondern bloß alle närrisch.«

Der Wandersmann hatte bisher mit steigendem Interesse zugehört; nun stellte er seinen Krug zurück und sagte: »Ja, wie weiß man denn, daß sie närrisch waren?«

»Nun Gott sei Dank,« antwortete der Wirt, »närrisch genug, junger Oheim; habt Ihr denn das nicht schon an dem Schlosse erkennen mögen, da es weder Tor noch Eingang hat und in keinem Stile gebaut ist, wie Ihr selber sagt. Oder ist es etwa vernünftig, wie der letzte Zweig aus dem Stamme des Julian tat, oder wie sein Vater, der vorletzte, tat? Mit unsrem letzten Herrn war es so: Da haben die Franzosen, um die Unbill gut zu machen, die sie vordem an unsern Ländern verübt, Kriegsvölker in das Mohrenland geschickt, um alles in Bausch und Bogen christlich zu machen, und da ließ Graf Christoph eines schönen Tages das Schloß zumauern, und ritt dann den Berg hinab gerade in das Mohrenland, um die Heiden gegen Christum zu unterstützen, und da haben sie ihn denn auch glücklich niedergeschossen; man weiß nicht, die Christen oder die Heiden. Sein Vater, Graf Jodok, war noch ärger. Ich habe ihn noch recht gut gekannt; er hat sich im Alter den Bart wachsen lassen, wie einer der heiligen drei Könige – und da sah ich ihn oft, nachdem er das Schloß angezündet hatte, vor seinem kleinen Häuschen unten am Berge sitzen.«

»Das Schloß hat er angezündet?«

»Ja, er selber hatte es an einem Pfingstsonntage angezündet, und wehrte allen denjenigen, die da zu löschen kamen, weil er sagte, daß hundert Zentner Pulver in den Gewölben seien und losgehen würden, aber es ging nichts los, und das Gebäude brannte friedlich und fast lieblich nieder. Er hatte die vielen Jahre vorher ganz ruhig und ordentlich darinnen gewirtschaftet, nur daß über dem Tore die Aufschrift stand: ›Hier wird keinem Bettler etwas gegeben‹.«

»Ist denn nicht die Herrschaft ein Fideikommiß? wie durfte er denn das Schloß zerstören?«

»Freilich ist sie eines, aber da hat er innerhalb der Schloßfriedigung abseits den andern Gebäuden einen seltsamen Tempel aufgeführt, mit vielen Säulen, wie man sie oft als Lusthaus in hochherrschaftlichen Gärten sieht, und in diesem Tempel hat er gewohnt, wie man sagt, in ungewöhnlicher Pracht und Üppigkeit, mit seiner Frau, einer wunderschönen Zigeunerin, die er einmal brachte – und dieses Bauwerk hat er dann angezündet. Es war freilich sein Eigentum, aber man erzählt, er habe für diese

Tat viel Geld in dem Lehenhofe niederlegen müssen. Unten am Berge hatte er sich schon vorher ein kleines, steinernes Haus mit zwei Zimmern gebaut, und daselbst verlebte er die ferneren Tage seines Alters, bis er starb. Sein Sohn Christoph war bei Lebzeiten des Vaters nie anwesend; nach seinem Tode ist er gekommen, und hat sich wieder an einer andern Stelle innerhalb der Schloßmauer ein anderes Gebäude aufgeführt, den Christophbau, aber ein Teil davon ist bereits vor drei Jahren wieder eingestürzt. Und so hatten alle einen Sporn im Haupte. Mein Großvater hat uns erzählt, daß der Vater des Julius und Julianus, Graf Prokopus, oft ganze Nächte auf einem hohen Turme saß – der Turm steht noch – dort habe er lange Röhre auf die Sterne gerichtet, oder auf einem Instrumente musiziert, das lange, furchtbare Töne gab, die man nachts weit im Gebirge hörte, als stöhnten alle Wälder.«

»Und Grafen waren die Besitzer des Rothensteines?« fragte der Wandersmann.

»Grafen Scharnast seit dem Hussitenkriege, früher waren sie bloß Barone und Ritter; aber es war ein reiches Geschlecht, und wäre es noch, wenn der Julian nicht so viel verschleudert hätte.«

»Da muß ich gleich einen Brief in dieser Geschichte schreiben,« sagte der Wandersmann, »und Ihr müßt ihn heute noch durch einen eigenen Boten nach Priglitz hinausschicken.«

Alle, selbst der Boten-Simon, der neben ihm auf der Bank saß, schauten bei diesen Worten dem Wanderer ins Gesicht und hoben an zu lachen – der Wirt aber sagte: »Wenn Ihr das Schloß und die Grafen beschreiben wollt, so ist es freilich mehr der Mühe wert, als wenn Ihr unsre Feldsteine und die Pernitz oder gar das Heu beschreibt, wie bisher; aber da kann Euch nur der uralte Ruprecht die beste Auskunft geben – – –.«

»Ich werde gar nichts davon beschreiben; aber indessen geht doch und besorgt mir noch heute einen Boten nach Priglitz.«

»Nichts leichter als das«, sagte der Wirt; »es ist heute Samstag, und da müssen abends die Holzknechte aus den Bergen kommen; ich erwarte sie jeden Augenblick, und um Geld und gute Worte geht wohl einer hinaus.«

»Das ist wahr,« entgegnete der Wanderer, »ich habe im Drange der heutigen Dinge auf die Holzknechte gar nicht gedacht; es geht ja ohnedies mancher des Weges, nicht wahr? oder nicht weit daneben?«

»Allerdings, allerdings«, sagte der Wirt schmunzelnd, und gleichsam, als könne er den aufkeimenden Gedanken nicht unterdrücken, hob er nach einer Weile lauernd an: »Wenn Ihr also die Burg nicht beschreiben wollt, so meint Ihr etwa gar...?«

»Ich meine gar?....«

»Ein Nachkomme des Julius zu sein«, endete der Wirt den Satz, und sah sehr verschmitzt aus.

Ohne aber eine Miene zu verziehen, versetzte sein Gegenmann: »Das könnte weit eher der Fall sein, Vater Erasmus.«

Der Wirt, an die ungeheuersten Aussprüche seines Mietmannes gewöhnt, war gleichwohl durch die trockene Art ein wenig beirrt; allein um sich im Wortkampfe nicht übertreffen zu lassen, nahm er sich gleich die noch größere Freiheit und sagte: »Wenn das ist, dann ist es freilich nicht mehr wahr, was ich mir eben dachte.«

»Nun und was dachtet Ihr Euch denn eben?«

»Ich dachte mir, wenn der Julius eine Bauerndirne geheiratet hat, so könnte uns, weil die Art gewechselt wurde, wie man es mit dem Samenkorn der Felder tut, daß es wieder frisch anschlägt – es könnte uns so, was man sagt... ein gesetzterer Herr kommen.«

Aber wie früher, ohne sich im geringsten aus der Fassung bringen zu lassen, antwortete der Wandersmann, indem er seinen Blick auf den Wirt heftete: »Was werdet Ihr aber sagen, Erasmus, wenn ich mich hinsetze, und zu Eurem eignen Erstaunen eines lichten Tages gescheiter bin, als ihr alle und die ganze Fichtau zusammen – die ausgenommen,« fügte er lustig hinzu, »die dort kommen; denn das sind die herrlichsten Bursche der Welt.«

Er hatte noch das Wort im Munde, als eben zwei jener malerischen Gestalten, wie wir sie so gerne als Staffage auf Gebirgslandschaften sehen, um die Ecke bogen, und fröhlich ihre Siebensachen, als da sind: Äxte, Sägen, Alpenstöcke, Steigeisen, Kochgeschirre usw. auf die Gasse oder auf die lange Bank niederwarfen, und sich anschickten, ebenfalls Platz zu nehmen. Die abendliche Szene auf der Gasse vor der grünen Fichtau begann sich nun zu ändern und jener Lebhaftigkeit zuzuschreiten, die unser Wanderer an jedem Samstage zu erleben gewohnt war, und die er so liebte. Er achtete des Wirtes nicht mehr weiter, sondern saß bereits bei den zwei Knechten und war schon im lebhaften Gespräche mit ihnen begriffen. Sie hatten den grünen Hut mit Federn und Gemsbart abgelegt, den grauen Gebirgsrock zurückgeschlagen, und zwei verbrannte, lustige Gesichter sahen mit dem gesundesten Durste dem Wirte entgegen, der ihnen eben zwei Gläser voll jenes unerbittlichen Gebirgsweines brachte, den nur ihre harte Arbeit bezwinglich, ja sogar zum erquickenden Labsale macht.

»Laßt Klöße durch Eure Weiber richten,« rief einer, – »aber viele; denn der Melchior und die andern kommen nach – und fett genug laßt sie machen, daß sie Euren Wein bändigen. – Auch die aus den Laubgräben kommen, und aus der Grahnswiese; ich sah sie drüben den Hochkogel niedersteigen, als wir gegen die Pernitz herausgingen, und hörte ihr Jauchzen. – Dem Gregor ist ein

Lamm gestürzt, hinten beim schwarzen Stock; er hat darum fast geweint, und trägt es jetzt auf seinen Schultern die Riese herab.«

»Drum kommt er wieder so langsam hervor«, sagte der Wirt; »ich höre das Herdeläuten schon eine halbe Stunde.«

»Das wirft nur die Kaiserwand und der Grahns so herüber; er ist noch weit hinten. Wir gingen im Fichtauergraben bei ihm vorbei, wie eben die Böcke das Gerölle niederstiegen und die Rinderglocken noch weit oben längs dem Gesteine läuteten.«

Wieder kam eine Gruppe, während er noch redete, jodelnd und singend die Straße an der Pernitz heraus, und sammelte sich an dem Gassentische der grünen Fichtau, um einen Labetrunk zu tun und fröhlichen Wochenschluß zu feiern, da ihnen der Holzmeister Geld gegeben und sie sechs Tage lang nur grüne Bäume und graue oder rote Steine gesehen hatten.

»Gott zum Gruß! – Gott zum Dank!« scholl es hin und wider.

»Habt viel Arbeit getan: die Kaiserwiese liegt wie überschwemmt von Scheitern.«

»Geht an, geht an, über die Hochkogelwand warfen wir noch einige Klafter mehr herunter.«

»Schöne Tage! Wir waren auf dem Grat des Kogels, ich habe seit fünfzehn Jahren nicht so weit gesehen; die Ebene lag wie ein Bild da, und in der Stadt hätte ich fast die Fenster zählen können; Euren Rauch sahen wir aus den Laubgräben steigen.«

»Ja wir waren in den Laubgräben, und sind es nun schon sechs Wochen. Der alte tote Prokopus geht auch wieder um; ich weiß es gewiß; er hat in der Nacht musiziert, ich hörte es selber, und auch heute nachmittags hörte ich es; denn da so um vier Uhr herum ein schwacher Wind aufstand und durch die Föhren ging, da trug er deutlich

den schweren Ton von dem zerfallenen Schlosse herüber.«
»Hab auch schon davon reden gehört, aber glaub es nicht.«
»Der Wein ist wie Enzian«, rief wieder einer.
»Trink ihn nur, Gevatter Melchior,« sagte der Wirt, »du trinkst Gesundheit hinein, wie Stahl und Eisen.«
So scherzten und lachten sie. Mehrere neue waren gekommen, darunter auch zwei Gebirgsjäger. Ihre Sachen lagen herum und füllten die Gasse: ganze Haufen und Bündel von Steigeisen, eine Garbe Alpenstöcke, lodene Überröcke, Gebirgshüte, eiserne Kochschüsseln und anderes, und wieder anderes – Krüge und Gläser mußten herbei; die Klöße kamen und wurden verzehrt, und da abgeräumt war, erschienen zwei Zithern auf dem Tische, die zusammen spielten, und die braunen Gesellen mit dem Blicke des Gebirges saßen herum und taten sich gütlich – und erzählten von ihren Fahrten und Tageserlebnissen. Und ein prachtvoll herrlicher Abend war mittlerweile über das Gebirge gekommen. Die Sonne war über die Waldwand hinunter und warf kühle Schatten auf die Pernitz; im Rücken der Häuser glühten die Felsen, und wie flüssiges Gold schwamm die Luft über all den grünen Waldhäuptern weg. Alles schien sich zur Wochenruhe und zur Feier des Sonntags zu rüsten.
Die Jäger waren aus dem Gebirge gekommen, die Bergarbeiter waren auf dem Heimwege, und mancher sprach in der grünen Fichtau ein wenig vor. – Weiber und Mägde und Töchter wuschen am Bache Fenster, Schemel und jede Gattung hölzerner Geschirre; – das Rauschen der Sägemühle hatte aufgehört, und die Herde, deren Geläute man schon lange einzeln oder harmonisch aus dem Gebirge herab gehört hatte, war nun endlich auch angekommen; – aus dem Seitentale ging sie manierlich hervor, eine Sammlung der unterschiedlichsten Haustiere, fast das gesamte Eigentum der Fichtau. Vorerst

kam das leichtfüßige und leichtfertige Geschlecht der Ziegen und Böcke von allen Flecken und Farben, fast jede eine Glocke um den Hals, so daß nun ein mißtönig Geklingel war, was von ferne so wunderschön läutete – dann kamen Schafe, schwarz und weiß, und mitten unter ihnen der so schöne glänzende, ernsthaft kluge Schlag der Gebirgsrinder. Mägde, Knechte, Buben, wie es eben kam, empfingen die Tiere, die hieher gehörten, und ihren Ställen zuschritten; die andern [Tiere] gingen ihres Weges weiter, oder blieben gelegentlich stehen, oder traten gar zu der zechenden Gesellschaft, sahen traulich herum und ließen sich schmeicheln, daß die Halsglocke erklang. – Zuletzt erschien auf der Wirtsgasse auch der verwitterte, gebirgsgraue Hirtenhund und sein Herr, der Hirte Gregor, mit einem Bündel Steigeisen beladen und einem jungen, toten Lamme, das er auf den Armen trug, gefolgt von dem Mutterschafe, das wedelnd und blökend zu ihm aufsah. In seiner Person war der letzte Gast gekommen, der Samstags in der grünen Fichtau zu sein und sein bescheiden Glas Wein zu trinken pflegte – aber heute war er traurig; denn das gestürzte Lamm war das seinige; er hatte es auf die Bank gelegt, und sah unverwandt darauf, wie dessen Mutter davor stand, es beleckte und beroch.

»Vertrinkt den Ärger, Gregor,« sagte der Wirt, »heute kostet Euer Wein nichts, und das Lamm kaufe ich Euch morgen um gutes Geld ab.«

»Es ist nicht wegen dem,« antwortete Gregor, »aber es war ein gar so schönes, munteres Tier.« Und er setzte sich doch nieder und führte das Glas Wein langsam zum Munde. Und immer feierlicher floß die Abenddämmerung um die dunklen Häupter der Gebirge, immer abendlicher rauschten die Wasser der Pernitz, und immer reizender klangen die Zithern.

Der Wanderer saß mitten unter diesen Gebirgssöhnen.

Er hatte sein Abendmahl verzehrt, und sprach und scherzte bald mit diesem, bald mit jenem. Er freute sich immer auf die Samstagabende, und ob man gleich sein Tun und Treiben für nutzlos und lächerlich hielt, so hatten ihn doch alle lieb, weil er so sehr in ihr Wesen einging und zu Zeiten recht vernünftig sprach. Vater Erasmus war bald hier, bald da, sprach zu allen, und trank gemessen sein abgesondertes Glas guten, alten Gebirgswein. Seine Leute und Mägde hatten das Haus für den Sonntag gescheuert und geputzt, frische Fenstervorhänge eingehangen und die Feiertagskleider für morgen herausgelegt. So ging es lustig fort, ein gut Stück in die Nacht hinein. Aber nach und nach ward es wieder stiller, und die Gesellschaft lichtete sich. Die Arbeit dieser Bergsöhne macht sie heiter und mäßig, versüßet ihnen die Nahrung und dann die Ruhe. Der erste, der aufbrach, war der Boten-Simon; er ging in den Stall zu seinem schnaufenden Schecken, und suchte sein Heulager – gleich darauf ging der Schmied über den Steg – und so bald der eine, bald der andere, sein Geräte aufraffend und den oft langen Weg antretend, den er noch zurückzulegen hatte, ehe er zu den Seinen gelangte – und ehe der Mond, dessen Silberschein schon lange an den gegenüberliegenden Felsen glitzerte, auch auf die Häuser hereinschien, war nur mehr einer da, der bloß auf den Brief wartete, den der Wanderer in der Oberstube schrieb, daß er noch heute in der Nacht nach Priglitz getragen würde. Aber auch der Brief erschien, sein Träger verschwand in den Schatten der Steinwand, an der der wütende Julius fortgeritten war, und die vorher so belebte Gasse der grünen Fichtau war leer und finster; nur in der Schenkstube brannte noch ein trübselig Nachtlicht, bei dem der Wanderer dem Wirte seine Wochenrechnung auszahlte, die dem Vertrage nach nie auf den Sonntag stehen bleiben durfte.
»Und nun gute Nacht, Vater Erasmus!«

»Gute Nacht, Ohm, und rechnet ein andermal besser nach, daß Ihr mir nicht wieder zu viel gebt; es ist frevelhaft, mit dem Gelde und dem Feuer nicht vorsichtig umzugehn – gute Nacht! – Geht Ihr morgen in die Kirche hinaus?«

»Ja freilich, ich fahre sogar mit dem einen Eurer Füchse, um die Thrine abzuholen, falls Ihr nichts dagegen habt.«

»Gar nichts, und somit schlaft wohl.«

»Gute Nacht.«

Und nach einer halben Stunde war es finster und still im ganzen Hause der grünen Fichtau, als wär es im Tode begraben. Gleichwohl entfaltete sich noch ein anderes Bild in dieser Nacht, das wir beschreiben müssen.

Die Stunden der ersten süßen Nachtruhe begannen zu fließen. – Die Nacht rückte immer weiter auf ihrem Wege gen Westen, und ward immer stiller; nur daß die Wässer, wo sie hinter die Felsen rannen, unaufhörlich plätscherten und rieselten – aber ihr eintönig Geräusche war zuletzt auch wie eine andere Stille, und so war jene Einfachheit und Pracht der Nacht gekommen, die unsrem Gemüte so feierlich und ruhend ist.

Der Mond stand senkrecht über der Häusergruppe und legte einen fahlgrauen Schimmer über die Bretterdächer und blitzende Demanten auf den Staubbach. – In dem Garten stand jedes Gräschen und jedes Laubblatt stille und hielt eine Lichtperle, als horchten sie dem in der Nacht weithin vernehmlichen Rauschen der Pernitz: da ging den Gartenweg entlang eine weiße Mädchengestalt, und hinter ihr der riesig große Wirtshund, ruhig und fromm, wie ein Lamm, und an beiden floß das volle, stille, klare Mondlicht nieder. Das Mädchen schien unschlüssig und zaghaft; sie ging zusehends langsamer, je weiter sie kam, und einmal blieb sie gar stehen und legte die weiche Hand auf das struppige Genick ihres Begleiters, als horche sie oder zage – – dicht neben ihr in der Laube hielt sich ein Atem an – aus Seligkeit oder Bangen; – der Hund schoß mit einem Satze hinein und sprang freundlich wedelnd an dem Erwartenden empor.

»Anna!« flüsterte eine gedrückte Stimme.

»Um Gottes willen, ich bin ein schlechtes, unfolgsames Kind!«

»Nein, du bist das süßeste, geliebteste Wesen auf der ganzen weiten Erde Gottes – Anna! fürchte dich nicht vor mir.«

»Ich fürchte mich auch nicht vor Euch. Das weiß ich ja, daß Ihr gut seid, aber schon, daß ich gekommen bin, ist schlecht, und macht mich fürchten.«

»Es ist nicht schlecht, weil es so selig ist, es ist nur anders gut, als dein Vater und deine Mutter meinen.«

»Gut ist es wohl nicht, allein ich kam, weil Ihr so sehr darum batet, und weil Ihr so seid, daß Ihr jemanden brauchet, der Euch gut ist.«

»Und also darum bist du mir gut? – – bist du, Anna?«

»Ich bin es freilich, obwohl es mir zu Zeiten recht Angst macht, daß es so heimlich ist – – und sagt nur, warum muß ich denn jetzt in später Nacht bei Euch in dem Garten sein?«

»Frage nicht, Anna; siehe, daß du frägst, könnte mich fast schon kränken. Ich habe dir sehr Wichtiges zu sagen; aber ich bin aufrichtig, und bekenne es – nicht was ich sagen werde, scheint mir die Seligkeit, sondern eben daß du da bist; – es ist so lieb, daß ich dich bei der Hand fasse und fühle, wie du sie mir nicht gerne lässest, und sie mir doch gerne lässest, daß ich dein Kleid streife, daß du neben mir niedersitzest – – siehe, schon daß ich deinen Atem empfinde, dünkt mir lieblich – ist es dir denn nicht auch so? – – ist es nicht so?«

Sie antwortete nicht, aber die Hand, die er ergriffen hatte, ließ sie ihm; zu dem Sitze ließ sie sich niederziehen – und wie das Luftsilber des Mondes durch das Zweiggitter auf ihre beiden Angesichter hereinsank, so sagte ihm ihr Auge, das nachgebend und zärtlich gegen seines blickte, daß es so ist.

Er zog sie gegen den Sitz nieder, und sie folgte widerstrebend, weil fast kein Raum war; denn Anna hatte ihn einst so klein machen lassen, da sie noch nicht wußte, wie selig es zu zweien ist. Jetzt aber wußte sie es, und bebend, mehr schwankend als sitzend, stützte sie sich auf das zu kleine Bänkchen – auch der Mann war beklommen; denn in beiden wallte und zitterte das Gefühl, wodurch der Schöpfer seine Menschheit hält – das seltsam unergründliche Gefühl, im Anfange so zaghaft, daß es sich in jede Falte der Seele verkriechen will, und dann so riesenhaft, daß es Vater und Mutter und alles besiegt und verläßt, um dem Gatten anzuhangen – es ist ein Gefühl, das Gott nur an dem Menschen, an seinem vernünftigen Freunde, so schön gemacht hat, weil er seiner zermalmenden Urgewalt ein zartes Gegengewicht angehängt – ein zartes, aber unzerreißbares – die Scham. Darum, was das Tier erst recht tierisch macht, das hebt den Menschen zum Engel des Himmels und der Sitte, und die rechten Liebenden sind heilig im menschenvollen Saale, und in der Laube, wo bloß die Nachtluft um sie zittert – ja gerade da sind sie es noch mehr, und bei ihnen fällt kein Blättchen zu frühe oder unreif aus der großen Glücksblume, die der Schöpfer ihnen zugemessen hatte; es fällt nicht, eben weil es nicht fallen kann. Und so saßen die zwei, und hatten noch nicht die Macht gewonnen, die Rede zu beginnen. Er sann auf einen Anfang, und konnte ihn nicht finden; sie fühlte es ihm an, und dennoch konnte auch sie das Wort nicht vorbringen, das ihm das seine erleichtert hätte. Ihr dritter Gesellschafter blickte zu ihnen auf, als begriffe er alles, und es war fast lächerlich, wie er, obwohl er beide liebte, doch auf beide

eifersüchtig war und sich stets bemühte, sein ungeschlachtes Haupt zwischen sie zu drängen.
Anna in der Güte ihres Herzens sah freundlich auf ihn nieder, ja sie legte ihre Hand auf seine Stirne, weil er sie dauerte, daß sie ihm nun – ja nicht nur ihm, sondern auch dem Vater und der Mutter fast alle Liebe entzog und einem fremden Manne zuwende. –
Dieser fremde Mann aber sagte mit gedämpfter Stimme: »Damit du weißt, Anna, warum ich dir das Briefchen zustellte und dich gar so dringend bat, heute in die Laube zu kommen, so wisse, es hat sich etwas sehr Wichtiges zugetragen, was auf mein und auf dein Schicksal großen Einfluß haben kann; aber vorher muß ich etwas anderes wissen, und ich frage sich darum, ob es denn wirklich, ob es denn möglich ist, daß du mich so sehr lieben kannst, wie ich dich? – – Du schweigst? – Anna, so sage doch –«
»Wäre ich denn sonst gekommen?«
»Du liebe Blüte – wie bin ich in der Welt schon so viele Tage unnütz herumgegangen, und da kam ich in dieses Tal, um Steine und Pflanzen zu suchen, und fand dich, die liebliche, die seltene Blume der Erde.«
»Redet nicht so,« antwortete Anna, »denn es ist nicht so – jetzt sagt Euch bloß Eure Empfindung dieses vor, aber in der Tat ist es doch anders. Draußen in den Städten werden viele herrliche Jungfrauen sein, gegen die ich nur arm bin, wie ein Grashalm, den Ihr in unserm Tale pflücket, um Euch etwa einige Stunden daran zu erfreuen, wie an den andern, die Ihr sammelt.«
»Du ahnest nicht,« entgegnete er eifrig – »du Alpenblume, – o wenn du nur wüßtest, wie hoch du über ihnen stehst, – aber wenn du es wüßtest, so ständest du ja schon nicht mehr so hoch – – aber lasse dieses, – nur das eine wisse: daß ich dich mehr liebe als alles in dieser Welt, und daß ich dich in alle Ewigkeit lieben werde; – doch das alles ist natürlich und kein Wunder. Du wirst es selbst

begreifen, wenn du die Welt einst wirst kennen lernen, aber eines ist ein Wunder, und erkläre es mir du, wie kam es denn, daß du mir gut wurdest, mir, den sie hier alle mißachten, und an dem auch wirklich nichts ist als ein unauslöschlich gutes Herz?«

»Wie ich Euch gut wurde? – – –«

»Höre, Anna, nenne mich auch du.«

»Nein, laßt mir das, ich kann nicht du sagen, es ist mir, als schicke es sich nicht; und ich könnte dann nicht so frei und freundlich reden.«

»Nun so rede frei und freundlich.«

»Wie ich Euch gut wurde? – Seht! ich weiß nicht, wie es kam; als ich es merkte, war es eben da. Ich will Euch etwas von meiner Kindheit erzählen, vielleicht, daß Ihr es dann herausfindet. Mein Vater sagte immer, ich sei ein sehr schönes Kind gewesen, und da ich sein einziges bin, so tat er mir immer viel Liebes und Gutes, und ich und Schmieds Katharina bekamen schönere Kleider als die Nachbarskinder und die der ganzen Fichtau; deshalb wurden sie uns gram, und wir mußten immer allein gehen, und dies taten wir auch gerne, und da saßen wir oben auf der grünen Haide jenseits des Baches, über den der Vater den gedeckten Steg bauen ließ, daß wir nicht hineinfielen – da saßen wir und machten Grübchen in die Erde, oder pflückten Gras und Blumen, redeten mit den Käfern oder horchten den Erzählungen der alten Plumi....«

»Wer ist die Plumi?«

»Ei, Appolonia, die alte schwäbische Amme Thrinens, die sie bekommen hat, weil ihre Mutter bei ihrer Geburt gestorben ist, und die nach ihrer Heirat mit in die Stadt gezogen ist. Sie erzählte uns von Goldfischchen, die gefangen war, und Prinz Heuschreck, der klein und grasgrün war, und sieben Jahre durch fremde Länder hüpfen mußte, bis er beide erlöste, wo er dann ein schöner Prinz ward und die schöne Prinzessin Goldfischchen heiratete – und von andern Prinzen in Samt und Seide, in Samt und rotem Gold, so schön wie Milch und Blut – dann von klingenden Wäldern, redenden Karfunkeln – von den sieben klugen Hähnen – von dem armen Huhn, das auf dem hohen Nußberge erdurstete – und von tausend und tausend andern Dingen, täglich etwas Neues und täglich das Alte. – – Denkt nur, als Ihr vor dreizehn Wochen zum ersten Male in unser Haus tratet, hielt ich Euch im ersten Schreck selber für einen solchen Prinzen – weil Ihr so jung und mit so närrischem Zeuge beladen waret – – und wie wir größer wurden, bekam ich vom Vater schöne Fabelbücher, und oben eine eigene Kammer mit schneeweißen Vorhängen und Simsen, und Tischen von schönem rotem Steine. Er verbot mir, in die Schenkstube zu kommen, und von der Stadt erschien eine Frau, die uns die Fabelbücher lesen und selber schöne Dinge schreiben lehrte – nur leider ist diese Frau zu früh gestorben, und ließ uns nur einige Bücher zurück, die wir dann immer lasen, – ach, da standen Euch Dinge darinnen, daß mir oft das Herz zerspringen mochte vor lauter Schmerz und Sehnsucht – und die alte Plumi kroch auch wieder aus ihrer Hinterstube hervor, in die sie sich seit det Ankunft der fremden Frau versteckt hatte, und erzählte wieder, und ging mit uns ins Gebirge, die einsamen, heißen Steinriesen empor, Erdbeeren oder Haselnüsse suchend, oder Blumen, deren oft eine bei diesem oder jenem Steine stand, so prachtvoll und wildfremd, daß Ihr erschrocken wäret – Ihr habt vielleicht gar keine solche in Euren großen Blumenbüchern – und wenn wir tief genug in der Grahnswiese zurückgingen, daß wir weder den Bach noch die Schmiede und Sägemühle hören konnten, und bei dem wilden Schlehenbusche kauerten, und sie nun erzählte und immer tiefer hineinkam und unter den grauen Haaren hervor die pechschwarzen Augen in unsre Gesichter bohrte: da fuhr ich Euch oft entsetzt zusammen, wenn sich von der Wand daneben ein Steinchen löste und zu dem andern Gerölle niederfiel – und es hätte mich gar nicht gewundert, wenn die Krüppelföhren zu reden begonnen hätten und der Fels sich zu neigen, namentlich wenn gar zuweilen der schwache weinende Ton durch die Luft herüberschnitt, da der alte, tote Graf Prokopus auf dem Sternenturme musizierte – – aber was wollte ich Euch denn eigentlich erzählen?«

»Wie es kam, daß du mir so gut geworden bist.«

»Ach, die arme Thrine mußte den Stadtschreiber heiraten – sie tat es wohl gerne, und ging gerne mit, und die Plumi auch: aber ich war dann so arm, daß ich es Euch gar nicht beschreiben kann – – – und da kamet Ihr und habt mich mit so guten Augen angeschaut, und mit so schönen, und seid dann wieder so traurig geworden, daß es ordentlich ein Schmerz und eine Seligkeit war – – höret, wenn Ihr falsch sein könntet, das wäre nun recht abscheulich....«

»Nein, Anna, du unschuldsvoller Engel, sei mir gut, so lange mir dieses Leben währt; ich kann mir kein größeres Glück und keine größere Freude denken und wünschen als dich. Du bist viel besser als ich – und wenn du mein Weib bist, und wenn wir immer und immer beisammen sein werden, dann will ich ihnen in der Stadt zeigen – – nein, wir gehen gar nicht in eine Stadt, – unter Blumen und Bäumen will ich dich hüten, daß du bleibst, wie du bist, du holde, liebe Dichtung....«

»Laßt diese Dinge, und hört nur« – fiel sie ihm in die Rede. »Es war fast närrisch, wie sehr ich Euch gut ward – die Hühner, und die Blumen, und die Tauben halfen doch alles nichts, ich konnte die Thrine nicht vergessen, und sie kam kaum jeden Sonntag heraus. – Der Vater ließ mich fast nichts arbeiten, und ich tat auch nichts im Hause als unnützes Zeug, höchstens die Küchlein füttern, weil sie meinten, ich sei ihre zweite Mutter, und die Blumen begießen, und diese Laube zimmern lassen. – – Und wenn ich dann in meiner Kammer das Abendgebet verrichtet hatte und der Wind in die Fenstervorhänge blies, da war ich recht traurig. – Die Bücher, welche mir Thrine immer schickte – – sagt, habt Ihr auch schon einmal bei einem Buche geweint?«

»Wohl, Anna, wohl.«

»Seht, ich hab es gleich gedacht, daß Ihr das getan habt – wie Ihr so die allerlei Steine in unser Haus truget und mit ihnen lateinisch redetet, und wie Ihr die Blumen, wie Augen so schön, in die großen Bücher legen konntet und sie oft recht lange ansahet, so dachte ich: sie können ihn doch nicht wieder lieben, weil sie trotz ihrer Schönheit nur unvernünftige Dinge sind – und wer weiß, wie weit seine Mutter entfernt ist – und Ihr sahet aus, als müßtet Ihr gar so unendlich gut sein, noch besser als Thrine selber – und wenn sie Euch schalten, daß Ihr so unnütze Dinge treibt, so dachte ich: ich weiß es schon, weshalb er dieses tut; denn die Leute hier, wisset Ihr, kennen die Blumen und Steine nicht – und wenn mein Vater auf die Bücher Thrinens schmälte und sagte, es sei lauter Narrheit in ihnen, und wenn ich es auch schon selber zu glauben anhob, so war mir doch dazumal – – – aber das ist zu lächerlich. – –«

»Nun, Anna, nun?«

»Es war mir öfters, als seid Ihr in einem solchen Buche gestanden und daraus in unsern Garten getreten – und wenn Ihr hinten saßet und das Antlitz so wie nachdenkend in Eure beiden Hände drücktet, so dachte ich, dies sei meinetwegen.«

»Es war auch deinetwegen – es war auch deinetwegen.«

»Seht Ihr? – und darum wars auch so: da ich mir dachte, ich will ihm recht gut werden, war ich es schon, mehr war ich es, als es nur ein Mensch aussprechen kann, und ich dachte, Ihr müßtet mich ja auch unaussprechlich lieben, es könne ja gar nicht anders sein, es sei so gewiß, als wenn Ihr es schon selber gesagt hättet.«

»Und wenn es nun nicht gewesen wäre?«

»Es mußte ja, weil sonst alles ein Unding gewesen wäre, das nicht sein kann – ich weiß nicht, warum der Bach in die Pernitz fließen muß, aber ich weiß, das er es muß.«

»O, du ahnungsreiches Herz! er muß es, und er ist selig, daß er es muß. Das Ziel und Ende seiner Wanderung findet er dort – was weiter sein wird, ist ungewiß; nur eins ist sicher, das Beisammensein, und dieses eine ist alles, ob nun gezählte Jahre fließen, oder die ungezählte Ewigkeit, ob die Körper sich berühren, ob nicht, es bleibt so – – Die Leute nennens sonst auch Treue – – Aber siehe, der häßliche Fliederschatten deckt dir deine Stirne, und das süße Auge – neige das Haupt – so – noch ein wenig, mehr gegen mich – so –. Ich möchte den Mond dort an jenes blaue Fleckchen fest bannen, daß er immer herschiene und immer deine reine Stirne und das rührend schöne Auge beleuchtete – –.«

Und er nahm ihre Hand, drückte sie gegen sein pochendes Herz, gegen seine Lippen, gegen seine Augen – ihren Mund zu küssen, wagte er nicht. – Ihr Auge aber voll scheuer, unbewußter, heißer Zärtlichkeit blickte auf ihn, und sie sagte mit vor Rührung zitternder Stimme: »Da ich Euch nun so schnell und so sehr liebgewonnen und es Euch gesagt habe, da ich gar in der Nacht herausgekommen bin, weil Ihr so sehr batet, so dürft Ihr nun nicht falsch sein, Ihr dürft es durchaus nicht.«

»Gegen die Natur, geliebtes Herz, kann man nicht falsch sein, man ist es nur gegen Wiederfalsches – man verläßt nur den, der uns verließ, noch ehe er uns fand, weil er in uns nur *seine* Freude suchte. Du liebst, wie die Sonne scheint; du siehst mich an, wie sich das grenzenlose Himmelblau der Luft ergießt; du kommst, wie der Bach zum

Flusse hüpft, und wandelst, wie der Falter flattert: und gegen den schönen Falter, gegen den Bach, die Luft und gegen das goldne Sonnenlicht bin ich nie falsch gewesen, und gegen dich vermöcht ichs nicht zu sein um alle Reiche dieser Erde – siehe, Anna, es ist so: – – aber, Anna, sage, liebst du mich denn auch wirklich so, so unaussprechlich, so über alles Maß, wie ich dich liebe? – – so sag es doch, Anna – – nicht?!«

Aber sie sagte nichts, nicht eine Silbe; das naturrohe Herz, das nie gelernt hatte, mit seinen Gefühlen zu spielen und sie zu lenken, war bereits von ihrer Allmacht überwältigt, und sie konnte nichts tun, als das unsäglich gute Antlitz gegen ihn emporheben und den Mund empfangen, der sich gegen ihren drückte – und so süß war dieser Kuß, daß sie mit der einen Hand den sich ungestüm empordrängenden Hund wegstemmte, während sie hinübergebeugt emporgehobenen Hauptes die Seligkeit von den Lippen des teuren Mannes saugte. Er hielt sie mit beiden Armen fest umschlungen und fühlte ihren Busen an seinem klopfenden Herzen wallen.

»Heinrich,« flüsterte sie, »ich möchte dich doch du nennen.«

»So nenne, mein Herz, nenne.«

»Und eine Bitte habe ich – –.«

»So rede.«

»Die Bitte, daß du nie, nie mehr auf dieser Erde ein anderes Mädchen so liebst, wie mich – – und daß ich – – ..«

»Was, Engel, daß du ....?«

»Nicht wahr, Heinrich, du nimmst kein anderes Weib, ich müßte mich dann recht schämen.«

»Und ich, bei dem lebendigen Gotte, mich noch mehr. Anna, höre mich: jetzt lieben wir uns bloß, das ist leicht und süß, aber es muß mehr werden. Ich werde dich von hier fortführen; du mußt meine Gattin werden, ich dein Gatte – das ist schwer, aber unendlich süßer: immer an demselben Herzen, losgetrennt von Vater und Mutter und von der ganzen Welt. Du mußt lieben, was ich liebe, du mußt teilen, was ich teile, du mußt sein, wo ich bin, ja außer mir muß dir nichts sein: ich aber werde dich ehren bis ins höchste Alter, werde dich schützen, wie den Schlag meines Herzens, werde dein Geliebtes lieben, werde außer dir nichts haben – – und wenn eines stirbt, muß das andere Trauer hegen bis zum Grabe. Anna, willst du das?«

»Ja, sagt einmal, kann es denn anders sein?«

»Freilich, wo es recht ist, kann es ja nicht anders sein; das andere ist eben keine Ehe.«

»Und wohin werdet Ihr mich denn führen? – – aber ach Gott? wie wird es denn sein können? Der Vater wird in Ewigkeit nicht einwilligen und die Mutter auch nicht. – – Ihr seid so gut, ganz lieb und gut – aber Ihr tut ja nicht wie alle andern Männer, die ein Weib nehmen. Sie haben Haus und Hof, oder sind wie Thrinens Stadtschreiber: aber Ihr geht in den Bergen herum, schlagt Steine herab, bringt Blumen ins Haus. – – –«

»Siehe, das ist so: wie du in deinen Büchern liesest, so bin ich bestimmt, im Buche Gottes zu lesen, und die Steine und die Blumen und die Lüfte und die Sterne sind seine Buchstaben – wenn du einmal mein Weib bist, wirst du es begreifen, und ich werde es dich lehren.«

»O, ich begreif es schon, und begriff es immer; das muß wunderbar sein!«

»O, du unbewußtes Juwel! freilich ist es wunderbar!! unausstaunlich wunderbar!! O, ich werde dir noch vieles, vieles davon erzählen, wann wir erst unveränderlich beisammen sind – da wirst du staunen über die Pracht und Schönheit der Dinge, die da auf der ganzen Erde sind. – Jetzt aber, Anna, werde ich dir etwas anderes sagen, merke auf und behalte es in deinem klugen Haupte. Es ist das, weshalb ich dich in den Garten bat, und was deinen Vater und deine Mutter betrifft. Da ich vorgestern nachmittags wohl drei Meilen von hier im Schatten schöner Ahornen saß und nachdachte, wie nun alles werden solle: da fiel mir ein, daß ich nun hinausgehen und mir Stand und Amt erwerben müsse – ich habe Freunde, die mir helfen werden – dann werde ich kommen und deinem Vater das rechte Wort sagen, daß er es über sich vermöge, dich mit mir zu lassen. Es ist wohl, aber weit von hier, ein Gärtchen und ein Haus, und kleine Felder – das ist alles mein; es nähret mich und die Meinen, die zu Hause sind, die liebe Mutter, und eine Schwester, die fast so gut ist wie du selber: aber das alles würde in den Augen deines Vaters zu geringe sein – darum, Anna, bat ich dich, daß du in den Garten kommest, damit ich dir sage, daß ich nun fortgehe, aber wieder komme, dich zu holen, – daß du an mich glaubest und freundlich auf mich wartest – – und daß ich dich noch einmal vorher frage, ob du mich denn auch so sehr, wie ich dich, liebst und in alle Ewigkeit lieben willst – das alles wollte ich tun – – aber siehe, da geschah indessen etwas – nein es ist zu fabelhaft; ich getraue mir es selber nicht zu glauben – – erschrecke nicht, es ist nichts Böses – ich kann es keinem Menschen anvertrauen, doch dir will ich es sagen – du, liebe Unschuld – aber du darfst es nicht verraten –.«

»Nein, sagt es lieber nicht, ich verriete es vielleicht doch, und ich glaube ja ohnedies an Euch – und sagt es nur einst dem Vater, daß es gewiß wird, daß ich Euer Weib werde – es ist ohnedies schon hart genug, daß ich es verschweigen muß, daß ich Euch so gut bin. – – Denkt nur, neulich hab ich es sogar dem Philax ins Ohr gesagt: ich lieb ihn von Herzen, von Herzen, von Herzen – – aber der Thrine darf ich es doch morgen sagen?«

»Wann du mich liebst....«

»Nein, ich sage ihr auch nichts. – – Wenn Ihr nur nicht zu lange ausbleibt, werd ich es schon überdauern.«

»O, du schönes, naturgetreues Herz, wie werd ich dich verdienen können?« sagte er nach einer Weile, in der er sich gesammelt hatte. Seine Stimme war gerührt, und wenn seine Augen nicht im Schatten gewesen wären, so hätte sie sehen können, wie zwei Tränen in dieselben getreten waren. Sie aber sah es nicht, und da sie wegen seines Schweigens meinte, es sei ein Schmerz in ihm, so nahm sie seine Hand in ihre beiden, und hielt sie fest und herzlich.

Und wie sie so saßen und schwiegen, und wie um sie auch die ganze glänzende Nacht schwieg – und Minute nach Minute verging, ohne daß das Herz es wußte: da krähte hell und klar der Hahn, die Trompete des Morgens, der Herold, der da sagt, daß Mitternacht vorüber und ein neuer Tag anbricht. – – Anna sprang auf: »Um Gottes willen, seht, der Mond steht so tief, daß er in den Laubeneingang scheint, und die Luft wird heller – ich muß zurück ins Haus – haltet mich nicht auf – und lebt recht wohl.«

Er stand auch auf: »Nur noch eine Minute, Anna, noch eine Sekunde – nur diesen Kuß – – so – – aber du sagst ja schon wieder: Ihr.«

»Nun, du – so lebe wohl, lieber, teurer Mann, und komme doch recht bald und sage das Wort zum Vater.«

»Und die Tage, die ich bleibe – kommst du noch einmal zur Laube, Anna?«

»Nein, Heinrich, es ist nicht recht; ich will Euch unter Tags in dieser Zeit recht freundlich anblicken, wenn auch der Vater scheel sieht, aber kommen kann ich nicht mehr, es ist doch nicht recht. – – Sagt nur bald das Wort, dann bin ich ja immer bei Euch, Tag und Nacht.«

Noch einmal, auf die Spitzen ihrer Zehen gestellt, empfing sie seinen Kuß.

»Lebe wohl,« sagte er, »du innig süßes Herz – gute Nacht.«

»Gute Nacht«, sagte sie, und verschwand im Schatten des Laubes.

Er war allein.

Frischer, gleichsam dem Morgen zu, rauschten die Wasser der Pernitz, und die Blätter der Zweige begannen sich in einem kurzen Nachmitternachtlüftchen zu rühren. Der Wanderer ging aber tiefer in den Garten zurück, schwang sich über die Einfriedigung und schritt über den mondhellen Wiesenhügel dem Walde zu, als sei es ihm nicht möglich, in diesem Augenblicke seine Schlafstelle zu suchen. Die glänzende Nachtstille blieb von nun an ungestört, und nichts rührte sich, als unten die emsig rieselnden Wasser, und oben die Spitzen der flimmernden Sterne.

2. DAS GRAUE SCHLOSS

Es war ein Klingeln und Läuten und ein freudiges Brüllen und Meckern durcheinander, als am andern Tage die Morgensonne aufging, die Bergtäler rauchten und die Herde wieder zu den Triften hinanstieg. Aber der Hirt Gregor ging nicht mit, sondern er stand in steifem Sonntagsputze auf der Gasse und sonnte sich; nur der graue Hund in seinem ewigen Werktagswamse und der Hirtensohn auch in dem seinigen begleiteten die Herde – der eine freudig sein Halsband schüttelnd, der andere rüstig den Bündel Steigeisen und das Griesbeil[1] schulternd, die einzigen zwei Wesen, welche heute arbeiten mußten; denn alles andere ging der Feier und Ruhe nach. Auch der alte Boten-Simon stand schon mit einem glänzenden Gesichte, von dem er den zollangen Wochenbart geschoren, und mit noch glänzenderer Jacke auf der Gasse da, und schaute herum, recht behaglich die Wonne des einzigen Ruhetages der Woche fühlend, an dem er sonst nir-

1 Alpenstock.

gends hin mußte als in die Kirche, was er sehr gerne und immer mit vieler Salbung tat. Die Pfeife dampfte bereits, und auf dem Hute hatte er ein ganzes Gebüsche von Gebirgsfedern stecken, nebst dem riesenhaften Fächer eines Gemsbartes. Die warme Sonntagssonne stand bereits am Himmel und warf eine freudenreiche Strahlenmenge in das Tal. An den Bergen blitzte der Tau, und die Pernitz rollte lauter Gold und Silber durch die Felsen. In allen Häusern rührte und rüstete es sich sonntäglich, und die Waldhöhen standen in einem wahren Lauffeuer von Singen und Schreien der Vögel.
Oben im Stockwerke der grünen Fichtau öffnete sich ein Fenster, und das Antlitz des Wanderers blickte heraus, die Haare von der freundlichen Stirne zurückstreifend und die Augen nach Himmel und Wetter richtend. Beides ward genügend befunden, und er wollte eben wieder zurücktreten, als auch Vater Erasmus aus dem Hause schritt, zunächst an seinem Leibe schon die schimmernde Sonntagswäsche und die Sonntagskleider tragend, darüber aber noch die Werktagsjacke geworfen, und die Alltagskappe auf.
»Guten Morgen, Simon,« rief er, »guten Morgen! Ein schöner Tag das – das sind Tage zur Flachsblüte.«
»Blüht bereits, wie ein blaues Meer, im Asang draußen«, sagte Simon.
»Ich habe ihm den handigen Fuchs in die Gabel zu spannen befohlen«, redete hierauf der Wirt durch die Türe des Gassengärtchens hinein; »denn er ist gelassener als der andere – aber ich sage dir, Anna, daß du dich nicht etwa verleiten lässest, wenn er dich einladet, mit ihm zu fahren; der Fabelhans würfe dich samt sich in einen Graben. Fahre mit mir, wer weiß, wie bald ohnehin einer kommt, der dich auf immer und ewig davonführt.«
Anna, die im Gärtchen Rosen und anderes zum Sonntagsputze schnitt, wurde in diesem Augenblicke unter

der Gartentür sichtbar, und die braunen Augen gegen den Vater hebend, sagte sie: »Ei, er wird mich nicht einladen, und der andere wird auch nicht kommen, lieber Vater.« Sie war in ihrem Morgenkleide wieder gar so schön. Wenn sie auch öffentlich immer im Landesschnitte ging, so trug sie doch zu Hause Kleider nach eigener phantastischer Erfindung, und Vater Erasmus, einst ein Kenner weiblicher Schönheit, und nicht der letzte, der sie an seiner Tochter anerkannte, wurde nun vollends schalkhaft, indem er sagte: »Nun – nun, du Narre, er wird nicht ausbleiben, aber wenn er kommt – ein ganz auserlesener Bräutigam muß es sein, sonst lasse ich dich nicht von hinnen – ein ganz ungeheurer Prinz von einem Bräutigame muß es sein.«
»Wenn ich aber nicht gerne, nicht recht gerne fortgehe,« erwiderte sie treuherzig, – »nicht wahr, Vater, so soll mich keiner aus der schönen Fichtau fortbringen?«
Und wie sie hiebei so die bewußtlos schönen Augen gegen den Vater richtete, so rieselte es ihm, der ohnedies närrisch über sie war, wie von lächerlichem Stolze und von lächerlicher Freude durch die Glieder, und er platzte los: »Das soll er auch nicht – ja ich sage dir, wenn du nicht ein Glück machst, daß du ordentlich darnach zitterst, so darfst du nicht aus dem Hause – ein Glück mußt du machen, daß die ganze Fichtau die Hände zusammenschlägt.«
Über Annas Angesicht floß bei diesen Worten ein Purpur, so tief und schön, wie der der Rosen in ihrer Hand; zwei reine zentnerschwere Augenlider lagen tief herab gesenkt, und sie ging augenblicklich in den Garten zurück. Dort trat sie vor einen Fliederstrauch, schnitt aber nichts ab, sondern stand davor, und blickte ihn bloß an – oben im Gemache stand einer, und drückte sich die Hand an seine Stirne – – nur die zwei arglosen alten Männer standen auf der Gasse, und plauderten fort.

»Ihr habt da eine gottlose hoffärtige Rede getan, Erasmus«, sagte der Boten-Simon; »wenn Ihr Eurer Tochter ein so vermessenes Glück erzwingen wolltet, daß es über alle Menschlichkeit hinausgeht, so seht zu, daß Euch Gott nicht mit ihrem Unglücke strafe.«

»Nun es ist nicht so arg gemeint,« fiel ihm der Fichtauer Wirt in die Rede, »wenn es nur ein tüchtiger Mann ist, kein so Haselant wie der Stadtschreiber, mit dem der Schmied prahlt, sondern ein franker Biedermann, der seine Geschäfte rasch weg tut, schön und jung und freundlich ist und die Anna ein wenig hätschelt, weil sie's gewohnt ist. Ein paar Pfennige muß er haben, und dann legt sie das Ihrige dazu; denn mein einziges Kind geht nicht leer aus der grünen Fichtau – und verdient sie es denn nichts? sagt, Simon, ist sie nicht ein Ding, daß es ordentlich eine Schande ist, daß ich ihr Vater bin? – Nur meinen Kopf hat sie nicht; sie geht zu viel auf Faselei und Zeugs – das hat sie von der Mutter.«

»Ja, ja,« sagte Simon, »sie ist absonderlich geworden; ich duze sie schon seit einem Jahre nicht mehr, aber ich glaube immer, Ihr habt sie vermessen über ihren Stand erzogen.«

»Das soll sie auch,« erwiderte der Wirt, »sie soll über ihren Stand, darum tat sie noch keinen Schritt in die Schenkstube, und darf in der Wirtschaft nichts anrühren – und damit ists gut. Ich muß jetzt zu dem Wagen schauen. Lebt wohl.«

»Der ist nunmehro auch ein Narr«, sagte der Boten-Simon, indem er dem Abtretenden nachsah, und seine Pfeife fortrauchte.

Es hatten sich mittlerweile mehrere jener Gebirgswagen auf der Gasse der grünen Fichtau eingefunden, in denen die wohlhabendere Klasse an Sonn- und Feiertagen zur Kirche zu fahren pflegt. Auch von Fußgängern hatte sich einiges hinzugesellt.

Da die Gebirgsbewohner zerstreut mit ihren Gehöften in den Bergen sitzen, da die Gebirgskirchwege oft meilenlang sind, so hatte sich die Sitte gebildet, ein wenig bei der grünen Fichtau anzuhalten, um sich zu sehen, zu besprechen und etwa ein kleines zweites Frühstück zu halten.
So war es auch heute. Sowohl auf der Gasse als auch in der Stube waren Gespräche, und Boten-Simon war bald von mehreren Gruppen umstanden, wo er bald mit diesem, bald mit jenem ein weniges redete.
Das Zimmer des Naturforschers im oberen Stockwerke erglänzte indes freundlich von den Strahlen des Morgens, und sein Schimmer fiel auf die allerlei Stufen und Steine, die umherlagen und traurig funkelten, oder auf Kräuterleichen, deren dürre und spröde Gerippe die wohltuende Helle und Wärme nicht mehr empfanden, die durch die Fenster herein wallte, und die ihnen einst auf ihren freien Bergen so herrlich war; der Mann aber ging zwischen diesen Sachen auf und nieder, und sann nach.
Da war er vor wenig Wochen in ein schönes Tal voll grüner Pflanzen und freundlichen Gesteins gekommen – auch ein schmuckes Mädchen hatte er gefunden – – und wie war denn nun alles? Die Tage waren so linde, so schmeichlerisch und so unschuldig über seinem Haupte weggegangen. Keiner brachte etwas Neues, in keinem ist etwas geworden – sie heischte nicht, sie forderte nicht, sie hoffte nicht – – und wenn er sie nun so stille, so sinnend, so brütend stehen sah: da war in ihm ein solches Übermaß von Neigung und Erbarmen, daß er sich nicht zu helfen wußte. Er hätte sich alle Adern öffnen lassen, wenn es nur ihr, nur ihr Linderung und Glück zu bringen vermocht hätte. Er wäre gerne an das Fenster getreten, um hinabzusehen, aber er getraute sich nicht; denn er fürchtete sich, daß sie noch immer am Flieder stehen und sinnen möchte.

Nachdenklich blieb er vor seinen Pflanzen und Steinen stille stehen und dachte: ›O du süßes, unerforschtes Märchen der Natur, wie habe ich dich immer und so lange in Steinen und Blumen gesucht, und zuletzt in einem Menschenherzen gefunden! O du schönes, dunkles, unbewußtes Herz, wie will ich dich lieben! Und ihr Blüten dieses Herzens, ihr unschuldigen, beschämten, hülflosen Blicke, mit welcher Freude drück ich euch in meine Seele!‹
So dachte er oben; unten aber rief die Stimme des wieder auf die Gasse gekommenen Vaters: »Ei, da hast du ja einen gewaltigen Pack von Blumen und Kraut aus dem Garten geplündert, und trägst dich damit, wie unser Pflanzenmann, wenn er das Gras von unsern Bergen schleppt.«
Der Wanderer trat ans Fenster.
»Es ist nur, Vater,« sagte Anna, »weil ich Thrinen einen recht vollen Strauß mit in die Stadt bringen will, weil sie in dem großen, widerwärtigen steinernen Hause keine Blumen haben. Und wie man sie in einen Strauß ordnet, daß es schön sei, habe ich von unserm Gaste gelernt, der mehr von Blumen versteht, als wir alle zusammen im ganzen Fichtauer Tale. Es ist auch ein wunderbares Leben in ihnen, hat er gesagt, und ich glaube es – und gewiß haben sie noch recht liebe, kleine Seelen dazu. Er weiß schon, warum er sich so mit ihnen abgibt.«
»Ja, ja, ja, ja, Leben und Seelen und Katzen,« erwiderte der Wirt, »sieh nur zu, daß du einmal mit deinem Kirchenanzuge fertig wirst; pünktlich nach einer halben Stunde wird abgefahren.«
Anna ging ins Haus, und nur dem feinen Ohre Heinrichs war ihr leichter Tritt auf der Treppe vernehmlich, wie sie die Blumen auf ihr Zimmer trug.
Nach einer halben Stunde waren wirklich, wie vorausgesagt, die schlanken glänzenden Füchse des Fichtauer Wirtes jeder an seinen Wagen gespannt, aber auch die Wei-

ber, wie voraus zu sehen, nicht fertig. Erasmus ging in einem feinen, fast städtischen Sonntagsrocke unruhig hin und her. Boten-Simon hatte nach einem riesenlangen Stocke gegriffen, um seine Kirchenwanderung zu beginnen; denn der Schecke mußte an Sonntagen die herkömmliche Ruhe haben. Auch andere Wagen warteten noch ein wenig, um sich dem Zuge anzuschließen. Der Schmied saß im lächerlichen Putze da, und hatte eine flammend rote Decke auf den Wagensitz gebreitet und auf das Geschirre des Pferdes gesteckt, um den Stadtschreiber würdig zu empfangen. Auch der Wanderer stand schon in seinem schönen Gewande da, daß er ordentlich, wie der vernünftigste Mensch aussah – – siehe, da erschien endlich auch Anna und die Mutter auf der Gartentreppe herabschreitend.
Die Mutter, eine sehr schöne Frau mittlerer Jahre, mit Gesichtszügen, deren Ausdruck weit über ihrem Stande zu sein schien, war in dem gewöhnlichen Sonntagsanzuge der wohlhabenden Gebirgsbewohner, obwohl alles an ihr von besserem Stoffe und feinerem Schnitte war; denn Erasmus liebte es, die Früchte seiner guten Wirtschaft an den Seinigen zu zeigen. Anna war gekleidet wie die Mädchen des Tales, aber wie man sie so über die Gasse sittsam dem Wagen zuschreiten sah, so hätte man geschworen, sie sei aus einem ganz anderen Lande, und trage einen Anzug, den sie sich erfunden, weil sie in demselben am schönsten sei. Ohnedies sind die Fichtauer Trachten die malerischsten im ganzen Gebirge. Da sie an Heinrich vorüberkam, überzog ein feines tiefes Rot ihre Wangen, und ihres Versprechens eingedenk richtete sie ihre schönen Augen voll treuherziger Liebe auf ihn, so daß jeder, nur ihr Vater nicht, hätte erkennen müssen, was hier walte, wenn sie überhaupt Augen dafür gehabt hätten.
Der Naturforscher nötigte aus Gutherzigkeit den Boten-

Simon zu sich auf den Wagen, welcher aber nur sehr zögernd und mißtrauisch folgte und sichtbar mit dem Plane umging, sich der Zügel zu bemächtigen, sobald sich irgend etwas Verdächtiges ereigne – aber zum Erstaunen des Wirtes und der andern fuhr der Wanderer vor ihren Augen so geschickt von der Gasse weg, und so rasch der Steinwand entlang, daß dem Vater Erasmus das Herz im Leibe lachte, wie er seinen Fuchs so taktsicher dahin tanzen sah, und daß er ordentlich eine Hochachtung für seinen Gast zu fassen begann. Zunächst folgte er selber mit Annen und der Mutter, dann der Schmied und dann die andern.

Als man den langen, schmalen, romantischen Gebirgsweg neben der Pernitz zurückgelegt hatte und eben um den letzten Hügelkamm der Fichtau herumbog, wo dem Reisenden plötzlich ein breites Tal und der schlanke spitze Turm von Priglitz entgegensteigt, fuhr ein rascher Wagen an sie heran, in welchem der Stadtschreiber mit seiner jungen Gattin saß, um die Kirchfahrer zu bewillkommen.

»Sei gegrüßt, Heinrich,« hatte er gesagt, »du teuerster aller Vagabunden, sei gegrüßt!«

»Gott grüße dich, Robert,« antwortete der andere, »das ist ein köstliches Tal, diese Fichtau!«

»Habe ich es dir nicht gesagt,« entgegnete Robert, »habe ich es dir nicht gesagt, als du immer nicht kommen wolltest?«

Sie hatten sich aus den Wagen hinüber die Hände gereicht. Indessen war aber Thrine von ihrem Sitze hinabgesprungen und Anna auch von dem ihrigen, und sie herzten sich auf offener Straße, als wollten sie sich tot drücken. Thrine war in der Tat eine ›schneeweiße‹ Thrine; denn ihr Kleid trug ganz und gar untadelig diese Farbe, und das Frauenhäubchen um das junge schöne Angesicht war dem schneeigsten glänzendsten Mittagswölkchen des

Hochsommers vergleichbar. Sie drückte Annen von sich, sah sie an, und konnte sich nicht satt an ihr sehen, daß sie denn in so kurzer Zeit gar so schön geworden sei – freilich konnte sie nicht ahnen, aus welch süßem, knospendem Boden diese Schönheit so schnell aufgesproßt war. Anna langte den mächtigen Blumenknäuel, den sie im ersten Schreck weggeworfen hatte, aus dem Wagen und drang ihn Thrinen auf. »Du mußt ihn zu Hause auflösen«, sagte sie; »denn die armen Stengel sind von den Fäden fast wund gedrückt, was ihnen sehr schadet; dann mußt du alles geordnet in deine Blumenbecher stellen.«

»Gott zum Gruße, Herr Schwiegervater«, hatte Robert dem Schmiede zugerufen; »nach dem Gottesdienste fahren wir alle zusammen in die lustige Fichtau.«

»Schön Dank, Herr Sohn, schön Dank«, entgegnete der Schmied, und indessen hatte sich wieder alles zur Weiterfahrt eingerichtet. Anna saß wieder bei Vater und Mutter, Thrine bei dem Gatten, und Heinrich fuhr bereits mit Boten-Simon so rasch den talführenden Weg gegen Priglitz ab, daß dessen Hutfedern flatterten und der Gemsbart sauste.

Man kam vor Roberts Hause an, wo immer die Wagen des Schmiedes und Wirtes warten mußten; man ordnete sich die Kleider, wechselte einige Worte und ging dann in die Kirche.

Nach dem Gottesdienste war, wie gewöhnlich, bei Robert ein Glas Wein. Thrine und Anna liefen durch alle Zimmer und verweilten hauptsächlich in der hintern Stube bei Thrinens kleinem Kinde. »Wie es gar so lieb und schön und unvernünftig ist«, sagte Anna, indem sie die kleinen unbewußten Züge des Kindes streichelte. Der Schmied saß indessen vorne in der Prunkstube im Ehrenstuhle, Annas Mutter bekam süßes Gebäcke, Erasmus machte beim Priglitzer Wirte drüben ein Geschäft ab, und die Freunde Heinrich und Robert beredeten sich angelegentlich einige Minuten in einer Fenstervertiefung, als ob sie einen Plan ins Reine brächten. Dann traten sie zu den andern. Vater Erasmus kam auch. Thrine hatte sich angekleidet, von dem Kinde Abschied genommen – und nun fuhr alles der grünen Fichtau zu.

Wir aber müssen hier von derselben scheiden, so gerne unsre Feder noch bei dem klaren, freien, heiteren Fichtauer Leben verweilen möchte. Allein der Zweck der vorliegenden Blätter führt uns aus dieser harmlosen Gegenwart, die wir mit Vorliebe beschrieben haben, einer dunklen schwermütigen Vergangenheit entgegen, die uns hie und da von einer zerrissenen Sage oder einem stummen Mauerstücke erzählet wird, denen wir es wieder nur eben so dunkel und mangelhaft nacherzählen können. Zu Ende versprechen wir wieder in die Gegenwart einzulenken, und so ein dämmerndes, düsteres Bild in einen heitern freundlichen Rahmen gestellt zur Ansicht zu bringen.

Heinrich hatte nämlich von Robert das Versprechen erhalten, daß er sich bemühen wolle, ihm den Eintritt in den verfallenden Rothenstein zu verschaffen, und daß er ihm den Erfolg seiner Bemühungen in einem Briefe mitteilen werde, der zugleich Ort und Zeit der Zusammenkunft feststelle.

Ehe wir sie nun auf den alten Berg und in das alte Schloß geleiten, ist es uns noch vergönnt, den letzten Rückblick in das Fichtauer Tal zu tun, und zu sagen, daß die Forellen des Vater Erasmus ganz vortrefflich waren, daß Thrine, Anna, Robert und der Wanderer beim Schmiede im Garten speisten, daß nach Tisch ein ergötzliches Scheibenschießen war, daß sich manche heitere und lustige Gäste in der grünen Fichtau vorfanden, daß Anna im Laufe des Abends einmal der schneeweißen Thrine ohne allen Grund um den Hals fiel, und endlich, daß die Stadtleute erst nach Hause fuhren, da schon alle Sterne am Himmel standen. Gleich darauf, da schon auch alle Lichter der grünen Fichtau ausgelöscht waren, trat der Mond heimlich über den Berg herüber und schaute in den Garten, ob er wieder das süße, flüsternde, verstohlene Glück erblicke, wie gestern – allein es war nicht da; Gebüsch und Garten standen leer, und die ganze Nacht erblickte er nichts anderes als die glänzenden Lichttropfen der Gräser und das silberne Rieseln der Wasser.

Dem bewegten Sonntage folgte die arbeitsvolle Schleppe der Woche: Simon und der Schecke fuhren landaus, landein, die Sägemühle kreischte, die Schmiede tosete; Erasmus handierte und wirtschaftete, Anna ging hier und dort, oder stand und dichtete. Freilich hielt sie treu ihr Wort in Hinsicht des freundlichen Anschauens, aber auch in Hinsicht der Weigerung, je wieder mit Heinrich allein beisammen zu sein. Er sah sie nur von ferne, er sah sie gehen und kommen, oder ihr liebes Kleid sanft schimmern zwischen den Büschen des Gartens.

So verging die Zeit. Der Flachs blühte im Asang draußen immer blauer und blauer, die Tage wurden einer schöner als der andere, und so kam endlich auch wieder der Samstag, und mit ihm der Schecke, und Simon, und auch der Brief von Robert. Nachdem ihn der Wanderer gelesen, zahlte er an Vater Erasmus die Wochenrechnung, sagte, daß er heute nicht die Knechte aus den Gebirgen, die Jäger und andere Samstagsgäste der grünen Fichtau abwarten könne, sondern daß er noch heute nach Priglitz gehen und bei Robert übernachten wolle – etwa nach ein paar Tagen komme er wieder zurück; seine Sachen sollen indes auf seinem Zimmer verschlossen bleiben.

Und somit war dies unser letzter Blick in die Fichtau. Heinrich ging erst spät abends fort, und wie er der Steinwand entlang ging und um sie herumbog, so versank hinter ihm und auch hinter uns die ganze liebe grüne Fichtau mit allen ihren bereits angezündeten Lichtern, mit ihren fröhlichen Samstagsgästen und dem abendlichen Klingen der Zithern. Nur die rauschende Pernitz ging mit ihm und erzählte und plauderte ihm in der Finsternis vor, bis sie beide hinauskamen in das breitere Tal und an die Mauern von Priglitz.

Des andern Tags war wieder ein Sonntag, der nächste seit jenem, wo wir die Gesellschaft auf ihrer Kirchenfahrt begleitet hatten; aber heute finden wir die zwei Freunde, Robert und Heinrich, allein, wie sie, ehe noch die Strahlen des ganz heitern Tages heiß zu werden begannen, den verhängnisvollen Berg zu dem Schlosse Rothenstein hinanstiegen. Den ebenen Weg hatten sie mit einem Wagen zurückgelegt. Am Fuße des Berges nahm sie eine Allee uralter, dichtbehaarter Fichten auf und leitete sie empor. Die laue Vormittagsluft seufzte schwermütig in den Zweigen, und je höher sie kamen, wurde es immer einsamer, und das sonntägliche Schweigen der Fluren wurde immer noch tiefer und noch schweigender. Endlich gelangten sie zu einer grauen, von dichten Fichtenzweigen gestreichelten, eisenglatten Mauer von ungewöhnlicher Höhe. Dem Fahrwege der Allee gegenüber stand der weiße Fleck des zugemauerten Tores, und darüber starrten mißstimmige Trümmer eines Wappens.

Robert duckte sich unter das zwischen den Fichtenstämmen wuchernde Haselgesträuch, ging etwas neben der Mauer fort, und dann drückte er gegen einen hervorstehenden eisernen Knopf, worauf im Innern eine grelle Glockenstimme antwortete. Allein nachdem die unaufhörlich wackelnden Töne des Metalles geendet hatten, war es wieder stille wie zuvor, nur daß sich in der beginnenden Tageswärme ein vielstimmiges Grillenzirpen auf dem Berge erhob.

Vergeblich rief Robert: »He, holla! *ich* bin es, der Syndikus, den du einzulassen versprochen.« Es erfolgte keine Antwort. Nur sah Heinrich, da er zufällig emporblickte, am Mauerrande ein Haupt: Gesicht und Haare so grau, wie daneben die uralte Steinmetzarbeit, und die Augen starr auf die beiden Männer geheftet. Nach einer Weile verschwand es, und kurz darauf hörte man ein seltsames Ächzen und Knarren in der Mauer, und zum Erstaunen des Wanderers schob sich ein Stück derselben gleichsam in einander, und es wurde die dunkle Mündung eines Pförtchens sichtbar, darinnen wie in einem Rahmen eine große Gestalt stand, dieselben steingrauen Gesichtszüge tragend, die Heinrich auf der Mauer gesehen hatte, nur ein Lächeln war jetzt auf ihnen, so seltsam, wie wenn im Spätherbste ein einsamer Lichtstrahl über Felsen gleitet. – »Geht nur gleich in den grünen Saal«, sagte die Gestalt.

»Sei gegrüßt, Ruprecht,« sagte Robert, »zeig uns den grünen Saal, und alles andere auch, wenn es dir genehm ist.«

Ohne alle Antwort wich der Mann zurück. Sie traten ein, und in demselben Augenblicke ging ein fürchterlicher, ein zärtlich gewaltiger Ton über ihren Häuptern durch die Luft.

»Es ist nur die Geige des Prokopus,« sagte der alte Mann, »schreitet herein, Erlaucht, in die Stadt des alten Geschlechtes.«

Bei diesen Worten verbeugte er sich gegen Stellen, wo niemand stand –; und dann richtete er den Mechanismus der Mauer. Es hob wie eine ablaufende Turmuhr zu schnarren an, schwenkte herum und schloß sich, so daß der Ort kaum zu erkennen war, durch den sie hereingekommen.

Die Freunde standen aber nun innerhalb der Mauer nicht etwa auf einem Schloßplatze oder dergleichen, sondern wieder im Freien, und vor ihnen stieg der Berg sachte weiter hinan, nur war seiner Senkung ein breites, weites, rätselhaftes Vieleck abgewonnen, auf dem sie sich eben befanden; es war mit Quadersteinen gepflastert, aber aus den Fugen trieb üppiges Gras hervor, und die heiße Sommersonne schien darauf nieder. Mitten auf dem Platze lagen zwei schwarze Sphinxe, mit den ungeheuren steinernen Augenkugeln glotzend und zwischen sich das ausgetrocknete Becken eines Springbrunnens hütend, aber aus dem aufwärtszeigenden Stifte sprang kein Wasser mehr; der Wind hatte das Becken halb mit feinem Sande angefüllt; aus den Randsimsen quollen Halme und dürre Blümchen; und um die Busen der Sphinxe liefen glänzende Eidechsen.

Weiter hinter dieser Gruppe stand ein Obelisk, jedoch seine Spitze lag ihm zu Füßen.

»Der Graf Johannes ist schon vor dreihundert oder vierhundert Jahren gestorben«, sagte Ruprecht.

Seitwärts diesem Platze sahen die Freunde ein kleines Häuschen stehen, wahrscheinlich die Wohnung des Pförtners; von dem eigentlichen Schlosse aber war nichts zu erblicken als graues Dachwerk, über das Grün des Berges hineinschauend und von kreisenden Mauerschwalben umflogen. Sie stiegen sofort den verwahrlosten, ausgewaschenen Weg hinan. Hie und da war auf der Abdachung des Berges ein Geschlecht zerstreuten Mauerwerkes und grünen Wuchergebüsches, worunter ganze Wuchten des verwilderten Weinstockes, der seiner Zucht entronnen, sich längs des Bodens hinwarf und sein junges, frühlingsgrünes Blatt gegen das uralte Rot der Marmorblöcke legte, die hie und da hervorstanden. Mancher kreischende Vogel schwang sich aus dieser grünen Wirrnis empor, wie die Freunde weiter schritten, und verschwand im lächelnden Blau des Himmels.

Auf dem ganzen Wege erblickten sie kein einziges menschliches Wesen. Die Seite des Berges, auf der sie stiegen, schien ein verkommender Park zu sein. Es hüpften Hasen empor und flohen seitwärts, alle Arten von Schmetterlingen und Insekten flogen und summten, und eine Lindengruppe, an der die Freunde vorüberkamen, hing voll wimmelnder Bienen. Aber nirgends war ein Mensch. Als sie auf der Hälfte des Weges waren, kam ihnen ein Hund nach, ein Bulle der größten Art, und ging ruhig hinter Ruprecht her.

»Wir haben alle Dinge bewacht,« sagte der alte Mann, »und der Hund ist mir sehr beigestanden, weil sie ihn fürchten weit und breit. Im Sixtusbaue, wo die Nonnenzellen sind, fließt alles von Honig; denn ich nahm ihnen nie einen, und der Wein muß in seiner eigenen Haut liegen. Ich habe dem Gerichte, da es alles anschauen wollte, den Weg nicht gezeigt, der von der Nonnenklausur hinabführt, darum wissen sie von dem Weine nichts. Gehet aber in den grünen Saal, Erlaucht, da werdet Ihr sehen, wie gut der Mann konterfeit hat.«

Heinrich sah verwundert auf Robert, dieser aber sagte: »Du hast wieder einen deiner bösesten Tage, altes Rüstzeug.« Dabei heftete er die Augen auf den Mann.

Dieser aber schwieg augenblicklich, sah den Syndikus betroffen an, und durch die versteinerten Züge ging ein feines Erröten, wie wenn er sich schämte. Fortan schwieg er.

Man hatte endlich die Kante des Berges erreicht, und Heinrich sah nun, wie erst eigentlich gegen die andere Seite hinab in einem sanftgeschwungenen Tale die Sammlung der Bauwerke lag. Es war alles viel großartiger, weiter und auch verworrener, als er gedacht hatte. Ein ganzes Geschlecht mußte durch Jahrhunderte hindurch auf diesem Berge gehauset, gegraben und gebaut haben. Abgesonderte Bauwerke, gleichsam selber wieder Schlösser, standen auf verschiedenen Punkten, niedere Mauern liefen hin und her, Brüstungen bauschten sich, die Anmut griechischer Säulen blickte sanft herüber, ein spitzer Turm zeigte von einem roten Felsgiebel empor, eine Ruine stand in einem Eichenwalde, und weit draußen auf einer Landzunge, deren Ränder steil abfielen, schimmerte das Weiß neuester Gebäude. Und diese ganze weitläufige Mischung von Bauten, Gärten und Wäldern war umfangen durch dieselbe klafterdicke, hohe, graue Eisenmauer, durch welche sie hereingelassen worden waren, und an welcher Heinrich bei seiner Entdeckung des Schlosses, wovon er nur einen Teil gesehen, herumgekrochen war, um einen Eingang zu finden. Wie ein dunkles Stirnband umzirkelte sie den weiten Berg und schnitt seinen Gipfel von der übrigen Welt heraus.

Da standen sie nun, und Robert suchte zu erklären, was er erklären konnte; denn auch er war mit dem Schlosse und mit Ruprecht nur äußerst oberflächlich bekannt, in wiefern es nämlich seit dem Tode des letzten Besitzers seine amtlichen Verhältnisse mit sich gebracht hatten.

Der griechische Bau war der des Grafen Jodok, dessen der Vater Erasmus erwähnt hatte. Er sah aus dem Schoße dichten Gebüsches herüber: ein edles Geschlecht weißer, schlanker Säulen. – Und um sie herum war es so grün, als zöge sich ein jonischer Garten sanft von ihnen gegen die andern barbarischen Werke hinan. Weit davon weg stand der Turm des Prokopus, ein seltsamer Gegensatz zu dem vorigen; denn wie ein verdichteter, zusammengebundener Blitz sprang er zackig und gotisch von seinem Felsen empor; der Felsen selbst ragte aus einem Fichtenwalde, der, durch den Borkenkäfer abgestorben, wie ein weißes Gegitter da stand. Hinten auf einer breiten glatten Wiese lag der sogenannte Sixtusbau: breit, bleifarben, massiv, ohne die geringste Verzierung, mit noch vollständig erhaltenem grünem Kupferdache. Die Fenster, ohne Simse und flach, standen so glatt in der Quadermauer wie Glimmertafeln, die im Granite kleben. Die neuesten Gebäude auf der auslaufenden Bergzunge waren die Wohnung Graf Christophs, des letzten Besitzers, gewesen. Lange Terrassen und Gartenbauten trennten sie von den oben genannten, und ein Gartenhaus,

allerlei Ruhesitze und Lusthäuschen umgaben es, mit und ohne Geschmack erbaut und bereits wieder im Verfalle begriffen. Von hier aus sah man auch deutlich die Ruine um den Eichenbestand herüber blicken, einen Bau voll Balkonen, Giebel und Erker, aber gräßlich zerfallen – es war das Haus des alten Julian gewesen. Ein Gedränge uralter, riesenarmiger Eichen schritt von dem Neubau gegen die Ruine hinüber, und man sah zwischen den Stämmen Damhirsche wandeln und grasen.
»Das ist ja ganz herrlich und närrisch,« rief Heinrich, »wer hätte gedacht, daß eine solche Menge von Gebäuden auf diesem Berge Platz haben sollte, und daß noch die schönste Landschaftsdichtung zwischen ihnen und um sie liege. Mir ist es, wie in einem uralten Märchen, alles so wunderlich, als läge die Fichtau gar nicht unten, in der ich doch gestern noch war. Komm, laß uns auf die äußerste Spitze dieser Zunge vorgehen, dort muß die schönste Umsicht sein, und ehe wir in all das Mauerwerk kriechen, wollen wir hinuntersehen auf das Land, ob es denn auch wirklich noch ist wie gestern.«
Und sie gingen vorwärts auf der Zunge, deren Spitze zugleich der höchste Punkt des Berges war. Hier stürzt die Wand schwindelsteil ab, und man sieht über die Ringmauer wohl hundert Klafter senkrecht nieder. Auch auf dieser äußersten Spitze war ein Bauwerk, aber nur ein länglich rundes Dach von Säulen getragen, zwischen welche man im Winter Glasfenster schieben kann. Im Innern sind an den Säulen herumlaufende Sitze, von dem roten Landesmarmor gehauen.
Wohl war das Land noch wie gestern: grün und weich und ruhig lag die ganze Fichtau in der Sommervormittagsluft unten, ein sanftes Hinausschwellen von Hügeln und Bergen, bis wo der blaue Hauch der Ferne weht, und mitten drinnen der glänzende Faden der Pernitz – alles bekannt und vertraut, eine holde Gegenwart, herumlie-

gend um die unklare Vergangenheit, auf der sie standen. Von der Häusergruppe der grünen Fichtau war nichts ersichtlich, nur der Felsengipfel des Grahns blickte rötlich blau und schwach durch die dicke Luft herüber, und Heinrichs Auge haftete gerne und mit Rührung auf ihm, als einem Denkzeichen des lieben, sanften Herzens, das an seinem Fuße schlägt und vielleicht in dieser Minute an den fernen teuern Freund denkt.

Die Männer sprachen nur wenige Worte, indem sie ihr Vergnügen ausdrückten und sich die verschiedenen Berggestalten zeigten und erklärten, während der Alte noch immer stumm und unbeweglich hinter ihnen stand – nur die auf dieser Höhe ziehende Mittagsluft regte die dünne, graue Locke seiner Schläfe; denn er hatte sein Barett, von beiden unbemerkt, noch immer in den Händen.

Sie hätten wohl zu andern Zeiten länger das heitere Bild zu ihren Füßen betrachtet, aber heute zog sie ihre nächste Umgebung unmittelbar an. Heinrich schlug vor, gleich die neuen Gebäude aufschließen zu lassen, da sie einmal in der Nähe seien, aber Robert zeigte ihm, daß dies unmöglich sei; denn Graf Christoph hatte, da er in den afrikanischen Krieg geritten, vorher alle Tore versiegelt, mit dem Befehle, daß vor seiner Zurückkunft nichts berührt werden dürfe, im Falle seines Todes aber der neue Besitzer erst am Tage seines Antrittes die Gebäude öffnen möge. Da hingen nun hinter allen den großen Spiegelfenstern des Hauses ruhig und schwer die grünseidnen Vorhänge nieder und regten keine Falte hinter dem glatten, glänzenden Glase. An Türen und Toren waren die Siegel, ebenfalls grün, sehr groß und mit dem Scharnastschen Wappen versehen. Von dem Dache hatte der Wind den einen und andern Ziegel heraus genommen, worauf bald mehrere oder wenigere Nachbarn folgten, so daß an manchen Stellen die nackten Sparren und Latten ungastlich und lächerlich in die Luft hinausstarrten. Der alte Mann sah das alles mit ruhigen und heitern Blicken an, als wäre es in der schönsten Ordnung. Der Kiesplatz vor dem großen Tore war von altem Regen zerwaschen, keine Spur von Rädern oder Hufen, und überall zwischen den Quarzkörnern sproßte zartes Gras hervor.

»Und wie lange ist dein letzter Herr schon weg?« fragte Robert.

»Nach der großen Krankheit – – –« begann langsam, schüchtern und mißtrauisch der alte Mann, indem er sich näherte – – aber Robert unterbrach ihn und sagte: »So setze doch dein Barett auf.«

»Ja, die Sonne ist heiß,« erwiderte Ruprecht, »sie ist heiß, ich habe es vergessen – und eine Pelzhaube ist gegen sie so gut, wie gegen den Winter.«

Und wirklich sahen die Freunde, daß sein Barett, das er bisher immer in den Händen gehalten hatte, trotz des heißen Sommertages eine Pelzhaube war.

»Nun wie lange«, sagte Robert wieder, »ist dies Haus da herrenlos?«

»Nach der großen Krankheit,« fuhr der Greis fort, »die draußen im Lande war – – nein, es war ja vor der Krankheit, und Narcissa starb an ihr, weil sie sich so kränkte; aber eigentlich hieß sie gar nicht Narcissa, sondern Tiburtia, aber weil sie so hoch gewachsen war, weil sie so zart und schön war, und weil sie den Kopf stets ein klein wenig gesenkt trug, so hat er sie immer Narcissa genannt – – Der Herr vergebe ihm, er war sehr stürmischen Gemütes, aber er war auch wieder so fromm wie ein Kind; denn ich selber habe ihn einmal weinen gesehen, daß man meinte, das Herz werde ihm aus dem Leibe springen – und dann ließ er die grünen Vorhänge nieder, siegelte alle Tore zu und ritt davon; denn seht, er war auch trotzig, wie Graf Julius, der ebenfalls fortging und nicht wieder gekommen ist. Er hatte die Tage vorher das

Drehtor machen und das große daneben zumauern lassen – und alle Diener und Jäger, und die Hunde und die Pferde – alles flog desselben Tages davon, und er sagte: ›Hüte das Werk, wie den Stern deiner Augen, und halte die Brut ferne, bis ich komme und sie als mein Weib erkenne.‹ Dann habe ich das Werk gehütet, daß nur die Vögel des Himmels herein zu fliegen vermochten. Eine Stille war Euch, Graf Sixtus, eine Stille im Sonnen- und Mondenscheine – und immer fort still, nur daß die Totengeige des Prokopus, die er wieder hatte aufziehen lassen, zuweilen nachts oder tags tönte oder läutete. Dann waren fünf, sechs, acht Jahre, bis die vielen Herren mit dem Pergamente kamen, alles untersuchten und zusiegelten – dieser Syndikus, der mit Euch ist, war auch dabei – und sie erzählten, daß man ihn in der heidnischen Stadt so schön begraben habe. Die Narcissa liegt in der Schloßkapelle; der Dechant war selbst herübergekommen und hatte gesagt: ›Ich will sie gesegnen.‹ Sie konnte nicht mehr warten, weil ihr das Herz stehen geblieben war.«
Er hatte diese Rede größtenteils an Heinrich gerichtet. Dieser hörte ihm schweigend und mit Schonung zu. Man war indessen durch den Eichenhag bis nahe an die Ruinen des Grafen Julian gekommen, und wie man auf den glänzenden Rasenplatz hinausgetreten war, auf dem die Trümmer liegen, so sprang der große Hund Ruprechts plötzlich gegen den Anger vor, und wedelte und scharrte, und bellte gegen die Luft empor – Ruprecht aber schrie: »Daß du stürzest, Pia, fürchterliches Kind, – Pia! Pia! – – siehe, mein Herz, komme eilig herunter – – ich habe dir ja gesagt, du sollest bei den Ringelblumen sitzen bleiben und sollest zählen, wie oft die Schwalbe zugeflogen kommt – –.«
Und ein feines klingendes Silberstimmchen ertönte in der Luft: »Sie flog fünfmal und zwanzigmal, und immer – und von den Ringelblumen ist die erste gelb, und die

zweite gelb – und sie waren alle gelb. Ich falle nicht, siehe nur, ich falle nicht.«

Die Freunde blickten empor, und auf dem höchsten der vielen Balkone des zerfallenden Schlosses, auf einem Balkone, der so in der Luft draußen hing, als klebe er nur an einem einzigen Steine, war ein Kind – ja sogar nicht einmal auf dem Balkone, sondern auf dem Steingeländer desselben war es, halb sitzend, halb reitend, es schien ein Mädchen; denn eine Fülle der schönsten gelben Ringellocken wallte um den Nacken und das glühende Gesichtchen, sie mochte zehn bis eilf Jahre alt sein, oder auch noch jünger – am äußersten Geländer saß sie und jauchzte, und so wie ihr Ruprecht zugerufen hatte, und wie ihr eignes Stimmchen erklungen, wurde sie noch fröhlicher, daß er sie gesehen; sie stand auf, und schwebte nun stehend auf dem unsichtbar schmalen Stege des Geländers, und ging vorwärts und ging rückwärts, und neigte sich und beugte sich über, daß den Männern unten ein Schwindel und Grauen ankam, und daß ihnen die Augen vergingen.

Und sie rief dem Hunde zu: »Hüon, Hüon: komm herauf.« Und da dieser sich wälzte und plump in die Luft sprang und ungeschickte Freudentöne gab, so wußte sie sich vor Lachen nicht zu helfen.

»Ich werde mir die Haare ausraufen, wenn mir einmal der Hund ihre zerschmetterten Glieder nach Hause schleppen wird; denn er hat sie lieb, und sie folgt ihm auch am meisten.« Diese Worte hatte der Greis heimlich zu sich gesagt, aber die zwei Männer hatten sie gehört.

Indes warf oben das Kind die Arme empor und rief: »Ich sehe hierhin und dorthin, ich sehe alle Mauern, alle Bäume und die ganze Welt.«

Es schien, als hänge ihr lichtes Kleid wie eine weiße Sommerwolke im Himmelsblau draußen – die Männer standen regungslos, um sie nicht zu erschrecken und zu stören – endlich verschwand sie plötzlich oben, man hatte kaum gesehen, wie sie von dem Geländer gestiegen und durch die Mauer hineingekommen war – und fast in dem nämlichen Augenblicke wurde sie unten auf dem Rasen sichtbar, wie sie durch eine kleine Bresche neben Himbeergesträuche heraustrat. Sie blieb stehen, als bemerke sie die Fremden erst jetzt, zögerte, sah sie eine Zeit lang mit wilden, schwarzen Augen an, dann aber ging sie zuerst langsam um die Mauerecke, scheu und wild, wie eine junge, schlanke Pantherkatze, dann fing sie an, den jenseitigen Rasenhang hinab zu laufen – der Hund hinter ihr, und die Freunde sahen noch, wie sie weiter unten das mächtige Tier mit beiden Armen umschlang und sich mit ihm durch Gras und Gebüsche hinabschleifte, bis sie beide nicht mehr sichtbar waren und nur die Büsche wogten.

»Wir werden jenes Loch zumauern, Erlaucht,« sagte Ruprecht flüsternd, indem er hinzeigte und in seinen Gesichtsfalten Zorn und Todesblässe schlotterten, »im Parthenon liegen noch Ziegel, sie werden ohnedies nicht gebraucht.«

Dann fuhr er fort, als hätte er seine Begleiter vergessen: »Die Raben des Grahns werden kommen, über meine Hütte fliegen und mir Botschaft bringen, wenn sie schon tagelang nicht nach Hause gekommen ist – weil sie auf einem roten Steine liegt; die gierige Kohlmeise wird ihre Äuglein ausgehackt haben – oder die Wasser der Pernitz werden um ihre zarten Glieder waschen, und die Fische werden heimlich herumschießen, wie stumme Pfeile, hastig zupfen und sich um das Stückchen balgen, das einer erwischte – – ich werde indes suchen, und suchen, immer, immer – – und werde dann zum fürchterlichen Himmel heulen, daß die Sterne daran zittern; denn sie ist das Allerschönste auf der Erde, das Schönste zwischen Sonnen und Sternen, wie Narcissa war.«

Einen tiefen furchtsamen Blick warf er gegen Heinrich und sagte: »Ich werde öffnen; denn ich halte immer gesperrt.«
Und er drehte große Schlüssel in dem knarrenden Schlosse – aber es war lächerlich, zu schließen, wo nichts zu verschließen war; denn alle Mauern klafften, eine breite, sanfte Treppe führte zu Schutt, durch die Fenster wehte die Luft, kein Getäfel und Holz war mehr zu schauen, der Marmor der Gänge und Säle war erblindet, steinerne Stiegen hingen in der Luft, Mörtel rollte und rieselte allseits, ein buntes Lichterspiel flimmerte, und hellgrüne Pflanzen taumelten, wo ein Lüftchen zog oder ein Strahl hinküßte. Über eine jener hängenden, schief gesunknen Stiegen mußte das Mädchen zu dem hohen Balkone ge langt sein.
Nachdem sie über Kalkhügel und Steinhaufen gegangen, durch Breschen und Türlöcher gekrochen, ohne das mindeste Merkwürdige getroffen zu haben, verlangten sie hinaus, und der Greis führte sie durch ein anderes Tor, das er ebenfalls sorgsam hinter sich verschloß, in den Garten des Hauses. Es war ein langes Viereck, zu dessen beiden Seiten Mauerwerk lief, nicht hoch über dem Boden zwei lichte, freundliche Säulengänge führend. Von hinten war das Viereck durch einen mächtig großen Marmorfels geschlossen.
Wenn ein Wald oder Garten auch eine Ruine sein könnte, so wäre es dieser gewesen. Eingesunkne Gartenbeete, blecherne Blumentäfelchen mitten im Grase, eine fröhliche Wildnis von Unkraut, ein verdorrter Obstbaum, ein anderer ein bloßer Pflock mit zwei grünen Wasserschößlingen, ein dritter mit herrlicher Frucht, eine zwecklose späte Gabe – die Pfirsichzweige an der Wand, einst die Liebe und der Stolz des Herrn, hingen seitwärts, unangebunden, unfruchtbar, wie schlechte Weidenruten – eine Ulme war emporgeschossen und streckte ihre Zweige

lustig in den Säulengang hinein. Tausend Bienen und Käfer summten und arbeiteten in den üppigen Blüten des Unkrautes.
Mitten hindurch aber ging ein breiter, schöner Weg, als wäre täglich jemand darauf gewandelt, oder als wäre er gestern erst gemacht worden. Heinrich hatte auch bemerkt, daß in der Ruine von dem einen Tore bis zum andern über die Schutthügel ordentlich ein getretener Weg laufe. Sie gingen den Garten entlang. Wie sie immer näher kamen, so stieg ihnen der rote Fels stets größer entgegen, und Heinrich bemerkte endlich, daß in denselben eine hohe Pforte gehauen war, mit einem eisernen Tore verschlossen, daran eiserne Schlösser hingen, mit dem gräflichen und den Gerichtssiegeln versiegelt. Es war dieser Felsen der sogenannte rote Stein, in dem die Lebenserzählungen aufbewahrt waren, und dessen Bedeutung Heinrich von Robert aus den Gerichtspapieren erfahren hatte.
Seitwärts dem roten Steine war der Kirchhof des Schlosses. Ein anderes Tor, nicht massiv, nicht versiegelt, sondern ein hohes, breites Eisengitter, führte hinein. Es war auch ein Garten, aber statt der Blümlein war nur ein dunkler hingehender Rasen, statt des Obeliskes ein weißes Kruzifix in Mitte von vier Linden, und statt des Gartenhauses eine Kapelle, von den Eichen überschattet, die draußen in dem Walde des Julian standen.
»Die Bücher, so in dem Gewölbe dieses roten Steines sind,« sagte Ruprecht, »reden nur zu den Leuten, die aus dem Blute unsrer Grafen stammen, und jeder Tropfen ist aufgeschrieben, der seit siebenhundert Jahren aus einem ihrer Herzen rann, und keiner darf die Schrift lesen, der nicht ein Kind desselben Geschlechtes ist. Ihr seht, daß die Tore des Steines versiegelt sind, Ihr könnt nicht hinein, aber zu dem andern habe ich die Schlüssel.«
Und er schloß das Gitter auf und führte sie durch eine

heitere Allee von Linden auf den Kirchhof. Es war der stillste Ort, den Heinrich noch auf dem Berge gesehen hatte, fast zum Frieden und Schlummer ladend; denn von drei Seiten war er durch den Eichenwald des Julian umgeben, so daß beinahe kein Lüftchen, ja kein Ton von außen zu dieser Insel dringen konnte: von der vierten Seite stand das alte Schloß und die Lindenallee, grau und grün gemischt – und von oben war die tiefe Bläue des Himmels und das niederfließende Gold der Sonne. Auch war jene wimmelnde Bevölkerung von Kreuzen und Zeichen nicht da, womit sonst so gerne die Erhabenheit eines Totengartens zerstört wird, und womit der Mensch seine armen Flitter auch in dieses ernste Reich hinüber trägt, sondern auf dem gleichen Rasen waren nur einige unbedeutende Merkmale, die Ruhestelle treuer Diener des Hauses bezeichnend, und in der Mitte stand ein hohes Kreuz von weißem Marmor, als Zeichen des allgemeinen Friedens und der allgemeinen Gleichheit. Viele Mitglieder des Geschlechtes ruhten ohne Grabmerkmal, wie sie es verordnet, unter der allgemeinen einfachen Decke des Rasens; andere aber lagen mit Wappen, Zeichen, Zierden und Prunk in der weitläufigen Gruft unter der Kapelle. Heinrich und Robert stiegen in diese Gruft hinunter; Ruprecht, der sie ihnen aufgeschlossen hatte, blieb oben auf einem Marmorwürfel sitzen, der aussah wie ein unfertiger Grabstein. Die Gruft hatte nichts anderes, als eben Grüfte zu haben pflegen: Särge, Wappen, Vergänglichkeit – alles bedeckt mit Pomp und Moder, nur ein einziger Sarg stand da, ganz einfach von Eichenholz gezimmert, ohne das geringste Zeichen, jà sogar ohne Namen. Sie stiegen nach einiger Betrachtung wieder hinauf, und wie sie aus dem dunklen Tore der Kapelle ins Freie traten, hörten sie ein plötzliches Rauschen, und sahen noch das Wegflattern des Gewandes und den Sprung des Hundes. Das wilde, scheue Kind, Pia, war in ihrer

Abwesenheit bei Ruprecht gewesen und hatte bei ihrer Ankunft die Flucht ergriffen; sie sahen nur noch, wie sie hinter einen Holunderbusch, der an der Kirchhofmauer stand, verschwand, aber dort stehen blieb, und durch eine Öffnung ihr schönes Gesichtchen herausbog und halb dreist und halb geschreckt mit den übernatürlich glänzenden, schwarzen Augen die Fremden anstarrte – aber wie sich Robert nur regte, so zuckte sie weg, und wurde erst viel später wieder gesehen, wie sie mit Hüon auf einer roten Felskuppe stand. Von da an sah man sie bis gegen Abend nicht wieder. Heinrich konnte sich eines unheimlichen Gedankens nicht erwehren, wenn er sich diese zwei Wesen als die einzigen Bewohner des Berges dachte; den märchenhaft alten, blödsinnigen Mann und das verwahrloste, zartgliedrige Wesen, das in seiner Gesellschaft zu einem Wüstenvogel aufwachsen muß, der entsetzt aufflattert, wenn ihm die schöne Bildung eines Menschenantlitzes sichtbar wird.
»Sie ist stille und gut,« sagte Ruprecht, nachdem er die Kirchtüre gesperrt und den Schlüssel wieder zu den andern genestelt hatte, »sie saß die ganze Zeit, als Ihr in dem Gewölbe unten waret, hier auf dem weißen Steine und atmete ihr Laufen aus, und von dem Händchen quoll ein Blutstropfen, weil Ihr sie an den alten Mauern so erschreckt habt, und sie fragte, wer Ihr seid, und warum ich Euch denn nicht erschlüge, wie den Wolf, der auch im Winter in die Fichtenallee gekommen ist und mit Hüon spielen wollte. – – Sie wußte nicht, auf welchem traurigen Steine sie saß und die Worte von den Menschen und Wölfen redete. – – Sehet, dieses Ding da sollte, als er ihren Tod erfuhr, nach dem Vorbilde gemeißelt werden, worunter Chelion liegt; aber als Ihr das große Pergament brachtet, Herr Syndikus, und von seinem Begräbnisse erzähltet, da raffte der Werkmeister den Hammer und Meißel zusammen und ging fort, daß nun der eichene

Sarg ohne Namen unten stehen muß, und der Grabstein ohne Bedeutung hier oben liegen. Auch der Konterfeier ging fort und ließ die schönen, grünen, seidnen Vorhänge hängen – und sie hängen noch dort; denn das Grüne hat er sehr geliebt – – und Ihr müsset sie beide züchtigen, Erlaucht, die ungetreuen Knechte. Ach alles, alles ist nicht fertig geworden.«

»Lasse uns um Gottes willen das andere schnell abtun, – mir wird es unheimlich in der Gegenwart dieses alten Mannes«, flüsterte Heinrich seinem Begleiter zu.

»Lasse ihn nur,« versetzte dieser, »er ist ja übrigens ganz harmlos.«

»Ich werde Euch nun zum glatten Hause führen«, sagte Ruprecht, »und die Klausur der Frau Hermenegild aufschließen; aber es sind jetzt die Bienen drin – sie tun nichts und sind nicht wild; denn ich habe ihnen nie Honig genommen, sie tragen viel aus den Linden der Gräber herüber, und der ist süß und duftig – – ich werde Euch auch den Wein zeigen – folgt mir nur.«

Und er führte sie durch den Eichenwald dem sogenannten Sixtusbaue entgegen. Sie betraten ihn von der Hinterseite, und fanden wirklich hier den seltsamsten Haushalt: es lief ein langer, schmaler Glasgang mit erblindeten regenbogigen Scheiben längs des Gebäudes, und aus einigen zerbrochenen Scheiben desselben wogte es von Bienen aus und ein, und so viel man durch das trübe Glas erkennen mochte, war der Gang, insbesondere die Nischen, abenteuerlich mit riesenhaften Waben bebaut, und die allergrößte Tätigkeit herrschte fort, daß es einem ordentlich im Kopfe wirrte und schwirrte, je länger man dem Treiben dieses Knäuels von Republiken zusah, an einem zu solchem Haushalte so unpassenden und ungewöhnlichen Orte.

»Die Nonnen hatten sonst den Gang zum Lustwandeln gehabt,« sagte Ruprecht, »aber das ist nun nicht mehr möglich, weil sie tot sind, und wir können auch nicht dort gehen, wegen der Bienen; ich werde aber öffnen, wo wir durch die Zellen der heiligen Frauen kommen. – Im Winter gebe ich dem kleinen Geflügel immer Stroh; Graf Christoph nahm ihnen noch Honig, denn er war ihr Herr; aber ich lasse sie fortbauen, und es sind schon manche Schwärme in die Fichtau hinausgeflogen, weil sie meinten, es sei hier zu enge, oder weil sie taten, wie die Jugend überhaupt zu tun pflegt. Da die Frau Gräfin Hermenegild, als ihr Herr, Ubaldus, im heiligen Kriege gefallen war, die Zellen eingerichtet und die heiligen Frauen zur Anbetung Gottes berufen hat, dachte sie nicht, daß in den schönen Glasgang diese Bewohner kommen würden – – ja damals sind sie gewandelt und haben kunstreiche Arbeiten gemacht, die noch alle im roten Saale aufbewahrt sind; aber weil die Zellen nicht von dem Heiligen Vater geweiht waren, so wurde es nach dem Tode der Frau Gräfin untersagt, daß sie weiter bestehen; und die letzte der Nonnen starb, da mein Urgroßvater ein Kind war. Er ist auch Kastellan gewesen.«

Und bei diesen Worten hatte er ein Tor am Ende des Glasganges geöffnet, und führte sie nun durch Zellen und Gemächer, durch Refektorium und Sprechsaal – und sie sahen all das dumpfe, bestaubte Geräte, die schwarzen Bilder, die blinden Fenster und die zerfetzten Tapeten der Nonnen.

Gegen Ende dieser Dinge, wo wieder die andern Gemächer des Hauses beginnen, war einiges in Schutt, und allerlei Gänge öffneten ihre Höhlen. Hier sagte Ruprecht heimlich zu Heinrich, er sollte mit ihm gehen; denn er müsse ihm allein etwas zeigen. Heinrich zauderte anfangs ein wenig, aber durch Robert ermutigt folgte er dem Alten. Dieser gab in Miene und Bewegung alle Zeichen der höchsten Freude zu erkennen, führte ihn Trepp auf, Trepp ab, sperrte Türen auf und zu, machte endlich am Ende eines verfallenen Ganges Licht, und stieg mit ihm eine Wendelstiege hinab. Dort öffnete er ein äußerst kleines Türlein und führte Heinrich hinein: und siehe, da lag weithin Faß an Faß, der Greis in höchster Freude und Befriedigung zeigte darauf und sagte: »Ich habe das alles bewahrt; der große Eingang ist verschüttet, und diese Treppe wußten sie nicht, da sie kamen, alles zu beschauen. – Ich allein habe den Wein gepflegt, und pflege ihn noch; ich trinke keinen Tropfen – gebt mir nur ein wenig, wenn ich alt und krank werde – ich zeige dem andern, der mit Euch ist, nichts, denn sie wollen unser Eigentum verzetteln, und ich hätte ihn auch gar nicht in das Schloß gelassen, wenn nicht *Ihr* mit ihm gewesen wäret«, und bei diesen Worten brach er in ein kindisches Schluchzen aus, und ehe es Heinrich hindern konnte, hatte er sich niedergebückt und dessen rechte Hand geküßt, indem er lallend und bittend sprach: »Seid nur nicht mehr zornig, nun ist ja Bertha längst gestorben – und sehet, ich habe für alles und alles gesorgt und es gehütet wie mein eigenes Herz. O, ich habe unsäglich viel ausgestanden.«

Heinrich konnte seine äußerste Erschütterung nicht bergen, und der Gedanke, der in seinem tiefsten Innern saß, die fast unglaubliche Ahnung, die ihn hieher geführt, die Ahnung, die er nicht einmal seinem Freunde zu offenbaren gewagt, schien sich hier an dem Wahnwitze eines alten Mannes zu verkörpern und zu offenbaren.

›Wenns ist,‹ dachte er, ›wenns ist – –!‹

Er zitterte fast, nur um ein Haar breit in der verdunkelten Seele des andern weiter zu forschen, um sie nicht noch tiefer zu zerrütten. Die Verrückung jener Gesetze, auf deren Dasein im Haupte jedes andern man mit Zuversicht baut, als des einzigen, was er untrüglich mit uns gemein hat, trägt etwas so Grauenhaftes an sich, daß man sich nicht getraut, das fremdartige Uhrwerk zu berühren, daß es nicht noch grellere Töne gebe und uns an dem eigenen irre mache. Auch verlangte der Alte kein Zeichen, weil er sich selbst Rede und Antwort gab. Mit haushälterischer Geschäftigkeit führte er ihn von Faß zu Faß, zeigte die Neunziger, die Eilfer, den vom Rhein, die Ausländer, die Spanier, die Portugiesen – er zeigte ihm die Vorrichtungen, mit denen er nachfülle, die Fässer rein halte, die Luft wechsle – – in allem diesen zeigte sich die bewundernswerteste Zweckmäßigkeit. Er wurde immer vergnügter, und da er die wirklich erstaunliche Reihe von Fässern gezeigt hatte, näherte er sich vertraulich dem Ohre Heinrichs und sagte heimlich: »Das ist der neue Syndikus der schwarzen Stadt; sagt ihm kein Wort von dem vielen mächtigen Weine; denn sie versiegeln alles, bis Graf Christoph kommt: aber der kommt nicht mehr, und ist tot und im Mohrenlande begraben – auch Steuer und Abgaben gehen immer ein und werden im Rathause der schwarzen Stadt aufgehoben. Geht nur gleich, wie ich schon gesagt, in die grüne Stube, wo sie schon alle warten.«

»Wird aber nicht Pia Schaden nehmen, wenn wir so lange weg bleiben«, sagte Heinrich versuchsweise.

»Wer!?« entgegnete der Alte mit allen Zeichen des höchsten Erstaunens, indem er seinem jungen Begleiter mit der Laterne ins Gesicht leuchtete. Sein Geist hatte in Jahren geschwebt, wo Pia nicht war, und der Geier, der an seinem Gehirne fraß, das Mißtrauen an sich selbst, stand auf und schlug ihm die düstern Flügel um das Haupt. Er ging hastig und verstummt den Gang zurück, löschte das Licht aus, verbarg mit größtem Scharfsinne die Laterne, führte Heinrich in tiefster Dunkelheit wieder Trepp auf, Trepp ab, Gang aus, Gang ein, und sie standen endlich plötzlich bei Robert, der an einem Fenster ihrer geharrt hatte. Ruprecht war jetzt wieder ohne ein einziges Wort. Er schritt über einen Vorsaal, schloß auf und öffnete, sich anstemmend, die eingerosteten Türflügel zu den Gemächern. Eine Reihe von Zimmern empfing sie mit schwerer, verblichener Pracht; altertümliche, geschnitzte Geräte, wunderliche Tapeten, teils noch ganz, teils durch Moder und eigene Schwere zerrissen, Zeltbetten, Putztische, Sesselreihen, alles von altväterischem Prunke, kunstreich und doch fest gearbeitet, – alles bedeckt mit Massen von Staub und Spinnenweben, und ein trübes Licht fiel durch die blinden Scheiben von dem einsamen, funkelnden Tage draußen herein.

Mit den schwermütigen Gefühlen menschlicher Nichtigkeit und Vergänglichkeit wandelten die Freunde durch diese Stätten versunkenen Glückes und Elendes, und Heinrichs Herz war tief und ahnungsvoll erregt. Er mußte sich einige Male die Hand über seine Augen legen, um sich zu sagen, wo er sei, und um dem andern sein Inneres zu verbergen.

So hatten sie mehrere Zimmerreihen durchwandelt, einst zu dem verschiedensten Gebrauche bestimmt, von der Öde des Prunksaales an bis zur Heimlichkeit des einstigen Schlafgemaches. Der Alte war ohne viele Teilnahme hinter ihnen gewandelt, aber da die Zimmer zu Ende waren und sie wieder in einen Vorsaal gelangten, bog er plötzlich um eine Ecke, riß mit sichtlicher Hast und Freude zwei riesengroße Flügel auf – und ein zauberischer Anblick schlug den Freunden entgegen: es war der grüne Saal; mit dem feinsten, dunkelsten Serpentine waren die Wände bekleidet, riesengroße Fenster, von unten gegen oben zum Teile mit grauer Seide gedeckt, rissen sich gegen den glänzenden Himmel auf, und ihr Glas war glatt und spiegelhaft, als hätte man es in diesem Augenblicke gesetzt – der Grund aber war, weil es der Alte immer putzte. – – Und in der Lichtflut dieser Fenster stand, in die dunkle Ebene des Serpentins gerahmt, eine ganze Reihe der herrlichsten Bilder: es waren sämtliche Scharnast, Männer, Frauen und Kinder, von Haupt- und Seitenlinien – und wie der erste Blick zeigte, von den besten Meistern gemalt. Man sah selbst Rubens' und van Dycks Pinsel, die besten Deutschen und sogar den Spanier Murillo. Heinrich war erstaunt, ja er war betäubt über diese Herrlichkeit. – Da funkelte die Sonne in wundervollem Schmelze auf jener Rüstung, jenem Goldgehänge, jenen Vasen und Geschirren schwer und massenhaft, als müßte ihre Wucht von dem Bilde niederbrechen, – auf dem weichen Goldhaare der Frauen, auf jenem Antlitze, in dem lieblichen Auge, auf dem Munde, der eben nur gesprochen haben muß, auf der Hand, die auf dem Marmortische ruhte oder den schweren Samt emporhielt – auf den Gesichtern der Männer, über die, obwohl in tausend Gedanken und Leidenschaften zersplittert, doch dieselbe Familienähnlichkeit hinlief, – alles glänzte und funkelte da, von der furchtbaren Körnigkeit jener Menschen in Stahl und Eisen angefangen bis zu der Pedanterie und Weichheit derer, die in Tressen und im schwarzen Fracke sind.

Robert, der auch den Saal noch nicht gesehen hatte, war eben so bezaubert wie Heinrich; – Ruprecht im Übermaße der Befriedigung und des Stolzes stand da und drückte sein Gefühl dadurch aus, daß er abenteuerlich und ungeschickt mit seinen Fingern in dem großen Bunde Schlüsseln, den er trug, suchte und arbeitete und nestelte. Er hatte sein Barett abgenommen, als wäre er in der Kirche.

Nachdem der erste Eindruck dieser Einfachheit und Größe [denn selbst die Bilder waren weitaus über Lebensgröße] in etwas vorüber war, ging man zur Betrachtung der Einzelheiten über. Da hing gleich zu Anfang der alte Hans, ein frommer Herr und Ritter, daneben sein Eheweib Adelgund, ein echt deutsches Gesicht, wie sie uns so gerne aus den Bildern Albrecht Dürers ansehen.

– Von ihm ab folgte die Reihe eiserner Männer und sittiger Frauen: Bruno und Brigitta – Benno und Irmengard – dann Abaldus, dann Hermenegild, die Nonne – Johannes, der Kreuzfahrer – – und andere und wieder andere – eine ganze Reihe. Vorzügliche Gemälde waren alle, obwohl sie augenscheinlich viel später gemalt wurden, als die Urbilder lebten, aber wahrscheinlich nach vorhandenen, wenn auch schlechten Originalen, denn dafür sprach der in allen Gesichtern der Männer fortgehende Familienzug. Die Namen standen in großen Goldbuchstaben unter jedem Bilde auf dem dunklen Serpentine. Was Heinrich ganz besonders wohl tat, war, daß die Bilder ziemlich tief herabgingen und von oben beleuchtet wurden, wie es denn überhaupt hervorging, daß der Gründer dieser Anstalt nicht die Bilder des Saales wegen aufgestellt, sondern daß dieser in seiner ungeheuren Größe und einfachen Pracht nur zur Verherrlichung jener dienen sollte. So war auch im ganzen wüsten Zimmer nicht ein einziges Gerätstück; bloß an Fenstervorhängen waren die mannigfaltigsten, behutsamsten Vorrichtungen, um teils die verschiedensten Lichterspiele auf die Gemälde wirken lassen zu können, teils dieselben vor unmittelbarer Sonne zu schützen. Und wie sehr Ruprecht mit der Sache vertraut war und sie liebte, zeigte der Umstand, daß er oft durch unbedeutende, gelegentliche Züge an Schnüren oder Federn ganze entfernte Bilderreihen plötzlich in das zarteste Licht legte, da sie vorher in ungünstiger Dämmerung geschwebt hatten.

Von den Frauen war keine einzige unschön, manche voll herrlicher Anmut, und einige Jungfrauen blendend und untadelig. – Von den Männern war keiner unbedeutend, viele schön, einige voll Schwärmerei oder Gewalt des Geistes; alle mit einem sonderbaren Zuge von Überschwenglichkeit, wie mit einem Familienzeichen behaftet: – da war Johannes, der Erbauer der Sphinxe und des

Obeliskus – dann Sixtus, der Gründer dieses Baues und wahrscheinlich auch des grünen Saales, dann Ubaldus, der strenge Krieger – und andere. – – Weit unten von denen saß ein alter Mann mit einem Blicke, als glühte Dichtkunst oder Wahnsinn drinnen: es war Prokopus, der Sterndeuter. – Jungfrauen in sanfter Schönheit prangten neben ihm, seine Töchter, und hart daran ein seltsames Paar, zwei Männer: der eine in reichem Goldkleide, widrigen Antlitzes mit furchtbarem, rotem Barte, der andere im armen grünen Jagdkleide, ein sanftes Bild der größten Jugendschönheit; es waren die Brüder Julianus und Julius, Söhne des Prokopus – – Heinrich erschrak; denn wenn es wahr ist, was ihm ein gesendeter Zufall erst kürzlich geoffenbaret, wenn er ein später Sprosse all dieser Männer ist, so war es dieser Jüngling Julius, durch den der Strom in sein fernes, abgelegenes Heimattal geleitet wurde, daß er selbst nun heute, nach mehr als anderthalb Jahrhunderten, ein verschlagner, unbeachteter, letzter Tropfen desselben, vor der reichen Quelle stehe, aus der er kam. – Wie seltsam die Schicksale der Menschen und der Geschlechter sind! Was mußte nicht geschehen, daß er heute hier stehe und auf die zarte Stirne und die großen, freundlich lodernden Augen eines Knaben schaue, der vielleicht sein Ur-Ur-Großvater ist, jener Mann, von dem er so viel reden gehört, der gekommen sei, man wußte nicht, woher, der gewaltet, gewirtschaftet und gelebt habe, so herrlich wie kein Mensch, und den er sich nie anders denn als schwachen, verkommenen Greis vorstellen konnte, weil der Großvater erzählt hatte, wie er so schön im weißen Barte und schwarzen Samtkleide auf dem Paradebette gelegen sei, als man gekommen, um ihn mit Gepränge zu begraben, weil er heimlich ein vornehmer Herr und Graf gewesen.
Robert stand neben dem Freunde – und ahnte nicht, was in demselben vorgehen mochte. Auch der Greis Ruprecht

schaute so gleichgültig und blöde auf alles, als verstände er nichts.

Indessen blickte dasselbe Schwärmerauge des Prokopus aus dem Bilde, dieselben guten, sanften Blicke der Jungfrauen und dieselben ungleichen Mienen der feindlichen Brüder.

Man ging endlich weiter.

Julianus war der letzte im Harnisch gewesen, aber auch dieser, ein leichtes, vergoldetes Ding, war mehr Spielzeug als Waffe. Nach ihm begannen die kleinen Degen und die Bordenkleider und Reifröcke, und – merkwürdig – war es nun Zufall oder war es Zeichen jener Zeit, die, sittenloser als eine, auch ihren fahlen Fittig über diesen entlegenen Berg geschattet hatte – die bisherige Reihe bedeutungsvoller Köpfe brach hier ab, und es folgten einige von vollendeter Nichtigkeit, ein Gebäude von Borden und Locken und Angesichter voll Zeremonie und Leerheit. Erst gegen das Ende, bevor der ganze Bilderreigen überhaupt abbrach, gleichsam wie der letzte Glanzblitz einer erlöschenden Flamme, saß noch eine Gruppe, welche Auge und Ahnungsvermögen jedes Beschauers an sich riß; für unsere Freunde aber durch die aberwitzige Vermittelung des alten Mannes wahrhaft erschütternd wurde.

Die Zeit der Borden und Zöpfe nämlich hörte plötzlich bei einem Manne auf, der in ganz fremder Kleidung da saß, die gar keinem Jahrhunderte der Geschichte angehörte; einer Gattung weitfaltigen, rabenschwarzen Mantels mit roter Seide ausgeschlagen. Ein Kopf voll Schönheit und Bedeutung sah ernst und doch sanft schwärmend daraus nieder: ›Jodokus‹ stand unter dem Bilde. Die Männer sahen ihn neugierig an, den Menschen, von dem so abersinnige Gerüchte umgingen, und der doch so ruhig und gelassen-tatfähig aus dem Bilde sah, wie man es etwa von einem Epaminondas erwartet haben würde.

Auf einmal, da sie so hinsahen, ertönte hinter ihnen schüchtern, da er seit langem wieder zum ersten Male das Wort nahm, die Stimme Ruprechts, welcher sagte: »Er hat selbst den himmelblauen Vorhang im Testamente so verordnet, wie er ist, und daß er nur gehoben werde, wenn dringender Grund ist, das Bild zu sehen.«
Die Freunde blickten auf, und wirklich bemerkten sie, was sie im Augenblicke vorher nicht beachtet hatten, daß das Gemälde neben Jodokus mit blauer Seide verhängt war.
»Nun, es ist dringender Grund,« sagte Robert lächelnd, »enthülle das Ding.«
Aber der Alte achtete nicht auf die Rede dieses, sondern mit einem düstern, verzagten Seitenblicke Heinrich streifend, sagte er: »Ja, ja, es ist dringender Grund – ein dringenderer kann gar nicht sein; aber ich warne Euch – Ihr werdet Euch entsetzen.«
Einen Augenblick zauderte er noch, dann aber tat er einen kurzen Zug an einer seidnen Schnur, der Vorhang rollte sich von selber empor, klappte in eine Feder, blieb stehen – und der alte Mann trat weit in den Saal zurück, als wäre er von tiefster Erschütterung ergriffen – aber, was sie sahen, war nicht zum Entsetzen, es war eher lieblich und schön: eine kleine weibliche Figur war auf dem Bilde gemalt, wie ein Kind in sanfter Trauer, und doch wie ein vermähltes glühendes Weib. Über dem schwarzen Seidenkleide hielt sie ein lichtes Antlitz, so seltsam und schön, wie eine Blume über dunklen Blättern. Die kleine, weiße Hand lag auf Marmor und spiegelte sich drinnen. Die Augen sahen fremd und erschreckt. Zu ihren Füßen, als friere er, schmiegte sich ein Goldfasan. Unten im Serpentine stand: ›Chelion‹.
Die zwei Männer hatten lange und mit größtem Wohlgefallen den Schmelz dieses Bildes betrachtet, aber wie sie sich endlich zum Gehen wegwandten, sahen sie zu

ihrem Erstaunen den greisen Kastellan mit äußerster Verzückung nach dem Gemälde starren. Er hatte sich nicht im geringsten geregt, und war weit hinten im Saale gestanden. Die Freunde richteten bei dieser Erscheinung, gleichsam wie durch Verabredung, noch einmal ihren Blick auf das Bild, und als nach einer Weile Heinrich sagte: »Sie ist aber eigentlich auch wundervoll schön und seltsam«, hörte man den Alten schleichenden Trittes herzugehen, und wie er in die Nähe Heinrichs gekommen, streckte er tastend seine Hand gegen ihn, daß der dürre Arm weit aus dem Ärmel des alten Rockes vorstand, und rief mit leiser, heiserer Stimme: »Ja, das ist auch entsetzlich, das ist das Unglück, wie sie schön ist, wie sie über alle Beschreibung schön ist – – ich bitt Euch, wahrt Eure Seele, Graf Sixtus! auf den Knieen bitt ich Euch, wahret Euch vor Versuchung; denn die Hölle hängt nur an einem Haare – – alles ist gut abgegangen; – er hat sie lieb gehabt, fort und fort, wie der Adler sein Junges, aber da war sie weiß, ehe sie gestorben ist, so weiß war sie wie die Lilien, die unten im Sumpfe wachsen und die Häupter auf das schwarze Wasser legen – – und mich hat er oft angeschaut mit den glänzenden Augen – und da er schon den langen, weißen Bart hatte, hat er mich angeschaut mit den schwarzen Augen, wie nachts die Eule blicket; – aber ich habe die Zähne meines Mundes zusammengeschlossen wie Eisen und kein Wort durch sie herausgelassen, – und dann hat er mich auch wieder lieb gehabt, und da er unten am Häuschen saß und die Sonne schien, da hat er meine Hand genommen und sie gestreichelt und gesagt: ›Lieber Ruprecht, lieber Ruprecht!‹ denn seht« – hiebei neigte sich der Greis gegen Heinrichs Ohr und flüsterte mit bedeutsamem Lächeln – »er war seine letzten Tage blöde und wahnsinnig.«

Die zwei Männer schauderte es ins tiefste Mark der Seele, und Heinrich trat einige Schritte weg, aber der

wahnwitzige Kastellan folgte ihm sachte mit glänzenden Augen: »Er hätte Euch über den Stein hinabgestürzt – Ihr seid aber auch viel schöner, als er es je gewesen – ich habe ihn recht gut gesehen, wie er bei Prokopus' Turme stand, es war Nacht, und sein schwarzer Mantel war so finster wie die Wolken, die draußen wehten und Blitze zogen – der Seidenmantel knisterte – und es war eine so heiße Nacht, wißt Ihr? und sie dauerte so lange, als wie sonst drei, aber endlich wurde es Morgen und klar, Ihr waret fort – – es ist sehr gut, daß Ihr fort waret – – und es kamen so schwere, so schwere Zeiten – ich habe Euch gesagt, daß sie wie eine Lilie weiß war und noch kleiner als sonst immer, und alle sind gestorben, die arme Chelion starb, mein Weib Bertha starb, Ihr starbet, und wie er das Schloß angezündet hatte und unten im Häuschen auch tot lag, lange gestreckt, den weißen Bart wie ein zerfetztes Banner haltend, da kam ihr Sohn, der arme Christoph – seht Ihr ihn daneben – aber er ist auch tot, und Narcissa – und alle sind sie tot – –...«
Unwillkürlich sahen die Freunde auf das Nebenbild der Chelion, und wirklich stand ein junger Mann darauf, ihr vollendetes Abbild – wie sie so seltsam und schön, aber mit trüben, schwermutsvollen Blicken. Dieser war also der letzte Besitzer des Berges gewesen.
Zu einer andern Zeit und in anderer Lage würden sie lange vor diesen merkwürdigen Bildern und Naturspielen gestanden sein, aber in diesem Augenblicke war es ihnen nicht möglich; denn der alte Mann neben ihnen war von einer so furchtbaren Erregung gefaßt, daß er bei seinen letzten Worten in ein krampfhaftes Weinen ausbrach, die Hände vor das Gesicht schlug und die überreichlichen Tropfen zwischen den dürren, faltigen Fingern hervorquellen ließ, so daß sein ganzer Riesenbau vor Schmerz zitterte, wie der See schwankt, wenn ein ferner Sturm tobt. Das Herz der Freunde tat einen Blick

in die Schlucht einer verworrenen, vielleicht grausenhaften Tat – sie konnten nicht forschen, und wollten es nicht; denn bereits funkelte der Wahnsinn, wie ein düstres Nordlicht, an allen Punkten des unglücklichen Wesens vor ihnen, und sie mochten ihn nicht steigern, daß er nicht etwa überschlage und dem, wenn auch uralten, Körper Riesenkräfte gebe und zu Entsetzlichem treibe – auch hat das Menschenherz eine natürliche Scheu, den dunklen Spuren eines andern nachzugehen, auf denen es zu Schuld und Unglück wandelte. Deshalb schwiegen sie beide tief und ernst, selbst gegen einander, und blickten nur noch trübe auf die beiden Bilder: Mutter und Sohn. Chelion war schön wie ein reiner Engel, und Christoph war es wie ein gefallener. Neben ihm war kein Bild mehr, sondern die lange Reihe leerer Nischen für alle noch Ungebornen, als hätte der Gründer auf eine Ewigkeit seines Geschlechtes gerechnet.
Die Freunde wandten sich nun zum Fortgehen. Ohnehin war ihnen die Luft dieses Saales drückend geworden. Sie wollten unbeachtet an Ruprecht vorübergehen, überzeugt, daß er ihnen, sich sänftigend, stille folgen würde. Aber wie er ihre Absicht erriet, ließ er plötzlich die Hände von seinem Gesichte fallen, und statt der vorigen Erregung sahen sie nun das äußerste Erstaunen darinnen, so, daß ihm sogar vor Schreck die Tränen stocken geblieben und wie gefrorne Tropfen in dem weißen Reife seines Bartes standen: »Aber wie seid Ihr denn ?« rief er mit heftiger Stimme, »wozu habe ich Euch denn hergeführt ? wozu seid Ihr denn zurückgekehrt ? Ich habe den ganzen Tag die Geduld mit Euch gehabt, ich habe ja die höchste Geduld gehabt, als Ihr immer und immer die andern Dinge des Berges anschautet und nicht ginget, wohin ich Euch führen wollte, ich habe die Geduld gehabt, um Euch endlich auch zu zeigen, was ich getan habe – warum wollt Ihr denn nun fortgehen ?!«

»So zeige uns nur, alter Mann, was du getan hast,« sagte Heinrich freundlich, »zeige es nur, wir freuen uns ja darauf.«
»Sehet,« rief der Greis besänftigter, »alle sind sie da, alle, die je lebten und atmeten auf dem roten Steine – sie sind versammelt in dem grünen Saale; nur *einer* war verworfen, – ich habe ihn immer sehr geliebt, und dachte, es soll nicht so sein – seht nun: *ich* war es, der es machte, daß Ihr schon im Saale standet, als er noch lebte, aber er wußte es nicht, er ging hinüber, und wußte es nicht. – – Wartet nur, ich will zuerst den blauen Vorhang herablassen, weil er nicht offen stehen bleiben darf.....«
Diese letzten Worte hatte er beschwichtigend und vertraulich gesagt, und dann lief er gegen Chelions Bild: »Hüll dich ein,« sagte er murmelnd, »du schöne Sünde, hüll dich ein, du Apfel des Paradieses« – – und er zog wieder an der Schnur, und freiwillig, wie hinauf, rollte sich nun der Vorhang herunter, Stück um Stück den Schimmer des Bildes deckend, bis nichts mehr sichtbar war als die unschuldige Seide, straff gespannt und matt erglänzend. Dann zu heller, unheimlicher Freude übergehend, sprang der Greis zu der leeren Nische neben Christoph, drückte gegen eine Feder, und zum Erstaunen der Männer sprang der Serpentin los – und in das Krachen mischte sich das triumphierende Kichern und Lachen des Greises. Sie sahen nun, daß der Stein bloß auf eine Kupfertafel gemalt war, daß sich diese völlig umlege und noch ein Bild entblöße, das sie vorher gedeckt hatte. Es war ein Männerbild, und im Serpentine unten stand: ›Sixtus II.‹
Allein das Bild war das Heinrichs Zug für Zug, nur in fremden Kleidern.
Der Alte rieb frohlockend und herausfordernd die Hände, als wollte er sagen: »Nun?! nun?!«
Robert war zum äußersten betroffen. Er hatte bisher die

zwei andern begleitet, wie einer, der bloß Merkwürdigkeiten anschaut, nun aber wußte er plötzlich nicht mehr, woran er sei – – zwar ein Gedanke, blitzschnell und abenteuerlich, schoß durch sein Gehirn, aber er war zu lächerlich, als daß er ihn nicht sogleich hätte verwerfen sollen – nur fragend blickte er gegen den Freund. Dieser aber, der ebenfalls die Sache zu fassen begann, war anfangs totenblaß, dann allmählich flammend rot geworden; – der stummen Frage des andern aber konnte er eben so wenig eine Antwort geben. Bloß der wahnwitzige Greis war der einzige, der völlig klar war; mit einer Freude und Geschäftigkeit, die man an ihm gar nicht zu ahnen vermocht hätte, ging er sofort an das Werk der Erklärung, und in dem listigen Lächeln seines Angesichtes schwamm die gänzliche Beruhigung, die er über seine Anstalten empfand.
»Ich habe Euch bloß«, begann er, »nach dem kleinen, runden Bilde machen lassen, das im Deckel Eures feinen Reisekästchens war – wißt Ihr? – ich habe es nach jener Nacht herausgestohlen und aufbewahret. Ein alter, alter Mann hat Euch konterfeit, Ihr müsset ihn erst belohnen; denn er hat Euch sehr geliebt. Des ganzen lieben Tages Länge saß er oben im Julianusschlosse, über die sinkende Stiege hinauf, wo ich ihn versteckt hielt, und wohin ich ihm Essen und Trinken brachte. Dort malte er, und viele Tage und Wochen vergingen, ehe Ihr so herrlich wurdet, wie Ihr jetzt seid. Der arme Mann! weil er so alt war, mußte ich ihn immer beinahe die Treppe hinauftragen, daß sie unter uns knitterte und einzustürzen drohte. ›Gott lohne es Euch, Ruprecht,‹ hatte er gesagt, ›Gott lohne es Euch, wenn Ihr alt werdet.‹ Er hat noch keinen Heller für das Bild, Ihr müßt ihm einen Lohn geben; denn sein Alter ist darbend und verachtet.«
»Ach, der ist wohl schon jenseits aller Heller und Millionen«, sagte Heinrich trübsinnig.

»Und nun,« fuhr der Kastellan begeistert fort, »nun muß das falsche Kupfer weg; wir werden Euch neben Jodok und Chelion setzen, weil Ihr früher seid als Christoph, und dieser muß auf Euren Platz herunter. – Fürchtet Euch nicht, Graf Sixtus, der andere ist schon gestorben – er ist alt, sehr alt gewesen, und hat einen langen, weißen Bart gehabt; und ›lieber Ruprecht‹ hat er gesagt, wenn er auf der Bank des kleinen Häuschens saß – und Christoph ist auch tot. – Narcissa darf nicht in den grünen Saal, weil sie noch nicht angetraut war, ihr Bild ist auch nicht fertig, und es war ein barscher Mann, der sie konterfeite, und ging fort, als Christoph tot war – und Ihr aber, Erlaucht, kommt nun, und bringet Diener und Leute auf den Berg, daß es wieder lebe und wimmle, und eine Nachkommenschaft werde, den ganzen Saal zu bemalen und die ganze Zukunft zu erfüllen bis zum Jüngsten Tage.«
»Lasse ihn in seiner Ahnung,« sagte Robert, »es dürfte eher sein Gehirn zersprengen, ehe wir ihm begreiflich machen, daß du nicht Sixtus seiest.«
»Bin ich auch nicht Sixtus,« antwortete Heinrich, »so bin ich doch einer von diesen da – – ich bitte dich, frage jetzt nicht, mir ist alles sonnenklar, nur zittert jeder Nerv in mir. Ich werde dir alles – alles enthüllen, frage nur jetzt nicht.«
Und in der ungeheuren Aufregung, in der er war, ging er gegen Ruprecht, und als glaube er es selber, sagte er zu ihm: »Sei gepriesen, alter Mann, für das, was du getan hast – ich danke dir dafür, ich danke dir, und ich werde redlich sorgen für alle deine künftigen Tage.«
Dem Greise war in seiner Schwäche ein kindisches Weinen über diesen Dank angekommen, aber es äußerte sich nur darin, daß ein Zucken und allerlei Bewegungen und Regungen emsig durch die Falten des verfallenen Angesichtes liefen. Er beugte sich mehrmal, und beugte sich

tief und vornehm, wie ein belohnter Diener – es wäre lächerlich gewesen, wäre es nicht schauerlich erschienen. »Ich tat nur meine Schuldigkeit,« sagte er, »ich tat nur meine Schuldigkeit!« Dann ging er mit allen Zeichen der Befriedigung und mit einer gewissen Würde in seiner Gestalt gegen das Bild und sagte: »Zum letzten Male wollen wir es schließen, Erlaucht, daß es nach kurzem offen strahle vor den Augen aller Menschen, und auf ewige Zeiten. O, ich habe Euch gleich gekannt,« fügte er zufrieden lächelnd hinzu, »da Ihr heute Einlaß verlangtet!« – Mit diesen letzten, fast heimlich gesagten Worten drehte er den Kupferdeckel wieder herum und fügte ihn ein, so daß keine Spur blieb, wo er sich früher geöffnet.

»So, jetzt ist alles geschehen und gesehen«, sagte er und trat zurück. Wirklich waren nun alle folgenden Nischen in langer Reihe leer, und die Freunde wanderten noch den Rest entlang, dem Tore zu, das sie in die andern Gemächer des Baues führte.

Daß sie dem, was nun folgte, wenig Aufmerksamkeit schenkten, begreift sich. Sie gingen noch durch mehrere Abteilungen des Sixtusbaues. An den grünen Saal stieß ein roter, gefüllt mit den tausenderlei Arbeiten der Frauen des Rothensteines, namentlich mit einer Unzahl Spielereien der Nonnen. Sonst möchte es nicht ohne Annehmlichkeit sein, diese Zeugen einer vergangenen Abgeschiedenheit zu betrachten, wie sie für den einen ein Glück, für den andern eine Trauer war, – aber die zwei Männer eilten vorüber, um nur so schnell als möglich Raum und Luft zu gewinnen und ihre Herzen gegenseitig ausschütten zu können. Nur ein Gemach, als sie all die Räume und Zimmer durchwandelt hatten, nahm noch ihre Aufmerksamkeit in Anspruch – es war das letzte, nahe an dem großen Tore gegen die Vorderseite des Baues gelegen, aus dem sie nun hinaustreten sollten. Das Gemach war der im Sechseck gebaute Malersaal, in welchem die Bilder zum grünen Saale verfertigt zu werden pflegten. Und auf eine schaurige Weise legte er jetzt den späten Besuchern diese seine einstige Bestimmung vor Augen; denn alles lag und stand noch so, als wäre der Künstler vor einem Augenblicke hinweggegangen: aber ausgedorrte Farben, Staub und Spinneweben zeigten, daß hier jahrelang keine menschliche Hand tätig gewesen sei. Dennoch waren noch alle Fenstervorhänge niedergelassen, bis auf einen, um das Licht auf die Leinwand zu sammeln. Eine lebensgroße Gliederpuppe saß da, und schwere, schön geordnete, grünseidne Draperie hing an ihr nieder, um auf das Bild gemalt zu werden; aber die scharfen Seidenfalten derselben lagen voll dichten, alten Staubes, und der Glanz des Stoffes war erblindet. Der rote Samtsessel, auf dem *die* saßen, die abgebildet werden sollten, stand leer; aber daneben auf der Staffelei war auch das unvollendete Bild von *der*, die zuletzt auf dem Stuhle gesessen. Um das Bild war schon im voraus ein breiter Rahmen von künstlichem Serpentine gemalt, um die Wirkung auf den künftigen Platz berechnen zu können; aber es kam nie auf diesen künftigen Platz. – Das Haupt war zwar vollendet, die Figur und der Grund aber bloß umrissen und untermalt, und die Hände waren weiße, verwischte Flecken. Heinrich jagte mit seinem Tuche den größten Teil des Staubes von dem Bilde, und getrübt durch den noch gebliebenen, sah ein schönes, schlankes Weib, wie eine Narzisse, demütig und selig aus der Fülle der schönsten, blonden Locken heraus.

»Geht vorüber, geht nur eilends vorüber,« sagte angstvoll dringend der Greis, »ich bitt Euch inständig, geht vorüber - es ist nur mein armes Kind – was soll ich denn hier stehen bleiben? – ich habe ja ohnedies schon um sie geweint. – – Sie sollte in den grünen Saal kommen, aber er wurde in dem Lande der Heiden erschlagen – der

Maler ging fort – sie starb. – – Seht, der Konterfeier ist hinterlistig wieder erschienen und wollte das Bild und die Sachen fortnehmen, aber ich sagte zu ihm, daß ich ihn erstechen werde, wenn er es täte – da ging er, und kam nimmermehr wieder. Ich bitte Euch, laßt stehen und gehen – – alles ist nicht zu Ende; alles ist falsch, ihre Ehre und ihre Erhebung ist falsch, wie der Stein, den sie um ihr Bildnis gemalt haben. – – O, vieles, vieles ist fürchterlich geworden, seit Ihr fort waret: Graf Jodok hat seinen Sohn Christoph verflucht, und dieser ist nicht gekommen, bis der Vater tot war, und dann kam er, und war wie eine scheue Amsel auf dem Berge und gesellte sich zur schlanken Ammer, die immer erschrocken das Köpfchen warf. – – Aber sie beide waren so schön, wie gar nichts auf Erden, und lauter Friede und Heimlichkeit war auf dem Berge. – – Laßt sie ruhen – laßt sie ruhen! – Hier ist das Tor; Ihr könnt ja gleich in den indischen Garten des bösen Jodok kommen. Seht, der Garten ist so schön – geht nur hinaus, geht hinaus, ich bitt Euch.«

Und hastig hatte er bei diesen Worten das Tor der ganzen Breite nach aufgerissen. Feines, liebes Grün sah einladend herein. Er zeigte hinaus; er war sichtlich erleichtert, als die Freunde das Gemach verlassen hatten. Dann mit Kraft und Schnelle jagte er die Flügel zu, drehte dreimal den Schlüssel im großen Schlosse um und schlug noch mit der Faust auf das eiserne Tor, recht freudig, daß es einmal zu sei. – Aber auch die Männer waren erleichtert, als der düstre, schwarze Bau gleichsam hinter ihrem Rücken zurückwich, und die helle, grüne Landschaft glänzend in der Nachmittagssonne vor ihnen lag und sich die Flut des lieben, vertrauten Sonnenlichtes wieder um sie ergoß. Es war ein reicher Garten, durch den sie gingen, voll der sanftesten Sträuche und Bäume nebst Resten verkommener ausländischer Gewächse.

Mitten in dem Garten stand ein großer, weißer Würfel aus dem feinsten Marmor gehauen, mit der Inschrift: ›Jodokus und Chelion.‹ Sie gingen vorüber, dann gelangten sie in den griechischen Säulenbau des Jodok, das sogenannte Parthenon. Die Säulen standen hoch und prächtig in die Lüfte, und Gemächer und Korridore liefen; aber alle die Keuschheit des Marmors war häßlich von Rauch und Flamme geschwärzt und verödet – eine Schicht unreiner Ziegel lag zwischen den beschmutzten Säulen und schändete die edle Leiche des Gebäudes.
Sie weilten auch hier nicht lange – und es war auch nichts zu sehen als die leere, hohle Hülse einstiger Wohnlichkeit, in der nun die Trauer brütete. – Sie gingen hinter dem Gebäude durch einen weitläufigen Obstgarten nach und nach um die Bergkuppe herum und stiegen dann durch den erstorbenen Fichtenhain zu dem Turme des Sterndeuters Prokopus hinan. Der Turm selber war leer, nur daß noch Trümmer von astronomischen Geräten, Mappen und Büchern herumlagen.
Aber an der Außenseite desselben war gegen Süden eine riesenhafte Äolsharfe gespannt. Ihre Saiten gingen von dem gepflasterten Steinboden, der rings um den Turm lief, bis auf die Spitze desselben empor, und sie wogten leise, tief und zart im Hauche der leichten Luft, als die Freunde eben davor standen, gleichsam als rede sie jetzt freundlich zu ihnen, während sie öfter unter Tags einen lauten, langen Ruf über die Berge getan.
Mit dem Turme des Prokopus war die andere Seite des Schloßberges gewonnen, und sie begannen nun den Rückweg. Der alte Pfad, der von dem Turme abwärts lief, wand sich wieder sachte um die Wölbung des Berges dem Tore zu, durch das sie hereingekommen waren, weil es das einzige in der ganzen Ringmauer war. Ehe sie zu dem Platze der Sphinxe und des Obeliskus gelangten, trafen sie auf die Wohnung des Kastellans – es war ein

niederes, breites Haus, an einer heißen Sandlehne gelegen – und hier sahen sie noch einmal das Kind Pia, wie es mitten unter Ringelblumen in verwahrloster Gartenwildnis schlief. Ein steinaltes Mütterchen, wahrscheinlich die Magd Ruprechts, saß bei ihr und wehrte ihr die Fliegen. Auch der Hund saß nebenan und betrachtete klug die Gruppe.

Ruprecht war auf dem Wege von dem Berge herab wie ein Lamm hinter den Männern gegangen. Jetzt, wie sie ein wenig anhielten, um die Gruppe im Garten zu betrachten, und er an ihnen vorbeikam, sahen sie, daß seine blaßblauen Augen ganz leer standen, daß er auf die Seinen keinen Blick tat und geradeswegs gegen die Ringmauer zuschritt. Dort angekommen, öffnete er die Pforte und wies die Männer unter denselben Verbeugungen hinaus, wie er sie hereingewiesen hatte. Sie traten durch das schmale Drehtor und hörten hinter sich die Vorrichtung knarren und den Schlüssel rasseln. Nach einigen Schritten, die sie gebeugt durch das verwachsene Haselgebüsche getan hatten, standen sie wieder in der Fichtenallee vor dem weißen Mauerflecke, wie sie vor einigen Stunden gestanden waren, ehe man sie hineingelassen hatte.

Die Nachmittagsluft seufzte wieder eintönig in den langen, haarigen Zweigen, wie es die am Vormittage getan, und die Stille und die Harzdüfte sanken wieder von den Wipfeln. Das Rätsel des Berges, das Heinrich gesucht, lag nun hinter ihm, und die graue, hohe, stumme Mauer stand wieder davor.

Da sie nun allein waren, und da sie die unbetretene, unbefahrne Straße der düstern Allee abwärts zu schreiten begannen, sagte Robert zu Heinrich: »Nun aber um Gottes willen erkläre, was soll alles das bedeuten?«

»Ich will es dir sagen,« antwortete Heinrich, »aber zuvor erkläre *du* mir, wie es denn kam, daß du nie von diesem außerordentlichen Schlosse und seinem wunderlichen Testamente zu mir gesprochen hast, da ich doch schon so viele Wochen in der grünen Fichtau wohne und so oft mit dir zusammengekommen bin?«

»Deine Frage ist noch wunderlicher als die Sache selbst«, erwiderte Robert. »Wie konnte mir beikommen, eben weil du schon viele Wochen in der Fichtau warest, daß du von einem Dinge nichts wissest, das doch in aller Leute Munde war? und wie sollte ich freiwillig wieder von etwas beginnen, von dem man eben erst aufgehört hatte zu reden?«

»Nun, so hat mich denn ein Wunder in dieser Angelegenheit geführt,« sagte Heinrich, »sonst wäre sie gerade für *den* verloren gewesen, den sie doch am meisten anging, der mitten im Gespräche darüber saß und nicht einen Laut davon vernommen hat! – Höre mich an. Du weißt, wie ich dir sagte, daß ich wunderbare Ruinen gefunden, und daß ich den närrischen Fichtauer Wirt darüber zu Rede gestellt; – du weißt, daß du mir dann selber das sonderbare Testament dieser Scharnasts auseinandergesetzt hast: aber das weißt du nicht, daß ein furchtbarer Blitz auf mich von heiterem Himmel gefallen war – daß ein solcher Scharnast mein Ahnherr gewesen – und daß ich es doch keinem Menschen dieser Erde zu entdecken wagte, weil es dennoch unwahr sein konnte – ach, es schwebte mir ja kaum wie ein dunstiger, duftiger Nebelstreifen vor, der dahin sein konnte, ehe man ihn erfaßt. – Ich schrieb desselben Abends, als ich mit dem Wirte und deinem Schwiegervater gesprochen hatte, noch an meine Mutter, und befragte sie, wie unser Ahn geheißen, und welche seine Verhältnisse gewesen – und ich schickte den Brief noch in der Nacht nach Priglitz auf die Post. Darum, Freund, war es auch nicht Neugierde allein, was mich auf diesen Berg trieb, sondern ein Instinkt, der auf seinen Gegenstand weist, wenn er ihn auch noch nicht kennt. Siehe, dir muß der Kastellan, dir muß meine Ähnlichkeit mit jenem Bilde aberwitzig gewesen sein, und mir wurde es klar, wie die Sonne des Firmamentes. Ich will dir jetzt auch alles erzählen, merke wohl auf. Vor hundertundzwanzig Jahren kam ein Mann in unser Tal, das damals fester, dichter Wald war, kaum von einigen Hütten und Feldern unterbrochen. Der Mann hatte niemand als ein wunderschönes Mädchen mitgebracht, war sehr alt, trug einen weißen Bart und dunkle Kleider. Mit Werkleuten und Knechten, die er aufnahm, baute er ein schönes, weißes Haus auf dem Waldabhange und erweiterte um dasselbe den Raum in Gärten und Feldern. Sodann soll er allen, die um ihn wohnten, Gutes getan haben; er soll sie angeleitet, in tausend Dingen unterrichtet und überhaupt weise und ruhig gelebt haben. In jener Zeit geschah es auch, daß mein Urgroßvater, ein wohlhabender, gelehrter Mann und Pflanzenkenner, angezogen durch die wilde Schönheit des Waldtales, sich ebenfalls darin ansiedelte und ein ähnliches Haus baute wie der eingewanderte Alte. Da nun aber der Urgroßvater noch sehr jung war und, wie die Familiensage spricht, sehr schön, so geschah es wieder, daß sich er und die Tochter des fremden Mannes sehr gefielen und endlich heirateten. Der weise Greis hat noch lange gelebt, und ist an die hundert Jahre alt geworden. Erst bei seinem Tode kam es zu Tage, daß er ein Graf gewesen und Scharnast und Julius geheißen. Es sollen – waren es nun Verwandte oder sonst nur Freunde – vornehme Leute zum Begräbnisse in den Wald gekommen sein; aber wo sie hingeraten, oder ob man noch etwas von ihnen gehört, davon wußte man später nichts mehr. Auch verlor sich die ganze Sage der Abstammung in unserer Familie, wie eine Dämmerung, die vergeht, so, daß kaum einer davon sprach, die andern es nicht glaubten. Denke dir nun, wie mir ward, da der Wirt die Namen nannte, die mir in den

Ohren klangen, und die ich kaum heraufbeschwören konnte – denke dir, wie ich in dieses Schloß trete und mich der irre Kastellan als Herrn begrüßt – wie ich auf jenem Bilde in längst verschollenen Kleidern stehe – wie ich als Genosse in den Jugendgeschichten eines uralten Mannes spiele. – – Wenn es nun ist, denke dir, wenn es ist: dann ist jener schöne, sanfte Knabe Julius in Jagdkleidern der weise Greis aus unserm Walde, dann bin ich in die Fichtau gegangen, um Blumen und Steine zu sammeln, und habe das tote Geschlecht meiner Väter gefunden. Wie wunderbar! Warum ich aber jenem andern Bilde einer andern Linie, jenem zweiten Sixtus so ähnlich sehe, weiß ich nicht, wenn es nicht eines jener Familienwunder ist, die sich zuweilen ereignen, daß nämlich in einem Gliede plötzlich wieder dieselbe Bildung hervorspringt, die schon einmal da gewesen, um dann wieder in vielleicht ewige Unterbrechung auseinanderzulaufen – oder wenn es nicht ein Fingerzeig des Himmels ist, daß noch ein entfernter Sprößling dieses Geschlechtes lebe, auf den man sonst nie gekommen wäre.«

Robert schüttelte bei diesen letzten Worten seines Freundes fast traurig den Kopf und sagte: »Das ist ja eine erstaunliche, überaus merkwürdige Geschichte, die du da so erzählst, als wäre sie vollkommen einleuchtend – ich erstaune fast vor den Folgen – ich weiß es noch gar nicht, wie sehr ich mich darüber freuen werde – aber vorerst bin ich noch beinahe betrübt darüber; denn siehe, Heinrich, deine Erinnerungen zählen vor Gericht nicht, der Name ist dir dunkel, die Erkennung des Kastellans folgte bloß aus deiner Ähnlichkeit mit jenem Bilde, die selber zufällig ist – ich sehe einer endlosen Sache entgegen. – Wird man nicht sagen, du selber habest das Bild malen und dort verstecken lassen, da die Ähnlichkeit zu lächerlich ist? oder was beweist sie am Ende? Sage, hast du außer den Dingen, die du mir erzähltest, weiter nichts, nicht irgendeine kleinste Kleinigkeit, woraus Hoffnung entstände, daß man würde einen Beweis herstellen können?«

»Ich weiß in der Tat sonst nichts,« entgegnete Heinrich, »als daß jener alte Mann Julius Graf Scharnast geheißen, das heißt ich meine, daß er so geheißen, aber ich habe meiner Mutter geschrieben, ob er so geheißen, und ob nicht Schriften von ihm übrig wären. Ich bin nur darum nicht gleich selbst nach Hause gereiset, damit ich noch eher dieses Schloß besuchen und dann mit dir reden könnte, daß du mir als Rechtserfahrner einen Rat gebest. Sobald die Antwort der Mutter da ist, werde ich sie dir mitteilen und dich fragen, was ferner zu tun ist.«

»Es ist gut so,« antwortete Robert, »sage nur keinem Menschen etwas von der Sache, damit nicht entgegengearbeitet werde. Wenn die Lage so ist, wie sie scheint, dann müssen bestimmt und gewiß Dokumente von jenem Julius Scharnast irgendwo liegen; die Kunst ist dann nur, sie klug zu finden und klug zu heben, ehe sich eine Hand darein mischt. Sie müssen vorhanden sein, wenn er nicht ganz und gar leichtsinnig und sorglos um seine Nachkommenschaft gewesen ist. Wenn der Brief deiner Mutter Winke gibt, so will ich selber mit dir reisen und jeden kleinsten Faden selber lenken und leiten, damit du nicht zu Schaden und Irrtum kommst.«

»Ich danke dir,« sagte Heinrich, »ich wußte, daß du gut und hülfreich bist, darum habe ich mich dir allein anvertraut.«

»Gut und hülfreich?« erwiderte Robert; »die Sache ist ja so ungeheuer und merkwürdig, daß ich ein wahrer Tiger sein müßte, wenn ich dir nicht mit Händen und Füßen beispränge – und ich begreife nicht, wie du so ruhig davon reden kannst, wie etwa von einem Pachtvertrag, oder einem Pferdekaufe.«

»Siehe, das ist so: ich trage die Sache schon acht Tage

mit mir herum, wurde sie gewohnt, und sie ist mir indessen völlig einleuchtend geworden.«

»Ich wollte nur, sie wäre dem Lehenhofe auch einleuchtend«, sagte Robert, und dann fuhr er so wie aufzählend fort: »Es muß ein Taufschein da sein, ein Trauschein, etwa ein Testament jenes Greises, Korrespondenzen, ein Offizierspatent oder so etwas, – wenn Ihr nur die Dinge nicht zerrissen habt. – – Es dürften, ja es müssen sogar im Gewölbe des roten Steines Schriften sein, die über jenen Julius Auskunft geben – – dann der Vertrag über den Waldkauf und Häuserbau deines Greises – der muß in einem Archive sein. Euer Tal ist ja landesherrlich, nicht wahr?«

»Ich bitte dich, schone mich jetzt mit diesen Dingen«, sagte Heinrich; »denn ich weiß sie nicht; aber wenn wir reisen, werde ich dich überall hinführen, wo du hin verlangst, und dir Auskunft verschaffen, worüber du nur willst.«

»Nun ich hoffe und wünsche und will alles Beste für dich«, antwortete Robert; »aber ich habe eine wahre Angst, eine peinigende Angst habe ich, wie wir das Ding durchsetzen werden.«

»Ich wieder gar keine«, sagte Heinrich; »entweder rollt alles schön und klar wie Perlen heraus, oder ich bin ganz und gar keiner von jenen. – Nur leid täte mirs dann, sehr leid um das schöne Schloß, daß ich nicht auf seinem Berge arbeiten und schaffen dürfte, und daß ich es nicht mit all seinen Schätzen und Mälern von dem Heimfalle an Verderbnis und Unheimlichkeit retten könnte.«

»Freilich wäre es auch mir sehr angenehm«, erwiderte Robert; »es wäre eine wahre Freude für mich, es wäre die größte meines ganzen Lebens, Thrine und mein Kind ausgenommen, wenn ich dich hier oben wüßte als Herrn und Besitzer, ein klares und freundliches Leben führend über den Trümmern dieser verworrenen, vielleicht sünd-

haften Vergangenheit. – Du würdest alles ordnen, daß es heiter würde; du wärest uns so nahe, deine Mutter und Schwester wären bei dir – – und vielleicht ein gar so liebes Weibchen auch? – – Hab ich dich?
»Erwähne das nicht,« sagte Heinrich errötend, »erwähne das jetzt nicht.«
»Nun, nun, du brauchst dich nicht zu schämen«, entgegnete Robert; »sie ist schon recht, sie ist herrlich und mehr wert als alle Fürstinnen und Grazien der Welt.«
»Freilich ist sie mehr wert, freilich«, – sagte Heinrich.
»Nun so handle rasch zu,« erwiderte Robert, »und lasse alles andre gehen, wie es gehen mag.«
Unter diesen und ähnlichen Gesprächen waren die Freunde endlich vollends den Berg hinabgelangt, und sahen unten im dichten Gebüsche das Häuschen des Grafen Jodok stehen, und das steinerne Bänkchen davor, auf dem er in den letzten Tagen seines Lebens gesessen war. Dann gingen sie durch heitere Obstbaumgruppen dem Dorfe zu, wo sie ein Mahl bestellt hatten, und wo ihr Wagen wartete. Es ist begreiflich, daß sie während des Essens und noch nachher über die Dinge redeten, die sie gesehen, und über die Zukunft, wie sie einzurichten ist. Als es schon gegen die Kühle des Abends ging, saßen sie ein und fuhren den Rückweg gegen Priglitz zu. Öfter, wenn es die Berge zuließen, sahen sie noch auf die alte Burg zurück, und ganz spät, als schon längst die Sonne untergegangen und sie eben um einen Winkel in das Hauptta1 der Pernitz einbogen, rissen noch einmal die grünen Hügel auseinander und ließen den verlassenen Zauberberg durchblicken, wie er fahl, gleich einem Luftbilde, in der Dämmerung draußen hing – sie dachten sich noch einmal die Bewohner auf ihm, den blöden Greis, das Kind, das alte Mütterchen und den Hund; sie dachten sich die ragenden Bauwerke desselben, und die Reihe der starren

schweigenden Bilder – dann schob sich ein schwarzer Wald vor, sie flogen um die Ecke, und das weitere Pernitztal nahm sie auf. Fröhlich rollten sie nun in der Nacht dem bekannten rauschenden Wasser entgegen, in die Enge des Tales zurückdringend, um Heinrich an der grünen Fichtau abzusetzen. Es rückten die alten, wohlbekannten Berghäupter immer finsterer und immer größer an dem Wagen vorbei, und die Freunde kamen erst an der Häusergruppe an, da wieder der Mond, aber nun ein abnehmender, über derselben stand und den fahlgrauen Schimmer auf die Dächer legte, da der Staubbach wieder Diamanten warf und die Gräser Perlen hielten. Auch in der Pernitz rührte sich das zerflossene Silber, und auf dem Waldlaube stand der ruhige, feste Glanz; aber alle Fenster des ganzen Hauses waren schwarz, die Ruhe der Bewohner zeigend. Zwei davon, die allein in einem matten Glimmer des Mondes schillerten, deckten das Gemach, in welchem der schlummernde Atem Annas ging. Heinrich stieg ab und pochte leise mit dem hölzernen Hammer an das Tor, Robert aber ließ seinen Wagen umwenden, um noch in der Nacht seine Heimat zu gewinnen und die harrende Thrine zu beruhigen.

Der Wagen war an der Steinwand des Julius verschwunden; auch vernahm man sein fernes Rollen nicht mehr. Der Knecht der grünen Fichtau, der das leise Pochen gehört und auf Befragen die Stimme Heinrichs erkannt hatte, hatte ihn eingelassen, – und so war wieder alles, was der heutige Tag gesehen, die lustigen Sonntagsgäste der grünen Fichtau, der närrische Erasmus, die zwei Wanderer, die Bewohner jenes Berges, und das in seiner Liebe befangene Herz, in denselben weiten, lichtdämmernden, schlummerbringenden Mantel der Nacht gehüllt und seinen Träumen überliefert.

Wir aber lassen sie schlummern und träumen, und schwingen uns indessen in die glänzende Luft hinauf, um aus ihr auf das ganze Bauwerk der Gebirge niederzuschauen. Tot liegt es unten weit hinaus und zeigt die schwarzen Spitzen gegen den Glanz hinauf, an denen sich nicht ein einziges Atom rührt, nur daß an den Wänden glitzernde Fäden niederrinnen und auf den nassen Bergen hie und da ein blitzender Mondfunke harrt. Der Orion ist schon tief geneigt und löscht bereits seine ersten Sterne an dem schwarzen Gebirgsrande aus – ein anderer Stern, ehe er völlig untergeht, blitzt noch so lebhaft, als sollte man in der Stille sein Knistern hören können – der halbe Mond aber steht noch hoch am Himmel und übergießt ihn mit dem Flore seines milchigen Lichtes, jedes Sternlein in seiner Nähe vertilgend. Alles, was unser Blick überschauen kann, von der Kette angefangen, die unter dem blitzenden Sterne ihren Schattenriß gegen den Himmel legt, über alle Höhen und Hügel herüber, auf denen jetzt die mattfärbigen Felsen ragen oder die feuchten Wälder stehen, alles dieses bis zu den schweigenden Zacken draußen, die die letzten das Licht des Mondes auffangen, – alles, was wir so übersehen, steht unter den Fittigen jenes Schlosses, das wir heute mit den zwei Freunden besucht haben, und alle Wesen, die jetzt da unten schlummern und träumen, erwarten von ihm ihr Wohl oder Wehe. Wir aber wünschen von Herzen, daß sie sämtlich unter die Obhut des sanften, freundlichen Mannes gelangen mögen, der heute in jenem Mauerwerke gewesen und schon so lange mit Bewunderung zwischen diesen grünen Bergen herumgegangen ist. Er ist einfach und milde, und wird eine leichte und hülfreiche Hand über ihre Häupter strecken. Wir aber verlassen nun auch unsere Höhe und lassen den Rest der Nacht ungesehen und unempfunden über die stummen Berge hinweggehen, bis ihr letzter Silberschein weit draußen im Westen erblasset und die goldene Flamme des Morgens über ihre Häupter hereinschlägt, alle Stimmen, die jetzt schweigen, zu neuen

Freudenrufen erweckend, und alle Leben, die jetzt tot sind, zu neuem Wogen und Wallen geleitend.
Als nun dieser Morgen angebrochen war, finden wir Heinrich in seinem Zimmer bereits aufgestanden und angezogen. – Er beschäftigte sich, indessen draußen die feurigen Goldströme um alle Hütten spielten, damit, daß er Pflanzen und Mineralien in flache Kisten packte, und wie eine fertig war, den Deckel anschraubte und ihn mit einer Aufschrift versah. So tat er fast den ganzen Tag. Und wie oft er indessen an das Fenster gegangen, ja selbst den Garten durchstreift hatte, so hatte er doch Anna nicht zu sehen bekommen; es war fast, als wiche ihm das Mädchen aus. Nur gegen Abend, als man ihn über den Steg und dann die Grahnswiese emporgehen sah, lauschte ihr Angesicht zwischen den weißen Vorhängen ihres Fensters heraus und sah ihm nach, so lange er zu erblicken war. In der Dämmerung kam er wieder zurück, und der große Wirtshund ging mit ihm, weil er ihn oben am Hage gefunden hatte und ihm überhaupt sehr zugetan war. Die Tiere kennen gute Menschen und gesellen sich zu denen, die ihnen wohlwollen.
So verging auch der andere Tag und der nächste wieder. Mittwochs aber, da er eben über seine Gassenstiege herabgegangen war, um später sein Mittagsmahl zu nehmen, lief Anna hochrot aus dem Gassengärtchen herbei und sagte zu ihm: »Seit Morgen liegt schon ein Brief an Euch in des Vaters Stube; Thrinens Syndikus hat ihn mit einem eigenen Boten gesendet.«
Heinrich entfärbte sich bei dieser Nachricht, und beide, ohne sonst ein einzig Wort zu sagen, gingen wieder auseinander.
Der Brief aber war von Heinrichs Mutter. Zitternd entfaltete er ihn und las, wie folgt: ›Lieber Sohn! Du schreibst ohnedem so selten, und dann wieder so kurz, daß wir nicht wissen, wie es Dir geht, oder was Dir fehlt,

damit wir es Dir schicken. Und vonwegen Du geschrieben, so läßt Dich der Herr Pfarrer grüßen und Dir sagen, daß es wirklich in der Traumatrikel der Kirche zu Grünberg steht, daß Dein Urgroßvater Melchior im Jahre Christi 1719 mit der tugendhaften Jungfrau Angelika Scharnast ehelich kopuliert worden ist, welche die Tochter des Obristen Julius Scharnast gewesen ist. Der Obrist aber war gar ein Graf gewesen, ehe er gekommen ist, aber das steht nicht darinnen, sondern wenn Du es wissen willst, wie sich alles begeben hat, so meint der Herr Pfarrer, dieses werde im Amte zu Grünberg aufgeschrieben sein, und daß Du es Dir sollst aufschlagen lassen. Oder wenn es nicht aufgeschrieben ist, so hat schon der vorvorige Syndikus zu Deinem Vater gesagt, daß verschlossene Schriften von dem Obrist im Amtsgewölbe liegen, aber es ist wieder alles beim alten geblieben. Wenn es zu Deinem Fortkommen dienlich ist, so komme lieber selber und sehe alles an. Deine Schwester ist wieder sehr krank gewesen, nun aber schon besser. Die Kiste mit den Kräutern haben wir an den Boten abgegeben, aber es wäre uns lieber, wenn Du doch etwas anderes tätest und Dich zu etwas anderm wendetest, allein Du wirst es schon selbst am besten verstehen. Ich grüße Dich mit meinem ganzen Mutterherzen, die Schwester grüßt Dich auch, und so behüte Dich Gott, und ich bleibe Deine treue Mutter, Magdalena.‹

Heinrich legte den Brief wieder zusammen, und war er bei dessen Entfaltung blaß gewesen, so wurde er nun nach dessen Lesung flammend rot. Es wären fast Tränen der Rührung über die guten, einfältigen Worte der Mutter hervorgebrochen – aber er hatte jetzt nicht Zeit, sondern mit äußerster Hast lief er wieder in seine Stube, packte noch in Eile alles zusammen, was herum lag, und versah es mit Aufschriften, daß es der Boten-Simon am künftigen Montage mit sich fortnehme; den Koffer mit

seinen Kleidern gab er einem Schubkarrenführer aus der Fichtau, daß er ihn sogleich zu Robert nach Priglitz bringe, dann verzehrte er einige Bissen von seinem Mittagsessen, ohne daß sie ihm sonderlich schmecken wollten. Da alles dieses geschehen, ging er zu Erasmus, der mit den Seinigen am Gartentische noch beim Mittagsmahle saß, um seine Rechnung zu berichtigen und Abschied zu nehmen. – Erasmus brachte bald auf einem Täfelchen die Rechnung, strich das erlegte Geld ein und versprach, daß jede Kiste mit dem Boten-Simon pünktlich und am rechten Orte eintreffen solle. Heinrich reichte dem Vater und der Mutter die Hand; zu Anna sagte er bloß die Worte: »Lebt recht wohl, Jungfrau!« – sie sagte auch kein einziges Wort als: »Lebt recht wohl!« – dann wendete er sich um und ging fort.
»Es ist im Grunde doch ein recht kerngutherziger Mensch«, sagte Vater Erasmus, und alle drei aßen sie fast traurig an ihrem Mittagsmahle weiter.
Am andern Tage kam durch einen Holzknecht die Nachricht von Priglitz, daß Heinrich und Robert abgereiset wären, man weiß nicht wohin. Die Sache bestätigte sich auch, indem noch desselben Tages Thrine samt ihrem Kinde zu ihrem Vater, dem Schmiede, in die Fichtau auf Besuch kam und über eine Woche blieb. Auch sie wußte nichts über das Ziel der Reise. Endlich fuhr sie wieder nach Hause.
Ein Tag um den andern verging, ohne daß die Männer zurückkehrten, eine Woche nach der andern verging. Als aber endlich Robert allein zurückkam, so kam mit ihm zugleich eine Nachricht mit, die wie ein Lauffeuer von Land zu Land lief, von einem Berge der Fichtau zum andern, und die in Annas verborgenem Herzen einen ganzen Sturm von Freude und einen fürchterlichen Schreck emporjagte.

3. DER ROTE STEIN

Während nicht nur in der Fichtau, sondern im ganzen Lande noch ein außerordentliches Geschrei über das Wunder war, so sich begeben; während Arbeitsleute aller Art auf dem Rothensteine beschäftigt waren, so daß es schien, als rühre sich nun der ganze Berg, der früher so vereinsamt gewesen; während das vermauerte Tor nun wieder gastlich seine Wölbung offen hielt und auf einem Gerüste Steinmetzen oder Steinhauer an seiner Verzierung arbeiteten; während kein Weg auf dem Berge war, auf dem nicht ein Karren quiekte, kein Busch, hinter dem es sich nicht rührte, kein Dach, auf dem es nicht ging, kein Zimmer, in dem es nicht scheuerte – – während dieses alles geschah, ging Heinrich langsam bei dem großen verfallenen Tore des Julianschlosses hinein, in das einzige Bauwerk, in welchem keine Hand sich regte; er ging den betretenen Pfad über den Schutthügel; er ging bei der entgegengesetzten Öffnung wieder hinaus, durchwandelte den verfallenen Garten auch auf dem wohlbetretenen Pfade, und hielt vor dem hohen roten Felsen stille, zu dem die Pfade führten. Hier zog er einen Schlüssel aus seinem Busen hervor, – denn die Siegel waren schon alle nicht mehr da – drehte ihn dreimal in dem Schlosse und öffnete sanft die hohen, glatten, eisernen Torflügel. Da sah ein weiter, matt dämmernder Gang heraus; weit geschweifte, flache, halbkreisartige Stufen von blutigrotem Marmor wiesen zu einem zweiten Eisentore von wunderschöner Arbeit, die zwei Schlüsselmündungen mit gediegenem Golde umlegt. Er trat ein. Hinter sich schloß er die äußern Tore und schritt über das Lichtgezitter, das eine Spiegelvorrichtung von oben herab auf den Estrich des Ganges warf und ihn schwach beleuchtete. Nachdem er die Stufen emporgegangen war, nahm er die zwei kleinen stählernen Schlüssel aus einem Samtfache, das er mit sich trug, und öffnete die eiserne, goldbelegte Pforte. Ein großer, ruhiger Felsensaal tat sich auseinander, auf seinem Fußboden dasselbe Spiegellichterspiel zeigend wie der Gang und damit die im Sechseck gestellten Wände matt beleuchtend, an denen es wie von Metallen glänzte. Heinrich ging ebenfalls hinein und schloß hinter sich zu. Dann aber ging er den Wänden entlang, drückte an verschiedenen Stellen, worauf sich die eisernen Lehnen von den Fenstern der Kuppel zurückschlugen und sanfte Lichtbäche von oben herabfallen ließen, die alles klar machten, aber die spielenden Lichtwunder des Fußbodens auslöschten. Bevor nun Heinrich irgend etwas anderes tat, schritt er gegen eine Stelle der Marmorwand, öffnete dort ein kleines stählernes Türchen, auf dem mit goldenen Buchstaben das Wort: ›Henricus II.‹ stand, und legte ein beschriebenes Heft, das er aus seinem Busen zog, hinein. Dann schloß er langsam das Wandkästchen wieder und trat zurück. Es standen aber noch viele andere solche Türchen herum, und jedes trug in goldenen Buchstaben einen Namen. Sonst war aber weder Geräte noch irgend etwas im Saale, außer einem marmornen Tische, der vor einer Art Altar stand, und einem hochlehnigen Stuhle aus Erz. Heinrich ging an den vielen Türchen vorüber; erst eines der letzten, bevor die unbeschriebenen kamen, öffnete er und zog die Schriften aus dem Eisenschranke hervor, die drinnen waren. Auf dem hohen Stuhle sitzend, die Papiere vor sich auf dem Tische, schlug er die ersten Blätter um, bis er zu einem eingelegten Zeichen kam, dann sein Haupt sachte vorwärts neigend, las er weiter, wie folgt:

›Und darum kann ich euch keinen Dank haben, Ubaldus und Johannes, und Prokopus und Julianus – und wie ihr heißet; denn der Dämon der Taten steht jederzeit in einer neuen Gestalt vor uns, und wir erkennen ihn nicht, daß er einer sei, der auch schon euch erschienen war – und eure Schriften sind mir unnütz. Jedes Leben ist ein neues,

und was der Jüngling fühlt und tut, ist ihm zum ersten Male auf der Welt: ein entzückend Wunderwerk, das nie war und nie mehr sein wird – aber wenn es vorüber ist, legen es die Söhne zu dem andern Trödel der Jahrtausende, und es ist eben nichts als Trödel; denn jeder wirkt sich das Wunder seines Lebens aufs neue.
Was ich hier schreibe, bin nicht ich – mich kann ich nicht schreiben, sondern nur, was es durch mich tat. Ich habe die Erde und die Sterne verlangt, die Liebe aller Menschen, auch der vergangenen und der künftigen, die Liebe Gottes und aller Engel – ich war der Schlußstein des millionenjährig bisher Geschehenen und der Mittelpunkt des All, wie es auch du einst sein wirst; – – aber da rollt alles fort – wohin? das wissen wir nicht. – Millionenmal Millionen haben mitgearbeitet, daß es rolle, aber sie wurden weggelöscht und ausgetilgt, und neue Millionen werden mitarbeiten, und ausgelöscht werden. Es muß auch so sein: was Bilder, was Denkmale, was Geschichte, was Kleid und Wohnung des Geschiedenen – wenn das Ich dahin ist, das süße, schöne Wunder, das nicht wieder kommt! Helft das Gräschen tilgen, das sein Fuß betrat, die Sandspur verwehen, auf der er ging, und die Schwelle umwandeln, auf der er saß, daß die Welt wieder jungfräulich sei, und nicht getrübt von dem nachziehenden Afterleben eines Gestorbenen. Sein Herz konntet ihr nicht retten, und was er übrig gelassen, wird durch die Gleichgültigkeit der Kommenden geschändet. Gebt es lieber dem reinen, dem goldnen, verzehrenden Feuer, daß nichts bleibe, als die blaue Luft, die er geatmet, die wir atmen, die Billionen vor uns geatmet, und die noch so unverwundet und glänzend über dir steht, als wäre sie eben gemacht und du tätest den ersten, frischen, erquickenden Zug daraus. Wenn du seinen Schein vernichtet, dann schlage die Hände vor die Augen, weine bitterlich um ihn, so viel du willst – aber dann springe auf, und

greife wieder zu an der Speiche, und hilf, daß es rolle – – bis auch du nicht mehr bist, andere dich vergaßen, und wieder andere und wieder andere an der Speiche sind.
Wundere dich nicht über diesen meinen Schmerz, da doch alles, was ich in den vielen Blättern oben geschrieben habe, so heiter und so freundlich war, wundere dich nicht; denn ich gehe dem Engel meiner schwersten Tat entgegen, und aus den Pergamenten des roten Felsensaales kam dieser Engel zu mir. Dort liegen die Schläfer, von ihrem Ahnherrn verurteilt, daß sie nicht sterben können; eine schauderhaft durcheinanderredende Gesellschaft liegt dort, vor jedem Ankömmling müssen sie ihre Taten wieder neu tun, sie seien groß oder klein; – diese Taten, genug, sie waren ihr Leben und verzehrten dieses Leben. Wenn es dein Gewissen zuläßt, später Enkel, so verbrenne die Rollen und sprenge den Saal in die Luft. Ich täte es selber, aber mir schaudert vor meinem Eide. Kannst es aber auch du nicht tun, so vergiß doch augenblicklich das Gelesene, daß sich die Gespenster all ihres Tuns nicht in dein Leben mischen und es trüben, sondern daß du es lieber rein und anfangsfähig aus der Hand deines Schöpfers trinkest.
Ich fahre fort.
Als ich aus Frankreich zurückkehrte, und das Bild des treuen Alfred doch schon zu erblassen begann – als ich fast alle Welt durchreiste – als ich jeden Brief der Marquise unerbrochen zurücksandte, bis keiner mehr kam – da fiel es mir ein – – – lese nun das Folgende, weil du es zu lesen geschworen, so wie ich es schrieb, weil ich es zu schreiben geschworen –: aber wenn du das Eisentor des Gewölbes zuschlägst, so lasse alles hinter dir zurück und streue die Erinnerung in die Winde, damit du keinen Hauch davon, kein trübes Atom zu den Deinen nach Hause trägst, zu deinen armen Kindern, zu deinem schönen, unschuldigen Weibe.

Das Land Indien war es, wo mir der Engel meiner schwersten Tat erschien; – unter dunklem Schatten fremder Bäume war es, an einem Flusse, der so klar floß, als walle nur dichtere Luft längs der glänzenden Kiesel – das Schlechteste und Verachtetste, was die Menschheit hat, war dieser Engel, die Tochter eines Paria; aber schön war sie, schön über jeden Ausdruck, den eine Sprache ersinnen mag, und über jedes Bild, das in Jahrtausenden einmal in eine wallende Phantasie kommt. – –
In den Pergamentrollen hatte ich gelernt, wie alles nichtig und eitel sei, worauf Menschen ihr Glück setzen; denn es war Torheit, was alle meine Vorfahren taten. Ich wollte Neues tun. Den Kriegsruhm hatte ich schon genossen, dies ekle, blutige Getränke; die Kunst hatte ich gefragt, aber sie sagt nichts, wenn das Herz nichts sagt; die Wissenschaften waren Rechenpfennige, und die Liebe Sinnlichkeit, und die Freundschaft Eigennutz. – – Da fiel mir ein, wie ich oben sagte, ich wolle nach dem Himalaja gehen. Ich wollte die riesenhaften und unschuldigen Pflanzen Gottes sehen, und eher noch wollte ich das große, einfache Meer versuchen.
Ich kam nach dem Himalaja. Dort lernte ich die Hindusprache, dort sah ich das Bramanenleben, ein anderes als unseres, das heißt anders töricht – und dort ging auch die Paria zwischen Riesenpalmen nach dem Flusse, um Wasser für den Vater zu schöpfen. Sie hat, seit sie lebte, sonst nichts getan, als daß sie durch die Palmen ging, um Wasser zu holen und für den Vater Datteln zu lesen und Kräuter zu pflücken.
›Rühre mich nicht an und rede nicht mit mir,‹ hatte sie zu dem fremden Manne gesagt, ›daß du nicht unrein werdest‹, – und dann stellte sie den Wasserkrug auf ihre Schulter neben den glänzenden, unsäglich reinen Nacken, und ging zwischen den schlanken Stämmen davon.
Und so ging sie Tage und Monden – kein Mensch war

in dem Walde als ich; denn sie würden unheilig durch Rede und Berührung mit ihr geworden sein. Der Vater saß unter Feigenbäumen und sah blöde und leer gegen die Welt – und als er eines Tages tot war und sie nicht zu dem Flusse kam, so ging ich zu ihr und berührte sie doch; denn ich nahm ihre Hand, um sie zu trösten – ich redete mit ihr, daß sie erschrak und zitterte und mich ansah wie ein Reh.
›Du mußt dich nun waschen,‹ sagte sie, ›daß du wieder rein seiest.‹
›Ich werde mich nicht waschen‹, sagte ich; ›ich will ein Paria sein wie du. Ich werde zu dir kommen, ich werde dir Früchte und Speise bringen, und du reichest mir den Krug mit Wasser.‹
Und ich kam auch, und kam wieder und oft. Ich redete mit ihr, ich erzählte ihr von unserm Brama, wie er sanft und gut sei gegen die Kinder seines Volkes, und wie er nicht den Tod des Weibes begehre, wenn der Mann starb, sondern daß sie lebe und sich des Lichtes wieder freue.
›Wenn sie aber freiwillig geht, so nimmt er sie doch mit Wohlgefallen auf?‹ fragte sie und heftete die Augen der Gazelle auf mich.
›Er nimmt sie auf,‹ sagte ich, ›weil sie es gut gemeint hat; aber er bedauert sie, daß sie sich ihr schönes Erdenleben geraubt hat, und nicht lieber gewartet, bis der Tod selber komme und sie zu ihrem Manne führe, der auch schon ihrer harrte.‹
›Siehst du, wie du selber sagst, daß er schon harrte‹, antwortete sie rasch. ›Du bist also im Irrtume, und man muß ja zu ihm kommen.‹
›Wenn du wieder in dein Land gehst,‹ setzte sie langsamer hinzu, ›in deine Heimat, die etwa gar jenseits dieser hohen, weißen Berge ist, so werde ich traurig sein und auch meinen, daß ich dir folgen solle.‹
›Und willst du mein Weib werden?‹ setzte ich plötzlich hinzu.

Und hier war es, wo ich zum ersten Male gegen sie schlecht war. Ihr Wort hatte mich entzückt, ich beredete sie, mein zu werden und mir zu folgen. Sie kannte kein anderes Glück, als im Walde zu leben, Früchte zu genießen, Blumen zu pflücken und die Pflanzenspeisen zu bereiten, die ihr sanfter, reinlicher Glaube vorschrieb; ich aber kannte ein anderes Glück, unser europäisches, und hielt es damals für eins. – Das weiche Blumenblatt nahm ich mit mir fort, unter einen fremden Himmel, unter eine fremde Sonne. Sie folgte mir willig und gerne – nur sehr blaß war sie, als wir über das breite, endlose Salzwasser fuhren, und es machte ihr Kummer, wenn sie sich mit dem schmutzigen Schiffwasser waschen oder es trinken mußte. Ihre Seele war in mir, und sie wußte es nicht, darum liebte ich sie mehr, als eine Zunge sagen kann. Ich tat ihrer Meinung und ihrem Willen nie Gewalt an, sondern ließ sie vor mir spielen und sah zu, wie sie mein Herz und ihr Herz, meinen Unterricht und ihren Hinduglauben kindisch durcheinandermischte und in Betörung lächelte.

Als sie nach den Gesetzen unsres Landes mein Weib geworden war, führte ich sie auf meinen Berg. Ich hatte schon vor meiner Abreise ein Gebäude nach griechischer Art angefangen, und dieses stand nun, als wir ankamen, bereits fertig da. Ich taufte es ›Parthenon‹ und richtete es zu unserer Wohnung ein. Es war sehr schön, und sein Inneres mußte von jeder Pracht und Herrlichkeit strotzen, damit ich ihr ihr Vaterland vergessen machen könne. Auch einen Garten legte ich rund herum an, und hundert Hände mußten täglich arbeiten, daß er bald fertig würde. Ich zog schwarze Mauern und Terrassen, um die Sonnenhitze zu sammeln; ich warf Wälle auf, um den Winden zu wehren; ich baute ganze Gassen von gläsernen Häusern, um darin Pflanzen zu hegen, dann ließ ich kommen, was ihr teuer und vertraut war: die schönsten Blumen

ihres Vaterlandes, die weichsten Gesträuche, die lieblichsten Vögel und Tiere – aber ach, den dunkelblauen Himmel und die weißen Häupter des Himalaja konnte ich nicht kommen lassen, und der Glanz meiner Wohnung war nicht der Glanz ihrer indischen Sonne.
So lebte sie nun fort. Sie aß kein Fleisch; an mir duldete sie bloß, daß ich es tue und mich mit dem Blute der armen Tiere beflecke. Aber höher hätte sie mich gewiß geachtet, wenn ich es ebenfalls vermocht hätte, nur ihre Pflanzengerichte, ihre Früchte und ihr Obst zu genießen. Oft in jenen Tagen, die in den ersten Jahren so gleichförmig dahin flossen – oft, wenn ihr Mund an meinem hing, wenn ihre weichen, kleinen Arme mich umschlangen, und wenn ich in ihr großes, fremdes Auge blickte und darinnen ein langsam Schmachten sah – sie wußte selbst nicht, an welcher tiefen, schweren Krankheit sie leide – oft sagte mir eine Stimme ganz deutlich in das Ohr: ›Gehe wieder mit ihr nach Indien, sie stirbt vor Heimweh‹; – aber mein hartes Herz war in seinem Europa befangen, und ahnete nicht, daß es anders sein sollte, daß ich, der Stärkere, hätte opfern sollen und können, was sie, die Schwächere, wirklich opferte, aber nicht konnte. Ich hörte die Stimme nicht, bis es zu spät war, und eine Tat geschah, die alles, alles endete. – – Siehst du, damals rollte auch der Wagen des Geschickes, nur daß er über zarte Glieder ging und sie zerquetschte.
Ich hatte einen Bruder, Sixtus mit Namen – einen schöneren Jüngling kann man sich kaum denken – und dabei war er gut und herrlich, und ich liebte ihn wie ein Teil meines eigenen Herzens. Dieser Bruder kam von seinen weiten Reisen zurück und wollte einige Monate bei uns wohnen. Das sah ich gleich, daß er vor der Schönheit meines Weibes erschrak und zurückfuhr, und daß in sein armes Herz das Fieber der Leidenschaft gleichsam wie geflogen kam; aber ich kannte ihn als gut und mißtraute

nicht, ja er dauerte mich, und ich sagte ihr, daß sie ihm gut sein möge, wie man einen Bruder liebt. – Ich kam seinem Herzen zu Hülfe, ich war noch freundlicher, noch liebreicher als je, daß es ihn erschüttere und er sich leichter besiege. Ich mißtraute nicht – und dennoch schwirrte es oft mit dunkeln Fittigen um mein Haupt, als laure irgendwo ein Ungeheuer, welches zum Entsetzen hereinbrechen würde. Ich wußte bisher nicht, ob sie damals von dem eine Ahnung hatte, was wir Treubruch in der Ehe nennen; denn ich war nicht darauf verfallen, ihr dies zu erklären: jetzt erzählte ich ihr davon, sie aber sah mich mit nichtssagenden Augen an, als verstände sie das Ding nicht, oder hielte es eben für unmöglich.

Noch war nichts geschehen.

Er schwärmte wild in den Bergen herum, oder saß halbe Nächte an der Äolsharfe des Prokopus. Seine Abreise näherte sich immer mehr. Ich aber war gedrückt, wie ein Tropenwald, auf dem schon die Wucht unsichtbarer Gewittermaterie liegt, wenn die Regenzeit kommen soll und die Sonne doch noch in dem heitern, aber dicken Blau des Himmels steht.

So war es, als ich einmal in der Nacht von einer Reise zurück, die ich in einem Streite wegen schnöden Mammons tun mußte, gegen den Rothenstein angeritten kam. Es war eine heiße Julinacht; um den ganzen Berg hing ein düsteres, elektrisches Geheimnis, und seine Zinnen trennten sich an manchen Stellen gar nicht von den schwarzen Wolken. Die weißen tröstlichen Säulen des Parthenon konnte ich gar nicht sehen, aber um den dunklen Hügelkamm, der sie mir deckte, ging zuweilen ein sanftes, blauliches Leuchten der Gewitter. Mir war, wenn ich nur einmal dort wäre, dann wäre alles gut, – aber je mehr ich ritt, desto mehr war es, als würde der ganze Berg von den Wolken eingetrunken, und ich konnte ihn nicht erreichen, ach ich konnte ihn nicht erreichen! Auch mein

Rappe, schien es, teile meine Angst; denn er war nicht wie gewöhnlich, wenn er die Heimat witterte, freudig und ungestüm, sondern er stöhnte leise, und sein Nacken war feucht. Einmal war mirs, als höre ich auch meinen Diener nicht mehr hinter mir reiten, aber wie ich anhielt und umblickte, so stand doch seine dunkle Gestalt dicht hinter mir.

Nicht Eifersucht war es, die mich trieb – nein, nicht Eifersucht – – aber es war mir immer, Chelion würde in dieser Nacht ermordet, wenn ich nicht zeitig genug käme.

Endlich, da wieder ein stummer Blitz durch den Himmel zog, stand ganz deutlich der Prokopusturm darinnen, und mein Weg führte mich auch schon bergan. Die Fichtenallee nahm mich auf, und stand regungslos, wie eine schwarze Doppelmauer. Ruprecht, der junge Sohn meines unlängst verstorbenen Kastellans, öffnete das Tor der Ringmauer, ohne daß ich ein Zeichen zu geben brauchte; es war, als hätte er schon meiner geharrt.

›Nichts Neues?‹ fragte ich ihn.

›Nichts‹, sagte er.

Ich ritt den weiteren Berg hinan. Kein einziger Gegenstand desselben rührte sich, als wäre alles in Finsternis eingemauert. Hinter den Trümmern des Julianhauses waren die Stallungen; ich warf meinem Knechte die Zügel des Rappens zu, empfahl ihm das treue Tier und ging durch die Eichen gegen das Parthenon, aber da ich an dem Flügel des alten Sixtusbaues vorbeikam, in dem mein Bruder wohnte, und da ich Licht sah, ging ich hinein, um ihn zu grüßen. Das Tor des Gebäudes stand offen, die Tür zu seinen Gemächern war nicht gesperrt, sein Diener schlief auf einem Stuhle im Vorsaale, aber Sixtus war nicht zu Hause. Ich ging wieder weiter – durch die schönen Gesträuche Chelions ging ich. – – An den weißen, langen Säulen meines Hauses leckten die immer häufiger werdenden Blitze hinan – da wars, als gleite eine Gestalt schattenhaft längs dem Korridor: ›Sixtus‹, schrie ich, aber das Wesen sprang mit einem furchtbaren Satze herab und seitwärts ins Gebüsche. – Mir war, als klapperten mir die Zähne, und ich eilte weiter. Die Lawine hing nun – der feinste Hauch konnte sie stürzen machen – und er blieb auch nicht aus, dieser Hauch: von der allzeit fertigen Zunge eines Weibes kam er; Bertha war es, die Braut Ruprechts, die Dienerin meiner Gattin. Sie stand unbegreiflicher Weise in tiefer Nacht vor dem Tore des Parthenon, und da sie meiner ansichtig wurde, stieß sie im Todesschreck heraus, was sie wahrscheinlich um den Preis ihres Lebens gerne verschwiegen hätte: ›Graf Sixtus ist bei Eurem Weibe.‹

Ich ergriff das Gespenst bei dem Arme, um zu sehen, ob es Leben habe. ›Es ist nicht wahr, Satan,‹ schrie ich und schleuderte das unselige Geschöpf mit meiner Hand rücklings in das Gesträuch, daß sie kreischte; ich aber ging durch das bloß eingeklinkte Tor hinein und schloß es hinter mir ab. Das Tor aber sollte nach meinem Befehle jedesmal bei Einbruch der Nacht geschlossen sein – heute war es offen gestanden. Sachte, daß kein Fußtritt schalle, ging ich durch den Gang längs der Gemächer meiner Diener zu dem zweiten Tore des Gebäudes, um mich zu versichern, ob es gesperrt sei, – es war zu. Ich zog den innen steckenden Schlüssel ab und ging dann eben so leise auf mein Zimmer. Dort stand ich mitten auf der Diele des Bodens – und stand eine Weile. Dann tat ich leere Gänge im Zimmer und unnütze Dinge. – – Es lebte ein alter, weiser Mann, bei dem ich einmal gelernt hatte, als ich noch mein Heil im Wissen suchte; er war in der Scheidekunst weiter als alle seine Genossen. – Möge nie wieder erfunden werden, was er erfand und geheim hielt: ein klares, schönes, helles Wasser ist es. Er erhielt es aus dem Blute der Tiere – aber nur ein Zehnteil eines Tropfens

auf die Zunge eines lebenden Wesens gebracht, ja nur sanft damit die Lippen befeuchtet, macht, daß augenblicklicher, süßer, seliger Tod die Sinne umnebelt und das Wesen rettungslos verloren ist. Wir hatten es einmal an einem Kaninchen versucht – ich erinnerte mich, wie es damals, als sein Zünglein damit befeuchtet ward, das Haupt mit allen Zeichen des Wohlbehagens seitwärts lehnte und verschied. In einem silbernen Schreine hatte ich ein Teil. Ich nahm das Kristallfläschchen hervor – und hell und klar, wie von einem Bergquelle, und prächtig, wie hundert Diamanten, funkelte das Naß im Lichte meiner Lampe.
Um den innerlichen Frost zu vertreiben, ging ich einige Male in der Stube auf und ab.
Dann trat ich zu der stummen, mit Tuch überzogenen Tür meiner Seitenwand, öffnete sie und ging in den Gang, der zu Chelions Zimmern führte. Aus dem letzten Gemache, worin sie schlief, floß mir ein sanftes Lampenlicht entgegen – alle Türen standen offen, und durch die hohen Glaswände, die den Gang von dem indischen Garten trennten, schimmerten zeitweise die lautlosen Blitze des Himmels.
Schläft sie?
Ich ging weiter – durch alle Zimmer ging ich, bis in das letzte. Ich trat näher – ein schwaches Rauschen schreckte mich – es war aber nur einer ihrer Goldfasane, der sich entweder bei ihr verspätet hatte und entschlummerte, oder der bei der ein wenig offenen Gartentüre hereingekommen war. – Warum blieb sie offen? warum gerade heute? – Fast ein Mitleid wollte mich beschleichen: Also so unerfahren seid ihr beide im Verbrechen, daß euch nicht beikam, selbst die geringste Spur desselben zu vertilgen?! Der Fasan scheute mich und schlüpfte sachte bei der Spalte hinaus, – – Und da er fort war, wünschte ich ihn wieder zurück, das schöne, heimliche, goldglänzende

Tier; denn ich fürchtete mich allein im Zimmer, weil so viele Schatten waren. Ich drehte ein wenig den Schirm, daß das Licht gegen das Bett fiel – sie schlief wirklich; – mit sanftem Schimmer lag das Lampenlicht auf ihrer Gestalt – wie ein furchtsam Kind in die Kissen gedrückt, schlief sie. Ihre Hand, wie ein Blatt der Lotosblume, lag auf der reinen Decke ihres Lagers. Der Mund war leicht geschlossen – ich sah lange die rosenfarbenen Lippen an und dachte sie mir bereits feucht – – – also darum hast du das unwissende Geschöpf nach Europa gebracht, darum mußtest du so nach Hause eilen, daß du selber – – – ich erschrak bei dem Gedanken, als hätte ihn ein Fremder gesagt; in der Tat sah ich auch um, aber es war nichts da als die gezogenen Schatten, und wie ich wieder gegen sie sah, so flirrte ihr weißes, scharf beleuchtetes Bettzeug, worin sie lag – – – nein, dachte ich, du schönes, du armes, du teures, teures Weib! – Ich stand vor ihr, und ein Tröpflein Mitleid träufelte sich so milde in mein Herz – und dann wieder eines, und auch der süße Zweifel, ob sie schuldig sei. Ihren Atem konnte ich nicht hören, aber ich sah ihn gehen – und lange sah ich hin, wie er ging. Da knisterte es wiederholt ganz leise hinter mir, wie wenn Brosamen fielen – ich blickte um – der Fasan war es, der durch die Stille im Zimmer getäuscht wieder herein gekommen war und nickenden Hauptes vorwärts schritt. Ich trat nun näher an das Bett und berührte sanft ihre Hand – sie regte sich, öffnete die Augenlider und sah mich mit den schönen, heimatlosen Augen an, aber es war kein Bewußtsein darinnen, und sie ließ die Wimpern gleich wieder schlaftrunken darüber sinken.
›Chelion‹, sagte ich sanft.
Der Ton ist dem Herzen näher als das Bild – sie fuhr empor: ›Jodok, bist dus?‹
›Ich bins, Chelion‹, sagte ich; sie aber wandte sich ab und vergrub ihr Haupt in die Kissen.

›Mein Weib, mein Kind‹, sagte ich noch einmal sanft; sie aber kehrte sich gegen mich, sah mich verzagt an und sagte: ›Jodok, du willst mich töten.‹
›Ich dich töten, Chelion?‹
›Ja, du bist so furchtbar.‹
›Nein, nein, ich will nicht furchtbar sein,‹ rief ich – ›siehe, sage mir nur du, Chelion, daß du unschuldig bist – ich will dir glauben und wieder glücklich sein; denn du hast ja nie gelogen, – – du schweigst? – – Chelion, so sag es doch.‹
›Nein, Jodok, ich bin nicht unschuldig,‹ sagte sie furchtsam; ›wie du es meinst, bin ich nicht unschuldig – – aber ich liebe doch nur dich, nur dich allein – – – ach, ihr Götter in den Wolken meines Landes, ich liebe ja nur ihn allein!‹
Und sie brach in ein Schluchzen aus, als wollte sie ihre ganze Seele herausweinen. Dann aber, als sich dieses milderte, sagte sie: ›Siehe, er ist spät abends herein gekommen, ich weiß nicht wie – er war nie hier, aber ich hielt es nicht für Sünde, und da sagte er, er wolle Abschied nehmen, er werde mich nun nie mehr sehen, und dich auch nicht mehr – und er liebe uns beide doch so unaussprechlich – – und sein Angesicht war so unglücklich, daß es mich im Herzen dauerte und ich ihn recht heiß liebte; denn er ist ja dein armer, vertriebener Bruder. – Ich streichelte ihm die Locken aus der Stirne – er weinte wie ein Kind, wollte aufstehen – denn er war bisher auf dem Teppiche gekniet – er wollte gehen – – er weinte nicht mehr, aber seine Lippen zitterten noch vor Schmerz – er kam mir vor Augen, als wäre er noch ein Knabe, der keine Mutter habe – ich hielt noch einmal meine Hand auf seine Locken, wie er sich gegen mich neigte und seinen Mund reichte, küßte ich ihn – er hielt meine Hand – und wir küßten uns wieder. – – Ach, Jodok, dann küßte ich ihn – nicht mehr wie deinen Bruder – es wehte so

heiß im Zimmer, das Fühlen seines Mundes war süß, das Drücken seines Armes süß wie deines – – mir war, als seiest du's – – ach, deine arme, arme Chelion! – Und dann war er fort. Die Lampe brannte im Zimmer, draußen blitzte es, und mein Fasan saß auf dem Teppiche und blickte mich mit den schwarzen Äuglein an – – und wie ich schlief, träumte ich, du ständest vor mir, und es sei schwere Sünde, was ich getan – – und es ist auch Sünde; denn siehe, dein Auge, dein gutes Auge ist so krank, es ist so krank. – Du wirst mich töten, Jodok; ich bitte dich aber, töte mich sanft, daß ich nicht leide und dir etwa zürne.‹

Da fiel mir ein, es ist ja süßer, seliger Tod, und ein furchtbarer Schauer lief durch meine Nerven, aber ich sagte gebrochenen Herzens zu ihr: ›Chelion, stehe auf und folge mir nur hinweg aus diesem schwülen Zimmer – ich tue dir kein Leid.‹

›Nein, du mußt mir eins tun,‹ antwortete sie, ›ich werde nicht aus diesem Bette gehen, sondern auf den weißen Kissen liegen bleiben, bis das rote Blut darüber wegfließt und sie purpurrot färbt; dann werden sie rot sein, und ich weiß – aber ich werde dann ruhig sein, nicht gequält, nicht fehlend, sondern ich werde sein wie einer der weißen, marmornen Engel in deiner Kirche.‹

Dabei suchte ihr Auge furchtsam im Zimmer, wie nach einem Schwerte; das Fläschchen, das ich auf den Tisch gestellt, beachtete sie nicht.

›Nicht wahr, Jodok,‹ fuhr sie fort, ›du lässest mich noch ein wenig diese Luft atmen – das Atmen ist so gut; mir deucht es ängstlich, nicht mehr zu atmen.‹

›Atme, atme,‹ rief ich, ›atme bis an das Ende aller Tage.‹

Und in Hast griff ich das Fläschchen von dem Tische und eilte zur Tür hinaus in die Glashäuser ihres indischen Gartens. Sie waren größtenteils offen, und eine

heißere Luft, als sonst immer in ihnen war, strömte heute von außen herein. Die Pflanzen ihres Vaterlandes standen in schwarzen Klumpen und sahen mich vorwurfsvoll an. Ich gewann das Freie. Im Sixtushause standen alle Fenster schwarz und stumm; auf dem Berge war Todesschweigen, nur unten schien es, als würden Tore zugeschlagen, und als tönte es von davonjagenden Hufen – – ich betete inbrünstig, daß er möchte geflohen sein; denn mein Herz knirschte gegen ihn. Ich stieg aus dem Tale des Parthenon empor, und ein zerrissener Himmel starrte um mich. Es waren schwarze Fahnen droben, aus denen feurige Zungen griffen. Ich eilte gegen den Turm des Prokopus. Dort stand ich einen Augenblick, daß die heiße Sommerluft in meinem Mantel stockte, den ich abzulegen vergessen. Dann aber stieg ich noch höher und hastig fort, bis die äußerste Zinne erreicht war. Dort hob ich meinen Arm, als müßte ich Lasten brechen, und schleuderte das Fläschchen in den Abgrund – – es ist dort unsäglich tief, wo die Bergzunge gegen die Fichtau ausläuft – und wie ich nachhorchte, kam ein zarter Klang herauf, da es an den hervorragenden Steinen zerbrach – – und nun erst war mir leichter. Ich blieb noch auf dem Gipfel stehen und atmete aus dem Meere von Luft, das um mich stand und finster war. In diesem Augenblicke schien es auch, als höbe sich ein Lüftchen und rausche freundlich in den Sträuchen. Und es war auch so. Der harte Himmel lösete sich und floß in weiche Schleier ineinander, und einzelne Tropfen schlugen gegen die Baumblätter.
Ich lief nun wieder hinab, ging in ihr Zimmer, trat zu dem Bette – sie lag noch immer darinnen und richtete die trockenen, brennenden Augen harrend gegen mich – ich aber nahm sie in die Arme, küßte sie auf den heißen Mund und sagte: ›Schlafe nun ruhig und schlafe süß; ich krümme dir kein Haar; ich werde dich auch lieben

fort und fort, wie mein Weib, wie mein eignes einzig Kind – ich will dich noch zarter pflegen als sonst, daß du diese Nacht vergessen mögest. Gute Nacht, liebe Chelion, gute Nacht.‹

Sie hatte dies alles geduldet, aber nicht erwidert. Ich mochte sie nicht weiter quälen, sondern ging zum Zimmer hinaus, und hörte noch, wie mir ein leises, auflösendes Schluchzen nachfloß.

Des andern Tages kam ein kühler, heiterer Morgen. Ich erfuhr, daß Graf Sixtus in der Nacht abgereiset war. – Ruprecht, sein junger Freund, sein Jagd- und Abenteuergenosse, hatte ihn befördert; ich wußte es wohl, denn sie hatten sich immer sehr geliebt – aber ich sagte nichts, obgleich mich Ruprecht mit der Angst des bösen Gewissens anblickte – mir war es wohl, daß er fort war, mir war es sehr wohl, daß er geflohen.

Als ich zu Chelion kam, kauerte sie eben auf dem Boden und drückte eine Taube an ihr Herz. Ich tat mir noch einmal den Schwur, ihr die Qual dieser Nacht durch lebenslange Liebe vergessen zu machen, wenn ja das Schrecknis auszutilgen ist aus dem weißen, unbeschmutzten Blatte ihres Herzens. – –

Aber es war nicht mehr auszutilgen.

Sie hatte mich einmal mit dem Mörderauge an dem Bette stehen gesehen, und dies war nicht mehr aus ihrer Seele zu nehmen. Einst war ich ihr die sichtbare Gottheit auf Erden gewesen, nun zitterte sie vor mir. – Wie kann es auch anders sein? Wer einmal den Arm erhob zum Totschlage eines seiner Mitgeschöpfe, wenn er ihn auch wieder zurückzog, dem kann man nicht mehr trauen; er steht jenseits des Gesetzes, dem wir Unverletzlichkeit zutrauen, und er kann das frevle Spiel jeden Augenblick wiederholen.

Ich habe jahrelang das Übermenschliche versucht, daß alles wieder sei wie früher, allein es war vergebens: das

Einfältige ist am leichtesten zerstört, und bleibt aber am festesten zerstört. Sie war hinfüro bloß die Demut mehr, die Ergebung und Aufopferung bis zum Herzblute, aber nur das *eine* nicht mehr, was statt allem gewesen wäre, nicht die *Zuversicht*. Sie klagte nie; aber sie hing in meinen Armen wie die Taube in denen des Geiers, gefaßt auf alles – – die kalte Sonne des Nordens schien auf sie wie mein Auge, beides kein Leben mehr spendend. Nie mehr seit jener Nacht ist die Röte der Gesundheit wieder in ihr Angesicht gekommen – und so starb sie auch an einem Nachmittage; die brechenden Augen noch auf mich gerichtet, wie das arme Tier den Mörder anschaut, der ihm die Kugel in das furchtsame Herz gejagt hatte.

Ich wurde vor Schmerz wahnsinnig, wie sie als kalte Leiche lag, und wie sie begraben war. Ich wußte nicht, sollte ich Bertha morden, die Beschützerin, oder Ruprecht, ihren Mann, oder soll ich Sixtus suchen und ihm Faser für Faser aus dem Leibe reißen – – aber ich tat endlich alles nicht, weil ich die Macht gewann, nicht den Frevel durch einen neuen sühnen zu wollen. Er, da er ihren Tod vernommen, hatte sich mit einer Kugel das Gehirn zerschmettert – in das Haus der andern kam Wut und Unfriede; Ruprecht warf seinem Weibe den Tod des Sixtus vor; sie war düster gegen ihren Mann, und starb auch bald an innerem Siechtum. Ich aber schloß das Parthenon mit Schlössern zu, bis auf ein Gemach, in dem ich wohnte – die Diener dankte ich ab – die Pflanzen ließ ich verkommen – die Tiere nährte ich, bis sie eines nach dem andern starben, und dann begrub ich sie jedes einzeln. – Was von Chelion übrig war, jedes Stückchen Kleid, ihr Spielzeug, den Fußboden und den Teppich, auf dem sie wandelte, das Tischchen, an dem sie saß, das Bett, in welchem sie in jener Nacht gelegen – – alles hütete ich, daß es blieb, wie es an dem Tage ihres Todes war. Auf Erden hatte ich keinen Menschen mehr; – mein Sohn Christoph, das Ebenbild Chelions – hatte er nun erkannt oder geahnt, was ich seiner Mutter getan – war fort und nicht wieder gekommen – – und als ich alt geworden war, erbarmte es mich der Überreste in dem Parthenon; ich nahm viel Geld, das ich zusammengespart, hinterlegte es als Ersatz für meine Erben, und zündete das Parthenon an, daß alles und alles durch das Feuer verzehret würde, was übrig wäre von ihr und mir. – Es war eine schöne, schmerzensvolle Lohe! – Ich hatte nie den Berg verlassen, habe keine Taten mehr verrichtet, keine guten und keine bösen. Jetzt wohne ich in dem steinernen Häuschen, das ich am Fuße des Berges erbaut, nicht weil ich ein Einsiedler bin und in Schmerzen lebe – nein, weil es lieblich ist, daß *ein* Mensch nicht mehr brauche, als was *einem* not tut. – In den Büschen neben mir sind die Vögel, die es auch so halten, und weiterhin die Strohdächer, die es so halten müssen, es aber töricht für ein Unglück wähnen – der Berg steht hinter mir mit seinen Denkmalen und widersinnigen Vorkehrungen, daß die Besitzer sich zerstören müssen – – in meinem Testamente, Artikel 13, steht geschrieben: ›Ein blauseiden Vorhang über Chelions Bild, der sich selber rolle; dann ein weiß einfach Würfel aus Marmel über unser gemeinschaftlich Grab im indischen Garten, mit nichts als den zwei Namen‹ – – befolget mir nur genau den Artikel, damit es ja so geschieht. Ich habe jetzt schon einen Stoß Papiere wie ein Tisch hoch gesammelt, und werde die Geschichte beginnen von den Verkehrtheiten des menschlichen Geschlechtes, und die von den Großtaten desselben – es ist aber seltsam: oft weiß ich nicht, ob eins in diese Geschichte gehöre, oder in jene – – ich muß wohl noch älter werden – – ach, ich sehne mich nach meinem Sohne .....«

Bei diesen Worten brach das Manuskript ab, und keine

Zeile stand weiter auf dem Pergamente. Nur unten am Rande des letzten Blattes stand von fremder Hand: ›? [gestorben] einundzwanzig Tage nach dem Worte: Sohne.‹

Ach – und so muß ja jede dieser Rollen enden, die in den eisernen Kästen noch liegen mögen. Wenn der Mann dachte: morgen oder übermorgen schreibe ich wieder, – so war er morgen oder übermorgen krank, und die andern Tage darauf tot!

Heinrich stand auf und wischte sich mit der Hand über die Stirne. *Eine* Schrift hatte er nun gelesen. Er sah deutlich nun auch schon das Kreuz von fremder Hand auf *seinem* letzten Blatte stehen und dabei: ›gestorben nach dem Worte....‹ – welches Wort mag es wohl sein? etwa Gattin? oder ein anderes, oder eins im Wörterbuche, auf das man jetzt gar nicht denkt?! Er legte das Pergamentheft wieder in seinen Kasten und schloß ihn zu. Dann ließ er alle Fensterlehnen niederfallen, daß wieder nichts als das geheimnisvolle Spiegellicht auf dem Estrich wankte, – dann ging er ins Freie, beide Tore hinter sich auf die Art und Weise schließend, wie es vorgeschrieben ist.

›Das ist keine gute Einrichtung unserer Vorfahren‹, dachte er, als er den von so vielen Lesern und Schreibern betretenen Pfad durch den alten Garten zurückging und im Schutte die Fußstapfen drückte, die so viele vor ihm gedrückt. Er konnte dem Rate des Jodok nicht folgen und das Gelesene in die Winde streuen, sondern mit beschwertem Herzen überall die Gestalt des Jodokus sehend, der vor kurzem hier gewandelt, dachte er: ›Wie viele Gestalten mögen sich noch hinzugesellen, bis der Garten voll Gespenster ist? – Und wenn alle ähnlich diesem Jodok sind, wie wenig verdient ihr Haus den Namen, den ihm die Leute draußen geben – ihre Narrheit ist ihr Unglück, und ihr Herz. – – Wie fürchte ich schon die

Geschichte jenes Prokopus mit dem düsteren, funkelnd dürstenden Auge, das vielleicht zuletzt aus Verzweiflung nach den Sternen geschaut – – oder was wird in der von Julianus stehen – oder von dem ersten Sixtus – oder von dem verwahrlosten Christoph mit Narcissa und Pia? – – Was wird von mir selber noch stehen müssen?‹

Unter diesen und ähnlichen Gedanken gelangte er durch den dunklen Eichenhag gegen die freieren Teile des Berges, und hier war alles heiterer. Der verständige Baumeister trat ihm mit einer Zeichnung entgegen und bemerkte, welche Veränderungen er für gut hielte, nachdem er die Plätze noch einmal untersucht und vermessen habe. Die Werkleute blieben ehrbar stehen und lüfteten die Mützen, als die Männer vorbeikamen. Die Grundfesten der alten Glashäuser des Jodokus waren bei Wegräumungen wieder entdeckt worden, und man hatte darauf weiter gebaut. Da sie zur Besichtigung an den Platz gelangten, standen schon die luftigen Gerüste da, nur das Glas mangelte und der Maueranwurf. Oben blickte der grüne Fichtenwipfel und die lustigen Bänder. Nicht weit davon, im Parthenon, gingen die Schubkarren, um den Schutt und die Ziegel wegzuführen, und die gereinigten Säulen blickten wieder weiß und ruhig gegen die grüne Wiege ihres Tales. Im Christophhause hing der Schieferdecker auf dem Dache und pfiff ein Liedlein, indes er Lücke nach Lücke verstopfte und verstrich. Die Leitern an der Vordermauer ließ man eben niedersinken, da die Mauer bereits nachgebessert und herausgeputzt war. Die Fenster standen nun spiegelnd daran; alle grünen Seidenvorhänge waren aufgezogen, und wo die Flügel offen standen, wehte die Sommerluft freundlich und allgegenwärtig aus und ein. Der Werkmeister des Innern kam, als Heinrich und der Baumeister eintraten, ihnen aus dem hintersten Zimmer entgegen und zeigte, was er in der letzten Zeit gefördert. In manchen Zimmern wurde noch gehämmert und genagelt, und die Gesellen mußten inne halten, während er mit den Herren sprach; andere waren schon ganz fertig; der Werkmeister schloß sie auf, indem er sich vorher sorgfältig die Schuhe abwischte, führte sie hinein und zeigte, wie alles spiegele und schimmere und nichts mehr fehle als die kostbaren Kleiderstoffe, die auf den Tischen herum liegen, und die Diamanten, die in ihren geöffneten Fächern wie Lichttropfen blicken sollen. Heinrich ging wieder heraus und besuchte noch den großen Saal, der verziert wurde. Den Berghang hinab gegen das große Tor zu scharrte die Schaufel, daß die Wege ausgebessert wurden, und klang die Axt, daß die dürren Stämme und Äste niederfielen. Alles sollte vorerst schön sein und sich sittig erweisen, wenn etwa in Bälde Augen kämen, es zu sehen; das Nützliche und Nachhaltende war schon vielfach besprochen und entworfen, mußte aber seiner Zeit harren, daß es sich allmählich und dauernd entwickle.

Indessen wurde auch in einem andern, viel kleineren Hause unten an der Pernitz gearbeitet, daß ganze Schneeberge von Linnen da lagen und sich überall Kleider und Stoffe bauschten – das andere, der Schmuck, der da glänzen und funkeln sollte, lag schon als Kränzlein von leuchtenden Steinen oben in einem reinen, dämmernden Stübchen, dessen Fenster marmorrote Simse hatten und von schneeweißen Vorhängen verhüllt waren.

Im Lande aber draußen dauerte noch das Geschrei fort über Heinrich und sein Glück. Man neidete es ihm, und gönnte es ihm. Man sagte, er eile jetzt und könne keine Zeit abwarten, sondern überwühle bereits den ganzen Berg, um seine Macht nur recht zu genießen. Man wählte ihm Heiraten aus den Familien des Landes, zankte darüber und stellte Vermutungen an, welche ihn nehmen, und welche ihn ausschlagen würde. Ja es wurde sogar gemunkelt, er werde, ganz nach Art seiner Väter, nie-

mand mehr, und niemand minder, als eben nur eine Wirtstochter heiraten.
Aber die Zeit ging fort und fort und klärte nichts auf. Heinrich, gerade der Meinung entgegen, die man von ihm hatte, war schamhaft in allem seinem Tun, und übereilte nichts, bis es war, wie er es wollte, und wie es seinem Herzen wohl tat – dann aber kam auch der Augenblick, der es allen offen darlegen sollte, wie es sei. In der Kirche zu Priglitz war es Sonntags verkündet worden, nach der Art, wie es alle Pfarrkinder halten, Hohe und Geringe: »Der ehr- und tugendsame Junggeselle: Heinrich, unser erlauchter Herr und Graf zu Rothenstein, und die ehr- und tugendsame Jungfrau Anna, eheleibliche Tochter Erasmus' und Margarethas, Besitzerin der Wirtschaft Nr. 21, zur grünen Fichtau....« Erasmus hatte an allen Gliedern gezittert und im Angesichte geglänzt, – und draußen vor der Kirche prahlte er unverhohlen von seinem Kinde und dessen Glücke, als sich die Männer um ihn scharten und ihn mit Fragen bestürmten. Er erlebte die Freude, die er einst im Übermute vorausgesagt, daß die ganze Fichtau die Hände zusammenschlug über dieses Ereignis. Er allein von den Seinen war in die Kirche hinausgefahren, um es recht in seine Ohren hinein zu genießen, wenn es gelesen würde. Den Boten-Simon, der mit verwirrten Sinnen da stand, lud er zu sich auf den Wagen und sagte beim Einsteigen: »Gelt? Gelt?«
»Aber wir müssen es in Demut aufnehmen, Vater Erasmus, und ohne Hoffart genießen!« sagte der andere.
»Ich nehme es ja in Demut auf«, entgegnete Erasmus; »aber daß ich voll Freude bin, ist ja meine väterliche Schuldigkeit, damit es Gott nicht verdrießt, der es so gemacht hat.«
Von dem Tage der Verkündigung an bis zu dem der Hochzeit war ein groß Gerede, wie sie sich nun überheben werde, wie sie hochmütig fahren, und wie sie über-

mütig tun werde. Anna aber war nicht so: sie konnte vor Scham kein Auge aufschlagen. Die ganze Gasse der grünen Fichtau stand gedrängt voll Menschen, da die Stunde gekommen, wo er sie zum Wagen führte, um in die Kirche zu fahren. Ihre Wangen, da sie an den Leuten vorbeiging, waren so purpurrot, daß man meinte, sie müßten sie brennen; die Augenlider schatteten darüber, und sie getraute sich keines zu rühren, weil sonst Tränen fielen. Alle ihre Mitschwestern aus der ganzen Fichtau waren gekommen, um zu sehen, wie sie gekleidet und geschmückt sei. Aber nur ein einfach weißes Seidenkleid floß um ihre Gestalt, und in den Haaren war ein sehr kleines, grünes Kränzlein und eine weiße Rose aus ihrem Garten. Sie hatte die Steine doch wieder in der Kammer gelassen, weil es ihr als Sünde vorkam, sie an dem heutigen Tage zu tragen. So ging sie vorüber, und als er mit ihr bis zu dem Wagen gekommen war, sah man, daß von der Hand, bei der er sie führte, kaum zwei Finger die seine berührten, und daß diese Finger zitterten. Auch der Schleier, der zunächst ihrer linken Wange und dem Nakken hinabging, bebte an ihren schlagenden Pulsen, und man sah es, da sie vor dem Wagen ein wenig anhielt, um hineinzusteigen.
»Das ist eine demütige Braut«, sagte ein Weib aus dem Volke.
»Das ist die schönste, demütigste Braut, die ich je gesehen«, sagte eine andere.
Und aus dem Flüstern und aus dem Gemurmel der Zuschauer gingen die deutlichsten Zeichen des Beifalles hervor. Anna wurde dadurch nur noch verwirrter, wie er sie einhob und sie sich zurechtsetzte. Er stieg nun auch in denselben Wagen, in dem bereits eine schöne alte Frau saß, die niemand kannte. Es war Heinrichs Mutter. Dann besetzten sich auch die andern Wagen mit Erasmus, dem Schmiede, mehreren Fichtauern und Fremden. Annas

Mutter mußte eingehoben werden, weil sie mit ihrem Fuße vor Verwirrung den Wagentritt nicht finden konnte. Endlich fuhr die ganze Wagenreihe gegen Priglitz ab, wobei sich viele mit ihren Gebirgswägelchen anschlossen. Erst, da alle der Steinwand des Julius entlang flogen, löste sich die Volks- und Gebirgslust, die vorher gefesselt war, los, und manche Rufe und das klingendste Jauchzen des Gebirges flogen ihnen nach – es flog doppelt freudig, weil einer ihrer Herren eine aus ihrer Mitte gewählet. Auch aus mancher Waldhöhe längs dem Wege krachte ein Böller empor, der aus einem Holzstocke gebohrt war, oder es löste sich das Scheibengewehr oder die Jagdbüchse manches lustigen Fichtauers.

Auch Anna schien von Ehrfurcht überkommen zu sein; denn dieselben Augen, die ihn sonst, wie er noch mit Pflanzen und Steinen nach Hause gekommen, so freundlich angeblickt hatten, schlugen sich auch während des Fahrens nicht ein einziges Mal zu ihm auf – sondern sie weinten nun fast unablässig fort.

Er redete ihr nicht zu, sondern er dachte an Chelion, wie sie kaum so rein, so schön, so schuldlos gewesen sei als wie die an seiner Seite, und er bezähmte sein Herz, daß es nur nicht breche vor Freude und vor Glück.

Als die Trauung vorüber war und die Wagen wieder zurückkehrten, zeigte sich ein Bild, das fast rührend erschien. Auf der Gasse der grünen Fichtau, wo hundert Wagen Platz gehabt hätten, standen nun hundert Tische. Der neue Graf hatte keine große Familie und keine hohen Verbindungen. Seine Gäste waren daher alle Fichtauer. Sie waren seine Untertanen, also seine Verwandten. Dieselben Holzschläger, mit denen er sich sonst an Samstags-Abenden unterredet hatte, dieselben Jäger, die gerne eingesprochen, und alle andern saßen herum und tranken heute den besten Wein aus Erasmus' Keller und den noch bessern aus den Fässern des uralten Ruprecht. Daneben

saß der verständige, heitere Schlag der Gebirgsbauern, und Heinrich mit Anna mitten unter ihnen. Den Ehrenplatz nahm Erasmus ein, und neben ihm Annas und Heinrichs Mutter; man sah seinen Stuhl aber häufig leer; denn nach alter Gewohnheit ging er unter den Gästen herum, als müßte er sie auch heute bedienen, und fragte und redete, und ordnete an. Sein großer Hund folgte ihm hiebei, und manchmal legte er sein Haupt vertraulich auf Heinrichs Knie und schaute mit dummen Augen zu seiner Herrin, Anna, hinauf. Neben den Brautleuten saßen Robert und Thrine und Heinrichs Schwester. Der Boten-Simon konnte nicht da sein, weil es sein Amt nicht zuließ, aber geladen war er, und er erhielt als Entschädigung einen Zinsnachlaß seines Grundstückes im Asang. Aber der Hirt Gregor war da, und sein Sohn und sein Hund durften heute die Herde noch lange vor Sonnenuntergang nach Hause geleiten, damit sie den Abend mit genießen könnten. Alle Nachbarsleute des Erasmus saßen zunächst an ihm, und jeder Wanderer, der des Weges kam, war freundlich geladen. An den Grenzen der Gesellschaft, und hie und da selbst zwischen den Tischen balgte sich die Knabenschaft der Fichtau, und hinter dem Garten gegen den Grahns zu krachten schon die Vorübungsschüsse zu dem großen Scheibenschießen, das auf morgen und die folgenden Tage angeordnet war. – Und so entstand vor der grünen Fichtau ein Gebirgsfest, dessen man denken wird, so lange ein Berg steht.
Heinrich redete mit so vielen, als er nur konnte; er ließ sich von den Holzknechten noch einmal von ihren Arbeiten und Abenteuern erzählen. Er hörte den kühnen Fahrten der Jäger zu und fragte manchen Bauer um die Lage seines Gutes, dessen Bewirtschaftung und Erträgnis. Und ehe noch von den Bergen das kleinste Stückchen Schatten auf die Gesellschaft hereinfiel, hatte er schon alle Gemüter gewonnen, und jeder, etwa die ganz Rohen und Miß-

günstigen ausgenommen, gönnte Anna von Herzen ihr Glück.

Ein Abend, wie wir ihn am Eingange dieser Geschichte erzählt haben, kam auch heute prachtvoll und herrlich: die Sonne war über die Waldwand hinunter und warf kühle Schatten auf die Pernitz – im Rücken der Häuser glühten die Felsen, und wie flüssiges Gold schwamm die Luft über all den grünen Waldhäuptern weg.

Und immer feierlicher floß die Abenddämmerung, immer abendlicher rauschten die Wasser der Pernitz, und immer reizender klangen die Zithern.

Nur daß heute auch noch die Bursche mit den kühnen Gebirgsaugen die sanftblickenden, aber gleichwohl feueräugigen Mädchen an manchen Stellen zu den Zithern im Tanze herumdrehten, und daß der Mond schon viel länger als damals auf die Häuser hereinschien, ehe es auf der Gasse der grünen Fichtau verstummte.

Da aber endlich fast gegen Morgen die letzte Gruppe Abschied genommen hatte, und es stille war, folgte keine Szene im Garten, wie damals, sondern Heinrich schlief schon lange auf seiner einstigen Stube neben Robert, seinem Gaste, und Anna war mit Thrinen in ihrem einstigen Stübchen; aber sie schliefen nicht, sondern sie konnten sich nicht sättigen von Plaudern und Erzählen.

Des andern Tages, da das Scheibenschießen begann, führte Heinrich sein junges Weib in Begleitung der vornehmsten Gäste mit Prunk auf seinen Berg, und geleitete sie dort in die für sie eingerichteten fürstlichen Gemächer des Christophhauses, so wie Jodok einst die unschuldige Chelion in das Parthenon geführt hat. Erasmus war stolz darauf, daß desselben Tages noch vor Anbruch des Morgens fünf beladene Wagen mit Annas Gütern und betrunkenen Fuhrleuten auf den Rothenstein vorausgefahren waren. Er konnte sagen, daß sein Kind die reichste Braut der Fichtau sei; denn selbst der Hasenmüller im

Asang vermag seiner einzigen Tochter nicht fünf schwere Wagen zu beladen.
Wir enthalten uns, die Empfangsfeierlichkeiten auf dem Rothensteine zu beschreiben, sondern beschließen unsere Erzählung mit diesem heitern Ausgange der trüben Geschichten des Rothensteins, und wünschen dem Paare, daß es so glücklich fortlebe, wie ihre Ehe glücklich begonnen.
Ein Anfang dazu ist schon gemacht; denn die einigen Jahre, die seit dem, was wir eben erzählten, bis auf heute verflossen, sind ganz glücklich gewesen. Eine Reihe Glashäuser mit den Pflanzen aller Länder steht neben dem Parthenon, dann sind Säle mit den Herden ausgestopfter Tiere, und dann die mit allen Erzen und Steinen der Welt. Diese Leidenschaft ihres Herrn, meinen die Fichtauer, sei doch auch eine Narrheit, wie sie alle seine Ahnen hatten, aber daß er sonst auch rastlos schaffe und wirke, geben sie zu. In der hohen Frau, die mit zwei blühenden Knaben wandelt, würde niemand mehr die einstige Anna aus der grünen Fichtau erkennen; denn sie wird in Heinrichs Schule fast ein halbes Wunderwerk – aber ein anderes vollendetes Wunder steht neben ihr, ein Mädchen, namenlos schön wie ein Engel, und rein und sanft blickend wie ein Engel; es ist Pia, die Tochter Narcissas und des unglücklichen Grafen Christophs, der eher gestorben, ehe er seine Sünde gut machen konnte. Heinrich hatte sie an Kindes Statt angenommen, nachdem er sie und den alten Ruprecht, die sich bei seiner Ankunft in dem Kastellanhäuschen verkrochen hatten, an sich gelockt und an sein Wesen und Tun gewöhnt hatte. Durch ein seltsames Naturspiel ist sie ihrer Großmutter Chelion ähnlich geworden, und zugleich ihrem Großvater Jodok, so daß man sie den Bildern nach für ein Kind dieser beiden halten mußte; aber sie ist minder dunkel als Chelion, und noch um vieles schöner als das Bild dersel-

ben, was aber vielleicht nur der Jugend zuzuschreiben ist. Das Bild des zweiten Sixtus steht nun im grünen Saale auch offen, daneben Heinrichs und Annas, und jeder, der den Rothenstein besucht, kann sich von der vollendeten Ähnlichkeit Heinrichs und Sixtus' überzeugen.
Der alte Ruprecht lebt noch. Er sitzt ewig hinten an der Sandlehne in der Sonne, dreht lächelnd seinen Stab in den Fingern und erzählt Geschichten, die niemand versteht; er erzählt sie auch niemanden, und meint, er sei noch immer Kastellan, obgleich schon ein anderer ein neues Häuschen neben dem Tore der Ringmauer hat.
Viel Besuch kommt auf den Berg, und viele Augen fallen schon auf Pia; aber sie scheut noch jeden Mann so, wie sie einst die zwei Freunde scheute, als sie dieselben zum ersten Male in den Juliantrümmern gesehen, wo sie auf dem Geländer des Balkons geritten war. Der häufigste und liebste Besuch aber ist der von Robert und Thrine. Heinrichs Mutter und Schwester leben auf dem Schlosse.
Draußen in der Fichtau ist es, wie es immer gewesen, und wie es noch Hunderte von Jahren sein wird.
Während der Schmied sagt: ›Mein Schwiegersohn, der Herr Stadtschreiber‹, sagt Erasmus nie anders als: ›Mein Herr Schwiegersohn, unser gnädigster Herr Graf.‹
Boten-Simon und der Schecke fahren Land aus, Land ein, und beide gewannen bei den letzten Ereignissen, da der Asang sogleich bei der Übernahme eingelöset und Simons Grundzins alldort erniedrigt worden ist.
Und so, du glückliches Paar, lebe wohl! Gott der Herr segne dich und führe noch unzählige glückliche Tage über deinen Berg und die Herzen der Deinen empor.
Wenn von den andern Schriften des roten Felsensaales von Julian, Christoph, Prokop etwas bekannt wird, so wird es dereinst vorgelegt werden.

DIE MAPPE
MEINES URGROSSVATERS

Dulce est,
inter majorum versari habitacula
et veterum dicta factaque
recensere memoria.

Egesippus

I. DIE ALTERTÜMER

Mit dem an der Spitze dieses Buches stehenden lateinischen Spruche des seligen, nunmehr längst vergessenen Egesippus führe ich die Leser in das Buch und mit dem Buche in mein altes, fern von hier stehendes Vaterhaus ein. Der Spruch spielte einmal eine Rolle in einer meiner Auszeichnungen in der Schule, und schon deshalb hatte ich ihn mir für alle meine Zukunft gemerkt; allein er fiel mir nachher immer wieder ein, wenn ich so in den Räumen meines Vaterhauses herum ging; denn das Haus stak voll von verschiedenen Dingen unserer Vorfahren, und ich empfand wirklich, in den Dingen herum gehend, die seltsamliche Freude und das Vergnügen, von denen Egesippus in seinem Spruche sagt. Dieses Vergnügen haftete aber nicht etwa bloß in dem Geiste des Kindes, sondern es wuchs mit mir auf, der ich noch immer alte Sachen gerne um mich habe und liebe. Ja ich denke oft jetzt schon, da ich selber alt zu werden beginne, mit einer Gattung Vorfreude auf jene Zeit hinab, in der mein Enkel oder Urenkel unter meinen Spuren herum gehen wird, die ich jetzt mit so vieler Liebe gründe, als müßten sie für die Ewigkeit dauern, und die dann doch, wenn sie an den Enkel geraten sind, erstorben und aus der Zeit gekommen sein werden. Das hastige Bauen des Greises, die Störrigkeit, auf seine Satzungen zu halten, und die Gierde, auf den Nachruhm zu lauschen, sind doch nur der dunkle, ermattende Trieb des alten Herzens, das so süße Leben noch über das Grab hinaus zu verlängern. Aber er verlängert es nicht; denn so wie er die ausgebleichten geschmacklosen Dinge seiner Vorgänger belächelt und geändert hatte, so wird es auch der Enkel tun; nur mit dem traurig süßen Gefühle, mit dem man jede vergehende Zeit ansieht, wird er noch die Andenken eine Weile behalten und beschauen.

Diese Dinge empfindend erschien es mir nicht zwecklos, den Spruch des Egesippus an die Spitze eines Gedenkbuches zu stellen, das von meinem Urgroßvater und seiner Mappe handelt.

Ich will die Erzählung von ihm beginnen.

Mein Urgroßvater ist ein weitberühmter Doktor und Heilkünstler gewesen, sonst auch ein gar eulenspiegliger Herr und, wie sie sagen, in manchen Dingen ein Ketzer. Das alles ist er auf der hohen Schule zu Prag geworden, von wo er aber, da er kaum den neuen Doktorhut auf hatte, seinem eigenen Ausdrucke nach wie ein geschnellter Pfeil fortschießen mußte, um sein Heil in der Welt zu suchen. Die Ursache, warum er so schnell fort gemußt hatte, hat er, der Erzählung meines Großvaters zu Folge, nie dazu gesetzt. Welche sie auch gewesen ist, so hat sie ihn doch zu jener Zeit in die schöne Waldeinsamkeit seiner Heimat geführt, wo er sofort viele Meilen in der Runde kurierte. Vor wenigen Jahren erzählte von ihm noch manche verhallende Stimme des Tales, ja in meiner Knabenzeit kannte ich noch manchen verspäteten Greis, der ihn noch gekannt und mit seinen zwei großen Rappen herum fahren gesehen hatte.

Als er uralt und wohlhabend geworden war, ging er endlich auch den Weg von manchem seiner einstigen Pflegebefohlenen, und hinterließ meinem Großvater Ersparnisse und Hausrat. Das Ersparte ist zuerst fortgekommen, und zwar im Preußenkriege; der Hausrat aber ist noch stehen geblieben. Von der Art und Weise des Doktors, die sehr abweichend von der der andern gewesen sein soll, haben sich nach seinem Tode noch lange die Bruchstücke im Munde der Leute erhalten; aber die Bruchstücke schmolzen wie Eisschollen, die im Strome hinab schwimmen, zu immer kleineren Stücken, bis endlich der Strom der Überlieferungen allein ging und der Name des Geschiedenen nicht mehr in ihm war. Die Geräte und Denkmale sind auch immer verkommener und trüber geworden. Von diesen Denkmalen möchte ich sprechen, da sie einst meine schauerliche innere Freude waren.

Aber seltsam, wenn ich recht weit zurück gehe, so ist es eigentlich Trödel, der gar so tief wirkte, nicht Dinge, denen ich heute mein Augenmerk schenke. Da ist tief in dem Nebel der Kindheit zurück eine schwarze Weste, die so wundersam war; ich höre noch heute die Leute staunen und rufen, wie nun gar kein so unverwüstlicher Levantin mehr gemacht werde, und wie man das Alte aufbewahren und achten soll – dann trieb sich unter unsern Spielsachen eine dunkle, verwitterte Hutfeder herum, deren Rückgrat geknickt war – aus den Spänen und Splittern der Holzlaube blickte einmal eine geschundene Deichsel hervor – im Garten wucherte noch unausrottbar die Angelikawurzel; daneben stand ein grauer Stamm, dessen zwei einzige grüne Äste noch alljährlich schwarze Vogelkirschen trugen und im Herbste blutrote Blätter fallen ließen; – dann waren zwei himmelblaue Wagenräder, die ich als Knabe einmal sauber abzuwaschen strebte, weil sie von darauf geworfenen Pflügen und Eggen voll Kot geworden waren; – dann bestand, weil man sagt, daß der Doktor ein vornehmes Fräulein soll geheiratet haben, auf Diele und Scheune noch allerlei den jetzigen Bewohnern unbekannter Kram, der wohl nicht aller von ihm herrühren mochte; aber wenn unter die berechtigten Hausdinge etwas Wunderliches geriet, das niemand erklügeln konnte, sagte man immer: »Das ist vom Doktor«; denn obwohl wir ihn als unsern reichsten Vorahn sehr ehrten, so hielten wir doch insgeheim sämtlich dafür, daß er ein Narr gewesen sei.

Es mochte damals noch viel mehr Altertümliches gegeben haben, wenn wir Kinder den Schauer vor so manchem unrichtigen Winkel hätten überwinden können, der noch bestand, und wohin sich seit Ewigkeit her der Schutt geflüchtet hatte. Da war zum Beispiele ein hölzerner, dunkler Gang zwischen Schüttboden und Dach, in dem eine Menge urältester Sachen lag; aber schon einige Schritte tief in ihm stand auf einem großen Untersatze eine goldglänzende heilige Margaretha, die allemal einen so drohenden Schein gab, so oft wir hinein sahen; – dann waren die unentdeckten allerhintersten Räume der Wagenlaube, wo sich verworrene Stangen sträubten, alternde Strohbünde bauschten, noch bekannte Federn längst getöteter Hühner staken, tellergroße schwarze Augen aus den Naben alter Räder glotzten, und daneben im Stroh manch tieferes Loch gor, so schwarz wie ein Doktorhut. Ja die Scheu steigerte sich, da einmal der Knecht gesagt hatte, daß man durch die Sachen hindurch in die Haberstelle der Scheune kriechen könne, was wohl bestaunt, aber nicht gewagt wurde.

In der Finsternis der Truhe bewahrte auch lieb Mütterlein manche Kostbarkeiten auf, die keinen andern Zweck hatten, als daß sie immer liegen blieben, und die wir gelegentlich zu sehen bekamen, wenn sie einmal etwas Seltenes suchen ging und wir die Köpfe mit in die Truhe steckten. Da war eine Schnur angefaßter rasselnder, silberner Gupfknöpfe, ein Bündel Schnallen, langstielige Löffel, eine große silberne Schale, von der sie sagten, daß der Doktor das Blut der vornehmen Leute in dieselbe gelassen habe, – dann waren zwei hornerne Adlerschnäbel, einige Bündel von Goldborden, und anderes, was in der Dunkelheit so geheimnisvoll leuchtete, und worin wir nie kramen durften, weil die Mutter bei solchen Gelegenheiten stets nicht Zeit hatte, sondern zusperren und fort gehen mußte. Zuweilen aber, wenn die obere Stube, wo die Gastbetten standen und die Festkleider hingen, einmal gelüftet und abgestäubt wurde und die Mutter eben bei Laune war, zeigte sie wohl gerne etwa einer Nachbarin und auch uns Kindern, die immer dabei standen, manches von der Ahnentafel bürgerlicher Häuser, die ich so liebe, der Truhe der Brautkleider. Wie Reliquien pflegte man sonst derlei Kleider aufzubewahren und bei Gelegenheiten vorzuzeigen; aber diese Ehrfurcht nahm in den Zeiten ab, und endlich kam der schwarze Frack, in dem wir zur Trauung, zum Besuche, zum Spaziergange gehen – was soll daher an ihm sein, das der Aufbewahrung würdig wäre? Wenn Mütterlein nun die steifen, eckigen Dinge herauszog und in der Sonne spielen ließ, da standen wir dabei und staunten die verschossene Pracht an. Da kamen sammetne, seidene, goldstarrende Dinge zum Vorschein, die da rauschten und knisterten und unbekannt waren. Vom Doktor ist noch der ganze veilchenblaue Sammetanzug übrig, mit den vielen Schleifen und unten Goldblümchen, dann mit den Bandschuhen und schwarzem Barett. Das aschgraue Seidengewand seiner Braut hatte hinten einen Zipfel als Schleppe hinaus, es war ein goldener Saum da, und aus dem Innern lauschte das schwefelgelbe seidene Unterfutter. Insonderheit war auch der Rock der Großmutter, der meßgewandstoffig und unbiegsam war, mit den vielen Falten und großen Seidenblumen. Des Vaters langer rötlicher Brautrock, in dem ich ihn oft an Oster- und Pfingsttagen zur Kirche gehen sah, hatte schon das Schicksal, daß er zerschnitten wurde; denn als der Vater tot war und ich in die Abtei studieren ging, da wurde für mich ein neues Röcklein daraus gefertigt, in welcher Gestalt er aber von meinen Mitschülern stets nur Hohn und Spott erntete,

obgleich mir mein kleines Herz jedesmal um den verstorbenen Vater sehr weh tat, wenn ich an Sonntagen das so oft verehrte Tuch auf meinen Armen sah.
Früher mochten noch mehrere Gedenksachen allgemach den Weg der Zerstörung und Vergessenheit gegangen sein. Ich denke noch klar eines Wintermorgens, an dem man daran ging, das Ungeheuer eines weichen Schreines mit Äxten zu zerschlagen, das seit Kindesdenken prangend mit dem eingelegten Worte ›Zehrgaden‹ wie ein Schloß neben der Küche gestanden war, und ich weiß noch heute recht gut, wie ich damals als winziges Kind einen beinahe bitteren Schmerz empfand, als der wunderbare kaffeebraune Berg vor mir in lauter schnöde Späne zerfiel, im Innern zu höchster Überraschung so gewöhnlich weiß wie die Tannenscheite im Hofe. Lange nachher hatte ich immer ein Gefühl verletzter Ehrfurcht, so oft ich die große lichte Stelle an der Mauer sah, wo er gestanden war.
Und wie vieles mochte in der vordenklichen Zeit verloren sein. Wie oft, wenn wir Wallfahrer spielten und ein Fähnlein auf einem langen Stabe trugen, dazu wir einen Lappen aus dem Kehrichte gezogen hatten, mochte der Lappen aus einem schmeichelnden Kleide gewesen sein, das einst die Glieder eines lieben Weibes bedeckt hat. Oder wir saßen im Grase, streichelten mit den Fingern an den schillernden Fäden des hingesunkenen Fähnleins und sangen: »Margaretha, Margaretha«; denn die Mutter hatte uns oft von einer Margaretha erzählt, die eine schöne, weiche Frau unserer Vorfahren gewesen sein soll. – Wir sangen: »Margaretha, Margaretha«, bis wir selber eine Art Furcht vor dem Lappen hatten.
Wie der Mensch doch selber arbeitet, daß das vor ihm Gewesene versinke, und wie er wieder mit seltsamer Liebe am Versinkenden hängt, das nichts anderes ist, als der Wegwurf vergangener Jahre. Es ist dies die Dich-

tung des Plunders, jene traurig sanfte Dichtung, welche bloß die Spuren der Alltäglichkeit und Gewöhnlichkeit prägt, aber in diesen Spuren unser Herz oft mehr erschüttert als in anderen, weil wir auf ihnen am deutlichsten den Schatten der Verblichenen fortgehen sehen, und unsern eignen mit, der jenem folgt. Darum hat der Großstädter, der stets erneuert, keine Heimat, und der Bauerssohn, selbst wenn er Großstädter geworden ist, hegt die heimliche, sanft schmerzende Rückliebe an ein altes, schlechtes Haus, wo die Bretter, Pfähle und Truhen seiner Voreltern standen und stehen. Wenn die Gebeine eines Gewesenen schon verkommen sind, oder zerstreut in einem Winkel und im Grase des Kirchhofes liegen, stehen noch seine bleichenden Schreine in der alten Wohnung, sind zuletzt die beiseite gesetzten ältesten Dinge, und werden so wieder die Gespielen der jüngsten, der Kinder.

Es ist etwas Rührendes in diesen stummen, unklaren Erzählern der unbekannten Geschichte eines solchen Hauses. Welches Wehe und welche Freude liegt doch in dieser ungelesenen Geschichte begraben, und bleibt begraben. Das blondgelockte Kind und die neugeborne Fliege, die daneben im Sonnengolde spielt, sind die letzten Glieder einer langen unbekannten Kette, aber auch die ersten einer vielleicht noch längern, noch unbekannteren; und doch ist diese Reihe eine der Verwandtschaft und Liebe, und wie einsam steht der einzelne mitten in dieser Reihe! Wenn ihm also ein blassend Bild, eine Trümmer, ein Stäubchen von denen erzählt, die vor ihm gewesen, dann ist er um viel weniger einsam. Und wie bedeutungslos ist diese Geschichte; sie geht nur zum Großvater oder Urgroßvater zurück, und erzählt oft nichts als Kindtaufen, Hochzeiten, Begräbnisse, Versorgung der Nachkommen – aber welch ein unfaßbares Maß von Liebe und Schmerz liegt in dieser Bedeutungslosigkeit! In der andern, großen

Geschichte vermag auch nicht mehr zu liegen, ja sie ist sogar nur das entfärbte Gesamtbild dieser kleinen, in welchem man die Liebe ausgelassen, und das Blutvergießen aufgezeichnet hat. Allein der große, goldene Strom der Liebe, der in den Jahrtausenden bis zu uns herab geronnen, durch die unzählbaren Mutterherzen, durch Bräute, Väter, Geschwister, Freunde, ist die Regel, und seine Aufmerkung ward vergessen; das andere, der Haß, ist die Ausnahme, und ist in tausend Büchern aufgeschrieben worden.

Da der Vater noch lebte, durfte von des Doktors Habschaften nichts verrückt werden, da er ihn hoch verehrte und fast ausschließlich immer in einem ledernen Handschriftenbuche desselben las, welches Buch aber später ganz abhanden gekommen war. In jener Zeit stand der alte Hausrat noch wie eine eherne Chronik umher; wir Kinder lebten uns hinein, wie in ein verjährtes Bilderbuch, dazu der Großvater die Auslegung wußte und erzählte, er, der der eigentlichste, lebendigste Lebensbeschreiber seines Vaters, des Doktors, war.

Wenn er manchen Abend zwischen diesen Denkmalen niedersaß und in dem Buche seiner Jugend nachsann, dessen Zeichen bloß tiefe Stirnrunzeln und weiße Haupthaare waren, und von den Taten und Abenteuern des Doktors erzählte, von seiner Furchtlosigkeit bei Tag und Nacht, in Wald und auf Haiden, wenn er so zu seinen Kranken fuhr – wie er Scherze und Schnurren trieb – wie er Arzneigläser hatte, die rot und blau glänzten, wie Karfunkel und Edelstein – wie er Macht hatte über die Dinge auf der Erde und in der Luft – – und wenn nun das eine und andere Gerätstück, wie es ja noch leibhaftig vor uns stand, anfing, in der Geschichte mit zu spielen, bald, weil es in einem bedeutungsvollen Augenblicke in ihm krachte, oder plötzlich ein Glas den Platz wechselte – bald, weil ein Schwerverwundeter darauf ächzte, wie ihm der Doktor den Körper wieder fügte, den ein Waldbaum gänzlich auseinander geschlagen hatte – bald, weil ein unergründlich Geheimnis der Heilkunde darinnen verschlossen gewesen; so ergoß sich eine unsägliche Bedeutung und Zauberei um die veralteten Gestalten; wir getrauten uns kaum hinzusehen, wie alles in hellem Kerzenlichte umher stand und entschiedene Schatten warf; tief hinten ein Schrank, hoch und dünn, wie Ritterfräulein, die in ein Leibchen gepreßt sind; es war, als stünden Dinge auf ihm, die am Tage gar nicht dort stehen – dann der Arzneischragen, der gleichsam heimlich immer glänzender wurde – der Ahorntisch mit dem eingelegten perlenmutternen Osterlamme – die Uhr mit der Spitzhaube – der lange Lederpolster auf der Bank mit Bärentatzen, die wie lebendige griffen – endlich am Fenster, mit bleichen Tropfen des hereinscheinenden Mondes betupft, das Schreibgerüste, vielfächrig, gotisch, mit einem kostbaren Geländer, auf dem braune Frösche paßten und gleißten, die Schreibplatte überwölbt mit einem hölzernen Baldachine, wie mit einem Herdmantel, darauf oben ein ausgestopfter Balg saß, den man nicht mehr kannte, und den wir jedes Abends fürchteten – und wenn der einzige Hort, der Vater, der auf diese Erzählungen nichts hielt, in der Ofenecke eingeschlummert war und der Mondenglanz der scharfen, taghellen Winternacht in den Ecken der gefrierenden Fensterscheiben starrte, so wehte ein solches Geisterfieber in der Stube, es hatte selbst die Mutter so ergriffen und war über die Mägde hinaus gekommen, die gerne in der Küchenstube daneben saßen und spannen, daß, wenn jetzt jemand am äußeren Tore geklopft hätte, es unmöglich gewesen wäre, sich ein Königreich zu verdienen, bloß dadurch, daß eines hinaus gehe und schaue, wer es sei.

Ich dachte mir damals oft, wie denn ein so unsägliches Gewimmel von überirdischen Dingen und ganz unerhörten Ereignissen in dem Leben eines einzigen Menschen, dieses meines Urgroßvaters, gewesen sein könne, und wie jetzt alles so gewöhnlich und entblößt ist – kein Geist läßt sich mehr sehen oder hören, und wenn der Vater in der Nacht von etwas aufgehalten wird, so sind es schlechte Waldwege gewesen, oder es ist ein Regen eingefallen.

»Ja wohl,« pflegte die Großmutter zu sagen, wenn auf diese Dinge die Rede kam, »alles nimmt ab, der Vogel in der Luft und der Fisch im Wasser. Wenn sonst in den Losnächten oder Samstag abends aus den Pfingstgräben oder der Hammerau deutlich ein Weinen oder Rufen gehört wurde, so ist heute in den Gegenden alles stille und ausgestorben, selten, daß einem noch ein Irrlicht begegnet, oder der Wassermann am Ufer sitzt. Die Leute glauben auch heut zu Tage nicht mehr so fest wie sonst, obwohl die Alten, die dies erzählten, ebenfalls keine Toren waren, sondern furchtlose, aufgeklärte Männer. Wie gerne will die Jugend alles besser wissen, und kömmt doch mit den Jahren immer wieder auf die Reden der Alten, und gesteht es ein, daß sie darauf kömmt.«

So pflegte meine Großmutter zu sagen; ich aber hörte ihr mit begierig hingerichteten Augen zu und brauchte gar nicht auf ihre Worte zu kommen; denn ich glaubte ohnehin alles gerne und fest.

So war es in meiner Kindheit, und so flossen die Jahre dahin.

Die Jahre waren damals sehr, sehr lange, und es verging ungemein viele Zeit, ehe wir ein wenig größer geworden waren.

Da endlich ich als der Älteste ziemlich herangewachsen war, starb der Vater, und ich mußte bald darauf in die Abtei in die Studien. Später kam ein Stiefvater und eine neue Regierung in das Haus. Es wurden neue, schöne Geräte gemacht, und alle die alten Dinge, die früher da gewesen waren, mußten in die braungebeizte Hinterstube zurück, die gegen den Garten lag und unbewohnt war. Dort blieben sie in Raschheit hingestellt und in Verworrenheit stehen. Auch in mein Haupt waren nach und nach andere Gedanken und andere Bestrebungen gekommen. Aber einmal in den großen Herbstferien besuchte ich die alten Sachen wieder. Mir kam bei, daß ich sie ordnen könnte. Ich tat es, richtete die braune Stube mit ihnen ein, und stand dabei, wie der sanfte, schwermütige Herbstglanz der Sonne so an ihnen hin streichelte und sie beleuchtete. Allein ich mußte wieder in die Abtei, und wie die Zeit der dort festgesetzten Studien vergangen war, kam ich gar in die große, ferne Stadt. Nun erschienen harte Jahre, die Bestrebungen des Mannes kamen und verdeckten wie mit Nebel das fernabliegende Land der Kindheit. Viele Dinge wurden erstrebt und gelitten, und da endlich die Zeit eingetreten war, in der der Mensch die Sehnsucht hat, den sachte vergehenden Lebensstrom in holden Kindern wieder aufquellen zu sehen, mochte es ein liebes Weib mit meinem Herzen wagen, und wir traten vor den Altar der Ehe. Dieses Ereignis führte mich wieder in mein Kindheitsland zurück. Da nämlich Mütterlein zu Hause sehr betrübt war, daß sie wegen Kränklichkeit nicht kommen konnte, die Brautkrone flechten zu helfen und den heiligen Kirchengang zu sehen, beschlossen wir, um ihr Ersatz zu geben, die ersten Tage unseres neuen Standes in der Heimat zuzubringen. Wir packten auf, Wälder, Berge gingen an uns vorüber, und eines schönen Sommertages kamen wir in dem längst verlassenen Hause an.

Mütterlein war ein altes Weib geworden, die neuen, schönen Geräte, die zu meiner Studienzeit gekommen waren, waren jetzt auch alt und verschossen; keine Großeltern gingen mehr im Hause herum, aber dafür spielten die kleinen Kinder der Schwester, die selbst ein Kind ge-

wesen, da ich fort ging, an der Stelle, wo wir einst gespielt hatten – nur die Liebe und Güte ist jung geblieben. Mit dem gewohnten Sonnenscheine der Freundlichkeit in den verfallenen Zügen, mit den gewohnten guten Augen nahm die Mutter jetzt die junge, blühende Tochter an, verehrte sie und tat ihr Gutes. Es kamen Tage, die einzig unvergeßlich sind, Tage unter Menschen desselben Herzens und derselben unverfälschten Liebe. Ich führte meine Gattin durch alle Wälder meiner Kindheit, ich führte sie an rauschende Bäche und an ragende Klippen, aber ich führte sie auch durch die schönen Wiesen und durch die wogenden Felder. Hier ging Mütterlein mit und zeigte der fremden Tochter, was von all den Dingen unser sei, und was eben darauf wachse.
Alles war so herrlich und prangend wie sonst, ja es war noch prachtvoller und ernster, als ich es einst begreifen konnte. Nur das Haus war kleiner geworden, die Fenster niedriger und die Stuben gedrückt. Alles, was sonst unendlich war, die dunklen Gänge, die gähnenden Winkel, das war nun klar, und was darinnen lag, war Wust. In der braunen Stube standen die alten Dinge in der Ordnung, wie ich sie einstens hingestellt hatte, oder eigentlich, sie hingen kaum mehr an den Wänden herum. Das einzige Schreibgerüste stand noch dicht und fest mit allen seinen Zieratengeländern und Fröschen da, ein wahres Kunstwerk in uralter Eichenschnitzerei. Die Mutter gab es mir auf meine Bitte gerne zum Hochzeitsgeschenke. All das andere aber waren gewöhnliche Trümmer und Reste; die Fugen klafften, das Licht schien durch sie, der Holzwurm hatte die Balken angebohrt, und der Staub rieselte heimlich in seine Gänge. Als ich weiter durch das Haus wandelte, war hier eine Holztreppe weggenommen, dort eine andere aufgestellt – ein Geländer war hier herabgebrochen, dort eines befestiget worden – das Brunnenwasser rann in eine neue Kufe, die

Gartenbeete waren in einer anderen Richtung, verschiedene Dinge standen darauf, und der graue Baum war gar nicht mehr da – in der Holzlaube war manches anders, aber hinten standen genau noch die alten Stangen und staken die alten Strohbünde: aber ein schwermütig klares Licht der Gegenwart lag auf allen Dingen, und sie blickten mich an, als hätten sie die Jahre meiner Kindheit vergessen. – So verging Woche um Woche in den neuen, erst wieder bekannt werdenden Räumen. Aber eines Tages, da eben ein grauer, sanfter Landregen die Berge und Wälder verhing, verschaffte mir das Haus etwas, das ich nicht suchte, und das mich sehr freute, weil es mir gleichsam das ganze versunkene, aufgehobene Märchen darin gab.

Mütterlein, Gattin und Schwester saßen im Hofstübchen und verplauderten die Zeit, weil draußen Straße und Garten in Wasser schwammen; ich, gleichsam aus einem alten Zuge der Kindheit, der gerne das sanfte Pochen des Regens auf Schindeldächern hörte, war fast bis auf den äußersten Boden emporgestiegen und geriet auch in den Gang zwischen Schüttboden und Dach. Da stand noch die goldglänzende heilige Margaretha auf demselben Platze, auf dem sie vor so vielen Jahren gestanden war. Eine Menge weggeworfener Sachen lag, wie einst, um sie herum. Jetzt fürchtete ich den düsteren Goldschein nicht mehr, sondern ich holte die Gestalt hervor, um sie zu betrachten. Es war ein sehr altes, gut vergoldetes, hölzernes Standbild, halb lebensgroß, aber in dem Laufe der Zeiten war es bereits vielfach abgerieben und zerschleift worden. Ich dachte mir, daß es etwa von einer eingegangenen Feldkapelle unserer Besitzungen herrühre, aus Zufall in den Gang gekommen und hier vergessen worden sei. Aber fast sollte man glauben, daß es keinen Zufall gäbe. – Daß das Bildnis hier stand, daß es heute regnete, daß ich herauf stieg und es wegnahm – das sind lauter Glieder derselben Kette, damit das werde, was da ward. Als ich nämlich die Bildsäule wieder auf ihr Untergestelle setzen wollte, hörte ich, daß dieses keinen Ton gab wie ein Block, sondern wie ein hohler Raum; ich untersuchte es näher, und fand in der Tat, daß es eine sehr alte, verschlossene Truhe sei. Ich war neugierig, holte mir in der Wohnung unten Brechwerkzeuge, stieg wieder in den Gang hinauf, befreite zuerst den Deckel von dem zollhohen Staube, der darauf lag, sprengte mit dem Eisen seine Bande und öffnete ihn. Was sich mir nun zeigte, war ein Knäuel von Papieren, Schriften, Päckchen, Rollen, unterschiedlichen Handgeräten, Bindzeugen und anderem Gewirr – aber weit hinaus herrschten die Papiere vor. Es gibt in jedem Hause Dinge, die man nicht weg wirft, weil doch ein Teil unseres Herzens daran hängt, die man aber gewöhnlich in Fächer legt, auf welche dann nie mehr ein Auge fällt. Daß es hier so sei, begriff ich augenblicklich, und sogleich im Gange sitzen bleibend, neben mir den schwachen Goldschimmer der Bildsäule, ober mir das leichte Trippeln des Regens, fing ich die Untersuchung an, und nach einer Stunde saß ich schon bis auf die Knie in Papieren. Welch seltsame, sonderbare Dinge! Da waren ganz unnütze Blätter, dann andere, auf denen nur ein paar Worte standen, oder ein Spruch – andere mit ausgestochenen Herzen und gemalten Flammen – meine eigenen Schönschreibbücher, ein papierner Handspiegel, von dem aber gerade das Spiegelglas herausgebrochen war – Rechnungen, Rezepte, ein vergelbter Prozeß über eine Hutweide – dann unzählige Blätter mit längst verklungenen Liedern, Briefe mit längst ausgebrannter Liebe, nur die schön gemalten Schäfer standen noch am Rande und stellten sich dar – dann waren Schnitte für Kleider, die jetzt niemand mehr trägt, Rollen Packpapiers, in das nichts mehr gewickelt wird – auch unsere Kinderschulbücher waren da aufbewahrt, und das Innere der Deckel trug noch die Namen von uns allen Geschwistern; denn eines hatte sie von dem andern geerbt, und gleichsam als sei es das letzte und ewige, hatte es den Namen des Vorgängers mit fester Linie ausgestrichen und den seinigen mit der großen Kinderschrift darunter gesetzt. Daneben standen die Jahreszahlen mit gelber, schwarzer und wieder gelber Tinte.

Als ich so diese Bücher heraus legte und der Blätter, auf denen viel hundertmal die Kinderhände geruht haben mochten, sorgsam schonte, daß sie mir nicht auseinander fielen, kam ich auch auf ein anderes Buch, das diesen gar nicht glich und von jemanden ganz andern herrühren mußte als von einem Kinde. Durch Zufall lag es hier unter den Büchern der Kinder, aber es war von einem Greise, der längstens gelebt hatte, und der längstens schon in die Ewigkeit gegangen war. Das Buch bestand aus Pergament, hatte die Höhe von vier an einander gelegten Schulbüchern und war eigentlich aus lauter ungebundenen Heften zusammen gelegt. Ich schlug sie auf, aber nichts war da als die Seitenzahlen, mit starken Ziffern und roter Tinte hingemerkt, das übrige war weißes Pergament, nur von außen mit dem gelben Rande des Alters umflossen. Im einzigen ersten Hefte war ungefähr die Dicke eines Daumens mit alter, breiter, verworrener Schrift besetzt, aber auch die Lesung dieser Worte war gleichsam verwehrt; denn immer je mehrere der so beschriebenen Blätter waren an den Gegenrändern mit einem Messer durchstochen, durch den Schnitt war ein Seidenband gezogen und dann zusammen gesiegelt. Wohl fünfzehn solcher Einsieglungen zeigte der Anfang des Buches. Die letzte leere Seite trug die Zahl achthundertfünfzig, und auf der ersten stand der Titel: ›Calcaria Doctoris Augustini tom. II.‹

Mir war das Ding sehr seltsam und rätselhaft, ich nahm

mir vor, nicht nur das Buch in die Wohnung hinab zu tragen und bei Gelegenheit die Blätter aufzuschneiden und zu lesen, sondern auch von den anderen Sachen dasjenige, was mir gefiele, zu nehmen und zu behalten; aber ehe ich dieses täte, mußte noch etwas anderes ausgeführt werden; denn bei Herausholung dieser Pergamente war mir augenblicklich das alte Lederbuch eingefallen, in dem der Vater vor mehr als fünfundzwanzig Jahren immer gelesen hatte; ich dachte, daß dieses offenbar der erste Teil der Calcaria sein müßte, und wollte sehen, ob ich es nicht auch in diesen Dingen finden könnte. Das andere war aber nicht lose, sondern in dunkelrotem Leder gebunden und mit messingenen Spangen versehen gewesen, was uns Kindern immer so sehr gefallen hatte. Ich nahm nun Blatt für Blatt, Bündel für Bündel heraus, löste alles auf und durchforschte es; allein ich gelangte endlich auf den Boden der Truhe, ohne das Gesuchte zu finden. Aber als ich alles wieder hineingelegt hatte, als ich den Knecht rufen wollte, daß er mir die Truhe samt den Papieren in mein Zimmer hinabtragen helfe, und als ich sie zu diesem Zwecke ein wenig näher an das Licht rückte, hörte ich etwas fallen – und siehe, es war das gesuchte Buch, das an der hintern Wand der Truhe gelehnt hatte und von mir nicht bemerkt worden war. Tiefer Staub und Spinnenweben umhüllten es – der Vater, den ich noch so deutlich vor mir sitzen sehe, als wäre es gestern gewesen, modert nun schon ein Vierteljahrhundert in der Erde – tausendmal hatte ich die Mutter um das Lederbuch gefragt, sie wußte es nicht, und sie hatte vergebens oft das ganze Haus darnach durchforscht. Wer mag es hieher gelehnt, und auf ewig vergessen haben?

Ohne nun die Einsamkeit des Bodens zu verlassen, da mich unten niemand vermißte und gewiß alle in ihre Gespräche vertieft sein mochten, nahm ich das Buch vor, ich reinigte es zuerst ein wenig von dem schändenden

Staube, der wohlbekannte rote Deckel kam zum Vorscheine, ich drückte an die Federn, mit veraltetem Krachen sprangen die Spangen, die Deckel legten sich um, und ich sah hinein. Das ganze Pergament war beschrieben, die roten Seitenzahlen liefen durch das Buch, aber hier nur bis auf fünfhundertundzwanzig, es war dieselbe alte, breite, verworrene Schrift, schlecht aus lateinischen und deutschen Buchstaben gemischt, dieselbe seltsame Feßlung der Blätter mußte auch hier statt gehabt haben, aber gelöst worden sein; denn an allen Rändern war deutlich der gewesene Messerschnitt sichtbar, und als ich das erste Blatt umschlug, stand der Titel: ›Calcaria Doctoris Augustini tom. I.‹ – Ich blätterte vorne, ich blätterte hinten, ich schlug hier auf und dort auf, überall dieselbe Schrift mit den starken Schattenstrichen und den ineinander fließenden Buchstaben, und die ganzen großen Pergamentblätter waren von oben bis unten voll geschrieben. Aber auch etwas anderes kam zum Vorscheine: ich fand nämlich viele zerstreute Blätter und Hefte in dem Buche liegen, die sämtlich die Handschrift meines verstorbenen Vaters trugen. Ich sah sie näher an und dachte mir: also darum war nichts von ihm in der Truhe zu finden gewesen, weil er alles hieher gelegt hatte, und weil alles vergessen worden war.

Bevor ich in dem Buche las, wollte ich eher diese Dinge des Vaters anschauen, Blatt nach Blatt ging durch meine Hände, da waren Lieder, ferner Bemerkungen und Abhandlungen – auch ein Märchen war da – Erzählungen aus seinem Leben – Worte an uns Kinder – ferner ein morsches, zerfallendes Kalenderblatt, darauf mit zerflossener, entfärbter Tinte geschrieben stand: ›Heute mit Gottes Segen mein geliebter erster Sohn geboren.‹ – – Ich las in vielem, und es deuchte mir, das Herz, dem ich zwanzig Jahre nachgejagt hatte, sei gefunden: es ist das meines Vaters, der vor langem gestorben war. Ich nahm mir vor, von diesen Schriften der Mutter nichts zu sagen, sondern sie in mein Denkbuch zu legen und sie mir da auf ewig aufzubewahren.

Ich konnte nun in dem Lederbuche nichts lesen – es klangen mir längst vergessene Worte in den Ohren, von denen mir die Mutter erzählt hat, daß er sie einstens gesagt: »Ich darf es dem Knaben nicht zeigen, wie sehr ich ihn liebe.« Ich ging in den Hof hinab und sah trotz des Regens, der niederströmte, auf jedes Brett, das er einst befestigt, auf jeden Pflock, den er einst eingeschlagen, und im Garten auf jedes Bäumchen, das er gesetzt oder sonst mit Vorliebe gehegt hatte. Die Kiste mit den Büchern des Doktors und mit den anderen Dingen hatte ich in mein Zimmer hinab bringen lassen.

Als ich wieder in die Wohnung zurück kam, saßen die Mutter und die Gattin noch immer in dem Hofstübchen beisammen und redeten. Die Mutter erzählte mir, wie so gut meine Gattin sei, daß sie nun schon so lange hier sitzen und von allem Erdenklichen geplaudert haben, und daß sie gar nicht geglaubt hätte, wie eine Stadtfrau gar so gut, lieb und einfach reden könne, als sei sie hier geboren und erzogen worden.

Spät am Abende, da sich die Wolken zerrissen hatten und, wie es gewöhnlich in unserer Heimat ist, in dichten, weißen Ballen über den Wald hinaus zogen, als schon im Westen hie und da die blassen, goldenen Inseln des heitern Himmels sichtbar wurden und manche mit einem Sternchen besetzt waren, saßen wir wieder alle, auch der Stiefvater und der Schwager, die am Morgen weggefahren und nun wieder gekommen waren, in der Wohnstube an dem großen Tische beisammen, man zündete nach und nach die Lichter an, und ich erzählte ihnen von meinem Funde. Kein Mensch in unserem Hause hatte von der Truhe gewußt. Die Mutter entsann sich wohl, daß ein solches Ding, da wir noch kaum geboren waren, immer auf der Diele gestanden, und daß alter Kram darin gewesen sei; aber wie es fortgekommen und was damit geschehen sei, könne sie sich nicht erinnern, habe auch in ihrem ganzen Leben nicht mehr an die Truhe gedacht. Wer das Lederbuch hinzu gelehnt, sei ganz unbegreiflich, wenn es nicht etwa der Großvater gewesen, der es in der ersten Verwirrung bei des Vaters Tode, um es den Augen der Mutter zu entziehen, an die Truhe legte und dort vergaß. Auch auf die Bildsäule kam die Rede, und als ich um ihren Ursprung fragte, wußte ihn niemand, sie sei eben immer in dem Gange gestanden, und keiner habe darauf gedacht, warum sie da stehe, und auf welchem Untersatze sie stehe. Nur könne sie aus keiner unsrigen Feldkapelle herrühren, weil unsere Felder nie eine Kapelle gehabt hätten.

Während wir so sprachen, standen die winzig kleinen Kinder der Schwester herum, horchten zu, hielten die trotzigen Engelsköpfchen ganz stille, und manches von ihnen hatte ein altes Blatt aus der Truhe in der Hand, auf dem Blumen oder Altäre abgebildet waren, die einst ihre Ur-Ur-Großmutter in geheimer Wonne an das Herz gedrückt hatte, oder auf dem Verse standen, die von Schmerzen und Untaten sangen, über die hundert Jahre gegangen waren.

Das Lederbuch lag aufgeschlagen auf dem Tische, und bald das eine, bald das andere von uns blätterte darinnen und sah neugierig nach. Aber keinem war es für den Augenblick möglich, die Schrift zu entziffern, oder die Gedanken zu reimen, die einzeln herausfielen. Es müsse des Doktors Leben darin sein, sagte die Mutter, denn in manchen Abenden, wo der Vater darinnen gelesen, indes sie mit den Kindern und der Hauswirtschaft zu tun gehabt, habe er ausgerufen: »Welch ein Mann!« Sie selber habe das Buch nie zur Hand genommen, weil sie doch zum Lesen nie Zeit gehabt und ihr die Kinder mehr Arbeit gegeben haben, als sie kaum zu verrichten im Stande gewesen sei. Ich aber dachte mir: wenn nun das Leben des Doktors darinnen ist, so muß sich ja zeigen, ob es von jenen Geistern und überirdischen Gewalten beherrscht war, wie die Sage geht, oder ob es der gewöhnliche Kranz aus Blumen und Dornen war, die wir Freuden und Leiden nennen. Meine Gattin bewunderte die schönen mit der Kunst des Pinsels gemalten Anfangsbuchstaben und die brennend roten Titel, hinter denen aber allemal die abscheulichste Schrift kam. Man wollte, ich solle ein wenig vorlesen, allein ich konnte es eben so wenig als die andern; weil mir aber die Mutter erlaubt hatte, daß ich die Doktorbücher behalte, so versprach ich, daß ich jeden Tag darin studieren und dann des Abends davon erzählen werde, so lange ich noch zu Hause sei. Man war damit zufrieden, und einmal durch alte Sachen angeregt, redete man noch vieles in längst vergangenen Geschichten, und der Mutter kamen alle Erinnerungen bei, was wir in unserer Kindheit und Jugend getan und gesagt, und was sich Merkwürdiges zugetragen hatte, als sie mit dem einen oder dem andern gesegnet gegangen war.

Sehr spät gingen wir in jener Nacht schlafen, jedes seine Kammer suchend, und ich die schweren Pergamentbücher des Doktors im Arme tragend.

Des andern und die folgenden Morgen saß ich nun manche Stunde in der braunen Stube, und las und grübelte in dem alten Buche, wie einst der Vater. Was ich da gelesen hatte und zusammenstellen konnte, erzählte ich gerne abends im Kreise unserer Angehörigen, und sie wunderten sich, daß bisher alles so gewöhnlich sei wie in dem andern Leben der Menschen. Wir dachten uns hinein, so daß wir schon immer auf den nächsten Abend neugierig waren, was da wieder geschehen sein werde.

Aber wie alles im menschlichen Dasein vergeht, und dieses selber dahinflieht, ohne daß wir es ahnen, so vergin-

gen auch allmählig die Tage, die uns in meiner Heimat gegönnt gewesen waren, und wie nach und nach der letzte heranrückte, wurden wir allgemach alle stiller und trauriger. Schon mehrere Tage vorher war das Schreibgerüste verpackt und fortgesendet worden; es waren Kisten und Kasten unsers Weges vorausgegangen, weil uns die Mutter Geschenke und Aussteuer gegeben hatte, die sorgfältig verwahrt werden mußten – und endlich schlug auch die Stunde des Abschiedes: es war das erste Morgengrauen, weil wir einen weiten Weg bis zum ersten Nachtlager zu machen hatten; ich hob die schluchzende Gattin in den Wagen und stieg nach, mich äußerlich bezwingend, aber im Innern so bitterlich weinend, wie einst, da ich zuerst von der Mutter in die Fremde gemußt. Diese stand schmerzenvoll wie dazumal da, nur daß sie jetzt auch vom Alter eingebückt war – sie rang nach christlicher Fassung und zeichnete den Segen des heiligen Kreuzes auf uns hinein. Es war noch ein Augenblick – die Pferde zogen an, das durch so viele Wochen gesehene Antlitz schwand an dem Wagenfenster entlang, und wir sahen es nicht mehr – vor einer Sekunde noch stand es da, und in der Ewigkeit wohl werden wir es erst wieder sehen.
Wir saßen stumm in dem Wagen, und Zoll um Zoll drehten sich die Räder in dem morgenfeuchten Staube der Straße. Berge und Hügel legten sich nach und nach hinter uns, und wenn wir umblickten, sahen wir nichts mehr, als den immer blauern, dämmernderen zurückschreitenden Wald, der so viele Tage mit seiner lieblichen Färbung auf unsere Fenster und auf uns selber niedergeblickt hatte.
Die Gattin redete nichts, ich aber dachte im Herzen: jetzt wird jeder, der da kömmt, an dem Hause ändern und bauen, und wenn ich einmal in meinem Alter wieder komme, wird vielleicht ein neues, prunkendes Ding da sein; ich werde als zitternder Greis davor stehen, und die erblödenden Augen anstrengen, um alles zu begreifen.

So stehe es auf dem ersten Blatte dieses Buches, wie ich es getreu erfüllen werde:
›Vor Gott und meiner Seele verspreche ich hier einsam und allein, daß ich nicht falsch sein will in diesen Schriften, und Dinge machen, die nicht sind, sondern daß ich es lauter schöpfe, wie es gewesen ist, oder wie es mir mein Sinn, wenn er irrig war, gezeigt hat. Wenn ein Hauptstück zusammengekommen, dann schneide ich mit einem feinen Messer einen Spalt in die Pergamentblätter, oben und unten, und ziehe ich ein blaues oder rotes Seidenbändlein durch, mit selbem die Schrift zu sperren, und siegle ich die Enden zusammen. Wenn aber von dem Tage an drei ganze Jahre vergangen sind, dann darf ich das Bändlein wieder abschneiden und die Worte wie Sparpfennige lesen. Verstanden, daß es nicht allezeit meine Schuldigkeit ist, etwas hineinzuschreiben, aber daß es allezeit meine Schuldigkeit ist, das Eingetragene drei Jahre aufzubewahren. So wird es sein bis zu meinem Ende, und gebe mir Gott einen reumütigen Tod und eine gnädige Auferstehung.‹
Zum Bemerken. Es ist eine fast traurige und sündhafte Begebenheit, die mir das Gelöbnis und Pergamentbuch eingegeben hat: aber die traurige Begebenheit wird in Heil ausgehen, wie schon das Pergamentbuch der Anfang des Heiles sein muß.
Man sagt, daß der Wagen der Welt auf goldenen Rädern einhergeht. Wenn dadurch Menschen zerdrückt werden, so sagen wir, das sei ein Unglück; aber Gott schaut gelassen zu, er bleibt in seinen Mantel gehüllt und hebt deinen Leib nicht weg, weil du es zuletzt selbst bist, der ihn hingelegt hat; denn er zeigte dir vom Anfange her die Räder, und du achtetest sie nicht. Deswegen zerlegt auch der Tod das Kunstwerk des Lebens, weil alles nur

Hauch ist, und ein Reichtum herrscht an solchen Dingen. – Und groß und schreckhaft herrlich muß das Ziel sein, weil dein unaussprechbar Wehe, dein unersättlich großer Schmerz nichts darinnen ist, gar nichts – oder ein winzig Schrittlein vorwärts in der Vollendung der Dinge. Das merke dir, Augustinus, und denke an das Leben des Obrist. Gedenke daran.

Noch trag ich ein, was ich so bitter überlegt habe: Weil es von heute an gewiß ist, daß ich mir kein Weib antrauen werde und keine Kinder haben werde, so dachte ich, da sie mir das gebundene Buch brachten, wie ich es angeordnet, und da ich die vielen Seiten mit roter Tinte einnumeriert hatte, wer wird es denn nun finden, wenn ich gestorben bin? wie werden die irdischen Dinge gegangen sein, wenn einer die Schere nimmt, das Seidenbändlein abzuschneiden, das ich nicht mehr gekonnt, weil ich eher fortgemußt? Es ist ein ungewisses Ding, ob damals viele Jahre vergangen sind, oder ob schon morgen einer die Blätter auf dem Markte herumträgt, die ich heute so liebe und für so viele Zukunft heimlich in die Lade tue.

Wer weiß es, und wer kann es wissen – ich aber werde sie doch hineintun.

Deine Vorsicht, Herr, erfülle sich, sie mag sein, wie sie will. Verzeihe nur die Sünde, die ich begehen gewollt, und gebe mir in Zukunft die Gnade, daß ich weiser und stärker bin, als ich vordem töricht und schwach gewesen.

Eingeschrieben zu Thal ob Pirling am Medarditage, das ist, am achten des Brachmonats Anno 1739.

Morgen der Obrist.

3. DER SANFTMÜTIGE OBRIST

Ich saß nämlich vor drei Tagen bei einem Weibe, das noch jung und unvermählt ist, und redete viele Stunden zu ihrem Sinne, daß sie ihn ändere. Als ich sie nicht abzubringen vermochte, lief ich in den Wald, an welcher Stelle eine Birke steht, und wollte mich daran erhängen. Ich werde es später schreiben, wie ich so übermütig mein Heil an das Weib gebunden habe, daß ich meinte, ohne ihr nicht sein zu können, aber sie sollte es nur sehen, daß ich alles zerreiße, und daß ich sie strafe, das falsche, wankelmütige Herz: – vorher aber muß ich nur das von dem Obrist eintragen. Ich lief von ihr in mein Haus, riß ein buntes Tuch von dem Tische, lief durch den Garten, sprang über den Zaun und schnitt dann den Weg ab, indem ich über Allerbs Hofmark und durch die Wiesen der Beringer ging. Dann traf ich auf den Fußsteig, der an den Mitterwegfeldern geht – dort eilte ich eine Weile fort. Ich hatte aus dem Tuche eine Schlinge gemacht und trug es in dem Busen versteckt. Dann beugte ich wieder links von dem Wege ab, strebte unter den dünnen Stämmen des ausgebrannten Waldes der Dürrschnäbel hinauf, drang durch den Saum des Kirmwaldes, streifte an dem Stangenholze, an den Tannenbüschen, an den Felsblöcken vorbei und sprang auf den Platz hinaus, wo die vielen Birken stehen und der grüne Rasen dahingeht. – – Als ich nun da war, harrte ich gleichwohl noch ein wenig, und alle Bäume sahen mich fragend an. Es war auch ein breiter, grauer Fels da, der nicht weit davon viele Klaftern hoch emporstand, und von dem die Sonnenstrahlen ohne Geräusch wegprallten, daß alle Steinchen funkelten und glänzten. Auch war eine wolkenleere, finsterblaue Luft bis in die Baumzweige herunter. – Ich schaute nicht um, gleichsam als stünde einer hinter mir. – – Dann dachte ich: da hat vor wenig Augenblicken eine Feldgrille gezirpt, ich wolle noch so lange warten, bis ich sie wieder höre.

Aber ich hörte sie nicht.

Das Himmelblau rückte immer tiefer in die Wipfel. Von

dem Baume ging der starke Ast seitwärts, auf den ich gedacht hatte, und ließ dann das Moos wie einen grünen Bart hängen, derlei diese Bäume gerne haben, und weiter draußen gingen die dünnen Zweige nieder, die mit den vielen kleinen Blättern besetzt waren.

Die Grille zirpte nicht.

Aber der Obrist war mir nachgelaufen, als er mich hatte in den Wald herauf gehen gesehen, und griff mir jetzt, den ich gar nicht herzutreten gehört hatte, ganz leise an die Schulter. Ich erschrak sehr, sprang um den Baum herum und schaute zurück. Da sah ich den alten Mann stehen, mit den weißen Haaren auf seinem Kinne und Scheitel.

Er redete zuerst und sagte: »Warum erschreckt Ihr denn so sehr?«

Ich aber antwortete: »Ich erschrecke nicht, und was wollt Ihr denn von mir, Obrist?«

Er wußte anfangs nicht, was er sagen sollte – aber dann fing er langsam an und erwiderte: »Nun – – ich habe Euch heraufgehen gesehen, und da meinte ich, daß ich Euch auch nachgehen könnte, weil Ihr diese Stelle ganz besonders zu lieben scheint, – und daß wir da vielleicht mit einander redeten – – ich hätte Euch etwas zu sagen – – aber wenn Ihr wollt, so können wir es auf ein andermal lassen.«

»Nein, nein, redet gleich,« sagte ich, »redet, so lange Ihr wollt, ich will Euch geduldig anhören und nicht zornig werden. Aber wenn Ihr geendet habt, dann müßt Ihr mich lassen, weil ich dahier noch ein Geschäft habe.«

»O nein, Doktor,« antwortete er, »ich will Euch nicht stören, wenn Ihr ein Geschäft habt – mein Ding kann warten – – ich habe nur gemeint, wenn es sich so zufällig ergäbe – – ich lasse Euch schon. – Es tut nichts; weil ich einmal da bin, so kann ich gleich in den Reutbühl hinübergehen; der Knecht sagt ohnedem, daß sie mir Holz stehlen. Wenn Ihr mich ein andermal anhören wollt, so werde ich schon fragen lassen, wann Ihr zu Hause seid, – wollet Ihr aber gar freundlich sein, so besuchet lieber Ihr mich einmal, weil ich in meiner Stube leichter reden würde als in einer fremden. Aber nicht, daß Ihr das für eine Unartigkeit aufnehmet, ich kann auch gerne zu Euch kommen, lasset es mir nur in diesen Tagen sagen, wie es Euch besser gefällt. Tut nun Euer Geschäft – tut es im Namen Gottes und denkt nur immer, daß ich Euer Freund gewesen bin, der Euch stets Gutes gewollt hat. – – Ich habe fast gemeint, daß Ihr hier oben an dieser Stelle wieder lesen werdet, wie Ihr sonst gerne tatet; aber ich sehe, daß es nicht so ist. – – Noch eins muß ich sagen: habt Ihr denn nicht auch im Heraufgehen gesehen, Doktor, wie heuer das liebe Korn gar so schön stehet; es legt sich auf diese Jahreszeit schon so hoch und dunkel, daß es ein Wunder ist. Ich will von dem Reutbühl durch die Mitterwegfelder gehen und dort den Neubruch betrachten, wo heuer zum ersten Male Weizen steht. Dann gehe ich wieder nach Hause. – Lebt jetzt wohl, und besuchet mich bald.«

Diese oder ähnliche Worte hat er gesagt; denn ich habe sie mir nicht genau merken können. – Dann zauderte er noch ein wenig – dann tat er aber höflich sein Barett ab, wie er es gewohnt ist, und ging davon. Er scheint auf keine Antwort gewartet zu haben, und ich habe auch keine geben gewollt. Ich schaute ihm nach und sah, wie er immer weiter hinter die Baumstämme zurückkam, bis es wieder war, als wenn gar niemand da gewesen wäre.

Ich wartete noch ein wenig, dann nahm ich das Tuch aus meinem Busen und warf es mit Ingrimm weit von mir weg in die Büsche. – –

Dann aber blieb ich noch auf der Stelle stehen, und getraute mir nicht, aus dem Walde zu gehen. Ich schaute die Dinge an und bemerkte, daß es schon unterdessen

sehr Nachmittag geworden war. Die Baumblätter regten sich schwach, die weißen Birkenstämme standen einer hinter dem andern, und zwischen ihnen kam die tiefe Sonne herein und umzirkelte sie, daß sie vergleichbar waren dem matten Scheine silberner Gefäße.
Ich blieb noch recht lange in dem Walde.
Es war endlich die Zeit des Abendgebetes gekommen, und manche Tannenäste wurden rot. – Siehe, da klang auf einmal hell und klar, wie ein Glöcklein, die Stimme der Grille und klopfte mit einem silbernen Stäblein an mein Herz – gleichsam mit einem feinen, silbernen Stäblein klopfte das mißachtete Tier an mein Herz, als sagte es mir deutliche menschliche Worte. Beinahe hätte ich mich gefürchtet.
Und wie ich dann von der Stätte fortging, klang auch das Abendlied der Ammer, es klang so dünne und dicht neben mir, als flöge das Vöglein heimlich mit und zöge ein zitternd Goldfädlein von Zweig zu Zweig. – Und wie ich weiter gegen die Felder hinauskam, lichtete und lohete der Wald immer mehr und mehr – die Augen des Himmels sahen herein, und die dünnen Stämme waren wie feurige Stäbe. Und wie ich nun gänzlich hinauskam, lag die ruhige Saat des Kornes da, welche der Obrist angeschaut hatte – weithin lag sie dunkelgrün und kühl da, nur die Spitzen waren ganz ein wenig rot gestreift von dem Widerscheine des Himmels. Die Wiesen drüben waren schon dunkel und wie mit grauem Reife bedeckt, und hinter dem Walde draußen war die Sonne untergegangen.
Als ich zu Tal gekommen und an mein Haus getreten war, führte der Knecht meine zwei schwarzen Pferde aus der Schwemme heim, und grüßte mich; ich aber ging in die Stube, wo die Bücher sind, und aß des Abends keinen Bissen mehr.
Des andern Tages war ein Sonntag, es war der vorgestrige Tag, und ich fuhr um fünf Uhr früh zu dem Erlebauer

hinaus, weil es sich am Tage zuvor mit ihm so verschlimmert hatte; aber er war besser, und ich ließ ihm wieder von dem Tranke zurück. Die Inwohnerin des alten Klum war besser, ebenso die junge Mechtild mit dem Gallenfieber. Um neun Uhr war ich schon bei allen gewesen, und ging dann in die Kirche zu dem sonntäglichen Gottesdienste. Nachmittag weinte ich sehr.

Da sendete ich noch in der Nacht zu dem Obrist und ließ ihm melden, daß ich morgen kommen würde, wenn es ihm genehm wäre. Ich wolle zuerst die Kranken versorgen, und dann würde ich hinauf gehen, wenn er zu Hause sei, das ist gegen zehn Uhr, oder um weniges später. Er solle mir zurücksagen lassen, wenn er da nicht könne und es anders wolle. Aber der Obrist vermeldete mir durch meinen Knecht, daß er mit vieler Freude auf mich warten werde, und daß ich keinen Kranken übereilen solle. Er werde den ganzen Tag in seinem Hause oder in seinem Garten herum sein, daß ich ihn leicht finde.

Dann legte ich mich nieder und gab vorher dem Knechte noch, in Anbetracht, daß heute Sonntag war und er den Gang getan hatte, ein Glas Wein. – Ach Gott – der Keller war schon fertig, und ich wollte ein großes Haus darauf bauen – und ich weiß nun nicht, für wen ich es baue. Ein recht großes, schönes Haus wollte ich bauen, weil mich Gott so gesegnet hat, und weil mein Vater doch nur ein Kleinhäusler gewesen ist, mit einer Hütte und Steinen darauf, wie sie noch überall auf den Waldhöhen herum stehen. Nur der Obrist ist gekommen und hat ein Haus mit steinernen Mauern gebaut, das nun als Vorbild weithin gegen die Fichten leuchtet. Dann las ich noch bis Mitternacht in Hochheimbs Buche.

Am andern Morgen, da ich schon lange nicht mehr schlafen konnte, stand ich sehr früh auf, und fuhr, als noch der Tau lag, durch den Wald an dem Bache hinunter, daß ich meine Kranken besuche. Das Wasser rollte kühl über seine Steine und an den Gräsern dahin. Es ging bald die Sonne auf und brachte einen recht schönen, lieblichen Vormittag. Dieser trocknete die Nässe von den Nadeln und von allen den vielen Kräutern, die nichts anderes zu tun hatten, als recht eilends in dieser Frühlingswärme zu wachsen. Als ich wieder nach Hause gekommen und die Pferde in den Stall gebracht waren, legte ich einen besseren Rock an und begab mich auf den Weg zu dem Obrist. Da ich um die Ecke des Holzes bog und an den Gerstenfeldern des Maierbacher ging, die er heuer so schön hat, sah ich schon das Haus, wohin ich wollte, freundlich und weiß herabschimmern – es schimmerte so lange, als ich an dem Abhange dahin ging, und wie ich den weichen Grashügel emporstieg, wo die vielen Eschen stehen, kamen die zwei Wolfshunde herabgelaufen, tanzten um mich und heulten freudig, weil sie mich schon so lange nicht gesehen hatten. Der Obrist selber war in dem Garten, und ich sah ihn durch die Stäbe der Umzäunung. Er hatte den grünen, samtenen Rock an, den er so liebt, und die goldene Kette um, von der glänzende Funken weggingen. Als wir die Barette abgetan hatten, ging er mir entgegen und verneigte sich. Ich verneigte mich auch. Dann geleitete er mich durch den Garten an den vielen grünen Büschen hin, die er zieht, und führte mich in das Haus hinein. Wir kamen im Gange an der Tür vorüber, die in Margaritas Zimmer führt. Die feine, gelbe Rohrmatte lag auf der Schwelle.

Als wir in seiner Stube angelangt waren, sah ich, daß er seine grünseidenen Vorhänge über die Fenster herabgelassen hatte, wodurch eine unliebe Totendämmerung um alle Dinge floß. Er schritt gegen die Fenster, zog die Vorhänge empor, ließ sie dann wieder nieder, und zog sie doch endlich empor. Sodann nahm er mir die Handschuhe und das Barett, legte beides auf sein Bette, und stand dann da, und hatte die weißen Haare so genau und rein-

lich zurückgekämmt wie immer. Er hatte noch nichts geredet, ich auch nicht.
Endlich nahm er das Wort und sagte: »Das ist ein schöner Tag, Herr Doktor.«
»Ja, ein sehr schöner«, antwortete ich.
»Ist die alte Sara schon besser, und was macht der Erlebauer?«
»Die Sara ist ja schon seit drei Wochen nicht mehr krank, und der Erlebauer wird auch schon besser.«
»Das ist gut; es wäre schade um den Mann gewesen, er ist sehr tätig und hat fünf lebende Kinder.«
»Gestern hat er die Krisis überstanden, und die nützliche Luft wird ihn bald heilen.«
»Habt Ihr noch viele Kranke?«
»Nicht sehr viele.«
«Der Meilhauer hat ja auch einen Fuß gebrochen.«
»Freilich, weil er sich nicht wahrt; eine Buche hat ihn gestreift.«
»Im Thaugrunde wars?«
»Im Thaugrunde.«
»Ihr kommt ja jetzt öfter in den Haslung hinunter, ist es wahr, daß sie das Gehäng reuten?«
»Lauter Felder, seit sie sich los gekauft haben.«
»Und in den drübigen Hofmarken mähen sie schon Heu?«
»Es ist kein Halm mehr auf den Wiesen.«
»Das ist ein gesegnetes, schönes Jahr. Wenn uns der Herr noch weiter hinaus behütet und das Verheißene gut einbringen läßt, dann kann sich mancher helfen. – Wollt Ihr Euch denn nicht ein wenig auf das Sitzbette niederlassen, Doktor?«
Nach diesen Worten nötigte er mich auf das Sitzbette, das er vor dem Tische hat, und setzte sich zu mir. Nachdem er die Falten an dem Teppiche gleich gestrichen und die Brosamen herabgestreift hatte, sagte er plötzlich: »Das ist recht schön, Doktor, daß Ihr gekommen seid, und

wieder dahier sitzet, wie so oft; darum sagt mir auch geradeweg, ob Ihr denn auch auf mich zürnet?«

»Nein, Obrist«, antwortete ich; »nein, ich weiß es schon, daß Ihr mir nichts getan habt. Ihr seid ja ein freundlicher Mann gegen jedes Geschöpf. Ihr habt allen Leuten im Walde herum wohl getan, und wenn einer undankbar war, so seid Ihr hingegangen und habt ihm eine neue Güte erwiesen. Wie sollte ich Euch zürnen? nein, eher muß ich Euch jetzt sagen, was ich noch nie gesagt habe: Ihr seid der beste und sanfteste Mensch, den ich auf der Welt kennen gelernt habe.«

»Bin ich das,« erwiderte er, »so macht mir die Freude, Doktor, und tut Euch kein Leid an.«

Mir rollten die Tränen hervor, und ich sagte, daß ich es nun nicht mehr tun wolle.

»Ich bin vorgestern,« sagte er, »mit großer Angst durch den Reutbühl gegangen; denn der Mensch vermag hierin nichts zu ändern, und ich ließ Euch in Gottes Hand zurück. Als die Sonne untergegangen war, stand ich an dem Fenster und betete – und da sah ich Eure Gestalt am Saume des Kornes nach Hause gehen, wie manches Mal an andern Tagen, wenn Ihr mit einem Buche unter den Birken gewesen seid – und es kam eine recht ruhige, freundliche Nacht in mein Haus. – Seht, da ich damals von Euch fort gegangen war, bin ich im Reutbühl auch an unsere Föhrenpflanzung gekommen, die Ihr im vorigen Frühlinge mit mir angelegt habt, und habe gesehen, daß kaum ein einziges Pflänzchen ausgegangen ist; manche sind schon sehr hoch und ballen mit ihren Wurzeln das Steingerölle. – Am andern Tage bin ich von der Stube in den Stall gegangen, von dem Stalle in den Garten, und von da wieder herein – und habe über die kleinen Felderhügel geschaut, und über die Spitzen der Wälder, in denen Ihr vielleicht fahren werdet oder sonst etwas tun. Da kam in der Nacht Euer Knecht und brachte mir große

Freude. – Ich hatte es ja nun in der Hand, ich kannte Euch, Ihr seid so oft zu mir gekommen, und ich wußte es ja, daß Ihr Euch herausreißen würdet.«
Ich konnte den Mann nicht anschauen, und sagte, weil ich schon so viel eingestanden hatte, daß ich so zerdrückt sei und die Tage her keinem Menschen, nicht dem Knechte, nicht der Magd und keinem Taglöhner in die Augen sehen könne.
»Das ist unrecht,« antwortete er, »und es wird sich ändern. Tut ihnen Gutes, seid ein rechter Arzt, und Ihr werdet wieder ihres Gleichen. Auch wissen sie ja nichts.«
»Aber ich weiß es.«
»Ihr werdet es vergessen.«
»Und mit einer solchen Schwermut fahre ich an den Fichten und Tannen vorüber, daß an meinen Augen stets das Weinen ist. Ich bin gleich recht gerne zu meinen Kranken gegangen, auch zu denen, die schon besser sind, – auch zu dem alten Keum bin ich gegangen, der sterben muß, weil er das Zehrfieber hat, und habe ihn ein wenig getröstet.«
»Das ist immer so,« antwortete der Obrist, »daß aus dem harten Steine Zorn der weiche Funken Wehmut kömmt. So fängt Gott die Heilung an.«
»Schont mich vor der Welt, Obrist.«
»Redet nicht so. Nur der Herr im Himmel und ich haben es gesehen, und beide schweigen. Lasset nun die Zeit fließen, und es werden Hüllen nach Hüllen darauf kommen. Die Seele hat einen Schreck erhalten, und wird sich ermannen. Es ist nun alles gut, lassen wir es gehen, und reden von andern Dingen. – Sagt mir, Doktor, habt Ihr denn den Thomas abgedankt, daß gestern ein anderer Knecht zu mir gekommen ist?«
»Nein, aber er ist jetzt bloß bei den Pferden. Den andern habe ich zu den Geschäften im Hause und zum Botengehen genommen. Er ist der Sohn des Inbuchsbauer.«

»Ich kenne ihn, er hat die Füllen des Gregordubs gehütet. Ihr müsset ja jetzt viele Leute in Eurem Hause haben?«
»Nur noch zwei Mägde.«
»So habt Ihr das Bauen einstweils eingestellt?«
»Nein, ich habe es für das heurige Frühjahr nur noch nicht begonnen. Wir waren erst ein wenig an dem großen Brunnen, aber seit der Bernsteiner im Steinbühel den Keller gräbt, habe ich ihm alle meine Leute hinüber gehen lassen. Er will bis zu dem Schützenfeste fertig sein.«
»Ich war schon lange nicht in Pirling, und wußte nicht, daß er graben läßt. Im Steinbühel muß er wohl stark in die Felsen sprengen.«
»Sie schießen ja schon drei Wochen, und alle Leute, die ich sonst hatte, sind dabei beschäftiget.«
»Ich möchte auch manches in meinem Hause ändern, und wenn der Grunner zu empfehlen ist, so müßt Ihr ihn mir einmal herauf schicken. Mit dem ganzen Hinterecke möchte ich gegen den Eichenhag hinaus fahren, auch möchte ich eine neue Stiege und einen neuen Kellereingang machen lassen.«
»Meinen Brunnen wenigstens hat der Grunner vortrefflich herausgebaut.«
»O Doktor, Ihr habt eine schöne Lage in der Biegung des Tales; Ihr seid noch jung, und wenn Ihr Euch bestrebet, so kann es ein schönes Besitztum werden, das seinen Herrn und seine Frau erfreut, wenn einmal eine einzieht. Meine Tage sind schon wenige, ich gehe dem Grabe entgegen, und wenn Margarita einmal fortzieht, wer weiß, in welche Hände dies Gebäude kommt, das ich so eifrig aufgeführt habe. – – Lieber Doktor, ich möchte noch recht gerne von etwas Längerem und Ausführlicherem mit Euch reden.«
»So redet.«
»Ihr werdet jetzt vielleicht seltener zu mir kommen, und

da denke ich, ist es billig, daß Ihr auch meine Fehler wisset, denn Ihr habt mich bisher zu viel geachtet – auch könnte Euch die Sache vielleicht nützlich sein. Ich möchte Euch nämlich von meinem früheren Leben erzählen, und wenn ich geendet habe, möchte ich noch gerne eine Frage und eine Bitte an Euch tun – vorausgesetzt, wenn Ihr nämlich Zeit habt, mich anzuhören.«

»Ich muß nur abends noch zur Haidelis hinaus, und vor dem Schlafengehen noch den Erlebauer sehen, sonst habe ich heute nichts mehr zu tun. Sprecht also nur, Obrist, wie Ihr es für gut haltet, und fragt dann und bittet, was Ihr wollt.«

»Wißt Ihr noch, ich habe vorgestern im Birkenstande zu Euch gesagt, daß ich etwas mit Euch zu reden hätte – das war aber damals unwahr; sondern da ich Euch von hier forteilen, nach Hause gehen und dann über den Zaun und die Wiesen gegen den Wald schreiten sah, ahnte mir Böses; ich lief Euch nach, um ein Unglück zu verhüten; aber da Ihr mich oben von dem Platze fortdrängtet, wußte ich mir nicht zu helfen und sagte nur die Worte – allein seitdem habe ich es mir so ausgebildet, daß ich mit Euch von meiner Vergangenheit reden möchte, die gewesen ist, ehe ich in dieses Tal gekommen bin. Nehmet es nur nicht übel, daß ich alt bin, und etwa weitschweifig in meinen Worten.

»Nein, Obrist«, sagte ich; »sind wir nicht manchen Abend in dem Walde gegangen, und habe ich nicht gezeigt, daß mir Eure Worte lieb und angenehm waren?«

»Ja, das ist wahr, das habt Ihr getan; darum mag ich auch jetzt gerne zu Euch reden. Ihr habt mich vor einer Weile den sanftesten Menschen geheißen, den Ihr auf Erden gekannt habt – ich muß Euch bekennen, daß es mir wohl tat, daß Ihr das gesagt habt. Ihr seid der zweite Mensch auf dieser Erde, der es sagte; der erste hat vor vielen Jahren gelebt, und ich werde Euch später von ihm erzählen. Ihr werdet dann einsehen, daß mir diese gute Meinung von euch beiden lieber ist, als von allen andern Menschen auf der Welt. – Nun zur Sache. Habt Ihr nie von einem Grafen Uhldom gehört?«

»Meint Ihr den berüchtigten Casimir Uhldom?«

»Dieser berüchtigte Casimir Uhldom bin ich.«

»Ihr?«

»Ja, ich. Spieler, Raufer, Verschwender – und jetzt das, was Ihr seit einigen Jahren kennt.«

»Nein, das ist nicht möglich – als ich noch auf der Schule war, gingen zwar unbestimmte, aber unheimliche Gerüchte von dem Grafen.«

»Sie sind vielleicht wahr; ich bin nicht gut gewesen. Manches war ich im besseren Sinne, als es die Leute wußten, das Schlimme kannten sie zu genau, manch Gutes, wie ein Schlimmes, und das Beste gar nicht – – und das bin ich fast durch Kummer geworden. Höret mich ein wenig an: Als mein Vater starb, war ich sechzehn Jahre alt, mein Bruder zwanzig. Die ganze Zeit war er immer der bessere gewesen, ich der schlimmere. Als nun die Leute beisammen waren und das Testament geöffnet wurde, war er auch der Erbe, ich enterbt. Ich habe damals noch nicht gewußt, ob er gefehlt habe oder nicht; aber ich hieß ihn einen Schurken, und nahm mir vor, in die weite Welt zu gehen. Es erschien mir dazumal ein leichtes, Befehlshaber zu werden und ein großer Feldhauptmann, wie der Waldstein und die andern im Dreißigjährigen Kriege. Ich ging mit dem wenigen Gelde, das von Rechts wegen mein gehörte, vom Hause fort und bot dem Brandenburger meine Dienste an, ich bot sie dem Churfürsten von Baiern an, und dem Pfalzgrafen, aber es war überall nichts; sie wollten mich entweder in das Volk stecken, oder in eine Soldatenschule tun, und beides litt ich nicht. Daher ging ich weiter – und eines Tages, als jede Welle des schönen Rheines im

Sonnenscheine blitzte und glänzte, kam ich nach Frankreich hinüber. Ich gedachte, dem Könige Ludwig meinen hoffnungsreichen Degen zu Füßen zu legen. Viele Tage wanderte ich durch das fremde Land und durch die fremde Sprache, bis ich eines Abends, da eben ein stiller Regen von dem grauen Himmel fiel, in die finstere Stadt Paris einzog. Ich glaubte damals noch gar nicht, daß es mir fehlschlagen könnte. Ich verstand die Sprache wenig, kannte keinen Menschen in der Stadt, aber dennoch drang ich vor und wurde zu dem Könige geführt. Er fragte mich, was ich zuerst lernen würde, und ich antwortete: die Sprache. Er lächelte und sagte, daß er meiner gedenken wolle. Ich fing nun an, die Sprache zu lernen und auf die Antwort des Königs zu warten. Als mir das Geld ausging und ich nur mehr ein einziges Goldstück hatte, dachte ich mir, daß ich nun in ein Spielhaus gehen müsse, um eines zu gewinnen. Ich wußte ein solches Haus; es stand in einer langen, des Abends immer sehr schön erleuchteten Gasse, und ich hatte es bisher nur von außen gekannt. Als es wieder Abend war, ging ich in die Gasse und schaute es wieder von außen an. Da fuhr ein Wagen quer an mir vorüber in das Haus hinein und bespritzte mich mit dem Kote der Straße. Unter dem Torwege hielt er an, der Schlag wurde aufgerissen, ein schön gekleideter Mann stieg aus, ging die Treppe hinauf, und ein Diener trug ihm ein Kästchen nach. Ich ging nun auch durch die Pforte des Hauses, ging über die Treppe hinauf, wo Bildsäulen standen, kam in den Saal, wo Menschen liefen, und schaute eine Weile zu. Dann ging ich hinzu, legte mein Goldstück auf eine Karte, wie ich die andern hatte tun gesehen, und nach einer Zeit schoben sie mir mehrere Goldmünzen hin. Ich war nicht stark überrascht und setzte wieder. Das Spiel kannte ich nicht; es wurden nur immer Karten herabgelegt, immer die nämlichen zwei ruhigen Worte gesagt, wie der Perpendikel einer Turmuhr, und die Leute schoben sich Goldstücke hin und her. Als endlich der Mann am obern Ende des Tisches sein Kästchen zuschloß, hatte ich mehrere Hände voll Goldstücke in der Tasche. Es war indessen nach Mitternacht geworden, ich ging nach Hause und schüttete das Geld in mein Barett, das ich auf einen Stuhl geworfen hatte. Am andern Tage lechzte ich darnach, daß es Abend würde. Als man die Kerzen anzündete, ging ich schon in dem Saale auf und nieder, und es trat ein fremder Herr zu mir und sagte, daß er auf mich wetten werde. Ich verstand dies damals nicht und ließ alles geschehen. Wieder gewann ich an dem Tage, wie vorher, und am andern Tage wieder. Ich lernte bald das Spiel verstehen und versuchte nach und nach, es zu leiten und zu beherrschen. Mehrere Männer schlossen sich an mich an und suchten das Glück in ihren Kreis zu bannen. Ich gewann, verlor unbedeutend, und mein Wohlstand begann sich zu heben. Ich ging nun in schönen Kleidern und Federhut durch die Straßen, das schönste Pferd in Paris war mein, und drei fast gleich schöne standen noch in dem Stalle. Der Mantel war wie der eines Herzoges, und der kleine Degen hatte Diamanten im Knopfe. Damals hätte ich auch falsch gespielt, wenn ich verstanden hätte, es zu machen. Meine Freunde und Spielgesellen führten mich zu den Leuten, die in den großen Palästen wohnten, welche ich sonst nur von außen hatte ansehen dürfen, man sagte mir schöne Dinge; die Mädchen wollten mir wohl; ich liebte die Pracht und lernte die dortige Art und Sitte. Wenn Männer beisammen waren, suchte ich Händel zu erregen, und ermutete mich dann im Zweikampfe; denn außer bei den Karten brachte ich die meisten Stunden auf dem Fechtboden zu. – So war es mit meinem Spiele. – – Da sagte einmal ein langer, blasser Mann, den ich immer gescheut, und daß ich aufrichtig bekenne, den ich gefürchtet hatte, daß ich doch nur ein Lumpe sei, der vom Pariser Strolchengolde lebe. Er hatte die Worte zu mir selber gesagt; ich antwortete ihm nichts darauf, aber ging nach zwei Tagen zu dem Herrn Armand Pelton, dem derzeitigen Vorsteher des Armenwesens, und übergab ihm an Gold und Schmuck und Kleidern, wie auch an Pferden und Reitgeräten alles, was ich hatte. Nur hundert Ludwigsstücke hielt ich zurück und einen grauen, schlechten Klepper, den ich mir am Tage vorher gekauft hatte. Seht, Doktor, ich habe noch die Scheine von jener Begebenheit, und werde Euch dieselben zeigen.«

Als der Obrist diese Worte gesagt hatte, stand er auf und suchte in den Laden seines Schreines. Er sammelte aus demselben mehrere Schriften, trat wieder zu mir und breitete sie auf dem Tische aus. Es waren richtig lauter Empfangsbriefe über verschiedene Summen und Stücke, welche der Graf Casimir Uhldom, Spieles wegen, der Armensache übergeben hatte, und welche durch die Namen der Väter bestätiget wurden, in deren Hände das Gut niedergelegt worden war. Als er mir mit dem Finger auf alles gewiesen hatte und der Punkt abgetan war, schob er die Papiere auf dem Tische zurück und sperrte sie nicht wieder ein.

Dann fuhr er fort: »Ich lud am Nachmittage den langen, blassen Mann zum Zweikampfe, und sagte ihm keine Ursache; aber da ich ihn durch die Schulter gestochen hatte, hielt ich ihm diese Schriften vor die brechenden Augen und schrie ihm zu, wer ich sei. Ich hielt ihn damals für sterbend und war damit zufrieden. Aber er starb nicht, ich lernte ihn viele Jahre darnach von neuem kennen, achtete ihn damals sehr hoch, und ich glaube, er mich auch. Als ich von dem Kampfplatze fort ging, spießte ich eine andere Schrift, die mir von dem Könige war zugeschickt worden und mir einen schlechten Platz in dem Heere anwies, auf meinen Degen und warf sie weg. Ich haßte nun den König, und begriff, daß ich unter die deutsche Reichsarmee gehöre. Als am andern Morgen die Sonne aufging, war ich schon weit von Paris; sie schien mir in das Angesicht, und ich ritt auf dem grauen Klepper Deutschland zu. Ich hatte ein schlechtes Lederkoller an und die hundert Ludwigsstücke darin. Am siebenten Tage ging ich wieder über den Rhein. Damals sagten sie, daß ich ein arger Verschwender gewesen sein müsse, der vom Reichtume auf solch schlechtes Zeug gekommen; ich aber lachte, schaute in die dunkelgrünen Wogen des Rheins, und glaubte auch da noch nicht, daß es mir fehlschlagen könne. Ich erkannte, daß ich auf einem Irrwege gewesen sei, und daß ich nun einen andern betreten müsse. Daher beschloß ich, wie der Herzog von Friedland ein Kriegsheer aufzurufen und mit demselben die Länder wieder zu erobern, die uns der König früher entrissen hatte. Ich gedachte hiebei des Zufalls, daß, wenn ich als Feldherr in Paris einzöge, etwa bei demselben Fenster ein Mägdlein herab schaue, bei dem ich sonst mit ihr gestanden und so vergnügt gewesen war, wenn sie mich ihren lieben kleinen Grafen genannt hatte. Ich schämte mich recht jener kindischen Zeit und ihrer Bestrebungen. – Als aber nach zwei Jahren die neuen Entwürfe auch noch nicht in Erfüllung gegangen waren, fing ich an, in unserem Heere von unten auf zu dienen. Jetzt rückte die Zeit langsamer, und die Mühe belohnte sich nur um Haarbreite nach Haarbreite; aber aus Ehrsucht, weil mir schon nichts anders gelassen war, tat ich auch das Jetzige gut, daß ich den andern zuvorkomme und die übermeistere, die neben mir waren. – So wurde ich nach und nach sechsundzwanzig Jahre alt und bekannter unter den Vorstehern des Heeres. Da geschah es, daß ein Oheim starb, der letzte unserer Verwandten, und mir ein beträchtliches Vermögen hinterließ. Zu gleicher Zeit verliebte ich mich auch. Ach

Gott, lieber Doktor, es sind jetzt viele, viele Jahre vergangen – und verzeiht mir die Worte, die ich sagen werde – ich war gerade so schwärmend wie Ihr, ich war ausschweifend in Haß und Freundesliebe, ich war eben so strebend und vom Grunde aus gutherzig wie Ihr. Seht nur, oft habe ich gemeint, ich müsse alle Sterne an mich herunter ziehen und alle Weltteile auf dem Finger tragen. Daher tat ich mein Herz weit auf, ließ das Gefühl eingehen, und hatte meine Ergötzung daran. Ehe ich aber zur Besinnung gelangte, war ich betrogen. Ein Freund und Vertrauter, den ich auf Freiwerbung sandte, führte sie selber zum Altare. Ich wollte ihm auf das Gut, wohin er sie geführt hatte, nachreisen, um ihn zu erstechen, aber ich tat es dann nicht, und nahm mir vor, mich selber zu töten. In unserem Hause war ein langer, schmaler Gang, wie sie in Soldatenhäusern gewöhnlich sind, und zwischen den Fenstern waren starke Pfeiler. Als es Nacht geworden war und die Kameraden schliefen, nahm ich eine Büchse, die ich abends geladen hatte, ging auf den Gang und stellte mich in den Pfeilerschatten, weil doch zuweilen Mannschaft vorbei ging, daß sie mich nicht sehen könnten. Als sich nach einer Weile nichts mehr rührte, stellte ich die Mündung nach meiner Kehle und griff mit der Zehe um das Zünglein. Aber ich mußte es übel gemacht haben, denn es knackte etwas, und das Eisen schürfte an meinem Hemdknopfe; da sprang plötzlich ein gemeiner Mann unserer Rotte, der mich ausgekundschaftet hatte und aus Furcht im Mauerschatten näher gekrochen war, empor, stieß mir das Rohr von der Kehle und flüsterte: ›Herr Graf, ich schweige, aber das müßt Ihr nicht mehr tun.‹ Ich wollte vor dem Manne auf die Kniee niederfallen, so erschrocken war ich und so verworren. Ich sagte, daß ich ihn recht lieb habe, und daß ich ihm eine Menge Geld geben wolle. Er nahm am andern Tage das Geld, und hat niemals einem Menschen etwas gesagt. – Ich ließ nun diese Gedanken fahren und verschlug aufs Gegenteil, das heißt, ich fragte nach nichts mehr und ließ kein Übel auf mich eine Wirkung tun. Auch setzte ich mir vor, die gemachte Erbschaft zu verschleudern. Wir saßen nun manche Nacht beisammen, viele Freunde und lustige Gesellen – es strahlten die Kerzen, es klangen die Gespräche, und es verrauschte das Gut. Nach sechs Jahren war ich wieder so arm wie vor dem Tode meines Oheims. – – Damals fing endlich der Krieg an, und was bisher in einem Hause, in einer Stadt beisammen gewesen war, kam auseinander und wurde oft länderweit getrennt. Ich war in den Jahren über dreißig, und die Sachen begannen eine Wendung zu nehmen. Das Feldleben war manchmal recht ernsthaft, und ich war manche Nacht, wenn die öde Luft durch den Himmel strich, traurig über die Welt und traurig über alle Dinge. Es sollte noch erst alles kommen, was mein Leben mir versprochen hatte, und es war doch schon der größte Teil desselben dahin. Zuweilen fiel mir meine Mutter ein, die längstens gestorben war, und ihre schönen blauen Augen – zuweilen der Bach auf unserer Wiese, an dem die schönen Weiden gestanden waren. – – So zog die Zeit dahin; wir machten keine großen Eroberungen, und der Feind, der jenseits stand, machte auch keine. – In Westphalen war es endlich, wo ich dazumal ein Mittel für mein Heil gebrauchen lernte, das ich zuerst aus Scherz angefangen, und dann aus Ernst bis auf den heutigen Tag nicht mehr aufgegeben habe. Ich würde Euch gerne raten, Doktor, daß Ihr es auch anwendetet; denn ich glaube, daß ich schier alles, was ich geworden, durch dieses Mittel geworden bin. Es besteht darin, daß einer sein gegenwärtiges Leben, das ist, alle Gedanken und Begebnisse, wie sie eben kommen, aufschreibt, dann aber einen Umschlag darum siegelt und das Gelöbnis macht, die Schrift erst in drei bis vier Jahren aufzubrechen und zu lesen. Ein alter Kriegsmann riet es in meiner Gegenwart lachend einer Jungfrau an, die gerade in Liebeskummer befangen war, und sagte, daß es in diesen Fällen eine gute Wirkung tue. Ich lachte mit und dachte gleich in meinem Innern, daß ich das Ding auch versuchen würde – und wie oft habe ich seitdem den toten Mann gesegnet, daß er es sagte, und den Zufall, der es ihn im rechten Augenblicke sagen ließ. Ich ging sehr eifrig darüber und habe gleich alle freie Zeit, die uns gegeben war, verwendet, um aufzuschreiben, was ich mir nur immer dachte, und was ich für die Zukunft beschlossen hatte. Ich machte die Dinge sehr schön, faltete alle Papiere gleich groß und schrieb von außen den Tag ihrer Verfertigung darauf. In den Feldlagern, wo sie mir oft recht unbequem waren, schleppte ich die versiegelten Päcke mit mir herum. – Als ich den ersten öffnete – es geschah nicht nach drei, sondern erst nach fünf Jahren, weil ich eine Weile von meinen Sachen getrennt gewesen war – ich lag eben verwundet darnieder, von allem Nötigen entblößt, keinen Freund und Teilnehmer an der Seite – nach Mitternacht hatte ich mir den Pack hingeben lassen – und als ich ihn nun öffnete und las, so lachte und weinte ich fast in einem Atem durcheinander; denn alles war anders geworden, als ich einst gedacht hatte; vieles besser, manches schlechter – aber jedes irdischer und wahrer, als es sich einmal vorgespiegelt hatte; meine Ansichten waren gewachsen und gereift, und ich hatte die heftigste Begierde, sie gleich wieder in einem neuen Packe nieder zu schreiben. Ich ließ mir Papier und Schwarzstift aus dem Ledersacke suchen, der unter dem Bette lag, und schrieb auf dem Kopfkissen neben meinem Angesichte die ganze Nacht. Ach, ich wußte damals noch nicht, weil es das erste Päckchen war, das ich geöffnet hatte, daß es mir bei jedem so ergehen würde, auch bei dem, das ich jetzt so eilig und inbrünstig niederschrieb. – – Es ist merkwürdig,

Doktor, daß ich so alt geworden bin, und daß ich mir erst durch diese angeratene Beschäftigung eine Denkweise, eine Rede- und Handelsweise zugebildet habe; denn aus Schriften und Büchern zu lernen, ist mir erst im späten Alter zu Teil geworden; damals hatte ich kaum Zeit, das Notdürftigste nieder zu schreiben – oft schrieb ich auf meinen Knieen, oft auf einer Trommel oder auf einem Baumstamme. Ich habe nachher schwere Schlachten gesehen, ich habe das menschliche Blut wie Wasser vergeuden gesehen, ich zeichnete mich aus, wie sie sagten, das heißt: ich half mit in diesen Dingen; aber ein Päckchen erzählte mir später meine damaligen Gefühle, die um viel besser waren als die Auszeichnung, und die ich hatte zurückdrängen müssen, um meine Pflicht zu tun. Ich lernte nach und nach das Gute von dem Gepriesenen unterscheiden, und das Heißerstrebte von dem Gewordenen. Manches Päckchen segnete, manches verurteilte mich, und so wurde ich widerstreitender Weise mitten im Kriege und Blutvergießen ein sanfterer Mensch. Ich weiß es nicht, wäre ich es auch ohnedem geworden, weil die Jahre wuchsen, oder ist es mir erst durch die Schriften eindringlicher ins Herz gekommen. Ich fing mit der Zeit auch an, im Leben auszuüben, was ich im Geiste denken gelernt hatte. Seht, Doktor, diese Kette, die ich heute umgetan habe, weil ich die Unterredung mit Euch für einen Festtag halte, ist selber ein Zeuge davon. Ich habe einmal mit Aussetzung meines Lebens dasjenige von tausend Feinden gerettet, die man im Begriffe war zusammen zu hauen. Ich habe die Rettung begonnen, weil ich nicht leiden konnte, daß so viele Menschen, die an nichts schuld sind, wie blöde Tiere getötet würden, die uns zwar auch nicht beleidigen, deren Leben wir aber zu unserer Nahrung bedürfen. Zwischen den Kugeln beider Teile habe ich die Unterwerfung verhandelt und den Ergebungsbrief, gegen die gezückten

Säbel unserer Rotten reitend, zu unserm Führer gebracht. Sie wurden dann bloß gefangen, und ihr König wechselte sie später aus. Wenige Jahre vorher hätte ich noch selber den Befehl gegeben, lustig einzuhauen, und hätte es für eine Heldentat gehalten. Die tausend Männer sandten mir nach vielen Jahren den erlesenen Waffenschmuck, den Ihr oben in meinem Eichenschreine gesehen habt, ihr König tat selber den Degenknopf dazu, der so schön in Silber gefaßt ist, und der Kaiser, da ihm die Nachricht von der Begebenheit zu Ohren gebracht worden war, verlieh mir die Kette, die ich hier um habe.«
Nach diesen Worten hielt der Obrist eine Weile inne. Er stand auf und ging in den Raum des Zimmers vor. Die Schriften, die noch immer auf dem Tische gelegen waren, nahm er weg und sperrte sie wieder ein. Zuletzt ließ er noch die grünen Fenstervorhänge herab, die er früher aufgezogen hatte. Ich glaubte, daß er es darum tue, weil doch die Sonne zu uns herüber zu rücken schien. Dann setzte er sich wieder zu mir und sagte: »Ich will Euch nun auch das Ende von meinem Lebenslaufe erzählen. Die Jahre sind wieder vergangen, aber immer eines schneller als das andere, und ich bin nach und nach Obrist geworden. Da ich wieder verwundet wurde, erhielt ich einen Ruhegehalt und durfte hingehen, wo ich wollte. Ich habe einmal auf meinen Kriegszügen ein schönes Tal gesehen, das zwischen hohen Bergen lag; in dieses schaffte ich meinen Körper und meine Habe, um an dem Orte zu verbleiben. Ich fing dort an, die Bücher zu sammeln, die jetzt da sind, und die Gemälde, deren Art ich in den Niederlanden kennen und lieb gewinnen gelernt hatte. Manches ist teuer gekommen, Ihr würdet es kaum denken, und es reute mich schon oft, daß ich auf meine Freude so viel verwende, das nach meinem Tode andern zu Gute kommen sollte: – aber sei es nun, wie es sei. – In dem Tale bekamen meine Päckchen

immer mehr Gleichmäßigkeit, bis im Alter eines wie das andere wurde. Ich richtete mich häuslich ein, und legte rückwärts hinaus den Garten an, in welchem mir meine Pflanzen wuchsen, die ich liebe, weil sie unschuldig den Willen Gottes tun.«

Hier setzte der Obrist wieder aus, dann fuhr er fort: »Ich habe früher von einem Menschen geredet, der der erste war, der gesagt hat, daß ich ein gutes Herz habe, wie Ihr heute der zweite, und ich habe versprochen, daß ich Euch von ihm erzählen werde, damit Ihr seht, wie sehr es mich von beiden freute. Der Mensch hat mit mir in dem Tale gelebt, es war ein Weib – mein eignes Weib ist es gewesen – und von ihm möchte ich Euch noch etwas sagen, wenn Ihr nämlich nicht müde werdet, mich anzuhören. Ich weiß es nicht, war sie besser oder schlechter als tausend andere ihres Geschlechtes – ich habe die andern zu wenig gekannt – aber einen Vorzug hatte sie vor allen, die da leben, und dieser war, daß ich sie sehr geliebt habe. Oft war es mir, als sei ihr Leib meiner, als sei ihr Herz und ihr Blut das meinige und als sei sie mir statt aller Wesen in der Welt. Ich hatte sie am Rheine kennen gelernt, wo sie von Verwandten hart gehalten wurde. Da ich eingerichtet war, holte ich sie herüber. Sie hatte mich nicht geliebt, aber sie war mit gegangen. Da sie am Vermählungstage unter ihren Angehörigen als verzagende Braut stand, sah sie nach meinen Augen, als wenn sie darin Treuherzigkeit suchte. Ich habe sie in mein Haus geführt, und habe sie auf der Schwelle desselben geküßt, was sie nicht erwiderte. Da ich sie in der Stube auf meinem Stuhle sitzen sah, noch den Hut auf dem Haupte und die Oberkleider an: nahm ich mir vor, daß ich sie ehren und schonen werde, wie es mein Herz vermag. Ich rührte nun ihre Hand nicht an, ich ließ sie in dem Hause gehen, und lebte wie ein Bruder neben ihr. Da sie allgemach sah, daß sie hier walten dürfe, daß sie stellen dürfe, wie sie wolle, und daß niemand etwas dagegen sage, da sie, wenn ich von der Jagd nach Hause kam – denn ich ging damals noch zuweilen – fragte, wie dieses und jenes stehe, und wie sie es machen solle: sah ich, daß die Pflanze des Vertrauens wuchs, – und daneben auch noch eine andere; – denn ihre Augen glänzten von Zufriedenheit – und so ging ihr die Seele verloren, bis sie sonst nirgends war als in mir. Es ist nur ein verachtet Weib gewesen, das die Worte gesagt hat: ›Wie dank ich Gott, daß du so gut, so gar so gut bist‹, – und kein Lob meiner Obern, keine Freude des Sieges ist früher so in mein Herz gegangen als die Worte des verachteten Weibes. Und als nach diesem schon viele Jahre vergangen waren, als ihr schon Mut und Vertrauen gewachsen war, als sie in meiner sichern Gattenliebe und Ehrbezeugung ruhen konnte: war sie noch demütig wie eine Braut und aufmerksam wie eine Magd – es war eben ihr Wesen so – und deshalb mußte geschehen, was geschah. – – Es ragten in der Gegend viele Schneeberge und blaue Spitzen, hinter unserem Hause rauschten Bergeswässer und standen Wälder, in denen oft Monate lang niemand ging. Alles dieses zu durchforschen, lockte mich die Lust, und einmal tat ich die Bitte, sie möge mich doch zuweilen begleiten, wann ich etwa seltne Alpenblumen suchen ginge, oder einen Baum, ein Wasser, einen Felsen zeichnete, wie ich es damals zu lernen anfing und häufig ausübte. Nach ihrer Art sagte sie es bereitwillig zu – und nun ging sie oft zwischen turmhohen Tannen, an brausenden Bächen oder über harte Felsen mit mir, und sie war noch schöner und blühender neben den Bergen, als sie es zu Hause war. Wenn ich dann zeichnete, saß sie hinter mir, schlug Nüsse auf oder ordnete die gesammelten Waldblumen zu einem Strauße, oder plauderte mit ihrem Hündchen, das ebenfalls unser steter Begleiter war und von ihr an schwierigen Stellen sogar getragen wurde, oder sie legte aus meinem Wandersacke unser Nachmittagbrod zurechte; – oft saß sie neben mir und fragte, wie dieser und jener Stein heiße und warum diese und jene Blume nur immer im Schatten wachse. So wurde in den Wochen, was anfangs nur Gefälligkeit gegen mich war, ihre Lust und ihre Freude – sie wurde sogar stärker; denn wie die Sonne des Waldes die Blumen, Beeren und die Früchte reift, tat sie es auch mit ihr, daß ihr die Lippen und Wangen glühten, wie an einem Kinde, und daß sie mir mit den schweren Alpenschuhen, die ich ihr hatte machen lassen, auf hohe Berge folgen konnte, bis an den Rand des Eises gelangte und mit Entzücken in die Länder hinaus sah, wo die Menschen ihre Werke treiben, davon kein Merkmal zu uns heraufkam. Ich hatte meine hohe Freude daran – und sie hatte ihre Freude daran. Es mußte wohl so sein, damit sich alles erfüllte. – – Kennt Ihr das, was man in hohen Bergen eine Holzriese nennt? – Ihr werdet es kaum kennen, da man sie hier nicht braucht, weil nur breite, sanfte Waldbiegungen sind. Es ist eine aus Bäumen gezimmerte Rinne, in der man das geschlagene Holz oft mit Wasser, oft trocken fort leitet. Zuweilen gehen sie an der Erde befestigt über die Berge ab, zuweilen sind sie wie Brücken über Täler und Spalten gespannt, und man kann sie nach Gefallen mit dem rieselnden Schneewasser anfüllen, daß die Blöcke weiter geschoben werden. – An einem sehr schönen Septembertage bat mich mein Weib, ich möchte sie doch auch wieder mit auf die Berge nehmen; denn sie hatte mir endlich ein Kind geboren, ein Töchterlein, und war drei Jahre bei demselben zu Hause geblieben. Ich gewährte ihr freudig den Wunsch, sie rüstete sich, und wir waren desselben Tages so hoch gewesen, daß sie mir einige Stämmchen Edelweiß pflücken und auf den Hut stecken konnte. Im Nachhausegehen verirrten wir uns ein wenig; denn die Ähnlichkeit der

Wände und Spalten hatte uns getäuscht. Wir stiegen in dem Gerölle eines ganz fremden Sandstromes nieder, ob er uns etwa in das Tal abführe, oder ob er jäh an einer Wand aufhöre und uns stehen lasse. Das letztere geschah auch; denn als wir um einen Felsen herum wendeten, sahen wir es plötzlich vor unsern Augen luftig blauen; der Weg riß ab, und gegenüber glänzte matt rötlich eine Kalkwand, auf welche die Strahlen der schon tief stehenden Sonne gerichtet waren: – aber auch eine solche Riese, wie ich früher sagte, ging von unserm Stande gegen die Wand hinüber. Ich erschrak ein wenig und sah nach meiner Begleiterin um: aber diese war sehr fröhlich über die gefundene Verbindung, und wir gingen daran, zu untersuchen, ob die Riese in einem guten Stande sei und zwei Menschen zu tragen vermöge. Daß sie erst kürzlich gebraucht wurde, zeigten da, wo sie an den Felsen angeschlachtet war, deutliche Spuren geschlagenen und abgeleiteten Holzes; denn ihre Höhlung war frisch wund gerieben, auch lagen noch die Blöcke und Stangen umher, womit man die Stämme zuzuwälzen gewohnt ist, und die Fußtritte, die uns eigentlich in dem Bette des Gerölles nieder gelockt hatten, schienen von derselben Handlung her zu rühren. In dem Augenblicke des Überlegens hörten wir es aus einem Seitengraben, dessen Dasein wir früher gar nicht bemerkt hatten, knistern und brechen, als ob es Tritte wären, – und wirklich kam nach einigen Sekunden ein Mann heraus, den der erste Anblick sogleich für einen Holzarbeiter erkennen ließ, wie sie im Gebirge ihr mühsames Werk treiben. Er trug einen ledernen Sack und eine eiserne Kochschüssel; in der Hand hatte er die abgetanen Steigeisen und den Gebirgsstock, der langschaftig ist und vorne eine eiserne Spitze und einen Widerhaken hat. Er erschrak, da er uns sah, weil er hier keine Menschen zu finden gehofft hatte. Ich aber sagte ihm, daß wir uns verirrt hätten, und daß wir sehr gerne wissen möchten, ob die Riese gangbar wäre und zweien Menschen als Steg dienen könnte. ›Freilich kann sie dienen,‹ antwortete er, ›vor einem Augenblicke sind alle meine Kameraden hinüber gegangen, fünf an der Zahl; ich mußte nur umkehren, weil ich die Schüssel am Feuerplatze vergessen hatte. Sie warten an der Wand auf mich. Ihr werdet es gleich hören.‹ – Nach diesen Worten tat er einen Ruf mit der hohen Stimme des Gebirgjauchzens, daß es in allen Spalten klang: von drüben antworteten sie, daß es ebenfalls klang. Es war fast schön, da auch der Abend rings um uns herum war. Ich schlug nun vor, daß wir jetzt alle drei mit einander über die Riese gehen könnten. Er willigte ein und sagte, daß wir die Frau in die Mitte nehmen sollten. Er richtete den Alpenstock so, daß ich ihn vorne und er hinten nahm, damit sich die Frau daran wie an einem Geländer halte. Das Hündchen hatte sie sich nicht nehmen lassen selber zu tragen. So gingen wir auf die Brücke, die in der Abenddämmerung wie eine gezogene Linie war. Ich hörte, da wir auf dem Holze gingen, nur seine Tritte mit den schwerbeschlagenen Schuhen, die ihrigen aber nicht. Als wir noch ein kleines von dem Ende der Riese waren, sagte der Holzknecht leise: ›Sitzt nieder,‹ – auch empfand ich, daß der Stock in meiner Hand leichter werde, – ich schaute plötzlich um – und denkt Euch: ich sah nur ihn allein. Es kam mir ein schrecklicher Gedanke, aber ich wußte nichts weiter, meine Füße hörten in dem Augenblicke auf, den Boden zu empfinden, die Tannen wogten wie Kerzen an einem Hängeleuchter auf und nieder – dann wußte ich nichts mehr.«

Hier hörte der Obrist zu reden auf, und schwieg eine Weile. Ich dachte anfangs, daß er sich nur sammeln wolle, aber als ich genauer hin schaute, sah ich in der Dämmerung, daß ihm schnelle Tränen, eine nach der andern, über den weißen Bart herab träufelten, und daß er sich sehr stille hielt, damit ich es nicht bemerke. Ich konnte vor gebrochenem Herzen auch nichts reden, und begriff nun, warum er die Fenstervorhänge herab gelassen hatte. Ich wollte die Schamhaftigkeit des alten Mannes nicht stören und sah nicht hin. Nach einer Zeit wischte er mit seinem Ärmel über Bart und Antlitz, und setzte dann gefaßt seine Rede fort: »Sie lag unten zerschmettert. Still sich opfernd, wie es ihre Gewohnheit war, ohne einen Laut, um mich nicht in Gefahr zu bringen, war sie hinab gestürzt. Nicht einmal der Holzknecht hatte ihren Zustand erraten, bis sie das Geländer ausließ, das wir ihr gemacht hatten, und mit der Hand in der Luft zu greifen anfing. Da rief er ihr zu, sie solle sich setzen – aber es war zu spät. Wie ein weißes Tuch, sagte er, war es an seinen Augen vorüber gegangen, und dann habe er nur mich allein gesehen. Ich wankte auch vor seinen Blicken, und wäre gleicherweise hinab gefallen, wenn er mir nicht einen Stoß gegeben hätte, durch den ich die noch wenigen Schritte vorwärts taumelte, die von der Riese übrig waren, und an ihrem Ende unter dem vielen Holze nieder stürzte, das dort lag, und das man an dem Tage herüber geleitet hatte. – Als ich aus meiner Ohnmacht wieder erwachte, verlangte ich heftig, in den Abgrund nieder zu steigen; denn ich konnte sie mir nicht tot denken, und dachte: wer weiß – etwa ist ihr das Bewußtsein wieder gekommen, sie liegt unten und beginnt jetzt erst zu sterben. Allein es war indessen schon ganz Nacht geworden, ich fand mich an einem großen Feuer liegen, und einige Holzknechte standen und saßen umher. Andere waren auch fort gegangen. Durch mein Flehen und meine Versprechungen, noch mehr aber, weil ich allein in der Finsternis hinab zu klettern anhob, ließen sie sich bewegen, einen Versuch zu machen, ob man über die Wand hinab gelangen könne. Es waren auch von andern Orten Holzarbeiter herbei gekommen, weil die Stelle ein Zusammenkunftsplatz war, und sie saßen an dem Feuer, wärmten sich, und hörten an, was geschehen war. Der eine erinnerte sich dieses, der andere eines andern Weges, auf dem es möglich sein müsse – aber es war immer umsonst, und die ganze Nacht verging unter fruchtlosen Bemühungen. Endlich, da ich tausend Mal zu dem Himmel geschaut hatte, erblaßten die fürchterlichen Sterne, und das schwache Grau des Morgens war in der Luft. Nun, da wir besser sahen, gelang es wirklich mit Hilfe von Stricken und Stangen bis auf den Grund hinab zu kommen. Allein wir fanden die Gegend nicht, und erst, als die Sonne schon fast hoch in das Tal herein schien, entdeckten wir sie. Es lag ein Häufchen weißer Kleider neben einem Wachholderstrauche, und darunter die zerschmetterten Glieder. – Es war nicht möglich: von dieser Höhe kann kein Mensch herunter fallen und nur einen Hauch des Lebens behalten. Kaum so dünne wie ein Strohhalm anzusehen, schwebte die Riese weit ober uns. – Wir gingen näher, und denkt Euch – auf den Kleidern saß das Hündlein, und war lebend und fast unversehrt. Das Weib hatte es vielleicht während des Falles empor gehalten und so gerettet. Aber es mußte über die Nacht wahnsinnig geworden sein; denn es schaute mit angstvollen Augen umher und biß gegen mich, da ich zu den Kleidern wollte. Weil ich schnell mein Weib haben mußte, gab ich zu, obwohl ich mir das Tierchen hatte aufsparen wollen, daß es einer der Knechte mit der Büchse, die sie zuweilen tragen, erschieße. Er hielt schräge hin, damit er die Leiche nicht treffe – und das Hündchen fiel herab, kaum daß es ein Füßlein rührte. – Ich beugte mich nun nieder und riß das weiße Mieder auf, das sie an hatte: aber die Schulter war schon kalt, und die Brust war so kalt wie Eis. – – O Herr! das könnt Ihr nicht ermessen – nein, Ihr wisset es jetzt noch nicht, wie es ist, wenn der Leib, der so lange das Eigentum Eures guten Herzens gewesen ist, noch die Kleider an hat, die Ihr am Morgen selber darreichen halfet, und jetzt tot ist, und nichts mehr kann, als in Unschuld bitten, daß Ihr ihn begrabet.«

Hier hielt der Obrist wieder inne; dann aber fuhr er fort: »So ist es auch geschehen. Wo der Bach seinen schmalen Ausgang hat, ließ ich sie aus dem Tale bringen, und kam gegen Mittag in mein Haus. Der Ruf hatte das Unglück schon ausgebreitet. Mehrere Menschen standen auf meiner Gasse, und gute Freunde wollten mich in einen Wagen tun und fort führen, bis alles vorüber wäre. Ich aber meinte, daß dieses gegen die eheliche Treue sei, und blieb bei ihr. Bloß da die Frauen kamen, sie zu waschen und umzukleiden, ging ich an der Gesindestube vorbei zurück in das Stüblein gegen den Garten, wo mein Kind war. Ich nahm das Mädchen bei der Hand, führte es durch den hintern Gang auf die Gasse, tat es in den Wagen, den die Freunde herbei geschafft hatten, und ließ es zu einer entfernten Bekannten führen, damit das Kind nicht sähe, was hier geschieht, und sich einmal daran erinnere. Als sie mich riefen, ging ich wieder hinvor in das Zimmer, wo die Menschen waren, und setzte mich nieder. Sie lag in dem weißen Gewande, das sie sonst hatte, auf ihrem Bette, und der Schreiner legte seinen schwarzen Zollstab zusammen, und ging hinaus. Gegen Abend kam der Sarg, der sonderbarer Weise in dem rechten Maße schon fertig gewesen war, und man legte sie hinein, wo sie lang und schmal ruhen blieb. Als nach und nach die Neugierigen und die andern fort gegangen waren und ich fast allein blieb, ging ich hin, faltete ihr die Hände anders, als es die Frauen getan hatten, und gab ihr ein Kreuz. Ich legte auch noch von ihren Blumen, die noch da standen, etwas um das reine, unbewegliche Haupt. Dann setzte ich mich nieder und blieb sitzen, wie Stund an Stund verging. Damals dachte ich oft an das alte Volk der Egypter, daß sie ihre Toten einbalsamierten, und warum sie es getan. Ich habe in ihrem Zimmer keine Wachslichter anzünden und keine schwarzen Tücher spannen lassen, sondern ich hatte die Fenster geöffnet, daß die freie Luft herein sah. An dem ersten Abende waren an dem Himmel draußen viele rote Lämmerwolken gewesen, daß im Zimmer lauter rote, sanfte Rosen schienen; und nachts, wenn die Lampe brannte, waren weiße auf ihren Geräten, und auf ihren Kleidern – – und wenn sie in dem Nebenzimmer draußen stille waren und beteten, weil sie sie Leiche fürchteten, rückte ich ihr das Hauptkissen, weil das Angesicht schief zu sinken begann. – Am zweiten Morgen wurde sie begraben. Es kamen die Träger, und ich ging mit ihnen. Auf dem Kirchhofe standen viele Leute, und der Pfarrer hielt eine Rede. Dann taten sie sie in die Erde, und warfen die Schollen auf sie. Als alles vorüber war, und drüben jenseits der Häuser die alten Wälder standen und eine fremde, leere Luft über sie floß, versuchte ich nach Hause zu gehen. Auf den Feldern gegen die Haselbestände hinauf ackerten sie und säeten das Wintergetreide in die Erde. Ich ging durch den Garten, wo die Herbstblätter abfielen, in das sehr stille Haus. In der Stube standen noch die Sessel in derselben Ordnung, wie sie den Sarg getragen hatten, aber sie war nicht darauf. Ich setzte mich in einer Ecke nieder und blieb sitzen. An dem Fenster stand noch ihr Arbeitstischchen, und die Laden unserer Kästen machte ich nicht auf. Wie viele Afterdinge, dachte ich, wird die Welt nun noch auf meine Augen laden, nur sie allein, sie allein nicht mehr. – Und wie es lange, lange so stille war, und die Dienstboten aus Ehrfurcht draußen nur flüsterten, tat sich ungeschickt die Tür auf, und mein Töchterlein ging herein, das schon vor einer Stunde zurück gekommen war und sich nicht aus ihrem Stüblein getraut hatte. Auf ihrem Munde war die Knospe der Rose, die sie eben begraben hatten, und in dem Haupte trug sie die Augen der Mutter. Und wie sie schüchtern vorwärts ging und mich so sitzen sah, fragte sie: ›Wo ist Mutter?‹ Ich sagte, die Mutter sei heute früh zu ihrem Vater gegangen, und werde recht lange, lange nicht zurück kommen. Da sie sich auf das Wort beherrschen wollte, wie sie gewöhnt worden war, und sich aber doch auf dem Gesichtchen die schwachen Linien des Weinens zusammen zogen, da riß ich sie an mich und weinte mich selber recht zu Tode. – Dann schien die Sonne, wie alle Tage, es wuchs das Getreide, das sie im Herbste angebaut hatten, die Bäche rannen durch die Täler hinaus – – nur daß sie allein dahin war, wie der Verlust einer goldenen Mücke. – Und wie ich in jener Zeit mit Gott haderte, hatte ich gar nichts, als daß ich mir fest dachte, ich wolle so gut werden wie sie und wolle tun, wie sie täte, wenn sie noch lebte. Seht, Doktor, ich habe mir damals eingebildet, Gott brauche einen Engel im Himmel und einen guten Menschen auf Erden: deshalb mußte sie sterben. – Ich ließ einen weißen Marmorstein auf ihr Grab setzen, auf dem ihr Name, der Tag ihrer Geburt und ihr Alter stand. Dann blieb ich noch eine lange Zeit in der Gegend: aber als die Berge nicht zu mir reden wollten und die Pfade um die Wiesenanhöhen so leer waren, so nahm ich mein Kind und ging mit ihm fort in die Welt. Ich ging an verschiedene Orte, und suchte an jedem, daß mein Töchterlein nach und nach lerne, was ihm gut tun möchte. – Ich habe vergessen, Euch zu sagen, daß mir mein Bruder schon früher geschrieben hatte, daß ich zu ihm kommen möchte, weil er so krank sei, daß er die Reise zu mir nicht machen könne, und er habe dennoch sehr Notwendiges und Wichtiges mit mir zu reden. Ich ging, da ich mein Haus hinter dem Rücken ließ, zu ihm – und zum ersten Male seit dem Tode unsers Vaters sah ich wieder die Anhöhen um

das Schloß und die Weiden an dem Bache. Er gestand mir, daß er damals einen Betrug gestiftet habe, und daß er jetzt recht gerne mit dem vergelten und gut machen werde, was noch da sei. Ich rächte mich nicht – er stand in dem Saale vor mir, ein dem Tode verfallener Mann, ich machte ihm gar keine Vorwürfe, sondern nahm von den Trümmern des Vermögens, dessen Bücher er mir aufschlug, das wenigste, was meine Pflicht gegen mein Töchterlein noch zuließ, damit ich es nicht seinem armen Sohne entzöge, den ihm sein Weib geboren hatte, das noch bei ihm auf dem Schlosse war – und dann fuhr ich in einem Bauerfuhrwerke mit meiner Tochter wieder über die Brücke des Schloßgrabens hinaus, und hörte zum letzten Male die Uhr auf dem Turme, die die vierte Nachmittagsstunde schlug. – Es ist weiter in meinem Leben nichts mehr geschehen. – Ich bin endlich nach einer Zeit in dieses Tal gekommen, das mir sehr gefallen hat, und ich blieb hier, weil so schöner ursprünglicher Wald da ist, in dem man viel schaffen und richten kann, und weil eine Natur, die man zu Freundlicherem zügeln und zähmen kann, das Schönste ist, das es auf Erden gibt.«
Der Obrist hörte mit diesen Worten zu reden auf, und blieb eine bedeutend lange Zeit neben mir sitzen und schwieg. Ich schwieg auch.
Endlich nahm er wieder das Wort und sagte: »Ich habe nichts als Margarita, sie gleicht ihrer verstorbenen Mutter im Angesichte und in der ganzen Art so sehr, wie man es kaum glauben sollte, – – Doktor, tut mir nicht weh in meinem Kinde.«
»Nein, Obrist, das tue ich nicht – – ich reiche Euch die Hand, daß ich es nicht tue.«
Bei diesen Worten reichte ich ihm meine Hand, er gab mir die seine auch, und wir schüttelten sie uns gegenseitig zum Zeichen des Bundes.
Dann blieben wir noch eine Weile sitzen, ohne zu spre-

chen. Endlich stand er auf, ging ein wenig in dem Zimmer herum, und trat sodann an das Fenster, dessen grünseidenen Vorhang er aufzog. Es war keine Sonne mehr an den Gläsern, aber eine ganze Flut von Frühlingshelle schlug durch sie in das Zimmer herein.

»Seht, wir werden heute ein Gewitter bekommen,« sagte der Obrist, der an dem Fenster stehen geblieben war und hinaus schaute, »es geht ein dichter, dunstiger Himmel über den Kirmwald herüber, und am Rande des Reutbühls ziehn sich diese milchigen Streifen, was alle Mal ein Anzeichen von einem Gewitter ist.«

Ich stand auch auf und trat zu ihm. Die friedliche, schöne, in sanfte Gewitterschwüle gehüllte Gegend schaute zu uns herein und grüßte huldvoll an das Herz.

Wir standen und genossen der freien Luft, die bei dem Fenster herein strömte, das er nun auch geöffnet hatte.

Über eine Weile sagte er wieder: »Ich möchte Euch gerne zu Margarita führen – Ihr müsset mit einander reden – redet gut mit einander, daß sich alles einfach löse. Ich habe gewußt, daß es so sein wird, wie es jetzt ist. Ihr habt beide gefehlt. Margarita tat auch nicht recht, aber sie konnte nach ihrer Art nicht anders, so wie Ihr nicht anders konntet. Geht hinüber zu ihr, sucht sie nicht zu bewegen, tröstet sie eher – aber sprecht nur mit einander, ich meine, daß es gut ist. Nicht wahr, Doktor, Ihr tut das?«

Wir blieben nach dieser Rede beide noch eine Zeit lang stehen, ich hatte keine rechte Antwort und schwieg daher verlegen, er drang auch nicht in mich.

»Nun? soll ich Euch zu ihr führen?« fragte er endlich recht sanft.

»Ja«, sagte ich.

Und nach diesen Worten nahm er mich unter den Arm und führte mich hinaus. Wir gingen über den Gang, und dann über die feine, gelbe Rohrmatte ihrer Schwelle hinein. Sie war in dem ersten Zimmer nicht.

»Wartet hier ein wenig,« sagte er, »ich werde hinein gehen und sie Euch senden. Vielleicht könnte sie nicht in der Lage sein, Euch zu empfangen. Wenn sie aber erscheint, werde ich selber nicht wieder heraus kommen, sondern mit dem Schlüssel das Bücherzimmer öffnen und durch dasselbe in meine Wohnung zurückkehren.«

Er ging durch die halbgeöffnete Tür in das anstoßende Zimmer, und wahrscheinlich auch in das fernere.

Ich blieb heraußen stehen, und es war sehr stille. Endlich, da ich eine Weile gewartet hatte, bewegte sich schwach der halbe, etwas offen stehende Türflügel – und sie trat heraus. Ihre Augen waren auf mich gewendet – –

– Morgen Margarita. –

4. MARGARITA

Ehe ich weiter gehe und eintrage, was geschehen ist, will ich noch des Obrists gedenken und mir seine Seele vor die Augen halten – ich muß den Mann hoch ehren, und will es in diesem Buche nieder schreiben, wie er ist. Was der Obrist sagte und tat, habe ich bisher nicht nach meinem Gedächtnisse allein aufgeschrieben, sondern nach der Handschrift, die er mir gelassen, und die er über diese Dinge aus seinen versiegelten Päcken genommen hat, wie ich ihn ja selber in diesem meinem Buche nachzuahmen versuche. Was ich weiter sage und eintrage, weiß ich ja schon längst, aber es ist mir nie so klar und deutlich vor die Augen gekommen als an diesen Tagen. Wie gut er ist, nicht nur gegen mich, sondern auch gegen alle andern, wie einfach und schön er ist, zeigt sich ja viel deutlicher in dem, was er tut, als es mit allen andern Worten je gesagt werden könnte.

Da hat er oberhalb des Eichenhages die Senkung gereutet, die er sich gekauft hatte, und in der nur saures Moos, geflecktes Gras und die einzelne herbe, rote Moosbeere zwischen den dünnen Föhrenstämmen wuchs, die auch in der Nässe nicht fortkommen wollten, und hat dann Gräben schlagen lassen, hat unversumpfbares Erlenholz hinein geworfen und sie wieder überwölbt, hat Abzugskanäle und Auslaufgräben mauern lassen, hat das Ganze mit Pflügen umgerissen, durch mehrere Jahre Sämereien hinein gebaut, und hat jetzt eine Wiese daraus, die rechts oben an der Ecke des Meierbacher Weizenstückes beginnt, hinter den Eichen hinüber geht und, wenn man von den Sillerhöhen herab kömmt, weithin mit ihrem schönen, dunklen Grüne leuchtet, wo ehedem nur kaum das Grau der kleinen Föhrenbäumchen zu schauen gewesen war, und jetzt oft schon das gelblich rote Eichenlaub abfällt, wenn daneben noch die schöne, grüne Tafel schimmert. Weil aber die Wiese von dem Hause des Obrist aus nicht sichtbar ist, und überhaupt eine sanft geschwungene Wiege bildet, in der man Menschen und Tiere nicht sehen kann, außer wenn man von den Höhen der Siller herab kömmt, so haben sich die Buben, welche in unsern Gegenden gewohnt sind, auf Rainen, Gemeindeplätzen und Stoppeln einige oder die andern Stücke Rinder herum zu hüten, die Wiese ausersehen, um ihre Tiere besser und schneller zu nähren, als es sonst irgendwo der Fall gewesen wäre. Das fette Gras und die Geborgenheit mochte manchen verleitet haben, seine Pfleglinge hinein zu lassen und dem frischen Weiden derselben zuzuschauen. Als man dem Obristen diese Sache hinterbracht hatte, wurde er sehr zornig und sagte, er sehe nicht ein, warum er sich so geplagt habe, um aus dem schlechten Grunde ein schönes, gezähmtes, menschliches Erdenstück zu machen, wenn es jetzt so mißbraucht und heimlich herabgewürdigt werde. Er wolle bei

Gelegenheit selber hinaufgehen und sich Recht verschaffen. – Dem zu Folge ging er eines frühen Morgens, als sich wieder Verdacht zeigte, es möchte an seiner Wiese Frevel begangen werden, durch die Eichen, die hinter seinem Hause einen so schönen Hag bildeten, hinauf, und da er aus den letzten Bäumen ins Freie heraus getreten war, sah er auf seiner Wiese vier schöne, dunkelrotbraune Rinder weiden und einen in Grau gekleideten Buben nicht weit davon stehen. Die Nässe tat den Füßen des Obrists von jeher nicht gut, aber dennoch ging er mit den Lederstiefeln sachte in den sehr starken Frühtau, der auf den Gräsern der Wiese lag, hinein, um den Buben zu haschen, der mit dem Rücken gegen ihn stand. Er setzte die Füße in dem hohen Grase, in welchem Wasser und Spinnenfäden hingen, vorwärts, bis er nur mehr einen Büchsenschuß weit von dem Buben entfernt war. Da fiel ihm ein, derselbe möchte zu sehr erschrecken und etwa krank werden, wenn er ihn plötzlich ergriffe. Darum machte er ein kleines Geräusch, daß er es höre und davon laufen könne. Der Hirtenknabe hatte scharf gehört, er wendete sein Angesicht bei dem Geräusche, und da er den ehrwürdigen Obrist bis auf die Kniee im Grase wandeln sah, warf er sich herum und ergriff die Flucht. Er rannte, wie ein leichtfüßiges Reh, durch die Wiese, schwang sich über den Graben, lief immer fort, gegen die Siller hinüber, verschwand unter den Gesträuchen, die sich da gegen die Tiefe und die Felder hinab ziehen, und der Obrist stand mit dem schönen Gewande im Grase. Er trieb nun die vier Rinder aus der Wiese hinaus, er trieb sie gegen das Gereute hinan, wo Weidegrund ist, und leitete sie zwischen den zerstreuten Haselbüschen, die dort stehen, auf die Weide, bis er überzeugt war, daß sie nun nicht mehr auf die Wiese zurückkehren und auch niemanden anderm auf ein Grundstück gehen könnten. Dort verließ er sie und ging nach Hause. Weil er den Rückweg auf einem staubigen Wege machte und außer den Stiefeln auch manche Kleiderzipfel naß waren, kam er sehr beschmutzt nach Hause. Dem Knechte sagte er nichts über den Erfolg seines Feldzuges.

Die Sache breitete sich aber aus, und wenn jetzt ein Bube sich verleiten ließ, hinter dem Walde in die schöne Wiese mit einem Rinde hinein zu kommen, so stand er immer so, daß er das Angesicht gegen den Eichenhang wendete, wo der Obrist heraus zu kommen drohte.

Wirklich kam der Obrist einmal eines sehr frühen Morgens aus den Eichen heraus, da eben ein Knabe zwei Kühe auf der Wiese hütete. Der Knabe sah den Obrist kommen, konnte die Kühe nicht schnell genug wegschaffen, und ergriff, sie im Stiche lassend, die Flucht. Diesmal trieb der Obrist die Kühe nicht auf die Haselweide ins Gereut hinauf, sondern als Pfand in sein eigenes Haus, wo er sie in dem Stalle anhängen ließ. Gegen Mittag kam ein Weib, eine Witwe, aus dem Sillerwalde gebürtig, zu ihm in das Haghaus herauf und sagte, daß ihr die Kühe gehören, die er gepfändet habe, daß sie ihr einziges Gut seien, daß sie den Buben schon gestraft habe, weil er in fremdes Eigentum gegangen sei, daß er es nicht mehr tun werde, und daß sie bitte, der Obrist möchte ihr die Kühe ausliefern lassen, weil sie und ihr Knabe davon leben. Der Obrist ließ ihr die Kühe, die gut gefüttert worden waren, herausgeben, und gab ihr auch, wenn sie etwa als ein Weib mit dem Zuhausetreiben nicht zurecht kommen könnte, einen Knecht mit, der ihr helfen mußte. Weil aber später die Gerichte von dieser Sache Umgang nahmen und, obwohl der Obrist erklärte, daß er auf allen Schadenersatz verzichte und der Witwe alles schenke, doch von derselben mit Auslassung des Schadenersatzes den Wiesenfrevelbetrag, der von den Gesetzen auf solche Fälle gesetzt ist, unabwendbar

verlangten, so blieb dem Obristen nichts übrig, als der Witwe die Summe zu schicken, daß sie dieselbe den Gerichten erlege.
Weil er auf diese Weise nicht immer in das Gras gehen, Rinder nach Hause treiben und den Leuten den Grundfrevelbetrag geben wollte, und weil er auch dem Altknechte, der sagte, man solle nur die Sache ihm überlassen, sie doch nicht überließ, weil er sie nicht recht machen könnte, so fing er im Winter, ehe die Erde fror, einen Zaun um die Wiese zu ziehen an, fuhr im nächsten Frühjahre damit fort, bis, ehe die Blümchen weiß und gelb die ganze Wiese überzogen, dieselbe von allen Seiten mit einem starken, stattlichen, hohen Gehege umgeben war. Er hatte die Pfähle aus Eichen gemacht und unten anbrennen lassen, daß sie doch eine gute Zahl von Jahren hielten. Die Spelten zu den Mittelstücken waren Tanne, schlank gespalten und gut in einander geflochten – eine Art, wie man bei uns bis dahin die Zäune nicht gemacht hatte, und wie sie ihm in andern Ländern, die er früher besucht hatte, vorgekommen waren. Zur Einfahrt der Wägen in die Wiese hatte er eine Holzgittertür machen lassen, die mit einem eisernen Schlosse verschlossen war. Schlüssel dazu wurden sieben verfertigt, die an einem schnell in die Augen fallenden Pfosten der Scheune hingen, damit niemand mit dem Aufsperren in Verlegenheit komme, wenn etwa einer, der schon einen Schlüssel in der Tasche habe, in den Feldern damit herum gehe. Wie er überhaupt gerne baute, hatte er auch kurz darauf, als er den Zaun angefangen hatte, schon seine Freude daran, er nahm mehr Arbeitsleute, ging täglich mehrere Male hinaus, ordnete alles an, sah zu, daß es recht gemacht werde, und legte nicht selten Hand an, um den Leuten zu zeigen, was sie nicht wußten. Ich stand öfter bei ihm auf der Wiese, wenn ich ihn zu besuchen hinauf kam; die verschiedenen Feuer rauchten, an denen die Pfähle

angebrannt wurden, und wir sprachen von mannigfaltigen Dingen. Als der Zaun fertig war, ging er freudig herum, rieb nach seiner Art die Hände und sagte: »Jetzt wird keiner mehr hereintreiben. Ich hatte sehr unrecht mit der Wiese. Da sieht man gleich, wenn man nicht das rechte Mittel wählt; da ist man genötigt, in die schiefen Folgen einzugehen, und wird in lächerliche Handlungen verwickelt. Nun ist alles gut.«

Auch die Wiese liebte er jetzt mehr als früher, da er sich so lange mit ihr beschäftigt hatte, und sie sah in den folgenden Jahren noch schöner und noch grüner aus als in allen vorangegangenen.

Seine Leute sagten, er werde durch solche Dinge sein Ansehen einbüßen, wenn er so schwach sei, wenn er sich mißbrauchen lasse, und wenn er nicht ein Mal ein Beispiel der Strenge aufstelle; aber er büßte es nicht ein, und wurde vielmehr von jedermann in der Gegend verehrt und geliebt. Seine Hausgenossen selber, wenn er lächelnd einen Fehler verwies und mit Gründen in denselben einging, nahmen sich in acht, daß sie in Zukunft diesen Fehler nicht mehr machten. Freilich machten sie dafür einen andern. Er war aber auch zuweilen in Fällen, wo es sein mußte, unbeweglich, und gab nicht nach, wenn man auch mehrere Jahre an ihm Versuche machte. So war es der Fall mit der Sillerbrücke. Kein Mensch kann eigentlich, wie es niemand so weiß wie ich, der ich zu meinen Kranken auf allen Wegen herum muß, an dem Sillerbruche, wo sie auch aus Nachlässigkeit den Waldsturz mit den so vielen Blöcken und Steinen in das Tal niedergehen ließen, über den reißenden Bach gelangen, der von dem oberen Walde herabgeht, Steine, Gerölle mit führt, Holz und Schlamm wälzt, da ich ihn nach Regen wild und gelb niederhadern sah, als wollte er alles zerreißen und zerschleudern – kein Mensch kann eigentlich hinüber gelangen, wenn nicht in heißen Sommern die Steine meistens trocken liegen und das Waldwässerlein zahm und dunkel zwischen ihnen auf dem schwarzen Moossamt, den es selber macht, dahin geht – und dann sind auch noch solche Ausbrüche, Vertiefungen, Löcher, Knollen, daß kein Rad durchsteigen und sich heraus heben kann. Die vom Gehäng, von Haslung, von Sillerau, von dem oberen Astung, der Meierbacher, die Erlehöfe, der Obrist und ich selber – wir alle nehmen das Holz von dem obern Pufter, und wir nehmen es gerne, weil er unerschöpflich ist, weil dort die schönste Weißbuche steht und in der Wildnis sich der Brennstoff recht kräftigt und stärkt – endlich kömmt es auch ein Sechsteil billiger. Aber wir müssen an dem Sillerbruche damit vorbei fahren und müssen über den Bach kommen. War es nicht in dem Sommer vor drei Jahren eine Qual, wo weithin jenseits die Hölzer geschichtet lagen, manches mühselig durchgeschleppt, manches an bequemern Orten sogar geworfen werden mußte? Der Graf draußen, weil er zur Herstellung der Brücke, die vorlängst zu Grunde gegangen war, seinen Teil durch Herkommen beitragen mußte, bewies den Umwohnern zwei Jahre lang, daß eine Brücke an jener Stelle gar nicht nötig sei, und die Leute glaubten es fast – sie durften ja dann das wenige, was ihnen zum Baue auflag, auch nicht entrichten: aber der Obrist bewies ein Jahr entgegen, daß es ein schreiendes Übel sei, was da bestehe, daß die Leute bei den mühevollen Plagen, mit denen sie größtenteils selber ihr Holz an jener Stelle weiter schaffen, ihre Zeit und ihre Gesundheit verlieren, und daß es eine Schande für die menschliche Vernunft ist, zu sagen, es sei etwas zweckmäßig, was jedem Zwecke Hohn spricht – er fuhr unablässig zu dem Amte, wir, er und ich, standen zusammen, bis wir es zuletzt durchgesetzt hatten. Der Bau wurde aufgetragen, und die Schuldigkeiten waren nach und nach endlich auch alle entrichtet. Da ging der

Obrist her und gab von seinem Gelde so viel, daß man von beiden Seiten Anläufe aufmauern und die Brücke hoch über dem Bache von Stein aufführen konnte. Er läßt jährlich nachschauen und ausbessern, wenn etwas beschädigt ist, und erklärt jährlich dazu, daß es seine Schuldigkeit nicht ist, damit es sich nicht verjähre und auf seinem Haghause als Dienstbarkeit sitzen bleibe.

Da ich von Prag zu Fuße fort ging, weil ich meine Lernzeit, die ich der Heilwissenschaft widmen mußte, zu Ende gebracht hatte, und ein Pergament in dem Ränzlein trug, das mich zum Doktor der hohen Kunst ernannte und mich der Zunft der Heilmänner einverleibte; als ich viele Tage lang sachte durch das schöne Land der Böhmen gegen Mittag ging, von wo mir die Bläue des Waldes immer deutlicher und näher entgegen schimmerte – als ich endlich diesen Wald und die Gegend meiner Heimat erreicht hatte, um mich dort bleibend anzusiedeln und den Menschen Gutes zu tun: da war ich der einzige in dem Walde, der etwas anderes gesehen hatte als eben den Wald – die andern waren da aufgewachsen, und sahen, was sie alle ihre Jugendzeit gesehen hatten. Wer einmal Berge, auf denen die geselligen Bäume wachsen, dann lange dahin ziehende Rücken, dann das bläuliche und dunkle Dämmern der Wände und das Funkeln der Luft darüber lieb gewonnen hat, der geht alle Male wieder gerne in das Gebirge und in die Wälder. Ich kam nicht in die Gegend meiner Heimat zurück, um mich da zu bereichern, sondern um in all diesen Tälern, wo die Bäche rinnen, und auf den Höhen, wo die Tannenzacken gegen die weiße Wolke ragen, zu wirken und denen, die da leben, Wohltaten zu erweisen. Ich war sehr jung. In dem Lande weit herum war kein eigentlicher Arzt, sondern manche Frau, die in verschiedenen Dingen erfahren war, riet Mittel und gab sie den Leuten – mancher Bürger oder Bauer war in den Ruf gekommen und half in verschiedenen Schäden – mancher Krämer kam mit einer Tragbahre und hatte Fläschchen mit Dingen und Säften, die die Leute kauften und in ihren Hausschrank stellten als Mittel für allerlei Fälle, die in den Jahren hinum vorkommen konnten. Mancher, der in eine tiefe und heftige Krankheit verfiel, starb auch in der Einöde der Wälder dahin, wo ihn ein Mann, der Erfahrung hatte, hätte retten können. Als ich zu der grauen Hütte meines Vaters kam, die nicht dort stand, wo mein jetziges Haus sich befindet, das ich zum Schutze gegen die Winde und das Wetter in die sanfte Niederung herabgestellt habe, sondern hoch oben auf dem Hügel, der jetzt hinter dem Garten, den ich anlege, empor steigt, wie es alle die Waldhäuser gewöhnlich sind, die man auf den Hügel hinbaute, wo man zu reuten angefangen hatte, daß sich um sie herum Wiesen und Felder ausbreiten, und sie dann mit den vielen kleinen Fenstern, die in das Holz der Wand gesetzt sind, in dem Sonnenscheine des Waldes weithin leuchten – – als ich in der grauen Hütte angelangt war, auf deren flachem Dache, wie auf den andern, die vielen Steine liegen, sagte ich gleich: »Gott grüße Euch, Vater, seid willkommen, Schwestern, ich werde jetzt immer bei euch bleiben, ihr müsset mir da das Seitenkämmerlein ausräumen, dessen zwei helle Fenster auf den hohen, fernen Wald hinausschauen, da will ich die Sachen hineintun, die in Kisten von Prag kommen, will die Fläschchen aufstellen, werde darin wohnen und die Leute, die krank werden, heilen.«

Der Vater stand seitwärts, und getraute sich nicht, weil er nur ein Kleinhäusler war, der ein Gespann Kühe und etwas Wiesen und Felder hatte, davon er lebte, den Sohn zu begrüßen, der ein Gelehrter geworden war und da heilen wollte, wo niemals ein Doktor oder ein Arzt gesehen worden war. Der Sohn hatte aber einstweilen das

Ränzchen abgeworfen, hatte das Barett und den Knotenstock auf die Bank gelegt, und nahm den Vater an der Hand, legte den Arm um den groben Rock seiner Schulter und küßte ihn auf die Wange, aus der die Spitzen des weißen Bartes stachen, und an der das schlichte, weiße Haupthaar niederhing. Der Vater weinte, und der Sohn tat es schier auch. Dann nahm er die Schwestern, eine nach der andern, und sagte: »Sei mir gegrüßt, Lucia, sei gegrüßt, Katharina, wir bleiben alle beisammen und werden gut leben.«

Dann ging es sogleich an das Ausräumen. Die Schwestern fingen an, die Schreine zu leeren, die da standen, der Vater trug selber manches Frauenkleiderstück, das ihm in die Hände kam, hinaus, der Hirtenbube Thomas, der jetzt mein Pferdeknecht ist, und den der Vater damals hatte, daß er als Bube in der kleinen Wirtschaft helfe, kam auch gegen Abend nach Hause und half mit. Es wurde der große Schrein, der immer seit Menschengedenken in dem Gemache gestanden war und den größten Teil desselben eingenommen hatte, mit dem Beistande des Thomas, des Vaters, der Schwestern und mit meiner eigenen Hülfe hinausgebracht, der Tisch, der in dem größeren Zimmer stand, wurde hereingestellt, daß ich darauf schreiben könnte, der Vater wollte sich derweil, bis ein neuer verfertigt würde, mit einem anderen zum Essen behelfen, der bisher immer in dem Vorhause gestanden war und zusammen zu fallen drohte – ein Kästchen, das in der großen Stube bisher gedient hatte, daß Nägel, Bohrer und dergleichen darin lagen, wurde in das Gemach gestellt, damit ich meine Fläschchen mit den Arzneien, wenn sie ankämen, hinein tun könnte – Lucia hatte unterdessen auch ein Weib aus den unteren Häusern herauf geholt, und man fing an, den Fußboden zu waschen und zu scheuern. – – Mitten unter diesem Getreibe wurde ich zu meinem ersten Kranken gerufen. Der

Knecht des Meilhauer lag schon mehrere Tage darnieder, und alles, was ihm die Hausleute und die Bekannten rieten, hatte nicht helfen wollen. Man hatte gehört, daß ich heute nachmittag gekommen sei, und schickte einen Boten herauf, daß ich kommen und helfen möchte. Ich machte mich auf und ging den Weg, der gar nicht kurz ist, durch den Wald, durch den Thaugrund, durch die Weidebrüche und die ebenen Felder hinunter. Es brannten schon die Lichter, als ich anlangte. Der Mann, der im Bette lag, hatte ein Fieber, das er durch starke Verkühlungen sich zugezogen hatte. Ich konnte nicht wirksam eingehen, weil ich meine Notwendigkeiten, die mir dienen sollten, noch nicht hatte, aber ich tat mit Wasser, mit Umschlägen, mit Wärme- und Kälteverhältnissen und mit Vorschrift für die Nahrung alles, was ich tun konnte. Die Menschen standen alle herum und schauten mich an, weil sie noch nie einen Arzt gesehen hatten. Da der helle Sternenschein an dem Himmel stand und ganz leichte Nebel um die Gründe woben, ging ich nach Hause. Über die frischen Höhen hin stand die feuchte Nachtluft des Waldes, die ich schon wieder entwöhnt war, weil in der Stadt eine trockene und staubige geherrscht hatte. Sonst war es aber warm genug; denn die Zeit ging noch kaum gegen Anfang des Herbstes.

Da ich wieder in unsere Hütte kam, brannte ebenfalls auf der Leuchte ein lustiges Feuer, welches die ganze große Stube taghell erleuchtete. Als ich eintrat, wurde eine Kerze angezündet. Katharina führte mich, da sie dieselbe trug, in mein Zimmer und zeigte mir dessen Einrichtung. Wo der große Kasten gestanden war, war jetzt recht viel Raum, und das Zimmer schien selber viel größer, als es sonst gewesen war. Auf der Stelle des Kastens stand jetzt ein Bett – schneeweiße Tücher waren über dasselbe gespannt, und es harrte auf mich, um in der Nacht meine ermüdeten Glieder aufzunehmen. Der Tisch, den man mir gegeben, war ebenfalls schneeweiß gescheuert, und auf dem Fußboden knisterte der Sand, den man in der Feuchte einstweilen aufgestreut hatte. Die beiden Fenster waren offen, in dem großen Ofen brannte ein Feuer, damit das ganze Gemach lüfte und trockne. Ich dankte Katharina, sagte, es sei recht schön, und ging wieder in die größere Stube hinaus. Der Vater fragte mich, weil bei uns alle Leute sich kennen und Anteil an einander nehmen, wie es dem Knechte des Meilhauer gehe. Ich sagte, daß das Fieber entzündlich sei, daß ich jetzt noch nicht viel sagen könne, daß ich morgen schon sehen werde, und daß ich hoffe, ihn bald heraus zu bringen.

»Tue das, Sohn,« antwortete der Vater, »tue das.«

Den gebrechlichen Tisch, der in dem Vorhause war, hatte man in die Stube herein gebracht, und er stand mit weißen Tüchern aufgedeckt und mit Tellern und Eßbestecken beladen da. Daß er nicht breche, hatte man an den einen Fuß, der der schlechteste war, einen Stab angebunden, der die Tafel stützte. Nun wurde das Abendmahl aufgetragen, und wir setzten uns alle dazu. Es war sogar eine Flasche Wein da, die der Vater neulich, da er wohl meine Ankunft, aber nicht den Tag wußte, zur Feier derselben nach Hause gebracht hatte, da er auf dem Lande draußen gewesen war. Als das Mahl verzehrt und der Wein getrunken war, begaben wir uns alle zur Ruhe. Die Schwestern hatten rückwärts ein Kämmerlein, das gegen den Garten hinausging, und in dem die zwei Betten standen und ein Kasten, in den sie ihren Putz oder etwa andere Schätze taten, die sie gelegentlich bekamen. Der Bube Thomas ging in das Heu, und der Vater legte sich in das Ehebette, das in der großen Stube stand, und aus dem ihm die Gattin schon längstens, daß ich mich ihrer kaum mehr entsinne, weggestorben war. Ich schloß meine zwei Fenster, schürte im Ofen die noch übrige Glut auseinander, daß es nicht zu warm werde, und bat

Gott, da ich mich zum ersten Male in mein Bett niederlegte, daß er mein hiesiges Wirken segnen wolle.
Am andern Morgen frühe ging ich zu dem Knechte des Meilhauer hinab. Als ich wieder zurück kam, waren an meinem Fenster zwei sehr schöne, weiße Vorhänge, die gestern noch nicht gewesen waren, und die Katharina aus irgendeinem schönen Linnen gemacht hatte. Ich freute mich darüber und dankte ihr sehr. Es warteten bereits wieder viele Leute, die in verschiedenen Dingen meinen Rat und meine Hülfe verlangten. Ich redete recht freundlich mit ihnen und nahm die kleine Gabe, die sie darboten, an. Ich hatte jedes einzeln in mein Gemach kommen lassen, auf dessen Tische noch nicht einmal ein einziges Blatt Papier lag, sondern nur mein Stock und mein Barett. Der Vater hatte viele Freude und ging mit einem sonnenscheinhellen Gesichte in dem Hause herum. Bei den Schwestern schien es auch, als hätten sie schönere Gewänder an, als ich es sonst an ihnen zu sehen gewohnt war. Nachmittag bestellte ich bei dem Schreiner, der nicht weit von uns wohnte, einen Tisch, das erste, was ich aus meinem Erwerbe anschaffen und aufbauen lassen wollte: dann ging ich zu jenen Kranken, die Vormittag nicht zu mir hatten kommen können, sondern nur die Bitte geschickt hatten, daß ich sie besuchen möchte.
So ging es nun fort. Nach einigen Tagen kamen die Kisten, die ich in Prag mit Dingen meines Berufes gefüllt und einem Fuhrmanne empfohlen hatte. Ich packte sie aus und richtete mein Zimmer damit ein. Es war recht schön; die Fläschchen standen in dem Kästchen, und auch außer demselben auf dem Tische herum – die anderen Sachen kamen in Laden des Kastens oder des Tisches, bis der Arzneischrein fertig wäre, den ich mir wollte machen lassen, und zu dem ich schon die Zeichnungen angefangen hatte. Die Bücher wurden außen auf dem Kasten aufgestellt, und auf den Tisch wurde Papier zum Schreiben

getan und Tinte und Federn, daß ich mir aufzeichnen konnte, was ich jedem Kranken gegeben habe und wie ich bisher mit ihm verfahren sei, daß ich nicht irre und Unheil anrichte. Nachmittag schien die Sonne recht freundlich in das Gemach, ich zog die Vorhänge zu, wenn ich nach Hause kam, und dann war es dämmerig und lieb um alle Dinge, weil weiße Vorhänge das Licht nicht brechen, sondern bloß milder machen; nur daß doch hie und da ein Sonnenstrahl hereinbrach und einen Blitz auf den weißen Boden legte. Die Zimmerwände waren zwar nur von Holz, aber sie waren nach innen sehr gut gefügt und an einigen Stellen mit Schnitzwerk versehen. Gegen hinten zu war eine Bank, die an der Wand und an dem Ofen hin lief, und alles war recht reinlich und klar. Auch die äußere Stube und die andern Räume der Hütte hielten die Schwestern viel reiner, als das alles sonst gewesen war. Das Holz um die Hütte herum, das schon im Sommer für das Bedürfnis des Winters nach und nach gesammelt wurde, war immer sehr genau geschlichtet, und die Gasse war alle Tage gekehrt. Lucia, die eine gute Köchin zu sein vermeinte, brachte bessere Gerichte auf den Tisch, zu denen auch ich bereits einen Teil beizutragen im Stande war.

Der Knecht des Meilhauerbauers ist in zwei Wochen gesund geworden, er ist an einem Sonntage zu mir heraufgekommen und hat mir von seinem Lohne ein wenig Geld geben wollen, ich habe es aber nicht angenommen, in Anbetracht, daß er ein Knecht ist.

Damals war es in der Gegend nicht so, wie es jetzt ist, obwohl nur wenige Jahre vergangen sind. Die Veränderungen sind dennoch bedeutend gewesen. Es mochte sich einst ein großer, undurchdringlicher Wald über alle die Berge und Täler ausgebreitet haben, die jetzt meine Heimat sind. Nach und nach hat sich die eine und andere Stelle gelichtet, je nachdem entweder ein mächtiger

Kriegsfürst oder anderer Herr große Stücke Eigentum in dem Walde erhalten und Leute hin geschickt hat, daß sie an Stellen, die sehr bequem lagen, Holz fällen und aufschlichten sollen, damit er aus seinem Besitze Nutzen ziehe – oder ein armer Mann um weniges Geld in der Wildnis sich einen Platz gekauft hat, den er reutete, auf dem er sich anbaute, und von dem er lebte, – oder ein Teerbrenner, ein Pechhändler die Erlaubnis erhielt, an abgelegenen Orten, die sich kaum durch Jagd oder sonst etwas nutzbar machen konnten, seine Beschäftigung zu treiben, wo er sich dann anbaute und verblieb, – oder einem Wildschützen, einem Wanderer, einem Vertriebenen ein Plätzchen gefiel, an dem er sich ansiedelte, und von dem aus er wirkte. Es soll auch einen Mann gegeben haben, der eine Wünschelrute besaß, mit der er Metalle und Wasser in der Erde entdecken konnte; er ist aber sehr arm geblieben, und nachdem sie ihn draußen hatten steinigen wollen, ist er in die fernste Tiefe des Waldes entflohen. Von ihm soll sich der Anfang der oberen Brentenhäuser herschreiben. Alle diese, die sich an vereinzelten Stellen des Waldes befanden, oder wenigstens viele von ihnen hatten Nachkommen, die sich nicht weit von den Eltern ansässig machten, und so mag es gekommen sein, daß die verschiedenen Häuser oder Orte, die an den einzelnen Hügeln des Waldes zerstreut liegen, entstanden sind. Es wird wohl ein jeder, der sich eine Hütte baute, die tieferen Orte des Waldes, die feucht und dumpfig sind, gemieden und sich einen höhern, luftigen ausgesucht haben. Dort lichtete er den Wald um die Hütte, legte sich eine Wiese an, davon er ein paar Rinder nährte, ließ seine Ziegen und Lämmer in das Gesträuche des Waldes gehen, und machte sich wohl auch ein Feld und ein Gärtchen, das er bearbeitete. Daher kam es, daß jetzt so gerne die Waldhäuser, schier jedes allein, auf einem Hügel liegen, und von Hügel zu Hügel, von grünem Abhange zu Abhange auf einander hinüber grüßen. Sie sind alle aus Holz gebaut und haben flache Bretterdächer, auf denen die großen, grauen Steine liegen. Wenn man auf einem Berge steht, sieht man die Fenster dieser Häuser glänzen, und wenn man tief in den Wald zurückgeht und auf einen Kamm steigt, von dem man die Häuser nicht mehr sehen kann, so steigen von verschiedenen Stellen aus der Dämmerfarbe des Waldes Rauchsäulen auf, die ihre Lage bezeichnen. So eine Hütte war auch die meines Vaters, sie lag ziemlich weit von dem Dunkel der Tannen, gute Wiesen gingen gegen sie her, und von ihr streckte sich ein grüner Hang hinab, der sehr feucht war, aber mit einem Grün prangte, das den Schein des Smaragdsteines erreichte. Hinter der Hütte war ein Garten, in welchem Gemüse wuchsen und sogar einige Blumen gezogen wurden. Während ich in Prag war, hatte der Vater auch auf dem trockenen Grunde ein Feld bereitet, das der Bube Thomas mit Hülfe der Schwestern besorgte.

So war es genau noch, als ich nach der Beendigung meiner Wissenschaften in meine Heimat zurückkehrte. Von dem hinteren hohen Walde, der noch in der ursprünglichen Schönheit und Unentworrenheit prangte, ging ein angenehmer Waldwinkel herum, es blickte schon hie und da ein hellgrüner Fleck, und wenn Ernte war, ein goldener aus der finstern Farbe des Waldes hervor, die Flecke wurden immer mehr, je weiter man gegen das Land hinaus kam, bis endlich, wo es ebener wurde, wallende Felder gingen, mancher Kirchturm schimmerte und glänzte, und sich nur schmale Streifen vom Gehölze dahin zogen. In dem Waldwinkel, weil er sich sehr günstig bog und sich gegen die Sonne lehnte, war es im Sommer sehr warm, ja oft heißer, als man es sich denken kann, aber im Winter auch sehr kalt, es war hoher Schnee und ein Gestöber, wie man es sich ebenfalls nicht zu denken ver-

mag. In jedem Tale und in jeder Krümme des Waldlandes zog und rauschte ein Bächlein, und floß zwischen den Gebüschen, die in dem Talgrunde und in den Rinnen standen, wie warme, feuchte Waldluft, bis draußen, wo die Getreide begannen, breite Bäche flossen, ein Fluß wandelte und eine trockne Luft über die Felder und die Häuser der Menschen ging. Die Waldbewohner nannten jenen fruchtbaren Strich nur immer das ›Land draußen‹.
Da ich, um mein Amt auszuüben, nach Hause kam, hatte sich der Anbau der Felder schon viel näher und unterbrechender in die Wälder herein gezogen, allein in der Gegend, wo das Haus meines Vaters lag, breitete sich noch immer viel weiter das Dunkel und Dämmer des Waldes aus, als der Schimmer und der Glanz des Getreides.
Aber etwas anderes hatte sich verbessert, dessen Nutzen ich sehr bald, als ich mich in der Gegend aufhielt, empfinden lernte. Es waren, da ich als Knabe fortzog, schier keine anderen Wege als nur Fußwege durch die Gehölze und auf den Höhen herum. Wo man fahren konnte, hatte sich der Weg nur durch Gewohnheit gebildet, indem man nämlich die Gründe, wo ein Wagen gehen konnte, benützte, und sich so die Gleise bildeten, auf denen dann in der Zukunft die Wägen sich folgten. Aber da der Boden der Gleise ungleich dicht war, entstanden Gruben und Vertiefungen, welche das Fahren zu einer schweren Arbeit machten, wenn man Holz oder etwas anderes nach Hause zu schaffen hatte. Daß man sich auf einen Wagen setzen und sich auf demselben fortfahren lassen könne, bloß zu dem Behufe, daß man nicht gehen dürfe, davon hatten die Waldbewohner keinen Begriff. Es wäre auch beschwerlicher und viel langsamer gewesen als das Gehen; sie setzten sich nur auf einen Wagen, wenn derselbe zufällig leer war, um etwas fuhr, und hauptsächlich auf einem schmalen, von Gestrüpp begrenzten und

morastigen Wege ging, daß man nicht an seiner Seite her gehen konnte. Dann saß derjenige, der das Gespann lenkte, fast stehend auf dem obersten Rande der Leiter oder des Brettes, das den Wagen schloß, und ließ sich hin und her wiegen, wenn die Räder in Gruben nieder gingen oder aus denselben empor stiegen. Die Bewohner der Ebene aber hatten in der Zeit, durch das Beispiel und die Belehrungen eines Mannes angeregt, der unter ihnen große Besitzungen hatte, angefangen, ganz ordentliche Straßen zu bauen, wie man sie immer in den Ländern sieht, wo die Fuhrleute fahren und die Waren gehen. Sie bauten diese Straßen nicht etwa bloß von Ort zu Ort, sondern, da sie den Nutzen derselben einsehen lernten, selbst in die Felder und wo überhaupt öfter ein beladener Wagen zu gehen hat. Die Schönheit dieses Dinges lenkte die Augen auf sich. Die Waldleute, da sie öfter hinauskamen und sahen, wie die Wägen auf den breiten, festen und fast gewölbten Fahrbahnen dahin rollten, als ob die Tiere ledig gingen, freuten sich darüber, und bauten zwar im Gebirge keine Straßen, weil sie sagten, das geht bei uns nicht, aber sie warfen doch in die Gruben ihrer Wege Steine, ebneten die Oberfläche, räumten manches Gestrüppe weg, daß neben den Gleisen ein Fußweg wurde, und konnten den Morast auf ihren Wegen nicht mehr leiden, oder daß sich irgendein Bach eine Strecke des Weges zum Rinnsale erkor. Da sie bald sahen, welche große Beschwerde im Fahren sie dadurch beseitigten, und welche Mühsal nun aufgehört habe, da sie auch bald merkten, welche Ersparung an Zeit, Zugvieh und Wagengeschirr eingetreten war: blieben sie bei der einmal angefangenen Weise, und besserten immer auch die kleinste schadhafte Stelle, die sich zeigte, sogleich wieder aus. Ich hatte eine große Freude, wenn ich so meines Weges zu einem Menschen ging, der sehnsüchtig nach mir verlangte, und mir ein Landmann begegnete, der einige

Steine auf seinem leeren Wagen hatte, mit dem er von dem Felde nach Hause fuhr, welche Steine er auf dem Felde oder auf dem steinigten Raine desselben aufgeladen hatte, damit er sie in irgendeine Vertiefung werfe, die er auf dem Wege bemerkt hatte. Ich sah auch schon den langstieligen Hammer, den er mit führte, daß er die größeren, die sich nicht fügen wollten, zerschlage und damit die kleineren Unebenheiten verquicke. Durch diese Reinlichkeit in ihren Wegen und durch den strengeren Sinn, der sich nunmehr dafür kund gab, wurden sie aber auch weiter geführt. Mancher fing an, sein Haus und dessen Umgebungen reiner zu halten als sonst, hie und da entstand eine steinerne, weißgetünchte Wand statt der früheren hölzernen, an Sonntagen zeigten sich manche nettere und schmuckere Gewänder, und wenn die Zither klang, so wurden zwar keine neuen Weisen, denn diese blieben in Jahrhunderten fort immer dieselben, aber die alten wurden lieblicher und freundlicher gespielt.

In diesem Zustande fand ich die Dinge, als ich in meiner Heimat ankam, um meine Tätigkeit zu beginnen. Es kamen immer mehr Leute, die von mir Rat und Hülfe verlangten. Ich sprach mit allen sehr freundlich, und wenn ich auf meinen vielen Gängen vor manchem Hause oder mancher Hütte vorbei kam, wo ich bekannt war, entweder noch von meiner Kinderzeit her, oder weil ich ihnen jetzt schon einen Dienst zu leisten im Stande gewesen war, ging ich hinein und redete mit ihnen entweder von ihren eigenen Angelegenheiten, oder von andern verschiedenen Dingen. Oftmal saß ich in der Abendsonne auf der Bank vor einem Hause, und sprach oder spielte mit den Kindern, und ging dann, wenn der Himmel recht schön golden war, von den vielen Bäumen begrüßt und von dem langsamen Sausen der Föhrennadeln begleitet, durch den Kirmwald nach Hause. Die Gebirgsbewohner sind sehr verständig, und meistens sind sie auch heitere, umgangswürdige Leute. Ich war wohl noch sehr jung, fast bei weitem zu jung für einen Arzt: aber sie hatten als zu einem Landeskinde Zutrauen zu mir und fragten mich zuweilen auch bei anderen Dingen als bei Krankheiten um Rat.

Ich gewann die Gegend allgemach immer lieber, und wie ich mich früher manchmal aus der Stadt in den Wald gesehnt hatte, so war es auch jetzt wieder gut, wenn ich von Pirling, was doch nicht gar weit ist, oder von Gurfeld, von Rohren, von Tanberg, wohin ich öfter gerufen wurde, nach Hause fuhr und das Grün der Tannen wieder von den Höhen herab grüßte, manches Bächlein, das zwischen den Waldklemmen ging, mir rauschend entgegen sprang, mancher Birkenstamm von den Bergen leuchtete, mancher dorrende Holzklotz am Wege lag, weil man hier nicht besonders darauf zu achten hat, und manche Baumversammlung sich immer dichter folgend an dem Wege stand, die wehenden Äste oberhalb hinüber streckend und unten an einem Stamme irgendein Bildchen enthaltend. Wenn ich von den schönen, fast gerade laufenden Straßen der Ebene hereinkam, war es mir wie ein gutes Heimatgefühl und tat mir beinahe wohl, wenn sie abbrachen und unsere schmalen, krummen, hin und her gehenden Wege anfingen, auf denen man langsamer fahren mußte.

Weil ich gleich in dem ersten Herbste zu sehr vielen Leuten gerufen wurde, die weit auseinanderlagen, daß ich es mit Gehen nicht erzwingen konnte, und weil die Fuhrwerke in den Bergen nicht zu haben sind, oder selber auf den Feldern zu tun haben, oder zu meinem Zwecke nicht taugten, kaufte ich mir selber ein Pferd, ließ in Pirling ein Wägelchen machen, und gedachte, mich in Zukunft dieser Dinge zu bedienen. Ich hatte noch im späten Herbste, da die Erde schon gefroren war, angefangen, an unsere Hütte noch einen schönen Stall aus guter doppelter Bretterverschalung bauen zu lassen, deren Zwischenraum ich zuerst mit Moos ausfüllte. Hinten wurde auch noch ein kleines Hüttchen aufgeführt, darin das Wägelchen stand und noch ein schmaler Schlitten Platz hatte, den ich ebenfalls zu bauen im Begriffe war. Der Wirt am Rothberge hatte einen Goldfuchs. – Wie gerne war ich oft dort gesessen, wo der rötliche Stein aus der Erde hervorgeht, der Bach mit lebendigem Lärmen zwischen den Bergen herausrauscht, und drüben das Haus mit den vielen Fenstern herüberschaut, wenn ich müde von dem vielen Herumgehen in den Krümmungen der Waldgräben herauskam, den Stock und das Barett neben mir an den Stein legte, um mich auf einen ersehnten Trunk abzukühlen und mir die stattliche und behagliche Wirtschaft zu betrachten. Die Brettersäge kreischte hinten in dem Tale, der Bach sprudelte schneeweiß zwischen den schwarzen Waldsteinen hervor, der Platz vor dem Wirtshause war so geräumig, mehrere Bänke liefen an der Wand hin, und Leute gingen in dem Hause aus und ein, um Geschäfte zu tun. Wie oft lag der glänzendste Sonnenschein auf der Wirtsgasse, an der der schönste Fahrweg des Waldes vorbeiging, und beleuchtete die vielen Fenster, die auf den Weg hinaus schauten. Wie oft aber stand auch die Sonne schon tief, machte die Holzverzierungen an dem Wirtshause, die Bänke und die Ranken, die an der Wand hinauf gingen, rot, und legte sich schief gegen den Waldrücken hinüber, daß er einen langen Schatten auf den Rothberg warf, an dem sich die Waldhäuser wie graue Punkte hinunter zogen. Dann ging ich, wenn ich mir alles betrachtet hatte, wenn die Hitze des Körpers vergangen war, und wenn die müden Füße ein wenig erquickt waren, über den Steg, trat auf die Gasse des Wirtshauses und trank mein Glas, das man mir heraus gebracht hatte, denn gewöhnlich sah man mich auf meinem Stein schon sitzen und richtete das, was ich brauchte, zurecht. Dann redete ich ein wenig mit Martin, dem Wirte, wenn er nicht etwa zufällig abwesend war, oder mit einem Gaste, oder mit sonst jemanden aus dem Hause. Wenn Sonntag war und die Nachmittagsgäste die Gasse füllten, saß Josepha, die Tochter des Wirtes, gerne auf dem Wiesenhange hinten, wo ein kleines Hügelchen ist, auf dem ein Apfelbaum steht, und ein Hüttchen, Tischchen und Bänklein ist, und spielte die Zither. Sie spielte sehr gut. Gewöhnlich standen ein paar Mädchen aus der Nachbarschaft bei ihr, und es trödelten ein paar Kinder zu ihren Füßen. Des Abends, manchmal auch in ganz finsterer Nacht, manchmal im Nachmittage, wenn es noch heiß war, ging ich dann an dem Buchenbestande durch das Tal des Haidgrabens zum Waldhange hinauf, wo unser Häuschen stand. – Wir redeten öfter, nämlich Martin und ich, daß es auf die Länge der Zeit nicht so dauern könne, wenn ich auf allen Wegen, die mich zu meinen Kranken führen, zu Fuße gehen sollte, daß die Mühsal endlich zu groß werde, ja daß sie immer wachse, wenn meine Arbeit sich ausdehne und Leute in allen Richtungen um Beistand verlangen. Es ist auch eine strenge Pflicht, daß man ihnen den Beistand leiste, und wenn man zu Fuße geht, kann man nicht so viel des Tags verrichten, als etwa not täte, und wenn die Hülfe schleunig geleistet werden solle, kann man leicht später kommen, als sie noch fruchtet. Er sagte öfter, ich solle mir ein Wägelchen und ein Pferd anschaffen, und in den Wegen, wo es leicht gehe, fahren; es blieben noch genug Pfade übrig, die ich doch zuletzt zu Fuße wandeln oder erklimmen müsse. Ich antwortete ihm darauf, daß ich in unserer Hütte noch keinen Platz habe, um ein Pferd und ein Wägelchen unterbringen zu können, und daß ich daher noch eine Weile warten müsse. Aber mit der Zeit, setzte ich hinzu, wenn mich Gott segnet und die Leute mir vertrauen, werde ich es schon tun, und es ist meine

Schuldigkeit, daß ich es tue, damit ich in größerer Entfernung und schleuniger wirken könne.

»Ach unser Doktor«, sagte der Josikrämer, der einmal zufällig bei einem solchen Gespräche zugegen war, »geht schon noch eine Weile, er ist jung und gerüstet. Wenn ich mit meinem Packe auf allen Wegen bin, so sehe ich ihn auch, wie er durch den Wald oder in den Feldern geht und seinen Stock in den Sand stößt.«

»Ja, das Gehen durch Wald und Feld ist schön,« antwortete ich, »man kann nicht begreifen, wenn man in einer Stadt ist, daß es dort Leute gibt, die immer in der Stube sitzen, oder durch ihren Beruf in einem Laden oder Gewölbe gehalten werden, und nur des Abends unter ein paar schlechte Bäume gehen, und sagen, daß sie sich da erholen und Luft genießen. Aber wenn man von der Hast getrieben wird, wie etwa ein Mittel, das man gab, gewirkt haben mag, wenn man nicht weiß, wie viel schlechter der wird, der einen rufen ließ, derweil man durch Wald und Feld geht, und wenn noch einer wartet, der weit drüben, jenseits der entgegengesetzt liegenden Höhen wohnt, und wenn man nach Hause kömmt, einen weglassen mußte, der doch auch vielleicht heute gehofft hatte, daß man komme, und wenn man denkt: hast du auch alles recht gemacht, du mußt gleich in den Büchern nachsehen; dann ist das Gehen zuweilen doch sauer, und ein ermüdeter Körper ist auch nicht so verständig, als ein ausgeruhter und rüstiger. Aber es tut nichts, es tut nichts, es geht schon noch eine Weile, wie Ihr gesagt habt, ich werde nicht müde – und oft ist ja ein Stein, ein umgestürzter Baumstrunk, ein Blick über alle die blauen Wälder in Weite und Breite – und dann geht es schon wieder. Wißt Ihr, Josi, wie wir selber einmal bei einander gesessen sind, Ihr mit Eurem Packe, und wie Ihr mir erzählt habt? Auch ist ja der Drang nicht immer gleich stark. Vor zwei Wochen war die Gesundheit so gesegnet, daß ich eine Freude hatte, es blühte alles rund herum, daß ich Zeit hatte, an Dingen, die ich machen lassen wollte, zu zeichnen, daß ich, wo sie schon etwas arbeiteten, dabei stehen und zuschauen konnte, ferner, daß ich an Gehen so Not litt, daß ich mehrere Stunden lang spazieren ging, am öftersten hinauf in das Eichenhag, wißt Ihr, wo die gar so schönen Stämme stehen, ich glaube, die schönsten in unserer ganzen Gegend. – Am Rande des Hages wäre ein Platz zu einer Ansiedlung, der ausgezeichnetste Platz, wenn man die Fenster gegen die Felder hinab richtete, wo jetzt der Meierbacher reuten läßt, und gegen den Waldhang, wo unser Haus ist, und weiter weg gegen die Felder, die jenseits unseres Hauses am Mitterwege gegen die Dürrschnäbel und den Kirmwald hinauf gehen.«

So sprach ich damals im allgemeinen, und die Männer gaben mir ungefähr recht.

Den Goldfuchs, welchen der Rothberger Wirt hatte, kannte ich sehr wohl. Ich war in der ersten Zeit einige Male mit ihm gefahren, und später, da sich meine Tätigkeit ausbreitete, und wenn mich größere Entfernungen verlangten, hatte ich den Buben Thomas hinabschicken müssen, daß der Vetter Martin den Fuchs in Bereitschaft hielte. Wir nannten ihn immer Vetter, weil er wohl ein Verwandter von uns war, aber in solcher Entfernung, daß dieselbe niemand mehr angeben konnte. Mein Vater war immer erfreut, wenn ihn der Wirt Vetter nannte, und jetzt schien es mir, daß der Wirt es nicht ungern sehe, wenn ich ihn mit Vetter anredete.

Als der kleine Stall fertig war, den ich im Herbste zu bauen angefangen hatte, ging ich zu Vetter Martin hinab und redete mit ihm, ob er mir den Goldfuchs zu kaufen überlassen wolle. Da er gerade nichts dagegen hatte und wir über den Preis einig geworden waren, wurde der Fuchs samt allem Geschirre, das zu ihm gehörte, von einem Knechte sogleich in den Waldhang in den neuen Stall hinauf geführt. In kurzer Frist darauf kam auch das Wägelchen aus Pirling in die Hütte, die dafür an unser Häuschen angebaut worden war, und so hatte ich nun Wagen und Pferd, mit denen ich jetzt selber und ganz allein in den Gebirgswegen herum fuhr, deren Verbesserung ich erst jetzt recht erkannte. Den Wagen richtete ich so ein, daß ich meine Bücher, meine Werkzeuge und selbst andere Dinge, die ich etwa brauchte, darin unterbringen konnte. Mitten darin saß ich und fuhr. Da der Schnee erschien und sich in den Wegen hielt, wurde der Schlitten hergerichtet. Wie oft, wenn ich in dem ersten Winter nach Hause kam, wenn ein rechtes Gestöber war und den Schnee, hoch wie Häuser, in den Waldlehnen zusammenjagte, oder wenn eine große Kälte war und die Sterne so scharf am Himmel standen, als wäre ihr Glanz selber fest zusammen gefroren, stand schon der Bube Thomas, wenn er meine Schellen hörte, vor der Tür der Hütte, und nahm mir das Pferd ab, den guten Fuchs, um es erst ein wenig um die Hütte herum zu führen und dann in den Stall zu tun. Die Schwester Katharina nahm mir, wenn ich in die Stube trat, in der der hellste Glanz von der lodernden Leuchte her herrschte und die sanfteste Wärme von dem Ofen ging, den Pelz ab, in dem Eis oder Schnee hing, zündete Kerzen an und führte mich in mein Zimmer, in dessen Ofen auch die Tannenscheite krachten, oder ein nachgelegter Buchenstock langsam in wärmeverbreitende Glut zerfiel. Ich hatte nämlich in den Ofen von innen eine große Tür brechen lassen, und damit ich das Feuer sähe, das ich so liebe, dieselbe mit einem feinen Metallgitter zu schließen eingerichtet. Lucia kochte, und der Vater ging in dem knarrenden Schnee um die Hütte herum in die Wagenlaube, und brachte die Sachen herein, die in den Schlitten gepackt gewesen waren. Ich tat die Kleider ab,

legte ein bequemes Hausgewand an, und saß unter den Meinen.
Meine Wirksamkeit breitete sich immer mehr und mehr aus. Ich nahm die kleinen Gaben, welche die Leute geben konnten, an; von den Armen nahm ich gar nichts, außer es war irgendein Kleines, von dem ich wußte, daß es ihnen nicht abgehe, und daß die Zurückweisung sie kränken würde. Von den Reichen forderte ich mehr: und wie unbemerkt die Dinge flossen, so war doch Gottes Segen dabei, und die Wohlhabenheit mehrte sich immer mehr.
Im Frühlinge konnte ich schon von Allerb ein gutes Stück Grund und Feld kaufen, das unter unserer Hütte lag, und wenn man von dem Hange hinab kömmt, recht schön eben fort läuft. Weil es dort unten viel wärmer und von Winden gesicherter ist, weil der Boden nach oben sich hin breitet, und lieblich hie und da manche Bäume stehen, wollte ich ein Haus dahin bauen, in welchem ich alle meine Lebenszeit zu wohnen beschloß. Ich hatte den ganzen Winter daran gezeichnet, um mein Vorhaben recht klar und reinlich darzustellen und es dem Baumeister begreiflich machen zu können. Ich konnte ebenfalls im Frühjahre den Bau schon ein wenig beginnen, in so ferne die Räume bestimmt und Baubedürfnisse herbeigeschafft wurden. Ich wollte dem Vater und den Schwestern mehrere recht schöne Stübchen herrichten lassen.
Der Gregordubs hatte zwei Füllen, welche im Alter nur um wenige Tage verschieden waren, und welche so gleichmäßig schwarz waren, daß keines auch nicht ein einziges weißes Härchen besaß. Freilich war die Farbe in der noch etwas vorherrschenden Wolle noch nicht anders als dunkel graubraun, aber sie zeigten, daß sie glänzend schwarze Pferde werden würden. Ich kaufte ihm die Füllen ab, und wollte sie mir recht vorzüglich für meine Zukunft erziehen. Ich nahm außer dem Buben Thomas noch einen

Gehülfen für ihn auf, und beide mußten mir auf die Füllen sehen, aber die Ernährung und das sonstige Verfahren mit ihnen befahl ich selber an. Für den Sommer wurde noch ein Notstall für sie erbaut, und für den Winter würde ich schon sehen, was zu tun sei.

Der Bau konnte im Sommer schon sehr gefördert werden. Ich wollte im Zusammenhange mit dem ganzen Plane doch zuerst eine Stube für mich vollständig fertig haben, daß ich noch im Winter darin wohnen könnte, dann einen Stall, worin zuerst die drei Pferde in Sicherheit wären, eine Hütte für Wagen und Schlitten, und dann jene Räume, die zu diesen Dingen noch notwendig wären.

Die Einrichtung war im Herbste schon fertig.

Aber ehe der Winter einbrach, starb der Vater und starben die zwei Schwestern. Ich hatte ihnen nicht helfen können, wie sehr ich gewollt. Die gute Katharina war die letzte gewesen.

Die Hütte stand nun allein. Ich konnte sie nicht ansehen und die Schwelle nicht überschreiten.

Obwohl ich wußte, daß die Mauern noch feucht waren, und obwohl ich wußte, daß die feuchten Mauern schädlich sein können, ließ ich doch alle meine Sachen von der Hütte in die fertige Stube herab bringen, um da zu wohnen. Ich ließ die drei Pferde in den neugebauten Stall führen, der Knecht Thomas mußte mit herab, der andere blieb in der Hütte, um die Kühe zu versorgen, die noch da waren, und das Kalb, welches wir aufzuziehen angefangen hatten. Ich hätte sie verkaufen sollen, man redete mich darum an, aber ich konnte sie nicht weg tun. Ein Weib, welches uns kochen sollte, wurde aufgenommen, und schlief in einem Kämmerlein neben der Notküche. Bei Tage, wenn ich aus war, ließ ich in allen Öfen, die schon zu benützen waren, heizen und dazu die Türen und Fenster öffnen. Des Nachts stellte ich überall, wo jemand schlief, auch in den Stall, ein weites Gefäß, in

welchem Pottasche war, die wir gerade vorher glühend gemacht und wieder abgekühlt hatten, damit sie die feuchten Dünste, die aus der Mauer kamen, einsaugen möchte.
Es ist ein trauriger Winter gewesen. Die Leute in der ganzen Gegend waren recht freundlich und gütig gegen mich, weil ich allein war – und wenn ich nach Hause kam, zündete ich die Kerzen an, und saß in meiner Stube und schaute in die Bücher, oder schrieb ein, was heute notwendig geworden war.
Im Frühjahr fand ich eine Quelle, von der ich dachte, daß sie heilsam sein müsse. Sie enthält Salze, ich versuchte das Wasser und fand, daß Dinge darin seien, welche in den Quellen sind, die man als heilsam bekannt gemacht hatte.
Das Bauen wurde im Frühlinge auch wieder begonnen, da die Fröste die Erde verlassen hatten und nicht zu befürchten war, daß wieder einige kommen könnten. Im Herbste war wieder viel mehr fertig als in dem vorigen, und das bereits früher Fertige konnte besser eingerichtet werden. Es war das Haus, wenn gleich Teile fehlten, welche in meiner Zeichnung auf dem Papiere standen, daß sie nach und nach dazu gefügt werden sollten, doch für unkundige Augen so, als wäre es fertig. Wir führten die drei Kühe – denn das Kalb war unterdessen auch eine geworden – von der Hütte herab und nahmen Geräte, die notwendig oder im brauchbaren Zustande waren, mit. Der Knecht, der das Jahr oben gewohnt hatte, kam auch in das Haus herunter.
Da dieses geschehen war, ließ ich die Hütte abbrechen. Von dem Schnitzwerke, das in meiner Kammer gewesen war, ließ ich vieles in meinen Stuben, namentlich in meinem Schreibgemache anbringen; das andere hob ich so auf. Auch manche weitere Dinge, welche mir gefielen, und welche dem Gedächtnisse meiner kindlichen Jahre merkwürdig waren, ließ ich nicht zerbrechen, sondern in

mein Haus tragen und an verschiedenen Orten aufstellen. Da die Kälte des Herbstes kam und die Wiesen von dem weißen, schönen Reife starrten, sah man die Hütte nicht mehr; das Auge ging über den Platz frei weg bis zu dem Walde, der weiter oben anfängt und den weißen Abhang mit seiner schwarzen Farbe schneidet. Nur wer näher gegangen wäre, würde an den Fußtritten, die von denen herrührten, die die Hütte abgetragen hatten, dann an den Verletzungen des Rasens, die er durch das vielfältige Hinwerfen von Balken und Brettern erlitt, und endlich an dem schwarzen Erdflecke, der sich hinbreitete, die Stelle erkannt haben, wo die Hütte gestanden war. Ich hatte die Erde auflockern lassen und warf Grassamen hinein, daß er im künftigen Frühlinge zum Vorschein komme. Die Steine, welche auf dem Dache gelegen waren, und diejenigen, welche den Feuerherd der Küche und der Öfen bildeten, ließ ich zu mir hinab bringen, um sie im nächsten Jahre in meine Gartenmauer einsetzen zu lassen, daß ich sie alle Zukunft vor Augen hätte.

So war also jetzt ein ganz anderer Stand der Dinge, als ich gedacht und so lieb gehofft hatte.

An demselben Herbste bekam ich auch Ursache, mit dem Wasser, welches ich gefunden hatte, zufrieden zu sein. Es kam im Monate Julius der Inbuchsbauer aus dem oberen Astung zu mir herunter; er hatte seinen Buben bei sich, der früher die Füllen des Gregordubs gehütet hatte, und bat mich, ich möchte dem Buben an zwei Tagen in der Woche etwas zu Mittag zu essen geben, die andern Tage hätte er schon bei guten Leuten gefunden, und der untere Beringer habe erlaubt, daß er in seinem Heu schlafen dürfe. Die Keum Anna sei recht schlecht gewesen, ihr Fuß habe sich verschlimmert und große Schmerzen gebracht. Da habe sie aus dem Heilwasser, welches im Grundbühel hervorfließe, getrunken, und habe in demselben Wasser, das sie ihr beim Klum gewärmt hätten, den Fuß gebadet, und sei jetzt ganz gesund. Deswegen habe er auch gemeint, daß er den Gottlieb herabführen müsse, daß er herunten bleibe, von dem Wasser trinke und sich in demselben bade, ob es ihn etwa auch herstellen könne. Ich sah den Buben an, und es war schier kein menschlicher Anblick, welche häßliche Wunden an seinem Halse und an seinem Genicke hervorgebrochen waren. Ich kannte den Fall mit der Keum Anna sehr wohl, und sagte, wie es ganz natürlich war, daß ich dem Buben schon die zwei Tage zu Mittage und aber auch zu Abend zu essen geben werde, und daß ich mich auch schon noch weiter um ihn umschauen wolle. Der Inbuchsbauer ist sehr arm. Er ist nur dem Namen nach ein Bauer, der Tat nach ein armer Waldhäusler in der größten Wirrnis des oberen Astungs, ohne Weib und andere Angehörige. Als er sah, daß sein Bube herunten bleiben konnte, ging er mit Trost nach Hause. Ich nahm den jungen Menschen in meine Stube, fragte ihn aus und untersuchte seinen Körper. Der Ekel ist ein seltsames Ding, und er darf nicht gelten und gilt auch nicht, wo wir einem Menschen helfen können, der auch eine Vernunft hat und seinen Schöpfer verehren kann. Ich wusch mir meine Hände, nahm andere Kleider, und ging an der Siller hinunter spazieren. Durch die Bäume klangen recht heiter die Meißelschläge herein, mit denen die Pfosten zu meinen Türen gehauen wurden. Der Bube nahm das Wasser, wie ich es ihm vorgeschrieben hatte. Nach einer Weile sagte ich: »Was wirst du denn zu den verschiedenen Leuten essen gehen, und wer weiß, was sie dir auch geben, das das Wasser und meine Arzeneien wieder zu Grunde richtet. Komme alle Tage zu mir und esse bei mir.«

Der Bube dankte recht schön, und kam alle Tage zu mir. Er bekam in einem Kämmerlein, das hinter der Küche lag, und das wir bestimmt hatten, wenn einmal noch ein weiblicher Dienstbote mehr in das Haus käme, daß er

dort wohne, ein weiches Tischchen, das der Zimmermann zusammengenagelt hatte, einen weichen Stuhl, und dasjenige zu essen, was ich meinen Leuten vorgeschrieben hatte, daß er bekommen solle. Er besserte sich nun sehr. Gegen den Herbst sagte ich zu ihm: »Es möchte nun bald in dem Heu zu schlafen zu kalt werden, komme ganz zu mir, ich werde dich schon unterbringen.«
Wir hatten Räume genug, die nach und nach fertig geworden waren, und die wir nicht brauchten, weil wir unser so wenig waren. Ich suchte eine Kammer aus, die schon im vorigen Jahre getüncht war. Sie lag, wenn man von dem Tore links über den Hof ging, allein, weil die Stube, die daneben entstehen sollte, die gegen den Garten hinausging, und die ich vorhatte mit schönen Tragebalken und anderer Schnitzerei zu verzieren, noch nicht fertig war, und Blöcke und Bretter und Erdhaufen in derselben herum lagen. Die Haushälterin, die alte Maria, richtete einen Strohsack zurechte, gab anderes Bettzeug, das wir nicht brauchten, dazu, und brachte eine Lagerstätte zu Stande, die recht war. Das Gestelle war aus Brettern, die wir hatten, zusammen geschlagen worden. Seinen Stuhl und Tisch bekam er aus dem Kämmerlein, in dem er bis jetzt gegessen hatte, hinüber. In dieser Stube saß er nun, wenn er nicht in der Gegend, wie ich ihm vorgeschrieben hatte, herum ging. Gegen Michaelis, wo es kalt wurde, sagte ich zu ihm, jetzt müsse er mit dem Gebrauche des Wassers aufhören, und auch sonst werden wir bis zum Frühjahre nichts anwenden. Er war, wie ich meinte, vollkommen hergestellt. Die Verletzungen am Halse und am Genicke waren geschlossen, ohne eine Spur zurück zu lassen, und die Augen waren heiterer und glänzender, und die Wangen röteten sich. Sein Vater war zweimal herunten gewesen. Spät im Herbste, da sie meine väterliche Hütte abtrugen, war er wieder da, und wollte den Buben nach Hause nehmen. Ich aber sagte

ihm, droben im Astung würde sein Sohn wieder allerlei essen, was ihm schädlich sein könnte, er solle auch im Winter bei mir bleiben, wir wollen schon sorgen, er solle von den vielen Spänen und Splittern, die im Sommer hindurch von den Bäumen, die meine Zimmerleute bearbeitet hatten, abgefallen sind, sich so viel sammeln und aufschlichten, als er wolle, damit er sich in dem grünen Öfelein, das in seiner Kammer stehe, einheizen könne. Der Vater nahm es an. Es ist unglaublich, wie sehr mir beide dankten – und oft, wenn ich in späterer Zeit von meinen Geschäften nach Hause kehrte, sah ich den Buben, wie er sich die Späne an der Mauer seiner Stube und hauptsächlich dort aufrichtete, von woher im Winter der Wind und das Gestöber kommen würden. Ich gab ihm später auch noch eine Truhe in seine Kammer, damit er sich die neuen Hemden und die Kleider, die ich ihm hatte machen lassen, aufbewahren könne.

Ich bekam jetzt wieder mehr Leute in mein Haus. Der Bube Thomas pflegte die Pferde, den Fuchs, und die zwei jungen Tiere, die wirklich so schön und glänzend schwarz geworden waren wie Agat, und die, weil sie nicht gerne in dem Stalle blieben, polterten, empor stiegen und Dinge herunter bissen. Die wenigen Stunden, die sie auch im Winter täglich herumgeführt wurden, reichten ihnen doch nicht hin, weil sie im Sommer schier die meiste Zeit im Freien zugebracht hatten. Außer seiner Beschäftigung mit den Pferden arbeitete Thomas noch mancherlei in dem Hause herum. Dann war der Knecht, welcher im vorigen Jahre die Kühe gepflegt hatte. Er grub den ganzen Garten um, der erst hergerichtet wurde, er besorgte mein Holz, nagelte manches an, wenn es irgend wo herunter brach, und tat auch noch andere schwere Arbeit. Die Kühe pflegte er ebenfalls fort. Dann war die Haushälterin Maria, welche die Speisen, die Wäsche, die Kleider, die Zimmerreinigung und dergleichen besorgte, und end-

lich zwei Mägde, und darunter eine, der ich im vorigen Jahre auch in einer Todeskrankheit geholfen hatte.
Wir mußten einen schweren Winter überstehen. So weit die ältesten Menschen zurück denken, war nicht so viel Schnee. Vier Wochen waren wir einmal ganz eingehüllt in ein fortdauerndes graues Gestöber, das oft Wind hatte, oft ein ruhiges, aber dichtes Niederschütten von Flocken war. Die ganze Zeit sahen wir nicht aus. Wenn ich in meinem Zimmer saß und die Kerzen brannten, hörte ich das unablässige Rieseln an den Fenstern, und wenn es licht wurde und die Tageshelle eintrat, sah ich durch meine Fenster nicht auf den Wald hin, der hinter der Hütte stand, die ich hatte abbrechen lassen, sondern es hing die graue, lichte, aber undurchdringliche Schleierwand herab; in meinem Hofe und in der Nähe des Hauses sah ich nur auf die unmittelbarsten Dinge hinab, wenn etwa ein Balken empor stand, der eine Schneehaube hatte und unendlich kurz geworden war, oder wenn ein langer, weißer, wolliger Wall anzeigte, wo meine im Sommer ausgehauenen Bäume lagen, die ich zum weitern Baue verwenden wollte. Als alles vorüber war und wieder der blaue und klare Winterhimmel über der Menge von Weiß stand, hörten wir oft in der Totenstille, die jetzt eintrat, wenn wir an den Hängen hinunter fuhren, in dem Hochwalde oben ein Krachen, wie die Bäume unter ihrer Last zerbrachen und umstürzten. Leute, welche von dem jenseitigen Lande über die Schneide herüber kamen, sagten, daß in den Berggründen, wo sonst die kleinen, klaren Wässer gehen, so viel Schnee liege, daß die Tannen von fünfzig Ellen und darüber nur mit den Wipfeln heraus schauen. Wir konnten nur den leichteren Schlitten brauchen – ich hatte nämlich noch einen machen lassen –, der etwas länger, aber schmäler war als der andere. Er fiel wohl öfter um, aber konnte auch leichter durch die Schluchten, welche die Schneewehen bildeten, durchdringen. Ich

konnte jetzt nicht mehr allein zur Besorgung meiner Geschäfte herum fahren, weil ich mir mit allen meinen Kräften in vielen Fällen allein nicht helfen konnte. Und es waren mehr Kranke, als es in allen sonstigen Zeiten gegeben hatte. Deswegen fuhr jetzt der Thomas immer mit mir, daß wir uns gegenseitig beistünden, wenn der Weg nicht mehr zu finden war, wenn wir den Fuchs aus dem Schnee, in den er sich verfiel, austreten mußten, oder wenn einer, da es irgendwo ganz unmöglich war durch zu dringen, bei dem Pferde bleiben und der andere zurück gehen und Leute holen mußte, damit sie uns helfen. Es wurde nach dem großen Schneefalle auch so kalt, wie man es je kaum erlebt hatte. Auf einer Seite war es gut; denn der tiefe Schnee fror so fest, daß man über Stellen und über Schlünde gehen konnte, wo es sonst unmöglich gewesen wäre; aber auf der andern Seite war es auch schlimm; denn die Menschen, welche viel gingen, ermüdet wurden und unwissend waren, setzten sich nieder, gaben der süßen Ruhe nach, und wurden dann erfroren gefunden, wie sie noch saßen, wie sie sich nieder gesetzt hatten. Vögel fielen von den Bäumen, und wenn man es sah und sogleich einen in die Hand nahm, war er fest wie eine Kugel, die man werfen konnte. Wenn meine jungen Rappen ausgeführt wurden und von einem Baume oder sonst wo eine Schneeflocke auf ihren Rücken fiel, so schmolz dieselbe nicht, wenn sie nach Hause kamen, wie lebendig und tüchtig und voll von Feuer die Tiere auch waren. Erst im Stalle verlor sich das Weiß und Grau von dem Rücken. Wenn sie ausgeführt wurden, sah ich manchmal den jungen Gottlieb mit gehen und hinter den Tieren her bleiben, wenn sie auf verschiedenen Wegen herum geführt wurden, aber es tut nichts, die Kälte wird ihm nichts anhaben, und er ist ja in den guten Pelz gehüllt, den ich ihm aus meinem alten habe machen lassen. Ich ging oft in die Zimmer der Meinigen hinab, und sah, ob alles in der Ordnung sei, ob sie gehörig Holz zum Heizen haben, ob die Wohnung überall gut geborgen sei, daß nicht auf einen, wenn er vielleicht im Bette sei, der Strom einer kalten Luft gehe und er erkranke; ich sah auch nach der Speise; denn bei solcher Kälte ist es nicht einerlei, ob man das oder jenes esse. Dem Gottlieb, der nur mit Spänen heizte, ließ ich von den dichten Buchenstöcken hinüber legen. Im Eichenhage oben soll ein Knall geschehen sein, der seines Gleichen gar nicht hat. Der Knecht des Beringer sagte, daß einer der schönsten Stämme durch die Kälte von unten bis oben gespalten worden sei, er habe ihn selber gesehen. Der Thomas und ich waren in Pelze und Dinge eingehüllt, daß wir zwei Bündeln, kaum aber Menschen gleich sahen. Dieser Winter, von dem wir dachten, daß er uns viel Wasser bringen würde, endigte endlich mit einer Begebenheit, die wunderbar war, und uns leicht die äußerste Gefahr hätte bringen können, wenn sie nicht eben gerade so abgelaufen wäre, wie sie ablief. Nach dem vielen Schneefalle und während der Kälte war es immer schön, es war immer blauer Himmel, morgens rauchte es beim Sonnenaufgange von Glanz und Schnee, und nachts war der Himmel dunkel wie sonst nie, und es standen viel mehr Sterne in ihm als zu allen Zeiten. Dies dauerte lange – aber einmal fiel gegen Mittag die Kälte so schnell ab, daß man die Luft bald warm nennen konnte, die reine Bläue des Himmels trübte sich, von der Mittagseite des Waldes kamen an dem Himmel Wolkenballen, gedunsen und fahlblau, in einem milchigen Nebel schwimmend, wie im Sommer, wenn ein Gewitter kommen soll – ein leichtes Windchen hatte sich schon früher gehoben, daß die Fichten seufzten und Ströme Wassers von ihren Ästen niederflossen. Gegen Abend standen die Wälder, die bisher immer bereift und wie in Zucker eingemacht gewesen waren, bereits ganz schwarz in den Mengen des bleichen und wässerigen

Schnees da. Wir hatten bange Gefühle, und ich sagte dem Thomas, daß sie abwechselnd nachschauen, daß sie die hinteren Tore im Augenmerk halten sollen, und daß er mich wecke, wenn das Wasser zu viel werden sollte. Ich wurde nicht geweckt, und als ich des Morgens die Augen öffnete, war alles anders, als ich es erwartet hatte. Das Windchen hatte aufgehört, es war so stille, daß sich von der Tanne, die ich keine Büchsenschußlänge von meinem Fenster an meinem Sommerbänkchen stehen sah, keine einzige Nadel rührte; die blauen und mitunter bleifarbigen Wolkenballen waren nicht mehr an dem Himmel, der dafür in einem stillen Grau unbeweglich stand, welches Grau an keinem Teile der großen Wölbung mehr oder weniger grau war, und an der dunkeln Öffnung der offen stehenden Tür des Heubodens bemerkte ich, daß feiner, aber dichter Regen niederfalle; allein wie ich auf allen Gegenständen das schillerige Glänzen sah, war es nicht das Lockern oder Sickern des Schnees, der in dem Regen zerfällt, sondern das blasse Glänzen eines Überzuges, der sich über alle die Hügel des Schnees gelegt hatte. Als ich mich angekleidet und meine Suppe gegessen hatte, ging ich in den Hof hinab, wo der Thomas den Schlitten zurecht richtete. Da bemerkte ich, daß bei uns herunten an der Oberfläche des Schnees während der Nacht wieder Kälte eingefallen sei, während es oben in den höheren Teilen des Himmels warm geblieben war; denn der Regen floß fein und dicht hernieder, aber nicht in der Gestalt von Eiskörnern, sondern als reines, fließendes Wasser, das erst an der Oberfläche der Erde gefror und die Dinge mit einem dünnen Schmelze überzog, derlei man in das Innere der Geschirre zu tun pflegt, damit sich die Flüssigkeiten nicht in den Ton ziehen können. Im Hofe zerbrach der Überzug bei den Tritten noch in die feinsten Scherben, es mußte also erst vor Anbruch des Tages zu regnen angefangen haben. Ich tat die Dinge, die ich mitnehmen wollte, in ihre Fächer, die in dem Schlitten angebracht waren, und sagte dem Thomas, er solle doch, ehe wir zum Fortfahren kämen, noch den Fuchs zu dem untern Schmied hinüber führen und nachschauen lassen, ob er scharf genug sei, weil wir heute im Eise fahren müßten. Es war uns so recht, wie es war, und viel lieber, als wenn der unermeßliche Schnee schnell und plötzlich in Wasser verwandelt worden wäre. Dann ging ich wieder in die Stube hinauf, die sie mir viel zu viel geheizt hatten, schrieb einiges auf, und dachte nach, wie ich mir heute die Ordnung einzurichten hätte. Da sah ich auch, wie der Thomas den Fuchs zum untern Schmied hinüber führte. Nach einer Weile, da wir fertig waren, richteten wir uns zum Fortfahren. Ich tat den Regenmantel um und setzte meine breite Filzkappe auf, davon der Regen abrinnen konnte. So machte ich mich in dem Schlitten zurechte und zog das Leder sehr weit herauf. Der Thomas hatte seinen gelben Mantel um die Schultern und saß vor mir in dem Schlitten. Wir fuhren zuerst durch den Thaugrund, und es war an dem Himmel und auf der Erde so stille und einfach grau, wie des Morgens, so daß wir, als wir einmal stille hielten, den Regen durch die Nadeln fallen hören konnten. Der Fuchs hatte die Schellen an dem Schlittengeschirre nicht recht ertragen können und sich öfter daran geschreckt, deshalb tat ich sie schon, als ich nur ein paar Male mit ihm gefahren war, weg. Sie sind auch ein närrisches Klingeln, und mir war es viel lieber, wenn ich so fuhr, manchen Schrei eines Vogels, manchen Waldton zu hören, oder mich meinen Gedanken zu überlassen, als daß ich immer das Tönen in den Ohren hatte, das für die Kinder ist. Heute war es freilich nicht so ruhig, wie manchmal das stumme Fahren des Schlittens im feinen Schnee war, wie im Sande, wo auch die Hufe des Pferdes nicht wahrgenommen werden konnten; denn das Zerbrechen des zar-

ten Eises, wenn das Tier darauf trat, machte ein immerwährendes Geräusch, daher aber das Schweigen, als wir halten mußten, weil der Thomas in dem Riemzeug etwas zurecht zu richten hatte, desto auffallender war. Und der Regen, dessen Rieseln durch die Nadeln man hören konnte, störte die Stille kaum, ja er vermehrte sie. Noch etwas anderes hörten wir später, da wir wieder hielten, was fast lieblich für die Ohren war. Die kleinen Stücke Eises, die sich an die dünnsten Zweige und an das langhaarige Moos der Bäume angehängt hatten, brachen herab, und wir gewahrten hinter uns in dem Walde an verschiedenen Stellen, die bald dort und bald da waren, das zarte Klingen und ein zitterndes Brechen, das gleich wieder stille war. Dann kamen wir aus dem Walde hinaus und fuhren durch die Gegend hin, in der die Felder liegen. Der gelbe Mantel des Thomas glänzte, als wenn er mit Öl übertüncht worden wäre; von der rauhen Decke des Pferdes hingen Silberfranzen hernieder; wie ich zufällig einmal nach meiner Filzkappe griff, weil ich sie unbequem auf dem Haupte empfand, war sie fest, und ich hatte sie wie eine Kriegshaube auf; und der Boden des Weges, der hier breiter und, weil mehr gefahren wurde, fester war, war schon so mit Eise belegt, weil das gestrige Wasser, das in den Gleisen gestanden war, auch gefroren war, daß die Hufe des Fuchses die Decke nicht mehr durchschlagen konnten, und wir unter hallenden Schlägen der Hufeisen und unter Schleudern unseres kleinen Schlittens, wenn die Fläche des Weges ein wenig schief war, fortfahren mußten.
Wir kamen zuerst zu dem Karbauer, der ein krankes Kind hatte. Von dem Hausdache hing ringsum, gleichsam ein Orgelwerk bildend, die Verzierung starrender Zapfen, die lang waren, teils herabbrachen, teils an der Spitze ein Wassertröpfchen hielten, das sie wieder länger und wieder zum Herabbrechen geneigter machte. Als ich

ausstieg, bemerkte ich, daß das Überdach meines Regenmantels, das ich gewöhnlich so über mich und den Schlitten breite, daß ich mich und die Arme darunter rühren könne, in der Tat ein Dach geworden war, das fest um mich stand und beim Aussteigen ein Klingelwerk fallender Zapfen in allen Teilen des Schlittens verursachte. Der Hut des Thomas war fest, sein Mantel krachte, da er abstieg, auseinander, und jede Stange, jedes Holz, jede Schnalle, jedes Teilchen des ganzen Schlittens, wie wir ihn jetzt so ansahen, war in Eis, wie in durchsichtigen, flüssigen Zucker, gehüllt, selbst in den Mähnen, wie tausend bleiche Perlen, hingen die gefrornen Tropfen des Wassers, und zuletzt war es um die Hufhaare des Fuchses wie silberne Borden geheftet.

Ich ging in das Haus. Der Mantel wurde auf den Schragen gehängt, und wie ich die Filzkappe auf den Tisch des Vorhauses legte, war sie wie ein schimmerndes Becken anzuschauen.

Als wir wieder fortfahren wollten, zerschlugen wir das Eis auf unsern Hüten, auf unsern Kleidern, an dem Leder und den Teilen des Schlittens, an dem Riemzeug des Geschirres, und zerrieben es an den Haaren der Mähne und der Hufe des Fuchses. Die Leute des Karbauers halfen uns hiebei. Das Kind war schon schier ganz gesund. Unter dem Obstbaumwalde des Karhauses, den der Bauer sehr liebt und schätzt, und der hinter dem Hause anhebt, lagen unzählige kleine schwarze Zweige auf dem weißen Schnee, und jeder schwarze Zweig war mit einer durchsichtigen Rinde von Eis umhüllt und zeigte neben dem Glanze des Eises die kleine frischgelbe Wunde des Herabbruchs. Die braunen Knösplein der Zweige, die im künftigen Frühlinge Blüten- und Blätterbüschlein werden sollten, blickten durch das Eis hindurch. Wir setzten uns in den Schlitten. Der Regen, die graue Stille und die Einöde des Himmels dauerten fort.

Da wir in der Dubs hinüber fuhren, an der oberen Stelle, wo links das Gehänge ist und an der Schneide der lange Wald hin geht, sahen wir den Wald nicht mehr schwarz, sondern er war gleichsam bereift, wie im Winter, wenn der Schnee in die Nadeln gestreut ist und lange Kälte herrscht; aber der Reif war heute nicht so weiß wie Zukker, dergleichen er sonst ähnlich zu sein pflegt, sondern es war das dumpfe Glänzen und das gleichmäßige Schimmern an allen Orten, wenn es bei trübem Himmel überall naß ist; aber heute war es nicht von der Nässe, sondern von dem unendlichen Eise, das in den Ästen hing. Wir konnten, wenn wir etwas aufwärts und daher langsamer fuhren, das Knistern der brechenden Zweige sogar bis zu uns herab hören, und der Wald erschien, als sei er lebendig geworden. Das blasse Leuchten des Eises auf allen Hügeln des Schnees war rings um uns herum, das Grau des Himmels war beinahe sehr licht, und der Regen dauerte stille fort, gleichmäßig fein und gleichmäßig dicht.
Wir hatten in den letzten Häusern der Dubs etwas zu tun, ich machte die Gänge, da die Orte nicht weit auseinander lagen, zu Fuße, und der Fuchs wurde in den Stall getan, nachdem er wieder von dem Eise, das an ihm rasselte, befreit worden war. Der Schlitten und die Kleider des Thomas mußten ebenfalls ausgelöset werden; die meinigen aber, nämlich der Mantel und die Filzkappe, wurden nur von dem, was bei oberflächlichem Klopfen und Rütteln herabging, erleichtert, das andere aber daran gelassen, da ich doch wieder damit in dem Regen herum gehen mußte und neue Lasten auf mich lud. Ich hatte mehr Kranke, als sie sonst in dieser Jahreszeit zu sein pflegen. Sie waren aber alle ziemlich in der Nähe beisammen, und ich ging von dem einen zu dem andern. An den Zäunen, an den Strunken von Obstbäumen und an den Rändern der Dächer hing unsägliches Eis. An mehreren Planken waren die Zwischenräume verquollen, als

wäre das Ganze in eine Menge eines zähen Stoffes eingehüllt worden, der dann erstarrte. Mancher Busch sah aus wie viele in einander gewundene Kerzen, oder wie lichte, wässerig glänzende Korallen.
Ich hatte dieses Ding nie so gesehen wie heute.
Die Leute schlugen manche der bis ins Unglaubliche herabgewachsenen Zapfen von den Dächern, weil sie sonst, wenn sie gar groß geworden waren, im Herabbrechen Stücke der Schindeln oder Rinnen mit sich auf die Erde nahmen. Da ich in der Dubs herum ging, wo mehrere Häuser um den schönen Platz herum stehen, den sie bilden, sah ich, wie zwei Mägde das Wasser, welches im Tragen hin und her geschwemmt haben würde, in einem Schlitten nach Hause zogen. Zu dem Brunnen, der in der Mitte des Platzes steht, und um dessen Holzgeschlacht herum schon im Winter der Schnee einen Berg gebildet hatte, mußten sie sich mit der Axt Stufen hinein hauen. Sonst gingen die Leute gar nicht aus den Häusern, und wo man doch einen sah, duckte er oben mit dem Haupte vor dem Regen in sein Gewand, und unten griff er mit den Füßen vorsichtig vorwärts, um in der unsäglichen Glätte nicht zu fallen.
Wir mußten wieder fort. Wir fuhren mit dem Fuchs, den wir wieder hatten scharf machen lassen, durch die ebenen Felder hinüber gegen das Eckstück, welches die Siller am höher stehenden Walde einfaßt, und wo mehrere Holzhäuser stehen. Wir hörten, da wir über die Felder fuhren, einen dumpfen Fall; wußten aber nicht recht, was es war. Auf dem Raine sahen wir einen Weidenbaum gleißend stehen, und seine zähen, silbernen Äste hingen herab, wie mit einem Kamme nieder gekämmt. Den Waldring, dem wir entgegen fuhren, sahen wir bereift, aber er warf glänzende Funken und stand wie geglättete Metallstellen von dem lichten, ruhigen, matten Grau des Himmels ab.

Von den Holzhäusern mußten wir wieder zurück über die Felder, aber schief auf dem Wege gegen das Eidun. Die Hufe unseres Pferdes hallten auf der Decke, wie starke Steine, die gegen Metallschilde geworfen werden. Wir aßen bei dem Wirte etwas, weil wir zu spät nach Hause gekommen sein würden, dann, nachdem wir den Schlitten, das Pferd und unsere Kleider wieder frei gemacht hatten, fuhren wir wieder ab, auf dem Wege, der nach meinem Hause führte. Ich hatte nur noch in den letzteren Eidunhäusern etwas zu tun, und dann konnten wir auf dem Wege hinüber fahren, wo im Sommer die Eidunwiesen sind, im Winter aber alle die fahren und gehen, die im Waldhange und oberen Hage Geschäfte haben. Von da konnten wir gegen den Fahrweg einlenken, der durch den Thaugrund und nach Hause führt. Da wir uns auf den Wiesen befanden, über deren Ebene wir jetzt freilich klafterhoch erhoben fuhren, hörten wir wieder denselben dumpfen Fall, wie heute schon einmal, aber wir erkannten ihn wieder nicht, und wußten auch nicht einmal ganz genau, woher wir ihn gehört hatten. Wir waren sehr froh, einmal nach Hause zu kommen; denn der Regen und das Feuchte, das in unserm ganzen Körper steckte, tat uns recht unwohl, auch war die Glätte unangenehm, die allenthalben unnatürlich über Flur und Feld gebreitet war und den Fuß, wenn man ausstieg, zwang, recht vorsichtig auf die Erde zu greifen, woher man, wenn man auch nicht gar viel und gar weit ging, unglaublich ermüdet wurde.
Da wir endlich gegen den Thaugrund kamen und der Wald, der von der Höhe herüber zieht, anfing, gegen unsern Weg herüber zu langen, hörten wir plötzlich in dem Schwarzholze, das auf dem schön emporragenden Felsen steht, ein Geräusch, das sehr seltsam war, und das keiner von uns je vernommen hatte – es war, als ob viele Tausende oder gar Millionen von Glasstangen durcheinander

rasselten und in diesem Gewirre fort in die Entfernung zögen. Das Schwarzholz war doch zu weit zu unserer Rechten entfernt, als daß wir den Schall recht klar hätten erkennen können, und in der Stille, die in dem Himmel und auf der Gegend war, ist er uns recht sonderbar erschienen. Wir fuhren noch eine Strecke fort, ehe wir den Fuchs aufhalten konnten, der im Nachhauserennen begriffen war und auch schon trachten mochte, aus diesem Tage in den Stall zu kommen. Wir hielten endlich und hörten in den Lüften gleichsam ein unbestimmtes Rauschen, sonst aber nichts. Das Rauschen hatte jedoch keine Ähnlichkeit mit dem fernen Getöse, das wir eben durch die Hufschläge unsers Pferdes hindurch gehört hatten. Wir fuhren wieder fort und näherten uns dem Walde des Thaugrundes immer mehr, und sahen endlich schon die dunkle Öffnung, wo der Weg in das Gehölze hinein geht. Wenn es auch noch früh am Nachmittage war, wenn auch der graue Himmel so licht schien, daß es war, als müßte man den Schimmer der Sonne durchsinken sehen, so war es doch ein Winternachmittag, und es war so trübe, daß sich schon die weißen Gefilde vor uns zu entfärben begannen und in dem Holze Dämmerung zu herrschen schien. Es mußte aber doch nur scheinbar sein, indem der Glanz des Schnees gegen das Dunkel der hinter einander stehenden Stämme abstach.

Als wir an die Stelle kamen, wo wir unter die Wölbung des Waldes hinein fahren sollten, blieb der Thomas stehen. Wir sahen vor uns eine sehr schlanke Fichte zu einem Reife gekrümmt stehen und einen Bogen über unsere Straße bildend, wie man sie einziehenden Kaisern zu machen pflegt. Es war unsäglich, welche Pracht und Last des Eises von den Bäumen hing. Wie Leuchter, von denen unzählige umgekehrte Kerzen in unerhörten Größen ragten, standen die Nadelbäume. Die Kerzen schimmerten alle von Silber, die Leuchter waren selber silbern, und standen nicht überall gerade, sondern manche waren nach verschiedenen Richtungen geneigt. Das Rauschen, welches wir früher in den Lüften gehört hatten, war uns jetzt bekannt; es war nicht in den Lüften; jetzt war es bei uns. In der ganzen Tiefe des Waldes herrschte es ununterbrochen fort, wie die Zweige und Äste krachten und auf die Erde fielen. Es war um so fürchterlicher, da alles unbeweglich stand; von dem ganzen Geglitzer und Geglänze rührte sich kein Zweig und keine Nadel, außer wenn man nach einer Weile wieder auf einen gebogenen Baum sah, daß er von den ziehenden Zapfen niederer stand. Wir harreten und schauten hin – man weiß nicht, war es Bewunderung oder war es Furcht, in das Ding hinein zu fahren. Unser Pferd mochte die Empfindungen in einer Ähnlichkeit teilen, denn das arme Tier schob, die Füße sachte anziehend, den Schlitten in mehreren Rucken etwas zurück.

Wie wir noch da standen und schauten – wir hatten noch kein Wort geredet – hörten wir wieder den Fall, den wir heute schon zweimal vernommen hatten. Jetzt war er uns aber völlig bekannt. Ein helles Krachen, gleichsam wie ein Schrei, ging vorher, dann folgte ein kurzes Wehen, Sausen oder Streifen, und dann der dumpfe, dröhnende Fall, mit dem ein mächtiger Stamm auf der Erde lag. Der Knall ging wie ein Brausen durch den Wald und durch die Dichte der dämpfenden Zweige; es war auch noch ein Klingeln und Geschimmer, als ob unendliches Glas durcheinander geschoben und gerüttelt würde – dann war es wieder wie vorher, die Stämme standen und ragten durch einander, nichts regte sich, und das still stehende Rauschen dauerte fort. Es war merkwürdig, wenn ganz in unserer Nähe ein Ast oder Zweig oder ein Stück Eis fiel; man sah nicht, woher es kam, man sah nur schnell das Herniederblitzen, hörte etwa das Aufschlagen, hatte nicht das Emporschnellen des verlassenen und erleichterten

Zweiges gesehen, und das Starren, wie früher, dauerte fort.
Es wurde uns begreiflich, daß wir in den Wald nicht hineinfahren konnten. Es mochte irgendwo schon über den Weg ein Baum mit all seinem Geäste liegen, über den wir nicht hinüber könnten, und der nicht zu umgehen war, weil die Bäume dicht stehen, ihre Nadeln vermischen und der Schnee bis in das Geäste und Geflechte des Niedersatzes ragte. Wenn wir dann umkehrten und auf dem Wege, auf dem wir gekommen waren, zurück wollten, und da sich etwa auch unterdessen ein Baum herüber gelegt hätte, so wären wir mitten darinnen gewesen. Der Regen dauerte unablässig fort, wir selber waren schon wieder eingehüllt, daß wir uns nicht regen konnten, ohne die Decke zu zerbrechen, der Schlitten war schwerfällig und verglaset, und der Fuchs trug seine Lasten – wenn irgend etwas in den Bäumen um eine Unze an Gewicht gewann, so mochte es fallen, ja die Stämme selber mochten brechen, die Spitzen der Zapfen, wie Keile, mochten nieder fahren, wir sahen ohnedem auf unserm Wege, der vor uns lag, viele zerstreut, und während wir standen, waren in der Ferne wieder dumpfe Schläge zu vernehmen gewesen. Wie wir umschauten, woher wir gekommen, war auf den ganzen Feldern und in der Gegend kein Mensch und kein lebendiges Wesen zu sehen. Nur ich mit dem Thomas und mit dem Fuchse waren allein in der freien Natur.
Ich sagte dem Thomas, daß wir umkehren müßten. Wir stiegen aus, schüttelten unsere Kleider ab, so gut es möglich war, und befreiten die Haare des Fuchses von dem anhangenden Eise, von dem es uns vorkam, als wachse es jetzt viel schneller an als am Vormittage, war es nun, daß wir damals die Erscheinung beobachteten und im Hinschauen darauf ihr Fortgang uns langsamer vorkam, als Nachmittag, wo wir andere Dinge zu tun hatten und

nach einer Weile erst sahen, wie das Eis sich wieder gehäuft hatte – oder war es kälter und der Regen dichter geworden. Wir wußten es nicht. Der Fuchs und der Schlitten wurde sodann von dem Thomas umgekehrt, und wir fuhren, so schnell wir konnten, gegen die uns zunächst gerichteten Eidunhäuser zurück. Es war damals am oberen Ende, wo der Bühl sacht beginnt, noch das Wirtshaus – der Burmann hat es heuer gekauft und treibt bloß Feldwirtschaft – dorthin fuhren wir über den Schnee, der jetzt trug, ohne Weg, in der geradesten Richtung, die wir einschlagen konnten. Ich bat den Wirt, daß er mir eine Stelle in seinem Stalle für meinen Fuchs zurecht räumen möchte. Er tat es, obwohl er ein Rind hinüber auf einen Platz seines Stalles hängen mußte, wo sonst nur Stroh und einstweil Futter lag, das man an dem Tage gebrauchen wollte. Den Schlitten taten wir in die Wagenlaube. Als wir das untergebracht und uns wieder von der angewachsenen Last befreit hatten, nahm ich einiges aus dem Schlitten, was ich brauchte, und sagte, ich werde nun zu Fuße den Weg nach Hause antreten; denn ich müsse in der Nacht in meinem Hause sein, weil manches zu bereiten ist, das ich morgen bedürfe, und weil ich morgen einen andern Weg einzuschlagen hätte, da ich die Kranken in dem oberen Lande besuchen müßte, die mich heute nicht gesehen hatten. – Den Thaugrund könne ich umgehen, ich wolle durch das Gebühl, dann durch die Wiesen des Meierbacher links hinauf, sodann durch die kleinen Erlenbüsche, die gefahrlos sind, hinüber gegen die Hagweiden und von dort gegen mein Haus hinunter, das in dem Tale steht.

Als ich das so gesagt hatte, wollte mein Knecht Thomas nicht zugeben, daß ich allein gehe; denn der Weg, den ich beschrieben hatte, wäre hüglig und ging an Höhen von Wiesen hinauf, wo gewiß überhängende Schneelehnen sind, und wo in dem glatten Eise das Klimmen und

Steigen von großer Gefahr sein möchte. Er sagte, er wolle mit mir gehen, daß wir einander an den Meierbacher Wiesen emporhelfen, daß wir einander beistehen und uns durch das Geerle hinüberziehen möchten. Unsere Fahrangelegenheit könnten wir bei dem Wirte da lassen, er würde ihm schon sagen, wie der Fuchs zu füttern und zu pflegen sei. Morgen, wenn sich das Wetter geändert hätte, würde er um den Fuchs herüber gehen, und zu meiner Fahrt, wenn ich zeitlich fort wollte, könnte ich die Pferde des Rothbergerwirtes nehmen, um die ich den Gottlieb oder jemanden hinab schicken möge, wenn ja sonst Gott einen Tag sende, an dem ein Mensch unter den freien Himmel heraus zu gehen sich wage.

Ich sah das alles ein, was mein Knecht Thomas sagte, und da ich mich auch nicht ganz genau erinnerte – man schaut das nicht so genau an – ob denn wirklich überall da, wo ich zu gehen vor hatte, keine Bäume stünden, oder ob ich nicht einen viel weiteren Umweg zu machen oder gar wieder zurück zu gehen hätte, wenn ich nicht vordringen könnte; so gestattete ich ihm, daß er mit gehe, damit wir unser zwei sind und die Sache mit mehr Kräften beherrschten.

Ich habe in meinem Schlitten immer Steigeisen eingepackt, weil ich oft aussteigen und über manche Hügel hinauf, die in unserem Lande sind und steile Hänge haben, zu Kranken gehen muß, wo ich, wenn Glatteis herrscht, gar nicht oder mit Gefahr und Mühe auf den Wegen, die niemand pflegt, oder die verschneit und vereiset sind, hinauf kommen könnte. Weil es aber auch leicht möglich ist, daß etwas bricht, so führe ich immer zwei Paare mit, daß ich in keine Ungelegenheit komme. Heute hatte ich sie nicht gebraucht, weil ich immer an ebenen Stellen zu gehen hatte, und weil ich die Füße nicht an immer dauernde Unterstützung gewöhnen will. Ich suchte die Steigeisen aus dem Schlitten heraus und

gab dem Thomas ein Paar. Dann steckte ich aus den Fächern des Schlittens die Dinge und Herrichtungen zu mir, die ich morgen brauchen sollte. An dem Gestelle des Schlittens oberhalb der Kufe dem Korbe entlang sind Bergstöcke angeschnallt, die eine sehr starke Eisenspitze haben und weiter aufwärts einen eisernen Haken, um sich damit einzuhaken und anzuhängen. Am obersten Ende des Holzes sind sie mit einem Knaufe versehen, daß sie nicht so leicht durch die Hand gleiten. Weil ich aus Vorsicht auch immer zwei solche Stöcke bei mir habe, so gab ich dem Thomas einen, nachdem er sie abgeschnallt hatte, und einen behielt ich mir. So gingen wir dann, ohne uns noch aufzuhalten, sogleich fort, weil an solchen Wintertagen die Nacht schnell einbricht und dann sehr finster ist. Der Thomas hatte darum auch die Blendlaterne aus dem Schlitten genommen und hatte sich mit Feuerzeug versehen.
Auf dem offenen Felde, ehe wir wieder in die Nähe des Thaugrundes kamen, gingen wir ohne Steigeisen bloß mit Hülfe der Stöcke fort, was sehr beschwerlich war. Als wir in die Nähe des Waldes kamen und uns das fürchterliche Rauschen wieder empfing, beugten wir links ab gegen die Wiesen des Meierbacher hin, die eine Lichtung durch den Wald bilden, und die uns den Weg darstellen sollten, auf dem wir nach Hause gelangen könnten. Wir erreichten die Wiesen, das will sagen, wir erkannten, daß wir uns auf dem Schnee über ihrer Grenze befanden, weil die Rinde nun sanft abwärts zu gehen begann, wo unten der Bach sein sollte, über dem aber zwei Klafter hoher Schnee, oder noch höherer, stand. Wir wagten, da der Grund nicht zerrissen ist und die Decke mit ihrem Glänzen ein gleichmäßiges Abgehen zeigte, das Hinabfahren mit unseren Bergstöcken. Es gelang gut. Wir hätten wohl mittelst der Steigeisen lange gebraucht hinabzukommen, aber so gelangten wir in einem Augenblicke hinunter, daß

die Luft an unseren Angesichtern und durch unsere Haare sauste. Wirklich glaubten wir, da wir wieder aufgestanden waren, es habe sich ein kleines Windchen gehoben, aber es war nur unsere Bewegung gewesen, und ringsum war es so ruhig, wie den ganzen Tag. Wir legten nun in dem Grunde unsere Steigeisen an, um über die Höhe und den bedeutenden Bühel empor zu kommen, in denen sich die Wiese hinüber gegen die Erlengebüsche legt, auf die wir hinaus gelangen wollten. Es ist gut, daß ich aus Vorsicht die Spitzen der Steigeisen immer zuschleifen und schärfen lasse; denn wir gingen über den Bühel, der wie eine ungeheure gläserne Spiegelwalze vor uns lag, so gerade hinauf, als würden wir mit jedem Tritte an die Glätte angeheftet. Als wir oben waren und an dem Rande des Geerles standen, wo man ziemlich weit herum sieht, meinten wir, es dämmere bereits; denn der Eisglanz hatte da hinab, wo wir herauf gekommen waren, eine Farbe wie Zinn, und wo die Schneewehen sich überwölbten und Rinnen und Löcher bildeten, saß es wie grauliche Schatten darinnen; aber die Ursache, daß wir so trüb sahen, mußte der Tag sein, der durch die weißliche, feste Decke des Himmels dieses seltsame, dämmerige Licht warf. Wir sahen auf mehrere Wälder, die jenseits dieser Höhe herum ziehen: sie waren grau und schwarz gegen den Himmel und den Schnee, und die Lebendigkeit in ihnen, das gedämpfte Rauschen, war fast hörbar – aber deutlich zu vernehmen war mancher Fall, und dann das Brausen, das darauf durch die Glieder der Bergzüge ging.
Wir hielten uns nicht lange an diesem Platze auf, sondern suchten in die Büsche der Erlen einzudringen und durch sie hindurch zu kommen. Die Steigeisen hatten wir weggetan und trugen sie über unsern Rücken herab hängend. Es war schwer, durch die Zweige, die dicht aus dem Schnee nach allen Richtungen ragten, zu kommen. Sie hielten uns die starren Ausläufe wie unzählige stäh-

lerne Stangen und Spieße entgegen, die in unsere Gewänder und Füße bohrten und uns verletzt haben würden. Aber wir gebrauchten unsere Bergstöcke dazu, daß wir mit ihnen vor uns in das Gezweige schlugen und Eis und Holz so weit zerschlugen und weich machten, daß wir mit Arbeit und gegenseitiger Hülfe durch gelangen konnten. Es dauerte aber lange.

Da wir endlich heraus waren und an den Hagweiden standen, wo wir hinunter in das Tal sahen, in dem mein Haus ist, dämmerte es wirklich, aber wir waren schon nahe genug, und besorgten nichts mehr. Durch die allgemeine dicke, weißgraue Luft sahen wir mein Haus, und ein gerader bläulicher Rauch stieg aus demselben empor, wahrscheinlich von dem Feuer kommend, an dem Maria, die Haushälterin, unser Mahl in Bereitschaft richtete. Wir legten hier wieder die Steigeisen an und gingen langsam hinunter, bis wir auf ebenem Boden waren, wo wir sie wieder weg taten.

Vor den Türen der Häuser, die in der Nähe des meinigen sind, standen Gruppen von Menschen und schauten den Himmel an.

»Ach, Herr Doktor,« riefen sie, »ach, Herr Doktor, wo kommt Ihr denn an diesem fürchterlichen Tage her?«

»Ich komme von der Dubs und von den Eidunhäusern,« sagte ich, »mein Pferd und den Schlitten ließ ich zurück, und bin über die Meierbacher Wiesen und die Hagweiden gekommen, weil ich nicht mehr durch den Wald konnte.«

Ich blieb ein wenig bei den Leuten stehen. Wirklich war der Tag ein furchtbarer. Das Rauschen der Wälder war von ringsum bereits bis hierher zu hören, dazwischen tönte der Fall von Bäumen, und folgte immer dichter auf einander; ja sogar von dem hohen obern Walde her, wo man gar nicht wegen der Dicke des Nebels hin sehen konnte, konnte man das Krachen und Stürzen vernehmen.

Der Himmel war immer weißlich, wie den ganzen Tag, ja sein Schimmer schien jetzt gegen Abend noch lichter zu werden; die Luft stand gänzlich unbewegt, und der feine Regen fiel gerade herunter.
»Gott genade dem Menschen, der jetzt im Freien ist, oder gar im Walde«, sagte einer aus den Umstehenden.
»Er wird sich wohl gerettet haben«, sagte ein anderer; »denn heute bleibt niemand auf einem Wege.«
Ich und der Thomas trugen starke Lasten, die schier nicht mehr zu erhalten waren, deswegen nahmen wir Abschied von den Leuten und gingen unserm Hause zu. Jeder Baum hatte einen schwarzen Fleck um sich, weil eine Menge Zweige herab gerissen war, als hätte sie ein starker Hagelschlag getroffen. Mein hölzernes Gitter, mit dem ich den Hof von dem Garten, der noch nicht fertig war, abschließe, stand silbern da, wie vor dem Altare einer Kirche; ein Pflaumenbaum daneben, der noch von dem alten Allerb herrührte, war geknickt. Die Fichte, bei welcher mein Sommerbänklein steht, hatten sie dadurch vor Schaden zu verwahren gesucht, daß sie mit Stangen, so weit sie reichen konnten, das Eis herabschlugen – und wie der Wipfel sich gar schier zu neigen schien, ist der andere Knecht, Kajetan, hinauf gestiegen, hat vorsichtig oberhalb sich herab geschlagen und hat dann an die obersten Äste zwei Wiesbaumseile gebunden, die er herab hängen ließ, und an denen er von Zeit zu Zeit rüttelte. Sie wußten, daß mir der Baum lieb war, und er ist auch sehr schön, und mit seinen grünen Zweigen so bebuscht, daß sich eine ungeheure Last von Eis daran gehängt und ihn zerspellt oder seine Äste zerrissen hätte. Ich ging in meine Stube, die gut gewärmt war, legte alle Dinge, die ich aus dem Schlitten zu mir gesteckt hatte, auf den Tisch, und tat dann die Kleider weg, von denen sie unten das Eis herab schlugen und sie dann in die Küchenstube aufhängen mußten; denn sie waren sehr feucht.

Als ich mich anders angekleidet hatte, erfuhr ich, daß der Gottlieb zu dem Walde des Thaugrundes hinab gegangen und noch immer nicht zurückgekehrt sei, weil er wisse, daß ich durch den Thaugrund mit meinem Schlitten daher kommen müsse. Ich sagte dem Kajetan, daß er ihn holen solle, daß er sich noch jemand mitnehme, wenn er einen finden könne, der ihn begleite, daß sie eine Laterne und Eisen an die Füße und Stöcke in die Hand nehmen sollen. Sie brachten ihn später daher, und er war schier mit Panzerringen versehen, weil er nicht überall das Eis von sich hatte abwehren können.

Ich aß ein weniges von meinem aufgehobenen Mahle. Die Dämmerung war schon weit vorgerückt und die Nacht bereits herein gebrochen. Ich konnte jetzt das verworrene Getöse sogar in meine Stube herein hören, und meine Leute gingen voll Angst unten in dem Hause herum.

Nach einer Weile kam der Thomas, der ebenfalls gegessen und andere Kleider angetan hatte, zu mir herein und sagte, daß sich die Leute der Nachbarhäuser versammeln und in großer Bestürzung seien. Ich tat einen starken Rock um und ging mittelst eines Stockes über das Eis zu den Häusern hinüber. Es war bereits ganz finster geworden, nur das Eis auf der Erde gab einen zweifelhaften Schein und ein Schneelicht von sich. Den Regen konnte man an dem Angesichte spüren, um das es feucht war, und ich spürte ihn auch an der Hand, mit welcher ich den Bergstock einsetzte. Das Getöse hatte sich in der Finsternis vermehrt, es war rings herum an Orten, wo jetzt kein Auge hindringen konnte, wie das Rauschen entfernter Wasserfälle, – das Brechen wurde auch immer deutlicher, als ob ein starkes Heer oder eine geschreilose Schlacht im Anzuge wäre. Ich sah die Leute, als ich näher gegen die Häuser kam, stehen, aber ich sah die schwarzen Gruppen derselben von den Häusern entfernt mitten im Schnee, nicht etwa vor den Türen oder an der Wand.

»Ach Doktor helft, ach Doktor helft«, riefen einige, da sie mich kommen sahen und mich an meinem Gang erkannten.
»Ich kann euch nicht helfen, Gott ist überall groß und wunderbar, er wird helfen und retten«, sagte ich, indem ich zu ihnen hinzu trat.
Wir standen eine Weile bei einander und horchten auf die Töne. Später vernahm ich aus ihren Gesprächen, daß sie sich fürchteten, daß bei der Nacht die Häuser eingedrückt werden könnten. Ich sagte ihnen, daß sich in den Bäumen, insbesondere bei uns, wo die Nadelbäume so vorherrschend sind, in jedem Zweige, zwischen den kleinsten Reisern und Nadeln das unsäglich herunter rinnende Wasser sammle, in dem seltsamen Froste, der herrsche, gefriere und durch stetes nachhaltendes Wachsen an den Ästen ziehe, Nadeln, Reiser, Zweige, Äste mit herab nehme, und endlich Bäume biege und breche; aber von dem Dache, auf welchem die glatte Schneedecke liege, rinne das Wasser fast alles ab, um so mehr, da die Rinde des Eises glatt sei und das Rinnen befördere. Sie möchten nur durch Haken Stücke des Eises herab reißen, und da würden sie sehen, zu welch geringer Dicke die Rinde auf der schiefen Fläche anzuwachsen im Stande gewesen sei. An den Bäumen ziehen unendlich viele Hände gleichsam bei unendlich vielen Haaren und Armen hernieder; bei den Häusern schiebe alles gegen den Rand, wo es in Zapfen niederhänge, die ohnmächtig sind, oder losbrechen, oder herab geschlagen werden können. Ich tröstete sie hiedurch, und sie begriffen die Sache, die sie nur verwirrt hatte, weil nie dergleichen oder nicht in solcher Gewalt und Stärke erlebt worden war.
Ich ging dann wieder nach Hause. Ich selber war nicht so ruhig, ich zitterte innerlich; denn was sollte das werden, wenn der Regen noch immer so fort dauerte und das Donnern der armen Gewächse in so rascher Folge zu-

nahm, wie es jetzt, wo schier alles am Äußersten war, geschah. Die Lasten hatten sich zusammengelegt; ein Lot, ein Quentchen, ein Tropfen konnte den hundertjährigen Baum stürzen. Ich zündete in meiner Stube Lichter an, und wollte nicht schlafen. Der Bube Gottlieb hatte durch das lange Stehen und Warten an dem Thaugrunde ein leichtes Fieber bekommen. Ich hatte ihn untersucht, und schickte ihm etwas hinunter.
Nach einer Stunde kam der Thomas und sagte, daß die Leute zusammen gekommen seien und beten; das Getöse sei furchtbar. Ich erwiderte ihm, es müsse sich bald ändern, und er entfernte sich wieder.
Ich ging in dem Zimmer, in das der Lärmen, wie tosende Meereswogen, drang, auf und nieder, und da ich mich später auf das lederne Sitzbette, das da stand, ein wenig niedergelegt hatte, schlief ich aus Müdigkeit doch ein.
Als ich wieder erwachte, hörte ich ein Sausen oberhalb meinem Dache, das ich mir nicht gleich zu erklären vermochte. Als ich aber aufstand, mich ermannte, an das Fenster trat und einen Flügel öffnete, erkannte ich, daß es Wind sei, ja, daß ein Sturm durch die Lüfte dahin gehe. Ich wollte mich überzeugen, ob es noch regne, und ob der Wind ein kalter oder warmer sei. Ich nahm einen Mantel um, und da ich durch das vordere Zimmer ging, sah ich seitwärts Licht durch die Tür des Gemaches herausfallen, in welchem Thomas schläft. Er ist nämlich in meiner Nähe, damit ich ihn mit der Glocke rufen könne, wenn ich etwas brauche, oder falls mir etwas zustieße. Ich ging in das Gemach hinein und sah, daß er an dem Tische sitze. Er hatte sich gar nicht nieder gelegt, weil er sich, wie er mir gestand, zu sehr fürchtete. Ich sagte ihm, daß ich hinunter gehe, um das Wetter zu prüfen. Er stand gleich auf, nahm seine Lampe, und ging hinter mir die Treppe hinab. Als wir unten im Vorhause angekommen waren, stellte ich mein Licht in die Nische der Stiege und

er seine Lampe dazu. Dann sperrte ich die Tür auf, die in den Hof hinaus führt, und als wir aus den kalten Gängen hinaus traten, schlug uns draußen eine warme, weiche Luft entgegen. Der ungewöhnliche Stand der Dinge, der den ganzen Tag gedauert hatte, hatte sich gelöset. Die Wärme, welche von der Mittagseite her kam und bis jetzt nur in den oberen Teilen geherrscht hatte, war nun auch, wie es meist geschieht, in die untern herab gesunken, und der Luftzug, der gewiß oben schon gewesen war, hatte sich herabgedrückt und war in völligen Sturm übergegangen. Auch am Himmel war es, so viel ich sehen konnte, anders geworden. Die einzelne graue Farbe war unterbrochen; denn ich sah dunkle und schwarze Stücke hie und da zerstreut. Der Regen war nicht mehr so dicht, schlug aber in weiter zerstreuten und stärkeren Tropfen an unser Gesicht. Als ich so stand, näherten sich mir einige Menschen, die in der Nähe meines Hauses gewesen sein mußten. Mein Hof ist nämlich nicht so, wie es gewöhnlich zu sein pflegt, und damals war er noch weniger verwahrt als jetzt. Das Mauerwerk meines Hauses ist nämlich von zwei Seiten ins Rechteck gestellt, und das sind die zwei Seiten des Hofes. Die dritte war damals mit einer Planke versehen, hinter der der Garten werden sollte, in den man durch ein hölzernes Gitter hinein ging. Die vierte war die Einfahrt, damals auch Planke, nicht einmal gut gefügt, und mit einem hölzernen Gittertore versehen, das meistens offen stand. In der Mitte des Hofes sollte ein Brunnen werden, der aber damals noch gar nicht angefangen war. Es kam daher leicht an, daß Menschen zu mir in meinem Hofe herzu treten konnten. Sie waren im Freien gestanden und hatten in großer Angst den Zustand der Dinge betrachten wollen. Als sie das Licht in den Fenstern meiner Stube verschwinden sahen und gleich darauf bemerkten, daß es an den Fenstern des Stiegenhauses herunter gehe, dachten sie, daß ich in den Hof kommen würde, und gingen näher herzu. Sie fürchteten erst rechte Verheerungen und unbekannte Schrecken, da nun der Sturm auch noch dazu gekommen sei. Ich sagte ihnen aber, daß dies gut ist, und daß nun das Ärgste bereits hinter uns liege. Es war zu erwarten, daß die Kälte, die nur unten, nicht aber oben war, bald verschwinden würde. Es könne nun, da der Wind so warm sei, kein neues Eis mehr entstehen, ja das alte müsse weniger werden. Der Wind, wie sie meinten und fürchteten, könne auch nicht mehr Bäume stürzen, als in der Windstille gefallen sind; denn als er sich hob, sei er gewiß nicht so stark gewesen, daß er zu der Wucht, mit der mancher Stamm schon beladen gewesen war, so viel hinzu gegeben hätte, daß der Stamm gebrochen wäre, wohl aber sei er gewiß schon stark genug gewesen, um das Wasser, das locker in den Nadeln geschwebt hatte, und die Eisstücke, die nur mit einem schwachen Halt befestigt gewesen waren, herab zu schütteln. Der nächste, stärkere Stoß habe schon einen erleichterten Baum gefunden und habe ihn noch mehr erleichtert. So sei die Windstille, in der sich alles heimlich sammeln und aufladen konnte, das Furchtbare, und der Sturm, der das Zusammengeladene erschütterte, die Erlösung gewesen. Und wenn auch mancher Baum durch den Wind zum Falle gebracht wurde, so wurden doch gewiß weit mehrere durch ihn gerettet, und der schon im Äußersten stehende Stamm wäre auch in der Windstille, nur um eine kleine Zeit später, gefallen. Und nicht bloß herab geschüttelt habe der Wind das Eis, sondern er habe es auch durch seinen warmen Hauch zuerst in den zarteren Geweben, dann in den stärkeren zerfressen, und habe das dadurch entstandene und auch das vom Himmel gefallene Wasser nicht in den Zweigen gelassen, wie es eine bloß warme, aber stille Luft getan hätte. Und in der Tat, obwohl wir durch das Sausen des Sturmes hindurch das frühere Rauschen der Wäl-

der nicht hören konnten, so waren doch die dumpfen Fälle, die wir allerdings noch vernahmen, viel seltener geworden.
Nach einer Weile, in welcher der Wind immer heftiger und, wie wir meinten, auch immer wärmer geworden war, wünschten wir uns eine gute Nacht, und gingen nach Hause. Ich begab mich auf meine Stube, entkleidete mich, legte mich in das Bett, und schlief recht fest bis an den Morgen, da schon der helle Tag an dem Himmel stand.
Als ich erwacht war, stand ich auf, legte die Kleider an, die ich am Morgen gerne habe, und ging an die Fenster. Der Sturm hatte sich noch gesteigert. Ein weißer Schaum jagte an dem Himmel dahin. Der blaue Rauch, der aus der Hütte des Klum herausging, zerflatterte, wie ein zerrissener Schleier. Wo sich ein Stück einer schwarzen Wolke hinter einem Walde hervorragend sehen ließ, wälzte es sich am Himmel hin, und war gleich wieder nicht sichtbar. Es schien, als sollte jeder Dunst verjagt werden und sogleich das reine Blau zum Vorschein kommen; allein es quoll der weiße Qualm immer wieder heraus, als würde er in der Tiefe des Himmels erzeugt; und braunliche und graue und rötliche Stücke jagten in ihm dahin. Die Dächer der Nachbarhütten schimmerten naß; in den Mulden des Eises, das über dem Schnee lag, stand Wasser, und wurde gekräuselt und in feinen Tropfen in die Lüfte zerspritzt; das andere nasse Eis glänzte schimmernd, als wäre die Weiße des Himmels darauf geworfen; die Wälder ragten finsterer und die schwarze Farbe des Sturmes gewinnend gegen den Himmel, und wo ein näherer Baum seine Äste im Winde wiegte, stand oft augenblicklich ein langer Blitz da und verschwand, und selbst über die ferneren Wände der Wälder lief es noch zu Zeiten wie verlorenes Geschimmer und Geglänze. In meinem Hofe war es naß, und die einzelnen,

aber großen Tropfen schlugen gegen die andere Wand meines Hauses und gegen ihre Fenster; denn die meinigen waren dem Winde nicht zugekehrt und schauten gegen Sonnenaufgang. Bei der Fichte, an der mein Sommerbänklein steht, das aber jetzt wegen der großen Überhüllung des Schnees nicht zu erblicken war, sah ich, wie sie Leitern anlegten und der Kajetan hinauf kletterte, um die zwei Wiesbaumseile los zu lösen.

Die Gefahr, in welcher wir schwebten, war nun eine andere und größere als gestern, wo nur für die Wälder und Gärten ein großer Schaden zu fürchten gewesen war. Wenn das Wasser von dem außerordentlich vielen Schnee, der in dem Winter gefallen war, auf einmal los gebunden wird, so kann es unsere Felder, unsere Wiesen und unsere Häuser zerstören. Der Wind war noch wärmer, als in der vergangenen Nacht; denn ich öffnete die Fenster des Ganges, um ihn zu empfinden. Wenn einmal die dichte Eisdecke, die sich gestern wie zum Schutze auf die Erde gelegt hatte, durchfressen ist, dann wird der Schnee, das lockere Gewirre von lauter dünnen Eisnadeln, schnell in Tropfen zerfallen, die wilden Ungeheuer der Waldbäche werden aus den Tälern herausstürzen und donnernd die Felder, die Wiesen, die Flächen mit Wasser füllen; von allen Bergen werden schäumende Bänder niedergehen; das beweglich gewordene Wasser wird, wo Felsen und jähe Abhänge empor ragen, die Lawinen, welche Steine, Schnee und Bäume ballen, die Bäche dämmen und vor sich ein Meer von Wasser erzeugen.

Ich legte meine Kleider an, aß schnell mein Frühmahl und bereitete mich zu dem heutigen Tagewerke. Ich ging zu dem Knaben Gottlieb hinab, um nachzuschauen; aber er war ganz gesund und sah sehr gut aus. Ich sendete zu dem Vetter Martin, dem Wirt am Rothberge, hinunter, daß er mir heute ein Fuhrwerk leihe, denn durch den

Thaugrund war der Weg durch gestürzte Bäume verlegt und konnte so bald nicht befreit werden, obwohl nun keine Gefahr mehr unter den Bäumen herrschte. Von dem Rothberge herauf war aber alles frei geblieben; denn die Buchen mit ihren zähen Ästen hatten die belasteten Zweige zwar bis auf die Erde hängen lassen, waren aber doch dem Zerbrechen widerstanden. Auf dem Wege, auf welchem wir gestern gekommen waren, konnte der Thomas nicht in das Eidun und zu dem Fuchse hinüber gelangen, weil das Eis nicht mehr trug; und ein tiefes, gefährliches Versinken in den wässerigen Schnee hätte erfolgen müssen. Er sagte, er wolle es gegen Mittag versuchen, bei den gestürzten Bäumen vorbei zu klettern und so in das Eidun zu kommen. Von den Rothberghäusern war zeitlich früh schon ein Bote herauf gekommen, der mir Nachricht von einem Kranken zu bringen hatte, und dieser hatte mir auch gesagt, daß es durch den Haidgraben und an dem Buchengehäng von dem Rothberge herauf frei geblieben war.
Während ich auf den Knecht wartete, den mir der Wirt am Rothberge mit einem Fuhrwerke senden sollte, untersuchte ich die Eisrinde des Schnees. Sie war noch nicht zerstört, aber an vielen Stellen in der Nähe meines Hauses so dünn, daß ich sie mit meiner Hand zerbrechen konnte. In muldenförmigen Gräben rann das Wasser auf der glatten Unterlage bereits sehr emsig dahin. Der Regen hatte ganz aufgehört, höchstens daß noch mancher einzelne Tropfen von dem Winde geschleudert wurde. Der Wind aber dauerte fort, er glättete das Eis, auf dem er das dünne Wasser dahin jagte, zu dem feinsten Schliffe, und lösete durch seine Weichheit unablässig alles Starre und Wassergebende auf.
Der Knecht des Wirtes am Rothberge kam, ich nahm mein Gewand gegen den Wind zusammen und setzte mich in den Schlitten. Ich habe an diesem Tage viele

Dinge gesehen. Statt daß es gestern auf den Höhen und in den Wäldern gerauscht hatte, rauschte es heute in allen Tälern, statt daß es gestern an den Haaren des Fuchses nieder gezogen hatte, flatterten sie an dem heutigen Pferde in allen Winden. Wenn wir um eine Schneewehe herum biegen wollten, sprang uns aus ihr ein Guß Wasser entgegen, es raschelte in allen Gräben, und in den kleinsten, unbedeutendsten Rinnen rieselte und brodelte es. Die Siller, sonst das schöne, freundliche Wasser, brauste aus dem Walde heraus, hatte die fremdartig milchig schäumenden Wogen des Schneewassers, und stach gegen die dunkle Höhle des Waldes ab, aus der sie hervor kam, und in der noch die gestürzten Bäume über einander und über das Wasser lagen, wie sie gestern von dem Eise gefällt worden waren. Wir konnten nicht durch den Wald fahren, und mußten durch die Hagweiden den Feldweg einschlagen, der heuer zufällig befahren war, weil die Bewohner von Haslung ihr Holz von dem Sillerbruche wegen des vielen Schnees nicht durch den Wald, sondern auf diesem Umwege nach Hause bringen mußten. Wir fuhren durch den geweichten Schnee, wir fuhren durch Wasser, daß der Schlitten beinahe schwamm, und einmal mußte das Tier von dem Knechte mit größter Vorsicht geführt werden, und ich mußte bis auf die Brust durch das Schneewasser gehen.

Gegen Abend wurde es kühler, und der Wind hatte sich beinahe gelegt.

Als ich mich zu Hause in andere Kleider gehüllt hatte und um den Thomas fragte, kam er herauf zu mir und sagte, daß er mit dem Fuchse noch glücklich nach Hause gekommen sei. Er habe die gestürzten Bäume überklettert, man sei mit Sägen mit ihm gegangen, um wenigstens die größeren Stücke von dem Wege zu bringen, und da er zurück gekommen war, sei es schon ziemlich frei gewesen. Über die kleineren Stämme und über die

Äste habe er den Schlitten hinüber geleitet. Aber der Bach, der im Thaugrunde fließt, hätte ihm bald Hindernisse gemacht. Es ist zwar nicht der Bach da, aber an der Stelle, wo unter dem Schnee der Bach fließen sollte, oder eigentlich gefroren sein mag, rann vieles Wasser in einer breiten Rinne hin. Als er den Fuchs hineinleitete, wäre derselbe im Schnee versunken, der in dem Grunde des Wassers ist, daher er ihn wieder zurück zog und selber durch Hineinwaten so lange versuchte, bis er den festen Boden des heurigen Schlittenweges fand, auf welchem er dann den Fuchs und den Schlitten durchgeführt habe. Später wäre es nicht mehr möglich gewesen; denn jetzt stehe ein ganzer See von Wasser in den Niederungen des Thaugrundes.

Ähnliche Nachrichten kamen aus verschiedenen Teilen meiner Nachbarschaft; von der Ferne konnte ich keine bekommen, weil sich niemand getraute, unter diesen Umständen einen weiteren Weg zu gehen. Selbst zwei Boten, die mir von entfernten Kranken Nachricht bringen sollten, sind ausgeblieben.

So brach die Nacht herein und hüllte uns die Kenntnis aller Dinge zu, außer dem Winde, den wir über die weiße, wassergetränkte, gefahrdrohende Gegend hinsausen hörten.

Am andern Tage war blauer Himmel, nur daß einzelne Wölklein nicht schnelle, sondern gemach durch das gereinigte Blau dahin segelten. Der Wind hatte fast gänzlich aufgehört, und zog auch nicht mehr aus Mittag, sondern ganz schwach aus Untergang. Auch war es kälter geworden, zwar nicht so kalt, daß es gefroren hätte, doch so, daß sich kein neues Wasser mehr erzeugte. Ich konnte auf meinen Wegen fast überall durchdringen, außer an zwei Stellen, wo das Wasser in einer solchen Tiefe von aufgelösetem und durchweichtem Schnee dahin rollte, daß es nicht möglich war, durch zu gehen oder zu fahren. An einem andern Platze, wo es zwar ruhig, aber breit und tief in der Absenkung des Tales stand, banden sie Bäume zusammen und zogen mich gleichsam auf einem Floße zu einem gefährlichen Kranken hinüber. Ich hätte die andern zwar auch gerne gesehen, aber es war doch nicht so notwendig, und morgen hoffte ich schon zu ihnen gelangen zu können.

Am nächsten Tage war es wieder schön. Es war in der Nacht so kalt gewesen, daß sich die stehenden Wässer mit einer Eisdecke überzogen hatten. Diese schmolz am Tage nicht weg, wohl aber zerbrach sie, indem die Wässer in die unterhalb befindliche Grundlage des Schnees schnell einsanken und versiegender wurden. Es war doch gestern gut gewesen, daß ich zu dem Kumberger Franz auf dem Floße hinüber gefahren bin; denn das Mittel, welches ich ihm da gelassen hatte, hatte so gut gewirkt, daß er heute viel besser war und fast die Gefahr schon überstanden hatte. Auch zu den andern zweien konnte ich schon gelangen. Man konnte zwar nicht fahren, weil es unter dem Wasser zu ungleich war, aber mit einer Stange und meinem Bergstocke, den ich daran band, konnte ich durchgehen. Die nassen Kleider wurden, nachdem ich die zweiten, die ich mit führte, im Gollwirtshause angelegt hatte, in den Schlitten gepackt.

Am nächsten Tage konnte ich auch schon wieder durch den Thaugrund in das Eidun und in die Dubs hinüber gelangen.

Es kamen nun lauter schöne Tage. Eine stetige, schwache Luft ging aus Sonnenaufgang. Nachts fror es immer, und bei Tage tauete es wieder. Die Wässer, welche sich in jenem Sturme gesammelt hatten, waren nach und nach so versiegt und versunken, daß man keine Spur von ihnen entdecken konnte, und daß man auf allen Wegen, die sonst im Winter gangbar sind, wieder zu gehen und anfangs mit Schlitten und später mit Wägen zu fahren

vermochte. Eben so hatte sich die unermeßliche Menge Schnee, die wir so gefürchtet hatten, so allmählig verloren, daß wir nicht wußten, wo er hingekommen ist, als hie und da offene Stellen zum Vorscheine kamen, und endlich nur mehr in Tiefen und Schluchten und in den höheren Wäldern die weißen Flecke lagen.
In den ersten Tagen nach jenem Ereignisse mit dem Eise, als die Leute sich allgemach wieder auf entferntere Wege wagten, konnte man die Zerstörungen erst recht ermessen. An manchen Orten, wo die Bäume dicht standen und wegen Mangel an Luftzug und Licht die Stämme dünner, schlanker und schwächer waren, dann an Gebirgshängen, wo sie mageren Boden hatten, oder durch Einwirkung herrschender Winde schon früher schief standen, war die Verwüstung furchtbar. Oft lagen die Stämme wie gemähte Halme durcheinander, und von denen, die stehen geblieben waren, hatten die fallenden Äste herab geschlagen, sie gespalten oder die Rinde von ihnen gestreift und geschunden. Am meisten hatte das Nadelholz gelitten, weil es zuerst schon, namentlich, wo es dicht steht, schlankere, zerbrechlichere Schafte hat, dann weil die Zweige auch im Winter dicht bebuscht sind und dem Eise um viel mehr Anhaltsstellen gewähren, als die der anderen Bäume. Am wenigsten wurde die Buche mitgenommen, dann die Weide und Birke. Die letztere hatte nur die feinsten herabhängenden Zweige verloren, die wie Streu herum lagen; – wo ein Stamm dünne genug war, hatte er sich zu einem Reife gebogen, derlei Reifen man dann im Frühlinge viele herum stehen sehen konnte; ja noch im Sommer und selbst nach mehreren Jahren waren manche zu sehen. Allein, wie groß auch die Zerstörung war, wie bedeutend auch der Schaden war, der in den Wäldern angerichtet wurde, so war dieses in unserer Gegend weniger empfindlich, als es in andern gewesen wäre; denn da wir Holz genug hatten, ja, da eher

ein Überfluß als ein Mangel daran herrschte, so konnten wir das, was wirklich zu Grunde gegangen war, leicht verschmerzen, auch mochten wir zu dem nächsten Bedürfnisse nehmen, was gefallen war, wenn man nämlich dazu gelangen konnte, und es nicht in Schluchten lag oder an unzugänglichen Felsen hing. Größer aber und eindringlicher noch mochte der Schaden an Obstbäumen sein, wo die Äste von ihnen gebrochen waren, und wo sie selber gespalten und geknickt wurden; denn Obstbäume sind ohnedem in der Gegend seltener als sonst wo, und sie brauchen auch mehr Pflege und Sorgfalt, und gedeihen langsamer, als es selbst nur wenige Stunden von uns der Fall ist, in der ebeneren Lage draußen, in Tunberg, in Rohren, in Gurfeld, und selbst in Pirling, das näher an uns ist und an unseren Waldverhältnissen schon Teil nimmt.
Von den Gruppen von Bäumen, die in meiner Wiese und in der Nachbarschaft herum stehen, und die ich so liebe, haben mehrere gelitten. Einige sind geknickt, haben ihre Äste verloren, und drei Eschen sind ganz und gar umgeworfen worden.
Im Thurwalde, der vielleicht der höchste ist, den man vom Hage und vom Hange sehen kann, ist eine Lawine herabgegangen und hat das Holz genommen, daß man jetzt noch den Streifen mit freiem Auge erblicken kann.
Als einige Zeit vergangen war und die Wege an den Orten wieder frei wurden, hörte man auch von den Unglücksfällen, die sich ereignet hatten, und von wunderbaren Rettungen, die vorgekommen waren. Ein Jäger auf der jenseitigen Linie, der sich nicht hatte abhalten lassen, an dem Tage des Eises in sein Revier hinauf zu gehen, wurde von einer Menge stürzender Zapfen erschlagen, die sich am oberen Rande einer Felswand losgelöst und die weiter unten befindlichen mitgenommen hatten. Man fand ihn mitten unter diesen Eissäulen liegen, da man sich am andern Tag trotz des Sturmes und

der Schneeweiche den Weg hinauf zu ihm gebahnt hatte; denn der Jägerjung wußte, wohin sein Herr gegangen war, er nahm die Hunde mit, und diese zeigten durch ihr Anschlagen die Stelle, wo er lag. Zwei Bauern, welche von dem Rothberge, wo sie übernachtet hatten, durch die Waldhäuser in die Rid hinübergehen wollten, wurden von fallenden Bäumen erschlagen. Im untern Astung ertrank ein Knabe, der nur zum Nachbar gehen wollte. Er versank in dem weichen Schnee, welcher in der Höhlung des Grundes stand, und konnte nicht mehr herauskommen. Wahrscheinlich wollte er, wie man erzählte, nur ein klein wenig von dem Wege abweichen, weil derselbe schief und mit glattem Eise belegt war, und geriet dadurch in den Schnee, der über einer weiten Grube lag, und unter den am ganzen Tage das Wasser hinein gerieselt war und ihn trügerisch unterhöhlt hatte. Ein Knecht aus den Waldhäusern des Rothbergerhanges, der im Walde war und das beginnende Rauschen und Niederfallen der Zweige nicht beachtet hatte, konnte sich, als er nicht mehr zu entrinnen wußte, nur dadurch retten, daß er sich in die Höhlung, welche zwei im Kreuze aufeinander gestürzte Bäume unter sich machten, hinein legte, wodurch er vor weiteren auf die Stelle stürzenden Bäumen gesichert war und von fallendem Eise nichts zu fürchten hatte, da es auf dem Rund der großen Stämme zerschellte oder abgeschleudert wurde. Allein das wußte er nicht, wenn ein neuer, starker Stamm auf die zwei schon daliegenden fiele, ob sie nicht aus ihrer ersten Lage weichen, tiefer nieder sinken und ihn dann zerdrücken würden. In dieser Lage brachte er einen halben Tag und die ganze Nacht zu, indem er nasse Kleider und nichts bei sich hatte, womit er sich erquicken und den Hunger stillen konnte. Erst mit Anbruch des Tages, wo der Wind sauste und er von fallendem Eise und Holze nichts mehr vernehmen konnte, wagte er sich hervor und ging, teilweise die Eisrinde schon durchbrechend und tief in den Schnee einsinkend, zum nächsten Wege, von dem er nicht weit ab war, und gelangte auf demselben nach Hause.

Auch den Josikrämer hielt man für verunglückt. Er war im Haslung am Morgen des Eistages fortgegangen, um durch den Dusterwald in die Klaus hinüber zu gehen. Allein in der Klaus ist er nicht angekommen, auch ist er in keinem der umliegenden Orte, nachdem er vom Haslung bereits drei Tage weg war, erschienen. Man meinte, in dem hohen Dusterwalde, dessen Gangweg ohnedem sehr gefährlich ist, wird er um das Leben gekommen sein. Er war aber von den letzten Höhen, die von Haslung aus noch sichtbar sind, hinabgegangen, wo das Tal gegen die wilden Wände und die vielen Felsen des Dusterwaldes hinüber läuft und sich dort an der Wildnis empor zieht, dann ist er schräg gegen die Wand gestiegen, die mit dem vielen Gesteine und den dünne stehenden Bäumen gegen Mittag schaut, und wo unten im Sommer der Bach rauscht, der aber jetzt überfroren und mit einer unergründlichen Menge von Schnee bedeckt war. Weil der Weg längs des Hanges immer fort geht und über ihn von der Höhe bald Steine rollen, bald Schnee in die Tiefe abgleitet, so hatte der Krämer seine Steigeisen angelegt; denn wenn sich auch auf der Steile nicht viel Schnee halten kann, vor dem Versinken also keine große Gefahr war, so kannte er doch den Regen, der da nieder fiel und gefror, sehr gut, und fürchtete, an mancher Schiefe des Weges auszugleiten und in den Abgrund zu fallen. Da er, ehe es Mittag wurde, bei dem Kreuzbilde vorbei ging, das vor Zeiten der fromme Söllibauer aus dem Gehänge hatte setzen lassen, hörte er bereits das Rasseln und das immer stärkere Fallen des Eises. Da er weiter ging, die Sache immer ärger wurde und zuletzt Bedenklichkeit gewann, kroch er in eine trockene Steinhöhle, die nicht weit von dem Wege war, die er wußte, und in der er sich schon manchmal vor einem Regen verborgen hatte, um auch heute das Gefahrdrohendste vorübergehen zu lassen. Weil er solche eisbildende Regen kannte, daß ihnen gewöhnlich weiches Wetter zu folgen pflegt, und weil er mit Brod und anderen Lebensmitteln versehen war, indem er gar oft sein Mittagsmahl in irgendeinem Walde hielt, so machte er sich aus dem Dinge nicht viel daraus. Als er am andern Morgen erwachte, ging ein Wasserfall über seine Steinhöhle. Der Wind, welcher von Mittag kam, hatte sich an der Wand, die ihm entgegen schaute, recht fangen können, und da die Bäume wegen dem Gefelse dünner standen, so konnte er sich auch recht auf den Schnee hinein legen und ihn mit seinem Hauche schnell und fürchterlich auflösen. Der Krämer sah, wenn er seitwärts seines Wassers am Eingange der Höhle hinüber blickte, daß allenthalben an den Gehängen weiße, schäumende, springende Bänder nieder flatterten. Hören konnte er nichts wegen dem Tosen des eigenen Wassers, das alles übertäubte. Auch sah er unten manchen Schneestaub aufschlagen von den unaufhörlich an allen Orten niedergehenden Lawinen; denn am oberen Rande der Wand geht schief eine Mulde empor, in welcher im Winter ein unendlicher Schnee zu liegen pflegt, der erstens aus dem Himmel selbst darauf fällt und dann von der noch höher liegenden schiefen, glatten Wand darauf herab rollt. Aus diesem Schnee entwickelte sich nun unsägliches Wasser, das alles über den Hang, an dem der Weg des Krämers dahin ging, nieder rann und zu der Tiefe zielte, in der sonst der Wildbach fließt, jetzt aber ein unbekannt tiefes Gebräu von Schnee und Wasser stand. An den Bäumen zerstäubte manches Stück Schnee, das oben auf dem nassen Boden sachte vorgerückt war und sich los gelöst hatte. Der Krämer blieb außer dem ersten Tage noch die zwei folgenden in der Höhle. Er hatte, um sich gegen die Kälte wehren zu können, die ihn bei seiner langen Ruhe überfiel, aus seinem Packe ein Stück grobes Tuch heraus suchen und sich daraus ein Lager und eine Decke machen müssen. In der Klaus ist er aber dann auch nicht angekommen, sondern man sah ihn am vierten Tage nach dem Eissturze nachmittags mit seinem Packe an dem Hage vorüber gehen. Er ging nach Gurfeld hinaus, um sich sein Tuch, das er gebraucht hatte, wieder zurichten zu lassen.

Spät im Sommer fand ich einmal auch die zusammengedorrten Überreste eines Rehes, das von einem Baume erschlagen worden war.

Ich werde die Herrlichkeit und Größe jenes Schauspieles niemals vergessen. Ich konnte es vielleicht nur allein ganz ermessen, weil ich immer im Freien war und es sah, während die andern in den Häusern waren und, wenn sie auch durch einen Zufall hinein gerieten, sich bloß davor fürchteten.

Ich werde es auch schon darum nicht vergessen, weil sich im Frühlinge darauf etwas angefangen hat, was mir auf ewig in dem Herzen bleiben wird. – – Ach du guter, du heiliger Gott! das werde ich gewiß nie, nie, nie vergessen können!

Es verging der Schnee so gemach, daß alles offen und grüner wurde als sonst, und daß in den tiefsten Tiefen schon die Bäche zu einer Zeit wieder rauschten, wo wir sonst noch manche weiße Inseln auf den Feldern sahen. Es wurde bald warm, und die Wässer des Schnees, die wir so gefürchtet hatten, waren nicht vorhanden. Sie waren entweder in die Erde eingesickert, oder rannen jetzt in den schönen, plätschernden Bächen durch alle Täler dahin. Die Bäume belaubten sich sehr bald, und wunderbar war es, daß es schien, als hätte ihnen die Verwundung des Winters eher Nutzen als Schaden gebracht. Sie trieben fröhliche junge Schossen, und wo einer recht verletzt war und seine Äste gebrochen ragten, und wo mehrere beisammen standen, die sehr kahl geschlagen waren, kam eine Menge feiner Zweige, und es verdichtete sich immer mehr das grüne Netz, aus dem die besten, fettesten Blätter hervor sproßten. Auch die Obstbäume blieben nicht zurück. Aus den stehen gebliebenen Zweigen kamen die dichten Büschel großer Blüten hervor; ja wo die feineren Zweige fehlten, saßen in den Augen der dicken, selbst der Stämme, Büschel von Blüten, waren sehr groß und hielten sich fest, da sie doch sonst in anderen Jahren, wenn sie auch kamen, klein blieben und wieder abfielen.

Als der erste Schnee weg ging und der spätere, den mancher Apriltag noch nieder werfen wollte, sich nicht mehr halten konnte, als die Erde schon gelockert und gegraben werden konnte, kam der Obrist in unsere Gegend. Er hatte sich schier das ganze obere Hag eigentümlich gekauft, und begann an dem Eichenhage die Grundfesten eines Hauses aufwerfen zu lassen. Es war beinahe genau die Stelle, von der ich schon früher zuweilen gedacht hatte, daß hier eine Wohnung sehr gut stehen und recht lieblich auf die Wälder herum blicken könnte. Ich kannte den Obrist nicht. Ich wußte nur – und ich hatte es bei dem Wirte im Rothberge gehört, – daß ein fremder, reicher Mann in Unterhandlung um das obere Hag sei, und daß er sich ansässig machen wolle. Später sagte man, daß der Handel geschlossen sei, und man nannte auch die Summe. Ich hielt nicht viel darauf, weil ich solche Gerüchte kannte, daß sie bei wahren Veranlassungen gewöhnlich sehr gerne über die Wahrheit hinaus gehen, und ich hatte auch keine Zeit, mich an der wahren Stelle um den Sachverhalt zu erkundigen, weil jener Winter gerade viel mehr Kranke brachte als jeder andere. Im Frühlinge hieß es, daß schon gebaut werde, daß Wägen mit Steinen fahren, daß man im Sillerwalde das Bauholz behaue, welches der Zimmermann in Sillerau schon am vorigen Herbste hatte fällen lassen, und daß man bereits die Grundfesten grabe. Ich ging eines Nachmittages, da ich Zeit hatte, hinauf, weil es von meinem Hause nicht weit ist, und weil ich ohnedem gerne dort hinübergehe, wenn ich zum Spazieren eine kleine Zeit habe. Es war wahr, ich fand eine Menge Menschen mit Ausgrabungen an dem Platze beschäftigt, wo man das Haus bauen wollte. Die meisten kannten mich und lüfteten den Hut oder grüßten auf andere Weise. Viele von ihnen hatten bei mir gearbeitet, als ich in dem nämlichen Zustande mit meinem neuen Hause war. Hier aber wurde mit viel mehr Händen und mit viel mehr Mitteln zugleich angefangen, als wollte man in sehr kurzer Zeit fertig werden. Ich sah auch schon eine Menge Baustoff herbei geschafft, und in einer hölzernen Hütte wurde vielfach an den künftigen Tür- und Fensterstöcken gemeißelt. Sogar der Garten, der neben dem künftigen Hause sein sollte, wurde schon seitwärts des Eichenhages abgesteckt. Ich sah den Baueigentümer nirgends, und als ich fragte, antwortete man mir, er sei jetzt selten gegenwärtig, er sei nur einmal gekommen, habe alles besichtigt, und habe dann den weitern Verlauf des Werkes dem Baumeister aufgetragen. Wenn es aber wärmer werde, dann werde er ganz hieher kommen, werde in einem hölzernen Hause wohnen, das er sich neben dem Eichenhage errichten lasse, und werde im Herbste schon ein paar Stuben des neuen Hauses beziehen, die zuerst fertig sein und bis dahin gehörig austrocknen werden.

Ich sah mir die Sache, wie sie hier begonnen wurde, sorgfältig an, und der Plan, wie ihn mir der Werkführer auseinandersetzte, gefiel mir sehr wohl.

Ich fragte gelegentlich auch um den Bauherrn und erfuhr, daß es ein alter Obrist sei. Weiter wußten die Leute selber nichts von ihm.

Dann ging ich wieder in meine Wohnung hinunter.

Ich baute selber in diesem Frühjahre wieder weiter. Da wir bereits genug Steine im Vorrate zusammengeführt hatten, wurde die Gartenmauer angefangen. Die lieben, schönen Obstbäumchen, die ich hatte bringen lassen, schlugen in dem allgemeinen warmen, feuchten Frühlinge sehr gut an; die Blätter waren auf ihre Art fast zu groß und zu dunkel, und die Zweige waren strotzig und breiteten sich in kurzer Zeit sehr breit um die Stämmchen aus. Auch die Gemüsebeete, die ersten, die ich hatte, dehnten sich schön grün in den Strahlen der Sonne hin. Die Blumen, die Rosensträuche nämlich, die Flieder und andere – alles, alles begann sich zu rühren. Wegen der Tulpen, wegen der Zucht der Hyazinthen durch Samen und wegen der Nelken und anderer mußte ich mich erst mit dem Kaufherrn in Gurfeld bereden; denn alles konnte nicht auf einmal sein. Die Stuben im oberen Stocke sollten diesen Sommer alle hergerichtet, mit Öfen versehen und fertig sein, daß ich daran gehen könnte, sie mit Geräten zu schmücken. Ich wollte alle Stuben des Stockwerkes zu meiner Wohnung bestimmen, das will sagen: die Eckstube, zu der man aus der roten Gartentür, zu der ich immer den Schlüssel führe, hinauf kann, sollte mein Schlafgemach sein, wie sie es jetzt schon ist, nur mußten alle Geräte noch anders werden. Außer dem Bette mußten allerlei Gerüste zu Schreibereien und Büchern darin sein, damit ich gleich meine Geschäfte in Ruhe versehen könne. Daran soll das wahre Schreibgemach und auch Wohngemach stoßen. Es werden wohl noch viele Jahre vergehen, ehe ich mir werde das Schreibgerüste schnitzen lassen können, auf das ich sinne, an dem ich schon mehrere Jahre zeichnete und es änderte, und zu dem jetzt immer noch nicht angefangen worden ist. Aber es wird kommen, und die Kästen werde ich mir selber zeichnen und machen lassen. Dann sollen die anderen

Zimmer hergerichtet und geordnet werden, daß man von einem in das andere gehen könne. Die achteckige Kammer, die ich am Anschlusse der zwei Seiten des Hauses eigens habe machen lassen, ist wie eine Kapelle, und könnte, wenn man wollte, zu einer dienen. Wo man speisen soll, wenn ich allein bin, oder wenn Leute bei mir als Gäste sind, diese Stube soll zur Erde sein, links, wo die vorzüglichste Treppe von dem Hofe hinauf führt, und wo rechts der Gang ist, in dem man zur Küche und zur Speisekammer gelangen kann. An der andern Tür, die weiter hinten in dem Hofe ist, und von welcher auch eine Stiege in das Haus hinauf führt, neben dem Thomas vorbei, der nahe an meinem Gemache schläft – an dieser Tür soll hinterwärts der Kammer, wo jetzt Gottlieb ist, gegen den Garten hin eine Stube gemacht werden, in der ich Getäfel und alle Schnitzerei anbringen lassen werde, die ich liebe. Vielleicht, dachte ich, wenn Gott mein Wirken segnet, lasse ich mir mehrere Zimmer täfeln, weil es so schön ist. Neben dem Kajetan, und an der Scheuer und Wagenlaube sollte erweitert werden, weil ich wieder einen Acker an mich gekauft hatte.

Ach! alles im ganzen ersten Stockwerke sollte desselben Sommers fertig sein, und jetzt, da ich dieses schreibe und schon der dritte Sommer ist, sind kaum die weißen Fenstervorhänge da, welche mir Maria, die alte Haushälterin, heraufbrachte, und welche ich, weil sie mich sehr darum bat, gutwillig annahm.

Wann werden die Dinge fertig sein, an denen ich so viele Freude hatte, – ich muß es sagen, bei denen mir das Herz vor Freude hüpfte?!

Der schönste Frühling kam, alles drängte, blühte und schauerte von Fülle. Alle Hügel waren grün, die Felder wogten; auch die neuen, die man erst heuer an dem Mitterwege hinauf, wohin die Fenster des Hauses des Obrists recht schön werden schauen können, angelegt hatte, wallten in der schönen blaugrauen Farbe des Kornes. Die schöne Fichte an meinem Sommerbänkchen war bedeckt mit den kleinen gelben, wohlriechenden Blütenzäpfchen; alles Laubholz schwankte in den neuen, lichteren, grüneren Kronen; selbst die ferneren Nadelwälder standen nicht so schwarz da, sondern gewannen durch die neuen Ansätze, die sie im Beginne der wärmeren Jahreszeit treiben, das sanftere Dämmern und das weichere Ferngrün, in dem sie im Frühlinge stehen; und wenn man in ihnen ging, so war überall ein frisches Harzduften, und sie rührten sich gleichsam in allen Zweigen und Ästen von dem Schreien und Singen und Lärmen der Vögel. Wir hatten unsere jungen Rappen heraus getan, und übten sie schon teilweise im Fahren, aber nur sehr wenig, daß sie nur lernten, daß sie sich zusammen gewöhnten, sich im Sommer und Winter über einübten und im künftigen Jahre abwechselnd gebraucht werden konnten. Der leichte Wagen, den ich für sie bestellt hatte, und in dem ich alle die Fächer und Einrichtungen, wie ich sie brauche, selber angegeben hatte, sollte noch im Anfange des Sommers fertig werden, und es war in der Wagenlaube schon der Platz bestimmt, auf dem er stehen sollte. Wir hatten viele Leute, die im Hause arbeiteten, daß es in der Vollendung weiter schreite; alles regte sich, wenn ich nach Hause kam und zusah. Und wenn dann das Abendbrod vorüber war und sich alle entfernten, schaute ich oft wie schön, wie freudig und wie schmerzlich in die helle, rote Glut der Abendwolken, wie sie hinter dem schwarzgezackten Rande des entfernten Waldes hinauszogen, ehe ich dann ein Licht anzündete, die Vorhänge herab tat, und auf dem Papiere anzeigte, was ich heute erfahren habe, und was ich morgen unternehmen sollte.

In dem Knaben Gottlieb hatte ich mich nicht getäuscht. Wie gleich meine Meinung gewesen war, daß er wieder gesund werden würde, so hat es sich bestätigt. Er war eigentlich von der Natur aus gesund, und nur durch schlechte Nahrungsmittel war er so herab gekommen gewesen. Er sah jetzt aus wie eine Rose, war heiter, und wenn er so bleibt, dachte ich, werde ich ihn im Sommer das Heilwasser gar nicht mehr trinken lassen. Ich bin ihm darauf gekommen, daß er sich immer sehr gerne etwas bei den Füllen zu tun machte; er liebte die Tiere, das mag daher kommen, weil er sie früher nebst anderen bei Gregordubs gehütet hatte. Er hätte gerne die Rappen überhaupt auf sich genommen, aber das taugte nicht für ihn. Ich nahm einen Mann, der täglich zu uns kommen mußte, daß er ihn unterrichte, und ich ließ ihm von meinen Kleidern einen neuen Anzug machen. Ich gebe ihn schon nicht mehr weg. Die Pferde habe ich alle und im ganzen dem Thomas anvertraut, weil er den Fuchs bisher so geliebt und ihn so geschickt behandelt hat.

In jenen Tagen kam die Nachricht, daß der Obrist mit seiner Tochter in seiner neuen Heimat angelangt ist. Sie haben sich eine hölzerne Hütte recht bequem gebaut. Dieselbe hat drei Zimmer, eine schöne Küche und eine große Stube für die Mägde. Ein Diener, der mit dem Obrist gekommen ist, hat einen Verschlag neben der Stube seines Herrn, in dem er schläft. So wollen sie sich behelfen, bis einige Zimmer des neuen Hauses zu bewohnen sind, in welche sie dann einziehen werden. Diese Dinge habe ich gehört, und habe nicht weiter darauf geachtet. Ich hatte wohl früher schon die Hütte selber aufschlagen gesehen, und hatte bemerkt, daß der Bau des Hauses aus der Erde hervor gerückt sei; aber da ich länger nicht zu der Stelle hinauf gekommen war, wußte ich nicht, wie weit die Sache jetzt sei, und kam auch ferner nicht hinauf.

An einem Sonntage in der Kirche sah ich sie zum ersten Male, den Vater und die Tochter. Ich fahre gerne, wenn ich Zeit habe, zum Hauptgottesdienste hinaus, sonst muß ich mit dem Frühgottesdienste vorlieb nehmen, den ich im Sommer, wo ich zeitlich ausfahre, oft schon weit von meinem Hause entfernt, in einer Ortskirche anhöre. Der sehr alte Pfarrer von Sillerau, der eben, als ich aus meinem Wagen stieg, von dem Pfarrhause in die Kirche hinüber ging, sagte zu mir: »Seid Ihr mit Eurem neuen Nachbar herüber gefahren, Doktor?«

»Nein,« antwortete ich, »ich kenne ihn noch gar nicht.«

»So ist er allein heraus gekommen«, sagte der Pfarrer; »denn da steht ja schon sein Wagen, er kömmt jeden Sonntag, und da ich Euch heute auch hier sehe, meinte ich, Ihr seid gleich hinter einander heraus gefahren.«

»Ich habe freilich diese Sonntage her nicht kommen können,« antwortete ich, »weil es zu viele Hülfsbedürftige gab, und ich war genötigt, mein göttliches Wort bald in dieser Kirche zu suchen, bald in jener; in der Dubs, im Haslung, und einmal war ich gar schon in Pirling draußen.«

»So ist es, so ist es,« sagte der alte Pfarrer, »Ihr habt viel zu tun und müsset an manchen Orten helfen. Der Kirchen gibt es ja auch andere. So sind die Kranken wieder mehr geworden?«

»Nein,« antwortete ich, »sie sind um viele weniger als in der vorigen Woche; der Frühling hilft mir, und in dieser guten Luft werden alle gesund, daß ich eine große Freude habe. Darum konnte ich ja heute mit Ruhe zu Euch heraus fahren.«

»Das ist schön, das ist schön. Nun so werdet Ihr Euren neuen Nachbar in der Kirche sehen. Er ist ein sehr vorzüglicher Mann, und gar nicht stolz, wenn auch alle Leute sagen, daß er sehr reich und vornehm sei. – Ich wünsche Euch einen sehr gesegneten Morgen, Doktor.«

Mit diesen Worten verbeugte sich der Pfarrer, und ging, das schneeweiße Haupt ein wenig vorgebeugt, über den schönen Rasenplatz, der vor der Kirche ist, dem kleinen Pförtlein zu, das in die Sakristei führt.

Ich hatte ihm sehr ehrfurchtsvoll gedankt, und blieb noch ein wenig, um den Wagen des Obrists anzuschauen. Es waren braune Pferde vorgespannt, nicht mehr gar jung; aber schön gehalten, und sehr frisch. Der Wagen war wohl gebaut und gut. Der Knecht sagte mir, daß er später ausspannen und in die Kirche gehen werde, wie es mein Thomas auch immer tut. Die Pferde stehen in dem trocknen und reinen Stalle des Wirtes gut genug. Die vielen und mancherlei Wägelchen der Bauern, die von der Ferne zur Kirche gefahren kommen, bleiben angespannt auf der Gasse, die Tiere werden angebunden, und einige Leute des Wirtes sind auch schon angewiesen, auf sie die Aufsicht zu führen.

In der Kirche sah ich den Obrist. Ich erkannte ihn sogleich vor den andern. Er saß mit seiner Tochter vorne in dem Querstuhle. Mein Sitz ist in der Mittelreihe neben den Bewohnern des Hanges. Ich habe ihn mir erst recht spät nach dem Tode meines Vaters bestellen können. Der Obrist hatte einen schwarzen Rock von Sammet an, darauf sein weißer Bart, den er gestutzt trug, mit sanftem Scheine niederfiel. Sein Haupthaar sah ich mit Freude an: es war länger, als man es gewöhnlich trägt, war glänzend weiß und fiel sehr reinlich gekämmt gegen den Nacken zurück. Daraus sah das Angesicht mit den vielen feinen Falten und den weißen Augenwimpern heraus. Seine Tochter war auch in Sammet, aber in dunkelgrünen gekleidet. Ihre braunen Haare waren über der Stirne abgeteilt. Ich kann die bestaubten Perücken, die man aufsetzt, nicht gerne anschauen, darum gefiel es mir, daß beide so gekleidet waren.

Als ich aus der Kirche kam, mich in meinen Wagen gesetzt hatte und nach Hause fuhr, sah ich sie, da ich einmal umschaute, hinter mir in einiger Entfernung nachfahren. Allein, da mein Thomas auf die Vortrefflichkeit unseres Fuchses stolz ist, und wahrscheinlich wußte, daß die Braunen hinter uns liefen, holten sie uns nicht ein. Wo der Weg dann abwärts lenkt gegen Thal ob Pirling, fuhren sie seitwärts hinüber gegen das Hag, wo ihr Haus steht. Die Braunen liefen gut, wie wir es sehen konnten, sie hielten die schöne Richtung, und es flog unter ihnen der Staub des Feldweges auf.

Man hat den Ort, wo mein Haus steht, immer den Hang oder auch Waldhang genannt. Dies war noch so, als mein Vater seine Hütte bewohnte, auch noch so, als ich nach Prag ging: aber wie die Häuser mehrere wurden und Zahlen erhielten, nannten sie uns Thal ob Pirling. Dieses erscheint darum so, weil wir, obwohl wir in einem Tale sind, viel höher liegen als Pirling, zu dem unsere Wässer hinab fließen. Ich kann mich an eines nicht gewöhnen, und sage und schreibe, wie das Volk, bald das eine, bald das andere: Hang oder Thal ob Pirling.

Da die Kranken immer weniger wurden, gleichsam als wollte der Frühling alles gut machen, was der Winter, namentlich sein Ende, Übles getan hatte, das so viele Krankheiten, wenn auch wenig Tod gesendet hatte – so gewann ich Zeit, nicht bloß bei der Arbeit in meinem Hause nachzuschauen, sondern auch manchmal in der Gegend herum zu gehen, wie ja das Gehen meine Gewohnheit ist, und wie ich, wenn die Kranken weniger sind, in den Wäldern herum gehen muß, Pflanzen anschauen und nach Hause nehmen, oder unter einem Baume sitzen, etwas lesen, oder etwas auf ein Papier aufschreiben, oder gar nur auf die Täler und Waldrücken hinaus schauen, die so schön sind, und auf denen das liebe Blau liegt, und aus deren Schoße manchmal ein dünner, lichter, freundlicher Rauchfaden aufsteigt. So kam ich einmal durch das Eichenhag, das ich sehr liebe, hervor und wollte den Bau des Hauses ein wenig anschauen. Da ich im Grase stand, kam der Obrist über ein Brett zu mir herüber, lüftete sein Barett, grüßte mich und sagte: »Ihr seid der junge Arzt, von dem in der ganzen Gegend so viel Gutes gesagt wird.«

»Ich bin der Arzt,« sagte ich, »jung bin ich auch, und wenn die Gegend Gutes sagt, so vergißt sie, zuerst dem zu danken, von dem alles Gelingen kömmt; ich kann nichts tun, als das Gelernte anzuwenden. Wenn ich Dank verdiene, so könnte es eher sein, weil ich auch zuweilen außer meinem ärztlichen Berufe mich bestrebe, den Leuten einiges Gute zu tun.«

»Weil ich Euch hier bei meinem angefangenen Werke sehe,« fuhr der Obrist fort, »so erlaubt, daß ich Euch eine Bitte vortrage. Ich will hier, in dieser ursprünglichen Gegend, den Rest meines Lebens zubringen. Darum möchte ich mit einigen Nachbarn, mit denen ich in Beziehungen geraten werde, und die ich nach ihrem Rufe schon im voraus schätzen muß, in liebe Bekanntschaft und freundlichen Umgang kommen. Erlaubt mir daher, daß ich Euch in diesen Tagen in Eurem Hause einen Besuch abstatte, der mir als dem Ankommenden und Fremden geziemt, und der als Anfang guter Nachbarschaft gelten möge. Meine Tochter müsset Ihr entschuldigen. Ich werde sie nicht mitbringen; denn da Ihr unvermählt seid, möchte es sich nicht schicken, daß ich sie Euch ins Haus führe. Sagt mir, wenn ich Euch in Euren Arbeiten am wenigsten beirre?«

»Ich werde es mir zur Ehre rechnen, Euren Besuch zu empfangen,« antwortete ich, »und weil Ihr so gut seid, Euch nach meiner Zeit richten zu wollen, so wählet die Nachmittagszeit um zwei Uhr, drei Uhr, oder vier Uhr; vormittags bin ich nie zu Hause, weil ich zu denen muß, die auf mich harren.«

»Ich werde zu dieser Zeit kommen«, antwortete er. »Ihr baut ja auch,« fuhr er fort, »da Ihr also an dieser Sache

Anteil nehmt, so besehet ein wenig diese Anlage, Ihr werdet schon daraus zum Teile entnehmen können, wie das Ganze werden wird. Ich möchte für mich und die Meinigen für diesen Herbst schon ein Plätzchen fertig haben, darin ich den Winter notdürftig zubringen könnte. Denn seht, ich habe den Entschluß, daß ich nicht wieder fort gehen und mein angefangenes Werk allein stehen lassen mag. Im nächsten Sommer wird dann weiter gearbeitet. Unter Dach und Fach aber möchte ich bis Mitte dieses Sommers sein.«

Er begleitete mich, da ich nach diesen Worten in den Bau hinein ging, selber in denselben, und setzte mir, da wir darin herum gingen, den allgemeinen Plan auseinander. Da wir noch Verschiedenes, aber hauptsächlich über das Bauen gesprochen hatten, beurlaubte ich mich und nahm meinen Weg nach Hause. Er begleitete mich bis an die Grenze seines Besitztumes, die durch abgesteckte, weit auseinander stehende Pfähle angezeigt war.

Das war also der Anfang dieser Bekanntschaft.

Ich erkannte im Hinabgehen zum Hange gleich, daß er viel geschickter, ineinandergreifender und auch viel schneller baue als ich. Er mußte in dem Dinge bedeutend mehr Erfahrung besitzen.

Als ich zu Hause angelangt war, besuchte ich noch meine Leute, diese grüßten mich freundlich, und arbeiteten lustig fort, während die warme Luft durch die leeren Räume meiner Zimmer strich und schöne weiße Frühlingswolken über den Wald her bei den Fenstern herein schauten. Kajetan trieb die Rinder bei dem Gittertore herein, die Mägde trugen Wasser, weil der Brunnen, der mitten in meinem Hofe sein sollte, immer noch nicht angefangen war, und den Thomas hörte ich aus dem Stalle, wo er mit den Pferden beschäftigt war, bis in meine Stube herauf singen.

Nach zwei Tagen kam der Obrist zu mir zum Besuche.

Er war vom Hage herab gegangen. Er hatte wieder einen dunkeln Rock, dazu die weißen Haare gut standen; auf dem Haupte hatte er aber kein Barett, sondern einen Hut, wie sie bei den Soldaten in der Armee gebräuchlich waren, und in der Hand trug er ein Rohr mit einem schönen Knopfe.
Ich führte ihn in meine Stube hinauf; denn ich hatte ihn kommen gesehen und war ihm entgegen gegangen. Wir setzten uns nieder und redeten eine Weile. Er fragte mich um meine Wirksamkeit, und ich setzte ihm dieselbe aus einander. Dann sprachen wir über die Leute, wie sie so in dem Walde vorkommen, und wie sie fügsam oder unfügsam sind. Wir sprachen von den Pflichten der Kirche und Schule, und von denen der Bürger und Untertanen. Bei dieser Gelegenheit erfuhr ich, daß er sein Besitztum so erkauft habe, daß es ganz frei ist, ohne Hörigkeit und Lasten, die er schuldig sei. Als er aufstand, zeigte ich ihm mein Haus, wie er mir das seinige gezeigt hatte, und sagte ihm, was ich für Pläne hatte. Er lobte alles und sagte doch hie und da etwas, aus dem ich lernen konnte. Ich zeigte ihm auch meine jungen Pferde, die ihm sehr gefallen hatten. Er mußte viel mit Pferden umgegangen sein. Die Rinderzucht des Kajetan lobte er auch, und bat mich, wenn ich überhaupt Kälber aus diesem Schlage weggebe, daß ich ihm einige zukommen lassen möchte, er würde sich aus dieser Zucht einen Anfang zu der seinigen wählen. Ich versprach es ihm gerne.
Da er fortging, begleitete ich ihn ebenfalls, wie er mich begleitet hatte. Ich ging mit ihm bis über die Stelle hinauf, wo die Hütte meines Vaters gestanden war. Dort sagte ich ihm, daß hier die Grenze meiner Besitzung sei, und daß ich mich hier beurlauben werde. Als wir Abschied nahmen, als er mir die Hand reichte, als wir so beisammen standen, er, der alte Mann, und ich, der ganz junge – als ich ihm dann, da er fort war, ein wenig nach-

schaute und darauf wieder gegen mein Haus hinab ging, dachte ich: es ist gut, daß dieser Mann gekommen sei, daß ich mit ihm reden könne, daß ich mit ihm umgehe und von ihm etwas lerne.

Nach zwei Tagen, ebenfalls Nachmittag, wo ich wieder ganz frei war, erwiderte ich seinen Besuch. Ich habe nämlich nicht dafür gehalten, daß mein zufälliges Zusammentreffen mit ihm bei seinem Baue für einen Besuch zu rechnen sei. Ein alter Diener, den ich fragte, führte mich in das hölzerne Haus hinein. Der Hauptgang des Hauses, der an der Küche vorüber führte, hatte zwei Türen gegenüber, die eine rechts, die andere links. Der Diener führte mich durch die Türe rechts zu dem Obristen hinein. Er saß auf einem niederen Holzstuhle und fütterte selber die zwei schönen Wolfshunde, die ich dazumal zum ersten Male sah, und die mich jetzt so lieben. Die Hunde knurrten auf mich, weshalb er einige Worte zu ihnen sagte, auf die sie sich sogleich, wie im Verständnisse, beruhigten. Das Zimmer war sehr leicht, nur aus genagelten Brettern aufgeführt, einige Koffer standen da, Papiere und Bücher lagen herum, und die wenigen Geräte waren aus weichem Holze zusammengeschlagen.

Der Obrist stand auf, als er mich herein gehen sah, legte die Dinge, die er in der Hand hatte, weg und sagte: »Seid gegrüßt, Doktor, ich muß die eingebildeten Narren manchmal selber füttern, sie meinen, was sie nicht Gutes bekommen, wenn ich ihnen etwas hinein schneide. Wir sind ein wenig weit spazieren gewesen. Wir waren durch das ganze Eichenhag hindurch und gar oben auf den Weiden. Da habe ich selber erst spät mein Mittagmahl gehalten, und dann meinen zwei Begleitern das ihrige gegeben. Ich wollte Euch zum Sitzen einladen, wenn hier etwas wäre, darauf man mit gutem Fuge sitzen könnte.«

Ich legte mein Barett ab und saß auf einen hölzernen Stuhl neben dem tannenen Tische nieder, an dem er stand.

Der Obrist gab den zudringenden Hunden noch schnell den Rest, den er bei meinem Eintritte weggelegt hatte, rückte sich dann einen zweiten Stuhl an den Tisch und setzte sich zu mir nieder.
Wir sprachen wieder von verschiedenen Dingen, wie es bei einem solchen Besuche der Fall zu sein pflegt. Dann sagte er, er wolle mir seinen Bau zeigen, wie ich ihm den meinigen gezeigt hätte. Wir gingen in das Haus, sahen herunten alles an, und stiegen dann auf die Gerüste und betrachteten den bisherigen Fortgang. Er führte mich auch in die Hütte, wo die Steinmetzarbeiten gemacht wurden, und zu dem Platze, wo man mit Kalkbrennen und mit Löschen desselben beschäftiget war. Ich sah, wenn der Mann in diesem Sommer mit dem Hause fertig werden wolle, daß dies auf die Weise kaum gehe, wie es bisher betrieben worden war. Und in den Herbst und Winter hinein konnte er ja doch nicht in den Bretterstuben wohnen bleiben, wenn die Gemächer, die er im neuen Hause beziehen wollte, nicht gehörig ausgetrocknet wären. Ich trug ihm daher an, ich wolle ihm für diesen Sommer alle meine Leute, welche bei der Förderung meines Hauses arbeiteten, überlassen, da er sonst doch keine andern bekäme. Bei mir wäre es einerlei, ob ich sie habe oder nicht. In meinen Stuben, die einmal zu unserer Unterkunft eingerichtet wären, könnten wir fort wohnen, sie bedürfen keiner weitern Vorrichtung, und die andern Gemächer könnten heuer so gut leer bleiben und unvorgerichtet, wie sie es im vorigen Jahre gewesen sind. Im nächsten Sommer würde ich sie dann schon machen lassen, und er und ich, wir könnten uns dann in die Leute teilen, wie wir es für zweckmäßig fänden.
Der Obrist sah ein, daß dieser Vorschlag gut sei, und nahm ihn sehr gerne an.
Da er mir noch die ganze Bretterhütte gezeigt hatte, wie sie eingerichtet sei, freilich schlecht und nur zu dem

augenblicklichen und sommerlichen Bedürfnisse auslangend, da wir auch in dem Behältnisse gewesen waren, in dem derweilen die Braunen standen und der Wagen aufbewahrt wurde, gingen wir wieder in sein Gemach, wo ich ihn zuerst mit den Hunden angetroffen hatte. Als wir uns in dem Gange befanden, aus dem man durch die Tür rechts in sein Gemach kömmt, öffnete er die Tür links, die gegenüber war, und rief hinein: »Margarita, komme dann auf einen Augenblick zu mir herüber.«
Nach einem kleinen Weilchen, da wir wieder an dem tannenen Tische saßen, ging sie bei der Tür herein. Sie war heute in ganz weißen Kleidern, und diese Kleider hüllten sich recht gut um ihren Körper. Da sie näher trat, war sie in dem ganzen Angesichte sehr errötet. Der Obrist stand auf, ich auch sogleich, er nahm sie bei der Hand, stellte sie vor mich und sagte: »Margarita, das ist der Arzt, der unten im Hange wohnt. Er ist ein sehr rechtschaffener Mann. Wenn wir ihn auch noch nicht näher kennen, so spricht doch der allgemeine Ruf nur lauter Gutes von ihm. Du wirst in ihm, wie ich mir zu hoffen getraue, in Zukunft unsern guten Nachbar und unsern Freund verehren.«
Dann sagte er, indem er sich zu mir wendete: »Diese ist meine Tochter Margarita, sie hat nur mich allein, und wohnt jetzt mit mir in dieser Bretterhütte, und wird dann mit mir in dem Hause wohnen, wenn es einmal fertig geworden ist.«
Sie hat zu diesen Worten nichts gesagt, sondern nur die Augen niedergeschlagen und sich verneigt.
»Du kannst nun schon wieder hinüber gehen in dein Zimmerchen, mein Kind«, sagte er.
Worauf sie sich noch einmal verneigte, und fort ging.
Wir blieben noch eine Weile bei einander sitzen, und dann nahm ich Abschied und ging nach Hause.
Am andern Tage sagte ich meinen Arbeitern, was ich für

ein Abkommen mit dem Obrist getroffen habe, und daß sie nun fürder bei ihm arbeiten werden, der ihnen in Anbetracht der Nötigkeit des Dinges einen etwas größeren Lohn geben wolle als ich, wenn sie in den neuen Vertrag willigen wollten. Wir hätten es, nämlich er und ich, so ausgemacht. Sie willigten alle ein, und zogen dieses Tages mit ihren Werkzeugen und Vorrichtungen von mir fort, und standen am nächsten Tage bei ihm ein.

Nachdem wir diese zwei Anfangsbesuche gemacht hatten, wobei wir beide in unsern schönsten Kleidern waren, ging die Sache schon in einem leichteren Geleise. Die Krankheiten des Winters hatten sich so glücklich gehoben, und der Gesundheitszustand des schönen Sommers war so vorzüglich geworden, daß ich viele Zeit frei hatte und zu meinem Belieben verwenden konnte. Das Bauen hatte für mich eine solche Annehmlichkeit gewonnen, und meine Zimmer und mein Haus erschienen mir so leer, seit ich die Leute zu dem Obrist hatte hinauf gehen lassen, daß ich öfter selber in das Hag hinauf ging, um dem Bauen zuschauen zu können. Die Sache ging jetzt wirklich sichtbar rascher, seit er die mehreren Hände gewonnen hatte, als früher, obwohl es da auch, wie ich schon gesagt habe, viel schneller von statten ging als einstens bei mir. Der Obrist kam auch häufig zu mir, und wir sahen sehr bald schon nicht mehr darauf, wer dem andern einen Besuch aus Höflichkeit schuldig sei oder nicht, sondern wie es einen anmutete, daß er zu dem andern gehen sollte, nahm er sein Barett und ging. Es ist eine wahre Freude für mich geworden, die Gespräche dieses Mannes anhören zu können, und es tat mir auch wohl, von dem, was ich dachte, was ich erforschte, und was ich für die Zukunft vor hatte, zu ihm reden zu können. Ich war jetzt gewöhnlich vor meinem Mittagsmahle schon mit meinen Tagesgeschäften fertig, und ging nachmittags, wenn die Sommersonne wie ein glänzendes Schild zu den Abendwäldern sachte hinüber ging, gerne zu ihm hinauf, um die Zeit bis zu dem lauen Abende mit ihm zubringen zu können, worauf ich wieder heim ging, um mich bei meinen Forschungen und bei meinen Vorbereitungen für den folgenden Tag zu beschäftigen. Wenn ich eines Tages länger aufgehalten war, und vielleicht nach dem Essen etwas mehreres anzuordnen hatte als gewöhnlich, weil da die Boten warteten, die ich mit Mitteln zu den verschiedenen entfernten Kranken schicken mußte, von denen sie gekommen waren: so kam er schon herunter und sagte, er wolle sehen, ob ich krank sei, oder ob ich so viel zu tun hätte, daß ich nicht zu ihm hinauf kommen könnte. Wenn er dann sah, daß ich nur so viel zu schaffen gehabt hatte, daß ich nicht zu ihm kam, war es ihm schon recht.

Seine Tochter Margarita war sehr schön. Ich habe einmal eine in Prag gekannt, Christine, die Tochter eines Kaufherrn, die sehr schön gewesen ist, aber Margarita war viel schöner.

Das einzige, was in meinen Sachen dieses Sommers gefördert wurde, war der Wagen, welchen ich für die zwei jungen Pferde bestellt hatte, und welcher ankam. Wir versuchten die Tiere darin, und der Obrist war herunten, und gab uns in vielen Kleinigkeiten hiebei seinen Rat, der uns außerordentlich zum Vorteile war. Er nahm einmal sogar selber die schlanken Rappen in die Leitriemen zusammen und fuhr mit ihnen so geschickt den Weg entlang, als wären sie seine Wolfshunde, die ihm sehr folgen. Der Wagen war schön, leicht, und war in seinen Einrichtungen und in seiner Gestalt zu meiner Zufriedenheit ausgefallen. Der Obrist zeigte dem Thomas mehrere Anstalten, wie er die jungen Pferde behandeln solle, damit sie im besten Gedeihen fort lebten.

Mehrere Tage nach der Sonnenwende wurde das Dach auf das Haus des Obrist gesetzt. Es war der Richter der oberen Häuser, worunter das Hag gehört, zugegen, es war der alte Pfarrer von Sillerau mit dem Wagen des Obrists abgeholt worden, es war der Gutsherr von Tunberg mit seiner Frau und seinen Töchtern herein gekommen, es war der Vetter, der Wirt vom Rothberge, zugegen, und es waren mehrere Bauern und Nachbarn, die in den Waldhäusern herum wohnen, eingeladen worden. Als die letzte Sparre aufgerichtet worden war, an welcher der Fichtenwipfel befestigt war, an dem die bunten Bänder wallten, vorzüglich rot- und blauseiden – ich wußte damals noch nicht, warum diese Farben – als man unten die erste Latte angenagelt hatte, dann sogleich an ihr die nächst obere, und als es mit den vielen Händen, die beschäftigt waren, im Taktschlage rasch aufwärts ging, bis endlich die oberste und letzte am First befestigt war, und die drei Daraufschläge als Zeichen, daß es nun vollendet sei, nach den rollenden Axtschlägen noch einzeln erschollen waren: da erhob sich ein Zimmergeselle neben dem Fichtenwipfel in seinem Sonntagsstaate, von dessen Hute zwei lange, rote und blaue seidene Bänderenden herunter hingen, am Rande des Brettes stehend, das man über die obersten Querbalken der Sparren gelegt hatte, und sagte den Zimmermannsspruch auf uns herunter, die wir im Grase standen und hinauf schauten. Als er mit dem Spruche fertig war, nahm er eine Kristallflasche, die hinter ihm auf dem Brette gestanden war, schenkte sich aus der Flasche einen Wein, der in derselben enthalten war, in ein Glas, das er in der Hand hielt, und trank den Wein auf uns herunter grüßend aus. Dann warf er das leere Glas hoch in einem Bogen in das Eichenhag hinüber, daß es in den Ästen zerschellte. Hierauf reichte er die Flasche dem zunächst hinter ihm auf dem Brette Stehenden, welcher sich auch in ein Glas schenkte, austrank und das leere Glas in das Eichenhag warf. Und so taten alle hinter einander auf dem Brette stehenden Gewerksgesellen, bis es auf den letzten kam. Dieser nahm die Flasche, die bei ihm leer geworden war, zu sich, alle gingen sie auf den Querbalken seitwärts, kletterten an den Latten zum Rande des Daches herunter, kamen auf die Gerüste und gingen aus der letzten Stufe zu uns auf den Anger heraus. Die leere Flasche wurde dem Bauherrn übergeben, weil in sie Dinge verschiedener Art getan, sie dann verschmolzen und in den Grundstein vergraben werden sollte, wenn man sein Fest feiern würde. Als dieses geschehen war, wurde auf mehreren Tischen, die aus rohen Brettern in verschiedenen Gestalten zusammen geschlagen worden waren, ein Imbiß aufgesetzt. Alle, welche aus der Gegend helfen gekommen waren, standen an einem Tische. Es ist nämlich die Sitte, wenn an einem neuen Hause gelattet wird, daß alle aus der Gegend, denen es gefällig ist, zusammen kommen und helfen. Es ist da eine Auszeichnung, wenn man mit den Äxten, mit deren umgekehrten Häuptern die Lattennägel eingetrieben werden, einen schnell rollenden Taktschlag machen konnte, und wenn man sich dann in der Nachbarschaft zu rühmen vermochte, daß man ein Dach von so und so viel Geviertklaftern in so und so kurzer Zeit eingelattet habe. Am zweiten Tische stand der Zimmermeister mit seinen Gewerken und tat auch einen Spruch, als alle ihre Gläser gefüllt hatten und sie eben an den Mund setzen wollten. Am dritten Tische standen wir, die Geladenen, nebst dem Obrist, und an die andern Tische konnte gehen, wer da immer aus der Umgegend kam, namentlich die Armen, und sich Wein zum Trinken einschenken und einen Bissen vom Tische zum Essen nehmen wollte. Als der Spruch des Zimmermeisters aus war, und als man die ersten Trinkhöflichkeiten herum gebracht hatte, durften wir auch zu dem Tische der Gewerke gehen, es durften die andern herüber kommen und alle unter einander gehen und mit einander sprechen. Als der Imbiß aus war, und als man insbesondere den ärmeren gekommenen Gä-

sten Zeit gelassen hatte, alles, was auf ihren Tischen war, zu verzehren, ging man auseinander, und von den Werkleuten wurden die Tische eben so schnell auseinander geschlagen, als sie gestern auf dem grünen Rasen, wo früher keine Spur gewesen war, entstanden waren.
Am darauf folgenden Tage begann man die Deckung des Daches, und es wurden die Stuben, die der Obrist im Winter zu bewohnen gedachte, und welche bereits eingedielt waren, im Innern vorgenommen, daß sie heraus geputzt würden, daß man die Kamine verziere, die Fenster setze, und wenn die Mauern gehörig ausgetrocknet wären, sie mit einer sanften Farbe übertünche.
Der Sommer war aber auch so überaus günstig, wie selten einer über unsere schönen Wälder herabgekommen ist. Es war oft eine Reihe von Tagen hinter einander einer schöner als der andere, und wenn auch Wolken erschienen, so dienten sie bloß zur Verzierung des Himmels, indem sie am Tage in Silber und Edelsteinen schimmerten und abends in rotbrennenden Bändern und Schleiern über die Bäume, über die Berge und über die Saaten hinaus standen. Und weil der viele Winterschnee so langsam geschmolzen ist, so war trotz der langen Regenlosigkeit keine Dürre, sondern die tiefe, innere Feuchtigkeit der Erde machte ein Grün auf unsern Wäldern und Feldern, daß einem das Herz lachte, und die Quellen und Bäche der Täler hüpften und sprangen ohne Abgang des Wassers, als würden sie heimlich immer wieder von Geistern oder Engeln genährt.
Als das Haus des Obrists eingedeckt war, als alle Dielen und Fußböden gelegt waren, als man von außen die Mauern herab beputzt und die Fenster eingesetzt hatte, sah es, noch ehe die heißen Tage des Erntemonats vorüber gegangen waren, von außen aus, als ob es schon vollkommen fertig wäre. Die Gerüste und alle die Balken und rohen Werkzeuge des Baues waren entfernt, und das Haus

blickte, von dem dunklen Eichenhage sich abhebend, so schön auf die Waldstreifen und auf die Mitterwegfelder hinaus, wie ich es vorher gesehen hatte, daß es sein würde. Es ward fortan nur mehr im Innern fortgebaut, und gereinigt und verziert. Selbst der Garten ward sofort umgegraben und mit einem Gitter eingehegt, weil der Obrist noch im Herbste allerlei Knollen, Pflanzen und Bäume setzen wollte, daß er sich in dem nächsten Frühlinge darüber freuen könnte. Er schien zu eilen, weil er sich alt fühlte, und doch die wenigen Stunden seines Abends in seinem fertigen und herausgeputzten Hause zubringen wollte.

Als die goldgelben Wagen des Kornes und der Gerste in die Scheuern gingen, kamen eines Tages auch andere Wagen, die mit Truhen und Verschlägen bepackt waren. Sie enthielten Sachen des Obrists, mit denen er in die fertigen Gemächer seines Hauses einziehen wollte. Als die Dinge abgepackt, heraus genommen und nach ein paar Tagen gestellt waren, führte er mich in die Zimmer hinein. Das Haus des Obrists hat kein Stockwerk wie das meinige, sondern die Wohnungen sind an der Erde und nur um einige Stufen gehoben, weil unter ihnen Vorratskammern, Obstlagen und andere derlei kühle Behältnisse angebracht waren, deren kleine, vergitterte Fenster nur wenig oberhalb des Sandes des Gartenweges heraus schauten. Das Innere des Hauses enthält einen Gang, dessen eine Seite durch sehr große Glasfenster geschlossen ist, außer denen ein gläsernes Haus ist, in welchem Gewächse stehen. Die andere Seite enthält die Türen zu den Wohnungen; eine zu zwei Zimmern des Obrists, eine andere zu denen Margaritas. Zwischen beiden ist das Bücherzimmer; man kann aber durch dasselbe von dem Obrist zu Margarita kommen. Das eine Ende des Ganges, gleich neben Margaritas Tür, ist durch ein großes Zimmer geschlossen, das viele und große Fenster hat, weil das Zimmer ebenfalls bestimmt ist, im Winter Blumen und Gewächse zu enthalten. Das andere Ende führt in drei Zimmer, die noch nicht fertig sind. Zu beiden Enden des Ganges stehen sehr schief hinüber auf einer Seite die Gemächer der Diener, die Küche und anderes, auf der anderen der Pferdestall und das Wagenbehältnis. Die Scheuer ist weiter zurück gegen das Eichenhag, und neben ihr werden Ställe für andere Tiere gebaut. Als mir der Obrist seine zwei Zimmer gezeigt hatte, führte er mich auch zu Margarita hinüber. Hier verkündete sich die Reinlichkeit schon von außen; auf der breiten Schwelle, die zwischen dem Türfutter der sehr dicken Mauer ist, lag eine feine gelbe Matte aus Rohr, die genau in den Raum paßte, und diente, daß man sich die Sohlen abwische. Der Obrist klopfte an, und es tönte ein Herein. Wir gingen hinein und fanden sie mitten in dem ersten Zimmer stehen, und wahrscheinlich im Begriffe, zu sehen, wie all die Sachen stünden, und ob nichts abgeändert werden müsse. Eine Dienerin ging eben von ihr und hatte verschiedene Dinge auf dem Arme. Das Zimmer war ganz rein gefegt, es war kein Stäubchen, und die Dinge standen in der vollkommenen Ordnung. Die braunen Haare Margaritas legten sich so schön an das Haupt, und die braunen Augen blickten so klar wie das Zimmer. Das Mädchen ist so gesund, daß man nicht denken kann, wie es eine Krankheit beginnen sollte, hier Eingang zu finden. Sie zeigte uns die Sachen, wie sie gestellt seien, und fragte uns, ob es so bleiben könnte. Als wir beide sagten, daß es sehr gut sei, antwortete sie, daß sie die Dinge alle Tage anschauen werde, und da müsse sich schon zeigen, ob man es ändern solle. Wir gingen auch in das zweite Zimmer. Da stand hinter hohen, geschlossenen Vorhängen ihr Bettlein. Auf einem kleinen Tischlein war ein Kruzifix von sehr guter Arbeit. Gegenüber war ein Kasten, in dem nette Bücher standen, und daneben war ein

Tischlein, wo sie lesen konnte und ihre kleinen Aufsätze schreiben. Der Obrist führte mich durch das Bücherzimmer in seine Wohnung zurück. Es waren aber noch keine Bücher in dem Zimmer, sondern die Wände standen ganz leer.

In diesem Sommer trockneten die Mauerwerke so schnell, daß man es kaum glauben sollte; desohngeachtet schliefen der Obrist und Margarita immer in der hölzernen Hütte, und waren nur am Tage, wo alle Fenster offen standen, in ihrer Wohnung. Alles, sagte der Obrist, sollte so trocken sein, als es nur immer möglich ist, und dann würden sie erst im späten Herbste, wenn es in der Bretterhütte bereits zu kalt würde, ganz und gar in ihre Wohnung hinüber gehen. Auf gleiche Weise hielt er es mit den Dienstbotenzimmern und dem Stalle, die auch schon fertig und zu beziehen waren.

Als die Arbeit an dem Hause und deshalb auch die Aufsicht immer weniger wurde, gingen wir an den Nachmittagen, weil die Hitze sich milderte und die sanfteren Tage des Herbstes heran rückten, sehr viel in der Gegend herum. Wir gingen täglich spazieren. Ich führte den Obrist an manche Stellen der Wälder, wo der Eistag des Winters große Zerstörungen angerichtet hatte und die dorrenden Bäume noch über einander lagen; denn ich kannte viele Stellen sehr gut, und fand sie, wenn ich auf meinen Gängen die Wälder in verschiedenen Richtungen durchschnitt, oder oft ohne allen Weg über einen Bühel oder eine Waldschneide gerade herüber ging. Wir waren auch in der Höhle im Dusterwalde gewesen, in welcher der Josikrämer drei Tage und Nächte des Winters hatte zubringen müssen. Margarita war meistens mit uns. Wir gingen öfter durch das ganze Eichenhag hinaus, wir gingen über die Weidebrüche, in die entfernteren Ortschaften, auf einen Berggipfel, so zwar, daß schon manchmal die Sterne flimmerten und oberhalb uns das leise,

nächtliche Laub raschelte, wenn wir auf einem Waldwege zurück nach dem Hause des Obrists gingen.
Zuweilen besuchten sie mich auch in meinem Hause. Als Margarita zum ersten Male herunten gewesen war, zeigte ich ihr meine schwarzen Pferde, ich zeigte ihr auch meinen Hühnerhof, wo die Geflügel zwischen einer großen Einzäunung herum gehen können, und ich zeigte ihr dann den Vorrat der Scheuer, und die schönen Kühe, welche Kajetan und die Magd pflegen und zu meiner Zufriedenheit so rein halten. Als sie die Kälber sah, sagte sie, wenn ich schon dem Vater eines geben wolle, wie es im Vornehmen sei, so sollte ich ihm doch dieses geben. Sie hatte eines ausgesucht mit sehr schönem weißem Kopfe, mit weißer Fahne und dunkelbraunen Lenden. Sie gehen nicht häufig mit einer solchen Zeichnung in unsern Waldweiden herum. Ich sagte ihr, daß ich wohl selber gedacht habe, dieses würde ich hinauf senden, und sobald der Stall im Hage oben im bewohnlichen Zustande wäre, so würde das Kalb geschickt werden und mit ihm ein anderes, das fast eben so aussähe, nur in dem Augenblicke nicht hier sei, damit ein Anfang gemacht würde zu schönen, glänzenden, zutulichen Rindern.
Als der Winter hereinbrach, war er so milde, wie ich mich nicht erinnere, je einen solchen in unserem Lande erlebt zu haben. Der Obrist und Margarita zogen im späten Herbste, da sonst lange schon Reife und Fröste auf unseren Wiesen gewesen waren, heuer aber noch immer eine milde Spätsonne herunter lächelte, in ihre Wohnung. Sie wendeten auf meinen Rat ebenfalls das Mittel der ausgeglühten Pottasche an; aber dieselbe zeigte, wenn sie eine Zeit in der Wohnung gestanden war, so wenig Zuwachs an Wasser, daß die äußeren Dicken der Mauern gewiß als vollkommen trocken angesehen werden konnten. Der Obrist ließ im Winter immer in seinen noch nicht fertigen Räumen ein wenig fortarbeiten.

Weil sich mit dem Eintritte der nasseren und trüberen Jahreszeit, wie immer, die Übel der Menschen vermehrten, so minderte sich meine freie Zeit, und ich konnte weniger in der Gesellschaft meiner Nachbarn sein. Einmal, da ich in der tiefen Nacht von dem Wege der Weiden herab ging, weil ich in dem Gehänge gewesen war, und da ich links von mir in dem dichten herabrieselnden Winterregen das Eichenhag nur undeutlich, wie einen schwarzen Dunst, sehen konnte, daneben aber deutlich und klar ein Licht glänzte, glaubte ich, es sei das von dem Zimmer des Obrists, wo er etwa mit Margarita sitze und lese oder sonst etwas Ähnliches tue. Deshalb beschloß ich, auf das Licht zuzugehen und ein wenig bei dem Obrist zu bleiben. Allein ich kam, da ich doch auf bekanntem Boden ging, in die Wiesen des Meierbacher, und dann gar in ein Gesumpfe, das nach meiner Meinung eigentlich nicht da sein sollte. Als ich mit jedem neuen Schritte immer mehr hinein gekommen wäre, kehrte ich um, damit ich den festen Boden wieder gewinne, den ich verlassen hatte. Ich begriff nun, daß ich von einem Irrlichte getäuscht worden war, und daß ich mich gar nicht da befinden müsse, wo ich glaubte. Solche Lichter entstanden manchmal in der Senkung, wie sie früher war, ehe sie der Obrist hatte reuten lassen, und sie wurden zu verschiedenen Zeiten gesehen. Sie wanderten da gleichsam bald an diesen Ort, bald an jenen, oder sie entstanden vom Ursprunge an bald hier, bald da. Plötzlich, wenn man auf eins recht hin schaute, war es gar nicht da, dann ging es an dem Gehege hinunter, wie eine Laterne, kam aber am Ende des Geheges nicht heraus, und konnte überhaupt nicht gesehen werden. Auf einmal stand es weit unten an den Eschen, als wartete es. Ich kenne derlei Lichter sehr wohl, weil ich oft in der Nacht herum gehen muß, wie die hiesigen Menschen nicht tun, sondern in ihren Häusern bleiben – in mancher feuchten Nacht des ersten Winters, des späten Herbstes, des schädlichen Märzen, oder nach Mitternacht im Sommer, wenn die weißen, sanften Streifen sich an den Wiesen ziehen. Als ich auf den Platz zurückgekommen war, an dem ich von meinem Wege weg auf die Wiese gegangen war, war es gleichwohl nicht derselbe Platz – es standen wohl die drei Föhren da, die früher da gestanden waren, aber es war nicht, als ob es dieselben drei Föhren wären, auch konnte ich mich nicht entsinnen, daß ich meines Weges genau geachtet hätte, da ich auf eine Kranke dachte, die mir sehr an dem Herzen lag. Ich hatte von meinem Großvater gelernt, dem es auch wieder ein alter Schwede sagte, der nach dem Kriege als erster Ansiedler in das Haslung gekommen war, daß man, wenn einem ein bekannter Weg anfange, wirrig und entfremdet zu sein, sogleich umkehren und zurück gehen solle, bis alles wieder ein Ansehen gewinne, das man vollständig kenne; dann soll man ein wenig stehen bleiben, und dann den gewünschten Weg aufs neue einschlagen. Ich ging also von den drei Föhren an noch weiter zurück. Die dunklen Büsche, die sich in dem Regen duckten und an einander kauerten, gingen an mir vorüber, dann standen zerstreute Fichten, welche in schmalem Buschwerke von unten bis oben bewachsen sind, und ein schwarzer Zaun ging neben mir. Ich kannte alles nicht. Als ich an die Stelle zurück gekommen war, wo sich das Geleise von dem Wege trennen und gegen den Sillerwald hinüber gehen solle, war das Geleise gar nicht da. Ich ging also noch weiter zurück, und zu meiner Verwunderung führte es aufwärts. Plötzlich stand ich ganz oben auf der Schneide des Abhanges, und plötzlich erkannte ich, daß ich mich ja noch gar nicht unterhalb des Eichenhages befinde, wo man auf das Haus des Obrists hinüber sehen könne, sondern daß ich noch weit oberhalb desselben war, und zwar auf der Schneide des Gehänges der Weidebrüche, ich erkannte auch, daß das Irrlicht in der Senkung gestanden war, und daß ich in das Sumpfwasser derselben hinein gegangen sei. Das Irrlicht war aber während meines ganzen Rückweges, auf dem ich mich öfter umgeschaut hatte, nicht mehr sichtbar gewesen, sondern überall lag die gleichförmige schwarze Finsternis. Als ich noch auf dem Abhange stand und herum schaute, erzeugte sich ein etwas lichter Streifen an dem Himmel, und ich sah, daß das nicht das Hag gewesen sei, was ich dafür gehalten habe, sondern daß eine Herbstwolke an dem entfernten Dürrwalde gehangen und ihn wie einen näheren Waldklumpen gezaubert hatte. Als ich noch immer schaute, stand plötzlich mein Irrlicht wieder weit von mir entfernt drüben – es stand in derselben Richtung, aber auf einem andern Grunde, nicht auf der Stelle, wo ich es früher gesehen hatte. Ich starrte recht deutlich in das Licht hinein. Und wie die lange, schlanke, weiße, ruhige Flamme drüben stand, oder auch wie ein feuriger Engel, der ein weißes Kleid an hat, und wie der hohe, finstere Wald dahinter stand, und wie die Nacht so leise fortregnete, und immer schwieg und finster war, und wie sich überall rings herum niemand befand als ich allein: war es fast schön anzusehen, wie es war. Weil ich nun das bekannte Ansehen der Gegend hatte, das mein Großvater und der Schwede verlangen, trat ich meinen gewünschten Weg wieder an. Ich ging den Pfad, der neben dem schwarzen Zaune lag, hinunter – jetzt kannte ich ihn recht wohl – die dunklen Büsche, die sich früher verstellt hatten, waren mir auch sehr bekannt, und ich hatte sie früher oft gesehen. Ich ging des Weges nach einander dahin. Und wie ich neben den Schlehenbüschen war, die wie ein schwarzer, kriechender Zug fort wanderten, und wie die Erlen, die von meinem Wege links standen, durch das Licht gingen, ich aber an das Fieber der Maria Hartens dachte, das mir stets in dem Sinne und in dem Herzen war: duckte das Lichtlein einmal ganz leicht nieder, und war verschwunden. Es kam auch gar nicht wieder zum Vorscheine. Ich ging des Weges vollends hinab, und wie sich das wirkliche Eichenhag, das ich nun sah, um mich hinüber schob, kamen erst die wahren Lichter von dem Hause des Obrists zur Erscheinung – sie standen in einer Reihe recht klar, recht vernehmlich und recht freundlich da. Ich ging aber nicht mehr hinüber, weil ich auch sehr beschmutzt war, sondern ich ging sofort in mein Haus hinunter, und las in derselben Nacht noch recht lange in vielen meiner Bücher wegen der armen Maria.

So hatte ich oft verschiedene Zufälle auf meinen Wanderungen.

Als der Winter weiter vorrückte und der Schnee schon eingefallen war, ging ich öfter, wenn ich erst spät nach Hause kam, wie es bei der Jahreszeit fast täglich der Fall war, noch im Abende oder in der Dunkelheit der Nacht in das Haghaus hinauf. Der Obrist hatte in das Bücherzimmer eine sehr große Heize machen lassen, darin man die Scheite, welche hinein getan wurden, durch ein feines Gitter hindurch lodern sehen konnte. Auch hat er Geräte von denen, welche angekommen waren, hinein gestellt, daß man auf ihnen herum sitzen und den Schein des Feuers auf dem Fußboden anschauen konnte. Wenn dann die große Lampe kam, die, auf den Tisch gestellt, das ganze Gemach mit Licht erfüllte, sahen wir Schriften an, wovon der Obrist manche aus verschiedenen alten und merkwürdigen Zeiten hat, oder Bücher, in denen etwas gelesen wurde, oder wir saßen bloß vergnügt in der so freundlichen Stube und redeten von den verschiedensten Dingen der Welt. Und wenn ich dann nach Hause ging und ein Gestöber war, oder die weiche Schneefläche vor mir lag, die in der trübsten Nacht einen feinen Schimmer gab, begleiteten mich gerne die zwei Wolfshunde, sie gingen oft bis an den Hügel mit, auf welchem die Eschen stehen, und liefen dann zurück, daß es im Schnee stäubte und ich, wie ich nach meinem Hause hinunter ging, noch manchen einzelnen Laut von ihrem Jauchzen vernehmen konnte.

Im Winter kamen auch Verschläge an, in denen Bilder waren, welche der Obrist in verschiedenen Zeiten seines früheren Lebens erworben hatte. Wenn ich dann an einem schönen, klaren Wintertage hinauf kam, zeigte er mir sie, lehrte sie mich kennen und ihre Vollkommenheiten empfinden. Einige sehr schöne hing Margarita in ihren Zimmern auf, die anderen wurden in den Zimmern des Obrists an verschiedenen Stellen, die er recht sorgfältig auswählte und prüfte, aufgemacht. Ich habe nie so schöne Dinge gesehen, oder ich habe sie in den früheren Zeiten meines Lebens nicht erkannt.

Als der Frühling kam, der heuer so früh eintrat, wie ihn niemand vermutete, fing der Obrist, da nur erst der Schnee weg war und die Erde weich wurde, sogleich alle seine Arbeiten wieder an. Er ließ das Eichenhag, in so weit es sein Eigentum war, reinigen, das dichtere, unnützere Gestrippe mußte weg, der Boden wurde von den häßlichen Abfällen befreit und, daß er schönes Gras treibe, mit eisernen Rechen gerechet. Die dürren Bäume wurden umgehauen, und wo einer auch nur einen verdorrten Ast zeigte, wurde derselbe an ihm, wie man es kaum an einem Obstbaume tun könnte, mit der größten Sorgfalt weg gesägt. Die Senkung, wie ich es schon am Eingange dieser Schrift gesagt habe, ein lichtbraunes, faules Moor, darauf nur die kleinen Sumpfföhren und die roten Moosbeeren wuchsen und ein gelbes Gras war, dessen Spitzen braun wurden, hatte er an sich gekauft, und fing an, es, wie ich schon oben aufgeschrieben habe, zu einer Wiese umzugestalten. Auch seine Felder, die er zugleich mit dem Hausplatze gekauft hatte, wurden in Arbeit genommen und zur Saat vorbereitet. Er hatte deshalb

Knechte genommen und Zugtiere gekauft, und ihnen die vorgerichteten Wohnungen, die in dem heiteren Winter gut austrocknen konnten, in seinem Hause eingeräumt. Er wollte den Anbau des Weizens in dieser Gegend empor bringen, den höchstens nur einige, gleichsam wie zum Versuche im kleinen, begonnen hatten. Deswegen hatte er Sommerweizen aus anderen harten und winterlichen Berggegenden kommen lassen, um ihn zu versuchen, wie er hier anschlage. Die Wintersaat hatte er im Herbste so gut gemacht, wie man es in diesen Wäldern eigentlich nicht zu sehen gewohnt ist. Auch der Garten, um den das Holzgitter gemacht worden war, wurde bearbeitet, und die Glasdecken, unter denen die Frühgemüse und andere Dinge wachsen sollten, über ihre mit Dünger ummauerten Gruben gelegt.

Um diese Zeit kamen auch die Bücher an. Mehrere große Truhen von weichem Holze wurden abgeladen, in denen sie waren. Sodann wurden sie ausgepackt. Der Obrist hatte die traulichen Geräte, unter denen wir den Winter zugebracht hatten, aus der Stube fort geschafft, und Haufen von Büchern lagen herum. Die mehreren Schreine, in welche sie kommen sollten, waren fertig geworden und wurden an den Wänden an ihren Stellen aufgestellt. Wenn der Obrist nicht Zeit hatte, weil ihn die verschiedenen Arbeiten bald hierhin, bald dorthin riefen und bei sich behielten, half ich selber die Bücher ordnen und an ihre gehörigen Plätze stellen. Eine solche Bücherei wäre eigentlich meine rechte Freude. Oft stand ich auf der Doppelleiter, die man hatte machen lassen und deren Füße mit Tuch überzogen waren, daß sie den Boden nicht beschädigen, und stellte die Bücher, eines nach dem andern, auf verschiedene Plätze, wie es mir tauglich schien, und wie sie sich der Natur zu Folge reihen sollten. Margarita stand unten, und reichte sie mir dar. Dann schrieben wir auf, wie wir sie gestellt haben, daß man sie wie-

der finden könne, und daß aus diesen Zetteln eine allgemeine Übersicht zu verfassen sei, daran man sogleich den Stand und Ort jedes Buches ersehen möge, wenn man es suche. Später sollten wieder, wie der Obrist vor hatte, wenn nur einmal die Bücher in Ordnung wären, recht vertrauliche und liebliche Geräte in die Stube kommen, insbesondere mehrere gute und weiche Sitze, der große Lampentisch und andere Dinge, die uns schon einfallen würden, damit wir den kommenden Winter wieder in dieser Stube unter den Büchern und bei dem Scheine der großen Heize recht freundlich zubringen könnten.
Margarita hatte jetzt noch mehrere Bilder in ihre Zimmer bringen und dort aufhängen lassen. Sie führte mich zu manchen hin und zeigte mir, wie ihr dieses daran gefalle, und dann dieses, und dieses.
Da die warmen Tage heran rückten und das weiche grüne Gras die Hügel bedeckte, obwohl der harte Obstbaum noch keine Knospe trieb, und nur erst das niedere Gesträuch an den Bächen, dann die Holunder, die Weiden sich mit kleinen Blättern und grauen Kätzchen bedeckten, wurde das Fest der Grundsteinlegung des Hauses gefeiert. Es waren ungefähr die nämlichen Menschen zugegen, wie damals, da der Zimmermannsspruch bei der Aufstellung des Dachstuhles abgehalten wurde. Man öffnete die Marmorplatte des Steines, der unter dem Haupteingange des Hauses lag, welcher Eingang durch ein Vorgemach in den Blumensaal führte, aus dem man dann in den Gang kam, an den die Wohnzimmer des Obrists und Margaritas grenzen. Unter der gehobenen Marmorplatte kam ein hohler Würfel, ebenfalls aus Marmor, zum Vorscheine, der durch eine sehr starke Glasplatte geschlossen war. Als man auch diese Platte gehoben hatte, zeigte sich der hohle Raum, der bestimmt war, die Gedenksachen, die man hinein tun wollte, aufzunehmen. Der Raum war ganz mit Glas, welches nämlich gar keiner Art Fäulnis

unterliegt, gefüttert. Man stellte die Flasche, aus welcher der Zimmermann bei seinem Dachstuhlspruche Wein eingeschenkt hatte, in den hohlen Raum. In der Flasche waren alle Silber- und Goldmünzen enthalten, welche jetzt gangbar sind, und ihr Gepräge war von dem letzten Jahre, dann war ein viereckiges Goldstück dabei, eigens zu dem Zwecke gemacht, daß darein der Jahrestag der Grundsteinlegung geschnitten wurde, dann lag noch ein Pergament in der Flasche, auf welchem die notwendigen Dinge des Herganges aufgeschrieben waren. Die Flasche ist am Munde ihres Halses mit einem Glasstücke zugeschmolzen worden. Da dieses Denkmal hineingestellt worden war, legten viele der Anwesenden auch noch Dinge dazu, die sie entweder schon deshalb mitgebracht hatten, oder die ihnen erst jetzt einfielen: ein Buch, einen kleinen Ring, eine Mundschale von Porzellan, einen Uhrschlüssel, beschriebene Blätter, einer warf eine Rose hinein, die er aus einem Gewächshause mit hieher gebracht hatte, und die Mädchen und Frauen taten Bänder hinein, daß man einst wisse, was dazumal in diesen Dingen für eine Mode geherrscht habe. Als dieses vorbei war, legten die Gewerke die Glasplatte wieder auf die Öffnung, daß sie sehr gut gefügt war, dann wurde die Fügung, die rings um das Glas lief, mit einem dichten Kitte verstrichen, der erhärtet und dann keine Luft, keinen Regen und keinen Dunst durch sich hindurch läßt. Über der Glasplatte wurde der Deckel aus Marmor in seinen Falz getan, und derselbe ebenfalls mit dem Kitte verklebt, worauf über der Platte der gewöhnliche Stein gelegt wurde, mit denen der ganze Gang und rings ein Streifen des Hofes gepflastert ist, daß man nicht mehr unterscheiden konnte, unter welcher Stelle die Dinge ruhten, die man eben unter die Erde getan hatte. Hierauf begaben sich alle Menschen, die herum gestanden waren, in das große Blumenzimmer, das man zu einem Erquickungssaale eingerichtet hatte. Es waren von den Gewächsen, welche der Obrist selbst in diesem Winter schon in dem Zimmer gehabt hatte, ringsum grüne Gestelle gemacht worden, und wo Blößen gewesen wären, wurden sie mit solchen Zweigen bedeckt, welche schon die ersten und zarten grünen Frühlingsblätter zeigten. In der Mitte des Zimmers stand ein Tisch, auf welchem sich Wein und einige Speisen befanden. Der alte Pfarrer von Sillerau sprach ein Gebet um Segen für die Speisen, wovon er dann die Veranlassung nahm, weshalb man zu diesen Speisen versammelt sei, und Gott auch um Segen für das Haus und alle, die es je bewohnten, anflehte. Sofort schloß er dann mit einer Anrede an die Versammelten, und bat sie mit einigen Worten, daß sie immer so friedlich, so einig und so nachbarlich gesinnt bleiben möchten, wie sie es heute sind, wo sie sich zu dieser gemeinschaftlichen feierlichen Angelegenheit wohlwollend eingefunden hätten. Hierauf wurde von dem Imbiß unter verschiedenen Gesprächen etwas verzehrt, und dann entfernten sich die Gäste, einer früher, der andere später, bis der letzte von dem Obrist Abschied genommen hatte, und er wieder mit seinen Leuten allein war, die daran gingen, das Blumenzimmer in den Stand zu setzen, in dem es vor der Feierlichkeit gewesen war. Ich bin gleich nach dem Gebete des Pfarrers fortgefahren, weil ich noch zu viel zu tun hatte, und der Schluß des Ganzen ist mir nachher von Margarita und dem Obrist erzählt worden. Die Armen sind dieses Mal auf eine andere Weise und gewiß auf eine für sie weit bessere bedacht worden. Der Obrist hatte unter sie, in Anbetracht, daß der Winter zu Ende ging und die Vorräte des vergangenen Jahres leicht nicht denen des künftigen die Hand reichen könnten, heimlich verschiedene Notwendigkeiten gebracht und sie denen gegeben, die ihrer am bedürftigsten zu sein schienen.

Der Obrist, deucht mir, hat solche Feste wie die zwei,

die er jetzt gegeben hatte, nur darum veranstaltet, daß die Nachbarschaft zusammen kam, daß er sich mit ihnen in ein Verhältnis setze und zeige, wie er freundliche Gesinnungen pflegen wolle, und freundliche Gesinnung gen sich erwecken. Nach diesem Feste war es bei ihm wieder so stille wie vorher, und blieb fortan stille.

Nur die Arbeiter hatte er im Hause, die zu den Dingen notwendig waren, die noch hergerichtet werden mußten, daß das Haus gleichsam als fertiges betrachtet werden konnte. Dann hatte er noch an Gesinde im Hause, was er zur Bearbeitung und Herrichtung der Grundstücke und zur Versehung der Hausarbeit brauchte. Ich hatte ihm auch heuer an Leuten wieder überlassen, was ihm nötig sein mochte, ohne daß er um die Abtretung etwas wußte. Ich förderte in meinem Hause so viel wie gar nichts, ich bin noch jung und kann alles nachholen, er aber ist alt, hat an dem, was er hier angefangen hatte, Freude, und soll sie noch so viel genießen, als es in dem Überreste des Lebens möglich ist, den er noch hat.

Es war von Besuchen und Leuten, die kommen sollten, bei ihm nun gar nichts vorhanden: nur ich allein, wie der Frühling mit aller Pracht und Herrlichkeit herein brach und mir, wie gewöhnlich, eine große Verminderung meiner Berufsgeschäfte brachte, ging beinahe täglich zu ihm hinauf – und ich glaube, daß ich sehr gerne gesehen worden war; denn wenn ich doch eines Tages verhindert wurde, weil etwas Unversehenes ausbrach, daß ich bis tief in die Nacht zu fahren oder gehen hatte; oder wenn ich wegen einer Angelegenheit, die mir schwer denken machte, bei den Büchern oder in eigenem Nachdenken sitzen mußte, daß ich nichts verfehle; so sandte er gleich jemanden herab, um fragen zu lassen, ob ich wohl sei, oder ob sonst etwas Wichtiges eingetreten wäre, daß ich nicht gekommen sei. Ich ließ ihm immer die Ursache genau zurück sagen. Nur eins fiel mir ein, das mir großes Denken verursachte: er kam jetzt schier gar nicht mehr zu mir herab, während er doch früher öfter mit Margarita bei mir gewesen war und alle meine Anstalten angeschaut hatte – ja sie waren sogar manchmal bei dem großen Behältnisse der Arzeneien gestanden und hatten gefragt, was dieses und jenes sei, wie es zusammen hänge, was es wirke, und welche Tugenden in ihm eingeschlossen seien; was ich immer gerne und mit Freuden beantwortete; und von manchem Kranken mußte ich mit ihnen reden, wie er jetzt sei, und wie ich vor habe, mit ihm im weiteren zu verfahren. Der Obrist ließ sich sogar zuweilen das Buch zeigen, in dem die Krankheit stand, und las mit Aufmerksamkeit darinnen. – Mit der Aufrichtigkeit, die ihm eigen ist, sagte er mir einmal selber die Ursache, warum er nicht mehr herab komme, daß es nämlich nicht dem ähnlich sähe, daß er seine Tochter gleichsam wie eine angetragene Braut zu mir herab führe, und die Leute solches redeten. Als ich meinte, weil ich täglich zu ihm hinauf gehe, könnten sie eben so gut sagen, ich gehe als Bräutigam zu Margarita, antwortete er, das könnten sie tun, daran sei nichts Übles.

Ich ging also täglich in das Haghaus hinauf, wie es meine Berufsgeschäfte gestatteten, und wie meine Zeit aus war, die ich an diesem Tage zu meinen Pflichten anwenden mußte. Eine liebliche, eine schier unaussprechlich schöne Zeit war auf uns herabgekommen, meine Felder standen in wirklicher Pracht, die des Obristen auch, und wir hatten unsere Freude darüber. Ich zeigte Margarita einmal meine Rappen, weil ich schon zuweilen mit ihnen fuhr, und sie liebte die schönen, schlanken und herrlichen Tiere, die so lustig und jugendlich, und fromm und folgsam waren. Wir gingen weit und breit in den Feldern und Wäldern herum. Ich nannte Margariten die kleinen Blümchen, die oft da waren, die kleinsten, die ein Äuglein aufmachen, das man im winzigen Grün nicht sieht;

und sie wunderte sich darüber, daß ich das Ding nennen könnte; worauf ich sagte, daß alles seinen Namen habe, diese kleinsten, unscheinbaren Dinge so gut und oft einen so schönen wie die großen und prächtigen, die wir in unserem Garten haben. Da sie sagte, ich möchte ihr alle Namen sagen und möchte ihr die Blümchen und Kräuter zeigen, so tat ich es: ich nannte ihr die einzelnen, wie sie in unserer Gegend sind, und zeigte ihr sie, wenn die Gelegenheit der Blüte gekommen war; dann wies ich ihr die Geschlechter, in denen sie nach gemeinsamen Kennzeichen zusammen gehören, und sagte ihr, wie sie in schönen Ordnungen auf unserer Erde stünden. Wir pflückten Sträuße, trugen sie nach Hause, bewahrten manches auf, ich nannte es, erzählte sein Leben, das es gerne führe, die Gesellschaft, in der es sein will, und anderes, das die Menschen wissen. Sie merkte auf, wiederholte es und lernte die Eigenschaften kennen und erzählen. Dann meinte sie, wie oft das kleine Ding jetzt, das in dem Grase der Berge stehe, das sie sonst nicht angeschaut und fast verachtet hatte, eigentlich schöner sei als andere große in dem Garten, die oft nur die eine schöne Farbe haben, und nur groß sind. – Ich nannte ihr aber nicht bloß die Gewächse, die wir sahen, sondern auch die Steine, manche Erden und die kleinen Flimmer, die hie und da auf unserem Wege lagen; denn ich hatte diese Dinge nicht nur einstens sehr gerne gelernt und aus meinen Büchern sehr oft wiederholt, sondern ich trieb sie auch fort, da ich in meine Heimat gekommen war und unter ihnen herum ging. Ich liebte sie wie meine Gesellschaft, die ich bei meinem Berufe um mich habe. Margarita hatte ein flaches schwarzes Täfelchen bei einem ihrer Fenster im ersten Zimmer machen lassen, darauf lagen nun viele Steinchen, glänzende Stückchen und andere solche Dinge, und sie legte Zettelchen, darauf sie die Namen geschrieben hatte, dazu.

Da der Obrist nirgends etwas Zweckloses oder gar Zweckwidriges leiden kann, ohne daß er den Versuch machte, es seinem Zwecke, zu dem er es da zu sein erachtete, wieder zuzuwenden: so machte er mir auch in diesem Frühlinge einen Vorschlag, den ich zuerst seltsam nannte, und der mir dann sehr gefiel. Es liegt abseit des Reutbühls, gleich dort, wo man zu ihm aus dem Kirmwalde hinüber kömmt, eine steinige Stelle, die ziemlich weit hin geht, wo etwas Lehm, magerer Grund und sehr klein geklüfteter Fels, fast Gerölle, ist. Die Leute nennen den Fleck das Steingewände, obwohl er eben und keine Wand ist; aber es ist in der Gegend gebräuchlich, jeden solchen Fleck ein Steingewände zu nennen. Dieses Steingewände nun schlug mir der Obrist vor mit ihm gemeinschaftlich zu kaufen, da es jetzt leicht und billig zu haben sei. Auf meine Frage, was wir denn mit dem unfruchtbaren Grunde tun würden, antwortete er, der Grund sei nicht mehr unfruchtbar, die unendlich feine Zerklüftung zeige, daß die Verwitterung in ihrem Fortgange beginne, und daß der Grund vielleicht zu einer Föhrenpflanzung sehr tauglich sei. Als ich wieder fragte, was wir denn mit einer Föhrenpflanzung täten, da überall herum ohnedem so viele Wälder ständen, die bereits viel besseres Holz hätten, als Föhren zu liefern vermöchten, sagte er: »Die Föhrenpflanzung wird noch stehen, wenn viele andere Wälder, daraus wir jetzt Holz nehmen, verschwunden sind und in Felder und Wiesen verwandelt wurden. Die Föhrenpflanzung wird stehen, weil sie dann noch nicht zu einem Feld- und Wiesengrunde wird tauglich sein, aber Holz werden die Menschen aus ihr nehmen, wenn Holz schon kostbarer geworden ist als jetzt. Und wenn die Föhren ihre Nadeln fallen lassen und unter sich die Feuchte und den Regen erhalten, wird sich der Grund verbessern und lockern, und in tausend Jahren kann vielleicht auch die Föhrenpflanzung in Feld verwandelt werden, wenn alsdann die Menschen dichter wohnen und ihnen das Erträgnis des Feldes wertvoller erscheint als das Holz, das die Föhren liefern.«

Ich willigte freudig ein, als er dieses gesagt hatte, und schämte mich, einen so kleinen Zweck gehabt zu haben. Wir erstanden recht leicht und um ein billiges Geld das Steingewände, und mancher Nachbar, der davon hörte, hielt die Sache für eben so unklug, als ich sie selber anfangs dafür gehalten hatte. Der Obrist schickte einen Mann hinaus, der in den Abständen, in denen die Pflänzchen zu stehen kommen sollten, kleine Vertiefungen in die Steine machen und sie unten lockern mußte. In diese Vertiefungen wurde dann Erde getan, aber eine nur um ein kleines bessere, als sonst in den Rissen des Steingewändes war, damit die Pflänzlein, wenn sie die ersten Wurzeln in dem guten geschlagen und dasselbe gewöhnt hätten, nicht dann stürben, wenn sie ihre Fasern in den Fels treiben müßten. Der Obrist wählte den Samen dann von Föhren, die oberhalb des Gehänges in noch steinigerem Grunde standen, als der unsere war, damit ihm der bessere Grund wohltue und er in demselben gut anschlagen möge. An einem Tage legten wir mit Hülfe mehrerer Leute den Samen in die mit Erde gefüllten Vertiefungen und deckten ihn wohl zu. Margarita hatte vorher die schönsten Körner ausgesucht.

Der Obrist hatte auch noch einen andern Plan, der ihm aber viel schwerer auszuführen schien, woran er aber demohngeachtet nicht verzagte, wie es ja schon seine Natur war. Er wollte die Leute der Gegend vermögen, aus den obwohl gut erhaltenen Wegen doch noch bessere, nämlich gleich Straßen zu machen. Er sagte, er hoffe auf die Zeit. Vorerst aber legte er als Beispiel ein Stück einer solchen Straße auf seinem Grunde an, wo nämlich der Weg von Sillerau durch ihn nach Haslung führt, auf welchem Wege doch so manche Menschen Gelegenheit hatten, zu gehen und zu fahren und das neue Ding in Augenschein zu nehmen.

Aus dem Frühlinge war endlich der Sommer geworden. Der Baum des Waldes, der Strauch des Hages, das Obst der Gärten, das Gras der Wiesen und die Frucht der Felder, alles stand recht schön. Ich hatte, wenn ich um drei Uhr oder auch um vier Uhr des Morgens aufbrach, bis gegen Mittag all meine Dinge abgetan, und brachte den Nachmittag im Haghause zu. Wenn ich hinauf ging und die Hunde mir nicht entgegen sprangen, wußte ich, daß der Obrist nicht zu Hause, sondern mit ihnen auf irgendeiner Stelle seiner Felder sei. Wenn dann unter dem Gesinde, das sich rührte, oder unter den Knechten, die die Arbeit taten, Margarita mit ihrem feinen Strohhute stand, gingen wir mit einander, den Vater zu suchen, oder wir gingen auch in dem Felde oder in dem Walde dahin und redeten von verschiedenen Dingen. Ich legte ihren Arm sanft auf den meinigen.

Eines Tages gingen wir auf dem Wege des Lidenholzes. Sie war in dem aschgrauen, geglänzten Gewande, das so schön ist. Sie trägt nicht die Kleider, wie es jetzt die Frauen so anfangen, daß sie von den Hüften weg stehen, sondern sanft hinab gehend, daß die junge Gestalt freundlich ausgedrückt ist. Das Lidenholz wurde vor vielen Jahren an vielen Stellen ausgehauen, daß man überall die Durchsicht hat und an vielen Plätzen auf freien, mit Stöcken und hohem Grase besetzten Flächen dahin geht. In den Holzschlägen wachsen verschiedene Blumen gemischt, und oft seltnere und gewiß schönere, als man sie auf gewöhnlichen Wiesen zu finden vermöchte. – – Da fragte ich Margarita, ob sie mich recht liebe. – – Wir standen vor einer Grasstelle, wo die hohen, äußerst dünnen Schäftchen aus derselben emporstanden und oben ein Flinselwerk trugen, grau oder silbern, in welchem die Käfer summten oder Fliegen und Schmetterlinge spielten. Aus dem Holzschlage ragte mancher einzelne Baum hervor, der wieder empor gewachsen war; und jenseits, von ferne herüber, schaute der blaue Duft des Kirmwaldes, der ganz ruhig war. So stille war es, daß man zu Zeiten durch die blaue, heitere Luft, wie ein sehr schwaches, entferntes Donnern, gar das Schießen von Pirling herüber hören konnte, womit der untere Wirt von Pirling, der alte Bernsteiner, einen Keller in die Felsen des Steinbühel sprengt. – – Margarita, als sie meine Frage vernommen hatte, schlug die Augenlider über die sehr schönen braunen Augen herab, sah in die Schäftchen nieder, wurde ganz glüh im Angesichte und schüttelte leise das Haupt. – – Ich sagte kein Wort, und wir gingen auf dem Wege wieder dahin. Wir sammelten aus den Blumen, die wir der Mühe wert hielten, einen Strauß. Margarita nannte die Namen derselben, und wo sie einen nicht wußte, nannte ich ihn. Wir kehrten auf dem Wege bald wieder um und gingen nach Hause. Sie hatte den Arm, den ich am Ausgange des Waldes, da wir auf die Wiese kamen, wie sonst in den meinigen getan hatte, auf demselben sanft ruhen lassen.

Als wir in das Haus kamen, fanden wir den Obrist in dem Bücherzimmer. Er saß vor dem Tische, hatte etwas Wein vor sich, und von den runden weißen Broden, die er so gerne ißt. Er sagte, daß er auf dem Felde sich sehr viel Hunger gesammelt habe, und daß er hier sein Nachmittagbrod halte. Margarita setzte sich neben ihm auf einen Stuhl, redete einige Worte, schwieg dann, und sann. Ich blieb auch nicht lange, sondern, als er mit seiner Erquickung fertig war und in den Garten ging, nahm ich Abschied und begab mich auf den Heimweg.

Als ich über den Hügel, wo die Eschen stehen, hinab wandelte, ging die Sonne, wie ein prachtvolles goldenes Schild, zwischen mehreren Bergen von Wolken unter, die sogleich zu brennen anhoben. Durch den ganzen Him-

mel war Herrlichkeit, und auf die ganze Erde war Herrlichkeit gebreitet. Ich war in meinem Innern so selig, wie ich es gar nicht auszudrücken vermochte.
Da ich in meinen Hof hinein ging, kam mir der Bube Gottlieb entgegen und zeigte mir sein Buch, in das er schreibt, und wie er schon große Fortschritte gemacht habe. Ich erzählte ihm, was ich eigentlich hatte verschweigen wollen, daß ich ihm schon ein Stück Wiese gekauft habe, das er einst bekommen wird, und daß ich schon für ihn sorgen werde, wenn er gut lernt und ein ordentlicher, braver Mann wird, der sich eines Geschäftes annimmt. – Dann ging ich in meine Stube.
Es kam jetzt eine schöne Zeit. Ich liebte meine Kranken, es tat mir das Herz oft viel weher, wenn ich ein Kindlein in dem Bette liegen sah, die armen Augen auf mich geheftet, und wenn ich nicht im Stande war, die Krankheit zu beschleunigen, daß das unschuldige Wesen bald befreit werde – oder wenn ich einen Jüngling sah, dessen rosige Wangen durch das Fieber noch röter und dunkler und von harter Farbe wurden, und er mich bat, ich möchte ihm nur etwas geben, daß die Hitze aufhöre; denn dann sei er schon ganz gesund; ich aber einsah, daß durch diese Hitze, die er so leicht weg zu bringen vermeinte, leichtlich seine ganze heitere rosenfarbene Zukunft abgeschnitten werden möchte – oder wenn ich zu einem alten Mütterlein kam, das niemand mehr hatte, dem alle weggestorben waren, das in Ergebung auf den Tod wartete, und dennoch, wenn ich fort gehen wollte, den Blick auf mein Auge heftete, ob sie darin Hoffnung lesen könnte. Ich gab manchmal dem Kranken die Arznei und ein Stück Geld dazu, daß er sich eine Suppe verschaffen konnte.
Als ich am andern Tage, da ich die Frage an Margarita getan hatte, wieder in das Haghaus hinauf gekommen war, ging sie mir entgegen, nahm mich bei der Hand und führte mich in ihr Zimmer hinein. Sie führte mich an

das Tischchen, auf welchem die Steine lagen, daneben heute die Zettel umgekehrt waren, und sagte die Namen aller Steine her, ohne einen einzigen zu fehlen. Dann führte sie mich gegen ihren Bücherschrein, wo auf dem Tische die Pflanzen lagen, die wir gestern gebracht hatten. Sie sagte auch die Namen aller, ohne ebenfalls einen zu fehlen. Dann gingen wir mit dem Obrist auf seine Niederwiese hinüber und sahen zu, wie Heu gemacht wurde, und wie man eben das gut getrocknete nach Hause führte.

Sie zeigte mir auch ihre Hühner und das andere Geflügel, und führte mich in den Stall, und zeigte mir die zwei Kälber, wie sie schön seien, und wie sie sich jetzt schon völlig ausgewachsen hätten. Wenn sie groß würden und wieder Nachkommen hätten, dann würde das andere Vieh nach und nach weg getan, und nur, das von ihnen gekommen, aufbehalten.

Ich brachte ihr, wenn ich in Tunberg oder in Pirling draußen gewesen war, bald eine Blume mit, bald ein Steinchen, das sie noch nicht hatte, oder ein Band, oder sonst etwas, zum Beispiele ein Ding, wo hinein sie ihre Nadeln und Scheren legen konnte. Sie fing auf einem seidenen Tuche Blumen zu sticken an, und sagte, das würde über die große Tasche gespannt werden, in welcher ich immer meine Papiere hätte; dann machte sie mit Gold und Seide ein Ding auf mehrere Bänder, und erklärte mir, das müsse auf die Halsgeschirre der Rappen getan werden, wenn ich einmal im Winter im Putze mit ihnen ausführe.

Wir fuhren an allen Sonn- und Festtagen in die Kirche nach Sillerau. Da sahen alle Menschen nach ihrer Schönheit hinüber, wenn sie in dem Querstuhle vorn neben ihrem Vater saß. Er hatte an allen großen Festtagen die goldene Kette um, die ihm der Kaiser einmal gegeben hatte, und sie hatte alsdann ein seidenes Gewand mit einem kleinen Zipfel als Schleppe. Mir war sie aber immer lieber, wenn sie in ihrem Hausgewande neben uns in dem Bücherzimmer war, oder in Feld und Wald, und sich nicht so sehr darauf Acht zu geben hatte, als auf das seidene.

Gegen Ende des Sommers kletterte ich einmal um eine seltene Blume auf die Schneide des Dusterwaldes, weil ich wußte, daß sie dort um diese Zeit blühe, und brachte sie ihr. Sie hatte eine sehr große Freude darüber.

So ging der Sommer dahin. Wir wandelten wieder, wie im vorigen, in allen Wäldern, Wiesen und Feldern herum, nur daß wir heuer oft noch viel weiter waren, als im vorigen Jahre, und manchen beschwerlichen Weg machten, um irgendeinen Platz zu besuchen, von dem man Pracht und Schönheit der Wälder überblicken konnte, oder wo die schauerliche Majestät war, da sich Felsen türmten, Wasser herab stürzten und erhabene Bäume standen.

Ich hatte den ganzen Sommer hindurch nicht mehr gefragt, ob sie mich liebe. Einmal aber, im späten Herbste, da wir im Eichenhage draußen bei der großen Eiche ihres Vaters standen, alle Gesträuche schon die gelben Blätter fallen ließen, nur die Eichen noch ihren rostbraunen Schmuck recht fest in den Zweigen hielten, fragte ich sie wieder: »Margarita, habt Ihr mich wohl lieb?«

»Ich liebe Euch sehr,« antwortete sie, »ich hab Euch über alles lieb. Nach meinem Vater seid Ihr mir der liebste Mann auf der Welt.«

Sie hatte dieses Mal die Augen nicht niedergeschlagen, sondern sie sah mich an, aber auf die Wangen ging doch ein recht schönes, sanftes Rot, als sie dieses sagte.

»Ich liebe Euch auch recht innig,« antwortete ich, »ich liebe Euch mehr, als alle andern Menschen dieser Erde, und da mir alle Angehörigen gestorben sind, so seid Ihr auf dieser Welt das Höchste, das ich liebe. Ich werde

Euch auch in alle Ewigkeit lieben, Euch ganz allein, – hier auf dieser Welt, so lange ich lebe, und im Jenseits wieder.«

Sie reichte mir ihre Hand. Ich faßte sie, und wir drückten uns die Hände. – Wir ließen dann dieselben nicht los, sondern hielten uns an ihnen. Wir blieben noch länger stehen, schwiegen, und sahen in das verdorrte Gras nieder. Einzelne gelbe Blätter lagen von den Gesträuchen, die unter den Eichen wuchsen, und die schwach wärmenden Sonnenstrahlen der späten Jahreszeit spielten zwischen den Stämmen und den Zweigen rötlich herein.

Dann gingen wir in das Haghaus, und sie mußte dem Vater an dem Tage noch lange vorlesen. Ich hörte zu, und ging in der Nacht nach Hause.

Ach – es war jetzt so schön auf der Erde – so mit Worten unaussprechlich schön. Ich kniete einmal auf den Schemel, der in meiner Stube vor dem Fenster ist, nieder, da draußen Nacht war und unendlich viele Herbststerne an dem Himmel glänzten, und dankte Gott für mein Glück.

Seit meine Angehörigen gestorben waren, war keine so schöne Zeit gewesen.

Ich ging jeden Tag in das Haghaus hinauf. Selbst als der Winter gekommen war, und als ich nicht nur den Vormittag, wie sonst, sondern meistens auch den Nachmittag in meinen Geschäften zubringen mußte – denn erstens konnte ich wegen der großen Finsternis nicht früh genug ausfahren, und zweitens hatten sich die Krankheiten vermehrt – ging ich doch noch immer, wenn nur die Nacht nicht zu weit vorgerückt war, in das Haus hinauf, und sah die letzten Scheite in der großen Heize in dem Büchergemache verglimmen. Wenn ich zuweilen ganz durchnäßt nach Hause kam, weil es nicht selten von dem Wagen oder Schlitten weg noch durch wilde Schneehaufen oder Wässer zu einer Hütte, in der ein Kranker lag, zu klettern war: kleidete ich mich um,

daß ich wieder alles an dem Körper trocken hatte, und trat meinen Weg an dem verschneiten Felde des Meierbacher und über den Eschenhügel hinauf an.
Wenn das Gedränge der Ratholenden geringer war, und ich gesagt hatte, daß ich morgen schon am Nachmittage bei scheinender Sonne kommen würde, so stand sie unter der Tür des Hauses, machte wegen des Glanzes der Wolken und des Schnees, der auf den Höhen lag, mit ihrer Hand einen Schirm über die Augen und sah der Fläche nach hinab. – Sie sagte mir nachher, daß sie nach mir ausgeschaut hatte.
So floß der Winter nach und nach vorwärts. Wir lasen etwas aus den Büchern oder aus den seltenen Schriften des Obrists, deren er eine ganze Sammlung hat, oder wir sprachen von verschiedenen Dingen. Der Obrist fragte um alle möglichen Verhältnisse der Menschen des Waldes, und wenn ich ihm sagte, was mir bekannt war, sah ich, daß er alles ohnehin schon am richtigsten wußte. Oft war wohl auch ein Mann aus der Umgegend da, der Obrist setzte ihm ein Glas Wein und Brod vor, und ehe die Nacht weit vorwärts rückte, machte sich der Besuchende wieder auf, und begab sich nach Hause.
Wenn solche lichte Nachmittage waren, wie ich oben sagte, sahen Margarita und ich sehr gerne die Bilder an, die da waren. Sie zeigte mir vieles und erklärte mir vieles; denn hier wußte sie mehr als ich, weil sie seit ihrer Kindheit immer die Bilder um sich gehabt und von dem Vater die Einsicht in dieselben bekommen hatte – es ist unglaublich, welch Wunderbares und Schönes in diesen Bildern liegt. Manchmal gingen wir dann hinaus und sahen die Wolken und andere Dinge an, und erkannten und freuten uns, daß sie auf den Bildern so gemacht waren, wie sie sind. Ein anderes Mal sagte sie mir wieder alles auf, was sie von mir gelernt hatte, und fragte mich, ob es so recht sei.

Zu verschiedenen Zeiten tat der Obrist Entwürfe und Zeichnungen auf den Tisch, wie er dieses und jenes ändern, dieses und jenes verzieren, dieses und jenes neu anlegen wolle. Wir schauten die Sachen an, sie waren sehr schön, und immer so reinlich gezeichnet, als hätte sich ein junger Mensch mit großem Eifer und großer Freude dazu gesetzt. Ich bekam bei diesen Dingen mehr Einsicht, als ich früher hatte, und änderte den Riß, den ich zu verschiedenen Zeiten zu meinem Schreibgerüste gemacht hatte, daß es in festem Eichenholze geschnitzt würde, wieder ganz und gar ab. Ich nahm mir vor, den Riß, ehe die Arbeit in Holz angefangen würde, dem Obrist zu zeigen.
Ein paar Male war er mit Margarita auch sogar bei mir herunten, und das letzte Mal ließ ich seine Braunen heimlich in das Haghaus zurück gehen und führte ihn dann mit Margarita mit meinen Rappen hinauf, da sie zum ersten Male die schönen Bänder, die ihnen von Margarita gemacht worden waren, auf sich hatten.
Manchmal, wenn wir so an späten Abenden bei einander saßen, draußen strenge Kälte herrschte, und herinnen in der Heize die großen Blöcke glommen, ihren roten Schein mit dem weißen der Lampe im Raume des Zimmers mischten, der Obrist an seinem schönen weißen Barte von der Glut rosenfarben angeleuchtet in dem Armsessel saß, und ich und Margarita neben einander ihm gegenüber: so legte sie gerne ihre Hand auf die meine, wir faßten unsere Hände, und hielten uns längere Zeit dabei, während von ganz fremden Dingen der Welt draußen, oder von anderen, die uns schon näher angingen, die Rede war. Der Obrist hat dieses gesehen, er hat aber nie etwas darüber gesagt. Wenn andere eine Neigung zu einander haben, suchen sie dieselbe zu verheimlichen, wir aber taten dieses nicht, sagten aber auch nichts, und lebten so mit einander fort. Wir haben auch zu uns sel-

ber nichts mehr von unserer Zuneigung gesagt, seit jenem Abende, wo wir im Eichenhage einander vertrauten, daß wir uns sehr lieben. Ich hatte nicht den Mut, sie von dem Obristen zu meinem Weibe zu begehren – es kam mir auch vor, daß es noch nicht Zeit sei. Er, obwohl er es wußte, redete nie von Dingen, die hieher einen Bezug haben könnten, sondern war immer freundlich und heiter, und sprach von allem, das in dem Reiche seiner Betrachtungen war, oder dem er zu einer Handlung oder irgendeiner Gestaltung, wie sie ihm geläufig war, eine Zuversicht abzugewinnen vermochte.

So war der Winter endlich dahin und wieder der Frühling gekommen, die liebliche Freude unserer Wälder. Da geschah etwas, das alles änderte.

Zwar der Obrist ist nicht geändert worden. Wenn ihm sogar etwas Böses angetan wird, so erkennt er es für einen Irrtum, hat Mitleid und trägt nicht nach. Ist nicht die schöne Unterredung, die er mit mir hatte, selber ein Beweis davon? –

Ich habe mich so gerne bei der Zeit meiner Ankunft verweilt, ich habe mich gerne bei der Zeit verweilt, in der ich zu bauen und zu wirtschaften angefangen habe; es war eine einfache, schuldlose Zeit – ich weilte gerne dabei, wie der Obrist gekommen ist, mit ihr, der Lieben, der Guten; es war eine glückselige Zeit – – alles ist aus – – und sie, gerade sie hat mir so große Schmerzen gemacht; aber es ist nicht sie, ich erkenne es jetzt wohl, sondern ich, ich allein. – Es liegt die lange, schwere Zeit vor mir, und viele Jahre wird es brauchen, bis ich mich in sie hinein lebe.

Ich will alles eintragen.

Als die Tage der Blüten gekommen waren – mein Vogelkirschbaum, der liebe, große, kronenreiche Baum, den ich noch von Allerb auf mich gebracht hatte, war mit einem ganzen weißen Meere von Blüten bedeckt; in den

Wäldern, wo man noch durch das dünnbelaubte Zweiggitter den Himmel sah, fuhr ich doch oft schon durch eine Wolke von Duft und Blumenstaub, der durch die Räume ging – alles – alles war so schön – und siehe, dacht ich, welch ein Sommer wird erst auf diese Weise herein rücken – – und nun sag ich, welcher wird kommen! – –

Als, wie ich oben anfing, die Zeit der Blüten über uns war, fand sich in dem Haghause ein Besuch ein, auf den alle nicht vorbereitet waren. Es kam Rudolph, der Bruderssohn des Obrists. Einen schöneren Jüngling würde man sich wohl kaum denken können. Es gingen von dem rosenfarbenen Angesichte die dunklen, schwarzen Haare zurück, und die großen Augen blickten sehr wohlgebildet aus dem Angesichte. Sein Vater und seine Mutter waren schon vor längerer Zeit gestorben. Er war gekommen, um eine große Summe, die in Vorschein gekommen, und verloren geglaubte Schuldgelder, die eingegangen waren, mit dem Oheime zu teilen, dem einstens unrecht geschehen war. Der Obrist nahm ihn mit vielen Freuden auf, zeigte ihm große Liebe und gab ihm viele Geschenke, die er als Denkmale seines Aufenthaltes bei seinen Verwandten auf sein Schloß mitnehmen und aufheben sollte. Von der Summe aber nahm er nicht den Teil, den ihm der Jüngling geben wollte, sondern, wie in früherer Zeit, wieder das wenigste, das sich noch mit seinen Pflichten gegen Margarita vertrug. Rudolph lebte mit einem Manne, einem Amtmanne seines Vaters, den er sehr liebte und ehrte, ganz allein auf dem Schlosse, und bewirtschaftete sein Vermögen. Mir wurde er, da ich in jenen Tagen hinauf kam, vorgestellt, und er war immer sehr bescheiden und ehrfurchtsvoll gegen mich. Da man ihn sehr bat, blieb er viel länger bei dem Oheime, als er sich eigentlich vorgenommen hatte.

Als ich einmal in dem Lidenholze heimlich auf die Wulst der Felsen, die sich da in der Nähe des Holzschlages überneigen, geklettert war, weil ich dort mehrere sehr seltene Steinbrechen wußte, die in Blüte gehen sollten, und die ich Margarita bringen wollte: sah ich plötzlich auf dem Wege durch das Lidenholz unter mir Margarita und Rudolph heraus gehen. Ein schöneres Paar ist gar nicht auf der Erde. Er war um eine halbe Hauptlänge höher als sie, war so schlank wie sie, das feine Gewand war so anspruchslos an ihm, und die schwarzen Augen blickten sanft und milde: sie schimmerte neben ihm so klar, wie immer, hatte das weiße Gewand an, und wurde durch ihn fast schöner als gewöhnlich. Mir stürzten die bitteren Tränen aus den Augen – – wer bin ich denn – was bin ich denn? – – ich bin nichts – gar nichts. – – Ich wäre hinab geklettert, ich hätte die Felsen umschritten und wäre zu ihnen hingegangen – aber ich konnte es jetzt noch nicht. – Sie wandelten neben den Blumen hin, die in dem hohen Grase des Holzschlages standen, sie wandelten neben dem zarten Gesträuche und Gestrüppe, das sich manchmal an den Weg heran drängt – er sprach zu ihr, sie sprach zu ihm – er hatte ihren Arm in dem seinigen, sie legte ihre Hand auf die seine, drückte sie und streichelte dieselbe sanft.

Ich wollte nun gar nicht zu ihnen hinab gehen, sondern ich nahm meinen Stock, den ich in die Gräser nieder gelegt hatte, und zerschlug mit demselben alle Steinbrechen, die in der Tat noch nicht blühten, daß der Ort wild und wüst war. Dann stieg ich rückwärts an dem Felsen wieder hinab, wo ich hinaufgekommen war – denn an anderen Stellen ist die Wulst kaum zugänglich – ich stieg so schnell hinab, daß ich mir die Hände blutig riß. Dann ging ich nicht nach Hause, obgleich das Mittagessen auf mich wartete. Ich war gerade darum recht bald zu meinen Kranken gefahren, und war bald zurück gekommen, damit ich zu den Steinbrechen gehen und ihr die Blumen, wenn ich einige fand, noch vor dem Essen bringen könnte. Jetzt waren keine Blumen notwendig und jetzt war es nicht notwendig, daß ich nach Hause zu meinem Essen ging. Ich stieg vielmehr von dem Lidholze immer mehr nieder gegen die Talrinne, in der das Lidwasser geht, das kaum jemand besucht, weil es so enge zwischen den Waldwänden hin geht, ein seichtes Wasser ist und überall wilde Steine liegen, daß kein Weg in der Länge der Talrinne möglich ist. Vorwärts gegen die grauen Felsen, die manchmal aus dem Schwarz und Grün der Wand hinaus steigen, schaut das Gedämmer und die Ruhe des Kirmwaldes herein, der sich aber auch immer drehte und hin und her rührte, wie ich abwärts stieg, bis er verschwand und an den hohen Strebnissen des Grases, des Nachwuchses, der dürren Stämme, der Steine nichts nieder schaute als der einzige schwermütige Himmel. Ich ging ganz tief bis in den Kessel zurück, wo das Wasser ruhig im Grunde steht und seine stahlblauen Flecke zwischen den grünen Inseln, die auf ihm schwimmen, hervor leuchten – daneben steht der feuchte Stamm der Tanne, und der graubraune Fels, von dem das Wasser beständig, wie ein Firnis, nieder glitzert. Auf dem Wege dahin hatten mich die blauen Scheine unseres Waldenzianes gegrüßt und die breiten grünen Augen des Huflattigs, wo mein Fuß in den weichen, brodigen Waldboden einsank: ich beachtete sie nicht.

Ach, ich bin ja sonst nicht so zornig – es ist meine Art nicht so. Ein Rückfall in meine Kindheit mußte es sein, wo mich, wie der Vater sagte, meine früh verstorbene Mutter verweichlichte, daß ich oft, wenn mir ein Hindernis entgegen kam, mich zu Boden warf und tobte. – – Ich stieg von dem Lidkessel durch das Sandgerölle empor, indem ich die Hand wieder in die Gesträuche schlug, daß sie blutete, und mich an den hervorstehenden scharfen Steinen hielt, daß ich nicht nieder rollte. – Ich kam an dem Rotheck heraus, wo sich die Okersteine am Gipfel des Berges in die Luft drängen und der Blick in die jenseitigen Länder geht; wo sich die lange Linie des Rothberges hin zieht und die dortigen Waldbühel blau an blau hinaus gehen. Das Haus des Vetters Martin war nicht sichtbar, an dem Himmel streckten sich weiße, stehende Wolken hin, und auf meinem Boden war der Sand so rot gefärbt, daß ich mir die Schuhe beschmutzte, wie ich darüber hin ging und gegen meine Linke abneigend wieder in die finstere Gesellschaft der Tannen einbog.

Ich hatte mir nun alles fest gesetzt, wie ich tun solle. – Ich ging in der großen Krümmung des Waldes herum, daß ich fast gegen Abend oberhalb des Eichenhages heraus kam, durch das ich in das Haus des Obrists ging. – Er selber war nicht zu Hause. Margarita, sagten sie, sei in dem Garten. Ich schritt durch das Hoftor in den Garten, sah sie aber dort nicht, und vermutete sogleich, daß sie in das angrenzende Feld hinaus gegangen sein möge, weil das Hintergitter des Gartens offen stand. Ich sah sie wirklich, da ich das Gitter erreicht hatte und den Blick in das Freie tat, an dem breiten Wiesensaume, der neben dem Korne lief, wandeln, wie sie in der lauen, schönen Abendsonne den langen Schatten über das Getreide warf. Sie war allein – es war dieses nichts Wunderbares – aber ich verwunderte mich darüber. Nur die zwei schönen Wolfshunde ihres Vaters gingen ruhig neben ihr, sie lieben das Mädchen sehr, gehen ihm immer zu, und sind viel ruhiger, wenn Margarita in unserer Gesellschaft ist. Als ich in der Öffnung des Gartengitters erschien und sie mich erblickten, sprangen und tanzten sie lustig gegen mich zu, und auch Margarita ging etwas schneller mir entgegen, da sie merkte, daß ich auf sie zueile. Sie hatte das weiße Kleid an, war so schlank und schön wie am Vormittage, und trug das reine Angesicht meinen Augen entgegen, so schimmernd und sanft, wie es am Vormittage gewesen war.

Sie nahm zuerst das Wort und sagte: »Ach – Ihr seid nun da – wir waren schon in Sorge, daß Euch etwas zugestoßen sein könnte; denn der Vetter Rudolph ist fort, und ist im Nachmittage noch bei Euch gewesen, um Abschied zu nehmen – da sagten Eure Leute, daß Ihr wohl mit den Pferden schon nach Hause gekommen, aber wieder fort gegangen und dann nicht einmal zum Mittagessen zurückgekehrt seid. Der Vater meinte, Ihr würdet wohl zu einem Hülfsbedürftigen gemußt haben, und es sei alles an der Sache nicht auffallend. Er hat den Vetter Rudolph bis zu dem Wirtshause am Rothberge begleitet, wohin die Reisepferde bestellt sind, dann wird er mit unseren Pferden wieder heim kommen.«

»Margarita, Ihr liebt mich gar nicht!« antwortete ich.

Sie richtete ihre Augen auf mich und sagte: »Wie kömmt denn diese Rede zu Euch? – ich liebe Euch ja mehr, als Ihr ahnen könnt: ich bin so freudig, wenn Ihr herauf kommt, es tut mir leid, wenn Ihr fort geht, und ich denke auf Euch, wenn Ihr fern seid.«

»Ihr liebt mich nicht«, sagte ich wieder, und sie mochte bemerken, wie es in meinem Angesichte vor Schmerz zuckte.

»Was ist Euch denn,« sagte sie, – »Ihr könnt ja eigentlich nicht so reden. – Seid Ihr krank? Ihr müßt wohl einen weiten Weg gemacht haben, ich sehe es an Euren Kleidern. Habt Ihr schon etwas gegessen?«

»Nein, ich habe noch nichts gegessen«, antwortete ich.

»Nun so kommt nur schnell in das Haus herein,« erwiderte sie, »ich werde Euch etwas geben, es sind noch Dinge genug da, Ihr müsset gleich etwas essen!«

»Ich esse nichts«, antwortete ich.

»So wollt Ihr etwa mit dem Vater reden,« sagte sie, »kommt, wir wollen uns auf die Gartenbank setzen, wo man den Weg weit übersieht, auf dem er kommen wird.«

»Ich will nicht mit dem Vater reden,« antwortete ich,

»aber Euch habe ich etwas zu sagen, daß Ihr nämlich den Vetter Rudolph viel, viel mehr liebt als mich.«

»Ich liebe den Vetter Rudolph,« sagte sie, »weil es sich gebührt, aber ich liebe Euch mehr – ihn liebe ich anders – und Ihr müßt selber sagen, ob er es nicht wert ist, da er sich so schön gegen uns, seine Verwandten, gezeigt hat?«

»Ja, ja, er ist es wert, und Ihr werdet ihn immer mehr und mehr, und endlich sehr lieben«, erwiderte ich.

»Ich werde ihn auch sehr lieben,« entgegnete sie, »wenn er noch öfter wird zu uns gekommen sein, wie er es gesagt hat.«

»Nun, so ist es gut, und wir sind in Ordnung«, antwortete ich.

Jetzt gingen wir eine Weile schweigend neben einander her, bis wir zu dem Gartengitter gekommen waren, wo die Rosen stehen, deren Reiser wir mit einander eingelegt hatten. Dort blieb sie stehen, wendete ihr Angesicht und ihre Augen auf mich und sagte: »Ich bitte Euch, lieber, teurer Freund, seht, ich bitte Euch aus der innersten Inständigkeit meines Gemütes, lasset diese Dinge und diese Worte aus Eurem Herzen fahren.«

»Ich lasse ja die Dinge alle,« antwortete ich, »Ihr liebet mich nicht, und ich lasse die Dinge aus meinem Herzen fahren.«

»Ich habe im Eichenhage zu Euch gesagt,« erwiderte sie, »daß ich Euch außer meinem Vater mehr liebe, als alle andern Menschen auf der Erde.«

»Ja, Ihr habt es gesagt,« antwortete ich – »ob es aber auch wahr ist!?«

Auf diese Rede erwiderte sie gar nichts. Sie sagte kein Wort mehr. Sie ging durch das Gartengitter hinein, und ich auch. Sie zog einen Schlüssel aus der Tasche ihres Kleides, machte das Gitter zu und sperrte mit dem Schlüssel das Schloß. Dann ging sie auf dem geraden

Wege durch den Garten, der gegen das zweite Gitter führt, durch das man in den Hof des Hauses gelangt, – ich ging immer neben ihr, und es war mir, als ob sie scheu von mir weg wiche. Da wir das Gitter erreicht hatten, ging sie durch dasselbe in den Hof, tat es hinter sich zu, aber sperrte es nicht ab, weil es nie abgesperrt wird. Im Hofe redete sie wieder das erste Wort, indem sie sagte: »Wenn Ihr auf den Vater warten wollt, so will ich mich zu Euch auf die Bank setzen und so lange warten, bis er da ist.«

»Ihr könnt ihm in meinem Namen eine gute Nacht sagen,« antwortete ich, »ich gehe nach Hause.«

»So werde ich es tun«, sagte sie, indem sie stehen blieb.

Ich wendete mich von ihr, ging neben dem Blumensaale durch das große Tor hinaus und schritt auf dem Wege nach meinem Hause hinunter.

Am andern Tage hatte ich nur zu dem Erlebauer zu fahren, der etwas bedeutend krank war, dann zur Mechthild, die ein Gallenfieber hatte, und dann noch zu einigen andern von geringer Bedeutung. Ich fuhr sehr frühe des Morgens aus, damit ich bis zu Mittag mit allen meinen Kranken und mit dem Schreiben, das notwendig geworden war, fertig wäre.

Als ich die Suppe, die ich als einzige Speise an diesem Mittage zu mir nahm, gegessen hatte, ging ich in das Haghaus hinauf.

Ich ging zuerst zu dem Obrist, der in einem Buche las. Er stand auf, grüßte mich wie sonst, und war um gar nichts anders, als er sich stets gegen mich benommen hatte. Er sagte mir nach einigen gewöhnlichen Worten, daß gestern sein Vetter Rudolph fort gereiset sei, daß er mich noch gesucht, aber nicht gefunden habe, und mir daher durch ihn die schönsten Grüße zum Abschiede sagen lasse. Er fügte dann noch hinzu, daß der junge Mann ein vortrefflicher Mensch sei, daß er sich freue, daß

nun der Hader in der Verwandtschaft ein Ende habe, und daß, wenn der Jüngling in seiner Gesinnung so fort fahre, aus ihm ein einfacher, gutherziger und starker Mann hervorgehen könne. Ich pflichtete den Worten bei, wie sie auch in der Tat ganz der Wahrheit gemäß waren.
Von unsern andern Dingen sprach der Obrist kein Wort. Nach einer Weile der Unterredung sagte ich, daß ich zu Margarita hinüber gehen müsse. Er stand auf, und ich beurlaubte mich. Es war mir zu allen Zeiten erlaubt gewesen, allein zu Margarita hinein zu gehen, und der Obrist hatte es nie so eingerichtet, daß dieses nicht geschehen durfte.
Ich ging durch den Gang zu ihr hinüber. Als ich die Türe geöffnet hatte, sah ich sie an ihrem Tischchen stehen, und sie schien mich erwartet zu haben. Sie war manchmal, wenn sie wußte, daß ich zu ihrem Vater hinein gegangen sei, voll Freude herüber gekommen; heute war das nicht der Fall gewesen. Sie war recht schön gekleidet, aber das Gewand war ein anderes als gestern. Auf dem Wandtische neben der Tür lag noch der welke Strauß Feldblumen, den sie gestern gepflückt hatte, und seine Stengel waren noch mit demselben Feldgrase gebunden, das sie gestern genommen hatte. Ich erkannte, daß er einige Blumen enthielt, die in unserem Kräuterbuche noch nicht waren, oder die wir schlecht gepreßt hatten.
Da ich bis zu ihr vorwärts gekommen war und gegen ihre Augen geblickt hatte, sagte sie: »Ich habe Euch heute erwartet, und da muß ich Euch die Worte sagen, die ich mir in der Nacht gedacht habe, und die Euch zu wissen notwendig sind. Ich habe recht gerne Eure Gattin werden gewollt, der Vater hat Euch auch in hohem Grade lieb; – aber da nun alles anders geworden ist, muß ich Euch sagen, daß es nicht mehr geschehen kann.«
Ich sah sie an. Da ich in das Haghaus hinauf ging, wußte ich noch nicht, was ich sagen werde, nur die Empfindung

war mir klar, daß ich heute recht bald, so bald als möglich hinauf gehen müsse; aber als Margarita die obigen Worte gesagt hatte, erschrak ich sehr. Ich nahm sie bei der Hand, die sie mir gerne ließ, und führte sie gegen das Fenster vorwärts. Sie setzte sich auf das gepolsterte Bänklein, das in der Fenstervertiefung steht, nieder, weil sie dachte, daß ich mit ihr reden wolle. Ich setzte mich auf das andere Bänklein, ihr gegenüber, und redete zu ihr. Ich redete sehr lange – aber was ich sagte, weiß ich nicht mehr, und kann es nicht in dieses Buch einschreiben. Was sie antwortete, weiß ich auch nicht mehr; aber das weiß ich, daß es nicht so war, wie ich wollte, und daß sie ihren Entschluß nicht änderte. Dann schwieg sie ganz, und wie ich eifriger und hastiger fort redete, verstummte sie immer mehr, und als ich endlich sehr heftig und dringend wurde, sagte sie plötzlich die Worte: »Da muß ich den Vater um Hülfe rufen.«

Auf diese Worte sprang ich auf und sagte: »Nein, das dürfet Ihr nicht tun, das sollt Ihr nicht nötig haben – es ist schon alles gut, gut, gut.«

Und da war es, wo eine solche Vergessenheit aller Dinge des Himmels und der Erde über mich kam!! – – Ich wendete mich um, ging zur Tür hinaus, gewann durch das Tor das Freie und eilte nach meinem Hause hinunter. – –

Es war nun alles gleich. Ich wollte die Dinge der Welt zerreißen, vernichten, strafen. – – –

Ich habe es im Anfange dieses Buches eingeschrieben, wie ich in den Kirmwald zu einer Birke hinaufgeeilt bin, die mir in den Gedanken gekommen war, und wie mir der Obrist an jene Stelle nach gegangen war und mit mir in dem Walde geredet. – – –

Es ist eine sehr lasterhafte Tat gewesen, die ich habe begehen gewollt, und sie hat meine Seele tief erschreckt. – Ich habe sonst meine Geschäfte ruhig getan, und weiß

nicht, wie ich dazu gekommen bin, daß ein solcher Gedanke in meinem Haupte entstehen konnte. – Ich weiß es heute noch nicht. – – –
Ich muß mein Amt mit noch größerem Eifer verwalten, ich muß in die tiefsten Dinge desselben nieder steigen, und muß die größten Schwierigkeiten und die kleinsten Pflichten desselben tun, damit wieder alles ausgeglichen werde.
Ich habe diese Sache darum auch gleich am Anfange dieses Buches eingeschrieben, weil sie mich so erschreckt hat, daß nur eine Möglichkeit gewesen ist, daß ein solches Beginnen in meinen Sinn und in meine Denkweise kommen konnte!!
Ich bin sehr traurig gewesen. Am Abende bin ich nach Hause gegangen und habe mich in das Bett gelegt – nicht zum Schlafen. Den andern Tag habe ich mit mir allein zugebracht. Am folgenden bin ich zu dem Obrist hinauf gegangen. Er hat mir seine Lebensgeschichte erzählt, und hat mich sehr erschüttert. Dann hat er mich gefragt, ob ich zu Margarita hinüber gehen wollte, um mit ihr gütig zu reden; und da ich eingewilligt hatte, führte er mich durch den Gang und über die gelbe Rohrmatte in ihr erstes Zimmer hinein. Als sie in demselben nicht war, sagte er, ich solle hier warten, er werde sie holen – dann werde er selber nicht mehr heraus kommen, sondern durch das Bücherzimmer in seine Stube zurück gehen. Er kam auch nicht mehr heraus – es öffnete sich schwach der halbe Türflügel, den der Obrist hinter sich offen gelassen hatte, und Margarita trat heraus. Ihre Augen waren auf mich gerichtet. Sie war so einfach schön, wie das Ding, wovon sie den Namen hat; denn Margarita heißt ja in der alten Römersprache die Perle. Der Obrist hatte nichts von dem gesagt, was ich hatte tun wollen, ich erkannte es wohl; denn sie hätte mich nicht mehr angesehen. Sie ging bis in die Mitte des Zimmers hervor, wo

ich stand, ich reichte ihr die Hand, wie wir es gewöhnlich taten, wenn wir in früheren Zeiten zusammen gekommen waren, sie nahm die Hand an, und dann ließen wir sie wieder los.

»Margarita,« sagte ich, »Euer Vater hat bei Euch fürgesprochen, daß ich zu Euch herüber kommen und mit Euch reden dürfe. Wir werden nun nicht mehr so oft zusammen kommen, und werden nicht so oft mit einander durch die Felder und Wälder gehen wie bisher – – ich werde weniger in das Haghaus herauf gehen können, als es in den vergangenen Zeiten der Fall gewesen ist – – – fürchtet Euch nicht, ich werde heute nicht so reden wie vorgestern, sondern gut und ruhig – ich werde Euch um nichts bitten.« – –

Sie hatte während dieser Worte nicht geantwortet, obwohl sie in Zwischenräumen gesagt worden waren, sondern war vor mir gestanden, und hatte ihre Arme an ihrem Kleide niederhängen lassen.

»Margarita,« sagte ich dann wieder, »verzeihet mir!«

»Ich habe Euch nichts zu verzeihen,« antwortete sie, »Ihr habt mir nichts getan.«

Während wir diese Worte sprachen, kam der Obrist wieder durch das Bücherzimmer zu uns herüber, und trug etwas in der Hand. Da er bis zu uns gelangt war, legte er es auf den Tisch nieder und sagte: »Hier sind einige getrocknete Stämmchen Edelweiß. Sie sind die Hälfte von denen, welche mir meine Gattin gepflückt und auf den Hut gesteckt hat, als sie an ihrem letzten Tage mit mir auf dem hohen Gebirge gewesen war. Ihr werdet beide diese Pflanze nicht kennen, da sie hier nicht wächst, und werdet sie daher auch nicht in euren Kräuterbüchern haben. Ich gebe euch diese mehreren Stämmchen, teilt sie unter einander, und bewahret euch dieselben auf.«

Als er dieses gesagt hatte, wendete er sich um und begab

sich wieder durch das Bücherzimmer in seine Stube. Ich ging an den Tisch und sah das Edelweiß an. Es waren zwölf Stämmchen. Ich legte sechs auf diese Seite und sechs auf jene Seite und sagte: »Margarita, ich habe die Pflanzen aus einander geteilt; diese hier sind die Eurigen, diese die meinigen. Ist es so recht?«

»Ja«, sagte sie.

Hierauf schwiegen wir wieder eine Weile – dann sagte ich: »Ich werde jetzt mein Amt recht eifrig erfüllen und allen Hülfsbedürftigen, nah und ferne, den willfährigsten Beistand leisten.«

»Ja, tut das, tut das«, sprach sie lebhaft.

Dann fuhr ich fort: »Denkt zuweilen an mich, Margarita, und wenn auch alles anders wurde, lasset doch mein Bild in mancher Zeit vor Eure Augen treten.«

»Ich habe geglaubt, daß Ihr sehr gut und sehr sanft seid«, antwortete sie.

»Ich bin es,« sagte ich, »ich bin es, Margarita, nur könnt Ihr es jetzt noch nicht sehen, und könnt es jetzt noch nicht glauben. Drum lebet wohl, Margarita, lebet recht wohl.«

»Wartet noch ein wenig«, sagte sie.

Dann trat sie an den Tisch, nahm jene Abteilung des Edelweißes, die ich als die ihrige bezeichnet hatte, legte sie auf meine Seite und sagte: »Nehmet dieses.«

Ich sah auf sie, konnte aber ihr Angesicht nicht sehen, weil sie sich abgewendet hatte.

»Margarita,« sagte ich, »lebet recht wohl.«

Ich konnte nicht hören, daß sie etwas antwortete, sah aber, daß sie mit der Hand winkte.

Es war nun alles vorüber. Ich nahm das Edelweiß, das sie mir gegeben hatte, von dem Tische, tat es in das Buch, das ich immer bei mir trage, und ging zur Tür hinaus. Ich schritt zum letzten Male über die gelbe Rohrmatte, ich ging durch die große Blumenstube, in welcher manche fremdartige Gewächse standen, und trat aus derselben auf den Grundstein hinaus, den wir mit so vieler Freude und Fröhlichkeit gelegt hatten. Dann kam ich durch den Torbogen in das Freie. Ich wollte den Obrist nicht mehr besuchen, sondern langsam meine Wege gehen. Aber ich sah ihn, da ich heraus gekommen war, in dem feinen Grase des Rasens stehen, der sich vor den Fenstern seines Hauses hin breitet. Wir gingen auf einander zu. Anfangs sagten wir gar nichts, dann aber sprach er: »Wir werden Euch ein wenig begleiten.«

Es waren nämlich auch seine zwei Hunde bei ihm. Er ging ein Stück des Weges, den ich eingeschlagen hatte, mit mir, dann sagte er: »Lasset eine Zeit verfließen. Wie ich Euch schon in meiner Stube gesagt habe, so wiederhole ich es auch hier, ihr habt beide gefehlt. Denkt an meine Gattin: sie stürzte ohne den leisesten Angstruf in den Abgrund, damit sie mich nicht erschrecke. Margarita gleicht ihr sehr. Sogar darin ist sie ihr ähnlich, daß sie eine solche Vorliebe für weiße Kleider hat, obwohl ihr niemand erzählt hat, daß es bei ihrer Mutter auch so gewesen ist. Sie ist eben so stark und eben so demütig und zurückweichend vor dem harten Felsen der Gewalttat.«

Ich antwortete im Augenblicke nicht auf diese Rede. Es war heute das erste Mal gewesen, daß der Obrist von dem Stande der Dinge zwischen mir und Margarita gesprochen hatte. Wir gingen noch eine Weile neben einander, bis ein Weg seitwärts gegen seine Wiese hinein ging. Dort beurlaubte er sich, und wandelte auf dem Wege, der ihn gegen die Wiese führte, mit seinen Hunden dahin.

Der Pfad aber, den ich eingeschlagen hatte, war nicht der zu meinem Hause hinunter, sondern der, welcher von dem Haghause weg durch die Felder empor geht und dann in die Weidebrüche einlenkt, wo man im Sommer die Rinder hütet. Ich schlug den Pfad darum ein, weil ich noch zur Haidelis gehen mußte, die krank ist, und weil der Weg durch die Weidebrüche zu ihr führt. Ich ging nicht zum Essen nach Hause; denn ich dachte, ich könnte ja in das Gollwirtshaus gehen, wenn mein Leib etwas verlangte, oder sonst irgend wohin, wo mein Weg mich vorbei bringt.

Als ich zwischen die Haselstauden der Weiden hinauf gekommen war und nicht gesehen werden konnte, blieb ich ein wenig stehen. Ich richtete mir das Barett zu rechte, welches schief gesunken war, und sagte mir gleichsam selber die Worte: »Wenn dir nun in Zukunft noch ein Widerstand in den Weg kommt, Augustinus, den du nicht überwinden zu können meinst, so denke an den Obrist und an seine standhafte Tochter.«

Dann ging ich wieder zwischen den Haselbüschen weiter.

Ich hatte jetzt niemanden mehr als meine Kranken, und es schien mir in dem Augenblicke, als warteten sie alle auf mich.

Ich sollte zwar erst gegen den Abend zur Haidelis hinaus, und hatte mir vorgenommen zu fahren; aber da es doch etwas weit ist, so dachte ich, werde ich bei langsamem Gehen, wenn auch der Tag noch hoch steht, doch erst gegen den Abend hin kommen. Ich mochte von dem Obrist nicht nach Hause gehen und meine Pferde holen. Ich ging langsam – langsam und denkend durch die Wälder dahin. – Auch war ich ein wenig bei dem hinteren Wirte in dem Schlagholze und aß etwas von der Kost, die an seinem Mittagstische übrig geblieben war.

Als ich von der Haidelis weg durch andere Wälder nach Hause ging und die Sonne schon ziemlich nahe gegen ihren Untergang neigte, schien es sich erfüllen zu wollen, was der Obrist heute gegen Mittag vorausgesagt hatte: denn von der Scheide des Hochwaldes herüber, von woher im Winter die Wolken mit dem Regen gekommen

waren, der den schrecklichen Eissturz gebracht hatte, zog es sich wie Gewitterbildung zusammen, und die Sonne mußte sich auch im Abend durch zerstückte und an ihren Enden anbrennende Wolken hinunter arbeiten. Ich betrachtete mir so, da ich in das Freie gekommen war, das Zurechtrichten und die Vorbereitungen an dem Himmel.
Zu meinem Hause ging ich nur hinzu, um den Fuchs anspannen zu lassen, damit ich noch zu dem Erlebauer hinaus führe, zu dem ich vor Abends mußte, und wieder zurück käme, bevor das Gewitter ausbräche.
Als ich mit dem Thomas durch die letzten Bäume des Thaugrundes zurück fuhr, leuchteten schon die Blitze durch die Zweige herein und zogen manchmal über den fernen Wald ihre geschlungenen Geißellinien. Auch an dem Abendhimmel war es nun anders. Wo die Sonne zwischen rotschimmernden Wolken und blaßgelb leuchtenden Stücken heiteren Himmels untergegangen war, war nun alles zusammen geflossen, und aus der dunkeln Lagerung der Wolken brach zu Zeiten Feuer hervor. Ich habe darum den Fuchs zu dieser Fahrt genommen, weil er das himmlische Feuer nicht scheut. Die jungen Rappen entsetzen sich davor.
Als ich von dem Wege ablenkte und durch mein Gitter in meinen Hof hinein fahren wollte, sprengte in der Dämmerung, in der die ruhigen Bäume standen und die Blitze zuckten, ein Mann herbei und rief mich an, ich möchte augenblicks kommen, ich sei bei dem untern Aschacher sehr notwendig. Sie tragen ihn eben von dem Schwarzholze herein, wo ihn ein fallender Baum fürchterlich verwundet habe. Er, der dieses sage, sei selber dabei gewesen, sei voraus gelaufen, habe ein Pferd genommen und sei her geritten, um den Doktor in größter Schnelle zu holen. Ich befahl dem Thomas umzulenken, und wir fuhren hinter dem Boten, der vor uns her ritt, zu dem wohlbekannten Hause des untern Aschacher hinab,

wohin es nicht weit war. Als wir ankamen, hatten sie ihn schon da, er lag auf dem Bette, und sie hatten ihm die Kleider von dem verwundeten Fuße geschnitten. Es war durch die Tanne, die sie umschnitten und die dann fiel, nur die Haut von dem Fuße gestreift worden, aber nie habe ich so furchtbar und gräßlich menschliches lebendes Fleisch entblößt gesehen. Der Mann wäre gestorben, wenn ich damals in dem Kirmwalde meine Tat verübt hätte! Sie hätten ihm Pflaster auf die Verwundung getan und den Brand gelockt. – Ich befahl, Wasser von dem Brunnen zu holen, und ließ ihm von dem Eise zukommen, das ich immer in der Grube unter meinem Hause aufbewahrt halte.
Das Gewitter ist nicht herein gebrochen. Als ich mit dem Thomas auf dem schlechten Feldwege zurückfuhr, zogen seine regenlosen, schwarzen Stücke über den Lidwald hinaus, man hörte schier keinen Donner, und nur die zeitweisen Blitze zielten gegen die ferneren Länder hinaus, die von uns gegen Morgen liegen.
Es verging eine ängstliche, unruhige Nacht. Ich war sehr düster!

5. THAL OB PIRLING

Es war am folgenden Tage, da der untere Aschacher sich so schwer verwundet hatte, wieder ganz heiter. Nicht ein einziger Tropfen war in der Nacht gefallen. Ich ging um fünf Uhr früh den näheren Weg durch die Felder zu ihm hinunter. Sie hatten die ganze Zeit getan, wie ich gesagt hatte, und ich befahl wieder, daß sie stets, wenn das Eis ausgeht, ein neues Teil von mir holen sollten. Es war die Verwundung gerade in dem Stande, wie ich es an dem vorhergegangenen Abende voraus gesehen hatte, und ich konnte den Jammernden die Versicherung geben, daß er ganz gewiß gesund werden würde.

Als ich herauf ging, stand die Sonne wie ein klares, blühendes Rund über der Dunkelheit der Wälder, und die Gräser und die Gesträuche glänzten in farbigen Punkten an meinem Wege.

Da ich über die Stiege zu meiner Schlafstube hinauf stieg, in welche mir die alte Maria immer mein Frühmahl stellt, fand ich in dem Vorgemache ein Weib, welches meiner harrte. Ich kannte sie, es war Susanna, die Einwohnerin des Klum. Als ich sie in meine Stube hinein geführt hatte, tat sie ihr blaues Tuch auseinander, das sie sonst gewöhnlich um die Schultern hatte, und in dem sie heute etwas eingewickelt trug, und sagte, sie sei gestern in dem Birkengehege im Kirmwalde gewesen und habe sich etwas dürres Holz und Reisig gebrochen, um es sich nach Hause zu tragen. Da habe sie in einer Hecke dieses Tuch gefunden, und Hanna, meine Magd, habe ihr gesagt, daß es ein meiniges sei. Sie bringe es daher, und habe es in ihr Schultertuch eingewickelt, daß es nicht schmutzig werde.

Ich hatte nur ein wenig hin geschaut, und erkannte, daß es mein buntes Tuch sei, das ich auf dem Birkenplatze im Kirmwalde weggeworfen hatte.

Ich gab dem Weibe ein kleines Geschenk, weil sie arm ist – das Tuch aber ließ ich ihr auch.

Dann, als ich alles hergerichtet hatte, was zu dem heutigen Tage notwendig war, wurden die Rappen eingespannt und die Rundfahrt zu den Kranken angetreten.

Ich dachte über mein Amt, das mir die Gottheit gegeben hatte, nach. Es kann nicht recht sein, daß man dasjenige, was andere getan und gefunden haben, in mehrere Bücher zusammen trägt, dasselbe sich sehr gut in das Gedächtnis prägt, und es dann in der gleichen Gestalt immer ausübt – es kann nicht recht sein. Man muß die Gebote der Naturdinge lernen, was sie verlangen und was sie verweigern, man muß in der steten Anschauung der kleinsten Sachen erkennen, wie sie sind, und ihnen zu Willen sein. Dann wird man das Wachsen und Entstehen erleichtern. Es wissen auch die großen Bücher, welche ich auf meinen Tisch und auf mein jetziges Schreibgerüste lege, und in denen ich lese, nicht viel. Wer erkennt es genau, ob die Arcana, und die Sympathien und die Zeitverbindungen die Hilfe bringen, die in ihnen liegt? Und ist es nicht klar abzumerken, daß Gott in die großen Zusammensetzungen der Stoffe unser Heil gelegt hat, weil wir es nicht finden würden, wenn wir die Zusammensetzungen noch nicht kennten? Es liegt gewiß irgend wo sehr nahe bei uns. Womit würde sich denn der Hirsch heilen, und der Hund, und die Schlange des Waldes, wenn die Arznei, die ihnen hilft, in meinem Schragen stünde, weil sie ja nie zu ihm kommen? Es wird ein Ding in dem kühlenden fließenden Wasser sein, es wird eins in der wehenden Luft sein, und es werden Zustimmungen zu unserem Körper aus der Eintracht aller Dinge jede Stunde, jede Minute in unser Wesen zittern und es erhalten. – – Ich will sehr eifrig in den Büchern lesen und das lernen, was sie enthalten – und ich will hinter dem Hirsche, hinter dem Hunde her gehen und zusehen, wie sie es machen, daß sie genesen. Die Kräuter der Berge kenne ich; jetzt will ich auch die anderen Dinge ansehen, und will die Krankheiten betrachten, was sie sprechen, was sie zu uns sagen und was sie heischen. – –

So dachte ich, und so hatte ich vor.

Als ich mit meinem Wagen zurück gekommen war, ging ich noch einmal zu dem untern Aschacher hinab. Sein Übel, wie es ihn auch ergriff, war doch in sehr gutem Stande. Ich ging von nun an täglich zweimal zu ihm.

Nach einiger Zeit kam dieses Buch, wie ich es in Tunberg bestellt hatte. Große Blätter von Pergament, in Korduanleder gebunden und mit guten messingenen Spangen zu verschließen. Ich wollte es auch so machen wie der

Obrist, wie er es in Westphalen von einem alten Krieger gelernt hatte. Aber ich nahm mir vor, das Geschriebene nicht in Päcke einzusiegeln, wie er, weil ich nicht immer herum reisen muß, und das große Buch recht gut in seiner Truhe von schönem schwarzen Holze ruhen kann. Aber die Blätter mit dem Eingetragenen wollte ich doch vor dem Lesen versperren. Ich tue mit den guten Messern, die sie in Rohren verfertigen, einen Schnitt in dieselben, ziehe seidene Bänder durch und siegle dieselben zusammen. Zu den seidenen Bändern habe ich die rosenrote und blaue Farbe gewählt, weil Margarita, wenn sie an Festtagen oder an Sonntagen in großem, vorzüglich in seidenem Putze war und die weiten, bauschigen Falten des Schoßes recht schön an ihr niedergingen, vorzüglich diese Farben an den Schmuckbändern des Kleides liebte. Ich sah das Buch an, als es mir gebracht wurde, und es gefiel mir wohl. Ich versuchte die Spangen, und sie flogen bei dem Drucke gut auf und zeigten das reinliche Weiß der Pergamente. Ich zeichnete mit meiner roten Tinte die Zahlen der Seiten ein bis auf die letzte. Dann schrieb ich nach und nach dasjenige ein, was ich in den ersten Tagen, weil ich nicht warten konnte, unterdessen auf Papier aufgeschrieben hatte. Ich verwendete alle jene Zeit zum Schreiben, in der ich sonst in den Feldern gegangen bin, die Gewächse, die Bäume, das Gras angeschaut und betrachtet habe – und dann in das Haghaus hinauf gegangen bin. Es blieb mir, außer daß ich viel lernte und beobachtete, nun doch noch viele Zeit übrig. Wenn ich von dem Schreiben aufstand, ging ich noch in meinen Garten, der immer schöner wurde, sah die Blumen an, und die Gemüse, und die anderen Kräuter, die zu meinem Amte gehören, und die Obstbäume, welche ich entweder schon selbst gepflanzt habe, oder welche mir von den früheren Besitzern des Grundes geblieben waren. Indessen taten meine Leute ihre Geschäfte, die sie in dem Hause hatten, und sahen mich recht freundlich an, wenn ich gelegentlich an ihnen vorüber kam. Öfter ging ich auch, wenn die Dunkelheit schon aus den Gründen der Erde stieg, noch in dem Walde herum, und sah, wie die Nadeln schwarz wurden und die Dämmerung gleichsam durch die feinen Zweige und Haare der Tannen rieselte oder um die starken Äste der Buchen, der Ahornen, der Eschen war.

Nach einer Woche, seit ich zum letzten Male in dem Haghause gewesen bin, kam der Obrist zu mir herunter und erzählte mir, daß er Margarita habe fort reisen lassen. Es seien nun vier Tage, daß sie frühe am Morgen fort gefahren sei. Er habe sie eine Tagereise weit begleitet, und sei vorgestern zurück gekehrt. Sie werde einige Zeit bei einer weitläufigen Verwandten, einer lieben alten und kinderlosen Frau, wo sie wie eine Tochter werde gehalten werden, verweilen, und dann wieder nach Hause zurückkehren.

Ich sagte auf diese Mitteilung nichts – ich fragte auch nicht, wie lange Margarita ausbleiben würde. Wer weiß, wie lange es ist – wer weiß, was sich ergibt, dachte ich – und wer weiß, ob sie nicht etwa aufhören wird, eine Bewohnerin des Haghauses zu sein. – –

Ich zeigte dem Obristen mein rotes, in Leder gebundenes Buch, sagte, daß ich seine Einschreibungen nachahme, und erklärte ihm, wie ich es mache. Er billigte es und erkannte die rot- und blauseidenen Bändlein gar wohl.

Dann gingen wir zum Aschacher hinunter, und er tröstete den leidenden Mann. Hierauf schlug er den Weg in das Haghaus hinauf ein, und ich begleitete ihn die größte Strecke desselben. Als wir Abschied genommen und uns die Versicherung gegeben hatten, daß wir in der Zukunft einander oft besuchen wollen, kehrte ich um und ging wieder zu meinem Hause hinunter.

So will ich denn nun Thal ob Pirling, dachte ich, über

dem der traurige Himmel ist, ausbauen und verschönern, hier will ich machen, was meinem Herzen wohltut, hier will ich machen, was meinen Augen gefällt – die Dinge, die ich herstelle, sollen mich gleichsam lieben; ich werde mich mit dem umringen, was mir Freude macht, ich werde hier immer bleiben, und werde die Menschen lieben, die in meinem Hause sind, und werde die Tiere lieben, die mir dienen, oder die sonst bei mir erzogen werden. Dann sollen diejenigen, die, wenn sie den Namen Thal ob Pirling aussprechen, nur immer mein Haus allein dabei im Auge haben, nicht aber die Gruppe von Hütten, die früher diesen Namen trugen, noch mehr recht bekommen, wenn sie nur das Haus so benennen.

Der Brunnen, den der Grunner im Frühlinge herausgemauert hatte, ist ohnehin nun fertig. Ein Strahl des klarsten Wassers schießt in die Granitschale, wenn man an dem Metallknopfe des Geständers zieht. Ein anderer silberglänzender, lebendiger Strahl soll noch immer in dem Garten fließen, dazu sie die Steinkufe im Schwarzholze hauen; denn Quellen gibt es ja in der Gegend genug. Die Bäume, Balken, Pfosten, die noch überall von dem Baue herumliegen, sollen weg, daß der Hof rein und gefegt sei und der Saum des Steinpflasters um denselben sich klar ins Gesicht stelle.

Weil ich aus Güte die meisten meiner Leute, so wie einstens zu dem Obrist, so jetzt zu dem Wirte Bernsteiner nach Pirling gehen gelassen hatte, der in die Felsen des Steinbühels einen Keller sprengt, und denselben vor seinem Schützenfeste, das er den nächsten Sommer übers Jahr gibt, fertig haben möchte, so befand ich mich jetzt selber im Mangel. Aber ich will an allen anderen Orten nach Arbeitern suchen; und von ihm auch noch diejenigen, die er entbehren kann, zu mir herüber ziehen.

Ich werde unverweilt die lieblichen Schnitzereien, mit denen ich die Hinterstube gegen den Garten zur Freund-

lichkeit und Annehmlichkeit meines Gemütes verzieren lassen will, ins Werk geben; ich werde das Schreibgerüste, daran ich schon so lange denke, anfangen, werde die Risse zu den schwersten Arbeiten dem Künstler und Holzschneider Pirger nach Prag schicken, daß er sie darnach forme, und werde endlich die Geräte und die Herausputze und die Einrichtungen des inneren Hauses zu verfertigen und zu vollenden beginnen. – –
So habe ich in jenen Tagen gedacht, und so habe ich es gleich in Tätigkeit gesetzt.
Ich kaufte desselben Sommers für den Buben Gottlieb auch noch ein kleines Grundstück, damit ich es ihm dereinst, wenn es ihm nützlich ist, geben könnte. Ich habe beschlossen, den Buben nicht mehr von mir zu tun und für ihn, wie es ihm frommt, zu sorgen. Es ist unglaublich, wie er dankbar ist, und wie er arbeiten möchte. Er hat eine Freude, wenn er für mich einen Gang tun kann, daher ich ihm auch, daß er sich freue, oft einen Botengang auftrage, den er mit Genauigkeit vollbringt. Sein alter Vater, wenn er zuweilen herunter kömmt, zeigt großen Dank und große Zufriedenheit, daß es so ist. Wenn der Bube Lust und Geistesvermögen hat, lasse ich ihn vielleicht künftig unterrichten, und er mag mein Amt antreten und wirken und sorgen.
Ich kam, da die schönen, langen Sommertage dauerten, oft zu dem Obrist hinauf, und er oft zu mir herunter. Er sah alle Dinge, die bei mir in der Arbeit waren, wir redeten von den verschiedensten Sachen, saßen manchmal auf meinem Sommerbänklein unter der schönen Fichte beisammen, oder gingen in dem Walde herum, oder waren bei ihm in dem Garten, oder in der Stube, in der er die Bücher hat.
Von Margarita sagte er nie ein Wort. Ich fragte auch nicht.
So verging endlich der Sommer, so verging der Winter, und es kam der nächste Sommer.

Wie wunderbar, wie reizend doch die Natur ist. In jenen Tagen, da die Wärme sich recht lieblich neu aufschloß, was alle Jahre geschieht, und was uns alle Jahre wie ein Wunder wohl tut, stand ich vor dem Vogelkirschbaume, der mit einer unermeßlichen Anzahl der reinsten und weißesten Blüten beladen war – so weiß, wie sonst gar nichts in der Welt, außer etwa der Schnee, oder öfter der Ränderglanz der fernen, beleuchteten Sommerwolken, wenn sie hinter dem dunkeln Walde hervorstechen – ich stand, und hatte zum ersten Male den Gedanken, den ich eigentlich schon längst hätte haben sollen; wie der Baum erstlich der Blüten wegen da ist, und wie zweitens aus diesen weißen Blümlein dann die schwarzen Kirschen entstehen, die wieder so schwarz sind, wie die Blüten weiß, nämlich so schwarz, wie nichts anderes in der Welt. Wie die Natur diese starke Gegenstellung macht und sie allezeit verbindet durch die sanften grünen Blätter. Wenn die Frucht vorüber ist, werden die Blätter rot und gelb und braun und bekommen allerlei andere glänzende Farben.
Da ich dann von dem Garten in den Hof ging, schauten mich die Herdsteine, die Dachsteine, und andere, die ich von der Hütte meines Vaters hatte nehmen lassen, und die in die Gartenmauer eingesetzt waren, recht freundlich an, wenn auch mancher verwittert und mancher fast dunkelschwarz war. Ich habe nämlich die Gartenmauer nicht tünchen lassen, damit nicht immer der unliebe weiße Strich in den grünen Farben des Tales stehe.
In dem Sommer habe ich auch, was mir schon früher einmal in den Sinn gekommen ist, das achteckige Eckzimmer meines Hauses wie zu einer Hauskapelle einzurichten begonnen. Ich bekam den Gedanken, daß das Bildnis der heiligen Margarita als Schutzherrin darinnen stehen müsse, dann werden jedes Sommers am dreizehnten Julius abends zwei große Wachskerzen brennen. Über die

Fenster sollte doppelte mattweiße Seide gespannt werden, daß in der Hauskirche so sanfte Dämmerung sei, wie in der großen. – –
Auch mit den Menschen ist es mir anders geworden. Es sind mir die Augen aufgegangen, daß viele um mich wohnen, die ich zu beachten habe. Ich bin mit diesem und jenem zusammen gekommen, ich habe dieses und jenes geredet, habe Rat gegeben und empfangen, und habe von den Schicksalen der Welt erfahren: wie sie hier leben, wie sie dort leben, wie sie hier Freude haben und dort leiden und hoffen. Und überall, wie sich die Fluren hindehnen, schlagen allerlei Herzen von Menschen und Tieren, und blicken allerlei Augen – aber alle bauen sie an einem kleinen Orte der Fluren einen Wohnplatz, wie ich, über dessen Rand sie kaum hinaus sehen auf die andern, die überall leben. – –
So verging mir ein Tag wie der andere, so verging eine Jahreszeit nach der andern – und so wandelte die ganze Zeit. –
Es waren endlich drei Jahre dahin, seit der Obrist allein in dem Haghause wohnt. – – –
O Vater, o Mutter, daß ihr nicht mehr lebt, um zu sehen, wie sich eure Hütte verändert hat – und auch ihr, Schwestern, daß ihr nicht mehr seid, um es zu schauen! Das Haus steht nunmehr fertig, und die Sonne scheint auf sein glänzend Dach hernieder – der Garten schreitet in die Weite, und die Fruchtbäume, einst das Eigentum der Nachbarn, stehen schön darinnen, und jetzt besser gepflegt, lassen sie wie in Dankbarkeit die Last ihrer Äste bis zu meinen Fenstern herüber schimmern. Ich schreite von Gemach zu Gemach; aber einsam – nur eine heilige Margarita steht jetzt schon auf dem Hausaltare und grüßt mich, wenn ich eintrete, mit dem goldenen Schimmer. – Die Luft des Abends weht in den weißen Fenstervorhängen und umfließt mich Wandelnden, während sie von

dem Hofe herein die Hufschläge meiner jungen Pferde trägt, die der Knecht von der Abendschwemme zurück bringt. – Manch roter Pfeil der Abendsonne schießt durch die Zimmer und zeigt mir ihre Größe und Leere. Das Schreibgerüste ist fertig, und auf seinem hölzernen Himmel sitzt nun allein der ausgestopfte Luchs, den man erlegt und mir zum Geschenke gebracht hat.

Und dann nehme ich an Nachmittagen ein Buch, gehe durch den Hof, wo Hühner und Geflügel sind, durch den Garten voll Sperlingsgeschrei, die meine Kirschen stehlen, hinaus in die Felder, wo meine Ernte reift – ein viel zu großes Feld für mich einzelnen – bis ich in den Wald gelange, bei dessen Birken ich jetzt wieder gerne bin, und der mir die Gedanken leicht und stille aus dem Buche lesen läßt und mir neue gibt.

So steht und gedeiht alles. Meine Kranken genesen. Der untere Aschacher, dessen Fuß so fürchterlich geschält war, geht wieder lustig und krückenfrei herum. Ich vermag in die fernsten Gegenden zu wirken – und es wird das frevle Wort immer weniger wahr, das ich einmal niedergeschrieben habe: ›Einsam, wie der vom Taue gerissene Anker im Meere, liegt mir das Herz in der Brust.‹

Ich habe das Wort nicht in dieses Buch eingetragen, weil ich mich schämte.

Das Wort wird immer weniger wahr, und das Herz liegt nicht mehr so. Wenn einige gute Kräfte tätig sind, schaut das Herz zu, und es kann nicht anders, es muß ja vergnügt darüber sein.

Auch kleine Dinge erscheinen, die mich freuen. Morgen kömmt der geschnitzte lange Schrein, der in das Schreibgemach gestellt wird – der Kreuzenzian, den ich in dem Garten versuchte, gedeiht recht gut, und die Mägde müssen ihn morgen jäten – und so ist noch anderes und anderes – manches Liebliche und manches Heitere.

Ich bin mehrere Tage zitternd, bebend, zu Gott betend gewesen. Wenn ich auf und nieder ging, legte ich die Hände auf die Brust, daß sie ruhig sei. Wie ernst und schwer oft Fälle des menschlichen Lebens sind! Es ward ein schöner, starker Jüngling zu mir gebracht und lag in meinem Hause. Sie hatten ihm auf eine kleine Wunde, die er sich durch Zufall in die Brust geschlagen hatte, Pflaster von Pech und andern Klebedingen gelegt und ihn an den Rand des Grabes gebracht. Als ihnen die Sorge stieg, brachten sie ihn von weit jenseits des Hochwaldes, wo ich noch nie gewesen war, zu mir herüber. Ich legte ihn in das grüne Zimmer, weil es meiner Stube am nächsten ist. Ich entfernte alle Afterdinge, Unglücksbildungen und bereits begonnene Zerstörungen, bis es mich selbst schauerte – ich hatte Vater und Mutter nicht zugelassen, damit sie durch Schreien oder Gejammer nicht die Ruhe zerstörten, – das Messer ward durch die Wissenschaft immer weiter geführt – – ich empfahl meine Seele Gott – und tats. Als ich fertig war, war sehr vieles, und an einer Stelle schier alles weg, so daß ich an dieser Stelle durch das einzige innerlich gebliebene Häutchen die Lunge wallen sehen konnte. Ich sagte nichts, ging hinaus und sendete Vater und Mutter heim. Dann ging ich wieder hinein und führte die Sache weiter. Ich war ganz allein und hatte niemanden, der mir helfen konnte. Ich gab dem Kranken nur das wenigste zu essen, daß er nicht erhungere, damit die Glut der Entzündung nicht komme und zerstöre. Er lag geduldig da, und wenn seine ruhigen und unschuldigen Augen, da ich an ihm vorbeiging, auf meinem Angesichte hafteten, wußte ich, wie viel meine Miene wert sei, und bat Gott, daß er sie gelassen zeige. Kein einziger Mensch wußte, wie es sei. Nur den Obristen führte ich einmal hinein und zeigte ihm

die Sache. Er sah mich sehr ernst an. Weil der Jüngling stark und wohlgebildet war, erschienen nach wenigen Tagen schon die ersten Spuren der Genesung, und in kurzem war sie in vollem Gange. Da das war, dann hatte ich die Bäume, die Wälder, das Firmament und die äußere Welt wieder. Vor der Festigkeit der Pflicht, wie sinkt jedes andere Ding der Erde zu Schanden nieder! – Nach gar nicht langer Zeit war er völlig gesund, und ich konnte ihn zu seinen Eltern über den Wald hinüber senden. – – –
Bald darauf hat sich etwas recht Liebes und Schönes zugetragen.

Die Halme unseres Kornes hatten sich zur Reife geneigt, die heißeste Waldsonne, welche alle Jahre um diese Zeit über unsern Häusern zu stehen pflegt, war schon eine etwas kühlere geworden – die Gerste, die in unserer Gegend ganz besonders gedeiht, lag schon gefällt auf den Äckern in den gewöhnlichen Mahden wie in goldenen Zeilen dahin – der Weizen, der auf das Beispiel des Obrists hin nun sichtbarlich mehr und fast mit Vorliebe gebaut wurde, war schon in die Scheuern gebracht, ich fuhr zu meinen Kranken, die sehr unbedeutend waren, herum – der Obrist kam öfter zu mir herab, ich zu ihm hinauf – die Zeit näherte sich allmählich dem milderen Herbste: da geschah es, daß ich einmal mit dem Obrist im Thaugrunde an dem Wege stand. Er zeigte mir, wie auf sein Vorbild die Leute schon an den Wegen die Verbesserungen in dem Sinne machen, daß sie Straßen werden – so ging namentlich durch den Thaugrund schon ein schönes, gewölbtes Stück mit Gräben an beiden Seiten durch, wo vor zehn Jahren noch der morastige, fürchterliche Weg gewesen war – und dann fragte er noch gelegentlich, ob ich dem bevorstehenden Schützenfeste in Pirling beiwohnen werde, er würde zugegen sein. Ich erwiderte, daß ich auch kommen würde, wenn sie mich einladen; nur, bemerkte ich, könne ich einige Tage vor dem Schützenfeste nicht zu ihm hinauf kommen, weil sie mich zu einem sehr entfernten Kranken zur Beratung gerufen haben, wo ich wohl ein paar Tage abwesend sein werde. – –

O Pirling, du freundlicher Ort, ich bin dir immer geneigt gewesen; aber wer hätte gedacht, daß du mir so teuer werden würdest. Wie erfreut sich mein Herz, wenn es deiner Schönheit gedenket: wie du so lieblich einsam auf deinem sammetgrünen Hügel liegst und deine weißen Häuser auf den Fluß herab sehen, der seinen Saum benetzt, und der so emsig durch deine Holzbrücke rollt, auf welcher das rote Türmchen steht, das das Bildnis des heiligen Johannes enthält – sei mir von heute an gesegnet, und sei mir in Ewigkeit gegrüßt.

Ich will alles in dieses Buch einschreiben.

Die Siller ist bei uns ein Bach, dann wird sie größer und rollt über geglättete Kiesel dahin. Dann geht sie hinaus in die freieren Länder, wo die grünen Wiesen sind und die unzähligen Gesellschaften der Laubbäumegruppen stehen. Im Eidun wandelt sie um eine Waldecke herum, ist schon gelassener, und geht dann in einer Wiege zwischen zwei sanften und breiten Waldrücken gegen Pirling hinaus. Dort schaut der Saum der grünen Wiesenhügel, auf denen der Ort steht, in ihre Wasser, dort ist die erste große Brücke über sie geschlagen, und von dort geht sie mündig mit großen Schlangen in die noch weitern, noch ebenern Länder hinaus, während alle Bäche, die aus den Waldtälern, aus den Hügelrinnen hervor kommen, fortfahren, ihren Zoll zu ihr hinzu zu tragen.

Aus den Feldern Pirlings, die links an der Siller liegen und, von den Häusern aus angesehen, sich gegen Sonnenaufgang breiten, steigt ein seltsamer Fels empor. Er steht ohne Vorbereitung geradezu mitten aus dem Getreide empor. An seinen Seiten ist mancher Baum und Strauch, aber auf dem Gipfel trägt er eine große Versammlung von Fichten, Föhren, Birken und anderen Bäumen. Wenn man hinauf steigt, so sieht man, daß der Fels nicht klein ist, wie man von weitem hinschauend dachte, sondern daß er sich nach allen Richtungen dehnt, daß man auf seinem Haupte unter den Bäumen herum wandeln, daß man sich auf manchen Stein, auf manches hervorragende Felsstück und auf manches Hügelchen niedersetzen kann. Außer den mit Bäumen besetzten Stellen hat er auch freie, namentlich die höchsten, die einen großen Umblick in der Landschaft gewähren. Der Fels heißt der Steinbühel. Man hat eine sehr schöne und geräumige hölzerne Hütte auf ihm erbaut, die eigentlich wie ein kleiner Saal ist und viele Menschen um ihren Tisch versammeln kann. Man hat auch Ruhebänke, Tischchen, Rasenstellen und dergleichen angebracht. Der untere Wirt Bernsteiner hatte an einer Stelle, welche ihm von der Gemeinde und dem Marktgerichte zugewiesen wurde, einen Keller in den Stein sprengen lassen, der im vorigen Sommer fertig geworden war. Es ist auch ein Schießstand auf dem Felsen, und weil sich gegen Sonnenaufgang von der Steinwand weg nur ein kleines Feldlein zieht, dann ein Wieschen steigt und an einen Wald grenzt, so stehen jenseits des Feldleins und der Wiese an dem dunkeln Saume dieses Waldes die weißen Scheiben. Neben dem Schießstande, der sehr schön geschnitzt ist, steht noch ein einziges grün angestrichenes Häuschen mit Fenstern, in welchem Häuschen ein Tisch ist, an dem der Schreiber der Schützenangelegenheiten sitzen kann. Weil man den Felsen so aufgeputzt hatte, so führt von dem eine Viertelstunde entfernten Pirling ein anmutiger Pfad zwischen den Getreidefeldern zu ihm hinzu, und dann in einem geschlängelten Gange auf ihn hinauf. Aus der Ursache, weil er so wunderlich war, und weil man die Anlagen auf ihm gemacht hatte, ist der Fels der Platz der Pirlinger Volksfeste geworden. Im Sommer sind alle Sonntage Leute draußen. Meistens hört man auch da das Knallen der Büchsen, wie auf die Scheiben geschossen wird, und manchmal tönen darunter Waldhörner oder andere Musik. Auf dem Gipfel flattern die bunten Windfahnen der Schützen, und man sieht die weißen Tücher und Kleider der Pirlinger Frauen und Mädchen zwischen dem Grau der Steine und dem dunkeln Grün der Bäume schimmern. Zuweilen sind größere Schützenfeste; dann kommen Leute aus den benachbarten Ortschaften herzu, und mancher reist noch aus weiteren Entfernungen nach Pirling, um in dem Schützenkampfe ein Teilnehmer zu sein.

Als ich von meiner kleinen Reise, auf die man mich zu einer ärztlichen Beratung gerufen hatte, zurück gekehrt war, fuhr ich an dem Tage vor dem Scheibenschießen, das heuer wieder abgehalten werden sollte, in Geschäften nach Pirling. Ich traf den ganzen Marktflecken in Vorbereitungen zu dem morgigen Tage. Als ich auf der oberen Straße, die von den Eidunhäusern herab führt, durch das Tor hereingefahren und bis zu dem Marktplatze und dem obern Wirtshause gekommen war, schwenkten meine Rappen, welche gewohnt waren, daß ich sie da stehen lasse, gleichsam von selbst auf den Platz vor dem Wirtshause hinum und hielten da an. Ich stieg aus und befahl dem Thomas, daß er bei den Tieren bleiben und auf sie Acht haben solle, weil sie noch jung seien und sich leicht schreckten. Er führte die Pferde und den Wagen ein wenig seitwärts an die Mauer des Hauses, um dort, wie gewöhnlich, auf mich zu warten. Der Wirt stand auf der Gasse und hatte sein grünes Barett auf. Vor ihm wurde ein sehr schöner, langhaariger weißer Bock gewaschen. Es wuschen mit Seife drei Knechte an ihm, und der Wirt beaufsichtigte die Sache. Als ich ausgestiegen war, tat er sein Barett ab, grüßte mich und sagte: »Seid Ihr wieder glücklich zurückgekommen, Doktor, glücklich zurück?

Seht, so muß man seine Sache waschen und reinigen lassen, ich bin heuer Schützenmeister, und der Bock ist ein Preis. Der Tanz ist bei dem untern Wirte, Ihr kennt ja die Sitte: wenn auf den einen Wirt das Schützenamt fällt, ist der andere Tanzgeber; sonst wechseln wir ab. Gestern habe ich die Taler mit Seife und einer Zahnbürste gewaschen und sie darauf mit Wolle und Kreide geputzt. Sie werden heute gefaßt. Ihr werdet uns wohl auch auf dem Steinbühel die Freude machen, Herr Doktor, nicht wahr, Ihr werdet?«

»Wenn ich geladen bin«, antwortete ich.

»Muß ja die Schützenkanzlei schon herum geschickt haben,« sagte er, »muß ja schon herum sein. Seht, der untere Wirt tut auch schon seine Schuldigkeit.«

Ich sah in diesem Augenblicke den alten, ernsthaften Bernsteiner mit einem großen Wagen voll Tannenreiser die obere Gasse herein fahren, wahrscheinlich zu Triumphbogen, Ehrensäulen und dergleichen. Er grüßte mich recht freundlich, da er mich sah, und seine drei Söhne, die mit Hacke und Streumesser neben dem Wagen her gingen, hatten ebenfalls die fröhlichsten Angesichte, und grüßten ehrerbietig herüber.

Als ich das kleine Gläschen Wein, welches mir der Wirt jedesmal aufnötigt, von dem Teller seines Töchterleins genommen und getrunken hatte, schickte ich mich an, meine Kranken zu besuchen, derentwillen ich herein gekommen war. Ich nahm mein Rohr und verschiedene andere Dinge aus dem Wagen und machte mich auf den Weg.

Die Kranken waren nicht von Bedeutung, und gerade die übel zu werden gedroht hatten, hatten sich gebessert; aber da ich so herum kam, sah ich erst das Rüsten zu dem morgigen Tage. Der Kaufherr des Ortes, der wohlhabendste Mann, ein Mann in vorgerückten Jahren, stand auf der Gasse und tat sein Barett ab und grüßte die Vorübergehenden. Ich trat in sein Haus ein, obwohl kein Kranker darinnen war. Da sah ich Mädchenkleider herrichten und auf dem Gange hinten Büchsen putzen. Der Marktschreiber im Hause daneben hatte sein schönes Gewand auf den hölzernen Gang des Hauses in die Sonne gehängt und die Schuhe daneben gestellt. Bei der Tischlerei waren Scheiben, bretterne Gestalten und andere Holzdinge. Unter dem Säulengewölbe vor dem Rathause zählten sie, der Schützenschreiber und mehrere andere, große eiserne Stifte auseinander, die zum Schießen gehörten; weiter zurück in dem Säulengange wurden Fahnenstangen geputzt und Papier angestrichen und geklebt, hinter welches Lampen gestellt werden würden. Der eine richtete und reinigte seinen Büchsensack, der andere seine Büchse. Vor dem untern Wirtshause wurde an einem Gerüste gelattet und genagelt – und als ich an der Schule vorbei ging, hörte ich mehrere Waldhörner aus derselben, auf denen Stücke eingeübt wurden. Diejenigen, welche auch gerade nicht wegen des Schießens etwas zu tun hatten, machten sich doch aus Ursache des heutigen Tages einen Feiertag, gingen herum und nahmen sich Anlaß, hier und da ein kleines Glas zu trinken. Die Weiber sagten, daß ihre Männer närrisch seien: aber sie selbst richteten Kleider und Bänder auf morgen, und bei mancher wurden zum Vorrate Kuchen gebacken. Als ich wieder zu dem oberen Wirtshause zurück gekommen war und in den Wagen steigen wollte, kam die Wirtin heraus und sagte: »Fahret nur fort, Doktor; wenn die Räder Eures Wagens bei dem letzten Eckhause der obern Gasse hinaus sind, dann ist der einzige vernünftige Mann, der heute in Pirling gewesen ist, fort. Mit unserm Wirte ist es schon recht schwer: wir durften seit Wochen den Bock nicht mehr schlagen, und da er jetzt gewaschen ist, würde er ihn in unser Ehebette legen, wenn er nur sonst darin liegen bliebe. Kommt morgen nicht gar spät, Herr Doktor, ich werde Eure Flasche und Euren Becher hinaus bringen lassen, Ihr sollt den Wein von uns haben, den Ihr schon kennt, und er wird in ein Eisgefäß gestellt werden.«

Ich habe dieses alles darum eingetragen, weil es mir zu Herzen gegangen ist. Es ist mir lieb und treu gewesen seit meiner Kindheit her. Hätten sie mit fürstlichem Aufwande ein Schießen gerüstet, es hätte vor meinen Augen nicht eine Binse schwer gewogen.

Da ich auf meinem Heimwege wieder auf die Felder hinaus gekommen war, und von dem hinter mir arbeitenden Pirling kein Ruf, kein Hammerschlag mehr vernehmbar war, sondern nur mehr ein sanftes Läuten seiner Glocken hinter mir her schwamm: war ich fast traurig. – Ich legte das Buch, in welchem ich gerne zu lesen pflege, in den Wagen seitwärts, lehnte mich auf dem Sitze zurück, kreuzte die Arme, und sah so empor. Der herbstliche Himmel spiegelte heiter, lag ganz unbeschreiblich glänzend über den Wäldern, und diese standen ruhig und empfanden die Wärme der Mittagssonne – mein Thomas saß unbeweglich vor mir, mir den Rücken und den großen Hut zuwendend, und nur von Zeit zu Zeit die Zügel leichthin regend, indes meine jungen Rappen freudig in der heitern Luft vor ihm her tanzten und fast unnatürlich in diesem Sonnenscheine glänzten. Ach diese guten, diese treuen, diese willigen Tiere – sie sind am Ende doch das einzige auf dieser Erde, was mich so recht vom Grunde aus liebt. – – So dachte ich mir. – – Die Felder flogen rasch zu meinen beiden Seiten zurück und funkelten; sie waren zum Teile geackert, zum Teile in Stoppeln: aber es war kein Mensch auf ihnen – es war sehr stille, selbst das Mittagläuten von dem Turme zu Pirling konnte ich nicht mehr vernehmen – die Waldwiege lag sanft vor mir, und in ihrer Tiefe war ein kaum sichtbarer Dunststreifen, den Lauf der Siller anzeigend. Es gibt solche Herbsttage, in denen es ruhig auf Feld und Wäldern spinnt, wie ein

Traum, ich kenne sie von meinem Herumfahren sehr gut – – und wie ein Traum war es mir auch, daß das die nämlichen Felder und Gründe sind, wo ich so oft als Knabe gewesen bin und mich sehr gefreut hatte, wenn ein so großes Scheibenschießen bevor stand, zu dem ich mit dem Vater und oft auch im Geleite der Schwestern hinab gehen durfte. Nun fahre ich hier, ein tätiger, geehrter Mann mit dem Zurückdenken an jene ferne liegende Zeit.

Wir waren unterdessen in die Waldwiege gekommen und fuhren in ihrem Schatten. Als wir wieder jenseits ihr hinaus gelangten, waren wir auf den Feldern des Eidun. Man sieht dort die Siller wieder, und sie ist in dieser Tageszeit gewöhnlich glänzend, gleichsam als wäre ein geschlungener Silberblitz in das Tal geworfen worden. Wir fuhren durch die weit zerstreuten Häuser des Eidun hin, unsern bekannten Waldbeständen zu. Die Pferde witterten die Heimat und liefen lustiger dahin. Rechts hatten wir das Schwarzholz, in dem wir vor drei Wintern das fürchterliche Rauschen des Eissturzes zuerst gehört hatten, und vor uns war der Thaugrund, dem wir uns näherten. – Rascher rollte der Wagen, als wir diesen Wald erreicht hatten, auf der festgestampften, von dem Obrist veranlaßten Straße in ihn hinein, und als sich die letzten Bäume desselben wieder auseinander getan hatten, lag der weiße Punkt meines Hauses vor uns, und ich sah hinter ihm den Obstgarten, dessen Bäume mich gleichsam erwarteten, daß ich nachsehe, wie es stehe, und ob keinem ein Ast gebrochen sei. Die Pferde flogen durch das Grün, und in wenig Augenblicken knirschte der Wagen durch den Kies meines Hofgitters hinein. Ich sprang ab, klopfte die Rappen auf ihre Nacken und lobte sie. Die klugen Tiere nickten und schmeichelten mit den Köpfen, als verstünden sie es – und sie verstanden es auch. Dann warfen sie die Augen und Ohren freudig herum, daß sie endlich daheim

seien und mit einander zum Mittagmahle gehen würden. Ich aber ging in das Haus, und sah in dem Speisezimmer bereits den Tisch gedeckt: eine Flasche, ein Glas, und ein Gedecke. Auf demselben lag ein großer, gesiegelter Ladebrief zu dem Scheibenschießen, der in meiner Abwesenheit gekommen war.
Nachmittag ging ich zu einigen, wo zwar keine Hilfe notwendig war, aber Trost.
Am andern Tage fuhr ich sehr früh aus, damit ich meine Pflicht getan hätte und nicht gar zu spät zu dem Scheibenschießen käme, was die Einladenden gekränkt hätte. Auch dachte ich daran, daß ich dem Obristen meine Gesellschaft versprochen hatte. Es war nichts Wichtiges vorgefallen, ich tat alles ab, und um zwei Uhr nachmittags ließ ich meine müden Tiere langsam auf den Feldern, wo man von dem Eidun herab kömmt, gegen Pirling hinein gehen. Als ich durch die obere Gasse vorwärts gekommen war, lenkten die Pferde wieder dem Wirtshause zu und waren sichtlich erfreut. Ich hatte eigentlich durch den Ort durch und auf dem Feldwege bis zu dem Fuße des Felsens fahren wollen; aber die Zuversicht der Tiere, mit welcher sie hier, wo ihr gewöhnlicher Ruheplatz war, zubogen, und ihre Müdigkeit, die sie sich am ganzen Vormittage gesammelt hatten, dauerte mich, und ich sagte dem Thomas, er solle nur vollends auf die Wirtsgasse hinzufahren. Er tat es; aber kein Wirt und keine Wirtin kamen auf die Gasse, uns zu bewillkommnen; der ganze Marktplatz war verödet, und nicht einmal ein Hund bellte; denn alle waren sie in den Steinbühel hinaus. Ich half also selber dem Thomas die Pferde ausspannen und in den Stall bringen, wo ich ihnen eine eigene Kammer halte, in die nie andere Pferde kommen, damit sie mir gesund bleiben. Ich empfahl die Tiere der Obhut des Thomas, sagte, wenn er ebenfalls auf den Steinbühel hinaus ginge, solle er zusperren und den Schlüssel zu sich

stecken; dann nahm ich meinen Stock und ein Buch aus dem Wagen, schloß die anderen Behältnisse ab, und machte mich auf den Weg zu dem Festschießen, das heute alles vereiniget hatte. Mir fiel die Öde des Ortes auf. Außer der gewöhnlichen sonntäglichen Ruhe war heute noch eine ungewöhnliche. Nur auf mancher Bank vor einem Hause saß ein Greis, und es taten ihm die Strahlen der auf ihn scheinenden Herbstsonne bereits wohler, als ihm die Freude auf dem Steinbühel draußen getan hätte. Obwohl heute nicht mein Krankentag für Pirling war, so besuchte ich doch, weil ich einmal da war, einige von ihnen. Auch bei denselben waren nur ganz alte Mütterlein zur Pflege geblieben.

Als ich dies abgetan hatte und am unteren Ende des Ortes in das Freie getreten war, schaute der für heute so merkwürdige Fels schon aus den Feldern herüber, und ich erkannte mit meinen ziemlich guten Augen sehr bald, daß man ein Gezelt zwischen den Bäumen gespannt haben müsse; denn es schimmerte deutlich und festtäglich weiß zwischen dem dunklen Föhrengrün herüber. Ich ging durch die Felder dahin. Sie waren meistens schon nur mehr mit Stoppeln bedeckt; bloß der Haber stand noch von Getreide da; aber er neigte auch schon ins Gold, und hatte seine Körner an den leichten Fäden neben mir hängen. Da ich dem Felsen näher gekommen war, sah ich auch, wie hoch über den Wipfeln seiner Bäume das Schützenfähnlein wehte, eine lange, wallende Zunge, rot und weiß, welche Farben sich sanft von der tiefen Bläue des Himmels abhoben. Auch manches bläulich geringelte oder weiße Rauchwölklein ward zuweilen über den Laubkronen sichtbar, und man konnte schon die einzelnen Schüsse vernehmen.

Da ich endlich an dem Fuße des Felsens angekommen war, wandelte ich langsam auf seinem geschlungenen Pfade empor, den ich als Knabe, wenn ich mit den Meinigen zuweilen hatte herab gehen dürfen, und als junger Student, wenn ich die Herbstfeiertage zu Hause zubrachte, niemals einschlug, sondern gerade aufwärts kletternd durchschnitt.

Als ich bis zu dem Schießstande empor gekommen war, trat ich ein. Es mußte eben ein guter Schuß getan worden sein, wie ich aus dem Krachen des Feldmörsers, den man aufgestellt hatte, und aus dem Jauchzen des Schützenzielers vernahm. Der Stand hatte das gewöhnliche Aussehen, wie es an solchen Tagen ist. Zwei lagen vorne mit ihren Büchsen am Schießbaume und zielten und warteten – andere standen hinter ihnen in Bereitschaft, wenn sie abgeschossen hätten und weggegangen wären, einzutreten – wieder andere waren noch weiter zurück und arbeiteten an ihren Büchsen, um sie zurecht zu richten – der alte Bernsteiner wischte sein schlechtes Gewehr und schleuderte die schwarzen Lappen seitwärts. Wenn man es mir auch nicht gesagt hätte, daß er bisher den besten Schuß getan habe, so hätte ich es doch aus seinem freudigen Gesichte erraten. Auch den oberen Wirt sah ich, den Forstmeister, den Marktschreiber und viele andere Bekannte.

Es streckten sich mir mehrere Hände und, wie es bei uns gebräuchlich ist, manches Glas zum Gruße entgegen. Ich dankte nach den verschiedenen Seiten und tat Bescheid. Und als ich die Einladung, daß ich doch heute auch mit schießen möge, mit den Worten abgelehnt hatte, daß ich nicht mehr so schießen könne wie in meinen Schuljahren, und daß mir meine Geschäfte auch keine Übung erlauben: schaute ich die Anstalten an. Die hölzernen Säulen des Standes waren mit Flittern umwunden. Auf dem Gipfel des Gebäudes hing die schwere, große Schützenfahne nieder, zum Unterschiede der schmalen, langen, die über den Baumwipfeln des Felsens flatterte. Alle Nadeln und Finger der Pirlinger Mädchen hatten daran gearbeitet und hatten breite feurige Bänder dazu gegeben. Die Hinterwand des Saales war mit berühmten Scheiben der Vergangenheit bedeckt. Ich erkannte beinahe mit Herzklopfen manche darunter aus meiner Kindheit, und andere, in denen noch die Löcher meiner eigenen einstigen Kugeln waren. Unter den Scheiben saßen solche, die da aßen und tranken, lauter Männer; denn die Frauen und Mädchen durften während des Schießens nicht herein. Auf einem lichtgrün angestrichenen Gerüste, das seitwärts des Schützenschreiberhäuschens war, stand, von einem Geländer umfangen, daß er nicht herab könne, der blütenweiße, langhaarige Bock des oberen Wirtes. Die Spitzen seiner Hörner waren vergoldet, und zwischen denselben trug er einen großen, aufrechten Kranz aus Blumen und Bändern eingeflochten, in welchem Kranze wieder sieben eingefaßte leuchtende Taler zu sehen waren. Von dem Kopfe des Tieres hingen überdies noch Bänder und Fransen herab, und in die schön gekämmte Mähne und in den Bart waren zuletzt noch seidene rosenrote Schleifen gebunden. Hinter dem Bocke, auf einem Pfeiler ins Kreuz gesteckt, war der zweite Preis: zwei himmelblaue Seidenfähnlein mit eingewirkten Goldstücken. Dann war ein Blumenstrauß, aus lauter kleinen Silbermünzen zusammen gesetzt. Er stand in einem Geschirre auf einem Tischlein. Zuletzt war ein mit Bein und Perlenmutter eingelegtes Horn, zum Aufbewahren des Pulvers. Dasselbe hing mit einem zierlichen Bande gebunden an einem Baumaste. Außerhalb des Schießhauses, weil sie ebenfalls nicht hinein durften, standen dicht gedrängt die Pirlinger Buben und staunten, wie einstens ich selber, den Bock, die Schützen und die anderen Sachen an. Ein wenig weiter weg war in die Zweige mehrerer neben einander stehender Föhren ein Gerüste gebaut worden, auf welchem, in den Wald der Nadeln eingehüllt, die Hornbläser saßen und die eingelernten Stücke von Zeit zu Zeit vernehmen ließen. In dem Schießhause waren auch Trompeten, die auf jeden glücklichen Schuß in lustiger Weise tönten.

Als ich alles eine Weile angeschaut hatte, trat ich wieder unter die Bäume hinaus. Ich hatte mir vorgenommen, ehe ich in das Gezelt ginge und nach dem Obristen forschte, den Gipfel des Felsens zu besuchen, um den eine so reine und klare Umsicht liegt. Ich hatte sie schon lange nicht gesehen, und wollte sie ein wenig anschauen. Ich trat unter die Bäume hinaus, und es wehte mich eine duftende Waldluft an, die gegen den Pulverrauch recht angenehm wirkte. Ich ging an mehreren sehr jungen Mädchen vorüber, die eine hölzerne, an einer Schnur hängende Taube nach einem Ziele stoßen ließen – ich ging dann an einer Rasenbank vorbei, auf welcher zwei Frauen saßen, die ich nicht kannte, sie mußten Fremde sein – das Gezelt und die hölzerne Hütte hatte ich links liegen lassen – dann kam ich noch an mehreren hervorragenden Steinblöcken vorüber, die Bäume und Gesträuche hörten auf, ich ging über den Rasen und gelangte auf den freien Gipfel empor. Es war kein einziger Mensch auf demselben, weil sie alle unterhalb in dem Gebüsche und in dem Wäldchen waren, wo sie sich der Lustbarkeit ergaben.

Die Sonne war schon tiefer gesunken, fast in die Mitte des letzten Vierteiles ihrer Bahn. Es lagen unter mir die einfärbigen, falben Stoppeln der abgemähten Getreidefelder – jenseits derselben stand der einsame Kirchturm und die Häuser des verlassenen Pirling, und weiter zurück der blaue, duftige Wald, in welchem das Eidun und meine Heimat ist. In dem Tale konnte man die Siller erblicken, aus welcher die schief stehende Sonne dahin rinnendes, geschlängeltes Silber machte.

Als ich noch schaute, war der Obrist zu mir herauf gekommen. Er war hinter mir auf dem gewöhnlichen Wege gekommen, und ich bemerkte ihn erst, als ich seine Tritte hörte. Ich wendete mich um und grüßte ihn recht freundlich. Er ging noch die wenigen Schritte zu mir herauf, stellte sich neben mich, dankte dann meinem Gruße und sprach: »Ich wußte es schon, daß Ihr hier seid, und habe Euch gesucht. Ich habe Euch etwas Notwendiges zu sagen. Ich konnte es Euch nicht früher sagen; denn drei Tage seid Ihr abwesend gewesen, und da ich gestern nachmittags zu Euch hinab gegangen bin, habe ich Euch nicht zu Hause gefunden. Margarita ist angekommen. Ich habe ihr geschrieben, daß sie kommen solle, ich habe die Anstalten zu der Reise gemacht, aber ich habe den Tag ihrer Ankunft nicht gewußt. Da kam sie, als ich es Euch nicht melden konnte. Sie ist unten in dem Gezelte bei den anderen Frauen und Mädchen, denen sie erzählen muß. Ich aber habe mir gedacht, daß ich Euch suchen und Euch die Sache anzeigen werde.«

»Ich danke Euch,« antwortete ich ihm, »und ich muß Euch sagen, daß mein Herz eine große Freude hat, daß sie da ist. Ich habe immer an sie gedacht.«

Er schwieg eine Weile, dann sagte er: »Ich weiß es, ich weiß es. – – Lieber, teurer junger Freund! werbt um sie. Wißt Ihr noch, wie ich einmal sagte: lasset nur eine Zeit verfließen, es wird alles gut werden? – Es ist gut geworden. Ich habe euch beide sehr lieb, Ihr werdet es wohl wissen. Ich habe euch beiden ein Opfer dargebracht. Ich habe Margarita mit Absicht fort gegeben. Ich habe, da ich mit der Zeit geizen muß, weil ich alt bin, doch drei Jahre meiner Freude hingegeben. Ich tat es, um zu sehen, wie alles werden würde. Es ist gerade so geworden, wie ich es vorher gesehen habe. Margarita ist so gut zurück gekehrt, wie sie fort gegangen ist – oder eigentlich zu sagen, sie ist noch besser geworden. Sie hat sogleich nach Euch gefragt. Sie war sehr freudig, daß sie mich wieder habe, und sie hat gebeten, daß ich sie nicht mehr fort schicken solle. Wir sind in den Tagen, da Ihr auf der

Reise zu dem fernen Kranken waret, auf allen jenen Plätzen gewesen, wo sie sonst mit Euch gewesen ist – ja, daß ich Euch alles sage, wir waren sogar bei Euch. Heute waren wir bei Euch. ›Ich habe ihm sehr weh getan,‹ hat sie gesagt, ›ich muß ihm freundliche Worte sagen.‹ Da ich Euch gestern nachmittags nicht antraf, gab ich Euren Leuten gar keine Botschaft in der Sache auf, sondern wir nahmen uns vor, Euch heute früh zu besuchen, ehe Ihr fort fahret, um Euch einen freundlichen guten Morgen zu wünschen. Wir ließen unsern Wagen, in dem wir gleich nach Pirling fahren wollten, langsam gegen den Thaugrund vorausgehen, und gingen in Euer Haus. Aber Ihr waret ebenfalls schon fort. Wir schauten alles an, und Margarita bemerkte die Veränderungen, die seit ihrer Abwesenheit geschehen waren, besser als ich. Wir gingen durch alle Eure Zimmer – nur die Hauskapelle zeigte ich ihr nicht. Eure alte Maria führte uns herum. Es muß die letzten Tage niemand vom Haghause zu Euch hinab gekommen sein; denn die Maria wußte noch nichts von der Ankunft meiner Tochter, und hatte große Freude, als sie dieselbe sah. Obwohl noch sehr starker Tau lag, so ging doch Margarita auch einige Schritte in den Garten hinein, um zu sehen, welche Blumen Ihr habt, und wie alles geordnet und eingeteilt ist. Dann wendeten wir uns wieder um, gingen durch Euren Hof hinaus, und wandelten dann langsam auf der schönen Straße durch den Thaugrund hinüber, an dessen Rande, wo die Eidunfelder beginnen, der Wagen auf uns wartete. – Seht, Doktor, ich bin recht freudig über die Güte dieses Kindes. Ich habe sie vielleicht zu sündhaft lieb, aber es ist ein Naturspiel da, das wunderbar ist. Ich habe Euch schon gesagt, daß ich am Begräbnistage meines Weibes bemerkt hatte, daß auf dem Munde der dreijährigen Margarita die Knospe der Rose war, die sie eben begraben hatten, und daß in ihrem Haupte die Augen ihrer Mutter standen. Nach und nach ist sie ihr immer ähnlicher geworden; und seit sie fort war, ward sie ihr vollkommenes Ebenbild. Als wir dieser Tage so durch die Wiesen und Wälder wandelten, bemerkte ich, daß sie den Gang ihrer Mutter habe, daß sie dieselben Worte sage, und daß sie bei Gelegenheit den Arm so hebe, den Leib so beuge, gerade wie sie. Ich mußte meine runzligen Hände anschauen, um nicht zu glauben, ich sei jung, und es gehe mein junges Weib neben mir, und sammle mir Blumen, und pflücke Nüsse, wie einst in jenem Walde. Darum liebe ich sie gar so sehr. – Als wir heute durch Eure Zimmer gingen und sie Eure Geräte und sonstige Anordnung sah, erblickte ich auf ihrem Angesichte denselben gewinnenden Schimmer, wie einstens an meiner Gattin, da sie in meinem Hause schalten und walten und stellen durfte, wie sie wollte. Ich erkannte hieraus auch, daß Margarita in dem Augenblicke das nämliche empfinde, wie damals ihre Mutter. – – Seht, so ist es mit Margarita. – Ich weiß auch, wie es mit Euch ist, und wußte es immer. Ich erkannte es, weil Ihr schwieget – ich kenne das männliche Verschließen in der Brust, anstatt zu klagen – und das treuliche Erfüllen seines Berufes. Ich wußte es, wenn ich auch bei mir stille schwieg. Ich muß Euch, weil ich jetzt rede, meine ganze Schwäche sagen. Da ich einmal von Euch fort ging, kamen mir bitterliche Tränen in die Augen, weil ich gesehen habe, daß Ihr eine heilige Margarita, deren Sinnbild ich gar wohl kenne, auf Euren Hausaltar gestellt habt, um Euer Herz zu trösten. – Wißt Ihr noch, wie ich einmal an dem traurigen Tage, da ich Euch meine Lebensgeschichte erzählte, gesagt habe, Ihr hättet eine schöne Lage in der Biegung des Tales, Ihr wäret noch jung, und wenn Ihr Euch bestrebtet, könnte es ein schönes Besitztum werden, das seinen Herrn und seine Frau erfreut, wenn einmal eine einzieht. Wißt Ihr es noch? Wie hold ist es jetzt, daß Margarita eingeht, die Ihr immer so gerne gewollt habt! – – Ich muß Euch, lieber Doktor, weil die Sache einmal so ist und wir darüber reden, auch das noch sagen: Margarita ist nicht reich, denn ich bin in meinem ganzen Leben arm gewesen; aber sie kömmt auch nicht ohne Mittel in Euer Haus. Ich habe in meinen letzten Tagen gespart, wie ich in meinen ersten verschwendet habe, und das wenige, welches für sie von meinen Vorfahren herstammt, habe ich zusammengehalten. Sie bekömmt einmal das Haghaus mit dem, was dazu gehört, sie bekömmt die Bilder, die Bücher, und dann alles das andere, was noch da ist; denn ich habe ja niemand weiter als euch beide.« – –

»Hört auf, Obrist,« rief ich, indem ich ihn unterbrach, »redet nicht von diesen Dingen – wie kann ich Euch denn für Eure Liebe danken, und wie kann ich es denn begreifen, daß Ihr so gut und groß seid.«

»Nein, ich bin nicht gut,« antwortete er, »ich suche in Euch nur meine Freude. Wir bleiben nun alle beisammen. Ihr werdet in dem oberen Hause wohnen, oder auch in dem unteren, oder es mag Margarita, wie es das natürlichste ist, bei Euch sein, und ich oben in meinem Hause. Ihr werdet oft bei mir sein, ich oft bei euch, und es wird sich ein Umgang spinnen, der noch freundlicher ist als bisher. Ich kann Euch nur sagen: Ihr erhaltet in Margarita ein sehr gutes Weib, das Ihr ehren müsset, und sie wird in Eurem Hause so glücklich sein, wie es meine Gattin in dem meinigen gewesen ist, gebe ihr nur Gott dereinst einen späteren und einfacheren Tod als ihrer Mutter. – Aber jetzt, Doktor, müssen wir zu den anderen hinunter gehen. Sie wissen schon, daß Ihr da seid, Ihr müßt ihnen auch eine kleine Zeit gönnen, da Ihr ohnehin immer durch Euer Amt aufgehalten seid und zu solchen Dingen gewöhnlich erst spät kommen könnt.«

»Wartet noch einen Augenblick, Obrist,« sagte ich, »Ihr wißt wohl, wie ich Euch stets verehrt und geliebt habe;

aber Ihr tut mir noch immer mehr Gutes, als ich erwarten und verdienen konnte. Ich muß Euch hier meinen großen Dank dafür sagen, und muß Euch sagen, seit Ihr in der Gegend seid, ist es mir, als hätte ich wieder einen Vater, und wäre nicht mehr, wie früher, allein.«

»Ihr habt es ja erfahren, ich bin es auch, ich bin Euer Vater«, antwortete er, »und werde es in der Zukunft noch mehr sein. – Aber jetzt kommt, laßt uns hinunter gehen, die anderen warten schon und möchten es übel nehmen, wenn gerade wir zwei nicht an der Fröhlichkeit Anteil nähmen.«

Nach diesen Worten wendeten wir uns beide von dem Gipfel des Felsens und stiegen auf dem Wege, der um Steine und graue Klippen geht, hinunter. Wir hatten oben von der allgemeinen Freude nicht viel vernommen. Die Schüsse hörten wir nur gedämpft, und von dem Wäldchen mochte manchmal ein einzelner Ruf herauf gekommen sein, den wir nicht beachteten. Da wir aber hinab gingen, näherten sich uns gleichsam wieder die Schüsse, die Töne der Waldhörner, die Rufe der Knaben und Mädchen, und das ruhige Gemurmel des allgemeinen Durcheinandersprechens der Menschen. Wir schlugen weiter unten einen andern Weg ein, als den ich heraufgegangen war, und näherten uns der hölzernen Hütte, dem Gezelte und überhaupt dem Platze, wo die Menschen mehr zu ihrer Lust zusammengedrängt waren.

Wir kamen wieder zu wandelnden Gruppen und zu spielenden Kindern. Auf einem grünen Platze unter den Bäumen war ein Stand aufgeschlagen, wo man Lebkuchen verkaufte, und nicht weit davon war einer, in welchem der Josikrämer stand und seine Sachen zum Verkaufe ausgelegt hatte. Er hatte gerade diejenigen gewählt, welche für den heutigen Tag die passendsten waren. Weil ich und er die einzigen waren, die in der Gegend am meisten herum kommen und auf ihren Wanderungen sich öfter

treffen, ging ich zu ihm hinzu und sprach mehrere Worte mit ihm. Der Obrist redete mit den Kindern und gab ihnen Geschenke, wovon er die Taschen seines Gewandes voll hatte.
Endlich kamen wir zu dem Gezelte. Es war nicht ein von allen Seiten geschlossenes, sondern man hatte über einen großen Tisch, an welchem die vorzüglicheren Bewohner der Gegend saßen, gleichsam einen weißen Baldachin in die Baumäste geknüpft, um die Sonnenstrahlen abzuhalten; aber es war dennoch wie ein rings herum begrenzter Saal, weil gerade um den Platz die schönsten und dichtesten Föhren und Birken standen. Als wir durch den Eingang eingetreten waren, sahen von dem oberen Ende des Tisches zwei sanfte Augen auf mich herüber – ach Gott! ich erkannte sie gleich – es waren Margaritas Augen, – sie blickten mit dem schönen, demütigen Lichte, das einst meine Freude und mein Entzücken gewesen war. Wir gingen an den Menschen, die an dem Tische saßen, nach einander hinauf, damit ich sie begrüße, und damit wir, der Obrist und ich, die Stühle einnähmen, die man an ihrer Seite für uns leer gelassen hatte. Da ich bis zu ihr gekommen war, sagte ich: »Seid mir herzlich schön gegrüßet, Margarita, ich bin abwesend gewesen, da Ihr angekommen seid, sonst hätte ich meinen Willkommensgruß schon in das Haghaus hinauf gebracht. Euer Vater hat es mir erst vor wenigen Augenblicken gesagt, daß Ihr auf dem Steinbühel seid. Seid mir recht, recht schön gegrüßt.«
Sie war aufgestanden, als ich zu ihr getreten war, und zog den Handschuh aus, um mir die Hand zu reichen. Sie war errötet, und die Hand, die sie mir reichte, zitterte sehr. »Seid mir auch gegrüßt«, antwortete sie. »Ich war schon drei Tage zu Hause, während Ihr fort waret, und heute morgens sind wir bei Euch gewesen, um Euch selber meine Ankunft zu sagen; aber Ihr seid sehr früh ausge-

fahren, und waret schon lange fort, da wir kamen. Seid mir vielmal gegrüßt.«

Wir faßten uns bei den wechselseitig dargereichten Händen und drückten uns dieselben recht freundlich.

Sie zog dann den Handschuh wieder an und setzte sich nieder. Obwohl sie zu Hause immer in bloßen Händen ist, und uns auch so auf unsere Spaziergänge und zum Pflücken der Blumen begleitet hatte, so hielt der Obrist doch bei solchen Gelegenheiten darauf, daß sie den Anstand beobachte und die Anwesenden ehre. Darum war er selber auch in einem schönen dunklen Gewande. Er saß auf dem Stuhle zu ihrer Rechten, und ich setzte mich auf den, der links war, und den man mir aufgehoben hatte. Ich setzte mich ein wenig weiter weg und gab Acht, daß ich an ihrem Gewande nicht streife.

Ich wußte jetzt eigentlich nicht, was ich sagen sollte.

Es waren viele Menschen zugegen, welche ich kannte. Es saß der Kaufherr von Pirling mit seinen Töchtern gleich neben dem Obrist; es waren Bürger von Tunberg da; Frauen und Männer von Pirling; es war der sehr alte ehrwürdige Pfarrer von Sillerau zugegen, und saß neben seinem Amtsbruder aus Pirling; es waren Frauen und Töchter von Ratsherren da, deren Männer und Väter aber in dem Schießhause drüben waren; es waren geachtete Landleute da, der Erlebauer mit seinen Töchtern, der Vetter Martin, der Wirt am Rothberge, mit seiner Tochter Josepha; dann einige aus Haslung, aus dem Eidun und andere. Ich kannte beinahe alle. Sie grüßten mich, als ich nieder gesessen war, und einige machten mir den Vorwurf, warum ich denn so spät gekommen sei. Ich antwortete, daß meine Geschäfte von dem Zufalle abhingen, daß ich sie mir nicht auf eine gewisse Stunde lassen oder mir vorarbeiten könne, und daß ich daher erst zu erscheinen vermöge, wenn sie abgetan sind und mich entlassen.

Die obere Wirtin von Pirling kam mit einer sehr schönen, gleichsam in Kristallen geschliffenen Flasche, in der Wein war, nebst einem Glase mit meinem Namen, das sie mir einmal hergerichtet hatten, daß ich daraus trinke, wenn ich in Pirling bin, zu mir her und sagte: »Zur Tafel seid Ihr, wie jedesmal bei solchen Gelegenheiten, zu spät gekommen. Diesen Wein gibt Euch die Schützengesellschaft als Ehrentrunk; er ist der beste, der zu haben ist, er ist aus dem Keller meines Mannes, des Schützenmeisters, und ist heute für unsere geehrtesten Gäste heraus gebracht worden. Er steht unten in mehreren Flaschen in Eisfutter, und muß sehr kühl sein. Die Speisen, die Ihr bekommen werdet, sind von dem unteren Wirte Bernsteiner, dem der Keller des Steinbühels gehört, und bei dem der Schützentanz sein wird. Er wird sie Euch auch im Namen der Schützengesellschaft senden.«

Als sie noch kaum ausgeredet hatte, kam die Tochter des alten Bernsteiners nebst zwei Mägden, welche Kuchen, allerlei kalte Speisen, schön verziert, und angenehm geordnetes Obst vor mich hin stellten.

Ich dankte für die Aufmerksamkeit und sagte, daß ich von den Dingen schon nehmen werde. Rings herum auf der Tafel standen vor denen, die da saßen, ähnliche Sachen, die Beschlußstücke eines gehaltenen Mahles. Die Männer hatten Wein, die Frauen und Mädchen Kuchen, Obst und dergleichen, und an mehreren Stellen stand auch ein Becher süßen Weines für manche ältliche Frau.

Der Obrist redete mit dem Kaufherrn und mit dem Forstmeister, der von dem Schießhause herüber gekommen und hinter ihre Stühle getreten war. Sie verhandelten alle Verhältnisse, die eben an der Zeit waren und für die Gegend größere oder kleinere Dringlichkeit hatten. Ich sprach einige Worte zu dem Pfarrer von Sillerau und zu anderen, die in meiner Nähe waren. Einige fragten mich um verschiedene Kranke, wie es ihnen gehe, und ob Hoff-

nung zur Besserung sei. Ich hatte die Freude, ihnen sagen zu können, daß ich gar keinen schwer Erkrankten habe, und daß alle, die jetzt liegen, bald aufstehen würden.
Die Mädchen und Frauen hatten ihre sonntäglichen Kleider an, und manche waren sehr geputzt. Man erblickte silberne und sogar goldene Verzierungen auf den Miedern und Spangen. Margarita saß recht einfach neben mir auf ihrem Stuhle. Sie hatte ein graues, geglänztes Kleid an, welches sie nach den weißen am meisten liebt. Auf dem ganzen Gewande war keine andere Zierde als eine kleine rotseidene Schleife am Halse, wo das Gewand geschlossen war. Den feinen Strohhut, den sie im Sommer gerne trägt, hatte man ihr von dem Haupte genommen und ihn an den Ast einer Birke gehängt. Obwohl sie nicht ihren sonntäglichen oder gar festtäglichen seidenen Putz an hatte, in dem sie mir immer gleichsam etwas fremd vorkam, so hielt ich doch dafür, daß sie unter denen, die hier versammelt waren, die schönste sei, noch schöner als die Töchter des Erlebauer.
Wir konnten nicht viel reden und sagten nur gewöhnliche Dinge. Ihre Antworten waren recht lieb und gut und hold und freundlich. Ich weiß nicht, ob die Leute wußten, in welcher Beziehung ich zu Margarita gestanden war; aber niemand sagte ein Wörtlein, das dahin abzielte oder eine Andeutung auf die Sache ahnen ließ, selbst dann nicht, als ich aufgestanden war und längs des Tisches hinab ging, um mit allen, die ich näher kannte, ein freundliches Wort zu reden. Sie hatten alle zu viele Achtung für mich, als daß sie es taten.
Nachdem diese Unterredung aus war, und nachdem ich noch manchen andern, die herum standen oder ein und aus gingen, auf ihre Fragen eine Antwort erteilt hatte, ging ich wieder zu meinem verlassenen Sitze zurück. Da sah ich an der Seite des Obrists und Margaritas, wo man Platz gemacht hatte, zwei fremde dunkelgekleidete

Frauen; es waren die nämlichen, welche ich, als ich auf den Gipfel des Felsens ging, auf einer Rasenbank hatte sitzen gesehen. Der Obrist stellte mich ihnen vor, und sagte, das sei die Muhme, bei der Margarita die Zeit her gewesen ist, und die andere sei die Gesellschaftsfrau derselben, auch eine nur um etwas weniges entferntere Muhme. Die beiden Frauen hätten ihm die Freude gemacht, die Rückreise Margaritas zu benutzen, um ihn, wie er sie bittend eingeladen habe, zu besuchen. Sie hätten sich eben die Freuden und die Ländlichkeit des Steinbühels besehen, und seien ganz vergnügt darüber. »Uns ist es etwas Gewöhnlicheres,« setzte er hinzu, »wir haben das schon öfter gesehen, und machen es allemal auf gleiche Weise.«

Die Frauen waren beide alt, freundlich und einfach. Man hatte zufällig nach ihrer Entfernung ihre Sitze besetzt, und räumte sie ihnen jetzt wieder ein. Sie sprachen zu mir und fragten mich um einige Dinge, wie das bei ersten Bekanntschaften der Fall zu sein pflegt. Es sprachen auch der Forstmeister, die Bürgermeisterin, der Kaufherr und der Pfarrer mit ihnen, wie man Fremde auf höfliche Weise in einer Umgebung einheimisch zu machen sucht. Indessen hatte sich auch die Gesellschaft um mehrere Schützen vermehrt, welche die ihnen zugewiesenen Schüsse ausgeschossen hatten, und jetzt hier im Gezelte bei ihren Frauen, Schwestern oder anderen Angehörigen waren und sich vergnügten.

Als die Gespräche so gingen, kam der Kutscher des Obrists herein, ging zu seinem Herrn und sagte ihm, daß der Wagen heute gar nicht gemacht werden könne, weil der Schmied nicht eine einzige Kohle zu Hause habe, und weil er keine am Sonntage von dem Meiler, wo sie liegen, herein bringen dürfe, und weil auch gar niemand zu Hause sei; denn das alles habe ihm nur die alte Großmutter des Schmiedes gesagt.

»Ich habe es wohl so erwartet«, antwortete der Obrist.
Auf meine Frage, was es sei, sagte er, es sei ihnen ein Nabenring an dem Wagen zersprungen, es habe nicht so viel auf sich, aber es sei doch nicht so zuversichtlich zu fahren.
»Freilich nicht,« antwortete ich, »die Nabe könnte zerfallen, und dann wären Rad und Speichen auf die Straße gestreut. Nehmt von mir den Wagen und die Pferde, Obrist, und laßt den Eurigen in Pirling, daß er morgen gemacht werde.«
Als er sich hierauf weigerte und sagte, es wäre schon genug, wenn ich ihm nur den Wagen gäbe, er könne seine eigenen Pferde einspannen, stand ich auf, ging zu ihm hin, da er mit dem Kutscher abseits an die Bäume getreten war, und sagte: »Nein, Obrist, nehmt auch die Pferde – laßt mir die Freude, daß sie meinen Wagen gebraucht, als wäre er schon der ihrige. Ich nehme ein offenes Wägelchen in Pirling, spanne Eure Pferde vor und fahre mit Eurem Kutscher hinter Euch nach. Ihr könnt dann morgen, wenn der Reifen geschweißt ist, das Wägelchen nach Pirling schicken und mit den Pferden Euren fertigen Wagen zurücknehmen.«
Hierauf willigte er ein, ich gab seinem Kutscher den Auftrag, wenn er meinen Thomas sehe, ihm zu sagen, daß er den zweiten Sitz unseres Wagens in Bereitschaft richten und, wenn der Schützenzug in Pirling angekommen wäre, gefaßt sein möchte, jeden Augenblick einspannen zu können. Als der Kutscher dieses vernommen und sich entfernt hatte, fragte ich den oberen Pirlinger Wirt, der indessen auch seine Schüsse ausgeschossen hatte und zu uns herein gekommen war, ob er sein offenes Wägelchen zu Hause habe, und ob er es mir bis morgen mittag leihen könne. Er bejahte beides, und daher war diese Sache in Ordnung.
Es waren in dieser Zeit die Sonnenstrahlen immer schie-

fer in das Gezelt gekommen, und der Tag neigte sich zu seinem Ende. Das Schießen war schon früher vereinzelter geworden, und jetzt hörte man nur zuweilen einen verspäteten Knall, gleichsam wie einen Nachzügler zu einem Heere. Die Schützen waren immer mehrere zu uns herüber gekommen, und auch die Kinder der verschiedenen Gäste, welche heute hatten mitgehen dürfen, fanden sich von den zerstreuten Spielplätzen aus dem Wäldchen ein, und stellten sich zur Mutter oder hingen sich an den Vater, zum Zeichen, daß sie ausgespielt hatten und die Heimatmüdigkeit eingetreten war. Auch die Versammelten im Zelte standen endlich gruppenweise nach manchem nachträglichen und schnell noch zu Ende geführten Gespräche auf, und man zerstreute sich in dem Gehölze.
Die Scheiben standen leer und ihrer Pflicht entbunden, von dem rosenroten Lichte der Sonne beleuchtet, am Walde draußen. In dem Schützenstande, in welchen jetzt alles hinein durfte, richtete mancher Schütze seine Geräte in seinen Büchsensack zusammen, oder ließ es von seinem Diener tun; der Schützenschreiber tat sein Buch in das lederne Fach, das er zusammen schnallte, und der Schützenmeister, der obere Wirt, befahl, daß alles in gehörige Bereitschaft gesetzt werde.
Es war gebräuchlich, daß die ganze Schützenschaft nach solchen Tagen einen Einzug in Pirling halte, und daß die anderen Anwesenden gewöhnlich vom Steinbühel bis Pirling hinter dem Zuge hergehen. Heute sollte es auch so sein, nur ward befohlen, daß man erst die Sonne untergehen lassen müsse.
Margarita, der Obrist und die zwei fremden Frauen standen in einem Kreise von Pirlinger Bewohnern, meistens Frauen, und redeten. Ich ging daher noch einen Augenblick auf den Gipfel des Felsens. Aber wie war der Anblick jetzt verändert: auf den Stoppeln und den Wäldern lag der Abendschein, in dem ferneren Tale waren die

Gründe nicht mehr zu unterscheiden, nur lag die Siller jetzt als eine Goldschlange in ihnen, und hinter Pirling flammte ein gelber Baldachin des Himmels; denn die Sonne war eben in dem Augenblicke untergegangen. Gar schön war es aber gerade unter mir im Birkenwäldchen, es zitterte gleichsam wie Rauschgold in jedem der dünnen Zweige.

Ich ging gleich wieder hinab, weil es jetzt sehr bald zum Heimgange nach Pirling kommen würde. Aus der hölzernen Hütte, in welcher viele aus den niederen Ständen gewesen waren, Knechte, Diener und andere, sah ich manche herauskommen und den Hügel hinab gehen, weil sie vor dem Einzuge in Pirling sein mußten. Darunter war mein Thomas, der sich sehr beeilte, damit er, wenn wir angekommen sein würden, angespannt hätte und mit dem Wagen in Bereitschaft stünde.

Die Scheiben waren abgeschlagen und herein getragen worden, der weiße Baldachin war aus den Bäumen gelöset, und selbst Tische und Stühle wurden den Felsen hinab getragen, wo ein Wagen wartete, daß sie nicht in dem Nachttaue draußen blieben. Die Menschen hatten sich meistens unter den Föhren neben dem Schießstande eingefunden, wo der Zug sich ordnen und anfangen sollte. Der Schützenmeister las endlich aus einem Papiere vor, wie sie sich alle stellen müssen, und so, wie er es gelesen hatte, stellten sie sich, und da die Musik das Zeichen dazu gab, fingen sie an zu gehen.

Zuerst war der geschlungene Weg über den Felsen hinab zurück gelegt, und dann dehnte sich der Zug über die Felder hin. Hinten fuhr der Wagen mit den Tischen und Stühlen nach.

Es nahm sich seltsam aus, wie die Menschen so gingen. In den rötlich scheinenden Stoppeln der Felder bewegte es sich Pirling zu. An der Spitze ging der Schützenbote und trug die große Schützenfahne, nach ihm kamen zwei

Schützenbuben mit den kleineren langzüngigen Windfahnen. Dann folgten die Trompeter und Waldhornbläser, dann, von sechs bunt gekleideten Zielern getragen, die Scheiben, und hinter ihnen die Preisgewinner und Preise. Es war zuerst der Bock, der von zwei rot und weiß gekleideten Schützenbuben geführt wurde; neben ihm ging der alte Bernsteiner, dem der Preis geblieben war; es hing ihm ein langes rotes Band von dem Hute herunter; dann wurden von Schützenbuben die anderen Preise getragen, und die Gewinner, gleichfalls mit Bändern geschmückt, gingen daneben. Hierauf folgte die Schützenkanzlei, und dann ging der Schützenmeister an der Spitze sämtlicher Schützen. Hinter ihnen folgten alle wir anderen Leute, die heute in dem Steinbühel gewesen waren. Neben mir ging die liebe Gestalt Margaritas, dann die schöne dunkelgekleidete ihres Vaters, der die ältere seiner Muhmen führte. Die andere wurde von dem Kaufherrn geführt, und dann gingen der Bürgermeister, die zwei Pfarrer, und Frauen und Mädchen, nach verschiedenen Weisen eingeteilt. Wenn man zurück sah, stand der verlassene Steinbühel schon schwarz in der bereits nächtlich dunkelnden Luft.
Wie wir uns Pirling näherten, standen an dem Wege schon hie und da Zuschauer, und sie wurden immer mehr, je mehr wir uns dem Orte näherten, und waren endlich dicht gedrängt an Büschen, Hecken und Planken. Es waren solche, die zu Hause geblieben, oder von dem Steinbühel früher herein gegangen, oder von benachbarten Ortschaften herzu gekommen waren, um die Sache zu sehen. Am Eingange des Marktes war, wie gewöhnlich, eine Musik aufgestellt, die uns erwartete und empfing.
Da der Zug bis zu dem unteren Wirtshause gekommen war, in welchem in dieser Nacht der Schützentanz sein sollte, erkannte man erst, warum es nicht erlaubt gewesen war, vor Sonnenuntergang vom Steinbühel herein zu

ziehen; denn ein weiter, großer Eingangsbogen von Tannengrün war vor dem Tore aufgebaut, strahlende Lampen waren rings in ihm eingeflochten, und über ihm brannten durchsichtige Papierbuchstaben, hinter denen Lampen standen, und die die Ankommenden willkommen hießen.
Der ganze Zug ging, wie es gebräuchlich ist, samt dem Bocke in den Tanzsaal. Dort gaben die Schützen ihre Büchsen und die anderen Schießvorrichtungen an Diener oder selbst an Söhne ab, welche sie nach Hause trugen. Der alte Bernsteiner hob die Talerkrone dem Bocke vom Haupte und gab sie seiner freundlichen, eben so alten Gattin, daß sie zu anderen Schützensiegeszeichen in den Glasschrein des Schlafzimmers gestellt werde. Der Bock aber mußte jetzt in den Stall.
Die Zeit von der Ankunft im Tanzsaale bis zum Beginne des Tanzfestes verwendeten die Einheimischen gerne zu einem Gange zu den Ihrigen, zum Umkleiden oder dergleichen. Die Fremden blieben in dem Gasthause, und richteten sich auch zu dem her, was da kommen sollte. Wir hatten beschlossen, auf den Anfang des Tanzes zu warten, und dann nach Hause zu fahren.
Ich wurde in dieser Zwischenzeit sogar zu einem gerufen, der plötzlich krank geworden war. Es war von keiner Wichtigkeit, und ich gab ihm ein betreffendes Mittel.
Als ich wieder in den Saal zurück gekehrt war, waren die meisten schon anwesend, und es wurde zur Einleitung des Festes geschritten. Die Tische in den Speisegemächern waren besetzt, die Paare in dem Saale stellten sich an, die Musik begann, und durch einen ruhigen, schönen Einleitungstanz wurde das Schützennachtfest eröffnet. Der Obrist zeigte Margariten und den zwei Frauen alles, wie man es hier mache, er blieb bei den zwei ersten Tänzen mit ihnen als Zuschauer, dann aber empfahlen wir uns als solche, die noch einen weiten Weg nach

Hause zu machen haben und daher bei Zeiten aufbrechen. Viele Grüße und freundliche Wünsche wurden uns zugerufen, und wir gingen dann über die Treppe hinab, um uns in das obere Wirtshaus zu begeben, wo unsere Sachen waren. Auf der Gasse stand schon der Thomas mit meinem bespannten Wagen und harrte. Der Obrist und die Frauen hatten nur ihre Überkleider zu nehmen, um einzusteigen und fort zu fahren. Da begab sich etwas, das das Schönste an diesem Abende war.

Ich hatte an dem Wagen gewartet. Margarita war mit den Frauen aus dem Hause gekommen, der Obrist aber noch nicht. Ich half den Frauen in den Wagen, und wollte es mit Margarita desgleichen tun. Ich faßte ihre Hand, die sie aus dem Überrocke hervorgestreckt hatte, aber ich half ihr nicht auf den Wagentritt, sondern ich hielt die Hand einen Augenblick, und sagte, weil mein Herz so gerührt war: »Margarita, werdet Ihr mir es verzeihen, daß ich einmal so heftig an Euch gehandelt habe?«

»O, verzeiht Ihr mir nur,« antwortete sie, »daß ich so gewesen bin – einziger, lieber Freund meiner Jugend – o ich weiß es schon, und der Vater hat es gesagt, was Ihr für ein herrlicher Mann geworden seid.«

»Nein, Margarita,« sagte ich, »Euer Vater ist gut, er weiß es schon, welche Fehler ich habe – und Ihr seid ein Engel!«

Ich vergaß mich, und schlang meine Arme um ihren Nacken, wie man eine Schwester nach langem Entferntsein begrüßet. Sie tat ihre Arme auch um meinen Hals, drückte ihr Angesicht an das meinige und fing so heftig zu weinen an, daß ich es gar nicht fassen konnte. Ich empfand das Naß ihrer Tränen auf meinen Wangen. Ich beugte nur einen Augenblick zurück, und wir drückten dann mit einem Male unsere Lippen an einander. Ich hielt sie fest an mein Herz gepreßt, wie eine verlorene und wiedergefundene Braut.

Es war hier das erste Mal in unserm Leben gewesen, daß wir uns geküßt hatten.
Als sich die Arme wieder gelöset hatten und ich ihre liebe Hand hielt, sagte ich: »Margarita, darf ich morgen Euren Vater um Euch bitten?«
»O bittet,« antwortete sie, »es ist gut für uns beide.«
Dann wandte sie sich zu den Frauen, die im Wagen saßen, und sagte: »Nehmet es mir nicht übel, was ich tat; er ist mein Bräutigam.«
»Steiget jetzt ein, Margarita,« sagte ich, »morgen komme ich sehr, sehr bald zu Euch hinauf. Gute Nacht.«
»Gute Nacht«, antwortete sie, und wir drückten uns sehr innig die Hände.
»Steige nur ein,« sprach plötzlich der Obrist, der neben uns stand, »ihr werdet recht glückliche Menschen mit einander sein.«
Margarita warf sich an sein Herz, er hielt sie einen Augenblick sanft und half ihr dann in den Wagen. Ich nahm ihn bei der Hand, drückte sie und konnte nichts sagen, weil meine Augen voll Wasser standen.
»So ist es also offenkundig geworden, daß diese zwei Brautleute sind, und Ihr dürft es unten bei dem Feste verkünden. Ich wollte es noch ein wenig geheim halten, aber sie haben sich selber verraten«, sagte der Obrist zu dem oberen Wirte, der ein wenig weiter zurück stand, weil er von dem Tanzsaale herauf gegangen war, um den Obrist zu dem Wagen zu geleiten.
»Das ist ein erfreuliches Ereignis,« sagte der Wirt, »das ist ein erfreuliches Ereignis.«
»Jetzt gute Nacht, Doktor,« sprach der Obrist zu mir, »und kommet morgen bald zu uns hinauf.«
»Gute Nacht«, antwortete ich, und war ihm behülflich, wie er in den Wagen stieg.
Dann ging ich zu dem Thomas hinvor und sagte ihm, daß er Acht habe und vorsichtig fahre, damit den Freun-

den kein Unglück zustoßen könne. Hierauf regte der Thomas die Zügel, sprach zu den Pferden, und sie liefen rasch mit dem Wagen in die obere Gasse hinein.
»Ich wünsche recht viel Glück, Doktor,« sagte der Wirt, »ich wünsche recht viel Glück.«
»Ich danke,« antwortete ich, »ich danke. Aber Mann, das ist ein Weib, welches ich erst verdienen muß.«
»Ihr seid aber auch der rechte Mann zu ihr,« sagte er, »und das wird eine Freude in der Gegend sein.«
»Wird es,« erwiderte ich, »nun so freut es mich, und es tut mir sehr wohl, wenn man mir Margarita gönnet. Aber jetzt seid so freundlich und lasset mir Euren Wagen richten, damit ich ebenfalls nach Hause fahren kann. Ich muß morgen sehr früh wieder fort.«
»Ist schon gerichtet, und darf nur angespannt werden«, antwortete er.
Als die Braunen des Obrists in das offene Wägelchen des Wirtes gespannt waren, ich meinen Oberrock genommen hatte und eingestiegen war, fuhr der Kutscher des Obrists mit mir durch die obere Gasse auf die Felder hinaus, wo die Straße gegen das Eidun und gegen meine Heimat zielte. Ich konnte von den Vorausfahrenden nichts mehr vernehmen, weil wahrscheinlich mein Thomas aus Eifer und Ehrgeiz sehr gut und auch sehr schnell dahin fuhr.
An dem Himmel über mir standen unzählige schöne, freundliche Sterne – und in meinem Herzen war eine Freude, welche ich noch niemals in meinem Leben empfunden habe. Ich ging schon gegen die dreißig Jahre, und es war so wohl, so süß, so herrlich in mir, als wenn ich im achtzehnten wäre, wo man ein Kind ist, unerfahren ist, und die ganze Welt an das Herz drückt, damit es nur gestillt werde.
Ich dachte: ›O mein Gott, o mein Gott, was ist es für ein Glück zu wissen, daß ein einziges Herz in dieser Welt ist, das uns liebt, das es durchaus und vom Grunde

gut und treu mit uns meint: und wenige Schritte vor mir fahren zwei, die beide so gegen mich sind. Was ist es für ein Glück!‹

Ich fuhr in der dunklen, stillen Nacht hin, und kam endlich bei meinem Hause an. Ich gab dem Kutscher eine Belohnung und schickte ihn mit den Pferden zu seinem Herrn hinauf. Die meinigen waren schon zu Hause, ich ging noch in den Stall hinein und streichelte die guten Tiere, die sie unverletzt in ihre Wohnung gebracht hatten. Dann ging ich in mein Zimmer. Ich zündete mit Freude meine Lichter an, ich war heute zum ersten Male gleichsam nicht mehr allein, und setzte mich zu meinem Schreibgerüste nieder.

Es war eine Ruhe, Stille und Feierlichkeit in meinem Hause. – –

Aber ich blieb nicht lange sitzen, sondern ich stand auf, ging zu dem Fenster, öffnete es und lehnte mich hinaus. Auch draußen war Ruhe, Stille, Feierlichkeit und Pracht – und es rührten sich die unzähligen silbernen Sterne am Himmel.

7. DAS NACHWORT

So weit habe ich, der Urenkel, aus dem Lederbuche des Doktors ausgezogen, und so weit ist alles an ihm, der uns immer wie ein Wundermann erschienen war, gewöhnlich, wie bei allen andern Leuten, und wird auch in dem ganzen Buche fort gewöhnlich sein. Es ist noch recht viel übrig; aber das Lesen ist schwer. Oft ist kein rechtes Ende, oft deutet sich der Anfang nur an, manchmal ist die Mitte der Ereignisse da, oder es ist eine unverständliche Krankengeschichte. Ich habe in den mit dem Messer verwundeten Blättern geblättert. Ich mußte da über viele Jahre gegangen sein; denn es war ein häufiger Tinten- und Schriftwechsel, es standen Witterungsbeobachtungen, häusliche und Feldarbeiten, daß man sah, daß zur Ansammlung dieser Schriften Jahre vergangen sein mögen. Oft waren ganze Abteilungen in das fahleste Eisenockergelb geschossen, indessen oft Randbemerkungen aus späteren Zeiten mit dem glänzendsten Schwarz dastanden, wie übermütige Ansiedler und Anbauer, welche die armen Ureinwohner fast zu verdrängen strebten. Auch ist die Handschrift oft sehr schwer zu entziffern. Wie gewöhnlich und nur für ihn geschrieben manches auch ist, so ist wieder vieles lieb und schön und oft wahrhaft erhebend.

Ich habe noch recht viel zu erzählen, und werde es in der Zukunft tun, wenn ich es zu Ende geziffert und ausgezogen habe: wie die Hochzeit gewesen ist, wie Margarita von allen Bewohnern des Doktorhauses geliebt worden ist, wie er mit dem herben, weichen, kindlichen Mädchen gelebt habe. Wie ihr Vater, der Obrist, uralt geworden, wie er gestorben sei, und eine Ruhestätte neben seinem Weibe habe, wie der Doktor fortgewirkt, wie er bei der Einführung der Kartoffeln so viele Hindernisse gehabt habe, wie er, wenn die früheren Pferde alt und untauglich wurden, immer wieder Rappen hatte, wie er zu Kranken weit und breit ging, wie viele in sein Haus kamen, und dann bei den Ihrigen erzählten, daß eine schöne, milde, alternde Frau in seinem Hause herum gehe, wie er selber sehr alt geworden ist – ich muß endlich erzählen, wie das obere Haus weg gekommen ist, ich muß erzählen, wie die Bilder fort gekommen sind, sowohl die, welche Margarita zur Aussteuer erhalten hat, als auch die, welche sie erbte. –

Mein Großvater hat erzählt, daß der Doktor, als er sehr alt war, als ihm seine Strümpfe schlotterten, als sein Rücken gekrümmt war, als ihm die Schnallenschuhe zu groß geworden waren, oft an seinem kunstreich geschnitzten Schreibgerüste, auf das er in seinem langen Leben

so viel gelegt und gestellt hatte, daß er am Ende selber kaum Platz hatte, gesessen war, und in einem großen Buche gelesen habe, von dem rote und blaue Siegel nieder hingen.
Seine letzte Heilung ist ein Kind gewesen. Er war schon lange nirgends mehr hin gegangen, in der Gegend waren drei neue Doktoren aufgestanden – da war im Eidun ein Kind krank, ein schönes Mädchen freundlicher Eltern – man hat ihm alles gegeben, was möglich war, aber das Kind wurde immer schlechter. Die Ärzte sagten endlich, es sei vergebens, das Kind müsse sterben. Da fiel den Eltern der alte Doktor ein, der zu Thal ob Pirling ein Haus habe, dort wohne und in dem Garten sitze. Sie gingen zu ihm und baten recht dringend. Er fuhr hinab, und ging an seinem Stabe mit den schneeweißen Haaren und gebeugt zu dem Kinde hinein. Da er es gesehen und um alles gefragt und eine Weile geschwiegen hatte, sagte er huldreich: »Das Kind wird nicht sterben.«
Er gab den Leuten etwas und sagte, daß man morgen zu ihm kommen und wieder etwas holen solle. – Die Eltern trugen den alten Mann fast wie einen Engel zu seinem Wagen hinaus. Sie gaben dem Kinde täglich, was sie von dem alten Doktor holten, es ward gesund, und blühte noch lange, da der Greis schon in seinem kühlen Grabe lag.
Er hatte zuletzt so weiße Haare, wie sie einst der Obrist gehabt hatte, nur daß der Obrist auch den weißen Bart trug, während der Doktor immer sauber rasiert ging.
Weil er gut gewirkt hat, ist er nie ein Kinderspott geworden.
Bei seinem Tode trug sich etwas Rührendes zu. Als man den Leichenzug ordnete, gingen plötzlich alle Zigeuner mit, welche sich zuweilen in den Wäldern gezeigt und nieder gelassen hatten, weil er sie einstens zu mehreren Malen freiwillig behandelt und manche aus ihnen geheilt hatte.

Mein Vater hat den zweiten Band der Mappe gar nicht gekannt. Er war in der alten Truhe und wurde erst von mir gefunden. Er war nicht gebunden, sondern nur in Hefte geteilt, wahrscheinlich, daß er bequemer sei und man nicht immer die ganze Last mitzuschleppen habe. Es hat sich an ihm etwas gezeigt, was dartut, daß, wie viel man auch Verstand habe, doch im Alter die lebenssüße Gewohnheit und die Einfalt des Fühlens über ihn herrsche. Allen Anzeichen nach war der Doktor schon achtzig Jahre alt, als er den zweiten Band seiner Lebensmappe machte und vorrichtete – und dennoch machte er diesen Band so dick wie den ersten, ja er hatte sogar um zweiundfünfzig Seiten mehr, und alle waren sie zum voraus schon mit roter Dinte eingetragen. Wie viele Blätter aber blieben leer, wie wenige Hefte waren beschrieben, und wie hingen an den letzteren noch die alten Siegel, weil er, damit ich seinen eigenen Ausdruck gebrauche, früher fort gemußt, ehe er sie hatte öffnen können. Friede mit ihm!

INHALT

Zu dieser Ausgabe

insel taschenbuch 915
Adalbert Stifter
Studien

Der Text folgt der Ausgabe: Adalbert Stifter, Gesammelte Werke. Herausgegeben von Max Stefl. Erster Band: Studien I, Zweiter Band: Studien II. Insel-Verlag, Wiesbaden 1959. Frontispiz in beiden Bänden: Adalbert Stifter. Ölgemälde von Bartholomäus Szélely. Oberösterreichisches Landesmuseum, Linz. Foto: Eiersebner, Linz. Umschlagabbildung des ersten Bandes: Adalbert Stifter: Der Sarstein bei Alt-Aussee (Fassung I). 1835. Öl auf Leinwand. Umschlagabbildung des zweiten Bandes: Adalbert Stifter: Wasserfall in der Ramsau mit Blick auf den Watzmann. 1829. Deckfarben auf blauem Papier. Kassettenmotiv: Adalbert Stifter: Mondaufgang. Um 1855. Öl auf Karton, unvollendet. Die Reproduktion der Gemälde erfolgt mit freundlicher Genehmigung der Adalbert-Stifter-Gesellschaft, Wien.

Klassische deutsche Literatur im insel taschenbuch

Achim von Arnim: Erzählungen. Ausgewählt und mit einem Nachwort versehen von Hermann Hesse. it 1018

Achim und Bettina in ihren Briefen. Briefwechsel zwischen Achim von Arnim und Bettina von Brentano. 2 Bde. in Kassette. Herausgegeben von Werner Vordtriede. Mit einer Einleitung von Rudolf Alexander Schröder. it 1095

Bettine von Arnim: Aus meinem Leben. Zusammengestellt und kommentiert von Dieter Kühn. it 642

– Bettine von Arnims Armenbuch. Herausgegeben von Werner Vordtriede. it 541

– Dies Buch gehört dem König. Herausgegeben von Ilse Staff. Mit Abbildungen. it 666

– Goethes Briefwechsel mit einem Kinde. Herausgegeben und eingeleitet von Waldemar Oehlke. Mit zeitgenössischen Abbildungen. it 767

– Die Günderode. Mit einem Essay von Christa Wolf. it 702

Bettine von Arnim/Clemens Brentano: Clemens Brentanos Frühlingskranz aus Jugendbriefen ihm geflochten, wie er selbst schriftlich verlangte. Mit einem Nachwort von Hartwig Schultz. it 812

Johann Beer: Die teutschen Winter-Nächte & Die kurzweiligen Sommer-Täge. Zwei Romane. Mit 24 Abbildungen nach den Kupfern der Originalausgabe von 1682. Herausgegeben und mit einem Nachwort, Anmerkungen und Worterklärungen versehen von Richard Alewyn. it 872

Ludwig Börne: Briefe aus Paris. Herausgegeben von Alfred Estermann. it 924

Hermann Bote: Till Eulenspiegel. Ein kurzweiliges Buch aus dem Lande Braunschweig. Herausgegeben, in die Sprache unserer Zeit übertragen und mit Anmerkungen versehen von Siegfried H. Sichtermann. Mit zeitgenössischen Illustrationen. it 336

Clemens Brentano: Gedichte. Erzählungen. Briefe. Herausgegeben von Hans Magnus Enzensberger. it 557

– Gockel Hinkel Gackeleia. Märchen. Mit Initialen und Lithographien von Caspar Braun nach Entwürfen von Clemens Brentano. Mit einem Nachwort von Franz Deibel. it 47

– Italienische Märchen. Mit einem Nachwort von Maria Dessauer. it 695

– Rheinmärchen. In der von Guido Görres herausgegebenen Ausgabe von 1846. Mit Illustrationen von Edward Steinle. it 804

Georg Büchner: Lenz. Erzählung. Mit Oberlins Aufzeichnungen ›Der Dichter Lenz, im Steinthale‹, ausgewählten Briefen von J. M. R. Lenz und einem Nachwort von Jürgen Schröder. it 429

161/1/7.88

Klassische deutsche Literatur
im insel taschenbuch

Georg Büchner: Leonce und Lena. Ein Lustspiel. Mit farbigen Illustrationen von Karl Walser und einem Nachwort von Jürgen Schröder. it 594

– Woyzeck. Nach den Handschriften neu herausgegeben und kommentiert von Henri Poschmann. it 846

Georg Büchner/Ludwig Weidig: Der Hessische Landbote. Texte, Briefe, Prozeßakten. Kommentiert von Hans Magnus Enzensberger. it 51

Gottfried August Bürger: Wunderbare Reisen zu Wasser und zu Lande. Feldzüge und lustige Abenteuer des Freiherrn von Münchhausen. Mit den Holzschnitten von Gustave Doré. it 207

Bürgers Liebe. Die Ehestandsgeschichte von Elise Hahn und Gottfried August Bürger. Herausgegeben von Hermann Kinder. Mit zeitgenössischen Illustrationen. it 564

Wilhelm Busch: Kritisch-Allzukritisches. Gedichte. Ausgewählt und mit einem Nachwort von Theo Schlee. Mit Illustrationen von Wilhelm Busch. it 52

– Sämtliche Bilderbogen. Mit einem Nachwort von Gert Ueding. it 620

Adelbert von Chamisso: Peter Schlemihls wundersame Geschichte. Nachwort von Thomas Mann. Illustriert von Emil Preetorius. it 27

Matthias Claudius: Der Wandsbecker Bote. Mit einem Vorwort von Peter Suhrkamp und einem Nachwort von Hermann Hesse. it 130

Annette von Droste-Hülshoff: Bei uns zulande auf dem Lande. Prosaskizzen. Herausgegeben von Otto A. Bäumer. Mit Abbildungen. it 697

– Die Judenbuche. Ein Sittengemälde aus dem gebirgichten Westfalen. Mit Illustrationen von Max Unold. it 399

– Sämtliche Gedichte. Mit einem Nachwort von Ricarda Huch. it 1092

Johann Peter Eckermann: Gespräche mit Goethe. In den letzten Jahren seines Lebens. 2 Bde. Herausgegeben von Fritz Bergemann. it 500

Joseph von Eichendorff: Aus dem Leben eines Taugenichts. Mit Illustrationen von Adolf Schrödter und einem Nachwort von Ansgar Hillach. it 202

– Gedichte. Mit Zeichnungen von Otto Ubbelohde. Herausgegeben von Traude Dienel. it 255

– Gedichte. In chronologischer Folge herausgegeben von Hartwig Schultz. it 1060

– Novellen und Gedichte. Ausgewählt und eingeleitet von Hermann Hesse. it 360

161/2/7.88

Klassische deutsche Literatur
im insel taschenbuch

Theodor Fontane: Allerlei Glück. Plaudereien, Skizzen und Unvollendetes. Ausgewählt und herausgegeben von Otto Drude. it 641
– Cécile. Mit einem Nachwort von Walter Müller-Seidel. it 689
– Effi Briest. Mit 21 Lithographien von Max Liebermann. it 138
– Frau Jenny Treibel oder ›Wo sich Herz zum Herzen findt‹. Roman. Mit einem Nachwort von Richard Brinkmann. it 746
– Grete Minde. it 1157
– Irrungen, Wirrungen. Mit einem Nachwort von Walther Killy. it 771
– Jenseit des Tweed. Bilder und Briefe aus Schottland. Herausgegeben von Otto Drude. Mit zahlreichen Abbildungen. it 1066
– Mathilde Möhring. Mit einem Nachwort von Peter Demetz. it 1107
– Meine Kinderjahre. Autobiographischer Roman. Mit einem Nachwort von Otto Drude. it 705
– Schach von Wuthenow. Erzählung aus der Zeit des Regiments Gendarmes. Mit einem Nachwort von Benno von Wiese. it 816
– Der Stechlin. Mit einem Nachwort von Walter Müller-Seidel. it 152
– Stine. Roman. Mit einem Nachwort von Peter Demetz. it 899
– Unwiederbringlich. Roman. it 286
– Von Zwanzig bis Dreißig. Herausgegeben von Otto Drude. Mit zahlreichen Abbildungen. it 985
– Vor dem Sturm. Roman, aus dem Winter 1812 auf 13. Mit einem Nachwort von Hugo Aust. it 583
– Wanderungen durch die Mark Brandenburg. 5 Bde. in Kassette. Herausgegeben von Gotthard Erler und Rudolf Mingau. it 1181-1185
Theodor Fontane. Ein Leben in Briefen. Mit zahlreichen Bildnissen und Faksimiles ausgewählt und herausgegeben von Otto Drude. it 540
Georg Forster: Ansichten vom Niederrhein von Brabant, Flandern, Holland, England und Frankreich im April, Mai und Junius 1790. Herausgegeben von Gerhard Steiner. it 1136
– Reise um die Welt. Herausgegeben und mit einem Nachwort von Gerhard Steiner. it 757
Christian Fürchtegott Gellert: Fabeln und Lieder. Mit den vierundzwanzig Radierungen zu Gellerts Fabeln von Daniel Nikolaus Chodowiecki. Herausgegeben von Gottfried Honnefelder. it 895
Johann Wolfgang von Goethe: Dichtung und Wahrheit. 3 Bde. in Kassette. Mit Bildmaterial. it 149-151
– Faust. Erster Teil. Nachwort von Jörn Göres. Illustrationen von Eugène Delacroix. it 50

161/3/7.88

Klassische deutsche Literatur im insel taschenbuch

Johann Wolfgang von Goethe: Faust. Zweiter Teil. Mit Federzeichnungen von Max Beckmann. Mit einem Nachwort zum Text von Jörn Göres und zu den Zeichnungen von Friedhelm Fischer. it 100
- Urfaust. Faust. Ein Fragment. Faust. Eine Tragödie. Paralleldruck der drei Fassungen. 2 Bde. Herausgegeben von Werner Keller. it 625
- Frühes Theater. Mit einer Auswahl aus den dramaturgischen Schriften 1771-1828. Herausgegeben und mit einem Nachwort von Dieter Borchmeyer. it 675
- Gedichte in zeitlicher Folge. Eine Lebensgeschichte Goethes in seinen Gedichten. 2 Bde. Herausgegeben von Heinz Nicolai. it 350
- Die guten Frauen als Gegenbild der bösen Weiber. Mit Kupferstichen von Johann Heinrich Ramberg aus dem Taschenbuch für Damen auf das Jahr 1801. it 925
- Hermann und Dorothea. Mit Aufsätzen von August Wilhelm Schlegel, Wilhelm von Humboldt, Georg Wilhelm Friedrich Hegel und Hermann Hettner. Mit zehn Kupfern von Catel. it 225
- Historische Schriften. Eine Auswahl in biographischer Folge. Herausgegeben von Horst Günther. Mit Zeichnungen von Goethe. it 650
- Italienische Reise. 2 Bde. Mit vierzig Zeichnungen des Autors. Herausgegeben und mit einem Nachwort versehen von Christoph Michel. it 175
- Klassisches Theater. Herausgegeben und mit einem Nachwort von Dieter Borchmeyer. it 700
- Die Leiden des jungen Werther. Mit einem Essay von Georg Lukács und einem Nachwort von Jörn Göres. Mit zeitgenössischen Illustrationen von Daniel Nikolaus Chodowiecki und anderen. it 25
- Märchen. Der neue Paris. Die neue Melusine. Das Märchen. Herausgegeben und erläutert von Katharina Mommsen. it 825
- Der Mann von funfzig Jahren. Mit einem Nachwort von Adolf Muschg. it 850
- Maximen und Reflexionen. Text der Ausgabe von 1907 mit den Erläuterungen und der Einleitung Max Heckers. Nachwort von Isabella Kuhn. it 200
- Novellen. Herausgegeben und mit einem Nachwort versehen von Katharina Mommsen. Mit Federzeichnungen von Max Liebermann. it 425
- Pandora. Herausgegeben von Manfred Fuhrmann. it 1075
- Reineke Fuchs. Mit Stahlstichen nach Zeichnungen von Wilhelm Kaulbach. it 125

161/4/7.88

Klassische deutsche Literatur im insel taschenbuch

Johann Wolfgang von Goethe: Das Römische Carneval. Mit den farbigen Figurinen von 1789 und den Fragmenten »Über Italien«. Herausgegeben und mit einem Nachwort versehen von Isabella Kuhn. it 750

Goethe – warum? Eine repräsentative Auslese aus Werken, Briefen und Dokumenten. Herausgegeben und mit einem Nachwort versehen von Katharina Mommsen. it 759

Goethe über die Deutschen. Herausgegeben von Hans-J. Weitz. Mit dem Nachwort von 1949, Nachweisen, Register und Illustrationen. it 325

Goethes Briefe an Charlotte von Stein. 3 Bde. in Kassette. Herausgegeben von Jonas Fränkel. it 1125

Goethes Briefwechsel mit seiner Frau. 2 Bde. in Kassette. Herausgegeben von Hans Gerhard Gräf. it 1100

– Schriften zur Naturwissenschaft. Ausgewählt und herausgegeben von Horst Günther. Mit Zeichnungen von Goethe. it 550

– Schriften zur Weltliteratur. Mit Buchillustrationen aus der Goethezeit. Herausgegeben von Horst Günther. it 1025

– Tagebuch der ersten Schweizer Reise 1775. Mit den Zeichnungen des Autors und einem vollständigen Faksimile der Handschrift, herausgegeben und erläutert von Hans-Georg Dewitz. it 300

– Tagebuch der Italienischen Reise 1786. Notizen und Briefe aus Italien. Mit Skizzen und Zeichnungen des Autors. Herausgegeben und erläutert von Christoph Michel. it 176

– Unterhaltungen deutscher Ausgewanderten. Mit einem Nachwort herausgegeben von Gert Ueding. it 1050

– Die Wahlverwandtschaften. Ein Roman. Erläuterungen von Hans-J. Weitz. Mit einem Essay von Walter Benjamin. it 1

– West-östlicher Divan. Mit Essays zum ›Divan‹ von Hugo von Hofmannsthal, Oskar Loerke und Karl Krolow. Herausgegeben und mit Erläuterungen versehen von Hans-J. Weitz. it 75

– Wilhelm Meisters Lehrjahre. Herausgegeben von Erich Schmitt. Mit sechs Kupferstichen von Catel, sieben Musikbeispielen und Anmerkungen. it 475

– Wilhelm Meisters theatralische Sendung. Mit einem Nachwort von Wilhelm Voßkamp. it 725

– Wilhelm Meisters Wanderjahre oder die Entsagenden. Mit einem Nachwort von Adolf Muschg. it 575

– Xenien. it 875

161/5/7.88